JAHRBUCH DER DEUTSCHEN SCHILLERGESELLSCHAFT

JAHRBUCH DER DEUTSCHEN SCHILLERGESELLSCHAFT

IM AUFTRAG DES VORSTANDS
HERAUSGEGEBEN VON
WILFRIED BARNER · WALTER MÜLLER-SEIDEL · ULRICH OTT

42. JAHRGANG 1998

ALFRED KRÖNER VERLAG STUTTGART

Redaktion: Albrecht Bergold, Schiller-Nationalmuseum / Deutsches Literaturarchiv
Schillerhöhe 8–10, D–71672 Marbach a. N.
Anschrift für Briefpost: Postfach 1162, D–71666 Marbach a. N.
Tel.: 07144/848-723 / Fax: 07144/848-299 · E-mail: Albrecht.Bergold@dla-marbach.de
Internet: http://www.dla-marbach.de/veroeff/jahrb.html

Redaktionsschluß für Jg. 43: 1. März 1999

ISBN 3 520 89801 2

Druck und Einband: Wilhelm Röck, Weinsberg

INHALT

DISKUSSIONEN

BERICHTE

DEUTSCHE SCHILLERGESELLSCHAFT

DANK

Der vorliegende Band XLII des *Jahrbuchs der Deutschen Schillergesellschaft* trägt zum letzten Mal den Namen von Walter Müller-Seidel als einem der drei Herausgeber. Vierzig Jahrgänge hindurch war er auf dem Titelblatt verzeichnet. Nur am allerersten Band (1957) war Müller-Seidel noch nicht beteiligt, schon beim zweiten sprang er (ohne Namensnennung) für den erkrankten Herbert Stubenrauch ein, um dann Jahr für Jahr zunächst mit Fritz Martini und Bernhard Zeller, dann von Band XXXII (1988) an mit Wilfried Barner und Ulrich Ott die Verantwortung für das wissenschaftliche Periodikum unserer Gesellschaft zu teilen, das seinen anerkannten Rang ihm mit verdankt.

In einer Zeit der raschen Ausweitung von Arbeitsfeldern und Methoden hat Müller-Seidel zusammen mit den beiden Generationen von Mitherausgebern dem *Jahrbuch* die Kontinuität des wissenschaftlichen Anspruchs gesichert und zugleich Neuerungen gestiftet und mitgetragen, wenn sie ihm zusätzlichen wissenschaftlichen Ertrag versprachen. Die beiden von ihm initiierten Diskussionsrunden über die Wissenschaftssprache (*Jahrbuch* XXXII, 1988) und über das Neue (*Jahrbuch* XXXVII, 1993) haben weite Beachtung gefunden.

Mehr als vierzig Jahrgänge – sie sind auch ein Stück seines Lebenswerkes. Jahr für Jahr waren das Zwei- bis Dreifache des nachher veröffentlichten Volumens zu lesen (alle drei Herausgeber befassen sich mit allen Vorlagen), kritisch zu begutachten, mit den Mitherausgebern und oft genug mit den Verfassern zu erörtern, Jahr für Jahr die richtige Konstellation für den neuen Band zu finden. Über die Profilierung hinaus, die Walter Müller-Seidel dem *Jahrbuch* gab, bleibt dies eine immense Arbeitsleistung. Die Deutsche Schillergesellschaft bleibt ihm in Dankbarkeit verpflichtet.

Der beträchtliche Arbeitsanfall, aber auch der ausgeweitete Horizont literaturwissenschaftlicher Forschung haben den Vorstand der Gesellschaft veranlaßt, das *Jahrbuch* künftig vier Herausgebern anzuvertrauen. Zu Wilfried Barner und Ulrich Ott treten vom kommenden Jahrgang an Christine Lubkoll, ordentliche Professorin für vergleichende Literaturwissenschaft an der Universität Gießen, und Ernst Osterkamp, ordentlicher Professor für neuere deutsche Literatur an der Humboldt-Universität zu Berlin hinzu. Beide haben sich in ihrer literaturwissenschaftlichen Arbeit durch Beiträge zur klassischen und romantischen Periode ebenso ausgewiesen wie durch Forschungen zur Moderne. Christine Lubkoll widmet darüber hinaus dem Zusammenspiel von Literatur und Musik, Ernst Osterkamp dem Zusammenhang von Literatur- und Kunstgeschichte besondere Aufmerksamkeit. Wir können also erwarten, daß sich durch ihr Hinzukommen mit der erhofften Kontinuität neue Akzente verbinden.

Eberhard Lämmert

TEXTE UND DOKUMENTE

HELMUTH MOJEM

ALS COTTASCHER MUSQUETIR

Zu einem neu aufgefundenen Brief an Heinrich Heine

Am 14. März 1828 schrieb Heine an seinen damaligen Arbeitgeber, den Verleger Johann Friedrich Cotta:

»Einen Brief, den ich dieser Tage von Treutel & Würtz erhalten, lege ich hier bey, indem es möglich ist, daß ein oder das andre darin Sie interessiren möchte, und ich bitte mir ihn gelegentlich zurück zu befördern. Wenn Sie mir Hazlitts Werk über Napoleon *für meine Rechnung*, von London kommen lassen wollen, würden Sie mich sehr verbinden. Es ist gewiß manches Schöne darinn. W. Irwings Columbus, nach den bekannten Auszügen zu urtheilen, scheint schlecht zu seyn. Hunts Leben Byrons hingegen ist sicher eben so interessant wie Medwins Gespräche, und es wäre hübsch wenn Sie uns auch von Hunt, der gleichsam der J. H. Voß von Byron ist, eine gute Uebersetzung gäben.«[1]

Friedrich Hirth, dem wir die erste große Gesamtausgabe von Heines Korrespondenz zu danken haben, merkt zu der Stelle an, es sei auffallend, wie sehr sich Heine über englische literarische Neuerscheinungen auf dem laufenden gehalten habe.[2] Als Quelle dieser speziellen Kenntnisse konnte man wohl den erwähnten Brief der Buchhandlung Treuttel & Würtz vermuten, allein dem Kommentar der HSA nach galt er als verloren.[3]

Im Zuge von Recherchen für das von der Deutschen Forschungsgemeinschaft geförderte *Repertorium der Briefe von Johann Friedrich Cotta*, das im Deutschen Literaturarchiv Marbach erstellt wurde, ist er nun unvermutet aufgetaucht. Er liegt im Cotta-Archiv unter den Briefen des Hauses

[1] Heinrich Heine, Werke. Briefe. Lebenszeugnisse (Säkularausgabe), hrsg. v. den Nationalen Forschungs- und Gedenkstätten der klassischen deutschen Literatur in Weimar und dem Centre National de la Recherche Scientifique in Paris, Bd. 20: Briefe 1815–1831, bearb. v. Fritz H. Eisner, Berlin, Paris 1970, S. 321 (Nr. 259). Diese Ausgabe wird künftig mit der Sigle HSA zitiert.

[2] Heinrich Heine, Briefe, hrsg. v. Friedrich Hirth, Bd. 4, Mainz 1951, S. 184 (zu Nr. 221).

[3] HSA, Bd. 20K: Briefe 1815–1831 Kommentar, bearb. v. Fritz H. Eisner u. Fritz Mende, Berlin, Paris 1975, S. 201 (zu Nr. 259).

Treuttel & Würtz an Cotta[4] – vermutlich, weil der Verleger das ihm in der Anlage des oben zitierten Briefs zugesandte Schreiben entgegen Heines Bitte doch nicht zurückgegeben hat.

DER BRIEF

London 15 Febr. 1828.

Herrn Dr. H. Heine in München.

Wir haben Ihre werthe Zuschrift von Hamburg s. Z. richtig erhalten, und so wie wir einen Banquier auffanden, der uns an die aufgegebene Addresse die £120.– – in Berlin auszahlen konnte, ist es auch sogleich geschehen, daher während die Summe wenigstens seit einigen Wochen schon in Ihres Berliner Freundes Händen war, wir Ihre an v. Eichthal gegebene Anweisung deshalb zurük gehen ließen. Wir hoffen daß Ihr Freund Ihnen die Summe hat gehörig zukommen laßen.

Recht sehr hat es uns gefreut, Sie in einem Würkungskreise zu wißen, der Ihrer literarischen Thätigkeit volle Beschäftigung geben wird. Noch haben wir von Hn v Cotta keine Weisung für Englische Büchersendungen empfangen, sind aber bereit selbige mit gröster Pünktlichkeit zu vollziehn. Welchen Weg würden Sie zu selbigen als den geeigentesten halten? Da die Dampfböte nach Hamburg erst im May wieder ihren Anfang nehmen werden, so wäre bis dahin die Sendung über Paris Strasburg und Stuttgart doch wohl die schnellere. Doch gehen auch schon Segelschiffe wieder, die aber wenigstens ihre 8 Tage Zeit brauchen, und dann nicht eben schnell aus laden. Von Hamburg dann mit Postwagen bis Münnich, oder mit Postwagen über Calais Paris Strasburg und Stuttgart wäre in Hinsicht der Sendungen zu wählen.

Hätten wir in dieser Hinsicht irgend eine Order erhalten, so möchten wir mit den 2 oder 3 so sehr intereßanten Werken, als der Conversation von Lord Byron von Leigh Hunt, Hazlitts life of Napoleon und Washington Irvings Columbus den Anfang schon gemacht haben. Wir haben um die Tendenz des Blattes beßer zu erkennen, auch schon ein Ex. des Auslandes für uns bestellt.

Wir nehmen die uns gütigst gemachte Anerbietung uns nüzlich zu sein mit bestem Dank an, und werden sie gern überal erwiedern. Könnten Sie in dieser Hinsicht in einer Ihrer nächsten Nummern wohl von unserm Foreign Quarterly Review sprechen? Wir haben nur gewartet Sie fixirt zu sehen, um Ihnen No. 2. deßelben zu übermachen, zu welchem wir nun

[4] DLA/Cotta Br. Treuttel & Würtz, Nr. 7. Ich danke dem Deutschen Literaturarchiv für die Erlaubnis zur Publikation.

No. 3. gesellen werden, das in einigen Tagen bei uns erscheint. In beiden Nummern werden Sie die Meister nicht verkennen, und hauptsächlich im No 3. im Aufsatz von und über Molière, Walter Scott wieder erkennen, auch da die Phrenology hier große Fortschritte macht, einen der humoristischten Aufsätze darüber, die je darüber geschrieben sein möchten. Auch so viel ich gesehen habe, und wenn aus zu großem Reichthum nicht der Aufsatz für ein nächstes No. zurük gelegt werden muß, so sind auch Ihre Reisebilder darinn angezeigt, und sogar der Anfang Ihrer Beschreibung von Göttingen, der aber, da man die deutchen doppelsinnigen Worte nicht auch so im Englischen machen kann, nothwendig verliert. Doch werden Sie ein unabhängiges Urtheil in selbigem nicht verkennen.

Könnten Sie uns wohl eine gute Quelle andeuten, aus welcher wir die literarischen Notizen, als Academien und deren Preißfragen, Schul und Erziehungswesen us.w. vom Süden Deutschlands, Wirtemberg, Bayern und Oesterreich schöpfen könnten zu unserm Foreign Quarterly Rev. Existirt wohl ein literärisches Blatt, oder eine Literaturzeitung, die genügenden Aufschluß gäbe? Sie würden uns hierdurch sehr verbinden, indem Bayern hauptsächlich seinen literarischen Ruf immer mehr begründen zu wollen scheint durch so mannigfaltige, herrliche Institutionen.

Hochachtungsvoll und Ergebenst unterzeichnen
Treuttel & Würtz, Treuttel Sohn & Richter
30. Sohosquare[5]

AM GELDE HÄNGT ...

Als der aufstrebende, aber ziemlich mittellose Autor der *Reisebilder* – deren zweiter Band ebenso wie das *Buch der Lieder* demnächst erscheinen sollte – im April 1827 zu einer Reise nach England aufbrach, war er in finanzieller Hinsicht erstaunlich gut gerüstet: In seiner Tasche befand sich ein stattlicher Kreditbrief seines reichen Onkels Salomon Heine. Freilich sollte das Papier lediglich Repräsentationszwecken dienen, doch brach der Neffe die Übereinkunft unmittelbar nach seiner Ankunft und löste die Anweisung bei Rothschild ein, was später in Hamburg zu ernsten familiären Zerwürfnissen führte. Will man einer allerdings recht unzuverlässigen Überlieferung trauen, so begegnete Heine der Empörung seines unfreiwilligen Finanziers lediglich mit den impertinenten Worten: »Weißt

[5] Doppelblatt, 2 Seiten, auf Seite 4 Adresse: »Herrn / Herrn Dr H. Heine / in der Literarisch-artistischen Anstalt / der Cottaschen Buchhandlung / in / München.«; Format 205 × 252 mm.

Du, Onkel, das Beste an Dir ist, daß Du meinen Namen trägst«;[6] dem Freund Friedrich Merckel gegenüber klagte er immerhin über die hohen Preise in England und überschlug, daß er in den vier Monaten seines Aufenthalts £210 ausgegeben habe.[7] Der obige Brief bestätigt nun in aller Deutlichkeit, daß Heine dem teuren Leben in London zum Trotz noch Geld übrig behalten hatte; er ließ durch die Buchhandlung Treuttel & Würtz £120 an Karl August Varnhagen von Ense – dieser ist der »Berliner Freund« – übermitteln, der sie ihm aufbewahren und bei Bedarf zusenden, jedoch niemandem von diesem auf zweifelhaftem Weg erworbenen Kapital Mitteilung machen sollte.[8] Der Bedarf trat schon im Sommer 1828 ein, als Heine sich anschickte, nach Italien zu gehen, so daß Salomon Heine im Grunde auch noch als Geldgeber für die nächste Reise des Neffen herhalten mußte, deren Früchte – die italienischen Partien der *Reisebilder* – dem frechen Auftreten des schnorrenden Dichters gegenüber seinem Onkel vor der Nachwelt endgültig recht geben sollten.

Bis das Geld von England aus endlich überwiesen wurde, mußte Heine allerdings noch zweimal vergeblich bei Varnhagen anfragen,[9] ja er schrieb offenkundig auch einen Mahnbrief direkt an Treuttel & Würtz, der, da er laut der obenstehenden Antwort darauf von Hamburg aus abgesandt wurde, zwischen den 24. September und den 27. Oktober 1827 zu setzen,[10] vermutlich aber auf das Ende dieser Zeitspanne zu datieren ist, weil Heine Varnhagen erst unter dem 19. Oktober die Übermachung des Geldes ankündigte. Ein späterer Versuch Heines, das Geld über eine durch den Münchner Bankier Simon von Eichthal präsentierte Anweisung unmittelbar von Treuttel & Würtz zu beziehen, scheiterte gleichfalls, da die Buchhandlung es nach eigener Angabe inzwischen an Varnhagen gesandt hatte.

[6] Maximilian Heine, Erinnerungen an Heinrich Heine und seine Familie, Berlin 1868; hier zitiert nach der Quellenpublikation: Begegnungen mit Heine. Berichte der Zeitgenossen, hrsg. v. Michael Werner, Hamburg 1973, Bd. 1, S. 105 (Nr. 198). Ein späterer Brief Salomon Heines an seinen Neffen vom 26. Dezember 1843 bestätigt die Ereignisse im Kern – HSA, Bd. 26: Briefe an Heine 1842–1851, bearb. v. Christa Stöcker, Berlin, Paris 1975, S. 86ff. (Nr. 696). Unklarheit herrscht allerdings über die Höhe des Kreditbriefs. Während Salomon Heine selbst, wenn auch aus fünfzehnjährigem Abstand, von £200 spricht, gibt Maximilian Heine eine Summe von £400 an, bei Hirth (Anm. 2) werden daraus gar £800, doch ist wohl der Erinnerung des Hamburger Bankiers am ehesten zu trauen. Vgl. auch Gerhard Weiß, Heines Englandaufenthalt, in: Heine-Jahrbuch 1963, S. 3–32, hier S. 4.

[7] HSA, Bd. 20 (Anm. 1), S. 296 (Nr. 229).

[8] Vgl. den Brief Heines an Varnhagen vom 19. Oktober 1827 – HSA, Bd. 20 (Anm. 1), S. 301 (Nr. 235) sowie den Kommentar hierzu in Bd. 20K (Anm. 3), S. 187; ferner die Anmerkung Werners in: Begegnungen mit Heine (Anm. 6), Bd. 2, S. 536 (zu Nr. 198).

[9] Am 30. Oktober 1827 und am 28. November 1827 – HSA, Bd. 20 (Anm. 1), S. 304 (Nr. 237) und S. 306 (Nr. 245).

[10] Vgl. Fritz Mende, Heinrich Heine. Chronik seines Lebens und Werkes, 2. Aufl., Berlin 1981, S. 64f.

DER REDAKTEUR H. HEINE

Obwohl Heine in keiner näheren Beziehung zu der Firma Treuttel & Würtz stand, muß sie doch eine seiner Londoner Anlaufstationen gewesen sein; zumindest erhielt er über sie Briefe von Merckel,[11] ja ein Schreiben seines Verlegers Julius Campe wurde Heine sogar durch den Geschäftsführer und nachmaligen Besitzer der englischen Filiale, Adolph Richter, persönlich von Hamburg überbracht.[12] Wie aus dem nun aufgefundenen Brief hervorgeht, wünschten Treuttel & Würtz allerdings durchaus, mit Heine in nähere Beziehung zu treten; und dies hing entscheidend mit seiner neuen Stellung als Zeitschriftenredakteur im hochangesehenen Cotta'schen Verlagshaus zusammen.

Noch von England aus, unter dem 1. Mai 1827, hatte Heine Varnhagen gebeten, bei dem Freiherrn Johann Friedrich Cotta von Cottendorf, dem Verleger Schillers und Goethes, aber auch Begründer der bedeutendsten politischen Tageszeitung im 19. Jahrhundert, der *Allgemeinen Zeitung*, anzufragen, ob dieser ihn als Korrespondent in London oder Paris beschäftigen wolle.[13] Cotta reagierte prompt, indem er Heine durch einen seiner Redakteure, Friedrich Ludwig Lindner, ein Angebot zur Mitarbeit machen ließ, denn der solcherart Angesprochene berichtete dem Freund Merckel schon am 1. Juni von seinen Aussichten, »Liberalenhäuptling in Bayern« zu werden.[14] Im Lauf des Sommers konkretisierten sich Cottas Vorschlä-

[11] Vgl. Heine an Merckel vom 17. Mai 1827 – HSA, Bd. 20 (Anm. 1), S. 288 (Nr. 220).

[12] Vgl. Campe an Heine vom 16. Juni 1827 – HSA, Bd. 24: Briefe an Heine 1823–1836, bearb. v. Renate Francke, Nicole Bandet u. Paul Laveau, Berlin, Paris 1974, S. 30 (Nr. 17). – Das Stammhaus der bekannten, ursprünglich in Straßburg ansässigen Buchhandlung Treuttel & Würtz befand sich damals in Paris und wurde nach dem Tod von Johann Georg Treuttel (1744–1826) von seinem Neffen und Kompagnon Johann Gottfried Würtz (1768–1841) geführt. Schon unter Napoleon war die Firma erfolgreich um Geschäftskontakte nach England bemüht, doch erst 1817 wurde eine Londoner Filiale eröffnet, die 1827 unter der Leitung eines Sohnes von Treuttel sowie von Adolph Richter stand, welch letzterer die englische Dependance 1833 in eigener Regie übernahm. Vgl. Frédéric Barbier, Une librairie »internationale«: Treuttel et Würtz à Strasbourg, Paris et Londres, in: Revue d'Alsace 111 (1985), S. 111–123, sowie, speziell zur englischen Filiale, Giles Barber, Treuttel and Würtz: Some Aspects of the Importation of Books from France, in: The Library, Fifth series, 23, 1968, S. 118–144, bes. S. 128 ff. Dafür, daß Heine von Campe und dem Hamburger Schriftsteller Friedrich Georg Buek an Treuttel & Würtz gewiesen worden wäre, wie Weiß, Heines Englandaufenthalt, S. 4 (Anm. 6), behauptet, finde ich keinen Beleg.

[13] HSA, Bd. 20 (Anm. 1), S. 287 f. (Nr. 219). Vgl. zum Folgenden auch den Kommentar in Heinrich Heine, Historisch-kritische Gesamtausgabe der Werke, hrsg. v. Manfred Windfuhr [zitiert als DHA], Bd. 7.2: Reisebilder III/IV, Apparat, bearb. v. Alfred Opitz, Hamburg 1986, S. 1778–1793, sowie den Ausstellungskatalog von Volkmar Hansen, Heinrich Heines politische Journalistik in der Augsburger »Allgemeinen Zeitung«, Augsburg 1994.

[14] HSA, Bd. 20 (Anm. 1), S. 289 (Nr. 221).

ge, so daß Heine seinen Brief an Varnhagen vom 19. Oktober 1827 schließlich mit »Der Redakteur H. Heine« unterzeichnen konnte;[15] man war übereingekommen, daß er die *Neuen Allgemeinen Politischen Annalen*, die wichtigste politische Zeitschrift Cottas, gemeinsam mit Lindner von München aus herausgeben solle. Spätestens bei seiner ersten persönlichen Begegnung mit dem berühmten Verleger, Ende November 1827, wurde Heine zudem noch mit der Offerte konfrontiert, auch an anderen Cotta'schen Journalen, namentlich an dem im Erscheinen begriffenen Tagblatt *Das Ausland* mitzuarbeiten, gar dessen Hauptredaktion zu übernehmen, welch letztere Anerbietung er allerdings ablehnte.[16]

Dennoch muß er Treuttel & Würtz, daran läßt der obige Brief keinen Zweifel, über die allgemein gehaltene Versicherung hinaus, ihnen nützlich sein zu wollen, auch konkrete Vorschläge zu einer Zusammenarbeit, sprich: zur Lieferung englischer Bücher, gemacht haben, Vorschläge, die nur auf eine Redaktion des *Auslands* durch Heine zu beziehen sind, sonst hätten die Londoner Buchhändler keine Weisungen Cottas zu englischen Büchersendungen erwarten und sich sogar Gedanken zu ihrer schnellstmöglichen Durchführung machen können und ebensowenig hätten sie in solchem Zusammenhang ihre Bestellung eines Exemplars des *Auslands* erwähnt. Vermutlich hat also Heine nach seinem Gespräch mit Cotta, also wohl um den 1. Dezember 1827 herum, erneut an Treuttel & Würtz geschrieben und in diesem Brief die erwähnten Vorschläge getan; vielleicht wurde darin den Londoner Buchhändlern auch die von dem mit Cotta enge geschäftliche Beziehungen pflegenden Bankhaus von Eichthal zu präsentierende Anweisung angekündigt.[17] Wie dem im einzelnen auch sei – der neu aufgefundene Brief legt den Schluß nahe, Heine habe sich, zumindest kurzfristig, doch stärker für Cottas damals neuestes Zeitungsprojekt interessiert, als es bisher den Anschein hatte. Die erhaltenen Briefzeugnisse sind durchaus geeignet, eine solche Annahme zu stützen. Am 28. November 1827, unmittelbar nach seiner Ankunft in München, schreibt Heine an Varnhagen:

»Wenn das Clima mir nicht zusagt, so packe ich den Coffer. Drum will ich mich auch auf nichts festes einlassen. Cotta will mich an sein ›Ausland‹

[15] Ebd., S. 302 (Nr. 235).

[16] Vgl. die Belege weiter unten.

[17] Darauf könnte sich eine Passage in einem Brief Heines an Varnhagen vom 12. Februar 1828, der jedoch erst am 1. April 1828 vollendet und abgeschickt wurde, beziehen – HSA, Bd. 20 (Anm. 1), S. 324 (Nr. 260): »Ich war jenes Geldes [›die mir von Treutel und Würz geschickten 800 *Taler*‹] wegen in nicht gringe Verlegenheit, und fürchtend daß es ausbliebe, hatte ich noch besonders nach Engl*and* deßhalb geschrieben, und erhielt daher auch von dorther die Nachricht der Absendung.« Möglicherweise liefert diese Briefstelle die Erklärung für Hirths (Anm. 2) Angabe, Salomon Heines Kreditbrief sei über £800 ausgestellt gewesen.

anspannen. Prosit! Die Annalen sollen mir auch wenig Mühe machen ... Cotta hat mir 2000 Fl jährlich angeboten; aber ich habe die Sache anders gestellt. Ich will alles erst ruhig betrachten.«[18]

Den 1. Dezember 1827 heißt es gegenüber Campe:

»Die Annalen redigire ich mit Dr Lindner. So wie ich auch einige Hauptartikel des Auslands redigire. Seyn Sie ohne Sorge, Campe, der 3te Reise Bilder Band, leidet nicht darunter, und ihm sollen meine besten Stunden gewidmet seyn. Wären nicht dergl Rücksichten gewesen, so hätte ich mich vielleicht beschwätzen lassen das Morgenblatt, dessen Redakteur eben gestorben, oder die Hauptredakzion des Auslandes zu übernehmen und dabey sehr, sehr viel Geld zu verdienen. Aber ich will frey seyn ...«[19]

Unter demselben Datum erfährt Merckel:

»Ich hab alles hier nach Wunsch gefunden. Nur daß Cotta den geheimen Plan hatte mich ganz an sein ›Ausland‹ eine Zeitschrift die er auf Wunsch des Königs um Gelehrte hierher zu ziehn unternimmt, anspannen wollte. Prosit! ich hab ihm gesagt daß ich noch für Hofmann & Campe 2 Bücher schreiben müsse, und nur *leitenden* Antheil an jenes Blatt nehmen könne.«

Dies scheint aber nur für den Fall zu gelten, daß Campe eine von Heine erhoffte Geldzahlung leiste: »Sonst, thut er es nicht, werde ich auch so kein Narr seyn, und der Reise Bilder wegen die glänzendsten Vortheile aufgeben.«[20] Am 12. Januar 1828 schließlich schreibt Heine an Wolfgang Menzel, der gleichfalls bei Cotta als Redakteur beschäftigt war:

»Was Ihre Anfrage in Betreff meiner Verhältnisse zu Cotta betrifft, so kann ich kurz andeuten, daß ich mich für all seine literarischen Institute intressiren soll und ganz besonders mit Lindner die Redakzion der politischen Annalen zu führen habe. Dieser letzteren habe ich mich unterzogen, alles andre Redigiren und drgl hab ich abgelehnt. So auch das Mitredigiren des Auslandes, um das ich mich nur beyläufig bekümmre.«[21]

Hieraus geht hervor, daß Heine vor der verantwortlichen Herausgeberschaft des *Auslands* zwar zurückschreckte, so wie er auch – wenns denn wahr ist – darauf verzichtete, der Nachfolger Wilhelm Hauffs als Redakteur des *Morgenblatts* zu werden, daß er aber sehr wohl Anteil, sogar »lei-

[18] Ebd., S. 306f. (Nr. 245).

[19] Ebd., S. 309 (Nr. 247). Daß Cotta Heine tatsächlich die Redaktion des *Morgenblatts* angeboten haben soll, halte ich angesichts der dezidiert unpolitischen Ausrichtung des Journals und angesichts seiner Verwurzelung im Stuttgarter Milieu für ziemlich unwahrscheinlich. Es dürfte sich bei Heines Angabe eher um Renommisterei, um ein taktisches Argument gegenüber seinem Verleger handeln.

[20] Ebd., S. 310f. (Nr. 248). Vgl. hierzu auch den Kommentar der DHA, Bd. 7.2 (Anm. 13), S. 534.

[21] HSA, Bd. 20 (Anm. 1), S. 315 (Nr. 252).

tenden Anteil« an der neuen Zeitung nehmen, sich an ihrer Redaktion beteiligen wollte, was für ihn offenkundig auch die Befugnis einschloß, im Namen des *Auslands* Geschäftsbeziehungen zu einer englischen Buchhandlung anzuknüpfen.

SCHRIFTSTELLER UND JOURNALIST

Allerdings: ebensowenig wie diese geplante oder tatsächliche Beteiligung Heines an der Redaktion des *Auslands* nachweisbar ist, ebensowenig wurde etwas aus dem von ihm angebahnten Geschäftsverhältnis mit Treuttel & Würtz, und dies wohl auch, weil er selbst im folgenden das Interesse an der Sache verlor. Heine gab den Brief der Buchhandlung und damit die Angelegenheiten des *Auslands* an Cotta ab, der seinerseits auch nicht reagierte – vermutlich, weil er das, was ihm Treuttel & Würtz für das *Ausland* anboten, schon längst hatte. In der Tat setzt am 14. Februar 1828, also einen Tag, bevor die Londoner Buchhandlung schrieb, im *Ausland* ein großer Artikel über »Neueste englische Literatur« ein, der über mehrere Nummern hinweg »The life of Napoleon Buonaparte by W. Hazlitt« und »Lord Byron and some of his Contemporaries by Leigh Hunt« abhandelt.[22] Ab dem 6. März 1828, mithin um die Zeit, als der Brief von Treuttel & Würtz bei Heine eintraf, folgt, gleichfalls über einige Ausgaben verteilt, eine Rezension von »Washington Irving's Columbus«,[23] auf die sich Heine in seinem Brief an Cotta vom 14. März 1828 auch bezog – »W. Irwings Columbus, nach den bekannten Auszügen zu urtheilen, scheint schlecht zu seyn.«[24] Beide Artikel dürften von Karl Heinrich Hermes verfaßt sein, der als vormaliger Leiter der Zeitschrift *Britannia* (1825–27) hierfür besonders prädestiniert war.[25] Hermes war es auch, der schließlich den von Cotta eigentlich Heine zugedachten Platz beim *Ausland* einnahm, gemeinsam mit den Redakteuren Karl August Mebold und Gustav Kolb, und von ihm stammt auch die erste Anregung für ein derartiges Blatt. Da sich hierbei eine gewisse Parallele zu Heines späterem Vorgehen erkennen läßt, sei sie in längerem Auszug zitiert:

[22] Das Ausland vom 14. bis 19. Februar 1828, Nr. 45, 49 u. 50.

[23] Ebd., vom 6. bis 11. März 1828, Nr. 66, 68 u. 71.

[24] HSA, Bd. 20. (Anm. 1), S. 321 (Nr. 259).

[25] Hermes (1800–1856), dem im Zuge der Demagogenverfolgungen die akademische Laufbahn verwehrt worden war, schrieb seit 1824 zunächst in Stuttgart, dann in München für Cotta'sche Blätter. In späteren Jahren wandelte er sich vom Liberalen zum Konservativen. – In dem im Cotta-Archiv verwahrten Redaktionsexemplar des *Auslands* findet sich allerdings kein Autor für die beiden Aufsätze nachgewiesen.

»Durch einen Vertrag, den ich mit einer Londoner Buchhandlung zu schließen im Begriff bin, werde ich bei meiner im künftigen Jahre erfolgenden Rückkehr nach Deutschland, in dem von mir gewählten Aufenthaltsorte, alle einigermaßen bedeutende englische Journale sogleich nach ihrem Erscheinen zur Benutzung erhalten. Diejenigen Artikel in denselben, welche directen Bezug auf englische Statistik, Geschichte u Volkswesen haben, werde ich fortfahren, in die Britannia aufzunehmen. Da aber dieselben weder an Werth, noch an Zahl die bedeutendsten sind, so glaube ich durch eine Auswahl der interessantesten Aufsätze u Notizen, welche sich ihrer Tendenz nach nicht für die Britannia eignen, jedem andern Journale u in der That mehreren Journalen einen ähnlichen Vorzug vor allen übrigen in Deutschland erscheinenden geben zu können, als in disem Augenblick die englische Literatur unzweifelhaft vor jeder andern besitzt.

Das Morgenblatt hat in der neuesten Zeit einige solcher Aufsätze aus der Revue Britannique entlehnt; aber ich halte es für unnöthig, Ew. Hochwohlgeboren darauf aufmerksam zu machen, in welchem Nachtheil sich dasselbe befinden würde, sobald irgend ein anderes Journal ähnlicher Tendenz unmittelbar an der Quelle schöpfen könnte. Dasselbe gilt, wenn auch nicht in demselben Grade vom Hesperus u selbst von den politischen Annalen, noch mehr aber von der Hertha, die sich meiner Ansicht nach nur durch bessere Benutzung der englischen Literatur u namentlich der englischen Journale halten kann. ...

Von diesen Ansichten gehe ich aus, indem ich Ew. Hochwohlgeboren den Vorschlag mache, gegen ein jährliches Honorar von funfzehn hundert Gulden Rheinisch die folgenden englischen Journale:

Edinburgh Review,	New Monthly Mag.
Quarterly Review,	Edinburgh Magazine
Westminster Review,	London Magazine
New Monthly Review,	Literary Gazette
Monthly Magazine,	Morning Herald
	und Examiner

in der Art für die verschiedenen literarischen u politischen Institute Ew. Hochwohlgeboren zu benutzen, daß ich selbst für dieselben monathlich einen Druckbogen an Übersetzungen, Auszügen und Beurtheilungen liefer-te und einer unbestimmten Masse Stoff den von Ew. Hochwohlgeborenen zu bestimmenden Übersetzern anwiese.«[26]

[26] Hermes an Cotta, Paris 4. November 1826. DLA/Cotta Br. Hermes, Nr. 9. Ich danke dem Deutschen Literaturarchiv für die Erlaubnis zur Publikation. Diesem Schreiben ging noch ein unspezifisch gehaltener Vorschlag Hermes' voraus. Ebd., Nr. 7.

In seiner Antwort auf diesen Vorschlag entwickelte Cotta dann den Plan eines Tagblatts, »in welchem wir Alles was die Ausl. Lit. Wichtiges u. Allgem. Intressantes lifert, aufnemen würden«, das also die Zeitschriften nicht nur Englands, sondern auch Frankreichs, Italiens, Spaniens, Portugals, Hollands, Dänemarks und Schwedens auswerten sollte, und gab ihm den Namen *Das Ausland.*[27] Bis zu seinem tatsächlichen Erscheinen am 1. Januar 1828 ging jedoch noch einige Zeit ins Land, auch weil Cotta zögerte, Hermes die Redaktion zu übertragen, so daß dieser zunächst auf Rechnung des Verlegers nach Italien reiste.[28]

Was bei Hermes offenkundig Verlegenheitslösung war, eine Maßnahme zur Überbrückung der Wartezeit, bis er sein Redakteursamt endlich antreten durfte, kam bei Heine, ein knappes Jahr später, einer Befreiung von den lästigen Redaktionspflichten gleich und einer Rückkehr zu seiner eigentlichen Berufung, der Literatur und den *Reisebildern*, deren italienische Teile nunmehr entstanden. Campes allerdings nicht ganz uneigennützige Einschätzung der Situation, noch bevor Heine seine Anstellung eigentlich angetreten hatte, scheint das Richtige getroffen zu haben:

»Daß Sie auf die lästigen Redactionen *verzichten* ist Recht. Dafür bedarf man keinen Geist; Fleiß, Ordnung und ein wenig Bekanntschaft mit der Welt genügten. Schade also, wenn ein Genius, wie Sie, solcher TagelöhnerArbeit geopfert würde, der unter einer solchen Last erliegen würde, wozu ein tüchtiger Pack-Gaul zureicht, der den Hafer beriecht und seinen Mit-Gäulen zur Speise reicht.«[29]

Freilich, vergleicht man Hermes' professionell anmutenden Journalplan mit Heines halbherzigen Einlassungen auf das Alltagsgeschäft eines Redakteurs, so wie sie im Reflex des Briefes von Treuttel & Würtz erscheinen, vergleicht man Hermes' auf umfassende Information abzielende Effektivität mit Heines subjektivem Interesse an diesem oder jenem – »Hunts Leben Byrons hingegen ist sicher eben so interessant wie Medwins Gespräche, und es wäre hübsch wenn Sie uns auch von Hunt, der gleich-

[27] Ebd., Nr. 11a: Cotta an Hermes vom 28. November 1826. Vgl. auch Hermes an Cotta vom 12. November 1826 – ebd., Nr. 11.

[28] Ebd., Hermes an Cotta vom 29. Juli, 4. August und 6. August 1827 (Nr. 23–25) sowie Cotta an Hermes vom 29. Juli und 6. August 1827 (Nr. 26). Cotta vergab häufiger Reisestipendien an junge Literaten oder Künstler, die er sich dann in Form von Einsendungen für seine Journale entgelten ließ; prominentere Nutznießer waren etwa Wilhelm Waiblinger oder August von Platen. In Heines *Die Bäder von Lukka* heißt es hierzu: »Ich glaube, es war um diese Zeit, daß der Herr Graf [Platen] nach Italien reiste; er zweifelte nicht mehr, von seiner Poesie leben zu können, Cotta hatte die gewöhnliche prosaische Ehre, für Rechnung der Poesie das Geld herzugeben; denn die Poesie, die Himmelstochter, die Hochgeborene, hat selbst nie Geld und wendet sich, bey solchem Bedürfniß, immer an Cotta.« DHA, Bd. 7.1: Reisebilder III/IV, bearb. v. Alfred Opitz, Hamburg 1986, S. 137.

[29] HSA, Bd. 24 (Anm. 12), Campe an Heine vom 26. Dezember 1827, S. 38 (Nr. 21).

sam der J. H. Voß von Byron ist, eine gute Uebersetzung gäben«[30] –, so wird deutlich, wie viel der Journalist vom Fach dem Schriftsteller auf seinem Gebiet eben doch voraus hatte. Daß Heine auch wenig Bereitschaft zeigte, sich auf derlei ihm wahrscheinlich belanglos erscheinende Dinge einzulassen, geht nicht zuletzt daraus hervor, daß er der Bitte von Treuttel & Würtz, ihrer Zeitschrift *Foreign Quarterly Review* im *Ausland* zu gedenken, mitnichten entsprochen hat.[31] Allerdings scheint die Sendung von Heft Nr. 2 und 3 der *Foreign Quarterly Review*, die Treuttel & Würtz in ihrem Brief angekündigt hatten, auch nie bei Heine angekommen zu sein, sonst hätte er sich nicht genötigt gesehen, Campe um das Heft mit der Rezension seiner Reisebilder[32] zu bitten, welche Gelegenheit der konkurrierende Verleger wieder zu einer bissigen Spitze gegen Cotta und seine neue Zeitung nutzte:

»Die Redaction des Auslandes hält sich die Foreign Reviews nicht? Schande, schande, derselben! Knauserei die ihres Gleichen sucht. Journal *Fabricken* der Art müßten *alles* periodische der *Erde* haben! denen darf nichts zu theuer – und dieses ist billig – nichts unzugänglich seyn. Ein Polyp wie dieser Cotta könnte alles aussaugen, mehr wie er es thut, obgleich es wol nicht am Willen gebricht. O Sie Cottascher Musquetir! wie dauren Sie mich, daß Sie einen Ehren Posten bei H*ofmann* & C*ampe* – deren Marschall Sie waren gegen so schnödes weggeben ... lieber der Erste in einem Dorf wie der Letzte in der Residenz.«[33]

[30] Ebd., Bd. 20 (Anm. 1), Heine an Cotta vom 14. März 1828, S. 321 (Nr. 259). Thomas Medwins *Gespräche mit Lord Byron* (aus dem Englischen) erschien im Jahr 1824 bei Cotta.

[31] Wenn Otto Steuer in seiner Studie *Cotta in München 1827–1831* (München 1931) schreibt: »Das unmittelbare Vorbild [für das *Ausland*] gab die englische Zeitschrift Foreign Quarterly Review, die auch oft herangezogen wurde« (S. 31), so trifft dies zumindest für den ersten Jahrgang der Zeitung nicht zu. Ja, ein großer Übersichtsartikel im *Ausland* vom 13.–19. Juli 1828 (Nr. 195–201) über »Die englische Journalistik«, der allerdings von der *Revue trimestrielle* übernommen ist, erwähnt die *Foreign Quarterly Review* überhaupt nicht. Vielleicht verwechselte Steuer die Zeitschrift mit der verbreiteteren *Quarterly Review*.

[32] Die Besprechung erschien in Heft Nr. 3 des 2. Jahrgangs (1828) der *Foreign Quarterly Review* (S. 370–371), wo sich auch der im Brief von Treuttel & Würtz erwähnte Aufsatz von Walter Scott über Molière findet. Sie stammt laut DHA, Bd. 6: Briefe aus Berlin. Über Polen. Reisebilder I/II, bearb. v. Jost Hermand, Hamburg 1973, S. 547f. von Robert Pearse Gillies. Campe äußert sich in seinem Brief an Heine vom 24. Juni 1828 recht despektierlich über diese Rezension: »Ja um auf das Rewiw zurück zu komen was im Rewiw über die Reisebilder sich findet ist *kläglich* und *gar nicht* zu benutzen!« HSA, Bd. 24 (Anm. 12), S. 42 (Nr. 25).

[33] Ebd.

HEINE UND COTTA

Über die Eifersucht des um seinen prominentesten Autor fürchtenden Campe hinaus illustriert diese Passage doch auch die Problematik des Verhältnisses zwischen Heine und Cotta. Heine war bei dem renommierten Großverleger beileibe nicht »der Erste« – noch lebte Goethe[34] – und daß er es geworden wäre, ist bei aller Sympathie, die Cotta für ihn persönlich hegte,[35] angesichts der politischen Entwicklung in den nächsten Jahren und Heines Anteilnahme daran zweifelhaft.[36] Abgesehen davon, dürfte Heine jedoch auch in einer ihn unmittelbar betreffenden Angelegenheit die Loyalität Cottas, die er – von seinem Selbstverständnis her wohl doch eher »Erster« als »Letzter« – beanspruchen zu dürfen glaubte, vermißt haben. Dies geht aus einer Andeutung in seinem Brief an Menzel vom 16. Juli 1828 hervor:

»Ueber die Gustav Schwäbische Rezension würde ich schweigen wenn es nicht kleinlich wäre meine Meinung zu verschweigen. Indessen ist es eben so kleinlich irgend eine Empfindlichkeit zu verrathen. Unter uns gesagt sie findet auch nicht statt; nur (but) daß man von allen Seiten über Scandal schrie und empört war daß in einem Cottaschen Blatte mit so wenig äußerer Achtung von mir gesprochen worden. ... Nach dem Inhalt jener R*ezension* zu schließen sollte man glauben ich sey eben der Gallere entsprungen, sie wirkt sogar auf meinen Credit, ich glaube wer sie gelesen borgt mir keinen Groschen mehr.«[37]

Gemeint ist die Besprechung des *Buchs der Lieder*, die Gustav Schwab im *Literaturblatt* des *Morgenblatts*, also gewissermaßen unter den Augen Cottas, veröffentlicht hatte und die, durchaus sensibel für das Neuartige und Bedeutende der Heineschen Gedichte, ihre in den Augen des Rezensenmen denn doch prekäre Besonderheit mit den Worten beschreibt:

[34] Vgl. die das Verhältnis der beiden Männer trefflich illustrierende Briefausgabe *Cotta und Goethe. 1797–1832* (hrsg. v. Dorothea Kuhn, Stuttgart 1979–1982). Daß Goethe und sein Verleger im gleichen Jahr 1832 starben, erscheint symptomatisch für das Zuendegehen einer Epoche.

[35] Vgl. die drei bekannten, durchweg in herzlichem Ton gehaltenen Briefe Cottas an Heine. HSA, Bd. 24 (Anm. 12), S. 49, 101, 149 (Nr. 28, 71, 82).

[36] Man vgl. die eindringliche Mahnung, die Friedrich von Gentz, der Mitarbeiter Metternichs, am 21. April 1832 wegen Heines Artikel in der *Allgemeinen Zeitung* an Cotta richtete, sowie die verbindliche Antwort des Verlegers darauf vom 8. Mai 1832, beide abgedruckt in Heinrich Heine, Sämtliche Schriften, hrsg. v. Klaus Briegleb, Bd. 6/II, München 1976, S. 342 ff. Vgl. auch DHA, Bd. 12/2: Französische Maler. Französische Zustände. Über die französische Bühne, Apparat, bearb. v. Jean-René Derré u. Christiane Giesen, Hamburg 1984, S. 643 ff., sowie Gerd Heinemann, Heine und Cotta. Zu Problemen des freien Schriftstellers in der Restaurationszeit, in: Heinrich Heine. Artistik und Engagement, hrsg. v. Wolfgang Kuttenkeuler, Stuttgart 1977, S. 256–266.

[37] HSA, Bd. 20 (Anm. 1), Heine an Menzel vom 16. Juli 1828, S. 335 f. (Nr. 277).

»Herr *Heine* aber ist der erste, in dessen Liederdichtungen jene weltverhöhnende Stimmung eines zerrissenen Gemüthes Grundton geworden ist, und zwar so, daß sein Humor nicht etwa auf eine geheime Versöhnung hindeutet, sondern den Kontrast zwischen Poesie und Leben fast immer ohne Milderung recht grell und mit kalter Bitterkeit zur Anschauung bringt.«[38]

Welche Art Schlüsse die *Morgenblatt*-Leserschaft aus einer solchen ästhetischen Kritik hinsichtlich der Lebenseinstellung und des Charakters »Herrn Heines«, des Verfassers dieser Gedichte ziehen konnte und wohl auch sollte, nämlich daß sein »zerrissenes Gemüth« sich mit der »Welt« der bürgerlich-wohlanständigen Welt der gebildeten Stände, nicht »versöhnen« wolle, sie vielmehr »mit kalter Bitterkeit verhöhne« und er sich somit deutlich ins Außerhalb dieser Welt und Gesellschaft stelle – eben dies deutet sich in Heines parodistischer Übertreibung an: »sollte man glauben ich sey eben der Gallere entsprungen ... wer sie [die Rezension] gelesen borgt mir keinen Groschen mehr«.

Man könnte derlei ohne weiteres als übertriebene Empfindlichkeit eines in seiner Eitelkeit gekränkten Autors abtun, gäbe es nicht eine zweite Stellungnahme zu dem Fall, die Heines subjektive Einschätzung von objektiver und maßgeblicher Seite unterstützt. Am 1. Juli 1828 schreibt Cotta an Schwab:

»Die Rec. v Heyne's Ged. habe ich gelesen – es scheint, daß sie ihn sehr afficirt hat, unerachtet er diß nicht will merken lassen – ich habe nicht der Zeit dise Gedichte, so wie seine früheren zu lesen – und bin gewiß, daß Sie gerecht gegen ihn waren – auch in der Härte – aber ich bin auch gewiß, daß dise Rec. ihm in einer Beziehung, die ich hier nicht anführen kan, sehr nachtheilig werden wird.«[39]

Cotta dachte nicht in ästhetischen Kategorien, sondern in politischen, wenn er also von »Härte» bei der Beurteilung Heines – nicht etwa seiner Gedichte – durch Schwab spricht, so dürfte er eben jene implizite Diskreditierung des Autors als gesellschaftlichen Außenseiter, als moralisch und politisch unzuverlässiges Subjekt gemeint haben, auf die auch Heine anspielt, zumal er ja in aller Deutlichkeit die daraus erwachsenden Konsequenzen benennt: »daß dise Rec. ihm ... sehr nachtheilig werden wird«.

[38] Gustav Schwab, Buch der Lieder von H. Heine, in: Literaturblatt Nr. 52, Beilage zum Morgenblatt Nr. 154 vom Freitag, dem 27. Juni 1828. Auch abgedruckt in: Heinrich Heines Werk im Urteil seiner Zeitgenossen, hrsg. v. Eberhard Galley u. Alfred Estermann, Bd. 1, Hamburg 1981, S. 314–320 (Nr. 112).

[39] UB Tübingen, Handschriftenabteilung Md 755/84. Ich danke der UB Tübingen für die Erlaubnis zur Publikation. Für den Hinweis auf den Brief bin ich Herrn Dr. Bernhard Fischer zu Dank verpflichtet.

Cotta selbst scheint sich in diesem Konflikt der beiden ihm gleichermaßen verbundenen Schriftsteller – Schwab fungierte, obgleich nicht fest angestellt, als eine Art literarischer Berater des Verlags – neutral verhalten zu haben. Der Zustimmung, die der Rezensent, freilich erst nachträglich, für seine Beurteilung Heines erhielt – »und bin gewiß, daß Sie gerecht gegen ihn waren – auch in der Härte« – steht der Umstand gegenüber, daß die Besprechung ohne Cottas Wissen publiziert wurde, wie aus Schwabs beflissener Rechtfertigung gegenüber der Andeutung des Verlegers hervorgeht:

»Daß Herrn Heine meine Äußerung in irgend einer Laufbahn schädlich werden könnte, daran habe ich freilich nicht gedacht, und eine solche Folge müßte mir außerordentlich leid tun. Wie sehr muß ich es beklagen, daß Ew. Hwg. nicht, als ich diese Anzeige abfaßte, in unsrer Mitte waren; ich hätte mir, wie ich dies schon öfter getan, wo ich wußte, daß Sie ein Gegenstand interessiert, die Erlaubnis erbeten, meine Arbeit Ihnen und der gnädigen Frau vorlesen zu dürfen, und hätte alles, dessen Entfernung Sie wünschenswert finden konnten, weggelassen, da ja auch der gerechte Tadel nicht jederzeit ausgesprochen werden muß.«[40]

Vielleicht hätte Cotta ja für wünschenswert gehalten, daß das eine oder andere aus der Rezension entfernt werde, wohl gar daß sie überhaupt unterbleibe; ein kritisches Gedicht auf Goethe – freilich der »Erste« –, das Menzel 1832 ins *Literaturblatt* einrücken wollte, was Cotta ihm mit Emphase verwies,[41] liefert eine bezeichnende Parallele. Wie sehr Cotta letztlich gewillt war, Heines »Laufbahn« zu protegieren, läßt sich nach diesen Zeugnissen nicht genauer bestimmen, dem Betroffenen mochte es jedoch durchaus so erscheinen, als walte hier eine gewisse Gleichgültigkeit, die zumindest geeignet war, sein Befremden hervorzurufen: »nur (but) daß man von allen Seiten über Scandal schrie und empört war daß in einem Cottaschen Blatte mit so wenig äußerer Achtung von mir gesprochen worden.«[42]

In welcher »Beziehung«, in welcher »Laufbahn« Schwabs Rezension Heine »sehr nachteilig«, ja »schädlich« geworden ist, liegt auf der Hand: die Anspielung gilt seinem damals forciert verfolgten Plan, eine Professur an der Münchner Universität zu erhalten, den Heine vor allem über den nachmaligen bayerischen Innenminister, Eduard von Schenk, aber auch über den einflußreichen Verleger betrieb. Zwei Wochen vor Cottas Äußerung gegen Schwab hatte Heine an ihn geschrieben:

[40] Schwab an Cotta, o. D. [Sommer 1828], in: Briefe an Cotta. Das Zeitalter der Restauration 1815–1832, [Bd. 2], hrsg. v. Herbert Schiller, Stuttgart 1927, S. 446.

[41] Liselotte Lohrer, Cotta. Geschichte eines Verlags, 1659–1959, Stuttgart 1959, S. 60.

[42] HSA, Bd. 20 (Anm. 1), Heine an Menzel vom 16. Juli 1828, S. 335 f. (Nr. 277).

»Herr Baron!

Nachdem was ich Ihnen gestern mitgetheilt, begreifen Sie leicht, daß mir viel dran gelegen ist, die beikommenden drey Bücher sobald als möglich in des Königs Hände zu befördern. Bitte, vergessen Sie nicht sie mitzunehmen wenn Sie zum König gehen; es käme mir auch sehr zu Gute wenn Sie ihm andeuten wollten: der Verfasser selbst sey viel milder, besser und vielleicht jetzt auch ganz anders als seine früheren Werke. Ich denke der König ist weise genug die Klinge nur nach ihrer Schärfe zu schätzen, und nicht nach dem etwa guten oder schlimmen Gebrauch, der schon davon gemacht worden.

Entschuldigen Sie wenn ich Sie überbillig belästige; aber mein Hierbleiben hängt so sehr davon ab ...«[43]

Dem »Verfasser« der drei Bücher – *Reisebilder I* und *II* sowie *Buch der Lieder* – der nach dieser für den bayerischen König bestimmten Äußerung »viel milder, besser und vielleicht jetzt auch ganz anders« erscheinen will als diese »seine früheren Werke«, ist durch Schwabs Rezension, die den Autor mit seinen gesellschaftsverhöhnenden und das heißt in diesem Kontext auch gesellschaftskritischen Gedichten identifiziert, die taktische Maske vom Gesicht gerissen worden – mit den bekannten Folgen, wie sie auch der Betroffene selbst ahnungsvoll andeutet: »mein Hierbleiben hängt so sehr davon ab«. Heine ist nicht in München geblieben, er ist auch nach seiner Italienreise, während der er durch Schenk vom Scheitern seiner erhofften Universitätskarriere erfuhr, nur für wenige Tage dahin zurückgekehrt. Vielleicht lag ja eine der Ursachen für dieses Mißlingen einer beruflichen Etablierung kurioserweise wirklich darin, daß Cotta zu beschäftigt war, um die Schwab'sche Rezension vor ihrem Erscheinen zu lesen. Darüber hinaus aber wird man sagen müssen, daß Heine wohl weniger ein Opfer von Cottas notorischem Zeitmangel wurde, als vielmehr das der illiberalen obskurantistischen Atmosphäre, die damals in München herrschte, einer Atmosphäre, der sich letztlich auch der finanziell wie geistig unabhängige Verleger nicht entziehen konnte. Als Heine ihm gegen Ende des Jahres noch einmal Vorschläge zu einer Fortsetzung der *Neuen Allgemeinen Politischen Annalen* unterbreitete, die nunmehr eine politisch aggressivere Tendenz verfolgen sollten – »Es ist die Zeit des Ideenkampfes, und Journale sind unsere Festungen«,[44] schrieb er kämpferisch an Gustav Kolb –, lehnte Cotta ab; aus welchen Gründen ist nicht bekannt.

[43] Ebd., Heine an Cotta vom 18. Juni 1828, S. 334f. (Nr. 275).
[44] Ebd., Heine an Kolb vom 11. November 1828, S. 350 (Nr. 289).

Es bleibt noch, eine historische Parallele auszuziehen, die vielleicht nur eine Caprice der Literaturgeschichte darstellt, möglicherweise aber doch gewisse Signifikanz besitzt. 33 Jahre oder eine literarische Epoche bevor Cotta versuchen sollte, Heine als Herausgeber des *Auslands* zu gewinnen, trug er Friedrich Schiller die Redaktion einer zu gründenden politischen Tageszeitung, der *Allgemeinen Europäischen Staatenzeitung* an, die später unter dem Titel *Allgemeine Zeitung* berühmt wurde. Schiller sagte zu, unterschrieb sogar einen Vertrag,[45] zog sich aber dann doch von dieser Unternehmung wieder zurück, so wie auch Heine auf den Redakteursposten beim *Ausland* verzichtete; beiden war die freie Verfügung über ihre Zeit zugunsten der Literatur wichtiger. Während Schiller jedoch seine Schaffenskraft den ästhetisch-philosophischen *Horen*, so recht einem Organ der »Kunstperiode«, zukommen ließ, bedurfte Heines Literatur einer politischen Tribüne, und die bot eben die weitverbreitete und hochangesehene *Allgemeine Zeitung*. Das was Cotta seinerzeit mit Schiller, dem Ehrenbürger der Französischen Republik, säen wollte, war ihm nach der Julirevolution mit Heine, dem Korrespondenten aus dem Paris des Bürgerkönigtums, aufgegangen; gemessen an seiner eigenen Lebensspanne, entschieden zu spät. Doch wie gesagt, im Jahr 1832 starben Goethe und sein Verleger, und eine neue Epoche nahm ihren Lauf.

[45] Vgl. Schillers Werke. Nationalausgabe, Bd. 27, Schillers Briefe 1794–1795, hrsg. v. Günter Schulz, Weimar 1958, S. 206 f. (Nr. 170) sowie die Briefe Schillers an Cotta vom 4. Juni 1794 u. vom 14. Juni 1794, S. 7 u. 14 (Nr. 7 u. 13); ferner die Briefe Cottas an Schiller vom 3. Juni 1794 u. 24. Juni 1794, in: ebd., Bd. 35, Briefe an Schiller 1794–1795, hrsg. in Verb. mit Lieselotte Blumenthal v. Günter Schulz, Weimar 1964, S. 6 f. u. 22 (Nr. 3 u. 9).

AUFSÄTZE

MICHAEL HOFMANN

IRONISCHE ARBEIT AM MYTHOS UND KRITISCHE SELBSTREFLEXION DER AUFKLÄRUNG

Christoph Martin Wielands *Comische Erzählungen* (1765)

Die Versdichtungen Christoph Martin Wielands gehören zu den von den Zeitgenossen in Zustimmung und Ablehnung stark beachteten Texten des achtzehnten Jahrhunderts. Gerade die Verserzählung stand in einem präzise bestimmbaren und allgemein bewußten Überlieferungszusammenhang, der eine adäquate Rezeption dieser Texte ermöglichte. Der Übergang zu einer Dichtungskonzeption expressiver Subjektivität, der sich im Sturm und Drang sowie in der Poesie von Weimarer Klassik und Romantik vollzog, erschwert demgegenüber dem heutigen Leser den Zugang zu einer Dichtung, die auf einem virtuosen Spiel mit überlieferten Formen und Inhalten beruhte und auf diese Weise ästhetisches Vergnügen bereitete. Die folgenden Ausführungen wollen am Beispiel der *Comischen Erzählungen* demonstrieren, daß es sich bei diesen aber nicht nur um ein formalistisches und selbstgenügsames Spiel handelte, daß vielmehr Grundprobleme aufklärerischen Denkens im Medium des komischen Erzählens reflektiert wurden. Der Aufklärer Wieland bediente sich der verschiedenen literarischen Formen und Gattungen, um eine Erstarrung des aufklärerischen Denkens zu verhindern und Aufklärung als einen Prozeß kritischer Selbstreflexion voranzutreiben. Die Textbewegung führt dabei nicht zu fixierenden Synthesen oder zu eindeutigen ›Ergebnissen‹, sondern bewahrt eine Offenheit, die dem oszillierenden Wesen der Komik ebenso entspricht wie einer wohlverstandenen Selbstkritik der Aufklärung.

Während die Forschung und die meisten heutigen Leser sich mit Bezug auf Wielands Werk vor allem für den Roman als die Form interessieren, die sich als die moderne Variante der Epik durchgesetzt hat, bleibt die Auseinandersetzung mit den Versdichtungen zum größten Teil auf formale und historisierende Zugänge beschränkt. Dabei könnte bereits etwa die Rezeption von Thomas Manns parodistischem Spiel mit überlieferten Mustern das Verständnis von Wielands reflektiertem Umgang mit Gattungen und Formen fördern, deren ideologische Voraussetzungen durch den Verlauf der historischen Entwicklungen obsolet erscheinen. Wenn in der postmodernen Poetik, etwa bei Umberto Eco und Milan Kundera, die Intertextualität[1] und der spielerische Bezug auf tradierte Formen eine herausragende Bedeutung gewinnen, so ist vor diesem Hintergrund auch ein erneuertes Interesse an Wielands Versdichtungen der Biberacher, Erfurter und Weimarer Zeit zu erwarten.

Die Mythentravestien[2] der *Comischen Erzählungen* markieren insbesondere im Vergleich zu den formal durchaus ähnlichen empfindsamen *Erzählungen* von 1752 einen radikalen Umbruch in Wielands Versdichtungen. Bemühte sich der Autor in den früheren Texten um einen Ton, der die Naivität der Figuren imitierte und den Rezipienten zur Einfühlung in die jeweiligen Protagonisten bewegen sollte, so ist in den *Comischen Erzählungen* ein reflexiver Grundzug durch den Bezug auf die mythischen Vorlagen gegeben, die den Lesern bekannt waren und deren Voraussetzungen durch die ungewohnte Behandlung des Gegenstandes in Frage gestellt wurden. An die Stelle der einfühlenden Identifizierung mit den Gestalten der Erzählungen tritt die distanzierende Reflexion des Dargestellten, die ähnlich wie in den Romanen nicht nur durch die formale Konstellation, sondern auch durch einen räsonierenden Erzähler befördert wird. Der formalen Neuerung entspricht dabei ebenfalls wie in den fiktionalen Prosatexten eine veränderte inhaltliche Einstellung, die als Absage an die Verdrängung bezeichnet werden kann und die durch die vorbehaltlose psychologische Analyse menschlichen Verhaltens gekennzeichnet ist. Während etwa in den *Erzählungen* von 1752 die moralisch-ethische Betrachtungsweise vorherrrschend war und die Neigung zu ›unmoralischem‹ Verhalten auf negativ gezeichnete Figuren und damit immer auf die ›Anderen‹ projiziert wurde, gehen die *Comischen Erzählungen* von der Hypothese aus, daß menschliches Verhalten nicht durch moralische Normie-

[1] Vgl. zur Diskussion des Intertextualitätsbegriffs insbesondere mit Bezug auf Julia Kristeva und Michail Bachtin: Renate Lachmann, Ebenen des Intertextualitätsbegriffs, in: Karlheinz Stierle, Rainer Warning (Hrsg.), Das Gespräch, München 1984 (Poetik und Hermeneutik XI), S. 133–138 und Karlheinz Stierle, Werk und Intertextualität, ebd., S. 139–150.

[2] Im Sinne der neueren Forschungen zur Parodie und zur Travestie ließe sich ein allgemeiner Begriff des Wortes »Parodie« festlegen, der als kritische Nachahmung eines Prätextes zu definieren wäre. Als Unterbegriffe ergäben sich die Travestie und die Parodie im engeren Sinne, die als komische Nachahmungen folgendermaßen zu unterscheiden wären: »Im Gegensatz zur Parodie ..., bei der, je nach Art der Vorlage (Einzeltext/Textklasse), entweder Teilidentität mit der Oberflächenstruktur des adaptierten Textes oder aber die Anwendung zumindest einiger für das Textcorpus charakteristischer Textbildungsregeln vorliegen muß, gelten bei der Travestie die Bedingungen von Identität und Abweichungen nur in Bezug auf das Sujet oder den plot, während die Verfahren der Sujetfügung von der Vorlage unabhängig ... sind.« (Theodor Verweyen, Gunther Wittig, Die Parodie in der neueren deutschen Literatur. Eine systematische Einführung, Darmstadt 1979, S. 157). – In diesem Sinne lassen sich die *Comischen Erzählungen* als »Mythentravestien« bezeichnen. Vgl. auch Winfried Freund, Die literarische Parodie, Stuttgart 1981 (Sammlung Metzler 200) und Beate Müller, Komische Intertextualität. Die literarische Parodie, Trier 1994 (horizonte, 16).

rung fixiert und daß die Behauptung einer moralischen Reinheit als Verdrängung unerwünschter Neigungen entlarvt werden kann. Die Entlarvungspsychologie, die sich aus dieser neuen Haltung entwickelt, wird dadurch komisch, daß der Rezipient das Scheitern der Verdrängung erkennt und die Überwindung starrer Normen als lustvolle Entlastung erlebt.[3] Die komische Einsicht in die Begrenztheit menschlicher Normsysteme führt dabei nicht zu einem diffamierenden Verlachen der Scheiternden, sondern zu einem toleranten Umgang mit menschlichen Schwächen, von denen sich weder der Erzähler noch der fiktive Leser freisprechen können.[4] Die zeitgenössische Rezeption der *Comischen Erzählungen* konnte allerdings dieser Textstruktur nicht gerecht werden, weil sich die komische Reflexion starrer Normen vor allem auf den Bereich des Erotischen und des Sexuellen bezog, wodurch die herrschenden rigiden Moralvorstellungen in besonderer Weise provoziert wurden. Dem heutigen Betrachter muß die sich ergebende Konstellation insofern als ironisch erscheinen, als ausgerechnet Wieland, der in seiner Schweizer Zeit durch eifernde Stellungnahmen gegen die Anakreontik aufgefallen war, in den sechziger und siebziger Jahren als »Wollustsänger« (Hölty) abqualifiziert wurde.[5] Die moralisierenden Gegner Wielands mißverstanden die literarische Darstellung der menschlichen Sinnlichkeit und deren komische Enthüllung als libertinäre Feier einer sexuellen Befreiung, obwohl die Texte gerade nicht auf Identifikation, sondern auf kritische und distanzierende Reflexion angelegt waren.[6]

Mit den *Comischen Erzählungen* stellt sich eine Spannung in Wielands Versdichtungen ein, die sein gesamtes weiteres Werk durchziehen wird und die begrifflich mit der Opposition Empfindsamkeit versus Erotik bezeichnet werden kann. Indem die empfindsame Verleugnung der Sinnlichkeit als Verdrängung decouvriert wird, ergibt sich zwangsläufig eine Auf-

[3] Vgl. Hans Robert Jauß, Über den Grund des Vergnügens am komischen Helden, in: Wolfgang Preisendanz, Rainer Warning (Hrsg.), Das Komische, München 1976 (Poetik und Hermeneutik VII), S. 103–132 und Rainer Warning, Elemente einer Pragmasemiotik der Komödie ebd., S. 279–333. Warnings Konzept kann auch auf epische Texte übertragen werden.

[4] W. Daniel Wilson untersucht die »werkimmanente Rezeption, also die im Werk mitgeschaffenen fiktiven Leser, eine in diesen Erzählungen auffällige Konstellation.« (»Die Fächer vors Gesicht!« Leser und Erotik in Wielands »Comischen Erzählungen«, in: Lessing Yearbook 11, 1979, S. 199–226, hier S. 199.)

[5] Vgl. zur ›Kampagne‹ der Hainbündler gegen den ›frivolen‹ Wieland Hans-Jürgen Schrader, Mit Feuer, Schwert und schlechtem Gewissen. Zum Kreuzzug der Hainbündler gegen Wieland, in: Euphorion 78, 1984, S. 325–367.

[6] Der junge Heinse, der zu Wielands Schülern in Erfurt gehörte, interpretierte Wielands komisch-frivole Texte auch auf der Grundlage einer identifikatorischen Lektüre, aber genau mit entgegengesetzter Tendenz und damit im Sinne eines ›rauschhaften‹ Erotismus. Wieland empfand dies als ein Mißverständnis der kritischen Intention seiner Texte und setzte sich mit deutlichem Unwillen gegen Heinses ›Traditionsbildung‹ zur Wehr.

wertung des Erotischen, die auch im formalen Bereich eine Orientierung an anderen Mustern wie der erotischen Verserzählung La Fontaines und den erotischen Romanen Crébillons mit sich bringt.[7] Mit dieser Neuorientierung ist eine Öffnung gegenüber dem Wertesystem der höfisch-aristokratischen Sphäre und insofern eine Differenzierung des Verständnisses von bürgerlicher Literatur verbunden. In diesem Zusammenhang hat die Forschung mit Recht darauf verwiesen, daß die *Comischen Erzählungen* von ihrer Entstehung her eng mit der Salonkultur des Schlosses Warthausen verbunden sind, auch wenn Wieland im Kontakt mit dem Grafen Stadion und mit dessen Kreis seine bürgerlichen Wertvorstellungen nicht verleugnete. Wenn der Bereich des Erotischen als Korrektiv der empfindsamen ›Schwärmerei‹ verstanden werden kann, so gilt freilich auch die Umkehrung: Die seelische Vertiefung, die durch die Empfindsamkeit gegeben ist, verhindert eine vorbehaltlose Identifizierung mit den amoralischen Grundsätzen des erotischen Lebensentwurfs.[8] In den *Comischen Erzählungen* unternimmt Wieland wie in den verschiedenen späteren Versdichtungen immer neue Anstrengungen, Konstellationen zu entwickeln, in denen beide Denk- und Verhaltensmuster miteinander konfrontiert werden. Das anzustrebende, aber nie zu erreichende Ideal kann im Anschluß an eine Wendung Theodor W. Adornos ›zivilisierte Natürlichkeit‹ genannt werden.[9] Das Paradoxe dieser Formel verweist aber darauf, daß es Wieland im Gegensatz zu den Auffassungen der meisten Interpreten aufgrund seines Problembewußtsein nicht darum geht, in den Texten eine Synthese zu erzeugen, die im außerliterarischen Erfahrungsraum nicht vollzogen werden kann. Vor diesem Hintergrund ist zu betonen, daß die durchgängige Konzentration auf die Spannung zwischen empfindsamer und erotischer Liebe nicht durch eine Manie des Autors zu erklären ist, sondern vielmehr exemplarische Bedeutung für das Spannungsverhältnis zwischen bürgerlicher und adeliger Mentalität aufweist, das für die gesamte Kultur der zweiten Hälfte des achtzehnten Jahrhunderts konstitutiv

[7] Vgl. Thomas Lautwein, Erotik und Empfindsamkeit. C. M. Wielands ›Comische Erzählungen‹ und die Gattungsgeschichte der europäischen Verserzählung im 17. und 18. Jahrhundert, Frankfurt/M. u. a. 1996 (Studien zur Neueren Literatur 3), S. 71 u. ö.

[8] Vgl. zur erotischen Literatur Heinz Schlaffer, Musa iocosa. Gattungspoetik und Gattungsgeschichte der erotischen Literatur in Deutschland, Stuttgart 1971 (Germanistische Abhandlungen 37) sowie zur Oppositon zwischen erotischem und empfindsamem Liebesverständnis Niklas Luhmann, Liebe als Passion. Zur Codierung von Intimität, 3. Aufl., Frankfurt/M. 1982.

[9] Adorno betont in seinem Essay »Zum Klassizismus von Goethes Iphigenie«: »nicht gering ist andererseits, was er [Goethe] im Übergang der deutschen Kunstsprache zum zivilisiert Natürlichen Wieland verdankt.« (Theodor W. Adorno, Zum Klassizismus von Goethes Iphigenie, in: Th. W. A., Noten zur Literatur [Ausgabe in einem Band], hrsg. v. Rolf Tiedemann, Frankfurt/M. 1981 [stw 355], S. 495–514, hier S. 504.)

ist. Wieland differenziert das allzu einfache ideologische Modell, welches das Selbstverständnis des Bürgertums charakterisiert, wenn dieses die eigene Moralität der vermeintlichen Unmoral des Adels entgegenhält. Diese Differenziertheit kennzeichnet auch sein Verhältnis zum Rousseauismus: Gegen höfische Konventionen und adelige Rituale plädiert er dafür, die ›natürlichen‹ Empfindungen und Gefühle des Menschen zu ihrem Recht kommen zu lassen; er ist aber weit davon entfernt, die Zivilisation in ›fundamentalistischer‹ Weise zu denunzieren, sondern erkennt in der Kultivierung der Sinnlichkeit einen Grundwert des Zivilisatorischen.[10]

Wielands *Comische Erzählungen* lassen sich als ein Musterbeispiel einer »Arbeit am Mythos« im Sinne Hans Blumenbergs verstehen.[11] Blumenberg betont, daß es sich bei den Mythen um Muster handele, mit denen gespielt werden könne, wobei nicht von einem ›Ur-Mythos‹ auszugehen sei, sondern Mythos »immer schon in Rezeption übergegangen verstanden«[12] werde. Mythos ist in Blumenbergs Konzeption als ein Mittel gegen den »Absolutismus der Wahrheit«[13] und damit als ein Gegenmodell gegen metaphysischen oder religiösen Dogmatismus zu fassen – eine Konzeption, die verständlich macht, warum sich die antiplatonistische Tendenz Wielands einer Bearbeitung der Mythen bedient. Dabei gilt auch für den ehemaligen ›Schwärmer‹ Wieland, daß die polemische Wendung gegen die dogmatischen Gewißheiten eine weiterhin bestehende Bindung an diese nicht auszuschließen braucht:

Der Mythos tendiert nicht ins Absolute, sondern in der Gegenrichtung zu den Kategorien, die Religion und Metaphysik bestimmen. Aber diese Bewegung wird ihren Ursprung nie ganz verleugnen können: eine rein poetische Erfindung hätte es nie zu dieser Wirkung gebracht, die darauf beruht, daß den von alter Verbindlichkeit noch verschatteten Elementen sich eine Schicht entspannter Unverbindlichkeit überlagert.[14]

Gegen den eindeutigen Wahrheitsbegriff von Religion und Metaphysik setzt der Mythos nach Blumenberg das Prinzip der Bedeutsamkeit, das sich einer einsinnigen Auslegung verweigert und auf eine Vieldeutigkeit des mythischen Materials verweist. Wielands Arbeit am Mythos wird hier

[10] Vgl. zur differenzierten Darstellung des Verhältnisses Wielands zu Rousseau: Walter Erhart, »Was nützen schielende Wahrheiten?« Rousseau, Wieland und die Hermeneutik des Fremden, in: Herbert Jaumann (Hrsg.), Rousseau in Deutschland. Neue Beiträge zur Erforschung seiner Rezeption, Berlin, New York 1995, S. 47–78.

[11] Vgl. Hans Blumenberg, Arbeit am Mythos, Frankfurt/M. 1979; ders., Wirklichkeitsbegriff und Wirkungspotential des Mythos, in: Terror und Spiel. Probleme der Mythenrezeption, hrsg. v. Manfred Fuhrmann, München 1971 (Poetik und Hermeneutik, IV), S. 11–66.

[12] Blumenberg, Wirklichkeitsbegriff und Wirkungspotential des Mythos, S. 28.

[13] Ebd., S. 27.

[14] Ebd., S. 23 f.

deshalb als ironisch bezeichnet, weil die Vieldeutigkeit der Erzählgegenstände und die Relativierung des Erzählerstandpunktes die narrative Konstellation von Wielands Texten bestimmen. Komisch-kritische Reflexion des Verhaltens der Figuren als pragmatische Anthropologie und selbstreflexive Relativierung der eigenen Position als antidogmatische Erzählhaltung sind somit die Grundlagen einer ironischen Arbeit am Mythos. Gegen eine Aufklärungskritik im Sinne von Horkheimers und Adornos *Dialektik der Aufklärung*, die Unterdrückung der inneren und äußeren Natur und Dogmatismus als Kennzeichen des Mythos *und* der Aufklärung bestimmt, zeigen Wielands vermeintlich ›unbedeutende‹ Texte, daß die Aufklärung gerade in ihrem ironischen Umgang mit dem Mythos zu Selbstkritik und zum »Eingedenken der Natur im Subjekt«[15] in der Lage ist.

Die folgenden Ausführungen konzentrieren sich auf zwei der vier *Comischen Erzählungen*, die sich als die gehaltvollsten der Sammlung erweisen.[16] Die erste und die dritte, *Das Urtheil des Paris* und *Juno und Ganymed*, weisen beide eine deutlich satirische und burleske Tendenz auf, woraus sich folgern läßt, daß ihnen primär die Funktion zukommt, den fiktiven Leser ›herabzustimmen‹ und seine Erwartung so zu steuern, daß er nicht mit der Behandlung ›hoher‹ Gegenstände rechnet. Sind die konventionellen Vorurteile auf diese Weise zurückgedrängt, so kann die immer noch komische, aber gleichwohl gehaltvollere und auch häufig das Tragische streifende Erörterung menschlichen Verhaltens beginnen.

»ENDYMION«: DER FALL DER SPRÖDEN UND DIE PROBLEMATIK UNKULTIVIERTER SINNLICHKEIT – PSYCHOLOGISCHE ANALYSE UND IRONISCHER REZIPIENTENBEZUG

Die Verserzählung *Endymion*[17] stellt den Fall einer Spröden dar und bezieht ihre komischen Aspekte aus dem Scheitern einer abstrakten Norm der Sinnenfeindschaft. Diana, die strenge Herrin der Nymphen, verbietet diesen, nachdem alle den Reizen des schönen Endymion erlegen sind, nachts in den Hainen herumzustreichen; sie bietet Amor Trotz, indem sie behauptet, gegenüber den Reizen Endymions und den Freuden der Liebe unempfindlich zu sein. Als sie aber auf ihrer nächtlichen Fahrt den schönen Schäfer erblickt, löst sich in einem langsamen Prozeß, den der Text minutiös beschreibt, ihre Zurückhaltung, und es kommt zu der liebenden

[15] Max Horkheimer, Theodor W. Adorno, Dialektik der Aufklärung. Philosophische Fragmente, Frankfurt/M. 1988 (Fischer Wissenschaft 7404), S. 47.

[16] Ebenso Wilson, »Die Fächer vors Gesicht!«, S. 214.

[17] Vgl. Lieselotte Kurth-Voigt, C. M. Wielands Endymion: Variationen eines antiken Motivs, in: Modern Language Notes 97, 1982, S. 470–496.

Vereinigung, die Diana niemals erleben wollte. Ein Faun, der Diana bei diesem ›Schäferstündchen‹ überrascht, droht, diesen ›Fehltritt‹ öffentlich zu machen, und gelangt durch diese Form der Erpressung seinerseits zu einem ungleich derberen Liebesspiel mit der keuschen Göttin.

Die Struktur dieser Erzählung ist komplexer, als es der erste Anschein suggerieren mag. Auf einer ersten Ebene ist das Komödienschema zu erkennen, das die Überführung der Spröden, deren Scheitern an der starren Norm der Keuschheit und deren ›Bestrafung‹ durch den Faun als einen Repräsentanten ungezügelter Sinnlichkeit in Szene setzt. Zur Differenzierung dieser einsinnigen Lesart trägt die psychologische Subtilität der Erzählung bei, die den vermeintlichen ›Fall‹ der Diana als eine menschlich verständliche Reaktion auf die Verlockung darstellt, die von der Schönheit des Hirten ausgeht. Durch die psychologisch begründete Differenzierung des Komödienschemas gewinnt der Schluß der Erzählung insofern eine tragische Dimension, als die Vergewaltigung der Diana durch den Faun nicht mit poetischer Gerechtigkeit erklärt werden kann. Wenn das vermeintliche Scheitern der Spröden als Ausdruck von ihrer Menschlichkeit erscheint, erweist sich das erpresserische Vorgehen des Fauns, das deshalb funktioniert, weil das Opfer die Reaktion der Götter fürchten muß, als Ausdruck einer unheiligen Allianz von repressiver Moral und ungezügelter Sinnlichkeit.

Die Erzählung beginnt mit der Schilderung eines recht eigenwillig konzipierten Naturzustandes, die sich mit der rousseauistischen Position darin trifft, daß in ihr Ungleichheit und Herrschaft ausgeschlossen werden, die im übrigen aber den Akzent auf eine ungezwungene Sinnlichkeit legt und sich so von der moralisierenden Position des Genfer Kulturkritikers distanziert:

»Eh noch der Stände Unterschied
Aus Brüdern Nebenbuler machte,
Und gleißnerische Heiligkeit
Das höchste Gut der Sterblichkeit,
Die Lust um ihre Unschuld brachte ...« (S. 41),[18]

[18] Aus den *Comischen Erzählungen* wird nach dem Faksimile der Erstausgabe mit Angabe der Seitenzahl zitiert (Christoph Martin Wieland, Comische Erzählungen. Combabus. Der verklagte Amor, Hamburg 1984). Die späteren Bearbeitungen, so auch der Text der *Sämmtlichen Werke* (1794–1811), zeigen eine deutliche Tendenz zur Glättung und Poetisierung, der nicht nur vermeintlich anstößige Passagen zum Opfer fielen, sondern die auch inhaltliche ›Korrekturen‹ bewirkte, die den Sinn der Texte verändern. Wie im Falle des *Neuen Amadis* schwächte Wieland im Zuge seiner Selbststilisierung zum klassischen Autor in der Ausgabe der *Sämmtlichen Werke* inhaltliche und formale Kühnheiten ab, so daß der spätere Text für das Verständnis von Wielands Konzeption im Jahre 1765 keine sinnvolle Grundlage darstellt. Eine moderne Wieland-Ausgabe, die von den Erstdrucken auch der Versdichtungen ausgeht, ist ein dringendes Desiderat der Forschung.

bevor dies geschah, so der Text, herrschte ein Zustand, der durch natürliche Begierden und nicht durch einen Ausschluß der Sexualität gekennzeichnet war. Während das Ideal gesellschaftlicher Gleichheit nur in dieser einleitenden Passage erwähnt wird, erscheint die rigide Moral mit ihrer heuchlerischen Wohlanständigkeit (»gleißnerische Heiligkeit«) im Verlauf des Textes als diejenige Macht, die für die problematischen Konstellationen der Handlung verantwortlich gemacht wird. Deutlich wird eine Umkehrung der Argumentation, die für die empfindsamen *Erzählungen* charakteristisch war: Während in den früheren Texten die ungezügelte sinnliche Begierde als die anthropologische Dimension herausgestellt wurde, die zur Herausbildung einer durch antagonistische Widersprüche gekennzeichneten Konstellation führte, ist es jetzt die Anmaßung einer sinnenfeindlichen Moral, die eine Auflösung natürlicher Harmonie bewirkt. So spricht der Erzähler nicht ohne Ironie in *Endymion* von einer Schäferidylle, die eine ungezwungene Befriedigung sinnlicher Begierden durchaus einschließt:

»Der Schäfer war vergnügt, das Nymphen-Volk nicht minder,
In Unschuld lebten sie beysammen wie die Kinder,
Zu manchem Spiel, wobey man selten weint,
Den ganzen Tag, oft auch bey Nacht, vereint.« (S. 45)

Es ist Diana, die ihre Sprödigkeit den Nymphen als Gesetz aufzuzwingen versucht und damit der sinnlichen Liebe aus einem moralischen Impetus heraus die Unschuld nimmt:

»Von Liebe nur im Schlaf zu sprechen
Hieß bei *Dianen* schon ein strafbares Verbrechen:
Kurz: Männer-Haß und Sprödigkeit
Trieb selbst Minerva nicht so weit.« (S. 46)

Diana zerstört zunächst die natürliche Ordnung, indem sie den Nymphen die nächtlichen Spiele mit dem schönen Endymion verbietet, und sie erfährt Amors Macht, wenn sie selbst den Reizen des schlafenden Hirten nicht widerstehen kann. Die mythische Rede von Amors Macht wird im weiteren Verlauf der Handlung konsequent psychologisiert, indem der Erzähler mit subtiler Meisterschaft, die an die Danae-Episode des *Agathon*-Romans erinnert, den Prozeß der langsamen Befreiung des sinnlichen Begehrens schildert.[19] Der Gegensatz zu der abstrakten Moral der empfind-

[19] Vgl. hierzu immer noch den wegweisenden Aufsatz von Kurt Wölfel, Daphnes Verwandlungen. Zu einem Kapitel in Wielands »Agathon«, in: Jahrbuch der Deutschen Schillergesellschaft 8, 1964, S. 41–56.

samen *Erzählungen* wird dadurch hervorgehoben, daß der Text auf die Notwendigkeit verweist, menschliches Verhalten nicht nach starren Schemata, sondern unter Berücksichtigung der jeweils konkreten Situation zu beurteilen: »Der Gegenstand, der Ort, die Zeit, / Wird die Entschuldigung der Göttin machen müssen.« (S. 54) Die erste Stufe einer Öffnung der Spröden ergibt sich durch den Drang, den schönen Hirten anzuschauen. Die Beschreibung basiert auf einer Dialektik von Widerstreben und Nachgeben, die unbewußt die Regeln des erotischen Spiels reproduziert, wobei der Unterschied zur klassischen erotischen Situation und auch zu der erwähnten Episode des *Agathon*-Romans darin liegt, daß Dianas Partner während des gesamten geschilderten Prozesses schläft:

»Das Sicherste war hier die Augen zuzumachen.
Sie tat es nicht und warf, jedoch nur obenhin
Und blinzend, einen Blik auf ihn.
Sie stuzt und hemmt den Flug der schnellen Drachen,
Schaut wieder hin, erröthet, bebt zurük,
Und suchet mit verschämtem Blik
Ob sie vielleicht belauschet werde;
Doch da sie ganz allein sich sieht,
Lenkt sie mit ruhigerm Gemüth
Den Silber-Wagen sanft zur Erde,
Bükt sich, auf ihren Arm gestüzt,
Mit halbem Leib heraus und überläßt sich izt
Dem Anschaun ganz, womit nach *Platons* Lehren
Sich im Olymp die reinen Geister nähren.« (S. 52)

Die Intensität der Darstellung wird durch eine subtile Mischung aus einer Außen- und einer Innenperspektive erreicht. Während jene eine deutliche Distanz des Rezipienten zum Verhalten der Spröden bewirkt, fördert diese ganz im Gegenteil das Verständnis der zwischen Repulsion und Attraktion hin- und hergerissenen Protagonistin. Als eindeutig komisches Element ist in dieser Passage der Verweis auf Platons Lehre von der göttlichen Schau des Schönen zu interpretieren, weil der Leser sich bereits über die Tatsache klar geworden ist, daß sich die bedrängte Diana gerade nicht mit dem interesselosen Wohlgefallen an der schönen Form begnügen wird. Für diese Vermutung spricht auch ihre Reaktion auf den Anblick des Schäfers:

»Indessen klopft vermischt mit banger Lust
Ein süsser Schmerz in ihrer heissen Brust;
Ein zitterndes, wollüstiges Verlangen
Bewölkt ihr schimmernd Aug und brennt auf ihren Wangen.« (S. 53)

Die folgenden Stufen des Prozesses lassen sich kurz zusammenfassen: Diana will Endymion küssen, wird aber von der Angst, abgewiesen zu werden, zurückgehalten; daraufhin will sie das Objekt ihrer Begierde noch einmal ansehen, was aber eine noch leidenschaftlichere Reaktion bewirkt:

»Ein fremdes Feuer schleicht durch ihren ganzen Leib,
Ihr feuchtes Aug erlischt, die runden Kniee beben,
Sie kennt sich selbst nicht mehr, und fühlt in ihrem Leben,
Sich izt zum erstenmal ein Weib.« (S. 58)

Die Metaphorik des Brennens wird wie in der empfindsamen Dichtung auf die heftige sinnliche Leidenschaft bezogen, aber nicht mehr moralisierend bewertet, sondern mit Interesse am Detail psychologisierend beschrieben. Das ›Resultat‹ des Prozesses wird schließlich in einer ironischen Mischung aus Enthüllung und Verbergen wie folgt ausgedrückt:

»Sie that (so sagt der Faun, der sie beschlichen hat)
Was *Platons Penia* im Götter-Garten that.
Was that denn die? wird hier ein Neuling fragen?
Sie legte – Ja doch! Nur gemach!
Schlagt euern Plato selber nach,
Das läßt sich nur auf Griechisch sagen.« (S. 61)

Jenseits des vordergründig komischen Effekts läßt sich in dieser Passage eine grundlegende Tendenz der Erzählung erkennen, die das Thema der Beeinflussung durch sinnliche Reize nicht nur auf der Handlungsebene aufgreift, sondern auch durch den Bezug auf den Rezipienten des Textes auf eine Metaebene hebt. Dem nachlassenden Widerstand der Diana entspricht nämlich – so die Voraussetzung des Spiels, das der Erzähler mit seinen Lesern treibt – ein uneingestandener Voyeurismus der Rezipienten, die einerseits an der rigiden Moral teilhaben, die Dianas Verhalten ursprünglich prägt, andererseits aber ihre Neugier über die Details des Prozesses der Verführung nicht verbergen können. Ausdrücklich wird dieser Bezug in einer Anrede an die Leserinnen artikuliert, die ebenso wie Diana eine Sprödigkeit vortäuschen, die einer kritischen Prüfung nicht standhält:

»Ihr Mädchen, die ihr spröde thut,
Hier solltet ihr ein wenig überhören;
Ich bin euch diesesmal für kein Erröthen gut.
Die Fächer vors Gesicht!
Diana – Nein! Um Welten
Verrieth' ich dieses nicht,
Sie liessen mich's entgelten.« (S. 53 f.)

Ebenso wie Diana werden die Leserinnen hier einer Probe unterzogen, und es wird vorausgesetzt, daß ebenso wie im Falle Dianas der Widerstand gegen die sinnlichen Reize den Versuch darstellt, die vorhandene Empfänglichkeit für diese zu verdrängen.[20] So dient die vorgetäuschte Absicht des Erzählers, die Schilderung der sinnlich reizenden Szenen zu verweigern, letztlich der Steigerung der Neugier, die sich hinter der Maske der Sprödigkeit verbirgt. Indem der Rezipient durch den Aufbau der Erzählung die Erfahrungen reproduziert, die Diana macht, wird einerseits die Bedeutung des Dargestellten für die Gegenwart von Erzähler und Rezipient betont und andererseits der Fall der Diana zu einem exemplarischen Geschehen, das die Problematik einer rigiden Sexualmoral und deren immanente Widersprüche offenlegt. Indem der Text auf diese Weise eine reflexive Metaebene erzeugt, erweist sich, daß sein Ziel nicht darin besteht, die stofflichen Gehalte der Erzählung auszustellen und damit der Sinnlichkeit des Rezipienten Objekte des Konsums zu präsentieren. Vielmehr bewirkt der differenzierte Leserbezug eine unvoreingenommene Reflexion über die Bedingungen menschlicher Subjektivität in der konkreten Situation der zweiten Hälfte des achtzehnten Jahrhunderts und über den Stellenwert, der dem Bereich der Sexualität und der Körperlichkeit in diesem Kontext zukommt. Der im engeren Sinne komische Aspekt dieser Reflexion liegt dabei in der lustvollen Einsicht in das Scheitern starrer Verhaltensnormen, die kritische Dimension in der Selbstreflexion, die dem Rezipienten zugemutet wird, der sich über das eigene Verhältnis zu den angeführten Fragen menschlichen Verhaltens klar werden und über die Möglichkeiten guten Lebens in einer Konstellation reflektieren muß, die keine allgemein gültigen Wertvorstellungen mehr kennt.

Der Schluß der Erzählung zeigt mit besonderer Deutlichkeit, daß es in den *Comischen Erzählungen* nicht um eine unkritische Verherrlichung menschlicher Sexualität geht. Wenn Diana nur das getan hat, was im Sinne einer unvoreingenommenen Reflexion menschlichen Verhaltens als verständlich angesehen werden muß, so wird der Leser dazu gebracht, Mitleid mit ihr zu empfinden, weil sie die entwürdigende Behandlung durch den Faun nicht ›verdient‹ hat. Dianas Sorge um die Reaktion der Götter und der Nymphen auf ihren ›Fall‹ zeigt, daß durch den Verlust des in der Exposition der Erzählung geschilderten Naturzustandes (den sie freilich selbst verschuldet hat) ein unbefangenes Verhältnis zur Sinnlichkeit verloren gegangen ist und daß die von dem Erzähler propagierte unvoreingenommene Prüfung menschlichen Verhaltens nicht als allgemein anerkannte Einstellung akzeptiert wird. Wenn man diese Einsicht auf die

[20] Vgl. Wilson, »Die Fächer vors Gesicht!«, S. 210.

Metaebene des Verhältnisses von Erzähler und Rezipient überträgt, so läßt sich folgern, daß die gesellschaftliche Realität Wielands und seiner Zeit in analoger Weise durch ein Verhältnis zur Sinnlichkeit bestimmt ist, das als entfremdet bewertet wird. An die Stelle eines unbefangenen Bezugs zur menschlichen Sexualität treten vielmehr zwei Extrempositionen, die beide im Sinne des Textes als Verfehlungen menschlicher Sinnlichkeit zu betrachten sind: die rigide Unterdrückung der Sinnlichkeit auf der einen und die ungezügelte Befriedigung der sinnlichen Begierde auf der anderen Seite. Indem der Schluß der Erzählung zwar das Komödienschema erfüllt, wenn er die Anmaßung der Spröden entlarvt und bestraft, hinterläßt er dennoch ein ungutes Gefühl, das durch das Mitleid mit der ungerecht behandelten Protagonistin bedingt ist. Dieser Schluß ist aber nicht als künstlerisches Versagen zu deuten, sondern läßt sich als Modell eines Vorgehens ansehen, das die im Text manifesten Widersprüche nicht einer allzu bequemen Synthese zuführt, sondern, indem es die formale Synthese zwar schafft, aber einen unbefriedigenden ›Rest‹ hinterläßt, auf das Fortbestehen der gestalteten Spannungen verweist. Zwar deutet der Text wie auch die späteren Versdichtungen (vor allem *Musarion* und *Der neue Amadis*) eine Synthese an, die einer ›anmutigen‹ Verbindung von Sinnlichkeit und Kultur entspricht; er zeigt aber wie diese, daß es notwendig ist, am Prinzip der kritischen Reflexion festzuhalten. Hier wie dort bedeutet der Schluß der Versdichtung also keine Versöhnung der dargestellten Widersprüche, sondern die kritische Erinnerung daran, daß angesichts einer gesellschaftlichen Erfahrung, die sich um die Synthesen der Dichtkunst wenig kümmert, auch die Literatur den Widerstreit divergierender Handlungsmaximen nicht verdecken kann. So zeigt die Mythentravestie ihre Aktualität für die Gegenwart von Autor und Rezipient, und der mythische Stoff dient als ›Vorwurf‹ für eine kritische Reflexion der Bedingungen ›moderner‹ Subjektivität.

»AURORA UND CEPHALUS«: KOMISCHE REFLEXION DER SPANNUNG ZWISCHEN EMPFINDSAMKEIT UND EROTIK

Die letzte der vier *Comischen Erzählungen* ist zweifellos die gehaltvollste und bereitet die Höhepunkte von Wielands komischer Versepik vor. Nach dem Ausflug ins Burleske und Schwankhafte in *Juno und Ganymed* zeigt sich hier erneut, daß die komische Erzählhaltung in der Lage ist, zentrale ideologische Probleme des achtzehnten Jahrhunderts zu behandeln, ohne die Leichtigkeit aufzugeben, die den Ton der gesamten Sammlung kennzeichnet. Weniger durch Wendungen an den Leser und durch Digressionen als durch die kunstvolle Konstruktion des Handlungszusammenhangs vollzieht sich in diesem Text die komische Reflexion, indem Konstellationen erzeugt werden, die durch Kontrastierung und Spiegelung ein nuanciertes Bild menschlichen Begehrens zeichnen. Was Wieland 1752 in den *Moralischen Briefen* bereits zum Programm erhoben hat, die Zeichnung anmutiger Tugend, wird jetzt nicht mehr abstrakt postuliert und mit den konkreten Erfahrungen des aufgeklärten Subjekts kontrastiert, sondern zum Leitbild einer Versuchsanordnung, das in der konkreten Handlung der Erzählung letztlich verfehlt wird. So vermeidet Wieland jetzt die unvermittelte normative Setzung und zeigt durch einen psychologisch plausiblen Handlungsverlauf die konkreten Schwierigkeiten, die sich bei dem Versuch ergeben, eine exemplarische menschliche Beziehung zu konstituieren.

Deutlicher als in den übrigen Texten der Sammlung stehen sich in *Aurora und Cephalus* der erotische und der empfindsame Lebensentwurf gegenüber; das zentrale Problem des Textes ist dasselbe, das später in *Musarion* ebenfalls mit komischen Elementen, aber doch auch nicht ganz ohne Ernst behandelt wird. Es betrifft die Frage, die auch den *Agathon*-Roman und in diesem speziell die Danae-Episode charakterisiert: Läßt sich eine dauerhafte Beziehung zwischen Mann und Frau denken, welche die seelische Tiefe der Empfindsamkeit mit den sinnlichen Reizen des erotischen Lebensentwurfs verbindet? Der Text zeigt eine Dreierkonstellation zwischen Aurora, Cephalus und Procris, die dazu angetan ist, jenseits allen oberflächlichen Versöhnungsdenkens die Brisanz des zugrundeliegenden Problems zu demonstrieren. Dabei werden tragische Elemente eingeführt, die nur durch einen ›Märchenschluß‹ aufgelöst werden können. Dessen Funktion liegt in einem Signal an den Leser, der den Bruch mit der psychologischen Plausibilität der Handlung bedenken und zu der Einsicht gelangen soll, daß es im Sinne eines reflektierten Umgangs mit den Aporien menschlichen Begehrens darauf ankommt, diese nicht zu verdrängen, sondern als Basis des menschlichen Handelns mit der notwendigen Gelassenheit zu akzeptieren.

Die Handlung der Erzählung läßt sich wie folgt resümieren: Aurora, von der Trägheit ihres ältlichen Gemahls Trithon enttäuscht, entführt den schönen Cephalus in die Gefilde der Götter. Dieser ist von der märchenhaften Situation überwältigt und erfüllt die Wünsche der schönen Unsterblichen in der Illusion, es handele sich um seine geliebte Gattin Procris. Als er seinen Irrtum bemerkt, zeigt er Aurora deutlich seine Verstimmtheit, woraufhin diese aus Verärgerung über die Reaktion des Geliebten bei diesem Zweifel an der Treue seiner Frau nährt. Von der Göttin verwandelt, erscheint Cephalus bei Procris zunächst als der unermeßlich reiche Amphibolis, kann aber in dieser Gestalt die Treue der Procris nicht erschüttern. Als er sich aber in den schönen Schäfer Seladon verwandelt, erliegt nach langem Zögern die widerstrebende Procris seinem Werben, woraufhin Cephalus sie mit bitteren Worten wegen ihrer Untreue anklagt. Nachdem Procris, verletzt über das Mißtrauen ihres Mannes, diesen verläßt, bereut Cephalus sein Vorgehen, sucht die Geliebte, wird von einer reizenden Nymphe auf deren Spur gebracht und findet sie – in den Armen des ›echten‹ Seladon. Voller Reue über sein Vorgehen und voller Verzweiflung über die fatalen Folgen der ›Prüfung‹, die er ohne Not seiner Frau auferlegt hat, springt er in einen Teich, um sich zu töten, wird aber von Aurora gerettet, in deren Armen seine Lebenslust zurückkehrt.

Im Vergleich zu Ovids *Metamorphosen*, der Quelle der Erzählung, fällt zweierlei auf: Zum einen verzichtet Wieland auf ein wichtiges Handlungsmoment, indem er Procris nicht ihrerseits mißtrauisch werden und die Aktivitäten ihres Mannes beobachten läßt, zum anderen entfällt der tragische Schluß, bei dem Cephalus auf der Jagd versehentlich die ihm heimlich nachspürende Procris mit dem Speer tötet, den diese ihm geschenkt hat. Die Konsequenzen aus diesen Änderungen sind deutlich: Einerseits wird ein sehr positives Bild der Procris gezeichnet, die ihrem Mann so lange wie irgend möglich die Treue hält und selbst nicht in das fatale Mißtrauen verfällt, das die unheilvollen Folgen zeitigt; andererseits wird der tragische Schluß vermieden, wodurch der Rezipient nicht zum Mitleiden und damit zur Identifikation mit der Protagonistin, sondern zur gelassenen Reflexion über das Dargestellte angeregt wird.

Aurora erscheint in der Erzählung als die Repräsentantin des erotischen Lebensentwurfs, die aus – wie der Text darlegt – verständlichen Gründen mit der Lethargie ihres Mannes unzufrieden ist und die Gelegenheit ergreift, die erotische Befriedigung mit dem schönen Sterblichen zu erlangen. Als der Text die Begegnung der beiden beschreibt, zieht er alle Register der erotischen Erzählkunst, wobei ähnlich wie in *Endymion* mit der Spannung zwischen Verbergen und Enthüllen gespielt wird:

»Indem er noch im Küssen ist,
Verirrt sein Mund – da seht mir doch die Musen!
Die kleinen Spröden schämen sich
Und halten plötzlich ein – doch ich bekenn' es, ich,
(Und *Cicero* an *Pätum* spricht für mich:)
Verirrt – wie leicht verirrt man sich! –
Verirrt sein Mund auf ihren Busen.« (S. 106f.)

Der intertextuelle Bezug ist von einer besonderen Ironie, da der Text mit dem Seriosität verbürgenden Zitat die in den *Comischen Erzählungen* häufig kritisierte Tendenz parodiert, sinnliche Begierden und Interessen mit vorgetäuschten ›geistigen‹ oder moralischen Anliegen zu bemänteln.

Denn Cicero spricht in dem erwähnten Text – wie Lautwein bereits darlegt[21] – gerade nicht in erotischen Kontexten, sondern ganz allgemein davon, daß es wichtig sei, die Dinge beim rechten Namen zu nennen.

Ironisch und ›resümierend‹ wirkt die Darstellung von Cephalus' Liebesspiel, in der die erotische Rede von den verschiedenen Stadien der Liebe parodiert wird: »Er [Cephalus] wagt's von Grad zu Grad, bis ihm vor lauter wagen / Nichts mehr zu wagen übrig blieb.« (S. 107) Diese Zeilen zeigen Wielands Kunst, im Bereich der sinnlichen Liebe falsche Scheu zu vermeiden, ohne einer naturalistischen Direktheit zu verfallen, die den Voyeurismus des Lesers in plumper Art und Weise bedienen würde.[22] Die ungezwungen-heitere Darstellung des Erotischen wird aber im Fortgang der Handlung weitgehend aufgegeben, weil sich durch das weitere Verhalten Auroras durchaus bedenkliche Aspekte des erotischen Lebensentwurfs zeigen.

Die Enttäuschung über die reservierte Haltung des Geliebten führt nämlich dazu, daß die erotische Dimension in bedrohlicher Weise in eine Beziehung einbricht, die als Musterbeispiel einer Verbindung des empfindsamen mit einem sinnlichen Ideal verstanden werden kann. Wenn Cephalus von der gemeinsam mit Procris verlebten Jugend erzählt, häufen sich im Text die Topoi empfindsamen Erzählens, so daß im Kontext von Wielands Werk die *Erzählungen* von 1752 und speziell der Text *Selim und Selima* assoziiert werden können:[23]

»Wir waren schon vom Führ-Band an
Die unzertrennlichsten Gespielen,
Und lieben uns, seitdem wir fühlen,
So zärtlich als man lieben kann.
Als Kind schon kannt' ich keine Lust
Als meiner *Procris* liebzukosen,
Lag gerne mit ihr unter Rosen,
Und spielte mit der jungen Brust.« (S. 110f.)

Diese Schilderung, die durch kein ironisches Signal relativiert wird, zeugt gerade insofern von der Stärke des empfindsamen Liebesverständnisses, als es Cephalus und Aurora gelungen ist, ihre Liebe über die Adoleszenz hinaus zu bewahren und die sinnlichen Reize in die empfindsame Liebe zu integrieren:

[21] Vgl. Lautwein, Erotik und Empfindsamkeit, S. 177.

[22] Hier liegt die Grundlage für Wielands spätere Auseinandersetzung mit Heinse, der in seiner Übersetzung des *Satyrikon* und im *Ardinghello* eine direktere Darstellung des Erotischen wählte und sich dabei auf Wieland als Vorbild berief.

[23] Vgl. Lautwein, Erotik und Empfindsamkeit, S. 182.

»Um kurz zu seyn, so sind es nun drey Jahre,
Fuhr *Cephal* fort, daß Hymen uns beglükt,
Und ich in Procris Arm erfahre,
Daß After-Liebe nur von Sättigung erstikt.
Mir ist's ob jede Nacht
Die allererste wäre,
Und jedes mal, wenn sie mich glüklich macht,
Frag ich mich selbst, ob mich kein Thraum bethöre?« (S. 112f.)

Mit diesem Geständnis provoziert Cephalus die erotische Liebeskonzeption Auroras, die von der zeitlichen Begrenztheit der sinnlichen Liebe und von der Konzentration auf den Ausnahmezustand der erotischen Befriedigung gekennzeichnet ist. Aurora, der die Dimension der konstanten personalen Liebe fremd bleibt (»Sehr wohl, mein Herr! Sie [Procris] fühlt, / Was alle junge Mädchen fühlen. ... Wozu so vielen Wörter-Pracht?« [S. 112]), wird durch die Frustration über Cephalus' Treue auf die Idee gebracht, in diesem Mißtrauen zu säen und damit die Harmonie einer sinnlich-sittlichen Liebe im Keim zu zerstören. (Damit ist die Konstellation von Schillers bürgerlichem Trauerspiel *Kabale und Liebe* erreicht, in dem es Ferdinand an dem unbedingten Vertrauen in Luises Treue fehlt, wodurch die Katastrophe eingeleitet wird.) Die Konfrontation zwischen dem erotischen und dem empfindsamen Liebesverständnis vollzieht sich in Wielands Erzählung über die Verwandlung des Cephalus. Dessen Scheitern bei dem Versuch, in der Gestalt des reichen Amphibolis durch Versprechungen von Reichtum Procris' Treue zu unterminieren, demonstriert noch einmal nachdrücklich die Stärke von Procris' Liebe,[24] und selbst ihre ›Kapitulation‹ gegenüber dem schönen Seladon wird von dem Erzähler entschuldigt, der in einer ironischen Mischung von psychologischer Analyse und dem Bezug auf das mythologische Verwandlungsspiel darauf verweist, Procris habe in Seladon letztlich doch ihren Mann geliebt:

»Doch wie? Zu rascher Cephalus!
Worinn bestund dann ihr Verbrechen?
Zürnst du auf deinen eignen Kuß,
Und willst an ihr und an dir selber rächen,
Was du als Seladon gethan?

[24] Dabei läßt sich im Spiel der Intertextualität eine Kritik an dem Frauenbild der komischen Erzählungen La Fontaines erkennen, in denen dieser die Behauptung aufstellt, jede Frau sei durch Reichtum zu verführen. Vgl. Lautwein, Erotik und Empfindsamkeit, S. 190f.

Du sprichst, sie sah mich doch für einen andern an –
Wie? Ist dir denn die Macht der Sympathie verborgen?
... ihr Auge wandte sich
Von Seladon, ihr Arm umfaßte *dich.*« (S. 125)

Der Text zeigt damit eine deutliche Hochschätzung der empfindsamen Position, die einen deutlichen Kontrapunkt gegenüber der desillusionierenden und jedes ›höhere‹ Gefühl bezweifelnden Burleske *Juno und Ganymed* markiert. Mit dem Terminus »Sympathie« zitiert der Autor einen Zentralbergiff seiner ›seraphischen‹ Periode, während derer er in dem Phänomen der Sympathie den Ausdruck eines metaphysischen Prinzips sah, das die Ordnung der Welt sicherte und in dem die menschliche Liebe als Reflex von Gottes Beziehung zu seinen Geschöpfen und seiner Schöpfung erschien. Zu dieser Metaphysik kehrt Wieland hier gewiß nicht zurück; der Text artikuliert aber die Überzeugung, daß es bei privilegierten Subjekten durchaus einen Grad an Liebe geben kann, der die Gesetze der erotischen Liebeskunst in Frage zu stellen vermag. Die komische Reflexion dient damit in der Erzählung *Aurora und Cephalus* der gegenseitigen Begrenzung und Relativierung extremer Positionen, und sie geht von dem Axiom aus, daß es unmöglich sei, von Menschen als begrenzten Subjekten die absolute und uneingeschränkte Erfüllung abstrakter Normen zu verlangen. Procris ist unter dem gesamten Personal der *Comischen Erzählungen* diejenige Figur, die sich am meisten dem empfindsamen Ideal ›reiner‹ Subjektivität annähert und der es wie der Danae des *Agathon*-Romans sogar zeitweilig gelingt, die empfindsame Liebe mit erotischer Attraktion zu verbinden. Der ›Fehler‹ des Cephalus besteht jedoch darin, von der menschlichen Partnerin Übermenschliches zu verlangen: Nicht menschliche Treue, sondern die Standhaftigkeit einer Heiligen erwartet er von der Frau, an deren Tugend und Liebe ihm von der Logik seiner eigenen Erzählung her kein Zweifel erlaubt ist. Die Intrige der Erotikerin Aurora gelingt aufgrund von deren Möglichkeiten, als Göttin mit den Menschen ein diabolisches Spiel zu treiben; dieser vermeintliche Triumph ist jedoch schal angesichts des Widerstandes, den die empfindsame Procris zu leisten in der Lage ist. Dennoch wird Aurora selbst aufgrund der ihr anhaftenden ›menschlichen‹ Züge nicht zu einer uneingeschränkt ›bösen‹ Figur; die Erzählung zeigt, daß auch die erotische Liebeskonzeption aufgrund der psychischen Bedingtheiten des Menschen ihr relatives Recht hat. So führt die komische Reflexion menschlichen Begehrens zu einem gelassenen Perspektivismus, dessen heitere Unbefangenheit auch angesichts einer das Tragische streifenden Handlung durch den Schluß des Textes veranschaulicht wird, wenn es von Cephalus nach dessen Rettung durch die Göttin heißt:

»Er öffnet halb den neu-belebten Blik,
Erkennt' *Auror*, und sinkt an ihre Brust zurük
Nicht vor Verzweiflung mehr, vor Dankbarkeit zu sterben.« (S. 133)

Dabei ist seine Dankbarkeit – wie der Leser erkennen kann – nicht nur auf die Rettung vor dem Tode, sondern auch auf die Tatsache zurückzuführen, daß der gescheiterte Selbstmörder erneut die erotischen Reize der Göttin genießen kann. Cephalus ist die letztlich uneingeschränkt komische Figur der Erzählung. Während Aurora und Procris nämlich weitgehend konstant jeweils den erotischen und den empfindsamen Lebensentwurf repräsentieren (wobei Procris' Verbindung mit Seladon vielleicht doch eine Einschränkung erforderlich macht), scheitert die männliche Figur an beiden Normen: Der ungeschickte komische ›Held‹ verdirbt sich die erotische Befriedigung mit Aurora (und auch die mit der Nymphe Rosette, die er auf der Suche nach Procris trifft und deren Reizen er *fast* erliegt, so daß er deren Unmut erregt, »weil er zu viel und doch zu wenig sich erkühnet« [S. 128]) ebenso wie die harmonische Beziehung zu seiner Gattin durch sein Mißtrauen gegen deren Treue. Daß er nicht zum tragischen Helden wird, entspricht dem Gesetz der komischen Reflexion, die gerade keine absoluten Maßstäbe an die Protagonisten der Erzählung anlegt und deren Ziel es ist, beim Leser die Einsicht in die Begrenztheit der menschlichen Subjektivität zu befördern. Wer die Relativität menschlicher Lebensentwürfe erkannt hat, wird weder absolute Normen aufstellen noch sich und andere an absoluten Maßstäben messen; er wird aber auch nicht wie Aurora versuchen, in fremde Lebensentwürfe mit zerstörerischer Absicht einzubrechen.

Die Kunst der komischen Erzählung zeigt sich vor allem darin, daß jede abstrakte Lehre im Diskurs des Textes vermieden wird und daß die komische Reflexion konsequent in Handlung umgesetzt wird, wobei selbst kleinste Details wie die Begegnung des Cephalus mit der Nymphe Rosette kunstvoll in das erzählerische Ganze integriert sind. Jede Pedanterie wird so vermieden, und es gelingt, selbst die relative Berechtigung des empfindsamen Lebensentwurfs ohne moralisierende Didaxe in die Konstruktion der Erzählung einzuführen. Der ›Märchenschluß‹ betont wie später in *Der neue Amadis* die prinzipielle Offenheit der komischen Reflexion, die nur durch einen formalen Kunstgriff abgeschlossen wird. Dabei zeigt sich die Toleranz und Großmütigkeit der komischen Kritik menschlicher Verhaltensweisen, indem keine der Gestalten ›aufgegeben‹ und bestraft und der Verletzer der Norm in die Gemeinschaft unvollkommener Menschen integriert wird. Auch hier folgt der Text letztlich dem Schema der Komödie, indem nach Intrige und Verführung am Schluß zwei Paare dastehen und die Verletzung der Norm durch die Integration des Abweichenden in ein großzügigeres und damit menschliches Normsystem kompensiert wird. Damit erweist sich, daß die komische Versdichtung ebenso wie die ernste Verskunst der Empfindsamkeit die wesentlichen Fragen zu thematisieren vermag, die das Bewußtsein der Menschen bestimmen; der Vorzug der komischen Reflexion besteht dabei in der Möglichkeit, differenzierte Figuren zu zeichnen und damit der Relativität menschlicher Bestrebungen gerecht zu werden, ohne menschliche Schwächen und Fehler pauschal zu legitimieren.

Wielands ironische ›Arbeit am Mythos‹ entspricht in exemplarischer Weise der antidogmatischen und antimetaphysischen Tendenz, die Hans Blumenberg als charakteristisch für die Wirkungsgeschichte des Mythos herausgestellt hat. Die Anschaulichkeit und Offenheit des mythischen Materials für psychologische Spekulationen erlauben es dem Autor des achtzehnten Jahrhunderts, in der Auseinandersetzung mit dem tradierten Stoff Grundprobleme der Mentalitätsgeschichte seiner Zeit zu diskutieren. Wielands Verskunst gewinnt damit einen Spielraum, durch den im Medium des Literarischen eine Verhärtung und Dogmatisierung aufklärerischen Denkens verhindert werden kann. Gegen eine rationalistische Reduzierung des Menschen auf intellektuelle und abstrakt ethische Dimensionen plädiert die Mythentravestie für eine Berücksichtigung des ›ganzen Menschen‹ und steht damit in einem Denkzusammenhang, der für die zweite Hälfte des achtzehnten Jahrhunderts charakteristisch ist.[25] Eine undogmatische Anthropologie, die nicht ontologisch, sondern durchaus historisch orientiert ist, kann – so zeigen die *Comischen Erzählungen* – in der literarischen Arbeit am Mythos eine kritische Selbstreflexion der Aufklärung bewirken und so deren Erstarrung in Dogmatismus und Positivismus vorbeugen.

[25] Vgl. Hans-Jürgen Schings (Hrsg.), Der ganze Mensch. Anthropologie und Literatur im 18. Jahrhundert. DFG-Symposion 1992, Stuttgart, Weimar 1994 (Germanistische Symposien, 15).

MICHAEL TITZMANN

VOM »STURM UND DRANG« ZUR »KLASSIK«

»Grenzen der Menschheit« und »Das Göttliche« – Lyrik als Schnittpunkt der Diskurse

Karl Richter gewidmet*

Die folgende Interpretation von Goethes Gedichten *Grenzen der Menschheit* und *Das Göttliche* (zwischen 1779 und 1783 entstanden, autorisierter Druck 1789)[1] faßt sie als Paar sich ergänzender Gedichte auf, die auf ein anderes komplementäres Gedichtpaar, *Prometheus* und *Ganymed* (entstanden zwischen 1773 und 1777, autorisierter Druck ebenfalls 1789), antworten.[2] Letztere artikulieren charakteristische Positionen des Literatur(sub)systems »Sturm und Drang«; erstere würden, dieses transformierend, in die Anfangsphase der Konstituierung eines neuen literarischen (Sub-)Systems »Klassik« gehören.

Daß mitnichten das *Denk*system »Aufklärung« endet, wenn das *Literatur*system »Goethezeit« (mit den teils sukzessiven, teils simultanen Sub-

* Ursprünglich war der Beitrag als solcher zum 60. Geburtstag von Karl Richter geplant und geschrieben: aber vielleicht kann er den Adressaten auch im nachhinein als Zeichen der Verbundenheit freuen.

[1] Die Texte werden zitiert nach der Ausgabe: Johann Wolfgang Goethe, Sämtliche Werke nach Epochen seines Schaffens. Münchner Ausgabe (im folgenden: MA), hrsg. v. Karl Richter, München 1985ff.; hier: MA 1.1, hrsg. v. Gerhard Sauder, 1985, S. 229–231 (Prometheus) u. S. 233–234 (Ganymed); MA 2.1, hrsg. v. Hartmut Reinhardt, 1987, S. 45–46 (Grenzen der Menschheit) u. S. 90–91 (Das Göttliche). Entstehungs- u. Publikationsdaten gemäß MA 1.1, S. 868 u. 873; MA 2.1, S. 574 u. S. 597. Zum Kontext des nicht-autorisierten Abdrucks von *Prometheus* und *Das Göttliche* in Friedrich Heinrich Jacobis *Über die Lehre des Spinoza in Briefen an den Herrn Moses Mendelssohn* (Breslau 1785) vgl. Kurt Christ, »Der Kopf von Goethe, der Leib von Spinoza und die Füße von Lavater«. Goethes Gedichte »Das Göttliche« und »Prometheus« im Kontext ihrer Erstveröffentlichung durch Jacobi (in: Goethe-Jahrbuch 109, 1992, S. 11–21). Während für Jacobi beide Texte offenbar ideologisch zusammengehörten, erscheinen sie in meiner Interpretation als ideologisch oppositionell.

[2] Die Behauptung, daß es sich jeweils um ein Paar komplementärer Gedichte handle, ist nicht eben neu: Schon Goethe selbst hat – nach Ausweis der AA – spätestens in der Ausgabe letzter Hand der Gedichte sogar alle vier Texte aufeinander folgen lassen; Emil Trunz ordnet sie in der Hamburger Ausgabe (Bd. 1, 8. Aufl., Hamburg 1966) paarweise zusammen (S. 44–47 u. S. 146–149) und betont die Komplementarität von *Prometheus* und *Ganymed* explizit (S. 472). Auf die Komplementarität von *Grenzen der Menschheit* und *Das Göttliche* weist etwa Hartmut Reinhardt hin (MA 2.1, S. 533).

systemen »Sturm und Drang«, »Klassik«, »Romantik« usw.) einsetzt (wie eine ältere Germanistik meinte),[3] ist längst eine Trivialität der Forschung. Auf der Aufklärung – diesem sich selbst weitgehend aus eigener Logik transformierenden und seines Wandels bewußten Denksystem – basieren nicht nur die Literatur zur Zeit der frühen Aufklärung und die zur Zeit der mittleren (»Empfindsamkeit«), sondern eben auch noch »Sturm und Drang«, »Klassik« und »(Früh-)Romantik«, die keineswegs in Opposition zum Denken der Spätaufklärung stehen: was sich aber wandelt, sind die funktionalen Relationen zwischen Literatur und theoretischen Diskursen. Wenn mit dem Beginn der Goethezeit die Literatur sich – als Produkt eines der vielen aus dem Aufklärungsdenken resultierenden Autonomisierungsprozesse – ebenfalls als »autonom« begreift, dann versteht sie sich nicht mehr (wie noch die Literatur zur Zeit der frühen bzw. der mittleren Aufklärung) letztlich als *Applikation* von Denkstrukturen, Konzepten, Werten, Normen, die theoretische Diskurse aufgestellt haben, sondern als *komplementär* zu solchen Diskursen (was keine Opposition zu diesen bedeutet, sondern diese sehr wohl präsupponiert): der Literatur eigentümlicher Gegenstand wäre, was theoretische Diskurse nicht, nicht mehr, noch nicht thematisieren. Es sind Konsequenzen eines bestimmten Entwicklungsstandes des Aufklärungsdenkens, die zum Beispiel der »Sturm und Drang« im Drama durchspielt.[4] In dem Ausmaß nun, in dem sich die Literatur gegenüber den theoretischen Diskursen als autonom und komplementär definiert, werden literarische Texte möglich, die quasi ideologisch-programmatisch sind: in denen sich also die Literatur ihre eigene und eigenständige (in diesem Falle: anthropologische) Theorie schreibt, wie dies in den beiden Goetheschen Gedichtpaaren der Fall ist (deren sowohl formale als auch ideologische Unterschiede wiederum denen von »Sturm und Drang« und »Klassik« entsprechen).

[3] Diese – nicht zuletzt der alten »Geistesgeschichte« liebe – Konstruktion basierte zum einen natürlich auf der ideologischen Aversion gegen die »Aufklärung«, zum anderen auf der für die »Geistesgeschichte« charakteristischen Tendenz zur Nicht-Unterscheidung der Geschichte von Literatur und der Geschichte des Denkens der theoretischen Diskurse: erst die klare Unterscheidung erlaubt, sinnvoll die Korrelationen beider zu beschreiben.

[4] Vgl. z. B. Michael Titzmann, »Empfindung« und »Leidenschaft«. Strukturen, Kontexte, Transformationen der Affektivität/Emotionalität in der deutschen Literatur in der 2. Hälfte des 18. Jahrhunderts, in: Empfindsamkeiten, hrsg. v. Klaus P. Hansen, Passau 1990, S. 137–165.

Die Merkmale des »Sturm und Drang« in der frühen Lyrik Goethes zu rekapitulieren, ist hier weder möglich noch nötig.[5] Erinnert sei nur, daß der aufklärerische Prozeß der Emanzipation des Menschen im »Sturm und Drang« zur Autonomie des zum Wert gewordenen, elitären Individuums geführt hat, das sich folgerichtig gegen die Heteronomie und fremdbestimmtes Normensystem repräsentierenden »Vaterinstanzen« – »Familienvater«, »Landesvater«, »Gottvater« – und damit gegen die Gesellschaft auflehnt (und im Drama daran regelmäßig scheitert: was die Revolution des Kollektivs könnte, kann die Rebellion des Individuums nicht), daß die Autonomisierung des Subjektes das tradierte – genauer: jedes – Normensystem in Frage stellt, daß die aufklärerische Emanzipation vom theologischen Diskurs das gegebene Normensystem jeder Legitimation beraubt hat, weshalb sich der moralphilosophische Diskurs der Aufklärung von Anfang an, in immer erneuten Ansätzen, um eine Neulegitimation der Normen bemüht hat, die man teils aus der »Vernunft« des Menschen, teils aus seinem »Gefühl« abzuleiten suchte. Bei beiden Gedichtpaaren Goethes geht es jedenfalls um – zwei verschiedene, aber gleichermaßen mit sukzessiven Zuständen der Spätaufklärung korrelierte – Versuche einer anthropologischen Situierung des Menschen in der Welt, nicht zuletzt gegenüber hypothetischen (eindeutig nicht mehr christlichen) »Gottheiten«, um Art und Weise möglicher menschlicher Autonomie, um Hierarchisierung der Erscheinungsformen des Menschen (»elitär-exzeptionelle« versus »integriert-normale« Subjekte in den »Sturm und Drang«-Texten, »optimal-zukünftige« versus »suboptimal-gegenwärtige« Erscheinungsform des

[5] Ich verweise hier vor allem auf die Arbeiten von Marianne Wünsch, die in *Der Strukturwandel in der Lyrik Goethes* (Stuttgart 1975, Teil I) die frühe Lyrik Goethes in extenso als System dargestellt und in Teil II erstmals den Goetheschen Strukturwandel als systemlogisch-rationalen, resultierend aus den Versuchen einer jeweiligen Lösung der Probleme des je vorangegangenen Lyrik-Systems, plausibel rekonstruiert hat; diesen Ansatz hat sie seitdem durch zwei neuere Publikationen ergänzt: dies., »Maifest« im literatur- und denkgeschichtlichen Kontext der frühen Lyrik Goethes, in: Goethe-Gedichte. Zweiunddreißig Interpretationen, hrsg. v. Gerhard Sauder, München 1996, S. 11–24; dies., Das lyrische Werk Johann Wolfgang von Goethes, in: Festschrift für Erich Trunz. 14 Beiträge zur deutschen Literaturgeschichte, hrsg. v. Dietrich Jöns u. Dieter Lohmeier, Neumünster 1998 (Kieler Studien zur deutschen Literaturgeschichte). Speziell zu *Prometheus* vgl. neuerdings: Horst Thomé, Tätigkeit und Reflexion in Goethes »Prometheus«. Umrisse einer Interpretation, in: Gedichte und Interpretationen. Bd. 2, Aufklärung und Sturm und Drang (RUB 7891), hrsg. v. Karl Richter. Stuttgart 1983, S. 427–435; Matthias Luserke, Goethes »Prometheus« – Ode – Text und Kontext, in: Goethe-Gedichte, hrsg. v. G. Sauder, München 1996, S. 45–57 (dort auch Auflistung der bisherigen *Prometheus*-Interpretationen). Zu meinen beiden Texten vgl. u. a. die Interpretationen von Emil Staiger, Goethe 1749–1786, 5. Aufl., Zürich, München 1978, S. 346–348 u. S. 378f.; Ursula Segebrecht, Besonnene Bestandsaufnahme. Zu Goethes »Grenzen der Menschheit«, in: Gedichte und Interpretationen. Bd. 3, Klassik und Romantik (RUB 7892), hrsg. v. Wulf Segebrecht. Stuttgart 1983, S. 25–32.

Menschen in den präklassischen Texten), um Umgang mit und Legitimation von Normen.

Beide Textpaare teilen zunächst ein – in der Lyrik des späten 18. Jahrhunderts nicht triviales – »formales« Merkmal: Sie bedienen sich reimloser, freier Rhythmen, und die textinterne Segmentierung in strophenanaloge Abschnitte entspricht keinem tradierten Schema. Aber gerade der Rahmen dieser »formalen« Gemeinsamkeit akzentuiert zugleich die Unterschiede der beiden Textpaare. Denn wo in *Prometheus* und *Ganymed* die Anzahl der Verse/Zeilen pro strophenanaloges Textsegment zwischen 5 und 9 (*Prometheus*) bzw. zwischen 2 und 11 (*Ganymed*) ebenso stark im Einzeltext variiert wie der Umfang der Einzelverse im jeweiligen Text, die Silbenzahl pro Vers bzw. die Anzahl der betonten Silben/Hebungen (zwischen eins und vier in *Prometheus*, zwischen zwei und vier in *Ganymed*), tendiert die Metrik des zweiten, späteren Gedichtpaars offenkundig zu größerer Regularität und Systematizität.

In *Grenzen der Menschheit* ist der Text in fünf »Strophen« segmentiert, wobei die Segmente I und II je 10 Zeilen/Verse, die Segmente III und IV je 8 Verse, das Segment V 6 Verse aufweisen. Dieser »formalen« Segmentierung in drei Textteile entspricht offenkundig eine semantische: Das Makrosegment I und II verlangt – scheinbar! – die Unterwerfung unter »Gott« bzw. »Götter«, weil »Mensch« und »Gottheit(en)« unvergleichbaren ontologischen Ordnungen angehören; das Makrosegment III und IV skizziert den Status des »Menschen« in der Welt und seine Differenz zu den »Göttern«; das Segment V resümiert die Relation zwischen »Mensch« und »Gottheit(en)« unter dem Aspekt von Zeit und Dauer, dergestalt, daß »göttliche« Existenzen sich aus einer unbegrenzten Folge von korrelierten Einheiten menschlicher Leben zusammensetzen (die Metaphorik von »Ring« und »Kette«).

In *Das Göttliche* hingegen ist der Text in 10 »Strophen« segmentiert, deren jede je 6 Verse aufweist: ausgenommen die Segmente III (7 Verse) und VI (5 Verse) [Beide zusammen genommen, ergeben natürlich wiederum den Durchschnitt von 6 Versen!]. Diese scheinbare Irregularität markiert wiederum deutlich eine semantische Segmentierung: Von Segment III bis VI geht es um die – personifizierte – wirkende Macht »Natur« und die Abhängigkeit des Menschen von ihr. (Zur weiteren semantischen Segmentierung des Textes siehe die späteren Ausführungen).

Auch der Umfang der Zeilen/Verse ist im zweiten Textpaar deutlich regulierter: die Variationsbreite wird gegenüber dem ersten Textpaar eingeschränkt (die Anzahl der Hebungen pro Vers variiert zwischen zwei und drei).

Doch sind damit die metrischen Unterschiede der beiden Textpaare keineswegs erschöpft. Grob gesprochen, unterscheiden sich beide Textpaare in der jeweiligen Relation zwischen Syntax und Metrik: Im zweiten Textpaar fällt die Einheit »Vers« deutlich häufiger mit einer syntaktisch-semantischen Teileinheit eines Satzes zusammen, was – am auffälligsten in *Das Göttliche* – dadurch betont wird, daß nicht wenige Verse mit betonter Silbe beginnen *und* enden, wodurch metrisch zum einen der Vers, als Element des Gedichtes betont, zum anderen der denkbare mündliche Vortrag »gebremst« und »gestaut«, also die Artifizialität und Poetizität des Textes betont wird, insofern dieser sich einer Lektüre schon metrisch verweigert, die ihn, etwa durch den Anteil syntaktisch-semantischer Enjambements, einer »Prosa« annähern würde.

Der unterschiedlichen *Metrik* der beiden Textpaare ist nun aber zweitens eine unterschiedliche *Sprechsituation* und drittens – in Funktion dieser – eine unterschiedliche *Sprechweise* korreliert. Im ersten Textpaar haben wir die Sprechsituation einer »Rollenlyrik«: einen durch Texttitel (und sonstige Textdaten) identifizierbaren, individuellen, vom »Autor« unterschiedenen Sprecher (eben Prometheus bzw. Ganymed), im zweiten Textpaar hingegen haben wir eine anonyme, nicht individualisierte Sprechinstanz, ein »Ich«, das sich jeweils als Element einer Klasse »Wir« begreift. Im ersten Textpaar ist der Sprecher jeweils ein absolut elitäres und privilegiertes Subjekt, das in Opposition zum »Durchschnitt« der »Menschheit«, zu allen nicht herausragenden Individuen steht und demgemäß, implizit und unausgesprochen, für sich einen Sonderstatus, auch in Relation zum »Göttlichen« beansprucht, der dem »statistischen Normalmenschen« verweigert wäre: wer hier spricht, ist jeweils ein exzeptionelles Individuum, ein typischer Protagonist des »Sturm und Drang«, der für sich Sonderrechte in Anspruch nimmt, die dem Rest der Menschheit nicht zukommen. Die anonymisierte Sprechinstanz des zweiten Textpaares hingegen hat nicht die Merkmale eines elitären, exzeptionellen, privilegierten Subjekts: sie versteht sich im Gegenteil als synekdochische Repräsentation eines »Wir« – sie steht nicht in Opposition zur Majorität der »Menschheit«, sie repräsentiert diese vielmehr; und wenn sie dieser Majorität »überlegen« ist, dann nur, weil sie ihr gegenüber einen Vorsprung an »Erkenntnis« hat, die grundsätzlich aber allen Exemplaren der Klasse »Mensch« zugänglich wäre – hingegen ist diese Sprechinstanz der Majorität *nicht* darin »überlegen«, daß sie das »Erkannte« besser zu realisieren und zu leben vermöchte: *theoretische Erkenntnis* und *praktischer Vollzug*, die in der ersten Textgruppe anhand elitärer Subjekte identisch waren, sind es in der zweiten Textgruppe nicht mehr. Und wo das erste Textpaar ein *Programm für elitäre Ausnahmeindividuen des »Sturm und Drang«* formulierte, formuliert das zweite Textpaar ein *(präklassisches) Programm für alle Menschen,* durchaus im Bewußtsein, daß es innerhalb der Klasse »Mensch« – nicht wie im »Sturm und Drang« *qualitative* Unterschiede (»elitäre Individuen« versus »alle anderen«), sondern – *quantitative* Unterschiede (ein Mehr oder Weniger an Fähigkeit zu »optimalem« Menschsein) gibt: Das Programm aber, das im ersten Falle für »Ausnahmemenschen« gilt, gilt im zweiten Falle für »alle Menschen« – freilich mit Unterschieden: nach Maßgabe ihrer »Fähigkeiten«.

Mit der Art der Sprechinstanz ist aber die Art der Sprechweise korreliert: Metrisch, syntaktisch, rhetorisch, semantisch entsprechen die beiden Texte des früheren Paars dem »*Erlebnispostulat*«[6] der frühen Lyrik Goethes zur Zeit des »Sturm und Drang«. Beide Texte präsentieren sich als zwar keineswegs irrationale, wohl aber stark affektive Redeweise eines scheinbar in konkreter Situation »erlebenden« (Rollen-)Ichs. Im Gegensatz zum kontrollierten und standardisierten, durch »Vernunft« und »Moral« normierten Gefühl der »empfindsamen« Texte der mittleren Aufklärung (wo das »Herz« allenfalls »*warme*« Gefühle hat), sprechen hier Subjekte, deren Gefühl zur Intensität der »Leidenschaft« gesteigert ist (und dementsprechend weisen beide Texte die epochale Metaphorik des »*glühenden*« Herzens auf).[7]

Demgegenüber spricht die entindividualisierte Sprechinstanz des zweiten Textpaares nicht von einer konkreten, quasi »erlebnishaften« Situation: Sie formuliert, durchaus nicht unpathetisch, aber jenseits individuell erlebter Affekte, Aussagen über allgemeine Situationen nicht von Individuen, sondern der Gattung »Mensch«. Sie verfährt, bis ins sprachliche Detail sichtbar, denn auch nicht primär expressiv, sondern primär argumentativ; charakteristisch dafür ist etwa das rekurrente, begründende »denn« (*Grenzen der Menschheit*, v. 11; *Das Göttliche*, v. 3 und v. 13). Der scheinbar affektiven Rede scheinbaren »Erlebnisses« der Rollenträger im ersten Textpaar wird eine rationale Rede konfrontiert, in der ein nicht individualisiertes Subjekt, dessen Positionen *jedes* »vernünftige« Mitglied der Klasse »Mensch« (jedenfalls in der »Logik« des Textsystems) identifikatorisch übernehmen könnte (was die elitären Sprechinstanzen des ersten Textpaars eben nicht erlauben würden: wer – zum Beispiel – ist schon »Schöpfer« eines »Geschlecht[s], das mir gleich sei« [*Prometheus*, v. 52]?) und dessen Aussagen nicht solche zu einer *spezifisch-konkreten* Situation zu sein vorgeben, sondern vielmehr *Generalisierbarkeit für die menschliche Grundsituation*, die »conditio humana«, beanspruchen.

Das mag zur Einleitung reichen: Kommen wir zum Detail; ich halte zunächst noch einmal einige Grunddifferenzen der beiden Textpaare fest.

[6] Vgl. zum Konzept des »Erlebnisses« vgl. Marianne Wünsch, Der Strukturwandel in der Lyrik Goethes, Anm. 5.

[7] Vgl. dazu Marianne Wünsch, Der Strukturwandel in der Lyrik Goethes, Anm. 5, u. Michael Titzmann, »Empfindung« und »Leidenschaft«, Anm. 4.

In jenen beiden Texten – *Prometheus* und *Ganymed* – adressiert sich jeweils ein spezifizierter, durch Eigenname (und kulturelles Wissen über dessen Träger) personalisierter Sprecher, ein für den »Sturm und Drang« typisches, privilegiertes und elitäres Individuum, dem vorbehalten ist, was dem Normalmenschen unmöglich bleibt, an die jeweilige textintern identifizierte (*Prometheus*) oder über kulturelles Wissen identifizierbare (*Ganymed*) Gottheit und spricht *mit* ihr, *seine* religiösen Einstellungen artikulierend, die auf individuellem »Erleben« basieren. In diesen – *Grenzen der Menschheit* und *Das Göttliche* – spricht, ohne textinternen Adressaten, also zu niemandem oder jedermann, ein nicht-spezifizierter Sprecher, der sich durch Pronomina der ersten Person Plural und deren kontextuelle Referenz als Mitglied der Klasse »Mensch« zu erkennen gibt, diese *Klasse* repräsentierend, *über* »Götter« und »Menschen«, in *generalisierender* Absicht und ohne Rekurs auf individuenspezifische Erfahrung. In jenen beiden Texten wird auf ein kulturell identifizierbares Religionssystem (griechische Mythologie) referiert, dessen Größen freilich, als nicht mehr geglaubte, vom Leser als Zeichen für solche aufgefaßt werden müssen, die im kulturellen Wissen der Goethezeit noch diskussionsfähig sind, und es werden zwei extreme Alternativen entworfen, die der mißachtenden *Auflehnung* gegen einen Gott, der Opfer und Gebete verlangt und von dem Trost und Hilfe, Heilung und Rettung erwartet werden, der somit als christlicher Gott identifizierbar ist, und der *Vereinigung* mit einem Gott, der in der syntagmatischen Folge sprachlich mit einer (positiven) »Natur« äquivalent gesetzt wird und somit als (was immer das heißen mag) »pantheistischer« Gott erkennbar ist.[8] In diesen beiden hingegen ist zunächst kein bekanntes Religionssystem identifizierbar, und die Extremvarianten Auflehnung und Vereinigung werden durch eine (noch zu präzisierende) »*Verehrung*« substituiert. In jenen Texten ist, ob in Auflehnung oder Ver-

[8] In einem Punkte wird man, denke ich, der Literaturgeschichtsschreibung der Ex-DDR recht geben müssen: Ein »pantheistischer« Gott – ein »deus sive natura« – ist im Grunde kein Gott mehr, sondern nurmehr, uneingestanden, eine Verschleierung eines Agnostizismus oder Atheismus; wenn Jacobi Lessing zum »Pantheisten« zu machen suchte, hatte er, scheint mir, deutlich unrecht – nach Ausweis der »Ring-Parabel« wäre Lessings Position die eines typisch-aufklärerischen Deismus, der von allen individuellen Unterschieden der »geoffenbarten« vorderorientalischen Monotheismen deren Gemeinsamkeit als »Vernunftreligion« abstrahiert und – ebenfalls typisch – dabei die Dogmatik, als vergleichsweise irrelevant und austauschbar –, der »Moral«, als anthropologische Universalie konzipiert, subordiniert: genau das tut im übrigen auch Goethes *Das Göttliche*, das Werte und Normen als Universalien setzt, deren metaphysische Begründung variieren kann: die »Götter« des Textes können allen beliebigen Religionen angehören, solange und insofern sie nicht mit der Wert- und Normsetzung des Textes in Opposition stehen. In Opposition zu diesem textinternen Wert- und Normensystem stehen aber – ebenso wie bei Lessing – gerade eben die drei vorderorientalischen Monotheismen.

einigung, ein Kontakt mit der Gottheit möglich, in diesen Texten gibt es keinen Kontakt zwischen Gott und Mensch. Halten wir die unterschiedlichen Merkmale im Überblick fest:

»Sturm und Drang«	versus	Konstituierung der »Klassik«
»Prometheus« versus »Ganymed«		»Grenzen der Menschheit« und »Das Göttliche«
~ »Auflehnung« gegen christlichen Gott / ~ »Vereinigung« mit pantheistischem Gott		»Verehrung« (der »Götter«)
Individualisierter Sprecher und individualisierter Adressat		Nicht-individualisierter Sprecher ohne Adressat
»Sprechen mit«/Kontakt mit Gottheit		»Sprechen über«/kein Kontakt mit Gottheit
Elitäres/privilegiertes Subjekt (versus Rest der »Menschheit«)		Repräsentatives Subjekt als Element der »Menschheit«)
Identifizierbares Religionssystem		Nicht-identifizierbares Religionssystem

Dem scheint nun die 1. Strophe von *Grenzen der Menschheit* zu widersprechen. Denn hier – und nur hier, sowohl was *Grenzen der Menschheit*, als auch, was *Das Göttliche* betrifft – singularisiert sich scheinbar der Sprecher (»ich«), tritt in direkten Kontakt mit einer scheinbar individualisierten, konkreten, identifizierbaren Gottheit, beschränkt sich nicht auf abstrakte, theoretische Verehrung, sondern vollzieht praktisch als demütiges »Kind« eine rituelle Geste der Unterwerfung unter einen übermächtigen Vatergott. Im Gegensatz zu den *abweichenden Varianten*, sei es der Auflehnung, sei es der Vereinigung, scheint hier das erwartbare *konventionelle Verhaltensmodell* gegenüber dem christlichen Gott vorzuliegen. Denn wenn auch die Attribute dieses Gottes (»Vater«, »Wolken« – vgl. *Prometheus* und *Ganymed*; »segnende Blitze«) zunächst dominant die des Juppiter tonans sind, sind sie doch mit dem biblischen Gott problemlos kompatibel, wenn auch für diesen, christlich gesehen, eher eine etwas andere Selektion aus den Textprädikaten (»uralt«, »heilig«, »Vater«) signifikanter wäre. Dominant wird also das Bild des – kulturell nicht geglaubten – Zeus abgerufen, sekundär das des – kulturell glaubbaren – biblischen Gottes, der dieser freilich schon deshalb hier nicht sein kann, weil er nicht mit Zeus/Juppiter identifiziert werden dürfte. Indem in *einer* sprachlichen Zeichenfolge *zwei* unvereinbare Götter aufeinander projiziert werden, folgt schon logisch, daß der sprachlich gesetzte Gott weder der ungeglaubte antike noch der glaubbare christliche sein kann. Jeder im Wissenssystem der Goethezeit denkbare Gott – der christliche, der deistische, der pantheistische, usw. – existiert zudem grundsätzlich nur im Singular: er ist das einzige Exemplar seiner Klasse. Nun ist aber im folgenden (v. 11 und v. 30) explizit von »Göttern« im Plural die Rede, das heißt der scheinbar singuläre Vatergott der 1. Strophe wird uminterpretiert zu nur einem unter mehreren seinesgleichen. Da nun aber in allen konkurrierenden Ideologien (gruppenspezifischen Wissensmengen) allenfalls genau ein Gott angenommen wird, Goethes Text nun aber ganz sicher so wenig wie vergleichbare lyrische Texte Schillers oder Hölderlins einen Polytheismus als wahr setzen will, bleibt somit nur die Annahme, daß hier nicht von realen Göttern, sondern von *Gottesvorstellungen*, für die der ambige Gott (Zeus-Jahwe) in I nur ein Beispiel wäre, die Rede ist. Wenn dem aber so ist, werden damit zugleich Religionssysteme als äquivalent behandelt, die sich als oppositionell verstehen, da deren jedes einen monopolistischen Wahrheitsanspruch erhebt. Wenn alle gleich »wahr« sind, ist keines von ihnen »wahr«: falls es einen Gott gibt, ist er somit anders als alle bekannten Götter. Die scheinbare Traditionalität der religiösen Haltung des Sprechers in I ist also nichts als eine Verführung des religiös traditionellen Lesers.

Die scheinbare rituelle Kontaktaufnahme mit der Gottheit in I ist zudem eine rein metaphorische (v. 7f.): kein goethezeitlich diskussionsfähiger Gott trägt »Kleider«, die zu »küssen« auch unmöglich wäre, wenn der eine sich in/über den Wolken, der andere auf der Erde befindet. Da nun die gemeinte geistige Proskinese des Ich sprachlich auch anders ausgedrückt werden könnte, muß beantwortet werden, warum gerade diese Metapher gewählt wird: mythologisch gut belegt ist nun aber, daß das Kleid einer Gottheit die von ihr dominierte Welt zeichenhaft repräsentieren kann – so auch der Erdgeist in *Faust I* (MA 6.1, S. 549, v. 508f.):

> »So schaff ich am sausenden Webstuhl der Zeit
> Und wirke der Gottheit lebendiges Kleid«.

Wenn aber die Welt selbst dieses Kleid ist, bedeutet, dessen »letzten Saum« zu »küssen«, notwendig, daß die Gottheit nicht unmittelbar, und schon gar nicht in direktem Kontakt, sondern nur in ihren Werken, und zwar den geringsten, den dem Menschen zugänglichen, verehrt wird. In metonymischer Substitution wird der »Schöpfer« im »Geschaffenen« verehrt, wie er denn auch nur im Naturgeschehen des Gewitters überhaupt erfahren wird. Für die wahrgenommene Welt wird also ein hypothetischer Urheber postuliert: scheinbar der bekannte Vatergott (I), der tatsächlich aber nur eine von mehreren konkurrierenden Hypothesen ist (ab II).

Die Nicht-Traditionalität des scheinbar Traditionellen bestätigt sich im »denn« (v. 11): das Selbstverständliche bedürfte keiner Begründung. Formuliert wird nun eine Verhaltensnorm: aber sie ist weder religiös noch moralisch begründet. Sie rekurriert nicht auf Verdienste und Leistungen der Götter für die Menschen, sondern einzig und allein auf *ontologische Differenz*: die Begrenztheit des Menschen in der vertikalen Dimension des Raumes (II und III) und in der horizontalen der Zeit (IV). »Sich [...] nicht messen« (v. 12) heißt die Götter als das »Inkommensurable« klassifizieren: sich weder mit ihnen vergleichen noch mit ihnen rivalisieren. »Irgend ein Mensch« (v. 13) impliziert, daß die Norm auch für den exzeptionellen Menschen (des »Sturm und Drang«: *Prometheus* oder *Ganymed*) gilt.

Die metaphorische Aufwärtsbewegung in der religiösen »ascensio« des Menschen zum Raum der Gestirne, metonymisch also zum Göttlichen, erscheint zwar als denkbar, macht den Menschen aber zum abhängigen Objekt der »Wolken« (in *Prometheus*, v. 2, *Ganymed*, v. 23f., und *Grenzen der Menschheit*, v. 4 mit Zeus korreliert) und »Winde« (in *Ganymed*, v. 16, mit Zeus korreliert), indem er die Bodenhaftung verliert (v. 17f.), die seine – deutlich positiv bewertete – Stärke ausmacht (v. 21–24); angespielt wird dabei wohl auch auf den Antaios-Mythos. Eindeutig wird das Vereinigungsstreben von *Ganymed* verworfen: wenn der Mensch dabei zum fremdbestimmten Objekt wird, erleidet er einen *Verlust an Autonomie*. Da der Aufstieg nur ein metaphorischer sein kann, muß in diesem implizierten Plädoyer für den Verbleib im natürlichen Lebensraum dieser notwendig auch metaphorisiert sein (insofern in II und III Raum- und Bewegungsmetaphern »fortgeführt« werden, liegt im rhetorischen Sinne natürlich eine Allegorie vor). Da der Raum der Gestirne und des Wetters den metaphysischen Raum der Transzendenz repräsentiert, der menschlichen »Unsicherheit« im »Himmel« die »Sicherheit« auf der »Erde« konfrontiert wird, plädiert der Text also für die *Selbstbeschränkung auf den immanenten Raum des Diesseits*.

Aber diese Erde ist nicht mehr »meine Erde« (*Prometheus*, v. 6), auf der der Mensch selbstverständlich dominiert und Götter herausfordern kann: insofern wird nun auch die Auflehnung von *Prometheus* verworfen (wenngleich dessen Selbstbeschränkung auf die Immanenz bestätigt wird). Denn den Menschen überragt sowohl die »Eiche«, mythologisch mit Zeus (vgl. auch *Prometheus*, v. 5), als auch die »Rebe«, mythologisch mit Dionysos korreliert. Wieder freilich ist die Stelle ambig und verweist neben den dominanten antiken Göttern auch sekundär auf die christlichen. Denn wie die Eiche auch mit Jahwe korreliert ist, ist es die Weinrebe auch mit Christus,[9] der im übrigen ebenso Sohn eines Vatergottes mit einer Sterb-

[9] Vgl. Jean Chevalier u. Alain Gheerbrandt, Dictionnaire des Symboles, 2. Aufl., Paris 1982: »chêne« und »vigne«.

lichen ist wie Dionysos. Implizit wird also wiederum die Opposition zweier Religionssysteme neutralisiert. Auch im Innerirdischen ist ein (unbekanntes) Göttliches zumindest zeichenhaft präsent: auch in diesem Raum kann es somit nur eine beschränkte, relative Autonomie des Menschen geben, nicht jene absolute, die ein »Sturm und Drang«-Held wie Prometheus in Anspruch nahm.

Der räumlichen Begrenzung wird die zeitliche hinzugefügt (IV). Anhand der Allegorie des »Stromes« soll das zentrale Unterscheidungskriterium von Göttern und Menschen markiert werden (v. 29f.). Signifikant sind zunächst die Transformationen der Sprechsituation. In I manifestierte sich die Sprechinstanz als »ich«, das für seine (individuelle) Verhaltensweise keine Generalisierbarkeit auf die Klasse aller Menschen beanspruchte. Einen Anspruch auf Generalisierbarkeit erhebt freilich die Begründung dieses Verhaltens (v. 11ff.), insofern von Menschen im allgemeinen (v. 13) gesprochen wird, aber im Singular: in II und III ist zwar nicht von einem Individuum die Rede, wohl aber von allen exzeptionellen Subjekten, die sich selbst aus der Klasse aller Menschen elitär ausgrenzen (»Sturm und Drang«-Subjekte wie in *Prometheus* und *Ganymed*); in diese Teilklasse inkludiert sich das Sprecher-Ich nicht. Wenn nun erst in IV und V die Klasse »Mensch« im Plural auftritt und dabei erstmals das »Ich« inkludiert wird (Pronomina der 1. Person Plural: v. 34, 36, 38), dann vollzieht sich also auch diskursiv ein Abstraktions- und Generalisierungsprozeß, in dem ein zunächst scheinbar nur für sich und von sich sprechendes Subjekt im nächsten Schritt Ansprüche elitärer Selbstausgrenzung für beliebige andere und damit für sich verwirft und sich schließlich der Klasse aller Menschen integriert, um repräsentativ für diese und von dieser zu sprechen: In der textinternen Transformation der Sprechsituation ist also der Wandel von »Sturm und Drang« zu »Klassik« abgebildet. Somit ist es konsequent, wenn erst in IV Kriterien des Unterschieds von Göttern zu *allen* Menschen formuliert werden. Da das »Versinken« nur als Euphemismus für Tod interpretiert werden kann, muß der »Strom« also eine Kraft repräsentieren, die in einem unbefristeten (»ewig«) temporalen Prozeß (menschliches) Leben erzeugt (»hebt«) und zerstört (»verschlingt«). Diese Kraft, sprachlich von Göttern und Menschen unterschieden und durch eine Allegorie aus dem Bereich wahrnehmbarer »Natur« abgebildet, muß somit eine »Naturkraft« sein: ein selbst nicht mit den Göttern identisches, generierendes Prinzip. Die Opposition Götter versus Menschen stellt sich dann wie folgt dar:

»Götter«	versus	*»Menschen«*
Der »Natur« enthoben		Der »Natur« unterworfen
Nicht-involvierte Betrachter		Involvierte Objekte
Nicht Zeit/Tod unterworfen		Zeit/Tod unterworfen
Dauer		Wandel

Die Merkmalsmenge der Götter besteht also in nichts anderem als einer *Negation* der Merkmalsmenge, die die Bedingtheit und Begrenztheit des Menschen ausdrückt: *positive* Merkmale – Akte des Schaffens oder Einwirkens – werden ihnen nicht zugeschrieben.

Die letzte Strophe V substituiert die Allegorie von Welle und Strom durch die von Ring und Kette, wobei sich die jeweils erstgenannten Terme zu einander verhalten wie die jeweils zweitgenannten, also eine Homologie (Äquivalenz zweier Relationen) vorliegt:

Welle : Ring :: Strom : Kette

Diese Strophe hat bekanntlich insofern immer Probleme aufgeworfen, als die handschriftliche Überlieferung in v. 40 »sie«, die autorisierten Drucke seit 1789 hingegen »sich« aufweisen.[10] Im ersten Falle stünde »sie« deiktisch für die »Götter« als Subjekt des Satzes, auf das sich dann auch »ihres« in v. 41 bezieht; im zweiten Falle wären die »Geschlechter« (der Menschen; v. 39) Subjekt, »ihres« wäre in der syntaktisch naheliegenden Lesart auf die »Geschlechter« (der Menschen) oder in der fernerliegenden auf die »Götter« beziehbar. In beiden Fällen überrascht das konjunktive »und« (v. 39), da ein oppositives Lexem zu erwarten wäre; denn beide Male werden »begrenzter Ring« versus »unendliche Kette« konfrontiert. Die semantischen Konsequenzen beider Lesarten durchzuspielen, besteht hier weder Raum noch Notwendigkeit; jede der Lesarten wirft im übrigen ihrerseits Probleme auf.[11]

Für meine Argumentation halte ich nur fest, daß eine kreisförmige *zirkuläre Struktur* (»Ring«) und eine *lineare Struktur* (»Kette«) konfrontiert werden und das letztere aus ersterer hervorgehen kann: Eine Menge verknüpfter Ringe ergibt eine Kette (wie eine Menge von Wellen den Strom). Zirkularität und Linearität stellen in der Goethezeit allgemeine *Denkschemata* dar, mit deren Hilfe die Welt geordnet wird und deren Korrelierung und Kompatibilisierung immer wieder versucht wird. Der statischen Zirkularität kreisförmiger Organisation einer Teilwelt (belegt zum Beispiel in

[10] Vgl. Hartmut Reinhardt, in: MA 2.1, S. 574 u. Segebrecht, Anm. 1.

[11] Der tradierte Verweis (vgl. MA 2.1, S. 575) auf die »aurea catena Homeri« (Ilias, Gesang VIII, v. 19ff.) scheint mir wenig fruchtbar, da es dort um eine Machtdemonstration von Zeus gegenüber den anderen Göttern geht.

unzähligen Formulierungen vom Typ »Gesichtskreis«, »im Kreise der Familie«) steht die dynamische Zirkularität, insbesondere rekurrenter temporaler Abläufe in der Natur, zum Beispiel also der Tages- und Jahreszeiten oder der Planetenbahnen, gegenüber. Im Sinne der ersteren wird menschliches Leben in *Grenzen der Menschheit* als Kreis*fläche* (v. 36f.), bei der sich Ego unbewegt im Zentrum befände, im Sinne der letzteren in *Das Göttliche* als Kreis*bahn* (v. 35f.) beschrieben, bei der Ego die Peripherie durchläuft, freilich nur einmal, nicht rekurrent. Statische Linearität markiert, wie die Kette in *Grenzen der Menschheit*, von der Zeit unveränderte Dauer, dynamische Linearität bildet hingegen in der Goethezeit das Schema vor allem für Prozesse zielorientierter Entwicklung, sei es in der biographischen Geschichte des Individuums (zum Beispiel »Bildungsroman«), sei es in der kollektiven Geschichte der Gattung (»Geschichtsphilosophie«). Zirkuläre und lineare Zeitmodelle versuchen in den 80er Jahren etwa Herder – wenn er Geschichte als lineare Sukzession der Völker, deren jedes aber den Zyklus von Jugend zu Alter durchläuft, konstruiert – oder in den 90er Jahren Schiller und Klinger[12] zu vereinbaren, wenn sie die zirkuläre Rückkehr in den verlorenen Zustand der »Natur« oder des »Paradieses« auf die Linearität des geschichtsphilosphischen Fortschrittsprozesses projizieren: Nur transformiert und auf der höheren Ebene der Bewußtheit werden in der dritten Geschichtsphase »Natur« und »Paradies« wiederhergestellt.

Um Korrelierung und Kompatibilisierung von Zirkularität und Linearität geht es nun in *Das Göttliche* schon auf der Ebene der formalen Organisation und der diskursiven Struktur des Textes. In der doppelten Quasi-Rahmung – Strophe I und X formulieren eine explizite Normsetzung (wie *Grenzen der Menschheit*, v. 11–13), II und IX regeln die Relation von Menschen und Göttern – findet zirkuläre Wiederkehr und lineare Transformation zugleich statt. Die Sprechsituation von *Das Göttliche* schließt dort an, wo *Grenzen der Menschheit* geendet hatte: der Textsprecher als Repräsentant der Klasse aller Menschen (v. 6, 9, 11, 34, 49, 59). Auffällig ist freilich die Distribution der »wir«/»uns« im Text: sie finden sich nur in den vier Strophen des doppelten Quasi-Rahmens und in VI. Unser Text konstruiert eine unerwartete Opposition: die Klasse »der Mensch« versus

[12] Die Relevanz von Klingers – auf 10 Bände geplanten – Zyklus philosophischer Romane in den 1790er Jahren scheint von der Literaturgeschichte noch nicht gebührend gewürdigt: es handelt sich um eine der intelligentesten literarischen Auseinandersetzungen mit den – ausdifferenziert-divergenten – Diskursen/Theorien der Spätaufklärung. Vgl. dazu u. a.: Michael Titzmann, Friedrich Maximilian Klingers Romane und die Philosophie der (Spät-)Aufklärung, in: Der deutsche Roman der Spätaufklärung, hrsg. v. Harro Zimmermann, Heidelberg 1990, S. 242–284. Michael Müller, Philosophie und Anthropologie der Spätaufklärung. Der Romanzyklus Friedrich Maximilian Klingers, Passau 1992.

die Klasse »wir« (= »alle Menschen«). Diese Differenz ist funktionalisiert: »Der Mensch« ist es, dem *alle* Aussagen gelten, die entweder den Sonderstatus der Menschen in Opposition zu allen anderen Wesen (»allein«: v. 3, 37, 43) beschreiben oder den Menschen ein normatives, nur von ihnen erfüllbares Postulat, sprachlich als konjunktivischer Imperativ formuliert (v. 1, 10, 11; 56, 57, 59), vorgeben; *keine* dieser Aussagen wird über die Klasse »wir« gemacht. Diese Synekdoche »der Mensch« hat also die rhetorische Funktion einer Emphase: »Der Mensch« ist die Teilklasse von »die Menschen«, die *in vollständiger und optimaler Ausprägung die für die Gattung spezifische Merkmalsmenge* aufweist, was nicht auf alle Menschen zutrifft, weshalb denn auch »der Mensch« »uns« »lehren« (v. 11) und »uns« »Vorbild« der Götter (v. 59) sein kann. Die *emphatische Teilklassenbildung* (die zum System »Klassik« gehört) wiederholt nicht die *elitäre Teilklassenbildung* (die zum System »Sturm und Drang« gehört und in *Grenzen der Menschheit* normsetzend getilgt wurde): denn in dieser war die Abgrenzung eine *qualitativ* begründete, in der sich das exzeptionelle Subjekt Fähigkeiten und Merkmale zuschrieb, die der Normalmensch grundsätzlich nicht hatte (zum Beispiel die Schöpferqualität in *Prometheus*), während in jener *ein für die Menschheit spezifisches Potential* allen gemeinsam ist, weshalb denn auch seine Entfaltung und Realisierung normativ verlangt werden kann. Die Teilklassenbildung ist hier somit die einer *quantitativen Skalierung* nach Graden der Realisation des Potentials: »der Mensch« repräsentiert dabei das wünschenswerte Optimum. Solcher Skalierung entspricht es auch, wenn die Menschen nicht nur in zwei Teilklassen »Gute« versus »Böse« (v. 16) zerlegt werden, sondern von jeder dieser Klassen wiederum ihre Emphase gebildet wird, die ihre Extremform benennt: »der Beste« (v. 18) versus »der Verbrecher« (v. 17).

Wenn die Entfaltung des menschspezifischen Potentials konjunktivisch verlangt wird, hat sie also noch nicht stattgefunden: Der Mensch wird hier zum *historischen Wesen*, das *sich selbst Ziele für die Zukunft* setzt; der Text präludiert also das Konzept der »Bildung« in der Biographie des Individuums wie in der Geschichte der Gattung. Der Sprecher ordnet sich dabei selbst nicht der emphatischen Teilklasse »der Mensch« zu, sondern der Klasse der Menschen, die das menschliche Optimum noch nicht realisiert haben. Das bedeutet nun aber, daß das Potential schon vor seiner Realisierung als solches erkannt werden kann, im Prinzip von jedermann, weshalb denn auch von jedermann seine Realisierung verlangt werden kann. Warum eine Möglichkeit überhaupt verwirklicht werden muß und warum unter allen Möglichkeiten gerade diese (und nicht etwa das Talent zum großen Verbrecher) verwirklicht werden soll, bleibt argumentative Nullposition: Die stillschweigend präsupponierte Regularitätsannahme scheint zu sein, daß jede Art alle und nur die artspezifischen Potentiale optimal zu realisieren hat, was wiederum zu maximaler Ausdifferenzierung der Arten führen würde.

Der Text situiert die Klasse »Mensch« nun einerseits auf einer *hierarchischen Skala der Wesenheiten* (der im 18. Jh. sattsam bekannten »chain of being«) in der (ebenfalls sattsam bekannten) Mittelposition und beschreibt ihn andererseits als Objekt zweier Personifikationen, »Natur« und »Glück«. Halten wir zunächst dieses Teilsystem des Textes fest:

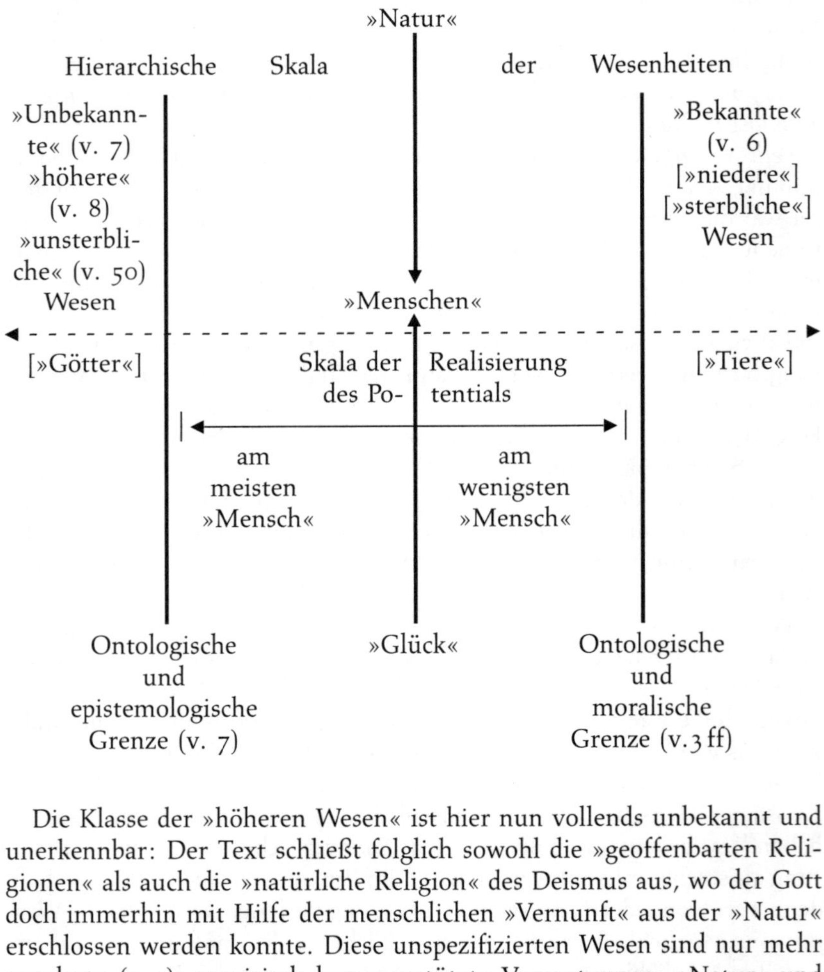

Die Klasse der »höheren Wesen« ist hier nun vollends unbekannt und unerkennbar: Der Text schließt folglich sowohl die »geoffenbarten Religionen« als auch die »natürliche Religion« des Deismus aus, wo der Gott doch immerhin mit Hilfe der menschlichen »Vernunft« aus der »Natur« erschlossen werden konnte. Diese unspezifizierten Wesen sind nur mehr »geahnt« (v. 9): empirisch kaum gestützte Vermutungen. »Natur« und »Glück« agieren als von den Göttern unabhängige Größen im Diesseits: und beide sind *moralisch indifferent*. Die »Natur« wird – rhetorisch gesehen eine Diaerese (Nennung des Oberbegriffs und anschließende Aufzählung der Teilbegriffe) – in eine Menge von Teilphänomenen zerlegt, die sich wiederum deutlich in zwei Teilklassen ordnen (III versus IV) und rhetorisch jeweils als Akkumulation (Nennung der Teilbegriffe statt des Oberbegriffs) funktionieren: Die festen, konstanter Ordnung folgenden Körper in III bilden den Begriff des »Himmels«, vormals Sitz der Götter, die Phänomene in IV den des Wetters, vormals (vgl. *Grenzen der Menschheit*!) Attribute der Götter oder Wirkungen ihres Segens oder Fluchs, erstere Teilklasse eine den Menschen erfreuende, letztere eine ihn gefährdende Natur. Die »Sonne« (v. 15) war im Barock noch Zeichen der Gottheit, in der Aufklärung Zeichen der Erkenntnis: Hier ist sie nur mehr einer von drei Himmelskörpern, die, indem sie zugleich metonymisch Tag und Nacht vertreten, die *zyklische Ordnung der Natur* repräsentieren, während die Witterungsphänomene die *unvorhersehbaren Naturkatastrophen* repräsentieren. Ihnen nun wird das »Glück« homologisiert: »auch so« (v. 26) »faßt« (v. 28) dieses nach den Menschen, wie jene sie »ergreifen« (v. 23). Das »Glück« entspricht der positiven Variante der barocken »Fortuna«, der »occasio«: aber wo jene auf der Stirnseite einen Haarschopf hatte, den der Mensch ergreifen mußte, wenn sie »vorübereilte« (hier die Unwetter), »packt« dieses und greift seinerseits nach dem Kopfe der Menschen, die gegenüber Natur und Glück somit grundsätzlich nur passives Objekt, nie aktives Subjekt zu sein scheinen. Daß in der Darstellung der moralischen Indifferenz des »Glücks« die »Unschuld« zugleich mit Jugend (v. 28f.), die »Schuld« mit Alter (v. 30f.) korreliert wird, kann wohl nur als implizite Regularitätsbehauptung verstanden werden: Von Natur aus wäre der Mensch demnach unschuldig (»naturellement bon«, wie Rousseau sagte) und würde erst im Verlaufe des Lebens (quasi gesetzmäßig?) schuldig. Vgl. dazu auch die bekannten Verse des Harfners in *Wilhelm Meisters Lehrjahren*:

> »Ihr [die ›himmlischen Mächte‹] führt ins Leben uns hinein,
> Ihr laßt den Armen schuldig werden.« (MA 5, S. 134)

Innerhalb des menschlichen Lebenslaufs wird das »Dasein« also durch »Notwendigkeit« (»Natur«) und »Zufall« (»Glück«) bestimmt; der Lebenslauf selbst ist ausnahmslosen und außerzeitlichen Gesetzen unterworfen (v. 32f.). Wie die Bahn der Gestirne (III), wie die Folge der Tageszeiten (III) vollzieht er sich in zyklischer Ordnung als »Kreis« (v. 36), der freilich nur ein einziges Mal durchlaufen wird. Wenn der Mensch seinen »Kreis vollendet«, und das heißt nicht nur partiell, sondern vollständig durchlaufen hat, ist er somit dort wieder angekommen, von wo er ausging: Das entspricht der von den Anthropologien der Goethezeit behaupteten Äquivalenz von »Kind« und »Greis«.

In seiner physischen Existenz ist das menschliche Dasein also fremdbestimmtes Objekt und kennt somit keine Autonomie: Die Existenz vollzieht sich in zirkulärer Ordnung und kennt somit keinen Fortschritt. Der *Heteronomie der physischen Existenz* wird nun aber die *Autonomie der moralischen Existenz* konfrontiert, die grundsätzlich auch eine Linearität zeitlicher Prozesse zuläßt und somit Fortschritt erlaubt. Innerhalb des zirkulären physischen Daseins kann es also die Linearität einer moralischen Entwicklung geben: und die formale Organisation des Textes bildet genau eine solche Kombination von zirkulärer Wiederkehr bei gleichzeitiger linearer Transformation ab.

Das menschspezifische Potential, setzt der Text, bestehe in der Fähigkeit der Gattung zu Moralität (I). In jenem Auftrag, »edel«, »hülfreich und gut« (v. 1 f.) zu sein, der dem Menschen erteilt wird, mögen die drei Prädikate zunächst als semantisch äquivalent erscheinen, wovor freilich schon das Hyperbaton, das »edel« von den beiden anderen trennt, warnt. Am Ende des diskursiven Prozesses wird deutlich, daß man »edel« sein kann, ohne zugleich »hülfreich und gut« (v. 55 f.) zu sein. »Edel« bedeutet nun aber »durch Gelehrsamkeit und Verdienste von anderen unterschieden«, »das Beste in seiner Art«, »was sich von dem Gewöhnlichen und Gemeinen auf eine vorzügliche Art unterscheidet«.[13] »Edel« bedeutet somit eine Emphasebildung, die von der durch Moralität zunächst unterschieden ist, schon vor dieser, und auch schon im Sprechzeitpunkt, existieren kann und mit dieser erst noch gleichgesetzt werden soll (v. 55 f.). Das artspezifische Potential des Menschen hat also zwei nicht identische Komponenten: Man kann ausgezeichnet sein durch moralische und durch nicht-moralische Qualitäten. In dieser impliziten Unterscheidung, die er explizit aufzuheben versucht, trägt der Text den Transformationen der Aufklärungsdiskurse Rechnung: Wo die frühere Aufklärung das artspezifische Merkmal in der »Vernunft« gesucht hatte, aus der sie eine Legitimation des Normensystems ableiten zu können glaubte, weiß die Spätaufklärung, eingestanden oder nicht, daß aus »Vernunft« »Moralität« nicht zwingend folgt; und das »Sturm und Drang«-Drama hatte vorgeführt, wie sich gerade das elitäre Subjekt gegen die Gesellschaft und deren Normensystem auflehnt. Genau dieses versuchte aber die Aufklärung konstant zu halten: Die Unzahl der Normbegründungsversuche belegt sowohl dieses Bedürfnis nach Normlegitimation als auch dessen Scheitern:

> »Nur allein der Mensch
> Vermag das Unmögliche« (v. 37 f.)

[13] Johann Christoph Adelung, Grammatisch-kritisches Wörterbuch der Hochdeutschen Mundart, 2. Aufl., Leipzig 1783, Bd. 1, Sp. 1636 u. 1637.

ist sowohl Eingeständnis dieses Scheiterns, die Verbindlichkeit der Normen zu begründen, als auch die trotzige Setzung, sich dennoch so zu verhalten, als sei der Versuch gelungen. Basis der Moralität bleibt die menschliche Erkenntnisfähigkeit: »Unterscheiden« bedeutet die Erkenntnis möglicher Alternativen, »wählen« die Hierarchisierung und Präferenzbildung zwischen ihnen, »richten« die wertende Klassifikation nach den so gebildeten Normen. Angesichts des aufklärerischen Bewußtseins von der historischen und ethnologischen Pluralität und Kulturrelativität der Normensysteme unter gleichwohl gleichermaßen vernunftbegabten Wesen postuliert der Text dennoch die rationale Einsehbarkeit und Begründbarkeit von Normensystemen zumindest für den Menschen im emphatischen Sinne. Das ist natürlich keine Problemlösung: denn »den Menschen« als solchen zu erkennen, setzt wiederum jene Werte und Normen schon als Kriterien voraus, die mit seiner Hilfe begründet werden sollen. Die ihrerseits nicht begründete, sondern als selbstverständlich präsupponierte Verpflichtung, das artspezifische Potential zu entwickeln, erlaubt aber immerhin eine relative Begrenzung der Menge möglicher Normen, indem diese wiederum so gewählt sein müssen, daß sie Mensch und Tier maximal differenzieren (und die Differenz Götter versus Menschen zugleich, soweit möglich, minimalisieren: II, IX, X). Unser Text führt zwar keine konkreten Verhaltensnormen aus, aber er setzt die abstrakten Obernormen, »hülfreich und gut« zu sein. Auch sie sind nur scheinbar äquivalent: »gut« würde auch die bloß negative, passive »Tugend« der Enthaltung von Normverletzungen (so die »weibliche Tugend« im 18. Jhdt.) umfassen; »hülfreich« hingegen verlangt die positive und aktive Betätigung zugunsten anderer.

Unter den kognitiven Voraussetzungen praktizierter Moralität wird abschließend – zunächst erstaunlich und unverständlich – die Fähigkeit, »dem Augenblick/Dauer [zu] verleihen« (v. 41f.), genannt. Das heißt nun, daß der Mensch in seinem moralischen Dasein die Begrenzungen der Zeitlichkeit, denen seine physische Existenz unterworfen ist (zum Beispiel *Grenzen der Menschheit*), in irgendeiner Weise zu überwinden vermag. Auch wenn das Festhalten des Augenblicks auch poetologisch ein Thema Goethes ist, kann das hier offenbar doch nicht gemeint sein. Im gegebenen Kontext gibt der Satz Sinn nur, wenn er mit der Fähigkeit zur Moralität zu tun hat. Er muß also bedeuten, daß der Mensch die kognitiven Entscheidungen, die er zu irgendeinem Zeitpunkt getroffen hat, konstant zu halten vermag: Nur so entstehen generalisierte Normen (und auf ihnen basierende Institutionen).

Aus den Fähigkeiten des emphatischen Menschen resultieren nun Privilegien (VIII): »Er allein darf …« (v. 43). Sein spezielles Recht besteht aber in der Herstellung einer Welt, wie sie dem Aufklärungsdiskurs über die

»Théodicée« entspricht: An Stelle der Gottheit stellt *er* die Gerechtigkeit der Weltordnung her, indem er das moralische Übel (»lohnen«, »strafen«) ebenso wie das physische Übel (»heilen«, »retten« – zentrale Stichwörter auch der *Iphigenie*) tilgt und indem er eine Teleologie in die Weltordnung bringt und desorientierte Antriebe auf eine gemeinsame Zielorientierung ausrichtet (v. 47 f.), womit zugleich wiederum eine Zeitordnung linearen Fortschreitens geschaffen wird. Zur Moralität gehört hier jedenfalls, gut aufklärerisch, auch die soziale Nützlichkeit (v. 48 und 58), die das »Gemeinwohl« befördert.

Der Mensch hat hier jedenfalls die bisherigen Funktionen der Gottheit übernommen: Er vollzieht die Normsetzung, er bringt eine gerechte Weltordnung hervor, er schafft aus seiner zirkulären Begrenztheit heraus einen linearen Prozeß der Optimierung seiner selbst und der Welt. Wozu somit dann noch die Götter, zumal wenn sie unbekannt und unerkennbar sind?

Strophe II verlangt scheinbar Absurdes: Den unbekannten Göttern soll der Mensch »gleichen«, um dadurch jene glaubwürdig zu machen: deutlich ein zirkulärer Prozeß. Ihnen zu gleichen, kann er sich nur insofern bemühen, als man eine *Vorstellung* von ihnen hat; ihnen zu gleichen, kann die Existenz solcher Götter nur nahelegen, wenn diese Vorstellung von ihnen, die »der Mensch« durch sein »Beispiel« realisiert, eine *positive* ist. Wenn der Mensch ihnen gleicht, dann wird er selbst »göttlich«. »Das Göttliche« des Titels ist also nichts anderes als das Optimum der Realisierung des artspezifischen Potentials des Menschen. »Das Göttliche« ist also ein vom Menschen entworfenes Idealbild seiner selbst, das er außerhalb seiner als »Götter« personifiziert und das er innerhalb seiner verwirklichen soll. Wenn dem so ist: weshalb ist es dann wünschenswert, wenn aus der Vergöttlichung des Menschen der Glaube an Götter resultiert?

»Denn unfühlend
Ist die Natur« (v. 13 f.)

wird als erste Begründung angeboten. Götter und Menschen »fühlen« demnach, und die Götter sind notwendig, weil keine sonstige übermenschliche Instanz (»Natur«) fühlt. »Unfühlend« zu sein, wird als äquivalent mit moralischer Indifferenz gesetzt. Nur wer »fühlt«, kennt somit moralische Unterscheidungen und moralische Anteilnahme, die also aus der Fähigkeit des Denkens allein nicht schon folgen: Angespielt wird der zweite Strang aufklärerischer Normbegründung, wo diese nicht aus der »Vernunft«, sondern aus der »Empfindung« hergeleitet wird. Wenn die unbestätigten Götter geglaubt werden sollen, *weil* die als existent angenommene Größe »Natur« nicht moralisch ist, so heißt das, daß sie nur in der Funktion eines außermenschlichen Normrepräsentanten und Normgaranten gefordert sind.

Wiederum vollzieht sich innerhalb der scheinbaren Zirkularität der Gedichtform in I und X eine diskursive Transformation. Denn wo in II »der Mensch« vorgegebenen Göttern gleichen, also deren Merkmale sich zu eigen machen soll, werden in IX die Götter verehrt, »als wären sie Menschen« (v. 51), als hätten sie somit die Merkmale »des Menschen« sich zu eigen gemacht, der seinerseits sie sich nunmehr nicht mehr als »Vorbild« nimmt wie in II, sondern selbst als »Vor-bild« für sie, das heißt hier: als vorwegnehmende Vorstellung ihrer Merkmale, fungiert. Die Götter verehren, heißt hier somit, optimales Menschsein zu verehren: Götter sind die geschichtsphilosophische Utopie des Menschen vom Menschen: sie sind in einen linearen Prozeß eingebettet. Die zirkuläre Argumentation steht am Anfang, wenn es gilt, »den Menschen« nach dem Vorbild der Götter zu schaffen; in dem Ausmaß, in dem er geschaffen ist – und in X ist er schon »edel« geworden – wird er selbst »Vorbild«. Glaube und Verehrung der Götter sind denen zugeschrieben, die der Klasse »wir« zugeordnet werden; für sie, nicht für den »edlen« Menschen, sind sie nötig. Die Götter sind also – wie auch bei Schiller, Klinger, Hölderlin in den 90er Jahren – eine reine *Denkfunktion*: hier eine pädagogische Unterstützung für die, die im geschichtsphilosophischen Prozeß noch nicht die Stufe des emphatischen Menschseins erreicht haben. Sie sollen geglaubt werden von »uns«, weil keine andere Entität diese Funktion erfüllen kann, da die einzige in Betracht kommende, die »Natur«, außermoralisch ist. Die für 18. Jahrhundert und Goethezeit charakteristische Stärke des *Bedürfnisses nach personaler Repräsentation von Ordnungen*, sei es als Urheber, sei es als Garant, manifestiert sich in *Das Göttliche* noch darin, daß an Stelle der abgedankten Götter dennoch Urheber jener Prozesse, als deren Objekt sich der Mensch erfährt, personifiziert werden (»Natur«, »Glück«), *obwohl* sie als personale Entitäten nicht geglaubt werden; die Verabschiedung von einem *Anthropomorphismus der Weltordnung* fällt schwer.[14]

[14] Vgl. dazu die – wie mir scheint, noch nicht von der Forschung gebührend wahrgenommene, ebenso bedeutende wie ungewöhnliche (und umfangreiche: 886 S.) – Arbeit von: Edmund Brandl, Emanzipation gegen Anthropomorphismus: Der literarisch bedingte Wandel der goethezeitlichen Bildungsgeschichte, Frankfurt/M. 1995. Brandl zeigt, wie die »Bildungsgeschichte« der Goethezeit (in meiner Terminologie: die »Initiationsgeschichte«) *einerseits* das typische Aufklärungsprogramm –, die »Entwicklung«/»Bildung« zu einer ihrer selbst bewußten »autonomen« Person, vollzieht und wie *andererseits* dieses *explizite* Autonomiekonzept *implizit* immer durch »Abhängigkeiten« und »Unterwerfungen« des »Selbst« – also durch »Heteronomie« unterlaufen wird; die quasi-antiaufklärerischen Heteronomie-Lebensentwürfe etwa der Protagonisten in Eichendorffs *Ahnung und Gegenwart* oder *Das Marmorbild* machen diese implizite und latente Komponente zur manifesten und dominanten. Anhand von *Wilhelm Meister*, den *Nachtwachen*, der *Prinzessin Brambilla* und *Peter*

In *Grenzen der Menschheit* findet nun also zunächst eine Begrenzung des Menschen und seines »Sturm und Drang«-Autonomieanspruches statt. Diese Grenzziehung für den Menschen ist zugleich einer Ausgrenzung der Götter äquivalent, die zudem auf bloße Vorstellungen reduziert werden. Der potentielle – feindliche oder freundliche – *Kontakt zwischen Menschen und Göttern* wird durch die radikale *Disjunktion zwischen Menschen und Göttern* substituiert, wie sie auch *Iphigenie* im geschichtsphilosophischen Mythos vollzieht: daß Götter und Menschen anfänglich auf derselben Ebene miteinander verkehrten, führt – die Entwicklung von der ersten Prosafassung (MA 2.1) zur definitiven Versfassung (MA 3.1) bestätigt es – aufgrund der bloßen ontologischen Unvereinbarkeit der beiden Klassen zum – schuldfreien! – Fall des Tantalus, und diese Disjunktion wird zur Bedingung der Entwicklung des Menschengeschlechts, wie auch Schiller dem christlichen Sündenfall zur »felix culpa« im Entwicklungsprozeß uminterpretieren wird (*Etwas über die erste Menschengesellschaft* 1790); in der Ablösung von Opferdienst und Orakelglauben vollzieht *Iphigenie* die Ausgrenzung des Göttlichen im Übergang von fremdbestimmter Interpretation des Selbst zur Selbstinterpretation: Der gottgleich-werdende Mensch, der damit emphatisch »Mensch« wird, bedarf der »Götter« nicht mehr.[15] Die Beschränkung der Autonomie auf die moralische Autonomie verlagert die Normen, denen das »Sturm und Drang«-Subjekt *gegenüber* stand, *in* das »Klassik«-Subjekt und versucht so ihre *Immunisierung*.

Die Argumentation insbesondere in *Das Göttliche* ist in der Tat, was hier nur punktuell angedeutet werden konnte, ein Schnittpunkt, wo sich verschiedenste Aufklärungsdiskurse – über Religion und Théodicée, über Natur und Geschichte, über Moral und Mensch – treffen und ihre auswertende Integration, nicht mehr unter der Dominanz des religionsphilosophischen Diskurses wie in der Frühaufklärung, sondern unter der des (spätaufklärerischen) anthropologischen Diskurses, versucht wird. Diese »Summe« wird nun aber nicht in einem Text eines theoretischen Diskurses, sondern in lyrischer Rede als Ort der »Interdiskursivität« hergestellt. Das Gedicht transformiert (unformulierte) interdiskursive »Theorie« in »Poesie«: Dichtung beansprucht den Platz eines »Metadiskurses«.

Warum aber ist es nun ausgerechnet – unter allen verfügbaren literarischen Redeweisen/»Gattungen« – die »Lyrik«, die zum Ort einer Auswer-

Schlemihl zeigt Brandl bis ins Detail der Figuren-, Welt-, Handlungsgestaltung und der Formulierung hinein die subtile Korrelation von expliziten Autonomiepostulaten und deren impliziter Begrenzung durch unausgesprochene Heteronomie des Protagonisten.

[15] Zu *Iphigenie* vgl. etwa Wolfdietrich Rasch, Goethes »Iphigenie auf Tauris« als Drama der Autonomie, München 1979.

tung verschiedenster (spät-)aufklärerischer Diskurse und Wissensmengen und zum Ort eines gesetzgebenden, normpostulierenden Sprechens wird? Ich vermute: es ist die Lyrik, weil es in einem Drama keinen »Sprecher« des Gesamttextes gäbe und die normsetzende Rede somit an eine Figur – und selbst wenn es der (die) Protagonist(in) wäre, wäre er (sie) doch immer nur eine Figur einer dargestellten Welt – delegiert werden müßte: selbst eine Iphigenie ist eben nur *eine* Figur unter anderen, die alle zusammen erst die Textbedeutung konstituieren. In einem Roman könnte zwar eine (auktoriale) Sprechinstanz – das heißt der »Sprecher« des Gesamttextes – die Formulierung des neuen – »klassischen« – Programms übernehmen: aber, ganz abgesehen von dem – vgl. Schiller zu *Wilhelm Meisters Lehrjahren* – immer noch niedrigen Rang des »Romans« im goethezeitlichen »Gattungssystem«, würde auch im Roman die Formulierung eines solchen – anthropologisch-geschichtsphilosophischen – Programms, im Kontext ausdifferenzierter Verhaltensweisen der Figuren, immer nur eine – wenn auch, sofern durch den Erzähler artikuliert, zwar höchstrangige – Position unter anderen Positionen (der Figuren) sein. Allein Lyrik erlaubt – paradoxerweise – die nicht durch konkurrierende (Figuren-)Positionen beschränkte literarische Artikulation eines solchen Programms. Und wenn diese beiden komplementären Texte zunächst lange unveröffentlicht bleiben, so scheint das zu bedeuten, daß sich zunächst ein Autorensubjekt für sich selbst einer neuen programmatischen, ideologischen Position zu vergewissern sucht, bevor es sie »öffentlich« praktiziert, das heißt in publizierten Texten »anwendet«. Wenn Goethe aber 1789 dieses präklassische Gedichtpaar publiziert, setzt er damit zugleich als öffentliches Faktum, daß jetzt – für ihn – eine neue Anthropologie – und in funktionaler Abhängigkeit von dieser: eine neue Religionsphilosophie – gelten soll; das neue literarische Denksystem wird dann in der (Versfassung der) *Iphigenie* eingelöst werden.

ALESSANDRO COSTAZZA

DAS »CHARAKTERISTISCHE« ALS ÄSTHETISCHE KATEGORIE DER DEUTSCHEN KLASSIK

Eine Diskussion zwischen Hirt, Fernow und Goethe nach 200 Jahren

I

Kaum eine andere ästhetische Kategorie ist so unterschiedlich oder gar gegensätzlich interpretiert und so oft mißverstanden worden wie die Idee des »Charakteristischen«, die Aloys Hirt am Ende eines Aufsatzes *Über das Kunstschöne* und in zwei praktischen Anwendungen auf die Interpretation der Laokoon-Gruppe, die alle in Schillers Horen vom Jahre 1797 erschienen sind,[1] in die ästhetische Diskussion der Zeit einführte. Denn obwohl Hirt[2] durch diese ästhetische Kategorie weder die Wiederaufnahme einer »naturalistischen« Kunstauffassung des Sturm und Drang, noch die Begründung einer empiristischen »Ästhetik des Häßlichen« beabsichtigte, so wurde sein Prinzip zum Teil schon von den Zeitgenossen und dann immer entschiedener von späteren Philosophen, Ästhetikern und Literaturwissenschaftlern im Sinne einer unmittelbaren Wiedergabe der Wirklichkeit als Erbe des Sturm und Drang und gleichsam als Vorwegnahme der

[1] Vgl. A. Hirt, Versuch über das Kunstschöne, in: F. Schiller (Hrsg.), Die Horen (Ndr. Darmstadt 1959) 11, 1797, 7. Stück, S. 1–37. Ders., Laokoon, ebd., 10. Stück, S. 1–26; ders., Nachtrag über Laokoon, ebd., 12. Stück, S. 19–28.

[2] Vgl. bio-bibliogaphische Informationen über A. Hirt etwa in: Deutsches Biographisches Archiv. Mikrofiche-Ausgabe, Mikrofiche 543, S. 307ff., insbesondere S. 314–317 (Gelehrtes Berlin im Jahre 1825 [1826]) und S. 320–330 (Neuer Nekrolog der Deutschen 15, 1837 [1839]). Vgl. darüber hinaus: Allgemeine deutsche Biographie, Berlin 1969 (Ndr. der 1. Aufl. von 1880), Bd. 12, S. 477–479; Neue Deutsche Biographie, Berlin 1972, Bd. 9, S. 234–235.

Romantik interpretiert und in dieser Eigenschaft kurzerhand als die »antiklassische« Kategorie schlechthin abgetan.[3]

Hirt selbst hat sich zwar zu Lebzeiten wiederholt und vergeblich gegen verschiedene einschränkende Interpretationen seines ästhetischen Prinzips sowohl aus dem Lager der Weimarer Klassik als auch von Seiten der Ro-

[3] Selbst Schelling, der in seiner Interpretation des »Charakteristischen« Hirt nahe steht, legt dessen »ungenügende und falsche Ansicht des Charakteristischen« als bloße Wiedergabe der »leere[n] Schale oder Begrenzung des Individuellen« aus. Vgl. F. W. J. Schelling, Über das Verhältnis der bildenden Künste zu der Natur, hrsg. v. L. Sziborsky, Hamburg 1983, S. 16. Später haben R. Zimmermann und vor allem M. Schasler den engen Zusammenhang zwischen Hirts »Charakteristischem« und dem Goetheschen Kunstverständnis hervorgehoben und auch die Verwandtschaft der Hirtschen Kategorie mit der klassizistischen Kunstauffassung eines Winckelmann nahegelegt. Vgl. R. Zimmermann, Geschichte der Aesthetik als philosophische Wissenschaft, Wien 1858, S. 356–371; M. Schasler, Kritische Geschichte der Aesthetik, Berlin 1872, S. 491–494; S. 499 und S. 504–512. Diese Interpretationen sind allerdings wieder in Vergessenheit geraten und werden in keiner Untersuchung über das »Charakteristische« erwähnt. Einen starken Einfluß haben dagegen die Arbeiten von F. Denk ausgeübt, der das »Charakteristische« als Erbe des Sturm und Drang und als Vorläufer der Romantik interpretiert. Vgl. F. Denk, Das Kunstschöne und Charakteristische von Winckelmann bis Friedrich Schlegel, München 1925; Ders., Ein Streit um Gehalt und Gestalt des Kunstwerks in der deutschen Klassik, in: Germanisch-Romanische Monatsschrift 18, 1930, S. 427–442; Ders., Aloys Hirt. Ein deutscher Kunsthistoriker der Goethezeit, in: Neue Jahrbücher für Wissenschaft und Jugendbildung 4, 1928, S. 672–677. Obwohl schon von Einem bemerkt hatte, daß Hirts »Begriff des Charakteristischen mit dem Charakteristischen des Sturm und Drang weder qualitativ noch sachlich verglichen werden kann«, so ist man in der Goethe-Philologie eher Danzel gefolgt, der das »Charakteristische« mit dem »Naturalistischen« bzw. mit der »niederländischen Malerei« verwechselt hat. Vgl. H. von Einem, Carl Ludwig Fernow. Eine Studie zum deutschen Klassizismus, Berlin 1935, S. 174; vgl. auch S. 175; Th. W. Danzel, Goethe und die Weimarischen Kunstfreunde in ihrem Verhältnis zu Winckelmann, in: Ders., Zur Literatur und Philosophie der Goethezeit, hrsg. v. H. Meyer, Stuttgart 1962, S. 209 und S. 208. Fast alle Kommentare zu Goethes Aufsatz *Über Laokoon* und zu seiner Novelle *Der Sammler und die Seinigen* führen Hirt als Vertreter eines antiklassischen, dem Sturm und Drang nahe stehenden Naturalismus ein. Vgl. etwa Goethe, Werke. Hamburger Ausgabe, hrsg. v. E. Trunz u. a., München 1981 ff. (im folgenden zitiert: HA, Bd. 12, S. 597 f.; Klassik und Klassizismus, hrsg. v. H. Pfotenhauer u. P. Sprengel, Frankfurt/M. 1995, S. 527; S. 617. Auch zwei kürzlich erschienene Arbeiten über das »Charakteristische« verfallen einer solchen Verwechslung des »Charakteristischen« mit dem »Naturalismus«. Vgl. G. Stemmrich, Das Charakteristische in der Malerei. Statusprobleme der nicht mehr schönen Künste und ihre theoretische Bewältigung, Berlin 1994, S. 59–70, vor allem S. 67; J. Schönwälder, Ideal und Charakter. Untersuchungen zu Kunsttheorie und Kunstwissenschaft um 1800, München 1995, vor allem S. 154.

mantiker zu wehren versucht.[4] Doch weder die Tatsache, daß sein Aufsatz in einer bedeutenden Zeitschrift der Weimarer Klassik erschienen ist und sowohl Schiller als auch Goethe für die Kategorie des »Charakteristischen« großes Interesse zeigten, noch Hegels hohe Einschätzung des Hirtschen Grundsatzes, in dem er die wesentlichsten Merkmale des Kunstschönen und eine enge Verwandtschaft zu Goethes und Meyers Verständnis des »Bedeutenden« erkannte, übten auf die späteren Interpretationen desselben einen wesentlichen Einfluß aus.[5]

Es ist daher an der Zeit, die heute allgemein geteilte Auffassung des »Charakteristischen« zu hinterfragen, weil eine solche offenbar simplizistische Interpretation desselben absolut unverständlich erscheinen läßt, warum sonst Persönlichkeiten wie Schiller, Goethe oder Hegel, aber auch andere wichtige Philosophen wie Schelling und Solger, sich mit einer ästhetischen Kategorie befaßt haben, die nach dieser Sichtweise einfach die Negation selbst der Kunst bedeuten würde. Es läßt sich nämlich unschwer

[4] In dem Aufsatz *Über die Charakteristik, als Hauptgrundsatz der bildenden Künste bei den Alten* (in: Berlinisches Archiv der Zeit und ihres Geschmacks 1798, Teil II, S. 437–451), antwortet Hirt nicht auf »Goethes Propyläenaufsatz«, wie etwa Boehlich und nach ihm Jolles angenommen haben, sondern auf die bloß spöttischen Attacken der Brüder Schlegel im Athenaeum. Vgl. E. Boehlich, Goethes Propyläen, Stuttgart 1915, S. 60; M. Jolles, Goethes Kunstanschauung, Bern 1959, S. 39; Athenaeum. Eine Zeitschrift von A. W. und F. Schlegel, Berlin 1798–1800 (Ndr. Dortmund 1989), Bd. I., 2. St., 1798, S. 85–87; Bd. II., 2. St., 1799, S. 331f. In der Antwort auf Böttigers Rezension von seinem *Bilderbuch zur Mythologie* in *Der Freimüthige* setzt sich Hirt dagegen mit Fernows Aufsatz *Über den Zweck der Bildenden Kunst*, der im *Deutschen Magazin* (1799, April, S. 337–375) erschienen war, und mit Goethes Novelle *Der Sammler und die Seinigen* auseinander. Vgl. Der Freimüthige 1805, Nr. 137 und 138, S. 29–31 und 34–35. Schon in einem Brief an Goethe vom 22. August 1799 versichert Hirt, daß er über den Widerspruch, den seine Grundsätze in Goethes Novelle und in Fernows Aufsatz erfahren haben, nicht beleidigt ist und daß er auf diese Einwände in einer eigenen Schrift antworten will. Dabei unterstreicht allerdings Hirt: »Ich glaube recht gut einzusehen, worin die Meinungen wirklich verschieden sind, aber dabey liegt noch viel Missverstand von Seite der Sprachausdrücke zu Grunde. Denn bissher ist manches gegen mich behauptet worden, was gar nicht gegen mein System streitet und worin ich gänzlich mit meinen Gegnern einverstanden bin.« Der Brief ist abgedruckt in: Goethe-Jahrbuch XV, 1894, S. 70f. Vgl. hier auch weitere Briefe zwischen Goethe und Hirt bis zum Jahre 1827 (ebd., S. 68–81) und eine Darstellung des Verhältnisses zwischen den beiden Briefschreibern auch jenseits der Auseinandersetzung über das »Charakteristische« (ebd., S. 96–108). Noch in der Rezension von Rumohrs *Italienischen Forschungen* in den *Jahrbüchern für wissenschaftliche Kritik* 1827 (Nr. 192 und 193, Sp. 1527–1552) versucht Hirt die falschen Interpretationen seines Prinzips zu berichtigen und unterstreicht insbesondere seine Übereinstimmung mit Goethe und Meyer. Vgl. ebd., vor allem Sp. 1532–1534.

[5] Vgl. G. W. Hegel, Vorlesungen über die Ästhetik I, Frankfurt/M. 1986, S. 33–37.

zeigen, daß Hirts »Charakteristisches« weder mit dem Empirismus noch mit dem Sturm und Drang oder der Romantik zu tun hat, sondern geradezu Ausdruck einer rationalistischen Kunstauffassung ist, die in der Ästhetik der Popularphilosophie und im Klassizismus – in den Werken von Wolff, Winckelmann, Mengs, Mendelssohn und Lessing also, die Hirt während seiner universitären Studien und vor allem in Wien kennenlernte[6] – ihre Wurzeln hat. Darüber hinaus enthält aber diese Kategorie auch ein an Lessing geschultes Bewußtsein der Eigengesetzlichkeit der Kunst im allgemeinen und der einzelnen Künste im besonderen, die sie in die unmittelbare Nähe von Goethes nachitalienischer Kunstauffassung bringt, wie sie sich vor allem in den *Propyläen* äußerte.

II

Schon Hirts erste noch unspezifische Verwendung des Begriffs des »Charakteristischen« zeigt unmißverständlich, wie wenig dieser Begriff mit dem Sturm und Drang oder der Romantik zu tun hat, da er das Adjektiv »charakteristisch« auf die klassizistische Skulptur und Malerei – insbesondere auf die Werke von David – anwendet.[7] In die Richtung einer rationalistischen Kunstauffassung weist aber unmißverständlich vor allem die theoretische, zwar nicht immer geradlinige und logische Ableitung und Begründung des »Charakteristischen« in dem angeblich aus der gleichen Zeit stammenden und erst zehn Jahre später veröffentlichten Aufsatz

[6] Vgl. Neue deutsche Biographie (Anm. 2), S. 234; Neuer Nekrolog der Deutschen (Anm. 2), S. 321 f.

[7] Vgl. die Aufsätze in der von Hirt zusammen mit Moritz herausgegebenen Zeitschrift: Italien und Deutschland, Berlin 1789 ff., insbesondere den Aufsatz über den Maler Germain-Jean Drouais, etwa 1. St., S. 5 und S. 13, 20 und 28. Hirt bedient sich des Begriffs des »Charakteristischen« auch zur Bezeichnung der Fresken von Beato Angelico (vgl. ebd., 2. St., S. 8) oder eines Denkmals von Trippel (vgl. ebd., S. 60).

Über das Kunstschöne.[8] Hirt geht hier nämlich von einer sich äußerlich an Baumgarten anlehnenden Definition des Schönen aus – er nennt es »das Vollkommene, welches ein Gegenstand des Auges, des Ohres, oder der Einbildungskraft ist, oder werden kann«[9] –, bei der er allerdings das »Vollkommene« als das »Zweckentsprechende« uminterpretiert und das ästhetische Urteil auf diese Art und Weise eindeutig dem Verstande unter-

[8] Die Zeugnisse über die Entstehungszeit dieses Aufsatzes sind nicht immer einstimmig. In seiner Rezension zu Rumohrs *Italienischen Forschungen* behauptet Hirt, daß er die »beiden Aufsätze: Laokoon, und über das Kunstschöne« schon »im J. 1788« Herder vorgelegt hat. Vgl. Rumohr-Rezension (Anm. 4), Sp. 1532. Diese Nachricht wird wenigstens in Bezug auf den Laokoon-Aufsatz von Herder selbst bestätigt. Vgl. Herder, Italienische Reise. Briefe und Tagebuchaufzeichnungen 1788–1789, hrsg. v. A. Meier und H. Hollmer, München 1988, S. 369. Eine weitere Bestätigung könnte man auch in Goethes Bericht von November 1787 in der *Italienischen Reise* finden, wo von einer Auseinandersetzung zwischen Hirt, der das »Charakteristische« als Grund der Schönheit aufstellte, und »anderen Künstlern«, die über das »Charakteristische« hinaus Schönheit und Anmut der Behandlung verlangten, erzählt wird. Vgl. Goethe, Italienische Reise, HA 11, S. 441 f. Auch hier, wie oft in diesem Werk, projiziert jedoch Goethe mit offensichtlich exemplarischer Intention Begebenheiten, die sich erst später zugetragen haben, auf die Zeit des Aufenthaltes in Italien. Nicht von ungefähr spiegelt die Auffassung der »anderen Künstler« in Rom sehr genau die Position Goethes selbst wider, wie er sie erst später in dem Aufsatz *Über Laokoon* und in der Erzählung *Der Sammler und die Seinigen* entwickelt hat. Vgl. zu diesen Schriften Goethes: unten, S. 81 ff. Vgl. auch die Vorarbeit zu dieser Seite der *Italienischen Reise* in: Goethes Werke. Weimarer Ausgabe, hrsg. i. A. der Großherzogin Sophie von Sachsen, Weimar 1887 ff. (im folgenden zitiert: WA), Bd. 49, 2, S. 271. Hirt selber behauptet allerdings in einem Brief an Böttiger vom 31. Oktober 1797, daß er den Aufsatz *Über das Kunstschöne* »vor sechs Jahren geschrieben, und nicht vollendet« hatte. Vgl. Denk, Über das Kunstschöne (Anm. 3), S. 117. Wenn diese Angabe stimmt, dann müßte man sich jedoch zumindest fragen, warum Hirt den Text nie veröffentlicht und noch im Jahre seiner Publikation durch Schiller ihn nicht einmal »vollendet« hat. Vgl. auch den Brief an Böttiger vom 31. Oktober 1797, in: Denk, Über das Kunstschöne (Anm. 3), S. 117. Es könnte vielleicht sein, daß Hirt sich durch das negative Urteil Herders über den Aufsatz von einer Publikation desselben hat abbringen lassen, bis er die Zustimmung Schillers gefunden hat. Vgl. über Herders Abweisung: Herder, Italienische Reise (Anm. 8), S. 369; Hirts Brief an Goethe vom 4. April 1789, zit. in: Boehlich, Goethes Propyläen (Anm. 4), S. 57. Vgl. auch Hirt, Rumohr-Rezension (Anm. 4), Sp. 1532 f. Denk berichtet darüber hinaus, daß Hirt den Aufsatz über den Laokoon schon am 15. Juni 1795 in Berlin in der Königlichen Akademie der Wissenschaften vorgelesen hat. Vgl. Denk, Über das Kunstschöne (Anm. 3), S. 117. Nach den biographischen Informationen über Hirt ist dieser aber während der Zeit seines Aufenthalts in Italien vom 1782 bis 1796 nur ein einziges Mal nach Deutschland zurückgekehrt, und zwar im Jahre 1793, um seinen Eltern einen Besuch abzustatten. Vgl. Neuer Nekrolog (Anm. 2), S. 326; vgl. auch Allgemeine Deutsche Biographie (Anm. 2), S. 478.

[9] Jenseits dieser tatsächlich unglücklichen Definition läßt sich allerdings ein Einfluß Baumgartens auf Hirt mit großer Wahrscheinlichkeit nachweisen. Vgl. hierzu meinen Aufsatz: Das »Charakteristische« ist das »Idealische«. Über die Quellen einer umstrittenen Kategorie der italienischen und deutschen Ästhetik zwischen Aufklärung, Klassik und Romantik, in: Beiträge zu Komparatistik und Sozialgeschichte der Literatur. Festschrift für Alberto Martino (Chloe. Beihefte zum Daphnis, Bd. 26), S. 463–490, hier insbesondere S. 477–479.

wirft.[10] Da jedoch ein solches Urteil über die Zweckmäßigkeit – und daher auch über die Schönheit – insbesondere von »Naturgegenständen« infolge der Beschränktheit des menschlichen Erkenntnisvermögens sehr schwierig oder sogar unmöglich ist, so rekurriert Hirt auf die Idee der »individuellen Merkmale, welche ein Wesen constituieren«, um dadurch das Urteil »desto sicherer« zu machen.[11] Diese »individuellen Merkmale« leitet er dann aber von einem als »Idee der Gattung« verstandenen »Ideal« ab, in dem sie enthalten sein sollen[12] und das er wiederum nur *ex negativo* zu bestimmen weiß, indem er von den »Gegenständen einer Gattung« alles »Störende oder Fehlerhafte«, alle »Unvollkommenheiten« ausschließt.[13]

Nach dieser offensichtlich zirkulären Argumentation, die das »Vollkommene« letztlich über den Ausschluß des »Unvollkommenen« bestimmen will, führt Hirt die für seine Theorie schlechthin zentrale Bestimmung der »Verschiedenheit des Kunstschönen von dem Naturschönen« ein. Schon am Ende des vorhergehenden Abschnittes hatte er die Überlegenheit der Kunst hervorgehoben, die im Vergleich zur Natur die Vollkommenheit nicht nur in der Gattung, sondern auch »im Individuum« durch einen Prozeß der Auslese bilden kann.[14] Hier erweitert er aber die Bedeutung dieser Überlegenheit dadurch, daß er der Kunst die Fähigkeit zuschreibt, auch unangenehme, ja sogar »schreckliche« Gegenstände durch die »Behandlung und Ausführung von Seiten des Künstlers« schön darzustellen.[15] Über die »Wahl eines schönen Naturgegenstandes« und über die Auslese und Konzentration in einem Individuum der in verschiedenen natürlichen Gegenständen verstreuten Schönheiten setzt also Hirt die »Geschicklichkeit in der Ausführung« als eigentlichen und wesentlichsten Bestandteil der Kunstschönheit, die er deswegen auch »subjektivistisch« nennt, weil sie im Unterschied zur »objektivistischen« Schönheit von den Fähigkeiten des schaffenden Subjekts und nicht vom Objekt der Nachahmung abhängt.[16]

Unklar bleibt dabei allerdings, worin diese »subjektivistische« Schönheit eigentlich bestehe und wo in ihr das »Vollkommene« oder das »Zweckentsprechende« zu suchen sei. Die Beispiele aus Homer und Shakespeare scheinen auf eine »getreue«, »wahre« und »individuelle« Nachahmung der Natur hinzudeuten,[17] so daß man die Schönheit in der

[10] Hirt, Über das Kunstschöne (Anm. 1), S. 24.
[11] Ebd.
[12] Vgl. ebd., S. 25.
[13] Vgl. ebd., S. 26f.
[14] Vgl. ebd., S. 27f.
[15] Vgl. ebd., S. 28 u. S. 36.
[16] Vgl. ebd., S. 30f.
[17] Vgl. ebd., S. 29.

vollkommenen Entsprechung von Gegenstand und künstlerischer Darstellung desselben erblicken könnte. In dem Abschnitt über die »Erklärung des Schönen der bildenden Künste« fügt aber Hirt noch weitere wesentliche Merkmale der Kunstschönheit hinzu, indem er sie einerseits auch als »Uebereinstimmung der Theile zum Ganzen« betrachtet, andererseits aber selbst die »getreue und richtige Nachahmung« nicht nur auf Naturgegenstände, sondern auch – und vielleicht sogar in stärkerem Maße – auf das »Ideal« bezieht, das er als Produkt einer Auslese und Zusammenstellung der wesentlichen Eigenschaften eines oder mehrerer, wirklicher oder bloß erfundener Dinge versteht.[18] Darüber hinaus unterwirft er aber selbst die »Täuschung« dieser getreuen Nachahmung des Naturgegenstandes oder des Ideals den spezifischen »Grenzen jeder Kunst«.[19] Auch wenn Hirt also gelegentlich von einer »getreuen« und »wahren« Nachahmung als Zweck der Kunst redet, so ist er offensichtlich von einer »naturalistischen« Kunstauffassung weit entfernt. Denn nicht nur bildet das »Ideal«, das sich bei Hirt in unmittelbarer Nähe des »Gattungsbegriffs« befindet, den Hauptgegenstand dieser Nachahmung, sondern diese »treue« Nachahmung eines eher abstrakten und begriffsähnlichen Ideals wird noch zusätzlich der formalen Harmonie der Teile untereinander und zum Ganzen sowie den für jede einzelne Kunst spezifischen Regeln unterworfen.[20]

Auch die Einführung der Kategorie des »Charakteristischen« ändert nichts an dieser eher abstrakten und idealischen als »naturalistischen« Kunstauffassung, indem sie diese vielmehr bestätigt und verstärkt. Es darf nämlich nicht übersehen werden, daß Hirt die »Charakteristik« nicht in Opposition zum Schönen, etwa als das Naturwahre bzw. als das Häßliche oder gar »Ekelerregende«, einführt, das Hirt vielmehr von der Kunst ausdrücklich ausschließt,[21] sondern geradezu als den »Hauptgrundsatz des Kunstschönen« betrachtet, welches eben »in der Charakteristik beruht«.[22] Obwohl er in diesen knappen Ausführungen es nicht ausdrücklich sagt, so kann und muß die »Charakteristik« unmittelbar auf jene das »Wesen« konstituierenden »individuellen Merkmale« bezogen werden, die Hirt in seiner »allgemeinen Erklärung des Schönen« eingeführt hatte. Gerade weil der Mensch in seiner Beschränkung sie in der Natur kaum erkennen

[18] Vgl. ebd., S. 32 f.

[19] Vgl. ebd., S. 31 f. Vgl. auch Hirt, Laokoon (Anm. 1), S. 23.

[20] Vgl. ebd., S. 31. Am Ende seines Aufsatzes verspricht Hirt noch eine Darstellung der jeweiligen Gesetze der einzelnen Künste, die er jedoch nie geliefert hat. Vgl. ebd., S. 35.

[21] Vgl. ebd., S. 36.

[22] Vgl. den Titel des Abschnitts: »Charakteristik als Hauptgrundsatz des Kunstschönen«, S. 34 und S. 35. Daß das »Charakteristische« sich auf das »Kunstschöne« und nicht auf das Schöne schlechthin bezieht, hat bis heute nur Schasler erkannt und ausdrücklich formuliert. Vgl. Schasler, Ästhetik (Anm. 3), S. 493.

kann, ist es nämlich Aufgabe des Künstlers, sie auszuwählen, zu »klassificieren« und zusammenzustellen.[23] Die »Charakterisierung« oder »Individualisierung« steht also hauptsächlich im Dienste der Verständlichkeit: Der Künstler muß so »individuell« und »getreu« nachahmen, damit »er verstanden werde«.[24] Das Ergebnis seiner Nachahmung ist dann zwar »ein ächter Abdruk der Natur«, den aber Hirt bezeichnenderweise einen »Typus«[25] nennt und der also nicht von ungefähr dem Gattungsbegriff viel näher steht als dem individuellen natürlichen Gegenstand.

Kann also Hirts Aufsatz *Über das Kunstschöne* unmöglich als Manifest einer »naturalistischen« Kunstauffassung gelesen werden, so scheint eine solche mißverständliche Interpretation seines ästhetischen Prinzips auf dessen gleichfalls in Schillers Horen vom Jahre 1797 erschienenen Aufsätze über die Gruppe des Laokoon zurückzugehen, in denen er gegen Winckelmanns, Lessings und Goethes unterschiedlich begründete Interpretationen dieser Gruppe im Sinne einer Mäßigung der Leidenschaften eintritt.[26] Auch in diesen Aufsätzen, in denen die Interpretation der Laokoon-Statue »blos als Einleitung«, das heißt nur als eines der vielen Beispiele einer praktischen Anwendung und Begründung seines ästhetischen Prinzips dienen sollte,[27] verficht Hirt jedoch keine ›irrationale‹ Kunstauffassung, etwa im Sinne eines unmittelbaren bzw. naturalistischen Ausdrucks der Leidenschaften, sondern bleibt vielmehr seinen theoretisch aufgestellten Prinzipien der rationalen Natur der Schönheit, des wesentlichen Unterschieds zwischen Natur- und Kunstschönheit bzw. zwischen Natur- und Kunstwahrheit sowie der formalen oder »subjektivischen« Natur der Kunstschönheit treu.

So betrachtet etwa Hirt die Statue des Laokoon nicht deswegen als »das Meisterwerk der gesammten Kunst«,[28] weil sie eine wahre und unmittelbare Darstellung des höchsten menschlichen Leidens ist, sondern genau umgekehrt, weil sie »das Resultat einer durch lange Jahrhunderte gesam-

[23] Darin besteht nach Hirt die »Fähigkeit des Künstlers«, der »die Bilder immer trennen, und in der Trennung sie immer einander nähern und klassificieren« soll. Hirt, Über das Kunstschöne (Anm. 1), S. 35.

[24] Ebd., S. 29.

[25] Ebd., S. 35.

[26] So bezeichnet etwa Richter, der offensichtlich von Hirts Laokoon-Interpretation ausgeht, dessen Theorie des »Charakteristischen« als »an incipient theory of realism«. Vgl. S. Richter, Laocoon's Body and the Aesthetics of Pain. Detroit 1992, S. 20 und S. 165. Vgl. auch ebd., S. 173. Gegen Winckelmann und Lessing argumentiert Hirt im *Laokoon* (Anm. 1), während der *Nachtrag über Laokoon* (Anm. 1) eine genaue Antwort auf Goethes Aufsatz darstellt, der erst im Jahre darauf, in der ersten Nummer der *Propyläen* (1798) erscheinen sollte. Vgl. zu den Entstehungsbedingungen des Nachtrags: unten, Anm. 83.

[27] Vgl. Hirt, Über die Charakteristik (Anm. 4), S. 438.

[28] Hirt, Laokoon (Anm. 1), S. 2.

melten Weisheit«, das »Produkt der Ueberlegung und des kalkulierenden Verstandes« ist,[29] das ähnlich wie für Winckelmann die höchste »Kenntniß des Körperbaus, und der Leidenschaften«, der Psychologie, der Moral und der Physiognomie, aber auch ein hohes Niveau der technischen Fähigkeiten verrät.[30] Und wenn Hirt andererseits vom Kunstwerk unbedingte »Wahrheit« fordert, weil sie »das Grundgesetz des Schönen, wie des Guten« ist und »ohne ihre Fakel ... kein Schritt in den Künsten zu thun« ist,[31] so meint er damit keine Wiedergabe der Wirklichkeit, sondern vielmehr »Kunstwahrheit«, das heißt eine durch die besonderen Gesetze der jeweiligen Kunstart bedingte und vermittelte Wahrheit. Das beweisen unmißverständlich die Überlegungen, die Hirt anstellt, nachdem er, ausgehend von einer empirischen Betrachtung der Laokoon-Statue,[32] in der »Individuellheit der Bedeutung« oder der »Karakteristik« das allgemeine Gesetz der alten Kunst ausgemacht hat, welche jeden Gott, jeden Helden und jeden Menschen immer in seinen »charakteristischen« Zügen, mit seinen individuellen Leidenschaften, mit seiner nur ihm eigenen Bewegung oder seinem individuellen Ausdruck dargestellt hat.[33] Indem er nämlich hervorhebt, daß die von ihm angeführten Beispiele von Kunstwerken, in denen die Alten Leiden, Schrecken oder Schreien »ohne Milderung« dargestellt haben,[34] »theils von Gruppen, theils von Compositionen in mehrern Figuren en Relief genommen« sind,[35] bezieht er in seine Betrachtung – im Unterschied etwa zu Goethe, der diese Tatsache dahin interpretieren wollte, daß nur in den zweitrangigen oder »subordinierten« Kunstwerken der Antike der unmittelbare Ausdruck der Leidenschaften zugelassen wurde[36] – die eigentümlichen Gesetze der bildenden Künste ein,[37] welche die Darstellung einer leidenschaftlichen Bewegung oder eines leidenschaft-

[29] Vgl. ebd., S. 4.

[30] Ebd., S. 25f. Hier bezieht sich Hirt auch ausdrücklich auf Winckelmann. Vgl. ebd., S. 25. Vgl. J. J. Winckelmann, Geschichte der Kunst des Altertums, Darmstadt 1892, S. 155 und S. 167 (Ndr. d. Ausg.: Wien 1934).

[31] Vgl. Laokoon (Anm. 1), S. 2 und vor allem S. 23f.

[32] Vgl. ebd., S. 8ff.

[33] Vgl. ebd., S. 12f.

[34] Vgl. ebd., S. 14–16.

[35] Ebd., S. 16.

[36] Vgl. Goethes Brief an Schiller vom 17. Januar 1798, in: Goethe, Sämtliche Werke nach Epochen seines Schaffens. Münchener Ausgabe, hrsg. v. K. Richter u. a. (im folgenden zitiert: MA), Bd. 8.1: Der Briefwechsel zwischen Schiller und Goethe in den Jahren 1794–1805, hrsg. v. M. Beetz, S. 496.

[37] Vgl. Hirt, Laokoon (Anm. 1), S. 17.

lichen Ausdrucks nur dann zulassen, wenn auch deren Ursache deutlich erscheint.[38]

Auch der Grundsatz der »Karakteristik« ist natürlich diesen Gesetzen unterworfen, und zwar so, daß er bezeichnenderweise bei der »Darstellung des Unleidenschaftlichen« noch mehr als beim unmittelbaren Ausdruck des Leidens oder der Schmerzen seine uneingeschränkte Gültigkeit behauptet, weil dort die einzelne Figur nur durch ihre besondere, nur ihr eigene Stellung oder Miene »deutlich erkannt werden konnte«.[39] Diese Notwendigkeit der leichten Erkennbarkeit bedingt aber andererseits, daß die einmal gefundene »Karakteristik der Formen und der Attitüde für einen Gegenstand« einen normativen Zug erhält, weil sich jeder Künstler in der Zukunft bei der Darstellung des gleichen Gegenstandes an diese »Karakteristik« zu halten hatte.[40] Auch diese Normativität der »Charakteristik«, zusammen mit ihrer Abhängigkeit von der immanenten Kunstgesetzlichkeit, bestätigt noch zusätzlich, wie wenig Hirts »Charakteristisches« eine unmittelbare Nachahmung der Wirklichkeit meinte.

In seinen summarischen »Folgerungen« gegen Ende des Aufsatzes unterstreicht schließlich Hirt noch deutlicher die formale bzw. »subjektivistische« Natur des »Charakteristischen«. Die »Karakteristik« ist nämlich nach Hirt weder das natürliche Ding selbst in seiner Individualität, noch im eigentlichen Sinne eine Eigenschaft oder Eigentümlichkeit desselben. Sie stimmt vielmehr in letzter Instanz mit der Kunstwahrheit bzw. mit der »Vollkommenheit oder Schönheit der Kunst« selbst überein und ist demgemäß, ähnlich wie die Kunstschönheit, nicht im dargestellten Gegenstand, sondern vielmehr in der Art der Behandlung und der Darstellung desselben zu suchen.[41] Die »Karakteristik« kann mit anderen Worten nicht einfach in den natürlichen Gegenständen gefunden werden, sondern muß vielmehr »erfunden« oder aus der Natur auf eine Art und Weise »abstra-

[38] Aus dem gleichen Gesetz der bildenden Künste leitet dann aber Hirt auch die entgegengesetzte Tatsache ab, daß nämlich die einzelnen Figuren in der Kunst der Alten tatsächlich, wie Winckelmann bemerkt oder zumindest geahnt hatte, »in Ruhe« dargestellt werden. Vgl. ebd., S. 17f. Für einzelne Figuren, die trotzdem in einem leidenschaftlichen Zustand dargestellt sind, vermutet Hirt, daß sie ursprünglich zu Gruppen gehört haben müssen, die aber nicht mehr erhalten sind. Vgl. ebd., S. 20–22.

[39] Vgl. ebd., S. 18.

[40] Vgl. ebd.

[41] Vgl. ebd., S. 24.

hiert« werden, daß sie zugleich »bedeutend und übereinstimmend«[42] ist.

Diese doppelte Forderung nach Bedeutsamkeit und Übereinstimmung ist wichtig, weil sie auf den formalen Aspekt des »Charakteristischen« und womöglich auch auf eine der Quellen dieser Idee in der rhetorischen Kategorie des *aptum* hinweist.[43] Wie das *aptum* nämlich die »Zweckhaftigkeit« oder das Aufeinanderpassen aller Bestandteile der Rede untereinander zum Ganzen und überdies auch die Entsprechung von *res et verba* betrifft,[44] so bezieht sich auch Hirt – der nicht von ungefähr die Schönheit gerade durch das »Zweckentsprechende« bestimmt hatte[45] – mit seiner Forderung nach Bedeutsamkeit auf das Verhältnis von Dargestelltem und Darstellung, indem er von dieser eine Entsprechung mit dem Begriff des realen oder »idealischen« darzustellenden Gegenstandes verlangt, mit der Forderung nach Übereinstimmung hingegen gerade auf das innere Verhältnis der Teile des Kunstwerks untereinander und zum Ganzen. Obwohl Hirt dieses Thema der inneren Übereinstimmung der Teile nie weiter vertieft hat, so gehört es jedoch zum Wesen selbst der Idee des »Charakteristischen«,[46] die somit auch der Goetheschen Auffassung der »Anmut« keinesfalls entgegengesetzt ist.

III

Die grundsätzlich rationalistische und klassizistische Natur der ästhetischen Kategorie des »Charakteristischen« wird unter anderem durch eine Rekonstruktion ihrer möglichen Quellen bestätigt.[47] Schon der unmittel-

[42] Hirt behauptet, »daß, was die Alten unter Vollkommenheit oder Schönheit der Kunst verstanden, nichts anders war, als Karakteristik, das heißt, sie suchten für jeden Gegenstand aus der Natur die körperlichen Formen bedeutend und übereinstimmend auf: sie erfanden oder abstrahierten vielmehr aus der Natur die individuellsten Formen für jedes Alter, für jedes Geschlecht, für jeden Stand, für jede Verrichtung – kurz, für jeden individuellsten Karakter.« (ebd., S. 23).

[43] Vgl. dazu Costazza, Das »Charakteristische« ist das »Idealische« (Anm. 9), S. 476.

[44] Vgl. über diese rhetorische Kategorie: H. Lausberg, Handbuch der literarischen Rhetorik, München 1960, insbesondere 258, S. 144f. u. 1055ff., S. 507ff.

[45] Vgl. Hirt, Über das Kunstschöne (Anm. 1), S. 24f.

[46] Vgl. vor allem ebd., S. 31 und S. 35. Vgl. aber auch Hirt, Laokoon (Anm. 1), S. 13; S. 23; und Hirt, Über Böttiger's-Rezension (Anm. 4), S. 34. Nach von Einem würde dagegen bei Hirt »von der höheren Einheit einer Komposition ... überhaupt nicht die Rede« sein. Vgl. von Einem, Fernow (Anm. 3), S. 174.

[47] Hier muß ich mich aus Platzgründen mit wenigen Hinweisen auf einige wichtige Quellen der ästhetischen Kategorie des »Charakteristischen« begnügen. Für eine ausführlichere Behandlung dieses Thema und der im folgenden nur angedeuteten Probleme vgl. Costazza, Das »Charakteristische« ist das »Idealische« (Anm. 9).

bare Vorgänger Hirts, der Italiener Giuseppe Spalletti, der mehr als dreißig Jahre vor diesem die Idee des »Charakteristischen« in einem Mengs gewidmeten *Saggio sopra la bellezza* (1765) einführte, vertritt nämlich, trotz der vielen Mißverständnisse seiner ästhetischen Position, eine streng rationalistische Kunstauffassung, die nicht von ungefähr unmittelbar auf Antonio Conti, einen der wichtigsten philosophischen Rationalisten der italienischen Aufklärung, zurückweist. Spallettis »Charakteristisches« stellt demnach eine Umschreibung oder Umbenennung von Contis poetologischer Kategorie des »*particolareggiamento*« bzw. der »*particolarizzazione*« dar, die auch bei Antonio Ludovico Muratori, einem anderen wichtigen Autor einer italienischen Poetik, eine zentrale Rolle spielt und eindeutig auf die rhetorische Kategorie der *enargeia* oder *evidentia*[48] verweist.

Dieser Ursprung der Idee des »Charakteristischen« erklärt alsdann nicht nur manche Ähnlichkeit zwischen dem Hirtschen Prinzip und Baumgartens Auffassung der »ästhetischen Aufgabe«, die im Grunde als eine philosophische Umschreibung bzw. Begründung der rhetorischen Idee der *evidentia* betrachtet werden kann, sondern macht auch eine wenigstens auf den ersten Blick überraschende Übereinstimmung zwischen der Kunstauffassung Hirts und jener seiner unmittelbaren Kontrahenten, etwa eines Winckelmann, Mengs oder Lessing plausibel. Mit seinen Überlegungen über den vom Künstler für die Darstellung gewählten »Moment«[49] sowie mit seiner Berücksichtigung der Eigengesetzlichkeit der Kunst, die sich vor allem in der Unterscheidung zwischen alleinstehenden und zu Gruppen gehörenden Statuen ausdrückt, tritt nämlich Hirt eindeutig Lessings Erbschaft an. Noch enger ist jedoch seine Kunstauffassung mit dem klassizistischen Kunstverständnis der von ihm bekämpften Winckelmann oder Mengs. Schon Winckelmanns physiognomisch und psychologisch genaue Beschreibungen der einzelnen Götter- oder Heldenstatuen zeigen nämlich, daß dieser in den konkreten Kunstwerken der Alten keine abstrakte, sondern vielmehr eine »individuell[e], das ist, auf das einzelne gerichtet[e]« Schönheit erblickt hat,[50] die letztendlich mit Hirts Auf-

[48] Vgl. zu dieser »affektischen Figur«, die als Mittel der »Anschaulichkeit« »ein ausgesprochen poetisches Ausdruckmittel« darstellt: H. Lausberg, Handbuch der literarischen Rhetorik, München 1960, S. 399ff.

[49] Vgl. etwa: Hirt, Laokoon (Anm. 1), S. 6f., vor allem aber: Hirt, Nachtrag über Laokoon (Anm. 1), S. 20ff. Man könnte zwar vermuten, daß Hirt die Zentralität dieses Themas hauptsächlich durch die Lektüre von Goethes *Laokoon* deutlich geworden sei. In Wirklichkeit bezeugt jedoch gerade ein Brief an Goethe aus Rom, daß ihn diese Problematik schon damals beschäftigt hat. Vgl. den Brief an Goethe vom 4. April 1789, zit. in: Boehlich, Goethes Propyläen (Anm. 4), S. 57.

[50] Winckelmann, Geschichte der Kunst (Anm. 30), S. 151.

fassung des »Charakteristischen« sehr genau übereinstimmt. Noch offensichtlicher ist jedoch die Übereinstimmung zwischen Hirts theoretischer Begründung des »Charakteristischen« und Mengs Ableitung des »Bedeutenden«. Ähnlich wie Hirt geht auch dieser nämlich von einer rationalen Auffassung des Schönen aus, indem er die »sichtbare Vollkommenheit« als Übereinstimmung mit dem nur rational erkennbaren Begriff interpretiert und vom Künstler die Erkenntnis und Sichtbarmachung des »Wesens« der Dinge fordert, welche aber infolge der allgemeinen Beschränktheit der menschlichen Erkenntnis nur durch die Auswahl des »Bedeutenden«, und in den bildenden Künsten durch die angemessene Darstellung der Leidenschaften, erfolgen kann.

Einen weiteren wichtigen Beweis für die klassizistische Natur der Hirtschen Kategorie des »Charakteristischen« bilden dann paradoxerweise gerade die entschiedenen und ausführlichen Kritiken, die Carl Ludwig Fernow in den zwei Aufsätzen *Über den Zweck der bildenden Kunst* (1799) und *Über das Kunstschöne* (1806)[51] an diesem ästhetischen Prinzip geübt hat. Seine Einwände gründen nämlich so offensichtlich auf einem Mißverständnis der Hirtschen Position, daß die von ihm in ausdrücklicher Auseinandersetzung mit Hirt ausgearbeiteten Grundsätze seiner eigenen klassizistischen Kunstauffassung mit den ästhetischen Ideen Hirts fast wörtlich übereinstimmen.[52]

Fernows wichtigstes Mißverständnis der Position Hirts besteht darin, daß er das »Charakteristische« bloß auf den Inhalt bezieht und es daher als »Wahrheit« in ihrer engsten Bedeutung, das heißt als unmittelbare Wiedergabe der Wirklichkeit bzw. als Nachahmung eines wirklichen, individuellen Gegenstandes auffaßt.[53] Einer solchen »naturalistischen« Kunst-

[51] Vgl. Fernow, Über den Zweck (Anm. 4); Ders, Über das Kunstschöne, in: Fernow, Römische Studien, Zürich 1806, Tl. 1, S. 281–450.

[52] Diese Übereinstimmung war schon von Hirt nach der Veröffentlichung des ersten Aufsatzes Fernows *Über den Zweck der bildenden Kunst* deutlich erkannt worden. In *Über Böttiger's Rezension* (Anm. 4), S. 30, unterstreicht er nämlich die vielen übereinstimmenden Punkte, die seine Position mit jener Fernows verbinden. Die Bewertungen dieser Auseinandersetzung Fernows mit Hirt sind in der kritischen Literatur ganz unterschiedlich. Nach Denk hat Fernow »Hirt im Gegensatz zu Goethe und Schiller vollständig mißverstanden, für den Vertreter eines schönheitslosen Typenfundaments gehalten«. Vgl. Denk, Über das Kunstschöne (Anm. 3), S. 97. Nach von Einem stimmt dagegen Fernow in seiner Kritik mit Goethe und Schiller überein und weist das Hirtsche Prinzip wegen seiner »Rückständigkeit« zurück, weil es »in der Nachahmungstheorie steckenbleibt«. Vgl. von Einem, Fernow (Anm. 3), S. 173–175. Nach Schönwälder schließlich würde Fernow den »Sensualismus« und »Empirismus« in Hirts Theorie kritisiert haben. Vgl. Schönwälder, Ideal und Charakter (Anm. 3), S. 153 f.

[53] Vgl. Fernow, Über den Zweck (Anm. 4), S. 336 f. Vgl. auch Über das Kunstschöne (Anm. 51), S. 378 u. S. 442.

auffassung glaubt er daher den wesentlichen Unterschied zwischen Natur- und Kunstschönheit entgegenhalten zu müssen,[54] ohne zu merken, daß er damit genau die Argumentation Hirts aufnimmt, der von dieser Opposition ausgegangen war, um zu der Idee des »Charakteristischen« fortzuschreiten. Wenn Fernow also kategorisch behauptet, daß die Schönheit nur in der Darstellung bzw. in der »Form der Darstellung« und nicht im Inhalt besteht,[55] so kann eine solche Behauptung unmöglich als Einwand gegen Hirt aufgefaßt werden. Und dies um so weniger, als sie zu den gleichen Folgerungen führt, das heißt zur Zulassung von nicht-schönen Gegenständen als Objekt einer schönen Darstellung.[56]

Hauptgegenstand von Fernows Untersuchung ist in beiden Aufsätzen das Verhältnis vom »Wahren« zum »Ideal«, die jeweils den unerläßlichen Gegenstand der Kunst[57] und das Ergebnis von dessen künstlerischer Verarbeitung darstellen. Gerade der zum Wesen selbst der Kunst gehörende Idealisierungsprozeß, der nach Fernow der von Hirt angeblich vertretenen »individuellen Nachahmung« des Wahren diametral entgegengesetzt sein soll, stimmt aber mit der Hirtschen Vorstellung der Kunstproduktion überein, indem er nichts anderes als die Hervorhebung und Zusammenstellung des »Charakteristischen« der natürlichen Gegenstände meint. Die Kunst bzw. die produktive Einbildungskraft des Künstlers, die Fernow erst in dem Aufsatz *Über das Kunstschöne* als Medium oder vielmehr als Subjekt der künstlerischen Idealisierung einführt,[58] überwindet nämlich in der »idealischen Nachahmung«[59] dadurch die »Individualität der wirklichen Natur«, daß sie nur »das Wesentliche«, den von allen »zufälligen Bestimmungen«, von allen Mängeln und Beschränkungen befreiten »eigenthümlichen Karakter« oder die »karakteristischen Merkmale« der natürlichen Gegenstände ausdrückt.[60] Das Fernowsche »Ideal« ist aber demnach so wenig dem »Charakteristischen« entgegengesetzt, daß in ihm vielmehr

[54] Vgl. Über den Zweck (Anm. 4), S. 353; 358f.; Über das Kunstschöne (Anm. 51), S. 303ff.

[55] Vgl. etwa Fernow, Über den Zweck (Anm. 4), S. 339; 352f.; 359.

[56] Fernow verdeutlicht diese Möglichkeit an den zwei Beispielen von der Statue des Laokoon und von »Rafaels Darstellung des Kindermordes«. Vgl. Über den Zweck (Anm. 4), S. 359f.; Über das Kunstschöne (Anm. 51), S. 330f. u. S. 334f.

[57] Vgl. Über den Zweck (Anm. 4), S. 340f. und S. 352.

[58] Vgl. Fernow, Über das Kunstschöne (Anm. 51), S. 298f.; S. 307 u. S. 314; 318; 388.

[59] Fernow unterscheidet in Über das Kunstschöne zwischen drei Arten von Nachahmung, und zwar zwischen der »treue[n] Nachahmung der individuellen Natur«, der »Auswahl des Besseren« und der »idealischen Nachahmung der Natur« (vgl. ebd., S. 312ff.), die er aber kurz darauf auf »zwei Arten«, »die individuelle und die idealische« zurückführt (vgl. ebd., S. 313f.).

[60] Vgl. Über den Zweck (Anm. 4), S. 341f. Vgl. vor allem ebd., S. 354 und auch S. 347; 348; 350; 357. Vgl. Über das Kunstschöne, (Anm. 51), S. 314f. u. S. 318 u.ö.

der »eigenthümliche Karakter« oder das »Charakteristische« eines Gegenstandes, »durch die Scheidung von allem was nicht zu seinem Wesen gehört, und durch die Vereinigung seiner in vielen Individuen zerstreuten Merkmale in ein idealisches Individuum, durchaus reiner, bestimmter ausgedrückt« wird.[61]

Obwohl Fernow in Übereinstimmung mit seiner Rückführung des Schönen auf das bildende Genie[62] und in unmittelbarer Polemik mit Hirt einen bedeutenden Anteil des »kalkulierenden Verstandes« an der künstlerischen Produktion entschieden leugnet,[63] so weist doch in Wirklichkeit seine Auffassung der künstlerischen »Idealisierung«, ähnlich wie Hirts Idee des »Charakteristischen«, einen stark rationalistischen Zug auf. Fernows Auffassung des »Ideals«, das er nicht von ungefähr auch als »Tipus« oder »Urbild« bezeichnet,[64] stimmt nämlich mit dem von allem Besonderen und Zufälligen befreiten und alle »karakteristischen Merkmale« enthaltenden »Gattungsbegriff« überein,[65] so daß auch die abstrahierende Tätigkeit der künstlerischen Einbildungskraft sich letztlich auf eine abstrakte Begriffsbildung zu reduzieren droht. Gerade gegen eine solche Gefahr der Abstraktheit des künstlerischen Ideals appelliert aber Fernow noch einmal an das »Charakteristische«, das hier aber offensichtlich etwas anderes als das »Charakteristische« des Gattungsbegriffs und vielmehr das Besondere des einzelnen Individuums meint. Fernow wendet sich ausdrücklich gegen die Idee eines abstrakten, geschlechts- und charakterlosen Ideals[66] und kommt auf diesem Weg zu einer signifikanten Umkehrung der auch von ihm selbst behaupteten klassizistischen Interpretation des »Charakteristischen« als »Bedingung« bzw. als »Grundlage des Schönen«:[67] Es ist jetzt nämlich die Winckelmannsche »reine idealische Schönheit«, die »mit dem klaren lauteren Elemente der Quelle« verglichen worden ist, die höchstens als »Grundlage« des Ausdrucks und des »Charakteristischen« dienen

[61] Ebd., S. 392. Vgl. auch Über den Zweck (Anm. 4), S. 354; in *Über das Kunstschöne* äußert sich Fernow diesbezüglich etwas widersprüchlich, indem er einerseits behauptet, daß »das Karakteristische sich stärker und auffallender in der Natur, als in der Kunst; und in der individuellen Nachahmung stärker als in der Idealischen« zeigt (S. 389 f.), andererseits aber unterstreicht, daß der »eigenthümliche Karakter des Gegenstandes« in der idealischen Nachahmung »um so reiner hervor[tritt]« (S. 393).

[62] Vgl. Über den Zweck (Anm. 4), S. 362; Über das Kunstschöne (Anm. 51), S. 331 f.

[63] Vgl. Über den Zweck (Anm. 4), S. 371; 374; Über das Kunstschöne (Anm. 51), S. 423 f.; S. 449 f.

[64] Vgl. etwa Über das Kunstschöne (Anm. 51), S. 303 u. S. 400.

[65] Vgl. diese Übereinstimmung von Gattungsbegriff und Ideal etwa in: Über den Zweck (Anm. 4), S. 342 f.; 346; 356; und in: Über das Kunstschöne (Anm. 51), S. 303; 307 f.; 314 f.; 323; 340; 397 u. ö.

[66] Vgl. etwa Über das Kunstschöne (Anm. 51), S. 341 ff. u. S. 347 ff.

[67] Vgl. ebd., S. 345 u. S. 410.

kann.[68] Da das »Algemeine« in seiner Abstraktheit etwas »Unbestimmtes« und »Undarstellbares« ist, so muß es nämlich notwendig »individualisiert« werden,[69] und Fernow fordert daher von der Kunst »Karakter, Ausdruck, Leben, Handlung«,[70] das heißt die Darstellung sowohl des »physiognomischen« als auch des »pathognomischen« Ausdrucks.[71]

Diese Forderung nach individuellem und »charakteristischem« Ausdruck findet aber Fernow bezeichnenderweise in der »Kunst der Alten« bzw. in den Darstellungen ihrer Götter erfüllt, die alle ihren besonderen Charakter und ihren »charakteristischen« Ausdruck haben.[72] Phidias bildete nach ihm »die Göttergestalten des Iupiter und der Minerva karakteristisch in einer ihrer erhabenen Idee angemessenen Grosheit«,[73] und das gleiche gilt für alle Statuen der Antike, in denen »alles Karakteristische der Gestalten, sei es welcher Art es wolle, durch bedeutende, einem bestimmten Zweckbegrif entsprechende, Abweichungen von dem Kanon, oder dem reinen Ideale der Gestalt, hervorgebracht« wurde.[74] Dieses der Kunst der Alten eigene Prinzip der Verbindung des »Charakteristischen« in einem »idealischen Individuum«, das Fernow jetzt, im Unterschied zum »Individuel-Karakteristischen der Natur« und der »gemeinen Nachahmung« das »Idealisch-Karakteristische« nennt,[75] stimmt aber so genau mit Hirts Auffassung des »Charakteristischen« überein, daß Fernow in diesem Zusammenhang gerade jene schlechthin zentrale Stelle aus Hirts Aufsatz *Über das Kunstschöne* ausführlich und zustimmend zitieren kann, die die Charakteristik aller mythologischen Figuren hervorhebt und unmittelbar auf Winckelmann hinweist.[76]

Zumindest implizit und sicherlich unbewußt scheint hier also Fernow zu erkennen, daß sein ästhetischer Grundsatz der »Idealität« mit der Hirtschen Kategorie des »Charakteristischen« durchaus vereinbar ist, und zwar vor dem Hintergrund der klassizistischen Kunstauffassung Winckelmanns, auf welche sich beide Prinzipien zurückführen lassen. Nicht von

[68] Vgl. ebd., S. 344 f.

[69] Ebd., S. 355. Vgl. auch S. 359.

[70] Ebd., S. 354.

[71] Vgl. ebd., S. 379 ff. Vgl. Über den Zweck (Anm. 4), S. 343 ff. u. S. 348 ff.

[72] Vgl. Über das Kunstschöne (Anm. 51), S. 357 f.

[73] Ebd., S. 368.

[74] Ebd., S. 371. Vgl. auch ebd., S. 403 und Über den Zweck (Anm. 4), S. 347.

[75] Vgl. ebd., S. 394 f. Fernow sieht zwar in dem »Prinzip der Idealität« das »Grundgesetz der alten Kunst«, die nicht nach »Karakteristik« sondern nach »Schönheit« gestrebt haben soll. Vgl. ebd., S. 388 und S. 411. Dieser scheinbare Widerspruch bestätigt jedoch nur zusätzlich die Übereinstimmung bzw. die Identität von Charakteristik und Idealität, welche auf jeden Fall von der »Schönheit« unterschieden ist (vgl. ebd., S. 337 f.; 343 ff.) und höchstens zur Vollkommenheit führt.

[76] Vgl. Über das Kunstschöne (Anm. 51), S. 403 f.

ungefähr verwirft er hier das »Charakteristische« nicht mehr absolut, sondern nur in seinem übertriebenen Anspruch, das erste und oberste Grundgesetz der alten Kunst sein zu wollen.[77] Von einer prinzipiellen Kritik an Hirts mißverstandener Idee des »Charakteristischen« ausgehend, scheint Fernow der wahren und tieferen Bedeutung dieser Kategorie allmählich näher gekommen zu sein. Schon seine Darstellung des Idealisierungsprozesses, den er als eine Hervorhebung des Gattungscharakteristischen verstand, wies zwar deutliche Parallelen zu Hirt auf. Fernow ist aber noch einen Schritt weiter auf Hirt zugegangen, als er gegen die Idee eines abstrakten Ideals von der Kunst auch Individualität und »Charakteristik«, das heißt die Darstellung des physiognomischen und pathognomischen Ausdrucks verlangte. Indem er aber diese Forderung ausgerechnet in der griechischen Kunst erfüllt fand, ist er mit Hirt endgültig übereingekommen.[78]

IV

Angesichts dieser grundsätzlichen Übereinstimmung der Hirtschen Kunstauffassung nicht nur mit Fernows klassizistischem Kunstverständnis, der jenem Goethes nahe gestanden haben soll,[79] sondern darüber hinaus mit den Vätern des deutschen Klassizismus selbst, das heißt mit Mengs und vor allem mit Winckelmann, scheint es angebracht, danach zu fragen, ob Goethe die Position Hirts wirklich so grundsätzlich im Sinne eines platten »Naturalismus« mißverstanden hat. Manche briefliche Äußerungen Goethes, in denen er den Hirtschen Grundsatz als das »Charakteristische und Pathetische« bzw. als das »Charakteristische und Leidenschaftliche« ausschließlich auf den »Stoff« der Kunst bezieht,[80] scheinen in diese Richtung zu weisen. Diese Tendenz wird dann wenigstens zum Teil auch von den Schriften bestätigt, in denen sich Goethe mit Hirt auseinandergesetzt hat, welche allerdings auch ein differenzierteres Verständ-

[77] Ebd., S. 404f.

[78] Eine solche Übereinstimmung findet unter anderem auch in Fernows Interpretation des Laokoons eine Bestätigung, die sich im Wesentlichen von jener Hirts nicht entfernt, da auch er in der Gruppe geradezu ein Überwiegen der »Stärke des Ausdrucks« bzw. des »Pathetischen« und »Rührenden« erblickt, das ihn die Statue »ein schönes Ideal des höchsten pathetischen Ausdrucks von Körperschmerz und Seelenleiden« nennen läßt (ebd. S. 417f.). Die gleiche Definition gibt Fernow auch in: Über den Zweck (Anm. 4), S. 368.

[79] Vgl. von Einem, Fernow (Anm. 3), S. 150ff.; zu Fernows Unabhängigkeit von Goethe vgl. ebd., S. 168ff.

[80] Vgl. den Brief an Schiller vom 5. Juli 1797, in: Briefwechsel (Anm. 36), S. 371; und den Brief an Meyer vom 14. Juli 1797, in: Goethes Briefe. Hamburger Ausgabe, hrsg. v. K. R. Mandelkow, Hamburg 1969 (im folgenden zitiert: HA-Br), Bd. 2, S. 283.

nis vom »Charakteristischen« enthalten, das die formale Seite dieser ästhetischen Kategorie wahrnimmt und deren Nähe zur abstrakten Begriffsbildung kritisiert.

Goethes erste und unmittelbare Auseinandersetzung mit Hirt betrifft jedoch nicht den ästhetischen Grundsatz des »Charakteristischen«, sondern nur dessen Anwendung auf die Interpretation der Laokoon-Gruppe. Indem Goethe aber, noch vor der Kenntnis von Hirts Aufsatz *Über das Kunstschöne*, auf dessen *Laokoon* antwortet,[81] liefert er zwar eine unterschiedliche Interpretation der antiken Gruppe,[82] welche jedoch keine echte Refutation von Hirts ästhetischem Prinzip bedeutet, sondern vielmehr die Nähe der jeweiligen Kunstauffassung bezeugt.[83] Ähnlich wie Hirt verlangt nämlich auch Goethe von der Kunst »vor allem Kenntnis des menschlichen Körpers« sowohl »im allgemeinen« als auch in seinen besonderen bzw. »charakteristischen« Teilen, und zwar »in Ruhe oder Bewegung«,[84] und findet diese Forderung an der Statue des Laokoon, welche das »Charakteristische« am menschlichen Körper »sowie Ausdruck und Leidenschaft« zeigt, paradigmatisch erfüllt.[85] Nicht anders lassen sich aber auch Goethes Forderungen nach dem »Ideal« und nach »Anmut« mit der Hirtschen Kunstauffassung durchaus vereinigen, da Hirt selbst das »Cha-

[81] Schon im Brief an Schiller vom 5. Juli 1797, dem auch Hirts Aufsatz über Laokoon beigelegt ist, berichtet Goethe, daß er unter Verwendung von älterem Material über dieses Thema an einem eigenen Aufsatz arbeitet, den er tatsächlich schon am 8. Juli 1797 Schiller zuschicken kann. Vgl. Briefwechsel (Anm. 36), S. 371 u. S. 374.

[82] Vgl. für einen kurzen Überblick der vielen Laokoon-Interpretationen und dann vor allem für die Interpretationen von Winckelmann, Lessing, Herder, Moritz und Goethe: S. Richter, Laokoon's Body (Anm. 26).

[83] Hirt selbst hat im gleichfalls in Schillers *Horen* veröffentlichten *Nachtrag über Laokoon*, aber auch in den von Denk aufgespürten und veröffentlichten *Bemerkungen zu einem Aufsatz über Laokoon* diese grundsätzliche Übereinstimmung erkannt. Vgl. Hirt, Nachtrag über Laokoon (Anm. 1); ders., Bemerkungen zu einem Aufsatz über Laokoon, in: Denk, Über das Kunstschöne (Anm. 3), S. 110–116. Da die Antwort Hirts vor der Veröffentlichung von Goethes Aufsatz erschienen ist, bedarf dies einer Erklärung. Hirt hat nämlich den Goetheschen Aufsatz von Böttiger bekommen und darauf eine Replik verfaßt, die aber nur in einer durch Goethe oder Böttiger selbst von allen direkten Anspielungen auf die noch unveröffentlichte Arbeit Goethes purgierten Fassung in die *Horen* aufgenommen wurde. Was man bis heute noch nicht erkannt hat, ist die Tatsache, daß die *Bemerkungen* und der *Nachtrag* zwei Teile des gleichen Textes ausmachen, indem die *Bemerkungen* sich auf den ersten, theoretischen Teil der Goetheschen Schrift beziehen, während der *Nachtrag* sich mit Goethes darauffolgender Interpretation der Laokoon-Gruppe auseinandersetzt. Vgl. über die Entstehungsumstände des *Nachtrags* und der *Bemerkungen* die Briefe Hirts an Böttiger von 6. Januar 1798 und 17. August 1798, in: Denk, Über das Kunstschöne (Anm. 3), S. 118 u. 119f.; Goethes Brief an Schiller vom 17. Januar 1798, in: Briefwechsel (Anm. 36), S. 496; Hirt, Über die Charakteristik (Anm. 4), S. 440.

[84] Vgl. Goethe, Über Laokoon, HA 12, S. 56–66, hier S. 56f.

[85] Ebd., S. 57.

rakteristische« dem Idealen nie entgegengesetzt und es vielmehr als Mittel zur Erreichung einer idealischen Schönheit verstanden hat,[86] andererseits aber durch sein ästhetisches Prinzip auch das Verhältnis der Teile untereinander und zum Ganzen intendiert hat, so daß sein Grundsatz der von Goethe durch die »Anmut« gemeinten »Ordnung, Faßlichkeit, Symmetrie, Gegenstellung etc.« durchaus entspricht.[87] Und wenn Goethe gerade die »Anmut« als Beweis für die »ungeheure Kluft« nimmt, die die Natur von der Kunst unterscheidet,[88] so geht Hirt in seiner Replik auf Goethes Aufsatz noch einen Schritt weiter in diese Richtung, indem er sowohl das »Ideal« als auch die »Anmut« auf die Eigengesetzlichkeit der bildenden Künste bzw. auf die »Beschränkung« der Skulptur und der Vasenmalerei zurückführt, welche Einfachheit und Faßlichkeit der Komposition erfordern.[89]

Der einzige Punkt also, an dem sich Goethe von Hirt zu entfernen scheint, ist die Forderung nach »geistiger Schönheit«, die nach Goethe auch eine Bändigung oder Mäßigung der äußersten Leidenschaften verlangt.[90] Der Unterschied ist jedoch – wie Hirt selbst hervorgehoben hat[91] – mehr in den Worten als in der Substanz, weil einerseits auch Hirt das »Schönheitsgefühl« als das »vorzüglichste und höchste« Merkmal der alten Kunst ansieht, welches aber nur durch die »Karakteristik« erkannt werden kann,[92] andererseits aber auch nach Goethe die Statue des Laokoon »Angst, Furcht, Schrecken, väterliche Neigung«, das heißt sowohl sinnliches als auch »geistige[s] Leiden ... auf der höchsten Stufe« darstellt und »Schrecken ... im höchsten Grad« erweckt.[93] Goethes Position darf keinesfalls mit jener Lessings gleichgestellt werden, da dieser die »Schönheit« nur in dem Gegenstand suchte und also vom Künstler eine Milderung oder »Herabsetzung des äußersten körperlichen Schmerzes auf einen

[86] In seiner Replik auf Goethes Aufsatz setzt sich Hirt ausführlich mit dieser Forderung nach Idealität auseinander und läßt sie – mit der einzigen Ausnahme des Portraits – allgemein gelten, d. h. nicht nur für das Schöne, sondern auch für das »Objektivhäßliche«, das »vollkommen vorgestellt« werden kann. Vgl. Hirt, Bemerkungen (Anm. 83), S. 111f.

[87] Nicht von ungefähr steht die »Anmut« oder die »sinnliche Schönheit« bei Goethe, ähnlich wie das »Charakteristische« bei Hirt, im Dienste der Faßlichkeit des Kunstwerkes. Vgl. Goethe, Über Laokoon, HA 12, S. 57f. Auch in seinen *Bemerkungen* setzt Hirt die »Deutlichmachung« mit der »Karakterisirung« gleich. Vgl. Hirt, Bemerkungen (Anm. 83), S. 116.

[88] Vgl. Goethe, Über Laokoon, HA 12, S. 57f. Von dieser »ungeheuren Kluft«, die die Natur von der Kunst trennt, spricht Goethe in der *Einleitung in die Propyläen*, HA 12, S. 42.

[89] Vgl. Hirt, Bemerkungen (Anm. 83), S. 113f.

[90] Vgl. Goethe, Über Laokoon, HA 12, S. 57 und 65.

[91] Vgl. Hirt, Bemerkungen (Anm. 83), S. 112; vgl. auch Hirt, Über Böttiger's Rezension (Anm. 4), S. 34.

[92] Hirt, Bemerkungen (Anm. 83), S. 114f.

[93] Goethe, Über Laokoon, HA 12, S. 61 u. S. 65.

niedrigern Grad von Gefühl« verlangte,[94] während die Schönheit für Goethe, ähnlich wie für Hirt, eine formale Eigenschaft darstellt, die durch die »Behandlung« erreicht wird. Insofern ist aber Laokoons Ausdruck auch für Goethe sozusagen »charakteristisch«, da er seiner Empfindung durchaus gemäß ist, während sein Schmerz und sein Leiden andererseits nicht in seinen Gesichtszügen, das heißt nicht im Objekt, sondern vielmehr im Zuschauer durch die Stellung der Figuren, ihre Anordnung zueinander und die Abstufung ihrer jeweiligen Gefühlsausdrücke, ja sogar durch die an sich Schrecken erregenden Schlangen[95] gemildert werden. Mit einer solchen Auffassung hätte sich aber auch Hirt ohne Schwierigkeit einverstanden erklären können.

Worin sich Goethe und Hirt tatsächlich unterscheiden, ist in der Bestimmung des darzustellenden Moments, der nach Goethe ein vorübergehender und augenblicklicher sein muß, in dem noch gegensätzliche Gefühle und Handlungen sich äußern und der Ausgang sozusagen noch unentschieden bleibt,[96] während Hirt dagegen einen »charakteristischen« Moment fordert, durch den »der Vorgang und die Folgen ... deutlich zu verstehen« sind.[97] Goethe argumentiert hier also gegen Lessing, der den »prägnantesten« Moment für die Malerei und für die Skulptur als eine in der Zeit dauerhafte Erscheinung bestimmt hatte,[98] und versucht daher die Laokoon-Statue sozusagen zu beleben – nicht von ungefähr erinnert er gleich anfangs an die Statuenbetrachtung bei Fackellicht[99] –, indem er sie auf die Vorgeschichte, auf ihre Handlung zurückführt und in ihr noch die Überraschung des Überfalls, den Schmerz des ersten Bisses und die Gleichzeitigkeit von »Streben und Fliehen«, »Wirken und Leiden«, »Anstrengen und Nachgeben« erblickt.[100] In seiner Bestimmung des Moments stimmt Hirt dagegen mit Lessing überein, der verlangt hatte, daß aus dem »prägnantesten« Moment »das Vorhergehende und Folgende am begreiflichsten wird«.[101]

Wenn Goethes Laokoon also zwar eine unterschiedliche Interpretation der griechischen Gruppe enthält, welche jedoch noch keine Refutation des Hirtschen Prinzips bedeutet, so stellt dagegen seine Kunstnovelle *Der*

[94] Vgl. Lessing, Laokoon: oder über die Grenzen der Malerei und Poesie, in: G. E. Lessing, Werke und Briefe in zwölf Bänden, hrsg. v. W. Barner u. a., Bd. 5,2., Frankfurt/M. 1990, S. 30.

[95] Vgl. dazu etwa S. Richter, Laocoon's Body (Anm. 26), S. 175 ff.

[96] Goethe, Über Laokoon, HA 12, S. 59 f.

[97] Hirt, Nachtrag (Anm. 1), S. 23.

[98] Lessing, Laokoon (Anm. 94), S. 32 f.

[99] Goethe, Über Laokoon, HA 12, S. 60.

[100] Vgl. ebd., S. 60 f. u. S. 63 f.

[101] Lessing, Laokoon (Anm. 94), S. 117.

Sammler und die Seinigen das Produkt einer vertiefteren Auseinandersetzung mit den theoretischen Prämissen und Implikationen dieser ästhetischen Kategorie dar, die Goethe zusammen mit Schiller betrieben hat.[102] Viele Ähnlichkeiten verbinden diese Novelle mit den brieflichen Äußerungen der beiden Freunde aus der Zeit von Hirts Besuch in Weimar. So wird etwa auch hier der »Charakteristiker«, ähnlich wie in Goethes Briefen, als »ein Fremder« eingeführt,[103] der sich durch »ein sehr gebildetes Auge für Kunstwerke« und durch eine gewisse arrogante Selbstgefälligkeit auszeichnet.[104] Und so wie Goethe Hirt in vielfacher Hinsicht Recht gab, so stimmen bezeichnenderweise auch viele Urteile des »Charakteristikers« mit jenen des Oheims überein.[105] Dieser kann allerdings die gegen Winckelmann und Lessing behauptete Auffassung des »Charakteristischen« als Grundsatz der Kunst der Alten nicht teilen und antwortet mit den gleichen Argumenten, die Goethe gegen Hirt vorgebracht hat: Er findet nämlich, daß eine solche »charakteristische« Darstellung, die er nur auf den Inhalt der Kunst bezieht, ausschließlich in »untergeordnete[n] Werke[n]« stattfindet,[106] während in den höheren Kunstwerken, etwa im Laokoon und vor allem in der Gruppe der Niobe, einerseits »Würde, Hoheit, Schönheit« und »gemäßigtes Betragen« den Inhalt ausmachen, andererseits aber – unter einem formalen Gesichtspunkt – das »Anmutige« schlechthin vorherrschend ist.[107] Ähnlich wie Goethe in seinen Briefen an Meyer oder an Schiller bezieht also auch der Oheim das »Charakteristische«, wenn er sein Verhältnis zum »Schönen« mit jenem vom »Skelett zum lebendigen Menschen« vergleicht,[108] nur auf den Inhalt bzw. auf den »Stoff« der Kunst.[109] Da Hirt aber das »Charakteristische« gerade auf die

[102] Vgl. über Goethes *Der Sammler und die Seinigen* vor allem: Jolles, Goethes Kunstanschauung (Anm. 4). Bei der Darstellung von Goethes Auseinandersetzung mit Hirts Idee des »Charakteristischen« geht Jolles jedoch an keiner Stelle auf Hirts Theorie ein. Vgl. ebd., S. 36ff. u. S. 239ff.

[103] Goethe, Der Sammler und die Seinigen, in: Goethe, MA 6.2, S. 99 und ff. Vgl. Goethes Brief an Schiller vom 1. Juli 1797: »Hofrat Hirt ist hier, er ist mir auf manche Weise eine fremde Erscheinung« (Briefwechsel [Anm. 36], S. 368).

[104] Goethe, Der Sammler (Anm. 103), S. 99.

[105] Ebd., S. 99. Am ausdrücklichsten hat Schiller in einem Brief an Goethe vom 4. Juli 1797 festgestellt, daß Hirt »in der Hauptsache mit Ihnen und Meyern ziemlich einig ist« (Briefwechsel [Anm. 36], S. 369). Über die Identifizierung des Oheims mit Goethe herrscht ein allgemeines Einverständnis, wobei jedoch zu bemerken ist, daß sich auch in der Kunstansicht des »Philosophs« Übereinstimmungen mit der Goetheschen Kunstauffassung ausmachen lassen.

[106] Vgl. ebd., S. 101.

[107] Vgl. ebd., S. 101f.

[108] Vgl. ebd., S. 100. Vgl. auch ebd., S. 102, wo der Oheim das »Charakteristische« einen »geistige[n] Knochenbau« definiert.

[109] Vgl. oben, Anm. 80.

Form bzw. auf die Behandlung oder auf die Kunstschönheit bezogen und es keinesfalls in Opposition weder zur äußeren Schönheit, noch zum »Ideal« betrachtet hatte, so kann hier wohl von einem offensichtlichen Mißverständnis von seiten Goethes die Rede sein.[110]

Dieses Mißverständnis wird auch durch den »Philosophen«, der im 6. Brief des *Sammlers* das Wort ergreift, bestätigt und fortgeführt. Denn einerseits erblickt er im »Charakteristischen« nur den »Stoff«, die »unerträgliche[n] Gegenstände«, »die Fabel, die Erzählung, das Skelett« der alten Tragödien, welche durch die »alles erträglich, leidlich, schön, anmutig machende Behandlung« erst gemildert und gemäßigt werden müssen,[111] andererseits unterstellt er dem Charakteristiker sogar, »in der Poesie nur den Stoff« zu sehen, »der dem Gedichteten zum Grund liegt«, und vom Kunstwerke so zu reden, »als hätte man an seiner Statt die Begebenheit in der Natur erfahren«.[112] Daß Hirt nie so gedacht hat, da er in seiner ästhetischen Reflexion immer vom unüberbrückbaren Unterschied zwischen Natur- und Kunstwahrheit ausgegangen ist, sollte schon längst klar sein. Zu unterstreichen bleibt jedoch noch die Tatsache, daß auch Schiller, den man mit einigem Recht hinter der Figur des »Philosophen« erkannt hat,[113] Hirt nie auf diese Art und Weise interpretierte, da er genau umgekehrt dessen Auffassung des »Charakteristischen« ausgerechnet gegen diejeni-

[110] Es gibt im *Sammler* auch andere, vielleicht weniger auffallende Mißverständnisse der Hirtschen Theorie. So hatte etwa Hirt im ersten Teil seines Aufsatzes *Über das Kunstschöne* die Bedeutung des Schönheitsbegriffs tatsächlich vom »Scheinen« abgeleitet, jedoch keinesfalls mit dem Zweck, die Schönheit wegen ihrer »Scheinhaftigkeit« als höchstes Ziel der Kunst zurückzuweisen, wie es etwa im *Sammler* suggeriert wird. Vgl. Der Sammler (Anm. 103), S. 100. Vgl. auch die dem »Charakteristiker« bzw. Hirt unterstellte Zurückweisung des »Ideals« als bloßen »Traum« oder »Hirngespinst« (ebd., S. 103). Vgl. auch S. 104 und S. 113. Bis heute hat die Kritik in Goethes Darstellung der Hirtschen Position zwar immer eine gewisse Übertreibung erkannt, letztendlich aber an der Richtigkeit der Goetheschen Interpretation nie gezweifelt. Vgl. die Hervorhebung dieser Übertreibung etwa bei: Zimmermann, Geschichte der Aesthetik (Anm. 3), S. 358; Schasler, Aesthetik (Anm. 3), S. 505; Denk, Über das Kunstschöne (Anm. 3), S. 64f.; Vaget, Dilettantismus (Anm. 3), S. 114.

[111] Goethe, Der Sammler (Anm. 103), S. 105.

[112] Ebd., S. 106.

[113] Dafür spricht etwa die Tatsache, daß dem »Philosophen« das »Anschauen« der bildenden Künste fehlt, während er »einige literarische Kenntnisse« besitzt (ebd., S. 104). Etwas Ähnliches sagt nämlich auch Schiller im Brief an Goethe vom 4. Juli 1797, in: Briefwechsel (Anm. 36), S. 369. Auch über diese Interpretation des »Philosophen« als Vertreter der Schillerschen Position herrscht ein fast absolutes Einverständnis. Allerdings war Schillers Einstellung zu Hirt und seiner ästhetischen Theorie mit Sicherheit viel günstiger und verständnisvoller, als sie in Goethes Kunstnovelle dargestellt wird. Menzer hat auch auf eine mögliche Verkörperung Fichtes oder Schellings im »Philosoph« hingewiesen, in ihm jedoch hauptsächlich einen Vertreter der Goetheschen Kunstauffassung gesehen. Vgl. P. Menzer, Goethes Ästhetik, Köln 1957, S. 129.

gen verstanden wissen wollte, die »den Begriff der Schönheit viel zu sehr auf den Inhalt der Kunstwerke als auf die Behandlung beziehen« und die daher gegenüber der »oft niedrige[n] und derbe[n] Natur im Homer und in den Tragikern« höchst verlegen sind.[114]

Der »Philosoph« bleibt jedoch nicht bei dieser mißverständlichen Interpretation des Hirtschen Prinzips stehen, sondern entwickelt in der Folge der Diskussion eine völlig verschiedene Auffassung vom »Charakteristischen« – in dieser Auslegung könnte man mit großer Wahrscheinlichkeit einen Einfluß Schillers erkennen –, das nichts mehr mit dem »Stoff« der Kunst, sondern vielmehr mit dessen künstlerischer »Behandlung« zu tun hat und welche der wahren Bedeutung der Hirtschen Kategorie viel näher kommt.[115] Bezeichnenderweise identifiziert sich hier der »Charakteristiker« nicht mit der Beschreibung, die der »Philosoph« von einer unmittelbaren und getreuen Nachahmung der Natur gibt, sondern vielmehr mit der von ihm dargestellten höheren Stufe der Kunstproduktion, die »nach mehr Individuen, nach Varietäten, nach Arten, nach Gattungen« strebt und nicht »das Geschöpf«, sondern den »Begriff des Geschöpfs« darstellen möchte. Erst an dieser Stelle ruft der Charakteristiker aus: »Bravo! Das würde mein Mann sein. Das Kunstwerk würde gewiß charakteristisch ausfallen.«[116] Das »Charakteristische« wird hier offensichtlich nicht mehr auf den pathetischen oder leidenschaftlichen Stoff der Kunst bezogen, sondern als eine Art begrifflicher Abstraktionsprozeß verstanden, der dem Hirtschen Verständnis dieser Kategorie wenigstens teilweise entspricht.[117]

Der »Philosoph« will sich allerdings auch mit dem aus diesem Abstraktionsprozeß resultierenden »Kanon«, den er zwar »musterhaft« und »wissenschaftlich schätzbar« findet, der aber nur den »Verstand« und nicht die »Vernunft« im Menschen anspricht, nicht zufrieden geben, und möchte ihn daher in Richtung auf das »Höhere«, auf das »Bedeutende« und »Geisteserhebende« überwinden. Daß eine solche Überwindung jedoch in Wirklichkeit kaum über das »Charakteristische« hinausgeht, wie es Hirt

[114] Vgl. Schillers Brief an Goethe vom 7. Juli 1797, in: Briefwechsel (Anm. 36), S. 372 f.

[115] Bis heute hat nur von Einem eine doppelte, ja geradezu gegensätzliche Auffassung des »Charakteristischen« in Goethes *Laokoon* und im *Sammler* bemerkt. Vgl. von Einem, Fernow (Anm. 3), S. 156. Die Zweideutigkeit des »Charakteristischen« in der Kunstnovelle, wo es sich einmal auf den »Stoff« und einmal nur auf die »Form« des Kunstwerkes bezieht, ist dagegen noch nie hervorgehoben worden.

[116] Goethe, Der Sammler (Anm. 103), S. 108.

[117] Diese bloß verstandes- bzw. begriffsartige Tendenz des »Charakteristischen« wird im 8. Brief des *Sammlers* noch verschärft unterstrichen. Die »Charakteristiker« werden hier durch »ihre Abstraktion, ihre Reduktion auf Begriffe« gekennzeichnet und vor allem der Philosoph wirft ihnen »ein bloß logisches Dasein« und eine Auffassung der Kunst vor, die diese als »bloße Verstandesoperation« versteht (ebd., S. 125 f.).

auffaßte, zeigt das Beispiel, mit dem der Oheim diese Erhebung über die gattungsmäßige Verallgemeinerung zu erklären versucht. Um etwa den Adler des Jupiter angemessen darzustellen, soll der Künstler demnach nicht bei einer wenn auch vollkommenen Darstellung des Gattungsbegriffs stehen bleiben, sondern dem Adler noch das geben, »was er dem Jupiter gab, um diesen zu einem Gott zu machen«, nämlich das »Göttliche«.[118] Gerade dieses »Göttliche«, als das auszeichnende Merkmal Jupiters und seines Adlers, ist aber, wie Hirt selbst angemerkt hat, nichts anderes als das, was er unter dem Begriff des »Charakteristischen« versteht.[119] Es ist daher kein Wunder, wenn auch die vom »Philosophen« zusammenfassend vorgetragenen Bestimmungen des »schönen Kunstwerkes«, die man letztlich auf die Idee des »individuellen Ideals« zurückführen kann, sich mit Hirts wahrem Verständnis des »Charakteristischen« durchaus vereinbaren lassen. Denn wie für den »Philosophen« das »schöne Kunstwerk« sich zuerst von dem einzelnen Individuum zum Gattungsbegriff und zum Ideal erheben muß, um dann aber wieder »zum Individuo« zurückzukehren, um »Leben und Wärme« zu erhalten, ohne allerdings das »Bedeutende« und »Geisteserhebende« wieder »fahren zu lassen«,[120] so enthält auch Hirts »Charakteristisches«, gerade dank der Ambiguität des Charakterbegriffs,[121] diese beiden Momente – sowohl die begriffliche Verallgemeinerung als auch die individualisierende Bestimmung.

Obwohl die »Charakteristiker« in der abschließenden Tabelle des *Sammlers* unter der Rubrik der »Manier« angeführt werden, so steht Hirts ästhetische Kategorie in Wirklichkeit dem Goetheschen Begriff des »Stils« als der höchsten Stufe der Kunst näher als der »Manier«, wie sie Goethe in dem früheren Aufsatz *Einfache Nachahmung der Natur, Manier,* Stil intendiert hatte.[122] Am Ende der Kunstnovelle gebraucht nämlich Goethe den »Manier«-Begriff in einer viel weiteren und allgemeineren Bedeutung als dort und sogar als in den früheren Briefen des Sammlers, in denen der »Charakteristiker« bezeichnenderweise als geschwore-

[118] Ebd., S. 108f.

[119] Vgl. Hirt, Über Böttigers Rezension (Anm. 4), S. 34.

[120] Goethe, Der Sammler (Anm. 103), S. 109f.

[121] Vgl. zu dieser Ambiguität: unten, S. 92f.

[122] Schon Korff, der in einem ersten Moment das »Charakteristische« als »Manier«, d. h. als »Ausdruck einer charakteristischen Individualität« verstanden hatte, interpretiert es gleich anschließend in Bezug auf Goethes *Der Sammler und die Seinigen* als gleichbedeutend mit dem »Stil«, wobei er jedoch den Stil wiederum nicht mehr als das höchste Ziel der Kunst, sondern nur als eine in Richtung auf das Ideal zu überwindende Stufe derselben auffaßt. Vgl. H. A. Korff, Geist der Goethezeit. Versuch einer ideellen Entwicklung der klassisch-romantischen Literaturgeschichte, II. Teil: Klassik, Leipzig 1964. S. 416 u. 421f.

ner Feind der Manieristen eingeführt wurde,[123] um jede Art der künstlerischen »Einseitigkeit«, inbegriffen die »einfache Nachahmung«, zu bezeichnen. Selbst innerhalb der im letzten Brief angeführten Einseitigkeiten der Künstler nehmen jedoch die »Charakteristiker« eine Sonderstellung ein, die unter anderem auch durch die steigende Zuneigung des Oheims zum »Charakteristiker« und seiner Kunstauffassung bestätigt wird,[124] indem sie sich nicht nur von der entgegengesetzten Kategorie der »Phantomisten«, »Undulisten« und »Skizzisten« unterscheiden, sondern sich auch weit über die ihnen verwandten »Nachahmer« und »Kleinkünstler« erheben, da sie in ihrer Arbeit eben nach jenem »Bedeutenden« streben,[125] das der »Philosoph« als Ziel und Aufgabe der Kunst angezeigt hatte und welches Goethe als »höchsten Grundsatz der Alten« betrachten wird.[126]

Schon im ersten wichtigsten kunsttheoretischen Ertrag seiner Italienischen Reise, in dem Aufsatz *Einfache Nachahmung der Natur, Manier, Stil* (1789), hatte Goethe andererseits diese Zentralität des »Charakteristischen« wenigstens dunkel erfaßt und sie auf alle drei Arten oder Stufen der Kunstproduktion gleichmäßig verteilt. Selbst die sogenannte »einfache Nachahmung« geht nämlich nach Goethes Verständnis über die bloße Kopie, über eine unmittelbare Wiedergabe der Wirklichkeit hinaus und arbeitet insofern »gleichsam im Vorhofe des Stils«, als sie, ähnlich wie Hirts »Charakteristisches«, durch die »Wahl« anfängt, »die Eigenschaften dieser Gegenstände ohne mühsame Abstraktion [zu] erkennen und [zu] fassen«, um sie alsdann »unter allgemeine Begriffe zu ordnen«.[127] Die »Manier« vermag dann aber gerade dadurch zwischen »einfacher Nachahmung« und »Stil« zu vermitteln, daß sie sich auf der einen Seite der »treuen Nachahmung nähert«, auf der anderen aber eben »das Charakteristische der Gegenstände zu ergreifen und faßlich auszudrücken sucht«.[128] Und schließlich stimmt der »Stil« deswegen mit dem Hirtschen Grundsatz überein, weil auch dieser nur »durch genaues und tiefes Studium der Gegenstände«, das heißt durch die Erkenntnis der »Eigenschaften der Dinge« und ihrer »verschiedenen charakteristischen Formen« erreicht werden kann: Ähnlich wie Hirts »Charakteristisches« ruht nämlich der »Stil«

[123] Vgl. Goethe, Der Sammler (Anm. 103), S. 99f.

[124] Vgl. etwa ebd., S. 116 u. S. 120.

[125] Vgl. ebd., S. 125.

[126] Vgl. etwa: »Und so dürfen wir wohl sagen, der höchste Grundsatz der Alten war das Bedeutende, das höchste Resultat aber einer glücklichen Behandlung das Schöne« (WA I, 49, S. 127).

[127] Vgl. Goethe, Einfache Nachahmung der Natur, Manier, Stil, in: Goethe, Werke, HA 12, S. 33 u. 34.

[128] Ebd., S. 34.

nach Goethe »auf den tiefsten Grundfesten der Erkenntnis, auf dem Wesen der Dinge, insofern uns erlaubt ist, es in sichtbaren und greiflichen Gestalten zu erkennen.«[129]

Gerade dieses Interesse für das »Charakteristische« als Gegenstand der ästhetischen Erkenntnis hat dann aber Goethe, möglicherweise unter dem Einfluß der Auseinandersetzung mit Hirt, auch zur Entwicklung der für seine klassische Kunstauffassung schlechthin zentralen Idee des »Bedeutenden« und darüber hinaus selbst zu einer näheren Bestimmung des damit verbundenen Begriffs des »Symbolischen« geführt.[130] Es ist nämlich kein Zufall, daß Goethes erste Überlegungen über die Kategorie des »Bedeutenden« ausgerechnet aus der Zeit seiner unmittelbar nach Hirts Besuch in Weimar angetretenen dritten Reise in die Schweiz datieren, wo er sich äußerst intensiv mit Meyer über bildende Kunst und wohl auch über Hirts Aufsätze und die darin enthaltene Kunstauffassung unterhalten hat. Schon am 16. August 1797 schreibt Goethe an Schiller aus Frankfurt von bestimmten »glücklichen Gegenständen«, die er »symbolisch« nennt und auch durch die Kategorie des »Bedeutenden« bezeichnet, welche »eminente Fälle [sind], die in einer inneren charakteristischen Mannigfaltigkeit, als Repräsentanten von vielen andern dastehen«.[131] In einer späteren Bemerkung vom 25. Oktober nimmt er dann implizit auf Schillers Antwort auf diesen Brief Bezug, in dem dieser die Wirkung solcher »glücklichen Gegenstände« ausschließlich auf »das Gemüt« und auf die »Behandlung« zurückgeführt hatte, um die Folgen einer solchen Betrachtungsweise für die Kunstproduktion zu reflektieren.[132] Eine solche Idee ließe nämlich den Unterschied zwischen »günstigen« oder »ungünstigen« Gegenständen für die Kunst, worüber Goethe damals mit Meyer intensiv nachdachte,[133] als überflüssig erscheinen, da alles »hauptsächlich auf die Behandlung ankommt« und jeder Gegenstand daher als »Stoff« einer künstlerischen Darstellung betrachtet werden kann. Eine Lösung für dieses Dilemma gibt Goethe dann in seiner programmatischen Einleitung in die *Propyläen*, wenn er von den Stoffen der Kunst und deren Behandlung redet. Hier bezieht er nämlich das »Bedeutende«, das er bezeichnenderweise mit dem

[129] Ebd., S. 32.

[130] Nicht von ungefähr stammen die meisten Belege für den Begriff »bedeutend« aus dem Ende der 90er Jahre und stehen oft im Zusammenhang mit dem Begriff des Symbolischen. Vgl. Goethe Wörterbuch, Bd. 2, Stuttgart u. a. 1989, Sp. 154f.

[131] Briefwechsel (Anm. 36), S. 391f.

[132] Vgl. Schiller an Goethe, 7. September 1797, ebd., S. 411f. und Goethes Konzept zu dem Brief an Schiller vom 25. Oktober 1797, in: WA IV, 12, S. 449f.

[133] Goethes und Meyers Unterredungen über dieses Thema haben dann in Meyers Aufsatz *Über die Gegenstände der bildenden Kunst*, der in den ersten zwei Heften der *Propyläen* veröffentlicht wurde, ihren Niederschlag gefunden. Vgl. dazu den Kommentar zu diesem Aufsatz in: Goethe, MA 6.2., S. 976–982.

»Charakteristischen« synonym verwendet, zwar nicht auf die natürlichen Gegenstände oder auf irgend eine besondere Eigenschaft derselben, sondern betrachtet es vielmehr als etwas, was der Künstler selbst schon beim ersten Erfassen seines Gegenstandes gleichsam erschafft oder in diesen »hineinlegt«.[134] Doch selbst diese scheinbar höchst subjektivistische Natur des »Bedeutenden« und »Charakteristischen«, die den Ursprung der »schönen Proportionen«, der »edlern Formen«, der »höhern Charaktere«, der »Regelmäßigkeit, Vollkommenheit, Bedeutsamkeit und Vollendung« des Kunstwerkes darstellen, unterwirft Goethe gleich anschließend den spezifischen, objektiven Gesetzen der Kunst, wenn er vom Künstler »bei Unternehmung des Werkes« die Wahl des »Kunstgemäßen« fordert.[135]

Eine solche Auffassung des »Bedeutenden« und »Charakteristischen«, die es als Produkt einer subjektiven Verwandlung durch den Künstler bei gleichzeitiger Berücksichtigung der Eigentümlichkeit des Gegenstandes und der Gesetze der jeweiligen Kunstart versteht, entspricht aber nicht von ungefähr, wie schon Hirt selbst und nach ihm Hegel erkannt haben,[136] sehr genau dem Hirtschen Verständnis dieser Kategorie, der darunter nicht »die rohe Wahrheit oder das Skelet einer Sache, sondern ... den vollständigen Inbegriff all des Eigenthümlichen und Bedeutsamen, das ein Gegenstand als Kunstwerk enthalten kann und soll«,[137] verstanden wissen wollte. Hirts wichtiger Hinweis auf das Maß des »Eigenthümlichen und Bedeutsamen«, das den Möglichkeiten des Kunstwerkes angemessen sein soll, erinnert hier nämlich daran, daß das »Charakteristische« ein Bestandteil des Kunstschönen und nicht der Schönheit im allgemeinen, das heißt ein Produkt des künstlerischen Ausleseverfahrens ist, und stimmt insofern mit Goethes Forderung nach »Kunstmäßigkeit« des Gegenstandes vollkommen überein. Hirts Begriff des »Zweckentsprechenden«, worin das »Vollkommene« und daher auch die Schönheit des Kunstwerkes besteht, bezieht sich nämlich nicht nur auf die Angemessenheit der künstlerischen Darstellung zum Gegenstand, sondern auch umgekehrt auf die Zweckmäßigkeit des Gegenstandes zu den besonderen Gesetzen der künstlerischen Darstellung.

[134] Vgl. Goethe, Einleitung in die Propyläen, HA 12, S. 46.

[135] Ebd., S. 46.

[136] Vgl. Hirt, Rumohr-Rezension (Anm. 4), Sp. 1534: »Was Goethe das Bedeutende nennt, nannte ich das Charakteristische, und eben so nannte ich, wie hier Goethe, das höchste Resultat einer glücklichen Behandlung das Schöne (das Kunstschöne), mit der Angabe, dass ein solches Resultat in der Behandlung aus dem Bedeutenden, oder Charakteristischen hervorgehe, und darauf ruhen müsse.« Vgl. auch Hegel, Vorlesungen über die Ästhetik (Anm. 5), S. 33 ff. Bei Hegel findet sich auch ein ausdrücklicher Hinweis auf den Symbolbegriff (ebd., S. 36).

[137] Hirt, Über Böttiger's Rezension (Anm. 4), S. 34.

In mehr als einer Hinsicht stimmt also Hirts Auffassung des »Charakteristischen«, wie Hirt und auch Schiller gleich am Anfang deutlich verstanden haben,[138] mit dem kulturellen Anliegen der späteren »Weimarischen Kunstfreunde«[139] und insbesondere mit dem Programm der Propyläen am genauesten überein. Denn auch die Kategorie des »Charakteristischen« richtet sich einerseits gegen den leeren klassizistischen Formalismus, andererseits und zur gleichen Zeit aber auch gegen den romantischen Subjektivismus und die Herrschaft einer grenzenlosen Phantasie.[140] Diesen beiden nur zum Teil entgegengesetzten Tendenzen setzt das »Charakteristische«, ähnlich wie das Programm der Propyläen, eine stärkere Bindung an die »Gegenstände der bildenden Kunst« entgegen, welche jedoch nicht in einen ästhetischen »Naturalismus« nach Art des Sturm und Drang verfällt, sondern genau umgekehrt von dem stetigen Bewußtsein der Eigengesetzlichkeit der Kunst und von der »ungeheuren Kluft«, die diese von der Natur trennt,[141] getragen ist.

[138] Hirt beschreibt die erste Begegnung mit Goethe und Schiller als eine »freundschaftliche Discussion zwischen ähnlich gesinnten« und erwähnt gelegentlich sogar sein Interesse, Mitarbeiter der *Propyläen* zu werden, »wenn anders meine etwa verschiedene Grundsätze sich mit andern Aufsätzen paaren könnten.« Vgl. Hirt, Rumohr-Rezension (Anm. 4), Sp. 1533, und Hirts Brief an Böttiger vom 24. November 1798, in: Denk, Über das Kunstschöne (Anm. 3), S. 121. Schiller bemerkt seinerseits anläßlich des Besuchs Hirts in Jena, daß dessen Kunstauffassung mit jener Goethes und Meyers »ziemlich einig ist«. Vgl. Briefwechsel (Anm. 36), S. 369.

[139] Zu den »Weimarischen Kunstfreunden«, die sich erst ab dem Jahre 1801 so nannten und mit der Abkürzung W.K.F. vor allem die Ausschreibungen der Preisaufgaben für Künstler unterzeichnet haben, zählten Goethe, Schiller, Meyer und ab dem Jahre 1804 auch Fernow. Vgl. zu den »Weimarischen Kunstfreunden«: Danzel, Goethe und die Weimarischen Kunstfreunde (Anm. 3); H. Holtzhauer, Die Weimarischen Kunstfreunde, in: Goethe-Jahrbuch N.F., 29, 1967, S. 1–26; ders., Einleitung zu: Winckelmann und sein Jahrhundert, Leipzig 1969, S. 9–42.

[140] Im *Bilderbuch für Mythologie, Archäologie und Kunst* (Berlin 1805) betrachtet Hirt das »Charakteristische« ausdrücklich »als ein sicheres Palladium: einerseits gegen excentrische Ausartungen einer schwärmerischen Phantasie; andererseits gegen Gehaltlosigkeit und Schwäche, sowohl in der Erfindung als in der Ausführung«. Auch Schiller beabsichtigt andererseits die Idee des »Charakteristischen« als Waffe im kulturellen Kampf gegen den formalistischen und inhaltsleeren Klassizismus der Frühromantik einzusetzen. Vgl. Schillers Brief an Goethe vom 7. Juli 1797, in dem die Rede von den »allerneuesten Ästhetiker[n], sowohl über Poesie als Plastik«, die »sichs recht sauer werden [lassen], das Schöne der Griechen von allem Charakteristischen zu befreien, und dieses zum Merkzeichen des Modernen zu machen«, sich offensichtlich auf F. Schlegel und dessen Aufsatz *Über das Studium der griechischen Poesie* bezieht. Vgl. Briefwechsel (Anm. 36), S. 372.

[141] Vgl. Goethe, Einleitung in die Propyläen, HA 12, S. 42. Dieses Thema des Unterschieds von Kunst- und Naturwahrheit, das tatsächlich für die ganzen *Propyläen* und allgemein für Goethes klassische Kunstauffassung schlechthin zentral ist, hat vor allem in Goethes *Propyläen*-Aufsätzen *Über Wahrheit und Wahrscheinlichkeit der Kunstwerke* (1798) und in Diderots *Versuch über die Malerei* (1798–99) seine ausführlichste Formulierung gefunden.

V

Nachdem also gezeigt worden ist, daß Hirts »Charakteristisches« gar nichts mit einer »naturalistischen« Kunstauffassung oder gar mit einer »Ästhetik des Häßlichen« zu tun hat, weil es vielmehr eine formale Kategorie darstellt, die das zweckmäßige Verhältnis der künstlerischen Darstellung zum Dargestellten unter der Voraussetzung der spezifischen Gesetze des jeweiligen Darstellungsmediums ausdrückt, und nachdem darüber hinaus auch die Konformität des so verstandenen Prinzips mit den zentralen ästhetischen Ansichten der deutschen Klassik nahegelegt worden ist, stellt sich nun abschließend die Frage nach den Ursachen des fast unglaublichen Mißverständnisses, das diese Idee zum Teil schon bei den Zeitgenossen, hauptsächlich und gravierender aber in der kritischen Literatur betroffen und fast genau in ihr Gegenteil verwandelt hat. Als Antwort auf diese Frage lassen sich unschwer drei unterschiedliche Gründe anführen. Auf der einen Seite hat das nämlich sicherlich mit der wiederholt hervorgehobenen Zweideutigkeit des »Charakter«-Begriffs zu tun, der sowohl die Eigentümlichkeit der Gattung als auch jene der Art oder sogar des Einzelwesens bezeichnen kann, so daß man unter »charakteristischer« Kunst sowohl die Darstellung der individuellen Erscheinung als auch ganz umgekehrt jene des allgemeinen, abstrakten Gattungsbegriffs verstehen kann.[142] Als zweite Ursache kann wiederum eine begriffliche Zweideutigkeit gelten, die aber mit einer Art von literaturgeschichtlicher Zwangsläufigkeit zu tun hat.[143] Die Tatsache nämlich, daß Hirt in seinen Aufsätzen sich vor allem gegen Winckelmanns und Lessings Laokoon-Interpretation geäußert hat, scheint ihn in dieser Perspektive automatisch auf die Seite der Stürmer und Dränger – allerdings nicht der Romantiker – zu stellen. Und da die Stürmer und Dränger und der junge Goethe selbst sich tatsächlich der Kategorie des »Charakteristischen« bedient haben,[144] scheint die

[142] Am entschiedensten hat Vischer diese Ambiguität des Charakter-Begriffs hervorgehoben und auf sie die »Verworrenheit« der damaligen Diskussion zurückgeführt. Vgl. F. Th. Vischer, Aesthetik oder Wissenschaft des Schönen, 1. Tl.: Die Metaphysik des Schönen, München 1922, 39, S. 113 ff., insbesondere S. 115. Das gleiche Argument ist dann auch von Walzel unabhängig von Vischer angewendet worden. Vgl. O. Walzel, Romantisches. Bonn 1934, S. 44 f.

[143] Vgl. darüber etwas ausführlicher Costazza, Das »Charakteristische« ist das »Idealische« (Anm. 9).

[144] Goethe sprach von »charakteristischer Kunst« in bezug auf das Straßburger Münster. Vgl. Goethe, HA 12, S. 13. Für eine »charakteristische«, ja sogar für eine »karikierende« Kunst ist aber auch Lenz in Opposition zu jeder abstrakten und puppenhaften Idealisierung eingetreten. Vgl. J. M. R. Lenz, Anmerkungen übers Theater, in: Ders., Werke und Briefe, hrsg. v. S. Damm. Leipzig 1987, S. 653 f.

Rechnung wiederum reibungslos aufzugehen, auch wenn die Aufrechterhaltung dieser Gleichstellung dann in Wirklichkeit zu lauter Unstimmigkeiten und zu der Annahme von noch größeren Mißverständnissen zwingt.[145] Der letzte aber nicht unbedeutendste der möglichen Gründe ist schließlich in der Person von Hirt selbst zu suchen und zwar einerseits in seiner begrifflichen Ungenauigkeit und in der Verworrenheit seiner Argumentation, andererseits in der prätentiösen, selbstgefälligen und dogmatischen Art seines Auftretens, die ihn den meisten eher unsympathisch oder gar unerträglich erscheinen ließ.[146]

Alle diese Gründe für ein gravierendes Mißverständnis müssen jedoch heute, nach 200 Jahren, überwunden werden, indem man sich über die persönlichen Vorurteile hinwegsetzt, die Zwangsjacke der zu eng aufgefaßten literaturgeschichtlichen Einteilungen abstreift und sogar die Zweideutigkeit des »Charakter«-Begriffs als eine positive Chance annimmt, um der grundsätzlichen und wenigstens seit Aristoteles debattierten Zweideutigkeit der ästhetischen Erkenntnis, die eine Erkenntnis des Allgemeinen oder des Einzelnen bzw. des Allgemeinen im Einzelnen sein soll, etwas näher zu kommen.[147] Obwohl Hirt nämlich im »Charakteristischen« die wichtige Funktion dieser Kategorie als Vermittlungsinstanz zwischen dem Individuellen und dem Allgemeinen, die schon in Muratoris und Contis Idee der *»particolarizzazione«* enthalten war[148] und die durch Goethes Zusammenführung von »Bedeutendem« und »Symbolischem« wenigstens angedeutet wurde, nicht thematisiert hat, so stellt jedoch gerade dieses neue Potential des »Charakteristischen« den wahren und tiefsten Grund

[145] Vgl. Costazza, Das »Charakteristische« ist das »Idealische« (Anm. 9).

[146] Am entschiedensten hat sich W. von Humboldt in seinem Brief an Schiller vom 16. Juli 1797 über Hirts »Süffisance« ausgelassen. Vgl. Schiller, NA, Bd. 37,1, S. 69. Vgl. auch Körners Brief an Goethe vom 28. September 1796, in: Goethe-Jahrbuch 8, 1887, S. 55. Auch Meyer scheint Hirt nicht besonders gemocht zu haben, wie etwa seine Briefe an Goethe vom 12. Februar 1796 und vom 26. Juli 1797 bezeugen. Vgl. Goethes Briefwechsel mit Heinrich Meyer, hrsg. v. M. Hecker. Bd. 1, S. 199; Bd. 2, S. 14ff., hier S. 18. Im Antwortbrief an Meyer vom 3. März 1796 unterstreicht aber auch Goethe die Einseitigkeit, Trockenheit und Steifheit der Hirtschen Ideen. Vgl. Goethe, WA IV, 11, S. 40. In den späteren Briefen an Schiller und auch an Meyer lobt zwar Goethe die breiten empirischen Kenntnisse Hirts, kritisiert jedoch wiederholt seine dogmatische Art, von »beschränkte[n] und einseitige[n] Prämissen« auszugehen und aus diesen mit Notwendigkeit zu schließen. Vgl. Briefe an Schiller vom 1. und vom 5. Juli 1797, in: Briefwechsel (Anm. 36), S. 368 und S. 370f.; Brief an Meyer vom 14. Juli, in: HA-Br, 2, S. 283.

[147] Vgl. dazu Costazza, Das »Charakteristische« ist das »Idealische« (Anm. 9).

[148] Vgl. ebd.

des erneuten Interesses für diese ästhetische Kategorie etwa durch Schelling und Solger,[149] aber auch schon bei Humboldt dar, der wenigstens zum Teil unabhängig von Hirt die Wichtigkeit dieser Idee erfaßt und in seinem Nachdenken darüber sowohl in seinen Briefen als auch in seinen ästhetischen Schriften wichtige Vorstellungen der Romantiker gleichsam vorweggenommen hat.[150]

[149] Vgl. Schelling, Über das Verhältnis (Anm. 3), S. 16ff. Die Zentralität und die Komplexität dieser Kategorie bei Schelling ist bis heute noch nicht genügend verstanden worden. Vgl. etwa Schasler, Aesthetik (Anm. 3), S. 852ff. Stemmrich betrachtet das »Charakteristische« bei Schelling vor allem im Zusammenhang seines Systems des transzendentalen Idealismus und widmet dagegen dem Aufsatz *Über das Verhältnis*, wo das Thema wirklich zentral ist, nur wenig Aufmerksamkeit. Vgl. Stemmrich, Das Charakteristische (Anm. 3), S. 111–122, hier zu: Über das Verhältnis, S. 120f. Für Solger vgl. vor allem: K. W. F. Solger, Vorlesungen über Ästhetik, hrsg. v. K. W. L. Heyse, Darmstadt 1969, S. 160ff.

[150] Schon in einem Brief an Körner vom 28. März 1794 nimmt Humboldt einige Gedanken F. Schlegels und Solgers vorweg, indem er das »Charakteristische« als typisches Merkmal der modernen Kunst in den Zusammenhang von symbolischer oder allegorischer Vermittlung des Einzelnen mit dem Universalen bzw. des »Sinnlichen« mit dem »Unsinnlichen« betrachtet. Vgl. W. von Humboldts Briefe an Ch. G. Körner, hrsg. v. A. Leitzmann, Berlin 1940, S. 12–21, insbesondere S. 14ff. Aber auch ein Brief Schillers an Humboldt vom 1. Februar 1796 erwähnt dessen Interesse für »die Individualität und das charakteristische«. Vgl. Schiller, NA, Bd. 28, S. 180. Humboldts Briefe an Schiller vom 25. Juni und vom 16. Juli 1797 aus Dresden, wo er in der dortigen Sammlung von Gipsabgüssen die charakteristischen Züge der antiken Statuen untersuchte, um ihrem Geheimnis des »individuellen Ideals« auf die Spur zu kommen, zeigen schließlich die größte Nähe zu Hirts Verständnis dieses Begriffes. Obwohl der erste Brief noch vor Hirts Besuch in Weimar und Jena geschrieben worden ist, so beweist jedoch der zweite Brief nicht nur, daß Humboldt Hirt in Berlin schon »mehreremale gesehen« hatte, sondern auch und vor allem, daß er seine ästhetische Auffassung sehr genau kannte. Vgl. Schiller, NA, Bd. 37,1, S. 47–50 und S. 69–71. Eine überaus wichtige Rolle spielt das »Charakteristische« auch in Humboldts kurz darauf entstandenem Aufsatz *Ueber Göthes Herrmann und Dorothea*, der die Summa von Humboldts ästhetischer Theorie darstellt. Vgl. über Humboldts Auseinandersetzung mit dem »Charakteristischen«: Denk, Über das Kunstschöne (Anm. 3), S. 84–91, der jedoch seine Analyse nur auf Humboldts briefliche Äußerungen beschränkt. Vgl. zu Humboldts erkenntnistheoretischem Interesse für das »Charakteristische«: K. Müller-Vollmer, Poesie und Einbildungskraft. Zur Dichtungstheorie W. von Humboldts, Stuttgart 1967, S. 23ff.

GÜNTER SASSE

»DER ABSCHIED AUS DIESEM PARADIES«

Die Überwindung der Sehnsucht durch die Kunst in der Lago Maggiore-Episode in Goethes *Wanderjahren*

Wilhelm Meister muß vieles zurücklassen und überwinden, um der Forderung Jarnos/Montans zu folgen: »Mache ein Organ aus dir und erwarte, was für eine Stelle dir die Menschheit im allgemeinen Leben wohlmeinend zugestehen werde.«[1] Am auffälligsten ist der Verzicht auf Natalie, zu dem er sich genötigt sieht. Am Ende der *Lehrjahre* sah alles nach glücklicher Heirat und erfülltem Familienleben aus, wenn auch das angespielte Komödienmotiv einer nach allerlei Irrungen endlich erreichten Ehe bereits ironisiert wurde, zum Beispiel durch den philologischen Aufschneider Friedrich.[2] Am Anfang der *Wanderjahre* aber erscheint Wilhelm ganz ausdrücklich als beziehungs- und ortlos. Zwar ist Felix an seiner Seite, aber mit Natalie wechselt er nur noch wenige Briefe; ob er sich mit ihr wieder verbinden wird, bleibt offen. Sieht er sie in der ersten Fassung noch einmal in einer als Traumszenario angelegten Szene durch ein Fernrohr auf einem gegenüberliegenden Felsen und droht vor sehnsüchtigem Verlan-

[1] Johann Wolfgang Goethe, Sämtliche Werke. Briefe, Tagebücher und Gespräche, hrsg. v. Hendrik Birus u. a., Bd. 10, Wilhelm Meisters Wanderjahre, hrsg. v. Gerhard Neumann u. Hans-Georg Dewitz, Frankfurt/M. 1989, S. 295. Im folgenden werden Stellen sowohl der ersten als auch der zweiten Fassung der *Wanderjahre* nach dieser Ausgabe direkt im Text zitiert. Auf andere Bände der Frankfurter Ausgabe von Goethes Werken wird durch die Abkürzung FA verwiesen.

[2] Goethes Romanende stellt zwar auf den ersten Blick »den Augenblick höchsten Glücks dar, eine Akme« (Hans-Jürgen Schings, Einführung in Wilhelm Meisters Lehrjahre, in: Goethes Sämtliche Werke nach Epochen seines Schaffens, hrsg. v. Karl Richter, Münchner Ausgabe, Bd. 5, München 1988, S. 613–643, S. 642), bei genauerem Hinsehen wird die Schlußäußerung Friedrichs allerdings in objektiver Ironie gebrochen. Dessen Bibelanspielung lautet: »du kommst mir vor wie Saul, der Sohn Kis, der ausging seines Vaters Eselinnen zu suchen, und ein Königreich fand« (FA, Bd. 9, Wilhelm Meisters theatralische Sendung, Wilhelm Meisters Lehrjahre, Unterhaltungen deutscher Ausgewanderten, hrsg. v. Wilhelm Voßkamp u. Herbert Jaumann, Frankfurt/M. 1992, S. 355–992, S. 992 [Stelle nach 1. Samuel 9 f.]. Die *Lehrjahre* werden im folgenden mit dem Hinweis FA, Bd. 9 nach dieser Ausgabe direkt im Text zitiert). Doch die Geschichte Sauls geht weiter. Er erlangt zwar unverdient ein Königreich, wird jedoch im Kampf verwundet und begeht Selbstmord, um nicht in die Hände der Feinde zu fallen. Siehe hierzu Friederike Eigler, Wer hat ›Wilhelm Schüler‹ zum ›Wilhelm Meister‹ gebildet? »Wilhelm Meisters Lehrjahre« und die Aussparungen einer hermeneutischen Verstehens- und Bildungspraxis, in: Goethe Yearbook 3, 1986, S. 93–119, S. 113.

gen abzustürzen, ist in der zweiten Fassung der *Wanderjahre* sogar dieser bloß optische Kontakt getilgt.[3] Wilhelm bleibt nur noch das schmerzliche Empfinden der ihm versagten Gemeinschaft mit Natalie. Bezeichnend hierfür ist seine Empfänglichkeit für die normative Botschaft der »heiligen Familie« Sankt Josephs des Zweiten. Die nach biblischem Muster verklärte Familiengemeinschaft dient ihm als Kontrastfolie seiner eigenen Existenz. Mit großer Anstrengung weist er die verlockende Vision ab. Sein vorletzter Brief an Natalie, in dem er ihr die Geschichte Sankt Josephs des Zweiten schildert, spricht die deutliche Sprache desjenigen, dem kein glückliches Familienleben möglich ist:

»So eben schließe ich eine angenehme, halb wunderbare Geschichte, die ich für dich aus dem Munde eines gar wackern Mannes aufgeschrieben habe. Wenn es nicht ganz seine Worte sind, wenn ich hie und da meine Gesinnungen, bei Gelegenheit der Seinigen, ausgedrückt habe, so war es bei der Verwandtschaft, die ich hier mit ihm fühlte, ganz natürlich. Jene Verehrung seines Weibes gleicht sie nicht derjenigen, die ich für dich empfinde? und hat nicht selbst das Zusammentreffen dieser beiden Liebenden etwas ähnliches mit dem unsrigen? Daß er aber glücklich genug ist, neben dem Tiere herzugehen, das die doppelt schöne Bürde trägt, daß er mit seinem Familienzug Abends in das alte Klostertor eindringen kann, daß er unzertrennlich von seiner Geliebten, von den Seinigen ist, darüber darf ich ihn wohl im stillen beneiden. Dagegen darf ich nicht einmal mein Schicksal beklagen, weil ich dir zugesagt habe zu schweigen und zu dulden, wie du es auch übernommen hast« (S. 286).

Wilhelm artikuliert verhalten seinen Schmerz, daß die Verheißung eines glücklichen Familienlebens, die der Schluß der *Lehrjahre* ausspricht, in den *Wanderjahren* nicht in Erfüllung geht. Das Wandergebot, nicht länger als drei Tage »unter Einem Dache« (S. 268) zu bleiben, negiert das an ein Familienleben gebundene Glücksversprechen. Das Wandern, das in der Romantik die Ablehnung philiströser Gesellschaftsnormen ausdrückte und als Freiraum erotischer Eskapaden gestaltet wurde,[4] verhindert in den *Wanderjahren* die erfüllte Liebesbeziehung. Der Altersroman Goethes widersetzt sich dem literarischen Schematismus, demzufolge nach langen Irrfahrten der Hafen der Ehe erreicht wird, wo in harmonischer Ordnung des Privaten alle Widrigkeiten der Welt überwunden sind. Natalie, die in den *Lehrjahren* lang ersehnte und endlich erreichte Frau, wird verabschie-

[3] Allgemein zu Veränderungen von der ersten zur zweiten Fassung des Romans siehe Hans Reiss, Wilhelm Meisters Wanderjahre. Der Weg von der ersten zur zweiten Fassung, in: Deutsche Vierteljahrsschrift 39, 1965, S. 34–57.

[4] Siehe hierzu Lothar Pikulik, Romantik als Ungenügen an der Normalität. Am Beispiel Tiecks, Hoffmanns, Eichendorffs, Frankfurt/M. 1979, S. 391–410.

det – mit aller Entschiedenheit in der zweiten Fassung der *Wanderjahre*, die selbst die Relikte einer visuellen Begegnung tilgt und keine Perspektive auf eine erneute Zusammenkunft eröffnet. Am Ende ist sie zusammen mit ihrem Bruder Lothario, dessen Frau Therese und dem Abbé bereits nach Übersee abgereist (siehe S. 720), während Wilhelm einen Fluß hinabfährt, um ein nicht näher bezeichnetes »wichtiges Geschäft weiter zu verfolgen« (S. 740), und dann seinen ins Wasser gestürzten Sohn Felix rettet (siehe S. 744f.) – Zeichen des romanprägenden Antifamiliarismus, der in der Zweiheit von Vater und Sohn die Eltern-Kind-Triade auslöscht.

Doch Wilhelm muß nicht nur auf das am Ende der *Lehrjahre* erhoffte Glück einer Familiengründung verzichten, er muß noch eine weitere große Entsagung leisten, und zwar am Lago Maggiore. Diese Episode ist in der ersten und zweiten Fassung des Romans jeweils unterschiedlich eingebettet; hierdurch wird die veränderte Intention deutlich. In der ersten Fassung kommt Wilhelm aufgrund fremder Planung zum Lago Maggiore; brieflich verheißt Hersilie ihm »zwei allerliebste Wesen« (S. 104) und wünscht, ihn »drei Tage zwischen die beiden Herrlichkeiten eingeklemmt zu sehen« (S. 105). Zur Vorinformation schickt sie ihm den ersten Teil der Novelle *Der Mann von funfzig Jahren*, in der die »beiden Herrlichkeiten«, Hilarie und die schöne Witwe, eine bedeutende Rolle spielen, und in einer Nachschrift teilt sie ihm mit, wie er die beiden Frauen treffen kann: »Sie erhalten hiebei den kleinen Ausschnitt einer Landkarte; wenn Sie diesen auf die größere legen, so deutet die darauf gezeichnete Magnetnadel mit der Pfeilspitze nach der Gegend, wo die Suchenswerten hinziehen« (S. 126).

Wilhelm folgt ihren Anweisungen und steht »verwundert, erstaunt, erschrocken, als die Nadel gerade nach Mignons Geburtsgegend, nach ihren Wohnungen hindeutete« (S. 129). Er begibt sich auf die Reise und trifft am Lago Maggiore den Maler, Hilarie und die schöne Witwe. Sie verbringen gemeinsam eine – vermeintlich – unbeschwerte Zeit, bis sie nach dem »Abschied aus diesem Paradiese« (S. 144) getrennt abreisen. In der ersten Fassung schließt sich an die Lago Maggiore-Episode die erneute Klage des Redaktors[5] über die dürftige Materiallage an (siehe S. 145, vgl. auch S. 128), bis er dann Wilhelm nach einem Jahr erneut zur Pädagogischen Provinz zurückkehren läßt.

Ganz anders hat Goethe in der Fassung von 1829 die Episode am Lago Maggiore situiert. Zunächst: An die Stelle von Wilhelms Fremdbestim-

[5] Zur Stellung des Redaktors und zur Erzählsituation siehe Volker Neuhaus, Die Archivfiktion in »Wilhelm Meisters Wanderjahren«, in: Euphorion 62, 1968, S. 13–27; Gonthier-Louis Fink, Tagebuch, Redaktor und Autor. Erzählinstanz und Struktur in Goethes »Wilhelm Meisters Wanderjahre«, in: Recherches Germaniques 16, 1986, S. 7–54.

mung tritt seine selbstbestimmte Entscheidung; er reist aus eigenem Entschluß dorthin (siehe S. 496).[6] Hinzu kommt: Es handelt sich nicht mehr um eine von vielen Episoden, die Wilhelms Wanderleben ausmachen, sondern um die zentrale; sie bereitet seinen bedeutsamsten Lebensabschnitt vor. Die Lago Maggiore-Szene setzt die entscheidende Zäsur seines Lebens; sie markiert den Übergang von der wandernden zur seßhaften Existenz, den Übergang von einem Leben, in dem ihn vielfältige Aufträge von einem Ort zum anderen bringen, geprägt vom Wandergebot, nirgendwo länger als drei Tage zu verweilen, hin zu einem Leben, das sich einer nützlichen Aufgabe in der Gesellschaft widmet. Das erfordert eine stationäre Ausbildung, die spezielle Fähigkeiten vermittelt – es geht um Wilhelms Ausbildung zum Wundarzt.

Auf versteckte Weise ist sein Berufswunsch schon in den *Lehrjahren* vorbereitet. Dort hilft ihm nach dem Überfall auf der Lichtung, der mit Wilhelms Verwundung endet, »ein Mann von untersetzter Gestalt«, den man »an dem Kästchen, das er in der Hand hatte, und an der ledernen Tasche mit Instrumenten ... bald für einen Wundarzt [erkannte]« (FA, Bd. 9, S. 589).

Nachdem Wilhelm in den *Lehrjahren* noch zweimal und durch das »Band, das von der Tasche herunter hing« (FA, Bd. 9, S. 805, vgl. ebd. S. 926) auf das lebhafteste an seine damalige Situation und die mit ihr verbundene Begegnung mit Natalie erinnert wurde, führt er in den *Wanderjahren* die Instrumente des Wundarztes »als eine Art von Fetisch bei sich« (S. 299). Sie erinnern Wilhelm an den »Augenblick wo mein Glück begann« (S. 554) und erwecken in ihm »eine innere Stimme, die mich meinen eigentlichen Beruf hieran erkennen ließ« (S. 554).

Nicht nur über das Besteck des Wundarztes, das Wilhelm an seine Rettung in den *Lehrjahren* erinnert, sondern auch über ein Kindheitserlebnis, das er Natalie erst in den *Wanderjahren* mitteilt, verdeutlicht Goethes Romanfolge, daß Wilhelm schon sehr früh die damals allerdings noch unausgegorene Absicht hatte, als Arzt zu helfen. Zwar wird sie in den *Lehrjahren* von seinem Wunsch, Schauspieler zu werden, so stark überlagert, daß

[6] Siehe dagegen Eric A. Blackall, Wilhelm Meister's Pious Pilgrimage, in: German Life and Letters 18, 1964–65, S. 246–251, S. 247: »It is the painter whom he meets who leads him spiritually and geographically to Mignon.« Doch es ist nicht so – wie Blackall annimmt –, daß der Maler Wilhelms Weg bestimmt; sie stimmen allerdings als zwei, die »sich gar bald in einander [schicken]« (S. 497), in ihrem Ziel überein. Wenn in der zweiten Fassung des Romans davon die Rede ist, daß Hilarie und die schöne Witwe »den von ihnen selbst vorgezeichneten Pfeil, ohne Bedenken, anerkannten« (S. 501), so ragt hier ein nicht getilgter Rest der ersten Fassung in die zweite Fassung hinein. Es kann sich nur um ein Versehen handeln, denn mit dem Fortfall von Hersilies pfeilbestücktem kartographischem Hinweis auf den Aufenthalt der beiden Frauen verliert der Pfeil als Erkennungszeichen seinen pragmatischen Ort.

sie nur im Motiv des Wundarztbesteckes an die Textoberfläche tritt, doch wird sie Wilhelm in den *Wanderjahren* immer gegenwärtiger. Jetzt erst schildert er in seinem letzten Brief an Natalie den lange verdrängten Vorfall mit den ertrunkenen Kindern, der ihn in seiner Kindheit zutiefst erschütterte, und in der Folge den Wunsch, als Arzt helfen zu können, aufsteigen ließ: »In meinem jugendlichen Eifer nahm ich mir daher im Stillen vor, ich wollte keine Gelegenheit versäumen, alles zu lernen was in solchem Falle nötig wäre, besonders das Aderlassen und was dergleichen Dinge mehr waren« (S. 552).

Im Gespräch mit Jarno/Montan (S. 299), dessen genauen Inhalt er Natalie im selben Brief erst viel später mitteilt (S. 554–556), hatte er schon zuvor sein Kindheitserlebnis als Ursache für seinen Wunsch, Arzt zu werden, angegeben, zugleich aber hinzugefügt, daß er seine Absicht für lange Zeit aus den Augen verloren hatte (siehe S. 554).[7] Doch in den *Wanderjahren* wird sie bestimmend, so daß Wilhelm beim Abbé wiederholt um die Aufhebung des Wandergebots nachsucht, um sich zum Arzt ausbilden zu können: »Was mich betrifft, so kann ich, nach fortdauernder tätiger Selbstprüfung, mein durch Montan vorlängst angebrachtes Gesuch nunmehr nur noch ernstlicher wiederholen; der Wunsch meine Wanderjahre mit mehr Fassung und Stetigkeit zu vollenden wird immer dringender« (S. 496; siehe auch S. 299, wo er Jarno/Montan bittet, sich für ihn einzusetzen).

Doch bevor Wilhelm sein Studium aufnimmt, will er noch eine »fromme Wallfahrt« unternehmen, nicht um Heil und Segen für seinen künftigen Lebensweg zu erbitten, sondern um »vor Beginn eines neuen Lebensganges ... so manches abzuschließen« (S. 496).

Erstaunlich ist, was Wilhelm abzuschließen gedenkt. Während sonst die *Lehrjahre* nur ganz sporadisch in die *Wanderjahre* hineinragen, so daß sich mit guten Gründen davon sprechen läßt, es handle sich hier nicht um einen Fortsetzungsroman, sondern um zwei Romane mit geringen Überschneidungen im Personal und mit diametralen Gegensätzen in Form und Ethos, so sind an dieser Stelle beide Romane eng verkettet. Der Verlust Mignons, antithetische Leitfigur der *Lehrjahre*,[8] die dort im Umkreis der

[7] Zur Verknüpfung der *Lehr-* und *Wanderjahre* unter dem Aspekt des Berufswunsches »Wundarzt« siehe Walter Müller-Seidel, Dichtung und Medizin in Goethes Denken, in: Idealismus mit Folgen. Die Epochenschwelle um 1800 in Kunst und Geisteswissenschaften. Festschrift zum 65. Geburtstag von Otto Pöggeler, hrsg. v. Hans-Jürgen Gawoll, Christoph Jamme, München 1994, S. 107–137, bes. S. 126f.

[8] Siehe hierzu Vf., Die Sozialisation des Fremden. Mignon oder: Das Kommensurable des Inkommensurablen in »Wilhelm Meisters Lehrjahren«, in: Akten des VIII. Internationalen Germanisten-Kongresses Tokyo 1990, Bd. 11, hrsg. v. Eijiro Iwasaki, München 1991, S. 103–112.

Turmgesellschaft zugrunde geht und in den pompös zelebrierten Exequien den »Schein des Lebens« (FA, Bd. 9, S. 958) verliehen bekommt, hat sich Wilhelm so tief eingeprägt, daß er den Ort ihrer Herkunft aufsuchen will, bevor er sich der Welt der Nützlichkeit verschreibt. Von diesem Ort hatte er in den *Lehrjahren* nähere Kenntnis durch den Abbé erlangt, der die vom Marchese berichtete Kindheitsgeschichte notiert und im Kreis der Turmgesellschaft vorgelesen hatte (siehe FA, Bd. 9, S. 961–975). Mehrfach wurde Wilhelm aufgefordert, Mignons Heimat zu besuchen; zunächst vom Marchese, der ihn bat, mit ihm und Felix dorthin zu reisen, um ihre Erbschaft in Empfang zu nehmen, dann von Therese, die diese Absicht nachdrücklich bekräftigte: »Folgen Sie diesem sonderbaren Ruf, und indem Sie sich um den Markese doppelt verdient machen, eilen Sie einem schönen Lande entgegen, das Ihre Einbildungskraft und Ihr Herz mehr als Einmal an sich gezogen hat« (FA, Bd. 9, S. 976).

Selbst nachdem Wilhelms Verbindung mit Natalie angebahnt war, wurde noch einmal von Mignons Heimat als Reiseziel gesprochen – als solle die Hochzeitsreise dorthin führen: »Nun geschwind, versetzte Friedrich, wie sieht's mit den Zeremonien aus? die lassen sich an den Fingern herzählen, ihr müßt reisen, die Einladung des Markese kommt euch herrlich zu statten« (FA, Bd. 9, S. 991 f.).

Doch erst in den *Wanderjahren* folgt Wilhelm der mehrfach an ihn herangetragenen Aufforderung und reist an den Lago Maggiore – allerdings ohne Felix und Natalie.[9] Die Erbschafts- und Hochzeitsreise, die er in den *Lehrjahren* nicht angetreten hatte, erhält in den *Wanderjahren* einen neuen Stellenwert. Jetzt geht es um existentielle Neuorientierung. Der Redaktor berichtet: »Nachdem unser Freund vorstehende Briefe abgelassen [an Lenardo und den Abbé], schritt er, durch manchen benachbarten Gebirgszug fortwandernd, immer weiter, bis die herrliche Talgegend sich ihm

[9] Goethe greift hier einen Abfolgezusammenhang auf, den er – wie Kaiser herausstellt – zwischen dem Gedicht *Der Wanderer* und den *Römischen Elegien* aufspannt. »In den ›Römischen Elegien‹ erfüllt sich der Wunsch, der am Ende des ›Wanderer‹-Gedichts von 1772 steht: der nordische Fremdling tritt in die südliche Idylle ein«. Gerhard Kaiser, Wandrer und Idylle. Goethe und die Phänomenologie der Natur in der deutschen Dichtung von Geßner bis Gottfried Keller, Göttingen 1977, S. 148.

eröffnete, wo er, vor Beginn eines neuen Lebensganges, so manches abzuschließen gedachte« (S. 496).[10]

Die Verbindung zwischen den ansonsten nur lose miteinander verknüpften *Lehrjahren* und *Wanderjahren*, die hier über das Reiseziel hergestellt wird, ist bedeutsam; aussagekräftig sind aber auch die Abweichun-

[10] Lange vor der Abfassung der *Wanderjahre* notiert Goethe im Hinblick auf die *Lehrjahre* im Tagebuch für Charlotte von Stein: »Ich war lang willens Verona oder Vicenz dem Mignon zum Vaterland zu geben. Aber es ist ohne allen Zweifel Vicenz, ich muß auch darum einige Tage länger hier bleiben« (FA, Bd. 30, Italien – Im Schatten der Revolution. Briefe, Tagebücher und Gespräche vom 3. September 1786 bis 12. Juni 1794, hrsg. v. Karl Eibl, Frankfurt/M. 1991, S. 70); warum Goethe später den Lago Maggiore gewählt hat, bleibt offen. Er selbst war nie dort, hat sich aber durch Aquarelle des Malers Georg Melchior Kraus und durch die Lektüre von J. G. Keyßlers Reisebericht (Neueste Reisen ..., Hannover 1751) und anderer Reiseberichte kundig gemacht; siehe FA, Bd. 10, S. 1127f. Goethe selbst hat den Weg Wilhelms nach Italien imaginativ vorbereitet, so daß dieser gleichsam stellvertretend für ihn die Reise macht. Der biographische Bezug einer Stellvertretung deutet sich vielfach an. So berichtet Goethe in *Dichtung und Wahrheit* mit erstaunlichen Anklängen an die dritte Strophe von Mignons Italien-Lied, wie er auf seiner ersten Schweizer Reise (1775) von seinem Reisegefährten, dem Maler Passavant, aufgefordert wird, mit ihm nach Italien zu wandern. Er entzieht sich aber der Verlockung und kehrt in den Norden zurück (vgl. FA, Bd. 14, Aus meinem Leben. Dichtung und Wahrheit, hrsg. v. Klaus-Detlef Müller, Frankfurt/M. 1986, S. 810ff.). Goethe hat diese Situation von Verlockung in den Süden und Umkehr in den Norden als prägnanten Augenblick in seiner Zeichnung *Scheide Blick nach Italien vom Gotthard d. 22. Juni 1775* festgehalten (siehe: Corpus der Goethezeichnungen, bearb. v. Gerhard Femmel u. a., 7 Bde, Leipzig 1958–73, Bd. 1, 1958, Nr. 120). Auch auf der zweiten Schweizer Reise (1779) mit Herzog Carl August scheint Goethe eine geradezu »abergläubische Furcht davor« gehabt zu haben, »den Boden Italiens zu betreten« (so Nicholas Boyle, Goethe 1749–1790, Bd. 1, München 1995, S. 359). Als sich die Frage stellte, ob die Reisegesellschaft »den ihnen von Saussure empfohlenen Weg über den Simplon hinunter nach Italien und von dort über den Lago Maggiore zurück zum Gotthard« nehmen oder »ihren Weg bis hinauf zur Rhonequelle fortsetzen und dort versuchen [solle], über den Furkapaß direkt zum Gotthard zu gelangen«, entschied sich Goethe für die zweite Möglichkeit (ebd., S. 358). Möglicherweise hatte der Lago Maggiore für Goethe einen besonderen »symbolischen« Wert, der die Route über den See heikel gemacht haben könnte. Gegen diese Deutung, die von einer inneren Blockade Goethes ausgeht, sprechen allerdings Überlegungen von Waldemar v. Wasielewski, War Goethe am Lago Maggiore? Zugleich ein kleiner Beitrag zum »Wilhelm Meister«, in: Jahrbuch der Goethe-Gesellschaft 9, 1922, S. 182–198. Zwei Gründe führt er für seine Vermutung an, daß Goethe auf seiner Rückreise aus Italien um den 20. Mai 1788 einen Abstecher von Mailand an den Lago Maggiore gemacht habe: zum einen sei er – wenn man eine durchschnittliche Postkutschengeschwindigkeit annehme – früher in Mailand angekommen, nämlich am 18. Mai 1788, wohingegen er gegenüber dem Herzog seine Ankunft (warum auch immer) auf den 22. datiert habe, so daß er vier Tage für den Ausflug zum Lago Maggiore gehabt habe. Zum anderen habe zu dieser Zeit Vollmond geherrscht, was sich in der letzten fiktiven Vollmondnacht spiegle, die Wilhelm und seine Begleitung auf der Isola bella verbringen. Daraus zieht Wasielewski den Schluß, daß Goethe Biographisches in die Gestaltung der Lago Maggiore-Szene hat einfließen lassen: »Als Goethe dies Kapitel gestaltete, verwebten sich in beziehungs- und ahnungsvoller Weise Mignon und ihr sehnsuchtsvolles, unerfülltes Dasein mit der eigenen Erinnerung an Italien und die langversunkene Herrlichkeit jener Abschiedstage und Mondnächte an dem frühlingsschönen großen See« (S. 194).

gen. Wilhelm will nicht Natalie, die Sehnsuchtsgestalt der *Lehrjahre*, die ihm als »schöne Amazone« vor dem inneren Auge schwebte, bis die Verheißung mit der angespielten Heirat scheinbar in Erfüllung ging,[11] noch einmal aufsuchen, auch nicht Felix, dessen Anerkennung als Sohn zugleich mit Wilhelms Lossprechung von den Lehrjahren verbunden war. (»Heil dir junger Mann! Deine Lehrjahre sind vorüber, die Natur hat Dich losgesprochen«; FA, Bd. 9, S. 876) Nein, es ist die Inkarnation der Sehnsucht schlechthin, Mignon,[12] auf die sich sein ganzes Interesse richtet. Als androgynes Geschöpf hatte sie sich allen gesellschaftlichen Normen entzogen; sie starb genau in dem Augenblick, als Wilhelm mit Therese eine kleine Familie gründen wollte. Mit ihr bringt der Text – so die These – einen unerledigten psychischen Komplex des Protagonisten noch einmal ins Spiel. Welche Bedeutung hat die tote Mignon? Was verbindet Wilhelm mit ihr, welchen Sinn hat die Reise in ihre Heimat, wie erlebt er diese, und wie wird sein Aufenthalt dort gestaltet? All diese Fragen werfen die *Wanderjahre* auf; sie eröffnen einen erstaunlichen Deutungsraum.

Das Geschehen am Lago Maggiore ist wesentlich von Malerei und Gesang geprägt – zwei Kunstformen, die ein junger Mann praktiziert, der ebenfalls in Mignons Heimat reist. Er ist als Wilhelms Alter ego[13] angelegt.

»Beide schicken sich gar bald in einander, vertrauen sich wechselseitig Neigungen, Absichten, Vorsätze; und nun wird offenbar, daß der treffliche Künstler, der aquarellierte Landschaften mit geistreicher, wohlgezeichneter und ausgeführter Staffage zu schmücken weiß, leidenschaftlich eingenommen sei von Mignons Schicksalen, Gestalt und Wesen« (S. 497).

[11] Siehe hierzu Vf., Wilhelm Meister als Leser Tassos, in: Torquato Tasso in Deutschland. Seine Wirkung in Literatur, Kunst und Musik seit der Mitte des 18. Jahrhunderts, hrsg. v. Achim Aurnhammer, Berlin, New York 1995, S. 370–381.

[12] Siehe dazu die Äußerung des Arztes über Mignon: »Die sonderbare Natur des guten Kindes ... besteht beinah nur aus einer tiefen Sehnsucht« (FA, Bd. 9, S. 901).

[13] Auf biographische Anklänge sei hingewiesen: Für Goethe selbst war bekanntlich das Malen von großer Bedeutsamkeit. Im Brief vom 6. und 7. Dezember 1777 an Charlotte von Stein entwirft er z. B. von sich das Bild eines herumziehenden Malers: »Mir ists eine sonderbaare Empfindung, unbekannt in der Welt herumzuziehen, es ist mir als wenn ich mein Verhältniss zu den Menschen und den Sachen weit wahrer fühlte. Ich heise Weber, bin ein Mahler« (Goethes Werke, Weimarer Ausgabe, hrsg. im Auftrage der Großherzogin Sophie von Sachsen, Abt. IV, Bd. 3, Weimar 1888, S. 192; im folgenden zitiert: WA, Abt., Bd. und S.). In Italien hat sich Goethe unter dem bezeichnenden Pseudonym eines pittore Filippo Möller bemüht, in seinen Bildern Kunstwerke und Landschaften festzuhalten. Neben Goethes Selbstidentifikation als Maler ergibt sich eine weitere lebensgeschichtliche Parallele: Wie Wilhelm wurde auch Goethe auf seinen Reisen häufiger von Malern begleitet, so u. a. von Passavant, Tischbein und Kniep. In einer kleinen Studie verweist Hans-J. Weitz auf Gabriel Lory d. J. (1786–1846) als Vorbild für den fiktiven Maler: Hans-J. Weitz, Ein Schweizer Maler bei Goethe. Ein Vortrag, hrsg. v. Kunsthaus Zürich und Kunstmuseum Bern, 1978.

Wie von ungefähr gesellt sich der Maler zu Wilhelm, wie von ungefähr ist sein ganzes Bestreben darauf gerichtet, Mignons Kindheitsgeschichte in Bildern festzuhalten, und wie von ungefähr stimmt er am Ende ihr Italien-Lied an. Mit seinen Bildern fügt der Maler ein Glied an die Transformationskette, die die ungebundene Lebendigkeit Mignons in die gebundene Form eines ästhetischen Arrangements fügt. In den *Lehrjahren* ordnen die Exequien die Tote einem durchkalkulierten Zeremoniell ein; die Erzählungen des Marchese und deren Niederschrift durch den Abbé unterwerfen sie anschließend einer narrativen Ordnung. In den *Wanderjahren* sind es dann Bilder, welche die sprachlich vermittelte Kindheitsgeschichte Mignons mit sinnlichen Natureindrücken verbinden. Unterstützt von Wilhelm, dessen Erinnerungen an Mignon die Darstellungen des Malers prägnanter geraten lassen, fließen in den Bildern Landschaftseindrücke und Lebensaugenblicke Mignons zusammen. Auf diese Weise wird sie, die sich in den Zusammenhängen des Lebens nicht zu behaupten wußte, in arrangierten Kunsträumen als ästhetisierte Erinnerung aufbewahrt. »Auf mehreren Blättern war Mignon im Vordergrunde, wie sie leibte und lebte, vorgestellt, indem Wilhelm der glücklichen Einbildungskraft des Freundes durch genaue Beschreibung nachzuhelfen und das allgemeiner Gedachte in's Engere der Persönlichkeit einzufassen wußte« (S. 497).

Unter den vielen Bildern, die der Maler von Mignon malt, wird eines besonders hervorgehoben und detailliert beschrieben:

»Ein Bild aber tat sich vor allen hervor, welches der Künstler auf der Herreise, noch eh' er Wilhelmen begegnet, mit allen Charakterzügen sich angeeignet hatte. Mitten im rauhen Gebirg glänzt der anmutige Scheinknabe, von Sturzfelsen umgeben, von Wasserfällen besprüht, mitten in einer schwer zu beschreibenden Horde. ... Auch ließ der Künstler mit klugdichtendem Wahrheitssinne eine Höhle merklich werden, die man als Naturwerkstatt mächtiger Krystalle, oder als Aufenthalt einer fabelhaftfurchtbaren Drachenbrut ansprechen konnte« (S. 498).

Mignons Italien-Lied, dessen dritte Strophe hier zum Bild gerinnt, interpretiert dieses zugleich. »Als Aufenthalt einer fabelhaft-furchtbaren Drachenbrut« ist die Bildszenerie deshalb »anzusprechen«, weil die Erinnerung an die Verszeile: »In Höhlen wohnt der Drachen alte Brut« (FA, Bd. 9, S. 503) die Leerstelle des Bildes aufzufüllen vermag. Bild und Gedicht ergänzen sich; was das Bild als sinnlichen Eindruck präsentiert, vervollständigt die durch das Gedicht stimulierte Phantasie, die schon ihrerseits die Bildkomposition gespeist hatte.

Doch die Wirkung des Italien-Liedes der *Lehrjahre* reicht weiter. Auch die Landschaftswahrnehmung wird durch Mignons Lied semantisch aufgeladen; dessen erste Strophe überlagert den Sinneseindruck mnemonisch. Die Bedeutsamkeit des Liedes verleiht dem Wahrgenommenen erst seinen besonderen Erlebniswert. Die Reminiszenz überformt die Gegenwart und taucht sie in das Licht der Verklärung. Der Maler und Wilhelm »konnten ... sich eines traurigen Lächelns nicht enthalten, wenn sie, unter Zypressen gelagert, den Lorbeer aufsteigen, den Granatapfel sich röten, Orangen und Zitronen in Blüte sich entfalten und Früchte zugleich aus dem dunklen Laube hervorglühend erblickten« (S. 499).

Das Oxymoron »trauriges Lächeln« spiegelt die Ambivalenz der Gefühle, welche die Überlagerung von Gedicht und Wahrnehmung bei beiden hervorruft. Angesichts der im Licht des Italien-Liedes wahrgenommenen schönen Natur wird ihnen der Verlust Mignons als Organon unverstellter Subjektivität schmerzlich bewußt. Was bleibt, ist das Lied, das Mignons Gesang nur um den Preis seiner Einzigartigkeit zu bewahren vermag.

Die *Lehrjahre* reflektieren dies im herausgestellten Widerspruch zwischen Mignons subjektivem Ausdruck und dessen intersubjektiver Kodifizierung durch Wilhelm. Diese erweist sich nämlich als artifizielles Arrangement, das den unentzweiten Ausdruck von Mignons Sehnsucht einer genau kalkulierten Sprachfügung unterwirft. Wie sehr die Schrift das zur Ordnung ruft, was sich allen Normierungen zu entziehen sucht, verdeutlicht der Erzähler der *Lehrjahre* nachdrücklich. Zunächst betont er, wie sich Mignons Liedvortrag zu einer unverbrüchlichen Einheit von Empfindung, Stimme und Ausdruck formiert:

»Sie fing jeden Vers feierlich und prächtig an, als ob sie auf etwas sonderbares aufmerksam machen, als ob sie etwas wichtiges vortragen wollte. Bei der dritten Zeile ward der Gesang dumpfer und düsterer, das: *kennst du es wohl?* drückte sie geheimnisvoll und bedächtig aus, in dem: *dahin! dahin!* lag eine unwiderstehliche Sehnsucht, und ihr: *Laß uns ziehn!* wußte sie, bei jeder Wiederholung, dergestalt zu modifizieren, daß es bald bittend und dringend, bald treibend und vielversprechend war« (FA, Bd. 9, S. 504).

In der Art, wie Mignon ihr Lied artikuliert, offenbart sie ihr Inneres. Jenseits ihres kognitiven Begreifens, das das Ziel der Sehnsucht nicht kennt, gewinnt es einen Ausdruck, der sich dem diskursiven Zugriff entzieht. So hat Wilhelm alle Mühe, das Gehörte zu verstehen, fremd kommt es daher.

Der Erzähler verdeutlicht daraufhin, wie sich Wilhelm Mignons Lied aneignet. Er bringt es in eine verständliche Sprache und opfert damit die Subjektivität des von Mignon Ausgedrückten zugunsten der Intersubjektivität des von anderen Verstehbaren. Doch indem Wilhelm Mignons Seelenausdruck dadurch normalisiert, daß er ihn der Ordnung einer Form unterwirft und damit zum reproduzierbaren Werk macht, nimmt er ihm seine besondere sinnliche Qualität:

»Melodie und Ausdruck gefielen unserm Freunde besonders, ob er gleich die Worte nicht alle verstehen konnte. Er ließ sich die Strophen wiederholen und erklären, schrieb sie auf und übersetzte sie ins Deutsche. Aber die Originalität der Wendungen konnte er nur von ferne nachahmen. Die kindliche Unschuld des Ausdrucks verschwand, indem die gebrochene Sprache übereinstimmend, und das Unzusammenhängende verbunden ward. Auch konnte der Reiz der Melodie mit nichts verglichen werden« (ebd.).

Mignons Gesang sperrt sich gegen eine Einordnung in die Intersubjektivität sprachlicher Zusammenhänge; er drückt eine Subjektivität aus, die sich nicht den etablierten Sprachnormierungen fügt. Wilhelm hingegen versucht, Mignons Gefühle kommunizierbar zu machen. Er kleidet sie in ein artistisches Gewand und macht dadurch die sich über alle gesellschaftlichen Rollenzwänge hinweg offenbarende, die Individuation übersteigende Verschmelzungssehnsucht zu einem kunstvollen Gebilde, das das Leiden an der unerfüllten Existenz verhüllt.[14] Formvollendet erscheint das Gedicht, voller rhetorischer Figuren und durchkalkuliert bis zum letzten Punkt. Seine Regelmäßigkeit ist auffallend. Als *vers commun* kommt es daher; ein fünfhebiger Jambus mit einer Zäsur nach der zweiten Hebung prägt das metrische Schema. Die Strophen sind analog gebaut, die Verse durch Wiederholungen und Parallelfügungen in eine syntaktische Ordnung gebracht, die in jeder Strophe mit einer Frage beginnt und in der fünften Zeile mit dem bestätigungsheischenden Appell »Kennst du es/ihn wohl?« endet. Eine genau kalkulierte Lücke markiert das Ende des Verses 5 und den Beginn des Verses 6. Doch die Leerstelle, ausgespart für das antwortende Du, wird nicht gefüllt, der Appell nicht beantwortet, Schweigen tritt an die Stelle. Das Ziel wird nicht benannt, Wilhelm vermutet nur: »Es muß wohl Italien gemeint sein« (ebd.). Diese Konkretion aber greift zu kurz; Mignon evoziert ihr Ziel als einen Erlösungsraum, dem sie mit dem totalisierten Gegenüber, das zugleich »Geliebter«, »Beschützer« und »Vater« ist, voller Sehnsucht zustreben will.

Die durchkomponierte Ordnung des Gedichtes widerspricht dem, was über das von Mignon Vorgetragene gesagt wird: es sei in einer Wilhelm nicht vollständig verständlichen Sprache gesungen, die er ins Deutsche übersetzen müsse; erst er mache die »gebrochene Sprache übereinstimmend und das Unzusammenhängende verbunden« (ebd.). Wilhelm also ist der eigentliche Dichter, der dem Form gibt, was sich den Formgeboten lyrischen Sprechens entzieht – mit dem Ergebnis, daß die »kindliche Un-

[14] In seinem Gedicht *An Mignon*, das Goethe am 28. Mai 1797 an Schiller sendet, der es in den *Musen-Almanach für das Jahr 1798* aufnimmt, entfaltet er in den beiden letzten Strophen explizit die Thematik von verborgenem Schmerz und äußerer Verhüllung (FA, Bd. 1, Gedichte 1756–1799, hrsg. v. Karl Eibl, Frankfurt/M. 1987, S. 647f. und 1214f.).

schuld des Ausdrucks« (ebd.) unter dem Formdiktat kalkulierter Wiederholungen und paralleler Satzfügungen verschwindet. In Wilhelms Übersetzung und Formung wird der alle sprachliche Ordnungen übersteigende Sehnsuchtsimpuls Mignons zur Kunst. Das Gedicht bannt durch seine Form, was es an leidvoller Erlösungshoffnung ausdrückt. Es stellt die Bewegung still, die sich aus allen irdischen Bedingtheiten heraussehnt, indem es sie artifiziell reguliert. Nicht von ungefähr nennt Wilhelm Mignons Seelensprache ein »Liedchen« (ebd.) und fragt sie, woher sie es habe, so als würde sie bloß überkommene Dichtung rezitieren. Doch Mignon rezitiert nicht, sondern artikuliert ihre unaussprechliche Existenznot. Wilhelm dagegen übersetzt ihren Sehnsuchtsausdruck in die Sprache der Kunst, macht ihn zu einem »Liedchen« und stellt ihn damit unter die Ordnung des Reproduzierbaren. So wird aus unverwechselbarer Ausdrucksenergie ein wiederholbares Artefakt. In solcher Kunstform erst taugt das Lied zur nostalgischen Wunschformel, die die italienische Landschaft mit ihren Metaphern überziehen wird.

Die *Wanderjahre* setzen Mignons mediale Transformation fort. Die Vermittlung des Unvermittelten geht weiter. In der Lago Maggiore-Episode kommt der Maler hinzu. Er überführt das reproduzierbare Gedicht, das Wilhelm durch artistische Formung von seiner Sprecherin gelöst und dadurch zum verfügbaren Gebilde gemacht hatte, in ein Bild. Die in der dritten Strophe des Italien-Liedes evozierte unheimliche Gebirgslandschaft, durch die der Weg der Initiation in ein unentfremdetes Dasein führt, gestaltet er zu einer pittoresken Szenerie, die vom Sturmfelsen über die Wasserfälle bis zur Höhle die Details des Gedichts auf wirkungsvolle Weise arrangiert.[15] An die Stelle der unbezwinglichen Sehnsucht Mignons, die nach einem Leben jenseits gesellschaftlicher Normierungen strebt, tritt die Kunst, die ästhetisiert, was als ungeregelte Wunschproduktion die vorgegebenen Ordnungen zu sprengen droht.[16] In den *Wanderjahren* ist

[15] Siehe auch Hannelore Schlaffer (Wilhelm Meister. Das Ende der Kunst und die Wiederkehr des Mythos, Stuttgart 1980), die die Überführung des Gedichts ins Bild wie folgt charakterisiert: »Der sinnliche Eindruck des Gemäldes löscht die Erinnerung an das Lied Mignons nahezu aus. Wo im Lied von der glücklichen ersten Strophe bis zur letzten Mignons Unglück wächst, denkt der Maler nur an eine Steigerung der Effekte seiner Kunst« (S. 21).

[16] Auf biographische Parallelen sei aufmerksam gemacht. Norbert Miller berichtet davon, wie Goethe im Oktober 1787 seine Liebe zu einem jungen Mädchen, der er entsagen mußte, da sie verlobt war, durch seine Malerei nicht nur ›bewältigte‹, sondern diese aufgrund des Verzichts sogar noch steigerte: »Das Zeichnen wird zum Heilmittel, die konzentrierte Aufmerksamkeit für die Landschaft unterwirft die Leidenschaft dem strengen Gebot des Objektiven. Zugleich aber gewinnt der Blick in die Natur aus der Empfindung eine vorher nicht gekannte Sehschärfe und Belebung« (Norbert Miller, Der Dichter ein Landschaftsmaler, in: Goethe und die Kunst, hrsg. v. Sabine Schulze, Stuttgart 1994, S. 379–407, S. 379).

Mignons Leben endgültig in Kunst überführt. Die Turmgesellschaft hatte zunächst in den Exequien ihren Körper zu einem musealen Schaustück gemacht, und Wilhelm hatte ihr Lied rhetorisiert; der Maler transformiert es daraufhin in eine effektsichere Bildkomposition, die sich aus optischen Eindrücken und lyrischen Reminiszenzen zusammensetzt.[17] Kunst ruft die Sehnsucht hier wortwörtlich zur Ordnung, bannt sie ins ästhetische Arrangement, indem sie den sinnlichen Eindruck formt. Wilhelm lernt nun, die Welt mit den Augen des Malers zu sehen, »und indem die Natur das offenbare Geheimnis ihrer Schönheit entfaltete, mußte man nach Kunst als der würdigsten Auslegerin unbezwingliche Sehnsucht empfinden« (S. 499f.).

Das Naturschöne ruft die Sehnsucht nach dem Kunstschönen hervor – dieses soll jenes auslegen, um die überwältigende Schönheit der Natur in die bewältigte Schönheit der Kunst zu überführen. Sie formt das Leben und macht es der Verstehbarkeit zugänglich: Aus der Versagung spontanen Genusses erwächst Hermeneutik, welche die Sehnsucht nach Erfüllung in die nach Sinn verwandelt.

Doch was die Malerei als stillgestellte Sinnlichkeit leistet, scheint der Gesang des Malers wieder aufzuheben. Als »neuer Orpheus« (S. 500),[18] der den antiken Mythos moderiert, vermag er den ganzen Umkreis der belebten und unbelebten Natur magisch zu bezaubern: »Ganz anders war nunmehr See und Ufer belebt, Boot und Kahn buhlten um ihre Nachbarschaft, selbst Fracht- und Marktschiffe verweilten in ihrer Nähe, Reihen von Menschen zogen am Strande nach und die Landenden sahen sich sogleich von einer frohsinnigen Menge umgeben; die Scheidenden segnete jedermann, zufrieden doch sehnsuchtsvoll« (ebd.).

Anders als in der Malerei, die das Leben im kunstvollen Arrangement bannt, löst die Musik den Bann und belebt die ganze Umgebung. Ruft die Schönheit der Natur die Sehnsucht nach der Malerei als ihrer »würdigsten Auslegerin« hervor, so läßt der Gesang – entgegengesetzt – »jedermann, zufrieden doch sehnsuchtsvoll« zurück. Gesang und Sehnsucht gehen eine innige Verbindung ein; durch ihn wird Sehnsucht nicht gestillt, sondern geweckt. Doch auch hier greifen die Sicherungsinstanzen eines künstleri-

[17] Die Verwandlung des Lebens, speziell der Geliebten, in Literatur ist auch Thema von Goethes *Römischen Elegien* und des Sonettenkranzes von 1807/8. Siehe dazu Gerhard Kaiser, Geschichte der deutschen Lyrik von Goethe bis Heine. Ein Grundriß in Interpretationen, 2. Tl., Frankfurt/M. 1988, S. 353–372.

[18] Ausgehend von der Bezeichnung »neuer Orpheus« verweist Hannelore Schlaffer (vgl. Anm. 15), S. 17–25, auf »die sich um seine Gestalt rankende Religion der Orphik« (S. 17) und betont deren aufschließende Kraft für die Bedeutung des Dargestellten: »Die Szene am Lago Maggiore rückt den ethischen Aspekt der orphischen Lehre in einen geschichtsphilosophischen Zusammenhang« (S. 19).

schen Arrangements. An die Stelle der Bildkomposition tritt die artifizielle Ordnung der Vortragssituation, die die aufgerufene Sehnsucht dem Wechselspiel von Annäherung und Entfernung unterwirft:

»Kaum war der Sänger in sein Schiff gesprungen, das sich eiligst vom Ufer entfernte, als er nach der Laute griff und jenen wundersam-klagenden Gesang den die Venezianischen Schiffer von Land zu See, von See zu Land erschallen lassen, lieblich anzustimmen begann. Geübt genug zu solchem Vortrag, der ihm diesmal eigens zart und ausdrucksvoll gelang, verstärkte er, verhältnismäßig zur wachsenden Entfernung, den Ton, so daß man am Ufer immer die gleiche Nähe des Scheidenden zu hören glaubte. Er ließ zuletzt die Laute schweigen, seiner Stimme allein vertrauend, und hatte das Vergnügen zu bemerken, daß die Damen, anstatt sich in's Haus zurückzuziehen, am Ufer zu verweilen beliebten« (S. 502).[19]

Das Ufer sichert die Balance von Nähe und Ferne, »die gleiche Nähe des Scheidenden« ist künstlich hergestellt. Und die Lieder, die der Maler singt und über den »jodelnden, allgemeinen Sehnsuchtston« hinaus zu »heiterer, zierlicher Andringlichkeit« (S. 503) moduliert, vermeiden jenen identifikatorischen Nachvollzug, den die Lieder des Harfners und Mignons hervorrufen würden: »Da wollte denn manchmal ein und das andere der Lieder, die wir geliebten Personen der Lehrjahre schuldig sind, über den Saiten, über den Lippen schweben; doch enthielt er sich, aus wohlmeinender Schonung, deren er selbst bedurfte, und schwärmte vielmehr in fremden Bildern und Gefühlen umher, zum Gewinn seines Vortrags, der sich nur um desto einschmeichelnder vernehmen ließ« (ebd.).

Nur »fremde Gefühle und Bilder« erlauben solch »einschmeichelnderen« Vortrag; denn hier bannt die Fremdheit des Ausgesagten dessen suggestive Kraft, die das Innerste zu erschüttern vermöchte. Doch am Ende ihres Aufenthalts am Lago Maggiore vergißt der Maler die »Schonung« (S. 510) gegen sich, Wilhelm, Hilarie und die schöne Witwe. Bislang hatte er Mignons Italien-Lied in seinen Bildern ästhetisch ›bewältigt‹; der mediale Transfer hatte den vom Lied evozierten Sehnsuchtsgehalt neutrali-

[19] Wenn Goethe hier von dem »wundersam-klagenden Gesang« der venezianischen Schiffer spricht, so fließen Erinnerungen an seine *Italienische Reise* ein. Dort beschreibt er unter dem Datum vom 6. Oktober 1786 den »famosen Gesang der Schiffer«: »Mit einer durchdringenden Stimme, – das Volk schätzt Stärke vor allem, – sitzt er am Ufer einer Insel, eines Kanals, auf einer Barke, und läßt sein Lied schallen so weit er kann, über den stillen Spiegel verbreitet sich's. In der Ferne vernimmt es ein anderer, der die Melodie kennt, die Worte versteht, und mit dem folgenden Verse antwortet; hierauf erwidert der Erste, und so ist einer immer das Echo des andern. Der Gesang währt Nächte durch, unterhält sie ohne zu ermüden. Je ferner sie also von einander sind, desto reizender kann das Lied werden; wenn der Hörer alsdann zwischen beiden steht, so ist er am rechten Flecke« (FA, Bd. 15/1, Italienische Reise, Tl. 1, hrsg. v. Christoph Michel u. Hans-Georg Dewitz, Frankfurt/M. 1993, S. 90f.).

siert. Doch im »Vorgefühl des Scheidens« (ebd.) ignoriert er alle Sicherungsinstanzen und konfrontiert sich und die anderen mit den bisher unterdrückten Affekten: »Leidenschaftlich über die Grenze gerissen, mit sehnsüchtigem Griff die wohlklingenden Saiten aufregend, begann er anzustimmen:

> Kennst du das Land, wo die Zitronen blüh'n,
> Im dunklen Laub – – – – – « (S. 510).

Mit fünf Gedankenstrichen endet der Versuch des Malers, Mignons Lied zu singen – graphisches Zeichen seines Verstummens angesichts emotionaler Überwältigung, die ihn aus allen etablierten Grenzziehungen seiner disziplinierten Existenz herauszureißen droht. Die Transformationskette, die Mignons authentischen Ausdruck ins kunstvolle Lied überführt und durch Übersetzung konserviert, zerreißt. Der Maler singt nur die ersten eineinhalb Verse; dann folgt der Affektaufruhr, Hinweis darauf, daß Mignons Gesang in seiner Ursprünglichkeit erlebt wird. Dafür spricht nicht nur, daß das Lied abbricht und in ›seiner Wahrheit‹ fortgesetzt wird, nämlich in der Form sprachloser Erschütterung, sondern auch, daß der Maler seine durch die Form des Liedes garantierte selbstmächtige Subjektivität verliert und zum ›Opfer‹ des Affekts wird. Er erfährt sich als einer, der über »*die* Grenze« [Hervorhebung von mir] gerissen wird, anheimgegeben dem *Anderen* seiner Existenz, dem, was sich aller inneren und äußeren Kontrolle entzieht.

Die Reaktionen der drei Begleiter auf den Gesang des Malers sind höchst merkwürdig. Als fiele sie eine Elementargewalt an, ein Sirenengesang, gegen dessen bannende Lockungen sie sich nur mit äußerster Gewalt wehren können, entfalten sie in der Ambivalenz von Ergriffenheit und Abwehr ein seltsames Schauspiel: »Hilarie stand erschüttert auf und entfernte sich, die Stirne verschleiernd; unsere schöne Witwe bewegte, ablehnend, eine Hand gegen den Sänger, indem sie mit der andern Wilhelm's Arm ergriff. Hilarien folgte der wirklich verworrene Jüngling, Wilhelmen zog die mehr besonnene Freundin hinter beiden drein. Und als sie nun alle viere im hohen Mondschein sich gegenüber standen, war die allgemeine Rührung nicht mehr zu verhehlen« (S. 510f.).

So beschreibt Goethe die Situation höchster Gefühlsintensität. Es ist eine Situation am lockenden Abgrund, gegen den man sichernden Abstand gewinnen muß. Die abwehrenden Reaktionen sind eindeutig; dem Sog eines rauschhaften Affektaufruhrs widerstehen die vier nur mit Mühe, indem sie sich abwenden, sich angestrengt fortbewegen und erst in sicherer Entfernung »unter seltsamen Gefühlen und Wünschen, denen doch die Hoffnung schon abgeschnitten war« (S. 511), zur Besinnung kommen und sich trennen. In diesen Prozeß der Abweisung der durch Mignon und ihr

Lied totalisierten Wünsche wird der Maler intensiv einbezogen. Er ist ja der Gefährdetste; ihn hätte sein Gesang »über die Grenze gerissen« (S. 510), während Wilhelm, Hilarie und die schöne Witwe »sich schon, willig oder unwillig, zu den Entsagenden« zählten (S. 501) – die Novellen *Die heilige Familie* und *Der Mann von funfzig Jahren* zeigen dies –, so daß für sie »nicht das Schwerste zu besorgen« (ebd.) ist: »Nun fühlte sich unser Künstler, welchen der Freund mit sich riß, unter dem hehren Himmel, in der ernstlieblichen Nachtstunde, eingeweiht in alle Schmerzen des ersten Grades der Entsagenden, welchen jene Freunde schon überstanden hatten, nun aber sich in Gefahr sahen abermals schmerzlich geprüft zu werden« (S. 511).

Der durch den Gesang evozierte phantasmagorische Wunsch ist überwunden. Für alle hat dies einen hohen Preis. Nachdrücklich betont der Roman den Verlust, der mit dem Programm der Entsagung verbunden ist, wenn er vom sich anschließenden »Abschied aus diesem Paradiese« (ebd.) spricht. Auf den ersten Blick ergeben sich Parallelen zur Marienbader *Elegie*.[20] Mit ihr verarbeitete Goethe seine unerfüllte späte Liebe zu Ulrike von Levetzow dichterisch, indem er die Liebe zu einem paradiesischen Zustand verklärte und deren Ende als Vertreibung aus dem »Paradies« kennzeichnete (»Als trieb ein Cherub flammend ihn von hinnen«; IV/4). Doch bei genauerem Hinsehen sind die Unterschiede offensichtlich: Die *Elegie* stellt die Trennung als Vertreibung durch eine äußere Macht dar; die *Wanderjahre* hingegen fordern die Internalisierung des Verbots und die Entfernung aus selbst auferlegtem Verzicht.

Die von Beginn der Lago Maggiore-Episode an durch nostalgische Erinnerungen, ästhetisierende Überformungen und emotionale Befindlichkeiten vielfach vermittelte Wahrnehmung der Realität ändert sich daraufhin schlagartig: »Nun war das Paradies wie durch einen Zauberschlag für die Freunde zur völligen Wüste gewandelt; und gewiß hätten sie selbst gelächelt, wäre ihnen in dem Augenblick klar geworden, wie ungerecht-undankbar sie sich auf einmal gegen eine so schöne, so merkwürdige Umgebung verhielten. Kein selbstsüchtiger Hypochondrist würde so scharf und scheelsüchtig den Verfall der Gebäude, die Vernachlässigung der Mauern, das Verwittern der Türme, den Grasüberzug der Gänge, das Aussterben der Bäume, das vermoosende Vermodern der Kunstgrotten, und was noch alles dergleichen zu bemerken wäre, gerügt und gescholten haben« (S. 511 f.).

Die Veränderung des ästhetischen in den kritisch auf Nutzen und Zweck hin kontrollierenden Blick läßt überall Verfall und Renovierungsbedarf er-

[20] Goethe, FA, Bd. 2, Gedichte 1800–1832, hrsg. v. Karl Eibl, Frankfurt/M. 1988, S. 457–462.

scheinen, wo vorher Schönheit und Genuß lockte, denen nur im kunstvollen Arrangement zu widerstehen war. Wilhelms »fromme Wallfahrt«, mit der er »vor Beginn eines neuen Lebensganges ... so manches abzuschließen gedachte« (S. 496), ist nun beendet. Die von Mignon ausgehende und sich an ihr kristallisierende Sehnsucht nach einer Existenz jenseits utilitaristischer Zwänge scheint endgültig überwunden, wenn auch ein ironischer Ton in der Darstellung der Renovierungsbedürftigkeiten mitschwingt. Er signalisiert, daß das Nützlichkeitsdenken auch als eine Art von Sicherungsinstanz fungiert, um der in Mignon personifizierten Sehnsucht nach einer Existenz, die alle Zwänge überwindet, widerstehen zu können. Dieses Nützlichkeitsdenken hat Wilhelm auf dem Umweg über den Lago Maggiore als eine Art von Katharsis erfahren.[21] Abgewiesen wurde die Sehnsucht nach einer von Mignon repräsentierten Existenz, die sich den Entsagungspostulaten der Gesellschaft entzieht.

Im anschließenden Brief Lenardos an Wilhelm wird nicht von ungefähr das neue Entsagungsprogramm mit Entschiedenheit formuliert: »Tun ohne Reden muß jetzt unsre Losung sein« (S. 512). Es folgt der Brief des Abbés. Er entbindet Wilhelm von aller »Beschränktheit« (S. 514) des Wandergebotes und stimmt nachdrücklich seinem Wunsch, nützlich zu sein, zu: »[M]öchten Sie sich zum notwendigsten Glied unsrer Kette bilden« (S. 515). In dieser »Kette« hat Kunst als Werk der Zweckfreiheit keinen Ort. Sie bleibt dem Handwerk untergeordnet, ist diesem funktional als Dekor zugeordnet, um die bloße Brauchbarkeit ein wenig zu übertünchen. Der Abbé im selben Brief an Wilhelm: »Die Künste sind das Salz der Erde; wie dieses zu den Speisen, so verhalten sich jene zu der Technik. Wir nehmen von der Kunst nicht mehr auf als nur daß das Handwerk nicht abgeschmackt werde« (S. 514).

Die Briefe von Lenardo und dem Abbé an Wilhelm schließen die Episode am Lago Maggiore ab. In spiegelbildlicher Entsprechung zu den beiden Briefen, die Wilhelm ihnen am Anfang schreibt, bilden sie den Rahmen, der die Episode am Lago Maggiore wie ein Kunstwerk von der pragmatischen Welt der Nützlichkeit abgrenzt, die Lenardo und der Abbé repräsentieren und der sich Wilhelm anschließt. An dieser symmetrischen Einrahmung war Goethe sehr gelegen, wie seine Schemata verdeutlichen: Sie stellen die Briefentwürfe Wilhelms an Lenardo und den Abbé und die korrespondierenden Antwortbriefe Lenardos und des Abbés an Wilhelm in

[21] Speziell im Hinblick auf die erotisch eingefärbte Situation der vier Protagonisten auf der Isola Bella siehe Staiger: »Der Aufenthalt auf der Insel im Lago maggiore gewinnt die Bedeutung einer Katharsis des dunklen Gefühls. Es bricht hervor, entfaltet seine gefährliche Macht und wird gereinigt, aufgehoben in einem Ganzen, das keine Erschütterung mehr bedroht« (Emil Staiger, Goethe III, 1814–1832, Zürich, Freiburg i. Br. 1959, S. 157).

paralleler Anordnung dar und erst nach einigem Ausprobieren wurden sie zum Rahmen der Lago Maggiore-Episode ausgestaltet.[22]

Der Unterschied zur ersten Fassung des Romans von 1821 ist eklatant. Hier ist von Wilhelms Absicht, Wundarzt zu werden, nicht die Rede; entsprechend fehlen die vier einrahmenden Briefe, in denen es um die Befreiung vom Wandergebot geht. Davon, daß er »vor Beginn eines neuen Lebensganges ... so manches abzuschließen gedachte« (S. 496), ist folglich ebenfalls nicht die Rede. Wilhelm will hier noch nicht mit der Sehnsucht »abschließen«, sondern zwei attraktive Frauen treffen. Hersilies Mitteilung veranlaßt ihn, am Lago Maggiore die ihm aus der Novelle *Der Mann von funfzig Jahren* bekannte schöne Witwe und Hilarie aufzusuchen. Erst in der zweiten Fassung des Romans taucht Wilhelm in die von Mignon im Italien-Lied evozierte Welt der Verheißung ein, um den tief in ihm verborgenen Stachel des Widerspruchs gegen die Welt der Nützlichkeit zu überwinden. Er hat endgültig Abschied zu nehmen von dem Wunsch nach einem Leben, das nicht den Bedingungen der Entsagung untersteht. Er muß die Sehnsucht überwinden, um für das »Tun« frei zu werden. Und ist er erst tätig, dann verschwindet die Sehnsucht endgültig, so das briefliche Versprechen Lenardos: »die Sehnsucht verschwindet im Tun und Wirken« (S. 512f.).

An die Stelle der Schönheit, die genossen wird, tritt die praktische Pflicht. Dazu bedarf es einer Veränderung der Wahrnehmung. Aus dem ästhetischen muß der utilitaristische Blick werden. Am Ende der Lago Maggiore-Episode ist dies erreicht: die »so schöne, so merkwürdige Umgebung« (S. 512) erscheint jetzt im Zeichen renovierungsbedürftiger Baufälligkeit. Der »Verfall der Gebäude, die Vernachlässigung der Mauern, das Verwittern der Türme« (ebd.) ruft den Handwerker auf den Plan, der in Ordnung bringt, was die Zeit beschädigt hat. Vom Erlebnis der Schönheit bleiben allein Bilder zurück – Sehnsuchtskonserven, für Natalie bestimmt, »um sie, durch die schönen landschaftlichen Bilder, in Gegenden zu versetzen die sie vielleicht sobald nicht betreten sollte« (ebd.).

Die Kunst spielt bei solcher Überführung in die utilitaristische Existenz eine wichtige Rolle. Sie vermittelt, was nicht unmittelbar werden darf: die sich aus allen Banden empirischer Existenz befreiende unbedingte Sehnsucht, die – wie das Schicksal Mignons zeigt – tödlich endet, weil sie sich nicht gesellschaftlich zu vermitteln weiß. Schon gleich zu Beginn der Lago Maggiore-Episode erscheint die Kunst in ihrer vermittelnden Funktion. Nur auf den ersten Blick ist dort die schöne Natur bruchlos gegeben. Es

[22] Goethe hatte den Brief Wilhelms an den Abbé zunächst für das 8. Kapitel des 2. Teils des Romans vorgesehen, außerdem hat er zu diesem Brief mehrere Entwürfe verfaßt – ebenfalls ein Hinweis, wie wichtig er ihm war; siehe dazu S. 818–822.

bedarf der Kunstanstrengung, um Schönheit als ästhetischen Schein zu gestalten. Nicht von ungefähr malt der Maler mit großem Aufwand all die Szenen, in denen Mignon bedeutsam erscheint, und nicht von ungefähr hat er die Absicht, diese Bilder Natalie zu zeigen, damit sie wenigstens im Medium der Kunst die ihr real versagte Schönheit der Landschaft erfährt. Die Kunst hält fest, was das Leben den Entsagenden vorenthält: die glückhafte Existenz, die im Zusammenklang von Liebe und Natur ihre Erfüllung findet. Indem sie den Schein gestaltet, bannt sie freilich die Sehnsucht und fixiert im Bild, was nicht lebendig werden darf. So bleibt vom Begehrten nurmehr dessen ästhetischer Schatten, verflüchtigt sich zunehmend, je länger die Ableitungskette wird. Die Lago Maggiore-Episode forciert die Transformation des unmittelbaren Gefühls in die Mittelbarkeit der Kunst aufs höchste. In den *Lehrjahren* werden zunächst Mignons Kindheitserlebnisse vom Marchese erzählt und vom Abbé aufgeschrieben; ihre Seelenaussprache verarbeitet Wilhelm zum reproduzierbaren Werk. Die *Wanderjahre* verschmelzen dann beides mit der Naturkulisse im gemalten Bild. Als endlich auf der Isola Bella »drei volle himmlische Tage« (S. 505) anbrechen sollen, würdigt eine generalisierende Kunstrezension das Œuvre des Malers. Vor die andrängende Erotik schiebt sich – im wahrsten Sinne des Wortes – die ästhetische Reflexion, die zudeckt, was nicht an die Oberfläche (auch des Textes) dringen darf. Lang und breit wird »das Urteil eines Kenners [zitiert], der bei jenen fraglichen sowohl, als gleichen und ähnlichen Arbeiten, mehrere Jahre nachher, bewundernd verweilte« (S. 506). Es handelt sich um eine in den Roman integrierte ausführliche Bemerkung Heinrich Meyers über Landschaftsmalerei (siehe Stellenkommentar, S. 1130), die das besondere Kunstwerk zum Typ reduziert. Diese wissenschaftliche Analyse steht am Ende einer Ableitungskette, die den unmittelbaren Gefühlsausdruck Mignons immer weiter vermittelt. Ihr folgt dann noch eine Worterklärung, die das Wort »Wildheuer« mit philologischer Akribie erläutert.[23]

Das Spiel der Medien ist erstaunlich genug: seelisches Empfinden und

[23] Goethes Quelle wird in den kommentierten Ausgaben nicht angegeben. Das Grimmsche Wörterbuch weist darauf hin, daß der Ausdruck »durch *Göthe* und *Schiller* zu allgemeiner Verbreitung gebracht wurde« (Art. Wildheu, – wildheuer, in: Jacob u. Wilhelm Grimm, Deutsches Wörterbuch, Bd. 14/2, Leipzig 1960 (Neudruck München 1984, Bd. 30, Sp. 94). Das Wort erscheint in Johann Jacob Scheuchzer, Beschreibung der Natur-Geschichten Des Schweizerlands. Erster bis Dritter Theil, Zürich 1706–1708, die Schiller als Quelle für »Wilhelm Tell« benutzt hatte: »Von den Wildheheren. Dises sein arme Leuhte / welche weder Wiesen / noch Alpen haben / ihr weniges Vieh damit zu ernehren / und deßwegen das Heh (von dem sie den Nammen bekommen) müssen samlen in der Wilde / in hohen / gächstotzigen Ohrten / dahin die Eigenthums-Herren nicht einmahl getrauen / ihr Vieh zu treiben ...« (Bd. 3, S. 15 f.).

unvergleichlicher Ausdruck in Mignons Liedvortrag, rhetorisierte Sprache und tradierte Gedichtform in Wilhelms Rekonstruktion, narrative Vermittlung von Mignons Lebensgeschichte durch die Erzählungen des Marchese, ihre schriftliche Fixierung durch den Abbé, dann deren ästhetische Gestaltung in den Visualisierungen des Malers; es folgen typisierende Beschreibung und wertende Urteile in den Ausführungen des Kunstwissenschaftlers, bis am Ende präzise Beschreibung und Einzelkommentar des Archivars stehen. Größer könnte die Spannweite nicht sein: vom unmittelbaren Empfinden zur Worterklärung; der philologische ›Kältepol‹ ist erreicht. Nicht nur die Leser, sondern auch die vier Protagonisten der Lago Maggiore-Episode werden solchen Vermittlungszusammenhängen zunehmend unterworfen und dem Gebot der Entsagung unterstellt. Der Sehnsuchtsausdruck Mignons, den Wilhelm zum artistischen Lied formt, erscheint nur noch als abgebrochenes Zitat, gegen dessen im Gesang des Malers entfaltete Suggestionskraft man sich entschieden wehrt, bis die nostalgische Schwärmerei der Ernüchterung weicht. Die Kunst öffnet keinen Handlungsraum erfüllten Lebens, sondern bewältigt und konserviert Möglichkeiten unentfremdeter Existenz, damit das Leben unter den Bedingungen der Entsagung den Geboten der Nützlichkeit folgen kann.

Mit Hilfe der von Goethe gern verwendeten Spiegelmetaphorik läßt sich dieser Prozeß von Bewältigung und Konservierung, dem Mignon unterliegt, verdeutlichen, ein Prozeß, der die *Lehrjahre* und *Wanderjahre* subtil miteinander verknüpft und zugleich einen biographischen Blick erlaubt. Die Forschung hat immer wieder auf Goethes Brief vom 27. September 1827 an Carl Iken verwiesen, um die Darstellungsweise der *Wanderjahre* plausibel zu machen: »Auch wegen anderer dunkler Stellen in früheren und späteren Gedichten möchte ich Folgendes zu bedenken geben: Da sich gar manches unserer Erfahrungen nicht rund aussprechen und direkt mitteilen läßt, so habe ich seit langem das Mittel gewählt, durch einander gegenüber gestellte und sich gleichsam in einander abspiegelnde Gebilde den geheimeren Sinn dem Aufmerkenden zu offenbaren.«[24]

Goethe äußert sich hier generell zu seinem Verfahren der »sich gleichsam in einander abspiegelnden Gebilde«, um sein indirektes Erzählverfahren zu kennzeichnen, das die Distanz zwischen Bezeichnetem und Bezeichnendem bewußt hält. Das will ich im Hinblick auf die Lago Maggiore-Episode enger fassen – und zwar aus zwei Gründen. Zum einen ist auf diese Weise die Kunstproblematik präziser zu bestimmen, und zum ande-

[24] FA, Bd. 37, Die letzten Jahre. Briefe, Tagebücher und Gespräche von 1823 bis zu Goethes Tod, Tl. 1, 1823–1828, hrsg. v. Horst Fleig, Frankfurt/M. 1993, S. 548.

ren expliziert Goethe diese Technik in erstaunlicher Übereinstimmung des Romangeschehens mit autobiographischen Zusammenhängen. Ausgangspunkt seiner Überlegungen sind physikalische Phänomene, die er auf psychologische überträgt. Es handelt sich um Farberscheinungen, die durch Spiegelexperimente erschlossen werden. Goethe stellt sie in seinen Abhandlungen *Elemente der entoptischen Farben* und *Entoptische Farben* vor.[25] Angeregt hatten ihn die farbphysikalischen Untersuchungen von Thomas Seebeck. An Knebel schreibt er am 1. Mai 1816: »Von Seebeck hör ich öfters, er ist sehr thätig und die Anerkennung im Auslande muß günstig auf ihn wirken. Ich folge seinen letzten Entdeckungen und habe sie immer vor Augen. Sie sind gleichsam der Punct aufs i zu meiner Farbenlehre. Erleb ich, diese Phänomene mit jenen zu verknüpfen, so wird es für den Geist eine schöne Anschauung geben.«[26]

Seebeck hatte die von ihm so benannten »entoptischen Farben« von den »katoptrischen« und »epoptischen« unterschieden; jene zeigen sich nicht an der Oberfläche der Gegenstände, sondern entstehen im Inneren durchsichtiger Minerale. Von diesen Farben ist Goethe fasziniert und macht allerlei Experimente, um ihre Eigentümlichkeiten zu erfassen. Seine Versuchsanordnung besteht aus zwei gegenüberliegenden Spiegeln, zwischen denen er ein Mineral plaziert. In Abhängigkeit vom Winkel der beiden Spiegel zueinander und der Art des Minerals entstanden nun unterschiedliche »entoptische«, das heißt im Inneren der Minerale befindliche Farbeffekte. Im einzelnen zeigt er, wie sich die durch »wiederholte Spiegelungen« aufscheinenden Farben entwickeln »nach dem allgemeinen, längst bekannten, noch aber nicht durchaus anerkannten, ewigen Gesetz der Erscheinungen in und an dem Trüben ...«.[27]

Die Spiegelversuche dienen Goethe nicht nur zu naturwissenschaftlichem Erkenntnisgewinn, sie fungieren zugleich als Gleichnisse der menschlichen Existenz und zwischenmenschlichen Verhaltens. So lautet die zweite Strophe des sechsstrophigen Gedichts *Entoptische Farben. An Julien*:

»Spiegel hüben, Spiegel drüben,
Doppelstellung, auserlesen;

[25] Die Texte sind abgedruckt in: FA, Bd. 25, Schriften zur allgemeinen Naturlehre, Geologie und Mineralogie, hrsg. v. Wolf von Engelhardt u. Manfred Wenzel, S. 676–680 u. S. 682–728.

[26] WA, Abt. IV, Bd. 27, S. 1.

[27] FA, Bd. 25, S. 693. Einen Bericht Seebecks über seine Entdeckungen *Geschichte der entoptischen Farben* hat Goethe seinen eigenen Texten vorangestellt. Zur Klassifizierung der Farben siehe ebd., S. 683, zur Versuchsanordnung im einzelnen ebd., S. 685 ff., S. 693 ff., S. 705 ff.

Und dazwischen ruht im Trüben
Als Crystall das Erdewesen.«[28]

In seinem Aufsatz *Wiederholte Spiegelungen*[29] überträgt Goethe das Phänomen entoptischer Spiegelungen auf die unterschiedlichen Verarbeitungsstadien seines Verhältnisses zu Friederike Brion: »Um über die Nachrichten von Seesenheim meine Gedanken kürzlich auszusprechen muß ich mich eines allgemein-physischen, im Besondern aber aus der Entoptik hergenommenen Symbols bedienen; es wird hier von *wiederholten Spiegelungen* die Rede seyn.«[30]

Anstoß für Goethes Ausführung ist ein kleiner Reisebericht, den ihm August Ferdinand Naeke unter dem Titel *Wallfahrt nach Sesenheim* zukommen läßt – erinnert sei daran, daß Wilhelm (wie schon Werther) ebenfalls von einer »Wallfahrt« (S. 496) spricht. Goethe wird durch diesen Bericht an seine Zeit mit Friederike Brion erinnert. Zur Zeitabfolge: Am 9. Januar 1823 schreibt Nees von Esenbeck an ihn: »Der Professor Näke hat eine Ferienreise nach Straßburg gemacht, es war uns aber schon vernehmlich geworden, daß es eigentlich eine Art von Wallfahrt war; er wollte Drusenheim und Sesenheim sehen ... Ich habe nichts hinzuzuwünschen, als daß Euer Excellenz bei Durchlesung des Hefts neben der frischen Erinnerung an eine schöne Lebensepoche die Reinheit der Gesinnung, aus der sowol die Reise als der Reisebericht entsprungen sind, so vor

[28] FA, Bd. 2, S. 505 f. Zu Einzelheiten siehe Dorothea Hölscher-Lohmeyer, Zur Adressatin und zum Gedicht: Entoptische Farben, in: Genio huius loci. Dank an Leiva Petersen, hrsg. v. Dorothea Kuhn und Bernhard Zeller, Wien, Köln 1982, S. 235–258; dies., »Entoptische Farben«. Gedicht zwischen Biographie und Experiment, in: Etudes Germaniques 38, 1983, S. 56–72; Maria Behre, Übersetzung als Doppelspieglung. Goethes Gedicht »Entoptische Farben«, in: Zwiesprache. Beiträge zur Theorie und Geschichte des Übersetzens, hrsg. v. Ulrich Stadler, Stuttgart, Weimar 1996, S. 368–381. Zu Goethes naturwissenschaftlichen Spiegelexperimenten im einzelnen siehe Rupprecht Matthaei, Entoptik/Entoptische Farben, in: Goethe-Handbuch, hrsg. v. Alfred Zastrau, Bd. 1, 2. Aufl., Stuttgart 1961, Sp. 2182–2194. Auf die psychologische und intersubjektive Übertragung des experimentellen Spiegelungsverfahrens geht ein Walter Brednow, Spiegel, Doppelspiegel und Spiegelungen – eine »wunderliche Symbolik« Goethes, Berlin 1976 (Sitzungsberichte der Sächsischen Akademie der Wissenschaften zu Leipzig, math.-naturwiss. Klasse, Bd. 112, Heft 1). Unter dem Gesichtspunkt des symbolischen Sprechens, das zwischen dem Geheimnis des Subjekts und dem Offenbaren des Objekts oszilliert, stellt Konersmann Goethes Spiegelmetaphorik dar; Ralf Konersmann, Lebendige Spiegel. Die Metapher des Subjekts, Frankfurt/M. 1991, S. 177–235, bes. S. 220 ff.

[29] FA, Bd. 17, Tag- und Jahreshefte, hrsg. v. Irmtraut Schmid, Frankfurt/M. 1994, S. 370 f.

[30] Ebd., S. 370.

Augen schweben möge, wie sie in dem Herzen des Berichterstatters lebte.«[31]

Der Wunsch Nees von Esenbecks geht in Erfüllung. Goethe erinnert sich an seine Sesenheimer Zeit. In seinem Tagebuch vermerkt er an den beiden Tagen nach Erhalt des Briefes »Erinnerungen an Sesenheim« und »Ingleichen die Erinnerung an Sesenheim«.[32] Am 24. Januar 1823 findet sich die Notiz: »Auch über physische und sittliche Spiegelung.«[33] Die Aufzeichnungen, die dann unter dem Begriff »wiederholte Spiegelungen« einen Zusammenhang zwischen den Erinnerungen an Sesenheim und physikalischen Phänomenen herstellen, datieren vom 28. Januar 1823. Goethe legt den besagten Aufsatz einem Brief an Nees von Esenbeck bei (2. Februar 1823): »Für Herrn Naeke sende ... ein besonderes Blatt, welches von der wunderlichen Symbolik zeugen mag, in die wir bei langem Leben und beharrlichem Arbeiten am Ende verschlungen werden.«[34]

Auf diesem Blatt listet Goethe unter gezielter Verwendung von Begriffen seiner Licht-Experimente insgesamt neun Stadien seines Friederiken-Erlebnisses auf. Auf »ein jugendlich seliges Wahnleben«, das sich im »Jüngling« abspiegelt (1), entsteht in seinem Innern ein hin und her wogendes Bild (2), das nach langer Zeit ausgesprochen und dadurch erneut abgespiegelt wird (3); das »Nachbild« wirkt auf einen anderen, der »davon einen tiefen Eindruck« empfängt (4); daraus resultiert das Bedürfnis, das Vergangene erneut zu vergegenwärtigen (5), mit der Folge, sich die »Örtlichkeit wenigstens anzueignen« (6). Dort ward »ein theilnehmender unterrichteter Mann gefunden ..., in welchem das Bild sich gleichfalls eingedrückt hat« (7). Es entsteht jetzt die Möglichkeit, »sich eine Zweyte Gegenwart zu verschaffen« (8), die sich »wieder in der Seele des alten Liebhabers nochmals abspiegeln« kann (9). Goethe schließt seine Stufenfolge, indem er betont, »daß wiederholte sittliche Spiegelungen das Vergangene nicht allein lebendig erhalten, sondern sogar zu einem höheren Leben empor steigern.«[35]

Die Übereinstimmungen mit den Stadien von Wilhelms Mignon-Erlebnissen sind frappant; es erscheint so, als hätten die Spiegelexperimente das bestimmende Organisationsprinzip abgegeben, nach dem Goethe seine

[31] Goethes Naturwissenschaftliche Correspondenz (1812–1832), 2 Bde, hrsg. v. F. Th. Bratranek, Bd. 2, Leipzig 1874, S. 40.
[32] WA, Abt. III, Bd. 9, S. 4f.
[33] Ebd., S. 9.
[34] FA, Bd. 37, S. 17, zur Erläuterung der Zusammenhänge siehe Bd. 17, S. 712.
[35] Alle Zitate FA, Bd. 17, S. 370f.

wie auch Wilhelms Erlebnisse verarbeitet hat.[36] Von tiefer Ergriffenheit (1), von inneren Bildern (2), vom Aussprechen (3), vom tiefen Eindruck eines Anderen (4), der das Vergangene neu belebt (5), vom Besuch der vergangenen Örtlichkeiten (6), vom Zusammentreffen mit einem ebenfalls beeindruckten Mann (7), von der Vergegenwärtigkeit des Vergangenen (8) und der Erneuerung der Gefühle (9) ist auch im Hinblick auf die Phasen zu reden, in denen Wilhelm sein Mignon-Erlebnis verarbeitet. Während Goethe am Leitfaden der »entoptischen« Erscheinungen einen biographisch verankerten Bewältigungsgang strukturiert,[37] gestaltet er im Roman einen narrativ organisierten Erzählzusammenhang. Doch während er im autobiographischen Zusammenhang den Gang »wiederholter Spiegelungen« als Steigerung ansieht – wohl auch, um den seelischen Schmerz der Trennung im Prozeß seiner Sublimierung zum ethischen Gewinn umzurechnen, signalisiert der fiktionale Zusammenhang zugleich den Verlust, den die Überwindung des durch Mignon Repräsentierten verursacht. Indem der Roman die Erinnerung an Mignon unterschiedlichen Verfahren künstlerischer Formung unterwirft, verdeutlicht er, wie die durch sie personifizierte Sehnsucht nach einer den Nützlichkeitspostulaten entzogenen Existenz nur mit ästhetisierender Anstrengung überwunden werden kann, und daß, wenn diese nicht ausreicht, nur noch die psycho-physische Abwehr verbleibt. Mit ihr reagieren die Protagonisten auf das ganz am Ende der Lago Maggiore-Episode gestaltete Stadium »wiederholter Spiegelungen« – das der Erneuerung der Gefühle, die Mignons Italien-Lied hervorrufen. Der Faszination ihrer »Zweyten Gegenwart« können sich die vier Protagonisten nur voll inneren Aufruhrs und mit entschiedenen Fluchtbewegungen erwehren – um einen hohen Preis: »Nun war das Paradies wie durch einen Zauberschlag für die Freunde zur völligen Wüste gewandelt« (S. 511). Entzauberung der Welt ist die Konsequenz des von den Repräsentanten des Auswandererbundes proklamierten Nützlichkeitsideals.

[36] Auf die Stellvertreterfunktion Wilhelms für Goethe, den er auf eine Reiseroute schickt, gegen deren verlockende Kraft er selbst sich sperrt, und weitere biographische Parallelen hatte ich schon hingewiesen; siehe Anm. 10, 13, 16 und 19; Goethe hat den Aufsatz *Wiederholte Spiegelungen* 1823 verfaßt, zwei Jahre nach dem Erscheinen der ersten Fassung der *Wanderjahre,* die die Lago Maggiore-Episode schon enthalten, allerdings ohne formale Einordnung in die Entsagungsthematik.

[37] Goethe hat wiederholt darauf hingewiesen, daß seine Dichtung ihm zur Bewältigung psychischer Krisen diente. Bekannt ist seine Äußerung im 13. Buch von *Dichtung und Wahrheit* (FA, Bd. 14, S. 639) über die therapeutische Funktion seiner Arbeit am *Werther;* allgemein schreibt Goethe, daß es ihm bei der literarischen Gestaltung darum gehe, »dasjenige was mich erfreute oder quälte, oder sonst beschäftigte, in ein Bild, ein Gedicht zu verwandeln und darüber mit mir selbst abzuschließen, um sowohl meine Begriffe von den äußeren Dingen zu berichtigen, als mich im Innern deshalb zu beruhigen« (FA, Bd. 14, S. 309).

Die in Mignon aufgerufene Verheißung eines erfüllten Daseins hat in den Akten »wiederholter Spiegelungen« ihre lockende Kraft verloren. Im Auswandererbund und in der ihm zuarbeitenden Pädagogischen Provinz lebt man anders – nicht mehr voller Sehnsucht, sondern voller Tatendrang. Hegels Ausspruch vom Sieg der Prosa der Verhältnisse über die Poesie des Herzens ließe sich an der Lago Maggiore-Episode der *Wanderjahre* illustrieren. Doch sie verdeutlicht noch mehr: wie die Kunst im Zeitalter der Nützlichkeit die Sehnsüchte des Menschen nach zweckfreier ästhetischer Existenz zugleich aufbewahrt und bewältigt, und sie verdeutlicht dies auf höchst kunstvolle Weise, indem sie im medialen Spiel von Form und Inhalt zeigt, wie die Kunst in Akten »wiederholter Spiegelungen« Unmittelbarkeit durch Formung tilgt; kompositorisch vollzieht sich diese Formung als Einrahmung, gestaltet in der Spiegelsymmetrie der vier Briefe, die die Sphäre ästhetischer Existenz abgrenzen gegen die Welt der Brauchbarkeit.

Dabei ist die Grenze strikt gezogen; der Abschied aus dem »Paradies« ist endgültig. Die romantische Hoffnung auf seine Erneuerung ist einer elegischen Wehmut gewichen, die durch Tätigkeit zu überwinden sei. Das der Idee vom *goldenen Zeitalter* zugrundeliegende triadische Geschichtsbild einer ursprünglichen Einheit, der darauf folgenden Entzweiungen und der Wiedergewinnung dieser Einheit im Modus der Poetisierung der Welt (Novalis) weicht dem unumkehrbaren Prozeß der Moderne, in dem durch Tätigkeit das Alte in das Neue überführt wird. Vergangenheit und Zukunft verlieren den prognostischen Zusammenhang ihrer figuralen Zuordnung; allein die Gegenwart mit ihren aktuellen Aufgaben zählt – gemäß den Geboten, die den Entsagenden auferlegt sind: »Nun aber gehörte zu den sonderbaren Verpflichtungen der Entsagenden auch die: daß sie, zusammentreffend, weder vom Vergangenen noch Künftigen sprechen durften, nur das Gegenwärtige sollte sie beschäftigen« (S. 296).

An die Stelle der Sehnsucht, die in nostalgischer Verklärung Bilder des Paradieses aufsteigen läßt, tritt zweckhaftes Handeln, das überall Verbesserungsbedürftiges sieht. Gefragt ist der Handwerker, dem Künstler obliegt nur die Verzierung – nüchterne Diagnose einer Moderne, die an die Stelle der romantischen Utopie einer Einheit von Kunst und Leben die Planung von Urbanisierungsunternehmen setzt: den Auswandererbund und die Binnenkolonisatoren.

HEINZ MÜLLER-DIETZ

GOETHE UND DIE TODESSTRAFE*

I

Das Thema beschäftigt nicht nur Germanisten, sondern seit über einem Jahrhundert auch Juristen, namentlich Rechtshistoriker.[1] Ihm ist eine Patina zugewachsen, die es fast schon alt und ehrwürdig erscheinen läßt. Und der Eindruck könnte entstanden sein, daß nichts Neues mehr dazu gesagt werden kann, weil alles schon gesagt ist. Es wird deshalb auch eine meiner Aufgaben sein zu überprüfen, ob eine solche Einschätzung des Themas gerechtfertigt ist oder nicht.

»Die originellsten Autoren der neuesten Zeit sind es nicht deswegen, weil sie etwas Neues hervorbringen, sondern allein, weil sie fähig sind, dergleichen Dinge zu sagen, als wenn sie vorher niemals wären gesagt gewesen«, heißt es in *Makariens Archiv.*[2] Freilich läge darin wohl eine Überforderung, wollte oder müßte man der Empfehlung von Goethes Zeitgenossen Lichtenberg folgen, der gemeint hat: »An jeder Sache etwas zu sehen suchen, was noch niemand gesehen und woran noch niemand gedacht hat.«[3]

Seit über einem Jahrhundert ist die These Gemeinplatz, daß Goethe zeit seines Lebens ein mehr oder minder unablässiger Verfechter der Todes-

* Überarbeitete und mit Anmerkungen versehene Fassung eines Vortrags, der am 21. April 1997 vor der Münchner Goethe-Gesellschaft gehalten wurde.

[1] Vgl. etwa Gustav Hauff, Goethe und die Todesstrafe, in: Goethe-Jahrbuch IV, 1883, S. 365–368; Wieruszowski, Goethe und die Todesstrafe, in: Juristische Wochenschrift 61, 1932, S. 842–845; Eberhard Schmidt, Goethe und das Problem der Todesstrafe, in: Schweizerische Zeitschrift für Strafrecht 63, 1948, S. 444–465; Lothar Frede, Kindesmord und Kirchenbuße bei Goethe, in: Zeitschrift für die gesamte Strafrechtswissenschaft 78, 1966, S. 420–431 (421–427); Rolf Steding, Goethe und die Todesstrafe, in: Neue Juristische Wochenschrift 45, 1992, S. 1293 f. In seiner Studie *Goethe und die Grundprobleme des Strafrechts* (in: Schweizerische Zeitschrift für Strafrecht 48, 1934, S. 33–54) kommt Theodor Rittler zwar auf Aspekte der Strafe und Sühne zu sprechen (49 ff.), spart jedoch die Todesstrafe aus.

[2] Johann Wolfgang Goethe, Wilhelm Meisters Wanderjahre. Zweiter Teil, München 1962 (dtv Gesamtausgabe, 18), S. 220.

[3] Georg Christoph Lichtenberg, Aphorismen, hrsg. v. Max Rychner, Zürich 1958, S. 408.

strafe gewesen sei.[4] Ausnahmen und Modifizierungen jener These bestätigen nur die Regel. 1883 etwa hat Hauff den Dichter einmal mehr »zu den entschiedensten Vertheidigern der Todesstrafe gerechnet«; in seinen Dramen habe Goethe jene Kriminalsanktion »einfach als bestehender gesetzlicher Brauch behandelt; es wird nicht über ihr Recht reflektiert«.[5] Ebenso begegnet man in der Studie des Richters Meisner »Goethe als Jurist« von 1885 der Feststellung: »Goethe betrachtete also die Beibehaltung der Todesstrafe aus praktisch-politischen, nicht etwa aus prinzipiellen Gründen, als nothwendig – anders als zum Beispiel Kant, den er in seinen Gesprächen mit Eckermann (I. Th., S. 242) ›ohne allen Zweifel‹ als den vorzüglichsten Philosophen bezeichnete«.[6]

In dem großen, dreibändigen Werk des Rechtshistorikers Wohlhaupter nimmt der »Dichterjurist« Goethe – wie anders! – einen prominenten Platz ein.[7] Darin geht der Rechtsgelehrte auch auf die Einstellung des Dichters zur Todesstrafe ein. An Goethes Straßburger Thesen anknüpfend stellt Wohlhaupter recht lapidar fest: »Den Grundsatz der Unentbehrlichkeit der Todesstrafe (These 53) hat Goethe, im übrigen gewiß empfänglich für die Reformgedanken seiner Zeit im Strafrecht, sein ganzes Leben lang festgehalten. Das bedeutet aber nicht, daß er die Todesstrafe in ihrem damaligen weiten Umfang beibehalten wissen wollte. Es war ihm nicht nur eine gelehrte Streitfrage, ob man die Frau, die in oder unmittelbar nach der Geburt ihr Kind getötet hatte, mit dem Tode bestrafen sollte (These 55).«[8]

Diese Kurzcharakteristik gibt gleichsam in nuce die Interpretationen wieder, die bei juristischen Autoren vielfach von Goethes Äußerungen zur Todesstrafe anzutreffen sind. Sie findet sich auch bei dem Strafrechtler und Rechtshistoriker Eberhard Schmidt, der 1948 bemerkt hat, Goethe habe sich zeitlebens »ohne jedes Schwanken für die Todesstrafe ausgesprochen«.[9] Und in einer der jüngsten einschlägigen Verlautbarungen des Potsdamer Strafrechtlers Steding[10] von 1992 stößt man der Sache nach auf

[4] Vgl. Anm. 1.
[5] Hauff (Anm. 1). S. 368.
[6] J. Meisner, Goethe als Jurist, Berlin 1885, S. 18, Anm. 20.
[7] Eugen Wohlhaupter, Johann Wolfgang Goethe, in: ders., Dichterjuristen, hrsg. v. H. G. Seifert, I, Tübingen 1953, S. 169–389.
[8] Wohlhaupter (Anm. 7), S. 212f.
[9] E. Schmidt (Anm. 1), S. 447.
[10] Steding (Anm. 1).

die gleiche Beurteilung, die auch durch neuere Darstellungen der Juristenlaufbahn Goethes eher noch bekräftigt wird.[11]

Müßte man angesichts dieses Befundes dann nicht die Akten über dem Thema schließen – erst recht vor dem Hintergrund der Zeugnisse, die nicht nur vom Schriftsteller, sondern auch vom Rechtsstudenten und Staatsdiener Goethe überliefert sind?

Der Versuch einer erneuten Überprüfung jener Texte und Belege im Kontext der Zeit kann und soll nicht so sehr dazu dienen, Altbekanntes auszugraben und zu bestätigen, sondern vielmehr zu bedenken, aus welcher Perspektive heraus Goethe seine einschlägigen Aussagen jeweils formuliert hat und welche Fragen sie letztlich aufwerfen. Es wird sich zeigen, daß es weniger die Positionen, die der Schriftsteller eingenommen hat, sind, die unsere Aufmerksamkeit finden sollten, als gerade die jeweilige Einkleidung und Problematisierung.

II

Da Goethe aus einem juristischen Elternhaus stammte, wurde er schon früh mit Rechtsfragen konfrontiert.[12] Der Vater, Johann Kaspar Goethe (1710–1782), hatte in Gießen und Leipzig Jura studiert und war in Gießen zum Dr. jur. promoviert worden. Nach seiner Ernennung zum Kaiserlichen Rat war ihm die Möglichkeit genommen, als Rechtsanwalt tätig zu werden oder ein Amt im Rat der Stadt Frankfurt zu übernehmen. So widmete er sich vorrangig der Erziehung seiner Kinder, nicht zuletzt der Belehrung und Unterrichtung seines Sohnes Johann Wolfgang im Corpus juris civilis. Der junge Goethe erwarb auf diese Weise nicht nur alsbald Kenntnisse im damaligen Recht – wohl noch älter sind seine Erfahrungen mit der Strafpraxis seiner Zeit. Die maßgebende Rechtsgrundlage des zeitgenössischen Strafrechts bildete die *Peinliche Gerichtsordnung Kaiser*

[11] Vgl. z. B. Gertrud Schubart-Fikentscher, Goethes amtliche Schriften. Eine rechtsgeschichtliche Untersuchung, Berlin 1977 (Sitzungsberichte der Sächsischen Akademie der Wissenschaften zu Leipzig, Bd. 119), S. 55–59; Werner Ogris, Goethe – amtlich und politisch, St. Pölten, Wien 1982 (Schriftenreihe Niederösterreichische Juristische Gesellschaft, H. 29/30), S. 26–28; Alfons u. Jutta Pausch, Goethes Juristenlaufbahn. Rechtsstudent, Advokat, Staatsdiener, Köln 1996, S. 193–196.

[12] Zum folgenden: Hartmut Schmidt, Der Rechtspraktikant Goethe, Wetzlar 1993 (Schriftenreihe der Gesellschaft für Reichskammergerichtsforschung, H. 15); Pausch (Anm. 11), S. 13–32.

Karls V. von 1532, die Constitutio Criminalis Carolina (CCC).[13] Die CCC sah für eine Vielzahl von Verbrechen die Todesstrafe vor – mit einem die mittelalterlichen Sitten widerspiegelnden Reichtum an Tötungsarten:[14] so zum Beispiel für Münzfälschung (Art. 111), gleichgeschlechtlichen Verkehr (Art. 116) und Brandstiftung (Art. 125) die Strafe des Feuers, des Verbrennens, für Verräterei die Vierteilung (Art. 124), für Mord – durch einen Mann – die Strafe des Rades, – durch eine Frau – das Ertränken (Art. 130), für Diebstahl das Erhängen (Art. 159, 162), für Notzucht (Art. 119) und Raub (Art. 126) die Enthauptung. Die Kindsmörderin selbst sollte lebendig begraben und gepfählt werden (Art. 131); die Vollstreckung selbst konnte allerdings in Form des Ertränkens gemildert werden.

Freilich wurde die Kindsmörderin zur Goethezeit längst nicht mehr auf diese Weise hingerichtet, sondern vielmehr mit dem Schwert zu Tode gebracht. Das traf sowohl auf die Freie Reichsstadt Frankfurt als auch auf das Herzogtum Sachsen-Weimar-Eisenach zu, in dem überdies strafrechtliche Vorschriften der Landesordnung vom 7. März 1589 sowie eine Vielzahl von Mandaten und Patenten galten, die im Laufe der Zeit von verschiedenen Herzögen erlassen worden waren.[15]

Daß die Todesstrafe in Goethes Juristenlaufbahn – vom Studenten beider Rechte über den Advokaten bis hin zum Staatsdiener – immer wieder eine Rolle gespielt hat, namentlich im Zusammenhang mit der Kindsmordproblematik, ist inzwischen Gegenstand zahlreicher Darstellungen geworden.[16]

Ernst Beutler hat in seiner bekannten Studie über die Kindsmörderin darauf aufmerksam gemacht, daß in der Jugendzeit Goethes zwei solcher Exekutionen in seiner Vaterstadt stattgefunden haben: 1758 die Hinrichtung der Kindsmörderin Anna Maria Fröhlich und 1772 die Hinrichtung

[13] Die Peinliche Gerichtsordnung Kaiser Karls V. von 1532 (Carolina), hrsg. u. erläut. v. Gustav Radbruch, 6. Aufl., hrsg. v. Arthur Kaufmann, Stuttgart 1984. Vgl. ferner Strafrecht. Strafprozeß und Rezeption. Grundlagen, Entwicklung und Wirkung der Constitutio Criminalis Carolina, hrsg. v. Peter Landau u. Friedrich-Christian Schroeder, Frankfurt a. M. 1984 (Juristische Abhandlungen, Bd. 19).

[14] Vgl. Wolfgang Schild, Alte Gerichtsbarkeit, München 1980, S. 197–208; ders., Justiz in alter Zeit, Rothenburg o. d. T. 1984, S. 327–333. Vgl. auch Walter Müller-Seidel, Todesarten und Todesstrafen. Eine Betrachtung über Heinrich von Kleist, in: Kleist-Jahrbuch 1985, S. 7–38 (23 ff.).

[15] Zum Strafrecht der Goethezeit: Friedrich Wilhelm Lucht, Die Strafrechtspflege in Sachsen-Weimar-Eisenach unter Carl August, Berlin/Leipzig 1929 (Beiträge zur Geschichte der deutschen Strafrechtspflege, Bd. 1), S. 30–47.

[16] Vgl. Anm. 1 u. 11.

der Susanna Margaretha Brandt[17] – die ja 1973 Siegfried Birkner dokumentiert hat.[18]

Jene Ereignisse haben denn auch bekanntlich Eingang in *Dichtung und Wahrheit* gefunden – freilich in eher passagerer Weise: »es fehlte mitten in der bürgerlichen Ruhe und Sicherheit nicht an gräßlichen Auftritten. Bald weckte ein näherer oder entfernter Brand uns aus unserem häuslichen Frieden, bald setzte ein entdecktes großes Verbrechen, dessen Untersuchung und Bestrafung die Stadt auf viele Wochen in Unruhe. Wir mußten Zeugen von verschiedenen Exekutionen sein.«[19] Auch an anderer Stelle ist in den Erinnerungen Goethes übrigens – im Blick auf die Geschichte Frankfurts – von Todesurteilen die Rede.[20]

Daß im Jurastudium des Dichters die Todesstrafe eine nicht zu übersehende Rolle spielte, ist hinlänglich untersucht und bekannt.[21] Zu den »Positiones juris«, die er am 6. August 1771 in der Straßburger Universität im Rahmen einer Disputation öffentlich verteidigte, zählten auch die vielzitierten Streitsätze, die sich mit der Problematik der Todesstrafe befaßten. Die 53. These lautete – ganz im Sinne der (noch) herrschenden Meinung und ständigen Praxis: »Poenae capitales non abrogandae« (»Die Todesstrafen sind nicht abzuschaffen«). Mit dem aktuellen Stand der Diskussion vertraut zeigt sich Goethe auch in seiner 55. These, welche die Bestrafung des Kindsmordes zum Gegenstand hatte: »An foemina partum recenter editum trucidans, capite plectanda sit? quaestio est inter Doctores controversa« (»Ob eine Frau, die ein soeben geborenes Kind umbringt, der Todesstrafe zu unterwerfen sei, ist eine Streitfrage unter den Doktoren«).[22]

Es liegt natürlich nahe, diese beiden Thesen gewissermaßen als Positionsbestimmungen zu interpretieren, die auch Goethes spätere Stellungnahmen zur Todesstrafe präjudizierten oder zumindest stark beeinflußten. Das trifft nicht zuletzt auf die amtliche Tätigkeit des Dichters in Sachsen-

[17] Ernst Beutler, Die Kindsmörderin, in: ders., Essays um Goethe, 3. Aufl., Wiesbaden 1947 (Sammlung Dieterich, Bd. 101), S. 100–106.

[18] Leben und Sterben der Kindsmörderin Susanna Margaretha Brandt, dargest. von Siegfried Birkner, Frankfurt/M. 1973.

[19] Goethe, Aus meinem Leben. Dichtung und Wahrheit. 1. Tl., München 1962 (dtv Gesamtausgabe, 22), S. 137.

[20] Goethe (Anm. 19), S. 135.

[21] Vgl. etwa Radbruch, Goethes Straßburger Promotionsthesen, in: ders., Gestalten und Gedanken [1. Aufl., Leipzig 1944], 3. Aufl., Stuttgart 1954, S. 70–83, jetzt in: Radbruch, Gesamtausgabe, hrsg. v. Arthur Kaufmann, Bd. 5, Literatur- und kunsthistorische Schriften, bearb. v. Hermann Klenner, Heidelberg 1997, S. 152–163; Schubart-Fikentscher, Goethes sechsundfünfzig Straßburger Thesen vom 6. August 1771. Ein Beitrag zur Geschichte der deutschen Rechtswissenschaft, Weimar 1949, S. 111–121; Pausch (Anm. 11), S. 97–110.

[22] Zit. nach Pausch (Anm. 11), S. 100, 103.

Weimar zu. Auch dort galt die Regelung, die zahlreiche Landesgesetze getroffen hatten, daß der Kindsmord – für den die CCC ja Lebendigbegraben und Pfählen sowie die Strafmilderung in Form des Ertränkens vorgesehen hatte – durch Enthaupten mit dem Schwert zu ahnden war. In Sachsen-Weimar war überdies 1752 ein Manifest ergangen, wonach alle »die Schwangerschaft und die Niederkunft verbergenden Dirnen, deren Kinder nach der Geburt tot aufgefunden werden«, dann, wenn eine Schuld daran nicht nachzuweisen war, mit zehnjähriger Zuchthausstrafe bedroht wurden.[23] Die Verheimlichung der unehelichen Schwangerschaft galt als eine der Ursachen des Kindsmordes, aber eben auch als ein Indiz für die Schuld der Mutter.

1783 wurde das Geheime Consilium, dem Goethe angehörte, mit einem Fall des Kindsmordes, genauer: mit der Frage nach dem gerechten Strafmaß für diese Tat befaßt.[24] Das Urteil des Schöppenstuhls Jena hatte wie üblich auf Tod durch Enthaupten gelautet. Den Äußerungen der Räte im Geheimen Consilium ist zu entnehmen, daß Herzog Carl August für eine Begnadigung und überhaupt für die Abschaffung der Todesstrafe in solchen Fällen eintrat. Die Räte, die aufgefordert waren, Stellung zu nehmen, waren in der Sache anderer Auffassung[25] – nicht zuletzt Goethe selbst.

Zunächst räumte er ein, es sich nicht zu getrauen, seine »Gedanken hierüber in Form eines Voti zu fassen«, fügte jedoch auf die Weisung Carl Augusts hinzu, er »werde aber nicht ermangeln, in wenigen Tagen einen kleinen Aufsatz unterthänig einzureichen«. Für diese Stellungnahme beanspruchte er relativ viel Zeit; erst nach zehn Tagen gründlicher Überlegung und sorgfältigen Akten- und Literaturstudiums sprach er sich gleichfalls für die Todesstrafe aus: »Da das Resultat meines unterthänigst eingereichten Aufsatzes mit beyden vorliegenden gründlichen Votis völlig übereinstimmt; so kann ich um so weniger zweifeln selbigen in allen Stücken beyzutreten, und zu erklären daß auch nach meiner Meinung räthlicher seyn mögte die Todtesstrafe beyzubehalten«.[26] Carl August hat übrigens den Voten entsprechend das Todesurteil des Jenaer Schöppenstuhls bestätigt; es wurde bald danach vollstreckt.[27]

[23] Schubart-Fikentscher (Anm. 11), S. 55.

[24] Zum folgenden Anm. 11.

[25] Vgl. die Voten von Fritzsch und Schmauß, in: Goethes Amtliche Schriften, 1. Bd., Goethes Tätigkeit im geheimen Consilium. Die Schriften der Jahre 1776–1786, hrsg. v. Willy Flach, Weimar 1950, S. 244ff. (248–251).

[26] Goethes Amtliche Schriften (Anm. 25), S. 251.

[27] Vgl. Lucht (Anm. 15), S. 41.

In seiner Studie über den *Ordnungsgedanken in Goethes Rechtsdenken* – die nicht zufällig aus dem Jahre 1940 stammt – legte Michael Fischler denn auch dar, was den Dichter seiner Auffassung nach zur Legitimierung der Todesstrafe veranlaßt haben könnte: »Wenn Goethe die Todesstrafe rechtfertigt, so geht er dabei von seiner als grundlegend anzusehenden These Nr. 46 aus, nach der das Staatswohl oberstes Gesetz sein soll; an der Berechtigung des Staates zur Verhängung der Todesstrafe hat er nicht den leisesten Zweifel. Wie seine sicherlich an seiner praktischen Erfahrung als Minister erprobte Begründung zeigt, ist es also die Besorgnis vor anarchistischer Willkür und ungebändigter Selbsthilfe, die Angst vor einem Rückfall in den Zustand einer allgemeinen Unordnung, die ihn an der Todesstrafe als Gegenwehr gegen die schwersten Eingriffe in die öffentliche Ordnung festhalten läßt. Wiederum ist es also der Ordnungsgedanke, das Prinzip der sozialen Ordnung, von dem seine Rechtsauffassung im Innersten getragen wird.«[28]

III

Beutler verwies in seinem – bereits erwähnten – Essay über die Kindsmörderin darauf, daß Goethe »in seiner Dichtung die tragisch theatralischen Szenen im Leben Gretchens ausgelassen« hat: »den Tod der Mutter, das – im Irresein begangene – Vergehen an dem Kind, die Flucht, die Gefangennahme, das Verhör, die Verurteilung, die Hinrichtung«.[29] Freilich erinnerte er auch daran, wie sich das Grauen der Strafvollstreckung in den Empfindungen der verurteilten Kindsmörderin widerspiegelt:

»Die Glocke ruft, das Stäbchen bricht.
Wie sie mich binden und packen!
Zum Blutstuhl bin ich schon entrückt.
Schon zuckt nach jedem Nacken
die Schärfe, die nach meinem zückt.«[30]

[28] Michael Fischler, Der Ordnungsgedanke in Goethes Rechtsdenken, Königsberg 1940 (Öffentlich-rechtliche Vorträge und Schriften, H. 25), S. 29f.

[29] Beutler (Anm. 17), S. 113. Aus – revidierter – literarhistorischer Perspektive Horst Albert Glaser, Vom Katharinenturm ins Goethehaus, in: Literaturmagazin 2: Von Goethe lernen? Fragen der Klassikrezeption, hrsg. v. Hans Christoph Buch, Reinbek 1974, S. 78–85. Vgl. auch Michael Schmidt, Genossin der Hexe. Eine Interpretation der Gretchentragödie aus der Perspektive der Kindsmordproblematik, Diss. phil., Göttingen 1983.

[30] Goethe, Faust. Der Tragödie erster und zweiter Teil, München 1962 (dtv Gesamtausgabe, 9), S. 136. Dazu Beutler (Anm. 29).

In diesen Worten Gretchens äußerte sich für Beutler der »Reflex des Schauders, der den Augenzeugen ergriffen hat«.[31]

Davon ist etwas zu spüren in jener Passage von *Wilhelm Meisters theatralischer Sendung*, die sich mit den Eindrücken und Empfindungen der Zuschauer von Hinrichtungen beschäftigt. Hier charakterisiert Goethe das *Theater des Schreckens* (Richard van Dülmen)[32] in einer Weise, die Jahrhunderte später namhafte Gegner der Todesstrafe – wie etwa Camus[33] – herausgefordert hat, weil sie gleichsam ein Psycho- und Soziogramm gesellschaftlichen Erlebens und Verhaltens hinsichtlich solcher Vorgänge entwirft:

»Wie viele Tausende werden unwiderstehlich nach einer Exekution, die sie verabscheuen, hingerissen, wie ängstet sich die Brust der Menge für den Übeltäter, und wie viele würden unbefriedigt nach Hause gehen, wenn er begnadigt würde und ihm der Kopf sitzen bliebe? Das sprudelnde Blut, das den bleichen Nacken des Schuldigen färbt, besprengt die Einbildungskraft der Zuschauer mit unauslöschlichen Flecken; schaudernd, lüstern blickt die Seele wieder nach Jahren zu dem Gerüste auf, läßt alle fürchterliche Umstände wieder vor sich erscheinen und scheut es sich selbst zu gestehen, daß sie sich an dem gräßlichen Schauspiel weidet.«[34]

Carsten Zelle hat gemeint, Goethe habe die sozialpsychologischen Wirkungsmechanismen öffentlicher Hinrichtungen »ganz ohne die aufklärerischen Vorbehalte konstatiert, wie sie etwa bei Voltaire ... oder bei Nicolai

[31] Beutler (Anm. 17), S. 114

[32] Vgl. Richard van Dülmen. Das Schauspiel des Todes. Hinrichtungsrituale in der frühen Neuzeit, in: Volkskultur. Zur Wiederentdeckung des vergessenen Alltags (16.–18. Jahrhundert), hrsg. v. Richard van Dülmen u. Norbert Schindler, Frankfurt/M. 1984, S. 203–245, 417–423; ders., Theater des Schreckens. Gerichtspraxis und Strafrituale der frühen Neuzeit, 3. Aufl., München 1988; Carsten Zelle, Strafen und Schrecken. Einführende Bemerkungen zur Parallele zwischen dem Schauspiel der Tragödie und der Tragödie der Hinrichtung, in: Jahrbuch der Deutschen Schillergesellschaft 28, 1984, S. 76–103. Vgl. auch Richard J. Evans, Öffentlichkeit und Autorität. Zur Geschichte der Hinrichtung in Deutschland vom Allgemeinen Landrecht bis zum Dritten Reich, in: Räuber, Volk und Obrigkeit. Studien zur Geschichte der Kriminalität in Deutschland seit dem 18. Jahrhundert Frankfurt/M. 1984 (stw 453), S. 185–258. Kritisch zur gängigen Interpretation des *Theaters des Schreckens* als »Akt der Herrschaftsstabilisierung«: Jürgen Martschukat, Die öffentliche Hinrichtung – ein »Theater des Schreckens«?, in: Kriminologisches Journal 27, 1995, S. 186–208.

[33] Albert Camus, Die Guillotine, in: Die Rache ist mein. Theorie und Praxis der Todesstrafe, Stuttgart 1961, S. 159–218 (170ff.). Vgl. auch Daniel Arasse, Die Guillotine. Die Macht der Maschine und das Schauspiel der Gerechtigkeit, Reinbek 1988.

[34] Goethe, Wilhelm Meisters theatralische Sendung, München 1962 (dtv Gesamtausgabe, 14), S. 82.

zu finden sind«.[35] Das mag so sein, ist aber angesichts der geradezu analytischen Erhellung und Durchdringung psychisch-seelischen Erlebens nicht das allein Entscheidende. Denn in der Tat ist es Goethe mit jener Passage gelungen, in einer zwar dramatisierenden, dichterisch überhöhenden Sprache, aber doch das Geschehen bloßlegenden, gleichsam sezierenden Weise der Binnenstruktur des Vorgangs Gestalt zu geben, sie zu enthüllen.[36] Ästhetisierende Momente sind ausgeblendet; das Erleben wird in kruder Nacktheit ans Tageslicht gezerrt.

IV

An die Kerkerszene im *Faust* knüpften begreiflicherweise viele Interpreten an. So etwa der Strafrechtler und Rechtshistoriker Eberhard Schmidt und der Jurist Walter Lewald in ihren Auseinandersetzungen mit der Problematik der Todesstrafe.[37] Ihnen standen dabei freilich nicht allein die Modalitäten der Hinrichtung, das *Theater des Schreckens* mit seinen Ritualen, vor Augen; vielmehr ging es ihnen ganz entscheidend um die Legitimationsfrage, die Gretchen in der Annahme, es mit dem Scharfrichter zu tun zu haben, Faust stellte:

»Wer hat dir, Henker, diese Macht
Über mich gegeben?«[38]

[35] Zelle (Anm. 32), S. 81.

[36] Namentlich Strafkonzepte psychoanalytischer und sozialpsychologischer Provenienz schreiben insgesamt dem Vorgang des Strafens – in kritischer Absicht – nicht nur widersprüchliche, affektive, emotionale, sondern auch aggressive Komponenten zu. Vgl. etwa Eduard Naegeli, Aspekte des Strafens, in: Hat Strafe Sinn? hrsg. v. Balthasar Gareis u. Eugen Wiesnet, Freiburg i. Br. 1974, S. 32–54 (36f.); Hans Ch. Dechêne, Verwahrlosung und Delinquenz. Profil einer Kriminalpsychologie München 1975 (UTB, 298), S. 245ff.; differenzierender Knut Engelhardt, Psychoanalyse der strafenden Gesellschaft, Frankfurt/M. 1976, S. 122ff.

[37] E. Schmidt (Anm. 1), S. 452ff.; Walter Lewald, Das Problem der Todesstrafe, in: ders., Recht und Humanität. Ausgewählte Aufsätze und Niederschriften 1923–1962, München 1962, S. 79–98 (83f.).

[38] Goethe, Faust (Anm. 30), S. 312. Die psychisch-seelische Verfassung des Verurteilten, namentlich seine Angst vor der Hinrichtung, hat literarisch vor allem bei Gegnern der Todesstrafe Beachtung gefunden. Vgl. z. B. Victor Hugo, Der letzte Tag eines Verurteilten, Zürich 1984; Alfred Wolfenstein, Die Nacht vor dem Beil. Drama, Stuttgart 1929; Leonhard Frank, Die Ursache. Drama, Leipzig 1929. Anders freilich: Ilse Aichinger, Rede unter dem Galgen, in: dies., Meine Sprache und ich. Erzählungen, Frankfurt/M. 1978, S. 70–75. Aus literaturwissenschaftlicher Perspektive vgl. Carmen Pinilla Ballester, Erzählte Hinrichtungen. Zum literarischen Diskurs über Verbrechen und Strafe um 1800, Frankfurt/M. 1992 (Europäische Hochschulschriften, Reihe I Deutsche Sprache und Literatur Bd. 1345), S. 1–50.

Daß dieser Satz in der Fassung des *Urfaust* fehlt,[39] gibt zu denken. Schmidt erblickte darin »wieder eine der gedanklichen Vertiefungen, zu der Goethe in der endgültigen Fassung selbst gereift ist«.[40] Für ihn konzentrierte sich das Legitimationsproblem auf »die letzte entscheidende Frage« nach der Figur des Scharfrichters: »Darf der Staat sich eines Menschen dazu bedienen, daß dieser einen Menschen tötet?«[41] An dieser Gestalt und ihrer Tätigkeit entfaltete Schmidt denn auch seine sittliche Kritik an der Todesstrafe.[42] Er sah seine moralphilosophischen Einwände im Einklang mit der christlich-religiös motivierten Ablehnung jener Kriminalsanktion durch den Strafrechtler Theodor Rittler, dem die aus der Souveränität des Staates hergeleitete juristische »Antwort auf die Frage nach der Berechtigung der Todesstrafe« gleichfalls nicht genügte.[43]

In ähnlicher Weise nahm Walter Lewald Gretchens Frage zum Ausgangspunkt seiner abolitionistischen Haltung gegenüber der Todesstrafe. Auch er brachte das Legitimationsproblem in Zusammenhang mit der Figur und Rolle des Scharfrichters:[44] »Was *berechtigt* den Staat, der doch hinter dem Henker steht, Menschen um der Strafe willen zu töten?«[45]

Jene Problematik bildet gewiß nicht den Mittelpunkt der Gretchentragödie. Sie wird denn auch im *Faust* nicht weiterverfolgt oder vertieft. Aber sie tritt unübersehbar in jenen beiden Sentenzen *Aus Makariens Archiv* zutage, die immer wieder als Beleg für Goethes Einstellung zur

[39] Im *Urfaust* sagt Margarete an dieser Stelle nur: »Weg! Um Mitternacht! Hencker, ist dirs morgen frühe nicht zeitig gnug?« (Goethe, Götz von Berlichingen, Clavigo, Urfaust, München 1962, dtv Gesamtausgabe, 8, S. 191).

[40] E. Schmidt (Anm. 1), S. 456 Anm. 1.

[41] Ebd., S. 456.

[42] Ebd., S. 456ff.

[43] Ebd., S. 458 Anm. 1.

[44] Dazu Else Angstmann, Der Henker in der Volksmeinung. Seine Namen und sein Vorkommen in der mündlichen Volksüberlieferung, Tübingen 1972 (Nachdruck der 1. Aufl. Halle a. d. S. 1928); Helmut Schuhmann, Der Scharfrichter. Seine Gestalt – seine Funktion, Kempten 1964; Christian Helfer, Henker-Studien, in: Archiv für Kulturgeschichte 46, 1964, S. 334–359, 47, 1965, S. 96–117; Wolfgang Oppelt, Über die »Unehrlichkeit« des Scharfrichters, Lengfeld 1976; Gisela Wilbertz, Standesehre und Handwerkskunst. Zur Berufsideologie des Scharfrichters, in: Archiv für Kulturgeschichte 58, 1976, S. 154–177; Tankred Koch, Die Geschichte der Henker. Scharfrichter-Schicksale aus acht Jahrhunderten, Heidelberg 1988; Günter Voß, Henker. Tabugestalt und Sündenbock, in: Randgruppen der spätmittelalterlichen Gesellschaft, hrsg. v. Bernd-Ulrich Hergemöller, Warendorf 1990, S. 87–114; Jutta Nowosadtko, Scharfrichter und Abdecker. Der Alltag zweier »unehrlicher Berufe« in der Frühen Neuzeit, Paderborn u. a. 1994. Auch die Figur des Henkers ist literarisch thematisiert worden. Vgl. z. B. Arnold Zweig, Das Beil von Wandsbek. Roman, Frankfurt/M. 1982; Pavel Kohout, Die Henkerin. Roman, München 1985.

[45] Lewald (Anm. 37), S. 83.

Todesstrafe zitiert werden.[46] Sie leiten die Berechtigung jener Kriminalsanktion gleichsam aus sozialpsychologischen Erfahrungen – wenn nicht gar Gesetzmäßigkeiten – ab.

Da heißt es: »Wenn man den Tod abschaffen könnte, dagegen hätten wir nichts; die Todesstrafe abzuschaffen wird schwer halten. Geschieht es, so rufen wir sie gelegentlich wieder zurück.«[47] Das ist, wenn man die Geschichte der Abschaffung und Wiedereinführung der Todesstrafe in etlichen Ländern zurückverfolgt, gut beobachtet[48] – wenngleich die Logik, welche die Todesstrafe in Verbindung mit der Existenz des Todes bringt, nur schwer einzusehen ist.

Schon anders mag es um die Psycho-Logik der Argumentation bestellt sein, welche die Notwendigkeit der Todesstrafe der Funktion entnimmt, gesellschaftliche Selbstjustiz zu bannen, die Gesellschaft selbst zu domestizieren. Denn da lesen wir: »Wenn sich die Sozietät des Rechtes begibt, die Todesstrafe zu verfügen, so tritt die Selbsthülfe unmittelbar wieder hervor, die Blutrache klopft an die Türe.«[49]

Vielleicht hat man jene Sentenz zu sehr, fixiert auf die Todesstrafe, auf diese Kriminalsanktion projiziert und dabei übersehen, welche allgemeinere – und durchaus aktuelle – Problematik dahinter steht. Der Sache nach geht es hier um die ständig aufs neue ventilierte Frage, wie der Staat jeweils auf Straftaten reagieren muß, um gesellschaftliche Sicherheitserwartungen zu befriedigen, gesellschaftliche Kriminalitätsängste[50] – gerade ihrer weitreichenden Auswirkungen wegen – unter Kontrolle halten. Die – sprachliche und sachliche – Fassung des Problems ist bei Goethe gewiß eingeengt auf den charakteristischen Blutmythos seiner Zeit. Aber sie läßt sich mühelos extrapolieren in dem Sinne, daß jedwede Kriminalpolitik ge-

[46] Z. B. von Wieruszowski (Anm. 1), S. 843; E. Schmidt (Anm. 1), S. 450; Gerhard Deimling, Goethes Auffassung zur Strafrechtspflege in »Wilhelm Meisters Wanderjahre«, in: Zeitschrift für Sozialhilfe 1982, S. 75–82 (78); Steding (Anm. 1), S. 1294.

[47] Goethe, Wilhelm Meisters Wanderjahre (Anm. 2), S. 207.

[48] Zur Geschichte der Todesstrafe: E. Schmidt, Die Geschichte der Todesstrafe bis zur Aufklärung u. Wolfgang Preiser, Die Geschichte der Todesstrafe seit der Aufklärung, beide in: Die Frage der Todesstrafe. Zwölf Antworten, München 1962, S. 21–33, 35–48; Johanna Sewing, Studien zur Todesstrafe im Naturrecht, Bonn 1966 (Kriminologische Untersuchungen, H. 22); Ludwig Barring, Götterspruch und Henkershand. Die Todesstrafe in der Geschichte der Menschheit, Essen 1980; Kurt Rossa, Todesstrafen. Von den Anfängen bis heute, Bergisch Gladbach 1985; Karl Bruno Leder, Todesstrafe. Ursprung, Geschichte, Opfer, München 1986.

[49] Goethe, Wilhelm Meisters Wanderjahre (Anm. 2), S. 208.

[50] Vgl. nur Klaus Boers, Kriminalitätsfurcht. Über den Entstehungszusammenhang und die Folgen eines sozialen Problems, Pfaffenweiler 1991 (Hamburger Studien zur Kriminologie, Bd. 12).

sellschaftliche Toleranzschwellen – in welchem Sinne auch immer – in Rechnung stellen muß.[51]

Friedrich Hebbel hat in seinen Tagebüchern das Strafrecht im ganzen aus dem »Selbsterhaltungstrieb der Gesellschaft« abgeleitet. »Die Gesellschaft tötet den Verbrecher, um ihn zu verhindern, das Böse, was er möglicherweise noch verüben könne, wirklich zu verüben, und frägt nicht danach, daß sie so auf jeden Fall das Gute, das sich auch doch möglicherweise aus ihm noch entwickeln könnte, erstickt. Freilich kann sie nicht anders.«[52]

V

Die Problematik der Todesstafe ist im Werk und Leben Goethes eng mit der strafrechtlichen Ahndung des Kindsmordes im zeitgenössischen Recht verbunden. Allerdings ist dies gewiß nicht der einzige Aspekt und Gedankenstrang, der zwischen dem literarischen und amtlichen Wirken des Dichters auf der einen Seite und jener Kriminalsanktion auf der anderen Seite Zusammenhänge herstellt.

Der Kindsmord bildet bekanntlich ein altes rechts- und literaturgeschichtliches Sujet.[53] Neuerdings hat sich auch die Sozialgeschichte in rei-

[51] Z. B. Karl-Ludwig Kunz, Die innere Sicherheit. Schlüsselbegriff einer neuen Kriminalpolitik, in: Stefan Bauhofer, Pierre-Henri Bolle (Hrsg.), Innere Sicherheit – Innere Unsicherheit? Chur/Zürich 1995 (Schweizerische Arbeitsgruppe für Kriminologie – Reihe Kriminologie, Bd. 13), S. 327–340.

[52] Friedrich Hebbel, Tagebücher, hrsg. v. Karl Dörnbacher, Bd. 2, 1843–1847, München 1984, S. 138 (Nr. 3222). Freilich bezog Hebbel keineswegs eindeutig und durchgängig zugunsten der Todesstrafe Stellung. So heißt es an anderer Stelle: »Die Menschheit verurteilt den einzelnen zur Todesstrafe und begeht dadurch gegen ihn ein größeres Verbrechen, als er gegen sie begangen hat, indem sie ihm die Besserung unmöglich macht.« (Tagebücher, Bd. 1, 1835–1843, München 1984, S. 315, Nr. 1683).

[53] Zur rechtsgeschichtlichen Problematik: Wilhelm Wächtershäuser, Das Verbrechen des Kindesmordes im Zeitalter der Aufklärung. Eine rechtsgeschichtliche Untersuchung der dogmatischen, prozessualen und rechtssoziologischen Aspekte, Berlin 1973; Kerstin Michalek, Kindsmord. Zur Sozial- und Rechtsgeschichte der Kindstötung im 18. und beginnenden 19. Jahrhundert, Pfaffenweiler 1997 (Reihe Geschichtswissenschaft Bd. 42). Zur literarhistorischen Bedeutung des Sujets etwa Jan Matthias Rameckers, Der Kindsmord in der Literatur der Sturm- und Drangperiode. Ein Beitrag zur Kultur- und Literaturgeschichte des 18. Jahrhunderts, Rotterdam 1927; Beat Weber, Die Kindsmörderin im deutschen Schrifttum von 1770–1795, Bonn 1974 (Abhandlungen zur Kunst-, Musik- und Literaturwissenschaft, Bd. 162). Vgl. auch Gustav Radbruch, Heinrich Gwinner, Geschichte des Verbrechens. Versuch einer historischen Kriminologie, Stuttgart 1951, S. 242–261 (Kindsmord); Anke Bennholdt-Thomsen, Alfred Guzzoni, Der »Asoziale« in der Literatur um 1800, Königstein/Ts. 1979, S. 83–97, 254–265 (Die Kindermörderin).

chem Maße seiner angenommen.[54] Schon vor den 1783 erschienenen Studien Heinrich Pestalozzis *Über Gesetzgebung und Kindermord*[55] hat das Thema aus rechtspraktischen und moralischen Erwägungen heraus die Gemüter bewegt. Dabei haben nicht zuletzt präventive Überlegungen, wie am wirksamsten solchen Taten begegnet werden kann, eine wesentliche Rolle gespielt. Daß bis ins 19. Jahrhundert hinein gegen Kindsmörderinnen die Strafe des Schwertes verhängt und – vom Fall der Begnadigung abgesehen – auch vollzogen wurde, war und blieb strafrechtlich wie kriminalpolitisch umstritten. Erst Feuerbach gelang es im bayerischen Strafgesetzbuch von 1813 die Todesstrafe für Kindsmord abzuschaffen – was er freilich nicht aus grundsätzlicher Ablehnung dieser Kriminalsanktion heraus tat, sondern um der psychisch-seelischen und sozialen Ausnahmesituation solcher Täterinnen Rechnung zu tragen.[56]

Die Literaturgeschichte jenes Sujets ist nicht nur hinlänglich bekannt, sondern auch recht gut dokumentiert.[57] Die Epoche des »Sturm und Drang« machte es, wenn nicht salon-, so doch literaturfähig.[58] Der Bogen spannt sich von Heinrich Leopold Wagners Trauerspiel *Die Kindsmörderinn* (1776) bis zur Renaissance des Themas in der Dramenliteratur der 60er und 70er Jahre dieses Jahrhunderts. Eine Fülle von Bearbeitungen liegt zwischen diesen Texten. Die prominentesten Beispiele bilden eben die Gretchentragödie in Goethes *Faust* (1790/1808), Friedrich Hebbels »Bürgerliches Trauerspiel« *Maria Magdalena* (1844) und Gerhart Hauptmanns Drama *Rose Bernd* (1903). 1927 folgte noch Bertolt Brechts Ballade *Von der Kindesmörderin Marie Farrar*;[59] 1963 legte Peter Hacks eine Be-

[54] Vgl. etwa Regina Schulte, Kindsmörderinnen auf dem Lande, in: Emotionen und materielle Interessen. Sozialanthropologische und historische Beiträge zur Familienforschung, hrsg. v. Hans Medick u. David Sabean, Göttingen 1984 (Veröffentlichungen des Max-Planck-Instituts für Geschichte 75), S. 113–142; Richard van Dülmen, Frauen vor Gericht. Kindsmord in der frühen Neuzeit, Frankfurt/M. 1991; Otto Ulbricht, Kindsmörderinnen vor Gericht. Verteidigungsstrategien von Frauen in Norddeutschland 1680–1810, in: Mit den Waffen der Justiz. Zur Kriminalgeschichte des späten Mittelalters und der Frühen Neuzeit, hrsg. v. Andreas Blauert u. Gerd Schwerhoff, Frankfurt/M. 1993, S. 54–85, 223–229.

[55] Heinrich Pestalozzi, Über Gesetzgebung und Kindermord (1783), in: ders., Gesammelte Werke, 7. Bd., Wirtschaftliche und soziale Schriften, Zürich 1946, S. 121–396.

[56] Radbruch, Paul Johann Anselm Feuerbach. Ein Juristenleben, 2. Aufl., hrsg. v. Erik Wolf, Göttingen 1957, S. 87.

[57] Vgl. nur Georg Pilz, Deutsche Kindesmord-Tragödien. Wagner, Goethe, Hebbel, Hauptmann, München 1982; Klaus Kastner, Der Kindsmord: historische, rechtliche und literarische Aspekte, in: Neue Juristische Wochenschrift 44, 1991, S. 1443–1455.

[58] Kastner (Anm. 57), S. 1444.

[59] Brecht, Gedichte, Bd. 1, 1918–1929, Berlin 1961, S. 18–22.

arbeitung des Trauerspiels Wagners vor;[60] 1972 gab Franz Xaver Kroetz Hebbels Trauerspiel den Charakter einer Komödie.[61]

Bezeichnenderweise existierten in nicht weniger als drei Fällen juristisch-literarische Querverbindungen.[62] Wagner und Goethe hatten Jura studiert, Hauptmann war als Geschworener tätig gewesen. Und nicht nur das: Alle drei Autoren hatten in ihren literarischen Bearbeitungen an zeitgenössische Strafprozesse angeknüpft. Wagner hatte seinem Trauerspiel einen Straßburger Kindsmordprozeß aus dem Jahre 1775 zugrunde gelegt;[63] für Goethe selbst ist der Frankfurter Kindsmordprozeß gegen Susanne Margaretha Brandt wenigstens zu einem Motiv für die Gretchentragödie geworden;[64] bei der Niederschrift des Dramas *Rose Bernd* haben jedenfalls auch Eindrücke, die Hauptmann aus einem Kindsmordprozeß des Jahres 1903 gewonnen hatte, Pate gestanden.[65]

Die gesellschaftlichen und strafrechtlichen Nachwirkungen der Kindsmordproblematik sind bis heute virulent; sie sind keineswegs – wie man vielleicht meinen möchte – Geschichte. § 217 Abs. 1 des deutschen Strafgesetzbuchs lautet: »Eine Mutter, die ihr nichteheliches Kind in oder gleich nach der Geburt tötet, wird mit Freiheitsstrafe nicht unter drei Jahren bestraft.« Demgegenüber droht § 212 Abs. 1 des Strafgesetzbuchs für die vorsätzliche Tötung eines Menschen, also den Totschlag, eine Mindeststrafe von fünf Jahren an, § 211 Abs. 1 für Mord gar die lebenslange Freiheitsstrafe. § 217 privilegiert also die Tötung eines nichtehelichen Kindes durch seine Mutter. Die Vorschrift soll nach allgemeiner Auffassung der psychischen Ausnahmesituation einer solchen Frau Rechnung tragen.[66] Sie ist erklärtermaßen die Frucht jahrhundertelanger Erfahrungen mit der sozialen Lage unehelicher Mütter, ihrer gesellschaftlichen Ausgrenzung und Stigmatisierung.

Darüber, ob die Verhältnisse, die bis ins 20. Jahrhundert hinein die Privilegierung unehelicher Mütter gerechtfertigt haben, sich inzwischen der-

[60] Vgl. Pilz (Anm. 57), S. 41–45.

[61] Ebd., S. 86–89.

[62] Kastner (Anm. 57), S. 1444.

[63] Kastner (Anm. 57), S. 1446.

[64] Daß Querverbindungen zwischen dem Schicksal der Protagonistin und der Gretchentragödie bestehen, läßt sich wohl nicht in Zweifel ziehen. Von einer geschichtsgetreuen Rekonstruktion kann indessen nicht die Rede sein. Vgl. nur Kastner (Anm. 57), S. 1450f., der auch – zu Recht – den Vorwurf zurückweist, Goethe habe im *Faust* Wagners Trauerspiel plagiiert (1451).

[65] Kastner (Anm. 57), S. 1452–1454.

[66] Adolf Schönke, Horst Schröder, Albin Eser, Strafgesetzbuch. Kommentar, 25. Aufl., München 1997, § 217, Rdnr. 1; Herbert Tröndle, Strafgesetzbuch und Nebengesetze, 48. Aufl., München 1997 (Beck'sche Kurzkommentare, Bd. 10), § 217, Rdnr. 1.

art gewandelt haben, daß eine solche Gesetzgebung obsolet geworden ist, wird bis heute gestritten. Durch das Sechste Gesetz zur Reform des Strafrechts vom 26. 1. 1998 (Bundesgesetzblatt, Bd. I, S. 164) wurde die Vorschrift aufgehoben. Die Begründung zum Entwurf dieses Gesetzes hatte sie nicht mehr als zeitgemäß angesehen.[67] Demgegenüber hatte die Stellungnahme eines Arbeitskreises von Strafrechtslehrern vom Februar 1997 die Beibehaltung jener Regelung trotz ihrer geringen statistischen Bedeutung für geboten gehalten.[68] Ja, es gibt darüber hinaus sogar Vorschläge, die Privilegierung des § 217 auf Mütter ehelicher Kinder auszudehnen.[69] Die Diskussion über jene Problematik ist also strafrechtlich alles andere als abgeschlossen; die Annahme, wir hätten es mit einem rechtsgeschichtlichen Relikt zu tun, das gesellschaftlich keine Rolle mehr spielt, wäre durchaus irrig.

VI

Es hat eine ganze Reihe von Versuchen gegeben, den Humanisten Goethe gegen den Verfechter oder Anhänger der Todesstrafe auszuspielen oder wenigstens seine als ambivalent, wenn nicht gar widersprüchlich empfundene Haltung mit Verweisen und Dicta zu korrigieren, die auf menschenfreundliche, humanitäre Vorstellungen in criminalibus schließen lassen. Vielzitierte Sentenzen dieser Art finden sich bekanntlich im Werk allenthalben. Sie eignen sich denn auch hervorragend dazu, die als problematisch angesehene Einstellung Goethes zur Todesstrafe zu relativieren oder in einem anderen, zumindest milderen Licht erscheinen zu lassen.

Eberhard Schmidt etwa hat darauf aufmerksam gemacht, daß auch im *Egmont* die Todesstrafe eine Rolle spielt – freilich in einem ganz anderen Sinne als in der Gretchentragödie. Während die Kerkerszene im *Faust* auf einen den klassischen Schuld-Sühne-Kontext allerdings transzendierenden Sinn verweist, konfrontiert sie den Leser oder Zuschauer des Trauerspiels mit dem – scheinbaren – Triumph der Macht über das Recht.[70] Egmont erlebt und erleidet die Hinrichtung als Unrecht, als Opfertod, welcher der Freiheit eines Volkes gebracht wird. Die Enthauptung wegen

[67] Bundesministerium der Justiz, Entwurf eines Sechsten Gesetzes zur Reform des Strafrechts (6. StRG) vom 15. Juli 1996, S. 123. Vgl. auch Bundestags-Drucksache 12/6407.

[68] Stellungnahme zum Entwurf eines 6. Gesetzes zur Reform des Strafrechts seitens eines Arbeitskreises von Strafrechtslehrerinnen und Strafrechtslehrern vom 17. Februar 1997, S. 11.

[69] Vgl. Tröndle (Anm. 66).

[70] E. Schmidt (Anm. 1), S. 458ff.

Hochverrats erweist sich als purer Machtmißbrauch. Aus diesem dramatischen Rekurs auf die Todesstrafe läßt sich denn auch keine inhaltliche Stellungnahme Goethes zu jener Kriminalsanktion herauslesen.

Eberhard Schmidt sieht gleichwohl durch die beiden Kerkerszenen die Todesstrafe schlechthin in Frage gestellt: »Wird im ›Egmont‹ die politische Todesstrafe in ihrer ganzen Unsittlichkeit enthüllt, die rechtliche Todesstrafe wird für den Staat auch im ›Faust‹ nicht gerechtfertigt. Gretchens Frage an den vermeintlichen Henker enthüllt alle Zweifel, die sittlichem Denken selbst der rechtlich verhängten Todesstrafe gegenüber sich aufdrängen müssen.«[71]

In diesem oder wenigstens in einem abolitionistischen Sinne ist auch das Wort Goethes in *Wilhelm Meisters Wanderjahren* interpretiert worden: »Welchen Weg mußte nicht die Menschheit machen, bis sie dahin gelangte, auch gegen Schuldige gelind, gegen Unmenschliche menschlich zu sein!«[72] Nicht minder gilt das für die Feststellung des Meisters (im selben Werk): »Drüben über dem Meere, wo gewisse menschenwürdige Gesinnungen sich immerfort steigern, muß man endlich bei Abschaffung der Todesstrafe weitläufige Kastelle, ummauerte Bezirke bauen, um den ruhigen Bürger gegen Verbrecher zu schützen und das Verbrechen nicht straflos walten und wirken zu lassen.«[73]

Weitere Belege dieser Art, die dem Menschenfreund und Humanisten das schönste Zeugnis ausstellen, ließen sich mühelos aus dem weitverzweigten Werk beibringen. Doch wäre jeder Versuch, aus ihnen herauszudestillieren, daß Goethes recht eindeutige Stellungnahmen zur Todesstrafe nicht beim Wort genommen werden dürfen, – in juristischer Terminologie – ein untauglicher Versuch. Solche Zitate bestätigen letztlich nur die allgemeine, vielleicht schon abgegriffene Erfahrung, daß das Bekenntnis des Dichters zur Todesstrafe nur einen – allerdings recht kräftigen – Mosaikstein im Rahmen seiner kriminalpolitisch relevanten Äußerungen insgesamt bildet. Sie lehrt also – mit anderen Worten – einmal mehr, den Teil nicht für das Ganze zu nehmen – aber auch epochenspezifische Auffassungen nicht für überzeitliche Wahrheiten.

[71] E. Schmidt (Anm. 1), S. 462. Ein wenig erinnert daran auch die Sentenz Walter Benjamins: »Die Tötung des Verbrechers kann sittlich sein – niemals ihre Legitimierung.« (Zit. nach: Deutsche Aphorismen. hrsg. v. Gerhard Fieguth, Stuttgart 1978, S. 258).

[72] Goethe, Wilhelm Meisters Wanderjahre, Tl. 1, München 1962 (dtv Gesamtausgabe, 17), S. 44.

[73] Goethe, Wilhelm Meisters Wanderjahre (Anm. 2), S. 81 f. Dazu etwa Deimling (Anm. 46), S. 82.

VII

An Goethes Einstellung zur Todesstrafe konnte auch der Umstand nichts ändern, daß der Dichter einem der prominentesten Gegner jener Kriminalsanktion, nämlich dem Kriminalpolitiker Cesare Beccaria (1738–1794),[74] zeitlebens mit Hochachtung und Wertschätzung begegnete. So heißt es etwa in *Wilhelm Meisters Wanderjahren* über den aufgeklärten, philanthropischen Oheim: »Die kräftigen Mannesjahre dieser Edlen fielen in die Zeit der Beccaria und Filangieri; die Maximen einer allgemeinen Menschlichkeit wirkten damals nach allen Seiten.«[75] Filangieri (1753–1788) selbst, der eine Lehre von der Proportionalität zwischen Verbrechen und Strafe vertrat, war im übrigen – wie human er kriminalpolitisch auch gedacht hat – wie so mancher andere gesellschaftsvertraglich orientierte Strafrechtler der Aufklärung mitnichten Gegner der Todesstrafe.[76]

Als im Oktober 1829 der in Mailand lebende Frankfurter Bankier Heinrich Mylius (1769–1854) Goethe einige Münzen, darunter eine mit dem Porträt Beccarias, die dessen Sohn Giulio (1775–1885) zum Gedenken an den Vater hatte prägen lassen, übersandte, bedankte sich der nunmehr Achtzigjährige in dem ihm eigenen gravitätischen Stil mit den Worten: »In Betreff der Münzen habe ich besonders für die den Herrn Beccaria vorstellende auf das allerverbindlichste zu danken, welches dessen Herrn Sohn, der das Glück hat, sich eines solchen Vaters zu rühmen, geneigtest

[74] Cesare Beccaria, Über Verbrechen und Strafen, nach der Ausg. v. 1766 übers. u. hrsg. v. Wilhelm Alff, Frankfurt/M. 1966, S. 110ff., der übrigens in ähnlicher Weise wie später Goethe den ambivalenten Eindruck öffentlicher Hinrichtungen reflektiert: »Die Todesstrafe wird für die meisten zu einem bloßen Schaustück und für einige zu einem Gegenstand des mit Verachtung gemischten Mitleids.« (S. 112). Dazu Zelle (Anm. 32), S. 95.

[75] Goethe, Wilhelm Meisters Wanderjahre (Anm. 72), S. 61.

[76] Vgl. Kurt Seelmann, Gaetano Filangieri und die Proportionalität von Straftat und Strafe. Imputation und Prävention in der Strafrechtsphilosophie der Aufklärung, in: Zeitschrift für die gesamte Strafrechtswissenschaft 97, 1985, S. 241–267 (246ff.). Den »Ritter Filangieri« lernte Goethe anläßlich einer seiner italienischen Reisen kennen und schätzen. »Er unterhält sich gern über Montesquieu, Beccaria, auch über seine eigenen Schriften, alles in demselben Geiste des besten Wollens und einer herzlichen jugendlichen Lust das Gute zu wirken.« (Goethe, Italienische Reise, 1. u. 2. Tl., München 1962, dtv Gesamtausgabe, 25, S. 171)

zu bekennen bitte. Schon längst habe ich mir ein Bildnis dieses ausgezeichnet wirksamen und verehrten Mannes gewünscht«.[77]

Kreutziger, der dem Verhältnis Goethes zu Beccaria im Rahmen der damaligen Todesstrafenproblematik nachspürte, sah die ambivalente Haltung des Dichters gegenüber Person und Sache durchaus im Einklang mit dem Zeitgeist. Danach gab es viele, welche die »aufgeklärten« und »menschenfreundlichen« Grundsätze des Strafrechtsreformers Beccaria priesen, aber gleichzeitig die Todesstrafe für unverzichtbar hielten.[78]

VIII

Spätestens seit der Moderne hat man Goethes Einstellung zur Todesstrafe als Ausdruck einer konservativen, traditionsverhafteten Haltung gedeutet. Sie figuriert demnach als eines jener Charakteristika, die den Dichter als Repräsentanten des Bürgerstandes ausweisen, der nicht nur auf allgemeinpolitischem, sondern auch auf kriminalpolitischem Felde jeglichen revolutionären Ideen abhold war.[79] Das löste nicht selten Unbehagen, ja Kritik aus, die sich bis zum Vorwurf der Fortschrittsfeindlichkeit, ja Inhumanität steigern konnte. Stein des Anstoßes bildete nicht zuletzt Goethes Stellungnahme zur strafrechtlichen Ahndung des Kindsmordes. Daß er hier ganz und gar nicht den menschenfreundlichen Gedanken eines Pestalozzi oder den abolitionistischen Forderungen eines Beccaria folgen wollte, war für manchen nur schwer mit dem Humanismus des Dichters in Einklang zu bringen.

Übersehen wurde freilich oft genug, daß die im Rationalismus der Aufklärung wurzelnden Vorstellungen Beccarias keineswegs in jeder Hinsicht mit dem Öl der Humanität gesalbt waren. Die Härte und Rigidität, die er

[77] Zit. nach Bernd Kreutziger, Argumente für und wider die Todesstrafe (n). Ein Beitrag zur Beccaria-Rezeption im deutschsprachigen Raum des 18. Jahrhunderts, in: Cesare Beccaria. Die Anfänge moderner Strafrechtspflege in Europa, hrsg. v. Gerhard Deimling, Heidelberg 1989 (Kriminologische Schriftenreihe, Bd. 100), S. 99–125 (101). Der Zufall will es, daß ich selbst im Besitz einer Münze mit dem Bildnis Beccarias bin, die ich 1987 im Zuge einer Ehrung durch die damalige Deutsche Kriminologische Gesellschaft erhalten habe; vgl. 10 Jahre Strafvollzugsgesetz. Resozialisierung als alleiniges Vollzugsziel?, hrsg. v. Hans-Dieter Schwind, Gernot Steinhilper, Alexander Böhm, Heidelberg 1988 (Kriminologische Schriftenreihe, Bd. 97) S. 8f., 94–99.

[78] Kreutziger (Anm. 77), S. 101f.

[79] Vgl. z. B. Dieter Borchmeyer, Höfische Gesellschaft und französische Revolution bei Goethe. Adliges und bürgerliches Wertsystem im Urteil der Weimarer Klassik, Kronberg/Ts. 1977, S. 270ff., 327 u. ö.

mit der Ausgestaltung der Freiheitsstrafe(n) verband,[80] nahmen in mancher Hinsicht ähnlich problematische Postulate Franz von Liszts (1851–1919) vorweg.[81] Zu erinnern ist auch an das Dictum von Karl Kraus, für den die Verurteilung eines 23jährigen Ringstraßenräubers »bis zum Tode« »furchtbarer als die zum Tode« war.[82]

Daß Goethe sich nicht wie ein Voltaire gebärdete, der mit seiner Kritik den kriminalpolitischen Verhältnissen und Zuständen seiner Zeit den Kampf ansagte,[83] hat ihm bereits Heinrich Mann – wen wundert's! – verübelt. Beim Vergleich zwischen Voltaire und Goethe schneidet jener in puncto Humanität allemal ganz anders – und natürlich besser – ab. Über Goethe heißt es: »Sein Werk, der Gedanke an ihn, sein Name haben in Deutschland nichts verändert, keine Unmenschlichkeit ausgemerzt, keinen Zoll Weges Bahn gebrochen in eine bessere Zeit. Hinter seinem Sarge ging die Familie keines Calas. Er hat den Menschen, die schuldig werden müssen, Gerechtigkeit, Gleichheit, Freiheit nur in jenen Gefilden verhießen, mit denen Dichtung uns tröstet. So hat er sich zu Gretchen, Ottilie, der Bajadere geneigt.«[84]

Selbst der Bruder, Thomas Mann, der mit tiefer Liebe und Zuneigung des »Repräsentanten des bürgerlichen Zeitalters« gedachte – wie er ihn selber nannte –, erblickte die Problematik darin, daß er »ein Kämpfer und Befreier im Sittlichen, im Geistigen, besonders im Erotischen, nicht im

[80] Was Beccaria z. B. über die Abschreckungswirkung der »lebenslänglichen Zwangsarbeit« »unter Fesseln und Ketten, unter Schlägen, unterm Joch, im eisernen Käfig« schreibt (Anm. 74, S. 113), schreckt nicht nur ab, sondern ist schon dazu angetan, den Eindruck einer humanen Kriminalpolitik stark zu revidieren.

[81] Wie sich Franz von Liszt etwa die »›Unschädlichmachung‹ der Unverbesserlichen« vorstellte, nimmt in Vokabular und Sache manches von dem vorweg, was dann im Dritten Reich realiter exekutiert werden sollte: »Sie besteht in ›Strafknechtschaft‹ mit strengstem Arbeitszwang und möglichster Ausnutzung der Arbeitskraft; als Disziplinarstrafe wäre die Prügelstrafe kaum zu entbehren« (Der Zweckgedanke im Strafrecht, 1882, in: von Liszt, Strafrechtliche Aufsätze und Vorträge, 1. Bd., Berlin 1905, S. 126–179, 170). Über den ambivalenten Charakter dieses Werkes, das rigide wie humane Züge trug: Wolfgang Naucke, Die Kriminalpolitik des Marburger Programms, 1882, u. Müller-Dietz, Das Marburger Programm aus der Sicht des Strafvollzuges, beide in: Zeitschrift für die gesamte Strafrechtswissenschaft 94, 1882, S. 525–564, 599–618.

[82] Karl Kraus, Ein Unhold, in: Die Fackel, Nr. 157 vom 19. März 1904, S. 1–6 (4).

[83] Vgl. Voltaire, Recht und Politik, Schriften 1, mit einem Essay hrsg. v. Günther Mensching, Frankfurt/M. 1978. Über Voltaire urteilte Goethe selbst ebenso mit Anerkennung wie aus kritischer Distanz heraus (vgl. Johann Peter Eckermann, Gespräche mit Goethe in den letzten Jahren seines Lebens, 2. Aufl., München 1984, S. 274, 290, 331). Einerseits bescheinigte er ihm »großes Talent« (S. 262), andererseits kritisierte er seine »Freiheiten und Frechheiten« (S. 142).

[84] Heinrich Mann, Voltaire – Goethe (1910), in: ders., Geist und Tat. Essays, München 1963, S. 14–19 (18).

Staatlichen und Bürgerlichen« war.[85] »Mit Gretchens Jammerschicksal, mit Faustens Liebesschuld ist kein Paragraph, kein gesellschaftlicher Zustand, kein ›Institut‹ angeklagt und angegriffen, sondern ein Dichter unterredet sich in dieser ›Tragödie‹ mit dem Ewigen über das Menschenlos. So war es möglich, daß dieser selbe Dichter als Mitglied des Weimarischen Staatsrates unter ein Todesurteil über eine junge Kindsmörderin, die der Herzog selbst lieber begnadigt hätte, zu den Namen der anderen gestrengen Herren Minister das Wort schrieb ›Auch ich‹ –, was, wie nicht ich zuerst empfinde, in seiner Art ebenso erschütternd ist wie der ganze Faust.«[86]

Einmal mehr nahm Thomas Mann Jahre später daran Anstoß, daß Goethe »als Minister der Gesellschaft das Ihre gegeben, indem er das Todesurteil über eine junge Kindsmörderin, die selbst der Herzog zu begnadigen wünschte, durch seine Unterschrift guthieß«.[87] Und er spielte gegen den Minister den Dichter der »Gretchengeschichte« gleichsam aus: »mehr als irgendwo ist Goethe darin Revolutionär, ein Gefühlsempörer gegen die Grausamkeit, mit der die menschliche Gesellschaft die dem überlegenen Werber des Geistes verfallene, von ihm verführte Schönheit bestraft. Hier einmal und nicht wieder ist Goethe aus tragischem Schuldgefühl sozialer Ankläger und Aufrührer.«[88]

Noch einen Schritt weiter ging in jüngster Zeit die Psychoanalytikerin Margarete Mitscherlich-Nielsen, die dem Dichter vorhielt, vom Schicksal der Frankfurter Kindsmörderin Susanna Margaretha Brandt – die ja zur Motivgeschichte Gretchens gehört – unberührt geblieben zu sein: »Goethe hat sich 1772 in den Prozeß gegen Margaretha Brandt nicht eingemischt, von Empörung seinerseits ist nichts bekannt.«[89] Ähnliche Kritik

[85] Thomas Mann, Goethe als Repräsentant des bürgerlichen Zeitalters (1932), in: ders., Werke. Das essayistische Werk, hrsg. v. Hans Bürgin, Schriften und Reden zur Literatur, Kunst und Philosophie, Bd. 2, Frankfurt/M., Hamburg 1968, S. 62–89 (76). In einem Aufsatz über Gabriele Reuter sagte Th. Mann aber auch: »... der kontemplativ künstlerische Mensch ist wesentlich kein Weltverbesserer. Er will nichts als erkennen und gestalten, tief erkennen und schön gestalten ...« (zit. nach Rolf Vollmann, Die wunderbaren Falschmünzer. Ein Roman-Verführer, Frankfurt/M. 1997, S. 814).

[86] Th. Mann (Anm. 85). Th. Mann war allerdings – was auch im Gespräch zwischen Hans Castorp, Naphta und Settembrini im *Zauberberg* bereits anklingt (Der Zauberberg. Roman, Frankfurt/M. 1960, S. 420ff.) – ein entschiedener Gegner der Todesstrafe (Die Todesstrafe, 1926, in: Th. Mann, Miszellen, hrsg. v. Hans Bürgin, Frankfurt/M., Hamburg 1968, S. 96f.).

[87] Th. Mann, Über Goethe's ›Faust‹ (1938), in: Schriften und Reden (Anm. 85), S. 290–322 (319).

[88] Th. Mann (Anm. 87), S. 318.

[89] Margarete Mitscherlich-Nielsen, Gretchen gestern und heute. Flucht in den Mord – Margaretha Brandt tötet ihr Kind nach der Geburt, in: Große Prozesse. Recht und Gerechtigkeit in der Geschichte, hrsg. v. Uwe Schultz, München 1996, S. 196–203 (203).

klingt – wenngleich eher verhalten – bei dem amerikanischen Historiker Gordon A. Craig an, wenn er die Einstellung des »unpolitischen« Goethe hinsichtlich der Berechtigung der Todesstrafe für Kindsmord als »eher konservativ« charakterisiert.[90]

Zu dem Bild, das jene Autoren von den gesellschafts- und kriminalpolitischen Vorstellungen des Dichters in durchaus kritischer Absicht gezeichnet haben, scheint sich nahtlos die Äußerung zu fügen, die er kurz vor seinem Tode in einer Auseinandersetzung mit zeitgenössischen »Aufweichungstendenzen« tat. In seinen Gesprächen mit Eckermann übte er daran Kritik, »daß man jetzt auch in der Zurechnungsfähigkeit der Verbrecher anfange, weich und schlaff zu werden, und daß ärztliche Zeugnisse und Gutachten oft dahin gehen, dem Verbrecher an der verwirkten Strafe vorbeizuhelfen«.[91]

IX

Indessen verkürzt oder unterschlägt dieses Bild andere Seiten von Persönlichkeit und Werk. Goethe war keineswegs in allen Belangen ein unkritischer Apologet des Zeitgeistes.[92] Vielmehr nahm er sich auch in durchaus sozialkritischer Absicht der Kindsmordproblematik an. Das verrät sein im »Stil einer Volksballade«[93] gehaltenes Gedicht *Vor Gericht*.[94]

Es thematisiert zwar nicht unmittelbar die Fragen des Kindsmordes und der Todesstrafe, bezieht aber deutlich Stellung gegen das geltende Recht und die herrschende gesellschaftliche Praxis, die der Mutter eines unehelichen Kindes bei Kriminalstrafe die Bekanntgabe des Vaters abverlangten. Walter Müller-Seidel hat in einfühlsamer Weise den modernen, geradezu emanzipatorischen Gestus der selbstbewußten Frau herausgearbeitet, die sich nicht nur weigert, den Namen des Vaters mitzuteilen, sondern sich darüber hinaus in fast schon provokatorischer, die Gesellschaft herausfordernder Weise zu ihrer Liebesbeziehung bekennt.[95]

[90] Gordon A. Craig, Goethe als Staatsmann, in: ders., Die Politik der Unpolitischen. Deutsche Schriftsteller und die Macht 1770–1871. München 1996, S. 15–37 (24).

[91] Eckermann (Anm. 83), S. 394.

[92] Einen Revisionsversuch unternimmt Hans Christoph Buch, Der »menschlichste aller Menschen«. Retuschen an meinem Goethebild, in: Literaturmagazin 2 (Anm. 29), S. 49–67.

[93] Walter Müller-Seidel, Balladen und Justizkritik. Zu einem wenig bekannten Gedicht Goethes, in: Gedichte und Interpretationen, Bd. 2, Aufklärung, Sturm und Drang, hrsg. v. Karl Richter, Stuttgart 1993, S. 437–450 (440).

[94] Goethe, Sämtliche Gedichte, 1. Tl., München 1961 (dtv Gesamtausgabe, 1), S. 112.

[95] Müller-Seidel (Anm. 93), S. 447ff.

Diese Haltung bricht nicht nur mit der gängigen, überkommenen Vorstellung von der armen, verführten Unschuld, der reuigen und wehklagenden, zumindest leidenden Sünderin, wie sie etwa in zeitgenössischen Dramatisierungen[96] sowie in Schillers Gedicht *Die Kindsmörderin*[97] aufscheint. Sie weist das gesellschaftliche Anathema gegen uneheliche Mutterschaft zurück und reklamiert das Recht der Frau, in voller Freiheit und Selbstbestimmung solche Liebesbeziehungen – mit allen ihren Folgen – einzugehen.

X

Es gab demnach in Werk und Leben Goethes verschiedene Anlässe und Phasen, in deren Mittelpunkt das Thema der Todesstrafe stand oder die es wenigstens streiften. Da ist zum einen der biographische Kontext, der auf das geschichtliche Phänomen öffentlicher Hinrichtungen verweist. Da ist zum anderen der literarische Zugang zum Thema, der die Todesstrafe eher in den historischen oder zeitgeschichtlichen Zusammenhang einbettet. Und da existiert eben auch jene amtliche Sphäre, in der das Thema für den Juristen und Administrator Goethe virulent wird.

Läßt man diese in ganz unterschiedlichen Erlebens- und Wahrnehmungsbereichen angesiedelten Begegnungen mit jener Problematik Revue passieren, wird sehr rasch deutlich, daß sich der affirmative Bezug zum Thema aus durchaus verschiedenartigen Quellen speist. Die Art und Weise, in der sich Goethe im Rahmen seiner Amtsgeschäfte mit der Kriminalsanktion auseinandersetzt, trägt ganz und gar den Stempel der Zeit, ist ihr verhaftet. Hier dominiert das konservative, bewahrende Element, das ja auch in anderen zeitgeschichtlichen Zusammenhängen – etwa in der kritischen Distanz und Distanzierung von der Französischen Revolution – sichtbar wird.[98] Zum historischen Kolorit einer Handlung oder eines Geschehens zählt die Todesstrafe in jenen Dramen und literarischen Texten, in denen sie mehr oder minder beiläufig erwähnt wird.

[96] Z. B. im Trauerspiel Heinrich Leopold Wagners *Die Kindermörderinn.*

[97] Friedrich Schiller, Sämtliche Gedichte, 1. Tl., München 1995 (dtv Gesamtausgabe, 1), S. 43–46.

[98] Vgl. etwa Borchmeyer (Anm. 79). Goethe selbst hat sich aber durchaus gegen entsprechende Etikettierungen zur Wehr gesetzt: »Weil ich nun aber die Revolutionen haßte, so nannte man mich einen *Freund des Bestehenden.* Das ist aber ein sehr zweideutiger Titel, den ich mir verbitten möchte. Wenn das Bestehende alles vortrefflich, gut und gerecht wäre, so hätte ich gar nichts dawider. Da aber neben vielem Guten zugleich viel Schlechtes, Ungerechtes und Unvollkommenes besteht, so heißt ein Freund des Bestehenden oft nicht viel weniger als ein Freund des Veralteten und Schlechten.« (Eckermann, Anm. 83, S. 472)

Ein Beispiel dafür bildet etwa das Lustspiel *Die Mitschuldigen.*[99] Hier wird die Todesstrafe – gleichfalls – ein ums andere Mal paraphrasiert. Auf den Dieb, so heißt es, wartet der Galgen. Der Wirt, der erfährt, daß Alcestes Geld gestohlen worden ist, spricht das geflügelte Wort aus: »Den soll der Hencker holen, Den Dieb!«[100] Und Söller, der das Geld gestohlen hat, pariert mit dem Vorwurf, hält Alcest entgegen, daß dieser ihm, Söller, die Frau gestohlen habe: »Seyd erst nicht hängenswerth, wenn ihr uns hängen wollt.« »Ich stahl dem Herrn sein Geld, und er mir meine Frau.« Doch Alcest beharrt darauf: »An Galgen mit dem Dieb!«[101] Doch am Ende söhnen sich die beiden – für diesmal noch – miteinander aus.[102]

Hier fungiert die Todesstrafe gewissermaßen als eines jener geschichtlichen Versatzstücke, die gleichsam zur Abrundung und Beglaubigung der historischen Szenerie benötigt werden. Solche Passagen im Werk Goethes würden mit Sicherheit überinterpretiert werden, wenn man aus ihnen eine wertende Stellungnahme zur Todesstrafe herauslesen würde.

Schon anders lassen sich jene Textstellen deuten, die zwar den legitimatorischen Gestus erkennen lassen, aber durch die Art der Begründung verraten, daß Goethe – so er im Einzelfall nun in der Tat Position bezieht – alles andere als ein unkritischer Anhänger der Todesstrafe ist. Die Argumente, mit denen der Dichter hier jene Kriminalsanktion rechtfertigt, verweisen auf ein sozialpsychologisches Gespür und Räsonnement, angesichts dessen jedenfalls nachdenkliche Gegner der Todesstrafe nicht einfach zur Tagesordnung übergehen können.[103] Dabei mögen es weniger die Tragfähigkeit und Überzeugungskraft der Argumente selbst sein, als vielmehr die Weite des Horizonts, den sie hinsichtlich der gesellschaftlichen Reaktion auf Straftaten schlechthin erschließen. Da äußert sich ein Bewußtsein, das die Gefahren der durch die staatliche Strafrechtspflege nicht hinreichend gebundenen, ja gebannten sozialen Triebkräfte ahnt.

Weit über ein Jahrhundert später sollten ganze Theorien entstehen, die – namentlich auf psychoanalytischer und sozialpsychologischer Grundlage – zwar nicht die Todesstrafe selbst, wohl aber das Strafrecht im ganzen als Instrument zur Bändigung des gesellschaftlichen Leviathans zu begreifen

[99] Goethe, Die Mitschuldigen, in: ders., Frühe dramatische Dichtungen, München 1962 (dtv Gesamtausgabe, 7), S. 30–70.

[100] Goethe (Anm. 99), S. 42.

[101] Ebd., S. 68. Vgl. Reiner Stegbauer, Der Dieb dem Galgen. Die Entstehung der Hängestrafe als ordentliche Hinrichtungsform im germanischen Recht, Diss. jur., Erlangen-Nürnberg 1964. Daß man den Dieb hängen soll, kehrt als Gebot in verschiedenen mittelalterlichen Rechtssprichwörtern wieder (vgl. Günter Grundmann, Michael Strich, Werner Richey, Rechtssprichwörter, 2. Aufl., Leipzig 1982, S. 88ff.).

[102] Goethe (Anm. 99), S. 70.

[103] Vgl. Anm. 47 und 49.

suchten.[104] Solche Konzepte und Vorstellungen atmen alles andere als den fröhlichen Fortschrittsoptimismus, der vor allem noch die Zeit des ausgehenden 19. Jahrhunderts charakterisierte.[105] Aber sie vermitteln jenseits der Frage, ob sie ihrem Anspruch auf umfassende Erklärung des Wirkens der Strafrechtspflege überhaupt gewachsen sind, eine Ahnung von den Abgründen, die in den Seelen der Menschen schlummern, seien sie nun Täter, Opfer, Zuschauer – bei Hinrichtungen – oder die Gesellschaft im ganzen.

Immer dort, wo die Todesstrafe im Werk Goethes mehr darstellt als ein Rahmengeschehen oder ein geschichtliches Versatzstück, erschließen sich dem reflektierenden Geist Problemata, die keineswegs nur auf jene Kriminalsanktion beschränkt sind. Das ist nicht nur an den zitierten Stellen in *Dichtung und Wahrheit* und im *Wilhelm Meister* abzulesen, sondern auch und gerade an dem Gedicht *Vor Gericht* sowie der Kerkerszene in der späteren Fassung des *Faust*. Hier steht in der Tat die Berechtigung staatlichen Strafens im Falle des Kindsmordes zur Diskussion.

Deutlicher und unmittelbarer kann das Legitimationsproblem nicht artikuliert werden – wenngleich dies natürlich nichts an der lebensgeschichtlichen Bejahung der Todesstrafe ändert. Es sind also nicht nur Antworten, die uns das Werk Goethes in jener Hinsicht gibt, sondern vielmehr Fragen, die es uns aufgibt. Wer diesen Hintergrund nicht mitbedenkt, wird der Position des Dichters in der Sache selbst wohl schwerlich gerecht. Ob dahinter die affirmativen, konservativen Elemente im Werk und Leben verblassen, bleibt freilich allemal (auch) ein Problem der persönlichen Bewertung.

Manches an jener kritischen Infragestellung erinnert an die Haltung und Einstellung eines bedeutenden juristischen Zeitgenossen Goethes. Radbruch hat in seiner feinsinnigen Feuerbach-Biographie daran erinnert, daß der liberale Strafrechtsreformer mitnichten ein Gegner der Todesstrafe war, sich aber mit Nachdruck – und schließlich Erfolg – für deren Abschaffung gegen Kindsmörderinnen einsetzte.[106] Es mußte also einer nicht

[104] Vgl. Anm. 36.

[105] Vgl. Müller-Dietz, Gibt es Fortschritt im Strafrecht?, in: Heike Jung, Ulfrid Neumann, Heinz Müller-Dietz (Hrsg.), Perspektiven der Strafrechtsentwicklung. Ringvorlesung im Sommersemester 1994 an der Universität des Saarlandes, Baden-Baden 1996, S. 31–56.

[106] Radbruch (Anm. 56). Der Strafrechtler war auch ein großer Goethe-Kenner und -Verehrer (Klenner, in: Radbruch, Literatur- und kunsthistorische Schriften, Anm. 21, S. 381). Vgl. nur Radbruchs einschlägige Beiträge in diesem Band. Außer »Goethe: Straßburger Promotions-Thesen« (Anm. 21) sind vor allem zu nennen: Wilhelm Meisters sozial-politische Sendung (1919, S. 164–173), Wilhelm Meisters sozialistische Sendung (1944, S. 174–195), Goethe-Soziologie (1932, S. 196–198) und Ein Menschenleben: Goethe (1932, S. 213–216).

vom Geiste eines Pestalozzi sein, um die psychischen, seelischen und sozialen Deformationen zu eruieren, die im gesellschaftlichen und strafrechtlichen Umgang mit dem Phänomen des Kindsmordes zutage traten.

XI

Daß die Todesstrafe eine absolute Strafe ist, die das Recht, die Befugnis zur absoluten Verfügung über menschliches Leben voraussetzt, ist namentlich in der neueren Geschichte deutlich geworden. Mit der Trennung von Religion und Recht, Kirche und Staat ist sie ihres sakralen Charakters entkleidet worden. Sie bezog nunmehr ihre Legitimation aus dem Recht des absolutistischen Staates, über Wohl und Wehe seiner Untertanen zu verfügen. Dabei spielte natürlich das Korrespondenzverhältnis, das man zwischen Mord und Hinrichtung herstellte, eine bedeutsame Rolle.

In der Aufklärungszeit entstanden theoretische Versuche, die Todesstrafe gesellschaftsvertraglich zu legitimieren.[107] Doch die Konstruktion einer Einwilligung in die eigene Tötung für den Fall der Ermordung eines anderen hatte keineswegs jene Logik für sich, die allgemein überzeugen konnte. Dies galt erst recht dann, wenn man die Auffassung vertrat, daß das Individuum nicht befugt sei, über sein eigenes Leben zu verfügen.[108]

Im 20. Jahrhundert sind es namentlich zwei Arten von Staaten, die auf die Todesstrafe nicht verzichten zu können glauben, ja, mehr noch die sie als ein wesentliches Fundament ihrer Herrschaft und Herrschaftspraxis begreifen: totalitäre und autoritäre Regimes auf der einen Seite sowie fundamentalistische Staaten, in denen noch die Einheit von Recht und Glauben beansprucht oder wenigstens behauptet wird, auf der anderen Seite. Daß auch nach wie vor Staaten demokratischen Anspruchs oder Zuschnitts das Recht absoluter Verfügung über Leben und Tod ihrer Bürger – auch jenseits des sog. Verteidigungsfalles – für sich reklamieren,[109] mag im Blick auf die Entstehungsgeschichte der Demokratie Rousseauscher Prägung kein bloßer Zufall sein. In diesem Sinne gilt es als eine geradezu

[107] Protagonisten dieser Auffassung waren namentlich Jean-Jacques Rousseau selbst und Filangieri (vgl. Seelmann, Anm. 76).

[108] So etwa Beccaria (Anm. 74), S. 110.

[109] Zur aktuellen Situation Roderich Martis, Die Funktionen der Todesstrafe. Eine kritische Analyse zur Realität der Todesstrafe in der Gegenwart, Bonn 1991; Koichi Miyazawa, Die Todesstrafe in Japan, in: Strafgerechtigkeit. Festschrift für Arthur Kaufmann zum 70. Geburtstag, Heidelberg 1993, S. 729–741; Petra Schmidt, Die Todesstrafe in Japan, Hamburg 1996 (Veröffentlichungen der Deutsch-Japanischen Juristenvereinigung, 5).

moderne Erkenntnis, daß die Souveränität eines Staates jedenfalls auch in der Befugnis zum Ausdruck kommt, die Todesstrafe zu verhängen und zu vollstrecken. So lautet denn auch eine Schlüsselpassage bei Camus, der ja dem Staat ein solches Recht abgesprochen hat: »Die Hinrichtung eines Menschen untersagen, hieße öffentlich verkünden, daß die Gesellschaft und der Staat keine absoluten Werte sind und daß nichts sie dazu ermächtigt, endgültige Gesetze zu erlassen und Nichtwiedergutzumachendes zu schaffen.«[110]

[110] Camus (Anm. 33), S. 211.

THOMAS NUTZ

VERGELTUNG ODER VERSÖHNUNG?

Strafvollzug und Ehre in Schillers *Verbrecher aus Infamie*

Mit Cesare Beccarias Werk *Dei delitti e delle pene* wurde 1764 in ganz Europa ein strafrechtlicher und kriminalpolitischer Diskurs eingeleitet, der einen tiefgreifenden Reformprozeß des gesamten Bereichs des Strafrechts und Strafvollzugs initiierte – mit dem Ziel, diesen »geregelter, wirksamer, beständiger und präziser [zu] machen«.[1] In Deutschland erreichte der sich neu formierende Diskurs 1777 mit der von Voltaire mitinitiierten Preisfrage der Ökonomischen Gesellschaft in Bern über den »vollständigsten und ausführlichsten Plan einer guten Kriminalgesetzgebung« einen ersten Höhepunkt und nahm danach ein solches Ausmaß an, daß ihn der französische Jurist Jacques-Pierre Brissot de Warville als »gouffre inépuisable«[2] bezeichnen konnte; denn die Trägerschicht waren nicht allein Juristen, sondern auch die breite Öffentlichkeit nahm daran mit wachsendem Interesse teil: Kriminalpolitik war insbesondere im »schreibseligen Deutschland« zu einem »Modeartikel« geworden.[3]

Als Teil dieses Diskurses ist auch der in den 1780er Jahren einsetzende Boom der Kriminalgeschichten zu sehen, die in Zeitschriften wie der *Berlinischen Monatsschrift*, dem *Magazin zur Erfahrungsseelenkunde*, dem *Journal von und für Deutschland* oder *Für Aeltere Litteratur und Neuere*

[1] Michel Foucault, Überwachen und Strafen. Die Geburt des Gefängnisses, Frankfurt/M. 1977, S. 103.

[2] Zit. n. Louis Günther, Die Strafrechtsreform im Aufklärungszeitalter, in: Archiv für Kriminalanthropologie und Kriminalistik 28, 1907, S. 112–193 u. 225–291, S. 130. Einige der bekannteren zeitgenössischen Reformschriften seien hier genannt: Justus Claproth, Ohnmasgeblicher Entwurf eines Gesetzbuches, Frankfurt/M. 1773; Johann C. von Quistorp, Ausführlicher Entwurf zu einem Gesetzbuch in peinlichen und Strafsachen, Rostock 1782; Julius v. Soden, Geist der teutschen Criminal-Geseze, 3 Bde, Dessau 1782/83; Ernst Carl Wieland, Geist der peinlichen Gesetze, 2 Tle., Leipzig 1782/83; Ernst von Globig, Hans G. Huster, Abhandlung von der Criminal-Gesetzgebung. Eine von der Ökonomischen Gesellschaft in Bern gekrönte Preisschrift, Zürich 1783; Christian G. Gmelin, Grundsätze der Gesetzgebung über Verbrechen und Strafen, Leipzig 1786.

[3] Eduard Henke, Grundriß einer Geschichte des deutschen peinlichen Rechts, 2 Bde, Sulzbach 1809, Bd. 2, S. 314. Man vergleiche nur Georg Wilhelm Böhmer, Handbuch der Litteratur des Criminalrechts in seinen allgemeinen Beziehungen, Göttingen 1816, S. 259–310, der nicht weniger als 59 Schriften verzeichnet.

Lectüre veröffentlicht wurden und der seinen Höhepunkt in den Sammelbänden der 1790er Jahre erlebte.[4] Der prominenteste Vertreter und Innovator dieses Genres der Kriminalerzählung der Spätaufklärung war August Gottlieb Meißner mit seinen seit 1778 erscheinenden *Skizzen*,[5] der aber schließlich von Friedrich Schiller mit seiner 1786 erstmalig veröffentlichten Erzählung *Verbrecher aus Infamie*[6] verdrängt wurde, die »zum neuen mustergültigen Text« dieses Genres avancierte.[7]

Dieses Interesse nicht nur der gelehrten Öffentlichkeit, sondern auch breiterer Leserkreise versuchte Schiller als Herausgeber der Zeitschrift *Thalia* ökonomisch zu nutzen, indem er mit einem »Modestoff«, wie er an Christian Gottfried Körner schrieb, der als »Lockspeise« dienen sollte, möglichst viele Leser in »allen Klaßen, um deren Geld es uns zu thun ist«, zu erreichen suchte.[8] Andererseits geht es Schiller in seinem didaktischen Anspruch, »erzieherisch auf die breite Masse einzuwirken«,[9] mit dieser Erzählung aber vor allem um die »Belehrung« und »Bildung« (S. 8) seiner Leser, wie er in der Einleitung ankündigt. Sein Ziel ist, anhand eines

[4] Z. B. Karl Friedrich Müchler, Kriminalgeschichten. Aus gerichtlichen Akten gezogen, Berlin 1792; Sammlung merkwürdiger Rechtsfälle aus dem Gebiete des peinlichen Rechts. Ein Lesebuch für Juristen und Nichtjuristen, Nürnberg 1794; Karl Friedrich Bühler, Kriminalfälle für Rechtskundige und Psychologen, Frankfurt, Leipzig 1794; Friedrich Schiller, Friedrich I. Niethammer (Hrsg.), Merkwürdige Rechtsfälle als ein Beitrag zur Geschichte der Menschheit. Nach dem Französischen Werke des Pitaval durch mehrere Verfasser ausgearbeitet und mit einer Vorrede begleitet, 4 Bde, Jena 1792–1795; Schauplatz der ausgearteten Menschheit oder Nachrichten von den merkwürdigsten Lebensumständen berüchtigter Bösewichter und Betrüger, Gotha u. a. 1799 (den Hinweis auf diesen Text verdanke ich Walter Müller-Seidel).

[5] August Gottlieb Meißner, Skizzen, 1.–14. Sammlung, Leipzig 1778–1796.

[6] Die Erzählung erschien zuerst anonym in der *Thalia* (1, 1786, H. 2, S. 20–58). 1792 erschien sie erneut in den *Kleinen prosaischen Schriften*, 1. Tl., Leipzig 1792, S. 291–345 unter dem geänderten Titel *Der Verbrecher aus verlorener Ehre*. Im folgenden zitiere ich mit Angabe der Seitenzahlen nach der ersten Ausgabe, abgedruckt in: Schillers Werke, Nationalausgabe, Bd. 16, hrsg. v. Hans H. Borcherdt, Weimar 1954, S. 7–29.

[7] Holger Dainat, Der unglückliche Mörder. Zur Kriminalgeschichte der deutschen Spätaufklärung, in: Zeitschrift für Deutsche Philologie 107, 1988, S. 517–541, S. 519. Vgl. zur Typologie des Genres insbesondere Jörg Schönert, Zur Ausdifferenzierung des Genres ›Kriminalgeschichten‹ in der deutschen Literatur vom Ende des 18. bis zum Beginn des 20. Jahrhunderts, in: ders., Literatur und Kriminalität. Die gesellschaftliche Erfahrung von Verbrechen und Strafverfolgung als Gegenstand des Erzählens. Deutschland, England und Frankreich 1850–1880, Tübingen 1983, S. 96–125; zur Phaseneinteilung ebenso ders., Kriminalgeschichten in der deutschen Literatur zwischen 1770 und 1890, in: Geschichte und Gesellschaft 9, 1983, S. 49–68, S. 56–62.

[8] So Schiller in einem Brief an Körner vom 12. Juni 1788, in: Schillers Werke, Nationalausgabe, Bd. 25, hrsg. v. Eberhard Haufe, Weimar 1979, S. 70f.

[9] Dazu insbesondere John A. McCarthy, Die republikanische Freiheit des Lesers. Zum Lesepublikum von Schillers »Der Verbrecher aus verlorener Ehre«, in: Wirkendes Wort 29, 1979, S. 28–43, S. 31 u. 33.

exemplarischen Falles zu zeigen, wie kriminelles Verhalten entsteht, welche psychischen und sozialen Faktoren es bedingen und auslösen können.

Schillers Interesse am kriminellen Verhalten wird durch den Fragehorizont der »Seelenlehre« genährt, die sich, am Verfahren der medizinischen Wissenschaften orientierend, den Verirrungen der menschlichen Seele als Forschungsgegenstand zuwenden sollte: »Die Heilkunst und Diätetik, wenn die Ärzte aufrichtig sein wollen, haben ihre besten und heilsamsten Vorschriften vor Kranken und Sterbebetten gesammelt. Leichenöffnungen, Hospitäler und Narrenhäuser haben das helleste Licht in der Phisiologie angezündet. Die Seelenlehre, die Moral, die gesetzgebende Gewalt sollten billig diesem Beispiel folgen, und ähnlicherweise aus Gefängnissen, Gerichtshöfen und Kriminalakten – den Sektionsberichten des Lasters – sich Belehrungen holen.«[10]

Der Erzählung liegt die Lebensgeschichte des schwäbischen Räubers Friedrich Schwan, genannt Sonnenwirt (1729–1760), zugrunde. Die Forschung nimmt an, Schiller habe den Stoff von seinem Lieblingslehrer an der Hohen Karlsschule, Jakob Friedrich Abel, übernommen.[11] Abels Vater hatte Schwan als Oberamtmann in Vaihingen an der Enz festgenommen und verhört. Abel hat die *Lebens-Geschichte Fridrich Schwans* selbst 1787 veröffentlicht. Er wollte damit vor allem zeigen, daß »alle Begebenheiten des Menschen nach bestimmten physischen und psychologischen Gesezen erfolgen«.[12] Anhand des Falles des Sonnenwirtes versucht er die Abhängigkeit der psychischen Entwicklung von den sozialen Faktoren darzustellen: Schwan »trug ... den Keim jeder grosen Tugend und jedes grosen La-

[10] Diese Stelle findet sich nur in der ersten Fassung der Erzählung (Nationalausgabe, Bd. 16, Anm. 6, S. 405).

[11] So z. B. Hans H. Borcherdt, Nationalausgabe, Bd. 16 (Anm. 6), S. 402f.; ebenso Helmut Koopmann, Schiller-Kommentar, Bd. 1, München 1969, S. 225, der annimmt, daß zwar »Schiller den Stoff in seiner Erzählung seinem Lehrer ... Abel« verdanke, aber »Abel erst im Anschluß an die Schillersche Erzählung seinen Bericht« abgefaßt habe. Vgl. zu Abels Aktivitäten als Illuminat in Stuttgart und Schillers Verhältnis zu dem Orden Hans-Jürgen Schings, Die Brüder des Marquis Posa. Schiller und der Geheimbund der Illuminaten, Tübingen 1996, S. 23ff. Abel war mit seiner auf empirischer Menschenbeobachtung beruhenden Anthropologie der Hauptanreger von Schillers Interesse an der »Seelenlehre« (vgl. z. B. Jakob Friedrich Abel, Einleitung in die Seelenlehre, Stuttgart 1786). Siehe auch Wolfgang Riedel, Die Anthropologie des jungen Schiller. Zur Ideengeschichte der medizinischen Schriften und der »Philosophischen Briefe«, Würzburg 1985, S. 18ff.

[12] Jakob Friedrich Abel, Lebens-Geschichte Fridrich Schwans, in: ders., Sammlung und Erklärung merkwürdiger Erscheinungen aus dem menschlichen Leben, Tl. 2, Stuttgart 1787, S. 1–86, S. 2.

sters mit sich, und es hieng nur von der äusserlichen Lage ab, ob er Brutus oder Catilina werden sollte.«[13]

Wie Abel geht es Schiller nicht um die Tat, sondern vor allem um den Täter, dessen persönliche Umstände, seinen Entwicklungsgang und seine »Moralität«: »An seinen Gedanken liegt uns unendlich mehr als an seinen Taten, und noch weit mehr an den Quellen seiner Gedanken als an den Folgen jener Taten« (S. 8–9).[14] Er verfolgt mit seiner Erzählung damit eine ähnliche Intention, wie sie auch die Schaubühne erfüllen sollte: »Wenn sie die Summe der Laster weder tilgt noch vermindert, hat sie uns nicht mit denselben bekannt gemacht? Mit diesen Lasterhaften, diesen Toren müssen wir leben. Wir müssen ihnen ausweichen oder begegnen; wir müssen sie untergraben oder ihnen unterliegen. Jetzt aber überraschen sie uns nicht mehr. Wir sind auf ihre Anschläge vorbereitet. Die Schaubühne hat uns das Geheimnis verraten, sie ausfindig und unschädlich zu machen. Sie zog dem Heuchler die künstliche Maske ab und entdeckte das Netz, womit uns List und Kabale umstrikten.«[15]

Mit dieser Intention hebt sich Schiller ab von der »massenhaft verbreiteten Literaturgattung«, den sogenannten »Historischen Relationen«,[16] die, als Strafprozeßgeschichten konzipiert, vor allem die Tat, die Ergreifung, die Untersuchung und die Hinrichtung des Täters erzählen. Sie verfolgen das gleiche Ziel wie der Strafvollzug des Ancien régime: »Abschröckung«, wie noch die beiden Strafrechtsreformer Ernst von Globig und Hans Georg Huster 1783 betonten. Diese Texte sind die literarische Umsetzung des Prinzips, »daß die Strafe öffentlich geschehen«[17] müsse, indem sie das ›Abschreckungstheater‹ in schriftlicher Form darstellen und damit ein größeres Publikum als die Hinrichtung allein erreichen. Ziel

[13] Ebd., S. 2.

[14] Vgl. zu Schillers »Blickwendung von der Tat auf den Täter« Erik Wolf, Vom Wesen des Rechts in deutscher Dichtung. Hölderlin/Stifter/Hebbel/Droste, Frankfurt/M. 1944, S. 246f.; s. auch Gerd Kleinheyer, Wandlungen des Delinquentenbildes in den Strafrechtsordnungen des 18. Jahrhunderts, in: Bernhard Fabian u. a. (Hrsg.), Deutschlands kulturelle Entfaltung 1763–1790, München 1980, S. 227–246.

[15] Friedrich Schiller, Was kann eine gute stehende Schaubühne eigentlich wirken?, in: Schillers Werke, Nationalausgabe, Bd. 22, Tl. 1, hrsg. v. Benno v. Wiese, Weimar 1962, S. 87–100, S. 95f.

[16] Klaus Oettinger, Schillers Erzählung »Der Verbrecher aus Infamie«. Ein Beitrag zur Rechtsaufklärung der Zeit, in: Jahrbuch der Deutschen Schillergesellschaft 16, 1972, S. 266–276, S. 270f. Weitere Beispiele dieses Genres finden sich im Quellenverzeichnis bei Uwe Danker, Räuberbanden im Alten Reich um 1700, Frankfurt/M. 1988, S. 608–626.

[17] Globig, Huster (Anm. 2), S. 60. Siehe zur »Homologie des Abschreckungskalküls in poetologisch-ästhetischen und juridischen Diskursen«: Carsten Zelle, Strafen und Schrekken. Einführende Bemerkungen zur Parallele zwischen dem Schauspiel der Tragödie und der Tragödie der Hinrichtung, in: Jahrbuch der Deutschen Schillergesellschaft 28, 1984, S. 76–103, hier S. 78.

dieses Abschreckungstheaters ist es, beim Publikum »Abscheu« zu erregen, sowohl gegen den Delinquenten als auch gegen dessen Tat.

Schiller verfolgt mit seiner Erzählung eine ganz entgegengesetzte Konzeption: Es geht ihm darum, »den grausamen Hohn und die stolze Sicherheit« auszurotten, »womit gemeiniglich die ungeprüfte aufrechtstehende Tugend auf die gefallne herunterblickt« und den »sanften Geist der Duldung« (S. 9) zu verbreiten.[18] Die Intention, beim Leser Mitleid hervorzurufen, beeinflußt auch die Darstellungsweise. Die Lücke zwischen der »heftigen Gemütsbewegung des handelnden Menschen und der ruhigen Stimmung des Lesers« (S. 8) müsse geschlossen werden, wenn sich die Erzählung nicht »mit einem armseligen Verdienst um unsre Neugier begnügen« (S. 8) will. Wenn sie gleichzeitig die »republikanische Freiheit des Lesers« nicht beleidigen und belehren soll, so gibt es nur eine Möglichkeit: »Der Held muß kalt werden wie der Leser ..., wir müssen mit ihm bekannt werden, eh' er handelt.« (S. 8)

Obwohl die Erzählung primär als Beitrag zur Seelenlehre konzipiert ist, finden sich in ihr gleichzeitig eminent gesellschafts- und justizkritische Passagen.[19] Denn die Erzählung macht an einem Beispiel deutlich, daß die Ursachen kriminellen Verhaltens vor allem in der Behandlung des Delinquenten durch die Justiz, in der Strafvollzugspraxis und Kriminalpolitik des Ancien régime liegen. Ähnlich hat es auch Müchler gesehen: »Ein unglücklicher Zusammenfluß kleiner, oft völlig unbedeutend erscheinender Umstände machte diesen zum Dieb und jenen zum Mörder, und oft würde selbst der aufmerksamste Beobachter nicht wissen, wen er mehr anklagen solle: ob die Mängel unsrer Verfassung und Gesetzgebung, denen man oft die Komplicität bei Verbrechen vorwerfen kann, oder den unglücklichen Verbrecher?«[20]

Im folgenden soll versucht werden, diese justizkritischen Töne herauszuarbeiten, wobei besonderes Augenmerk auf die Problematik der Ehre im

[18] Das sollte auch die Bühne leisten: »Aber nicht genug, daß uns die Bühne mit Schicksalen der Menschheit bekannt macht, sie lehrt uns auch gerechter gegen den Unglücklichen zu sein und nachsichtsvoller über ihn richten. Denn nur, wenn wir die Tiefe seiner Bedrängnis ausmessen, dürfen wir das Urteil über ihn aussprechen« (Schiller, Schaubühne, Anm. 15, S. 96f.).

[19] Unlängst hat Walter Müller-Seidel wieder auf die »sehr modern anmutende Rechts- und Justizkritik« bei Schiller hingeweisen (Walter Müller-Seidel, Schiller. Klassik und Modernität, in: Bayerische Akademie der schönen Künste. Jahrbuch 10, 1996, S. 90).

[20] Müchler (Anm. 4), S. 10.

Kontext des zeitgenössischen Strafvollzugsdiskurses gelegt werden soll.[21] Darüber hinaus soll untersucht werden, welche Position Schiller in diesem Diskurs einnimmt; welche Elemente er übernimmt, welche er ablehnt und welche Strategien er vorschlägt.

[21] Darauf hingewiesen zu haben, daß die Erzählung ein Beitrag zur Rechtsaufklärung der Zeit ist, ist das Verdienst Klaus Oettingers (Anm. 16). Er arbeitet jedoch nur heraus, daß Schiller eine Justizpraxis kritisiert, die »sich ausschließlich an den strafbaren Tatbestand, nicht aber an die ›Moralität‹ des Verbrechers hält«, d. h. nur die Tat, nicht die Psyche des Täters berücksichtigt (Ebd., S. 270). Das Problem von Strafvollzug und Ehre in der Erzählung ist in der Sekundärliteratur noch nicht bearbeitet worden. Die Forschungsliteratur zur Erzählung läßt sich (in Anlehnung an die Kriterien von Achim Aurnhammer, Engagiertes Erzählen: »Der Verbrecher aus verlorener Ehre«, in: ders. [Hrsg.], Schiller und die höfische Welt, Tübingen 1990, S. 254–270, S. 255) in vier Gruppen gliedern: 1. Sozialgeschichtliche Studien, die im Kriminellen einen »Asozialen« und »sozialen Rebell« sehen: Thomas Salumets, Der Verbrecher aus verlorener Ehre: zur Soziogenese der Französischen Revolution, in: Timm Eitel (Hrsg.), Geist und Gesellschaft. Zur deutschen Rezeption der Französischen Revolution, München 1990, S. 23–35; Gerhard Kaiser, Der Held in den Novellen »Eine großmütige Handlung, aus der neuesten Geschichte« und »Der Verbrecher aus verlorener Ehre«, in: ders., Von Arkadien nach Elysium. Schillerstudien, Göttingen 1978, S. 45–58; Anke Bennholdt-Thomsen, Alfredo Guzzoni, Der »Asoziale« in der Literatur um 1800, Frankfurt/M. 1979, S. 122–136; Lesley Sharpe, »Der Verbrecher aus verlorener Ehre«: An Early Exercise in Schillerian Psychology, in: German Life & Letters 33, 1979, S. 102–110. – 2. Geistes- und rechtsgeschichtlicher Kontext: Gerhard Neumann, Die Anfänge deutscher Novellistik: Schillers »Verbrecher aus verlorener Ehre« – Goethes »Unterhaltungen deutscher Ausgewanderten«, in: Wilfried Barner, Eberhard Lämmert, Norbert Oellers (Hrsg.), Unser Commercium. Goethes und Schillers Literaturpolitik, Stuttgart 1984, S. 433–460; Wolfgang Schild, Schillers »Verbrecher aus verlorener Ehre«. Gedanken zu einem juristisch-hermeneutischen Handlungsbegriff, in: Winfried Hassemer (Hrsg.), Dimensionen der Hermeneutik. Arthur Kaufmann zum 60. Geburtstag, Heidelberg 1984, S. 111–133; Gert Sautermeister, Unverjährte Aufklärung: Schillers »Der Verbrecher aus verlorener Ehre«, in: Die Horen 30, 1985, S. 273–279; Steven D. Martinson, Friedrich Schiller's »Der Verbrecher aus verlorener Ehre«, or the Triumph of the Moral Will, in: Sprachkunst 18, 1987, S. 1–9. – 3. Einordnung der Erzählung in die Gattungen »Novelle« oder »Kriminalerzählung«: Edgar Marsch, Die Kriminalerzählung. Theorie – Geschichte – Analyse, München 1972, S. 105–121; Adolf Haslinger, Friedrich Schiller und die Kriminalliteratur, in: Sprachkunst 2, 1971, S. 173–187. – 4. Rezeptionsästhetische Arbeiten: John McCarthy (Anm. 9); Gerhard Köpf, Friedrich Schiller, »Der Verbrecher aus verlorener Ehre«. Geschichtlichkeit, Erzählstrategie und »republikanische Freiheit« des Lesers, München 1978. – Bei meiner Analyse stütze ich mich auf Pierre Bourdieus Konzeption der Ehre als »symbolisches Kapital«, die er in folgenden Publikationen entwickelt hat: Pierre Bourdieu, Entwurf einer Theorie der Praxis auf der ethnologischen Grundlage der kabylischen Gesellschaft, Frankfurt/M. 1976, S. 335 ff.; ders., Ökonomisches Kapital, kulturelles Kapital, soziales Kapital, in: Reinhard Kreckel (Hrsg.), Soziale Ungleichheiten, Göttingen 1983, S. 183–198; ders., Sozialer Raum und ›Klassen‹. Zwei Vorlesungen, Frankfurt/M. 1985, S. 10 ff. Zu Bourdieus Theorie der Ehre siehe Ludgera Vogt, Zur Logik der Ehre in der Gegenwartsgesellschaft: Differenzierung, Macht, Integration, Frankfurt/M. 1997, S. 104–152, insbesondere als symbolisches Kapital S. 121–143.

1. DER »AUSWEG, HONETT ZU STEHLEN«

Christian Wolf ist von vorneherein »Außenseiter« der Gesellschaft.[22] Von Geburt an ist er stigmatisiert durch schwächliche, abnorme Körperbildung: »Eine kleine unscheinbare Figur, krauses Haar von einer unangenehmen Schwärze, eine plattgedrückte Nase und eine geschwollene Oberlippe ..., gab seinem Anblick eine Widrigkeit, welche alle Weiber vor ihm zurückscheuchte und dem Witz seiner Kameraden eine reichliche Nahrung darbot« (S. 10).

Es mangelt ihm also an Ansehen seiner Altersgenossen und vor allem seitens des weiblichen Geschlechts. Sein Stolz und seine Weichlichkeit lassen ihn sich nicht mit dem ihm zuerkannten niederen Rang innerhalb der dörflichen Gemeinschaft abfinden: »Die Verachtung seiner Person hatte früh seinen Stolz verwundet, und zündete endlich einen schleichenden Unmut in seinem Herzen an, welcher nie mehr erloschen ist. Er wollte ertrotzen, was ihm verweigert war« (S. 10).

So wird er Wilddieb, eine der wenigen Möglichkeiten, »honett zu stehlen« (S. 10). Normalerweise war im 18. Jahrhundert jede Form des Diebstahls entehrend. Daß aber das Wildern nicht nur nicht entehrend war, sondern geradezu als eine Möglichkeit erscheint, symbolisches Kapital der Ehre anzuhäufen, in der dörflichen Gemeinschaft zu einer geachteten Stellung zu kommen, hat mehrere Gründe: Zum einen die kritische Haltung der bäuerlichen Bevölkerung gegenüber dem Jagdmonopol des Landesherrn – diesem gehörte alles herrenlose Gut, also auch das Wild –, eine Haltung, die zudem besonders durch die Flurschäden genährt wurde, die das Wild auf den bäuerlichen Besitzungen anrichtete, das eine ständige Bedrohung der Felder und Gärten darstellte[23] und damit dem Wilderer, der den schädlichen Wildbestand dezimierte, den Rückhalt der Bauern sicherte. Zum anderen hatte der Wilddieb eine wichtige Rolle in der von Armut geprägten dörflichen Gemeinschaft: die Versorgung mit Fleisch, das er zumeist verschenkte oder sehr billig weitergab. Er nahm den Reichen und gab den Armen.[24] Darüber hinaus war das Wildern für ein junges Mitglied der dörflichen Unterschicht ein Initiationsritual, eine Art Mutprobe, die seine ›Schneidigkeit‹ unter Beweis stellte, was sich in einem am

[22] Kaiser (Anm. 21), S. 52.

[23] Roland Girtler, Wilderer. Soziale Rebellen im Konflikt mit dem Jagdherren, Linz 1988, S. 22. Bei Schiller taucht dies auch zur Rechtfertigung des Wilderns auf: Er spricht von Schweinen, »die der Fürst auf unsern Äckern und Feldern füttert« (S. 20). Vgl. auch Jhy-Wey Shieh, Kommt ein Wilderer dem Förster ins Gehege ... Zum Wilderer-Motiv in der deutschen Literatur, Bielefeld 1995, S. 26–60, zu Schiller S. 205 f.

[24] Girtler (Anm. 23), S. 40.

Jäger orientierten, die Regeln des Jagens beherrschenden Verhalten und einem den Nachstellungen des Jägers geschickten Sich-Entziehen äußerte.

Diese Faktoren entscheiden über seinen Rang innerhalb der Gruppe der jungen Männer, wobei dem erfolgreichen Wildschützen das stärkste Interesse der Mädchen gilt, sein Wert auf dem Heiratsmarkt steigt.[25] Den Gipfelpunkt an Ehre erreicht der Wilderer dann, wenn er die Attribute eines erfolgreichen Jägers in der Öffentlichkeit tragen kann (in Oberbayern und Österreich zum Beispiel den Gamsbart am Hut), er sich als Wilderer öffentlich bekennen kann, im Vertrauen auf seine Fähigkeiten, den Nachstellungen des Jägers weiterhin auszuweichen. Parallel dazu richtet sich die Höhe der dem Jäger zugestandenen Ehre danach, wieviele Wilderer er gestellt hat; je mehr Ehre ein gestellter Wilderer besaß, um so mehr Ehre fiel dem Jäger zu. Der Kampf um das ökonomische Kapital (das Wild) wird direkt in symbolisches Kapital (die Ehre) transformiert, welches dann direkt am Liebes- und Heiratsmarkt wieder investiert werden kann.

Schiller verdeutlicht diesen Sachverhalt in der Inszenierung seiner Figuren: Das Duell zwischen Jäger und Wilderer um das ökonomische wie symbolische Kapital (Wild und Ehre) wird dadurch zugespitzt, daß es nicht nur um das knappe Gut Ehre, sondern auch um dasselbe Investitionsobjekt des angehäuften Kapitals geht: um Hannchen, die Geliebte Wolfs und Roberts. Wolf gelingt es aber nicht, sich in diesem Duell zu behaupten, er verliert – und damit auch seine als Wilderer erworbene Ehre innerhalb der dörflichen Gemeinschaft und seine Geliebte Johanne. Aber er verliert dadurch noch nicht seine ganze Ehre – diese nimmt ihm erst der Staat.

2. IUS TALIONIS

Schillers Justizkritik richtet sich nicht nur gegen einzelne Aspekte, sondern gegen das Grundprinzip des staatlichen Strafens im Ancien régime: das Vergeltungsprinzip. Er führt vor, wie sich dieses Prinzip selbst ad absurdum führt: Durch die Wahl des Delikts des Wilddiebstahls verdeutlicht er,[26] daß jedes Verbrechen nicht nur das Opfer, sondern direkt den Landesherrn angreift, da das gebrochene Gesetz der Wille des Souveräns war: »Supposé même qu'il n'y ait ni tort ni injure à l'individu, si l'on a commis quelque chose que la loi ait défendu, c'est un délit qui demande réparation,

[25] Ebd., S. 29.

[26] Eine geschickte Wahl, denn andererseits ist der Wilddiebstahl sowohl für die dörfliche Gemeinschaft als auch für den zeitgenössischen Leser kein entehrendes Verbrechen, sondern ein Kavaliersdelikt, womit der Leser für Wolf eingenommen bleibt.

parce que le droit du supérieur est violé et que c'est faire injure à la dignité de son charactère.«[27]

Der Wilddiebstahl stellt darüber hinaus, abgesehen vom Gesetzesbruch, eine direkte Verletzung der Eigentumsrechte des Landesherrn, eine direkte Beleidigung seiner Person dar, die notwendigerweise nach Wiedergutmachung verlangt und direkt die Rache des Regenten herausfordern muß. Welche zentrale Rolle der Vergeltungsgedanke am Ende des 18. Jahrhunderts spielte, trotz der Abkehr der strafrechtlichen Aufklärer der 1770er und 1780er Jahre von der Vergeltung als oberstem Strafzweck zu general- und spezialpräventiven Strafzwecken,[28] verdeutlicht folgendes Beispiel: Der preußische Strafrechtsreformer Ernst Ferdinand Klein bezeichnet 1799 den Gesetzesbrecher als »Beleidiger«, der nicht nur den »Beleidigten« kränkte, sondern auch »die Obrigkeiten selbst«, die sich »durch die ihren Untergebenen zugefügten Beleidigungen an ihrer Ehre und an ihren Rechten gekränkt« fühlten. Die Strafe, die er auch als »öffentliche Genugtuung« bezeichnet, wird bei ihm noch als Übernahme der »Privatrache« durch den Staat, die auf dem Recht der Selbstverteidigung gründet, definiert.[29]

Die Beleidigung kann mit einer Geldstrafe, als Ersatz für das geraubte Wild, gesühnt werden, die ihrerseits dem Beleidiger, als Ersatz für die Beleidigung der Ehre des Souveräns, ein Stück seiner Ehre nimmt.[30] Diesen Angriff auf seine Ehre, der zum Zweck der Abschreckung immer etwas mehr als die Beleidigung des Souveräns wiegen muß, muß Wolf, der im Sinne Schillers mit positiven Eigenschaften wie Stolz und Ehrbewußtsein ausgestattet ist, seinerseits als Beleidigung auffassen, so daß auch er mit »Rache« (S. 11) reagiert, und zu »beleidigtem Stolze« gesellte sich bei ihm auch noch das »Gefühl des Mangels« (S. 11). Er setzt das Wildern fort, in dem Bedürfnis, seine Ehre wiederherzustellen, zunehmend aber auch

[27] Paul Risi, Observations sur des matières de jurisprudence criminelle, Paris 1768, S. 9.

[28] Kleinheyer (Anm. 14), S. 233. Zumeist rückte der Zweck der Abschreckung in den Vordergrund; vgl. Louis Günther, Die Idee der Wiedervergeltung in der Geschichte und Philosophie des Strafrechts, 2. Abt., Altenburg 1891, S. 234f.

[29] Ernst Ferdinand Klein, Ueber die Natur und den Zweck der Strafe, in: Archiv des Criminalrechts, 1799, Bd. 2, Stück 1, S. 74–114, S. 80f. Ernst Ferdinand Klein ist verantwortlich für den strafrechtlichen Teil des *Allgemeinen Landrechts für die Preußischen Staaten* von 1794. Vgl. z.B. Eckhart Hellmuth, Ernst Ferdinand Klein (1744–1810), in: Aufklärung 2, 1987, S. 121–124.

[30] Nach Bourdieu sind symbolisches und ökonomisches Kapital direkt konvertierbar. Dies taucht bereits 1770 bei Sonnenfels auf: »Die Ehre, wie sie hier genommen wird, ist die Achtung von der Rechtschaffenheit eines Bürgers. Diese Achtung ist mit bürgerlichen Folgen verknüpft. Was einem Bürger derselben entsetzet, raubt ihm wirkliche Vortheile, und beschädigt denselben wahrhaft« (Josef v. Sonnenfels, Grundsätze der Polizey-, Handlungs- und Finanzwissenschaft, Tl. 1, Wien 1770, S. 324f.).

durch die ökonomische Notlage gezwungen. Dieses gegenseitige Sich-Hochschaukeln der Rachereaktion, angetrieben durch das Prinzip der doppelten Strafverschärfung bei Rückfall, führt nun dazu, daß der Delinquent für das gleiche Delikt mit einer nicht mehr im Verhältnis zum Delikt stehenden Strafe, wie Festungsstrafe und Infamie, belegt wird. Dieses für den Zweck der Abschreckung kalkulierte Strafmaß der völligen Entehrung steht in einem krassen Mißverhältnis zu einem Delikt, das bei der Bevölkerung als nicht entehrend gilt – ein Sachverhalt, der für den Delinquenten einen immensen Angriff auf seine Persönlichkeit darstellt und ihn zu einer entsprechenden Rachereaktion treibt.

Hier führt Schiller plastisch vor Augen, was geschieht, wenn die Strafen gegen eine der Hauptforderungen der Strafrechtsreformer verstoßen, der Proportionalität von Strafe und Verbrechen:[31] Das Übermaß der Strafe, das den Delinquenten vor der Begehung weiterer Verbrechen abschrecken soll, also eigentlich Verbrechen verhüten soll, führt nur dazu, daß er weitere Verbrechen begeht, getrieben von einem natürlichen Rechtsgefühl, das dem Talionsprinzip gehorcht: »Man ließ mich Schandtaten büßen, die ich noch nicht begangen hatte; ich hatte noch schlechte Streiche bei dem Menschengeschlechte gut, weil ich im voraus dafür gelitten hatte. Meine Infamie war das niedergelegte Kapital, von dessen Zinsen ich noch lange Zeit schwelgen konnte« (S. 14).

Schiller zeigt, daß der Staat mit Hilfe seiner Strafpraktiken, statt Verbrechen zu verhüten, seine Verbrecher eher selbst züchtet, indem er sie immer tiefer in die Delinquenz hineintreibt, sie zu Verbrechen als Rachereaktionen auf die übermäßigen Strafen geradezu anstachelt. Nicht nur das Gefühl der Ungerechtigkeit der Strafe ist es, die den Delinquenten immer tiefer in den Zustand der Delinquenz hineinsinken läßt, sondern auch die Strafe der Infamie,[32] die dem Delinquenten jeglichen Rückweg in die Gesellschaft abschneidet, das heißt die Möglichkeit endgültig vernichtet, seinen Unterhalt wie ein geachteter, ehrenhafter Bürger zu erwerben, da es ihm von nun an unmöglich ist, einen ehrlichen Beruf auszuüben: »denn das auf einem sichtbaren Theil des Körpers eingebrannte Schandzeichen zwingt den Verbrecher, ... die Gesellschaft der Menschen zu flie-

[31] Soden (Anm. 2), I, S. 61; Wieland (Anm. 2), I, S. 452; Gmelin (Anm. 2), S. 50; vgl. auch Wolfgang Sellert, Hinrich Rüping, Studien- und Quellenbuch zur Geschichte der deutschen Strafrechtspflege, Bd. 1, Aalen 1989, S. 368ff. und Otto Fischl, Der Einfluß der Aufklärungsphilosophie auf die Entwicklung des Strafrechts in Doktrin, Politik und Gesetzgebung, Breslau 1915.

[32] Vgl. dazu Jutta Nowosadtko, Betrachtungen über den Erwerb von Unehre. Vom Widerspruch »moderner« und »traditionaler« Ehren- und Unehrenkonzepte in der frühneuzeitlichen Ständegesellschaft, in: Ludgera Vogt, Arnold Zingerle (Hrsg.), Ehre. Archaische Momente in der Moderne, Frankfurt/M. 1994, S. 230–248, S. 232f.

hen, und seinen Unterhalt durch neue Uebertretungen der Gesetze zu suchen.«[33] Die Strafe der Infamie ist daher kontrapräventiv: »Infamie also, statt den Endzweck aller Strafen, Verhütung der Verbrechen, zu erreichen, würkt vielmehr den Gegentheiligen; sie befördert, sie vermehrt die Verbrechen.«[34]

Die staatliche Totalvernichtung der ehrlichen Existenz des Delinquenten läßt ihn, ebenfalls vom Vergeltungsprinzip getrieben, zu einem letzten Gegenschlag ausholen: »Die Zeitrechnung meiner Verbrechen fängt mit dem Urteilsspruch an, der mich auf immer um meine Ehre brachte« (S. 25). Die Strafe der Infamie ist die Ursache dafür, daß Wolf schließlich vorsätzlich Böses tun will: »Ich wollte Böses tun ... Ich wollte mein Schicksal verdienen« (S. 14). Wolf wird zum Mörder und Räuberhauptmann, dem typischen »Sozialrebellen«,[35] dessen Triebfeder seiner Handlungen es ist, dem »Landesherrn nach allen Kräften zu schaden« (S. 15).

Dieses Spiel der Vergeltung endet erst mit der Höchststrafe, dem Tod des Delinquenten »durch des Henkers Hand« (S. 9). Dieser stellt, als Antwort auf das schwerste Verbrechen, den Mord, die zwingende Konsequenz des Kreislaufs der Rache dar: »Alle entehrte Verbrecher irren umher, und hören nicht auf die öffentliche Ruhe zu stören, bis der Tod, oder undurchdringliche Gefängnisse ihre Rache begränzten.«[36]

Schiller stellt damit den Strafvollzug als Praxis der stufenweisen Ausstoßung des Delinquenten aus der Gesellschaft dar, die zwar klein anfängt – mit einer kleinen Geldstrafe bzw. Ehrabschneidung –, schließlich aber mit seiner endgültigen Ausstoßung – der Todesstrafe – enden muß. Er entlarvt damit die Mechanik der auf dem Vergeltungsprinzip fußenden Strafvollzugspraxis: eine »Maschine«,[37] die Delinquenten produziert, die schließlich wie Schädlinge vernichtet werden müssen. Welche Rolle spielen nun die einzelnen Elemente des Strafvollzugs in diesem Prozeß der stufenweisen Entehrung und Ausstoßung des Delinquenten aus der Gesellschaft?

[33] Wieland (Anm. 2), I, S. 431. Zu den aus der Infamie für den Betroffenen entstehenden Folgen im Sozialsystem des ausgehenden 18. Jahrhunderts siehe Wolfgang von Hippel, Armut, Unterschichten, Randgruppen in der Frühen Neuzeit, München 1995, S. 36–40; Richard van Dülmen, Der infame Mensch. Unehrliche Arbeit und soziale Ausgrenzung in der Frühen Neuzeit, in: ders. (Hrsg.), Arbeit, Frömmigkeit und Eigensinn. Studien zur Kulturforschung II, Frankfurt/M. 1990, S. 106–140.

[34] Soden (Anm. 2), I, S. 106.

[35] Eric J. Hobsbawm, Sozialrebellen. Archaische Volksbewegungen im 19. und 20. Jahrhundert, Neuwied, Berlin 1962.

[36] Soden (Anm. 2), I, S. 106.

[37] Foucault (Anm. 1), S. 332.

3. STRAFVOLLZUG UND ENTEHRUNG

Schiller deckt die zynische Strategie der »Geldbuße« (S. 11) auf: Die feste Summe in der Höhe eines »kleinen Vermögens« (S. 11) macht den Gesetzesbrecher aus dem unteren Bürgertum, der diese Summe überhaupt aufbringen kann, zum »Bettler« (S. 11). Finanzkräftige Gesetzesbrecher werden verschont. Die Schwere der Strafe ist damit nur noch an die Vermögensumstände des Täters, nicht mehr an die Tat gebunden. Für Unvermögende kommt sie sowieso nicht in Betracht, sie werden sofort ins Zuchthaus überwiesen. Für den Kleinbürger Wolf gibt es nur die Wahl, ob er durch die Schande des Zuchthauses oder durch den Verlust seines Vermögens zum Bettler gemacht wird, der sich nur unehrlich ernähren kann und damit ins Delinquentenmilieu fällt.

Die Zuchthausstrafe bewertet Schiller ambivalent: Einerseits hebt er ihre integrative Wirkung auf den Delinquenten hervor, dessen »Hochmut« und »Weichlichkeit« (S. 11) gebrochen sind und der sich »den Reichen des Orts« anbietet und »für den Taglohn dienen« (S. 11) will – der sich also mit einer Stellung am untersten Rand der Gesellschaft abgefunden hat.[38] Andererseits weist er aber auf den neuralgischen Punkt dieser Besserungsbemühungen hin: die Wiedereingliederung in die Gesellschaft nach ausgestandener Strafe. Diese müssen scheitern, da der Aufenthalt im Zuchthaus entehrend ist. Denn Gesetzesbrecher, die wie Christian Wolf wegen kleinerer Delikte (zum Beispiel Wilddiebstahl), die in der öffentlichen Meinung weder entehrend waren noch mit der Strafe der Infamie belegt wurden, ins Zuchthaus eingewiesen worden waren, wurden durch den

[38] Die sich seit Beginn des 17. Jahrhunderts im Zuge der armenpolizeilichen Bettelbekämpfung und merkantilistischen Wirtschaftspolitik ausbreitenden Zucht- und Arbeitshäuser waren die Schlüsselinstitutionen der europäischen Sozialpolitik: Sie dienten als Auffanginstitutionen für gesellschaftliche Randgruppen wie Bettler, Arbeitslose, Kranke, Alte, Witwen, Weise und Geisteskranke und vereinigten in sich sowohl Zwecke der Fürsorge als auch der Disziplinierung (Zur Charakteristik dieser Zwangsanstalten siehe: Christoph Sachße, Florian Tennstedt, Geschichte der Armenfürsorge in Deutschland, Stuttgart 1980, S. 113–116; Pieter Spierenburg, The Body and the State. Early Modern Europe, in: Norval Morris, David J. Rothman (Hrsg.), The Oxford History of the Prison. The Practise of Punishment in Western Society, Oxford, New York 1995, S. 49–78, hier S. 68ff.). Ursprünglich eine Institution, die die Ehre des Internierten unangetastet ließ, wurde sie dann im Laufe des 18. Jahrhunderts immer mehr auch als Strafvollzugsinstrument eingesetzt. Im ausgehenden 18. Jahrhundert wurde das Zucht- und Arbeitshaus schließlich zur zentralen, jetzt als unehrenhaft bewerteten Strafvollzugsinstitution, ohne daß man jedoch ihre gleichzeitige polizeilich-caritative Funktion aufgab (vgl. Bernhard Stier, Fürsorge und Disziplinierung im Zeitalter des Absolutismus. Das Pforzheimer Zucht- und Waisenhaus und die badische Sozialpolitik im 18. Jahrhundert, Sigmaringen 1988, S. 37–40, S. 212–215) und gleichzeitig die Strategie der Korrektion durch Gewöhnung an Arbeit auf immer mehr Klassen von Gesetzesbrechern ausdehnte.

Kontakt mit unehrenhaften Sträflingen mit Schande ›infiziert‹. In dieser Entehrung sahen die Zeitgenossen noch eines der mit dem Zuchthaus verbundenen »Strafübel«: »Als das dritte mit der Zuchthausstrafe verbundene Strafübel nenne ich die Schande. Ohne mich in die allzufeine Unterscheidung einzulassen, ob die Strafe oder das mit derselben belegte Verbrechen entehre, so ist es eine zum Theil gegründete Volksmeynung, daß körperliche Strafen immerhin einen gewissen Grad der Schande mit sich führen.«[39] Dieser Sachverhalt wurde zum Problem, je mehr im Strafvollzug das Ziel der Re-Sozialisierung das der A-Sozialisierung verdrängte. Bereits 1770 forderte Sonnenfels: »Es ist übrigens nothwendig, daß diese Zucht- und Arbeitshäuser ohne allen zweydeutigen Rufe und Entehrung seyn, damit sie, anstatt zur Besserung zu dienen, nicht vielmehr den Weg dazu abschneiden.«[40] Sämtliche Gefängnisreformschriften diskutieren seit dem ausgehenden 18. Jahrhundert Strategien, um die den Besserungszweck vereitelnden »Vorurtheile« zu umgehen, »die selbst solche Personen, von denen man eine vernünftigere Denkungsart erwarten sollte, veranlassen, sich aller Gemeinschaft mit einem Unglücklichen, der eine peinliche Strafe gelitten hat, zu entziehen.«[41] Zur Lösung des Problems der Entehrung empfahl man die »sorgfältige Trennung« der ehrlichen von den unehrlichen Häftlingen.[42] Dies hoffte man durch eine Aufteilung in getrennte Anstalten zu erreichen.

Schillers Versöhnungsappell richtet sich in diesem Punkt auch nicht an den Staat, sondern an die dörfliche Gemeinschaft, die den ehemaligen, gebesserten Häftling, ihren »verlorenen Sohn«,[43] nicht mehr aufnimmt, der sich reuemütig zur Umkehr entschlossen hat. So will auch Wolf sich zum Schweinehirten verdingen: »Ein Amt ist noch ledig, der äußerste Posten des ehrlichen Namens – er meldet sich zum Hirten des Städtchens« (S. 11). Aber die dörfliche Gemeinschaft sieht in ihm nur noch den »Taugenichts«, dem sie nicht einmal mehr ihre »Schweine« (S. 11) anvertrauen will. Wolfs Eingliederung scheitert: Er ist schließlich gezwungen, »seine Zuflucht zu gesetzwidrigen Handlungen zu nehmen, um sich den Unterhalt zu erwerben, den er nach dem Verlust seiner Ehre in der Betreibung eines unerlaubten Gewerbes nicht länger finden kann«:[44] Er wird »zum drittenmal Wilddieb« (S. 11).

[39] Carl Eberhard Wächter, Über Zuchthäuser und Zuchthausstrafen, Stuttgart 1786, S. 87.
[40] Sonnenfels (Anm. 30), I, S. 185.
[41] Wieland (Anm. 2), I, S. 435.
[42] Wächter (Anm. 39), S. 89.
[43] Lukas 15, 11–32.
[44] Wieland (Anm. 2), I, S. 444.

Von der Festungsstrafe[45] zeichnet Schiller ein äußerst negatives Bild. Er reiht sich damit in die Gruppe der Reformer ein, die die Strafanstalt und insbesondere die Festung als »Academie[n] des Lasters«[46] kritisierten. »Es giebt Kerker, in welchen man Knaben von zwölf bis vierzehn Jahren begierig auf die Erzählungen und Geschichten horchen sieht, mit welchen erfahrne und ausgelernte Verbrecher selbige von ihren gehabten Abenteuern ... unterhalten.«[47] Schiller liefert mit der Beschreibung der Festungshaft Wolfs die literarische Ausgestaltung dieses Topos.

Die Festungshaft ist für Wolf der erste entscheidende Wendepunkt in seiner kriminellen Karriere – hier macht er die Schule zum Berufsdelinquenten durch. »Ich betrat die Festung«, so legt Schiller seinem Protodelinquenten in den Mund, »als ein Verirrter und verließ sie als ein Lotterbube« (S. 12). Hier »fängt eine neue Epoche in seinem Leben an« (S. 12). Man sperrt ihn zu »dreiundzwanzig Gefangenen ein, unter denen zwei Mörder und die übrigen alle berüchtigte Diebe und Vagabunden waren« (S. 12). Der Delinquent ist zwar vom Staat bzw. Landesherrn seiner Ehre beraubt worden, aber er besitzt noch eine Eigenschaft, die ihn als sozial fähiges Individuum kennzeichnet: seine »Schamhaftigkeit« (S. 12). Sein »Stolz krümmte sich unter der Schande« (S. 12).[48] Schiller zeigt, wie auch diese Fähigkeit dem Delinquenten durch seine »Lehrmeister« (S. 12) ausgetrieben wird: Er wird verhöhnt, wenn er »von Gott« spricht, und man

[45] Die Festungsstrafe war im 18. Jahrhundert eine der härtesten körperlichen Strafen. Sie bestand darin, daß der Sträfling auf einer militärischen Festung zum Festungsbau, vor allem dem Transport von Sand und Steinen, gezwungen wurde, wobei er häufig auch an seine Arbeitskarre angeschmiedet war. Die Gefangenen waren aus Sicherheitsgründen meist in unterirdischen Verließen untergebracht, die zumeist völlig verwahrlost waren und deren Nässe, schlechte Luft und Ungeziefer die Gesundheit der Gefangenen innerhalb weniger Jahre völlig ruinierte; dazu kam, daß die Kost nur in Wasser und Brot bestand, was zu der Arbeitsleistung in krassestem Mißverhältnis stand. Im Prinzip war sie eine lange Jahre dauernde Marter, eine Art Hinrichtung (die Todesstrafe wurde in Preußen bei Begnadigung meist durch acht- bis zehnjährige Festungshaft ersetzt). Vgl. Herbert Kriegsmann, Einführung in die Gefängniskunde, Heidelberg 1912, S. 19ff. und Eberhard Schmidt, Entwicklung und Vollzug der Freiheitsstrafe in Brandenburg-Preußen bis zum Ausgang des 18. Jahrhunderts, Berlin 1915, S. 57ff.

[46] Heinrich Balthasar Wagnitz, Historische Nachrichten über die merkwürdigsten Zuchthäuser in Deutschland, Bd. 1, Halle 1791, S. 71.

[47] John Howard, Ueber Gefängnisse und Zuchthäuser. Ein Auszug aus dem Englischen des William Howard, mit Zusätzen, Anm. u. Kupfern v. Gottl. Ludolf Wilhelm Köster, Leipzig 1780, S. 22.

[48] In dem Gefühl der Scham sahen die zeitgenössischen Reformer ein zentrales Moment zur Erhaltung der staatlichen und gesellschaftlichen Ordnung: »Schaam und Furcht vor der Schande« seien die wesentlichsten Gefühle, die »Menschen von schändlichen Handlungen zurückhalten könnten«. S. Ernst Ferdinand Klein, Bemerkungen über die Nothwendigkeit der öffentlichen Strafe, in: Annalen der Gesetzgebung und Rechtsgelehrsamkeit in den Preußischen Staaten, 1792, Bd. 9, S. 190–198, S. 192.

treibt ihn zur Gotteslästerung. Die Ausschweifungen im Gefängnis übertreffen sogar die »Hurenlieder«, die Wolf, selbst »ein lüderlicher Bube« (S. 12), mit »Ekel und Entsetzen« (S. 12) erfüllen. Den letzten Schliff als Delinquent erhält er dann durch die Erzählungen seiner Mitgefangenen: »Kein Tag verging, wo nicht irgend ein schändlicher Lebenslauf wiederholt, irgend ein Anschlag geschmiedet ward« (S. 12). Jeglicher Versuch, sich dieser Schule zu entziehen, muß scheitern, denn das hieße auf jeglichen sozialen Kontakt verzichten. Das Bedürfnis nach »Beistand« und »Bedaurung« muß er »mit dem letzten Überrest« seines »Gewissens erkaufen« (S. 12); nicht einmal einen Gefängnisseelsorger läßt Schiller auftreten.

Mit dieser Schilderung der Umformung Wolfs zum Berufsdelinquenten durch die Haftstrafe macht Schiller auf die Reformbedürftigkeit des zeitgenössischen Gefängniswesens aufmerksam.[49] Er zeigt auch hier, wie eine staatliche Institution bewirkt, daß der Delinquent Delinquent bleibt, sich seine Verbrechen immer mehr vergrößern. Einmal fesselt der Staat den Delinquenten durch dessen totale Infamisierung an das Delinquentenmilieu (das gerade durch seine Unehrenhaftigkeit definiert wird), dann weckt er in ihm durch unverhältnismäßige Härte der Strafe den bösen Willen und läßt ihn auch noch durch »Lehrmeister«, seine Mitgefangenen, das kriminelle Handwerkszeug lernen (im Prinzip eine Konsequenz der Strafpolitik).

Schillers Beschreibung der Festungshaft Wolfs muß im Kontext der in den 1780er Jahren auch in Deutschland einsetzenden Gefängnisreformbewegung englischer Provenienz gelesen werden. Der 1777 erschienene, minutiöse Bericht des englischen Philanthropen John Howard über seine Reisen durch ganz Europa an die Stätten der Internierung – Zuchthäuser, Gefängnisse, Hospitäler –, in dem er unglaubliche hygienische und moralische Mißstände ans Licht brachte, löste bei den gebildeten Eliten eine humanitäre Empörung aus und initiierte zahlreiche Reformschriften, die das

[49] In der ersten Hälfte des 19. Jahrhunderts war diese Leseart offenbar noch selbstverständlich, wie die folgenden Beispiele zeigen. Der Kriminalpsychologe Johann Baptist Friedreich zitierte Schillers Beschreibung der Festungshaft Wolfs, um seine Kritik an der moralischen Depravation krimineller Anfänger durch Berufsdelinquenten in den Strafanstalten zu verdeutlichen: »Trefflich ist das Gemälde, welches Schiller in der meisterhaften Biographie des Verbrechers aus verlorner Ehre entwirft, zu treffend, um hier nicht angeführt zu werden« (Johann Baptist Friedreich, Systematisches Handbuch der gerichtlichen Psychologie für Medizinalbeamte, Richter und Vertheidiger, Leipzig 1835, S. 7). Auch ein anderer Zeitgenosse untermauerte seine Forderung nach Gefängnisreform mit einem Schillerzitat: »Mehreres muß geschehen, wenn es endlich so weit kommen soll, daß der, welcher die Strafanstalt ›betritt als ein Verirrter, sie nicht verlasse als ein Lotterbube‹« (Gebhard Mehring, Die Zukunft der peinlichen Rechtspflege aus dem Standpunkt der Seelenlehre betrachtet, Schwäbisch-Hall 1848, S. 64).

Zucht- und Arbeitshaus in eine strenge Schule des fleißigen Untertanen verwandeln wollten.[50] Dem Prinzip der Arbeit, das ja schon in Deutschland seit Beginn des 17. Jahrhunderts mit den Zucht- und Arbeitshausgründungen eingeführt wurde, fügt das englische Modell noch das Prinzip der Klassifikation und zeitweiligen Isolation der Häftlinge hinzu. Mit diesem Prinzip sollte die Vermischung der Häftlinge und ihr schlechter, moralisch verderblicher Einfluß, wie ihn Schiller ja plastisch vor Augen führt, bekämpft werden. Jonas Hanway, der dieses Prinzip Mitte der 1770er Jahre formuliert hat, bezeichnet seine Institution als »Reformatorium«: ein Apparat zur Transformation der Individuen.[51] Und Howard glaubte, daß für die Gefangenen »solitude and silence are favourable to reflection and may possibly lead them ... to repentance«.[52] Auf die Wiederherstellung des arbeitsamen, ordentlichen Subjekts sollte die des moralischen folgen.

Schiller zeigt, daß Wolf zu dieser Wiederherstellung geeignet gewesen wäre, daß er »für den Körper des Staats« (S. 9) nicht verloren hätte sein müssen, sondern daß es der Staat versäumt hat, ihm diese Möglichkeit anzubieten. Er selbst wäre zu dieser Transformation fähig gewesen, was Schiller mit dem Schlußteil der Erzählung deutlich werden läßt, der den »triumph of the moral will«[53] selbst über die widrigsten äußeren Umstände verdeutlicht. »Auf dem höchsten Gipfel seiner Verschlimmerung war er dem Guten näher, als er vielleicht vor seinem ersten Fehltritt gewesen war« (S. 24). Christian Wolf ist in der Lage, sich selbst das moralisch verwerflichste Verbrechen, den Mord, zuzurechnen. Er stellt sich selbst als moralisches Subjekt her, was ihm Staat und Gesellschaft nicht ermöglichen, gelingt ihm aus eigener Kraft. Hier bricht der moralische Wille durch, der sich seiner Freiheit trotz aller sozialen Hindernisse bewußt ist.

[50] John Howard, The state of the prisons in England and Wales with preliminary observations and an account of some foreign prisons, London 1777; dt. Übersetzung 1780: Howard (Anm. 47). Die deutschsprachige Reformliteratur: Zufällige Gedanken über Zucht- und Arbeitshäuser, über nützliche Feueranstalten, und über Gesindeordnung; von einem Patrioten, Augsburg 1782; John Macfarlan, Untersuchungen über die Armut, die Ursachen derselben und die Mittel, ihr abzuhelfen, aus dem Engl. übers. u. mit einigen Anm. u. Zusätzen begleitet v. Christian Garve, Leipzig 1785; Johann Jakob Cella, Freymüthige Gedanken über Landesverweisungen, Arbeitshäuser und Bettelschübe, Anspach 1784; Wächter (Anm. 39); Wagnitz (Anm. 46).

[51] Jonas Hanway, Solitude and Imprisonment, London 1776. Vgl. zur englischen Gefängnisreformbewegung der 1770er und 1780er Jahre vor allem Michael Ignatieff, A Just Measure of Pain. The Penitentiary in the Industrial Revolution, 1750–1850, New York 1978, insbes. zu den »ideological origins of the penitentiary«, S. 44–79.

[52] Howard (Anm. 50), S. 43.

[53] Martinson (Anm. 21), S. 1.

Diese Selbst-Wiederherstellung Wolfs als moralisches Subjekt manifestiert sich in seinem »Selbstopfer«[54] für die sittliche und rechtliche Ordnung. Durch das Selbstopfer gerät Christian Wolf geradezu zur tragischen Figur. Im Purgatorium des Räuberlebens umgeformt zum moralischen Menschen und Bürger, der seinem Staate dienen will, erkennt er sittliche und staatliche Ordnung so weit an, daß er sich dieser Ordnung selbst um den Preis seines Lebens unterwirft. Durch sein Selbstopfer wird er zum vollkommenen Bürger, der durch seinen Tod jedoch dem Staate verloren bleibt. Ihm bleibt nichts, als durch das Selbstopfer sein Schicksal des Ausgestoßenseins zu symbolisieren und an die Gnade Gottes zu appellieren. Die tragische Figur Wolfs ist prädestiniert für das Mitgefühl des zeitgenössischen Lesers. Aus den Empfindungen des Mitleids für das Schicksal Wolfs konnte beim Zeitgenossen Kritik an der gnadenlosen Rechtsordnung des Staates erwachsen, welche die Schuld an diesem Schicksal trug. Schiller weist damit seine Leser auf die von den aufgeklärten Juristen diskutierten Mißstände in Strafrecht und -vollzug hin und wirft die Frage nach ihrer Lösung auf.

Um den tödlichen, Verbrechen produzierenden Kreislauf von Rache und Vergeltung zu stoppen, gibt es für Schiller nur eine Lösung: Versöhnung. Dieser Versöhnungsappell konnte von den Zeitgenossen verschieden gelesen werden. Zum einen liegt darin die Forderung, daß Strafe nicht Rache sein soll, sondern statt dessen »Aussöhnung des Gesetzes mit seinem Beleidiger« (S. 9). Zweck der Strafe soll nicht mehr die Vergeltung, sondern die Verhütung zukünftiger Verbrechen sein. Und zwar muß dazu nach Schiller in den Kreislauf möglichst früh eingegriffen werden, um das angesteckte »Glied der Gesellschaft von dem gänzlichen Brande« (S. 9) zu retten. Zum anderen bedeutete Versöhnung die soziale Eingliederung des Delinquenten. »Besserung« hieß die neue Losung. Als notwendige Konsequenz aus dem Besserungszweck ergab sich das Interesse an der Persönlichkeit des Täters: die Diagnose seiner Moralität ist Voraussetzung für die entsprechende Therapie, die den Delinquenten zum nützlichen Bürger umschafft. Damit einher geht die Forderung nach einem neuen Richtertyp, der nicht allein nach »Thaten«, sondern »nach dem Blick ins Innerste des Herzens urtheilt«[55] und dessen Umrisse zum Beispiel in Johann C. Schaumanns *Ideen zu einer Kriminalpsychologie* skizziert werden.[56] Der Blick auf die charakterliche Disposition des Kriminellen erforderte vom

[54] Neumann (Anm. 21), S. 444.

[55] August Gottlieb Meissner, Kriminalgeschichten, Wien 1796, Vorrede, unpag. Vgl. auch bei Schiller: »Die Richter sahen in das Buch der Gesetze, aber nicht einer in die Gemütsverfassung des Beklagten« (S. 11 f.).

[56] Johann C. Schaumann, Ideen zu einer Kriminalpsychologie, Halle 1792.

Richter sowohl die Kenntnis der Biographie des Täters als auch ein neues, als »Erfahrungsseelenkunde«, »Menschenkenntnis« und »Seelenlehre« tituliertes Wissen.

Schiller läßt allerdings offen, ob es für Christian Wolf auch nach seinem Mord, vom ethischen Standpunkt her gesehen, noch Versöhnung geben kann. Denn mit dieser Tat ist nicht nur die rechtliche, sondern auch die sittliche Ordnung verletzt. Zumindest in den *Räubern* gibt es für Karl Moor kein »Surrogat zur Befriedigung der Gerechtigkeit«[57] als den Tod: »Aber noch blieb mir etwas übrig, womit ich die beleidigte Gesetze versöhnen, und die mißhandelte Ordnung wiederum heilen kann. Sie bedarf eines Opfers – eines Opfers, das ihre unverletzbare Majestät vor der ganzen Menschheit entfaltet – dieses Opfer bin ich selbst. Ich selbst muß für sie des Todes sterben.«[58] Oder gibt es auch für einen Mord noch Versöhnung? Sicherlich richtet sich seine Kritik jedoch darauf, daß es Staat und Gesellschaft nicht so weit hätten kommen lassen, sie schon weit früher die Hand zur Versöhnung hätten reichen sollen.

Mit seiner Erzählung will Schiller zeigen, wie kriminelles Verhalten entsteht und wie dessen psychische Ursachen beschaffen sind. Auf die Psyche des Kriminellen haben aber die sozialen Umstände nach Schiller den größten Einfluß. Er zeigt, daß es gerade die Justizverfassung ist, die den Kriminellen zu Verbrechen treibt, womit er gleichzeitig die Justiz- und Gesellschaftsverfassung seiner Zeit kritisiert. Er entlarvt die Mechanik der auf dem Vergeltungs- und Abschreckungsprinzip fußenden Strafvollzugspraxis, die den Delinquenten zu immer schwereren Verbrechen treibt, was schließlich mit seinem Tod enden muß. In diese Fundamentalkritik eingebettet ist eine Analyse, die bloßlegt, wie die einzelnen Strafinstitutionen in das Getriebe des Vergeltungskreislaufs eingreifen und diesen über die zunehmende Infamisierung des Delinquenten vorantreiben. Schillers Institutionskritik folgt dabei den Prinzipien, die auch der Justizreformdiskurs propagiert. Im Gegensatz zu den meisten Reformern geht es ihm aber nicht darum, dem Getriebe neue Rädchen einzusetzen, um ein Bild Foucaults zu gebrauchen, sondern ihm sein Antriebsprinzip zu nehmen, es als disfunktional zu enttarnen. Er schlägt eine ganz andere Strategie vor: Versöhnung. Mit dieser Forderung wird eine Alternative zum Modell des Rechts sichtbar: das Modell der Medizin. Die Trias von Richter / Verbrecher / Strafe wird brüchig, und am Horizont erscheint die Möglichkeit ihrer Metamorphose zur Trias von Arzt / Kranker / Therapie. Aber erst ein halbes Jahrhundert später war dieses neue Modell zur Herausfor-

[57] Immanuel Kant, Metaphysik der Sitten, Akademieausgabe, Bd. 6, S. 333.

[58] Die Räuber, Schillers Werke, Nationalausgabe, Bd. 3, hrsg. v. Herbert Stubenrauch, Weimar 1953, S. 135.

derung des Rechtsmodells bereit: »Indem mithin die moralische Kraft im Menschen unter dem Naturzwange steht, in der Natur aber kein absolut Böses existirt, vielmehr alles gesetzmässig und nothwendig geschieht, so hat also auch die Criminalwissenschaft mit ihrer furchtbaren Lehre vom Strafapparate, sich selbst aufzuheben und als polizeiliche Sicherungs- und pädagogische Besserungswissenschaft neugeboren hervorzugehen. Das menschliche Leben überhaupt, so wie insbesondere das Leben im Staate, und der Staat selbst, verlieren jetzt ihren tragischen Charakter: die Verbrecher sind keine menschlichen Teufel mehr, sondern bejammernswürdige Kranke und Irre; und die Obrigkeit erscheint nicht mehr als eine aus der Hölle hervorgerufene Tortur-, sondern vom Himmel herabgesandte Heilanstalt, gleichsam als die niedere Instanz blos informativ und zugleich polizeilich sichernd zu Werke gehend, über sich den allwissenden Gott als den einzig competenten Richter der menschlichen Gedanken und Anschläge anerkennend.«[59]

[59] Friedrich Groos, Ideen zur Begründung eines obersten Prinzips für psychische Legalmedizin, Heidelberg 1829, S. 10.

ANTON SERGL

DAS PROBLEM DES CHORS IM DEUTSCHEN KLASSIZISMUS

Schillers Verständnis der *Iphigenie auf Tauris* und seine *Braut von Messina*

> ... da ich eben daran bin, ein Wort über den tragischen Chor zu sagen, welches an der Spitze meiner Braut von Messina stehen soll, so drückt das ganze Theater mit samt dem ganzen Zeitalter auf mich ein, und ich weiß kaum, wie ich es abfertigen soll. Übrigens interessiert mich diese Arbeit, ich will suchen, etwas recht Ordentliches zu sagen und der Sache, die uns gemeinsam wichtig ist, dadurch zu dienen.
>
> Schiller an Goethe am 24. Mai 1803[1]

SCHILLER UND DIE FRAGE NACH DER THEORIE DES CHORS IM DRAMA

Schillers Aufsatz *Ueber den Gebrauch des Chors in der Tragödie*, der als Vorwort zur *Braut von Messina* 1803 erschien, wird stets angeführt, wenn die Frage nach der dramaturgischen Bedeutung des Chors in der Poetik des Weimarer Klassizismus gestellt ist.[2] Auch wenn man sich, wie Schiller das in seiner Rezension von Goethes *Iphigenie* im Jahr 1787 kritisiert hat, for-

[1] Der Briefwechsel zwischen Schiller und Goethe, hrsg. v. E. Staiger, Frankfurt/M. 1966, S. 992.

[2] Vgl. W. Schadewaldt, Antikes und Modernes in Schillers ›Braut von Messina‹, in: ders., Hellas und Hesperien, Bd. 2, Zürich 1970, S. 114–166. H. M. Brown, Der Chor und chorverwandte Elemente im deutschen Drama des 19. Jahrhunderts und bei Heinrich von Kleist, in: Kleist-Jahrbuch 1981/1982, S. 240–260. J. Müller, Choreographische Strategie. Zur Funktion der Chöre in Schillers Tragödie ›Die Braut von Messina‹, in: H. Brandes (Hrsg.), Friedrich Schiller. Angebot und Diskurs, Berlin 1987, S. 431–448.

mal an den strengen »französischen« Regeln der neoaristotelischen Tragödienpoetik orientiert,[3] folgt man in Hinblick auf den Chor in der zeitgenössischen deutschen Dramatik gerne den pragmatischen Gattungskonventionen in der italienischen Opera seria.[4] Im deutschen Theater des späten 18. Jahrhunderts vor Schillers Abhandlung über den Chor zur *Braut von Messina* war der Chor weithin in Gebrauch; die Art und Weise, wie Schiller den Chor in der *Braut von Messina* einsetzt, ist selbst innerhalb seines Schaffens keine Ausnahme. Der Chor ist eine dramaturgische Konvention des 18. Jahrhunderts, die in den zeitgenössischen Dramentheorien ein blinder Fleck bleibt, obwohl die Praxis dieser Konvention zu zahlreichen innovativen Lösungen geführt hat.

Bereits Schiller war es bei den Vorstudien für seinen Aufsatz aufgefallen, daß die dramatischen Theorien des 17. und 18. Jahrhunderts das dramaturgische Problem des Chors durchweg zugunsten eines historischen Exkurses ausblenden.[5] Die Erörterung der dramatischen Charaktere hatte Funktionen des Chors bereits im Zusammenhang mit den Vertrautenfiguren – zumindest implizit – mit aufgearbeitet, und so blieb es meist dabei, die Geschichte und Bedeutung des Chors in der antiken Tragödie zu erwähnen und die Historizität des Chors herauszustellen, die sein Erscheinen – wenn überhaupt – auf mythologische oder historische Stoffe beschränkte. Die *Poetik* des Aristoteles (cap. 17) kam dem entgegen, da sie den Chor als konservatives Element kennzeichnete, dessen ursprüngliche Bedeutung im Laufe der Entwicklung immer mehr zugunsten der Charak-

[3] Schillers Lektüre der *Iphigenie* für die Rezension von 1787 wird im Jahr danach im Gedicht *Die Künstler* reflektiert, vgl. Kommentar der *Nationalausgabe* (im folgenden zitiert: NA), Bd. 2 A, S. 178ff. In diesem Text (v. 229ff.) wird erstmals bei Schiller die Idee des Chors, allerdings nicht seine Realisation auf der Bühne, thematisiert. Die Passage wird in der NA, Bd. 2 A, S. 631 als Vorwegnahme des Chorauftritts der *Kraniche des Ibykus* interpretiert, doch bezieht sie sich auf einen abstrakten und impliziten Chorbegriff, den ich ebenfalls auf die Beschäftigung mit Goethes Version einer antiken Tragödie beziehen würde.

[4] Zum Begriff des »(Neo-)Klassizismus« vgl. Th. W. Adorno, Zum Klassizismus von Goethes Iphigenie, in: ders., Noten zur Literatur IV, Frankfurt/M. 1974, S. 7–33; zur Typologie eines neoklassizistischen Theaters des 18. Jahrhunderts (auch in bezug auf Goethes *Iphigenie*) vgl. W. Proß, Die Konkurrenz von ästhetischem Wert und zivilem Ethos. Ein Beitrag zur Entstehung des Neoklassizismus, in: R. Bauer u. a. (Hrsg.), Der theatralische Neoklassizismus um 1800. Ein europäisches Phänomen?, Bern, Frankfurt/M. u. a. 1986, S. 64–126.

[5] Vgl. Schiller, NA, Bd. 10, Weimar 1980, Kommentar von S. Seidel, bes. S. 355f. In A. Martino, Geschichte der dramatischen Theorien in Deutschland im 18. Jahrhundert, Bd. 1: Die Dramaturgie der Aufklärung, Tübingen 1972 erscheint der Begriff Chor nicht. Auch jüngere Überblicksarbeiten blenden das Problem der Chöre nach der Periode der athenischen Tragödie aus; vgl. B. P. Roberts, The Psychology of Tragic Drama, London, Boston 1975. W. B. Braskear, The Gorgon's Head. A Study on Tragedy and Desire. Athens (Georg.) 1977. J. Söring, Tragödie, Stuttgart 1982. A. Faas, Tragedy and After, Kingston, Montreal 1984. H. Steinmetz, Das deutsche Drama von Gottsched bis Lessing, Stuttgart 1987.

tere in den Hintergrund gestellt wurde und darüber hinaus nur das formale Ablaufmuster der Tragödie referiert, in dem der Chor sein Auftrittslied und die die Handlung gliedernden Standlieder als fixe Quantitäten zugesichert bekam.[6] Es war jedoch bei Lektüre der griechischen Texte ersichtlich, daß der Chor bereits bei Aischylos eine Rolle auch für das Ethos in direkter Konfrontation mit den Charakteren zugewiesen bekam und sich sein Einsatz bis hin zu den lateinischen Tragikern nicht auf separierte Standlieder als Einlagen beschränkte. Die Einführung der Vertrautenfiguren als Substitut eines Chores hatte hier ihr Vorbild.[7] Auch die Vorstellung, die permanente Anwesenheit des Chores in der griechischen Tragödie ließe sich gegen einen modernen Gebrauch abgrenzen, dessen Kennzeichen es sei, daß der Chor nur partiell für bestimmte dramaturgisch wahrscheinliche Auftritte herangezogen wurde, beruhte auf einem Mißverständnis: Der Aufbau der antiken Bühne ermöglichte es dem Zuschauer, den Chor in der Orchestra zu ignorieren, solange dieser schwieg. Viele Szenen besonders in den Dramen des Euripides imaginieren eine »Privatheit«, obwohl sie später dem Chor, der doch permanent anwesend war, berichtet werden. Das ethoskritische Theater des Euripides konnte den historischen Demos (den der Chor darstellte) und das Volk der aktuellen Zuschauer nicht als identisch verstehen. Die Differenzierung von Chor und Volk verlangte nach einer Interpretation. Manche unterstellten Euripides eine »konservative« Gesinnung, die den zeitgenössischen Zuschauer durch den Vergleich mit den heroischen Vorvätern, die der Chor darstellte, affektiv beschämen sollte. Andere – darunter Aristophanes im Chor seiner »Frösche« – vermuteten, Euripides mokiere sich durch Bloßstellung des Demos im Chor über die Heroisierung von Tugenden der Vergangenheit und letztlich über die Religiosität der Polis.[8] Das euripideische Verfahren wurde vor allem von Corneille als der Praxis der Illusionsbühne nicht mehr entsprechend kritisiert. Dennoch insistiert Chamfort noch 1776 auf der Kategorie der permanenten Zeugenschaft, die antiken und modernen, illusionistischen Chorgebrauch trennen, unabhängig davon, ob es sich um die Sprechbühne (hier nimmt er auf Corneille Bezug) oder die Oper (erwähnt wird namentlich Rameau) handelt.[9] Nach Corneille hatte, wie Chamfort

[6] Vgl. Briefwechsel, a. a. O., S. 397 ff.; Brief Schillers vom 5. Mai 1797.

[7] Vgl. D. Borchmeyer, Weimarer Klassik. Portrait einer Epoche, Weinheim 1994, S. 433 f. unter Hinweis auf Diderots *Discours sur la poésie dramatique*.

[8] Vgl. M. Hose, Studien zum Chor bei Euripides, Stuttgart 1986.

[9] Vgl. Chamfort, Dictionnaire drammatique, Bd. 1, Paris 1776, Reprint Genève 1967, S. 242–247.

einräumt, bereits der späte Racine den Chor für *Athalie* und *Esther* wieder auf die höfische Bühne zurückgeholt,[10] um eben dieses Verfremdungs- und Verdoppelungsverfahren in einer Rhetorik der psychologisierenden Spiegelung zu verwenden, wobei in seinem Fall die Kategorie der Zeugenschaft weniger von Bedeutung war als vielmehr der Gedanke der Repräsentation der Repräsentierten auf der Bühne und des damit zu erzielenden Effekts. Chamfort verneint also den affektiven Nutzen des Chors auch für den Fall, daß ihn die attischen Tragiker damit kalkuliert hatten, und bejaht den Einsatz des Chores nur als Mittel des Effekts. Hier ist ihm Voltaire in seinen Tragödien gefolgt, auch wenn in *Oreste* dem Chor eine handelnde Rolle zugewiesen wird.[11] Ein weiterer Unterschied zwischen französischer und nichtfranzösischer, das heißt vor allem italienischer Konvention wird bei Chamfort konstatiert, wobei die italienische Chorpraxis als naiv historisierend verstanden wird, die französische dagegen als modern und das dramaturgische Problem der permanenten Zeugenschaft reflektierend: »Le chœur seroit absolument deplacé dans Bajazet, dans Mithridate, dans Britannicus et généralement dans toutes les pièces, dont l'intrigue n'est fondée que sur les intérêts des quelques particuliers.«[12]

Im Artikel »Chœur« der *Encyclopédie* (1751–1780), für den Abbé Mallet (zu den historischen Fragen) und Rousseau (zu den musikalischen Problemen) zeichnen, werden auch die wenigen poetologischen Stellungnahmen zum Begriff Chor seit Dacier referiert. Die Autoren bemängeln das theoretische Defizit und berühren erstmals auch das Problem der Mehrchörigkeit, das Schiller zum Unterscheidungsmerkmal zwischen antikisierend-klassizistischem und modern-opernhaften Chorgebrauch erheben

[10] Goethe hat in zeitlich unmittelbarer Nachbarschaft zur Versifikation der *Iphigenie* Ausschnitte der Chöre aus *Athalie* ins Deutsche übertragen; vgl. Goethe, Sämtliche Werke in 18 Bänden, Bd. 15: Übertragungen, hrsg. v. E. Beutler, München 1977, S. 1106.

[11] Theoretisch hat sich Voltaire (Théatre, Paris [Garnier] o. J., bes. S. 12 ff.) zum Problem des Chors nur in der »Lettre au Père Poirée, Jésuite«, die als Vorwort zur frühen Tragödie *Œdipe* erschien, geäußert. Voltaire, obwohl er in diesem Stück den Chor der Thebaner nach dem Vorbild des Sophokles einführt, vergleicht dafür Oper und Verstragödie und verlangt den Gebrauch des Chors nur für die Oper.

[12] Chamfort, a. a. O., S. 446.

wird. »Mais cette pluralité des chœrs, qui se pratique assez souvent en Italie, n'est guère d'usage en France.«[13]

Der gänzliche Verzicht auf den Chor in der Sprechtragödie, wie er von den französischen Dramatikern des 17. Jahrhunderts eingeleitet worden war, hatte sich außerhalb Frankreichs im Lauf des 18. Jahrhunderts nicht allgemein durchgesetzt; wo er sich aber durchgesetzt hatte, fand er in antik-griechischen und historisch-römischen Sujets Verwendung.[14] Man versucht sich von den antiken Vorlagen abzusetzen, indem man das Sujet beibehält, den Chor jedoch eliminiert oder in seiner Bedeutung beschneidet, und so eine Version erzielt, die sich primär formal von Vorgaben des Kanons unterscheidet. Bei anderen Stoffen oder Gattungen, vom Singspiel bis zur Rittertragödie bestand das Problem der kanonischen Vorbilder nicht: Dort findet sich fast immer ein Chor. Fast auf allen deutschen Theatern, sofern sie nur irgend die Mittel dazu hatten, traten in zeitgenössischen Opern, Singspielen, aber auch im Schauspiel Chöre auf. Der Übergang zwischen den episodischen Chören und der Statisterie war insofern fließend, als viele Texte den Auftritt von »Volk« verlangten, es aber den Möglichkeiten der Theater offenließen, diese Auftritte nur durch Statisten oder – für die Finali – auch durch Chöre mit Musik zu gestalten.

Schiller versucht den Widerspruch zwischen Theorie und Praxis zu überwinden und die Historizität des Chors derart positiv zu interpretieren, daß die zeitgenössischen Praxis dahinter verschwindet. Er verdammt sogar die Praxis der Corneille- und Racine-Nachahmer, den Chor durch Vertrautenfiguren zu substituieren. Ihre Argumente bezichtigt er, Vorwände zu sein, die aus der Not einer mangelnden Autonomie gegenüber den kanonischen Vorbildern eine Tugend zu machen versuche. Er räumt jedoch dann am Ende seines Vorworts ein, daß es sich dabei zwar in der Theorie um eine dominante Ansicht, nicht aber um die allgemein gängige Praxis handelt.

[13] Rousseau führt als Beispiel für den Gebrauch mehrerer Chöre in einem Stück Händels *Jephta* an, das ihm als Beispiel für die Konventionen des italienischen Opernstils und nicht des englischen Oratoriums gilt. Händels Oratorien wurden teilweise szenisch realisiert; besonders hervorheben will Rousseau jedoch ein Beispiel, in dem nicht nur zwei verschiedene Chöre, die unterschiedliche Gruppen vorstellen, in einem Stück hintereinander auftreten, sondern im »doppelchörigen« Satz, wie er auch in der italienischen Kirchenmusik in Gebrauch war; vgl. C. Hoogwood, Händel, Zürich 1994, S. 207f. W. Proß, Mozart und Racine: Zum Verhältnis von höfischem und bürgerlichem Klassizismus (am Beispiel von Mozarts ›Idomeneo‹), in: R. Bauer, J. Wertheimer (Hrsg.), Das Ende des Stegreifspiels – Die Geburt des Nationaltheaters. Ein Wendepunkt in der Geschichte des europäischen Dramas, München 1983, S. 107–123 hat (ohne Verweis auf Rousseaus Beitrag) bereits darauf hingewiesen, daß es sich bei *Jephta* um eine Variante des Kinderopfersujets handelt, das auch dem Orest/Iphigeniemythos und dem analogen Idomeneostoff zugrunde liegt.

[14] Vgl. O. Reutter, Der Chor in der französischen Tragödie, Berlin 1904.

»Die Abschaffung des Chors und die Zusammenziehung dieses sinnlich mächtigen Organs in die charakterlose langweilig wiederkehrende Figur eines ärmlichen Vertrauten war also keine so große Verbesserung der Tragödie als die Franzosen und ihre Nachbeter sich eingebildet haben. ... Der Chor leistet daher dem neuern Tragiker noch weit wesentlichere Dienste als dem alten Dichter, eben deswegen, weil er die moderne gemeine Welt in die alte poetische verwandelt, weil er ihm alles das unbrauchbar macht, was der Poesie widerstrebt, und ihn auf die einfachsten ursprünglichsten und naivsten Motive hinauftreibt. Der Palast der Könige ist jetzt geschlossen, die Gerichte haben sich von den Thoren der Städte in das Innere der Häuser zurückgezogen, die Schrift hat das lebendige Wort verdrängt, das Volk selbst, die sinnlich lebendige Masse, ist, wo sie nicht als rohe Gewalt wirkt, zum Staat, folglich zu einem abgezogenen Begriff geworden, die Götter sind in die Brust des Menschen zurückgekehrt.«[15]

Schiller hat die Entwicklungsgeschichte des Chors im Drama des 18. Jahrhunderts nicht systematisch rekonstruiert, auch wenn das in Darstellungen seines Aufsatzes behauptet wurde.[16] Neben seinem Interesse an den antiken Dramentexten, das im Rückblick auf die ästhetisch-theoretischen Schriften häufig hervorgehoben wurde,[17] geht Schiller 1802 auch von einer pragmatischen Situation aus: Das Weimarer Theater besaß ein festes Chorensemble, das sowohl in Opern- als auch in Schauspielproduktionen zum Einsatz kam.[18] Als Regisseur und Dramaturg dieses Theaters stand Schiller vor der Frage, wie ein solcher vorhandener Chor dramatur-

[15] Schiller, NA, Bd. 10, Weimar 1980, S. 11.

[16] Vgl. die auch vom Kommentar der NA angeführten Forschungsklassiker: E. W. Helmrich, The History of Chorus in German Drama, New York 1912. R. Fischer, Der Chor im Deutschen Drama von Klopstocks »Hermannsschlacht« bis Goethes »Faust II«, München 1917.

[17] Auch die NA, Bd. 10, S. 344 beruft sich im Kommentar nur auf: J. Kohm, Schillers ›Braut von Messina‹ und ihr Verhältnis zu Sophokles ›Oidipos Tyrannos‹, Gotha 1901, und vor allem auf M. Gerhard, Schiller und die griechische Tragödie, Weimar 1919, zum Chor S. 55 und 117f. Darüber hinaus werden auch die Euripidesbearbeitungen, der *Ion*-Streit und die Lektüre von Goethes *Iphigenie* zumindest genannt, ohne hier allerdings näher zu spezifizieren.

[18] Vgl. B. T. Satori-Neumann, Die Frühzeit des Weimarischen Hoftheaters, Berlin 1922. J. Wahle, Das Weimarer Hoftheater unter Goethes Leitung, Weimar 1992. P. Meßner, Das Deutsche Nationaltheater Weimar. Ein Abriß seiner Geschichte, Bd. 1, Weimar 1985, S. 22. Die fest verpflichteten Ensemblemitglieder waren nicht nur sowohl als Sänger und als Schauspieler tätig, sondern wurden für Chor und Statisterie rekrutiert. An Abenden, für deren Besetzung der feste Stamm nicht ausreichte, wurden Choristen aus dem Orchester, aus den Lehrerseminaren, aus den Gymnasien und manchmal sogar die Kinder der Schauspieler herangezogen. Musiker der herzöglichen Hofkapelle und der Stadtkapelle wurden teilweise ebenfalls als Choristen eingesetzt; vgl. A. Orel, Goethe als Operndirektor, in: Jahrbuch der Bayerischen Staatsoper 1982, S. 45–67, bes. S. 49f.

gisch sinnvoll verwendet werden könnte. Goethe setzte im Anschluß an Schillers *Braut von Messina* eben diesen praxisorientierten Ansatz fort, wenn er seine Didaxe für Schauspieler um Regeln für den Chor zu vervollständigen gedenkt, wobei er sich zuvor mit Zelter auf eine musikalische Studienpraxis für die Übungen einigen will.[19] Schiller verspricht sich vom Chor die Möglichkeit, den Konflikt Heldencharakter – Volk thematisieren zu können. Der Kontrast zwischen allegorisierender Masse und psychologisch behandeltem Helden reflektiert den Konflikt der aristotelischen Kategorien »Mythos« und »Ethos«. Schiller will aber den Chor nicht ausschließlich zum Sprachrohr positiver Ideale machen, was der ambivalenten Psychologisierung interessanter Charakter-Figuren widerspräche. Der Chor kann auch destruktiv agieren, vorausgesetzt das Primat der Handlung bleibt unangefochten, wobei Schiller deren »Naturalism« mit Hilfe des Chors zeitweise verfremden kann.

»Chöre kennt man zwar auch in der modernen Tragödie, aber der Chor des griechischen Trauerspiels, so wie ich ihn hier gebraucht habe, der Chor als eine einzige ideale Person, die die ganze Handlung trägt und begleitet, dieser ist von jenen opernhaften Chören wesentlich verschieden, und wenn ich bei Gelegenheit der griechischen Tragödie von *Chören* anstatt von einem Chor sprechen höre, so entsteht mir der Verdacht, daß man nicht recht wisse, wovon man rede.«[20]

Die von Schiller in seiner Dichtung durchgeführte Aufteilung des Chores in antagonistische Hälften, die den beiden politischen Parteien zugeordnet sind, welche im historischen Drama aufeinandertreffen, hat jedoch ihr Vorbild nicht in der Antike, sondern in der Verwendung zweier geteilter Chöre in Opern und Dramen des 18. Jahrhunderts; so gab es antagoni-

[19] Vgl. Goethes Briefe an Zelter vom 28. Juli und 4. August 1803. Im ersten Brief referiert Goethe vier Entwicklungsstufen des antiken Choreinsatzes und fordert eine Einübung in alle diese unterschiedlichen Stiltypen; vgl. E. Grumach (Hrsg.), Goethe und die Antike, Bd. 2, Berlin 1949, 234. Die Übungsbeispiele für seine »Regeln für Schauspieler« wählte Goethe aus den Chortexten der *Braut von Messina*. Das Sprechen der Schauspieler sollte zuerst für den Chor trainiert werden. Das Gesamtensemble der Schauspieler bildete für Goethe den Chor, aus dem die Schauspieler wechselweise als Solisten heraustraten. Dies entsprach insofern der Konvention des 18. Jahrhunderts, als es auch in Theatern/Opernhäusern generell noch nicht üblich war, daß Solisten in Chorpassagen schwiegen; so sangen in Weimar die Darsteller von Zerline und Masetto selbstverständlich im Chor der Landleute mit und in die Schlußchöre einer *Zauberflöte* stimmten auch Pamina, Tamino, Sarastro, wahscheinlich auch Papageno und die schnell umgekleidete Königin der Nacht mit ein; vgl. R. Spaethling, Music and Mozart in the Life of Goethe, Columbia (SC) 1987. Eventuell stellte sich Goethe vor allem für das Aussprachetraining chorische Übungen vor, die von den Schauspieleleven gleichsam in der Klasse exerziert werden sollten; vgl. E. Scharrer-Santen, Die Weimarische Dramaturgie, aus Goethes Schriften gesammelt, Berlin und Leipzig 1927, bes. S. 241–288.

[20] NA, Bd. 10, S. 15.

stische Konstellationen, die auf Gegensatzpaaren wie männlich/weiblich, heidnisch/christlich, schwarz/weiß, zivil/militärisch, arm/reich, städtisch/ländlich etc. fußten. *Die Braut von Messina* macht hier keine Ausnahme. Schiller als Pionier einer Philosophie des Chores kritisiert damit seine eigene frühere Dichtung. Bereits im Projekt der *Malteser* hatte Schiller geteilte Chöre vorgesehen, deren Auseinandersetzung dem undramatischen und nichtantiken Stoff zusätzliche Spannung und ethische Relevanz verleihen sollten.[21]

Drei Monate nach seinem Studium der *Poetik* des Aristoteles vollendet Schiller 1797 seine erste publizierte Chorszene.[22] Er läßt die Furien auftreten, allerdings nicht in einer Tragödie, sondern in seiner Ballade *Die Kraniche des Ibykus*. Der Chorauftritt imaginiert eine Tragödienszene innerhalb des epischen Gedichts. Goethe hatte Schiller diesen Balladenstoff vorgeschlagen, ohne allerdings einen Auftritt eines Chors der Furien einzuplanen. Schillers Idee bei seiner Bearbeitung der Fabel besteht darin, den in Goethes Planung impliziten Chor sich selbst explizieren zu lassen und ihm dafür eine Funktion bei der Verknüpfung der Ereignisse zum Sujet zuzuweisen. Damit thematisiert der Chor seinen eigenen Auftritt. Die Textvorlage für diesen Chor entnimmt Schiller Humboldts Übertragung

[21] Vgl. H. G. Goepferts Kommentar in F. Schiller, dtv-Gesamtausgabe, Bd. 9: Dramatische Fragmente, München 1966, S. 264f.: »Da es [das Stück *Die Malteser*] mit Chören verbunden ist, so knüpft es sich auch schon eher an meine jetzige lyrische Stimmung an. Es enthält eine einfache heroische Handlung, ebensolche Charaktere« (An W. v. Humboldt, 5. Oktober 1795); »Ich denke in dieser Tragödie ›Die Ritter von Malta‹ einen Gebrauch von dem Chor zu machen, der die Idee des Trauerspiels erweitern kann« (An Körner, 5. Oktober 1795). Schiller spricht ausdrücklich von »einem Gebrauch von dem Chor«, d. h., er meint nicht den Einsatz des Chores per se, sondern seine dramaturgische Idee der in zwei Partien zerfallenen Ritterschaft, die zwei Chöre bildet. Das »ordenhafte« Element, das in den *Maltesern* offen, in der *Braut von Messina* zumindest latent zutage tritt, könnte in Verbindung mit der Faszination für Geheimbünde und -orden stehen, die auch Weimar in den achtziger und neunziger Jahren erfaßte. Die Chöre in den *Maltesern* stehen in kompensatorischer Verbindung mit den Traumata, welche im Gefolge der Aufhebung des Jesuitenordens Schiller zum Scheitern des *Geisterseher*-Projekts und Goethe über den *Großcophta* bis zur geschichtsphilosophischen »Erklärung« der französischen Revolution als Verschwörung von Geheimorden trieb; vgl. die Literatur zu diesem Thema zusammenfassend W. D. Wilson, Geheimräte gegen Geheimbünde, Stuttgart 1991, bes. S. 256ff. und Bibliographie. H.-J. Schings, Die Brüder des Marquis Posa – Schiller und der Geheimbund der Illuminaten, Tübingen 1997.

[22] Vgl. zu den Konsequenzen von Schillers Aristoteles-Lektüre H. Reinhardt, »Schillers ›Wallenstein‹ und Aristoteles«, in: Jahrbuch der Deutschen Schillergesellschaft 20, 1976, S. 278–337.

der *Eumeniden* aus der *Orestie* und montiert so einen antiken Originaltext in seine Ballade.[23] Wie im *Malteser*-Plan, so teilt Schiller auch in dieser Ballade den Chor, bzw. stellt er zwei Chöre einander gegenüber: Den Chor der auftretenden Furien und das Volk, das als Zuschauer der Korinthischen Spiele wie als Zeugen des Gerichts über den Mörder bei Schiller nicht selbst zu Wort kommt.

Goethe kritisiert in seinem Brief vom 22. August 1797 den ihm zugesandten Text der ersten Fassung der Ballade, nimmt allerdings den Mittelteil mit dem Chorauftritt davon aus. Dagegen fordert Goethe für den Chor des Volkes zumindest eine eigene Strophe ein. Das Volk, als Gegengewicht für den Chor der Furien, soll sich selbst äußern. So ensteht auf dieser Ebene anstatt eines antiken Tableaus ein konfliktgeladener Dialog, der den dramatischen Aspekt der Ballade gegenüber dem episch-nacherzählenden aufwertet.

»Die Kraniche des Ibykus finde ich sehr gut geraten, der Übergang zum Theater ist sehr schön und das Chor der Eumeniden am rechten Platze. Da diese Wendung einmal erfunden ist, so kann nun die ganze Fabel nicht ohne diese bestehen, und ich würde, wenn ich an meine Bearbeitung noch denken möchte, dieses Chor gleichfalls aufnehmen müssen. ... dann würde ich nach dem 14ten Vers, wo die Eurinnyen sich zurückgezogen haben, noch einen Vers einrücken, um die Gemütsstimmung des Volkes, in welche der Inhalt des Chores sie versetzt, darzustellen, und von den ernsten Betrachtungen der Guten zu der gleichgültigen Zerstreuung der Ruchlosen übergehen und dann den Mörder zwar dumm, roh und laut, aber doch nur dem Kreise der Nachbarn vernehmlich, seine gaffende Bemerkung ausrufen lassen, daraus entständen zwischen ihm und den nächsten Zuschauern Händel, dadurch würde das Volk aufmerksam u.s.w.«[24]

Es war Schillers ingeniöse Neuerung, in *Wallensteins Lager* aus lauter Individuen nach und nach Chöre verschiedener Gruppen und schließlich einen – »opernhaften« Tuttichor zusammenzuschmelzen. Hier wird Goethes Vorschlag zu den *Kranichen des Ibykus* aufgegriffen, zuerst wenige

[23] Vgl. Schiller, NA, Bd. 1, S. 385–390, bes. v. 96ff.; Kommentar in NA, Bd. 2A, S. 621ff., bes. S. 628 den Brief Humboldts an Schiller zum Verfahren der Gegenüberstellung von Chortextmontage und Realisation eines griechischen Sprichworts. Der ausgewählte Aischylos-Chor exponiert bereits dasselbe Texterzeugungsverfahren wie das Gesamtgedicht; vgl. zu dieser »klassizistischen« Variante des Parodieverfahrens A. A. Hansen-Löve, Die ›Realisierung‹ und ›Entfaltung‹ semantischer Figuren zu Texten, in: Wiener Slawistischer Almanach 10, 1982, S. 197–252.

[24] Briefwechsel, a. a. O., S. 446f.

»Nachbarn« und dann nach und nach immer mehr »Volk« zu einem Ensemble aufzuschichten, um so einen Crescendo- und Verdichtungseffekt zu erreichen, der die Zuspitzung der Ereignisse der Fabel bis hin zur Lösung des Knotens widerspiegelt. Im Chor wird – entsprechend Schillers ästhetischem Systematismus – die Kategorie der Freiheit als sinnlich, nicht aber intellektuell wahrnehmber. Im formalen Prozeß des Übergreifens von Bühnenchor auf Zuschauerchor ist jenes Zusammenschmelzen des Heterogenen entfaltet, das als Wallensteins letztlich unerklärliche charakterliche, ästhetische und politische Leistung in »seinem« Lager so kontrovers diskutiert wird, und dem sich doch sowohl im Lager als auch im Publikum alle beugen. Die Masse reißt mit, sie empfindet Mitleid und emotionalisiert damit auch den Zuschauer.[25] Der Chor dient dem Handlungs- bzw. Spannungsaufbau und reflektiert den sittlichen Konflikt, wird aber zusätzlich zum Verfremdungsverfahren, da er den Zuschauer in den Prozeß der tragischen Mimesis miteinbezieht und damit die Rampe zwischen Original und Nachahmung löscht. In der *Jungfrau von Orleans* integriert Schiller Kompositionselemente der Oper und des Melodramas, darunter den Opernchor, ins Schauspiel.[26] Schließlich hat er auch im *Wilhelm Tell* auf den Chor nicht verzichtet. Er hat den Grund für den sehr

[25] Vgl. H.-J. Schings, Der mitleidigste Mensch ist der beste Mensch, München 1980, bes. S. 46–53. In dieser Aufarbeitung der Emotionalisierungstechniken des Dramas zwischen Lessing und Kleist wird der Chor nicht erwähnt, obwohl Schings in den angegebenen Passagen die ästhetische Theorie von Schillers »Über den Gebrauch des Chores« paraphrasiert. D. Borchmeyer (Macht und Melancholie in Schillers ›Wallenstein‹, Frankfurt/M. 1988) bezeichnet die Chorinszenierung im *Lager* nur unter Verweis auf die Lagerszenen in Verdis und Piaves *La forza del destino* (1863) als »Weltzustand« (S. 178ff.), so als habe erst die Gattungstransformation in eine Oper durch F. M. Piave die Einfügung von Chören verlangt. In *Weimarer Klassik* (a. a. O., S. 432f.) vertritt Borchmeyer dagegen unter Rücksicht auf die *Malteser* und den Aufsatz *Über den Chor im Trauerspiel* von H. v. Collin aus dem Jahr 1813 Goethes Ansicht, die Armee in *Wallenstein Lager* sei »gleichsam wie das Chor der Alten«. Unklar bleibt bereits, was Goethe mit den »Alten« genau meint: den Chorgebrauch bei den griechischen Tragikern oder den Chor der »Polisältesten«, wie er z. B. in Aischylos' *Agamemnon* auftritt.

[26] Vgl. D. Borchmeyer, Schillers ›Jungfrau von Orleans‹ – eine Oper für Richard Wagner, in: Blätter der Bayreuther Festspiele, Programmheft 3: Tristan und Isolde, Bayreuth 1987, S. 21–58.

mäßigen Erfolg der *Braut von Messina* beim breiteren Publikum[27] nicht grundsätzlich in der Verwendung des Chors gesehen.

Die Wahrheit der Freiheit, die wahre Freiheit, die Schiller im Chor als dionysisch-kathartisch rekonstruiert,[28] ist antiillusorisch und bewahrt nicht nur die Freiheit der Poesie bzw. Lexis als des für den Weimarer Klassizisten dominanten Bestandteils des Dramas (welcher aber nach Schillers Gleichung Ethik = Ästhetik das Ethos schon in sich aufgesogen hat).[29] Schiller will die Freiheit darüber hinaus als politischen Wert nicht der Wahrscheinlichkeit anheim stellen: »Und eben darum, weil es hier nur auf eine vorübergehende Täuschung abgesehen ist, so ist nur ein Schein der Wahrheit, oder die beliebte Wahrscheinlichkeit nöthig, die man so gern an die Stelle der Wahrheit setzt.«[30]

Bei den Theoretikern der italienischen Oper, die Schiller bei seinen historischen dramaturgischen Studien nicht berücksichtigt zu haben scheint, die jedoch, auch wenn sie stets als sekundär galten, auf andere theatertheoretische Traktate des 18. Jahrhunderts partiellen Einfluß hatten und Schillers Lektüre nicht gänzlich entgangen sein können, findet sich zumindest in Ansätzen eine Problematisierung der dramaturgischen Aufgabe des Chors, unabhängig von der Frage nach seiner episodischen oder permanenten Anwesenheit auf der Bühne.[31] Wenn in den Dramentheorien das Interesse der Kommentatoren zumeist auf die ersten drei bzw. vier durch Aristoteles festgesetzten Kategorien der Tragödie – Mythos, Ethos und Lexis/Dianoia beschränkt blieb, so berücksichtigen die der Oper

27 »Über den Gebrauch des Chors« lobt einleitend das Urteilsvermögen des breiten Publikums, von dessen Reaktion sich Schiller dann enttäuscht zeigen mußte; die *Braut von Messina* hat bis heute in der Gunst des Publikums nicht reüssiert. Die ablehnende Reaktion des Adels hatte Schiller dagegen einkalkuliert. Es ist symptomatisch, daß der Herzog (Brief an Goethe v. 11. Februar 1803, in: Schiller, NA, Bd. 10, S. 357) den Gebrauch des Chors als noch ungeschickter als die Handhabung von Vertrautenfiguren bezeichnet. Sein Mißbehagen, das freilich gnädigerweise nicht soweit gehen mochte oder mehr konnte, das Stück öffentlich zu mißbilligen, maskiert hier den Widerwillen gegen den »demokratischen« Zug des Chors, hinter dem er republikanische Gesinnung und ungebrochene Sympathie mit ästhetischen Praktiken der französischen Revolution erkannte. Dieser Verdacht wurde durch den Synkretismus gestützt, mit dem Schiller heidnisch-griechische und christliche (»Stock Catholiquen«) Panegyrik in den Chortexten mischte, und die sich an der französischen Panegyrik auf die konsularische Herrschaft Napoleons orientierte.

28 NA, Bd. 10, S. 13: »Der Chor reinigt also das tragische Gedicht, indem er die Reflexion von der Handlung absondert.« Auf diesen Gedanken der Verbindung von Katharsis und Isolation beruft sich F. Nietzsche für seine Philosophie des Chors in »Die Geburt der Tragödie«, in: Sämtliche Werke. Kritische Studienausgabe, Bd. 1, München 1980, S. 54f.

29 Vgl. W. Proß, Jean Pauls geschichtliche Stellung, Tübingen 1975, S. 79–84.

30 Schiller, NA, Bd. 10, S. 8.

31 Vgl. E. Arteaga, Geschichte der italiänischen Oper, 2 Bde, Leipzig 1789, Bd. 1, bes. S. 259f.; Bd. 2, cap. 11 zum Einsatz des Chors in der Dramaturgie Metastasios.

gewidmeten Traktate zusätzlich die Kategorien der Inszenierung, der Melodik und Harmonik sowie des Tanzes und stoßen dabei fast mit Notwendigkeit auf die pragmatischen Probleme, die das Auftreten des Chors dabei stellt. So bleiben die Bestimmungen hier nicht ausschließlich auf Geschichte und Funktion des Chors beschränkt.[32] In der Opera seria – etwa in den »Libretti« des für die Weltgeltung des neapolitanischen Stils maßgeblichen Metastasio – hat der Chor eine eingeschränkte Funktion und wird nur rahmend für die Eröffnung und die Finali herangezogen. Das heißt nicht, daß er sich nicht als »stummer« Aktant auch in anderen Szenen auf der Bühne befände. Die Masse, das Volk wird als »beschauter« Zuschauer benötigt und repräsentiert politische Bedeutung und öffentliches Interesse, mit der sich die tragischen Helden in Konflikt befinden, welche aber die mythologische oder historische Bedingtheit der ethischen Problematik über die Rampe hinaus öffnen.[33] Der Chor bleibt in den Referenztexten Metastasios konsequent aus der tragischen Handlung verbannt, doch konnte dies seiner Bedeutung für eine klassizistische Dichtung Abbruch tun, welche die Aristotelische Kategorie des Mythos dem Ethos und vor allem der Lexis weit unterordnete?[34] In den italienischen Opern

[32] Die Ausnahme von der Regel bilden hier die italienischen Theoretiker im Umkreis der »Arcadia«. So erläutert G. V. Gravina in seinem Essay *Della tragedia* (1731) (wieder in ders., Scritti critici e teoretici; Bari 1973, bes. S. 555–563) die pragmatischen Probleme des Chorvortrags bei der Rekonstruktion der antiken Texte wie Melodik, Harmonik, Gesang und Tanz. Crescimbeni polemisiert in seinen *Commentari alla volgar poesia* (Teil I, 4–10) gegen den Chor und trägt Begründungen nach, die in der französischen Praxis festgeschrieben, jedoch in den entsprechenden Passagen bei Boileau (L'Art poétique, Stuttgart 1967, Reprint der Erstausgabe von 1674) übergangen werden (Chant troisième, S. 121 f.). Gravinas Adoptivsohn Metastasio (Opere, Bd. 2; a.c. di B. Brunelli, o. O. 1947, S. 947–1117 empfiehlt in seinem Aristoteleskommentar *(Estratto dell'arte poetica d'Aristotele e considerazioni su la medesima)* für den modernen Tragiker einen sparsamen, episodischen und nicht psychologisierenden Gebrauch des Chores, wie er ihn selbst etwa in seiner ersten Tragödie *Giustino* übte; vgl. auch zum Chor als Repräsentanten von Metastasio abgelehnter politischer Interessen (Revolution, Republikanismus, Konstitutionalismus, Ständekampf) in der Opera seria sowie zu dessen Vorschlägen zur Bild-Gruppierung des Chors E. S. di Felice, Metastasio. Ideologia, drammaturgia, spettacolo, Milano 1983, bes. S. 94 ff. und 152.

[33] Vgl. R. Strohm, Händeloper und Regeldrama, in: H. J. Marx (Hrsg.), Zur Dramaturgie der Barockoper, Laaber 1994, S. 33–55.

[34] Aus diesem Widerspruch versuchte fern aller dramatischen Praxis Hegel seine ästhetische Axiologie über den Chor zu einer Geschichtsphilosophie weiterzuentwickeln, die allerdings die scharfe Kritik des alten Goethe herausfordern mußte; Vgl. J. P. Eckermann, Gespräche mit Goethe, München 1976, S. 602 f. (Gespräch vom 28. März 1827).

Mozarts, nicht aber in den Singspielen, der *Entführung* und der *Zauberflöte*, bleibt der Chor gerade von den Finali ausgeschlossen.[35]

Die Reflexionen über die sinnvolle Adaption des Chorgebrauchs der italienischen (Opern-)Vorbilder gegen einen praxisfernen und buchstabentreuen Aristotelismus bei der Inszenierung französischer Texte setzt Lessing fort, der Schiller neben dem Studium der Originaltexte bei seiner Rekonstruktion einer dramatischen Theorie des Chores als einzig verläßlicher Informant erschien: »unter allen Deutschen seiner Zeit über was die Kunst betrifft am klarsten gewesen, am schärfsten und zugleich am liberalsten darüber gedacht und das Wesentliche worauf es ankommt am unverrücktesten ins Auge gefaßt.«[36] In Lessings Hamburger Ensemble galt dem Dramaturgen der Chor zusammen mit Pantomime und Tanz als Mittel der theatralischen Prachtentfaltung und der äußeren Wirkung. Der Chor ist ausschließlich Instrument des Effekts und hat keine affektiven bzw. psychologisierenden Funktionen. Allerdings läßt eine Bemerkung – anläßlich der Inszenierung von Voltaires als Seriastoff beliebter *Semiramide* – aufmerken: »Da das Orchester bei unseren Schauspielen gewissermaßen die Stelle der alten Chöre vertritt, so haben Kenner schon längst gewünscht, daß die Musik, welche vor und zwischen und nach dem Stücke gespielt wird, mit dem Inhalte desselben mehr übereinstimmen möchte.«[37] *Semiramide* enthält Chorpassagen, jedoch nur rahmend am Anfang und Ende. Lessing geht also noch von der Praxis aus, die einen chorischen »Reyen« zwischen jedem Akt als Divertissement wünscht, verlangt jedoch gleichzeitig, daß diese Chöre (ob sie nun mit Text oder aus reiner Orchestermusik bestehen) auf die Affektkodierung der vorausgehenden bzw. nachfolgenden Szenen bereits fein abgestimmt sind, mithin ein Programm, das Gluck kurz danach in seinen Reformopern umsetzen will. Lessing fordert für die Chorszenen ein Zurücktreten der Lexis, die durch die affektiven Ausdruckswerte von Harmonik, Melodik, Pantomine und Tanz ersetzt wird. Der Chor schafft also einen Kontrast zur Dominanz der

[35] Vgl. S. Kunze, Mozarts Opern, Stuttgart 1985 und ders., »Nachwort«, in: W.A. Mozart, Don Giovanni, Textbuch Italienisch/Deutsch, Stuttgart, 1986, S. 163–187, zu Goethes und Schillers Reaktionen bes. 163 f. Im zweiten Akt von *Cosi fan tutte* hat der Chor das Finale stumm zu beobachten. In *Le Nozze di Figaro* bedient sich da Ponte des Chors im ersten und im dritten, nicht aber im zweiten und vierten Akt. Die Weglassung der »Scena ultima« im *Don Giovanni* präpariert dagegen die Dramaturgie des Höhepunktfinales als Chortableau, wie es schließlich mit der *Zauberföte* und Beethovens *Fidelio*, aber eben auch mit Schillers *Wilhelm Tell* zum klassizistischen Normfall werden sollte, den auch Goethe favorisierte.

[36] NA, Bd. 30, S. 53; Briefe an Goethe vom 31. Mai und 4. Juni 1799.

[37] G.E. Lessing, Werke in drei Bänden, hrsg. v. K. Wölfel, Bd. 2, Frankfurt/M. 1967, S. 224.

Lexis in der klassizistischen Tragödie.[38] Auch wenn Schiller in der *Braut von Messina* diesen Kontrast durch seine rhetorische Umwertung des Chorparts aufheben wollte, so hat er im *Tell* wieder auf Lessings Prämisse zurückgegriffen. Der bei Lessing beschriebenen Praxis der Aufführung Voltaires in Deutschland sind auch Goethe (als Übersetzer) und Schiller (als Regisseur) in Weimar bei ihren Versionen des *Mahomet* (1799/1800) und des *Tancred* (1800) gefolgt. Als in der Aufführung des ersten Stücks – entsprechend der Vorliebe des Herzogs für den strengen französischen Stil – lediglich Statisterie und eine Liedeinlage die »Bürger von Mekka und Muselmänner« vorstellten, kam es zu Kritik im Publikum, der sowohl Schiller als auch Goethe rechtgaben.[39] Goethe faßte deshalb den Plan, »seine Bearbeitung Voltaires um einige Chöre zu erweitern«.[40]

Die Beschränkung des Personals auf wenige und hohe Figuren bedingt in den Texten des deutschen »Klassizismus« nicht, daß auf einen »Chor« verzichtet wird. Die Rolle des Chors ist nicht dem hohen Personal analog, sondern kontrastierend gewählt. Den noblen Helden gegenüber stehen kein Senat weiser Ältester und keine adelige Priesterinnenschaft, sondern die breiten Massen, das Allgemeine als Allgemeinheit: als plebejisches Volk und bürgerliche Zuschauerschaft. Der Kontrast zwischen Held und Masse, die Hierarchie von Herrscher und Volk werden hervorgehoben; der ständische Konflikt bleibt präsent. So wird im *Wallenstein* der Chor zwar schwerpunktmäßig in den Einleitungsteil ausgelagert, doch bleibt er als die Armee in den Tragödienteilen präsent, um die politische Wirksamkeit nicht nur seines Helden, sondern seiner historischen Idee auf die Masse, das »Große Ganze« und nicht nur die hohen, politisch aktiven Figuren zu demonstrieren.[41]

[38] So hat Lessing auch M. Mendelssohn verstanden, der in seinem, auf Lessings *Hamburgische Dramaturgie* Bezug nehmenden Aufsatz »Rhapsodie« den Chor als stellvertretenden »Mitleidenden« versteht. In der Entwicklung von der neutralen Affekt- zur rezeptionszentrierten Empfindungspoetik kann der Chor somit als in den Text integrierter Zuschauer die intendierten Wirkungen vorführen; vgl. M. Mendelssohn, Ästhetische Schriften in Auswahl, hrsg. v. O. Best, Darmstadt 1986, S. 127–165.

[39] Vgl. F. Sengle, Das Genie und sein Fürst, Stuttgart und Weimar 1993. Schillers Stanzengedicht *An Goethe als er den Mahomet von Voltaire auf die Bühne brachte* dokumentiert noch die Erwartung, Chor und Ballett würden für die Inszenierung miteingesetzt (NA, Bd. 2A, Weimar 1983, S. 404–406, bes. v. 65–72). Goethe hat in diesem Sinn im *West-östlichen Divan* den Chor als entsubjektivierte Allegorie des Lyrischen eingesetzt, die er den orientalischen Sujets und Formen attribuierte; vgl. Grumach, a. a. O., S. 168.

[40] Vgl. Kommentar E. Beutler in: Goethe, Übertragungen, a. a. O., S. 1107. Wegen des Zeitdrucks wurde der Plan jedoch nicht realisiert. Statt dessen wurden »Symphonien« in die Aufführung eingeschoben und einige Szenen melodramatisch gestaltet.

[41] Vgl. W. Müller-Seidel, Die Idee des neuen Lebens: Eine Betrachtung über Schillers ›Wallenstein‹, in: The Discontinuous Tradition. Studies in German Literature in Honour of E. L. Stahl, hrsg. v. P. F. Ganz, Oxford 1971, S. 79–98.

2. WARUM HAT GOETHES »IPHIGENIE AUF TAURIS« KEINEN CHOR?

Wenn sich Goethe in seiner *Iphigenie auf Tauris* auf fünf Schauspieler beschränkt und den Chor nicht mit heranzieht, dann traf er diese Entscheidung in erster Linie aus pragmatischen Gründen. *Iphigenie* wurde für eine »Liebhaberaufführung« im engen Bekanntenkreis geschrieben.[42] Es bestand keine Möglichkeit, einen Chor zu besetzen und keine Notwendigkeit, einer Konvention institutionalisierter Theater nachzukommen. Vielmehr konnte der Chor, wie ihn die Vorlage des Euripides enthielt, nun in den Text der Schauspieler integriert werden. Die Informationen, die der Chor bei Euripides für den Rezipienten liefert, mußten von Goethe auf andere Figuren aufgeteilt werden. Die Priesterinnen der Iphigenie, welche bei Euripides den Chor bilden, hat Goethe in seinem Stück auch motivisch eliminiert.

Betrachtet man im Vergleich Ch. W. Glucks und N. F. Guillards *Iphigenie en Tauride*, so wird auf den ersten Blick deutlich, welches »kompositorische Opfer« Goethe im Rahmen der pragmatischen Produktionssituation treffen mußte.[43] Gluck benutzt den Stoff ganz im Sinne des 18. Jahrhunderts für eine »Choroper«, in der er, nach allgemeiner Auffassung der Zeit, dem Ideal der Wiederherstellung des antiken Dramenideals nahe gekommen ist.[44] Seine Realisation des Stoffes ist für die französische Opern- und Theaterpraxis »revolutionär« und kreiert zusammen mit der früheren *Iphigénie en Aulide* die romantische Grand Opéra, wofür Gluck noch von Berlioz und Wagner gerühmt wurde.[45] Nicht einen Chor, wie Euripides (und Rousseau zufolge alle französischen Stücke), benutzt Gluck in seiner zweiten *Iphigénie*, sondern vier verschiedene »Chöre« stehen nebeneinander: Die Priesterinnen des Dianatempels um Iphigenie singen den Eingangschor, der die Götter um Besänftigung des Sturms anfleht (I, 1) – bei

[42] Vgl. H. Knudsen, Goethes Welt des Theaters, Berlin 1949, S. 12f. Zur quasi avantgardistischen Konzeption der *Iphigenie*-Aufführung von 1781 vgl. F. Hackert, Johann Wolfgang von Goethe ›Iphigenie auf Tauris‹, Stuttgart 1969, S. 154f.

[43] Goethe hielt Glucks Bearbeitung des Stoffs für weit theaterwirksamer als seine eigene Dichtung. D. Borchmeyer in: J. W. Goethe, Dramen 1776–1790, Deutsche Klassiker Verlag-Ausgabe, Bd. I,5, Frankfurt/M. 1988: »So wurde 1800 auf sein Betreiben (und unter Schillers Mitwirkung bei den letzten Proben) zwar Glucks *Iphigenie auf Tauris*, nicht aber Goethes eigenes Schauspiel aufgeführt.«

[44] Das haben auch Wieland und sogar Goethe selbst über Gluck festgestellt, vgl. B. A. Brown, Gluck and the French Theatre in Vienna, Oxford 1991, S. 440ff.

[45] Vgl. F. Akáts, Kunst der Scenik in ästhetischer und ökonomischer Hinsicht: theoretisch, praktisch und mit Plänen wie auch als Beispiel des Verfahrens durch eine scenierte Oper ›Iphigenia in Tauris‹ erläutert, Wien 1841. H. Schneider, N. Witt, La Muette de Portici, Tübingen 1993.

Goethe steht analog Iphigenies Eingangsmonolog; der Chor der Skythen stellt das Wachheer des Thoas dar (I, 3 und 4). Während Iphigenie selbst die Chorführerin des Priesterinnenchors ist, besitzt der Skythenchor einen Solisten. Im zweiten Akt (II, 4) erscheinen dem Orest als Chor- und Tanztableau die Eumeniden; in der sechsten Szene des Akts treten wieder die Priesterinnen auf. Der dritte Akt verbannt den Chor und gibt nun Einblick in die unbelauschte »Privatsphäre« von Iphigenie, Orest und Pylades. Der Schlußakt bringt schließlich auch das griechische Heer noch mit ins Spiel. Der Schlußchor vereint dann den Chor der Priesterinnen, den der Griechen und den des nun zum befreiten Volk mutierten skythischen Heers in einem moralisierenden Tutti.

Für den antiken Tragiker wäre es nicht möglich gewesen, unterschiedliche Chöre in einer Tragödie zu benutzen.[46] Der antike Chor ist darüber hinaus geschlechtlich und sozial homogen. Dies hätte für Guillard bedeutet, entweder einen weiblichen Chor der Priesterinnen oder einen männlichen Chor der taurischen Bürger bzw. des skythischen Heers vorzusehen. Entsprechend hätte auch der ethische Blickwinkel auf die Darstellung des Mythos verändert werden müssen. Noch eindeutiger wird die Differenz in Hinblick auf die Lexis, insbesondere aber die Dianoia, das heißt die affirmativen und sentenzhaften Textpassagen. Dominiert im weiblichen Chor ein sententiöses Lexikon des Mitgefühls und des religiösen Diskurses, so ist der männliche Chor auf die Sprache der Politik, die Diskurse der Macht festgelegt.[47] Der männliche Chor der Komödie und (unter bestimmten Bedingungen) auch der Tragödie ist Träger der *Parabase*, das heißt einer Manifestation des Individuums bzw. des Subjekts (z. B. des Autors). Der weibliche Chor dagegen ist Medium der *Perekbase*, das heißt des kollektiv Ethischen, des Anthropologischen und damit eines deindividualisierten Objektiven.[48] Der männliche Chor ist konservativ, der weibliche mantisch.

Die einzige erhaltene vollständige antike Tragödien-Trilogie, die *Orestie* des Aischylos, zeigt allerdings eine Möglichkeit der Kombination beider Blickwinkel. Im ersten Teil, dem *Agamemnon*, bilden die männlichen Bürger von Mykene den Chor; im zweiten Teil, den *Coephoroi*, tritt ein weiblicher Chor der Priesterinnen an die Stelle der männlichen Bürger. Im

46 Vgl. den Hinweis auf die Ausnahme der Halbchöre in Sophokles' *Aias*: Schiller, NA, Bd. 10, S. 345.

47 Vgl. M. Kamino, The Chorus of Greek Drama, Helsinki 1970. M. Nussbaum, »Finely aware and richly responsible ...«. Moral attention and the Moral Task of Literature, in: The Journal of Philosophy 15, 1982, S. 515 ff.

48 Vgl. V. V. Ivanov, »Revizor« Gogol'ja i komedija Aristofana, in: ders., Sobranie sočinenii, Bd. 3, Bruxelles 1987, S. 385–398, deutsch zuerst in: Corona IV, 1933.

dritten und abschließenden Teil *Eumenides* bilden die den Orest verfolgenden weiblichen Furien (Eumeniden) den Chor, die dann am Schluß von Athene als Bürgerinnen Athens aufgenommen und so in ihrer Identität und Funktion verwandelt werden.[49] Glucks Einrichtung des Iphigeniestoffes versammelt diese geschlechtlich und sozial kontrastierenden Chöre der Trilogie im Rahmen einer einzigen Tragödie. Überprüft man auch hier die Poetiken und poetologischen Vorworte des 18. Jahrhunderts in Italien, Frankreich und Deutschland (Boileau oder Gottsched, ja selbst Lessings *Hamburgische Dramaturgie*), so läßt sich beobachten, daß das Problem der Differenz zwischen männlichem, weiblichem und gemischtem Chor aus der kritischen Reflexion ausgeklammert wird.

Wo im Drama des 18. Jahrhunderts die Vertrautenfiguren die »reflektierende und verdeutlichende Funktion des Chores«[50] übernehmen, besteht meist ein Gleichgewicht zwischen männlicher und weiblicher Vertrautenfigur, das heißt, es wird eine Zweichörigkeit substituiert, die es in den antiken Vorlagen gar nicht gab. Aus der Chorführerin wird die vertraute Dienerin der Heldin, aus dem Chorführer der Gefährte des Helden. Das Geschlecht dieser Figuren richtet sich nach dem Verhältnis zwischen Parabase und Perekbase, aber vor allem entspricht es dem Geschlecht des Haupthelden, dessen Verhalten durch den Vertrauten in seinen affektiven Implikationen näher fokussiert werden soll. In Racines, von Schiller übertragener *Phèdre* besitzt die Titelheldin ebenso eine Vertraute wie Theseus einen Vertrauten. Zu den Aktschlüssen wurden noch in der Weimarer *Phädra*-Inszenierung zusätzlich zu den Vertrautenfiguren auch Zwischenmusiken mit Chor eingefügt, die entsprechend den aus dem Barocktheater vertrauten »Reyen« Aktschlüsse mit Divertissementcharakter schufen. Der Chor wurde also doppelt vertreten: erstens durch die Vertrautenfiguren, zweitens durch die Zwischenaktmusiken, die bestimmte Affekte weiterspannen.

In Goethes *Iphigenie* gibt es jedoch weder dramatische Chöre – wie bei Gluck – noch Reyen, noch Vertrautenfiguren, die eine neben dem dramatischen Ablauf stehende reflektierende Position einnehmen. Iphigenie ist dadurch als Hauptheldin aufgewertet, weil ihr weder ein Chor noch eine Vertraute zur Seite steht. Arkas und Pylades können nicht dramaturgisch auf ihre Begleiter- und Vertrautenfunktion für Thoas und Orest reduziert werden, verfolgen sie doch ganz eigenständige Ziele.

In gleichzeitig mit der Prosafassung der *Iphigenie* und unmittelbar danach entstehenden Werken der frühklassizistischen Periode – auch und ge-

[49] Vgl. R. Thiel, Chor und tragische Handlung im ›Agamemnon‹ des Aischylos, Stuttgart 1993.

[50] Reallexikon der deutschen Literaturgeschichte, Bd. 1, Berlin 1958, S. 209.

rade solchen mit mythologischem oder antik-historischem Sujet – für deren Aufführung ein Chor zur Verfügung stand bzw. für die an eine Aufführung vorerst nicht gedacht war, hat Goethe vom Chor Gebrauch gemacht: so in *Elpenor, Egmont,* den *Maskenzügen* und nicht zuletzt im *Faust.* Auch die Dramenfragmente *Lila* und *Proserpina,* entstanden in unmittelbarer Nachbarschaft zur Prosafassung der *Iphigenie,* ziehen jeweils einen oder mehrere Chöre heran, im Falle der *Lila* sogar zur Darstellung eines »Unterbewußten«.[51]

Die endgültige Ausarbeitung und Versifikation der *Iphigenie* wird von Goethe in Italien in Angriff genommen, vor allem während des ersten Romaufenthalts, zu einer Zeit, da Goethe die italienische Oper und das italienische Theater besucht, in der er das Vorbild der klassizistischen arkadischen Poetik ernsthaft studiert. Die Arcadier empfehlen den Gebrauch des Chores in der Tragödie zwar nicht, wenden sich in ihren Polemiken aber auch gegen die »Modernen«, gegen die Praxis Racines und Corneilles, welche die ihrer Meinung nach zentralen Fragen des Ethos nurmehr in den proliferierenden Monologen der Helden bzw. Heldinnen zum Zuge kommen lassen.[52] Bereits Herders und vor allem Wielands Anregung, Goethe möge seine *Iphigenie* versifizieren, impliziert, das Werk für eine öffentliche Hoftheateraufführung letztendlich unter Hinzuziehung eines Chores bzw. von Chören an das antike Vorbild bzw. an die Oper angenähert einzurichten, angelehnt an das Vorbild von Wielands *Alceste* (1773). Statt der Blankverse seiner *Lady Johanna Grey* verwendet Wieland in den Singspielen wie *Alceste* für die Chorpassagen freie und beweglich reimende Nachbildungen des antiken Chormetrums, des jambischen Trimeters.

Schiller hat Goethes versifizierte *Iphigenie* 1787 rezensiert und schließlich die Inszenierung der öffentlichen Uraufführung übernommen. Anfang Januar 1800, während der Arbeit an *Mahomet,* will Schiller nun nicht nur die Voltaireübersetzung auf die Bühne bringen, sondern auch Goethes Versschauspiel aufführen. Man entscheidet sich jedoch für Glucks Oper, um das Publikum nicht mit Versschauspielen zu überfordern, viel-

[51] Vgl. G. Diener, Goethes ›Lila‹. Heilung eines Wahnsinns durch ›psychische Kur‹, Frankfurt/M. 1971. D. Borchmeyer, Weimarer Klassik, a. a. O., S. 166 ff. spricht von »Mischgattung zwischen Schauspiel und Oper, wobei nicht die Gattungspoetik der Entstehungszeit, sondern Beethovens Vertonung des *Egmont* und die daraus erwachsende Rezeptionsgeschichte in der Operngeschichte des 19. Jahrhunderts zu dieser Beurteilung führt.

[52] P. A. Bloch, Schiller und die französische klassische Tragödie, Düsseldorf 1968. Vgl. dazu auch W. Proß, Gian Vincenzo Gravina. Teoria del diritto e teoria del dramma all'inizio del Settecento, in: La tradizione illuministica in Italia. Atti del Convegno di Studi della Societá Filosofica Siciliana, Palermo, 14-15-16 Novembre 1985, S. 283–292.

leicht auch, weil Goethe eine Revision verspricht.[53] Zwei Jahre später aber gibt Goethe den Text ohne Veränderungen Schiller zur Bearbeitung und Inszenierung frei. Aufzeichnungen von Schillers Weimarer Bühnenbearbeitung des Textes sind nicht erhalten; die »Berliner Handschrift« eines »Dirigierbuchs« stammt erst aus dem Jahr 1827 und kann nicht mit Sicherheit als eine Quelle über Schillers Bearbeitung gelten, bringt sie doch nur unwesentliche Kürzungen.[54] Vielleicht hat Schiller, wie D. Borchmeyer annimmt, letztlich nur unwesentlich in den Text eingegriffen.[55] Um so bedeutsamer erscheint deswegen die diesen unterbliebenen Veränderungen vorausgehende Diskussion, deren wichtigstes Dokument der Brief Schillers an Goethe vom 22. 2. 1802 ist.

»Orest selbst ist das Bedenklichste im Ganzen; ohne Furien ist kein Orest, und jetzt, da die Ursache seines Zustands nicht in die Sinne fällt, da sie bloß im Gemüt ist, so ist sein Zustand eine zu lange und zu einförmige Qual, ohne Gegenstand. Hier ist eine von den Grenzen des alten und des neuen Trauerspiels. Möchte Ihnen etwas einfallen, diesem Mangel zu begegnen, was mir freilich bei der jetzigen Ökonomie des Stückes kaum möglich scheint; denn was ohne Götter und Geister daraus zu machen war, das ist schon geschehen. ... ferner empfehle ich Ihnen zu bedenken, ob es nicht ratsam sein möchte, zur Belebung des dramatischen Interesse, sich des Thoas und seiner Taurier, die sich zwei ganze Akte durch nicht rühren, etwas früher zu erinnern, und beide Aktionen, davon die eine jetzt zu lange ruht, in gleichem Feuer zu erhalten. Man hört zwar im zweiten und dritten Akt von der Gefahr des Pylades, aber man *sieht* nichts davon, es ist nichts Sinnliches vorhanden, wodurch die drangvolle Situation zu Erscheinung käme.«[56]

[53] Zur Modellfunktion der Gluckaufführungen für die Ästhetik des Weimarer Theaters vgl. U. Müller-Harang, Das Weimarer Theater zur Zeit Goethes, Weimar 1991, S. 38f. E. Beutler, Essays um Goethe, Zürich und München 1980, S. 416f. bezeichnet Goethes *Iphigenie* im Vergleich mit Gluck als latente Oper.

[54] Vgl. NA, Bd. 14, Weimar 1949, S. 330–336. Der im Kommentar zur NA implizit gehaltene Verdacht, Goethe habe die Aufzeichnungen von Schillers Bearbeitung beseitigt, ist nicht von der Hand zu weisen. Ebenso können aber auch andere spätere Regisseure und Schauspieler Schillers Papiere im Archiv entfernt haben, die ihre Regieversionen an die Stelle des Verstorbenen setzten. Goethe hat sich bis ins hohe Alter keine *Iphigenie*-Aufführung angesehen.

[55] Vgl. Goethe, Dramen 1776–1779, a.a.O., Kommentar 1308. In *Weimarer Klassik* (a.a.O., S. 155) vertritt Borchmeyer dagegen die Ansicht, daß die Weimarer Aufführung »in Schillers einschneidender Bearbeitung stattgefunden hat«.

[56] Schiller, NA 14, S. 332f.

Der Praktiker Schiller – dem die Oper bis zur Aufführung von Glucks *Iphigenie auf Tauris* fern lag und der nun eine Erneuerung der Tragödie gerade von ihr erwartete[57] – empfahl Goethe anläßlich seines Plans der Inszenierung der *Iphigenie* in seinem Brief geradeheraus: »Ohne Furien kein Orest.«[58] Schiller schlägt, ganz vorsichtig, für das Publikum »sinnlich« wahrnehmbare, »gegenständliche« Furien vor. Bereits Tischbein hatte auf seinem Ölgemälde *Die Erkennung des Orest durch Iphigenie* 1788 zur Darstellung der Goetheschen Szene nicht nur die beiden Protagonisten im Vordergrund, sondern die Orest verfolgenden Furien in der rechten oberen Bildhälfte im Hintergrund postiert.[59] Die »jetzige Ökonomie« des Stückes – nur fünf Schauspieler und einige Statisten als Gefolge des Thoas, die Schiller sofort registriert hat – ist dem Regisseur zu sparsam. So bittet er Goethe, für die Aufführung auf dem Weimarer Hoftheater zumindest in der Szene von Orests Verfolgungsmonolog einen Chor von Furien heranzuziehen – für den entsprechend etwas Text nachträglich ergänzt hätte werden müssen: »Bloß Rede oder Pantomime, im Singspiel

[57] Brief an Goethe vom 29. Dezember 1797; in einem späteren Brief vom 27. März 1801 prägt Schiller sogar den Begriff von der Entwicklung des »Totalkunstwerks« aus der Oper; vgl. dazu S. Kunze, Der Kunstbegriff Richard Wagners, Regensburg 1983, bes. S. 37–60 und D. Borchmeyer, Weimarer Klassik, a. a. O., S. 93–96 und 377 f. Beachtung verdient in diesem Kontext die Stoffgeschichte von Schillers *Wilhelm Tell*, der nicht erst durch Rossini (1829) zur Neuschöpfung der Grand Opéra des 19. Jahrhunderts herangezogen wurde. Schiller hat für *Wilhelm Tell* Quellen ausgewertet und ist Goethes Anregungen gefolgt. Dennoch handelt es sich um eine bewußte Referenz an Grétry, wenn Schiller 1803 diesen Stoff wählt. Der damals berühmteste lebende Opernkomponist (dessen Werke auch auf dem Programm des Weimarer Theaters nicht fehlten) hatte auf dem Höhepunkt der revolutionären Wirren des Jahres 1791/92 in Paris seinen *Guillaume Tell* herausgebracht und damit in bewußter Abwendung vom französischen Singspiel, als dessen Meister er galt, den Prototyp für das Kunstwerk des »revolutionären Empire« geschaffen; vgl. P. Gülke, Vorwort, in: A. E. M. Grétry, Memoiren oder Essays über die Musik, Wilhelmshaven 1978, bes. S. 38 f. und im Text S. 230 f.

[58] Vgl. D. Borchmeyer, Weimarer Klassik, a. a. O., S. 155 spricht der »Verdrängung der Furien aus der Realität in die Imagination« und zitiert sinnentstellend für diese dem Neoklassizismus inadäquate Psychologisierung v. 755 f. Pylades ermuntert Orest zur Tat zwischen zwei Verfolgungsanfällen mit den Worten: »Erwart es ruhiger! Du mehrst das Übel / Und nimmst das Amt der Furien auf dich.« Das meint nicht, daß Orest sich selbst im Anfall die Furien vorspiele. Vgl. auch E. Loeb, Tantalus absconditus in Goethes ›Iphigenie‹, in: Literaturwissenschaftliches Jahrbuch, N.F., 18, 1977, S. 105–114.

[59] Vgl. J. H. W. Tischbein, Die Erkennung des Orest durch Iphigenie, 1788, Sammlung Schloß Arolsen, abgebildet in: J. Göres (Hrsg.), Goethes Leben in Bilddokumenten, München 1981, S. 122 (Abb. 195).

Gesang und Instrumentalmusik«, wie Wieland empfohlen hatte.[60] Schiller erwog also, eine musikalisch-deklamatorische »Nummer« nach dem Vorbild des zweiten Akts von Glucks *Iphigénie en Tauride* einzufügen.[61] Und da er schon dabei war, die dramaturgische Intention des Werks zu unterlaufen, wie er wohl bemerkt, impliziert er in seinem Vorschlag letztlich, einen Chor der Taurier einzuführen, welcher nötig wäre, um die hinter den Kulissen vorgehenden politischen Vorgänge, die »eigentliche Handlung«, gleich mit auf die Bühne zu bringen: »Es gehört nun freilich zu dem eigenen Charakter dieses Stücks, daß dasjenige, was man eigentlich Handlung nennt, hinter den Kulissen vorgeht und das Sittliche, was im Herzen vorgeht, die Gesinnung darin zur Handlung gemacht ist und gleichsam vor die Augen gebracht wird. Dieser Geist des Stücks muß erhalten werden, und das Sinnliche muß immer dem Sittlichen nachstehen; aber ich verlange auch nur so viel von jenem als nötig ist, um dieses ganz darzustellen.«[62]

Es ist bezeichnend, daß Goethe, der Schillers »Theaterverstand« und dessen Gespür für Wirkungsästhetik entgegenkam und ihm eben deswegen sein vermeintlich bühnenunwirksames Stück zur Bearbeitung vorgelegt hatte, hier jeden Eingriff ablehnt. Daß Goethe die ästhetischen Prämissen Schillers selbst weitergab, solange sie nicht auf seine *Iphigenie* Anwendung fanden, zeigt eine Bemerkung über ein Stück von Z. Werner, die Riemer aufgezeichnet hat, und die eine Diskursparaphrase von Schillers Brief in einen Goetheschen Text sein könnte:

»Der Chor in der alten Tragödie ist ein Vermittelndes, etwas, das die Szene und den Zuschauer zusammenbringt und verbindet. Im *Vierundzwanzigsten Februar* [von Z. Werner] sah man, daß ein Chor fehlte, der die Handlung dieser Menschen mit den Zuschauern verknüpfte. Man hatte das Gefühl der unendlichsten Einsamkeit »als wenn die Welt ausgestor-

[60] Wieland, Sämmtliche Werke, Bd. 26, Leipzig 1796, S. 245 (Reprint Hamburg 1984, Bd. 8). Ganz in diesem Sinne hatte Goethe bereits in Italien in Zusammenarbeit mit dem Komponisten C. Kayser den parallell zur Versifikation der *Iphigenie* dramaturgisch überarbeiteten *Egmont* eingerichtet, woran er sich im »Bericht« über den November der *Italienischen Reise* erinnert; vgl. Goethe, Hamburger Ausgabe, a. a. O., S. 435 ff.

[61] Schiller assoziierte ein Drama, das Goethe bereits als Vorbild gedient hatte. Voltaires umstrittener *Oreste* (1778) bringt in Anlehnung an die *Eumenides* und Aristoteles *Poetik* (cap. 17) ebenfalls die Furien auf die Bühne und läßt es nicht mit einer Beschreibung des Zustands des Titelhelden bewenden; vgl. W. Proß, Die Konkurrenz ..., a. a. O., S. 101. Auch das Höllenfahrt-»Finale« von Mozarts *Don Giovanni*, das Goethe am 30. Dezember 1797 im Brief an Schiller emphatisch gepriesen hatte, muß dem Regisseur und Bearbeiter, der seine dramaturgischen Verbesserungen im Sinne von Goethes gewandeltem Geschmack anzubringen suchte, als Orientierung gedient haben.

[62] Wieland, a. a. O., S. 333.

ben, und diese Menschen Gott weiß von welchen unsichtbaren Dämonen geplagt würden.«[63]

Goethe lehnt Schillers Vorschläge – wie diese Rezension zeigt – also nicht ab, um den zwischenzeitlich elaborierten klassizistischen Prämissen dogmatische Treue zu erweisen. Schiller bemerkt bei der erneuten Lektüre im Gegensatz zu seiner Rezension von 1787, die ausschließlich den rhetorischen Aspekt betont hatte, die empfindsame (als nun schon aus der Mode gekommene) und die auf das Ethos fixierte Anlage des Texts.[64] Selbstkritik und Selbstverbesserungen hat Goethe in anderen Fällen ganz ungerührt betrieben, um seine älteren Texte zu »modernisieren« (etwa 1803 im Fall der *Stella*).[65]

Goethe war enttäuscht von Schillers praxisorientierter und aktualisierender Lektüre seiner formalen poetischen Invention, obwohl er sie selbst Schiller nahegelegt hatte. *Iphigenie* war, wie Schiller 1802 sah, nicht unter der klassizistischen Dominante der Ästhetik und der Lexis entstanden. Das widersprach zwar Schillers aktuellen ästhetischen Überzeugungen, dennoch wollte er auch Goethes präklassizistischem Interesse am ethischen Konflikt Rechnung tragen. Seine Inszenierung war ein Balanceakt zwischen dem Anspruch, die Intentionen einer Dichtung aus den achtziger Jahren des vorausgehenden Jahrhunderts – einer prärevolutionären Dichtung – zu rekonstruieren, und dem Versuch, sie politisch den durch die Revolution und Napoleon gewandelten Anschauungen und bühnenpraktisch der Ästhetik des Weimarer Theaters, wie sie sich während Goethes Direktion herausgebildet hatte, anzupassen. Daß Schiller mit seinem Vorwand in gewissem Sinne recht hatte, zeigt eine nun zweihundertjährige Rezeptionsgeschichte, welche die »eigentliche Handlung« nicht thematisiert hat. Andererseits verstärkte sich Goethes Skepsis gegenüber dem eigenen Drama, denn ihm war es nicht so sehr auf den thematisierten ethischen Konflikt, sondern auf das »Wie« von dessen formaler Realisation im Drama angekommen. Es ging ihm um Implizitheit, nicht um Explizitheit, um Diskretion, nicht um Digression. Seine poetische Intention von 1780 unterschied sich in dieser Hinsicht nicht von seinen Anschauungen 1802, dagegen stark von Schillers Bestreben, ein Gleichgewicht von Implizitheit und Explikation zu erreichen. Die Situation wird aus der Einsichtsperspektive Iphigenies und nicht in prospektiver Übersicht exponiert, wobei sich

[63] Zit. nach Grumach, a. a. O., S. 236.

[64] Vgl. D. Kimpel, Ethos und Nomos als poetologische Kategorien bei Platon – Aristoteles und das Problem der substantiellen Sittlichkeit in Goethes ›Iphigenie auf Tauris‹, in: Germanisch-Romanische Monatsschrift 33, 1984, S. 367–393.

[65] Vgl. dazu auch Goethes Äußerung gegenüber Eckermann vom 1. April 1827, Gespräche mit Eckermann, a. a. O., S. 612 f. Hier spricht sich Goethe für die Möglichkeit bühnenpragmatischer Änderungen in *Iphigenie* aus. Vgl. auch Schiller, NA, Bd. 14, S. 337 f.

die Gesamtheit der Vorgänge aus dem beschränkten Blickwinkel Iphigenies aus ihrem Tempel in ihrer quantitativen und individualisierenden Bedeutung verzerrt (verglichen mit einer qualitativen und die Allgemeinheit betreffenden, wie man sie auf dem Hauptplatz in Tauris gewinnen könnte). Der ethische Konflikt, der kriegerische Auseinandersetzungen und einen Machtwechsel mit heraufbeschwört, wird nicht unter dem Vorzeichen der Allgemeinheit, sondern unter dem des Gefühlseindrucks auf das moralische Handeln einer Person vorgeführt, die selbst – als Frau und Priesterin – von den Auswirkungen nur mittelbar betroffen ist. Iphigenies Ethos besteht nun in dramaturgischer Hinsicht darin, daß sie ein ungemeines Einfühlungsvermögen in die sittlichen Konflikte jener aufbringt, die von den ethischen Konfliktsituationen unmittelbar betroffen sind, und dabei pragmatische Hierarchisierungen von Pflichten zugunsten der Unbedingtheit, die nur sich selbst nicht berücksichtigt, hintanstellt. Goethes vordringliches Interesse galt der exponierten Problematik des Ethos, vor allem den Fragen des Natur- und Staatsrechts. In *Iphigenie* wird über die Bedürfnisse und Interessen der Allgemeinheit, des zivilen Volks, des Adels und des Militärs argumentiert. Goethe hatte den Chor bzw. verschiedene Chöre so in seine *Iphigenie* bereits miteinkomponiert. Einen Chor oder ausgewählte Bürger – wie in *Egmont* – sich explizieren zu lassen, hätte bedeutet, die eigene Konzeption ad absurdum zu führen. Einen Chor aus den Bürgern von Tauris zu rekrutieren, hätte bedeutet, dieser Bürgerschaft ein allgemeines und gemeinsames Interesse zu unterstellen. Der Chor argumentiert geschlossen, und er vertritt, soweit er geschlossen spricht, vor allem aber singt, den Menschen im Naturzustand.[66] Doch eine Geschlossenheit und eine natürliche Naivität gibt es in Tauris nicht. Vertreter eines bestimmten Interesses im Chor zu favorisieren, hätte das dianoetische Gefüge des Dramas zerstört. Der abwesende Chor ist der entscheidende implizite Mitspieler in seiner dramaturgischen Neukonzeption; nur durch dessen Implizitheit läßt sich das Gleichgewicht der Charaktere und damit das Konzept einer Dichtung realisieren, in welcher das Ethos dominant und dennoch ambivalent, ja »pluralistisch« ist, also nicht auf die Parteinahme für eine bestimmte politische und rechtliche Ordnung hinauswill. *Iphigenie* ist nicht einfach ein Stück ohne Chor, sondern es setzt den Konzeptionen des permanent anwesenden und des nur episodisch anwesenden Chors eine dritte hinzu: die der permanent abwesenden, latenten Chöre.

[66] Vgl. M. Mayer, Künstlicher Naturzustand. Zur Literaturgeschichte der Oper, in: Internationales Archiv für Sozialgeschichte der deutschen Literatur 20, 1995, S. 155–172. Besonders deutlich wird dies beim Einsatz des Chores im Schäfer- oder Hirtengenre, dessen Idyllik einige frühe dramatische Texte Goethes, aber auch die späten Festspiele *Pandora* und *Des Epimenides Erwachen* bedienen.

»Das Gefühl der unendlichsten Einsamkeit«, der Iphigenie politisch und moralisch ausgesetzt ist, soll dem Zuschauer vermittelt werden, indem man ihm den Chor als Identifikationspartner auf der moralischen Nullstelle raubt. In *Iphigenie* erfahren wir durch ein invertiertes Verfahren des Botenberichts und der Mauerschau nicht Berichte vom Aufeinandertreffen großer Heere, vom Ergebnis ihrer Schlachten oder auch nur von Selbstverstümmelung und Tod der Heroen, sondern erhalten Nachrichten von der Stimmung im Volke, vom Kommentar des Chors. Die Ausgliederung des Chors aus den politischen Vorgängen, die hier ganz im Sinn von Schillers Charakterisierung hinter verschlossenen Türen nachvollzogen werden, führt mithin dazu, daß die religiöse Sphäre nicht verdoppelt wird. Iphigenie spricht die Gebetslieder als Priesterin stellvertretend für den Chor, dem sie noch bei Euripides zumindest im Auftrittslied und in einem Stasimon stereotyp auf den kultischen Ursprung der Tragödie verweisend zugeordnet waren. Iphigenie wird – im Parzenlied – zur Chorführerin, die im Wechselgesang mit sich selbst aus dem Vollzug des Mythos in die Sphäre der Ataraxia heraustritt.[67] Aber sie ist isoliert von der Gemeinschaft ihrer Priesterinnen, wobei der Grund dafür offen bleibt. Haben die anderen Priesterinnen Iphigenie verlassen, weil sie den traditionell matriarchalen Kult nicht reformieren lassen wollten? Oder wurde Iphigenie durch Arkas und Thoas von ihren Priesterinnen getrennt, um diskreteren Druck auf sie ausüben zu können? Iphigenies Einsamkeit im Heiligtum ist verdächtig auf dem Hintergrund des durch Euripides überlieferten und bindenden Mythos.

3. FUNKTIONEN DES CHORS IM WEIMARER KLASSIZISMUS

Um 1800 bietet sich für den Autor wie für den Regisseur eine breite Palette von Möglichkeiten, den Chor einzusetzen. Aus diesen Möglichkeiten haben Goethe und Schiller zu wählen, wollen sie auf dem zeitgenössischen Weimarer Theater ein im Sinne der klassizistischen Intention zeitlos-musterhaftes Kunstwerk aus einem kanonischen Stoff wie dem der Iphigenie zur Aufführung bringen.[68] Im Gegensatz zu den theoretischen Texten des 18. Jahrhunderts versuchen Goethe und Schiller nicht mehr nur *eine* for-

[67] Die Figur bzw. einen Auftritt als Chorführerin weist Goethe in *Wilhelm Meisters Lehrjahre* Philine zu; vgl. Hamburger Ausgabe, a. a. O., S. 172 f.: »Philine, die eins von den Landmädchen machte und in dem Reihentanz die einzelne Stimme singen und die Verse dem Chore zubringen sollte, freute sich recht ausgelassen darauf.«

[68] Vgl. N. Luhmann (Die Kunst der Gesellschaft, Frankfurt/M. 1996, S. 212 f., 387 f.), der Klassik als »Konstrukt von Beobachtern für Beobachter« definiert, denen es selbstreferentiell um »kanonische« und »zeitunabhängige Vorbildhaftigkeit des Geschmacks« zu tun ist.

male Oppositionspaarung zu favorisieren, um damit auf einen Unterschied zwischen antiker und moderner Dichtungspraxis zu verweisen. Die Paradigmata lassen sich subtil differenzieren und zu funktionalen Reihen kombinieren.

Antik	*Modern*
Chor als Affektträger	Chor »Instrument« des Effekts
bestimmter Charakter	Objektivität
bestimmte Qualität (bzw. Alter/Weisheit)	unbestimmte Qualität
hohe Quantität	niedrige Quantität
mit Chorführer (substitutiv)	ohne Chorführer (konstitutiv)
sozial bzw. ständisch definite Gruppe	indefinite Masse/Volk
aufgeteilt in Einzelstimmen bzw. Rollen	geschlossener Chor
religiöses Interesse	profanes Interesse
interesselos (ethische Normalität)	Interessenvertretung, Position
männlicher bzw. weiblicher Chor	gemischter Chor
komischer Chor	tragischer Chor
singend	sprechend
deklamatorischer Vortrag	prosaischer Vortrag
antike reimlose Metrik	moderne gereimte Versform
Vers	Prosa
einstimmig	mehrstimmig
homophon	polyphon
ein einheitlicher Chor	zwei oder mehrere Chöre
permanent anwesender Chor	rahmender oder episodischer Chor
real auftretender Chor	impliziter Chor

Nach seiner Erfahrung als Regisseur und Bearbeiter von Goethes *Iphigenie* entschließt sich Schiller, den Plan der *Braut von Messina* zu realisieren. Nach der *Braut von Messina* und den vorerst beiseite gelegten *Maltesern* schwankt Schiller zwischen den Konzeptionen von *Warbeck* und *Tell*. Das Problem der Chöre scheint Schiller so gefesselt zu haben, daß er nun definitiv eine eigene Lösung vor dem Hintergrund von Goethes *Iphigenie* ausarbeitet. In der *Braut von Messina* treten nicht nur der geteilte Chor des Gefolges der beiden feindlichen Brüder auf, sondern auch die »Ältesten von Messina«, eine Gruppe schweigender Alter, die sich ebenso unheimlich auf der Bühne ausmachen wie dies das Gefolge des Thoas in der Inszenierung getan haben dürfte. Die Unheimlichkeit des Schweigens jener einflußreichsten Ältestens relativiert den Streit der Brüder unter den inquisitorischen Auspizien der Clanchefs. Trotz oder gerade wegen der formalen Strenge des Textes ist der tatsächliche Chor nicht ein abstrahierter Block, sondern von Schiller in der Inszenierung als Volksmenge aufgefaßt. Er umfaßt nicht nur jugendliche Gefolgsleute der Helden, sondern alle Altersstufen und bildet somit nicht eine Antithese zur Gruppe der Ältesten«.[69] Im Finale inszeniert Schiller eine chorische Polyphonie, die weit über die Restauration antiker Effekte hinausgeht: Das Chorgefolge des Bohemund integriert sich in die Versöhnung der überlebenden Familienmitglieder und nimmt bereits ein »Happy End« vorweg, doch: »In diesem Augenblick läßt sich Chorgesang hören, die Flügeltüre wird geöffnet, man sieht in der Kirche den Katafalk aufgerichtet und den Sarg von Kandelabern umgeben« (IV, 10). Hier ist Schiller, wie schon Robert Schumann bemerkte, die Überhöhung der Chordramaturgie der romantischen Oper gelungen.[70] Ein vierter Chor – nun unsichtbar postiert – ergänzt das Ensemble.

Am Schluß des III. Akts hat Schiller Goethes *Iphigenie* im Chorlied vor der Bahre des toten Don Manuel seine Reverenz erwiesen:

»Selber die schrecklichen Furien schwangen
Gegen Orestes die höllischen Schlangen,
Reizten den Sohn zu dem Muttermord an;
Mit der Gerechtigkeit heiligen Zügen
Wußten sie listig sein Herz zu betrügen,
Bis er die tödliche Tat nun getan –
Aber, da er den Schoß jetzt geschlagen,
Der ihn empfangen und liebend getragen,
Siehe, da kehrten sie

[69] Vgl. die bei U. Müller-Hanrang, a. a. O., S. 62f., abgebildeten Radierungen von J. C. E. Müller nach Kraus, die eine Chorszene aus der *Braut von Messina* und das Finale von *Wallensteins Lager* nach den Weimarer Inszenierungen wiedergeben. Obwohl der Kommentar dies unterstellt, lassen beide Bilder nicht auf einen Aufführungsstil im Sinne des »tableau vivant« (wie es Goethe in seinen *Wahlverwandtschaften* beschreibt) bzw. des statuarisch arrangierten Historienbilds schließen. Die Darstellung hält besonders den Bewegungsmoment der Szene fest. Der Chor stürzt auf die Hauptdarsteller ein. Er ist weder blockhaft postiert noch uniform gekleidet. Vgl. dazu auch die Bildbeschreibungen in J. Göres (Hrsg.), Gesang und Rede, sinniges Bewegen. Goethe als Theaterleiter. Ausstellung des Goethe-Museums Düsseldorf, Düsseldorf 1973.

[70] Vgl. R. Schumann, Chor, in: Damen Conversations Lexikon, hrsg. v. C. Herloßsohn, Bd. 2, Leipzig 1834, S. 383ff. Im Jahr 1850/51 komponiert Schumann dann seine »Ouvertüre zu Schillers ›Braut von Messina‹ op. 100, die er als einzige unter seinen späten Ouvertüren bzw. Tondichtungen publiziert hat. Schumann versucht in diesem Werk, Orchester und Chor als unmittelbaren »Ausdruck der Empfindung der Massen« zu verschmelzen, ohne sich dabei eines Opernsujets bedienen zu müssen; vgl. R. Kapp, Das Orchester Schumanns, in: Musik-Konzepte, Sonderband Robert Schumann II, München 1982, S. 191–236, bes. S. 207ff.

Gegen ihn selber schrecklich sich um –
Und er erkannte die furchtbaren Jungfraun,
Die den Mörder ergreifend fassen,
Die von jetzt an ihn nimmer lassen,
Die ihn mit ewigem Schlangenbiß nagen,
Die von Meer zu Meer ihn ruhelos jagen
Bis in das delphische Heiligtum.«[71]

Goethe hat diese Referenz in seinen »Regeln für Schauspieler« wieder aufgegriffen. Zu den Merkwürdigkeiten dieses Textes gehört es nicht nur, daß die Beispiele, die Goethe gibt, fast ausschließlich dem Chortext der *Braut von Messina* entnommen sind, sondern daß dabei die oben zitierte Passage mehrmals ausgewählt wurde.[72] Als Goethe seine Beispiele aussuchte, hatte er nicht nur den Text, sondern auch die Realisation der *Braut von Messina* vor Augen. Die Chorpassagen stellte sich Schiller keinesfalls durchweg chorisch vorgetragen vor. Er hatte den Chor im Rahmen seiner Inszenierung in Einzelstimmen, ja in Einzelrollen aufgespalten, denen er während der Proben sogar Namen zuwies. Diese »Rollen« wurden teilweise von Schauspieleleven ausgeführt. Während der Probenphase zur *Braut von Messina* empfiehlt Goethe Schiller dafür einen jungen Schauspieler zum Vorsprechen. Warum Schiller den Chor aufspaltete, ist nicht eindeutig zu sagen. Der erste Grund mag darin zu suchen sein, daß er für die unmittelbar realisierte Uraufführung keine adäquate musikalische Realisation in Auftrag geben konnte und so keine Vertonungen vorlagen, die einen durchgehend blockhaften »Chor«satz gewährleisteten.[73]

»Der Chor hat sich bereits in einen Cajetan, Berengar, Manfred, Bohemund, Roger und Hyppolyt [!], sowie die 2 Boten in einen Lanzelot und Oliver verwandelt, so daß das Stück jetzt von Personen wimmelt.«[74]

[71] Schiller, NA, Bd. 10, S. 94, v. 2002 ff.

[72] E. Scharrer-Santen, Die Weimarische Dramaturgie, aus Goethes Schriften gesammelt, Berlin und Leipzig 1927, bes. S. 241–288. R.-P. Janz, Schillers ›Braut von Messina‹, in: W. Barner, E. Lämmert, N. Oellers (Hrsg.), a. a. O., S. 329–349. D. Borchmeyer, Weimarer Klassik, a. a. O., S. 378 ff., der den »Regeln« »Werkstatt-Charakter« zuspricht.

[73] Schiller war mit den Realisierungen des Chors im *Wallenstein* notorisch unzufrieden und beauftragte immer wieder neue Komponisten mit der musikalischen Umsetzung; so erprobt er – während der Inszenierungsarbeit an der *Braut von Messina* – »die neu Komposition vom Reuterlied«; vgl. Briefwechsel, a. a. O., S. 985; Brief Schillers vom 28. Februar 1803. Der Brief an Iffland, mit dem Schiller dem ob der theatralischen Realisierbarkeit zögernden Regisseur seine *Braut von Messina* ans Herz legt, besagt nur, daß es vorläufig für die Chöre keine Musik gebe und die Inszenierung auch in Ifflands Berliner Theater, das über kein Opernensemble verfügte, möglich sei; vgl. U. Müller-Harang, a. a. O., S. 58 f.

[74] Briefwechsel, a. a. O., S. 984; Brief Schillers vom 8. Februar 1803.

Noch vor und während der Proben zur *Braut von Messina* befaßt sich Schiller auch mit anderen praktischen Problemen einer in Gruppen vorgetragenen Deklamation. Schiller ist etwa hinsichtlich der Textverständlichkeit anfangs zuversichtlich und teilt Goethes Bedenken gegen die Realisierbarkeit nicht. Dennoch scheinen die Proben nicht so problemlos fortzuschreiten, wie Schiller sich dies – vielleicht zu sehr involviert in seinen Plan – bei den ersten Leseproben versprach. Goethe versucht Schiller vorsichtig mit Ratschlägen behilflich zu sein: Er studiert und sendet das neueste Werk zur deutschen Prosodie, J. H. Voß' *Zeitmessung der deutschen Sprache*, Königsberg 1802, das Schiller jedoch zu diesem Zweck als untauglich verwirft.[75] Die Schwierigkeiten, den komplizierten Text verständlich, doch nicht zu langsam und eintönig vorzutragen, lagen – wie im Fall aller tiefen Stimmen – auch bei der Unklarheit der akustischen Verhältnisse. Das leere Theater oder gar Zimmer für Leseproben besitzen einen Nachhall, von dem aus kaum auf ein gefülltes Haus zu schließen ist. Goethe empfing im Januar 1803 den Besuch des bekannten Akustikers E. F. F. Chladní und sandte ihn (noch vor der ersten Leseprobe der *Braut von Messina*) zu Schiller, sicher nicht weil er ein naturwissenschaftliches Interesse Schillers unterstellte, sondern im Zusammenhang mit den gemeinsamen Überlegungen über den korrekt und verständlich sprechenden Chor.[76]

Auch wenn Schiller den Chor in seinem Text der *Braut von Messina* ganz im redundanten und interpretationsoffenen Stil der Textüberlieferung antiker Dramen aufzeichnete, so war die Realisation des Chores auf der Bühne zumindest teilweise von seiner dialektischen Interpretation des antithetischen Vorbilds bestimmt. Am 7. April 1797 schreibt Schiller an Goethe über seine Lektüre von Shakespeares *Julius Cäsar*, den er gemeinsam mit dem Übersetzer A. W. Schlegel auf Bühnentauglichkeit hin untersuchte:

»Auch bei Shakespeare ist mir heute, wie ich den Julius Cäsar mit Schlegeln durchging, recht merkwürdig gewesen, wie er das gemeine Volk mit einer so ungemeinen Großheit behandelt. Hier, bei der Darstellung des Volkscharakters, zwang ihn schon der Stoff, mehr ein poetisches Abstraktum als Individuen im Auge zu haben, und darum finde ich ihn hier den Griechen äußerst nah. Wenn man einen zu ängstlichen Begriff von Nachahmung des Wirklichen zu einer solchen Szene mitbringt, so muß ei-

[75] Vgl. Briefwechsel, a. a. O., S. 989; Brief Schillers vom 20. Mai 1803.

[76] Vgl. Briefwechsel, a. a. O., S. 978f.; Brief Goethes vom 26. Januar 1803 und Anwort Schillers vom selben Tag.

nen die Masse und Menge mit ihrer Bedeutungslosigkeit nicht wenig embarassieren; aber mit einem kühnen Griff nimmt Shakespeare ein paar Figuren, ich möchte sagen, nur ein paar Stimmen aus der Masse heraus, läßt sie für das ganze Volk gelten, und sie gelten das wirklich, so glücklich hat er gewählt.«[77]

Diesem Vorbild der Realisation der Volksmasse als Chor folgt Schiller bei der Inszenierung der *Braut von Messina*. Die verbleibenden Chorpartien – die den antiken Standliedern entsprechen und allgemein nur moralisierenden Charakter haben, lassen deswegen auch eine Aufteilung des Volkes zu. Die aus dem Chor heraustretenden Charaktere werden zu Allegorien der Masse. Der Chor zerfällt in Figuren, aber er kann sich auch zu einer Hypostase des absoluten Ethos, zu einem geschlossenen Ganzen vereinigen.[78] Schiller hat sich seine Chöre, wie etwa der Text von *Wilhelm Tell* dies genau festlegt, als vom Volk zumindest teilweise gesungene vorgestellt. Diese Auftritte bilden den festlichen Rahmen der Handlung. Es ist dramaturgisch konsequent, daß Schiller zur Saisoneröffnung im September 1803 – nachdem er also seine Chorschauspieler für ihre Aufgabe in der *Braut von Messina* bereits in den von ihm intendierten Aufführungsstil eingearbeitet hatte – *Julius Cäsar* auf den Spielplan des Weimarer Theaters setzt.[79]

Goethe ist interessierter Beobachter dieser dramaturgischen Experimente, die sich aus der Auseinandersetzung mit seiner Vermeidung des Chors in der *Iphigenie* ergaben. Goethe wußte, daß ihm ein Mozart zur Realisation seines *Faust* nicht mehr zur Hilfe kommen würde. Die 1810 und 1812 mit P.A. Wolff diskutierte Aufführung des *Faust I* orientiert sich hinsichtlich der Chöre an den Erfahrungen der Schillerschen Insze-

[77] Briefwechsel, a.a.O., S. 366f. Das klassizistische Augenmerk auf den Chor ist Schiller auch bei seiner Bearbeitung von Shakespeares *Macbeth* unterstellt worden. Knudsen (a.a.O., S. 81) überliefert die zeitgenössische Ansicht, derzufolge Schiller die Hexen in einen antiken Chor verwandelt hätte.

[78] Die Konsequenz dieser »klassizistischen« Axiologie ist, daß der Chor bzw. das von ihm dargestellte Volk immer die ethische Mittelposition markiert, daß es ebensowenig ein böses wie ein allzu gutes Volk geben kann; vgl. dazu D. Borchmeyer, Tragödie und Öffentlichkeit. Schillers Dramaturgie im Zusammenhang seiner ästhetisch-politischen Theorie und die rhetorische Tradition, München 1973.

[79] Vgl. Briefwechsel, a.a.O., S. 998ff.; Brief Schillers vom 16. September 1803.

nierungen.[80] Die damit unter Beweis gestellten Möglichkeiten des Choreinsatzes im Rahmen des Weimarer Neoklassizismus haben Goethe zur Niederschrift der Chöre in *Pandora, Des Epimenides Erwachen* und *Faust II*, einer »imaginären Oper«,[81] die dennoch sinnliche Präsenz beansprucht, ermutigt.

[80] Vgl. Kommentar E. Beutler, in: Goethe, Die Faustdichtungen, Artemis-Gedenkausgabe, Bd. 5, München (dtv) 1977, S. 752 und 835 f.

[81] Vgl. D. Borchmeyer, Weimarer Klassik, a. a. O., S. 569.

ANTHONY STEPHENS

ANTIZIPATION ALS STRUKTURPRINZIP IM WERK KLEISTS

Die Erscheinung im Jahre 1997 einer Sammlung von Aufsätzen mit dem Titel *Antizipation in Kunst und Wissenschaft. Ein interdisziplinäres Erkenntnisproblem und seine Begründung bei Leibniz* bietet eine willkommene Gelegenheit, die Relevanz dieses Themenkomplexes für ein Verständnis von Kleists Dichtung von neuem zu präzisieren.[1] Obwohl Friedrich Gaede die Anekdote über den fechtenden Bären aus Kleists *Über das Marionettentheater* am Anfang seines einführenden Aufsatzes als Musterbeispiel der »Antizipationsfähigkeit ... als Leistung des Unbewußten« zitiert,[2] findet dort und in den sonstigen Symposionsbeiträgen keine Auseinandersetzung mit Kleists künstlerischer Praxis statt. Es ist deshalb angebracht, den Ertrag dieses Bandes durch eine weitere Untersuchung der Rolle der Antizipation in den Dichtungen Kleists zu ergänzen.

Daß bei Kleist Träume, Wunschbilder oder Vorahnungen bedeutende Aspekte des weiteren Handlungsverlaufs vorwegnehmen können, wie in den Dramen *Der zerbrochne Krug, Das Käthchen von Heilbronn* und *Prinz Friedrich von Homburg* evident wird, oder daß die eingelegten Erzählungen von der Rache der pestkranken Sklavin und der Selbstaufopferung der Mariane Congreve in der *Verlobung in St. Domingo* Motive enthalten, die auf das Schicksal der Hauptfiguren Gustav und Toni vorausdeuten, ist längst von der Kleist-Forschung vermerkt worden. Ich habe in einem 1985 erschienenen Aufsatz auf die Kategorie der »antizipierenden« Erzählung in Kleists Dramen aufmerksam gemacht, ohne jedoch allgemeinere Schlüsse aus diesem Aspekt des Antizipatorischen bei Kleist für sein

[1] Friedrich Gaede, Constanze Peres (Hrsg.); Antizipation in Kunst und Wissenschaft. Ein interdisziplinäres Erkenntnisproblem und seine Begründung bei Leibniz, Tübingen u. Basel 1997.

[2] Ebd., S. 1.

Werk als Ganzes zu ziehen.[3] Beda Allemann hat dann 1987 in einer »expositorischen Skizze« einer zu seinen Lebzeiten nicht veröffentlichten, umfassenden Kleist-Studie »Antizipation als Grundthema« der Dramen und zugleich auch als »dramaturgisches Prinzip« in den Vordergrund gestellt.[4] Allemann erkennt in der Antizipation »die grundlegende Verfassung der Haupt-Figuren Kleists« und vertritt mit Nachdruck die These: »Sie alle tragen schon ein Bild künftigen Glücks, künftiger Erfüllung in sich ... Es ist ein Bild der höchsten Erfüllung, das seine Helden leitet.«[5]

Die ausführliche Studie Christian Mosers, *Verfehlte Gefühle. Wissen – Begehren – Darstellen bei Kleist und Rousseau*, die 1993 erschien, geht über den Ansatz Allemanns in zweierlei Hinsicht hinaus. Einerseits analysiert Moser vor allem im Hinblick auf Kleists Erzählungen »die erkenntnispsychologischen Bedingungen der Antizipation«: »Warum aber besitzt die Antizipation den Anschein des Wirklichen? Dieser Anschein ist nur dann zu erklären, wenn die Vorwegnahme in Zusammenhang mit dem korrelativen Phänomen der Vergegenständlichung, beide also, Antizipation und Vergegenständlichung, als strukturelle Momente eines auf Gewißheit zielenden Begehrens betrachtet werden.«[6] Andererseits zeigt er viele Präfigurationen dieser Thematik bei Rousseau auf, und eröffnet damit eine bei Allemann fehlende Perspektive auf Kleists Auseinandersetzungen mit dem Gedankengut der europäischen Aufklärung als Quelle der Antizipationsthematik.

Verallgemeinernd läßt sich über Kleists Dichtungen behaupten, daß Themen, die vor der Krise vom März 1801 im Kontext einer enthusiastischen Aufklärungsgläubigkeit verkündet werden, in den Dramen und Erzählungen mit umgekehrtem Vorzeichen wiederkehren, und die Ausführungen Christian Mosers legen nahe, daß es nicht anders um das Prinzip der Antizipation bestellt sein dürfte. Es gilt daher vorerst, dessen Bedeutung für Kleist in der vordichterischen Phase aufzuzeigen, damit die mannigfaltigen Ambivalenzen, die einigen Beispielen aus den Dramen und Er-

[3] Anthony Stephens, »Was hilft's, daß ich jetzt schuldlos mich erzähle?« Zur Bedeutung der Erzählvorgänge in Kleists Dramen, in: Jahrbuch der Deutschen Schillergesellschaft 39, 1985, S. 310: »Es gibt aber in Kleists Dramen eine Abart der prospektiven Erzählung, bei der die eigentliche Erzählinstanz weniger eine handelnde Figur als vielmehr das Werk selber ist. Diese Variation darf als die antizipierende bezeichnet werden, und dabei handelt es sich um Erzählungen, die ... von der Perspektive des ganzen Werkes aus gesehen ... eine Vorwegnahme der dramatischen Zukunft bilden.«

[4] Beda Allemann, Heinrich von Kleist. Ein dramaturgisches Modell, in: Ningyoshibai (Marionettentheater), Kleist-Blätter 1987, H. 3, S. 58, 29 u. 45.

[5] Ebd. S. 33 u. 48.

[6] Christian Moser, Verfehlte Gefühle. Wissen – Begehren – Darstellen bei Kleist und Rousseau, Würzburg 1993, S. 33.

zählungen innewohnen, in ihrem historischen Kontext verstanden werden können.

Wie Klaus Erich Kaehler nachweist, liegt die Zentralität der Antizipation für Leibniz' Monadenlehre darin begründet, daß »jede Monade schon ontologisch« in sich selbst eine Vorwegnahme »der gesamten Realität des sich entwickelnden Monadenalls« darstellt, »daß sie nichts als die vollständige Ordnung und Bestimmtheit des Monadenalls in sich repräsentiert.«[7] In diesem Sinne »antizipiert die Monade als bewußte Seele etwas von dem, was an sich ... vollkommen rational bestimmt und damit einsehbar ist – zugleich die eigene Bestimmung und interne Verflochtenheit der wahrnehmenden Monade in das All des Geschaffenen«.[8] Hieraus ergibt sich bei Leibniz »im Rahmen der metaphysischen Gesamtbegründung« der Ansicht, daß dieser Kosmos »die beste aller möglichen Welten sein muß«, für jede »bewußte Seele« die Möglichkeit, »die Vollkommenheit als implizite Form des Gegebenen intuitiv« zu erfassen.[9]

Anders gesagt: die individuelle Seele spiegelt für Leibniz eine Ordnung wider, die paradoxerweise sowohl vorgegeben als auch erst im Werden begriffen ist, da die Welt der Monadenlehre zwar streng teleologisch ausgerichtet, aber, wie Friedrich Gaede betont, keinesfalls restlos determiniert ist: »Wenn Leibniz schreibt, die Substanz schließe ›alles das ein, was ihr jemals zustoßen kann‹, dann ist das Modalverb ›kann‹ entscheidend, denn erst die zukünftige Entwicklung wird aus den vorgegebenen Einzelmöglichkeiten ihre Auswahl treffen. Diese Einschränkung verstärkt Leibniz mit den Worten, daß stets ›nur eine Tendenz und keine Notwendigkeit‹ des Kommenden erkennbar ist.«[10] In einem solchen Universum ist es daher durchaus sinnvoll, Lebenspläne nach den Prinzipien der Vernunft zu entwerfen, denn: »›das Mögliche strebt dann erfolgreich zur Existenz, wenn es durch kein anderes Mögliches daran gehindert wird, das sich mit dem ersteren nicht verträgt und es inkompatibel macht.‹ Es muß darum zum Existenzdrang des Möglichen immer seine Kompossibilität treten. Sie verwirklicht sich zur Ordnung oder Einheit, zur *harmonia rerum*.«[11]

Obwohl keine direkte, spezifische Auseinandersetzung Kleists mit Leibniz' Monadenlehre belegt ist, spiegelt seine frühe Schrift *Aufsatz, den*

[7] Klaus Erich Kaehler, Leibniz' Metaphysische Begründung der Möglichkeit rationaler und ästhetischer Antizipation, in: Antizipation in Kunst und Wissenschaft, a.a.O., S. 44f.

[8] Ebd.

[9] Ebd.

[10] Friedrich Gaede, Zur Aktualität des Antizipationsbegriffs, in: Antizipation in Kunst und Wissenschaft, a.a.O., S. 11.

[11] Leibniz' Formulierung wird von Friedrich Gaede zitiert in: Leibniz' Begriff der Möglichkeit und literarische Antizipation, in: Antizipation in Kunst und Wissenschaft, a.a.O., S. 89f.

sichern Weg des Glücks zu finden ... aus dem Jahre 1799 neben anderen Einflüssen eine Auffassung des Kosmos wider, die neben Anlehnungen an Wieland, Rousseau und andere Autoren Elemente Leibnizscher Provenienz enthält. Es ist dann in diesem Zusammenhang bezeichnend, daß der im folgenden Jahr für Wilhelmine von Zenge verfaßte Text *Über die Aufklärung des Weibes* eingangs die Frage stellt, »ob ... die Erreichung der Vollkommenheit (wie Leibniz glaubte) der letzte Zweck des Menschen sei« (SW II, S. 315),[12] als ob für den jungen Kleist die Berufung auf diese Leibnizsche Lehre als Orientierungspunkt eine gewisse Selbstverständlichkeit besäße.

Was Kleists Paraphrasen der Philosophie der Aufkärung im allgemeinen anbetrifft, so ist in der Regel nicht eindeutig festzulegen, aus welcher Quelle er diese oder jene prägnante Formulierung geschöpft hat. So hat man beispielsweise für die Definition des Zentralbegriffs im *Aufsatz, den sichern Weg des Glücks zu finden* ... als »die vollen und überschwenglichen Genüsse, die ... in dem erfreulichen Anschaun der moralischen Schönheit unseres eigenen Wesen liegen« (SW I, S. 304f.) Vorprägungen bei verschiedenen deutschen Autoren als Quellen genannt.[13] Wenn man aber bedenkt, daß Kleist im nächsten Satz als Synonyme für solche »Genüsse« die Formeln »die Zufriedenheit unsrer selbst, das Bewußtsein guter Handlungen« gebraucht, so ist in diesem Fall eine direkte Bezugnahme auf Rousseaus *Émile* durchaus möglich: »La suprême jouissance est dans le contentement de soi-même; c'est pour mériter ce contentement que nous sommes placés sur la terre et doüés de la liberté«.[14]

Dieser Hinweis auf Rousseau soll zugleich auf die Heterogenität jener Ideen aufmerksam machen, die der etwas forcierte Optimismus im *Aufsatz, den sichern Weg des Glücks zu finden* ... zu einer prekären Synthese zusammenleimt, denn ausgerechnet in Rousseaus Schriften erscheinen manche Aspekte des menschlichen Daseins mit negativem Vorzeichen, die im gegenteiligen Sinne für Leibniz feste Beweise einer *harmonia rerum* geliefert hatten. Wenn Kleist nach der Krise vom März 1801 mit großer Emphase gewisse Dogmen der Aufklärung verwirft, so bezieht er – wie

[12] Heinrich von Kleist, Sämtliche Werke und Briefe, hrsg. v. H. Sembdner, München 1985, in folgenden zitiert: SW.

[13] Vgl. Oskar von Xylander, Heinrich von Kleist und J. J. Rousseau, Berlin 1937, S. 168ff., der sich mit den frühen Quellenstudien Friedrich Braigs (1925) und B. Luthers (1933) auseinandersetzt; weitere Hinweise im Kommentar von Klaus Müller-Salget in: Heinrich von Kleist, Sämtliche Werke und Briefe in vier Bänden, hrsg. v. Ilse-Marie Barth, Klaus Müller-Salget, Stefan Ormanns u. Hinrich C. Seeba, Frankfurt/M. 1987–1997, Bd. 3, S. 1109–1117; im folgenden zitiert: DKV.

[14] Jean-Jacques Rousseau, Œuvres complètes, hrsg. Bernard Gagnebin u. Marcel Raymond, Paris 1964, Bd. IV, Émile, Livre IV, S. 587.

manchmal von der Kleist-Forschung übersehen wird – die Mittel, die er zu diesem Zweck benötigt, direkt aus kritischen Richtungen der Aufklärung selbst. Wie zu zeigen sein wird, gilt dies insbesondere für die Antizipation.

Im *Aufsatz, den sichern Weg des Glücks zu finden* ... stellt Kleist die Frage nach einer universellen Begründung der menschlichen Glückseligkeit und findet dann zu einer Antwort, die an die Monadenlehre des Leibniz deutlich anklingt: »Und wo, mein Freund, kann dieser Wunsch erfüllt werden, wo kann das Glück besser sich gründen, als da, wohin die ganze Schöpfung sich bezieht, wo die Welt mit ihren unermeßlichen Reizungen im kleinen sich wiederholt?« (SW II, S. 302). Die Fähigkeit der einzelnen Seele, den ganzen Kosmos in sich selbst widerzuspiegeln, wird von Kleist im Sinne von Leibniz' Monadenlehre so ausgelegt, daß diese eine gewisse Immunität gegen den Zufall gewährleistet. Wie zu zeigen sein wird, verkehrt sich in Kleists Dichtungen die hier postulierte Immunität in deren Gegenteil, nämlich in jene bekannten Verwirrungen und Unsicherheiten des Selbstgefühls, für die die bestürzte Frage der Penthesilea: »Was bin ich denn seit einer Hand voll Stunden?« (SW I, S. 346) ein deutliches Beispiel abgibt.

Zu Kleists Formulierung im frühen Aufsatz ist zu vermerken, daß sich für ihn aus der Kontrastierung dieser vom Schöpfer vorbestimmten Veranlagung der menschlichen Psyche mit dem Bereich äußerer Erfahrung ein markanter Vorrang der Innenwelt ergibt, die zugleich eine zeitliche Rangordnung impliziert. Denn solche Spiegelungen stellen keine Reaktion auf Reize von außen dar, sondern ergeben sich *a priori* aus der gottgewollten Beschaffenheit des Individuums.[15] Auf diese Weise gelangt Kleist zu folgender Überzeugung: »Nein, mein Freund, so ungerecht kann Gott nicht sein, es muß ein Glück geben, das sich von den äußeren Umständen trennen läßt« (SW II, S. 302).

Daß eine solche Immunität die Gefahr einer solipsistischen Selbstgenügsamkeit in sich birgt, wurde bereits um die Mitte des 18. Jahrhunderts von Kleists »Lehrer« Wieland erkannt und zum Gegenstand einer satirischen Kritik an der Leibnizschen Philosophie gemacht.[16] Hans Joachim Kreutzer hat vor geraumer Zeit darauf hingewiesen, daß Wielands Lehr-

[15] Vgl. dazu Bertrand Russell, A History of Western Philosophy, London 1984, S. 565: »Leibniz held that every monad mirrors the universe, not because the universe affects it, but because God has given it a nature which spontaneously produces this result.«

[16] Vgl. den Brief an Adolfine von Werdeck vom 28./29. Juli 1801: »Das war damals die üppigste Sekunde in der Minute meines Lebens! Sechzehn Jahre, der Frühling, die Rheinhöhen, der erste Freund, den ich soeben gefunden hatte, und ein Lehrer wie Wieland, dessen »Sympathien« ich damals las – War die Anlage nicht günstig, einen großen Eindruck tief zu begründen?«

gedicht *Die Natur der Dinge oder die vollkommenste Welt*, das erstmalig 1751 erschien, für ein Verständnis der Weltanschauung des jungen Kleist durchaus relevant ist.[17] In der Tat findet man in diesem Gedicht »in sechs Büchern« eine genauere und ausführlichere Vorwegnahme von manchem Aspekt jener »eigenen Religion« Kleists, die er im bekannten Brief an Wilhelmine von Zenge vom 22. März 1801 exponiert, als in den *Sympathien* Wielands, die der Dichter selber als Quelle seiner frühen Überzeugungen nennt. Während sich die *Sympathien* als vielfach auf orthodox christliche Vorstellungen des ewigen Lebens verpflichtet zeigen, wird im Lehrgedicht die Idee von mehreren aufeinanderfolgenden Inkarnationen als Weg zur »Vervollkommnung« (SW II, S. 633) der einzelnen Seele besonders deutlich hervorgehoben:

> »Ihr, die die Tugend liebt, legt eure Schalen ab,
> Nicht passend mehr für euch gebt willig sie dem Grab!
> Dort oben, im Gebiet von einer höhern Sonne,
> Erwartet euch bereits das Werkzeug reinrer Wonne,
> Ein neuer Leib, gemacht für euern neuen Lauf
> Und schließt euch den Genuß von neuen Welten auf. ...
> Den Raum von uns zu Gott, den ew'gen Zwischenraum,
> Füllt ein unendlich Heer, und füllet ihn doch kaum.
> Sie steigen fröhlich auf, die glänzenden Dämonen,
> In Reichen ohne Zahl, bis zu den hohen Thronen,
> Wovon, wenn unser Blick den Abstand schwindelnd mißt,
> Der niedrigste ein Gott, mit uns verglichen, ist.«[18]

In einer solchen Darstellung der »vollkommensten Welt« die sich in so vieler Hinsicht auf Leibniz' Theodizee stützt, erwartet man kaum einen Angriff auf die Monadenlehre, aber ausgerechnet das Postulat, daß die einzelne Seele das Weltall widerspiegeln soll, gerät im »dritten Buch« dem auf einmal satirisch aufgelegten Wieland ins Visier. Denn Leibniz wird kurzerhand als Urheber absurder Fantasien hingestellt, weil er den Monaden jene Eigenschaft zuschreibt, die Kleist in seinem *Aufsatz* von 1799 zustimmend und ohne jeglichen Vorbehalt übernimmt:

[17] Hans Joachim Kreutzer, Die dichterische Entwicklung Heinrichs von Kleist, Berlin 1968, S. 67f.

[18] C. M. Wieland, Sämmtliche Werke, Bd. XII, Supplemente 1, Leipzig 1798, Neudruck Hamburg 1984, S. 238; vgl. ferner dazu, Anthony Stephens, Der Opfergedanke bei Heinrich von Kleist, in: Heinrich von Kleist. Kriegsfall. Rechtsfall. Sündenfall, hrsg. v. Gerhard Neumann, Freiburg i. Br. 1994, S. 202–204.

»Doch hier läßt man getrost der Fantasie den Zügel,
Sie sind, erzählt man uns, unkörperliche Spiegel,
In welche sich die Welt mit feinen Zügen drückt,
Wohin ein jedes Ding sein geistig Bildnis schickt,
Ob dunkle Nebel gleich es unserm Blick verhüllen.
Wie sinnreich! doch wozu die Welt mit Spiegeln füllen?
Wozu, fragt ihr? Vielleicht giebts in der Geisterwelt
Narcisse, denen auch des Spiegels Lob gefällt;
Zu geistig, wie Narciß, in Quellen sich zu sehen,
Findt man, von sich entzückt, sie vor Monaden stehen.
Wohin sie schauen, strahlt ihr werthes Bild zurück;
Ihr Selbst erfüllt die Welt, und sättigt ihren Blick.«[19]

Ich habe an anderer Stelle die Funktion des Narziß-Motivs bei Kleist untersucht und das Fazit gezogen, daß die Konfrontation mit dem eigenen Spiegelbild – von Ruperts erschrockener Abwendung von der Widerspiegelung des eigenen Gesichts im »Quell« (SW I, S. 132) im vierten Akt der *Familie Schroffenstein* bis zur Episode in *Über das Marionettentheater*, in der der Blick »in einen großen Spiegel« auf fatale Weise »eine unbegreifliche Veränderung mit dem jungen Menschen« (SW II, S. 343) einleitet, – als Vorzeichen des unabwendbaren Unheils fungiert.[20] In den Zeilen aus dem Gedicht Wielands wird explizit, daß der Autor in diesem Aspekt der Monadenlehre die Gefahr erkennt, daß eine allzu selbstgefällige Auslegung des Spiegelungsverhältnisses zwischen der einzelnen Seele und dem Kosmos im Umfeld des Leibnizschen Optimismus sehr leicht in eine narzißtische Abkapselung von der Umwelt ausarten könnte. Die von Kleist in Briefen zweimal erwähnte Schrift *Sympathien* moniert dann ebenfalls mit einem ausdrücklichen Hinweis auf den Narziß-Mythos jene Gefahren, die einem solchen »erfreulichen Anschaun der moralischen Schönheit unseres eigenen Wesens« innewohnen, in dem Kleist in seinem *Aufsatz, den sichern Weg des Glücks zu finden* ... die Begründung des wahren Glücks, das »von keinen äußeren Verhältnissen« abhängt, zu erkennen meint: »Aber unser Herz sagt uns, daß wir noch lange nicht das sind, was wir nach unserer eignen Einsicht seyn sollten. ... Wie wenig Ursache haben wir, uns in unsern guten Eigenschaften zu spiegeln, oder, wie Narcissus in der Fabel, in unsre eigne Schönheit verliebt zu werden! ... Die schmeichelhafte Beschauung unsrer schönen Seite nutzt uns wenig, besser zu

[19] Wieland, a.a.O., Supplemente 1, S. 117f.

[20] Anthony Stephens, Verzerrungen im Spiegel. Das Narziß-Motiv bei Heinrich von Kleist, in: Heinrich von Kleist. Kriegsfall. Rechtsfall. Sündenfall, a.a.O., S. 249–297.

werden. Wir müssen unsre Gebrechen anschauen und empfinden, wenn wir von ihnen befreyt werden wollen.«[21]

Die Rolle der Antizipation im *Aufsatz, den sichern Weg des Glücks zu finden* ... wird sehr früh im Text herausgestellt, wenn Kleist im Sinne einer prästabilierten Resonanz zwischen dem Verlangen nach Glück und einer von Gott verbürgten Möglichkeit der Erfüllung argumentiert: »der Inbegriff aller Dinge muß die Ursachen auf die Bestandteile des Glückes enthalten, mein Freund, denn die Gottheit wird die Sehnsucht nach Glück nicht täuschen, die sie selbst unauslöslich in unsrer Seele erweckt hat, wird die Hoffnung nicht betrügen, durch welche sie unverkennbar auf ein für uns mögliches Glück hindeutet« (SW II, S. 301).

Der Kern dieses Arguments ist bereits bei Rousseau in der *Profession de foi du vicaire savoyard* im vierten Buch seines *Émile* vorzufinden: »Dieu, dit-on, ne doit rien à ses créatures; je crois qu'il leur doit tout ce qu'il leur promit en leur donnant l'être. Or c'est leur promettre un bien que de leur en donner l'idée et de leur en faire sentir le besoin. Plus je rentre en moi plus je me consulte, et plus je lis ces mots écrits dans mon âme: *sois juste et tu seras heureux* ...[22] Wenn allein die Vorstellung eines künftigen Glücks die Möglichkeit einer realen Erfüllung gewährleistet, so wird die notwendige Verbindung im Kontext eines von Leibniz beeinflußten Weltbildes zwischen der Spiegelungsfunktion der einzelnen Seele und der Vorwegnahme künftiger Glückseligkeit durch die menschliche Einbildungskraft evident.

Eine für Kleists Dichtungen höchst relevante Ironie liegt jedoch darin begründet, daß Rousseau in der *Profession de foi* sich nur auf diese einseitig eudämonistische Auffassung der Antizipation beschränkt. Wie Christian Moser gezeigt hat, wird aber auch bereits im zweiten Buch seines *Émile* in der Voraussicht ein Grundübel des menschlichen Daseins in der Gesellschaft gebrandmarkt: »Malheureuse prévoyance, qui rend un être actuellement misérable sur l'espoir bien ou mal fondé de le rendre heureux un jour! ... Pour ne point courir après des chimères n'oublions pas ce qui convient à notre condition. ... Nous ne savons ce que c'est que bonheur ou malheur absolu. Tour est mêlé dans cette vie, on n'y goûte aucun sentiment pur, on n'y reste pas deux moments dans le même état. ... La félicité de l'homme ici-bas n'est donc qu'un état négatif, on doit la mesurer par la moindre quantité des maux qu'il souffre.«[23]

Im Rahmen von Rousseaus Kritik der antizipierenden Einbildungskraft nehmen daher ausgerechnet jene Attribute des menschlichen Geistes »fürs

[21] Wieland, a.a.O., Supplemente 3, S. 186

[22] Rousseau, Émile, Livre IV. a.a.O., S. 589.

[23] Rousseau, Émile, Livre II, a.a.O., S. 303; vgl. dazu Christian Moser, a.a.O., S. 41.

Kranke Aug die Tracht der Hölle an« (SW I, S. 69) – um sich der Bildersprache von Kleists *Familie Schroffenstein* zu bedienen –, die im Leibnizschen Kosmos unter der Schirmherrschaft einer als axiomatisch geltenden Teleologie ausnahmslos segensreiche Entsprechungen von Wunsch und Erfüllung verbürgen.

Es ist für Kleists späteren Umgang mit thematischen und strukturellen Aspekten der Antizipation von ausschlaggebender Bedeutung, daß sowohl Rousseau als auch Wieland in Werken, die dem jungen Dichter offensichtlich bekannt waren, ein zwiespältiges Verhältnis zu eben diesem Phänomen des menschlichen Erkennens und Empfindens an den Tag gelegt haben. Wenn Kleist im *Aufsatz, den sichern Weg des Glücks zu finden ...* um jeden Preis im Bereich des Eudämonismus verbleiben will, so war ihm aus seiner Lektüre der oben zitierten Werke Wielands und Rousseaus, die ebenfalls ihre Spuren im Text seines frühen Aufsatzes hinterlassen haben, auch die negative Kehrseite des ganzen Ideenkomplexes doch unübersehbar. Wielands Lehrgedicht *Die Natur der Dinge* entschließt sich im Finale zu einer antizipierenden Evokation der besten aller möglichen Welten:

»So schwindet nach und nach das Übel aus der Welt,
Das jetzt die Ordnung stört und unser Glück vergällt.
So wird die Zukunft erst des Schöpfers Güte preisen. ...
Wer jetzt im Dunkeln tappt, wird dann im Lichtmeer schwimmen,
Und jeder Mißton rein, zum Klang der Sfären Stimmen;
Dann wird von jeder Noth, die jetzt die Welt noch drückt,
Im allgemeinen Glück die Spur nicht mehr erblickt;
Die ganze Schöpfung wird von ew'gem Dank erschallen,
Und Du, Unendlicher, wirst Alles seyn in Allen!«[24]

Ein vergleichbarer Optimismus wird in Kleists beinahe fünfzig Jahre später entstandenem *Aufsatz, den sichern Weg des Glücks zu finden ...* verkündet. Daß gerade die Bedingungen jener vorwärtsschauenden Ausrichtung des menschlichen Geistes, die eine solche Zuversicht ermöglicht und zugleich auch begründet, jedoch im gleichen Werk des für den jungen Kleist als »Lehrer« bezeichneten Wieland durch die Persiflage auf die Monadenlehre als Verführung zum Narzißmus ins Absurde gerückt werden, verrät die hartnäckige Selektivität von Kleists eigenem Vorgehen im *Aufsatz.*

Daß er sich dort ebenfalls auf Rousseauistisches Gedankengut stützt, ohne die von Rousseau mit solchem Nachdruck geschilderte Schattenseite der antizipierenden Imagination in Rechnung zu stellen, macht die Vehe-

[24] Wieland, a.a.O., Supplemente 1, S. 273f.

menz des Rückschlags verständlich, der sich in der Krise vom März 1801 manifestiert. Für Kleists vordichterische Phase gilt daher im allgemeinen, daß er sich geschickt an der *skeptischen* Dimension jener Texte der Aufklärung vorbei laviert, aus denen er optimistische Lehren und Formulierungen schöpft. Für die Antizipation gilt insbesondere, daß diese Geistesverfassung nur solange ausschließlich »Glück« und »die Zufriedenheit unsrer Selbst« verspricht, als sie auf individueller Ebene die notwendige Entsprechung zu jenem übergreifenden »Plan« darstellt, »den die Natur für die Ewigkeit entworfen hat« (SW II, S. 565). In diesem Sinne bildet sie gleichsam den Schnittpunkt von Fantasien der Allmacht und der Ohnmacht zugleich. Im *Aufsatz* von 1799 versteigt sich Kleist in der Euphorie einer vom Schöpfer autorisierten Antizipation zur Behauptung: »Ja es ist im richtigen Sinne sogar möglich, das Schicksal selbst zu leiten« (SW II, S. 310), wohingegen er in einem mahnenden Brief an seine Schwester aus dem gleichen Jahr den elenden Zustand heraufbeschwört, in dem man »ohne Lebensplan, ohne feste Bestimmung, immer schwankend zwischen unsichern Wünschen ..., ein Spiel des Zufalls eine Puppe am Drahte des Schicksals« bleibt: »– dieser unwürdige Zustand scheint mir so verächtlich, und würde mich so unglücklich machen, daß mir der Tod bei weitem wünschenswerter wäre« (SW II, S. 490). Die dieser Gegenüberstellung innewohnende Möglichkeit des Oszillierens zwischen Visionen höchster Erfüllung und Bildern, die – wie Graf Sylvester sagt – »uns mit gräßlichen Gesalten schreck[en]« (SW I, S. 69), wird von der *Familie Schroffenstein* an immer wieder in den wechselnden Bewußtseinszuständen Kleistscher Hauptfiguren evident.

Bevor er sein erstes Trauerspiel im Zuge der Erschütterung seines teleologisch ausgerichteten Weltbildes durch die Krise vom März 1801 schreibt, steht für Kleist die Antizipation durchweg im Zeichen eines von aufklärerischem Optimismus verbürgten und in den Dramen Schillers exemplifizierten Idealismus, wie noch aus einem Brief vom Januar 1801 an Wilhelmine von Zenge hervorgeht: »Würde wohl etwas Großes auf der Erde geschehen, wenn es nicht Menschen gäbe, denen ein hohes Bild vor der Seele steht, das sie sich anzueignen bestreben? Posa würde seinen Freund nicht gerettet, und Max nicht in die schwedischen Haufen geritten sein« (SW I, S. 612). Wenn Kleist wenige Wochen später zum Geständnis gezwungen wird: »Mein einziges, mein höchstes Ziel ist gesunken, und ich habe nun keines mehr –« (SW II, S. 634), so ergibt sich als Korrelat, daß keine vom jeweiligen Individuum in die Zukunft projizierte Erfüllung notwendigerweise »*bestimmt*« ist, mit »jene[r] große[n] Komposition des Schöpfers« (SW II, S. 606) zu harmonieren. Ja, das Vorhandensein einer solchen »Komposition« wird für Kleist angesichts der Wirrnisse einer durch die Napoleonischen Kriege dominierten Gegenwart immer zweifelhafter.

Einer Gemütsverfassung, für die nunmehr alles Teleologische leicht ins Illusorische tendiert – »Ja, wenn wir den ganzen Zusammenhang der Dinge einsehen könnten!« (SW II, S. 679) –, erscheint die Antizipation eher als aleatorisches denn als vereinheitlichendes Prinzip, wie durch einen Brief aus Paris vom Juli 1801 belegt wird: »Noch spielt die Hand, mutwillig zögernd mit den Losen in der Urne des Schicksals, welche auch das *große* enthält – warum sollte sie es nicht fassen *können*? ... Indessen spielt ihr das Schicksal einen Zettel unter die Finger – es ist nicht das große Los, es ist keine Niete, es ist ein Los, wie es Tausende schon getroffen hat, und Millionen noch treffen wird« (SW II, S. 673).

Mit dieser grundlegenden Veränderung der Perspektive auf die Bestimmung des Menschen beginnt die dichterische Laufbahn Kleists. In seinem ersten Drama weist die Antizipation die ganze Negativität auf, die Rousseau bereits im zweiten Buch des *Émile* der »prévoyance« angelastet hatte, indem eine in Gedanken oder Worten vorweggenommene Wirklichkeit leicht die Vorherrschaft über die jeweils gegebene Situation gewinnt. Strategisches Denken wird immer wieder durch die Dominanz jener »gräßlichen Gestalten« vereitelt, die Graf Sylvester bereits im ersten Akt als Ausgeburten des »Mißtrauns« als »schwarze[r] Sucht der Seele« (SW I, S. 69) bezeichnet, und sogar jene antizipierende Erzählung in der Höhlenszene am Anfang des fünften Aktes, durch die Ottokar »diese Nacht/ Zu einem Fest der Liebe« (SW I, S. 140) machen will, erweist sich als verfehlte Maßnahme gegen die Absichten der beiden Väter.

Weit davon entfernt, durch antizipierende Einschätzungen der Wirklichkeit »das Schicksal selbst zu leiten« (SW II, S. 310), scheinen die handelnden Figuren in Kleists Dichtungen eher dazu verurteilt zu sein, die im Text selbst inhärenten Muster auf Kosten der Autonomie des eigenen Bewußtseins zu vervollständigen. So nimmt der Wortlaut des Gesangs, mit dem der »Chor der Mädchen« in der Kapelle auf Burg Rossitz das Stück eröffnet – »Sah ein Frühling/ Einen Engel./ Nieder trat ihn ein frecher Fuß« (SW I, S. 51) – ein Motiv vorweg, das ausgerechnet in der Klage Sylvesters über die Leiche wiederkehrt, die er für diejenige seiner Tochter hält: »Sie blühte wie die Ernte meines Lebens,/ Die nun ein frecher Fußtritt mir zertreten« (SW I, S. 147). Auf vergleichbare Weise antizipiert Johanns Evokation einer blutigen Opferhandlung in I, 1 nicht das eigene Schicksal, sondern vielmehr das tragische Ende der Liebe zwischen Ottokar und Agnes, deren Blut vor dem Idol der väterlichen Rache vergossen wird:

> »Denn hier
> auf dieser Burg – mir kommt es vor, ich sei
> In einem Götzentempel, sei, ein Christ,
> Umringt von Wilden, die mit gräßlichen

Gebärden mich, den Haarestäubenden,
Zu ihrem blutgen Fratzenbilde reißen –« (SW I, S. 63)

Es ist daher erforderlich zwei Aspekte der Antizipation als Strukturprinzip in Kleists Dichtungen von einander zu unterscheiden. Die im Textganzen wirksamen antizipatorischen Momente, die sich in der Bildersprache und im Handlungsgefüge zu leicht abstrahierbaren Mustern formen, müssen *nicht* mit der Antizipation als Bewußtseinsmodus der fiktionalen Gestalten kongruieren, weil jene einen anderen Status haben und in perspektivischer Hinsicht eine andere Funktion erfüllen. Die ästhetische Wirkung der Umkleidungsszene in der *Familie Schroffenstein* oder der Idylle in der freien Natur im *Erdbeben in Chili* leistet insofern einen unentbehrlichen Beitrag zur jeweiligen Werkeinheit dadurch, daß solche Episoden als antizipatorische Gegengewichte gegen die unmittelbar bevorstehenden Greuelszenen eine Perspektive auf einen möglichen Ausgleich der thematischen Spannungen im jeweiligen »Kunststück« eröffnen.[25] Innerhalb der fiktionalen Welt haftet jedoch solchen Epiphanien stets die Wahrscheinlichkeit der Verführung zu einer falschen Einschätzung der konkreten Situation an: Ottokars Strategie schlägt fehl; die Anzeichen einer allgemeinen Versöhnung innerhalb der Bevölkerung von St. Jago erweisen sich als trügerisch.

Wenn wir auf die Vorgeschichte der Antizipation bei Kleist im Kontext seiner frühen Anlehnungen an verschiedene Richtungen im Denken der Aufklärung zurückblicken, so liegt der Schluß nahe, daß die zielstrebigen Prozesse und Symmetrien auf kosmischer Ebene, die den ideologischen Gehalt des *Aufsatzes, den sichern Weg des Glücks zu finden* ... maßgeblich bestimmen, nunmehr auf die ästhetische Konfiguration einzelner Dramen oder Erzählungen beschränkt und daher rein im Dienste struktureller Ordnungsprinzipien im Mikrokosmos der jeweiligen Fiktion verbleiben. Anders gesagt: In den meisten Dichtungen Kleists ist der – vormals für ihn weltanschaulich maßgebliche Begriff – der kosmischen (und auch individuellen) Entelechie zum formellen Organisationsprinzip des jeweiligen Kunstgebildes verkümmert.

Jene antizipatorische Veranlagung des menschlichen Bewußtseins, die allein den »sichern Weg« künftigen Glücks erahnen ließ und die Kleist im frühen Aufsatz als im Inneren des Menschen begründet sah – »da ... wohin die ganze Schöpfung sich bezieht, wo die Welt ... im kleinen sich

[25] Im letzten Vers des Textes der *Familie Schroffenstein* bezeichnet Johann die chaotisch gewordene Gesamtheit der Ereignisse ausgerechnet als »Kunststück«: »Geh, alte Hexe, geh. Du spielst gut aus der Tasche,/ Ich bin zufrieden mit dem Kunststück. Geh.« (SW I, S. 152).

wiederholt« (SW II, S. 302) – untersteht im dichterischen Werk nicht mehr jener »goldenen Abhängigkeit von der Herrschaft der Vernunft« (SW II, S. 484), welche deren Verankerung in einer gottgewollten Ordnung gewährleistet hatte, sondern wird allen Gefahren der Verkennung und der illusorischen Ängste ausgesetzt, die Kleist zum einen aus Wielands Satire auf die Spiegelungsfunktion der individuellen »bewußten Seele« in Leibniz' Monadenlehre, zum anderen aus Rousseaus Kritik der »prévoyance« bekannt waren.

Auf diese Weise entsteht in den Dichtungen Kleists eine fundamentale Spannung zwischen Antizipation als literarischem Kunstgriff im Dienste der jeweiligen ästhetischen Einheit einerseits und jenen antizipierenden Bewußtseinszuständen innerhalb der jeweiligen Fiktion andererseits, die ausnahmslos des Gefühls der Sicherheit entbehren, die sich in der vordichterischen Phase daraus ergab, daß das Erkenntnisvermögen des Individuums in der Sinnfülle eines teleologischen Weltmodells gegründet war.

Gegen das von Beda Allemann skizzierte »dramaturgische Modell« darf man in diesem Sinne zweierlei einwenden: erstens, daß es diese Spannung unberücksichtigt läßt; zweitens, daß es die Inhalte antizipierender Visionen als nur positiv hinstellt: »Diese Helden *sind* nur, indem sie, wie Penthesilea sagt, den *Wurf* wagen und sich selbst auf die von ihnen antizipierte Wahrheit hin entwerfen. ... Ihre Traumvision bewahrt ... auch noch unter bedrohlichen, ja tödlichen Umständen ihren strahlenden Glanz ... Es ist ein Bild der höchsten Erfüllung, das seine Helden leitet. Die Todesdrohung ergibt sich bei Kleist aus der Unmöglichkeit, die Vision zu verwirklichen, spricht sich aber niemals in dieser selbst aus.«[26]

Ein Beispiel aus *Penthesilea* genügt, um die Einseitigkeit dieser Auffassung evident zu machen. Der Tod Hektors, der auf grausame Weise von Achilles erschlagen und dessen Leiche dann auch durch ihn mißhandelt wird, ist ein integraler Bestandteil der antizipierenden Visionen Penthesileas in dem Sinne, daß sie sich bald mit dem Täter, bald aber auch mit dem Opfer identifiziert. Die Evokation von Hektors Tod in der 9. Szene wird eindeutig aus der Perspektive des potentiellen Opfers entworfen:

»Laßt ihn mit Pferden häuptlings heim mich schleifen,
Und diesen Leib hier, frischen Lebens voll,
Auf offnem Felde schmachvoll hingeworfen,
Den Hunden mag er ihn zur Morgenspeise,
Dem scheußlichen Geschlecht der Vögel bieten.« (SW I, S. 363)

Wenn sie dann im Dialog mit Achilles in der 15. Szene von ihren antizipierenden Visionen erzählt, so erweisen sich diese als immer noch maß-

[26] Beda Allemann, a.a.O., S. 35 u. 48.

geblich von dem Moment der Identifikation mit dem erschlagenen Fürsten Trojas beeinflußt:

»Mein ewiger Gedanke, wenn ich wachte,
Mein ewiger Traum warst du! ...
Bald sah ich dich, wenn du ihn niederschlugst,
Vor Ilium, den flüchtgen Priamiden;
Wie du, entflammt von hoher Siegerlust,
Das Antlitz wandtest, während er die Scheitel,
Die blutigen, auf nackter Erde schleifte;
Wie Priam flehnd in deinem Zelt erschien –
Und heiße Tränen weint ich, wenn ich dachte,
Daß ein Gefühl doch, Unerbittlicher,
Den marmorharten Busen dir durchzuckt.« (SW I, S. 395 f.)

Es ist daher abwegig, Antizipation als Bewußtseinszustand Kleistscher Hauptfiguren auf eine schlichte Ausrichtung auf ideale Erfüllungen zu beschränken. Vielmehr umfaßt die antizipierende Einbildungskraft stets eine Skala möglicher Selbstbilder, deren Ursprung alles andere als homogen ist. Nicht nur die Sehnsucht, sondern auch die Furcht; nicht nur das »innerste Gefühl«, sondern auch die Rede der anderen bestimmen jene Bewußtseinszustände, die für Kleistsche Hauptfiguren die konkrete Gegenwart verdrängen oder ersetzen können. Bereits in der 5. Szene gesteht Penthesilea ihre »Verwirrung« bei der Begegnung mit dem eigenen Spiegelbilde ein:

»Ich will zu meiner Füße Staub ihn sehen,
Den Übermütigen, der mir an diesem
Glorwürdgen Schlachtentag, wie keiner noch,
Das kriegerische Hochgefühl verwirrt.
Ist das die Siegerin, die schreckliche,
Der Amazonen stolze Königin,
Die seines Busens erzne Rüstung mir,
Wenn sich mein Fuß ihm naht, zurückespiegelt?« (SW I, S. 343)

Das Spiegelungsmotiv kehrt dann in der 9. Szene in einer Form wieder, die dessen Tragweite auf die einen Sieg antizipierenden Worte der anderen Amazonen ausdehnt:

»Die Hand verwünsch ich, die zur Schlacht mich heut
Geschmückt, und das verräterische Wort,
Das mir gesagt, es sei zum Sieg, dazu.
Wie sie mit Spiegeln mich, die Gleißnerinnen,

Umstanden, rechts und links, der schlanken Glieder
In Erz gepreßte Götterbildung preisend. –
Die Pest in eure wilden Höllenkünste!« (SW I, S. 364)

Weit davon entfernt, auf das eine, dem eigenen Inneren entstammende »Bild der höchsten Erfüllung« fixiert zu sein, entpuppt sich Penthesilea als auf markante Weise verwundbar gegenüber solchen ihr von außen diktierten Imagines ihres Selbst. Kleists Überzeugung im frühen Aufsatz, daß das Glück nirgendwo »besser sich gründen« könne als dort, wo »es von keinen äußeren Verhältnissen« (SW I, S. 302) abhängt, kehrt sich in seiner dichterischen Praxis immer wieder in deren Gegenteil um. Sei es durch die Projektion von Sehnsüchten oder Ängsten auf die Menschen, die sie umgeben, sei es durch eine übergroße Empfänglichkeit für antizipierende Selbstbilder aus fremder Hand, seine Hauptfiguren fallen einer verkannten Umwelt immer wieder zum Opfer, weil keine prästabilierte Harmonie mehr zwischen »bewußter Seele« und kosmischer Ordnung die Möglichkeit verzerrter Spiegelungen ausschließt oder solche gar von wirklichkeitsgetreuen unterscheiden läßt. Rousseau hatte dieses Phänomen, das aus der Perspektive von Leibniz' Weltmodell aus gesehen einem Verlust der individuellen Entelechie gleichkommt,[27] aus der Zerstörung des Naturzustandes durch die Vergesellschaftung des Menschen hergeleitet: »L'homme Sauvage et l'homme policé différent tellement par le fond du coeur et des inclinations, que ce qui fait le bonheur suprême de l'un, réduiroit l'autre au désespoir. ... Telle est, en effet, la véritable cause de toutes ces différences: le Sauvage vit en lui-même; l'homme sociable, toujours hors de lui ne sait vivre que dans l'opinion des autres, et c'est, pour ainsi dire, de leur seul jugement qu'il tire le sentiment de sa propre existence.«[28]

Diese Abhängigkeit von der Meinung anderer berührt sich eng mit Rousseaus Kritik der Voraussicht, auf die oben hingewiesen wurde, und außerdem noch, wie Christian Moser gezeigt hat,[29] mit seiner Schilderung der trügerischen Funktion der Einbildungskraft in der Liebe: »... et qu'est-ce que le véritable amour lui-même si ce n'est chimère, mensonge, illusion? On aime bien plus l'image que l'on se fait que l'objet auquel on l'applique. Si l'on voyoit ce qu'on aime exactement tel qu'il est il n'y auroit plus d'amour sur la terre. Quand on cesse d'aimer, la personne qu'on aimoit reste la même qu'auparavant, mais on ne la voit plus la

[27] Vgl. den Aufsatz von Friedrich Gaede, Leibniz' Begriff der Möglichkeit und literarische Antizipation, a.a.O., S. 86.

[28] Rousseau, a.a.O., Bd. III, Discours sur l'origine et les fondemens de l'inégalité parmi les hommes, S. 192f.

[29] Christian Moser, a.a.O., S. 43f.

même. Le voile du prestige tombe et l'amour s'évanouit.«[30] Die unwirklichen Schrecknisse, die wir durch die Voraussicht erleiden, die Verunsicherung unseres Selbstgefühls durch die Internalisierung der Meinungen anderer und die Illusionen, denen wir in der Liebe durch die Vorherrschaft von »Chimären« über die wirkliche Verfassung des geliebten Menschen zum Opfer fallen, erweisen sich bei Rousseau als gleichrangige Modalitäten des antizipierenden Bewußtseins, und für die Psychologie von Kleists Hauptfiguren ist eine vergleichbare Vielfalt der Verkennungsfunktionen ausschlaggebend.

Da Beda Allemann die Antizipation bei Kleist nur im Sinne erträumter Erfüllungen auslegt, gelangt er zum Schluß: »Tatsächlich ist eine Antizipation im Sinne Kleists kaum denkbar ohne eine geradezu göttliche Gewalt, die hinter ihr steht.«[31] Aber das Gegenteil ist eher der Fall. Denn ausgerechnet die Loslösung der individuellen Entelechie aus der Abhängigkeit von einer göttlich fundierten Weltordnung ist mit jenem Verlust des Paradieses synonym, den Kleists Dramen und Erzählungen von der *Familie Schroffenstein* an immer wieder thematisieren.[32] Alle Modalitäten des antizipierenden Bewußtseins, die bei Rousseau im Zeichen jener Überhandnahme der Imagination stehen, die das Heraustreten des Menschen aus dem Naturzustand nach sich zieht, verführen die fiktionalen Gestalten in den Werken Kleists zu jenen »Mißgriffe[n]«, die »unvermeidlich« sind, »seitdem wir von dem Baum der Erkenntnis gegessen haben. Doch das Paradies ist verriegelt, und der Cherub hinter uns« (SW II, S. 342), wie es im Aufsatz *Über das Marionettentheater* heißt.

Wohlgemerkt: Nicht alle antizipierenden Motive oder Bewußtseinszustände werden vom Ausgang der Handlung als trügerisch entlarvt. *Die Hermannsschlacht* stellt unter Kleists Dramen insofern eine Ausnahme dar, als der Wille des Cheruskerfürsten sich von vornherein mit sämtlichen Aspekten des Handlungsverlaufs in einer seltsam ungetrübten Harmonie befindet, aber die Voraussetzung dafür liegt darin, daß die Gestalt Hermanns als einzige unter Kleists Protagonisten die Privilegien einer auktorialen Figur genießt.

Daß der Traum des Prinzen von Homburg in der Schlußszene allem Anschein nach in Erfüllung geht, soll von der Tatsache nicht ablenken, daß die oben umrissenen Verkennungsfunktionen antizipierender Bewußt-

[30] Rousseau, a.a.O., Bd. IV, Émile, Livre IV, S. 656.

[31] Beda Allemann, a.a.O., S. 37.

[32] Vgl. Das Motiv klingt bereits in einem gestrichenen Passus aus dem Manuskript der *Familie Ghonorez* an. Rodrigo (Ottokar) schließt einen Freundschaftsbund mit Antonio (Jeronimus) und Juan (Johann): »O ihr Brüder/ Verstoßene des Schicksals, Hand in Hand/ Hinaus ins Elend aus dem Paradiese,/ Aus dem des Cherubs Flammenschwerdt uns treibt.« (DKV I, S. 504).

seinszustände den Handlungsverlauf zwischen Anfang und Ende des Dramas maßgeblich bestimmt haben, und wie Christian Moser mit Recht behauptet, auch in seinem letzten Monolog – »Nun, o Unsterblichkeit, bist du ganz mein« (SW I, S. 707) – weiterhin aktiv bleiben.[33]

Die Ironien und Ambivalenzen, die antizipatorische Erzählungen, Ahnungen und Visionen in den Dichtungen Kleists begleiten, legen nahe, daß das Projizieren der eigenen Wünsche oder Ängste auf die Mitmenschen oder auf das im jeweiligen Text heraufbeschworene Simulakrum einer Weltordnung manchmal an eine tragische Hybris grenzt, wie der emotionelle Gehalt der »Träume« einer Penthesilea oder eines Prinzen von Homburg andeutet. Wieder einmal findet sich bei Rousseau ein mahnender Kommentar zur Gewohnheit des Menschen in der Gesellschaft, sich durch seine antizipierenden Fähigkeiten über die Gegebenheiten seiner realen Situation hinwegzusetzen: »L'Ange rebelle qui méconnut sa nature étoit plus foible que l'heureux mortel qui vit en paix selon la sienne. L'homme est très fort quand il se contente d'être ce qu'il est, il est très foible quand il veut s'élever au-dessus de l'humanité.«[34]

»Ach! Wie gebrechlich ist der Mensch, ihr Götter!« (SW I, S. 428) ruft Prothoe der soeben verstorbenen Penthesilea nach – ein Epitaph, das für viele andere Hauptfiguren Kleists volle Geltung besäße. Eine naheliegende Begründung solcher »Gebrechlichkeit« ergäbe sich aus der Koinzidenz der Abkoppelung der individuellen Entelechie von einer übergreifenden Ordnung, wie wir sie in Leizniz' Monadenlehre und den Schriften anderer von ihm deutlich beeinflußten Aufklärer vorfinden, mit jener charakterischen Sichtweise Kleistscher Hauptfiguren, welche einer antizipierten Version der eigenen Identität mehr Substanz als jener realen Situation verleiht, in der sie sich wohl oder übel zurechtfinden müssen. Der Anschein der Hybris wird dann erweckt, wenn das Individuum Ansprüche an seine Umgebung stellt, die eigentlich der Verankerung in einer göttlich verbürgten »Ordnung der Dinge« (SW II, S. 761) bedürfen, wenn sie nicht zu fatalen

[33] Vgl. Christian Moser, a.a.O., S. 106: »Homburg stirbt, noch ehe er gestorben ist. Träumend kommt er der Realität des Todes zuvor. In diesem Vorgriff manifestiert sich das Unvermögen, den Tod als das schlechthin andere anzuerkennen, als dasjenige, was sich weder im Wissen noch im Fühlen auflösen läßt und von dem man sich kein Bild machen kann. Das Todesverlangen Homburgs enthüllt sich als das Begehren, dem Tod zuvorzukommen. ... Der Weg, den Homburg beschreitet, ist zwar, von der einen Seite betrachtet, ein Irrweg, der ihn aus einer exaltierten Verblendung in die andere, von Antizipation zu Antizipation und somit im Kreise führt. Er ist jedoch zugleich, von einer anderen Seite besehen, ein Weg, besser: ein Sprung zum Erfolg. Die in der Eingangsszene traumhaft vorweggenommene Heldenehrung ist im letzten Auftritt des Dramas eine – wenn auch zweideutige – Realität.«

[34] Rousseau, a.a.O., Émile, Livre II, S. 305.

»Mißgriffen« im Sinne des Aufsatzes *Über das Marionettentheater* führen sollen, einer solcher Grundlage jedoch prinzipiell entbehren.

Rousseau, dessen Bedeutung für Kleist vom Dichter selber mehrfach bezeugt wird, nimmt im Bereich dieser zentralen Problematik der in den Dramen und Erzählungen immer von neuem unternommenen Abrechnung mit bestimmten Widersprüchen innerhalb der europäischen Aufklärung dadurch eine Schlüsselposition ein, daß eine ausführliche kritische Psychologie der Antizipation aus seinen Schriften extrahiert werden kann, während er sich immer noch dazu berufen fühlt, die zu seinen Lebzeiten gängigen Vorstellungen eines wohlwollenden Schöpfergottes und einer tätigen göttlichen Vorsehung zu verteidigen. Man denke etwa an seine Replik auf Voltaires Gedicht *Poème sur le désastre de Lisbonne* im Brief vom 18. August 1756, deren Relevanz für Kleists Erzählung *Das Erdbeben in Chili* kaum des Nachweises bedarf.[35]

Kleists dichterische Praxis reduziert solche Instanzen wie die göttliche Vorsehung zu rhetorischen Floskeln in den Reden seiner Protagonisten, welche zudem noch öfters durch den weiteren Handlungsverlauf in ein ironisches Licht gerückt werden. Man denke etwa an die wiederholten Appelle an die Rache Gottes in der *Verlobung in St. Domingo*. Kleists Verschärfung der Negativität von Rousseaus Kritik der antizipierenden Imagination geht mit einem sich vertiefenden Geschichtspessimismus einher, so daß die bei Rousseau ebenfalls deutlich vernehmbaren Stimmen der europäischen Aufklärung, die im Namen eines optimistischen Deismus zur Mäßigung raten, bei seinen Protagonisten kein Gehör finden.

Als Strukturprinzip *innerhalb* der fiktionalen Welten Kleists, das heißt als psychologisches und nicht bloß formell ästhetisches Moment, stellt die Antizipation daher keine vereinheitlichende Achse für das Selbstverständnis der Hauptfiguren dar, sondern ist vielmehr als ein komplexes Zusammenwirken von Störfaktoren des Gefühls und der Erkenntnis aufzufassen, die sich in der Regel identitätszersetzend auswirken und die Entfaltung linearer Entwicklungsprozesse bei seinen Protagonisten verhindern. Diesen Aspekt der inneren Dynamik Kleistscher Gestalten wird von Beda Allemann richtig erfaßt, wenn er behauptet: »Die von ihrer Vision geprägten Helden Kleists haben, eben weil sie mit ihrer Antizipation förmlich geschlagen sind, sozusagen keinen Spielraum mehr. Sie können sich nicht mehr entwickeln – weder im figurenpsychologischen noch in einem weite-

[35] Vgl. Correspondance de J.-J. Rousseau, Bd. 1, Paris 1839, S. 310ff. und ferner: Susanne Ledanff, Kleist und die »beste aller Welten«. »Das Erdbeben in Chili« – gesehen im Spiegel der philosophischen und literarischen Stellungnahmen zur Theodizee im 18. Jahrhundert, in: Kleist-Jahrbuch 1986, S. 125–155; Anthony Stephens, Heinrich von Kleist. The Dramas and Stories, Oxford/Providence 1994, S. 200f.

ren dramaturgischen Sinn«.[36] Als Alternative zur individuellen Entwicklung im Sinne der Weimarer Klassik hat Kleist allerdings die Versuchsanordnung des jähen Rollenwechsels erprobt,[37] aber auch in solchen Fällen übt das antizipierende Bewußtsein eine verstörende Funktion aus, wie Christian Mosers Analyse der Verführungsszene in der *Verlobung in St. Domingo* nachgewiesen hat.[38] Denn gegen die Unberechenbarkeit der in den Dramen und Erzählungen immer wieder in Szene gesetzten »Mißgriffe« der Antizipation im Zeichen der Verkennung der jeweiligen äußeren Wirklichkeit hat Kleist seinen Figuren keinen verläßlichen Rückhalt gegeben.

[36] Beda Allemann, a.a.O., S. 55.

[37] Vgl. Anthony Stephens u. Yixu Lü, Die Ersetzbarkeit des Menschen. Alter Ego und Stellvertreter im Werk Heinrich von Kleists, in: Jahrbuch der Deutschen Schillergesellschaft 38, 1994, S. 134–138.

[38] Christian Moser, a.a.O., S. 17–28.

MANUELA GÜNTER · GÜNTER BUTZER

DEUTSCH-SCHWEIZERISCHE LITERATURBEZIEHUNGEN NACH 1848 IM SPIEGEL DER ZEITSCHRIFTEN

Ein Beitrag zur interkulturellen Germanistik*

1. METHODISCHE VORÜBERLEGUNGEN

Das seit einigen Jahren zu beobachtende Interesse der bundesdeutschen Germanistik an intrakulturellen und interkulturellen Differenzierungen hat innerhalb des Fachs verstärkt zur kritischen Reflexion seines Umgangs mit den nichtdeutschen deutschsprachigen Literaturen geführt. Es stellt sich die Frage, inwieweit die Rede von der ›deutschen Literatur‹ durch ihre mangelnde Unterscheidungsfähigkeit zwischen Eigenem und Fremdem traditionell einen hegemonialen Blick vor allem auf die schweizerische und österreichische Literatur impliziert, der die nationalen (ökonomischen, politischen, sozialen und sprachlich-kulturellen) Unterschiede konsequent zugunsten eines kulturellen deutschen Großreichs ignoriert. Abgesehen von einigen wenigen Arbeiten – etwa zu Kafka und Bernhard –, in denen dieses Problem thematisiert wird, gibt es bis heute kaum Untersuchungen, die nicht eine homogene deutsche Kultur unterstellten. Das bedeutet zugleich die ästhetische Abwertung derjenigen nichtdeutschen deutschsprachigen Autoren und Werke, die sich dem deutschen ›Deutungskanon‹[1] nicht fügen – mit der Folge der Verbannung aus der deutschen Literaturgeschichte. Ganz anders die Orientierung der österreichischen und

* Wir möchten an dieser Stelle ganz besonders Herrn Dr. Rätus Luck von der Schweizerischen Landesbibliothek in Bern für seinen fachlichen Rat und seine großzügige Unterstützung bei der Zeitschriftenauswertung danken. Wichtige Anregungen und Hinweise verdanken wir Frau Prof. Dr. Renate von Heydebrand (München) und Herrn Prof. Dr. Michael Böhler (Zürich).

[1] Der Terminus Deutungskanon bezeichnet die hinter einem Kanon von Werken und Autoren stehenden Wertvorstellungen, die sowohl die kanonisierten Deutungen von Texten als auch deren zugrunde liegende Methoden umfaßt. Vgl. Renate von Heydebrand, Probleme des ›Kanons‹ – Probleme der Kultur- und Bildungspolitik, in: Methodenkonkurrenz in der germanistischen Praxis, Vorträge des Augsburger Germanistentages 1991, Bd. 4, hrsg. v. Johannes Janota, Tübingen 1993, S. 3–22, hier: S. 5f.

schweizerischen Literaturen: Sofern sie sich nicht bedingungslos dem deutschen Anspruch auf Definition und Wertung beugen, bleibt ihre Stellung eine der Fremdheit, die bisweilen in Widerstand umschlägt. Will die Germanistik ihrer Aufgabe als Kulturwissenschaft gerecht werden und die Sprachgrenze nicht naiv mit der Umgrenzung eines kulturellen Raumes gleichsetzen, so hat sie diese interkulturellen Differenzen in den Textanalysen wie auch in der Literaturgeschichtsschreibung gleichermaßen zu reflektieren. Im Gegensatz zu der bekannten ›großdeutschen‹ Kulturtopographie, in der die einzelnen Länder nur als ›Provinzen‹ erscheinen, empfiehlt Michael Böhler die Annahme kleinerer Einheiten sowie die »Entwicklung einer Hermeneutik der binnensprachlichen Multikulturalität«.[2] Konsequenterweise müßte sich deutsche Literatur dann in Abgrenzung zur österreichischen und schweizerischen definieren, was den Unterschieden in bezug auf die Staatsform, die Gesellschaftsordnung und die Geschichte gerecht würde.

Es soll im folgenden für die Schweizer Literatur nach 1848 der Versuch gemacht werden, über die Analyse von Wertungs- und Kanonisierungshandlungen in deutschen und schweizerischen Literaturzeitschriften in bezug auf verschiedene deutschsprachige Schriftsteller für das 19. Jahrhundert zu einer interkulturellen Differenzierung zu gelangen. Jenseits der integrativen Vorstellung eines einheitlichen Kulturraums mit einer gemeinsamen Sprache läßt sich gerade an den deutschen und schweizerischen Zeitschriften zeigen, daß der ›deutsche Realismus‹ ein Konglomerat aus eigenständigen, national begrenzten Literaturen umschließt, die sich nicht harmonisch zu einem Ganzen fügen, sondern bisweilen in Konkurrenz zueinander treten, wobei zum Teil sogar der gemeinsame Nenner ›deutsche Sprache‹ in Frage gestellt wird. Darüber hinaus wird sich zeigen, inwiefern die schweizerische Literatur in verschiedener Hinsicht die Voraussetzungen für das Konzept einer *littérature mineure* erfüllt, wie es Gilles Deleuze und Félix Guattari an Kafkas Texten entwickelt haben: »Eine kleine oder mindere Literatur ist nicht die Literatur einer kleinen Sprache, sondern die einer Minderheit, die sich einer großen Sprache bedient.«[3] Die Schweizer Literatur bedient sich zwangsläufig einer Schriftsprache, die nicht mit der gesprochenen zusammenfällt. Dabei ist es den Schweizer Autoren gleichermaßen unmöglich, deutsch zu schreiben wie nicht zu schreiben; die Flucht in den Dialekt bleibt ebenso verwehrt (sie würde das definitive Abseits bedeuten und die Unterwerfung nur affirmieren) wie

[2] Michael Böhler, Interkulturalität in der literarischen Sozialisation im binnensprachlichen Ländervergleich. Eine Problemskizze, in: Perspektiven und Verfahren interkultureller Germanistik, hrsg. v. Alois Wierlacher, München 1987, S. 351–366, hier: S. 352.

[3] Gilles Deleuze, Félix Guattari, Kafka. Für eine kleine Literatur, Frankfurt/M. 1976, S. 24.

die umstandslose Benutzung der deutschen Hochsprache. Daraus resultiert ein Konfliktpotential, das in bestimmten historischen Konstellationen von Schweizer Seite als »Unterwerfungs- und Domestikationsverhältnis« thematisiert wird.[4]

Diese schwierige Position der Schweizer Literatur führt im 19. Jahrhundert zu verschiedenen literaturtheoretischen Konzeptualisierungen, die anhand der Zeitschriften verfolgt werden sollen. Die erste zielt auf eine kleine Literatur, die sich nicht scheut, den »Ort der eigenen Unterentwicklung zu finden, das eigene Kauderwelsch, die eigene Dritte Welt, die eigene Wüste«.[5] Sie mündet jedoch in den Versuch, diese ›kleine‹ Literatur im Rahmen des Konzepts einer schweizerischen Nationalliteratur zu etablieren. Dabei werden ihre Abweichungen als Spezifika interpretiert, die die Abgrenzung rechtfertigen, ja das Konzept erlaubt sogar die Vereinnahmung deutscher Autoren. Eine zweite Richtung innerhalb des schweizerischen Literatursystems strebt an, diese kleine Literatur als gewichtigen Teil in die hegemoniale deutsche Literatur einzubringen. Die dritte Konzeption bewegt sich unterhalb der ›großen Erzählungen‹ der Nationalliteraturen. Sie hält an der regionalen Verankerung der Autoren unabhängig von deren Nationalität fest, doch ist auch sie auf die Generierung von Klassizität, hier im Sinne einer ›autonomen Regionalliteratur‹, ausgerichtet. So läßt sich in der Schweizer Literaturkritik der zweiten Hälfte des 19. Jahrhunderts durchgängig der Versuch feststellen, die ›kleine‹ in eine ›große‹, die regionale in eine klassische Literatur zu verwandeln, die sich selbstbewußt mit der deutschen Literatur messen kann.

2. DAS BILD DER SCHWEIZER LITERATUR AUS DEUTSCHER SICHT: DER FALL GOTTHELF

»Es läßt sich nicht verkennen, daß im deutschen Publicum die Literatur der Schweiz nur sehr fragmentarisch, sogar beinah nur zufällig bekannt ist. Ebenso ist's in der Schweiz, einzelne größere Städte ausgenommen, mit den Erzeugnissen der deutschen, nicht streng fachwissenschaftlichen Schriftwelt.«[6] Diesem Befund wechselseitigen Desinteresses, mit dem die *Grenzboten* 1853 einen Artikel über die »Schweizerliteratur« einleiteten, entsprach eine an den Zeitschriften als zentralen Medien einer ersten Wer-

[4] Vgl. Michael Böhler, Binnenkulturelle Fremdheitserfahrung von deutscher Literatur in der Schweiz, in: Akten des 8. Internationalen Germanisten-Kongresses in Tokyo, Bd. 3, hrsg. v. Y. Shichiji, München 1991, S. 234–244, hier: S. 237.

[5] Deleuze, Guattari, Kafka, a. a. O., S. 27.

[6] Grenzboten XII,2, 1853, S. 217f.

tung überprüfbare Wirklichkeit, in der die deutschsprachige Literatur der Schweiz[7] der deutschen literarischen Öffentlichkeit nur äußerst lückenhaft zur Kenntnis gebracht und auch von Schweizer Seite die deutsche Literatur in den entsprechenden publizistischen Organen sehr selektiv wahrgenommen wurde. Zugleich würdigte man schweizerische Schriftsteller von ›hohem‹ künstlerischen Rang wie beispielsweise Gottfried Keller – der diese Perspektive im übrigen selbst forcierte – in Deutschland als *deutsche* Dichter. Es war vor allem Jeremias Gotthelf alias Albert Bitzius, der diese schematische Zuordnung insofern erschwerte, als sich seine Literatur weder auf die Schweiz beschränken noch sich als deutsches Werk integrieren ließ. Die Gebote des programmatischen Realismus, sich politischer Tendenz zu enthalten und Dialekt zu vermeiden, verletzte Gotthelf wiederholt, und dennoch – oder gerade deshalb – erreichte er große Popularität hüben wie drüben. An seiner Gestalt sollen deshalb im folgenden zunächst die Strategien der maßgebenden deutschen Literaturzeitschriften[8] rekonstruiert werden, mit denen diese der Literatur der Schweiz nach dem Revolutionsjahr 1848 begegneten. Anschließend soll die Perspektive dann umgekehrt werden: Wie präsentieren die Schweizer Zeitschriften den Berner Schriftsteller, welche Funktion erfüllt hier der Pfarrer aus dem Emmental?

In den seit 1848 von Gustav Freytag und Julian Schmidt redigierten *Grenzboten*, die programmatisch die Schaffung einer neuen, von der ›Tendenz‹ des Jungen Deutschland und der Restaurationsliteratur befreiten, dem klassischen Autonomiepostulat verpflichteten, realistischen und nationalen Literatur propagierten, fand – Jahre vor dem jüngeren Keller – seit 1850 von den schweizerischen Autoren nur Gotthelf eine kontinuierliche Beachtung. In diesen Kritiken, die überwiegend von Julian Schmidt stammen, dient Gotthelf als Exempel, an dem Schmidt sein Realismus-Konzept entwickelt. Als eine Art Kronzeuge ist er vor allem gegen die romantische ›Salonliteratur‹ zu gebrauchen: In diesem Kontext werden die ›naturwüchsige‹, ›naive‹ und ›wahrhaft religiöse‹ Kraft der Gotthelfschen Epik beschworen, das Verständnis für seinen Gegenstand, das Bauerntum, gerühmt und sein soziales Engagement sowie seine pädagogischen Zwecke gewürdigt. Auch ästhetisch erkennt man seine »Sicherheit

[7] Wenn hier im folgenden von der Schweiz die Rede ist, dann immer nur von der deutschen Schweiz: die konstitutive Viersprachigkeit wird nicht nur in den deutschen und österreichischen, sondern auch in den deutsch-schweizerischen Zeitschriften konsequent ignoriert.

[8] Hier v. a. die literaturkritischen Organe *Grenzboten* (hrsg. v. Gustav Freytag u. Julian Schmidt), Hermann Marggraffs *Blätter für literarische Unterhaltung* sowie das *Deutsche Museum* (hrsg. v. Robert Prutz).

und Correctheit der Zeichnung«[9] an, welche die Wirklichkeit äußerst exakt erfasse. Dieses ästhetische Vermögen stelle ihn in eine Reihe mit Jean Paul und Charles Dickens, und unter diesem Vorzeichen wird Gotthelf schließlich – mehr oder minder explizit – als *deutscher* Autor definiert.[10] Andererseits aber widersprechen sein politischer Konservativismus, sein religiöser Eifer und vor allem seine ästhetischen Mängel dem Schmidtschen Bild eines deutschen Dichters von Rang: Es sei gerade die »Sicherheit des Blicks«,[11] die zu Selbstgefälligkeit führe und wirkliche Meisterschaft verhindere. Er »producirt so unbefangen, daß er sich an kein Maß und an kein Gesetz bindet. Seine Geschichten sind so formlos«.[12] Diese ›Kunstlosigkeit‹ kulminiere in Gotthelfs Problem mit der Sprache: Der Berner Dialekt, der zunächst ›anmutig‹ und ›originell‹ wirke, sei auf die Dauer ermüdend und »artet zuletzt in Rohheit aus«.[13] Das mangelnde Gespür für die deutsche Schriftsprache,[14] die partikularistische politische und geographische Beschränkung auf Schweizer Themen, schließlich die ästhetische Unzulänglichkeit machen aus dem ›alten Freund‹ den für die eigene Poetik unbrauchbaren *Schweizer*, der letztlich doch aus der deutschen Literatur ausgeschlossen werden muß: »Er ist ganz Schweizer – für uns zu sehr Schweizer. ... Es ist doch immer eine Mischung schweizerischer Naivität und deutscher Bildung, die nicht recht zusammenstimmen will. Für uns sind es nur Idyllen«.[15]

[9] Grenzboten X,1,2, 1851, S. 114.

[10] Es sei der »Hauptvorzug Gotthelf's vor den meisten Deutschen Schriftstellern, daß er nämlich in jedem Augenblicke, in jeder noch so verwickelten Lage deutlich und sicher weiß, wie ein verständiger Mensch empfinden und sich benehmen muß« (Grenzboten X,2,3, 1851, S. 317).

[11] Grenzboten XI,1, 1852, S. 278.

[12] Ebd., S. 279.

[13] Ebd., S. 279.

[14] »Der deutsche Schweizer, der als deutscher Schriftsteller auftritt, hat von vorn herein mit dem nachtheiligen Umstand zu kämpfen, daß seine Schriftsprache nicht zugleich seine Redesprache ist« (Grenzboten XVI,2, 1857, S. 379).

[15] Grenzboten IX,1,2, 1850, S. 493 f. – Diese beinahe exotistische Ausgrenzung hat ihren Grund keineswegs in den Erzählungen Gotthelfs, sie bildet vielmehr seit Albrecht Hallers *Die Alpen* (1729) und Rousseaus *Nouvelle Heloïse* (1764) einen Topos in der »kulturtopographischen Raumstrukturierung«, in der »die Kodierung des schweizerischen Alpenraums mit den Vorstellungen einer vom Zivilisationsprozeß und der Geschichte ausgegrenzten, unberührten naturhaften Ursprungswelt ein wesentliches Merkmal der Schweiz im interkulturellen Kontext« ist (Michael Böhler, Schweizer Literatur im Kontext deutscher Kultur unter dem Gesichtspunkt einer ›Ästhetik der Differenz‹, in: Deutsch – Eine Sprache? Wie viele Kulturen?, hrsg. v. Björn Ekmann u. a., Kopenhagen, München 1991, S. 73–100, hier: S. 78).

Ein ganz anderes Bild als das des biedermeierlichen Idyllikers vermittelt die Artikelserie über Gotthelf in Hermann Marggraffs *Blättern für literarische Unterhaltung.*[16] Anders als die *Grenzboten* war Marggraff um ein breiteres Spektrum der schweizerischen Literatur bemüht und stellte in seiner Zeitschrift neben Gotthelf und Keller auch Alfred Hartmann, Arthur Bitter und Jakob Frey vor, wobei die Rezensionen sehr oft von Schweizern verfaßt wurden.[17] Daß es sich hierbei nicht um die kritische Würdigung einer anderen Nationalliteratur, sondern um eine hegemoniale ›Umarmung‹ unter Löschung der nationalen Differenz handelte, stand für Marggraff nicht in Frage: »[Z]u Deutschland ist ethnographisch und ihrer geistigen Bildung nach auch die deutsche Schweiz zu rechnen.«[18] Betrachtet man aber die Schweiz als Provinz der deutschen Kulturnation, wie Marggraff hier in seiner Sammelrezension über »deutsche Dichter und Belletristen«, so wirkt sich dies auch auf die Wertung der Literatur aus. Bezeichnenderweise überläßt es Marggraff dem Schweizer Gottfried Keller, die Kriterien dieser Wertung für die *Blätter* zu entwickeln und den sperrigen Berner in die deutsche Literaturlandschaft zu integrieren.

Den ästhetischen Ausgangspunkt bildet das klassische ›Allgemein-Menschliche‹, auf das Keller zunächst auch die sogenannte Volksliteratur verpflichtet: »Ewig sich gleich bleibt nur das, was rein menschlich ist, und dies zur Geltung zu bringen, ist bekanntlich die Aufgabe aller Poesie, also auch der Volkspoesie.«[19] Die »*eine* Poesie«[20] wird freilich nicht von allen Volksschriftstellern erreicht. Während Hebel und Auerbach durch edle, weil formvollendete Dorfgeschichten glänzen, lasse sich bei Gotthelf die mangelnde »ästhetische Zucht« nicht leugnen: wie ein »Naturdichter ... scheint [er] ohne Nachdenken und Mäßigung zu arbeiten.«[21] Ästhetisch scheitert Gotthelf also am Maßstab der ›natürlichen‹ und doch kunstvollen Dorfgeschichten Auerbachs, politisch verurteilt Keller seinen Konservati-

[16] Sie ist in loser Folge in den Jahrgängen 1849 (I), 1851 (II), 1852 (III) und 1855 (IV) erschienen und wird hier zitiert nach Gottfried Keller, Jeremias Gotthelf, in: ders., Sämtliche Werke, Bd. 22, hrsg. v. Carl Helbling, Bern 1948, S. 43–117.

[17] Vgl. z. B. die Besprechung J. J. Honeggers über Jakob Freys *Neue Schweizerbilder* (in: Blätter für literarische Unterhaltung, 1877, S. 708).

[18] Blätter für literarische Unterhaltung, 1855, S. 728. – Einige Jahre später entdeckt auch Julian Schmidt die Schweiz als Teil der deutschen Nation in einem Artikel über *Die schweizerische Literatur des achtzehnten Jahrhunderts*, allerdings ohne auf Marggraffs Ethnographie Bezug zu nehmen: »Bei unserm lebhaft aufgeregten Nationalgefühl haben wir uns in der letzten Zeit nach allen Seiten umgesehn, was uns gehört und was wir nicht herausgeben dürfen ... Seltsamer Weise ist noch Keinem eingefallen, daß weit mehr als alle diese Länder [Venedig oder Ungarn] die Schweiz zu uns zu rechnen ist.« (Grenzboten XX,1, 1861, S. 201).

[19] Keller, Gotthelf, a. a. O., S. 46.

[20] Ebd., S. 48.

[21] Ebd., S. 49 f.

vismus vom eigenen liberalen Standpunkt aus: Es sei vor allem die politische Polemik, die die ›frische‹ und ›naive‹ ›Naturdichtung‹ verbittere. Beides zusammen hindere Gotthelf, die Aufgabe der Kunst zu erfüllen, nämlich »in der gemeinen Welt eine schönere Welt wiederherzustellen durch Schrift.«[22] Freilich gibt es auch unbestrittene Verdienste zu würdigen, darunter dasjenige, das deutsche Publikum an das schweizerische Idiom gewöhnt zu haben, auch wenn Gotthelf es damit, wie immer, übertreibe, »indem er ohne Grund ganze Perioden in Bernerdeutsch schreibt, anstatt es bei den eigentümlichsten und kräftigsten Provinzialismen bewenden zu lassen. Doch mag auch dies hingehen und bei der großen Verbreitung seiner Schriften veranlassen, daß man in Deutschland mit ein bißchen mehr Geläufigkeit und Geschicklichkeit als bisher den germanischen Geist in seine Schlupfwinkel verfolgen lerne.«[23] Die Diskrepanz zwischen der selbstgewählten Beschränkung Gotthelfs und der weiten Verbreitung seiner Werke selbst in Norddeutschland, zwischen dem »großen epischen Genie«, der »äußeren Formlosigkeit« und dem bornierten politischen Konservativismus verhindert letztlich ein harmonisches Dichterbildnis. Das Resultat der Kellerschen Kritik ist ein Zwitterwesen, dessen Widersprüchlichkeit er nur sehr mühsam aufzulösen vermag: Letzten Endes sei nämlich durch den kompromißlosen Gebrauch des Dialekts das wirkliche Verständnis des Gotthelfschen Werkes doch auf das »enge alemannische Gebiet[]«[24] beschränkt – seine Aufnahme in den deutschen Parnaß ist damit aber auch für Keller ausgeschlossen.

Wie bei Schmidt und Keller, so drängt sich auch bei Robert Prutz' Ausführungen im *Deutschen Museum* der Verdacht auf, daß Gotthelf ausschließlich auf der Folie des eigenen ästhetischen bzw. politischen Programms rezipiert wird und daß sich im Grunde nur dieses von den vorhergehenden Rezeptionshaltungen unterscheidet. Es ist hier nicht das Autonomiepostulat, vor dessen Hintergrund Gotthelfs (einhellig unbestrittenes) ›Talent‹ abgewertet wird. Vielmehr geht es Prutz in seiner Kritik primär um die politisch zusehends indiskutable Orientierung dieses »Tageslieblings der Nation«.[25] Prutz prüft die Tauglichkeit Gotthelfs als Dichter des ›Volkes‹. Zwar sei der bekannte »Schweizervolksschriftsteller« bei

[22] Keller, Gotthelf, a. a. O., S. 66.

[23] Ebd., S. 84. – Zu bedenken ist bei diesem Vorwurf der Überstrapazierung des Idioms, daß Keller selbstverständlich die für den deutschen Markt ›gereinigten‹ Ausgaben vor Augen hatte!

[24] Ebd., S. 109. – Zum Konzept einer autonomen schwäbisch-alemannischen Regionalliteratur vgl. unten, Abschnitt 5.

[25] So Karl Gutzkow anläßlich der *Käserei in der Vehfreude*, die er in einem sehr amüsanten Büchermärchen mit dem Milchstampfer in der Hand gegen die ›Remittenden‹ in den Kampf schickt (vgl. Deutsches Museum I,1, 1851, S. 452).

allen »bäuerlichen Absonderlichkeiten und Ungeschlachtheiten« in den vierziger Jahren zu Recht als Vorbild einer »volksmäßigen Literatur«[26] den desorientierten deutschen Literaten zur Nachahmung empfohlen worden, und auch seine Verdienste um den sozialen Roman seien uneingeschränkt zu würdigen, allerdings erweise sich seine Literatur letztlich als unfähig, ihre lokale Beschränkung zu transzendieren: »Jeremias Gotthelf ... sitzt viel zu fest in seiner Haut, ist viel zu befangen in seinen Schweizer Anschauungen ..., um die Entwicklung wirklich durchzumachen, welche seine Freunde in Deutschland ihm zumutheten.«[27] Er verweigere sich seiner Zeit, und von Schrift zu Schrift verstärke sich seine »reactionäre Neigung«. Zuhause in »Kuhställen und Käsekammern«,[28] sei er ohne Verständnis für die Entwicklung der modernen Gesellschaft. Der Vorwurf der Provinzialität, den die *Grenzboten* ästhetisch begründeten, wird hier mit Gotthelfs praktisch-politischer Haltung verbunden. Besonders für die späten Werke konstatiert das *Deutsche Museum* die Selbstdemontage des ehemals angesehenen Dichters, die er durch wahllose Vielschreiberei jenseits aller sittlichen Zweckmäßigkeit betreibe. Die ästhetischen Mängel werden zwar auch hier erwähnt, spielen aber im Kontext dieser Argumentation eine eher untergeordnete Rolle. Zum Problem werden diese Mängel erst, »wenn wir sie [Gotthelfs Schriften] nicht blos als schweizerische, sondern als deutsche Volksschriften betrachten, als welche sie uns auch offenbar geboten werden.«[29] Erst unter dem Aspekt *deutscher* Dichtung gerät Gotthelfs Werk als ästhetische Zumutung in den Blick: Nicht nur seine »abschreckende und widerwärtige« Polemik gegen den Liberalismus, sondern auch und vor allem der »geschmacklose und barbarische Stil«, der Mangel an »Maß und Ordnung«[30] diskreditieren jetzt Gotthelf für die auf dem Weg sich befindende deutsche Nation und weisen ihn in die eidgenössischen Schranken.

Überblickt man die hier dargestellten Positionen deutscher Zeitschriften, so läßt sich – selbst innerhalb der vorgeführten Auffassungen – ein Schwanken konstatieren zwischen der Einbeziehung Gotthelfs als deutscher Dichter, die sich auf die *Uli*-Romane und die frühen Erzählungen bezieht, und seinem Ausschluß als schweizerischer Lokalschriftsteller, der in der Regel anhand des Spätwerks vollzogen wird. Nur Keller durchbricht

[26] Deutsches Museum II,1, 1852, S. 703.
[27] Ebd., S. 704.
[28] Ebd., S. 704.
[29] Deutsches Museum IV,1, 1854, S. 184.
[30] Ebd., S. 184f.

diese Strategien insofern, als er seinen Aufsatz dazu nutzt, die Schweizer Literatur über die Sprachgemeinschaft als *deutsche* zu etablieren. Unter Vernachlässigung der kulturellen und sprachlichen Differenzen geht er von einem homogenen deutschen Kulturraum aus, dessen Literatur sich in jedem Fall nur autonom-ästhetisch legitimieren kann. Dahinter steht die Überlegung, die eigene Anerkennung und den Erfolg auf dem prestigeträchtigen und gewinnbringenden deutschen Markt vorzubereiten und die Abwertung und Ausschließung seit »Bodmers und Breitingers Zeiten«[31] zu überwinden.[32] Obwohl Keller mit dieser kulturellen Orientierung das Bewußtsein von der politischen Fortschrittlichkeit der Schweiz verbindet,[33] interpretiert man diese Haltung von deutscher Seite aus als Anpassung und Unterordnung; das Schweizerdeutsche erscheint als deutscher Dialekt und die Schweiz – entgegen allen historischen Entwicklungen – als deutsche Region. Und tatsächlich ist ja mit dem Attribut ›schweizerisch‹ in der deutschen publizistischen Öffentlichkeit grundsätzlich eine Geringschätzung verbunden: die Stereotypen reichen von naiv, frisch, idyllisch, naturwüchsig bis borniert, bäuerisch, ungebildet, roh, barbarisch usf.[34] In jedem Fall genügen sie dem *deutschen* Kulturstandard nicht. Verbirgt sich hinter dieser Hervorkehrung der Kulturnation ein politisches Minderwertigkeitsgefühl – schließlich hatten die Schweizer 1848 eine Revolution und

[31] »Zu Bodmers und Breitingers Zeiten und bis tief in unser Jahrhundert hinein pflegte die deutsche Kritik jeden Schweizer, der etwa ein deutsches Buch zu schreiben wagte, damit zurückzuscheuchen, daß sie ihm die Helvetismen vorwarf und behauptete, kein Schweizer würde jemals Deutsch schreiben lernen. In jetziger Zeit, wo die Königin Sprache die einzige gemeinsame Herrscherin und der einzige gemeinsame Trost im Elende der deutschen Gaue ist, hat sich dies geändert, und sie begrüßt mit Wohlwollen auch ihre entferntesten Vasallen« (Keller, Gotthelf, a. a. O., S. 84). Diese Diagnose betrifft allerdings nur die Ausrichtung der Marggraffschen *Blätter*, die übrigen halten, wie gezeigt, an der Ausgrenzung fest.

[32] Aufgrund seiner radikal-demokratischen Überzeugung machte Keller Mitte der 40er Jahre die Bekanntschaft namhafter deutscher Exilschweizer in Zürich (Freiligrath, Follen), welche ihm den Kontakt zu deutschen Verlegern (Winter und Vieweg) vermittelten (vgl. Bernd Breitenbruch, Gottfried Keller, Reinbek 1968, S. 36f.).

[33] Vgl. Michael Böhler, ›Fettaugen über einer Wassersuppe‹ – frühe Moderne-Kritik beim späten Gottfried Keller. Die Diagnose einer Verselbständigung der Zeichen und der Ausdifferenzierung autonomer Kreisläufe, in: Nachmärz. Der Ursprung der ästhetischen Moderne in einer nachrevolutionären Konstellation, hrsg. v. Thomas Koebner und Sigrid Weigel, Opladen 1996, S. 292–305, hier: S. 293f.

[34] Diese Klischees basieren nach Böhler auf der Opposition von Natur und Kultur, ›wildem‹ und ›zivilisiertem‹ Menschen, wie sie sich im Aufklärungsdiskurs des 18. Jahrhunderts herauskristallisierte. Vgl. Böhler, Schweizer Literatur, a. a. O., S. 78.

die nationale Einigung zustande gebracht[35] –, so verhehlen umgekehrt die Schweizer diese Überlegenheit nicht und versuchen, die deutsche Hegemonie mit Verweis auf den politischen Vorsprung und durch die Begründung einer eigenen Schweizer Nationalliteratur zu durchbrechen. Auch hier spielt Gotthelf eine herausragende Rolle.

3. GOTTHELF ALS REPRÄSENTANT EINER SCHWEIZERISCHEN NATIONALLITERATUR

Wie an Kellers Gotthelf-Kritik zu sehen ist, gibt es nach 1848 wichtige Schweizer Stimmen, die die Einheit eines deutschsprachigen Kulturraums propagieren. Institutionell steht für diese Linie der ›Zürcher literarische Verein‹, der sich dementsprechend auch an den publizistischen und verlegerischen Möglichkeiten des deutschen Nachbarn orientiert. Auf der anderen Seite aber erhebt sich gerade nach 1848 in Bern eine wortmächtige Gegenstimme: »Zürich hat die Litteratur an sich, Bern die schweizerische Litteratur im Auge.«[36] Ziel dieser Orientierung ist die Ausbildung eines eigenen literarischen Marktes innerhalb der Schweiz, der sich institutionell über einen eigenen Schriftstellerverein sowie die Gründung von Verlagen und Zeitschriften[37] vom deutschen Markt abgrenzen soll. Das *Schweizerische* wird hier zum publizistischen Markenzeichen in der Auseinandersetzung mit der deutschen Konkurrenz.[38] Zwar hat die schweizerische Literatur nunmehr – zwangsläufig – Priorität, zunächst bleibt aber

[35] In *Die Gegenwart* (Eine encyklopädische Darstellung der neuesten Zeitgeschichte für alle Stände IV, hrsg. v. F.A. Brockhaus, Leipzig 1850) werden die Errungenschaften der Schweiz deutlich gewürdigt: Nicht nur sei sie Vorreiterin der allgemeinen Volksbildung (der freilich eine praktisch ausgerichtete und populäre Literatur entspreche), auch wird ihr eine demokratische publizistische Öffentlichkeit bescheinigt, deren einziges Manko in der starken Konzentration auf schweizerische Themen und Belange bestehe (S. 20ff.). Es drängt sich der Eindruck auf, als wirke gerade das Desinteresse der Schweizer an der Ausbildung des deutschen Nationalstaats für dessen Verfechter beleidigend.

[36] Die Schweiz I, 1858, S. 208.

[37] Zu nennen sind hier (1) *Die Schweiz. Monatsschrift des litterarischen Vereins in Bern*, die zwischen 1858 und 1865 zunächst im Verlag der Brodtmann'schen Buchhandlung, Schaffhausen, und später in der Haller'schen Buchdruckerei und Verlagshandlung, Bern, erschien und von Ludwig Eckardt und Paul Volmar herausgegeben wurde, (2) deren Nachfolgerin *Alpenrosen. Illustrirte Zeitschrift für Haus und Familie*, die 1866 bis 1869 in der Haller'schen Verlagsbuchhandlung erschien und (3) *Helvetia. Monatsschrift für Literatur, Kunst & Leben*, 1878–1901, herausgegeben von Robert Weber im Selbstverlag in Basel.

[38] Dies gilt vor allem für den ökonomisch einträglichen Sektor der illustrierten Familienzeitschriften (*Schweizer Illustrirte Zeitung, Neue Schweizer Blätter, Schweizerische Familienzeitung* u.a.), die sich gegen die Dominanz der Keilschen *Gartenlaube* behaupten müssen.

der Maßstab ›wirklicher‹ Anerkennung noch mit Deutschland verbunden. Immer wieder wird in den Darstellungen betont, daß ein Autor dort rezipiert wird; nur wer bei den berühmten Kritikern – wie Schmidt oder Marggraff – einige Aufmerksamkeit erregen kann und wenigstens mit wohlwollenden Rezensionen bedacht wird, darf auch in der Schweiz mit einer gewissen Anerkennung rechnen.[39] Es verwundert deshalb nicht, daß die Wertungskriterien, die beispielsweise von Schmidt an einen Autor wie Gotthelf herangetragen werden, in den schweizerischen Organen durchaus übernommen, ja sogar zitiert werden.[40] Unterschiede entstehen allerdings durch die unterschiedlichen »Zuordnungsvoraussetzungen«,[41] die als Konsequenz ein ganz anderes Urteil ermöglichen.

Daß die *Neue illustrirte Zeitschrift für die Schweiz* in einem Porträt Gotthelf bereits im Jahr 1849 als *den* Dichter der Schweiz vorstellt, dessen Größe nicht nur in Deutschland wahrgenommen werde, läßt sich noch vergleichsweise leicht durch Bitzius' Mitarbeit an der von Friedrich Tschudi zwischen 1849 und 1852 redigierten Zeitschrift erklären. Um ein ›objektiveres‹ Bild bemüht sich dagegen *Die Schweiz*, wobei die Orientierung an der deutschen Kritik evident ist. Neben einem Lob für die »gesunde und werkthätige Religion« dieses »genialen Dichters« fallen vor allem die Mängel auf: »Leider können wir nicht finden, daß Bitzius die beiden Naturen, die in ihm wohnten und zur Äußerung strebten, durchgängig auseinandergehalten oder harmonisch verschmolzen habe; ein Schwanken und Wechseln zwischen beiden macht die Eigenthümlichkeit seines Styles aus, zeichnet ihn aber gerade darin zugleich als ächten Schweizer, der sich an das Wirkliche und Wirksame hält, auch wo er es nicht ganz künstlerisch zu gestalten vermag.«[42] Trotz dieser Mängel überrage er alles, was an schweizerischer Literatur je dagewesen. Einerseits behält diese Gotthelf-Kritik also die (deutschen) Wertungskriterien bei, andererseits grenzt sie bereits mit Bestimmtheit die eigene Literatur als nichtdeutsche ab.

[39] Dieser Zusammenhang wird in den Zeitschriften wiederholt angesprochen. Noch Ende der 70er Jahre heißt es in der *Schweizerischen Dichterhalle* (II, 1876/77, S. 178): »Jakob Frei [sic!] ist einer der ersten Schriftsteller der Schweiz, was auch die deutsche Kritik lobend anerkennt.«

[40] So z. B. das Gotthelf-Porträt in: Helvetia I, 1878, S. 353–359.

[41] Zu diesem Begriff vgl. Renate von Heydebrand, Simone Winko, Einführung in die Wertung von Literatur. Systematik – Geschichte – Legitimation, Paderborn u. a. 1996, S. 44: »Der Begriff ›Zuordnungsvoraussetzung‹ bezeichnet die Bedingungen, die erfüllt sein müssen, damit ein Wertender (1) einen axiologischen Wert auf ein Objekt bzw. auf Objekteigenschaften und/oder (2) konkretere axiologische Werte auf einen höhergeordneten axiologischen Wert beziehen kann. Zu diesen Voraussetzungen zählen subjektive Erfahrungen und individuelles wie auch kollektives, konventionalisiertes Wissen der Wertenden.«

[42] Alle Zitate aus: Die Schweiz VI, 1863, S. 162.

Schließlich zeigt seine Behandlung in Porträts die Verschiebung des literaturkritischen zum literaturprogrammatischen Diskurs an, der mit einer ›Entdifferenzierung‹ des Autorenbildes einhergeht und damit einen wichtigen Kanonisierungsschritt darstellt.

Abgeschlossen wird die Kanonisierung Gotthelfs als Schweizer Nationalautor in einem Porträt aus dem Jahr 1878 in Robert Webers Zeitschrift *Helvetia*, wo der Berner uneingeschränkt als »der größte Dichter« gefeiert wird, »den das Schweizervolk sein nennt, der an tiefer Menschenkenntniß mit den Begabtesten aller Nationen wetteifert und in unvergänglichen Geisteswerken Zeugniß von seiner Liebe zur Heimat und ihren Kindern ablegt.«[43] Die bekannten Mängel werden zwar noch erwähnt, sie treten aber im Kontext der Würdigung völlig in den Hintergrund. Die Einbettung Gotthelfs in eine Reihe mit Shakespeare, Dickens, Jean Paul und Goethe verweist auf die Konstruktion einer *europäischen* literarischen Tradition, von der die deutsche selbst nur ein Teil ist.[44] In diesem Kontext kann auch der Widerspruch zwischen dem ästhetischen Wert klassischer Harmonie der Teile zu einem von einer sittlichen Idee geleiteten Ganzen einerseits und dem Anspruch auf Popularität im Sinne einer volkstümlichen Literatur andererseits selbstbewußt aufgelöst werden: zugunsten einer Vermittlung von klassischer Ästhetik und patriotischer Dichtung für das Volk. ›Konkrete Sittlichkeit‹ heißt das Zauberwort, mit dem ein Autor wie Gotthelf verbunden werden kann. Wie von ungefähr steht sein episches Werk dann neben Goethes *Hermann und Dorothea*, das den Maßstab für erzählende Texte auch in der Schweiz darstellt. In diesen umständlichen Prozeduren, in denen einerseits deutsche Maßstäbe übernommen, andererseits durch Umwertung unterlaufen werden, gelingt es der Schweizer Kritik am Ende, Gotthelf zum *Schweizer* ›Klassiker‹ zu kanonisieren, der Anerkennung im Ausland mit Autorität und Popularität im eigenen Land verbinden kann. Seine überragende Rolle erreicht er als Repräsentant der schweizerischen Literatur, der große Erzählkunst mit Religiosität und Patriotismus in Einklang zu bringen vermag.

Seine Popularität als Volksschriftsteller, die sich gerade auch auf dem umkämpften deutschen Markt bewährt, prädestiniert ihn zur Galionsfigur einer Schweizer Nationalliteratur: »*Bitzius*, ein Bahnbrecher der von uns bezeichneten schweizer-litterarischen Bewegung, wollte nur für die

[43] Helvetia I, 1878, S. 353.

[44] Diese ›Reinigung‹ des Gotthelf-Bildes ist zeitlich schon viel früher, nämlich in Robert Webers Darstellung aus dem Jahr 1866 für die Anthologie *Die poetische Nationalliteratur der deutschen Schweiz. Musterstücke aus den Dichtungen der besten schweizerischen Schriftsteller von Haller bis in die Gegenwart* (Mit biographischen und kritischen Einleitungen von Robert Weber, Mitglied des historischen Vereins Bern, 3 Bde, Glarus 1866–1867, hier: Bd. 2, S. 374–386) abgeschlossen, die europäische Traditionslinie bereits gezogen.

Schweiz schreiben; aber seine Wirkung reichte weit über die Grenzen des Landes.«[45] Im Hintergrund steht dabei die geschichtliche ›Mission‹ der Schweiz für die Literatur eines freien Europa,[46] die die »Kunst als Selbstzweck« und die »Kunst als Tendenz« in einer humanistisch-nationalen und zugleich autonomen Kunst vereint. In dieser Vorstellung – ausgeführt vom Mitherausgeber der Zeitschrift *Die Schweiz*, dem Wiener Vormärzler und Exilschweizer Ludwig Eckardt – zielt die historische Entwicklung, ganz im Hegelschen Sinne, auf die Verwirklichung der menschlichen Freiheit; insofern sei auch eine zukünftige Kunst für Europa nur denkbar, wenn sie von wirklich freiem, das heißt Schweizer Boden ausgehe. Im Bewußtsein der Insuffizienz dessen, was in der Schweiz an Literatur produziert wird, soll nach 1848 diese (republikanische) Nationalliteratur systematisch aufgebaut werden – auf der Basis einer literarischen Ethnographie, die einerseits die ›Volkspoesie‹ sammelt, andererseits aber auch die literarische Kartographie der schweizerischen ›Heimat‹ wie die Geschichte der Schweizer Nation beinhaltet.

Dagegen rekurriert Robert Weber in seinem Programm einer »poetischen Nationalliteratur«[47] eher defensiv auf die besonderen Schweizer Verhältnisse – den »eigenthümlichen Boden«,[48] die fünfhundertjährige Geschichte und die funktionierenden demokratischen Institutionen – und weist jede aggressive Abgrenzung gegen den deutschen Nachbarn zurück;[49] allerdings propagiert er in seiner Anthologie gegenüber dem deutschen »Weltliteraturmodell«[50] eine Vorstellung von eigenständigen Nationalkulturen, die auch Sprachgemeinschaften differenziert: »aus diesen Gründen gehören selbst Völker, welche die gleiche Sprache sprechen, aber unter ganz andern äußern Bedingungen sich entwickeln, einander auch in ihrer Literatur nicht an.«[51] Diese deutliche Abgrenzung wird möglich,

[45] Die Schweiz I, 1858, S. 287.

[46] »In diesem Sinne sagen wir, daß die werdende Litteratur von der Schweiz als dem freien Mittelpunkte Europas ausgehen kann, *daß der Schweiz eine epochemachende Bedeutung in der europäischen Litteratur vorbehalten ist*« (Die Schweiz I, 1858, S. 286).

[47] Auch Webers Anthologie täuscht nicht darüber hinweg, daß es v. a. auch um Sammlung und Sichtung der Bestände gehe, daß aber die Schweizer Nationalliteratur noch keineswegs auf ihrem Höhepunkt sei.

[48] Weber, Die poetische Nationalliteratur, Bd. 1, a. a. O., S. VI.

[49] Ebd., S. IX.

[50] Während die Schweizer an einer Nationalliteratur mit europäischer Perspektive laborieren, entwickeln die deutschnationalen Literarhistoriker einen hegemonialen Deutungsanspruch für die gesamte Weltliteratur. Vgl. den Aufsatz von Ulrich Beil, Die ›verspätete‹ Nation und ihre ›Weltliteratur‹, in: Kanon Macht Kultur, DFG-Symposion 1996, hrsg. v. Renate von Heydebrand, Stuttgart 1998 [im Erscheinen], in dem die Weltliteraturanthologien von Johannes Scherr und anderen einer luziden Analyse unterzogen werden.

[51] Weber, Die poetische Nationalliteratur, Bd. 1, a. a. O., S. VII.

weil mit Gotthelf eine Bezugsfigur aufgebaut wurde, die der Narration einer eigenen Nationalliteratur notwendig vorausgehen muß. Das Programm macht die Unterschiede unmißverständlich klar: »In der That, die Erfüllung der *ästhetisch vollendeten Form* mit ächtem, *wahrem Lebensgehalt* ... wird stets die Hauptaufgabe der schweizerischen Dichtung sein. ... Diese Aufgabe hoffen wir von unserm politischen Standpunkt aus zu lösen; Deutschland versuchte dieselbe bis jetzt vom *ästhetischen* aus. Wir bedürfen für unsere Dichtung Vollendung der Form, Deutschland für die seine wahren Lebensgehalt.«[52]

Beide Konzepte forcieren also die Vorstellung einer ›großen‹ europäischen Literatur, bei der, wie bei Eckardt, die schweizerische eine avantgardistische Rolle übernehmen soll oder, wie bei Weber, zumindest selbständig neben den anderen Literaturen bestehen kann. In beiden Modellen setzt für eine solche Literatur im Bereich des Epischen Gotthelf die Maßstäbe, während man fürs Drama auf einen deutschen Klassiker zurückgreift.

4. »DICHTER DER NATION« – »DICHTER DER HEIMATH«

Das Selbstbewußtsein, mit dem in der Schweiz nach 1848 die Schaffung eines eigenständigen literarischen Kanons in Angriff genommen wurde, zeigt sich auch in der provokativen Weise, in der der Dichter der deutschen Nation schlechthin, Friedrich Schiller, zwar nicht mit seinem Gesamtwerk, aber doch mit einem seiner höchstgeschätzten Dramen, mit *Wilhelm Tell*, für die schweizerische Literatur beansprucht wird. Die vielfältige literarische Rezeption dieses Stückes in der Schweiz, angefangen bei den frühen Festspielen über Gotthelfs Erzählung *Der Knabe des Tell* bis hin zu Robert Walser, ist gut erforscht und dokumentiert.[53] Das Spezifikum der Auseinandersetzung mit Schillers Drama in den Schweizer Zeitschriften nach 1848 – insbesondere anläßlich der lokalen Schillerfeiern des Jahres 1859, die die ungebrochene Popularität des Autors in der Schweiz bezeugen – liegt darin, daß dieses gezielt als klassisches Werk der ›Schweizer Nationalliteratur‹ proklamiert wird. Möglich ist diese Vereinnahmung erst nach der politischen Einigung der Schweiz, da diese als

[52] Weber, Die poetische Nationalliteratur, Bd. 1, a. a. O., S. XIII f.

[53] Vgl. ›Tell‹ und die Schweiz – die Schweiz und ›Tell‹. Ein Schulbeispiel für die Wirkkraft von Schillers ›Wilhelm Tell‹, ihre Voraussetzungen und Folgen, hrsg. v. Heinrich Mettler und Heinz Lippuner, 2., unv. Aufl., Thalwil/Zürich 1983, S. 191–223; Peter Utz, Die ausgehöhlte Gasse. Stationen der Wirkungsgeschichte von Schillers »Wilhelm Tell«, Königstein/Ts. 1984.

Telos des Schillerschen Freiheitsethos erscheint. Nicht dem »idealistisch schwärmenden Freiheitsenthusiasten« des *Don Carlos* oder des *Fiesko* gilt das Interesse, sondern, so der Berner Schriftsteller und Maler Paul Volmar, dem »nüchternen, besonnenen Dichter des ›Tell‹, der nachgerade eingesehen hatte, wie die Freiheit in den wirklichen Republiken aussieht«.[54] In dieser Perspektive wird Schiller zum Schweizer Nationaldichter sans phrase, und *Wilhelm Tell* als seine »reifste Dichtung« mutiert zum schweizerischen Nationaldrama: »Uns Schweizern gab er sein Bestes.«[55] Volmar betont, die Schweiz sei ein fruchtbarer Boden nur für diejenige Literatur, die einen sittlichen Gehalt berge, und als ein Autor, in dessen Werk »Schönheit« immer zugleich als »Symbol der Sittlichkeit« (Kant) fungiert, wird Schiller für die Schweiz reklamiert.

An dieser umstandslosen Aneignung eines deutschen Dichters für die Kunst der Eidgenossenschaft wird evident, daß in dem Konzept einer Schweizer Nationalliteratur eine deutliche Absage gegenüber der deutschen Hegemonie nicht nur durch dezidierte Abgrenzung, sondern auch durch selbstbewußte Vereinnahmung enthalten ist, die Ludwig Eckardt in seiner Festrede zur Schillerfeier des Berner literarischen Vereins weiter ausführt. Er fordert eine »freie volksthümliche Bühne«[56] für die Schweiz, der Schillers *Tell* als Vorbild dienen soll, ein Nationaltheater, das sich neben dem deutschen behaupten kann. Das von Eckardt zugestandene künstlerische Defizit der Schweiz wird in dieser Argumentation relativiert durch die politischen Mängel, die man in Deutschland gerne hinter der Kunst verberge. Deshalb müsse, auf der Basis der von deutscher Seite in Abrede gestellten Gleichheit beider ›Nationen‹, Deutschland die politische, die Schweiz aber die künstlerische Entwicklung voranbringen: »So tauschen am Wendepunkte dieses Festes [der Schillerfeier 1859] Deutschland und die Schweiz ihre bisherige Hauptaufgabe; *sie lösen sich ab.*«[57] Der hier postulierte Wechsel konkretisiert sich im unterschiedlichen Charakter, den die Schillerfeiern annehmen: Während diese in Deutschland ein politisches Profil zeigen und im »Angriff auf den restaurativen Block« die Forderung nach nationaler Einheit ins Zentrum stellen,[58] besteht bei den

[54] Die Schweiz II, 1859, S. 249f.
[55] Ebd., S. 251.
[56] Ebd., S. 264.
[57] Ebd., S. 264.
[58] Vgl. Ute Gerhard, Schiller als »Religion«. Literarische Signaturen des XIX. Jahrhunderts, München 1994, S. 238. Vgl. auch Rainer Noltenius, Dichterfeiern in Deutschland. Rezeptionsgeschichte als Sozialgeschichte am Beispiel der Schiller- und Freiligrath-Feiern, München 1984, S. 71–87.

Schweizer Feiern ein konsensuelles Politikverbot, das die soziale Integration unter ästhetischem Vorzeichen befördern soll.[59]

Die im Umkreis der Schweizer Schillerfeiern formulierten Programme eines schweizerischen Nationaltheaters greifen auf die dort deutlich sichtbar gewordene Verschränkung der Popularisierung des Schillerschen Werkes mit der eidgenössischen Festkultur zurück. Vergleicht man die in der Forschung gewöhnlich einander in polemischem Kontrast gegenübergestellten Aufsätze von Eckardt und Keller zu diesem Thema, so lassen sich zahlreiche grundlegende Gemeinsamkeiten feststellen.[60] Beide imaginieren ein nationales historisches Drama als Ziel der kulturellen Entwicklung, das organisch aus der Festkultur herauswachsen soll nach dem – wiederum durch Schiller vermittelten – Vorbild des antiken griechischen Theaters.[61] Der Unterschied beider Texte liegt weniger im Inhaltlichen als im Ton, mit dem sie vorgetragen werden und der sicherlich auch dem jeweiligen Veröffentlichungsort verpflichtet ist: Während Eckardt in einem literarischen ›Nationalorgan‹ für ein sympathetisches Publikum einheimischer Kulturschaffender schreibt, fungiert Keller als Schweizer Korrespondent einer deutschen Zeitung, der dem Ausland von den Feierlichkeiten bei der Enthüllung des Schillerdenkmals am Mythenstein berichtet. Eckardt bedient sich daher eines deklamatorischen Verkündigungsstiles, Keller hingegen kleidet seine programmatischen Aussagen in einen narrativen Kontext ironischer Distanz. Indessen erschöpft sich die Differenz beider Positionen nicht in ihrer kommunikativen Funktion, sondern gibt darüber hinaus Aufschluß über die literarische Situation in der Schweiz selbst. Denn die künstlerische Produktion der Peripherie unter der Bedingung kultureller Hegemonie eines Zentrums, wie sie ohne Zweifel im

59 Vgl. Utz, Die ausgehöhlte Gasse, a. a. O., S. 97f.

60 Die von Max Zollinger (Eine schweizerische Nationalbühne? Eine Studie zur schweizerischen Theatergeschichte, Aarau 1909, S. 35–45) aufgebrachte und von Emil Ermatinger (Gottfried Keller und das Problem der Schweizerischen Nationalliteratur, in: ders., Krisen und Probleme der neueren deutschen Dichtung. Aufsätze und Reden, Zürich, Leipzig, Wien 1928, S. 240–258) übernommene dichotomische Gegenüberstellung der Positionen Eckardts und Kellers, die seither in der Keller-Forschung dominiert, ist sicherlich zu einseitig. Als Verfasser von Festliedern, Prolog-Schreiber für die Berner und Teilnehmer an der Züricher Schillerfeier sowie als Theoretiker einer Erneuerung des Schweizer Theaters im hier besprochenen Essay *Am Mythenstein* hat Keller insbesondere in der Zeit zwischen seiner Rückkehr aus Berlin 1855 und dem Antritt seines Staatsschreiberamtes in Zürich 1861 sich immer wieder über sein eigenes Postulat von der »Reichsunmittelbarkeit der Poesie« hinweggesetzt. Vgl. dazu Rätus Luck, Gottfried Keller als Literaturkritiker, Bern, München 1970, S. 497–512.

61 Vgl. Die Schweiz I, 1858, S. 285f. und 59–61; Gottfried Keller, Am Mythenstein, in: ders., Sämtliche Werke, Bd. 22, S. 121–157, hier: S. 143, 146, 156 [Erstveröff. in Cottas *Morgenblatt für gebildete Leser* vom 2. und 9. April 1861].

19. Jahrhundert für die Schweiz gilt, sieht sich regelmäßig vor die Alternative gestellt, entweder durch ästhetischen Mimetismus gegenüber der dominanten Kultur den Erfolg im Zentrum zu suchen (Keller) oder durch die Proklamation eines nationalen Kanons die künstlerische Eigenständigkeit herauszustellen, auch wenn diese nur als Imagination beschrieben werden kann (Eckardt).[62] Einen Ausweg aus dieser aporetischen Situation scheint der Rekurs auf eine ›kleine‹ Regionalliteratur jenseits der nationalliterarischen Dichotomie zu weisen.

Diesen Rekurs vollzieht ein Aufsatz mit dem Titel *Hebel und die Dialektdichtung*, in dem zwei Autorenmodelle einander gegenübergestellt werden.[63] Auf der einen Seite steht der in der Hochsprache schreibende und von Schiller repräsentierte »Dichter der Nation«. Dieser umfasse mit seinen Werken die Gesamtheit des Denkens, Fühlens und Wollens eines Volkes, der er durch die Reinheit und Flexibilität seiner Sprache Ausdruck verleihe; er sei insofern ein Dichter des Allgemeinen und Idealen. Auf der anderen Seite befindet sich der »Dichter der Heimath«, der den ›geistigen Charakter‹ einer Provinz in der Einfachheit der Sprache, Denkart und Lebensweise ihrer Bevölkerung artikuliere und sich der Mundart bediene; dieser sei der Dichter des Individuellen. Der entscheidende Gedanke liegt nun darin, daß beide Typen gleichberechtigt nebeneinander stehen, ja daß die Heimatliteratur in gewisser Weise sogar fundamentaler ist, da die Sprache des Nationalen – und hier beruft sich der Autor des Aufsatzes nicht mehr auf Schiller, sondern auf Goethe – letztlich nichts anderes als die Summe der ineinander übersetzten Dialekte bildet.

Als ein solcher Dichter der Heimat wird in den Schweizer Zeitschriften Johann Peter Hebel beschrieben. Dabei durchkreuzt der Diskurs der Heimatliteratur die nationale Differenzierung: Obwohl der nur zufällig in Basel geborene Hebel sein gesamtes Leben im Badischen verbracht hat und mit der Schweiz allenfalls als Tourist in Berührung kam, wird er von Schweizer Seite als einheimischer Autor betrachtet, ohne daß ein expliziter Aneignungsakt wie im Falle Schillers notwendig wäre. Möglich wird dies durch die Tatsache, daß Hebel mit seinen 1803 erschienenen *Alemannischen Gedichten* einen »Einschnitt in der Schweizer Dialektliteratur«[64]

[62] Vgl. zu dieser im Rahmen der Postkolonialismus-Diskussion entwickelten Theorie Hans-Jürgen Lüsebrink, Zentrum und Peripherie. Kulturhegemonie und Kanonwandel in (post-)kolonialen frankophonen Kulturen Afrikas und Amerikas, in: Kanon Macht Kultur, a.a.O. [im Erscheinen].

[63] Vgl. zum Folgenden: Die Schweiz III, 1860, S. 102f.

[64] Rolf Max Kully, Johann Peter Hebel und die Schweiz, in: Johann Peter Hebel. Eine Wiederbegegnung zu seinem 225. Geburtstag. Eine Ausstellung der Badischen Landesbibliothek Karlsruhe und des Museums am Burghof in Lörrach, Ausstellungskatalog hrsg. v. der Badischen Landesbibliothek Karlsruhe, Karlsruhe 1985, S. 63–75, hier: S. 72.

bewirkt hat und mit diesem eine wahre Flut von Mundartdichtung, die sich bis in die Mitte des 20. Jahrhunderts verfolgen läßt.[65] Die radikale diskursive Intervention, die in den Hebel-Porträts durchgeführt wird, besteht darin, daß der ›Dichter der Heimat‹ als literarischer Klassiker exponiert wird und damit quer zur Dichotomie von kanonischer Literatur und Provinzliteratur steht. Hebel, so schreibt der Schweizer Mundartdichter August Corrodi, hat »unsere alemannische Muttersprache auf alle Zeiten hin geadelt«.[66] Nicht trotz, sondern gerade weil Hebel sich auf den regionalen Raum beschränkt habe, sei es ihm möglich gewesen, »ächte Dichtung« zu schaffen, da nur in der Heimat die »Quelle ächter Poesie« liege.[67] Corrodi kann sich mit dieser Konzeption auf Hebel selbst berufen, dessen Intention es war, mit seinen Gedichten den alemannischen Dialekt »classisch zu machen«.[68] Ergänzt wird diese Stilisierung des Heimatdichters zum klassischen Schriftsteller noch dadurch, daß der didaktische Zug, zu dem die regionalen Autoren als »Lehrer ihres Volkes« stets neigen, bei Hebel in eine »krystallreine Humanität« erhöht wird, somit kompatibel bleibt mit dem autonomen Charakter seiner Dichtung und eine »universale Wirkung« ermöglicht.[69]

Das Paradoxon eines regionalen Klassikers sieht sich jedoch einem Problem ausgesetzt, das auch in Kellers *Mythenstein*-Essay aufscheint. Wird nämlich das ›Volkstümliche‹ als Klassik proklamiert, scheint es zwangsläufig unter die ästhetische Kategorie der ›Naivität‹ zu fallen.[70] Auch Hebel

[65] Die in der Schweiz seit der Mitte des 19. Jahrhunderts stark sich ausbreitende Dialektdichtung steht im Dienste ihrer sprachlichen Abgrenzung von Deutschland mit dem Ziel, »die kulturell-politische Verschiedenheit auch in der Sprache zu symbolisieren«; die Übernahme des Hochdeutschen wurde als »totale kulturelle Unterordnung unter Deutschland« verstanden, insbesondere im Kanton Bern kommt um die Jahrhundertwende »der Mundart als gesprochener Sprachform die Funktion einer Sprache zu«, die die Diglossie von Dialekt und Hochdeutsch überflüssig macht: »Die Ablehnung des politischen wie des kulturellen Hegemonieanspruches des deutschen Reiches ging einher mit dem Festhalten an der Mundart als dem eigentlichen Bollwerk des echt demokratischen Schweizertums.« (Roland Ris, Die Ausbildung eines sprachlich-kulturellen Bewusstseins in der deutschen Schweiz 1890–1914 [mit besonderer Berücksichtigung des Kantons Bern], in: Auf dem Weg zu einer schweizerischen Identität 1848–1914. Probleme – Errungenschaften – Misserfolge, hrsg. v. François de Capitani u. Georg Germann, Freiburg/Schweiz 1987, S. 353–381, hier: S. 354, 364, 379.)

[66] Die Schweiz IV,2, 1861, S. 9.

[67] Vgl. ebd., S. 36, 10.

[68] Ebd., S. 35.

[69] Vgl. ebd., S. 36.

[70] Keller schwebt als Ziel seiner Imagination eines Schweizer Nationaltheaters aus dem Geist der Festkultur der Moment vor, der »alle Blasiertheit überwinden und die verlorene Naivetät zurückführen würde, welche für das notwendige Pathos ... unentbehrlich wäre; denn ohne innere und äußere Achtung gedeiht nichts Klassisches« (Keller, Am Mythenstein, a. a. O., S. 155).

wird von Corrodi zunächst als naiver Dichter vorgestellt. Sein Denken werde begrenzt vom Horizont seiner »kleine[n] Welt«,[71] und die Religion schließe ihn in eine unreflektierte Tradition ein. Doch entgeht Corrodi in seinem Hebel-Porträt der Gefahr der Stilisierung zum Naiven, indem er den Heimatdichter mit sentimentalischen Zügen ausstattet. Denn am Ursprung von Hebels literarischer Produktion stehe gerade nicht die naive Unmittelbarkeit des Weltzugangs, sondern der »Genius des Heimwehs«,[72] der den in Karlsruhe lebenden Wiesentaler inspiriert habe. Dieser sentimentalische Zug konfligiert mit der Ideologie des bodenständigen, in die integre ländliche Welt eingebundenen Autors à la Gotthelf, der in direktem Kontakt zu seinen Lesern steht und innerhalb eines gemeinsamen Erfahrungshorizontes produziert. Der Widerspruch zwischen dem Phantasma eines ›Volksschriftstellers‹, der auf die unmittelbare, im Grunde nichtmediale Kommunikation mit seinem Publikum angewiesen ist, und dem seiner Herkunft entrissenen bürgerlich-gebildeten Autor verweist auf die Tatsache, daß diese Volkstümlichkeit allererst diskursiv erzeugt werden muß.[73]

Die Problematik einer Regionalliteratur mit dem Anspruch auf Klassizität, die von Corrodi eher intuitiv beschrieben als bewußt reflektiert wird, impliziert eine Poetik der Erinnerung, die auf deutscher Seite Berthold Auerbach an der Gestalt Hebels programmatisch entwickelt hat. Eine »Dichtung aus dem Volke und für das Volk«[74] setze, so Auerbach, die geistige Distanz des Schriftstellers voraus. Erst die Entfremdung von der naiven Welt der Kindheit durch Bildung und Wissenschaft ermögliche die Rückkehr zu einer »neuen Heimat«.[75] Hebel ist für Auerbach ein Dichter der Er-innerung im Sinne der Hegelschen *Phänomenologie*: Die erinnernde Einholung der verlorenen Zeit transformiert diese zu einem Ganzen, Allgemeinen und Schönen. Darin liegt in nuce das Konzept jeder hegelianischen Ästhetik, die auf die Darstellung des Wirklichen als »vermittelte Unmittelbarkeit« (Lukács) gerichtet ist.[76] Die Zuordnung Hebels zu die-

[71] Die Schweiz IV,2, 1861, S. 36.

[72] Ebd., S. 35.

[73] Daher rührt etwa die Bevorzugung der fingierten Mündlichkeit als Erzählsituation der schriftlichen Texte.

[74] Berthold Auerbach, Schrift und Volk. Grundzüge der volksthümlichen Literatur, angeschlossen an eine Charakteristik J. P. Hebel's, Leipzig 1846, S. 11.

[75] Ebd., S. 48.

[76] Als konzeptionelles Vorbild für Auerbachs Auffassung der Volksliteratur ist Schillers Rezension *Über Bürgers Gedichte* zu berücksichtigen, in der die Vermittlung von Popularität und Bildung, verbunden mit einer idealisierenden Haltung der »sanftern und fernenden Erinnerung«, als das eigentliche Ziel des Volksdichters apostrophiert wird. Vgl. Friedrich Schiller, Über Bürgers Gedichte, in: ders., Sämtliche Werke, hrsg. v. Gerhard Fricke und Herbert G. Göpfert, Bd. 5, 9., durchges. Aufl., München 1993, S. 970–985, hier: S. 975 f., 982.

sem Paradigma würde jedoch die von den deutschen Programmatikern des Realismus intendierte Eingliederung des Regionalautors in die deutsche Nationalliteratur mit sich führen. Die schweizerische Hebel-Rezeption dagegen nimmt auf diese kanonische Interpretation keine Rücksicht. Mit ihrem Beharren auf der Gleichzeitigkeit von Regionalismus und Klassizität, von Volkstümlichkeit und Autonomie unterläuft sie, so scheint es, den hegemonialen Integrationsdiskurs, der von deutscher Seite an Hebel herangetragen wird und letztlich auf dessen Kanonisierung als deutscher Autor abzielt,[77] und beharrt auf dem Paradox einer klassischen Dialektdichtung, die nicht dem deutschen Realismus, sondern der alemannischen Regionalliteratur zugehört.

5. DAS KONZEPT EINER AUTONOMEN REGIONALLITERATUR

Der Versuch der Konzeptualisierung einer Literatur, die ihre regionale Verankerung nicht dem Anspruch auf Klassizität opfert, läßt sich in den Schweizer Zeitschriften weiterverfolgen anhand der Rezeption einer Autorengruppe, die in der zweiten Hälfte des 19. Jahrhunderts unter dem Sammelbegriff der ›Schwäbischen Dichterschule‹ firmiert.[78] Auffälligerweise findet diese Rezeption nicht mehr in den programmatischen Zeitschriften der Schweizer Nationalliteratur statt, sondern in den populären Bildungs- und Familienzeitschriften, die weniger auf die Etablierung eines verbindlichen Kanons abzielen als auf die Vermittlung von Schreibkonzepten, die für die Schweizer Schriftsteller ›anschlußfähig‹ sind. So geht es hier auch kaum um die Frage der Vereinnahmung deutscher Autoren für den nationalen Schweizer Kanon, obschon die historische, geographische und sprachliche Nähe der schwäbischen Dichter zur alemannischsprachi-

[77] Bis zu seinem 30. Todestag 1856 beschränkte sich die Hebel-Rezeption, trotz der prominenten Hochwertung in Gervinus' Literaturgeschichte, im wesentlichen auf den regionalen alemannischen Raum (vgl. Georg Längin, Johann Peter Hebel. Ein Lebensbild. Mit Hebel's Bildniß, Karlsruhe 1875, S. 218–230). Erst seit der Säkularfeier 1860 wurde er einem breiteren Publikum bekannt (vgl. August Boden, Die Literatur zu Hebel's Säcularfeier, Blätter für literarische Unterhaltung, 1860, S. 806–810). Nicht zuletzt die zahlreichen Porträts in deutschen Familienzeitschriften förderten seine Popularität (vgl. Die Gartenlaube VIII, 1860, S. 629–631, 650–652; Westermann's illustrirte deutsche Monats-Hefte XV, 1863/64, S. 462–479; Daheim II, 1866, S. 124–126; Gartenlaube XVII, 1869, S. 203–206). Schließlich dürften der Erfolg Auerbachs und dessen Berufung auf Hebels Vorbild viel zur Anerkennung des letzteren beigetragen haben, so daß 1872 ein Aufsatz von Klaus Groth erscheinen konnte mit dem Titel »Hebel auf dem Parnaß« (Die Gegenwart I,1, 1872, S. 326).

[78] Vgl. Friedrich Notter, Die schwäbische Dichterschule, in: Schwaben, wie es war und ist. Dargestellt in einer freien Folge von Aufsätzen in Schwaben geborener oder doch einheimisch gewordener Schriftsteller, hrsg. v. Ludwig Bauer, 1. Abt., Karlsruhe 1842, S. 61–106.

gen deutschen Schweiz sicherlich das Interesse lenkt;[79] vielmehr werden offensichtlich Vorbilder möglicher Autorschaft für die Schweiz konstruiert. Dabei tritt eine doppelte Frontstellung hervor, in der die schwäbischen Schriftsteller situiert werden. Zum einen gelten sie als Überwinder der Romantik, zum anderen als Gegenspieler der ›Tendenzliteratur‹ des Jungen Deutschland und des Vormärz. Positiv formuliert, stehen sie ebenso wie Hebel für die Möglichkeit einer Wiederkehr der Klassizität unter regionalem Vorzeichen.

Ludwig Uhland, der nach dem Erscheinen seiner *Gedichte* 1815 lange Zeit als der bedeutendste lebende deutsche Lyriker galt, wird im Nekrolog des Erzählers und Herausgebers des *Illustrirten Volks-Novellisten* Jakob Frey[80] als regional verankerter Autor von klassischem Format porträtiert, der zugleich beim gesamten deutschen Volk Popularität erlangt habe. Als Bezugsautor für Uhland fungiert nicht mehr der ›Dichter der Nation‹ Friedrich Schiller, sondern – wenn diese Differenzierung erlaubt ist – der ›Klassiker‹ Goethe. Im Anschluß an diesen habe Uhland eine Synthese von Authentizität des Erlebens und moderner Bildung erreicht. Wie auch im deutschen Nekrolog Friedrich Theodor Vischers, wird Uhland als »Haupt einer zweiten ... Gruppe in der romantischen Schule« gewürdigt, die dieser »das gesundere Element zugeführt« habe.[81] Ein Autor wie Kerner muß demgegenüber, auch wenn er als Mitglied des schwäbischen Kreises nicht völlig abgewertet werden kann, doch als anachronistische Verkörperung des romantischen Künstlerideals erscheinen.[82]

In direkter Analogie zu Uhland wird auch Eduard Mörike in einem Porträt der *Neuen Illustrirten Zeitschrift* als ein Autor vorgestellt, der ein »Schwabenherz ... voll tiefen Gemüths« mit einem durchdringenden Geist verbinde, welcher »mit Göthe'scher Sicherheit und Klarheit den Stoff beherrscht.«[83] Die Formel vom »Classiker unter den Romantikern«, die hier auf Mörike angewandt wird, geht zurück auf David Friedrich Strauß, der sie erstmals für Uhland gebraucht hat. Sie bezeichnet jene be-

[79] Zu erinnern ist in diesem Zusammenhang auch an die Imagination literarisch-kultureller Einheit in der staufischen Klassik, die seit Bodmers Beschäftigung mit der mittelhochdeutschen Dichtung das kulturelle Selbstverständnis in der Schweiz maßgeblich beeinflußt hat. Vgl. Albert M. Debrunner, Das güldene schwäbische Alter. Johann Jakob Bodmer und das Mittelalter als Vorbildzeit im 18. Jahrhundert, Würzburg 1996 (Epistemata, Reihe Literaturwissenschaft, Bd. 70), S. 45–53, 82–91.

[80] Vgl. Illustrirter Volks-Novellist III, 1863, S. 75–78.

[81] Vgl. Friedrich Theodor Vischer, Ludwig Uhland [1863], in: ders., Kritische Gänge, Bd. 2, hrsg. v. Robert Vischer, 2., verm. Aufl., München o. J., S. 365–414, hier: S. 385, 405. Der Aufsatz war ursprünglich für die *Gartenlaube* bestimmt.

[82] Vgl. das Kerner-Porträt in: Illustrirter Volks-Novellist II, 1862, S. 165 f.

[83] Neue Illustrirte Zeitschrift für die Schweiz III, 1851, S. 393.

reits erwähnte synthetische Leistung der Autoren, die einerseits inhaltlich an die von den Romantikern erschlossenen Stoffe regionaler und nationaler Geschichte und Sage anknüpfen, andererseits aber damit einen Willen zur klassizistischen Form verbinden, der zugleich alles ›Krankhafte‹ und ›Extreme‹ der Romantik ausschließt. Während also die Position der schwäbischen Schriftsteller, und hier insbesondere diejenige Mörikes, in der Schweiz als gelungene Synthese von Klassik und Romantik begriffen wird, charakterisieren etwa die deutschen Rezensionen zum *Maler Nolten* Mörike als ambivalente Gestalt, »mit einem Fuße noch in der Romantik, den andern auf die Stufe des classisch-modernen Ideals emporgehoben«,[84] wodurch der Autor in seinem ästhetischen Rang deutlich abgewertet wird. Demgegenüber nimmt die uneingeschränkt positive Schweizer Rezeption Mörikes – auf der Grundlage des Konzeptes einer ›autonomen Regionalliteratur‹ – das kanonisierte klassizistische Mörike-Bild vorweg, das in Deutschland erst gegen Ende des 19. Jahrhunderts herausgebildet wird.[85]

Versucht man eine Zusammenfassung dessen, was den ›schwäbischen Dichterkreis‹ so attraktiv für die schweizerischen Literaturvermittler macht, daß sie ihm den Großteil der ohnehin spärlichen Porträts deutscher Autoren in ihren Zeitschriften widmen, so lassen sich mehrere Charakteristika nennen. Neben der geographischen und sprachlichen Nähe ist die Tatsache anzuführen, daß dieser Kreis eine der wenigen homogenen Autorengruppen in der deutschsprachigen Literatur des 19. Jahrhunderts bildet.[86] Konsens besteht unter den Zeitgenossen darüber, daß die von

[84] Fr[iedrich Theodor] Vischer in: Hallische Jahrbücher für deutsche Wissenschaft und Kunst, Nr. 145 vom 18. 6. 1839, Sp. 1153. – Wolfgang Menzel und Gustav Schwab stellen Mörike noch gänzlich in die romantische Tradition von Arnim und Tieck. Vgl. Morgenblatt für gebildete Stände, Literatur-Blatt Nr. 86 vom 24. 8. 1832, S. 341; Blätter für literarische Unterhaltung, Nr. 21 vom 21. 1. 1833, S. 88.

[85] »Trotz aller Bemühungen der Verständigen rechnete der Durchschnittsleser Mörike durchaus zu den schwäbischen Lokalpoeten. Daß Mörikes Ruhm einmal den von Geibel überflügeln würde – daß sein Name gar in Frankreich, Italien, England und Amerika bekannt werden könnte – hätte damals wohl kaum einer für möglich gehalten.« (S[iegbert] Prawer, Mörike und seine Leser. Versuch einer Wirkungsgeschichte. Mit einer Mörikebibliographie und einem Verzeichnis der wichtigsten Vertonungen, Stuttgart 1960, S. 28.) Vorbereitet wird dieser Kanonisierungsschritt durch regionale Literaturgeschichten, die in den 80er Jahren einsetzen. Vgl. Ambros Mayr, Der schwäbische Dichterbund, Innsbruck 1886, S. 164–198; Hermann Fischer, Beiträge zur Litteraturgeschichte Schwabens, Erste Reihe, Tübingen 1891, S. 148–179; Rudolf Krauß, Schwäbische Litteraturgeschichte in zwei Bänden. Zweiter Band: Die württembergische Litteratur, Freiburg i. Br., Leipzig, Tübingen 1899, S. 94–112; Hermann Fischer, Die schwäbische Litteratur im achtzehnten und neunzehnten Jahrhundert. Ein historischer Rückblick, Tübingen 1911, S. 65–80.

[86] Vgl. Rudolf Gottschall, Die deutsche Nationalliteratur des neunzehnten Jahrhunderts. Literarhistorisch und kritisch dargestellt, 4., verm. u. verb. Aufl., Bd. 2, Breslau 1875, S. 288.

Uhland bis Mörike produzierten Werke zumindest einige verbindende Merkmale aufweisen, zu denen neben der gemeinsamen Herkunft vor allem die literarische Verarbeitung von schwäbischer Landschaft und Geschichte, die Dominanz der Lyrik gegenüber den anderen Gattungen sowie die Orientierung am Volkslied bei gleichzeitiger formaler Meisterschaft gehören. Die Verbindung von Volkstümlichkeit und Autonomie in der Kunstauffassung war für die Schweizer Literaturvermittler, denen es auf die Klassizität des Regionalen ankam, besonders transpositionsfähig.[87] Als vorbildhaft erschien auch die Verknüpfung von klassizistischem Formbewußtsein und historischen bzw. germanisch-mythologischen Stoffen, die den schwäbischen Autoren als eigenständige Leistung zugeschrieben wurde.[88] Schließlich ist als positiver Bezugspunkt die ›postromantische‹, das heißt die Extreme der (Früh-)Romantik überwindende ›biedermeierliche‹ Schreibweise der schwäbischen Schriftsteller zu nennen, die wesentliche Momente einer bestimmten Variante des ›Realismus‹ vorbereitet, die sich von den programmatischen Konzeptionen der deutschen Theoretiker klar abgrenzen läßt. Dieser Realismus strebt zwar Volkstümlichkeit an, aber im Gegensatz zum politischen Realismus von Robert Prutz spart er die soziale Wirklichkeit aus. Er ist ethnographisch ausgerichtet, ignoriert jedoch die prosaische Gegenwart der bürgerlich-kapitalistischen Arbeitswelt, wie sie Gustav Freytag und Julian Schmidt als Gegenstand der Literatur fordern. Obwohl er die Autonomie der Kunst verficht, vermeidet er die klassizistische Variante des ›Realidealismus‹, die Rudolf Gottschall propagiert. Es handelt sich um einen Realismus, der zugleich liberal, populär und regionalistisch ist und der von Berthold Auerbach paradigmatisch vertreten wird.

Auerbach wird in der Schweiz, wie bereits angesichts der Hebel-Rezeption deutlich wurde, nicht als Programmatiker einer gesamtdeutschen

[87] Der Wille zur Autonomisierung des Volkstümlichen geht so weit, daß sogar ein in den regionalen schwäbischen Literaturgeschichten nur am Rande erwähnter Autor wie der religiöse Erbauungslyriker und Schwab-Schüler Karl Gerok die Weihen der Klassizität erhält, weil er »das Gute und die Wahrheit im Schönen sucht« (Schweizerische Familienzeitung III, 1880, S. 351). Gerok war einer der meistgelesenen, auch international erfolgreichen Lyriker der zweiten Hälfte des 19. Jahrhunderts. Seine Gedichtsammlung *Palmblätter* (1857) erlebte bis 1904 mehr als 100 Auflagen mit über 400000 Exemplaren. Vgl. das Porträt in: Allgemeine Deutsche Biographie, Bd. 49, S. 307.

[88] Hier gibt es durchaus eine Verbindung zum antimodernen Klassizismus des ›Münchner Dichterkreises‹, der zweiten prominenten Dichtergruppe des 19. Jahrhunderts. Zu dessen Schweizer Rezeption vgl. das Porträt Emanuel Geibels in: Neue Illustrirte Zeitschrift für die Schweiz III, 1851, S. 73–74. Allgemein Michail Krausnick, Paul Heyse und der Münchener Dichterkreis, Bonn 1974 (Abhandlungen zur Kunst-, Musik- und Literaturwissenschaft 165), S. 270–332; neuerdings Peter Wruck, Der deutsche Dichterverein des bayerischen Kronprinzen Maximilian, in: Zeitschrift für Germanistik, N.F. 4, 1994, S. 576–590.

Volksliteratur zur Kenntnis genommen, sondern als vorbildlicher Autor einer autonomen Regionalliteratur. Wie die schwäbischen Schriftsteller, so fungiert auch er als Exponent der Abwehr jeglicher Art von ›Tendenzliteratur‹: Sind die Schwaben durch die literarische Fehde der 30er Jahre zwischen Gutzkow und Heine auf der einen Seite und Schwab und Pfizer auf der anderen Seite als Antagonisten des Jungen Deutschland profiliert,[89] so steht der ehemalige Vormärzler Auerbach für die Überwindung der politischen durch eine ›realistische‹ Literatur, die unabhängig von den in Deutschland entwickelten realistischen Programmen zur Nachahmung empfohlen werden kann. Herausgestellt wird die »unparteiische Wahrheitsliebe« des Autors und die ›Lebenstreue‹ seiner Erzählungen: »Da ist Alles Natur, Wahrheit, Wärme, Gesundheit und Leben, nichts Gemachtes, Erkünsteltes, Krankes.«[90] In den *Schwarzwälder Dorfgeschichten* zeichne er ein umfassendes Gesellschaftsbild, jedoch klammere er den Bereich politischer Tendenz aus und konzentriere die Darstellung ganz auf die »frische, unverfälschte Natur«, die »Familie« und das »naive Leben der Bauern seines Vaterlandes«. Seine Figuren seien gemischte Charaktere, umfassende Physiognomien, und nicht »Träger einer Idee« oder gar »verkleidete Volkstribunen« wie diejenigen des Jungen Deutschland. Auerbach wird als Volksschriftsteller behandelt, der durchaus »Lehren und Rathschläge« erteile, diese jedoch nicht in der Erzählerrede vortrage, sondern durch den Handlungsverlauf vermittele. Er genügt damit allen wesentlichen Kriterien der oben vorgestellten Variante des Realismus: Er ist volkstümlich und regionalistisch und doch autonom, moralisch und liberal, jedoch ohne politische Tendenz. An seinem Vorbild – mehr noch als an demjenigen des weniger gefälligen und offen didaktischen Gotthelf – orientieren sich die meisten schweizerischen Prosa-Autoren nach 1848, wie beispielsweise Alfred Hartmann, Arthur Bitter und Jakob Frey.[91]

89 Vgl. Karl Gutzkow, Göthe, Uhland und Prometheus, in: Phönix Nr. 30, Literatur-Blatt Nr. 5 vom 4. 2. 1835, S. 117–119; [Gustav Pfizer], Votum über das »Junge Deutschland«, Stuttgart 1836; G[ustav] P[fizer], Heine's Schriften und Tendenz, in: Deutsche Viertel-Jahrsschrift, 1838, 1. H., S. 167–247; Heinrich Heine, Der Schwabenspiegel [1838], in: Heines Werke in zehn Bänden, hrsg. v. Oskar Walzel, Bd. 8, Leipzig 1913, S. 303–321.

90 Vgl. Neue Illustrirte Zeitschrift für die Schweiz II, 1850, S. 18f. Die folgenden Zitate entstammen diesem Porträt.

91 Vgl. Alfred Hartmann, Kiltabendgeschichten (1852/54); Arthur Bitter, Geschichten aus dem Emmenthal (1857); Jakob Frey, Schweizerbilder (1864).

6. LITERATUR IM PROZESS DER MODERNISIERUNG

Diese Ausführungen sollten nicht zu dem Schluß verleiten, es hätte eine rege, wenn auch kritische wechselseitige literarische Auseinandersetzung zwischen Deutschland und der Schweiz in der zweiten Hälfte des 19. Jahrhunderts gegeben. Statistisch gesehen ist, wie eingangs bemerkt, das Gegenteil der Fall: Es herrscht in den Zeitschriften ein weitgehendes Desinteresse an der jeweils anderen Literatur. Der deutsche Suprematieanspruch und die Schweizer Forderung nach einer eigenen Literatur schließen sich notwendig aus. Dessen ungeachtet gehen jedoch sowohl die deutschen Programmatiker des Realismus als auch die Theoretiker einer Schweizer Nationalliteratur von derselben Problemstellung aus: Beide laborieren auf ihre Weise an den Folgen der durch die sprunghafte Produktivitätssteigerung innerhalb des Sozialsystems Literatur forcierten Massenkommunikation, die eine ›Proletarisierung‹ der Schriftsteller und eine zunehmende Anonymisierung des Publikums bewirkt. Daß hier eine gemeinsame Ausgangsbedingung der deutschen und der schweizerischen Literatur dieser Zeit vorliegt, verdeutlicht ein Artikel über »Schund- und Schandpresse«, den die von Oswald Schön herausgegebene illustrierte Schweizer Zeitschrift *Der Hausfreund* bezeichnenderweise aus der *Magdeburger Zeitung* übernimmt. Ganz im Geiste der ›Lesesucht‹-Debatte des 18. Jahrhunderts warnt der Verfasser vor der Erhitzung der Leser-Phantasie durch Texte, die »den gesunden Sinn des Volkes« zerstörten und es auf Abwege führten, »von deren ›Ende mit Schrecken‹ traurige Beispiele genug vorliegen«.[92] Abgesehen davon, daß die verurteilten Werbepraktiken der Kolportageliteratur – Anpreisung der Abonnements mit Hilfe von reißerischen Inhaltsangaben, Verweisen auf üppige Illustrationen und Lokkungen mit attraktiven Prämien – sich in nichts von denjenigen der deutschen wie der schweizerischen Bildungszeitschriften unterscheiden, liegt das Bedrohliche der Unterhaltungsliteratur darin, daß sie genau jenes Ziel erreicht, um das sich die Förderer nationaler bzw. volkstümlicher Literatur vergeblich bemühen: Sie ist so weit verbreitet und wirkt so stark »auf Phantasie und Gemüth, auf die Moralität der Leser«,[93] wie es der auf ästhetische Autonomie Anspruch erhebenden Literatur zu keinem Zeitpunkt beschieden war.[94]

[92] Vgl. Der Hausfreund. Blätter zur Unterhaltung und Belehrung für das Volk II, 1873/74, S. 390.

[93] Der Hausfreund II, 1873/74, S. 390.

[94] Vgl. Günter Butzer, Manuela Günter, Der Wille zum Schönen. Deutscher Realismus und die Wirklichkeit der Literatur, in: Sprache und Literatur 79, 1997, S. 54–77, hier: S. 61–64, 70–73.

In der Schweiz kulminiert das Phantasma, das in der literarischen Öffentlichkeit durch die Verbreitung der Massenliteratur erzeugt wird, in der drohenden Gefahr eines nationalen Identitätsverlustes der jungen Republik, deren politischer Vorsprung durch die als gewiß prophezeite Freiheit der Nachbarvölker gefährdet erscheint[95] und die durch die rasante Beschleunigung des Modernisierungsprozesses unheilvollen Einflüssen ausgesetzt werde. Diese Imagination greift weit über den rein literarischen Bereich hinaus. Als Symbol der Modernisierung gilt die in den 50er Jahren begonnene Errichtung eines nationalen Eisenbahnnetzes. Die heftige Auseinandersetzung um den Eisenbahnbau offenbart sowohl die divergierenden ökonomischen Interessen der einzelnen Kantone als auch die Notwendigkeit der Öffnung des Landes für internationale Menschen-, Waren- und Informationsströme. Das Zusammenwirken von Eisenbahn, Industrie und Banken setzt einen »dynamische[n], wenn auch nicht krisenfeste[n] Wachstumsprozess«[96] in Gang, der Untergangsphantasien bei denen hervorruft, die von diesem Prozeß nicht profitieren. Auch die literarische Intelligenz befürchtet durch die Internationalisierung und Durchlässigkeit des Landes einen Funktionsverlust, den sie als Verlust nationaler Identität ideologisiert.[97] Wie die Eisenbahn durch die transnationalen Verkehrsströme hindurch das Schreckensbild eines verflachten, vaterlandslosen Weltbürgertums erzeugt, so befördert die Flut ausländischer Druckerzeugnisse die Angstvision vor ausländischer Dekadenz und Künstlichkeit, denen durch eine nationale und volkstümliche Kunst begegnet werden soll. Die Metaphorik der Penetration nationaler Unschuld durch fremde Aggression ist in beiden Fällen dieselbe: Der »erleichterte Verkehr« läßt die Lokomotive durch den schützenden Wall der Gebirge hindurch »in die fernsten Thäler [hineinbrausen]« und »die schweizerische Nationalität erschütter[n]«.[98] Die »üppig wuchernde« Massenliteratur sucht entsprechend »den Zugang zu dem Herzen des Volkes«; sie »dringt so tief, so maßgebend in alle Schichten des Volkes ein«, daß dieses bereits von ihrem »gefährlichsten *Gifte*« angesteckt ist und das »Wohl des Volkes« daran zu Grunde zu gehen droht.[99] Als Reaktion auf den befürchteten Kosmopolitismus soll die ideologische Formierung der Gesellschaft, die man der

[95] Vgl. Die Schweiz VII, 1864, S. 2.

[96] Andreas Balthasar, Zug um Zug. Eine Technikgeschichte der Schweizer Eisenbahn aus sozialhistorischer Sicht, Basel, Boston, Berlin 1993, S. 54.

[97] Im Gegensatz dazu ist die zeitweilig enge Beziehung Kellers zum Schweizer Liberalismus hervorzuheben, dessen Züricher Parteigänger Alfred Escher, ein Förderer Kellers, ein Protagonist des schweizerischen Eisenbahnbaus gewesen ist. Vgl. Balthasar, Zug um Zug, a. a. O., S. 32–35.

[98] Die Schweiz I, 1858, S. 58.

[99] Vgl. Der Hausfreund II, 1873/74, S. 390f.

republikanischen Demokratie allein offensichtlich nicht mehr zutraut, durch eine nationale Kunst geleistet werden, die sich an der Landschaft, an den Sitten und Bräuchen sowie an der Schweizer Geschichte orientiert.[100] Im Unterschied zu Deutschland steht die Proklamation einer Nationalliteratur in der Schweiz nicht im Dienst der Forderung nach staatlicher Einheit, sondern bringt die Abwehr gegen eine nicht-staatliche, ökonomisch-gesellschaftliche Modernisierung zum Ausdruck, die in Deutschland erst im Wilhelminismus virulent wird.[101]

Dem von der belletristischen Massenproduktion hervorgerufenen Dilemma zwischen literarischer Programmatik und Pragmatik begegnet man in Deutschland und in der Schweiz auf unterschiedliche Weise. Auf deutscher Seite wird die strenge literaturkritische Auslese favorisiert. Die Realismus-Konzeptionen stellen sich aus dieser Perspektive als Programme zur Erzeugung von asymmetrischen Oppositionen dar, deren vornehmste Aufgabe es ist, werthaltige Differenzen hervorzubringen und auf diesem Wege einen neuen Kanon ›wertvoller‹ Literatur zu konstituieren. Auf Schweizer Seite lassen sich, entsprechend den obigen Ausführungen, zwei Optionen unterscheiden: Die ›Züricher Richtung‹, vertreten durch die Schrifsteller Keller und C. F. Meyer sowie durch die Literarhistoriker Jakob Baechtold und im 20. Jahrhundert Emil Ermatinger,[102] setzt auf die klare Abgrenzung autonomer Kunst gegen ihre nationalen und regionalen Ursprünge und somit letztlich auf die Integration der deutschsprachigen Schweizer Literatur in die deutsche Literatur. Der ästhetische Wert der Texte verdankt sich hier einer tautologischen Operation: Was in Deutschland als wertvoll akzeptiert wird, ist zugleich ›gute‹ Schweizer Literatur. Daß sich diese Orientierung in der Kanonisierungsphase ›realistischer‹ Literatur nach 1870 durchgesetzt hat, nimmt angesichts der kulturellen He-

[100] Vgl. auch die Einleitung von Weber, Die poetische Nationalliteratur, Bd. 1, a. a. O., S. 6.

[101] Dies würde auch die auffällige Nähe des Schweizer Konzepts zur sog. Heimatkunst Jahrzehnte vor deren Propagierung in Deutschland erklären, wobei selbstverständlich darauf hingewiesen werden muß, daß deren reaktionär-chauvinistische Ausrichtung in Deutschland auf autoritärem Boden ihre Blüten treibt, während in der demokratischen Schweiz schlimmstenfalls harmlose Natur- und Liebeslieder erklingen.

[102] Meyer schrieb fast exklusiv für Julius Rodenbergs *Deutsche Rundschau*, das kulturelle Repräsentationsorgan des Deutschen Reiches, und verstand sich als dezidiert ›deutscher‹ Schriftsteller. Zu seiner deutschnationalen Einstellung vgl. Conrad Ferdinand Meyer, Julius Rodenberg, Ein Briefwechsel, hrsg. v. August Langmesser, Berlin 1918, S. 89, 235, 242, 297. – Zur integrationistischen Schweizer Literaturgeschichtsschreibung vgl. Jakob Baechtold, Geschichte der Deutschen Literatur in der Schweiz, Frauenfeld 1892; Emil Ermatinger, Dichtung und Geistesleben der deutschen Schweiz, München 1933.

gemonie Deutschlands gegenüber der Schweiz nicht wunder.[103] Damit sieht sich jedoch die ›Berner Richtung‹ in einer paradoxen Situation: Die Niederlage ihrer Konzeption von nationaler Klassik stellt sie vor die Alternative, entweder die Normen des deutschen Kanons zu übernehmen und damit die Einordnung der schweizerischen Literatur in die deutsche zu unterstützen, oder auf der nationalen Differenz zu beharren und damit auch Literatur aufzuwerten, die von der allseits abgelehnten Unterhaltungsliteratur allenfalls aufgrund ihrer ›vaterländischen Gesinnung‹ unterschieden werden kann. In beiden Fällen löst sich – und hier zeigt sich deutlich das Dilemma der eidgenössischen Literarhistorie – die Schweizer Literatur auf: einerseits durch qualifizierende Auslese in der deutschen Literatur, andererseits durch quantifizierende Ausbreitung mit der Folge des Verschwindens der eigenen ›kleinen‹ Literatur in einem unüberschaubaren Feld ›vaterländischer Dichtung‹, die selbst von den eigenen Propagandisten nicht ernst genommen wird.[104]

[103] Vgl. hierzu Günter Butzer, Manuela Günter, Renate von Heydebrand, Strategien zur Kanonisierung des ›Realismus‹ am Beispiel der ›Deutschen Rundschau‹, Ms. München 1997 (voraussichtlich in: Journal of the Asiatic Society, Letters 24, 1999).

[104] Vgl. Webers Einleitung in *Die poetische Nationalliteratur*, wo dieser wiederholt erklärt, daß mit der Aufnahme in die Anthologie keine ästhetische Auszeichnung verbunden sei. Auch die Beurteilungen der zahlreichen »poetae di minorum gentium« (Ermatinger) in den Schweizer Zeitschriften lassen, bei allem Wohlwollen, zwischen den Zeilen oftmals die Geringschätzung durchblicken.

KATHARINA GRÄTZ

ALTE UND NEUE KNOCHEN IN WILHELM RAABES »STOPFKUCHEN«

Zum Problem historischer Relativität und seiner narrativen Bewältigung

Wilhelm Raabe hat dem Helden seines Romans *Stopfkuchen* eine Vorliebe zugeschrieben, die ihn mit zahlreichen Protagonisten der romantischen Erzählliteratur verbindet. Ähnlich den Hauptfiguren in Ludwig Tiecks *Runenberg* oder E. T. A. Hoffmanns *Bergwerken zu Falun* zeigt sich auch Heinrich Schaumann fasziniert von dem, was unter der sichtbaren Oberfläche der Erde verborgen liegt. Von der Fortschreibung eines romantischen Motivs kann dennoch nicht die Rede sein. Andere Beweggründe lassen Schaumann nach Spitzhacke und Schaufel greifen, und von anderer Art sind auch die unterirdischen Schätze, denen er nachspürt. Seinem »Herumkriechen, -keuchen und -klettern« (S. 77)[1] in den Kiesgruben der näheren Umgebung fehlt jene existenzielle Dimension, die Elis Fröbom in den *Bergwerken zu Falun* und Christian im *Runenberg* an die düsteren Schächte der Bergwerke fesselt. Statt nach Erzen oder Edelsteinen gräbt Schaumann nach Versteinerungen und prähistorischen Knochen; statt dem Drängen seines Unbewußten folgt der dickwanstige Privatier den diätetischen Ratschlägen seines Arztes.

So befremdlich sich Schaumanns archäologische Schatzsuche heute auch ausnimmt, sie reflektiert eine Entwicklung der zeitgenössischen historischen Forschung. Denn nicht allein die klassische Archäologie feierte im 19. Jahrhundert ihre großen Erfolge, auch der heimische Boden wurde archäologisch erkundet und dabei auf eine neuartige Weise in seinen historischen Dimensionen erschlossen.[2] Regelmäßig berichteten die regionalen und lokalen Zeitungen von aktuellen Funden aus der Stein- oder Bronzezeit; sie vermeldeten die Entdeckung von Keltengräbern und die Bergung

[1] Alle Angaben in Klammer beziehen sich auf Bd. 18 der Braunschweiger Ausgabe (BA): Wilhelm Raabe, Sämtliche Werke, im Auftrag der Braunschweigischen Wissenschaftlichen Gesellschaft hrsg. v. Karl Hoppe, Freiburg i. Br. u. Braunschweig (ab 1960: Göttingen) 1951 ff., Bd. 18, Stopfkuchen. Gutmanns Reisen, 2. Aufl., Göttingen 1969.

[2] Das gestiegene öffentliche Interesse an der Vor- und Frühgeschichte bezeugte die Pariser Weltausstellung von 1867. Hier wurden neben anderem Funde aus den Megalithengräbern der Bretagne und aus den Seerandsiedlungen vom Lac du Bourget präsentiert (vgl. Glyn Daniel, Geschichte der Archäologie, Bergisch Gladbach 1982, S. 117).

von prähistorischen Skelettresten aus Steinbrüchen oder Kiesgruben. Weil die Bodenforschung weniger Voraussetzungen forderte als die Entzifferung schriftlicher Quellen, blieb sie vielfach »die Domäne des Dilettanten, der seine unkontrollierbaren Ergebnisse, wenn überhaupt, mit Phantasie ausdeutete«.[3] Geschichtsvereine und Privatleute betätigten sich als Archäologen[4] – im Sodental sollen sich die Badegäste einen Sport daraus gemacht haben, »ein Grab blos zu legen«.[5]

Auch Schaumann rückt seine paläontologische Schatzsuche ins Licht eines bloßen »Liebhabereibedürfnisses« (S. 76), dessen schweißtreibende Begleitumstände ihn vor vollständiger körperlicher Verfettung bewahren sollen. Ganz so harmlos wie diese Selbstdarstellung vermuten läßt, sind seine Grabungen trotzdem nicht, zaubert er doch außer seinen Koprolithen und dem jahrtausendealten Mammutgerippe auch die »Knochen der jüngeren Vergangenheit« (S. 99) aus dem Dunkel hervor; er klärt die Umstände des Mordes an Kienbaum und stellt damit nicht allein seinen archäologischen, sondern auch seinen detektivischen Spürsinn[6] unter Beweis. Indem er alte und neue Knochen ans helle Licht des Tages zerrt, öffnet er die Abgründe seiner Mitmenschen ebenso wie die Gräber der Erde.[7]

[3] Arnold Esch, Limesforschung und Geschichtsvereine. Romanismus und Germanismus, Dilettantismus und Facharchäologie in der Bodenforschung des 19. Jahrhunderts, in: Hartmut Bookmann u. a. (Hrsg.), Geschichtswissenschaft und Vereinswesen im 19. Jahrhundert. Beiträge zur Geschichte historischer Forschung in Deutschland, Göttingen 1972, S. 163–191, hier: S. 163.

[4] Es erschienen eigene Handbücher für die Laienforschung. Die Zeitschrift *Der Sammler*, die immer wieder Notizen über Ausgrabungen, Münzen- und Gräberfunde veröffentlicht, wirbt mit folgendem Text für E. v. Tröltschs Buch *Altertümer aus unserer Heimat*: »Nachdem die französische und die österreichische Regierung den heimischen Funden und Ausgrabungen ein besonderes Interesse zugewandt hat ..., nachdem auch auf Veranlassung der preussischen Regierung ein Merkbuch, Altertümer aufzugraben und aufzubewahren herausgegeben worden ist, regt es sich an aller Orten und Enden für eine sachgemässe Behandlung der heimischen Funde. Der als Archäologe bereits bestens bekannte Verfasser verzeichnet in farbigen Abbildungen und in geringen Verkleinerungen Fundstücke 1) aus vorrömischer Zeit (Kelten, Germanen), 2) aus römischer Zeit (Schlüssel, Ringe, Fibeln, Schmuck- und Hausgeräte), 3) aus alemannisch-fränkischer Zeit.« (Der Sammler. Illustrierte Fachzeitschrift für die Gesamt-Angelegenheiten des Sammelwesens XII, 1890, Nr. 3).

[5] Korrespondenzblatt des Gesamtvereins 30, 1882, S. 1; zit. nach: A. Esch, a. a. O., S. 164.

[6] Der Detektivroman dient Ulf Eisele als leitende Vergleichsfolie der Interpretation. Für Eisele fügt sich die Figur Heinrich Schaumanns »fast nahtlos ins Schema des Genres der Detektivgeschichte ein« (Ulf Eisele, Der Dichter und sein Detektiv. Raabes »Stopfkuchen« und die Frage des Realismus, Tübingen 1979, S. 2).

[7] Im Offenlegen historischer und biographischer Vergangenheiten, im Enthüllen des Verborgenen erkannte die Forschung denn auch zu Recht einen charakteristischen Zug des Romans. So spricht etwa Ulf Eisele von einem »Grundmuster der Enthüllung« (a. a. O., S. 6).

Er legt die Lagerungen und Schichtungen frei, die menschliches Handeln bestimmen, ohne davor zurückzuscheuen, »den muffigen Schrecken mit der Zange anzufassen, ans Licht zu ziehen und in der Sonne vorsichtig mit der Fußspitze umzuwenden« (S. 95).

Der Roman nimmt derart das ›Ausgraben‹ gleichermaßen wörtlich wie metaphorisch; er entfaltet um diesen Begriff ein ausdifferenziertes semantisches Netz. Verbunden ist dies mit der Wendung ins Historische. Raabe läßt seine Figuren nicht in einem polaren Spannungsfeld von Gegenwart und Vergangenheit agieren, sondern in einer Gegenwart, die *unterschiedliche* Vergangenheiten in sich aufbewahrt. Heinrich Schaumann kommt hierbei die entscheidende Mittlerrolle zu. Durch sein Interesse für die frühgeschichtlichen Überreste und durch seine Begeisterung für den Siebenjährigen Krieg stellt er Gegenwärtiges in ein historisches Bezugsfeld. Gemessen an der dualistischen Struktur romantischer Texte mit ihrem Antagonismus von oben und unten, außen und innen, hell und dunkel, fächert sich Raabes Roman in ein mehrdimensionales Textgefüge auf.

I

Das Faible für verborgene Vergangenheiten und deren materielle Relikte kennzeichnet und befestigt Schaumanns soziale Außenseiterposition, in die ihn seine Mitwelt von Kindheit an drängte. Nicht nur den Spott seiner Schulkameraden zog der fettleibige Junge auf sich, auch der Lehrer Blechhammer fand in ihm eine willkommene Zielscheibe: »Seht ihn euch an, ihr andern, den Schaumann, wie der Bradypus, das Faultier. Hat fahle Haare wie welkes Laub, vier Backenzähne. Klettert langsam in eine andere Klasse – wollt ich sagen: klettert auf einen Baum, auf dem es bleibt, bis es das letzte Blatt abgefressen hat. Schuberts Lehrbuch der Naturgeschichte, Seite dreihundertachtundfünfzig: kriecht auf einen andern Baum, aber so langsam, daß es ein Jäger, der es am Morgen an einem Fleck gesehen hat, auch am Abend noch ganz in der Nähe findet« (S. 82).

Der diffamierende und animalisierende Vergleich, der den jungen Heinrich Schaumann mit dem behäbigen, häßlichen und wehrlosen Faultier aus Schuberts *Lehrbuch der Naturgeschichte* in eins setzt, enthüllt sich aus der Retrospektive allerdings als zweideutig. Denn er trifft nicht nur Schaumanns körperliche Unbeweglichkeit und Trägheit, sondern läßt sich auch als ein Sinnbild für die Beharrlichkeit interpretieren, mit der dieser die selbstgesteckten Lebensziele erreicht. In der ausschließlichen Konzentration auf das enge heimatliche Umfeld verwandelt Schaumann seine

Schwächen in Stärken.[8] Um im Bild Blechhammers zu bleiben: Zwar verharrt das Faultier auf dem heimatlichen Baum, es frißt dabei aber nicht nur die Blätter ab, sondern forscht auch nach den Wurzeln. Schaumann erkundet die Geschichte seiner unmittelbaren Umgebung, er entwickelt sich zum Lokalforscher.

Rückblickend schreibt er einem zufällig erhaltenen historischen Relikt die entscheidende Rolle für seine eigene Biographie zu. In der Kanonenkugel, die im väterlichen Hausgiebel steckt und die Schaumann zur »Schicksalkugel« (S. 69) stilisiert, erkennt er den Ausgangspunkt seiner gegenwärtigen Existenz. Denn das aus dem Siebenjährigen Krieg stammende Geschoß hatte sowohl seine Begeisterung für die Historie im allgemeinen geweckt als auch im besonderen für die Rote Schanze, den Belagerungswall, von dem aus die Kugel abgefeuert wurde. Auch späterhin bleibt sein historisches Interesse ausschließlich auf den unmittelbaren heimatlichen Umkreis beschränkt, aus dem er sich nie entfernt. Einer Provokation kommt es daher gleich, wenn er den »Afrikaner« Eduard beständig mit mit den mehr oder weniger weit zurückliegenden Ereignissen der eigenen Heimat konfrontiert, sich umgekehrt aber so verhält, als ob dieser »aus Afrika nicht das geringste Neue und für ihn vielleicht auch Merkwürdige zu erzählen gehabt hätte« (S. 72).[9]

Indem Schaumann Lokalhistorie gegen Welthistorie ausspielt, rückt er in den Kontext der im 19. Jahrhundert aufgeblühten Lokal- und Heimatforschung[10] ein, die sich um die Erschließung des unmittelbaren räumlichen Umfelds und seiner Geschichte bemühte. Die Idee von Heimat als einem positiven, bergenden und identitätsstiftenden Raum gewann in dem Maß an Anziehungskraft, in dem diese Nahsphäre gefährdet schien. Wäh-

[8] So auch Eduard Beaucamp: »Die körperlichen Schwächen: Leibesfülle, Gefräßigkeit und Faulheit verwandeln sich in Stärken des Wesens: in Gleichmut, Zähigkeit und Distanz« (E. Beaucamp, Literatur als Selbstdarstellung. Wilhelm Raabe und die Möglichkeiten eines deutschen Realismus, Bonn 1968, S. 12).

[9] Vergleichbare Passagen finden sich häufiger: »Und wenn du auch die halbe Weltgeschichte miterlebt und in Afrika selbst mitgemacht hast, Eduard, das mußt du doch auch wissen, daß in meines Vaters Hausgiebel eine Kanonenkugel steckt, die er – der Xaverl – damals im Siebenjährigen Kriege zu uns in die Stadt hineingeschossen hat!« (S. 68). ». . . und nun sage mir Eduard, hast du da hinten in Prätoria . . . etwas Besseres als eine Kugel im Gebälk oder in der Hauswand, um deinem Jungen oder deinen Jungen den Verstand für irgend etwas aufzuknöpfen« (S. 68).

[10] Um 1890 enstand die ›Heimatbewegung‹ im engeren Sinn: »Wörter wie Heimatkunst, Heimatroman, Heimatschutz, Heimatkunde nehmen damals ihren Ausgang; Heimatvereinigungen werden allenthalben gegründet« (Hermann Bausinger, Heimat und Identität, in: Heimat und Identität. Probleme regionaler Kultur (22. Deutscher Volkskunde-Kongreß in Kiel vom 16. bis 21. Juni 1979), hrsg. im Auftrag der Deutschen Gesellschaft für Volkskunde von Konrad Köstlin und Hermann Bausinger, Neumünster 1980, S. 9–24, hier: S. 13).

rend im 19. Jahrhundert der Ausgriff in fremde Räume fortschritt – vor allem durch die imperiale Eroberung der Kontinente – wuchs auch das Bewußtsein für die Besonderheit und den Wert des heimatlichen Raumes und seine identitätsstiftenden Kräfte.[11]

Läßt sich nun Schaumann tatsächlich in diesem Sinn als Heimatideologe begreifen, als ein Hüter des heimatlichen Kraftfeldes? Dem widerspricht die Art und der Antrieb seiner Forschungen in dreifacher Hinsicht:

1. Indem Schaumann die Kanonenkugel zum Fixpunkt seines ganzen Daseins erklärt, leistet er eine radikale *Subjektivierung* der historischen Ereignisse.[12] Er münzt sie um zu Bausteinen seiner Biographie, verlagert Geschichte also in seine Existenz hinein, so daß die früheren Begebenheiten eine zeichenhafte Bedeutung für die eigene Entwicklung erlangen. Dadurch wird die tatsächliche historische Chronologie außer Kraft gesetzt, und die vergangenen Ereignisse erleben ihre imaginäre Wiederholung oder Umkehrung (Stopfkuchen spricht von *seiner* Eroberung der Roten Schanze). Schaumanns Interesse für die Historie entspringt persönlichen Motiven und bleibt in diesen verhaftet. Identitätsstiftend können seine Forschungen daher nur für ihn selbst sein, nicht aber für eine überindividuelle Gemeinschaft.

2. Schaumann agiert gegen ein Verschwinden des Historischen unter der Oberfläche idyllischer Behaglichkeit, er hält der Gegenwart das Vergangene als Kontrastfolie entgegen. Seine Variante der Heimatforschung sucht in der Geschichte nicht die gemeinsame Vergangenheit, sondern dient im Gegenteil der Selbstbehauptung gegenüber dem sozialen Umfeld. Statt auf Integration zielt sie auf Abgrenzung – eine Abgrenzung, die unübersehbar aggressive Züge trägt: »Bombardieren werde ich noch mal von ihm [dem Wall der Roten Schanze] aus das Philistertum da unten, daß der kursächsische Staberl-Xaverl sich heute noch als balsamiertes Leder- und Knochenbündel in seiner Fürstengruft darüber freuen soll« (S. 38). Anstatt die lokale Identität gegenüber möglichen äußeren Bedrohungen zu festigen, schlägt Schaumann den umgekehrten Weg ein. In der Identifikation mit demjenigen lokalgeschichtlichen Ereignis, das für den Heimatort die größte Bedrohung darstellte – dem »göttlichen Siebenjährigen Krieg«

[11] Die Literatur hat Teil an diesem Prozeß der Aufwertung der nahen und überschaubaren Lebenszusammenhänge. Nicht nur im Werk Raabes, sondern generell in den Texten des poetischen Realismus besitzen lokale und regionale Ordnungsmuster große Bedeutung. Auch bei Stifter, Storm und Keller kommt ihnen eine identitätsstiftende Valenz zu.

[12] Diese Subjektivierung ist von der Forschung wiederholt als Kern von Raabes Erzählen erkannt worden. So konstatiert Beaucamp, »daß bei Raabe immer der subjektive Ansatz aller Erfahrungen, ob er nun historisch, soziologisch oder psychologisch motiviert ist, erhalten bleibt« (Eduard Beaucamp, a. a. O., S. 6).

(S. 63) –, konstruiert er sich einen alternativen heimatlichen Lebenszusammenhang. Dabei wird ihm die Kanonenkugel, das sichtbare Zeugnis für die Beschießung der Stadt und des Gymnasiums, zum zentralen Ausdruck für die eigenen Rachegelüste gegenüber seiner Mitwelt.

3. Ausschlaggebend für Schaumann ist die konkrete Anschauung der historischen Relikte. Darin geht er konform mit dem Forschungsinteresse der im 19. Jahrhundert aufgeblühten Kulturhistorie, die sich auf die Untersuchung der historischen *Objekte* als dem materiellen, interpretationsbedürftigen Substrat des Geschichtsprozesses konzentrierte.[13] Nun dienen Schaumann die historischen Relikte allerdings weder zur Rekonstruktion vergangenen Daseins, noch sucht er anhand von ihnen die Gegenwart in den Strom der Tradition einzubetten. Die ehemaligen Sach- und Sinnzusammenhänge besitzen für ihn keine Relevanz, vielmehr zieht ihn gerade das an, was aus seinem ursprünglichen zeitgenössischen Kontext herausgelöst ist und sich fremdartig von seiner Umgebung abhebt. Das Paradebeispiel für ein solches isoliertes und desintegriertes Einzelstück bildet die Kanonenkugel – »eine Merkwürdigkeit der Stadt« (S. 68). Aber auch die Knochen, Petrefakten und Koprolithen, die Schaumann unter dem Geröll von Jahrtausenden freilegt und als museale Schaustücke in seiner Wohnung exponiert, bleiben Fremdkörper in ihrer neuen Umgebung. Sie vereinen auf eine paradoxe Weise Nähe und Distanz: sie sind räumlich nah, wirken aber zugleich exotisch, da sie einer längst vergangenen Zeit entstammen. Indem Schaumann derart auf das hinweist, was alltagsfern von der gegenwärtigen Ordnung absticht, treibt er die Desintegration der Lebenswelt voran.

Schaumann kehrt die ideologische Funktion der Heimatforschung in jeder Hinsicht um. Er intendiert nicht die historische Fundierung von Gegenwart, sondern wendet den ›historischen Sinn‹, den er für sich reklamiert, gegen die Eindeutigkeit bestehender Ordnung. Indem er Verschüttetes und Vergessenes wieder aktualisiert, zerbricht er die Harmonie der vermeintlich eindimensionalen Realität und arbeitet harmonisierenden oder gar idealisierenden Konzepten von Heimat entgegen. Statt des Gefühls der Vertrautheit evoziert er die Erfahrung der Fremdheit, statt Identifikationsmöglichkeiten zu entwerfen, sucht er in der Historie nach Abgrenzungsmustern.

[13] Bezeichnenderweise tauchte das Stichwort ›Anschauung‹ in der *Zeitschrift für Kulturgeschichte* gehäuft auf: »Es gilt dort als wesentliches Movens für die Gewinnung historischer Erkenntnis und basiert – so geht die Argumentation – auf dem dokumentarischen Wert der Realien.« (Gottfried Korff, Didaktik des Alltags. Hinweise zur Geschichte der Bildungskonzeption kulturhistorischer Museen, in: Annette Kuhn, Gerhard Schneider (Hrsg.), Geschichte lernen im Museum, Düsseldorf 1978, S. 38).

II

Im Gegensatz zu Schaumann, der seine Existenz auf Historisches gründet, wenn auch in einem ostentativ antitraditionalistischen Sinn, richtet Eduard sein Leben nach räumlich-geographischen Fixpunkten aus. Während der junge Schaumann für den Siebenjährigen Krieg schwärmt, konzentriert sich Eduards kindliche Sehnsucht auf das ferne Afrika. Und wie Schaumann im späteren Leben tatsächlich die Rote Schanze für sich erwirbt, so läßt auch Eduard seinen Kindheitstraum Realität werden und wandert nach Afrika aus. Auch Eduards räumlich-geographische Orientierungs- und Identitätssuche spiegelt sich im raumzeitlichen Koordinatensystem des Romans, so daß dem spannungsvollen Verhältnis von Gegenwart und Vergangenheit, auf das Heinrich Schaumann immer wieder anspielt, der Antagonismus von Nähe und Ferne korrespondiert. Das Romangeschehen entfaltet sich entsprechend in einer dualistischen räumlichen Anordnung: dem heimatlichen Brummersumm steht das ferne Afrika gegenüber, Stopfkuchens Rote Schanze findet in Eduards afrikanischer Farm ihr räumliches Äquivalent und dem Mammut entspricht als exotische Variante das von Eduard erbeutete Löwenfell.

Diese scheinbar eindeutige Ordnung bringt Schaumann ins Gleiten, wenn er Eduard mit den erdgeschichtlichen Dimensionen der Heimat bekannt macht. Dem Weitgereisten, der das geographische Afrika für sich eroberte, entdeckt er das verborgene Afrika der Heimat. Dazu schickt er seinen Besucher erneut auf die Reise, auf eine Reise, bei der sich Eduard nicht fortzubewegen braucht, eine Reise kraft Imagination, ausgelöst allein durch den geologischen Blick: »Und du brauchst bloß noch einmal die paar Schritte an die Brüstung unserer Schanze zu tun, Eduard, und dir die Umgegend noch einmal in Beziehung hierauf zu betrachten, um sie plötzlich auch noch nach einer ganz neuen Richtung hin höchst interessant zu finden. Zwischen der Trias und der Kreide nichts als Wasser, und die erste nächste Insel dort der blaue Berg im Süden! ... O Eduard, in der Tertiärzeit soll es hier noch so heiß gewesen sein wie heute bei dir zu Hause im heißesten Afrika« (S. 100).

Schaumann setzt die realen Erfahrungen Eduards mit den Ergebnissen seiner eigenen erdgeschichtlichen Studien in Beziehung. In dieser Weise verknüpft er die zeitliche mit der räumlichen Dimension und weitet seine enge lokale Begrenzung analogisierend aus. In seiner Vorstellung finden die beiden gegenläufigen Bestrebungen der räumlichen Expansion und der räumlichen Konzentration zusammen. Sie erweisen sich als verwandt, indem sie beide von der gegenwärtigen Umwelt wegdeuten, einmal in Richtung des räumlich Entlegenen, das andere Mal in Richtung des zeitlich Entlegenen.[14]

Doch dokumentiert der Romanverlauf, daß zwischen einem räumlich ausgreifenden Dasein, das sich an dem Maß geographischer Längen und Breiten orientiert, und einer räumlich fixierten Existenz, die in historische Tiefen vordringt, eine wesentliche Differenz besteht. Entscheidend ist, daß historische Vergangenheiten nie mehr vollständig eingeholt werden können, während geographische Räume, so fern sie auch sein mögen, doch real erreichbar sind. Die Strahlkraft des Entlegenen aber löst sich auf, wenn es zum Vertrauten und Bekannten wird. Genau dies geschieht Eduard. Seine Sehnsucht nach der »weite[n] unermeßliche[n] Welt« (S. 20) schlägt in Enttäuschung um, sobald er auswandert und ihm bewußt wird, daß »der Erdball durchaus nicht unabmeßlich ist, sondern daß dieser im Äther schwimmende Kloß gar nicht so dick ist, wie er sich einbildet« (S. 20). Indem Eduard das Ziel seiner Wünsche und Projektionen tatsächlich erreicht, rückt es in den festen Horizont der alltäglichen und banalen Welt ein. Schaumann hingegen bleibt solche Desillusionierung erspart, da er seinen Standpunkt nur in der Imagination wechselt, das Vergangene aber nie tatsächlich einzuholen vermag. Auf die durchlebten Enttäuschungen reagiert Eduard mit der Umlenkung seiner Sehnsüchte. Hatte er früher Afrika zum Ziel seiner Wünsche und Projektionen erkoren, so erscheint ihm umgekehrt aus der räumlichen und zeitlichen Distanz die Hei-

[14] Indem Raabe Eduards Sehnsucht nach der Ferne und Stopfkuchens paläontologisches Interesse derart verschränkt, verweist er auf die Affinität von Historismus und Exotismus im späten 19. Jahrhundert, die Žmegač auf die Formel von der »historischen Exotik der Gründerzeit« brachte (Viktor Žmegač, Zum literarhistorischen Begriff der Jahrhundertwende, in: Ders. (Hrsg.), Deutsche Literatur der Jahrhundertwende, Königstein/Ts. 1981, S. IX–LI, hier: XXXI).

Die Verquickung von Exotismus und Traditionalismus läßt sich besonders gut in der Volkskultur des 19. Jahrhunderts beobachten. So fanden die politische und wirtschaftliche Erschließung der Kontinente und die Kämpfe in den Kolonien Eingang in den Fasnachtsbrauchtum des ausgehenden 19. Jahrhunderts. Exotische Motive rückten neben traditionelle. 1890 stand beispielsweise die Fasnacht in Villingen unter dem Motto »Die deutsche Expedition in Ostafrika«, mit dem Vorspiel »Beschießung und Erstürmung eines aufständischen Negerdorfes durch das Kriegsschiff Carola, hierauf Einzug der Wißmannschen Armee in Bagamoyo« (hierzu: Hermann Bausinger, Volkskultur in der technischen Welt, Frankfurt/M. 1986, S. 77).

mat im verklärten Schimmer als das Reich der Kindheit und der intakten Illusion.[15] Nach den ernüchternden Erfahrungen seines Heimatbesuchs vermeint er mit dem Betreten der Roten Schanze endlich den »verzauberten Boden« gefunden zu haben, »auf welchem die Enttäuschungen der Heimkehr doch vielleicht noch einem rechten, echten, wahrhaftigen, wirklichen Heimatsbehagen Raum geben« (S. 56) könnten. Doch Stopfkuchen unterbindet auf radikale Weise die nostalgischen Gefühle, die er selbst hervorgerufen hat und zieht Eduard den vertraut geglaubten Boden in ganz wörtlichem Sinn unter den Füßen weg. Er schließt ihm nicht allein die Abgründe der heimatlichen Erde, sondern auch die Untiefen der eigenen Lebensgeschichte auf. Entgegen allen harmonisierenden Fiktionen beschwört er das »Hautgout von Blut, Moder und ungesühntem Totschlag« (S. 80) und sorgt auf diese Weise dafür, daß das Vergangene nicht in Vergessenheit gerät. Indem Schaumann genüßlich die Ergebnisse seiner Grabungen, die alten und neuen Knochen, vor Eduard ausbreitet, befördert er das Skelett in dessen eigener Vergangenheit aus der Erde.[16]

Da Eduard erfahren muß, daß das Heimatliche den vertrauten Horizont sprengt, verkehren sich seine bisherigen Vorstellungen: zum einen erlebt er schmerzhaft das Umschlagen von Ferne in Nähe, zum anderen enthüllt sich ihm das vermeintlich Nahe und Vertraute als fremd und unheimlich. Seine Desorientierung wird gerade dort am deutlichsten, wo er, die sichernden Kräfte heimatlicher Ordnung und Konstanz beschwörend, sich um eine Bestandsaufnahme des Unveränderlichen bemüht: »Die Aussicht nach Norden und Süden, nach Osten und Westen war so ziemlich gleich geblieben, wie sie in unserer Kinderzeit war. Da war in der Tiefe die Stadt, da zur Seite Dorf Maiholzen, da der Wald, da das freie Feld und da die fernen blauen Berge liegen geblieben. Behaglich schliefen darunter und darin Heinrich Schaumanns Floren und Faunen sämtlicher wissenschaftlichen

[15] Dem entspricht die Feststellung von Uwe Heldt, Eduard mache »sich ›Raumbilder‹, künstliche Vorstellungen, durch die er sich mit Hilfe vorgeformter Klischees einen Raumbezug« schaffe (U. Heldt, Isolation und Identität. Die Bedeutung des Idyllischen in der Epik Wilhelm Raabes, Frankfurt/M. 1980, S. 100). In Wirklichkeit, so folgert Heldt, sind für Eduard die Räume beliebig und austauschbar. Er besitze keinen echten Bezug zu seiner Heimat, sondern bewege sich »sinnlos durch einen gleichgültigen Raum« (S. 102).

[16] In der Forschung wurde wiederholt darauf hingewiesen, daß mit Störzers Entlarvung zugleich Eduards eigener Existenzentwurf ins Zwielicht rückt. Denn schließlich war es Störzer, der Mörder, der Eduards Leidenschaft für das ferne Afrika weckte und damit seinem Lebensweg den entscheidenden Impuls gab. So etwa Hubert Ohl: »nicht nur Eduards Erinnerungen an Heimat und Kindheit erscheinen plötzlich in fahlem Licht, mit ihnen werden auch seine aus diesen Kindheitserlebnissen erwachsenen Lebensentscheidungen und -wertungen plötzlich fragwürdig« (H. Ohl, Eduards Heimkehr oder Le Vaillant und das Riesenfaultier. Zu Wilhelm Raabes *Stopfkuchen*, in: Hermann Helmers (Hrsg.), Raabe in neuer Sicht, Stuttgart 1968, S. 247–293, hier: S. 265).

Erdballsperioden, Formationen und Übergangsperioden, das Riesenfaultier eingeschlossen und mit eingeschlafen. Darüber der Sommerspätnachmittagssonnenschein. Nur eine oder zwei neue Eisenbahnlinien durchschnitten jetzt die Ebene. Und der Zug, der eben auf der einen die Stadt verlassen hatte und mit langgezogener weißer Lokomotivenwolke der Ferne zuglitt, erinnerte mich in diesem Augenblick wieder daran, wie wenig Halt und Anhalt ich jetzt noch in der Geburtsstadt, in den Heimatsgefilden, habe« (S. 123).

Indem sich Eduards Perspektive von einer horizontal-panoramatischen in eine vertikale verschiebt, sprengt seine Wahrnehmung den vertrauten Horizont. Sein an Schaumann geschulter Blick durchdringt gleichsam die Erdoberfläche und taucht in die darunterliegenden geologischen Schichten ein. Eduard erfaßt die historischen Dimensionen der Landschaft, so wie er auch ihre räumliche Dynamik registriert, nämlich in der Beobachtung des Zuges, der schließlich seinen Wahrnehmungshorizont verläßt. In einer verwirrenden Vielschichtigkeit und Uneinheitlichkeit findet er die Heimat vor sich liegen. Sie ist ebenso geöffnet in die Weiten des geographischen Raumes, wie sie sich in unabsehbare historische Tiefen erstreckt. Unter dem wissenschaftlichen Blick und angesichts der verkehrstechnischen Erschließung des Raumes zerfällt Eduard die bergende Einheit des Heimatlichen, sie entpuppt sich als ein Wunschgebilde, ein utopisches Konstrukt, dem die Komplexität der modernen Wirklichkeitserfahrung widerspricht. Die neue Wahrnehmung von Landschaft steht unter dem Zeichen des Verlusts raum-zeitlicher Stabilität, und es ist mit ihr der Schwund von Vertrautheit assoziiert. Auch der darübergelagerte »Sommerspätnachmittagssonnenschein« trägt nicht dazu bei, das Bild harmonischer zu gestalten, vielmehr verweist das künstlich synthetisierte Wortungeheuer auf Eduards Entfremdung. Damit bezeugt diese Textpartie, die das spannungsreiche Gefüge des Romans mit seinen Antagonismen von Nähe und Ferne, Gegenwart und Vergangenheit, Oberfläche und Tiefe auf knappstem Raum konzentriert, sowohl die Auflösung sozialräumlicher Identität wie den Zerfall von Wirklichkeit unter dem Eindruck der Relativität von Raum und Zeit.

Im Gegensatz zu Eduard scheint Schaumann nicht unter der Komplexität und der Widersprüchlichkeit der Wirklichkeit zu leiden. Während der ›Afrikaner‹ sich niemals wirklich auf das andere, das Fremde, eingelassen hat und überfordert scheint, als er ausgerechnet in der eigenen Heimat damit konfrontiert wird, hat Schaumann das Fremde seinem räumlich eng begrenzten Lebenskreis eingelagert. Unter seinem Regiment wird die Rote Schanze zu einem Fossilienkabinett, das die versteinerten Überreste von Jahrtausenden beherbergt. Der Koprolithenschrank, der seinen Platz neben der Sofaecke findet, die auf Regalen und in offenen Schränken arrangierten Petrefakten, die Sammlung prähistorischer Knochen, inmitten derer der dicke Stopfkuchen Hähnchensuppe und Schinken verzehrt – dies alles sprengt die zur Schau gestellte spießbürgerliche Banalität. Indem Schaumann dem Alltäglichen das Absonderliche, Fremdartige einlagert, erzeugt er eine Art von ›Binnenexotik‹. Sie läßt die Sphäre des Privaten, die das Subjekt normalerweise in seiner Identität befestigt und nach außen absichert, zu einem Bereich des Heterogenen und Polyvalenten werden. Nicht die Ausgrenzung des Fremden, wie es der gängigen Forschungsmeinung entspricht,[17] sondern eine bewußt inszenierte Ambiguität kennzeichnet den Raumbezirk der Roten Schanze, der Disparates und Befremdliches versammelt, in dem sich das Gegenwärtige und das zeitlich Entlegene begegnen. Somit markieren die historischen Wälle, die Schaumanns Anwesen umgeben und die er immer wieder umschreitet, nur scheinbar eine klare Grenze zwischen Innenraum und Außenraum. Vielmehr ist die fortwährende imaginäre Grenzüberschreitung, das Spiel mit Nähe und Distanz, Fremdheit und Vertrautheit für Schaumann charakteristisch. Dabei gelingt es ihm, anders als Eduard, dem die Wirklichkeit immer verwirrender wird, ihre Widersprüche aufzufangen und zu bewältigen.

III

Der Forschung galt und gilt diese Souveränität als Ausweis einer zeitenthobenen Überperspektive. So sprach bereits Romano Guardini in seinem wegweisenden Aufsatz von 1932 von der »unsäglichen Gelassenheit«[18] Schaumanns, der unter der zufälligen Oberfläche des Geschehens »Wesen und Notwendigkeit«[19] zum Vorschein bringe und dadurch die Handlung »in eine Art Absolutheit«[20] entrücke. Die späteren Interpreten wie Herman Meyer, Eduard Beaucamp und Ulf Eisele schlossen sich dieser These

[17] Wiederholt hat man die Rote Schanze als einen Bezirk idyllischer Behaglichkeit mißverstanden. So sah Hubert Ohl in ihr einen Ort der »Isolierung und Einsamkeit« (Eduards Heimkehr, a. a. O., S. 271). Und auch Julia Hell ignoriert die subversive, den alltäglichen Rahmen sprengende Qualität des Schaumannschen Wohnmuseums, wenn sie in ihm allein ein Zeugnis menschlicher Verarmung erkennen will. Behauptet Hell, Schaumanns Wohnräume signalisierten seine Gefährdung, in »Erstarrung und Bewegungslosigkeit« zu versinken (Julia Hell, Wilhelm Raabes *Stopfkuchen*, Der ungleichzeitige Bürger, in: Raabe-Jahrbuch 1992, S. 165–193, hier: S. 186), so ist dem entgegenzuhalten, daß im ganzen Roman kein ähnlich spannungsvoller Raum entworfen wird.

[18] Romano Guardini, Über Wilhelm Raabes *Stopfkuchen*, in: Raabe in neuer Sicht, hrsg. v. Hermann Helmers, Stuttgart 1968 (Erstdruck: Mainz 1932), S. 15.

[19] Ebd., S. 34.

[20] Ebd., S. 40.

im Grundsätzlichen an[21] und erklärten Stopfkuchens paläontologische Fundstücke zum symbolischen Ausdruck seiner Zeitenthobenheit: »Das Reich, in welchem Stopfkuchen lebt, ist gewissermaßen auch über die Zeit erhaben. Sinnbildlich für diese Überzeitlichkeit ist sein Verkehr mit den Petrefakten und Urweltsknochen, die er auf seinem Gebiet findet, mit den Resten des Mammuts und des Riesenfaultiers.«[22] Daß Raabes Roman entgegen der gängigen Forschungsmeinung nicht Überzeitlichkeit, sondern im Gegenteil das Problem der Relativität thematisiert, daß er nicht vor der Idee eines Absoluten, sondern auf dem Hintergrund des Historismus und der Vorstellung der vielen Vergangenheiten gelesen werden muß, soll im folgenden dargelegt werden.

Als Hobbypaläontologe interessiert sich Schaumann, der nicht nur »Mitglied von einem halben Dutzend paläontologischer Gesellschaften« (S. 111) ist, sondern auch die wissenschaftliche Terminologie adaptiert hat,[23] für eine Wissenschaft, die in ihren fossilen Untersuchungsobjekten Dokumente für die Historizität alles Lebendigen erkennt. Allerdings bindet der Roman die Forschungstätigkeiten seines Protagonisten nicht in eine geschlossene wissenschaftliche Theorie ein. Statt Natur als evolutionären Zusammenhang zu entwerfen, greift der Text lediglich Bruchstücke des geologischen, paläontologischen und evolutionsgeschichtlichen Diskurses auf. Schaumanns Interesse an den versteinerten Relikten eines prähistorischen Lebens ist kein systematisches, sondern speist sich aus der Faszination durch das Widerständige und Befremdliche – einer Faszination, die die Fähigkeit einschließt, den eigenen Standpunkt aus der Distanz zu betrachten, ihn als einen fremden zu erfahren: Der Gedanke, »in einer spätern Schicht auch mal unter den merkwürdigen Versteinerungen ge-

21 Für Herman Meyer transzendiert Schaumann sein zeitgebundenes Bewußtsein bis zur »abgeklärte[n] Schau, in welcher die ephemere Tatsächlichkeit zusammenschrumpft und sich das Bleibende und Überzeitliche als das eigentlich Wirkliche enthüllt« (H. Meyer, Raum und Zeit in Wilhelm Raabes Erzählkunst, in: Helmers, a. a. O., S. 125). Ähnlich lautet das Resümee E. Beaucamps: »Stopfkuchen beherrscht kraft seiner Anschauung den globalen Raum und die universale Zeit« (Beaucamp, a. a. O., S. 61).

22 Herman Meyer, Der Sonderling in der deutschen Dichtung. Frankfurt/M. 1990, S. 280. Die gleiche Position bezieht Fritz Martini, für den das Mammut symbolisch auf einen zeitlosen Weltgrund hindeutet (F. Martini, Deutsche Literatur im bürgerlichen Realismus 1848–1898, 4. Aufl., Stuttgart 1981, S. 729).

23 So benennt er die Erdzeitalter im Fachjargon als Eozän, Miozän und Pliozän und weiß sein Interessengebiet als »Paläozoologie und Paläophytologie« (S. 169) zu titulieren.

funden zu werden« (S. 110), habe ihn auf die Petrefaktenkunde gebracht.[24] Schaumann ist fasziniert von der ambivalenten Sinnbildlichkeit des Fossils, das als zu Stein gewordnes Organisches sowohl eine Zukunfts- wie eine Vergangenheitsperspektive evoziert, da es zum einen an das ehemalige Leben des Versteinerten erinnert und zum anderen das Lebendige als zukünftiges Fossil imaginieren läßt. Seine Fossilienleidenschaft indiziert folglich nicht einen zeitenthobenen Standpunkt, sondern im Gegenteil seine Einsicht in die Relativität allen Daseins und die Fähigkeit, einstmalige Gewißheiten in Zweifel zu ziehen: War der Mensch statt Krone der Schöpfung etwa nur ein evolutionäres Zwischenglied, die Gegenwart statt Höhepunkt der geschichtlichen Entwicklung bloß ein historisches Durchgangsstadium?

Das Bewußtsein von der Relativität des eigenen Standpunktes bildet eine Grunderfahrung des Historismus. Indem die Gelehrten des 19. Jahrhunderts den »historischen Sinn«, wie Schaumann bemerkt, »für das Vorzüglichste« (S. 70) erklärten, worüber der Mensch überhaupt verfüge, verabschiedeten sie sich zugleich von der Vorstellung, daß in der Geschichte exemplarisch etwas überhistorisch Allgemeines aufscheinen könne. Statt nach überzeitlich Gültigem zu suchen, spürte der im Historismus erweckte ›historische Sinn‹ der Besonderheit der einzelnen historischen Epochen nach. Mit dem Wissen um die vielen jeweils für sich gültigen Vergangenheiten, mit der Erkenntnis, daß »alles und jedes geschichtlich geworden und geschichtlich vermittelt ist«,[25] einschließlich der eigenen Gegenwart, entwickelte sich ein Sensorium für die Bedingtheit gegenwärtiger Zustände. Lebensformen, Werte, Gesetze, ja Wahrheiten wurden als zeitgebunden erkannt, und man sah sie beständigen Wandlungen unterworfen.[26] Es ging mit dem Historismus daher »ein durchgängiger historischer *Relativismus* im Bereich der Erkenntnis und der Moral«[27] einher.

[24] Ähnlich lauten Passagen aus Briefen Wilhelm Jensens an Raabe. Auch er gewann durch seine Liebhaberei eine distanzierte Haltung zu Gegenwärtigem und vermochte die eigene Existenz – wie Schaumann – durch eine verfremdete Optik wahrzunehmen. Im Brief vom März 1869 greift Jensen in eine ferne Zukunft aus und stellt sich vor, wie man ihn und Raabe 40.000 Jahre später aus dem Muschelkalk schlagen würde (BA Erg.bd. 3, 48). Am 22./23. 12. 1868 schreibt er an Raabe: »ich habe dich als Ammonites tinovermicus, schwarzer, Jura Ω, bestimmt; mutmaßlicher Fundort nach 381.000.000.000.000 Jahren auf den Fidschi-Inseln. Ich hoffe, daß man uns zusammen im selben cabinet aufstellen wird« (BA Erg.bd. 3, 26).

[25] Otto Gerhard Oexle, Die Geschichtswissenschaft im Zeichen des Historismus. Bemerkungen zum Standort der Geschichtsforschung, in: Historische Zeitschrift 238, 1984, S. 17–55, hier: S. 17f.

[26] Vgl. Thomas Nipperdey, Deutsche Geschichte 1800–1866. Bürgerwelt und starker Staat, München 1983, S. 498.

[27] Herbert Schnädelbach, Geschichtsphilosophie nach Hegel. Die Probleme des Historismus, Freiburg, München 1974, S. 21.

Raabes *Stopfkuchen* erhellt dies exemplarisch an der Lebensgeschichte Störzers. Indem Störzer selbst zu Wort kommt, wird seine Tat verständlich – der ›Mord‹ erweist sich psychologisch als Notwehr, und die ehemals eindeutig scheinende Opposition von Täter und Opfer stellt sich als unangemessen heraus. Schaumann ermittelt somit weniger einen ›Mörder‹, als vielmehr die Inadäquatheit starrer moralischer und juristischer Kategorien und des dazugehörigen normativen sprachlichen Rasters. Die ›Wahrheit‹, die er ans Licht bringt, liegt in der Einsicht in die Relativität von Wahrheit. Jedoch erscheint nicht nur Störzer als ein Produkt der gesellschaftlichen Umstände, sondern auch Valentine und Quakatz, Eduard und selbst Schaumann zeigen sich in ihrem Handeln und ihrer Lebensweise durch die je besonderen Bedingungen ihrer Sozialisation (oder durch deren Scheitern) geprägt. Der Roman macht also sowohl auf die historischen Dimensionen des Gegenwärtigen als auch auf seine individuelle Facettierung aufmerksam. Erzähltechnisch trägt dem das Verfahren des Polyperspektivismus mit seiner Betonung der subjektiven Figurenstandpunkte Rechnung. Indem der Roman die vielen individuellen Wahrheiten dokumentiert und sie tendenziell gleichwertig nebeneinander setzt, entwirft er das fragmentarische Bild einer Realität, die nicht mehr auf ein Einheit und Sinn verbürgendes Zentrum hindeutet.

Dem zum Trotz erscheint der dicke Stopfkuchen unbestreitbar als der Mittelpunkt des Romans, der die verschiedenen Perspektiven bündelt. Und das, obwohl er nicht nur ein Bewußtsein von der relativen Bedeutungslosigkeit gegenwärtiger und unlängst vergangener Geschehnisse besitzt, sondern auch um die Relativität des eigenen Standpunktes weiß. Sein Handeln gründet nämlich auf der Einsicht, »daß kein Hahn mehr nach dem hochberühmten Herrn Prinzen von Sachsen und seinem Mordkriege krähe und daß auch einmal nach dem Herrn Oberlehrer Blechhammer und uns andern und – und – und Kienbaum auch kein Hahn mehr krähen, kein Hund mehr bellen und kein Mensch mehr die Nase verziehen werde« (S. 112). Doch obwohl er derart die eigene Gegenwart unter dem Aspekt der Vergänglichkeit betrachtet und obwohl er den Verlust verbindlicher, überzeitlicher Werte registriert, wirkt sich das auf ihn nicht lähmend aus. Das Verblüffende ist, daß sich Schaumann im vollen Bewußtsein historischer Relativität zum Zentrum allen Daseins zu setzen vermag, daß es ihm also gelingt, die desillusionierende und die eigene Existenz aufweichende Erfahrung der historischen Bedingtheit in eine emphatisch herausgestellte Souveränität umzuwandeln.

Des dicken Stopfkuchens Überlegenheit gegenüber den anderen Figuren resultiert paradoxerweise aus seiner Einsicht in die Relativität allen Daseins. Nur mündet diese Erkenntnis bei ihm weder in einen allgemeinen Skeptizismus noch in die Orientierungslosigkeit wie bei Eduard. Vielmehr erkennt er seine eigene Position, indem er sie als relativ erfährt, zugleich auch als veränderlich, kann er doch selbst bestimmen, wie er sich gegenwärtiger und vergangener Wirklichkeit gegenüber verhält. Durch die Wahl der Perspektive schafft sich Schaumann seinen subjektiven Zugang zur Realität, schneidet die Welt auf sich zu.[28] So liegt es in seinem Ermessen, das vor kurzem Gewesene wie längst Vergangenes zu behandeln, »den gestern vergangenen Tag als wie einen seit Jahrtausenden begrabenen Mammutsknochen« (S. 197) auszugraben. Desgleichen steht es ihm frei, die Knochen in der Erde zu lassen: »Alter Gesell, was hätte es denn dir gemacht, wenn Stopfkuchen ein paar Wochen oder ein paar Jahre dich später aufgedeckt hätte?« (S. 180), bespricht er sich mit den Überresten des Riesenfaultiers. Der Umgang mit den prähistorischen Knochen dient Schaumann als Modell für seinen Umgang mit den ›neuen Knochen‹, dem Wissen über Kienbaums Mörder. Analog befindet er über die Aufklärung des Mordes: »hat es für unsern Herrgott diese langen Jahre Zeit gehabt, so wird's jetzt auf ein paar Tage mehr auch nicht ankommen« (S. 177).

Wenn man mit Ohl das Riesenfaultier als »Chiffre für Schaumanns Überlegenheit und zeitenthobene Gelassenheit«[29] deutet, dann stellt man den tatsächlichen Sachverhalt auf den Kopf. Schaumann wird nicht etwa deshalb zur überlegenen Figur des Romans, weil er durch die Konfrontation mit den Vorweltknochen einen zeitlos-gültigen Standpunkt gewinnt, sondern umgekehrt, weil er sich dadurch der Relativität aller Positionen bewußt wird und auf dieses Bewußtsein sein Leben und Handeln gründet. Er selbst entscheidet, wann er die Umstände des Mordes an Kienbaum aufdeckt, ja ob er die historischen Fakten überhaupt zur Kenntnis nimmt. Damit setzt er den eigenen subjektiven Entscheidungsspielraum an die Stelle überhistorischer Kategorien: »›Aber die ewige Gerechtigkeit?‹ wirst du fragen, Eduard. Ja, sieh mal, lieber Freund, in deren Belieben hatte es, meiner Meinung nach, denn doch lange genug gelegen, das Ihrige zur Sache zu tun« (S. 180). Schaumann fängt den Verlust von allgemeinverbindlichen Verhaltensnormen und Werten in einem subjektiven Akt auf, der notwendig willkürlich bleibt, der sich gerade durch seine Willkürlichkeit auszeichnet. In analoger Weise verfährt er mit wissenschaftlicher Erkenntnis.

[28] Das zeigt sich paradigmatisch in den Worten, mit denen Schaumann Eduard seine Begleitung bis Brummersumm anbietet: »Also, wenn du nichts dagegen hast, begleite ich dich nachher ein Stück Weges auf deiner Rückfahrt nach Afrika« (S. 149).

[29] Hubert Ohl, Eduards Heimkehr, a. a. O., S. 271. Ähnlich auch Eisele: »Die Chiffre [das ausgegrabene Megatherium, K. G.] setzt prononciert ins Bild, was die Detektivgeschichte ebenfalls, nur verdeckter, besagt: die anschaubar/anschauliche Gegenständlichkeit des Wahren und seiner Erkenntnis« (a. a. O., S. 61).

Wenn Raabe seinen dicken Helden immer wieder auf geschichtliche Zeugnisse und das von den historischen Fachwissenschaften bereitgestellte Wissen rekurrieren läßt, so reflektiert er damit die positivistische Ausrichtung der Wissenschaften, die in einem bis dahin unvorstellbaren Ausmaß Tatsachenwissen anhäuften,[30] ohne Ordnungskriterien bereitzustellen, mit deren Hilfe sich dieses ›objektive‹ Wissen hätte verarbeiten oder überhaupt erst aneignen lassen. Dadurch gerieten weite Teile der Wissenschaft gegen Ende des 19. Jahrhunderts in ein Vakuum, sie waren nicht mehr anschlußfähig an die gegenwärtigen, alltäglichen Lebenszusammenhänge. Schaumann bannt den positivistischen Relativismus der Einzelfakten durch eine radikale Subjektivierung seines Umgangs mit Daten über gegenwärtige oder vergangene Wirklichkeit. Wie heterogen und fern von der alltäglichen Gegenwart das Wissen auch ist, das er in seine Reden einfließen läßt, es gelingt ihm doch, es im Fokus seiner subjektiven Betrachtungsweise zu vereinen. Schaumann schließt Erfahrungs- und Wissensbereiche zusammen, zwischen denen es keine inhaltlichen Bezüge gibt; noch die entferntesten Zeitstufen – die Prähistorie, den Siebenjährigen Krieg, die verschiedenen biographischen Vergangenheiten – stellt er in einen gemeinsamen Kontext. So plant er nach eigenen Worten eine »Abhandlung über das Mammut und seine Beziehungen zu der Roten Schanze, dem Prinzen Xaver von Sachsen und dem Bauer Andreas Quakatz nebst angehängtem Exkurs über das Megatherium« (S. 111).

Das – nach Schuberts Naturgeschichte – stumpfe und bewegungslose Faultier beweist in seinen Reden eine erstaunliche Flexibilität. Nicht nur behauptet Schaumann Zusammenhänge zwischen auseinanderliegenden Gegenständen und Sachverhalten, er vermag auch ohne Mühe die Diskursebene zu wechseln und sich etwa des biblischen Tons zu bedienen,[31] verfügt demnach gleichermaßen über wissenschaftliche wie theologische Muster der Weltdeutung. Schaumann hält diese Spannung aus, ohne sie

[30] Auf der Kehrseite des immensen Wissenszuwachses über Vergangenes drohte der Verlust gegenwärtiger Orientierung. Am Beispiel der Paläontologie läßt sich das einprägsam darstellen. Bronns *Index palaeontologicus* von 1848/49 verzeichnete über 26000 fossile Pflanzen- und Tierarten, wobei in einigen Klassen die ausgestorbenen Formen die rezenten bereits überwogen: so standen etwa 100 Spezies lebender Brachiopoden (Meerestiere, die in ihrem Aussehen kleinen Muscheln ähneln) 2000 fossilen Arten gegenüber. In dem Maß, in dem das Wissen über die Vergangenheit wuchs, schrumpfte die Gegenwart und verlor ihre Selbstverständlichkeit.

[31] So wendet er sich an Tine und Eduard: »Was geht es euch an, wie lange der Ozean über der Roten Schanze gestanden hat, ehe die Möglichkeit vorhanden war, daß Kienbaum in ihrer Umgebung totgeschlagen werden konnte? Wieviel ergötzlicher ist es doch, davon zu reden, daß der Herr nach der Sintflut wieder aufgehen ließ Gras, Busch und Baum, und daß er Blüten gleich Weihnachtslichtern dransteckte und allerlei Früchte daranhing, lieblich dem Auge und angenehm dem Gaumen!« (S. 101f.)

aufzuheben, so wie er auch keine tatsächliche Vermittlung leistet zwischen wissenschaftlicher Erkenntnis und aktueller Lebenswelt, zwischen Gegenwärtigem und Vergangenem. Seine Reden nehmen heterogene Fakten und Erkenntnisse auf, ordnen sie einander zu und weisen doch zugleich auf die bestehenden Differenzen hin: »... erst in der Eiszeit – in der Eiszeit! – ist unter den ersten Säugetieren auch der Mensch hier auf der Roten Schanze aus Asien eingewandert – und da soll ein Nachkömmling von ihm heute im Sommer nicht schwitzen, wenn er pietätvoll und wissenschaftlich nach den ersten Spuren seiner Vorfahren hier um den Aufwurf des Prinzen Xaver von Sachsen herum nachsucht!« (S. 100f.).

Schaumann integriert geologische und historische Daten in den eigenen Lebenszusammenhang, indem er sie aus ihrem szientifischen Kontext löst und sie strikt auf die eigene Existenz bezieht. Durch diese souveräne Behandlung erscheint naturwissenschaftliche und historische Erkenntnis bewältigbar und verliert ihre desorientierende Gewalt. Schaumann immunisiert sich aber derart nicht allein gegen den durch die Erfahrung der Relativität ausgelösten Wirklichkeitszerfall und Sinnverlust, sondern konturiert die eigene Subjektivität – so paradox dies klingt – ausgerechnet im Umgang mit dem Wissen, das seinen Subjektstatus in Frage stellt. Das Subjekt, das als erkennendes im Historismus seine grundsätzliche Relativierung erfuhr, wird also von Raabe wieder inthronisiert – jedoch nicht als erkennendes, sondern als eines, das sich auf spezifische Weise gegenüber bereits Erkanntem verhält: »Friß es auf und friß dich durch!« (S. 114), lautet Schaumanns Wahlspruch.

Das Essen als Akt des Aufnehmens und Aneignens steht metaphorisch für seine subjektivistische Methode der Erkenntnisverarbeitung und für seine Form der Lebensbewältigung überhaupt.[32] Das Ausgraben und das Abnagen der Knochen, das Freilegen von geschichtlichen Bezügen und das Hindurchfressen durch die jeweilige Gegenwart, das sind die beiden komplementären Arten aktiver Lebensbewältigung, die der Roman aufzeigt. Sie verschränken die Richtungen nach innen und nach außen, wodurch Schaumann seine stabile und gegenüber den anderen Figuren überlegene Position findet. Der fleischfressende, alte und neue Knochen abnagende, alles absorbierende und alles verdauende Heinrich Schaumann stellt die evolutionsgeschichtliche Überlebensvariante des vorzeitlich-fossilen Rie-

[32] Eduard hingegen liegen während seiner Rückreise die Erfahrungen seines Heimatbesuchs schwer im Magen. Er ist nach eigener Aussage zum Wiederkäuer geworden, der sich eingehend »mit einem längst gegessenen und verdaueten Schinken« beschäftigt (S. 60). Wieland Zirbs wies auf die Raumsemantik des im Schiffsbauch schreibenden Eduard hin, dessen Niederschrift damit dem Verdauungsprozeß analog gesetzt wird (vgl. W. Zirbs, Strukturen des Erzählens. Studien zum Spätwerk Wilhelm Raabes, Frankfurt/M. 1986, S. 135f.).

senfaultiers und des rezenten Faultiers dar. Im ›Kampf ums Dasein‹ hat sich Stopfkuchen vom pflanzenfressenden, zahn- und wehrlosen Geschöpf, zu dem ihn einst der Lehrer Blechhammer stempelte, zum überlebenstüchtigen Zoophagen gewandelt. Damit steht er gegenüber der »gymnastischen Affenrepublik« (S. 87) als das Ergebnis einer anderen Evolutionskette.

IV

Stopfkuchen ist in seiner Struktur von einer generellen und durchgehenden Spannung geprägt: Auf der einen Seite demonstriert der Roman, daß die Komplexität der modernen Wirklichkeitserfahrung kein geschlossenes Bild von Realität mehr entstehen läßt, auf der anderen Seite stellt er dagegen eine Hauptfigur, die ihren subjektiven Standpunkt angesichts einer dissoziierten Realität nicht nur zu behaupten weiß, sondern ihre Subjektivität dadurch überhaupt erst konstituiert. Mit dieser eigentümlichen Ambivalenz gerät der Roman in Distanz zu anderen Werken des Realismus sowie zur realistischen Literaturtheorie. Es ist das Verdienst Ulf Eiseles, Raabes *Stopfkuchen* in einen derart übergreifenden literaturgeschichtlichen Horizont eingeordnet und ihn als das Werk eines epochalen Übergangs »vom Realismus hin zum Nach-Realismus«[33] bestimmt zu haben.

Eisele knüpft in seiner Interpretation allerdings an sein Konzept eines »empirischen Essentialismus« an, wie er es in seiner Studie *Realismus und Ideologie*[34] aus der frührealistischen Theorie herausdestilliert hatte. Für die literarische Praxis bedeutet dieser ›empirische Essentialismus‹, wie ihn Eisele verstanden wissen will, eine Aufspaltung in zwei getrennte und gegenläufige Teilprozesse, von denen einer das ›Essentielle‹ aufzudecken und der andere diesen abstrakten Wesenskern ›sinnlich-konkret‹ wieder zu verhüllen suche.[35] Diese beiden Komplemente des ›empirischen Essentialismus‹ – das Sichtbarmachen des Typischen und seine auf Realitätsillusion zielende Einkleidung – findet Eisele in Raabes *Stopfkuchen* nicht bloß realisiert,[36] sondern sieht sie mit dem Motiv des Megatheriums geradezu ins Thematische gewendet: »In und mit dem vorzeitlichen Relikt entdeckt Stopfkuchen ... eben jenes Essentielle *in* der Realität, das herauszuarbei-

[33] U. Eisele, a.a.O., S. 38.

[34] Ulf Eisele, Realismus und Ideologie. Zur Kritik der literarischen Theorie nach 1848 am Beispiel des »Deutschen Museums«, Stuttgart 1976.

[35] Vgl. Eisele, Anm. 6, S. 49.

[36] Schaumann müsse erst etwas gefunden bzw. aufgedeckt haben, um darüber sprechen zu können (vgl. ebd.).

ten, die erste unabdingbare Aufgabe des Romanautors ist. Die Knochen des Riesenfaultiers bilden das Gerüst, über das es – in einem zweiten Schritt – das ›Fleisch‹ der sinnlich-konkreten Ausgestaltung und Verlebendigung zu spannen gilt. Der Ausgräber und Erzähler Schaumann vollzieht und erfüllt die beiden für die realistische Konzeption konstitutiven Arbeitsgänge.«[37]

Wenn es jedoch, wie im vorangegangenen Abschnitt dargelegt, die eigene Relativität ist, die Schaumann angesichts seines prähistorischen Ahnen, des Riesenfaultieres, als wesentlich erfährt, dann ist damit die von Eisele präsupponierte epistemologische Dimension des Romans grundsätzlich in Frage gestellt. Überraschenderweise tastet sich Eisele in seiner Argumentation dicht an diese Schlußfolgerung heran, die doch seinen eigenen Ansatz unterminiert. Er gesteht nämlich zu, daß das, was Schaumann als ›Wahres‹ und ›Essentielles‹ aufdeckt, »des Erkennens kaum noch für wert befunden wird«,[38] daß der Romantext vielmehr »das wirklich Wahre als (nur noch) literarisches«[39] prätendiere. Hier aber, wo Eisele Zweifel anmeldet an der Bedeutung des von Schaumann Erkannten und somit den Deutungsrahmen seines ›empirischen Essentialismus‹ hinter sich läßt, liegt m. E. die entscheidende und richtungweisende Leistung seiner *Stopfkuchen*-Interpretation. Denn hat man mit Eisele erst einmal die relative Bedeutungslosigkeit des von Schaumann aufgedeckten ›Essentiellen‹ akzeptiert, dann ist es nurmehr folgerichtig zu fragen, ob ein solches überhaupt vorausgesetzt werden darf. Läßt sich also *Stopfkuchen* überhaupt als ein »Diskurs über das richtige Erkennen der Realität«[40] beschreiben oder gründet Raabes narratives System nicht viel eher auf einer prinzipiellen Erkenntnisskepsis?

Tatsächlich weist der Text die Möglichkeit allgemeingültiger Erkenntnis oder, mit Eisele zu sprechen, eines ›essentiellen Kerns‹ von Realität von sich, und zwar aus zweifachem Blickwinkel: Erstens demonstriert das von Raabe auf die Spitze getriebene perspektivische Erzählen, daß Wirklichkeit immer individuell erfahren wird, daß jedes einzelne Individuum seine Welt perspektivisch konstituiert. Zweitens zeigt der Roman mit seinen Bezugnahmen auf die unterschiedlichen historischen Vergangenheiten und der Einarbeitung wissenschaftlicher Daten eine Wirklichkeit, die nicht mehr als Totalität erfahrbar ist.

[37] Ebd., S. 58.

[38] Ebd., S. 63.

[39] Ebd., S. 72. Eisele konstatiert ausdrücklich die »tendenzielle Substitution essentieller Realität durch eine analog strukturierte Kunstrealität« (S. 72).

[40] Ebd., S. 1.

Daß *Stopfkuchen* unter diesen Voraussetzungen nicht einer formalen wie inhaltlichen Desintegration unterliegt, verdankt sich in erster Linie einem System von Leitmotiven, das zwischen den unterschiedlichen Perspektiven Verknüpfungen schafft. Zwar setzt das narrative Gefüge damit dem Perspektivenrelativismus keine Zentralperspektive entgegen, wohl aber bindet es die zentrifugalen Kräfte des Relativismus in ein dichtes System von motivischen Verweisen ein, die eine dreifache Referenz geltend machen und somit drei Ebenen von Bedeutungen konstituieren:

1. Sie beziehen sich wörtlich oder metaphorisch auf einen außersprachlichen Referenten bzw. Sachverhalt.

2. Sie verweisen aufeinander, deuten sich gegenseitig und bilden in ihrer Gesamtheit ein Netz, das der narrativen Chronologie unterlegt ist.

3. Sie haben ihren zentralen Bezugspunkt in Heinrich Schaumann und weisen auf diesen zurück.

Die Rede von den ›Knochen‹ beispielsweise meint wörtlich die fossilen Skelettreste, verweist außerdem auf den ermordeten Kienbaum und sie evoziert die Sphäre bürgerlicher Normen und Wertvorstellungen als eine »Welt voller abgenagter Knochen« (S. 34). Das Leitmotiv der ›Knochen‹ stiftet somit Verbindungen zwischen heterogenen Sachverhalten. Es setzt nicht nur die Aufklärung des Mordes zu Schaumanns paläontologischer Knochensuche in Analogie, sondern läßt diesen auch einen Konnex behaupten zwischen seinem abgebrochenen Theologiestudium und seinen osteologischen Kenntnissen: In seinem »Brodstudium ... viel zu sehr vom Fleisch« (S. 130) gefallen, habe er sich auf das Studium des »eigenen Knochengerüstes« (S. 131) verlegen müssen und auf diese Weise die Fähigkeit erworben, das »vorsintflutliche Riesenfaultier wissenschaftlich einwandfrei tadellos zu rekonstruieren« (S. 131).

Es ist Schaumann, der als monologisierender Lehnstuhlheld die entscheidenden Motive und Bildketten in den Roman einführt, wenn er in seinem Sprechen Erlebtes und Erkanntes überformt und es auf den eigenen Lebenszusammenhang fokussiert. Zum leitenden Verknüpfungsprinzip wird ihm dabei nicht das Verfahren der Analogisierung, sondern der »Zauber des Gegensatzes«, die Differenzerfahrung bildet die Klammer zur Außenwelt. Sie ermöglicht ihm auch den Brückenschlag von der eigenen Fettleibigkeit zu seinem Interesse für die prähistorischen Knochenfunde: »Werde du mal so fett wie ich und suche du nicht deinen Gegensatz – also hier diese Knochen!« (S. 77), versetzt er Eduard. Schaumanns diskursive Subjektivierung der Realität strahlt auf die ästhetische Konstruktion des ganzen Romans aus. Die Opposition zwischen dem einen Dicken und den vielen Dürren,[41] zwischen Schaumanns Wohlleben und einer Welt der abgenagten Knochen ist strukturprägend. Auch Eduard vermag sich der subjektivistischen Weltdeutung Schaumanns nicht zu entziehen. Als Narrator macht er keine eigene Stimme geltend, sondern paßt sich weitgehend dem Schaumannschen Diskurs an und wird von dem durch Schaumann entfalteten Leitmotivsystem förmlich aufgesogen.[42]

Die Leitmotivik des *Stopfkuchen* ist also figurengebunden. Sie konstituiert im narrativen System keine übergeordnete Perspektive, ist nicht darauf angelegt, ein vordergründig realistisches Erzählen zu transzendieren, um hinter der empirischen Wirklichkeit etwas Wesentliches aufscheinen zu lassen.[43] Vielmehr besitzen die zentralen Motive in Schaumann nicht nur ihren Ausgangspunkt, sondern deuten zugleich auf ihn zurück. Seine Monologe entwerfen, worauf immer sie sich beziehen, zugleich ein Bild seiner selbst, denn sie verweisen auf die Eigenschaften, die Schaumann als Bezugsgrößen seines Sprechens demonstrativ herauskehrt und die er zu den beherrschenden Bildspendern seiner Metaphorik macht: seine Gefräßigkeit und seinen Körperumfang.

Zwar hat Herman Meyer die Leistung der Leitmotivik angemessen umschrieben, wenn er durch sie eine »weitestgehende Relativierung der tatsächlichen Vorgangselemente« bewirkt sah, er ging aber fehl, wenn er folgerte, daß dies »zugunsten des übertatsächlichen Sinngehalts«[44] geschehe. Die Leitmotivik des *Stopfkuchen* ist Ausfluß und Ausdruck von Schau-

[41] Daß Schaumann seine Außenwelt mit Vorliebe in ihrer »komplementären Mager- und Knochigkeit« wahrnimmt, darauf wies Gerhart v. Graevenitz hin: »Alle Beziehungen des dicken Stopfkuchen sind Beziehungen zu Dünnen, vom ›dürren‹ Vater bis hin zum dürren Erzählerfreund« (G. v. Graevenitz, Der Dicke im schlafenden Krieg. Zu einer Figur der europäischen Moderne bei Wilhelm Raabe, in: Raabe-Jahrbuch 1990, S. 1–21, hier: S. 4).

[42] Das kulminiert in einem imaginierten Tausch der Identität, bei welchem sich Eduard »ganz in des Dicken Stelle« hineinversetzt und eine Rede anhebt, die ausschließlich aus Schaumannschen Versatzstücken besteht: »Ich war zu seinem Leibesumfang angeschwollen und hatte mich auf die Höhe seiner behaglichen Weltverachtung erhoben und hatte gesagt: ›Dem dürren Afrikaner, diesem Eduard, wollen wir nun doch einmal aus dem alten Neste heraus imponieren und ihm beweisen, daß man auch von der Roten Schanze aus aller Philisterweltanschauung den Fuß auf den Kopf setzen kann. Dem wollen wir einmal zeigen, wie Zeit und Ewigkeit sich einem gestalten können, den man jung allein unter der Hecke liegen läßt und der da liegen bleibt und, um die Seele auszufüllen, nach Tinchen Quakatz sucht und, um den Leib bei Rundung zu erhalten, die Rote Schanze erobert und in Mußestunden von letzterer aus auch den gestern vergangenen Tag als wie einen seit Jahrtausenden begrabenen Mammutsknochen aufgräbt.‹« (S. 197)

[43] Auf die Romane Thomas Manns würde weit eher zutreffen, was Herman Meyer über die Funktion der Leitmotive im *Stopfkuchen* schreibt: »Durch die überstarke Wiederholung wird das realiter Einmalige seiner griffigen Einmaligkeit beraubt. Die Tatsächlichkeit der Vorgänge wird zurückgedrängt, wodurch sie in einen Bereich des wandellos-Typischen hineinwachsen« (H. Meyer, Raum und Zeit, a. a. O., S. 117).

[44] H. Meyer, Raum und Zeit, a. a. O., S. 118.

manns sprachlicher Realitätsbewältigung, die weder die Abbildung empirischer Wirklichkeit noch die Enthüllung ihres ›essentiellen Kerns‹ intendiert, sondern darauf zielt, heterogene Erfahrungs- und Wissenspartikel verknüpfungsfähig zu machen, so daß sie sich an den individuellen Horizont anbinden lassen. Schaumanns Reden heben an ihren Gegenständen und Sachverhalten nicht das Besondere hervor, sondern reduzieren sie im Gegenteil auf allgemeine und oftmals oberflächliche Qualitäten. So erklärt es sich, daß das Erzählen, obwohl es vorgeblich beim Anschaulichen und Bildhaften ansetzt, diesen Eindruck keineswegs an den Leser weitergibt. Das Mammutskelett beispielsweise, dieses immer wieder beschworene »Pièce de résistance« (S. 76), erhält keine konkrete Gestalt, es wird zwar benannt, nicht aber in seinem Aussehen beschrieben.[45] Die Gegenstände verlieren ihre visuellen oder haptischen Qualitäten, sie werden reduziert auf ihren Zeichencharakter und gehen auf in der Textur des Romans.

Raabes Erzählweise, von Heinz Schlaffer einst kritisiert als ein Realismus ohne Wirklichkeit,[46] ist im *Stopfkuchen* funktionalisiert zur poetischen Bewältigung einer dissoziierten Realität. Schaumanns sprachliche Realitätsbewältigung gründet auf Entzeitlichung, Enträumlichung und der Verweigerung von Anschaulichkeit. Eisele hat in diesem Zusammenhang zu Recht von einer »Rehabilitierung der Oberfläche«[47] gesprochen und *Stopfkuchen* in den Kontext des tiefgreifenden Strukturwandels eingeordnet, der sich in der Literatur der Jahrhundertwende vollzog. Doch im Unterschied zu dem radikalen Subjektivismus in den zeitgleich entstandenen Werken des Ästhetizismus wird bei Raabe die Wirklichkeit vom Subjekt nicht vollständig aufgesogen, nicht in das Innere hineingenommen. Es ist nicht bereits der Akt der Wahrnehmung oder des Erkennens, der der Subjektivierung den Ansatzpunkt bietet, sondern, davon abgetrennt, die Verarbeitung von Daten über Wirklichkeit. Sein diskursives Vermögen, das einen Zusammenhang behauptet, ohne die Verschiedenheit der Sachverhalte zu überwinden, macht Heinrich Schaumann zum Verknüpfungszentrum.

[45] Ähnlich konstatierten Helmuth Mojem und Peter Sprengel, daß Schaumanns Fettleibigkeit leitmotivisch zwar immer wieder benannt wird, für den Leser jedoch keine Anschaulichkeit gewinnt: »Das erzählerische Verfahren Raabes verweigert sich herkömmlichen Erwartungen an einen ›anschaulichen‹ Realismus« (H. Mojem u. P. Sprengel, Wilhelm Raabe: Stopfkuchen, in: Romane des 19. Jahrhunderts, Stuttgart 1992, S. 350–386, hier: S. 354).

[46] Wörtlich warf Schlaffer dem Werk Raabes einen »Mangel an konkreter Welt« und eine »unbestimmte Abstraktheit« des Gehalts vor (Heinz Schlaffer, Rezension von Hubert Ohl: Bild und Wirklichkeit. Studien zur Romankunst Raabes und Fontanes, in: Zeitschrift für deutsche Philologie 89, 1970, S. 287–295, hier: S. 292 f.).

[47] Eisele, a. a. O., S. 66.

Entsprechend entfaltet der Roman gleichermaßen zentrifugale wie zentripetale Kräfte – weist auf ein Zentrum hin und deutet von diesem weg, so wie sich in der symbolischen Konfiguration des Romanschlusses ja auch Eduard von Schaumann und dem heimatlichen Brummersumm wieder entfernt. *Stopfkuchen* formiert sich, darauf wies Gerhart von Graevenitz hin,[48] als ein gespaltener Text, der Unbeweglichkeit mit Dynamik konfrontiert, Zentralperspektive mit Perspektivismus und Einheit mit Fragmentarizität, der der zersplitterten Welt ein souverän schaltendes Subjekt entgegenstellt. Die metaphorische Rede von den alten und neuen Knochen bildet diese Ambivalenz ab, denn sie deutet einerseits auf die (historische) Relativität der Wirklichkeit, andererseits auf Schaumanns Verknüpfungsfähigkeit.

[48] »Die Textstruktur des *Stopfkuchen* zeigt ... ein auffallendes Gegenüber, einen scharfen Kontrast zwischen dem buchstäblich vollplastischen ›Bild‹ des Helden, der emphatischen Leiblichkeit einerseits und einem Erzählen andererseits, in dem aus zerstreuten und heterogenen Partikeln in komplizierten Prozessen ein vielschichtiges, leicht diffuses, oft ambivalentes Bedeutungsfeld zusammengefügt wird.« (v. Graevenitz, a. a. O., S. 20).

ASTRID LANGE-KIRCHHEIM

ADOLESZENZ, HYSTERIE UND AUTORSCHAFT IN ARTHUR SCHNITZLERS NOVELLE »FRÄULEIN ELSE«

»Von allen Seiten Elogen über Frl. Else«, notiert Arthur Schnitzler am 6. Dezember 1924.[1] Und schon am 10. Oktober 1924, also kurz nachdem die Erzählung in der angesehenen Zeitschrift *Die Neue Rundschau* erschienen war, erhielt Schnitzler Zuschriften, die *Fräulein Else* zu seiner besten Novelle erklärten.[2] Schnitzler selber hatte jedoch zeitweilig den Eindruck, daß der Schluß problematisch sei, und merkte selbstkritisch an, daß *Fräulein Else* zwar überall stärkste Wirkung mache, als Kunstwerk aber überschätzt werde.[3] Lob, ironisch verpackt, präsentiert die folgende Besprechung: »Schnitzlers Dramen sind Novellen, und so ist es kein Wunder, daß seine Novelle ein Drama ist ... Sie ist in Form eines Monologs geschrieben, in den Dialoge so eingeschaltet sind, daß die Verwendung von zweierlei Drucktypen uns helfen muß, die Sprecher auseinanderzuhalten. Der Inhalt gehört der bekannten Spezialität des Autors an, der Branche: ›Mondänes Gesellschaftsleben‹, Abteilung: ›Hotel- und Kurbetrieb‹, Artikel: ›Erotik und Geldgeschäfte mit tödlichem Ausgang‹. Aber es versteht sich von selber, daß Schnitzler die höchste psychologische Finesse und Delikatesse entwickelt.«[4] Soll diese Ironie eine Distanzierung bewirken, welche das Werk selbst vermissen läßt? Tendiert die Novelle zur Verklärung? Auf diese Fragen wird später zurückzukommen sein.

Die Erzählstruktur, der innere Monolog, und die bedeutungsträchtigen Angaben zu Ort und Zeit des Geschehens rücken Schnitzlers Novelle in unmittelbare Nachbarschaft zu zwei beinahe zeitgleich erschienen Werken

[1] Arthur Schnitzler, Tagebuch 1923–1926, unter Mitw. v. Peter Michael Braunwarth, Susanne Pertlik u. Reinhard Urbach vorgelegt v. M. Werner Welzig, Wien 1995, S. 210. – Im folgenden werden außerdem zitiert: Tagebuch 1879–1892, Wien 1987; Tagebuch 1883–1902, Wien 1989; Tagebuch 1903–1912, Wien 1981; Tagebuch 1917–1919, Wien 1985; Tagebuch 1920–1922, Wien 1993.

[2] Tagebuch 1923–1926, S. 192.

[3] Vgl. ebd., S. 157 u. 200.

[4] Rezension von Hans Brandenburg, in: Die schöne Literatur, Nr. 12, Dezember 1925, S. 543.

der Weltliteratur, zu James Joyce' *Ulysses* (1922) und Thomas Manns *Zauberberg* (1924).[5] Obwohl beide noch nach dem Muster des Bildungs- und Entwicklungsromans um das männliche Individuum zentriert sind, darf der *Ulysses* mit dem stream-of-consciousness der *Heldin* ausklingen, welcher das gesamte Schlußkapitel bzw. ein Dreizehntel des Romans einnimmt, quasi eine weibliche Novelle im männlichen Roman. Ein detaillierter Vergleich ihrer beider Monologe würde vermutlich ergeben, daß die Figuren der Molly Bloom und des Fräulein Else T. hinsichtlich der in sie eingegangenen männlichen Projektionen, die unterm Begriff der Männerphantasien zu subsumieren gängig geworden ist, konvergieren. Hat Molly dazu provoziert, sie als das Fleisch zu definieren, das stets bejaht und damit den Mann hinabzieht, so stellt, bei analoger Verwendung *Faustschen* Vokabulars, die Jung- und Kindfrau Else das Ewig-Weibliche in seiner entgegengesetzten Variante dar, das, was den Mann hinanzieht. Als scheinkonträre Aufspaltungen des Weiblichen in Jungfrau und Hure, Maria und Eva, eine Spaltung, die sich auch innerhalb der beiden Frauenfiguren wiederholt, repräsentieren Molly und Else die Ängste und Wünsche des Mannes in einer patriarchalischen Kultur zu einer Zeit, die der *Zauberberg* bezeichnet als die »Welt vor dem großen Kriege«. Der *Ulysses* erzählt die Ereignisse eines Tages, des 16. Juni 1904, *Fräulein Else* die weniger Stunden, des 3. Septembers 1896. Das Berghotel, eine »Zauberburg« (S. 355),[6] stellt für die Adoleszentin Else wie analog das Sanatorium für den »einfachen jungen Menschen«, Hans Castorp, einen gegenüber der Herkunftsfamilie wie dem Heimatort als exterritorial zu bezeichnenden Raum dar, der das Versprechen enthält, den Zauber des Fremden zu erfahren und Selbstfindungsmöglichkeiten durchzuspielen. Dabei verhalten sich die männlichen zu den weiblichen Möglichkeiten allerdings wie Roman zu Novelle. Haben die Bildungsprozesse beim jungen Mann ihr Telos in den großen welthistorischen Ereignissen, so enden sie bei dem Fräulein in Traum und Tod. Elses Option für den realen Tod unterscheidet sich jedoch nur wenig von dem Tod im Leben, wie ihn die Geschlechterkonstruktionen der Zeit der Frau vorzeichnen. Der Tod als Telos der weiblichen Entwicklung, aber auch, wie noch zu zeigen sein wird, als ständige Präsenz – für diese Adressierung des Weiblichen hat Schnitzler die leitmotivische Wendung ge-

[5] Schnitzler kannte den *Ulysses* vermutlich nicht, und Manns »kostbaren Zauberberg« liest er erst nach der Publikation von *Fräulein Else*. Vgl. Tagebuch 1923–1926, S. 218.

[6] Geklammerte Seitenzahlen im fortlaufenden Text beziehen sich auf Arthur Schnitzler, Gesammelte Werke. Die Erzählenden Schriften, Bd. 2, Frankfurt/M. 1981, darin: Fräulein Else, S. 324–381.

prägt: »Adresse bleibt Fiala«, ein kaum verhüllter Hinweis auf den Selbstmord.[7]

Diese Todeszentriertheit der weiblichen Existenz soll hier in dreierlei Hinsicht thematisiert werden, wobei jeweils nach der besonderen Funktion des inneren Monologs zu fragen ist. Zunächst wird die Beziehung zwischen Vater und Tochter, welche in der Schnitzler-Forschung als ödipale Vater-Fixierung gelesen wird, neu im Kontext der Familie untersucht. Sodann wird gezeigt, wie das, was Else als Tochter widerfährt, Paradigma ist für die Situation der Frau in der patriarchalischen Kultur überhaupt. Was Freud und in seinem Gefolge die Lieblingstochter Helene Deutsch als Lebensskript für die Frau entwerfen, kann Stück für Stück als »töchterliche Existenzweise« identifiziert werden.[8] Insofern Schnitzler in *Fräulein Else* ein weibliches Sterben an der Kultur vorführt, wäre drittens zu fragen, inwieweit der Text als ästhetisches Gebilde und Teil dieser Kultur diesen Zusammenhang mitreflektiert. Insbesondere kann in der hier vorgenommenen geschlechterdifferenten Betrachtungsweise die Frage nicht umgangen werden, ob und auf welche Weise der – männliche – Autor das Verhältnis zu seiner erfundenen – weiblichen – Heldin einer Reflexion unterzieht. Als Vergleich soll dabei Freuds Beziehung zu seinen adoleszenten Patientinnen dienen, welche im Zuge der feministischen Psychoanalysekritik der letzten Jahre eingehend im Hinblick auf Übertragungs- und Gegenübertragungsprozesse untersucht worden ist.

I.

Was der neunzehnjährigen Else während ihres Ferienaufenthalts im Berghotel Fratazza in San Martino di Castrozza zustößt, ist auf wenige Stunden zwischen 19 Uhr und Mitternacht am 3. September 1896 begrenzt und entscheidend durch weitere bedeutsame Zeitangaben perspektiviert: am 5. September muß die Schuldensumme von 50000 Gulden zur Rettung des Vaters bei Dr. Fiala hinterlegt sein, und am 6. September wäre, so rechnet Else, ihre Periode fällig (S. 327). Mithilfe dieser Zeitangaben flankiert Schnitzler die Krise, in die Else von außen wegen ihres Vaters gerät, durch zwei körperliche und seelische Phasen, welche durch eine hohe »Vulnerabilität« gekennzeichnet sind: die Adoleszenz und das prämenstruelle Syndrom des weiblichen Zyklus. Die Sorge um den Vater konkur-

[7] Im Namen Fiala erkennt man unschwer die »einzige Phiole« Fausts, welche das Gift enthält (Goethe, Faust I, v. 690).

[8] Vgl. hierzu Christa Rohde-Dachser, Expedition in den dunklen Kontinent. Weiblichkeit im Diskurs der Psychoanalyse, Berlin, Heidelberg, New York 1991, S. 81ff.

riert mit der Sorge um das weibliche Selbst. Das hormonelle Geschehen bewirkt eine psychische Destabilisierung, für die – gesellschaftlich ritualisiert – das Veronal als Gegenmittel bereitsteht.[9] Daß es diesmal zur Hand ist, den Selbstmord herbeizuführen, enthüllt Elses prekäre Situation, denn die Gabe kann sich jederzeit in das Gift verwandeln. Die »lieben Pulver« (S. 363) stellen ein unzuverlässiges Übergangsobjekt dar, denn sie provozieren zum Umgang mit der Droge. Vermittelt über das Pharmakon fallen also Tod und Weiblichkeit zusammen. Da der Text dies als Folge der Medizinalisierung der weiblichen Reproduktivität, letztlich also als Folge der symbolischen Ordnung ausweist, ist die scheinbar konkurrierende Forderung des Vaters, Else möge sich für ihn verwenden, nur die andere Seite der Regulierung der Weiblichkeit durch den medizinischen Diskurs. Daher verliert die ›unerhörte Begebenheit‹ als Kern der Novellendefinition hier ihre Novität und dient nur noch dazu, vorhandene Strukturen sichtbar zu machen.

Entsprechend zeichnet sich ein Ereignismuster von Wiederholung und Variation ab. Die Erzählung zerfällt in zwei gleich lange Teile, welche beide mit einem Traum enden, einem, in dem vom Tod geträumt wird, und einem, in dem sich der Tod selbst ereignet. Elses Monolog erscheint als bloßer Aufschub, als Entfaltung eines zu Anfang bereits feststehenden Endes. Mit dem Tennisspiel am Eingang der Novelle beendet Else bereits metaphorisch auch das Gesellschaftsspiel, das Lebens- und das Liebesspiel. Sie überläßt es dem heimlichen und ehebrecherischen Liebespaar, Vetter Paul und Cissy Mohr, das von Schnitzler auch als Elternpaar stilisiert ist. Und in der Tat sind die Eltern Ursache der Depotenzierung von Else: per Expressbrief suchen sie die Neunzehnjährige selbst am Ferienort *heim*, rufen sie ins Haus des Hotels zurück und instrumentalisieren sie für ihre Zwecke. Der Ferienort, welcher das Versprechen von Freiheit und Neuanfang im Sinne der zweiten Chance der Adoleszenz[10] zu enthalten scheint, wird zur Falle. Die »Zauberburg« des Hotels Fratazza steht mit ihrer Hermetik für den geschlossenen sozialen Raum des Familiaren, in den Else zurückdefiniert wird. Ihre erste Selbstmordreflexion erfolgt, noch vor der Lektüre des Briefes, in der Situation der Grenze: *im* Haus und *am* Fenster

[9] Die Verknüpfung von hormonellem Geschehen – »Unwohlsein« – mit den »seelischen Störungen der Fraun zu dieser Zeit« notiert Schnitzler anläßlich des Selbstmords von Stephi Bachrach durch Morphin und Veronal am 17. 5. 1917 in sein Tagebuch; vgl. Tagebuch 1917–1919, Wien 1985 (wie Anm. 1), S. 45. Zu Stephi Bachrach als möglichem Vorbild für die Figur der Else siehe auch Renate Wagner, Arthur Schnitzler. Eine Biographie, Wien, München, Zürich 1981, S. 356–358.

[10] Diesen Begriff prägte K. R. Eissler; vgl.: »Bemerkungen zur Technik der psychoanalytischen Behandlung Pubertierender nebst einigen Überlegungen zum Problem der Perversion (1958)«, in: Psyche 20, 1966, S. 838–872, S. 868.

(S. 328). Diese Grenze zwischen innen und außen, Gebundenheit in der Familie und Autonomie, ist für die Tochter offenbar nur im Tod zu überschreiten. Elses Klagen, keinen Raum für die Entfaltung ihrer Aktivität, im körperlichen und übertragenen Sinne, zu haben, stehen im Kontext einer prinzipiellen Immobilisierung, welche sich zum Schluß in der Ohnmacht und im Tod konkretisiert.

Schnitzlers Darstellung reflektiert hier zeitgenössische Geschlechterkonstruktionen, welche, von Weininger bis Freud, der Frau die Passivität zuordnen. Auch er legt seine Else von Anfang an auf ein reaktiv-regressives Verhaltensmuster fest. Das zeigt besonders sein Experimentieren mit der zentralen Entkleidungsszene. Die erste Skizze für die Erzählung lautete nämlich: »Ein junges Mädchen tritt nackt in den Speisesaal des Berghotels. Sie erzählt, dass sie beraubt wurde. Motiv: Sie tut es, um die Männer zu prüfen, die sich um sie bewerben«.[11] An die Stelle einer aus eigener Initiative und eigenem weiblichen Begehren entwickelten Szene tritt in der ausgeführten Novelle die Reaktion auf eine Erpressung, und die Szene selbst hat ihren Ursprung in der männlichen Phantasie, der des Voyeurs. Das Muster, »Der Mann handelt, die Frau reagiert«, verankert Schnitzler aber weder in der Anatomie, noch in der Biologie, etwa der Fortpflanzungsfunktion, und auch nicht in der Triebstruktur einer als männlich konzipierten Libido,[12] sondern sieht hier konkrete familiäre und gesellschaftliche Hemmungen, Einschränkungen, ja gewaltförmige Strukturen am Werk. Diese bedingen die depressiv-resignative Grundhaltung Elses und leiten eine Regression ein, an deren Ende die Entwicklung zum Kleinkind und der Tod stehen. Daß dies eine erzwungene Rückwärtsentwicklung ist, belegen Elses Protest, »Wie komm' ich dazu? Wie komm' ich dazu?« (S. 334) und die Dauerklage: »Ach, warum muß man wieder zurück« (S. 326, 354).

In San Martino di *Castrozza* erleidet Else also eine *Kastration*,[13] das

[11] Schnitzler-Archiv Freiburg, Arthur-Schnitzler-Nachlaß, Box C, XL. Fräulein Else, File 140 u. 141, Bl. 1–291; hier Bl. 2. Vgl. Gerhard Neumann u. Jutta Müller, Der Nachlaß Arthur Schnitzlers. Verzeichnis des im Schnitzler-Archiv der Universität Freiburg i. Br. befindlichen Materials, München 1969. – Ich danke den Erben Arthur Schnitzlers für die Erlaubnis, aus dem Nachlaß zitieren zu dürfen.

[12] Vgl. zu diesem Kontext Rohde-Dachser, Expedition in den dunklen Kontinent (wie Anm. 8).

[13] Die Vermutung, daß hier ein etymologisch-semantischer Zusammenhang besteht, ließ sich erhärten. Ich danke Wolfram Mauser sehr für seine sach- und sprachkompetente onomastische Recherche; seine Korrespondenz mit San Martino und Ugo Pistoia förderte folgenden Lexikoneintrag zutage: »*Castrozza.* diminutivo di Castra, pascolo dei castrati [Weideland für kastrierte Tiere, sc. Hammelweide]« (E. Lorenzi, Dizionario Toponomastico Tridentino, Arnaldo Forni Editore, Sala Bolognese 1981, S. 134).

heißt ein Abschneiden ihrer adoleszenten weiblichen Entwicklung; Indiz dafür ist, daß sie im Brief der Mutter nicht ein einziges Mal *namentlich* angeredet wird, sondern stets nur mit »Mein liebes Kind« und »mein liebes gutes Kind«. Zunächst stand hier noch mehrfach »Else«, was Schnitzler später konsequent getilgt hat.[14] Ursache dieser gewaltsamen Ent-differenzierung zum Kind ist der Vater, Agentin die Mutter. Daß dieser Vater zugleich die patriarchalische Ordnung repräsentiert, macht die Anspielung auf *Figaros Hochzeit* deutlich (S. 332). Das ius primae noctis definiert die Hochzeit der Braut/der Tochter zur Hochzeit des (Landes-)Vaters.[15] Zur Sicherung dieses Besitzrechtes quasi sind die entscheidenden Stationen der sich entwickelnden Weiblichkeit Elses väterlich markiert: 1. Das kleine Mädchen erhält – im Traum – vom Papa 30000 Puppen geschenkt (S. 380); 2. der pubertierenden Dreizehnjährigen streichelt die Vaterfigur Dorsday die Wange mit dem lüsternen Kommentar: »Schon ein ganzes Fräulein« (S. 330), und vom Vater dieser Altersstufe träumt Else im Kontext von Schlangenbissen (S. 353). 3. An der neunzehnjährigen heiratsfähigen Tochter am Ende der Adoleszenz schließlich wird die Verfügungsgewalt mittels der 50000 Gulden ausgeübt. Durch diese mehrfach mit Alters- und Zahlenangaben versehenen kritischen Phasen weiblicher Entwicklung stellt Schnitzler die aktuelle Forderung des Vaters an Else, ihn zu retten, in eine Reihe ähnlicher Ereignisse. Daraus möchte ich hypothetisch folgende Schlüsse ziehen: Erstens, der Vater hat die Entwicklung Elses zur Selbständigkeit unterbunden und statt dessen eine Abhängigkeitsbeziehung zwischen sich und der Tochter hergestellt. Zweitens scheint der Vater die Tochter sexuell und narzißtisch mißbraucht zu haben. Er hätte damit das Selbst der Tochter zerstört und sie disponibel gemacht zur Erfüllung der Bedürfnisse anderer. Der Prostitution ginge der Mißbrauch voraus.

Das bedarf der Erläuterung. In der Forschungsliteratur zu Schnitzler herrscht mehr oder weniger Konsens, daß die Ödipus-Konstellation Elses Persönlichkeitsproblematik bestimme: »Schnitzler schildert eine Vater-Tochter-Beziehung, die sich aus der ödipalen Grundstruktur noch nicht gelöst hat«.[16] – »[Die] sexuelle Beziehung mit dem Vater [wird] von Elses

[14] Der Nachlaß Arthur Schnitzlers, Bl. 179 u. 186.

[15] Auch in Freuds *Traumdeutung* steht *Figaros Hochzeit* vorrangig für dieses »Herrenrecht, das der Graf Almaviva bei Susanne zur Geltung bringen will« (Die Traumdeutung, in: Sigmund Freud, Studienausgabe, hrsg. v. Alexander Mitscherlich u. a., 10 Bde u. Erg. bd., Frankfurt/M. 1969–1975, Bd. II, S. 218 f.).

[16] Heiner Willenberg, Die Darstellung des Bewußtseins in der Literatur. Vergleichende Studien zu Philosophie, Psychologie und deutscher Literatur von Schnitzler bis Broch, Frankfurt/M. 1974 (Studienreihe Humanitas. Studien zur Germanistik), S. 86.

Unbewußtem ersehnt und im Symbol des gemeinsamen Fliegens im Traum auch realisiert«.[17] »Else hat ihr Identitätsproblem auch am Ende ihres Lebens nicht gelöst« (!).[18] Mir scheinen dagegen Elses Reflexionen und Erinnerungen um tatsächlichen Mißbrauch zu kreisen, welcher soweit verdrängt ist, daß Else nur in ihren Träumen in die Nähe der wirklichen Ereignisse vordringt. In der Auslotung der Vergangenheit steigern sich die beiden Träume so, daß erst im Schlußtraum die Identität des Vaters hinter den Ersatz- und Verschiebungsfiguren wie Dorsday und dem Filou auf der einen, Fred und Paul auf der anderen Seite sichtbar wird. »Noch nie habe ich eine so helle Nacht gesehen. Gib mir die Hand, Papa. Wir fliegen zusammen. So schön ist die Welt, wenn man fliegen kann. Küss' mir doch nicht die Hand. Ich bin ja dein Kind, Papa« (S. 381).[19] Das Leitmotiv des Handkusses signalisiert erniedrigende, pervertierte erotische Beziehungen, hier innerhalb der Familie.[20] Und eben diese Geste identifiziert schließlich auch die zunächst anonym und rätselhaft bleibende mächtige Liebhaber-Figur des Matadors: es ist der Vater. »Öffnen Sie das Tor, Herr

[17] Rolf Allerdissen, Arthur Schnitzler: Impressionistisches Rollenspiel und skeptischer Moralismus in seinen Erzählungen, Bonn 1985, S. 52.

[18] Ebd., S. 54.

[19] Den Lesern wird jedoch die Identität zwischen dem Vater und dem Schuft Dorsday mehrfach nahegelegt: die assoziative Struktur des inneren Monologs mißachtet z. B. die Grenzziehungen zwischen den Figuren und läßt Personalpronomina vielbezüglich werden. Im folgenden Textausschnitt läßt sich »er« – und auch das »Nein« Elses – sowohl auf Dorsday wie auf den Papa beziehen, und die Verwendung von Sexualsprache tut ein übriges, um hier geradezu die Rekonstruktion einer Mißbrauchsszene zwischen Vater und Tochter zu ermöglichen: »Seine gepflegten Finger sehen aus wie Krallen. Nein, nein, ich will nicht. Warum sag' ich es denn nicht? Bring' dich um, Papa! Was will er denn mit meiner Hand? Ganz schlaff ist mein Arm. Er führt meine Hand an seine Lippen. Pfui! Meine Hand ist kalt. Ich hätte Lust, ihm den Hut herunterzublasen« (S. 347).

[20] Mehrfach wehrt Else diesen Handkuß ab (vgl. S. 36, S. 43). Elsbeth Dangel hat am Beispiel einer Szene aus Schnitzlers Roman *Therese* darauf hingewiesen, daß der Handkuß des älteren Mannes das bürgerliche unverheiratete Mädchen prostituiert: »Denn der Handkuß des alten Adligen gilt nicht dem bürgerlichen unverheirateten Mädchen, dem laut Protokoll solche Ehrerbietung nicht gebührt, sondern der künftigen Kokotte, die zwar nicht in der großen Gesellschaft, aber doch in der Halbwelt als große Dame behandelt wird« (Wiederholung als Schicksal. Arthur Schnitzlers Roman »›Therese‹. Chronik eines Frauenlebens«, München 1985, S.45).

Matador« (S. 353). »Mach' auf das Tor, Herr Matador!« (S. 380).[21] Diese wiederholte Wendung kann als sexuelle Aufforderung gelesen werden und signalisiert die für das Mißbrauchsopfer typische Identifikation mit dem Aggressor;[22] zugleich ist sie Anspielung auf einen Weihnachtschoral. »Macht hoch die Tür, die Tor macht weit! / Es kommt der Herr der Herrlichkeit«. Der »Papa« wird zum überindividuellen Herrscher und Gesetzgeber idealisiert. In der Erzählung selbst tritt der Vater nie auf, im Gegensatz zur Mutter, welche als Briefschreibende individualisiert ist. Der Vater bleibt unsichtbar im Hintergrund und fördert Assoziationen an den hinter seiner Schöpfung verborgenen Gott. Die überaus helle Nacht, in der sich Else zusammen mit ihrem Vater fliegend imaginiert, ist mit allen Zeichen der Weihnachtsnacht versehen und konnotiert Geburt und Wiedergeburt.[23] Schärfer könnte der Gegensatz zwischen dem vertrauenden Kind und dem es mißbrauchenden Erwachsenen nicht herausgetrieben werden. Hinter Elses regressivem Todesflugtraum steht der Wunsch, der Vater der *Leidenschaft* möge sich endlich wieder in den Vater der *Zärtlichkeit* zurückverwandeln: »Küss' mir doch nicht die Hand. Ich bin ja dein Kind, Papa.«[24] In diesem Schlußtraum durchläuft Else noch einmal in umgekehrter

[21] Um diese zentrale Traumfigur kreisen – da am tiefsten verdrängt – Elses Erinnerungsbemühungen wiederholt mit großer Intensität: »Was habe ich denn nur geträumt? Von einem Matador? Was war denn das für ein Matador?« (S. 354) »Matador – wenn ich nur drauf käm', was – .... Aber wer war der Matador?« (S. 356) Das sexualsprachliche »Erkennen« und der Kontext von Papa und Schlangen sind jedoch schon im ersten Traum vielsagend, ja, dieser ermöglicht sogar Vermutungen über Ort und Zeitpunkt der in der Pubertät wiederholten Mißbrauchsszene: der Park in Mentone, Else war »dreizehn oder vierzehn« (S. 325). Auf das 13. Lebensjahr kommt der Text noch mehrere Male zurück (S. 330, 380), im Schlußtraum wiederum in aus Freuds *Traumdeutung* bekanntem sexualsymbolischen Sprachgebrauch von »Klavierspielen« und »Skalen [Treppen]«: »[Unter] dem freien Himmel steht das Klavier. Der Klavierstimmer wohnt in der Bartensteinstraße ... Sie sollten mehr Skalen üben, Else. Ein Mädel mit dreizehn sollte fleißiger sein« (S. 380).

[22] Zur »primären verschmelzenden Identifikation« mit dem Angreifer auf Grund der Angst in der traumatischen Situation vgl. Mathias Hirsch, Schuld und Schuldgefühl. Zur Psychoanalyse von Trauma und Introjekt, Göttingen 1997, S. 119.

[23] Anklänge an die Metaphorik des Barock – »Noch nie habe ich eine so helle Nacht gesehen« – und das protestantische Kirchenlied sind in den Schlußsätzen Elses unüberhörbar. »Ein ganzer Chor? Und Orgel auch? Ich singe mit. Was ist es denn für ein Lied? Alle singen mit. Die Wälder auch und die Berge und die Sterne« (S. 380). Hier ist an Paul Gerhardts Lied »Geh aus mein Herz und suche Freud« zu denken, besonders an Strophe 8: »ich singe mit, wenn alles singt, und lasse, was dem Höchsten klingt, aus meinem Herzen rinnen« (Evangelisches Kirchen-Gesangbuch, Lahr 1957, S. 371).

[24] Mit Sandor Ferenczi gesprochen, regrediert Else hier auf die »vortraumatische Seligkeit«, das Kleinkindalter, das von ihr regressiv durchschritten wird, bis Anfang und Ende des Lebens im Todesmoment zusammenfallen (vgl. »Sprachverwirrung zwischen den Erwachsenen und dem Kind. Die Sprache der Zärtlichkeit und der Leidenschaft« [1932], in: Sandor Ferenczi, Schriften zur Psychoanalyse. Auswahl in zwei Bänden, hrsg. v. Michael Balint, Frankfurt/M. 1972, Bd. II, S. 303–313; hier S. 311).

Reihenfolge die oben aufgeführten drei Lebensphasen väterlicher Gewaltanwendung: die Korrespondenz der 30000 bzw. 50000 Gulden Schulden mit den 30000 Puppen – Geschenk des Vaters für die »kleine Else« – bringt die Mißbrauchsbeziehung zur Evidenz, »die vorzeitige Aufpfropfung leidenschaftlicher und mit Schuldgefühlen gespickter Arten des Liebens auf ein noch unreifes, schuldloses Wesen«.[25]

Die Form des inneren Monologs könnte als Argument dafür benutzt werden, die väterlichen Mißbrauchshandlungen als Inzest-*Phantasien* Elses einzustufen. Mir scheint, daß Schnitzler einem solchen Verständnis mehrfach vorgebeugt hat. Ich möchte nur zweierlei nennen. Erstens: der Text verwendet eine spezifische Abwehr-Leistung der Traumarbeit, welche Freud in der *Traumdeutung* beschrieben hat. Es ist der Traum im Traum. Else kommentiert ihren Schlußtraum und speziell die Aufforderung, »Mach' auf das Tor, Herr Matador!« mit folgender Einschränkung: »Das ist ja alles nur ein Traum« (S. 380). Freud bezeichnet den Vorgang des Träumens im Traum als eine »Form der Ablehnung«, welche damit indirekt den Realitätscharakter des Geträumten bezeugt. »Der Einschluß eines gewissen Inhalts in einen ›Traum im Traume‹ ist also gleichzusetzen dem Wunsche, daß das so als Traum Bezeichnete nicht hätte geschehen sollen«.[26] Zur zerstörerischen Erfahrung des Mißbrauchs kann sich Else also nur in einem Traum im Traum bekennen. Zweitens scheint mir das spezifische Vergehen des Vaters, nämlich *Mündelgelder* veruntreut zu haben, eine sehr deutliche Sprache zu sprechen. Dieser Straftatbestand wird im Brief der Mutter, sozusagen als Botschaft aus der Außenwelt, mitgeteilt und ist der Subjektivität der monologisierenden Figur entzogen. Daß dieses Vergehen auf Verletzung zielt, bestätigen Elses verzweifelte Ausrufe: »Mündelgelder ... – Um Gottes willen! Papa, was hast du getan?« (S. 330) und »Der Vater veruntreut Mündelgelder. Warum tust du mir das

[25] Diese Formulierung bei Ferenczi (ebd., S. 310). Wegen der großen zeitlichen Nähe zu *Fräulein Else* und dem Umstand, daß er nicht nur auf »eine Unzahl von Bekenntnissen« in der Therapie, sondern auch auf Berichte von Pädagogen zurückgeht, kommt dem Aufsatz von Ferenczi hier so große, bestürzende Bedeutung zu: »Tatsächliche Vergewaltigungen von Mädchen, die kaum dem Säuglingsalter entwachsen sind, ... gehören zur Tagesordnung«. Ebd., S. 308.

[26] Freud, Traumdeutung (wie Anm. 15), S. 334.

an, Papa?« (S. 335)[27] Schließlich läßt Schnitzler sogar einen Blick auf die Urszene des Mißbrauchs zu, wenn wir eine Dialog-Passage zwischen Cissy und dem Frauenarzt (!) Paul in Gegenwart der ohnmächtigen Else genauer betrachten. »Der Puls geht ruhig. Lach' doch nicht, Cissy. Das arme *Kind.*« – »Ob du mich auch ein *armes Kind* nennen würdest, wenn ich mich im Musikzimmer *nackt* hingestellt hätte?« – »Schweig' doch, Cissy.« – »Ganz nach *Belieben,* mein Herr. Vielleicht soll ich mich entfernen, dich mit dem nackten Fräulein allein lassen. Ach bitte, *geniere* dich nicht. Tu', als ob ich nicht da wäre« (S. 379; Hervorhebungen von der Verfasserin).[28] Die Phantasie einer Szene zwischen Elternpaar und Kind drängt sich auf. Die Formulierung der eifersüchtigen Cissy unterstellt Paul,

[27] Die Wendung von den veruntreuten Mündelgeldern gewinnt leitmotivische Qualität, vgl. auch S. 348, 350, 362, 364. – Die Vermutung einer Mißbrauchsbeziehung ließe sich auch durch einen Blick auf die intertextuellen Bezüge stützen, vor allem natürlich auf Freuds frühe, auf der Verführungstheorie basierende Hysterieschriften. Aber auch für Michèle de Burne, die Heldin aus Maupassants Roman *Nôtre Coeur,* Elses Bettlektüre, hat der Vater die Rolle eines Ehemannes inne. Das »etwa vierzehnjährige Hannele Mattern« aus Gerhart Hauptmanns »Traumdichtung« *Hanneles Himmelfahrt* wird von ihrem Stiefvater nicht nur geschlagen, sondern auch mißbraucht, was durch Tabusprache nahegelegt wird: »Berger: Was hat er denn mit ihr angestellt? Seidel: Nu – halt – aso allerhand, mecht' man sprechen.« – »Pleschke: Ich gloobe – dem Mädel ... ich gloobe, dem Mädel ... dem hat's eens ... hat's eens angetan« (Gerhart Hauptmann, Sämtliche Werke. Centenar-Ausgabe, hrsg. v. H.-E. Hass, Darmstadt 1966; hier: Bd. 1, S. 556, 557, 563). Daß dieses Drama eine Folie für Schnitzlers *Fräulein Else* darstellt, erhellt nicht nur aus den vielen intertextuellen Korrespondenzen, sondern auch aus der Tatsache, daß Schnitzler der Wiener Erstaufführung vom 12. 12. 1893 beiwohnte und die entsprechende Tagebuchnotiz gleichzeitig *Else* Singer nennt – sie hat am gleichen Tag einen Selbstmordversuch unternommen –, ein damals fünfzehnjähriges Mädchen, das Schnitzler ihre Liebe vor allem brieflich anträgt und mehrfach als »kleine Else« im Tagebuch eine Rolle spielt (Tagebuch 1893–1902 [wie Anm. 1], S. 45, 49, 59, 61). Der väterliche Mißbrauch scheint geradezu ein Stereotyp in der Konstruktion der femme fatale/fragile, sc. der Hysterikerin darzustellen, denn er findet sich ebenso in Wedekinds »Lulu« und ist auch für Joyce' Molly Bloom diskutiert worden (vgl. Suzette A. Henke, James Joyce and the Politics of Desire, London 1990, S. 249f., Anm. 7).

[28] Eine vergleichbare Szene findet sich in der späteren *Traumnovelle,* in der jedoch die pervertierte Liebesbeziehung zur Nekrophilie gesteigert erscheint; hier ist es der Arzt Fridolin, der sich im Anatomiekeller Liebesphantasien mit einer schönen Toten hingibt. Daß diese Vorstellungen zur Männerphantasie der »schönen Leiche« gehören, hat Elisabeth Bronfen in ihrer Interpretation des Gemäldes *Der Anatom* von Gabriel von Max nachgewiesen (Nur über ihre Leiche. Tod, Weiblichkeit und Ästhetik, München 1994, Kap. 1, Vorbereitung einer Autopsie, Gabriel von Max, Der Anatom, S. 13–27). Mißbrauchsbeziehungen, narzißtischer und sexueller Art, kommen in zahlreichen Texten Schnitzlers vor und verdienten eine eigene Untersuchung.

der Vaterfigur, die Absicht, sich an der Ohnmächtigen, der kleinen Else (S. 352), einem schlafenden Kind, vergreifen zu wollen.[29]

Die Folge des Mißbrauchs ist die pathologische Symbiose zwischen Opfer und Täter, unauflösbar und nicht kommunizierbar. »Ich bin verdammt, Herrn Dorsday (d. i. die Vater-Figur) zu suchen bis an mein Lebensende. Er sucht mich gewiß auch« (S. 371). In diesem Kontext läßt sich Dorsday als Doomsday lesen, den Gerichts- und Verdammungstag am Ende aller Zeiten.[30] Der innere Monolog und Elses Aphonie in der Ohnmachtsszene sind die formalen und inhaltlichen Korrelate des Schweigen-Müssens und des Alleingelassenseins. Der innere Monolog bietet zudem die Chance, die Spaltung von Selbst und Objekt in der Abhängigkeitsbeziehung sichtbar zu machen, erzeugt er doch die Illusion einer unredigierten Darstellung psychischer Abläufe im Bewußtsein und sogar im Unbewußten. Todeswünsche gegenüber dem Vater wechseln bei Else mit der uneingeschränkten Bereitschaft, ihn zu retten. »Ja, Papa, ich werde dich retten« (S. 332) – »Bring' dich um, Papa« (S. 347). Entsprechend wechselt Elses Selbstbild zwischen Luder und Jungfrau. Die mörderische Objektbeziehung – »Alle haben sie mich gemordet und machen sich nichts wissen« (S. 378) –, die zunächst noch Elses Gegenwehr provoziert, wird schließlich abgewehrt, indem Else das Vaterbild aufspaltet in das Genie, Papa, und den Schuften Dorsday. Durch diese Projektion des schlechten Vateranteils ermöglicht sich Else, entgegen der Realität an der Idealisierung des Vaters festzuhalten, den sie offenbar als Schutz vor dem Alleingelassensein braucht. Je mehr die Erzählung fortschreitet, desto mehr schwindet bei Else das Bewußtsein von der Schlechtigkeit des Vaters, Zeichen ihres zunehmenden Realitätsverlustes und ihrer Regression auf die Entwicklungsstufe des kleinen Kindes.

[29] Diese Szene ist über die Signale Bahre/Tod/Liebe deutlich auf Elses ersten Traum bezogen. Dem – pervertierten – Elternpaar Cissy/Paul entspricht dort das Paar Dorsday/Mama, wobei das rote Monokel Dorsdays Elses Defloration metaphorisiert: die Vaterfigur – Dorsday – erwies der kleinen Else »die erste Schande« (S. 352) und unterhält gleichzeitig eine geheime Beziehung zu Elses Mutter.

[30] Der Name ist natürlich auch Echo auf engl. »door«, Mata*dor*, *Tor* und stellt damit unterschwellig die Identität von Elses Vater und Dorsday her. Bezeichnenderweise ist der englische Adelsname nur ein Deckname für den ungarischen Juden aus Eperies und kann daher als ein selbstreferentielles Signal dafür gewertet werden, daß Dorsday eine Deckfigur für den Vater darstellt. Daß es zwischen Else und Dorsday gleichsam um eine familiäre Auseinandersetzung geht, läßt sich im Nachlaß noch deutlich am Motiv der ethnisch-rassischen Zusammengehörigkeit des Judentums erkennen: »Es ist klar, ich werde mit dem ungarischen Juden sprechen, ich ... das Judenmädl« (Nachlaß [wie Anm. 11], Bl. 29).

Die Vater-Tochter-Beziehung läßt sich auch als narzißtische Kollusion lesen:[31] beide, Vater und Tochter, nehmen abwechselnd die Position von Selbst und Selbst-Objekt ein und werden damit letztlich zu Zwillingen. Die Tochter, das Kind und Mündel, wird unter Mißachtung der Generationengrenzen parentifiziert zur allmächtigen Elternfigur: der Anspruch des Vaters, ihn zu retten, zwingt das Mündel in die Vormund-Rolle. Daß die Tochter vor solcher Überforderung in die Sucht auszuweichen droht, macht sie zum Alter-Ego des Vaters und zur Co-Abhängigen. Schnitzler parallelisiert die Spielsucht des Vaters mit Elses Sucht nach ›schönen Visionen‹ (S. 353) – Veronal, Haschisch und Champagner. Diese Stimulantien dienen auch der Abwehr einer inneren Leere – Else erschrickt vor dem leeren Blick des Vaters (S. 332) –, welche eine unzärtliche, narzißtisch traumatisierte Kindheit zurückließ. Sowohl Else wie der Vater waren offenbar alleingelassene Kinder, um deren Bedürfnisse und Ängste sich niemand kümmerte. »Alles in unserem Haus wird mit Scherzen erledigt, und keinem ist scherzhaft zu Mut. Jeder hat eigentlich Angst vor dem Andern, jeder ist allein. Die Mama ist allein, weil sie nicht gescheit genug ist und von niemandem was weiß, nicht von mir, nicht von Rudi und nicht vom Papa. Aber sie spürt es nicht und Rudi spürt es auch nicht« (S. 337f.). Schnitzler gibt zu verstehen, daß in einer solchen frühkindlichen Umwelt, welche »nicht gut genug« war,[32] sich keine intergenerationelle Liebesfähigkeit entwickeln kann, so daß Mißbrauch und Sucht nur zwei Varianten darstellen im Versuch, in der Leere und mit der Angst zu überleben (S. 356). Diesem Überleben dient auch die »Spiegel-Sucht« Elses, welche den Mangel an narzißtischer Spiegelung durch die primäre Bezugsperson, sc. die Mutter, zu kompensieren hat.[33] In seiner Erzählung gestaltet Schnitzler also viel weniger eine ödipale, denn eine orale und tendenziell sadomasochistische Objektbeziehung. In der Mehrgenerationen-Perspektive wird sogar der Repräsentant der patriarchalischen Ordnung selbst, der

[31] Vgl. zu diesem Konzept, mit dem Jürg Willi (Die Zweierbeziehung, Reinbek bei Hamburg 1975) einen Modus der interpersonalen Abwehr mit dem Grundthema »Liebe als Einssein« beschreibt, ergänzend Rohde-Dachser, Expedition in den dunklen Kontinent (wie Anm. 8), S. 91–94.

[32] Vgl. zu dieser Umschreibung der für den Lebensbeginn notwendigen Voraussetzungen D. W. Winnicott, Reifungsprozesse und fördernde Umwelt. Studien zur Theorie der emotionalen Entwicklung (1965), Frankfurt/M. 1984, passim.

[33] Die neueren Darstellungen zum sexuellen Mißbrauch betonen, daß die Hinwendung des kleinen Mädchens zum Vater, ja ihr kokettes Werben um ihn und später um andere Männer, dem Bedürfnis entspringt, den erfahrenen Mangel an Empathie und Fürsorge seitens der Mutter zu kompensieren. Die Wahrnehmung dieses von der kindlichen Not diktierten Werbens um Zuwendung als im sexuellen Sinne verführerisch ist eine ödipalisierende Fehlinterpretation des Erwachsenen. Hieraus resultiert jene »Sprachverwirrung zwischen den Erwachsenen und dem Kind« (Ferenczi, Anm. 24).

Vater, als beschädigtes Kind sichtbar. Schnitzler entwirft also eine soziale Hereditat – Stichwort: der Prozeß *Erbesheimer*, den der Vater zu gewinnen hofft –, welche sich erschreckend auch in der Weitergabe des Selbstmords manifestiert. In Elses Familie herrscht über die Generationen hinweg »ein Trend zum Tode«. Und es sind die Adoleszenten, welche die in der Familie kursierenden Todeswünsche im Selbstmord realisieren![34]

Durch die Verknüpfung der Mißbrauchsbeziehung mit der ererbten jüdischen Herkunft von Vater und Tochter macht Schnitzler auch die Geschichte des Judentums als einen Prozeß der transgenerationalen Weitergabe von Traumata lesbar. Der Wunsch, dem Wiederholungszwang zu entkommen, spiegelt sich in Elses Stolz darauf, daß man ihr das Jüdische nicht mehr ansieht (S. 333). Elses Behauptung, daß sie ihr Judentum nicht verleugne, wird durch die Technik des inneren Monologs, der die Differenz zwischen innen und außen aufdeckt, als Selbstverkennung entlarvt. In dem Bemühen, als nicht-jüdisch durchzugehen, manifestiert sich die Wirksamkeit des Traumas, das seine Wiederkehr betreibt. Jüdisches Schicksal und sexueller Mißbrauch metaphorisieren sich hier wechselseitig und haben ihr Gemeinsames in der Realität und der Dynamik des Traumas. Schnitzlers ingeniöse Koppelung beider Traumata werte ich zugleich als Bestätigung meiner These, daß es sich bei der Vater-Tochter-Beziehung in *Fräulein Else* um die Fiktionalisierung von Mißbrauch handelt und nicht um die inzestuöser Phantasien. Auch für die neuere Traumaforschung stellen die Erfahrungen des Holocaust und des sexuellen Mißbrauchs die zentralen Paradigmata dar.

Nicht den Vater, mit dem sie die frühkindliche Deprivation verbindet und der idealisiert bleibt, wohl aber die Mutter nennt Else ausdrücklich »eine Mörderin« (S. 378). Die Mutter-Imago der Erzählung läßt sich aus drei Figuren synthetisieren: da ist die ehebrecherische Cissy Mohr, welche ihre Tochter, »das süße kleine Mädel« Fritzi (S. 326) – deutlich ein Doppel von Else –, um ihrer sexuellen Abenteuer willen vernachlässigt; da ist Tante Emma, deren Herz – wie ein »Stein« (S. 331) – sie als Schwester von Elses Mutter bestätigt, welche sich gegenüber den emotionalen Bedürfnissen der Tochter empfindungslos gemacht hat. Diese Mutter hat das Vaterrecht so sehr internalisiert, daß sie die Tochter kupplerisch an die älteren Männer ausliefert. Originalton Mutter: »Glaub' mir, du vergibst dir nicht das Geringste, mein geliebtes Kind« (S. 331). Diese Mutter, die sich wohl auch selbst prostituiert (S. 353), stellt kein Identifikationsobjekt für die Tochter dar, zeichnet ihr aber dennoch den Weg des »Luders« vor, indem

[34] Vgl. Fräulein Else (S. 358). Daß der Selbstmord in diesem Familiensystem offenbar eine habitualisierte Konfliktlösung darstellt, zeigt u. a. Elses spontane Reaktion auf den Expressbrief der Eltern: »Um Gottes willen, sie werden sich doch nicht umgebracht haben!« (S. 328).

sie sie nicht vor dem Vater schützt.[35] Else wird als weiblicher Kaspar Hauser ansichtig: »Ein Luder will ich werden, wie es die Welt noch nicht gesehen hat« (S. 362). In Elses Haß auf die Mutter sollte jedoch nicht der Anteil an Projektion, die eine Selbstverkennung einschließt, übersehen werden. Mit der Entwertung der Mutter kompensiert sie die eigene erfahrene Erniedrigung. Quasi in Täter-Opfer-Umkehr verhält sie sich ihr gegenüber wie der Herr zum Knecht, der Mann zur Frau, der Nicht-Jude zum Juden: »Mir sieht's niemand an [das Jüdische]. Ich bin sogar blond, rötlichblond, und Rudi sieht absolut aus wie ein Aristokrat. Bei der Mama merkt man es freilich gleich, wenigstens im Reden« (S. 333).

Der innere Monolog als formales Korrelat eines verhängten Schweigegebots läßt sich auf drei miteinander verknüpfte Familiengeheimnisse beziehen, die einander metapherngleich vertreten können: 1. auf den Mißbrauch der Tochter; 2. auf die mit der Spielsucht des Vaters verbundene psychische und materielle Notlage der Familie, welche in der Prostituierung der Tochter resultiert; 3. auf das Stigma des Judentums. Durch diese Vernetzung lassen sich alle Äußerungen Elses, welche die bewußtseinsnäheren Traumata meinen, auch auf die verdrängte Erfahrung des Mißbrauchs beziehen, so daß sich eine Lesersteuerung in Richtung auf dieses – tiefste – Geheimnis ergibt. »Immer diese Geschichten! Seit sieben Jahren [da war Else zwölf oder dreizehn]! Nein – länger [Elses frühe Kindheit?]. Wer möcht' mir das ansehen? Niemand sieht mir was an, auch dem Papa nicht« (S. 332). – »Mir sieht's niemand an« (S. 333). »Und daß es ein Geheimnis bleiben würde zwischen Ihnen und mir, das schwöre ich Ihnen, Else« (S. 346).[36]

[35] Sie gleicht damit der »Inzestmutter«, wie sie Louise J. Kaplan beschrieben hat: diese läßt, um die Familiensystem zu erhalten und vor allem, um den Mann zu halten, die Mißbrauchshandlungen des Ehemannes/Vaters der Tochter gegenüber zu oder fördert sie sogar (Weibliche Perversionen. Von befleckter Unschuld und verweigerter Unterwerfung, Hamburg 1991, S. 468–470).

[36] Die assoziative vielbezügliche Struktur des inneren Monologs wird also gezielt für Überdeterminierungen genutzt; man vergleiche auch die folgenden vielsagenden Textbeispiele: »Wenn Fred mich wirklich kennte, dann wäre es aus mit seiner Verehrung« (S. 335). – »Überhaupt ein anderes Leben anfangen. Das müssen wir alle. So darf es nicht weitergehen. Ich werde einmal ernsthaft mit Papa sprechen – wenn noch Zeit dazu sein sollte« (S. 337). – »Da stehen wir uns gegenüber. Hätte ich ihm nicht einfach ins Gesicht schlagen sollen? ... Warum tu' ich es denn nicht? Ich bin feig, ich bin zerbrochen, ich bin erniedrigt ... Riesengroß ist sein Gesicht [Kinderperspektive]. Warum so nah, du Schuft? Ich will deinen Atem nicht auf meinen Wangen. Warum lasse ich ihn nicht einfach stehen? Bannt mich sein Blick? Wir schauen uns ins Auge wie Todfeinde. Ich möchte ihm Schuft sagen, aber ich kann nicht. Oder will ich nicht?« (S. 346) – »Nein, du hast zu sicher auf meine kindliche Zärtlichkeit spekuliert, Papa, zu sicher darauf gerechnet, daß ich lieber jede Gemeinheit erdulden würde als dich die Folgen deines verbrecherischen Leichtsinns tragen zu lassen« (S. 350). – »Das eine Opfer bringe ich – und dann keines mehr. Nie, nie, niemals wieder. Ja, das sage ich dem Papa, sobald ich nach Wien komme. Und dann fort aus dem Haus, wo immer hin« (S. 363).

II.

Das elterliche Delegations- und Bindungsverhalten, welches der Tochter die Double-bind-Position von rettender Elternfigur und abhängigem Kind zugleich zuweist, metaphorisiert der Ortsname San Martino di Castrozza: die androgyne Tochter übernimmt die Mission des Heiligen St. Martin, welcher mit dem Bettler den Mantel teilt. In Rollenumkehr zur besseren Partnerin des bedürftigen Vaters gemacht, wird sie ihres eigenen Geschlechts und eines eigenen Lebensentwurfs beraubt. Den Bettler komplettierend, wird sie selbst zur Bettlerin. Wenn sie vor aller Augen ihren Mantel teilt und ihren nackten Körper sehen läßt, allegorisiert sie nur noch das weibliche Nichts bzw. den männlichen Phallus. Über solche Metaphorisierungen stellt Schnitzler ein Korrespondenz- und Bedingungsverhältnis her zwischen dem Mißbrauch der Tochter durch den Vater in der Familie und dem Mißbrauch der Frau in der patriarchalischen Gesellschaft. Sie wird erzogen, um sich zu verkaufen (S. 355). Selbstfindung und Entwicklung von Selbstwertgefühl über die eigene Leistung werden systematisch unterbunden. Die Folge ist ein Negativsyndrom im Selbstbild der Tochter – Elses Klagen lauten: kein Talent, keine Energie, keine Freunde, kein Geliebter, kein Tagebuch, furchtbares Alleinsein. Für kompensatorische Phantasien offeriert die Kulturindustrie die entsprechenden Bilder: einen amerikanischen Millionär heiraten, »Villa an der Riviera. Marmorstufen ins Meer« (S. 324). Die Sozialisation der jungen Frauen stellt also immer erneut her, was die Geschlechterkonstruktionen des Patriarchats zum Wesen der Frau erklären: ihr Kastriertsein. Dieses hat Schnitzler seiner Else vestimentär eingeschrieben mit dem »Riß [im Seidenstrumpf] unter dem Knie« (S. 336). Er hat die Kastration aber zugleich als gesellschaftlich hervorgebracht ausgewiesen, denn der defekte Seidenstrumpf ist Folge der Armut Elses, im übertragenen Sinne also Folge von gesellschaftlicher Marginalisierung und Stigmatisierung. Diese hat Schnitzler zusätzlich durch Elses Judentum akzentuiert. An der zeittypischen Gleichsetzung des Jüdischen und des Weiblichen lassen sich die Ausgrenzungsstrategien der patriarchalischen Ordnung studieren.[37] In der früheren Fassung des Textes lautete Elses Skala von Selbstdefinitionen in absteigender Linie wie folgt: »[Ich], die Aristokratin, die Marchesa, die Hochgemute, die Bettlerin, das Judenmädel«.[38] Erst mit diesem Tiefpunkt

[37] Diese Gleichsetzung des Weiblichen und des Jüdischen u. a. bei Otto Weininger, Geschlecht und Charakter. Eine prinzipielle Untersuchung [1903], München 1980, S. 440f. Diese stereotype Koppelung findet sich ebenfalls wieder bei Joyce' Molly Bloom, die ihre Mutter als »Jewess looking« bezeichnet. Vgl. hierzu Henke, James Joyce and the Politics of Desire (wie Anm. 27), S. 249f., Anm. 7.

[38] Nachlaß (wie Anm. 11), Bl. 188f.

ist offenbar die absolute Pariasituation der Frau erreicht. In der Schlußfassung hat Schnitzler dann das Judenmädel durch »die Tochter des Defraudanten« ersetzt (S. 334).

Das Defizitmodell des Weiblichen erklärt mit einer Fülle von Negationen die Frau zum Nicht-Mann, was sich katalogartig darstellen läßt. Bei Freud ist die Frau zum Beispiel diejenige, welche

– *keine* vom Mann unabhängigen Wünsche und Interessen hat;
– *keine* vom Mann unabhängige Lust;
– *kein* autonomes sexuelles Begehren;
– *keinen* anderen wertvollen Besitz.[39]

Nach diesem Defizitmodell ist die Frau also buchstäblich »arm«, wozu auch gehört, daß sie keine schöpferischen, genialen Fähigkeiten besitzt, was zum Beispiel Otto Weininger nicht apodiktisch genug formulieren kann.[40] Dieses Modell eines Mängelwesens dient der Abwehr der Kastrationsangst in ihrem Doppelbezug auf Geschlecht und Tod, das heißt der Abwehr einer in der Frau vermuteten Autonomie und Vergeltungsmächtigkeit, welche sich, besonders im Zerrbild einer omnipotenten Sexualität, zerstörerisch gegen den Mann richten könnte. Um diese männlichen Ängste sicher zu beruhigen, muß die femme fatale immer wieder in die kastrierte Frau verwandelt, das heißt mit dem Tode bestraft werden. Damit die Abwehr stabil bleibt, bedarf es der kulturellen Bilder, welche Wahrnehmungsidentität[41] herstellen für die dämonische und die kastrierte Frau, die idealisierte und die entwertete. In diesem Sinne figuriert Else für Dorsday als Andachtsbild, Fürbitterin-Maria und Sklavin-Salomé, vor allem aber als Handelsobjekt, schöner, toter Körper. Daß Dorsday Kunsthändler ist und Else ihn nur den Bruchteil eines Rubens oder Rembrandt kostet (S. 335, 352), bestätigt, was die feministische Psychoanalyse mit den Begriffen der »imaginierten Weiblichkeit« und der »Frau als schöner Leiche« gefaßt hat.[42] Männliche Kunstproduktion transformiert die Frau, ihre Schönheit, ihre Jugend, ihre Lebendigkeit ins Bild und bringt damit das Leben der Frau zum Stillstand. »Wenn ich Sie malen dürfte, wie ich wollte, Fräulein Else« (S. 336) – diese Worte eines Malers läßt Schnitzler seine Heldin zitieren und macht klar, wie die Malkunst den Bedürfnissen des Mannes zu dienen hat. Im Wunsch nach dem Anblick ihres schönen

[39] Diese Aufstellung übernehme ich – verkürzt – von Christa Rohde-Dachser, Expedition in den dunklen Kontinent (wie Anm. 8), S. 64.

[40] Vgl. unten, Anm. 75.

[41] Vgl. zu diesem Begriff ergänzend Rohde-Dachser, Expedition in den dunklen Kontinent (wie Anm. 8), S. 49f.

[42] Vgl. Silvia Bovenschen, Die imaginierte Weiblichkeit. Exemplarische Untersuchungen zu kulturgeschichtlichen und literarischen Präsentationsformen des Weiblichen, Frankfurt/M. 1979 und Elisabeth Bronfen, Nur über ihre Leiche (wie Anm. 28).

Körpers à la Rubens hat Dorsday Else bereits getötet und in der Konservierung und Immobilisierung des Weiblichen sich seiner eigenen Lebendigkeit – ein 45jähriger – versichert. »Im Bild der ›schönen Leiche‹ wird [... also] eine Art ›Tötung des Todes‹« inszeniert.[43]

Die besondere Leistung Schnitzlers sehe ich darin, daß er am Beispiel von Else zeigt, wie die Weiblichkeitsimagines den Frauen sozusagen in Fleisch und Blut übergehen. Else, die doch Gegenstand des quasi gesellschaftlichen Mordanschlages ist, hat die Kunstfrau der Männerphantasien in ihr Selbstbild und ihre Identitätsentwürfe aufgenommen. Sie sieht sich als femme fatale, als Marchesa, Carmen, Salomé[44] auf der einen Seite, als arme Sünderin, erniedrigtes und bestraftes Luder auf der anderen. Vor allem aber nimmt sie mit Erschrecken ihr eigenes kokettes Verhalten wahr, das sich zum Beispiel im Dialog mit Dorsday gegen ihre bewußten Absichten wie automatisch durchsetzt. »Wie merkwürdig meine Stimme klingt. Bin ich das, die da redet? Träume ich vielleicht? Ich habe gewiß jetzt auch ein ganz anderes Gesicht als sonst« (S. 341). Den männlichen Diskurs, der die Frau verführerisch und versagend, vor allem aber abhängig will, hat sie so verinnerlicht, daß er gegen ihre bewußte Kontrolle ihr Verhalten bestimmt; daher Elses sarkastischer Kommentar zu diesem in ihr selbst registrierten Entfremdungsvorgang: »Wie gemein ich bin. So wird man« (S. 343). In ihrer Entkleidungsszene stellt sie wie ein lebendes totes Bild unwillkürlich Weiblichkeitsentwürfe aus Malerei und Musik nach. Pantomimisch bewegt sie sich zur Klaviermusik von Schumanns *Carnaval*.[45] Eine dieser musikalischen Szenen heißt »Coquette«, zu der sich Else wie folgt inszeniert: »Da bin ich, Herr von Dorsday! Er sieht mich nicht. Ich will ihm nur ein Zeichen mit den Augen geben, dann werde ich den Mantel ein wenig lüften, das ist genug. Ich bin ja ein junges Mädchen. Bin ein anständiges junges Mädchen aus guter Familie. Bin ja keine Dirne« (S. 372). Zur Kodierung dieser Szene dient vermutlich auch das Gemälde von Franz von Stuck: *Die Sünde* (1893). Hier wie dort der Kontrast von schwarzer Hülle und weißem nackten Frauenkörper, sichtbar nur zum Teil, vom Bauchnabel bis zum Hals, mit schönen weißen Brüsten, wie sie Else an sich rühmt: ein entindividualisierter Körper, denn das Gesicht bleibt im Dunkeln. Elses schwarzer Mantel ist das Gegenstück zur ›Bekleidung‹ der Allegorie der Sünde mit der phallischen Schlange und den schwarzen Haaren. Selbstinszenierung wird zur Fremdinszenierung.

[43] Rohde-Dachser, Expedition in den dunklen Kontinent (wie Anm. 8), S. 122.

[44] Vgl. das wiederkehrende Bild der tanzenden Sklavin. Die Bezugnahme auf Salomé war in der ersten Skizze noch weit stärker. [Else:] »Soll ich nicht auch tanzen vor Ihnen?« [Dorsday:] »Mit welchem Haupt auf der Schüssel?« Nachlaß (wie Anm. 11), Bl. 4.

[45] Siehe ergänzend unten, Anm. 78.

Authentisches weibliches Erleben und Sich-Zeigen scheint damit ausgeschlossen.[46]

Die Entfremdung durch den patriarchalischen Diskurs wird auch in Elses Sprechweise, das heißt ihren ständigen Selbstkommentierungen vorgeführt. Sie spaltet sich in die Sprechende und die Besprochene, ebenso wie in die Beobachterin und das Blick-Objekt.[47] Reden und Sehen sind korreliert und männlich konnotiert. Else spaltet sich daher auch in einen aktiven männlichen und einen passiven weiblichen Teil.[48] Die patriarchalische Definitionsmacht manifestiert sich als tötender Blick – Zeichen im Text dafür ist Dorsdays Monokel. Die männliche Kolonialisierung des Körpers und der Sprache der Frau führt bei Else zu einer Durchsexualisierung ihrer Sprechweise,[49] zur Präparierung ihres Körpers für den männlichen Blick und schließlich zum Symptom der Aphonie, dem Korrelat der sozialen Sprachlosigkeit. Das Verhältnis von Mann und Frau auf der Ebene des gesellschaftlichen Diskurses weist also genau diejenigen Merkmale auf, welche in Schnitzlers Novelle das individuelle Vater-Tochter-Verhältnis prägen, nämlich – erzwungene – Kollusion und narzißtische Komplementarität. Die Frau als die Andere bleibt verborgen. Zutreffend ist daher die Situation der Frau im Patriarchat generell als »töchterliche Existenz«[50] beschrieben worden.

Elses Entkleidungsszene ist der gezielte Versuch, die an ihrem Körper vorgenommenen familiären und gesellschaftlichen Transaktionen öffentlich zu machen. Zugleich ist die Szene als Kompromißbildung unbewußte

[46] Das Motiv des fallenden Mantels – vorzugsweise aus Pelz – als stereotypes erotisches Stimulans findet sich auch in einer Jugenderinnerung Schnitzlers, vgl. Max Krell, Das alles gab es einmal, Frankfurt/M. 1961, S. 205. Wie sehr Elses Auftritt Inszenierung von Inszenierung ist, bestätigt nicht zuletzt ein Bericht vom Erscheinen der in den zwanziger Jahren hochberühmten Tänzerin Anita Berber im Berliner Hotel Adlon. »Die Berber rauschte also in diesen pompösen Speisesaal, wo ein illustrer Kreis dinierte ... Sie trug einen kostbaren Nerzmantel bis zum Hals geschlossen und Goldschuhe mit sehr hohen Hacken, aber keine Strümpfe, was damals ungewöhnlich war ... Ihre Haare leuchteten in höllischem Rot über ihrem grüngeschminkten Nixengesicht ... Und dann geschah es. Sie nestelte an ihrem Hals – und dann fiel der Pelz. Ein allgemeiner leiser Aufschrei – da saß sie – splitterfasernackt. Alle Gäste saßen wie erstarrt an ihren Tischen« (Hubert von Meyerinck, Meine berühmten Freundinnen, Düsseldorf 1967, zitiert nach Lothar Fischer, Anita Berber 1918–1928 in Berlin. Tanz zwischen Rausch und Tod, Berlin 1984, S. 87).

[47] Vgl. z. B. Elses Selbstadresse: »Auf Wiedersehen, Else. Du bist schön mit dem Mantel. Florentinerinnen haben sich so malen lassen. In den Galerien hängen ihre Bilder und es ist eine Ehre für sie« (S. 367).

[48] So Bronfen, Nur über ihre Leiche (wie Anm. 28), S. 403–415.

[49] Man ist zeitweilig versucht, den Text mit Hilfe von Freuds *Traumdeutung* zu entschlüsseln, so sehr häufen sich die Bilder für Sexuelles, wie z. B. Hut, Mantel, Verkehr, Stiegen, Treppen, Klavierspielen, Brille, Monokel, gewundener Weg, Teich, Schlangen, Tor, etc.

[50] Rohde-Dachser, Expedition in den dunklen Kontinent, S. 81.

Franz von Stuck: Die Suende (1893)
(Aus: Heinrich Voss, Franz von Stuck 1863–1928, Tübingen 1973; vgl. Anm. 51)

Strategie, um ihren narzißtischen Bedürfnissen nach Zuwendung und Gesehen-Werden, nach Spiegelung und Anerkennung doch noch zur Erfüllung zu verhelfen. Vernünftig geplant unter Aufbietung alles nicht in Selbstmordphantasien gebundenen Aggressionspotentials imponiert diese Zurschaustellung als subversive Tat. Doch bleibt Else mit dem Impuls der Rache an ihre Peiniger gebunden. Die Aussichtslosigkeit dieser Vergeltung scheint ihr nicht verborgen zu bleiben, denn sie flankiert sie mit dem Veronal und der sarkastischen Vorstellung ihrer Wiedergeburt als femme fatale. Damit inszeniert die mutige Tat, die sie zunächst als ihre Subjektwerdung begreift, erneut ihre gesellschaftlich programmierte Tötung, und zwar in Form der diesmal gelingenden Selbsttötung. Das Netz vorgegebener kultureller Weiblichkeitsimagines scheint so dicht zu sein, daß es den Versuch zur Selbstdarstellung sofort vereitelt. In ihrer Selbstenthüllung argumentiert Else quasi mit einem Bild gegen ein anderes, versucht *Die Sünde* (Franz von Stuck) mit Hilfe der *Nuda Veritas* (Gustav Klimt, 1899) zu widerlegen, die ihr angesonnene Rolle der femme fatale mit Hilfe der Allegorie der Wahrheit von sich zu weisen, welche durch den erhobenen

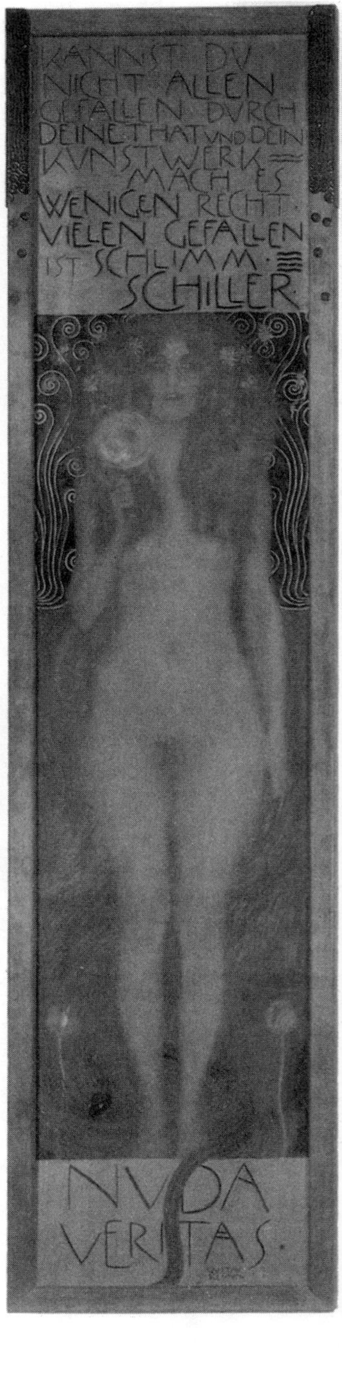

Gustav Klimt: Nuda Veritas (1899) (Aus: Sabine Schulze [Hrsg.], Sehnsucht nach Glück. Wiens Aufbruch in die Moderne: Klimt, Kokoschka, Schiele, Frankfurt 1995; vgl. Anm. 51)

leeren zu einem Brennglas gewandelten Spie gel die Funktion aufkündigt, für den Mann als Spiegel zu dienen. Sie kann aber nur ein Bild gegen ein anderes setzen, beiden Allegorien ist die männliche In-Dienst-Nahme des nackten weiblichen Körpers für Zwecke der Repräsentation gemeinsam. Auch wiederholt sie nur die männliche Praxis, diesen schönen Körper rhetorisch als Argument – auch in lügnerischer Absicht – einzusetzen, wofür die Gestalt der *Phryne* steht (Franz von Stuck, 1918).[51] Doch, da sie nicht zur öffentlichen Rede oder Schrift zugelassen ist, bleibt ihr nur übrig, mit ihrem Körper zu schreiben: ihr zur Schau gestellter und ihr sterbender Körper tritt »anstelle ihrer Memoiren und fungiert als materialisierter Text«.[52] Doch dieser Text ist vergänglich, ohne Unterschrift und daher ohne Autorität.[53] Er läßt sich vernichten oder in der Anstalt wegschließen und bestätigt nur die Reduktion der Frau auf ihren Körper als Leichnam.

Else bedarf also notwendig eines männlichen Autors, um ihre Körperschrift in eine öffentlich lesbare Schrift zu überführen. Schnitzler macht das Schweigen der Tochter/Frau beredt, indem er nur in der Form des inneren Monologs noch an ihren sozialen Tod im schönen stummen Körper erinnert. So scheint es zumindest. Oder benötigt der Autor auch hier noch die stumme Frau, um selbst ins Reden zu kommen? Schnitzler wiederholt die Tötung der Frau, denn er eignet sich ja geradezu ihre Stimme an. Einmal mehr wäre damit die tote Frau Bedingung der männlichen Kunstproduktion. Dieser Paradoxie soll im folgenden mit einem Blick auf Freud genauer nachgegangen werden.

III.

Cissy *Mohr*, eine Verkörperung der Repräsentanz der »bösen Mutter«, vergleichbar der Stiefmutter im Märchen, ist die einzige, welche Elses Ohnmacht mit der Bezeichnung »hysterischer Anfall« (S. 378) versieht und die Hysterikerin damit in der üblichen Weise als Simulantin und Schwindlerin beschimpft. Schnitzler aber weist diese Pathologisierung

[51] Vgl. die Abb. auf S. 283 u. 287 (in: Heinrich Voss, Franz von Stuck 1863–1928, Werkkatalog der Gemälde mit einer Einführung in seinen Symbolismus, München: Prestel-Verlag 1973, S. 17 und 33) sowie auf S. 284 (in: Sabine Schulze [Hrsg.], Sehnsucht nach Glück. Wiens Aufbruch in die Moderne: Klimt, Kokoschka, Schiele, Katalog zur Ausstellung vom 23. September – 3. Dezember 1995, Frankfurt/M.: Schirn Kunsthalle 1995, S. 63).

[52] So Bronfen, Nur über ihre Leiche (wie Anm. 28), S. 414.

[53] Schnitzler bestätigt diesen Zusammenhang, indem er Else in Konformität mit dieser ihrer »no-name«-Qualität auf dem Brief an Dorsday die Unterschrift verweigern läßt: »Gar keine Unterschrift. So« (S. 366).

und Kriminalisierung als Projektion derjenigen aus, die sie vornehmen. Denn Else, die nur teilohnmächtig ist, entlarvt ihrerseits das illegitime Paar, Cissy Mohr und Vetter Paul, als »Schwindelbande« (S. 376): das heißt die Hysterikerin ist in der Wahrheit, das Arzt- und Elternpaar in der Lüge.[54] Elses Anfall ist damit Protest gegen die Lüge der Gesellschaft.[55] Else erleidet ihn 1896. 1895 erschienen die *Studien über Hysterie* von Breuer und Freud, welche Schnitzler laut Tagebuch gelesen hat.[56] 1896 veröffentlichte Freud seinen umstrittenen Aufsatz »Zur Ätiologie der Hysterie«, in dem er die sogenannte Verführungstheorie entwickelt. Während der Niederschrift von *Fräulein Else* 1922 erschien diese Arbeit in der 4. Auflage.[57] Ich vermute, daß Schnitzlers Novelle eine Auseinandersetzung mit diesen Schriften Freuds darstellt, desgleichen mit dem Fall »Dora«, dem »Bruchstück einer Hysterie-Analyse«, zumal Freud in dieser Abhandlung Schnitzler in einer Anmerkung zitiert.[58] Schon der Titel *Fräulein Else* kann als Anspielung auf Freuds adoleszente Hysterikerinnen gelesen werden, zum Beispiel den Fall »Fräulein Elisabeth v. R.«. Vor allem scheint die »Katharina«-Geschichte manches mit Schnitzlers Text gemeinsam zu haben, besonders die Mißbrauchsbeziehung zwischen Onkel und vierzehnjähriger Nichte. Nicht nur der Schauplatz in den Bergen, sondern vor allem der in drei mit Altersangaben versehenen Phasen ablaufende Prozeß der Traumatisierung verbindet diesen »Fall« mit Schnitzlers Novelle. Freud scheidet zwischen zwei Reihen von Ereignissen, die in der vorsexuellen Zeit zu situieren sind, und einer dritten auxiliär-traumatischen Szene, welche die Kenntnis der Sexualvorgänge voraussetzt und den erinnerten Szenen erst – nachträglich – ihren traumatischen Status verleiht. Dieses Muster entspricht den drei Stationen in Elses Entwicklung, wie oben gezeigt. In einer Anmerkung von 1924 hat Freud übrigens klargestellt, daß es sich dabei in Wahrheit um Vater und Tochter gehandelt hatte: »das Mädchen war also unter den sexuellen Versuchungen er-

[54] Schon zuvor bezeichnet Else den Vetter/[Vater] Paul, den Repräsentanten der patriarchalischen Ordnung, als »Schwindler« (S. 338).

[55] Die Figur der Else ist als Hysterikerin identifiziert worden von Heide Eilert, Das Kunstzitat in der erzählenden Dichtung: Studien zur Literatur um 1900, Stuttgart 1991, S. 322–335 und Sybille Kershner, »Le ›cas‹ Else? Un monologue hystérique«, in: Austriaca 34, Juni 1992, S. 173–190. Die soziale Bedingtheit der »Pathologie« wird hier gesehen.

[56] Eintrag vom 6. 2. 1903. Vgl. Tagebuch 1903–1912 (wie Anm. 1).

[57] Vgl. Sigmund Freud, Hysterie und Angst. Freud-Studienausgabe (wie Anm. 15), Bd. VI, S. 52.

[58] »Bruchstück einer Hysterie-Analyse« ([1901] 1905), ebd., Bd. VI, S. 83–186; hier S. 119, Anm. 1.

Franz von Stuck: Phryne (um 1918)
(Aus: Heinrich Voss, Franz von Stuck 1863–1928, Tübingen 1973; vgl. Anm. 51)

krankt, die vom eigenen Vater ausgingen.«[59] Schnitzlers *Monolognovelle* gleicht den *novellistischen Krankengeschichten* Freuds,[60] indem sie eine Entfaltung des Verdrängten vornimmt und die Hysterika vom Odium der Simulantin befreit. Auch in seiner Abhandlung »Zur Ätiologie der Hysterie« äußerte Freud: »Die Reaktion der Hysterischen ist eine nur scheinbar übertriebene; sie muß uns so erscheinen, weil wir nur einen kleinen Teil der Motive kennen, aus denen sie erfolgt. In Wirklichkeit ist diese Reaktion ... normal und psychologisch verständlich.«[61] Aber natürlich geht Schnitzler in seiner Entfaltung der konditionierenden Diskurse der Erwachsenen weit über die Verführungstheorie von 1896 hinaus und entwirft, wie gezeigt, eine komplexe Soziopathogenese.

So wie Freud in seinen Therapien eine Kunst des Zuhörens kultiviert, so macht Schnitzler das Schweigen hinter den sichtbaren Symptomen als innere Rede Elses lesbar. Freuds »talking cure« auf therapeutischer Ebene entspricht Schnitzlers fiktionalisierter innerer Monolog im öffentlichen Bereich der Kunst. Schnitzler bringt die Adoleszentin literarisch zum Reden, Freud therapeutisch. Doch hat dieses Zum-Reden-Bringen auch seine Tücken. Hört das jeweils männliche Gegenüber in der provozierten Rede der Frau nur das, was es hören möchte? Unterlegt es der Frau seine eigenen männlichen Phantasien? Fragt man in diese Richtung, kann Schnitzlers Monolog-*Novelle* geradezu als kritische Entgegnung auf Freuds Hysterie-Analyse der Patientin Dora gelesen werden, eine Analyse, die in mehr als einem Sinne Bruchstück blieb, mißlang doch die Therapie. Die Parallelen zwischen beiden Texten sind stupend. Bekanntlich wird auch die Adoleszentin Dora zum Tauschobjekt unter Männern gemacht, welche der Generation der Väter angehören. Diese Väterfiguren – der Therapeut Freud eingeschlossen – nutzen sie emotional aus und versuchen, sie für ihre Zwecke zu verwenden. Von der Mutter und den Mutterersatzfiguren wird sie vernachlässigt oder im Stich gelassen und um der Männer willen verraten. Ganz wie Else findet Dora bei den Mutterfiguren weder Halt noch Vertrauen. Die kränkende Welt der Erwachsenen macht aus beiden Adoleszentinnen Rächerinnen. Beide Fallgeschichten/Novellen werden

[59] Sigmund Freud u. Josef Breuer, Studien über Hysterie, Frankfurt/M. 1996 (Sigmund Freud, Werke im Fischer Taschenbuch), S. 153, Anm. 1. Das betrifft ebenso die Patientin Rosalie (S. 190, Anm. 2). Indem Schnitzler den bösen Vater durch den bösen Hausfreund Dorsday ersetzt/verdeckt, folgt er also nur einem kulturell etablierten Muster der Väterschonung. Sollte es pure Koinzidenz sein, daß Freud im selben Jahr das Geheimnis des väterlichen Mißbrauchs lüftet, in dem Schnitzler eben dieses Thema in einer Novelle öffentlich zur Debatte stellt?

[60] Bekanntlich äußert Freud in den *Studien über Hysterie*, daß es ihn eigentümlich berühre, daß seine Krankengeschichten »wie Novellen zu lesen sind« (ebd., S. 180).

[61] Freud-Studienausgabe (wie Anm. 15), Bd. VI, S. 77.

durch zwei Träume strukturiert, von denen der zweite jeweils das Ende der pervertierten Arzt/Vaterbeziehung markiert. »Traum und Hysterie« sollte urprünglich der Titel für Freuds Abhandlung sein. Während es Dora gelingt, ihr Dasein als passives Tauschobjekt zu beenden, indem sie die Behandlung abbricht, sieht Else nur den Selbstmord als Ausweg. So läßt Schnitzler zwar seine Heldin als ›schöne Leiche‹ zugrundegehen, wendet ihren Fall aber zu einer scharfen Kritik an der Väter- und Ärztewelt, welche den Arzt und Therapeuten Freud einschließt: der Frauenarzt[62] Paul mißdeutet mehrmals hintereinander den körperlichen Zustand der Hysterika Else und ist damit letztlich die Ursache ihres Todes. Dem Arzt Sigmund Freud als Typus des hilflosen Helfers hat Schnitzler sogar im Text selbst ein namentliches Denkmal gesetzt: in ihrer hysterischen Ohnmacht am Schluß identifiziert sich Else mit dem verunglückten *Dr. Zigmondi* (S. 375), der vom Gipfel des Cimone stürzte, und dieser Berg ist *das* Phallussymbol der Novelle! Else und dieser Arzt werden auf ›der Bahre der Verunglückten‹ identisch, womit der Text sozusagen erklärt, daß die Hysterie der Frauen auch die der Männer ist, nicht zuletzt die der sie kurierenden Ärzte. Allerdings werden diese verstehend in die Schar der Verunglückten miteingereiht, und das allgemeine Unglück wäre »die kulturelle Sexualmoral«,[63] welche als Norm mit Ausgrenzungen arbeitet. Auch dem Namen *Dr. Zigmondi*, den Schnitzler erst in der vorletzten Korrekturphase an die Stelle von *Dr. Purtscheller* setzte, ist seine jüdische Herkunft eingeschrieben.[64]

Die Dora-Analyse scheiterte auf Grund der androzentrischen Vorurteile des Therapeuten. Die feministische Psychoanalysekritik hat aufgezeigt,

[62] Hier ist Freud als Therapeut einer vorwiegend weiblichen Klientel getroffen, welcher zudem selbst erklärte, »die Rechte des Gynäkologen« für sich in Anspruch zu nehmen (»Bruchstück«, S. 89, 123, 153). Zu Schnitzlers facettenreicher Ärztekritik vgl. jetzt die vorzügliche Studie von Walter Müller-Seidel, Arztbilder im Wandel. Zum literarischen Werk Arthur Schnitzlers, München 1997.

[63] Den kulturkritischen Anspruch der Psychoanalyse hat Freud schon früh erhoben, vgl. seine mutige Schrift: »Die ›kulturelle‹ Sexualmoral und die moderne Nervosität« (1908), in: Freud-Studienausgabe (wie Anm. 15), Bd. IX, S. 9–32.

[64] Korrekturphase vom 14. 4. 1923; vgl. Nachlaß (wie Anm. 11), Bl. 271. Die Jahre 1922 bis 1926 können als die Zeit der intensivsten Beziehung zwischen Freud und Schnitzler angesehen werden: es gibt zahlreiche Korrespondenzen, Buchgeschenke, Einladungen. Am 16. 6. 1922 ist Schnitzler zu Gast bei Freud in der Berggasse, dieser zeigt ihm seine Bibliothek. Schnitzler erhält in dieser Zeit von Freud u. a. folgende Werke geschenkt: Über Psychoanalyse. Fünf Vorlesungen (1910), 6. Aufl., Wien 1922 (vgl. Gesammelte Werke, Bd. 8, Frankfurt/M. 1960, S. 1–60) und Psychoanalytische Studien an Werken der Dichtung und Kunst, Wien 1924. Vgl. Schnitzler, Tagebuch 1920–1922, S. 319 u. Tagebuch 1923–1926, S. 205. Siehe zum biographischen Zusammenhang ergänzend: Ulrich Weinzierl, Arthur Schnitzler. Lieben Träumen Sterben, Frankfurt/M. 1994, S. 71–79.

daß im Freudschen Denken, und das kann wohl als repräsentativ für die Zeit gelten, sowohl Weiblichkeit wie Adoleszenz »dunkle Kontinente« geblieben sind. Freud konnte weder die Andersheit der weiblichen Patientin wahrnehmen noch die Wiederbelebung von Gefühlen zulassen, welche mit der eigenen mißlungenen adoleszenten Entwicklung verbunden waren. Wie er selbst in seinem »Nachwort« bekannte, gelang es ihm nicht, »der Übertragung ... Herr zu werden«.[65] Die – undurchschaute – Abhängigkeit des discours du maître vom discours hystérique führt zur Umkehr der Positionen: Freud wird gekündigt wie einem Dienstmädchen.[66] Unter Übertragung ist hier zu verstehen die Summe der aus früheren Erfahrungen des Patienten stammenden und an der Person des Therapeuten aktualisierten Gefühle, Wünsche und Befürchtungen. Übertragen hat Dora auf Freud »die homosexuelle (gynäkophile) Liebesregung für [die Mutterersatzfigur] Frau K.«,[67] eine Liebesregung, die für Adoleszentinnen typisch ist, aber zugleich an das für die phallische Ordnung konstitutive Homosexualitätstabu rührt und daher von Freud nicht wahrgenommen werden konnte. Er vermochte daher auch nicht, sich Dora mütterlich zur Verfügung zu stellen; vor allem aber konnte er das Phänomen der Gegenübertragung noch nicht erkennen, das heißt seine eigenen durch die Patientin mobilisierten Gefühle, Wünsche und Befürchtungen; es handelt sich dabei um eine kulturhistorisch bedingte Blindheit, welche erst die – zum großen Teil feministisch inspirierte – Sekundärliteratur zum Fall Dora der letzten dreißig Jahre aufzudecken vermochte. Patriarchatstypische Trennungs- und Verlassenheitsängste im Verhältnis zur präödipalen Mutter führten bei Freud zu einem betonten Autonomiestreben, welches auch die Position der Mutter selbst besetzt hielt, das heißt die Abhängigkeit von ihr verleugnete. Es zeigen sich daher narzißtische Kreativitätsphantasien, die sich aus der Identifikation mit der schwangeren Mutter herleiten.[68] In gewisser Weise beraubte der Dichter/Arzt Freud Dora ihrer prokreativen Fähigkeit, indem er *ihren* Fall zu *seiner* Geschichte machte: Das Text-Kind »Bruchstück einer Hysterie-Analyse« wurde, obwohl es bereits 1900 empfangen worden war, erst 1905 geboren, das heißt publiziert. Der Grund dafür, daß diese jahrelange Schwangerschaft schließlich beendet werden konnte, wird darin gesehen, daß Dora 1905 selbst ein Kind zur Welt brachte. Daß das

[65] »Bruchstück« (wie Anm. 58), S. 182.

[66] Ebd., S. 171.

[67] Ebd., S. 184, Anm. 1.

[68] Ich folge in diesen produktionsästhetischen Überlegungen hier den Ausführungen von Vera King, Die Urszene der Psychoanalyse. Adoleszenz und Geschlechterspannung im Fall Dora, Stuttgart 1995, bes. S. 299ff.

Datum der Geburt Freud gleichsam zur Publikation »der Fallgeschichte« befreit, ist als Indiz seiner Schuldgefühle gewertet worden.

Solche narzißtischen Kreativitätsphantasien wurden auch seitens der Literaturwissenschaft in den letzten Jahren wiederholt aufgewiesen, zum Beispiel an der Verwendung des Geburts-Bildes im Modell der künstlerischen Produktion bei Walter Benjamin. Hier schreibt der Autor als »männlicher Erstgeborener« seines Werkes »seine Herkunft von seinem Werk her und nicht von seiner Mutter. ... Die natürliche Erzeugung, die von dem Vermögen der Frau zu gebären abhängig ist, wird verdrängt, getilgt, und durch eine davon unabhängige, höher bewertete, männliche Schöpfung ersetzt. In diese neue Schöpfung geht das Weibliche als Stoff ein; doch wird es darin verbraucht, ›erschöpft‹; es ›stirbt‹ darin ›ab‹«.[69] Es lassen sich daher bei Schnitzler mit sozusagen kulturhistorischer Notwendigkeit ähnliche produktionsästhetische Zusammenhänge erwarten. Läßt er nicht seine Else als Tochter im Status der Braut sterben und das ausdrücklich, noch ehe sie ihre Periode bekommen hat: Wird ihr damit nicht das Frau-Sein und die Gebärfähigkeit enteignet?[70] Warum läßt Schnitzler im inneren Monolog eine ausschließlich töchterlich-tödliche Selbstinszenierung ablaufen? Verdeckt dies seinen eigenen Anteil an dieser Inszenierung? »Does the tragic female voice ... conjure up an image that aggrandizes and reassures phallic identity?«[71] Ist es möglich, bei Verwendung des inneren Monologs unter der Voraussetzung der gegebenen Geschlechterkonstruktion dem Mißverständnis zu entgehen, der implizierte Zugang zum Inneren der Frau verdanke sich nicht dem Gestus des Eindringens, des Verfügens, der Beraubung? Wie entkommt Schnitzler der Paradoxie,

[69] Diese Ausführungen bei Sigrid Weigel, »Die Verdoppelung des männlichen Blicks und der Ausschluß von Frauen aus der Literaturwissenschaft«, in: Karin Hausen u. Helga Nowotny (Hrsg.), Wie männlich ist die Wissenschaft?, 3. Aufl., Frankfurt/M. 1990, S. 43–61, hier S. 46. Siehe auch Sigrid Weigel, »›Weiblich-Gewesenes‹ und der ›männliche Erstgeborene seines Werkes‹: Zur Bedeutung der Geschlechterdifferenz in Benjamins Schriften«, in: Theorie – Geschlecht – Fiktion, hrsg. v. N. Amstutz u. M. Kuoni, Basel, Frankfurt/M. 1994, S. 89–104 und Doris Hansmann, »Die Tötung des Weiblichen im männlichen Schöpfungsmythos. Zu den ›toten Müttern‹ bei Egon Schiele«, in: Verklärt, verkitscht, vergessen. Die Mutter als ästhetische Figur, hrsg. v. Renate Möhrmann, Stuttgart 1996, S. 170–192.

[70] Die zahlreichen leitmotivischen Anspielungen auf das Schwangerwerden, das Gebären und Kinder-Bekommen, Vorgänge, die mit Elses Tod bzw. ihrem Selbstmord koinzidieren – »ich bin nicht mütterlich«, läßt sie ihr Autor ausdrücklich sagen (S. 336) –, haben, so scheint es, ihr Zentrum in der narzißtischen Phantasie, als Autor selbst gebären zu können.

[71] Zur Problematik der Verwendung einer weiblichen Ich-Erzählstimme durch einen männlichen Autor in einer patriarchalischen Kultur, einer Art »pseudo-feminocentrism«, vgl. auch Nancy K. Miller, »›I's‹ in Drag: The Sex of Recollection«, in: The Eighteenth Century. Theory and Interpretation 22, 1981, S. 32–57; hier S. 49 u. 55.

daß dem Weiblichen im inneren Monolog eine Stimme zu geben gleichbedeutend ist mit, ihr diese Verlautbarung zu nehmen, das heißt ihr Schweigen zu bestätigen? Vom Verdacht eines »pseudo-feminocentrism« kann man Schnitzler nicht ganz freisprechen, zu deutlich wird Elses Funktion als »screen-woman«[72] zur Bestätigung des am exklusivsten männlichen Bereichs der phallozentrischen Ordnung, dem der künstlerischen Produktion.

Diese Bestätigung fungiert per Analogie und per Kontrast. Die Selbstinszenierung, welche zentral ist für den hysterischen Modus der Konfliktverarbeitung, steht spätestens seit Flauberts *Emma Bovary* in deutlicher Analogie zur schöpferischen Tätigkeit des Schriftstellers, führt zur Grenzverwischung zwischen Autor und fiktionaler Figur, ja zum Geschlechtertausch zwischen Autor und Heldin. Es wäre reizvoll, jenen Chiasmus des Erlebens, den Starobinski bei Flaubert nachgewiesen hat, auch bei Schnitzler zu verifizieren: »Flaubert gibt im Körper Emmas den Gefühlen und Sinneswahrnehmungen Gestalt, die er selbst erlebt und empfunden hat, und er empfindet an seinem Körper die Gefühle, die er in der körperlichen Subjektivität Emmas gestaltet hat«.[73] Vermutlich ließe sich in Entsprechung zu Flauberts Ausspruch, »Madame Bovary, c'est moi! – D'après moi«, mit einigem Recht Schnitzler in den Mund legen, »Fräulein Else – bin ich.« Das kann hier im einzelnen nicht ausgeführt werden, doch ist offensichtlich, daß Elses außerordentliches Kunstverständnis – ihre Kenntnis auf den Gebieten der Malerei, der Literatur und der Musik – sie zu einem Doppel ihres Autors prädestinieren. Die Unzahl literarischer Zitate und Kryptozitate[74] in Elses Monolog berechtigen zu der Frage, ob die Figur überhaupt etwas anderes sei als Literatur. Sie rückt damit in die Nähe der Allegorie und verkörpert Beruf und Berufung ihres Autors, seine literarische Existenzweise. Zudem ist Else die Tochter einer Mutter, welche sie – wenn auch sarkastisch – als *Künstlerin* (S. 332) bezeichnet und eines

[72] Diese Bezeichnung für die Frau als Projektionsschirm, sc. Metapher des Mannes, prägte Shoshana Felman, vgl. ihre überaus erhellende Balzac-Interpretation: »Weiblichkeit wiederlesen«, in: Dekonstruktiver Feminismus. Literaturwissenschaft in Amerika, hrsg. v. Barbara Vinken, Frankfurt/M. 1992, S. 33–61 (zuerst in: Yale French Studies 62, 1981, S. 19–44).

[73] Zitiert nach Elisabeth Bronfen, »Nachwort« zu Gustave Flaubert: Madame Bovary. Sittenbild aus der Provinz, München 1995, S. 385–430; hier S. 424. Schnitzlers intensive Flaubert-Rezeption ist bekannt, einige seiner Frauenfiguren tragen den Namen Emma (vgl. die »junge Frau« im *Reigen* sowie »Die Toten schweigen«), und schon Anatol projiziert auf eine *Else emma*hafte Züge (*Anatol.* Szene: »Agonie«).

[74] Diese haben vor allem aufgewiesen Achim Aurnhammer (»›Selig, wer in Träumen stirbt‹. Das literarisierte Leben und Sterben von *Fräulein Else*«, in: Euphorion 77, 1983, S. 500–510) und Heide Eilert (wie Anm. 55).

Vaters, der mehrfach ein *Genie* genannt wird (S. 350). Auf diese Weise spiegelt die adoleszente Tochter das – wenn auch fragwürdige – Künstlertum ihres Vaters und zugleich die Autorinstanz. Elses aristokratische Handschrift und ihre Fähigkeit zum exquisiten schriftlichen Ausdruck – »›Nein, wie gut das Mädel schreibt‹, möcht' der Papa sagen« (S. 366) –, exponieren ebenso den Narzißmus des Künstlers. Die Differenz zu seinem weiblichen Doppel hat Schnitzler jedoch entschieden dadurch markiert, daß Else nicht zum aktiven Schriftsteller taugt. Sie ist quasi ein *artiste manqué*. Else kann nur zitieren oder Kunst reproduzieren, indem sie Klavier spielt oder sich pantomimisch zu Schumanns *Carnaval* bewegt.[75] Else hört mit 17 Jahren auf, Tagebuch zu schreiben (S. 359), Schnitzler dagegen beginnt mit 17 seine dokumentierte systematische Tagebuchproduktion (1879). *Figaros Hochzeit*, in der Novelle Zeichen patriarchalischer Verfügungsmacht über die Frau, ist in Schnitzlers Tagebuch magisches Code-Wort für den Beginn der eigenen literarischen Produktivität. Am 10. November 1923 notiert er: »(Ich verlor meinen Hut im Theater – wie vor etwa 50 Jahren in der Oper bei Figaro, was mein erstes Gedicht zur Folge hatte)«.[76] Der Prozeß der Selbsthervorbringung, sc. der Selbstgeburt als Autor, läuft also der Krise von Pubertät und Adoleszenz parallel, für deren Wiederholung hier die Heldin Else zu stehen scheint.

Den oben am Beispiel Freuds skizzierten undurchschauten Übertragungs- und Gegenübertragungsprozessen im Hinblick auf seine weibliche Heldin scheint Schnitzler dadurch vorzubeugen, daß er dem Leser eine empathisch-identifizierende und eine allegorisch-distanzierende Lektüre gleichzeitig anbietet. Die illusionierende Redeweise des inneren Monologs fördert das Mitgefühl der verfügten Frau gegenüber, wobei Schnitzler die Problematik der usurpatorischen Überschreitung der Geschlechtergrenze im Sinne eines »pseudo-feminocentrism« dadurch abfängt, daß er nicht nur die Frau supplementär mit einer Stimme versieht, sondern vor allem das traumatisierte Kind in ihr zu Gehör bringt. Das In-fans ist notwendig auf die Sprechhilfe des Erwachsenen angewiesen. Die Geschichte vom Mißbrauch der Frau in der Gesellschaft mit der Geschichte vom miß-

[75] Damit bestätigt Schnitzler – auch 1924 noch – das männliche Vorurteil gegenüber weiblicher Kunstausübung, wie es z. B. Weininger 1903 in aggressiver Apodiktik formulierte: »[Es] gibt kein weibliches Genie, hat nie ein solches gegeben und kann nie ein solches geben« (Geschlecht und Charakter [wie Anm. 37], S. 242).

[76] Schnitzler, Tagebuch 1923–1926 (wie Anm. 1), S. 96. Siehe ergänzend Arthur Schnitzler, Jugend in Wien. Eine Autobiographie, hrsg. v. Therese Nickl u. Heinrich Schnitzler, mit e. Nachw. v. Friedrich Torberg, Wien, München, Zürich 1968, S. 40.

brauchten Kind zu koppeln, ermöglicht es, dem Vorwurf zu entgehen, die Adoleszentin erneut zur »screen-woman« aufzubauen. In dieser Perspektive thematisiert Schnitzlers Novelle weniger das problematische Verhältnis der Geschlechter zueinander als das der Generationen. Durch die distanzierende Herrichtung der Heldin zur »Erfindung«,[77] sei es als Corpus von Zitaten, sei es als geschlechterinvertiertes Doppel des Autors, scheint Schnitzler jenem Vorwurf zusätzlich entgegentreten zu wollen. Das kann abschließend ein Blick auf Schnitzlers Verfahren der musikalischen Zitation bestätigen.

Die Notenzitate aus Schumanns *Carnaval* hat Schnitzler erst in die Buchfassung von *Fräulein Else* eingefügt, welche damit gegenüber der Erstveröffentlichung in der Zeitschrift *Die Neue Rundschau* den Rang einer zweiten Fassung einnimmt und auf Grund dieser besonderen Art der Zitation die distanzierend-kritische Lektüre in entscheidender Weise fördert.[78] Schnitzler übernimmt und überbietet Schumanns Verfahren der wechselseitigen Intertextualisierung von Musik, Literatur und Tanz. Schumanns »scènes mignonnes sur quatre notes« machen aus Buchstaben Noten, nämlich aus »ASCH« A, As, C, H (oder A, Es, C, H), lassen Buchstaben als Noten auf Notenlinien tanzen – »A.S.C.H. – S.C.H.A. (Lettres Dansantes)« – oder entwerfen mit Buchstaben Märsche/Tänze (»Marche des Davidsbündler contre les Philistins«). Schnitzler reskriptualisiert einerseits die Notenschrift zur Literaturschrift, indem er die Notenbeispiele als Metaphern in den Prozeß der Fiktion einbaut und literarisch lesbar macht,[79] andererseits potenziert er das choreographische Moment, indem er seine Else zu den »lettres dansantes« sich bewegen läßt. Doch damit nicht genug. Versteht man Schumanns *Carnaval* als Text im Text und damit als Legende, das heißt als Leseanweisung, dann ergeben sich die ver-

[77] Vgl. den Brief an G. Nobl vom 21. 2. 1925, in: Arthur Schnitzler, Briefe 1913–1931, hrsg. v. Peter Michael Braunwarth, Richard Miklin, Susanne Pertlik u. Heinrich Schnitzler, Frankfurt/M. 1984, S. 395.

[78] Robert Schumann, Carnaval. Scènes mignonnes sur quatre notes, Op. 9, Carl Lipinski gewidmet (1835). Es handelt sich um die folgenden 22 »Szenen«: »Préambule. – Pierrot. – Arlequin. – Valse noble. – Eusebius. – Florestan. – Coquette. – Replique. – Sphinxes. – Papillons. – A.S.C.H. – S.C.H.A. (Lettres Dansantes.) – Chiarina. – Chopin. – Estrella. – Reconnaissance. – Pantalon et Colombine. – Valse Allemande. – Paganini. – Aveu. – Promenade. – Pause. – Marche des Davidsbündler contre les Philistins« (Robert Schumanns Werke, hrsg. v. Clara Schumann, Serie VII, 6 Bde, Leipzig 1968 [Reprint]; hier: Bd. 2, S. 2–29.

[79] Diese literarische Lesbarkeit haben gefördert Heide Eilert (wie Anm. 55), Cathy Raymond (»Masked in Music: Hidden Meaning in Schnitzler's ›Fräulein Else‹«, in: Monatshefte 85, H. 2, 1993, S. 170–188) und Martin Huber (Text und Musik. Musikalische Zeichen im narrativen und ideologischen Zusammenhang ausgewählter Erzähltexte des 20. Jahrhunderts, Frankfurt/M. 1992), jedoch ohne das Moment der Selbstreferentialität zu beachten.

schiedensten Analogien: Verhält sich etwa Schumann zu *Carnaval* wie Schnitzler zu *Fräulein Else*? Beide Werke thematisieren das eigene Selbst wie auch ein Gegenüber, eine Geliebte/Frau. Florestan und Eusebius alludieren Schumanns »Doppelnatur« und die Buchstaben/Noten die Geliebte, Ernestine von Fricken aus dem Städtchen Asch. Der Leser ist gehalten, die Entsprechungen bei Schnitzler zu suchen. Zum einen korrespondieren die Initialen der Frauen, *E*lse und *E*rnestine. Die Leserassoziation: quatre notes, quatre lettres, ergibt sodann die Korrespondenz von Asch und Else und ermöglicht endlich, so meine ich, die Entschlüsselung von ASCH als Arthur SCHnitzler.[80] Indem er die Autoreferentialität des Schumannschen Musik-Textes radikalisiert – macht er nicht die »Doppelnatur« als mann-weibliche sichtbar? –, ermöglicht sich Schnitzler eine kryptonymische Selbst*einschreibung* und eine *Umschreibung* seinerselbst zur Frau, ist doch ASCH weiblich konnotiert: *in* dieser musikalischen Schrift kann er sich selbst als Else lesen[81] und *mit* ihr die Frauenfigur dazu bewegen, um ihn selbst kreisend, zu und in seinem Namen einen Tanz aufzuführen. In des Wortes vollster Bedeutung zeigt sich damit Else als »screen-woman.« Doch dem Leser ist das Verstehen und Erkennen angesonnen und aufgetragen, soll er doch der Spur der »Reconnaissance« folgen. Diese Wiedererkennung chiffriert also nicht nur das Prinzip der Intertextualität, sondern auch die Spiegelschau des Narziß sowie den Narzißmus des Künstlers.[82] Die Intertextualisierung von Schumanns »Maskenroman«[83] ermöglicht somit Schnitzler einen Karneval, eine Masken*novelle* der besonderen Art: eine Selbsteinschreibung als Künstler und eine Geschlech-

[80] Diese Kryptonymie ist umso wahrscheinlicher, als Schnitzler sie schon bei Schumann vorgebildet finden konnte, welcher die Buchstaben seines Nachnamens Sch und a in Asch wiederkehren sah. In der »scène« »Sphinxes«, welche nicht für das Ohr, sondern für das Auge bestimmt ist, fallen Chiffrierung und Dechiffrierung quasi zusammen, wie die Entschlüsselung durch G. K. Schneider zeigt (»Ton- und Schriftsprache in Arthur Schnitzlers ›Fräulein Else‹ und Schumanns ›Carnaval‹, in: Modern Austrian Literature 2, H. 3, 1969, S. 17–20):

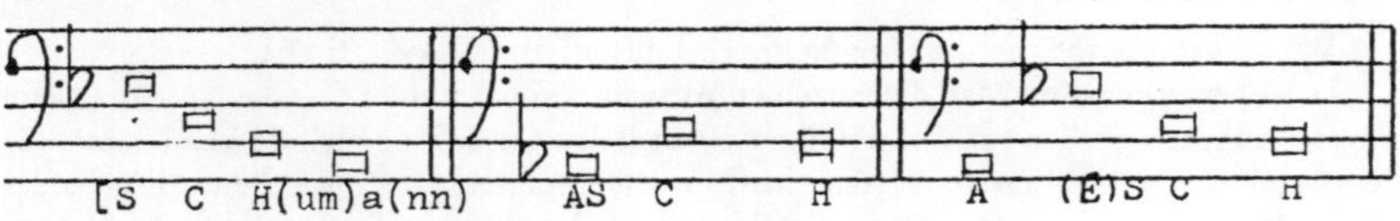

[81] Vgl. Schnitzlers Tagebucheintragung vom 9. 7. 1924: »Abds. C. P. [d. i. Clara Pollaczek]; las ihr ›Else‹ vor; (eigentlich mir); – ein merkwürdiges Product, – noch einige Längen« (Tagebuch 1923–1926, wie Anm. 1, S. 162).

[82] Man beachte auch die spiegelsymmetrische Anordnung der ›lettres dansantes‹ in »A. S.C.H. – S.C.H. A.«.

[83] So nannte Schumann selbst seinen *Carnaval*. Siehe Robert Schumann, Gesammelte Schriften über Musik und Musiker, Bd. 2, Leipzig 1914, S. 436.

termaskerade, die sich im Leiden der Heldin Else eine Konstruktion des eigenen Leidens ermöglicht und gleichzeitig an der Idealisierung der Kunst als Fluchtort und vor allem am Prärogativ der Männlichkeit des Künstlers festzuhalten scheint. »Die oder der spielt ganz schön« (S. 370). – »Warum denn sie? Vielleicht ist es ein Er? Vielleicht ist es eine Virtuosin?« fragt Else (S. 371). Das subversive Geschlechterspiel – »der oder die?« – wird im Text selbst wieder rückgängig gemacht, denn wer hier Klavier spielt, ist weder ein Er noch eine Virtuosin, sondern eine »fremde Dame«, eine ohne Namen und dazu eine, die »gar nicht mehr jung« ist. Damit erfährt die weibliche Kunstausübung zwar die bekannte, kulturell bedingte Abwertung, die durch die Nennung des Alters der Frau noch verstärkt wird, aber indem sich Schnitzler in Schumann zitiert, führt er den männlichen Künstlermythos, dem die Frau zur Muse gerinnt, vor und stellt ihn zur Debatte. Dieses Einbekenntnis quasi einer Mittäterschaft bricht den Mythos auf.

Schumanns Szenenbezeichnung »Reconnaissance« ermöglicht es Schnitzler schließlich, im eigenen Erzählkontext geradezu eine Megametapher zu bilden, welche nicht nur die Themen der Novelle bündelt, sondern auch auf Strategien der künstlerischen Produktion und der Steuerung der Leserrezeption referiert. Reconnaissance, verstanden als Wieder-Erkennen, Anerkennen, Liebend-Erkennen läßt vielfältige Deutungen zu, von denen hier nur einige aufgezeigt werden können. Auf der biographischen Ebene ist Schnitzlers eigene Schumann-Begeisterung zu nennen.[84] Auf der Ebene der Fiktion deutet »Reconnaissance« die Liebesbegegnung sowie deren Ironisierung und Pervertierung in Elses Enthüllungsakt an. Das Erklingen des Motivs, Elses Entblößung, das Erkennen Dorsdays und des Filous (im Sinne eines *genetivus subjectivus* und *objektivus*), das Abbrechen der Musik und Elses ›hysterischer‹ Lach-Anfall bilden eine konsequente Abfolge.[85] »Die Dame spielt nicht mehr« (S. 373), dieser Satz läßt

[84] Vgl. Tagebuch 1883–1902 (wie Anm. 1), Eintrag: 19. 1. 1884, S.164.

[85] Es ist bemerkenswert, daß die einzelnen Ausgaben von *Fräulein Else* die Notenzitate an unterschiedlichen Stellen im Text einfügen – ein Beleg für das mangelnde Verständnis für die metaphorische Qualität der Notenschrift im Handlungsablauf. Sowohl die Ausgabe des Fischer-Verlags von 1961 (Sämtliche Erzählungen, Bd. 2) wie die Fischertaschenbuch-Ausgabe weichen von der ersten Buchveröffentlichung zu Lebzeiten Schnitzlers im Verlag Paul Zsolnay (Fräulein Else, Berlin, Wien, Leipzig 1924) ab. Bisher ist der Frage der exakten Einfügung der Notenzitate nicht nachgegangen worden, stets wurde die Ausgabe bei Fischer von 1961 zugrundegelegt. Auf eine sehr kalkulierte Einfügung aller drei Notenzitate in der ersten Buchausgabe von 1924 weist hier die Tatsache hin, daß ihnen stets ein verbaler Hinweis auf das Klavier*spiel* unmittelbar vorausgeschickt wird; und diese Deixis wird in den späteren Ausgaben zerstört. 1. »Schön spielt sie. [Notenzitat »Florestan«, Takt 19–24]« (S. 114).

sich auch auf Else selbst beziehen, welche, wie schon die Metapher des Tennis-*Spiels* am Anfang der Erzählung andeutete, sich aus dem Spiel ausklinkt, vielmehr nicht mehr mitspielen kann, da sie von unbewußten Szenen überwältigt wird. Und hier ergibt sich noch einmal die Verbindung zu Freud, hatte er doch ausgeführt, daß die Hysterikerinnen an *Reminiszenzen* leiden.[86] Dies ließe den Schluß zu, daß im Erkennen nicht nur Dorsdays, sondern auch des scheinbar idealen Geliebten, des Filous, die Mißbrauchsbeziehung zum Vater erinnert/wiedererkannt wird, was mit dem Zusammenbruch der Verdrängung koinzidiert, welche nun durch den Anfall ersetzt werden muß. In tragisch-ironischer Weise bestätigt »Reconnaissance« damit auch, was Freud über die Suche nach dem Liebesobjekt ausführte: »Die Objektfindung ist eigentlich eine Wiederfindung.«[87] Dem durch das Trauma in Gang gesetzten Wiederholungszwang entspricht es, daß der Römerkopf – »Mein Bräutigam, mein Geliebter« (S. 372) – keine Alternative, sondern wider Elses bewußtes Wissen und Wünschen die Wiederholung des Filous Vater darstellt. Das Erkennen des idealen Geliebten ist also dessen Verkennung. »Ein Mädchen, das in seiner frühen Kindheit Objekt einer sexuellen Verführung wurde, kann ihr späteres Sexual-

2. »Ich habe nicht gewußt, daß sie so schön Klavier spielt ... [Notenzitat »Florestan«, Takt 39–43]« (S. 115). 3. »Die Dame spielt weiter. [Notenzitat »Reconnaissance«, Takt 1–8]. Köstlich rieselt es durch meine Haut. Wie wundervoll ist es nackt zu sein. Die Dame spielt weiter, sie weiß nicht, was hier geschieht. Niemand weiß es. Keiner noch sieht mich. Filou, Filou! Nackt stehe ich da. Dorsday reißt die Augen auf. Jetzt endlich glaubt er es. Der Filou steht auf. Seine Augen leuchten. Du verstehst mich, schöner Jüngling. ›Haha!‹ Die Dame spielt nicht mehr« (S. 117). »Reconnaissance« scheint also entschieden auf Elses Nacktheit – das biblische Erkennen – bezogen. Erst die durch die Musik stimulierten Hautgefühle führen Else dazu, den Mantel abzuwerfen, der sie vor den anderen bisher noch verbarg. »Was hier geschieht«, wird also quasi erst durch die Musik herbeigeführt. Damit erscheint Else, ganz entsprechend der zuvor erörterten Traumatisierung, als eine Frau, der die Initiative entzogen ist: »Niemand weiß [was hier geschieht]« – und das meint auch die Wiederholung der traumatisierenden Situation. Gleichsam fremdbestimmt, reagiert sie auf die Suggestion der Musik. Das Bewußtwerden der Fremdbestimmung schließlich und die korrespondierende Scham koinzidieren mit dem Anfall und dem Abbrechen der Musik.

[86] Vgl. Breuer/Freud, Studien über Hysterie (wie Anm. 59), S. 31. Entsprechend wird auch heute aus klinischer Sicht der *déjà-vu-Charakter* des Traumas hervorgehoben, vgl. Martin Ehlert, »Verführungstheorie, infantile Sexualität und ›Inzest‹«, in: Jahrbuch der Psychoanalyse 27, 1991, S. 42–70, S. 63.

[87] »Drei Abhandlungen zur Sexualtheorie«, in: Freud-Studienausgabe (wie Anm. 15), Bd. V, S. 126.

leben darauf einrichten, immer wieder solche Angriffe zu provozieren«[88] – ganz dieser Logik des Unbewußten folgend macht also Else vorwegnehmend den Bräutigam zum Filou. Da sich im hysterischen Verhalten frühkindliche Bedürfnisse nach Sicherheit, Geborgenheit, Anerkennung als sexuelle Wünsche verkleiden – »Filou, Filou! ... Du verstehst mich, schöner Jüngling« (S. 373), das ist Else sehnlichste Hoffnung –, ist solche »Reconnaissance« als *Méconnaissance* zu einem etablierten Begriff in der Hysterie-Diskussion geworden: »In allen Objektbeziehungen zwischen dem Hysteriker und anderen Menschen findet eine grundsätzliche *Verkennung* [*méconnaissance*] statt«.[89] Nimmt man hinzu, daß Schnitzler sicherlich *fausse reconnaissance* und *déjà raconté* als Begriffe für eine Erinnerungstäuschung aus seiner ärztlichen Praxis bekannt waren, erhält man hier geradezu eine Metapher für das mit Zitaten arbeitende Erzählen, setzt doch die Kontamination zweier Texte im Zitat sowohl das eine wie das andere voraus.[90] Die musikalisch-literarische Metapher *Reconnaissance* chiffriert nicht zuletzt das Prinzip der Intertextualität selbst sowie Schnitzlers leitmotivische Technik als ein quasi textgewordenes Déjà-vu. Schnitzlers *Fräulein Else* weist damit eine *mise en abîme*-Struktur auf,[91] welche das Übertragungs-, Gegenübertragungsproblem dadurch löst, daß sie es als ein Verkennen implizierendes Erkennen benennt und an die Lesenden und Interpretierenden weitergibt. Es liegt daher an ihnen, ob sie in der christlich konnotierten Flugphantasie am Schluß, der Himmelfahrt Elses mit dem Vater, eher Gretchens Aufnahme bei der Himmelskönigin und ihre Rettung Fausts wiederholt sehen – »Das Ewig-Weibliche / Zieht uns hinan« – oder die Halluzination des traumatisierten Kindes dargestellt finden. Deutlich scheint jedoch, daß Schnitzler durch die nachträglichen Noten-

[88] Vgl. Freuds Ausführungen zur *Fixierung* an das Trauma in »Der Mann Moses und die monotheistische Religion«, in: Freud-Studienausgabe, Bd. IX, S. 524. Dies ist zugleich ein Beleg dafür, daß Freud die sog. Verführungstheorie keineswegs ganz aufgegeben, sondern nur modifiziert hat. – Else hat selbst das Gefühl, auf die Geschlechtsrolle des Luders festgelegt und damit entwertet zu sein, womit sie, was ihr angetan wurde, als ihre eigenste innere Natur erlebt. Ferenczi nannte diese Folge des Mißbrauchs »die Introjektion des Schuldgefühls des Erwachsenen« (»Sprachverwirrung zwischen den Erwachsenen und dem Kind« [wie Anm. 24], S. 309).

[89] M. Masud R. Khan, »Der Mißmut des Hysterikers«, in: Erfahrungen im Möglichkeitsraum. Psychoanalytische Wege zum verborgenen Selbst, Frankfurt/M. 1990, S. 77–90; hier S. 82.

[90] Vgl. Freud, »Über fausse reconnaissance (›déjà raconté‹) während der psychoanalytischen Arbeit«, in: Studienausgabe (wie Anm. 15), Erg.bd., S. 231–238.

[91] Wie sehr es Schnitzler offenbar auf das Zitat als Erzählprinzip ankam, erhellt aus der Beobachtung, daß das erste Notenbeispiel in seinen ersten vier Takten wiederum ein Zitat darstellt, ein Selbstzitat Schumanns aus seinen *Papillons* (op. 6), vgl. Huber, Text und Musik (wie Anm. 79), S. 85.

beigaben mit den literarisierbaren Szenenbezeichnungen eine Intensivierung des Kunstcharakters der Novelle, ihrer Vielbezüglichkeit, anstrebte, welcher einer klischeehaften Affirmation der Frau als Metapher des Mannes, ihrer Verklärung zur Retterin (Verderberin) und vor allem zur Muse entgegenzuwirken vermöchte.[92] Schnitzlers poetologisches Prinzip der de- und rekontextualisierenden Zitation, welches sowohl den Autor wie die Lesenden einer Re- und Méconnaissance aussetzt, kann geradezu als Vorgriff auf postmoderne Literaturtheorien gewertet werden, welche unter dem Motto *Blindness and Insight* die Unentrinnbarkeit von Fehllektüren aufgezeigt haben.[93]

Die Privilegierung von Schumanns Szenenbezeichnung *Reconnaissance* ermöglicht es schließlich, Schnitzlers Verfahren einer Poetologie der Moderne zuzuordnen, welche den Prozeß künstlerischer Produktion vom *Erkenntnisprozeß* und dessen tröstender, sc. erlösender Funktion her konzipiert.[94] Die Ebene der Ton- über der Schriftsprache, die musikalische über der literarischen Schrift, errichtet quasi schon im Text selbst jene »höhere Art der Beobachtung« gegenüber der Tat-Beobachtung, welche für Kafka zum Beispiel den Kern seines Schreibens bedeutete. Der durch die Kunst ausgelöste Erkenntnisprozeß, welcher Else in ihrer Ohnmacht die Wahrheit sehen läßt, während die übrige Gesellschaft in der Lüge verharrt, kann eine stabilisierende Wirkung auf das Selbst ausüben, den Trost des Erkennens, was freilich das Leiden nicht aufhebt. *Reconnaissance* ist vermutlich auch subversives Spiel mit der Anagnorisis der Tragödie, wobei die Rollen von Chor und tragischem Held verkehrt sind. Die tragische Heldin, besser, das Opfer, weiß über den Zustand der Gesellschaft von An-

[92] Daß Schnitzlers Text dieser Gefahr ausgesetzt ist, zeigt ein Vergleich mit der etwa gleichzeitig entstandenen Erzählung Franz Kafkas (1923) »Eine kleine [!] Frau«. Durchaus noch als Allegorie der Kunst und ihres Wahrheitsanspruches zu erkennen, ist diese Frauenfigur in schierem Gegensatz zum schönen jungen Mädchen konzipiert, nämlich nach dem Modell der mürrischen, ständig »sich ärgernden«, »tobenden« Alten. Vor allem aber ist diese Kontrafaktur einer Muse als Projektion eines männlichen Erzähler-Ichs ausgewiesen, wodurch der kulturkritische Begriff der »screen-woman« selbst zum Thema der Erzählung wird. Auch Kafkas Sängerin Josefine, die andere kleine Frau, in welche er sich und seinen Künstlerberuf einschreibt, wird durch die vermittelnde – und verzerrende – Stimme eines als männlich erkennbaren Erzählers, der diesmal in der ersten Person Plural spricht, entworfen und nicht in der Form des inneren Monologs einer Frau wie bei Schnitzler.

[93] Vgl. Paul de Man, Allegorien des Lesens, Frankfurt/M. 1979, S. 8.

[94] Vgl. hierzu Walter Müller-Seidel, »Kafkas Begriff des Schreibens und die moderne Literatur«, in: Zeitschrift für Literaturwissenschaft und Linguistik 17, 1987, H. 68: Literarische Schreibprozesse, S. 104–121; bes. S. 111: »Der Schreibakt wird zu einem Akt der Sehweise, des klaren Sehens und Durchschauens ... Das Ergebnis solcher Verfahrensweisen heißt Erkennen, obschon wir es mit erzählender oder betrachtender Literatur zu tun haben, nicht mit wissenschaftlichen Erkenntnisprozessen.«

fang an Bescheid, ein Wissen, das im Zustand der Blindheit – mit geschlossenen Augen auf dem Krankenbett – nur noch bestätigt wird; Else gleicht damit dem blinden Seher Teiresias, ihr mangelt aber dessen öffentliche Funktion. Der Chor der Mitmenschen dagegen gleicht einem verblendeten tragischen Helden, der zu keiner Anagnorisis mehr geführt werden kann. Auf die Enthüllung der Wahrheit, die Else ihnen zumutet, nämlich die Sichtbarmachung der prostituierten Frau am Grunde der symbolischen Ordnung, antworten sie mit erneuter Verblendung: mit dem label »Krankheit Frau«. Schnitzler erklärt damit die Hysterie zum Ergebnis eines Prozesses der Hysterisierung. Daß dieser alle Züge von Nötigung und Folter aufweisen kann, konnte Schnitzler in einer seiner zu Unrecht vergessenen Vorlagen für *Fräulein Else* dramatisiert finden, in Maurice Maeterlincks *Monna Vanna* (1903). Hier glaubt der Ehemann und Repräsentant der patriarchalischen Ordnung der weiblichen Heldin nicht, solange sie, wie beteuernd auch immer, die Wahrheit spricht. Erst als sie lügt, das heißt sich zur inszenatorischen Darstellung eines der dämonisierten Frauenbilder entschließt, welche ihr der Ehemann wie in einem Warenhauskatalog anbietet – Retterin, Rächerin, Verderberin, Judith, Lucrezia –, erst als Monna Vanna die Lüge Frau verkörpert, wird ihr geglaubt.

MARITA KEILSON-LAURITZ

ALFRED SCHULER UND DER NATIONALSOZIALISMUS

Eine Erwiderung

Im *Jahrbuch der Schillergesellschaft* 1997 hat Karl-Heinz Schuler, Hüter des Schulerschen Familienarchivs in Mainz und unermüdlicher Sammler und Beobachter der Rezeption seines Großonkels Alfred Schuler (1865–1923) die These vertreten, daß die immer wieder behauptete Nähe Alfred Schulers zum Nationalsozialismus eine Art Mißverständnis sei, das es aufzuklären gelte.

Aus meiner eigenen langjährigen Beschäftigung mit Alfred Schulers Leben, Werk und Wirkung[1] möchte ich seine kenntnisreiche Darstellung vorsichtig zur Diskussion zu stellen und einige Aspekte beitragen, die in seiner Darstellung womöglich zu kurz gekommen sind.

Karl-Heinz Schuler gibt, die Rezeption Alfred Schulers wie kein zweiter überblickend, zwei Ursachen dafür an, daß Alfred Schuler so hartnäckig und undifferenziert als »Hakenkreuzler« und »Präfaschist« bezeichnet/gesehen werde: zum einen die 1951 von Robert Boehringer in die Welt gesetzte Vermutung, Hitler habe Schulers Vorträge im Hause Bruckmann gehört und von ihm Hakenkreuz und Ideengut übernommen; zum zweiten die Koppelung der Schuler-Rezeption an Ludwig Klages und seine 1940 mitten ins Nazideutschland hinein publizierte Schuler-Ausgabe und vor allem deren außergewöhnlich opportunistisch-antisemitische Einleitung.

Zunächst also die Boehringer-Quelle samt vermeintlicher Vorläuferschaft, namentlich hinsichtlich des Hakenkreuzes: Karl-Heinz Schuler

[1] Vgl. u. a.: Stefan George, Alfred Schuler und die »Kosmische Runde«. Zum Widmungsgedicht »A.S.« im »Jahr der Seele«, in: Castrum Peregrini 168/9, 1985, S.24–41; Alfred Schulers Utopie des Offenen Lebens, in: Forum Homosexualität und Literatur 30, 1997, S. 37–58. Mein Interesse an Schuler geht ursprünglich auf Hans Schwertes Erlanger Hauptseminar über Deutsche Literatur im Wilhelminischen Zeitalter im Sommersemester 1963 zurück. Zur Problematik des sog. »Falles Schwerte/Schneider« habe ich mich an anderer Stelle ausführlich geäußert; vgl. Hans Schwerte – Irrtum und Neuversuch, in: Ein Germanist und seine Wissenschaft. Der Fall Schneider/Schwerte. Erlanger Universitätsreden Nr. 53/1996, hrsg. v. Rektor der Friedrich-Alexander-Universität Erlangen-Nürnberg, Erlangen 1996, S. 75–81.

führt überzeugend vor, wie das Gerücht von der Zuhörerschaft Hitlers bei Schulers Vorträgen im Hause Bruckmann (1922) sich, ausgehend von Boehringers kurzschließender Sentenz (»Man weiß, wer damals zu den Besuchern des Hauses Bruckmann gehörte«), in das Scheinwissen über die Ursprünge des Nationalsozialismus eingeschlichen hatte. Was den historischen Inhalt betrifft, wurde diese Geschichtsklitterung bald korrigiert: 1963 von Werner Picht, im Auftrage von Boehringer, 1967 von Boehringer selbst. Aber Bücher haben leider die unangenehme Eigenschaft, daß ihnen nur die orthographischen Errata in nachträglichen Listen beigegeben werden, nicht die inhaltlichen. Will sagen: der Rattenschwanz der gutgläubigen Zitierungen ist kaum mehr aufzuhalten; und diese stereotypen Abschreibe- und Übernahme-Mechanismen samt der dabei beinahe unvermeidlichen, wenngleich nicht entschuldbaren Mißverständnisse und Sterotypisierungen, die da am Werke waren und zum Teil wohl noch sind, werden selbstverständlich zu Recht kritisiert. Auch macht Karl-Heinz Schuler zu Recht darauf aufmerksam, daß von seiten der politischen Geschichtsforschung, will sagen: von seiten derer, die den Effekt der Schulerschen Einflüsse bei Hitler c.s. hätten aufweisen können, keine diesbezüglichen Fakten ans Licht gebracht wurden. (Das Interessante an *dieser* Diagnose, wenn sie denn zutrifft, wäre, daß Kulturgeschichte und politische Geschichte jeweils an ihrem eigenen Tunnel graben, ohne daß man sich je begegnen wird.)

Nun will mir aber scheinen, daß mit der Widerlegung der These von einer unmittelbaren Urheberschaft Schulers für Hitlersches Ideengut das Problem noch keineswegs gelöst ist. Robert Boehringer, der Hüter des George-Nachlasses, war nicht so sehr, wie Karl-Heinz Schuler meint, ein »feinsinniger Gelehrter«, sondern vor allem ein eigensinniger Stratege und erfolgreicher Berater von Schweizer Arzneimittelkonzernen. Seine Korrektur seiner oben zitierten ursprünglichen Vermutung über ein Zusammentreffen von Schuler und Hitler bei Bruckmanns muß dann auch als ein Meisterwerk ironischer Doppelsinnigkeit gelesen werden. Sie lautet: »Als der ›böhmische Gefreite‹ zum ersten Male im Hause von Hugo und Elsa Bruckmann empfangen wurde, am 23. Dezember 1924, war Alfred Schuler schon gestorben, am 8. April 1923. Also gehörte jener nicht zu den Zuhörern der Vorträge Schulers an den sieben Abenden. Ludwig von Pigenot hat mir dies bewiesen ..., *und Alfred Schuler ist völlig unschuldig an jenem Mißbrauch der Swastika und an der Zertrümmerung des Reiches*« [Hervorhebung von mir].

Man darf sich freilich fragen, ob Robert Boehringers abschätzige Ironie die Sache nicht auch gefährlich herunterspielt. Und ob nicht auch die Gefahr besteht, daß mit dieser Argumentation (Wer ist schon Schuler, daß er das Reich zerstören könnte?! Wobei denn zu fragen wäre: Welches Reich?

und überhaupt: Ist es denn das Problem, daß das »Reich« zerstört wurde?) die unheilvolle Wirkung von Schuler (und anderen, vergleichbaren Figuren, Hans Blüher zum Beispiel) unterschätzt wird. Daß solche ›Prediger‹ auf willige Zuhörer trafen, ist eine andere Sache. Vermutlich kann man am ehesten von einer kumulativen Wirkung, einem wechselseitig sich aufschaukelnden Effekt sprechen.

Auch Alfred Schuler befand sich nicht in einem politisch luftleeren Raum, den es nach Belieben zu füllen galt. Und gewiß war er nicht umgeben von lauter künftigen Widerstandskämpfern. In seinem Umfeld gab es neben dem wo nicht nationalsozialistischen so doch auf seine Weise antisemitischen Klages noch so manchen, der sich nationalsozialistischem Ideengut nicht verschloß. Ein Paradebeispiel ist das Haus Bruckmann als solches. Für die Kunstgeschichtlerin Maria Gundrum und deren nazistische Geneigtheiten hat Dorothea Roth die Verbindung zu Schulers Vordenkertum ganz explizit gelegt.[2] Von weniger prominenten Zeitgenossen wurde wohl ein ganz naiv-kausaler Zusammenhang Schuler-Nationalsozialismus gelegt. »Ja, der Herr Schuler, der hat uns den Nationalsozialismus doch gebracht,« sagte mir in den sechziger Jahren in München eine Frau, die mir zugleich die ihrer Schwester von Schuler geschenkte, eigens nach seinem Entwurfe angefertigte Swastika-Brosche zeigte, die einem Parteiabzeichen verdächtig ähnelte.

Über Wert oder Unwert der Klagesschen Einleitung zum Schuler-Nachlaß läßt sich trefflich streiten. Leider scheint es so zu sein, daß ihr antisemitischer Tenor bis heute nicht verhindert, daß sie ganz naiv als Quelle benutzt wird. Daß diese Quelle zu einem guten Teil auf »Gedächnisauffrischung« mit Hilfe von Franziska zu Reventlows Schlüsselroman *Herrn Dames Aufzeichnungen oder Begebenheiten aus einem merkwürdigen Stadtteil* beruht, gehört zu den erhellenden Einsichten, die uns die Akribie von Karl-Heinz Schuler verschafft. Freilich gehört es eben zu Klages' antisemitischem Opportunismus, daß bei ihm aus Rabbi und Jadwiga ein »*finsterer* Rabbi« und eine »*schauerliche* galizische Jüdin« werden (Hervorhebungen von mir).

Die Wahrscheinlichkeit hingegen, daß Schuler nach dem Bruch mit dem George-Kreis noch mit Wolfskehl umgegangen sei,[3] denke ich, hat wenig

[2] Dorothea Roth, Maria Gundrum, Malerin und Kunsthistorikerin (1868–1941), in: Basler Zeitschrift für Geschichte und Altertumskunde 96, 1996, S. 147–224; zum »Antisemitismus Schulers, den Maria Gundrum übernahm« ebd., S. 216.

[3] Zu der Beweisführung S. 390, Anm. 25, sei daran erinnert, daß eine Karte *von* Wolfskehl *an* Schuler viel über Wolfskehls unerschütterliche Anteilnahme an Schuler (bis ins Exil und trotzdem er Schulers Verbindung mit Hitler und seinem Antisemitismus für möglich hielt, vgl. S. 385!), aber wenig über Schulers Haltung zu Wolfskehl sagt.

Beweiskraft bezüglich der Schulerschen Antisemitismus-Variante: ein Jude im Bekanntenkreis macht noch keinen Philosemiten.[4] Hertha Koenig hat Schulers Bedenken in Sachen Wolfskehl als mit dessen Teilnahme am Basler Zionistenkongreß von 1903 zusammenhängend in Erinnerung behalten.[5] Auch Tagebuchaufzeichnungen von Schuler aus dem Jahre 1904, soweit sie mir in auszugsweisen Abschriften von Ludwig von Pigenot vorliegen, sprechen von Wolfskehls »Zionismus« als Grund für die Entfremdung. Natürlich ist Anti-Zionismus nicht dasselbe wie Antisemitismus, es zeigt nur, welche Aspekte Schulers spezifischer Antisemitismus *auch* enthielt.

Daß es bei dem Bruch Georges mit den Kosmikern vorrangig um publikations- und kreispolitische Streitigkeiten ging, ist sicher richtig und dürfte in der ernstzunehmenden George-Literatur auch wohl kaum bestritten werden. Trotzdem weist nicht nur Schulers Ablehnung dessen, was ihm als Wolfskehlscher Zionismus erschien, auf eine antijüdische Komponente, in die außer Klages[6] auch Schuler involviert war: in den Resten von Schulers Tagebuchaufzeichnungen gerade dieser Zeit findet sich wohl nicht zufällig, als on-dit aus Münchner Kreisen aufgezeichnet, das Gerücht, George sei Jude und heiße eigentlich Abeles.

So ist es possierlich und zugleich erschreckend zu sehen, wie umgekehrt Friedrich Wolters Klages in jüdische Zusammenhänge hineinzuinterpretieren gesucht hatte. Daß Klages darüber »Entsetzen« verspürt habe (Karl-Heinz Schuler, S. 388), ist eine Erklärung für seine Schuler-Einleitung, die seinen – möglicherweise *auch* opportunistischen (aber entschuldigt ihn das?) – Antisemitismus womöglich noch suspekter macht. Wie differenziert auch immer eine Diagnose im einzelnen auszusehen hätte: es drängt sich der Eindruck auf, daß zwei notorische Antisemiten sich gegenseitig den ›jüdischen Peter‹ zuzuschieben suchten, indem sie jeweils die Gegenpartei als ›Juden und Judenknechte‹ denunzieren.

Nachdem die sich aus der Boehringer-Quelle und der Klages-Einleitung erklärenden Irrtümer beiseite geräumt sind, bleiben, so Karl-Heinz Schuler, Alfred Schulers »Interesse am Hakenkreuz, das er mit dem indischen Wort Swastika bezeichnete« und »Schulers eigener Antisemitismus« (S. 393).

[4] Auch die von Karl-Heinz Schuler herangezogene Schuler-Begeisterung von Walter Benjamin sagt womöglich mehr über Benjamin als über Schuler. Der rechtskonservative Staatsrechtler Carl Schmitt begeisterte sich gleichfalls für Schuler (vgl. Nicolaus Sombart, Jugend in Berlin. 1933–1943. Ein Bericht, Frankfurt/M. 1986/87. Darin zu Schuler im Kapitel »Spaziergänge mit Carl Schmitt«, S. 260ff.).

[5] Mündliche Mitteilung, MKL.

[6] Karl-Heinz Schuler verweist ausdrücklich darauf, daß Morwitz nur den Antisemitismus von *Klages* als den Bruch mitverursachend nennt (S. 391, Anm. 26).

Was die Hakenkreuz/Swastika-Frage betrifft, so wäre seine Darstellung insofern zu ergänzen, als die Verwendung dieses Zeichens bei Schuler zum Schmuck zahlreicher Texte es als erotisches Symbol ausweist, nicht zuletzt dadurch, daß er in die vier Felder des Zeichens mehrfach die Buchstaben des Wortes EROS eintrug. So auch bei der Verzierung einer Abschrift seines Gedichtes *Zillerthal*,[7] daß er 1899 in seiner vielbewunderten Zierschrift für George abschrieb und ihm übersandte.

In dieser (homo)erotischen Bedeutung übernimmt George zunächst das Zeichen: Wie Boehringer mitteilt, schreibt George zu Gundolfs 22. Geburtstag für diesen einige der ihm gewidmeten Liebesgedichte aus dem Zyklus *Gezeiten* ab. Die Abschrift, die übrigens nicht zu Ende geführt und wohl auch nicht übergeben wurde,[8] ist zweifach mit einer Swastika geschmückt. Das ist 1902.[9]

Als Signet für Publikationen des Verlages Bondi (nicht, wie Karl-Heinz Schuler irrtümlich annimmt oder irreführend formuliert, für die Zeitschrift »Blätter für die Kunst«) übernimmt George die Swastika erstmals 1916 für Gundolfs *Goethe*. Unter diesem Signum erscheinen in der Folge Bücher von Gundolf, Bertram, Wolters, Vallentin, Stein, Edith Landmann, Kantorowicz, Kommerell, Friedemann und Hildebrandt. Als letzter Band mit diesem Signet erscheint 1934 die erste Fassung von Ernst Morwitz' *Die Dichtung Georges*.[10]

Für Alfred Schuler, der 1899, als er sich Hoffnung machte, daß George einige seiner poetischen Texte in die *Blätter für die Kunst* aufnehmen würde, gar mit einer Swastika anstelle seines Namens zeichnen wollte, gehörte dieses Zeichen, das rollende Rad,[11] das kreisende Kreuz, von dem Schuler sich vorstellt, es sei ein (christliches) Kreuz, dem die »Füße« und damit die Kreisbewegung zurückgegeben wurden, wie alles Runde, Voll-

[7] Vgl. Alfred Schuler, Cosmogonische Augen. Gesammelte Schriften, hrsg., komm. u. eingel. v. Baal Müller, Paderborn 1997, S. 67; dort fehlen die letzten drei Zeilen der am Schluß wiederholten ersten Strophe.

[8] Sie befindet sich im George-Nachlaß in der Württembergischen Landesbibliothek Stuttgart.

[9] Vgl. Robert Boehringer, Mein Bild von Stefan George, 2. erg. Aufl., Textband, Düsseldorf u. München 1967, S. 123. Dieser Zusammenhang ist dargestellt in: Marita Keilson-Lauritz, Von der Liebe die Freundschaft heißt. Zur Homoerotik im Werk Stefan Georges, Berlin 1987, S. 122 f. Daß Karl-Heinz Schuler diese Deutung kannte und sie doch nicht zugunsten Alfred Schulers ins Feld führen mag, bestätigt meine Vermutung, daß man sich hier bezüglich der politischen und erotischen Bedeutung des Zeichens nach dem Zweiten Weltkrieg in einer peinlichen Zwickmühle befand.

[10] Vgl. Georg Peter Landmann, Stefan George und sein Kreis. Eine Bibliographie, mit Hilfe v. Gunhild Günther erg. u. nachgef., 2. Aufl., Hamburg 1976, S. 368.

[11] Dazu wäre auch Nietzsches *Zarathustra* zu vergleichen (*Vom Wege des Schaffenden*).

kommene, Kosmische, Urnische zu den Symbolen des »offenen Lebens«.[12] Gegenbild ist das »geschlossene Leben«, bestimmt durch Fortpflanzung, Familie, Ehe, Magus und Männerbund. In diesem sozialutopischen Kontext läßt sich, wenn überhaupt, Schulers Antisemitismus begreifen. Und gerade von hier aus ließe sich auch der Abstand seiner – wie verschroben und mystisch auch immer – auf Geschlechterausgleich zielenden Weltsicht von der nationalsozialistischen Ideologie bemessen.

Schließlich zu dem, was Karl-Heinz Schuler »Schulers eigene[n] Antisemitismus« nennt und was er allenfalls als »Anti-Jahwismus« und jedenfalls weit entfernt von »Antisemitismus im rassischen Sinne der NS-Ideologie« (S. 396) verstanden wissen möchte.

Natürlich sehe auch ich einen Unterschied zwischen Alfred Schulers Anti-Judaismus und dem, was man rassischen Antisemitismus nennen würde. Und daß er Auschwitz gutgeheißen hätte, darf man zu Recht bezweifeln. Welchen Platz diese deutsche Katastrophe und deutsche Schuld in seinem magischen Weltbild bekommen *hätte*, darüber verbietet es sich eigentlich zu spekulieren.

Aber wenn Karl-Heinz Schuler, der sich zu Recht gegen die Bagatellisierung des Klagesschen Antisemitismus absetzt (387f.), einwendet, Schulers Antisemitismus sei deswegen nicht rassistisch oder doch »religionsphilosophischer Natur« (394f.), weil er auch Bismarck und Luther und selbst Klages (S. 388, Anm. 17) als ›Juden‹ bezeichnet habe, dann ist dem entgegenzuhalten, daß solche Bezeichnung (von der sicherlich auch Karl-Heinz Schuler nicht behaupten möchte, sie sei irgendwie schmeichelhaft gemeint gewesen) nicht gerade auf eine besondere Vorliebe für Juden welcher Art auch immer schließen läßt.[13] Der »Marder Juda«, der da bei Schuler ans »Herz des Lebens« schleicht, trägt diesen Namen ja doch nicht zufällig oder auf Grund eines Irrtums, sondern weil sich im Judentum (mehr in dessen kultureller, als in dessen biologischer Identität, das ist wahr) für Schuler eben alles das traf, was er ablehnen zu müssen meinte. Das kann uns heute höchst problematisch und unangenehm sein. Es wegdisputieren hilft nicht weiter, wie mir scheint.[14]

[12] Vgl. dazu meinen Aufsatz: Alfred Schuler und die Utopie des »offenen Leben« (wie Anm. 1).

[13] Das gleiche gilt für den Gebrauch der Vokabel »Judenseelen« durch Wihelm Zaiss in einem Brief an Schuler (vgl. ebd., S. 49).

[14] Eine lebensgeschichtliche Analyse würde bei Schuler vermutlich früh das Gefühl des Bedrohtseins ausmachen, das er dann in der Folge auf »die Juden« projektierte. Ludwig von Pigenot erzählte mir, Schuler habe ihm berichtet, beim Tode seines Vater (1885) habe ihn der Hausarzt ›so merkwürdig angesehen‹. Und das sei eben ein jüdischer Hausarzt gewesen. Religionsgeschichtlicher Antisemitismus?

Überdies: daß die religiösen Quellen des Antisemitismus, will sagen: der Beitrag der christlichen Religionen zu dem, was dann als rassischer Antisemitismus solches Unheil anrichtete, einfach aus der Rechnung hinausdividiert werden dürfte, ist leider frommes und gefährliches Wunschdenken. Ohne die auch auf diesem Boden gewachsene Akzeptanz wäre das alles ja auch wohl nicht möglich und denkbar gewesen. Es kamen eben viele Wurzeln zusammen.[15]

Auf meiner Suche nach den kulturellen Anfängen der Homosexuellen-Emanzipation stieß ich – in Schuler-Zusammenhängen hellhörig geworden – auf verschiedene Grade anti-judaistischer/antisemitischer Argumentation. Etwas verallgemeinernd ließe sie sich dahin zusammenfassen, daß die jüdisch-christlichen[16] sittlichen Normen eben der alten Freiheit mannmännlicher Liebe, die man sich bei den alten Griechen bzw. Römern noch ungetrübt dachte, ein schnödes Ende bereitet hätten. Es schien mir plausibel, daß sich Alfred Schulers Antisemitismus (wie religiös-weltanschaulich auch immer) aus seiner erotisch-sexuellen Neigung einigermaßen erklären läßt. Es ist aber gut möglich, daß ich diese Erklärung (die zweifellos für eine Reihe seiner mehr oder weniger homosexuellen Zeitgenossen wie Hans Blüher, Benedict Friedländer, Elisar von Kupffer u. a. aufgeht),[17] irrtümlich auf Schuler übertragen habe. Nur muß ich bekennen, daß mir sein Antisemitismus, wenn ich diese Erklärung *ausschließe*, jedenfalls nicht akzeptabler wird.

Was den von Karl-Heinz Schuler abschließend zitierten Brief Schulers an Kurt und Alice Saucke im Januar 1923 betrifft, so scheint er mir doch etwas anderes zu besagen, als dieser darin lesen möchte. Den Nationalismus, das ist wahr, nennt Alfred Schuler hier in weiser Voraussicht, »die trunkene Todesfackel, welche den Völkerherden in's Schlachthaus leuchtet«. Diese Einsicht jedoch steht da in einem höchst sonderbaren Zusammenhang: »Der nationalistische Tumor, auch in München rapid im Wach-

[15] Vgl. Hans Keilson, Die Faszination des Hasses. Das Verhältnis von Juden und Christen in Deutschland. Ein Versuch, in: Hans Otto Horch, Charlotte Wardi (Hrsg.), Jüdische Selbstwahrnehmung. La prise de conscience de l'identité juive, Tübingen 1997 (Conditio Judaica, Bd. 19), S. 27–43, bes. S. 30: »Das Studium der Geschichte des Judenhasses lehrt, daß die erwähnten Formen, Motive und Aspekte nur als Kulissen gesehen werden können, zwischen denen, bei einer mit jedem Bild sich verändernden Umgebung, immer wieder dasselbe Stück aufgeführt wird«.

[16] In Schulers Vorträgen schien es mir immer so, daß eben Antijüdisches damals um des Publikums willen leichter artikuliert werden konnte als Antichristliches. Das heißt, er benutzte den Antisemitismus seiner Zuhörer als Vehikel. Und so hat es denn auch nach einem der Vorträge wegen anti*christlicher* Äußerungen Verstimmungen gegeben.

[17] Vgl. Marita Keilson-Lauritz, Die Geschichte der eigenen Geschichte. Literatur und Literaturkritik in den Anfängen der Schwulenbewegung, Berlin 1997, S. 147f.

sen und in der Hitlergruppe den Antisemitismus – ›So geben sie mir ein anderes Schlagwort, mit dem ich die Massen gewinne.‹ (Hitler) – aus dem Zentrum des Interesses drängend, ist die trunkene Todesfackel, welche den Völkerherden in's Schlachthaus leuchtet.« Lieber wäre es Schuler, so muß man ja wohl lesen, wenn Hitler den Antisemitismus im »Zentrum des Interesses« beließe. Das kommt einem eigenen Bekenntnis zu einem solchen »Antisemitismus« (was immer Schuler darunter verstand) doch verdächtig nahe.

Ludwig von Pigenot, den ich in den sechziger Jahren auf diese kuriose Äußerung Hitlers hin befragte, berichtete, er selbst, Pigenot, habe Schuler von diesem Wort Hitlers erzählt. Worauf Schuler: »Dann ist er ein Schuft.« Will sagen: wenn er es mit dem Antisemitismus nicht ernst meint. Woraus man zwar schließen kann, daß Schuler Hitler zutiefst mißtraute, aber aus einem nicht gerade sehr entlastenden Grunde: weil Hitler eben den Antisemitismus nur als »Aushängeschild«[18] mißbrauchte.

Hitlers Äußerung als solche, wenn sie denn auf Wahrheit beruht, würde bedeuten, daß sein Antisemitismus ein opportunistisches Instrumentalisieren allum gegenwärtiger Gefühle war. Hitler also nicht als Ver-Führer sondern als der eigentliche Vollstrecker eines weit verbreiteten Antisemitismus. Das stimmt, will mir scheinen, pessimistischer als Goldhagen.

Und genau hier würden dann wieder die Bedenken gegen eine wie auch immer motivierte Unterscheidung von Schulers Anti-Judaismus und »gewöhnlichem« Antisemitismus liegen: Selbst wenn Alfred Schulers Antisemitismus nicht ›rassischer‹ Natur war, sondern ›nur‹ »Ablehnung des Geistgottes Jahwe und seiner Anhänger«: bleibt nicht auch diese Variante Teil jener trüben Quellen, aus denen schließlich die deutsche Katastrophe sich speiste? *Jede* im Vorfeld des Nationalsozialismus propagierte Variante des Antisemitismus bedeutete einen Schritt auf dem Wege nach Auschwitz. So jedenfalls sieht sich das heute an. Selbst wenn man Alfred Schulers Argumente *damals* noch verstehen könnte: heute haben sie ihre Unschuld, auch ihre »religionsgeschichtliche« Unschuld, jedenfalls verloren. Und ich denke, das sollte man bei allem Verständnis für seine Denk- und Empfindungswelt im Auge behalten.

[18] Diese Formulierung benutzt Schuler in dem von Gerhard Plumpe (Alfred Schuler, Chaos und Neubeginn, Berlin 1978, S. 179) zitierten Entwurf.

CLAUDIA LIEBRAND

DIE HERREN IM »SCHLOSS«

Zur De-Figuration des Männlichen in Kafkas Roman

Im dritten Kapitel des Kafkaschen *Schloß*fragments läßt Frieda, das Ausschankmädchen des Herrenhofs, die mutmaßliche Geliebte Klamms und Hüterin eines – »offenbar zu Beobachtungszwecken gebohrt[en]«[1] – Guckloches, K. einen heimlichen Blick auf Klamm werfen.[2] Zum ersten (und auch zum letzten) Mal bekommt K. jenen Beamten zu sehen, den zu treffen, mit dem zu sprechen ihm nie gelingen wird – auch wenn er alle seine Aktionen, seine gesamte Energie in den Dienst dieser idée fixe, ins Schloß zu gelangen, zu Klamm vorzustoßen, stellt. Auch der Leser profitiert von der peep-show – als solche läßt sich der Vorgang beschreiben –, kann er doch zusammen mit dem Protagonisten, peeping K., zumindest kurz dessen Objekt der Begierde anschauen – und das ist offensichtlich keine Frau, sondern ein Mann. Zwar wirft K. sein Auge auch auf Frauen: kurze Zeit nachdem er hat Klamm bestaunen dürfen, liegt K. mit Frieda kopulierend auf dem Fußboden des Ausschankraums, sich »in den kleinen Pfützen Bieres und dem sonstigen Unrat« (KKS, S. 68) wälzend. Aber – Frauen begehrt er nicht um ihrer selbst willen, sie sind ihm Mittel zum

[1] Franz Kafka, Das Schloß, hrsg. v. Malcolm Pasley, Frankfurt/M. 1983, S. 60. Zitiert wird *Das Schloß* im folgenden (auch im fortlaufenden Text) nach dieser Ausgabe, abgekürzt als ›KKS‹. Zahlreiche wichtige Anregungen und Hinweise verdanke ich Gesprächen mit Astrid Lange-Kirchheim.

[2] »Durch das kleine Loch, das offenbar zu Beobachtungszwecken gebohrt war, übersah er fast das ganze Nebenzimmer. An einem Schreibtisch in der Mitte des Zimmers in einem bequemen Rundlehnstuhl saß grell von einer vor ihm niederhängenden Glühlampe beleuchtet Herr Klamm. Ein mittelgroßer dicker schwerfälliger Herr. Das Gesicht war noch glatt, aber die Wangen senkten sich doch schon mit dem Gewicht des Alters ein wenig hinab. Der schwarze Schnurrbart war lang ausgezogen. Ein schief aufgesetzter, spiegelnder Zwicker verdeckte die Augen. Wäre Herr Klamm völlig beim Tisch gesessen hätte K. nur sein Profil gesehn, da ihm aber Klamm stark zugedreht war, sah er ihm voll ins Gesicht. Den linken Elbogen hatte Klamm auf dem Tisch liegen, die rechte Hand, in der er eine Virginia hielt, ruhte auf dem Knie. Auf dem Tisch stand ein Bierglas; da die Randleiste des Tisches hoch war, konnte K. nicht genau sehn, ob dort irgendwelche Schriften lagen, es schien ihm aber, als wäre er leer.« (KKS, S. 60f.).

Zweck, Instrumente, mit deren Hilfe das eigentlich Begehrte, eine Verbindung zu Klamm, zum Schloß (und seiner Männergesellschaft), erlangt werden soll.[3] K. betrachtet Frauen in ihrer Funktion als copulae zwischen Männern.[4] So macht er sich an Frieda heran, nicht obwohl, sondern weil er gerade erfahren hat, daß sie Klamms Geliebte ist. Sie soll ihm (nicht mehr nur optischen) Zugang zu Klamm verschaffen. Die Strategie, die K. verfolgt, ist mithin keine ödipale. Es geht nicht darum, dem mächtigen Klamm die Geliebte auszuspannen,[5] K. spekuliert vielmehr darauf, daß »wenn ich dem Löwen die Löwin wegheirate, ... ich ... wohl auch soviel Bedeutung für ihn haben werde, dass er mich wenigstens anhört«.[6] Nicht auf einen ›Sieg‹ über den »Bureauvorstand«[7], sondern auf seine Anerkennung durch Klamm, auf narzißtische Gratifikation, auf die Aufnahme in einen ›homosozialen‹ Bund zielt K. ab. In dieser Perspektive erscheint das Schloß im Roman als Fluchtpunkt einer phallischen androzentrischen Ordnung, »where man meets man (himself his self)«[8] und der Text *Das Schloß* als Re- und Defiguration einer ›phallizistisch‹ organisierten sym-

[3] Solange K. sich von Frieda verspricht, daß sie zwischen ihm und Klamm ›vermitteln‹ kann, wird K. von Frieda attrahiert. Als sich erweist, daß er durch sie nicht an Klamm herankommt, verliert sie für ihn gänzlich ihre Ausstrahlung, sie ›verfällt‹: »war die Entfernung von Klamm die eigentliche Ursache ihres Verfalles? Die Nähe Klamms hatte sie so unsinnig verlockend gemacht, in dieser Verlockung hatte sie K. an sich gerissen und nun verwelkte sie in seinen Armen« (KKS, S. 214). Frieda selbst formuliert das Interesse, das K. an ihr hat: »mein einziger Wert für Dich ist, daß ich Klamms Geliebte war« (KKS, S. 245).

[4] Zur copula-Funktion der Frauen in Kafkas Texten vgl. auch: Evelyn Torton Beck, Kafka's Traffic in Women: Gender, Power and Sexuality, in: Journal of The Kafka Society 1981, S. 3–14 und Ruth V. Gross, Fallen Bridge, Fallen Woman, Fallen Text, in: Journal of The Kafka Society 1981, S. 15–24. – Die Struktur des Frauentausches unter Männern im *Schloß*roman setzt Elizabeth Boa (Feminist Approaches to Kafka's The castle, in: New Ways in Germanistik, hrsg. v. Richard Sheppard, New York, Oxford, München 1990, S. 112–127, hier S. 121; die Interpretation ist in erweiterter Form wiederabgedruckt in: Elizabeth Boa, Kafka. Gender, Class and Race in the Letters and Fictions, Oxford 1996, S. 243–286) in Bezug zur Kulturanthropologie von Lévi-Strauss.

[5] Vgl. Charles Bernheimer, Flaubert and Kafka. Studies in Psychopoetic Structure, New Haven, London 1982, S. 215. – K. ist deshalb nicht an Frauen, sondern an Klamm interessiert, weil er sie als so ›fremd‹ und ›arm‹ erlebt wie sich selber (KKS, S. 61). Klamm dagegen phantasiert er als mächtig.

[6] Franz Kafka, Das Schloß. Apparatband, hrsg. v. Malcolm Pasley, Frankfurt/M. 1983, S. 225 (in der Handschrift gestrichener Absatz).

[7] Ebd., S. 225.

[8] Julia Kristeva, Texte du roman, Den Haag 1968, S. 160. Vgl. auch Nancy Miller, The Exquisite cadavers, Woman in Eighteenth-Century Fiction, in: Diacritics 5, 1975, S. 37–43.

bolischen Ordnung.[9] Eine solche die Fiktion des Männlichen explorierende Lektüre von Kafkas Roman, die im folgenden versucht werden soll,[10] liegt näher, als es zunächst scheinen mag, an den vorliegenden, in der Regel religiös zentrierten Interpretationen des Romans, für die das Schloß als transzendentales Signifikat figuriert und Kafkas Text um das Transzendenz- und Gottesproblem kreist.[11] Allerdings verkennen diese theologischen Lesarten – und sind mithin zu modifizieren –, daß mit dem Tod Gottes in der Moderne das Männliche zur Instanz ehemals göttlicher Autorität wird. Davon, wie diese Fiktion des Männlichen im Kafkaschen Roman inszeniert und (de-)konstruiert wird, auf welche Weise der Text das phallische Emblem exponiert und dessen illusionistische und mythische ›Natur‹ aufdeckt, wird im folgenden die Rede sein.

Das Kapitel, das jene Desillusionierung und Entmythisierung am krudesten und sarkastischsten vorführt, ist sicher das siebzehnte:[12] *Amalias Geheimnis*. Im Roman läßt sich nirgends genauer der Mechanismus der Substanzialisierung und Literalisierung verfolgen, der Vergötzung und Vergegenständlichung des signifikanten Emblems, der für den Phallizismus kennzeichnend ist – auch wenn seine Ideologen das Gegenteil zu behaupten pflegen. So beharrt Lacan (der zu diesen Ideologen zu zählen ist) darauf, daß der Phallus eine Metapher, ein Emblem, ein »Symbol« sei (das

[9] Wenn ich im folgenden von symbolischer Ordnung und Phallizismus spreche, tue ich das in Anlehnung an die Lacansche Konzeption. Für Lacan ist jede symbolische Ordnung, jede kulturelle Ordnung eine phallische Ordnung, organisiert nach dem Gesetz des Vaters, der für eben dieses Gesetz und für die Dimension der Abwesenheit, des Mangels und des Todes steht. Die vom Vater etablierte symbolische Ordnung, deren Repräsentant, deren ›Symbol‹ und Emblem der Phallus ist, ist gekennzeichnet durch eine Gleichsetzung von Phallus, Kultur und Sprache. Der Phallus übernimmt eine Zeichenfunktion (ist also immer in Anführungszeichen gesetzt zu denken), verweist auf eine Differenz, ist nicht ›substantial‹ als ›Penis‹ mißzuverstehen. – Eben dieses Postulat macht aber auch eine der Schwierigkeiten der Lacanschen Konzeption aus. Verschleiert die Behauptung, daß der Phallus nur eine Metapher für die durch Differenzen gekennzeichnete symbolische Ordnung sei, eine Metapher für das kulturelle System, doch, daß die Rede vom Phallus (die Lacan nirgends historisiert, immer als überhistorische Gesetzmäßigkeit beschreibt) natürlich eine historische Situation konserviert, in der Kultur sehr wohl etwas mit Biologie und männlicher Vorherrschaft zu tun hat.

[10] Auf die gender-Konfiguration abzielende *Schloß*lektüren vorgelegt haben bislang: Boa, Feminist Approaches, a. a. O.; Sabine S. Meyer, Die Rolle der Geschlechter in Kafkas Roman »Das Schloss«, in: Journal of The Kafka Society of America 1981, S. 25–36; Reiner Stach, Kafkas erotischer Mythos. Eine ästhetische Konstruktion des Weiblichen, Frankfurt/M. 1987; Ewa Ziarek, »All of that couldn't produce in turn anything but semblance«: Femininity and Desire in the Castle, in: Journal of The Kafka Society of America 1991, S. 62–75.

[11] Seit Brods *Schloß*exegese ist die religiöse Lesart etabliert. Als eine der repräsentativen jüngeren Veröffentlichungen dieser ›Schule‹ kann gelten: Ritchie Robertson, Kafka. Judentum, Gesellschaft, Literatur, Stuttgart 1988, S. 284–353.

[12] In der Brodschen *Schloß*ausgabe ist *Amalias Geheimnis* mit *Amalias Strafe, Bittgänge, Olgas Pläne* zum 15. Kapitel zusammengefaßt.

nicht essentialistisch mißverstanden werden dürfe, sondern als die kulturelle Konstitution von Bedeutung erst ermöglichende ›Differenzmarkierung‹ verstanden werden müsse), und erweist sich so als blind dafür, daß die phallische Metapher als Metapher immer auch einen anatomischen und biologischen ›Rest‹ transportiert. Kafka dagegen entmetaphorisiert mittels der sein Schreiben kennzeichnenden Literalisierungstechnik die Metapher Phallus und stößt jede Leserin, jeden Leser durch die vorgenommene Entstellung mit der Nase auf den biologistischen Grund der symbolischen Ordnung. Adorno hat diese Literalisierungs- und Konkretisierungstechnik Kafkas sehr präzise beschrieben: Kafkas Texte läsen sich so, als hätte er »die Befunde der Psychoanalyse allesamt nicht metaphorisch und mental, sondern leibhaftig«, wörtlich genommen.[13] Sie leisten (so könnte man fortfahren) durch diese Defiguration eine Entmythologisierung der psychoanalytischen Konstruktion von Gesellschaft und führen jenes quasi-göttliche phallische Prinzip als zu verlachendes vor. Das geschieht im Kapitel *Amalias Geheimnis*[14] durch eine ›Konkretisierung‹, die an Drastik und Banalität wohl schwer zu übertreffen ist:[15] in Szene gesetzt wird das phallische Prinzip als phallische Maschine: als Feuerspritze.[16] Zwecks Einweihung dieser vom Schloß gespendeten ›Spritze‹ – das erzählt Olga K. – wurde, einige Jahre vor K.s Ankunft im Dorf, an einem dritten Juli ein Feuerwehrfest veranstaltet, an dem ihre Familie teilnahm. »Das Fest war auf einer Wiese vor dem Dorf am Bach, es war schon ein großes Gedränge als wir ankamen, auch aus den Nachbardörfern war viel Volk gekommen, man war ganz verwirrt von dem Lärm. Zunächst wurden wir natürlich vom Vater zur Feuerspritze geführt, er lachte vor Freude als er sie sah, eine neue Spritze machte ihn glücklich, er fing an sie zu betasten und uns zu erklären, er duldete keinen Widerspruch und keine Zurückhaltung der andern, war etwas unter der Spritze zu besichtigen, mußten wir uns alle bücken und fast unter die Spritze kriechen, Barnabas, der sich damals wehrte, bekam deshalb Prügel« (KKS, S. 298f.).

Die admirative Haltung, das kindische Hingerissensein des Vaters (und »dritte[n] Übungsleiter[s] der Feuerwehr« – KKS, S. 297) von der ›Spritze‹ mutet eigenartig an: das (fast hysterische) Ausmaß seiner Begeisterung

[13] Theodor W. Adorno, Aufzeichnungen zu Kafka, in: ders., Prismen. Kulturkritik und Gesellschaft, Berlin, Frankfurt/M. 1955, S. 302–342, hier S. 312.

[14] Der Kapiteltitel suggeriert ein ›privates‹ Geheimnis Amalias. Wie öffentlich ihr ›Geheimnis‹ ist, wird im weiteren allerdings deutlich.

[15] Die Konkretisierung operiert auf dem Niveau von Männerwitzen: die Gerätschaft, die allseits bewundert wird, dient dazu, ›abzuspritzen‹ und (erotisches) Feuer zu löschen. Überdies wird beim Einweihungsfest auch noch auf Trompeten geblasen.

[16] Das phallische Prinzip abgebildet sieht Boa bereits in der Schloßarchitektur, aus der ein Turm hervorragt (Boa, Feminist Approaches, a. a. O., S. 122ff.).

für diesen Gegenstand (sei er auch neu und besonders funktionstüchtig) erscheint ein wenig übertrieben. Verständlich wird die väterliche Reaktion (die die eigene »Aufmerksamkeit für die Spritze« als »Gebot« [KKS, S. 299] auch der übrigen Familie dekretiert) nur dann, wenn man das Feuerwehrfest als kultisches Ritual liest – bei dem es um die Anbetung der ›Spritze‹ geht,[17] eines Gottes, der eher als Götze daherkommt. Die Formulierung vom »Gebot des Vaters«, die an den Dekalog, aber auch an die Lacansche Rede vom ›Gesetz des Vaters‹ erinnert, evoziert eine quasi-sakrale Atmosphäre, die in groteskem Widerspruch steht zur Trivialität des Gegenstands, um dessentwillen ein solches Aufheben gemacht wird. Und die Aura des Komischen bleibt nicht nur auf die Spritze als solche bezogen, es gerät auch das, was durch die Spritze repräsentiert wird, ins satirische Visier: dem Eindruck, daß es so lächerlich ist, die Spritze zu vergötzen wie den Phallus, für den die Spritze steht, wird sich kein Leser entziehen können. Vorgeführt wird aber nicht nur die Vergötzung des Phallus ›Spritze‹, gezeigt wird auch der unmittelbare Zusammenhang von gesellschaftlicher und symbolischer Ordnung, die durch den Phallus verbürgt wird (schließlich ist dieser in Gestalt der Spritze Insignie des Machtapparates Schloß), mit der biologischen, der Geschlechter-Ordnung: anhand der Amaliaepisode. An den Geschehnissen, in die Barnabas' Schwester involviert wird, läßt sich ablesen, daß die ›Geschlechterpolitik‹, die das Schloß praktiziert, in keiner kontingenten Beziehung zu seinen (symbolischen) Machtfunktionen steht. Vielmehr erweisen sich symbolische Ordnung, kulturelles Repräsentationssystem, der Bürokratieapparat des Schlosses einerseits und andererseits die dort herrschende sexuelle Praxis, die ›Geilheit‹ der Beamten als zwei Seiten derselben phallokratischen Medaille.

Der Beamte, der auf diesem Feuerwehrfest seinen Blick auf Amalia wirft, Sortini,[18] schickt seiner neuen Flamme am nächsten Morgen einen

[17] Man bückt sich und kriecht wie bei liturgischen Handlungen.

[18] Olga berichtet K. detailliert davon: »er [Sortini] blieb bei der Spritze und jeden der sich ihm mit irgendeiner Bitte oder Schmeichelei zu nähern suchte, vertrieb er durch sein Schweigen. So kam es, daß er uns noch später bemerkte, als wir ihn. Erst als wir uns ehrfurchtsvoll verbeugten und der Vater uns zu entschuldigen suchte, blickte er nach uns hin, blickte der Reihe nach von einem zum andern, müde, es war als seufze er darüber, daß neben dem einen immer wieder noch ein zweiter sei, bis er dann bei Amalia haltmachte, zu der er aufschauen mußte, denn sie war viel größer als er. Da stutzte er, sprang über die Deichsel, um Amalia näher zu sein, wir mißverstanden es zuerst und wollten uns alle unter Anführung des Vaters ihm nähern, aber er hielt uns ab mit erhobener Hand und winkte uns dann zu gehn. Das war alles. Wir neckten Amalia viel damit, daß sie nun einen Bräutigam gefunden habe, in unserem Unverstand waren wir den ganzen Nachmittag über sehr fröhlich, Amalia aber war schweigsamer als jemals, ›sie hat sich ja toll und voll in Sortini verliebt‹, sagte Brunswick, der immer etwas grob ist und für Naturen für Amalia kein Verständnis hat, aber diesmal schien uns seine Bemerkung fast richtig« (KKS, S. 300f.).

Brief. Adressiert ist der »an das Mädchen mit dem Granatenhalsband« (KKS, S. 302). Jenes Granatenhalsband aber hatte die Brückenwirtin an Olga verliehen, die es dann an ihre Schwester weitergab. Sowenig es relevant zu sein scheint, welcher der Beamten aus dem Schloß der Leidenschaft verfällt (der Unterschied etwa zwischen Sortini und Sordini ist marginal), sowenig bedeutsam erscheint die Identität der – die Beamtenleidenschaft evozierenden – Frau.[19] Nimmt man es ganz genau, verschickt Sortini einen Rundbrief an alle Frauen, Mädchen mit Granatenhalsband, der nur aufgrund kontingenter Geschehnisse (daß Amalia und nicht die Brükkenwirtin oder Olga den Schmuck auf dem Feuerwehrfest trägt, ist nichts als Zufall) bei Amalia landet. Nicht als Person wird sie angesprochen, sondern als Trägerin eines Geschmeides aus Granat-(Apfel-)Steinen, als ewige Eva, die sich mit den versteinerten blutigen Tränen (über den Sündenfall) schmückt.

Amalias Reaktion auf diesen Brief läßt an Deutlichkeit nichts zu wünschen übrig. Sie »zerriß ihn, warf die Fetzen dem Mann draußen [dem Briefboten – C. L.] ins Gesicht und schloß das Fenster« (KKS, S. 302). Olga, die K. von diesen Ereignissen erzählt, führt aus, es habe sich um ein pornographisches, jedem anständigen Mädchen die Röte ins Gesicht treibendes Schreiben gehandelt,[20] dessen Inhalt sie sich deshalb zu referieren geniere. Wir haben es also mit Schrift-Verkehr im Kafkaschen Sinne zu tun;[21] die Briefgeschichte ist eine Bett- (aber keine Liebes-)Geschichte: »es war kein Liebesbrief, kein Schmeichelwort war darin, Sortini war vielmehr offenbar böse,« – vermutet Olga – »daß der Angriff Amalias ihn ergriffen, ihn von seinen Geschäften abgehalten hatte« (KKS, S. 303).

Olga bietet K. (und dem Leser) zwar eine Erklärung an, warum Sortini so »böse« ist – die fällt allerdings nicht gerade überzeugend aus. Ist doch Sortinins maßloser Ärger nicht hinreichend als Reaktion auf die eigene Befürchtung verständlich, nicht mehr die rechte Aufmerksamkeit für die Amtsgeschäfte aufbringen zu können. Vielmehr drückt seine Wut eine ungeheure narzißtische Kränkung aus: sich als jemanden erleben zu müssen, den sein Begehren auf die eigene (symbolische) Kastration zu-

[19] Vgl. Ziarek, a. a. O., S. 68.

[20] Zu K. sagt Olga: »Den Inhalt kann ich nicht wiedergeben. Es war eine Aufforderung zu ihm in den Herrenhof zu kommen und zwar sollte Amalia sofort kommen, denn in einer halben Stunde mußte Sortini wegfahren. Der Brief war in den gemeinsten Ausdrücken gehalten, die ich noch nie gehört hatte und nur aus dem Zusammenhang halb erriet. Wer Amalia nicht kannte und nur diesen Brief gelesen hatte, mußte das Mädchen, an das jemand so zu schreiben gewagt hatte, für entehrt halten, auch wenn sie gar nicht berührt worden sein sollte« (KKS, S. 302 f.).

[21] Vgl. z. B. Detlef Kremer, Die Erotik des Schreibens, Frankfurt/M. 1989, passim.

rückwirft (kann man doch nur begehren, was man selbst nicht hat). Amalia nun, die während des Festes »aufrecht ... in ihrem schönen Kleid« neben der Spritze steht (wie Sortini, der auch »bei der Spritze« bleibt [KKS, S. 300]), repräsentiert (und übernimmt damit eine der Feuerspritze analoge Funktion) jenen Phallus, dessen Sortini sich versichern, den Sortini ›haben‹ will.[22] Kafkas Text scheint hier die lacanianische Denkfigur nachzustellen, daß Männer den Phallus ›haben‹ und Frauen ihn repräsentieren (und das deshalb können, weil ihnen jeder Anteil daran fehlt), daß Männer nur als symbolisch kastrierte existieren und Frauen ›gar nicht‹ (genauer: nur in ihrer Repräsentationsfunktion für den Phallus).

Der Roman führt die Funktionsmechanismen dessen, was Lacan ›die symbolische Ordnung‹ nennt, aber nicht nur vor. Er erlaubt sich ein kleines Experiment, erprobt eine Störung im phallizistischen Getriebe, indem er einer seiner Frauenfiguren erlaubt, die phallische Repräsentationsfunktion zu verweigern: Amalia darf Sortinis Antrag ablehnen. Daß es bei diesem Korb, den Amalia austeilt, um nicht weniger als die Obstruktion der symbolischen Ordnung, die Infragestellung des entscheidenden Konstruktions- und Funktionsmechanismus von Gesellschaft geht, macht die Reaktion des Dorfes auf Amalias Verhalten deutlich. Die gesamte Familie wird von der Dorfbevölkerung verfemt, ein Tabu über den Familiennamen verhängt.[23] »Nun sprach man von uns« – so erläutert Olga K. – »nicht mehr wie von Menschen, unser Familienname wurde nicht mehr genannt; wenn man von uns sprechen mußte, nannte man uns nach Barnabas, dem Unschuldigsten von uns« (KKS, S. 333). Nimmt man Olgas Aussage wörtlich (eine Lesart, die bei Kafkas Literalisierungsmanie nahe liegt), dann wendet sich die Dorfbevölkerung von der Familie ab, weil diese aus dem Bereich des Menschlichen herausfällt (man kann von den Familienmitgliedern nicht mehr »wie von Menschen« sprechen), weil Amalias Weigerung, Sortinis Phallus ›zu sein‹, die Zeichenordnung, auf der Gesellschaft beruht, die ›Kultur‹ von ›Natur‹ unterscheidet, kollabieren läßt. Amalias (sexuelle) Verweigerung setzt die symbolische Ordnung, die ja auf dem Phallus als differentiellem Moment, das die Konstitution von Bedeutung und die Konstruktion von Gesellschaft, also die Herstellung von Hierarchien

[22] Auch Sortini ›will‹ letztlich nicht Amalia, sondern Teilhabe am Phallus.

[23] Nicht nur was dieses Tabu angeht, erinnert *Das Schloß* an die Funktionsmechanismen archaischer Gesellschaften. Nicht ohne Grund rekurriert beispielsweise Boa, Feminist Approaches, a. a. O., S. 121 f. auf Erklärungsmodelle des Ethnologen Lévi-Strauss.

und Machtstrukturen, erst ermöglicht, außer Kraft.[24] Sexuelle Praxis, Geschlechterpolitik und gesellschaftlicher Machtapparat, ›Schloßbürokratie‹ erweisen sich als aufeinander bezogen – deshalb agiert der »Bureauvorstand« Klamm auch »wie ein Kommandant über den Frauen« (KKS, S. 309).

Während sich Amalia der phallizistischen Ordnung verweigert – eine Verweigerung, die vor allem deshalb mit der Aura des Geheimnisvollen umgeben ist, weil Amalia über ihre Gründe schweigt –, ist Olgas Verhältnis zum herrschenden System vielleicht nicht weniger obstruktiv, ihre Auseinandersetzungsstrategie differiert von der Amalias aber erheblich. Olga diagnostiziert – das hat zuerst Ewa Ziarek präzise beschrieben[25] – den ›Scheincharakter‹, die Illusionsmaschinerie des phallokratischen Schloßapparates. Anders als ihr Vater, dessen »große[.] wenn auch leeren Pläne« (KKS, S. 355) sie kritisiert, ist es ihr nicht darum zu tun, ihre Familie *wirklich* von der ›Schuld‹ (die sie als ›scheinhafte‹ begreift) zu entsühnen, sondern nur *zum Schein*:[26] »Nun, sagte ich mir« – führt sie in ihrem langen Gespräch mit K. aus –, »wenn die allgemeine Meinung, sei es auch nur *scheinbar*, nur von der Botenbeleidigung weiß, ließe sich, sei es auch wieder nur *scheinbar*, alles wieder gutmachen, wenn man den Boten versöhnen könnte. Es ist ja keine Anzeige eingelaufen, wie man erklärt, die Sache hat also noch kein Amt in der Hand und es steht demnach dem Boten frei, für seine Person, und um mehr handelt es sich nicht, zu verzeihen. Das alles konnte ja keine entscheidende Bedeutung haben, war nur *Schein* und konnte wieder nichts anderes ergeben, aber dem Vater würde es doch Freude machen und die vielen Auskunftgeber, die ihn so gequält hatten, könnte man damit vielleicht zu seiner Genugtuung ein wenig in die Enge treiben« [Kursivierungen von mir – C. L.] (KKS, S. 346f.).

Anders als beispielsweise auch K., der sich immer wieder bemüht, den Äußerungen des Schlosses ihre wirkliche Bedeutung zu entbergen, sus-

[24] Ich lese die Amaliaepisode also als Illustration der Konstitutionsmechanismen von Gesellschaft und nicht als Inszenierung des Widerstreits von göttlichem und menschlichem Gesetz. Diese (›wirkmächtige‹, weil immer wieder nachgeschriebene) Interpretation geht auf Brod zurück, der im Nachwort der ersten *Schloß*ausgabe einen Bezug zu Kierkegaards Furcht und Zittern herstellte und in der Amaliaepisode ein Parallelstück sah, »das davon ausgeht, daß Gott von Abraham sogar ein Verbrechen ... verlangt, und in dem dieses Paradox zur siegreichen Feststellung verhilft, daß die Kategorien der Moral und die des Religiösen durchaus nicht als einander deckend vorzustellen sind. – Die Inkommensurabilität irdischen und religiösen Tuns: das führt direkt ins Zentrum von Kafkas Roman« (zitiert nach Hartmut Binder, Kafka-Kommentar zu den Romanen, Rezensionen, Aphorismen und zum Brief an den Vater, München 1976, S. 343f.).

[25] Ziarek, a. a. O., S. 71f.

[26] Kafkas Vorliebe für ›Scheinvorgänge‹ dokumentiert auch das *Schweigen der Sirenen*, auch ein Text, der eine Poetik des Simulacrums entwickelt.

pendiert Olga die Frage, ob das Schloß täuscht oder die Wahrheit spricht, ob man seinen Verlautbarungen glauben kann oder ihnen mißtrauen muß – und stellt ihre Handlungen auf den Anschein ab.[27] Und anders als Amalia lehnt sie die sexuelle Dienstleistungen, die das Schloß von Frauen erwartet,[28] nicht ab. Sie reinszeniert das patriarchal-phallizistische Spiel von der Verfügbarkeit der Frauen und der unersättlichen Triebhaftigkeit[29] der Schloßmänner – und verzerrt es, durch (parodistisch anmutende) Übertreibung zur Kenntlichkeit, dekouvriert es als Prostitution. »[S]eit mehr als zwei Jahren« – das beichtet Olga K. – »zumindest zweimal in der Woche verbringe ich die Nacht mit den Dienern im Stall. ... [V]erachte mich nicht, wenn ich sage, daß ich das was ich getan habe, nicht bereue« (KKS, S. 349). Sie setze die Bemühungen des Vaters, den Kampf für die Familie auf diese Weise fort: »Wenn man es so ansieht, vielleicht wird man es mir dann auch verzeihen, daß ich von den Dienern Geld annehme und für unsere Familie verwende« (KKS, S. 350).

Olga setzt ihren eigenen Körper ein, um ihr Anliegen voranzubringen, K. bedient sich – davon war bereits die Rede – Friedas. Auch er rekurriert auf den Frauenkörper, um das Gewünschte zu erreichen, um ins Schloß vorzustoßen, vom Schloß anerkannt zu werden.[30] Frieda – darauf weist K.

[27] Ziarek, die Kafkas *Schloß* im Sinne des Baudrillardschen simulacrums interpretiert, bemerkt dazu: »As both Derrida and Baudrillard stress in different ways, simulacrum produces the symptoms of the real. As Baudrillard observes, someone who simulates sickness, produces very real symptoms of the disease, suspending difference between real and false. Such symptoms do not hide the real cause of the disease but the fact that there is nothing behind them. In her acceptence of the Castle's ostensible explanations, Olga treats them as real symptoms rather than false reasons. In response, she initiates a simulacrum of a messenger's and a women's service. By refusing to look for a real cause, Olga implicitly undermines the prevalent theology of secrecy, which assumes that there is something hidden in the Castle which can be eventually uncovered. She suggests instead that the Castle is the realm of semblance, which produces the symptoms of the real in order to hide nothing« (Ziarek, a. a. O., S. 72).

[28] Und die die anderen Frauen, Gardena, Frieda etc., selbstverständlich erbringen.

[29] Von denen heißt es: sie seien »ein wildes, unbotmäßiges, statt von den Gesetzen von ihren unersättlichen Trieben beherrschtes Volk. Ihre Schamlosigkeit kennt keine Grenzen« (KKS, S. 348).

[30] Frieda macht K. das auch zum Vorwurf (die Worte der Brückenhofwirtin referierend): »Die Wirtin behauptet nicht, zu wissen was Du von Klamm willst, sie behauptet nur, daß Du, ehe Du mich kanntest ebenso heftig zu Klamm strebtest wie nachher. Der Unterschied habe nur darin bestanden daß Du früher hoffnunglos warst, jetzt aber in mir ein zuverlässiges Mittel zu haben glaubtest, wirklich und bald und sogar mit Überlegenheit zu Klamm vorzudringen« (KKS, S. 244).

Olga mit Verve hin – verdanke er seine »Machtmittel« (KKS, S. 314).[31] Die sind es, die die Frau für K. begehrenswert machen: nicht ihre erotische Attraktion. Die sexuellen Begegnungen mit Frieda werden von ihm als quälend, unerfüllt, ekelhaft empfunden; immer finden sie (als Ausdruck – und kafkatypische Konkretisation – ›schmutziger‹ Sexualität) in verdreckten Räumen statt.[32]

Sind die heterosexuellen Kontakte von kruder (›bestialischer‹) Triebhaftigkeit gekennzeichnet,[33] werden die homosexuell konnotierten Begegnungen nicht ins ›Tierische‹ gerückt, sondern mit einer ganz anderen Aura versehen: einer ›engelhaften‹, einer ›göttlichen‹. So erscheint Barnabas K. beim ersten Zusammentreffen als fast überirdisch schön und ungeheuer anziehend. K. ist hingerissen von der »Zartheit und Feierlichkeit ... [des] Seidenkleides« (KKS, S. 38), das Barnabas trägt: ein (androgyner) Engel, ein Bote des (Schloß-)Herrn, kommt ins Dorf hernieder – ein junger Mann, fast weißgekleidet, dessen Lippen sich »männlich und doch

[31] Weil er ihr ›Machtmittel‹ verdankt, aber auch, weil sie für ihn Projektionsfigur ist (er sieht in ihr seine eigene Verlorenheit und Armseligkeit gespiegelt, deshalb ist »jeder Angriff gegen Frieda gleichzeitig ein Angriff gegen [s]eine Existenz«), verteidigt K. Frieda in seinem Gespräch mit Olga: »Amalias Tat ist merkwürdig, aber je mehr Du von dieser Tat erzählst, desto weniger läßt sich entscheiden ob sie groß oder klein, klug oder töricht, heldenhaft oder feig gewesen ist, ihre Beweggründe hält Amalia in ihrer Brust verschlossen, niemand wird sie ihr entreißen. Frieda dagegen hat gar nichts merkwürdiges getan sondern ist nur ihrem Herzen gefolgt, für jeden der sich gutwillig damit befaßt ist klar, jeder kann es nachprüfen, für Klatsch ist kein Raum. Ich will weder Amalia heruntersetzen, noch Frieda verteidigen, sondern Dir nur klarmachen, wie ich mich zu Frieda verhalte und wie jeder Angriff gegen Frieda gleichzeitig ein Angriff gegen meine Existenz ist« (KKS, S. 312 f.).

[32] Vgl. z. B. die Darstellung der im Zimmer der Mägde stattfindenden Kopulation: »Dort lagen sie, aber nicht so hingegeben wie damals in der Nacht. Sie suchte etwas, wütend, Grimmassen schneidend, sich mit dem Kopf einbohrend in der Brust des andern suchten sie und ihre Umarmungen und ihre sich aufwerfenden Körper machten sie nicht vergessen, sondern erinnerten sie an die Pflicht zu suchen, wie Hunde scharren so scharrten sie an ihrem Körpern und hilflos enttäuscht, um noch letztes Glück zu holen, fuhren manchmal ihre Zungen breit über des andern Gesicht. Erst die Müdigkeit ließ sie still und dankbar werden. Die Mägde kamen dann auch herauf, ›sieh, wie die hier liegen‹, sagte eine und warf aus Mitleid ein Tuch über sie« (KKS, S. 75). – Reiner Stach hat gezeigt, daß Kafkas Darstellung von Sexualität mit textexternen Mythen operiert, vor allem den ›Theoremen‹ Weiningers (entwickelt in Geschlecht und Charakter, einem erstmals 1903 erschienenen Bestseller, einem ›Kultbuch‹ der ersten Jahrzehnte des 20. Jahrhunderts): »Sowohl als fiktionale »Charaktere« mit psychologisch-realistischen Zügen ... als auch in ihren komplizierten funktionalen Bestimmungen ... reflektieren Kafkas Frauenfiguren gesellschaftliche, d. h. textexterne Mythen, Bilder und Ideologeme des Weiblichen – und durch diese Filter letztlich auch reale Momente weiblicher Identität« (Stach, a. a. O., S. 21). Für Weininger (und er schreibt damit überkommene kulturelle Muster nach und systematisiert sie) ist (der Mann Geist und) ›das Weib‹ Sexualität – und deshalb nur an zwei (nur vorgeblich auseinanderklaffenden) sozialen Interaktionen interessiert: an Mutterschaft und Prostitution.

[33] Nicht nur die K.s, sondern beispielsweise auch die der Diener im Herrenhof.

sanft« öffnen, mit »ungemein aufmunternd[em]« Lachen. »Sein Gesicht« – so heißt es – ist »hell und offen, die Augen übergroß« (KKS, S. 38). Keine Frau im Schloß bekommt jemals einen solchen Auftritt zugestanden, von keiner Frau im Schloß wird auch nur einmal so uneingeschränkt positiv gesprochen wie von Barnabas. Die strahlende, fast die Augen blendende Lichtgestalt rückt selbst Frau Brunswick in den Schatten, an die sich K. durch Barnabas erinnert fühlt und die ihn durch ihre exquisite Blässe und aristokratische Ausstrahlung beeindruckt hatte.

Thematisiert die Begegnung zwischen K. und Barnabas Hingerissensein, Bewunderung (und wohl auch sexuelle Attraktion, warum sonst wäre Barnabas dargestellt wie ein Mädchen des Typs ›englische Unschuld‹), rückt der erotische Aspekt bei K.s Bettszene mit Bürgel noch weitaus deutlicher in den Blick. Im 23. Kapitel landet K. im Bett des Sekretärs: er schläft ein (allerdings ist es »kein eigentlicher Schlaf« [KKS, S. 415][34] träumt von einem großen gefeierten Sieg nach einem Kampf, dessen »Ausgang glücklicher Weise gewiß war. Ein Sekretär, nackt, sehr ähnlich der Statue eines griechischen Gottes, wurde von K. im Kampf bedrängt. Es war sehr komisch und K. lächelte darüber sanft im Schlaf, wie der Sekretär aus seiner stolzen Haltung durch K.'s Vorstöße immer aufgeschreckt wurde und etwa den hochgestreckten Arm und die geballte Faust schnell dazu verwenden mußte um seine Blößen zu decken und doch damit noch immer zu langsam war. Der Kampf dauerte nicht lange. Schritt für Schritt und es waren sehr große Schritte rückte K. vor. War es überhaupt ein Kampf? Es gab kein ernstliches Hindernis, nur hie und da ein Piepsen des Sekretärs. Dieser griechische Gott piepste wie ein Mädchen, das gekitzelt wird. Und schließlich war er fort; K. war allein in einem großen Raum, kampfbereit drehte er sich herum und suchte den Gegner, es war aber niemand mehr da, auch die Gesellschaft hatte sich verlaufen, nur das Champagnerglas lag zerbrochen auf der Erde, K. zertrat es völlig« (KKS, S. 415 f.).[35]

Diese Textpassage bedarf kaum eines Kommentars: Der Traum setzt einen Kampf zwischen K. und einem Sekretär (Bürgel), der als griechischer (wie ein Mädchen piepsender) Gott auftritt, in Szene – einen Kampf, von dem selbst der träumende K. weiß, daß es wohl »überhaupt [k]ein Kampf«

[34] Es handelt sich eben nicht um den eigentlichen Wortsinn von ›Schlafen‹, sondern auf den uneigentlichen, auf die Kopulation bezogenen.

[35] Beim Zertreten verletzt K. sich im Traum: »Die Scherben aber stachen, zusammenzukkend erwachte er doch wieder, ihm war übel, wie einem kleinen Kind, wenn es geweckt wird, trotzdem streifte ihn beim Anblick der entblößten Brust Bürgels vom Traum her der Gedanke: ›Hier hast Du ja Deinen griechischen Gott! Reiß ihn doch aus den Federn!‹« (KKS, S. 416).

ist. Die Verschiebung, die der Traum vornimmt, ist allerdings eine minimale, der Traum-›Kampf‹ läßt sich lesen als erotischer ›Kampf‹, Liebesspiel, sexuelle Handlung (mit dem vollzogenen Beischlaf als ›siegreichem‹ Abschluß). Zitiert wird nicht nur die griechische Tradition (der Homosexualität), sondern auch das Ritual jüdischer Eheschließungen: Das Zertreten eines Champagnerglases ist fester Bestandteil jeder jüdischen Trauung.[36] Offensichtlich ist auch K. von der »nächtliche[n] Schwäche der Sekretäre« (KKS, S. 416), von der Bürgel so vielsagend spricht, betroffen – und offenbar sind die Kampfesspiele, in denen er nicht mit Frieda, sondern mit einem als griechischen Gott maskierten Sekretär befaßt ist, nicht mit Ekel, Schmutz und Häßlichkeit konnotiert, sondern mit Freude, Heiterkeit und Schönheit. »Übel« (KKS, S. 416) ist K. erst im Moment des Erwachens. Nicht Übelkeit, aber Entsetzen (darüber, das Verbotene zu tun, mit einem Mann im Bett zu liegen) hatte K. schon einmal ergriffen – in der Schule, als er nicht neben Frieda, sondern einem der Gehilfen aufwachte.[37] Zwar liegt im Unterlaufen des Verbots Glück, die gesellschaftliche Tabuisierung männlicher Homosexualität[38] jedoch (die nur die Kehrseite der homosozialen Verfaßtheit patriarchaler Systeme ist) läßt K.s ›waches‹ Bewußtsein vor mit ihm schlafenden Männern zurückschrecken.

Aber nicht nur die heterosexuelle Norm wird im Roman unterlaufen, der Text unterminiert auch das Projekt einer klaren oppositionellen Konstruktion der Geschlechter. Nicht die Konstitution von Geschlechterdifferenz, sondern ihre planvoll betriebene Subversion kommt damit als Romanstrategie in den Blick. Fast penetrant erscheinen Männer als weiblich ›maskiert‹ und Frauen als männlich. Nicht zuletzt durch die Kleidung: Mägde tragen Männerstiefel (KKS, S. 71), die Gehilfen lassen sich auf Frauenröcken nieder (KKS, S. 73), Barnabas' Botenanzug erinnert an Frauenkleidung, Frauen werden immer wieder mit jenen – sprichwörtlich ›phallischen‹ – Accessoires/ Requisiten ausgestattet, zu denen etwa Friedas – die Knechte (fast in der Manier Sacher-Masochs) traktierende – Peitsche gehört.

[36] Vgl. auch Günter Mecke, Franz Kafkas offenbares Geheimnis. Eine Psychobiographie, München 1982, S. 62.

[37] »Es war das, wahrscheinlich infolge der Reizbarkeit, die schon das plötzliche Gewecktwerden mit sich brachte, der größte Schrecken, den er bisher im Dorf erlebt hatte. Mit einem Schrei erhob er sich halb und gab besinnungslos dem Gehilfen einen solchen Faustschlag, daß er zu weinen anfing« (KKS, S. 201). Das Ausmaß von K.s Wut läßt sich wohl nur dann erklären, wenn ein heimlicher Wunsch im Spiel ist.

[38] Weibliche Homosexualität dagegen bleibt unsichtbar, versteckt, ist auch weniger inkriminiert: das wird deutlich z. B. durch die naive Unbefangenheit, mit der Pepi K. davon erzählt, wie sie mit Frieda geschlafen habe.

Vor allem aber wird *gender trouble*[39] auf die Textbühne gebracht durch Körpersprache und Performanz der Figuren. So setzt Frieda K. (als handele es sich um ›erlegtes‹ Wild) »ihren kleinen Fuß auf die Brust« (KKS, S. 67), so ist immer wieder von den phallischen, den »stumpfen«, den bedrohlichen Blicken der Frauen die Rede. Auf Amalia wird wiederholt als auf diejenige referiert, die »so herrisch« (KKS, S. 270) sei.[40] Frauen haben in ihren Beziehungen ›die Hosen‹ an: so dominiert Gardena ihren Mann, der »zwar ein guter Junge«, aber kein ›richtiges‹ Mannsbild und »[k]ein Gastwirt ist« (KKS, S. 79). Steckt die Brückenhofwirtin ihren Hans in die Tasche, legt die Mizzi, die Frau des Dorfvorstehers, ihren Mann ins Bett: »der Vorsteher ist eine ganz belanglose Person«, erläutert die Brückenhofwirtin K. »Haben Sie denn das nicht bemerkt? Er könnte keinen Tag in seiner Stellung bleiben, wenn nicht seine Frau wäre, die alles führt« (KKS, S. 138). Und der Roman inszeniert nicht nur in bezug auf Geschlechterrollen und gender-Performanz ein Verwirrspiel, er verwischt auch die Grenze zwischen den Generationen. Das Verhältnis zwischen Eltern und Kindern scheint verkehrt und durch eigenartige Namensdoppelungen unterminiert. Hans bespielsweise heißt nicht nur Gardenas Ehemann, sondern auch ein Schüler, mit dem K. in seiner Funktion als Schuldiener zu tun bekommt. Frieda ist nicht nur der Name von K.s Braut, sondern auch der des Säuglings der Frau Brunswick.[41] Eltern mutieren – in der Familie des Barnabas – zu pflegebedürfigen Kleinkindern, die angezogen, gepflegt, gefüttert werden müssen.[42] Der Unterschied zwischen den Geschlechtern oder Generationen wird mithin unklar, verschwindet – wie auch der zwischen

[39] Den Begriff in die akademische Diskussion gebracht hat Judith Butler mit dem gleichnamigen Buch. Dt. Titel: Das Unbehagen der Geschlechter, Frankfurt/M. 1991.

[40] Amalia verhält sich also so wie die Herren vom Schloß.

[41] Nicht nur die Grenze zwischen den Generationen, auch die zwischen Mensch und Tier wird durch Namensdopplung subvertiert: Mieze, so referiert Gisa auf ihre Katze, erinnert deutlich ›Mizzi‹ (und das ist der Name der Frau des Gemeindevorstehers).

[42] Diese Umkehrung der Generationenfolge ist auch für den *Verschollenen* konstitutiv. In Kafkas frühem Romanfragment mutiert die Sängerin Brunelda, eine Ur-Mutter von gigantischen Ausmaßen, zu einem Kleinkind, das gehegt, gepflegt, gefüttert und gebadet werden muß.

Schloß und Dorf.[43] »Zwischen den Bauern und dem Schloß ist kein Unterschied« (KKS, S. 20), stellt der Lehrer fest. Die Opposition zwischen Schloß und Dorf erweist sich also – wie die zwischen den Geschlechtern – als Ergebnis kollektiver und individueller projektiver Zuschreibungen.

In dem Roman, in dem Frauen Peitschen schwingen und männliches ›Wild‹ erlegen und Männer schön wie Frauen sind und wie Mädchen piepsen, trägt auch der Protagonist K., der auszieht ins Schloß einzudringen, einen ›kastrierten‹, also ›weiblichen‹ Namen.[44] Überdies lassen sich K.s Verhaltensmuster insofern als die einer ›Frau‹ etikettieren, als sie gekennzeichnet sind durch Maskerade, Lüge, Fingieren. All dies sind Zuschreibungen, mit denen im Geschlechterdiskurs (nicht nur) der Jahrhundertwende Weiblichkeit belegt wird. Anders als ›der Mann‹ nämlich gilt ›die Frau‹ als nicht wahrheitsfähig,[45] gilt die Lüge, die Maskerade, die (Ver-)Kleidung als ihre eigentliche Natur. K. nun, der Lügenbold, macht Aussagen, deren Wahrheitswert ganz fragwürdig ist; er widerspricht sich, legt sich Deck-Namen und ›Verkleidungen‹ zu[46] – und ist möglicherweise deshalb qualifiziert, über die Maskeraden und (Ver-)Kleidungen der

[43] Vgl. auch K.s erstes In-Augenschein-Nehmen des Schlosses: »Nun sah er oben das Schloß deutlich umrissen in der klaren Luft und noch verdeutlicht durch den alle Formen nachbildenden, in dünner Schicht überall liegenden Schnee. ... Im Ganzen entsprach das Schloß, wie es sich hier von der Ferne zeigte, K.'s Erwartungen. Es war weder eine alte Ritterburg, noch ein neuer Prunkbau, sondern eine ausgedehnte Anlage, die aus wenigen zweistöckigen, aber aus vielen eng aneinanderstehenden niedrigern Bauten bestand; hätte man nicht gewußt daß es ein Schloß ist, hätte man es für ein Städtchen halten können. ... Die Augen auf das Schloß gerichtet, gieng K. weiter, nichts sonst kümmerte ihn. Aber im Näherkommen enttäuschte ihn das Schloß, es war doch nur ein recht elendes Städtchen, aus Dorfhäusern zusammengetragen, ausgezeichnet nur dadurch, daß vielleicht alles aus Stein gebaut war, aber der Anstrich war längst abgefallen, und der Stein schien abzubröckeln. Flüchtig erinnerte sich K. an sein Heimatstädtchen, es stand diesem angeblichen Schlosse kaum nach« (KKS, S. 16f.).

[44] Obwohl K. ja bereits mit dem ›kastrierten‹ Namen ausgestattet ist, wird die ›Kastration‹ im Text noch einmal recht bildkräftig vollzogen: ihm wird (von der Lehrerin, die sich der scharfen Krallen ihrer Katze bedienet) eine Wunde zugefügt.

[45] Daß Frauen das ›nichtige‹, das lügnerische, das maskierte, das wahrheitunfähige Geschlecht sind, gehört zu den populärsten Thesen z. B. Nietzsches oder auch Weiningers: »Das Weib mag alles scheinen und alles verleugnen, aber es ist nie irgend etwas in Wahrheit. Die Frauen haben nicht diese oder jene Eigenschaft, sondern ihre Eigenart beruht darauf, daß sie gar keine Eigenschaften haben; das ist die ganze Kompliziertheit und das ganze Rätsel des Weibes, darin besteht seine Überlegenheit und Unfaßbarkeit für den Mann, der stets auch hier nach dem festen Kerne sucht.« (Otto Weininger, Geschlecht und Charakter. Eine prinzipielle Untersuchung, 25. Aufl., Wien, Leipzig 1923, S. 390.)

[46] So gibt sich K. dem Schloß gegenüber als sein eigener Gehilfe (namens Josef) aus. Schon die ersten Kapitel sind voller zweifelhafter Behauptungen K.s. Hat er tatsächlich Frau und Kinder? Warum erklärt er die ›neuen‹, vom Schloß zugewiesenen Gehilfen zu seinen ›alten‹ Gehilfen, mit denen er bereits zusammengearbeitet habe?

Herrenhofwirtin zu räsonieren.[47] Bei seinem Versuch, zu den Herren im Schloß vorgelassen zu werden, bedient er sich immer wieder ›weiblicher‹ Strategien und Fiktionen.[48]

Der Roman läßt sich aber nicht einlinig als Geschichte von K.s ›Kämpfen‹ lesen, fast ganz am Schluß des Romanfragments bekommt der Leser, die Leserin das Geschehen noch einmal präsentiert, aus einer Perspektive, die ein völlig anderes Licht auf die Ereignisse wirft. In dem Gespräch, das Pepi mit K. führt, nimmt sie eine ré-écriture von K.s Erlebnissen vor, tauscht die Position des ›Protagonisten‹ im Roman aus, macht Frieda zur eigentlichen Heldin.[49] Natürlich ist fraglich, ob Pepis ›Analyse‹[50] (die ihre maßlose Enttäuschung ausdrückt, Friedas Platz nicht endgültig einnehmen zu können, und die durch paranoid zu nennende Argumentationsstrategien gekennzeichnet ist) den ›Sachverhalt‹ trifft. (Schon diese Formulierung ist falsch und irreführend, weil es einen ›objektiven‹ Sachverhalt ›hinter‹ Meinungen, Äußerungen, Einschätzungen nicht gibt.) Ob Pepi irrt oder die Wahrheit spricht, ist nicht zu entscheiden – aber letztlich auch nicht von Relevanz; natürlich ist ihre Wahrnehmung von K.s Geschichte so subjektiv – wie auch K.s eigene Perzeption. Relevant aber ist, daß das (auf einen männlichen Protagonisten geeichte) Paradigma Abenteuer-, Entwicklungsroman (an dem Kafkas Roman parodistisch entlanggeschrieben ist) am Ende des Fragments gegengelesen wird: aus K.s wird Friedas Roman. Und für die Leserin, den Leser wird die Einschätzung von Handlung und Protagonist noch schwerer, als sie es ohnehin schon war.

Das Absenden von uneindeutigen Botschaften ist also nicht nur Strategie des Schlosses, es ist auch Strategie des *Schloß*romans – und mancher seiner Figuren. Amalia beispielsweise redet, wenn sie nicht überhaupt schweigt, so, daß unentscheidbar ist, »ob sie ironisch oder ernst spricht« (KKS, S. 324). Ihr Sprechen ist auf der Grenzscheide von Literalität und Figurativität angesiedelt; Olga erzählt K., sie könne nicht entscheiden, ob die Schwester eigentlich oder uneigentlich zu verstehen sei, ihre Rede Ausdruck von (ironischer) Rhetorik oder ›echt‹, authentisch gemeint. Natürlich macht diese Unentscheidbarkeit Amalia zum unerschöpflichen Ob-

47 Vgl. auch Ziarek, a. a. O., S. 62.

48 Die Figur K. arbeitet also mit Fiktionen, ganz genauso wie ihr Autor Kafka.

49 Alles, was passierte – so erklärt Pepi K. – lief nach einem sorgfältig ausgeklügelten Plan Friedas ab. K. habe nur geglaubt, er verfolge seine Ziele. In Wirklichkeit habe Frieda ihn für ihre eigenen Zwecke eingespannt.

50 Wie Olga, wie die Brückenhof-, wie die Herrenhofwirtin ist Pepi eine wichtige Erzählerin im *Schloß*text.

jekt, zum ›Generator‹ für Deutungen – wie auch das Schloß einer ist.[51] Und natürlich ist die Frage, ob beispielsweise Amalias Rede figurativ, zu verstehen sei (sollte das Gesagte ironisch gemeint sein), oder empathisch aufzufassen sei (sollten Amalias Aussagen literale Bedeutung haben, ›authentische‹ Äußerung sein), nicht zu entscheiden: der Widerstreit zwischen figurativer und empathischer ›Leseanweisung‹ ist vielmehr in den Text eingeschrieben – und das gilt nicht nur, aber auch in bezug auf die wenigen Worte Amalias. Eine ihrer kryptischen Äußerungen, vom Erzähler in indirekter Rede wiedergegeben, sei kurz in den Blick genommen. Als K. Amalia von seiner Verlobung mit Frieda erzählt, fragt sie ihn, »ob Olga von der Verlobung wisse, K. glaubte es wohl, Olga habe ihn ja mit Frieda gesehn, auch verbreiten sich im Dorf solche Nachrichten schnell. Amalia versicherte ihm aber, daß Olga es nicht wisse und daß es sie sehr unglücklich machen werde, denn sie scheine K. zu lieben. ... [S]ie irre sich gewiß nicht, ja sie wisse noch mehr, sie wisse daß auch K. Zuneigung zu Olga habe und daß seine Besuche, die irgendwelche Botschaften des Barnabas zum Vorwand haben, in Wirklichkeit nur Olga gelten (KKS, S. 265 f.).[52]

Natürlich ist es möglich, daß Amalia die Situation falsch einschätzt, daß sie wirklich glaubt, K. habe sich in Olga verliebt, gestehe es dieser aber nicht, weil er zu schüchtern sei, und nutze irgendwelche Anlässe, um einen Grund dafür zu finden, die Angebetete zu sehen. Genauso vorstellbar aber ist, daß die zitierte Rede ironisch aufzufassen ist, daß Amalia gerade nicht glaubt, K. habe Gefühle für ihre Schwester, sondern daß sie ihm mit dieser Unterstellung einen (Zerr-)Spiegel vorhält. Nicht Angelegenheiten des Schlosses wären dann für ihn der ›Deckschirm‹, hinter dem eine Beziehung zu einer Frau verborgen (und möglicherweise vorangetrieben) werden könnte, sondern für K. wären – davon war bereits die Rede – die Beziehungen zu Frauen, sei es die zu Frieda, sei es die zu Olga, Strategeme, um näher ans Schloß heranzukommen, Vorwände, hinter denen sich eine andere Absicht versteckt hält. Und selbst wenn Amalia ihre Äußerung ›ernst‹ meinen sollte, der Leser, der um K.s Beziehungsstrategien ja weiß,

[51] Natürlich ist auch Kafkas *Schloß*roman ein Text über die (Un-)Möglichkeiten des Verstehens, eine Illustration von Allegorien des Lesens. Nicht nur der Leser, bereits die Figuren im Roman (vor allem K., der mit philologischer Finesse den Geheimnissen der *Schloß*briefe auf die Spur zu kommen versucht) rätseln über ›Textbedeutung‹.

[52] »Offen habe sie davon nicht gesprochen,« so heißt es weiter, »denn sie sei sehr zurückhaltend, aber Liebe verrate sich ja unwillkürlich. K. war überzeugt, daß sich Amalia irre. Amalia lächelte und dieses Lächeln, trotzdem es traurig war, erhellte das düster zusammengezogene Gesicht, machte die Stummheit sprechend, machte die Fremdheit vertraut, war die Preisgabe eines Geheimnisses, die Preisgabe eines bisher behüteten Besitzes, der zwar wieder zurückgenommen werden konnte, aber niemals mehr ganz« (KKS, S. 265).

kann kaum anders als das ironische Potential von Amalias Rede in den Blick zu nehmen, aufmerksam zu werden auf die vorgenommene Ridikülisierung ›romantischer‹ Liebeskonzeptionen.

Spielen die doch im Roman eine beträchtliche Rolle. Gardena, die Brükkenhofwirtin, beispielsweise, ist noch nach Jahrzehnten ganz auf Klamm bezogen, dessen dreimalige Geliebte sie in ihrer Jugend war; Frieda verläßt, als sie auf K. trifft, sofort ihren bisherigen einflußreichen Liebhaber und zieht mit dem Landstreicher-Landvermesser K. in eine ungewisse Zukunft;[53] Schwarzer gibt seine Existenz im Schloß auf, um der angebeteten Lehrerin wie ein Schüler zu Füßen zu sitzen; Pepi verliebt sich in K., liebt ihn, »wie sie noch nie jemanden geliebt hatte« (KKS, S. 453). Das Ideologem ›romantische Liebe‹ und ihre Verhaltensmuster wird also im Text aufgerufen und – allerdings im doppelten Wortsinne – vorgeführt: zugleich exponiert und entlarvt. So erscheint Gardenas ›große Liebe zu Klamm‹, ihre lebenlange Fixierung auf ihren ›Gott‹,[54] einen feisten, schlafsüchtigen, egomanischen Mann, so hypertroph wie die Fetischisierung der (Liebes-)Andenken, die sie ihm (hatte sich ihr Liebhaber zu Geschenken doch nicht herabgelassen) ›geraubt‹ hat, lächerlich.[55] In eine nicht weniger kritische Perspektive rückt der Text Friedas ›Aufopferung‹[56] für K. Glaubt man Pepi, handelt es sich gerade nicht um ein Opfer, sondern um eine Strategie zur Selbstrettung; doch selbst wenn es ein ›Opfer‹ sein sollte, ist es eines, dessen ›Wert‹ fraglich ist, weil es jederzeit widerrufen werden kann – entschließt sich doch Frieda, sich von K. abzuwenden und statt seiner den Gehilfen zu retten. Am Sohn des Unterkastellans wird eine andere, die ›Hohe Minne‹-Facette romantischer Liebe ironisiert: Schwarzer

[53] ›Romantisch‹ ist nicht nur diese Aktion, die Gefühlsevidenz ganz unmittelbar in Handlung überführt, ›romantisch‹ sind auch die Phantasien, die Frieda entwickelt, als sich ihre Beziehung zu K. zunehmend schwieriger gestaltet. Sie schlägt ihm vor, auszuwandern – in den Süden; und sie entwirft eine Grabesphantasie, die aufs Schönste literarische Liebestodvorstellungen alludiert: sie wisse kein größeres Glück für sich – äußert sie gegenüber K. –, »als bei Dir zu sein, immerfort, ohne Unterbrechung, ohne Ende, während ich doch davon träume, daß hier auf der Erde kein ruhiger Platz für unsere Liebe ist, nicht im Dorf und nicht anderswo und ich mir deshalb ein Grab vorstelle, tief und eng, dort halten wir uns umarmt wie mit Zangen, ich verberge mein Gesicht an Dir, Du deines an mir und niemand wird uns jemals mehr sehn« (KKS, S. 217f.).

[54] Fast könnte man die Anführungszeichen weglassen; Klamm ›ist‹ der Gott der Dorfbewohner (und zwar einer, der dem jüdischen Gott verblüffend ähnelt). So wird K. aufgefordert, nicht Klamms, des ›Göttlichen‹, Namen auszusprechen (KKS, S. 137). Er selbst fürchtet, den Anblick Klamms möglicherweise nicht ertragen zu können (KKS, S. 82). Nicht im Namen Gottes handeln die Dorfbewohner – auch Frieda –, sondern »im Namen Klamms« (KKS, S. 66).

[55] Jedem Liebenden ist natürlich wichtig, die Liebe in ein Zeichen zu überführen. Gardenas ›Andenkenpraxis‹ pervertiert diese Körper und kulturelles Zeichen vermittelnde Operation.

[56] Immer wieder ist von Frieda ›Opfer‹ für K. die Rede, vgl. z. B. KKS, S. 88.

verbringt – und das ist eher dumm als tragisch – sein Leben in Anbetung einer Frau, die kein Interesse an ihm hat und ihn kaum wahrnimmt. Pepis Gespräch mit K. schließlich dekouvriert die radikal narzißtische Motivation von ›romantischer Liebe‹. Friedas Nachfolgerin im Ausschank nämlich entdeckt ihre grenzenlose ›Liebe‹ zu K., das gesteht sie ihm mit entwaffnender Offenheit, nachdem er »Frieda aus dem Ausschank fortgenommen und dadurch Pepis Aufstieg ermöglicht« (KKS, S. 452 f.) hat. Liebe erweist sich als das Gegenteil von Altruismus: geliebt wird – ob von Pepi oder von K. – der, der den eigenen Absichten nützt oder zu nützen scheint. Und dieses narzißtische Muster gilt sowohl für Liebesverhältnisse als auch für andere soziale Beziehungen. Andere Menschen werden adressiert, wenn und weil man sich von ihnen Hilfe erhofft.

Das führt zu manchmal fast komischen Patt-Situationen. K. schließt sich an die Familie des Barnabas an, weil er glaubt, das bringe ihn in seinen Schloßangelegenheiten weiter: genau dasselbe aber erhofft die Familie von K.[57] Hilf- und Machtlose suchen mithin ›Rettung‹, Unterstützung bei anderen Hilf- und Machtlosen. Und auch die Beziehung zwischen Dorf und Schloß scheint durch dieses Muster gekennzeichnet zu sein: K. erwartet sehnsüchtig, im Schloß empfangen zu werden; die Befindlichkeit der Beamten im Schloß aber – wir erfahren es von Bürgel – ist dieselbe. Auch für die Beamten liegt das höchste Glück im Verkehr mit Parteien, die »immer erwartet[.], mit wahrem Durst erwartet[.] und immer vernünftigerweise als unerreichbar angesehen[.]« (KKS, S. 422) werden.

Für die Beamten leichter zugänglich als die Parteien sind die zugehörigen Akten. Deren – von zwei Dienern vorgenommene – Verteilung läßt sie aus dem Häuschen geraten. Schon die Vorfreude darauf macht sie ganz fröhlich: »Einmal klang es wie der Jubel von Kindern, die sich zu einem Ausflug bereitmachen, ein andermal wie der Aufbruch im Hühnerstall« (KKS, S. 430). Völlig außer Rand und Band geraten die Beamten dann während der Ausgabe der Akten, um die sie mit allen Mitteln kämpfen: sie trotzen, sie operieren mit List, sie schreien und klagen, sie schlagen sich um die Akten, die auch Akte, Sexualakte nämlich, sind.[58] Jeder Kindergarten wäre disziplinierter; die Herren vom Schloß, des ›göttlichen‹ Klamm Kollegen, kämpfen ohne jede Zurückhaltung und ›Zügelung‹ mit unglaublicher infantiler Energie um das für sie Lebensnotwendige, das

[57] Olga sagt zu K.: »Dann haben wir Dich verloren, der Du mir jetzt, ich gestehe es, fast mehr bedeutest als der bisherige Schloßdienst des Barnabas« (KKS, S. 293).

[58] Das durchgerissene Blättchen (von dem K. annimmt, es handele sich um seine Akte) wäre mithin als Widerruf des Zeugungsaktes zu lesen, als Vernichtung K.s.

ironischerweise nur ein Fetisch, ein Akte ist.[59] Wurde zu Beginn des Romans vorgeführt, welche projektiven, welche Illusions-Mechanismen den feisten unbeweglichen Klamm ›vergötzten‹, ihn zu einer mythischen Gestalt werden lassen, werden die ›göttlichen‹ Schloßherren im Aktenverteilungskapitel – eine zweifellos bildkräftige (und überdies hinreißend komisch geratene) ›Dekonstruktion‹ – nicht auf ihre irdisch männliche Existenzweise zurückgeführt. Sie werden zu Kindern, die sich unkontrolliert ihren Trieben und infantilen Begehrlichkeiten hingeben. Mit Lust produzieren die Herren vom Schloß Anarchie und Chaos und unterminieren mit ihrer eigenen Performanz die mythische Fiktion des Männlichen und quasi Göttlichen, in die das Schloß eingewoben ist.

[59] Kafkas Lust an Anarchie, an Chaos, an Schmutz (an ›primärer‹ Triebhaftigkeit also) zeigt sich nicht nur im *Schloß*roman immer wieder. Eindrucksvolles Beispiel dafür sind zum Beispiel auch die Bruneldakapitel im *Verschollenen*.

ALEXANDER HONOLD

DER TOD DES DICHTERS

Walter Benjamins Hölderlin-Deutung und der Erste Weltkrieg

I

Im Winter des Jahres 1914 auf 1915 schrieb der damals zweiundzwanzigjährige Walter Benjamin seine erste größere literaturwissenschaftliche Studie, den zu Lebzeiten unveröffentlichten Aufsatz *Zwei Gedichte von Friedrich Hölderlin.*[1] Noch mitten in seinen Studienjahren begriffen, tritt uns in diesem Text ein selbstbewußt und zielgerichtet argumentierender Interpret entgegen. In einer methodologischen Grundsatzerklärung, in der man bereits Anklänge des späteren *Wahlverwandschaften*-Essays und seiner bekannten Gegensatzbildungen von Kommentar und Kritik, Sachgehalt und Wahrheitsgehalt zu vernehmen glaubt, verschafft sich Benjamin zunächst jenen interpretatorischen Freiraum, in dem er seinen Beitrag zu entwickeln gedenkt. »Einen Kommentar hat man fast nur den großen Werken der Klassik angedeihen lassen, wo er außerhalb der klassischen Dramatik auftrat ist er wohl in höherem Grade philologisch als ästhetisch gewesen« (S. 105).

Aus dieser Erklärung wird deutlich, zu welchem Ziel und mit wessen Schützenhilfe sich Benjamin von den Zwängen der akademischen Arbeitsteilung zu lösen versuchte, wie er sie in Freiburg und vor allem an der Berliner Friedrich-Wilhelms-Universität erfahren hatte. Zwischen der traditionellen Philologie einerseits und der auf die Theorie des Tragischen fixierten philosophischen Ästhetik andererseits schien für einen »ästhetischen Kommentar«, wie ihn Benjamin projektierte, keine Disziplin zuständig zu sein. Lediglich die in jener Zeit als Novität auftretende Methode der Geistesgeschichte,[2] mit der Benjamin zunächst durch die Veröffent-

[1] Walter Benjamin, Gesammelte Schriften, hrsg. v. Rolf Tiedemann und Hermann Schweppenhäuser (im folgenden zitiert: GS), Bd. II,1, Frankfurt/M. 1977, S. 105–126; Zitate aus diesem Aufsatz werden im Haupttext nachgewiesen. Die Studie erschien erstmals in Benjamins 1955 von Adorno herausgegebenen *Schriften.*

[2] Zur methodologischen Kontroverse zwischen Geistesgeschichte und Philologie vgl. Christoph König, Eberhard Lämmert (Hrsg.), Literaturwissenschaft und Geistesgeschichte 1910–1925, Frankfurt/M. 1993.

lichungen des George-Kreises bekannt wurde, suchte nach solchen Übergängen. In der Gestalt des Hölderlinforschers Norbert von Hellingrath, der seit 1910 mit den Vorbereitungen zu einer Neuausgabe Hölderlins an die Öffentlichkeit trat, schien die formale, philologische Seite mit den großen geistesgeschichtlichen Bögen sich auf glückliche Weise verbunden zu haben.

Kurioserweise fiel die Anregung Hellingraths auf fruchtbaren Boden, ohne daß Benjamin sie wirklich nachvollziehen konnte; zum Zeitpunkt der Abfassung seiner Studie fehlte ihm, da der entsprechende Band in der Hellingrath-Ausgabe offiziell noch nicht erschienen war, eine verläßliche Textausgabe. Die erneute Lektüre seines Essays vor dem Hintergrund des Wissensstandes historisch-kritischer Hölderlin-Ausgaben erweist sogar, daß Benjamin gleich mehrere gravierende Verständnis- und Zuordnungsfehler unterlaufen waren. Um so stärker wiegt dann der – noch zu begründende – Eindruck, daß seinem ästhetischen Kommentar trotz dieser philologischen Mängel ein ›kon-geniales‹, intuitiv und situativ begünstigtes Eindringen in die Poetik Hölderlins glückte. Die Frage, inwieweit seine Deutung auch in der aktuellen Diskussion noch bestehen kann, ist nicht unabhängig von der Einsicht in die historische Konstellation oder, mit Benjamins Worten, in die »Lage« und »Gelegenheit« zu behandeln, in der seine Auseinandersetzung mit Hölderlin stattfand. Die folgenden Überlegungen versuchen daher, eine Rekonstruktion des historischen Diskursfeldes, in dem Benjamins Interpretation entstand, zu verbinden mit dem hermeneutischen Verfahren der ›dichten Lektüre‹, der nachvollziehenden Erörterung von Benjamins Deutungsarbeit an Hölderlins Gedichten.[3]

Warum gerade Hölderlin, warum ausgerechnet und just zu jener Zeit eine Interpretation der Gedichte *Dichtermut* und *Blödigkeit*?[4] Den An-

[3] Die Werke Friedrich Hölderlins werden – wo möglich – zitiert nach der *Frankfurter Hölderlin-Ausgabe* (FHA): Friedrich Hölderlin, Sämtliche Werke. Historisch-Kritische Ausgabe, hrsg. v. Dietrich Eberhard Sattler, Frankfurt/M. 1975 ff.; im Text fortlaufend nachgewiesen mit Sigle FHA, Band- und Seitenzahl. – In einigen Fällen wurden auch die von Friedrich Beißner herausgegebene *Große Stuttgarter Ausgabe* (StA; Stuttgart 1943 ff.) und die von Michael Knaupp herausgegebene *Münchner Hölderlin-Ausgabe* (MHA; München 1993) herangezogen.

[4] Soweit Hölderlins Gedichte nach Benjamins Aufsatz zitiert werden, folgt der Wortlaut von Zitaten und Gedichttiteln der Wiedergabe bei Benjamin (also *Dichtermut* statt *Dichtermuth*), ansonsten aber der in den historisch-kritischen Ausgaben beibehaltenen Schreibweise Hölderlins. – Einzelinterpretationen gerade dieser Gedichte besitzen bis heute noch einen gewissen Seltenheitswert. Neben jenen Arbeiten, die sich ausdrücklich auf Benjamin beziehen, haben einen ausführlichen Fassungsvergleich der von ihm behandelten Gedichte besonders Jochen Schmidt (Hölderlins später Widerruf in den Oden ›Chiron‹, ›Blödigkeit‹ und ›Ganymed‹, Tübingen 1978) und Ulrich Gaier (Hölderlin. Eine Einführung, Tübingen, Basel 1993, S. 341–372) unternommen.

satzpunkt des folgenden Versuchs bildet die Hypothese, daß in Benjamins Aufsatz die Symptome einer bestimmten kulturpoetischen Konjunktur zum Austrag kommen, die verantwortlich war für die Hölderlin-Rezeption in den unmittelbaren Vorkriegsjahren, und die auch für das zu dieser Zeit dominante Verständnis von Dichtung kennzeichnend ist. Die Resonanzverhältnisse zwischen Hölderlin, Benjamin und dem Hölderlin-Bild seiner Zeit zu erkunden, bedeutet also, einem historischen Dreiklang nachzuhören – wenngleich aus heutiger Sicht nur mehr dekomponierte Einzelstimmen zu vernehmen sind. Damit ist zugleich das Hauptdefizit des einschlägigen Forschungsstandes benannt. Mit dem zunehmenden Interesse für Benjamins Frühschriften ist auch die Bedeutung des Hölderlin-Aufsatzes für die Entwicklung seiner Ästhetik und seines Kritik-Begriffes verschiedentlich diskutiert worden, teils auch seine Nähe zu den editorischen Impulsen Hellingraths und zum Hölderlin-Bild des George-Kreises.[5] Es fehlen aus dieser Perspektive jedoch Rückschlüsse bzw. Überprüfungen des Benjaminschen Kommentars an der thematischen Substanz und ästhetischen Struktur der herangezogenen Gedichte selbst. Umgekehrt tendieren Lektüren des Aufsatzes als *Hölderlin*-Deutung, unter denen (zufällig?) mehrere US-amerikanische Arbeiten herausragen,[6] dazu, in texthermeneutischer Immanenz die Fragen nach der Zeit- und Kontextgebundenheit der Studie auszuklammern.[7] Dies ist um so frappanter, als die Verarbeitung persönlicher und existentieller Krisenerfahrungen in

[5] Vgl. besonders Uwe Steiner, Die Geburt der Kritik aus dem Geiste der Kunst. Untersuchungen zum Begriff der Kritik in den frühen Schriften Walter Benjamins, Würzburg 1989, S. 97 ff.; die Studie Rudolf Speths, Wahrheit und Ästhetik. Untersuchungen zum Frühwerk Walter Benjamins, Würzburg 1991, vermag demgegenüber nicht zu überzeugen. Zur Hellingrathschen Edition im Kontext des George-Kreises vgl. Henning Bothe, »Ein Zeichen sind wir, deutungslos«. Die Rezeption Hölderlins von ihren Anfängen bis zu Stefan George, Stuttgart 1992; zu Hellingrath ferner: Heinrich Kaulen, Der unbestechliche Philologe. Zum Gedächtnis Norbert von Hellingraths (1888–1916), in: Hölderlin-Jahrbuch 27, 1990/91, S. 182–209.

[6] Michael W. Jennings, Benjamin as a reader of Hölderlin: The origins of Benjamin's Theory of Literary Criticism, in: German Quarterly 31, 1983, S. 544–562; Rainer Nägele, Benjamin's Ground (1986), in: Ders. (Hrsg.), Benjamin's Ground. New readings of Walter Benjamin, Detroit 1988, S. 18–37; David E. Wellbery, Benjamin's Theory of the Lyric, in: ebd., S. 39–59.

[7] Vor allem die beiden Aufsätze Peter-André Alts (Das Problem der inneren Form. Zur Hölderlin-Rezeption Benjamins und Adornos, in: Deutsche Vierteljahrsschrift 61, 1987, S. 531–562; ferner: Hölderlins Vermittlungen. Der Übergang des Subjekts in die Form, in: Germanisch-Romanische Monatsschrift 38, 1988, S. 120–139) sind hier kritisch anzuführen, da sie auf spekulative Weise Benjamins Begriff des »Gedichteten« mit den Kategorien der Hölderlinschen Ästhetik der Homburger Zeit in Beziehung setzen, jedoch weder auf die ästhetische Struktur der Gedichte selbst eingehen noch auf deren von Benjamin in den Vordergrund gerücktes Sujet, den Tod des Dichters.

Benjamins literaturwissenschaftlichem Debüt auf unübersehbare Weise zu Buche schlägt.

Bei der im ersten Kriegswinter entstandenen Auseinandersetzung mit Hölderlins Dichtung ging es, wie die folgenden Ausführungen in mehreren Schritten zeigen wollen, um nichts geringeres als den ›Einsatz‹ der Dichtung selbst, um ihren höchsten Preis und ihr tödliches Risiko, das am mythischen Ursprung des Dichters stand und das gerade in der Benjamin umgebenden Zeitsituation auf profane Weise zu entrichten war. Im Zentrum der *Zwei Gedichte Friedrich Hölderlins* steht, Benjamins Lektüre des Jahres 1914 folgend, jener Einsatz der Dichtung, der bis auf ihren Ahnvater Orpheus zurückgeht – der Tod des Dichters.

II

Zu welchem Zeitpunkt Benjamin sich intensiver mit Hölderlin zu beschäftigen begann, wissen wir nicht. Vor 1914 finden sich in Briefen und anderen Selbstzeugnissen nur verstreute, beiläufige Erwähnungen Hölderlins, etwa in Aufzählung mit anderen Lyrikern. Erst Jahre nach der Abfassung seines Aufsatzes äußert sich Benjamin etwas konkreter, in brieflichen Anfragen oder Bemerkungen, die fast alle der neuen Ausgabe Hellingraths, ihren Fortschritten und ihrer Verfügbarkeit gelten. Benjamin setzte etliche Mühe darein, sich die während der Kriegsjahre erschienenen Bände zu verschaffen, was aus der Schweiz nicht gerade einfach zu bewerkstelligen war und infolgedessen zum wiederholten Gegenstand der Korrespondenz mit Gershom Scholem wurde.[8] »Ich glaube nicht«, schrieb er Scholem Ende 1917, als er den ein Jahr zuvor erschienenen, langersehnten Band mit dem Spätwerk endlich in Händen hielt, »daß Sie sich eine Vorstellung von der Freude machen die das Eintreffen des IV Bandes der Hölderlinschen Werke ... mir machte. Ich war den ganzen Tag vor Erregung fast zu nichts anderm fähig.«[9]

Zu Beginn desselben Jahres hatte ihn die Nachricht vom Tode Hellingraths vor Verdun erreicht. Sie vereitelte, wie Benjamin gegenüber Ernst Schoen preisgab, sein Vorhaben, in persönlichen Kontakt mit dem bewunderten Philologen zu treten. »Haben Sie gelesen daß Norbert von Hellingrath gefallen ist? Ich wollte ihm bei seiner Rückkehr meine Hölderlinar-

[8] Vgl. die in der Briefausgabe (Walter Benjamin, Gesammelte Briefe Bd. I: 1910–1918, hrsg. v. Christoph Gödde und Henri Lonitz, Frankfurt/M. 1995; im folgenden zitiert: Briefe I) abgedruckten Briefe an Gershom Scholem vom 6. 9. 1917 (Briefe I, S. 381), vom 6. 12. 1917 (Briefe I, S. 399) und vom 23. 12. 1917 (Briefe I, S. 406).

[9] Briefe I, S. 406 (23. 12. 1917).

beit zu lesen geben, deren äußerlicher Anlaß die Stellung ihres Themas in seiner Arbeit über die Pindar-Übersetzungen war.«[10] Die Passage, die auf Benjamin so nachhaltig gewirkt hatte, findet sich in Hellingraths Dissertation von 1910. Dort heißt es gegen Ende und im Zusammenhang der Charakterisierung des Hölderlinschen Spätstiles beiläufig: »Man vergleiche nur Blödigkeit mit der ersten Fassung von Dichtermut, wie da jede Änderung der Stelle erst volles Dasein gibt.«[11] Die Textpräsentation, die Benjamin erst in die Lage versetzt hätte, Hellingraths Beobachtung an den Fassungen selbst nachzuvollziehen, war besagter Band IV der Werkausgabe mit den späten Gedichten. Dieser letzte von Hellingrath selbst noch verantwortete Band war im Sommer 1914, unmittelbar vor Kriegbeginn, fertiggestellt und als Privatdruck an einige Freunde und Gönner verteilt worden. Obwohl Benjamin von der 1916 erschienenen offiziellen Ausgabe ein Jahr später ein Exemplar beziehen konnte und ihm damit ein genauerer textgenetischer Einblick möglich war, hat er die Studie von 1914 nicht mehr verändert und auch die Zitate nicht auf die neue Edition umgeschrieben. Dennoch dürfte das Urteil berechtigt sein, daß Benjamins Auseinandersetzung mit Hölderlin während der gesamten Kriegsjahre weitgehend unter dem Eindruck von Hellingraths stand. Erst gegen Kriegsende nehmen die Bezugnahmen auf Hölderlin deutlich ab, und Benjamin widmet sich der Ausarbeitung seiner Dissertation.

Die Person Norbert von Hellingraths, der als impliziter Adressat bereits des Aufsatzes von 1914 anzusehen ist, stand bei diesem stürmischen Aneignungsprozeß so sehr im Mittelpunkt, daß sein Nachbild selbst nach dem Tode nicht aufhörte, Benjamin zu beschäftigen. Nach dem unmittelbaren Anlaß des Aufsatzes, dem Selbstmord des Freundes Fritz Heinle, hatte der Krieg sich damit ein weiteres Mal in seine Deutung Hölderlins eingetragen, was dem Verfasser wie die Bestätigung einer schrecklichen Intuition erscheinen mußte. Er hatte, als er auf den Tod des Dichterfreundes mit diesem Aufsatz reagierte, eine Deutung im divinatorischen Sinne abgeliefert, die ihr Ziel erreichte, indem sie ihren Adressaten verfehlte. Zugegeben: Diese Pointierung ist notgedrungen spekulativ, denn über die affektive Nähe Benjamins zu Hellingrath und dessen Schicksal besitzen wir über die bereits zitierte Briefstelle hinaus keinerlei Evidenz. Ein wichtiges, äußerliches Indiz aber sei angeführt, das zumindest für die Mentalität aufschlußreich ist, in der die Neuentdeckung Hölderlins erfolgte: Der im Alter von 26 Jahren gefallene Hölderlinforscher Norbert von Hellin-

[10] Briefe I, S. 355 (25. 2. 1917 an Ernst Schoen).

[11] Norbert von Hellingrath, Pindar-Übertragungen von Hölderlin. Prolegomena zu einer Erstausgabe (Inauguraldissertation von N. H., 30. 6. 1910), in: Ders., Hölderlin-Vermächtnis, eingel. v. Ludwig von Pigenot, 2. Aufl., München 1944, S. 19–95, hier S. 70.

grath gehörte derselben Generation an wie der 1892 geborene Benjamin. In den Lobesstimmen, die vor und erst recht nach Hellingraths Tod dessen editorische Erfolge begleiteten, spielte ›Jugendlichkeit‹ eine unübersehbare Rolle. Ludwig von Pigenot schreibt im Vorwort zu dem von ihm aus den Schriften von Hellingraths zusammengestellten *Hölderlin-Vermächtnis*: »Norbert von Hellingrath kann ohne Übertreibung als der geistige Repräsentant der ums Jahr 1890 geborenen Generation bezeichnet werden.«[12]

Was war das Besondere an der Lage dieser Generation von 1890? Sie wuchs in einer Zeit auf, in welcher der Begriff »Jugend« sich von der schlichten Bezeichnung einer biologischen Lebensphase zu einer Parole kultureller Erneuerung wandelte. Seit mit der letzten Jahrhundertwende eine bestimmte Generationsbewegung und Stilkunst im Titel der 1895 begründeten Zeitschrift *Jugend* ihr prägendes Schlagwort gefunden hatte, war Jugendlichkeit kein defizientes Kriterium der Noch-nicht-Volljährigen mehr, sondern ein ästhetischer und sozialer Wert eigenen Rechts. Die Jugend, so das Plädoyer des Reformpädagogen Gustav Wyneken, wolle nicht »zwangsweise erwachsen sein müssen, sondern wirklich jung sein dürfen«, in ihrer eigenen Lebensweise anerkannt werden: auf diese Forderung zielt der von Wyneken propagierte Begriff der »Jugendkultur«.[13]

Zu den vom Aufbruch der jungen Generation und vom Leitbegriff der Jugendkultur eingenommenen Studenten gehörte auch Walter Benjamin. Der junge Benjamin war 1905 im thüringischen Landerziehungsheim Haubinda Schüler Gustav Wynekens gewesen, und er wurde dies später auch im vertieften Sinne des jugendpolitischen Engagements. Über die praktischen Fragen und Folgen der Schulreform war Benjamin inzwischen hinaus. Doch seine Parteinahme für die Ideen Wynekens zeigt, daß dessen Modell der Landschulerziehung als Entwurf einer »Gemeinschaft von Erkennenden«[14] auch für die Kulturarbeit studentischer Gruppen wichtige Impulse geben konnte. Die Einrichtung einer Freien Studentengemeinschaft betrieb Benjamin nach dem Vorbild anderer, ebenfalls mit Wyneken kooperierender Gruppen, erst in Freiburg, ein zweites Mal dann in Berlin. Mit Artikeln und Diskussionsbeiträgen beteiligte er sich an der 1913 unter Wynekens Herausgeberschaft neu aufgelegten Zeitschrift *Der Anfang*. Auch an dem nachmals legendären Freideutschen Jugendtag auf dem Hohen Meißner nahm Benjamin teil. Für ihn jedoch kam ein Rückzug auf die

[12] Ludwig von Pigenot, Einleitung zu: Hölderlin-Vermächtnis, ebd., S. 7.

[13] Gustav Wyneken, Was ist »Jugendkultur?« Öffentlicher Vortrag am 30. 10. 1913 in der Pädagogischen Abteilung der Münchner Freien Studentenschaft, mit e. Nachw. über den »Anfang«, 2. Aufl., München 1914 (Schriften der Münchner Freien Studentenschaft, H. 1), S. 8.

[14] Benjamin, Das Leben der Studenten (1914), in: GS II,1, S. 75–87, hier S. 76.

Verteidigung »innerer Freiheit«, wie ihn die auf dem Meißner verabschiedete Deklaration anempfahl, nicht in Frage. »Diese Jugend hat den Feind, den geborenen, den sie hassen muß, noch nicht gefunden. ... Wo blieb der Protest gegen Familie und Schule, den wir erwartet hatten?«[15]

Doch schwang im Gestus des Aufbruchs, der Familie und Schule zurückzulassen befahl, zugleich etwas Jüngerhaftes mit, ein messianisch überhöhtes, inniges Gefolgschaftsverhältnis. »Führertum und Gefolgschaft spielten eine bedeutsame Rolle«, so erinnert sich der mit Benjamin befreundete spätere Arzt Martin Gumpert.[16] Georges Aristokratismus der »heiligen schar« war unter Wynekens Einfluß und in dessen Version auch für Benjamin bestimmend geworden. Trotz ihrer sozialreformerischen Aspekte war Wynekens »Ideologie«, wie eine zeitgenössische Chronistin der Jugendbewegung vermerkte, »unverkennbar ... aus dem Quell Georgescher Denkung und Dichtung gespeist.« Immer wieder habe Wyneken »versucht, die ehernen Worte vom ›Siebenten Ring‹ und vom ›Stern des Bundes‹ den Landsknechts- und Fahrtenweisen der Wandervögel entgegenzusetzen.« Zwar sei Wyneken »kein direkter Abkömmling der Georgegemeinde, aber die Hauptelemente seiner Jugendlehre vom heroischen Leben, vom adligen Menschen, von Rang und Form ... können die Verwandtschaft nicht verleugnen.«[17]

Nahm Benjamin von Wyneken die politischen Impulse seines freistudentischen Engagements auf, so bildete die Dichtung Georges dessen poetischen Horizont. Aus ihr schöpfte auch dieser Kreis seine Energien, aus der Georgeschen Schar bezog er die ästhetische Plausibilität des Experiments einer Jugendgemeinschaft, deren freundschaftliche Innigkeit sich über den intermediären Raum der Poesie entfalten und aussprechen konnte. Diese Lebensform gipfelte in dem Versuch, der studentischen Gemeinschaft und ihrer Dichtung eine auch äußerlich sichtbare Verankerung im öffentlichen Raum der Stadt zu geben, eine feste Adresse und damit – so der seiner familialen Abkunft trotzig entwundene Ehrentitel – ein »Heim«. Gemeint ist damit die von Benjamin ausgehende Initiative zur Einrichtung eines »Sprechsaals« der Berliner Studentengemeinde,[18] wie ihn das von Siegfried Bernfeld geleitete Akademische Comité für Schulreform in Wien bereits seit Frühjahr 1913 erfolgreich unterhielt. Dieser Sprechsaal war eine als Tagungs- und Versammlungslokal privat angemie-

[15] Benjamin, Die Jugend schwieg (1913), in: GS II,1, S. 66f., hier S. 67.

[16] Martin Gumpert, Hölle im Paradies. Selbstdarstellung eines Arztes, Stockholm 1939, S. 53.

[17] Elisabeth Busse-Wilson, Stufen der Jugendbewegung, Jena 1925, S. 132.

[18] *Der Anfang* berichtet im September 1913 (Jg. 1, 1912/14, H. 5, S. 157f.) von der im Juni erfolgten Gründung des Berliner Sprechsaals.

tete Wohnung, in der Vorträge und Gesprächsabende abgehalten wurden; zu den Gastreferenten gehörten u. a. Martin Buber, Kurt Breysig und Ludwig Klages.

In seiner *Berliner Chronik* hat Benjamin der ersten ›selbstgeschaffenen‹ Zufluchtsstätte seiner Jugendzeit ein topographisches Denkmal gesetzt, einer Gegend, mit der er »tiefer als mit jeder andern« verbunden blieb. Im Tiergartenviertel, einem gründerzeitlich bebauten Spreebogensegment am Rande des Parks, das zwischen Flußlauf, Landwehrkanal und Stadtbahnviadukt eingeklemmt lag, war »in einem hinteren Flügel von einem der Häuser die der Stadtbahnunterführung zunächst stehen, das ›Heim‹. Das war eine kleine Wohnung, die ich mit dem Studenten Ernst Joël gemietet hatte.« Zwischen der von Joël geleiteten Studentengruppe »für soziale Arbeit« und Benjamins Sprechsaal wird eine anteilige Nutzung der Räumlichkeiten vereinbart. »Die Aufteilung«, erinnert sich Benjamin an die Animositäten zwischen beiden Gruppen, »war sehr scharf und in jedem Falle spielte damals für mich nur die Gruppe des Sprechsaals eine Rolle.«[19]

Die von Benjamin erinnerte Berliner Jugend um 1914 fand ihren Schauplatz in einer Stadtlandschaft, die sich im Rückblick zu einem allegorischen Ensemble ordnete: »heute ist mir diese räumliche Stelle, in der wir damals zufällig unser Heim eröffneten, der strengste bildliche Ausdruck für die geschichtliche, die diese letzte wirkliche Elite des bürgerlichen Berlin einnahm. Sie stand dem Abgrund des großen Krieges so nahe wie ihr Heim dem steilen Abfall des Landwehrkanals«.[20] Verwundert gibt Benjamin sich, bei der Abfassung im Frühjahr 1932 auf Ibiza, Rechenschaft darüber, »daß zu keiner späteren Zeit die Stadt Berlin selbst in mein Dasein so mächtig eingegangen ist, wie in jener Epoche, da wir sie selber glaubten unberührt lassen zu können, um nur die Schulen in ihr zu verbessern, nur die Unmenschlichkeit der Eltern ihrer Zöglinge zu brechen, nur den Worten Hölderlins oder Georges in ihr ihren Platz zu geben.«[21] In der Aufzählung der alten Ziele und Leitbilder, der Emanzipation von Schule und Familie wie auch des Glaubens an die Kraft des Dichterworts, klingt ein Unbehagen mit: Wie weltfremd war all das, und wie wenig vorbereitet auf den Einbruch der Geschichte in das »Heim« dieser Jugend.

Wenige Tage nach Kriegserklärung und Mobilmachung ereignete sich in der als Sprechsaal angemieteten Wohnung der gemeinsame Selbstmord

[19] Benjamin, Berliner Chronik (1932), in: GS VI, S. 465–519, hier S. 476.
[20] Ebd., S. 478.
[21] Ebd.

von Benjamins Dichterfreund Fritz Heinle[22] und dessen Freundin Rika Seligsohn. Das Band zwischen Heinle, Benjamin und der Freien Studentenschaft Berlin war nun selbst zum Bestandteil der Topographie geworden, und auf diesen Punkt des Totengedenkens steuert die Erinnerungsspur im Tiergartenviertel unweigerlich zu. »Heinles Berlin war zugleich das Berlin des ›Heims‹. Er wohnte in diesen letzten Zeiten in dessen nächster Nähe, in einem Zimmer im vierten Stock eines Hauses in der Klopstockstraße. ... Später – als der Morgen gekommen war, zu dem ein Eilbrief mich mit den Worten geweckt hatte: ›Sie werden uns im Heim liegen finden‹ – als Heinle und seine Freundin gestorben waren, blieb diese Gegend noch eine Weile die Mitte für die Begegnungen der Überlebenden.«[23]

Nichts mehr bleibt nach dem August 1914, wie es war; »das Heim« ist nicht mehr das Heim, und in die Erinnerung des Ortes drängt sich der Zeitindex von Tod und Krieg. »Ich habe unser Heim nie wieder betreten«, erinnert sich Gumpert. »Es war zerstört. Unsere Sehnsucht war sinnlos geworden. ... Einer nach dem andern gab sein Leben für eine Sache, die nicht die seine war.«[24] Als »Ende der Jugendbewegung« deutet auch Benjamin diese Augusttage, auf dem Umweg einer 1917 entstandenen Betrachtung zu Dostojewskijs *Idiot*.[25] »Das ist die große Klage Dostojewskijs in diesem Buche: das Scheitern der Bewegung der Jugend. Ihr Leben bleibt unsterblich, aber es verliert sich im eigenen Licht«.[26] Es folgte die Auflösung der studentischen Gemeinschaft, ihre Spaltung an der ›Kriegsfrage‹. Benjamin, nach dem Tod Heinles für Monate wie gelähmt, reagiert mit einer geistigen Klausur, mit einem Gerichtstag über Hölderlin, George und die Jugendfreundschaft im Zeichen der Poesie.

Im Winter 1914/15 entsteht nicht nur seine Hölderlin-Studie, sondern auch der Ansatz zu einem eigenen dichterischen Projekt, in dem er die George entgegengebrachte Devotion gleichsam abarbeitet mit einem Zyklus von Sonetten an den toten Freund. Die Arbeit an diesem Sonettzyklus und das, wenngleich erfolglose, Eintreten für die Veröffentlichung von Heinles

[22] Heinle und Benjamin hatten sich bereits in Freiburg kennengelernt. 1913 sprachen Heinle und Benjamin auf einer Veranstaltung der *Aktion* zusammen mit Franz Pfemfert und Carl Einstein. Zu Benjamins Freundschaft mit Heinle und ihrer gemeinsamen Arbeit für die Berliner Freistudentenschaft vgl. Erdmut Wizisla, »Fritz Heinle war Dichter.« Walter Benjamin und sein Jugendfreund, in: Lorenz Jäger, Thomas Regehly (Hrsg.), »Was nie geschrieben wurde, lesen«. Frankfurter Benjamin-Vorträge, Bielefeld 1992, S. 115–131.

[23] Berliner Chronik, a. a. O., S. 477 f.

[24] Gumpert, a. a. O., S. 63.

[25] Auf diesen autobiographischen Hintergrund der Dostojewskij-Kritik hat Bernd Witte aufmerksam gemacht (Walter Benjamin – Der Intellektuelle als Kritiker. Untersuchungen zu seinem Frühwerk, Stuttgart 1976, S. 27).

[26] Benjamin, »Der Idiot« von Dostojewskij (1917), in: GS II,1, S. 237–241, hier S. 240.

dichterischem Nachlaß währen länger als ihrer beider Bekanntschaft zu Lebzeiten.[27] Benjamin stellt den Sonetten ein Motto aus Hölderlins *Patmos* voran. »Wenn aber stirbt alsdann, / An dem am meisten / Die Schönheit hing ... und wenn, ein Rätsel ewig für einander, / Sie sich nicht fassen können / Einander, die zusammen lebten / Im Gedächtnis«.[28] Diese Zeilen evozieren noch einmal die Motive der Jugend: den noch im Tode schönen Jüngling aus der Dichtung Georges, die homoerotischen Züge des Freundschaftskultes, schließlich die bei aller Nähe noch empfundene Sprachlosigkeit und Distanz zwischen jenen, »die zusammen lebten«.

III

Zu den institutionellen und ideologischen Mächten, welche die in den Mobilmachungstagen von 1914 manifeste Kriegseuphorie beförderten, zählte auch die Dichtung. Seit alters her stand feierliche Entschlossenheit im Bunde mit dem hochgestimmten Ton der Poesie und ihrem schon durch die rhythmische Formung mitreißenden Appellcharakter. Sollte der Eindruck zutreffen, daß im August 1914 nicht Aggression, Haß, Revanchismus oder Siegesgewißheit, sondern Begeisterung der Affekt der Stunde war, so wird ein wenig verständlicher, warum diese euphorische Stimmung als ein überraschendes und beglückendes ›Poetischwerden‹ des Staates und der Politik gedeutet werden konnte. Endlich, so schien es, bahnte sich eine Korrespondenz zwischen Bildung und Volk an, eine Begegnung im Kairos gemeinsamer Begeisterung. Nicht so sehr das oft thematisierte propagandistische Engagement deutscher Dichter und Gelehrter steht hier in Rede, sondern vor allem die spezifische Funktion, in der die Dichtung *als Dichtung* zum Kriegseinsatz kam. Im Falle Stefan Georges, so jedenfalls berichtet es Ernst Robert Curtius, lag dieser Einsatz zunächst jenseits der Vorstellungen und Absichten des Autors. »George war überrascht und ungläubig, als ich ihm 1914 sagte, er sei der Heros dieser Jugend. Sie nahm den Stern des Bundes mit in den Krieg.«[29]

Für die Be-›Geisterung‹ des Krieges sorgte die Dichtung bereits durch die Tatsache, daß ihre Werke im Fronteinsatz mitgeführt wurden, daß die Feldausgaben der Klassiker zur geistigen Notration dienen konnten, die

[27] Noch im Dezember 1922 hielt Benjamin einen Vortrag über die Gedichte Heinles im Salon Marianne Webers in Heidelberg.

[28] Benjamin, Sonette (1915ff.), in: GS VII,1, S. 27–64, hier S. 27; Benjamin zitiert nicht nach der Hellingrath-Ausgabe (vgl. GS VII,2, S. 578).

[29] Ernst Robert Curtius, Stefan George im Gespräch, in: Kritische Essays zur europäischen Literatur, Bern 1950, S. 138–157, hier S. 148.

ihren Besitzern den apotropäischen Beistand eines Schutzschildes gewährte. »Der aktuellen Legitimation der Germanistik als Schildträger der Politik diente die Idealisierung Fausts zum nationalen Helden, die 1870 ihren ersten Höhepunkt erreichte, genauso wie 1915 die Feldausgabe von Hölderlins *Hyperion*«, stellt Hinrich Seeba in einem historischen Überblick zur Funktionalisierung deutscher »Nationalbücher« fest.[30] Zuweilen fand sich, wie George bei einem seiner jungen Freunde beobachten konnte, der *Hyperion* im Waffenrock neben dem *Stern des Bundes* wieder, »eigens in Taschengröße zugeschnitten«.[31]

Warum konnten gerade Hölderlin, George oder Rilke zu bevorzugten Kriegsbegleitern werden? Die direkte Instrumentalisierung von Klassikerzitaten, für die das Gedicht *Der Tod fürs Vaterland* und die daraus abgeleitete Glorifizierung des Opfertodes ein berüchtigtes Beispiel gibt, stellt nur die Spitze eines Komplexes untergründiger und subtilerer Formen der Aneignung dar. Wo thematisch einschlägige Werke einen fast unmittelbaren Kommentar zum Zeitgeschehen zu sprechen schienen, war zwar die Identifikationsbereitschaft am höchsten – aber auch die Fallhöhe der Desillusionierung. Subtiler und im symptomatischen Sinne aufschlußreicher sind jene Deutungsmuster, die an der Dichtung gerade das Andersartige wahrzunehmen verstanden, eine inkommensurable Größe, die fremdartig oder sogar verstörend in die Gegenwart der Kriegssituation hineingriff. Die Hölderlin-Rezeption des George-Kreises ist der Musterfall einer solchen Aneignung und Instrumentalisierung der ›anderen Stimme‹ der Poesie.

Die »Lobrede« auf Hölderlin, die George 1919 in den letzten Band der *Blätter für die Kunst* einrücken ließ, faßt die Bedeutung, die der Dichter in diesen Jahren gewann, als durchaus spannungsvolle Wandlung von esoterischer zu exoterischer Lektüre. George feiert die Korrektur des tradierten Bildes »vom liebenswürdigen schwärmer und klangreichen lautenschläger« ausdrücklich als Frucht der Kriegsjahre, als ein von der Zeit selbst gefordertes und ermöglichtes »wunder«, durch welches »plötzlich der grosse Seher für sein volk ins licht tritt«.[32] Diese Auffassung konnte sich durch die Einseitigkeit der Hölderlinrezeption bis dato ebenso rechtfertigen wie durch den darin wirksamen Mechanismus der Verkennung, wobei der Nimbus des Verkannten dann auch jenem zufiel, der sie bei Höl-

[30] Hinrich C. Seeba, Nationalbücher. Zur Kanonisierung nationaler Bildungsmuster in der frühen Germanistik, in: Jürgen Fohrmann, Wilhelm Voßkamp (Hrsg.), Wissenschaft und Nation. Studien zur Entstehungsgeschichte der deutschen Literaturwissenschaft, München 1991, S. 57–71, hier S. 58.

[31] Edgar Salin, Um Stefan George. Erinnerung und Zeugnis, 2., erw. Aufl., München, Düsseldorf 1954, S. 28.

[32] Stefan George, Hölderlin, in: Alfred Kelletat (Hrsg.), Hölderlin. Beiträge zu seinem Verständnis in unserm Jahrhundert, Tübingen 1961, S. 1–3, hier S. 2.

derlin erkannte und endlich zu korrigieren unternahm. Am Falle Hölderlins ließ sich auch die soziale Desintegration des Poeten – und hier scheint im Bilde Hölderlins die Privatiersexistenz Georges durch – auf beispiellose Weise positiv umfunktionieren. Sätze wie das resignierende »sie [die Deutschen] können mich nicht brauchen«[33] im Brief an Böhlendorff vom Dezember 1801, vor der Abreise nach Bordeaux, waren als Ablehnung des realen zugunsten eines besseren, projektiven Vaterlandes paßgerecht auf die Politik des Georgeschen »Staates« übertragbar.

Auf Hölderlin gemünzt, von Hölderlin abgezogen wurde die Parole des »Geheimen Deutschland« in einem Vortrag Norbert von Hellingraths, den dieser im Rahmen der »Kriegshilfe für geistige Berufe« bei einem Heimaturlaub im Frühjahr 1915 in München hielt. Deutschland dürfe, so erklärt Hellingrath seiner Zuhörerschaft, unter der sich auch der befreundete Rainer Maria Rilke befand, das »Volk Hölderlins« im eigentlichen Sinne schon darum heißen, »weil es zutiefst im deutschen Wesen liegt, daß sein innerster Glutkern unendlich weit unter der Schlackenkruste, die seine Oberfläche ist, nur in einem *geheimen* Deutschland zutage tritt.«[34] Dem Dichter Hölderlin, »durch menschenalter nicht beachtet oder nur als zarter erträumer von vergangenheiten«[35] gewürdigt, schien nicht anders als dem Deutschen Reich selbst die Zeit der Erfüllung noch bevorzustehen, woran gerade der glühende Eifer Hellingraths den allergrößten Anteil hatte. Wenn der Krieg, in der Sicht Georges, die Epiphanie Hölderlins ermöglichte, dann trifft das auf die von Hellingrath geleistete Arbeit insofern zu, als sie von seinen Vorzeichen, wie von der allgemeinen Zeitstimmung überhaupt, zumindest beschleunigt wurde. Von seinem Lehrer Friedrich von der Leyen ermutigt – und noch nicht als ein Zögling Georges, wie von Mitgliedern des Kreises später behauptet – sichtet der Doktorand »im Herbst 1909 die Hölderlinmanuskripte in Stuttgart und Homburg, um sie im Winter in München zu entziffern. Gleich nach der Entdeckung der Pindar-Übertragungen liest er Wolfskehl, mit dem er nahe befreundet ist, daraus vor, und dieser macht George darauf aufmerksam und verwendet sich für die Aufnahme einiger Gedichte in die Blätter für die Kunst.«[36] *Seine* Begeisterung wirft der knapp zwanzigjährige Hellingrath in den letzten Vorkriegsjahren auf den verwegenen Streich, dem etablierten, akademisch wohlbestallten Editionsprojekt Franz Zinkernagels Paroli zu bieten durch eine andere, philologisch weitaus radikalere Hölderlinausgabe.

33 Hölderlin (Brief vom 4. 12. 1801 an Casimir Ulrich Böhlendorff), MHA III, S. 914.

34 Hellingrath, Hölderlin und die Deutschen, in: Hölderlin-Vermächtnis, a. a. O., S. 120.

35 George, Hölderlin, a. a. O., S. 2.

36 So die auf mündlicher Mitteilung von der Leyens beruhende Darstellung bei Herbert Singer, Rilke und Hölderlin, Köln, Graz 1957, S. 21 f.

Für das durch Hellingraths Edition neu entflammte Interesse an Hölderlin entscheidend waren sicherlich die aufregenden Funde der späten Hymnen mit ihrer »vaterländischen« Thematik (*Germanien, Der Rhein, Der Ister)* und ihrer antiklassischen Kompositionsform. Zugleich aber läßt sich die Resonanz dieser Dichtung retrospektiv kaum mehr trennen vom historischen Kontext und vom persönlichen Schicksal ihres Herausgebers. Daß er nicht lange nach seinen Münchner Kriegsvorträgen, im Winter 1916, bereits zu den »Gefallenen« zählte, wie so viele am Douaumont vor Verdun, traf die wachsende Hölderlingemeinde als ein Schock. Die Koinzidenz der philologischen Neuentdeckung Hölderlins mit seiner Aneignung durch den George-Kreis und die Einbettung beider Vorgänge in die Zeitumstände des Krieges zogen sich nun erst zu einem komplexen Motiv zusammen.

George selbst legte in seinen *Sprüchen an die Toten* den Grundstein zu Hellingraths Verklärung, der trotz seiner »abscheu vor dem kriegsgerät« die ihm »angebotne schonung stolz verschmäht« habe: »Und fielst in feuer erd und luft zerspellt.«[37] Der zufällige Tod ist kein Zufall, sondern Fügung und Geschick, sagen die *Sprüche an die Toten*; das poetische Denken Georges jedenfalls traf er wohlvorbereitet. Der Dichter sieht die Kriegstoten nicht anders als die enttäuschten, geschlagenen Heimkehrer, für die das Gedicht *Einem jungen Führer im ersten Weltkrieg* die tröstenden Worte bereithält: »Anders als ihr euch geträumt / Fielen die würfel des streits« – jedoch: »Alles wozu du gediehst ... Bleibt dir untilgbar bewahrt«.[38] Die enthusiastische Hingabe, die Hellingraths editorische Arbeit demonstriert hatte – in der wiederum der hohe Ton der späten Hymnen seinen der Zeit gemäßen Widerhall und Sitz im Leben fand –, sie war mitnichten davor gefeit, postum in anderen Dienst genommen zu werden. Dies zeigte sich nicht erst in der Beanspruchung Hellingraths durch den NS-Staat,[39] sondern bereits in der Poetisierung des Opfers, die George nach dem Krieg mit den Gedichten des *Neuen Reichs* vollzog.

Martin Heidegger, der für die nationale Hölderlin-Propaganda an der Schwelle zum nächsten Weltkrieg sich zuständig glaubte (von jüngsten Forschungsbeiträgen wird er zurecht auch als Ausläufer und Fortsetzer der

[37] Stefan George, Norbert (An die Toten), in: Ders., Das neue Reich, München, Düsseldorf 1964, S. 117.

[38] Ebd., S. 43.

[39] Zur Vereinnahmung Hellingraths für den nazistischen Heldenkult vgl. Claudia Albert, »Dient Kulturarbeit dem Sieg?« – Hölderlin-Rezeption von 1933–1945, in: Gerhard Kurz, Valérie Lawitschka und Jürgen Wertheimer (Hrsg.), Hölderlin und die Moderne. Eine Bestandsaufnahme, Tübingen 1995, S. 153–173, bes. S. 159.

Ideen von 1914 gesehen),[40] übernahm das mythogene Material des Dreiecks George-Hölderlin-Hellingrath auf eigene Rechnung. Auch er kolportiert, erst George habe Hellingrath »auf Hölderlin gewiesen«.[41] »Dann folgte 1914 der erste Druck der späten Hymnen Hölderlins«; diese Ausgabe wirkte damals, so Heidegger, »auf uns Studenten wie ein Erdbeben.« Daß die Begeisterung ebensowohl dem historischen Kairos wie der poetischen Offenbarung selbst gegolten hatte, bekundet Heidegger vollends mit jener Geste, mit der er Hellingraths Erbe anzutreten unternimmt. 1936 wird er seine Abhandlung *Hölderlin und das Wesen der Dichtung* Norbert von Hellingrath zum Gedächtnis widmen, mit Todesdatum und -ort des Gefallenen. Das »Andenken der Trauer«, wie Heidegger einen Hölderlinschen Gedichttitel aufnimmt, wird stilisiert als Exerzitium des Totengedenkens. In späteren Ausgaben unterbleibt der Hinweis auf Verdun ebenso wie der kommentierende Zusatz, die Publikation der Studie rechtfertige sich »allein« aus der vorangestellten Widmung.[42] Sie bedurfte einer solchen Rechtferigung nicht mehr.

IV

Die Wiederentdeckung Hölderlins in den Jahren des Ersten Weltkriegs fiel auf fruchtbaren Boden. Nicht nur bei dem jugendbewegten Walter Benjamin, sondern auch im poetischen Werk und im Denken Rainer Maria Rilkes, der mit Hellingrath einige Jahre freundschaftlich verbunden war. In Benjamin und Rilke verkörpern sich zwei nicht untypische Rezeptionshaltungen, aus deren Perspektive sich zugleich manche Verzeichnung korrigieren läßt. Norbert von Hellingraths Nähe zu Rilke zu betonen, heißt, seiner gänzlichen Vereinnahmung durch den George-Kreis zu widersprechen. Seinen Enthusiasmus für Hölderlin in die Nähe Walter Benjamins und der freideutschen Jugendbewegung zu rücken, bedeutet, der durch George und mehr noch durch Max Kommerell betriebenen Heroisierung Widerstand entgegenzusetzen, der Vereinnahmung für jenes »geheime Deutschland«, in dessen Arsenal, so Benjamins spätere Kritik an Kommerell, »die Tarnkappe neben dem Stahlhelm hängt«.[43]

[40] Vgl. bes. Domenico Losurdo, Die Gemeinschaft, der Tod, das Abendland. Heidegger und die Kriegsideologie, Stuttgart 1995.

[41] Martin Heidegger, Das Wesen der Sprache, in: Ders., Unterwegs zur Sprache, 10. Aufl. Stuttgart 1993, S. 157–216, hier S. 182; die nachfolgenden Zitate ebd.

[42] Diesen Hinweis entnehme ich Anselm Haverkamp, Laub voll Trauer. Hölderlins späte Allegorie, München 1991, S. 76; dort auch der Wortlaut der zitierten Widmung.

[43] Benjamin, Wider ein Meisterwerk. Zu Max Kommerell, »Der Dicher als Führer in der deutschen Klassik« (1930), in: GS III, S. 252–259, hier S. 259.

Die erste Begegnung zwischen von Hellingrath und Rilke hatte im Oktober 1910 stattgefunden, im Hause der Münchner Verlegersgattin Elsa Bruckmann, der Tante Hellingraths, die damals einen der führenden Salons der Stadt gab. Hellingrath war soeben mit seinen Forschungen zu den Pindarübertragungen Hölderlins promoviert worden und stand nun im Begriff, eine Lektorenstelle an der Ecole Normale in Paris anzutreten. In Paris befand sich auch Rilkes Hauptwohnsitz; nicht unwahrscheinlich, daß er der Dame des Hauses versprechen mußte, sich ihres Neffen dort ein wenig anzunehmen.[44] Rasch entwickelte sich ein freundschaftlicher Austausch über Dichtung, zumal über diejenige Hölderlins, die Rilke erst durch die Gespräche mit Hellingrath wirklich vertraut und bedeutsam wurde. Umgekehrt war Rilke für Hellingrath von Beginn an eine Art Gegengewicht zum Einflußbereich Georges. Man tauscht Briefe aus, Rilke lädt Hellingrath ein, in seiner Abwesenheit die Pariser Wohnung zu nutzen.

Zu einer Berührung ihrer beider Arbeitssphären kommt es 1911, als Rilke ihm von seiner Übersetzung des *Centauren* von Maurice de Guérin berichtet. Postwendend »schickt ihm Hellingrath ... eine Abschrift des Pindarfragments ›Das Belebende‹ in Hölderlins Übersetzung und mit Hölderlins Erläuterung, mit der Bemerkung: ›Hölderlinische Centauren aus ganz später Zeit, die mir gestern wieder in den Sinn kamen.‹«[45] Rilke dankt »für die sorgfältige Mittheilung jener merkwürdigen Centauren, durch die ich noch aufmerksamer und gleichsam erfahrener zu dem Centauer Guérins zurückkomme«,[46] und bittet Hellingrath um Rat bei der Übertragung unklarer Ausdrücke und Namensformen. Im darauffolgenden Winter erhält Hellingrath ein Widmungsexemplar der fertiggestellten Übersetzung mit der Bemerkung, er sei »an der Entstehung dieser Übertragung nicht ohne einige Schuld«.[47] Zu der Zeit befindet sich Hellingrath wieder in München, um die Arbeit an der Ausgabe voranzutreiben (die ersten beiden Bände werden schon binnen Jahresfrist vorliegen), während auf Schloß Duino im Februar 1912 der Beginn von Rilkes *Sechster Elegie* entsteht. – Fünf Jahre später liegt der Guérinsche Centaur auf dem Nachtkästchen des in die Schweiz übersiedelten Walter Benjamin, ein Geschenk des Freundes Ernst Schoen, der Benjamins schwärmerischen Dank erhält: »Wunderbar ist Guérins Eindringen in die Welt des Centauren; nachdem ich ihn gelesen hatte schlug ich Hölderlins gewaltiges Fragment ›Das Belebende‹ auf (am Schluß der Hellingrathschen Sonderausgabe der Pindar-

[44] Singer, a. a. O., S. 23.
[45] Ebd., S. 24.
[46] Ebd., S. 25.
[47] Ebd., S. 27.

übertragungen) und die Welt von Guérins Centauren geht in die größere des Hölderlinschen Fragments ein.«[48]

In der zweiten Jahreshälfte 1917 verfaßte Benjamin eine kleine, an Pindar und Hölderlin geschulte Betrachtung über den Centauren. Er sieht in diesem Wesen »echt griechische Traurigkeit« verkörpert, als Erfahrung jener »Gewalt, die da belebt«, und stellt dieser Trauer die aus dem Wort geborene »jüdische Heiterkeit« gegenüber. »Die griechische Natur kommt zu sich blind, sie erwacht traurig und findet keinen Erwecker. Im Centauren erwacht sie.«[49] Jedoch muß er in diesen Jahren neben der *Centaur*-Skizze noch weitergehende Pläne ins Auge gefaßt haben, da er nach deren Niederschrift gegenüber Scholem erklärte, »daß ich gegenwärtig für meine Auseinandersetzung mit Hölderlin der denkbar breitesten Basis bedarf.«[50] Noch im Sommer 1918 ließ er sich eigens aus der Wiener Universitätsbibliothek eine »sehr seltne und wichtige Schrift«[51] über Hölderlin besorgen. Konkrete Resultate dieser hochgespannten Vorarbeiten sind nicht überliefert. Es war wohl auch so, wie Benjamin Ende 1916 dem Berliner Schulfreund Herbert Blumenthal bekannte, daß allein schon die vertiefte, in freien Entdeckungsreisen sich ergehende Beschäftigung mit dieser Textwelt einen Lichtblick in finsterer Zeit bedeutete. »Mitten in der Nacht sind wir. ... Seit Jahren strahlt mir aus dieser Nacht das Licht Hölderlins.«[52]

So blieb also der Aufsatz *Zwei Gedichte von Friedrich Hölderlin* Benjamins einzige ausführliche Studie zu dessen Werk. Der Versuch, in dem Benjamin sich die Aufgabe eines »ästhetischen Kommentars« stellte, trägt unverkennbar die Zeichen seiner Entstehungszeit, in vergleichbarer Tragweite wie dies später etwa im *Kunstwerk*-Aufsatz oder den Thesen *Über den Begriff der Geschichte* der Fall sein sollte. Für diese Studie bedeutete Hellingrath die Rolle des Anregers und ständigen Bezugspunktes, nicht nur, weil Benjamin ihm die Idee eines solchen Fassungsvergleichs verdankte. Zu den Indizien einer Beeinflussung auch in methodisch-theoretischer Hinsicht gehört, daß die Wendung von der »inneren Form«,[53] die Hellingrath in seiner Dissertation gebraucht hatte, als ästhetische Katego-

48 Briefe I, S. 373 (30. 7. 1917).

49 Benjamin, [Der Centaur], in: GS VII,1, S. 26.

50 Briefe I, S. 406 (23. 12. 1917).

51 Briefe I, S. 473 (24. 8. 1918 an Gershom Scholem); nach der Vermutung der Herausgeber (ebd.) handelt es sich wahrscheinlich um das auch in Benjamins Lektüreverzeichnis (GS VII,1, S. 441) aufgeführte Werk Emil Petzolds, Hölderlins Brod und Wein. Ein exegetischer Versuch. Sambor 1886/97, das bereits Hellingrath in seiner Dissertation mit einem ausführlichen Zitat lobend hervorhebt (vgl. Hölderlin-Vermächtnis, a. a. O., S. 51ff.).

52 Briefe I, S. 348 (undatiert).

53 Hölderlin-Vermächtnis., a. a. O., S. 53, Anm. 2.

rie von Benjamin adaptiert wird.[54] Am deutlichsten aber ist der Einfluß Hellingraths dort, wo ihn Benjamin in produktiver Weise aufzugreifen vermag. Um die Pindarische Komponente des Hölderlinschen Spätwerks auf den Begriff zu bringen, hatte Hellingrath aus der antiken Rhetorik das Konzept der *harmonia austera* entlehnt, der »harten Fügung«. Daß ihm damit ein für die Hölderlin-Philologie folgenreicher terminologischer Wurf gelungen war, ist nicht zuletzt durch die Vermittlung Benjamins sichtbar und wirksam geworden. Als »harte Fügung« hatte Hellingrath »das Plastische der Sprache« in den späten Gedichten gekennzeichnet, die unter dem Einfluß Pindars stehende stilistische Besonderheit, »daß die Worte gleich greifbaren Wesen sich nebeneinander ordnen«.[55] Diese harte (im Sinne von ›ungeglättete‹), dadurch sichtbar bleibende Verfugung des Materials wird von Benjamin in seinem Aufsatz allerdings nicht mehr immanent poetologisch gefaßt, sondern metaphysisch gedeutet – oder vielmehr: anti-metaphysisch. Schroffe Unverbundenheit ist es, die Benjamin an der »letzten Fassung« von *Dichtermut* (also an *Blödigkeit*) hervorhebt, in der »Menschen, Himmlische und Fürsten, gleichsam abstürzend aus ihren alten Ordnungen, zu einander gereiht sind« (S. 112). Adorno und Szondi werden, diese Formulierung aufgreifend, aus der Beobachtung des Nebeneinanders (Hellingrath) bzw. des zueinander Gereihten (Benjamin) die Bestimmung von Hölderlins später Poetik der Parataxis entwikkeln.[56]

Hervorstechender Leitbegriff für Benjamins Lektüre ist jedoch der innovative Terminus »das Gedichtete«, unter dem die gedanklich-motivische Sphäre der untersuchten Werke gefaßt wird. Für eine zunächst textimmanent verfahrende Vergegenwärtigung seines Argumentationsganges, also ohne Berücksichtigung des Kontextes und des Dialogpartners Hölderlin, bietet dieser Begriff den geeigneten Ansatzpunkt. Das Gedichtete ist »ein Grenzbegriff in doppelter Hinsicht« (S. 106); der Ort, an dem Gedicht und Leben als die beiden Spannungspole der Dichtung aufeinanderprallen, der Ort, an dem sowohl das biographische als auch das ästhetische Material zur poetischen Durchformung anstehen.

[54] »Die innere Form, dasjenige, was Goethe als Gehalt bezeichnete, soll an diesen Gedichten aufgewiesen werden« (S. 105). Vgl. zu der Hellingrath-Übernahme: Alt, Hölderlins Vermittlungen, a. a. O., S. 122; ferner: Speth, a. a. O., S. 21; zum Goethe-Bezug des Konzepts bei Benjamin: Steiner, a. a. O., S. 103.

[55] Hölderlin-Vermächtnis, a. a. O., S. 55.

[56] Vgl. Haverkamp, a. a. O., S. 55 f.

Gegenstand in der »ersten Fassung« von *Dichtermut* (nach der von Benjamin fälschlich angenommenen Textgenese) ist ein »Schicksal«, nämlich der »Tod des Dichters. Er besingt die Quellen des Muts zu diesem Tode« (S. 109). In dieser Phase, so lautet Benjamins auf einen wertenden Fassungsvergleich abzielende Kritik, dominiere die direkt angesprochene Sphäre des Lebens zu sehr über die poetische Formung. »Noch begründet sich der Mut des Dichters seltsam aus einer andern, fremden Ordnung« (ebd.); »das dichterische Gesetz hat sich dieser hölderlinschen Welt noch nicht erfüllt« (S. 111). Erst in der späten Fassung unter dem Titel *Blödigkeit*, will Benjamin zeigen, gelinge die Durchdringung von geistiger und sinnlicher Ordnung innerhalb des Gedichteten. Die »Verbundenheit der Elemente« erweise sich dabei in der »Beziehung von Volk und Dichter«, die ihren Ausdruck finde in der Schlußgnome »Gut auch sind und geschickt einem zu etwas wir«. Hier ist dem »Gesetz der Lyrik« Genüge getan, denn diesem zufolge »erreichen die Worte ihren anschaulichen Sinn im Gedicht, ohne den übertragnen daran zu geben. So durchdringen sich in dem Doppelsinn des Wortes ›geschickt‹ zwei Ordnungen« (S. 115). Des Dichters Geschick ist bezeichnet durch das mit diesem Partizip ausgedrückte Übereinstimmen von Sendung und Eignung. Sein Schicksal ist »der Gesang«, durch den »mit ihm das Volk, aus dem er singt, ganz in den Kreis des Gesanges hinein versetzt« (S. 116) wird.

Wie verträgt sich die hier konstatierte Einheit von Sänger und Volk mit dem Befund der hart gefügten Reihung, des Absturzes der Götter und Menschen aus ihren alten hierarchischen Ordnungen in die parataktische Abfolge des Gedichts? Benjamin verfolgt, das gilt es zu bedenken, mit seiner Lesart das Beweisziel, Dichtermut und Todesmut als in dieser Phase nicht mehr fremdbegründet, sondern im »Gedichteten« selbst verankert zu zeigen. Am Ende erscheint, in der existentiellen, vom Leben ausgehenden Deutungslinie, »entpersönlicht das Volk, wie in der Fläche gedrängt um die flache, große Gestalt seines heiligen Dichters« (S. 116). Die poetische Deutungslinie muß nun nachziehen und dieses Tableau in der Textur des Gedichts selbst aufweisen. Benjamin sieht »das formale Grundgesetz des Gedichteten« darin, daß auch zwischen den heterogensten Elementen des Gedichts (harte Fügung) eine intensive Durchdringung stattfindet, die eine Form der Identität herstellt. Umgekehrt läßt sich die Identität jedes einzelnen der Elemente nur über die Beziehung zu den anderen Gliedern der Struktur bestimmen. Benjamins »Gesetz der Identität« besagt, daß »niemals die Elemente rein erfaßbar sind, vielmehr nur das Gefüge der Beziehungen, in dem die Identität des einzelnen Wesens Funktion einer unendlichen Kette von Reihen ist, in denen das Gedichtete sich entfaltet« (S. 112). Dieses Gesetz hat bemerkenswerte Ähnlichkeit mit dem fast zeitgleich von den russischen Formalisten aufgestellten Prinzip der poetischen

Äquivalenz- und Differenzbeziehungen;[57] auch zur Gestaltpsychologie, die das Verhältnis von Struktur und Einzelelement innerhalb des Wahrnehmungsvorgangs untersucht, besteht eine gewisse Affinität.

Benjamin will freilich mit seinem Identitätsgesetz auf etwas anderes hinaus. Ihm geht es darum, die poetologische mit der existentiellen Betrachtungsweise zu versöhnen. Er unternimmt dies, indem er »Mut«, das Thema dieses Gedichts, struktural auffaßt, als »eine Beziehung von Mensch zu Welt und von Welt zu Mensch« (S. 123). Nicht eine bestimmte Haltung oder Tugend ist also dargestellt, sondern der Vorgang des In-Beziehung-Setzens selbst. »Das Prinzip des Gedichteten überhaupt ist die Alleinherrschaft der Beziehung. In diesem besondern Gedicht als Mut gestaltet: als innerste Identität des Dichters mit der Welt«, die erst im Zustand der Auflösung ihre Erfüllung findet: »Vereint sind im Tode ... alle erkannten Beziehungen. In ihm ist höchste unendliche Gestalt und Gestaltlosigkeit« (S. 124). Die Überwindung des humanistischen Griechenlandbildes, die schon Hellingrath an Hölderlins Spätlyrik hervorgehoben hatte, erweist sich für Benjamin in dieser gestaltauflösenden und zugleich beziehungsstiftenden Funktion des Todes, die als aorgische Kraft der orientalisch-dionysischen Sphäre zugeschlagen wird: »Das ist das orientalische ... Prinzip, das in diesem Gedicht so offenbar immer wieder das griechische gestaltende Prinzip aufhebt« (ebd.). Zusammengefaßt wird diese Verdichtung von poetischem Beziehungssinn und existentieller Bedeutung des Todes im Titel des Gedichts und der darin angesprochenen Haltung: »›Blödigkeit‹ – ist nun die eigentliche Haltung des Dichters geworden. In die Mitte des Lebens versetzt, bleibt ihm nichts, als das reglose Dasein, die völlige Passivität, die das Wesen des Mutigen ist; als sich ganz hinzugeben der Beziehung« (S. 125).

Soweit zum argumentativen Duktus der Studie Benjamins, die sich, trotz ihrer Bemühung um eine stringente Gedankenführung, eigentümlich ›ergebnislos‹ verabschiedet. Vergleicht man den Aufsatz gar mit späteren literaturwissenschaftlichen Studien des Verfassers, läßt sich als weiteres Defizit sicherlich bemerken, wie wenig historisches Profil er in dieser Arbeit den untersuchten Werken wie auch ihrem Autor zu geben vermochte. Um so stärker waren, wenngleich dies erst nachträglich in Benjamins Bewußtsein getreten sein mag, seine auf Hölderlin gerichteten Konzepte und Deutungsmuster der eigenen historischen Situation verhaftet.

[57] So auch Wellbery: »The classical structuralist position defines its object of study as a ›system of relations‹ and we have seen that both the structural and methodical aspects of Benjamin's definition reveal remarkable similarities to this structuralist view« (a. a. O., S. 47).

Geschick, Dichtermut und Todesnähe waren für Benjamin zur Zeit der Niederschrift beileibe keine abstrakten Größen, sondern selbst poetisch-biographische Mischformen: Doppelwesen wie der später mit einer literarischen Miniatur bedachte Centaur. Deren erste Prägung war eine poetische, die ihm, wie vielen anderen Jugendbewegten auch, die Werke Georges vermittelten. In den Wirren der Kriegsjahre liegen dann imaginative Gebilde des »Gedichteten« bereit, in die sich biographische Erfahrung Schicht um Schicht einschreiben kann. Benjamin hat später dieser Prägung ebenso gedacht wie der kritischen Konstellation, in die sie 1914 geraten war. »Wenn es das Vorrecht und das unnennbare Glück der Jugend ist, in Versen sich legitimieren, streitend und liebend sich auf Verse berufen zu dürfen, so verdankten wir, daß wir dieses erfuhren, den drei Büchern Georges, deren Herzstück das ›Jahr der Seele‹ ist. – Im Frühjahr 1914 ging unheilverkündend überm Horizont der ›Stern des Bundes‹ auf, und wenige Monate später war Krieg.«[58]

Nur durch einen – schwerwiegenden – Gedankenstrich getrennt, sind Dichtung und Krieg, die Schwärmerei der Jugend und das factum brutum der Historie einander schockartig nahegetreten. In dieser Würdigung Georges, mit der er 1928 auf die Umfrage der *Literarischen Welt* antwortete, gab Benjamin andeutungsweise Auskunft über die persönliche Bedeutung, die Georges Lyrik und die Begeisterung für Hölderlin durch den Krieg für ihn erhielten: »Ehe noch der hundertste gefallen war, schlug er in unserer Mitte ein. Mein Freund starb. Nicht in der Schlacht. Er blühte auf einem Felde der Ehre, wo man nicht fällt.«[59] Als Benjamin die Studie über Hölderlin aufnahm, hatte George, hatte die Dichtung überhaupt für ihn ihren unbeschwerten Sinn verloren, ohne doch einem Kult der Düsternis Platz zu machen. Benjamins Absage an jegliche Form kriegsverwendungsfähiger Begeisterung liegt vor allem darin, daß im Fortgang seiner Interpretation eine bemerkenswerte Bedeutungsverschiebung stattfindet, die vom umgangssprachlichen Verständnis des Mutes im Sinne tatbereiter Entschlossenheit zu einer fast gegenteiligen Haltung der passiven, auflösungsbewußten Hingabe führt. Ob es den Gedichten Hölderlins gerecht

[58] Benjamin, [Über Stefan George] (1928), in: GS II,2, S. 622–624, hier S. 623. Die 1928 aus Anlaß einer Umfrage zu Stefan Georges 60. Geburtstag entstandene Stellungnahme Benjamins betont in einer vor der Veröffentlichung gestrichenen Passage deutlich den zeitlichen und sachlichen Zusammenhang der Hölderlinarbeit mit dem Tode Fritz Heinles im August 1914. »In diesen Monaten aber, die ich ganz meiner ersten größeren Arbeit, einem Versuch über zwei Hölderlinsche Gedichte gewidmet [hatte], der ihm[,] meinem Freunde, gewidmet war, trat, was er an Gedichten hinterlassen hatte, an die wenigen Stellen, wo noch in mir Gedichte bestimmend zu wirken vermochten (Sammlung Scholem, Pergamentheft, mit Konjekturen der Hrsg. zit. n. GS II,3, S. 921).

[59] Ebd., S. 623.

wird, wie Benjamin das Wesen des Mutigen bestimmt, ist allerdings eine andere Frage. Immerhin kam seine Übersetzung von »Blödigkeit« als »das reglose Dasein, die völlige Passivität« den Erfahrungen des Stellungskriegs, die in den Jahren nach 1914 zu machen waren, beachtlich nahe.

V

Es ist Zeit für den Schritt, vom Kontext und entstehungsgeschichtlichen Hintergrund der Studie Benjamins zu ihrem Gegenstand weiterzugehen. Ein Rückschritt, wenn man so will: Liest Benjamin auf ein bestimmtes Ziel hin, um über das textgenetische Verfahren des Fassungsvergleichs die Entwicklung von einer fremdbestimmten Form des Heldenmuts zu einer die Tatbereitschaft konterkarierenden Haltung der »Blödigkeit« zu gelangen, so kehrt sich mit dem Blick auf den Gegenstand seiner Deutung die Suchrichtung um. Zunächst gilt es, augenscheinliche Fehler zu korrigieren, die aus Benjamins dürftiger Textbasis resultierten. Benjamin geht, gemäß der von ihm herangezogenen Böhm-Ausgabe von 1905,[60] davon aus, zwei zeitlich relativ dicht beieinanderliegende Versionen von *Dichtermut* vor sich zu haben und eine in größerem Zeitabstand folgende, grundlegende Neufassung unter dem Titel *Blödigkeit*. Nur so ist die Überschrift seines Aufsatzes zu verstehen: Die beiden *Dichtermut*-Fassungen gelten ihm als *ein* Werk, *Blödigkeit* hingegen als ein aufgrund der gravierenden Veränderungen eigenständiges zweites Gedicht. Um den zwischen *Dichtermut* und der späten Bearbeitung *Blödigkeit* liegenden Kontrast möglichst deutlich herausarbeiten zu können, zieht Benjamin für seinen Vergleich die nach seiner Meinung frühere *Dichtermut*-Version heran.[61] Daß diese jedoch, wie seit Hellingrath gültiger Kenntnisstand ist, in Wirklichkeit die etwas später entstandene Version darstellt, muß das Hauptargument Benjamins noch nicht sonderlich beeinträchtigen, wie zu seinen Gunsten auch angeführt wurde.[62]

Aber sind es denn tatsächlich »zwei Gedichte« Friedrich Hölderlins, die Benjamin untersucht, oder nicht vielmehr verschiedene Fassungen und

[60] Friedrich Hölderlin, Gesammelte Werke, hrsg. v. Wilhelm Böhm. Bd. II: Gedichte, hrsg. v. Paul Ernst, Jena, Leipzig 1905, S. 210f. (*Dichtermut*, Erster Entwurf), S. 212f. (*Dichtermut*, Zweiter Entwurf), S. 287f. (*Blödigkeit*). Diese Ausgabe haben Rolf Tiedemann und Hermann Schweppenhäuser in ihrem Kommentar als Textgrundlage des Essays plausibel machen können (vgl. GS II,3, S. 923).

[61] »Eine Fassung, die zwischen die früheste und späteste gehört (›Dichtermut‹, zweite Fassung) bleibt als unwesentlich hier unbesprochen« (S. 109).

[62] Vgl. Alt, Das Problem der inneren Form, a. a. O., S. 537, Anm. 29.

Bearbeitungsstufen eines motivisch und genealogisch zusammengehörigen Komplexes? Genau dies nimmt Benjamin selbst an, indem er von *Dichtermut* zu *Blödigkeit* eine thematische Kontinuität unterstellt, die sich im gleichbleibenden konzeptuellen Sujet beider Gedichte zeige. Diese heuristisch durchaus sinnvolle Unterstellung führt ihn jedoch zu einem lexikalischen Fehlverständnis des Begriffs »Blödigkeit«, der im 18. Jahrhundert und auch in Hölderlins Wortgebrauch, so die Kommentare der maßgeblichen Hölderlin-Editionen übereinstimmend, nicht die Haltung eines passiven Mutes bezeichnet, sondern mit ›Ängstlichkeit‹ und ›Verzagtheit‹ gleichbedeutend ist.[63] Wenn auch das zugrundeliegende Thema durchgängig erhalten bleibt, gilt für die mit den jeweiligen Gedichtüberschriften gesetzten Akzente das Gegenteil. »Der Titel ist ... im Vergleich zu dem der Ode *Dichtermut* aus entgegengesetzter Perspektive formuliert: der Dichter spricht sich in seiner ›Blödigkeit‹ Mut zu.«[64] Läßt sich unter diesen Umständen dann noch Benjamins These aufrechterhalten, das Gedicht *Blödigkeit* führe in das »reglose Dasein«, in »die völlige Passivität, die das Wesen des Mutigen« sei? Ein nur auf den ersten Blick paradox erscheinender Vorgang: Gerade weil Benjamin die semantische Divergenz der Titel unterschätzt und die in ihnen ausgestellten Konzepte weitgehend gleichsetzt, zeichnet sich für ihn eine dramatische Veränderung in der Haltung des Mutigen ab, und entsprechend groß erscheint ihm daher auch die Differenz der verglichenen Versionen.

Tatsächlich hat Hölderlin den Titel des hier als zusammengehörig angenommenen Werkkomplexes über den *Dichtermuth* (so Hölderlins Schreibung)[65] zweimal geändert. Die erste von insgesamt vier Fassungen[66] des Gedichts stammt höchstwahrscheinlich vom November 1799 und trug zu dieser Zeit noch die Überschrift *Muth des Dichters*. Bis zu diesem Ansatz muß zurücklesen, wer die von Hellingraths Hinweis angezeigte und in

[63] Jochen Schmidt, Kommentar zu: Friedrich Hölderlin, Sämtliche Werke und Briefe (DKA), Bd. I: Gedichte, hrsg. v. Jochen Schmidt. Frankfurt/M. 1992, S. 826, ebenso Michael Knaupp in MHA III, S. 267 und bereits Friedrich Beißner in StA II,2, S. 539.

[64] Schmidt, DKA I, S. 826.

[65] Hinfort gemäß der in den textkritischen Ausgaben beibehaltenen Schreibung Hölderlins wiedergegeben; wo von Benjamins Textgrundlage die Rede ist, dagegen weiter als *Dichtermut*.

[66] Das Gefüge der Arbeitsstufen und Textschichten sei im folgenden zum Zwecke der zwar diachronen, aber noch übersichtlichen Segmentierung als aus vier Fassungen bestehend angenommen, wobei die Darstellung der Textkonstitution der *Frankfurter Hölderlin-Ausgabe* und ihrer Rekonstruktion der »Textstufen« resp. Entwurfsschichten folgt (FHA V: Oden II, hrsg. v. Dietrich Eberhard Sattler und Michael Knaupp, Frankfurt/M. 1984).

Benjamins Vergleich nur halb ausgelotete textgenetische Tiefendimension ernst nimmt.[67]

Der Nukleus in *Muth des Dichters*, jener Anfangsfunke, der sich nach einer Formulierung Friedrich Beißners meist an bestimmten »Keimwörtern« entzündete, ist die bis in die letzte Fassung noch erhaltene Aufforderung, mit der sich das lyrische Ich selbst Mut zuspricht:

> Auf und wandle nur wehrlos
> Fort durchs Leben und sorge nicht!
>
> Was geschiehet es sei alles willkommen,
> sage, was könnte denn
> Dich belaidigen, was denn
> Dir begegnen, du liebend Herz? (FHA V, S. 685)

»Mut« ist bis hierher noch nicht als genuin poetische Tugend (oder Schwierigkeit) angezeigt. Er ist erforderlich nicht für oder gegen besondere Kräfte bzw. Herausforderungen, sondern, die Anfangszeilen sagen es bereits, zum ›Lebens-Wandel‹ überhaupt. Um »auf«, »fort« und hinaus sich zu wagen, bedarf es bereits des Zuspruchs oder Selbstzuspruchs, bedarf es des Lebensmutes. Drastisch entwickelt Hölderlin in der folgenden Ausarbeitung Situationen, die dem entgegenstehen: ein schwindelerregender Alpenkamm und ein reißender Strom, beides typische Gefährdungen eines Wanderers.

> Wie durch heimliche Thal oder auf luftgem Pfad
> Hoch an schäumender Kluft
> Immerglüklich ein junger
> Alpenwandrer, so gehn vergnügt
>
> Wir die Dichter des Volks jeglichen Lebenspfad ...
> (FHA V, S. 687f.)

Arglose Unschuld, wie sie den Sängern als willigen Werkzeugen des Geistes eignet, impliziert in gewisser Weise Unsterblichkeit, zumindest aber Nichtachtung des drohenden Todes. Die Dichtergabe lebt hier noch im Modus der Zeitlosigkeit oder Un-Zeit, in der es keine irreversiblen Ereignisse gibt. ›Kommt‹ aber die Zeit, heißt dies, daß ihr fristloses Dauern

[67] Auch spätere Interpreten haben den Vergleich aus wenig überzeugenden Gründen auf die beiden letzten Fassungen beschränkt, so z. B. Jochen Schmidt in seiner ausführlichen Studie *Hölderlins später Widerruf*, die *Dichtermuth/Blödigkeit* in den Kontext der anderen »Nachtgesänge« *Chiron* und *Ganymed* einordnet und vom Umgestaltungsprozeß des Jahres 1803 insgesamt ein recht umfassendes Bild vermitteln kann (Hölderlins später Widerruf, a.a.O. S. 103).

zu Ende ist. Was dem Wirken des Dichters die Grenze setzt, seinen Zeitsinn in Vergangenes und Künftiges spaltet und dadurch episch werden läßt, ist der Einbruch des Augenblicks. Der erste Entwurf zu *Muth des Dichters* endet mit der Evokation eines solchen Augenblicks, der zugleich auf eine Urszene des Poetischen verweist:

> Wenn denn einer auch wohl liebend des feindlichen
> Augenbliks nicht gewahrt, der in das furchtbare
> Wilde Leben ihn weh! und
> Der Mänadische Reigentanz
>
> Ihn ergreift und der Strom das Haupt des Zerissenen
> Und sein Saitenspiel wälzt
> Schuldlos fiel er und edel
> Starb in edlem Beruf er doch. (FHA V, S. 688)

Es ist eine Sterbeszene, in der das Gedicht *Muth des Dichters* seinen Beschluß findet – der legendäre Tod des Orpheus. Was wissen wir über Orpheus? Nicht um das bekannte Eurydike-Motiv aus seiner Hadesfahrt geht es hier, das erst in römischer Zeit zum Grundmythos hinzutrat. Wichtig sind vor allem Herkunft und Eignung des sagenhaften Orpheus sowie sein Ende. Der thrakische Sänger galt als Sohn des Apoll, der von diesem die Gabe der Musik empfangen habe, die in der Lyra versinnbildlichte Macht, nicht nur Menschen und Götter, sondern auch Tiere, Pflanzen und Steine zu bezaubern und im Gesang friedlich zusammenzuführen. Nach seiner Rückkehr aus dem Totenreich wies Orpheus die Bitte des Dionysos ab, in dessen Dienste zu treten; für seine Weigerung mußte er mit dem Leben bezahlen. Nach einer von Aischylos kolportierten und später von Ovid ausgestalteten Version wurde Orpheus von den Bacchen (Mänaden) zerrissen und in den Fluß geworfen. Allein sein Haupt und seine Leier (»caput … lyramque«), so Ovid, trug der Strom Hebrus ins Meer und schließlich an den Strand von Lesbos, wodurch die Tat ruchbar wurde.[68]

Auf diese Szene bezieht sich Hölderlin, indem er die entscheidenden Schlüsselbegriffe der Überlieferung aufruft und aneinanderreiht. Doch auch das innere Sinngefüge seines Gedichts ist von dem Ereignis berührt. Im Ausschluß bzw. in der Ausblendung der Kategorie des Bösen aus der Haltung des ›wohl liebenden‹ Dichters läßt sich jene Absage an das Dionysische wiederfinden, die Orpheus zum Verhängnis wurde. Der ungewappnete, auf nichts Feindliches rechnende Dichter endet als Opfer der aorgischen, Gestalt zersetzenden Mächte. Dieses Schicksal ist keineswegs zufäl-

[68] Ovid, Metamorphosen XI, 1–55.

lig, sondern für seinen »Beruf«, wie Hölderlin sagt, höchst bezeichnend. Der Tod des Orpheus war ein Arbeitsunfall. Das berufsbedingte Risiko des Sängers, der Menschen, Tiere und selbst Steine zu rühren vermag, besteht darin, selbst ›ergriffen‹ zu werden.

Das Bildfeld des Schwimmens und Wellenspiels rückt, gereinigt von der Blutspur der mänadischen Zerstörungsorgie, in den Vordergrund, als Hölderlin das Motiv nach einem Jahr wieder aufnimmt. Dieser zweite Versuch führt erstmals den Titel *Dichtermuth* (also: *Dichtermuth I*) und mündet in einen Gedichtschluß, der das Orpheus-Schicksal nicht mehr szenisch-dramatisch, sondern in der indirekten Form der Trauer und des Gedenkens evoziert:

> Wenn des Abends vorbei einer der unsern kömt
> Wo der Bruder ihm sank denket er manches wohl
> An der warnenden Stelle
> Schweigt und gehet gerüsteter. (FHA V, S. 695)

Wenn ich recht sehe, findet sich an dieser Stelle erstmals Hölderlins Formel des Eingedenkens, wie sie später in *Andenken* so prominent werden sollte: »noch denket das mir wohl«.[69]

Das konkrete Vorbild Orpheus stirbt figurativ noch einmal seinen charakteristischen Tod: Es beginnt zu verschwimmen. Das Blau des Himmels und jenes der Meerestiefen gehen ineinander über in der Umgestaltung der Alpenwanderer-Passage, die Hölderlin tentativ mit »Wassergewölk« und mit »blauen, dunklen Tiefen« (FHA V, S. 692) grundierte, um sie schließlich ganz aufzugeben bzw. durch das Bild des Schwimmers als der nun dominanten Chiffre des Dichtens zu ersetzen.

> Denn wie still am Gestad, oder in steigender
> Immertönender Fluth, oder auf schweigender
> Wassertiefe der leichte
> Schwimmer wandelt, so sind auch wir (FHA V, S. 694)

Wie die Dichter zwischen Tun und Leiden die Mitte halten, so auch der Schwimmer, der beständig das Wasser teilt, das ihn umfließt. Seine Tätigkeit ist, wenn er sie klug und geschickt ausübt, mehr ein Getragenwerden als ein Handeln, eine Fortbewegung, die ihrem Medium ganz sich anvertraut. Das damit einzugehende Risiko, mit Orpheus' Tod deutlich genug bezeichnet, läßt Hölderlin in beiden Fassungen variantenreich anklingen: sei es, daß die Woge den Dichter »wirbelnd hinunterzieht« (FHA V, S. 693), oder der »taumelnde Schwimmer«, wie in einem unausgeführten

[69] Hölderlin, Andenken, MHA I, S. 473.

Passus der *Muth des Dichters*-Fassung, »zerschlagen an Klippen« (FHA V, S. 690) endet.

Die schwindelnden Abgründe, die sich dem Alpenwanderer auftun, die Woge des Zorns, die Orpheus ergreift und ihn mit sich reißt – sie sind keine Gefahren, die dem Dichter auf seinem Weg in die Quere kommen, sie selbst, das Exponiertsein in diesen Elementen und ihrer Eigenbewegung, sind seine eigentliche Bestimmung. Das aber bedeutet, daß hier nicht etwa persönliche, lebensgeschichtliche Optionen gestaltet werden, alternative Handlungsmöglichkeiten, zwischen denen Hölderlins Dichtung und er selbst sich zu entscheiden hätten,[70] sondern in diesen Bildbereichen wird die Dichtung selbst lokalisiert, ihr eine Position zugewiesen. Der Ort des Dichters kann, *nach* Orpheus, nur mitten im Taumel der Elemente sein. Dichtung, die göttliche Gabe des Apoll, wird mit Orpheus' Tod erst wirklich irdisch. Nicht zu Opfer und Todeslust ruft sein Schicksal auf, doch es bezeichnet einen nicht zu tilgenden Zeitindex: die Produktionsbedingung des Unsterblichen heißt Sterblichkeit.

VI

Die Entwicklung, die der Gedichtkomplex von den ersten Entwürfen bis zur ersten Reinschrift von *Dichtermuth* nimmt – sie wird Ende November 1800 an Sinclair übersandt –, reflektiert auch Hölderlins Deutungsarbeit am Dichterbegriff selbst. Nun hält er inne, schreibt ›ins Reine‹, beginnt eine zweite Abschrift, vermutlich im Dezember, stockt wiederum, unterbricht den Eintrag in der zweiten Reinschrift zugunsten einer neuerlichen Überarbeitung.[71]

Dies ist die Fassung, mit der Walter Benjamins Deutung einsetzt. Er, der die Vorstufen unter der Überschrift *Muth des Dichters* nicht kennen konnte und die erste (wie er glaubte: mittlere) Fassung von *Dichtermuth* bewußt außer acht ließ, beginnt seine Interpretation von – nach meiner Diktion – *Dichtermuth II* mit der aufgrund seiner reduzierten Textbasis erstaunlich sicheren Feststellung: »Ein Schicksal ist Hölderlin in der ersten Fassung seines Gedichtes Gegenstand: der Tod des Dichters« (S. 109). Was Benjamin ebenfalls richtig sieht, ist, daß in dieser Fassung die Widerstände, gegen die Mut und Todesmotiv sich zu behaupten haben, nur gering ausgeprägt sind: »eine nur schwach gefügte Welt stirbt mit der sinkenden Sonne in Schönheit« (S. 110). Der Todesmut erfordert scheinbar

[70] Eine solche pragmatische Lesart scheint in Schmidts These vom »Widerruf« impliziert.
[71] Vgl. die Darstellung der Textgenese in FHA V, S. 684.

nur mehr die Bereitschaft, der Sonne auf ihrem vorgegebenen Lauf nachzusinnen und ihr folgen zu wollen. »Unser Ahne, der Sonnengott« steht figurativ für das Wissen, daß Leben und Sterben in den großen Metabolismus der Natur eingebunden sind, der Tod also kein definitives Herausfallen aus diesem Zyklus bedeuten kann.

> Ihn erwartet, auch ihn nimmt, wo die Stunde kömmt,
> Seine purpurne Fluth; sieh! und das edle Licht
> Gehet, kundig des Wandels,
> Gleichgesinnet hinab den Pfad. (FHA V, S. 698)

Wie mit dem Hinweis auf die Sterblichkeit als Naturbedingung die Begründungsproblematik des historisch-individuellen Dichtermuts ausgespart oder übersprungen wurde, so stiftet erst recht die Instanz des Sonnengottes eine ›überwölbende‹ Sinnkonstruktion, in der Tod und Untergang ihren Platz finden und die konkrete situative Haltung des Todesmutes keiner mythisch oder historisch verbürgten Setzung mehr bedarf. Kundig des Wandels zu sein, heißt demnach, Einsicht zu haben in die zyklische Einheit von Werden und Vergehen. Auf die Suggestivität dieser Sinnkonstruktion läßt sich zunächst Benjamins Urteil beziehen, hier werde der Mut des Dichters »aus einer andern, fremden Ordnung« (S. 109) begründet. Der Tod als Zeitmal des Irreversiblen, mit dem die Existenzweise des sterblichen Gesangs geschlagen ist, findet in der kosmischen Ordnung einen Garanten, der ihm das Skandalon nimmt und den Stachel zieht.[72]

Aus der genauen Betrachtung des Gedichtschlusses allerdings erhellt, daß vom Tod des Dichters in dieser Fassung gar nicht die Rede ist: »so sterb' / Einst im Ernste des Lebens / Unsre Freude, doch schönen Tod!« (FHA V, S. 698) Der als letztes Wort exponierte »Tod« ist nicht jener des Dichters, sondern der Tod der »Freude«.[73] »Unsre« Freude, das heißt die den Dichtern eigene Form der Freude, ist Begeisterung. Das Ende von *Dichtermuth II* spricht demnach vom Schicksal des Enthusiasmus, dessen Bestimmung sich in einem »schönen Tod« vollendet. Mußte diese zwiespältige Evokation des Enthusiasmus als der in ihrer Erfüllung ›sterbenden Freude‹, auch wenn darauf nicht ausdrücklich Bezug genommen wird, in Benjamin nach dem Sommer 1914 nicht eine unabweisbare persönliche Resonanz hervorrufen? Daß er das Walten des Todesmutes in dieser Fas-

[72] Jochen Schmidts Hinweis auf die stoische Tradition der Apathia und Ataraxia, die in der von *Dichtermuth* entworfenen Haltung wirksam sei (vgl. Hölderlins später Widerruf, a. a. O., S. 106), hat auf diese Fassung bezogen sicherlich größere Evidenz als für die vorausgegangenen Entwürfe.

[73] Darauf weist auch Gaier in seinem Vergleich der Textstufen hin (a. a. O., S. 364).

sung ablehnt mit dem Argument, hier werde für fremde Ordnungen gestorben, wäre somit als kritische Reflexion der mittelbar oder gar unmittelbar dem Kriege geschuldeten Opfer aufzufassen. Allerdings ist der Hiat zwischen Dichtung und Leben, den Benjamin im Hölderlinschen Entwurf *Dichtermuth II* diagnostiziert, auch ein Merkmal seiner eigenen Deutung, bleibt der sich aufdrängende Zeitbezug von Dichtertod und Dichtermut hier doch unausgesprochen.

Auf die Phase des »Enthusiasmus« folgt, in der letzten Bearbeitungsstufe von 1803, jene der »Blödigkeit«. Der lebens- und werkgeschichtliche Abgrund dieser wenigen Jahre ist kaum zu ermessen: die beiden aufreibenden Winterreisen nach Hauptwil und nach Bordeaux, bei denen Hölderlin die angetretenen Hofmeisterstellen jeweils schon nach wenigen Monaten wieder quittieren mußte; die Nachricht vom Tode Susette Gontards und der nervliche Zusammenbruch; auf poetischem Gebiet fällt in diese Zeit das Ende seiner Elegiendichtung und die Arbeit an den Sophokles-Übersetzungen, um nur einiges anzudeuten. Der kontrastive Vergleich mit dem Stande poetischer Selbstreflexion während der Homburger und Stuttgarter Zeit der Jahrhundertwende kann demnach darauf rechnen, einige Spuren der dramatischen Einschnitte auch in der Überarbeitung dieses Gedichtes vorzufinden.

> Sind denn dir nicht bekannt viele Lebendigen?
> Geht auf Wahrem dein Fuß nicht, wie auf Teppichen?
> Drum, mein Genius, tritt nur
> Baar ins Leben, und sorge nicht! (FHA V, S. 699)

Die Veränderungen der Eingangsstrophe gegenüber *Dichtermuth II* sind unspektakulär, aber aufschlußreich; sie bilden, zusammen mit der nun ›harten Fügung‹ der dritten Strophe (bei Benjamin als »Mitte« des Gedichts angesprochen) und der ebenfalls ohne früheres Vorbild konzipierten Schlußstrophe, das tragende Gerüst der Neufassung.

»Welche Funktion hat der Eingangsvers der ersten Fassung? Die Verwandtschaft des Dichters mit allen Lebendigen war angerufen als Ursprung des Mutes. Und es blieb nichts, als ein Bekannt-Sein, ein Nennen der Vielen« (S. 113 f.). Benjamin bemerkt, daß in dieser Fassung der Mut die Sinngarantie der kosmischen Ordnung eingebüßt hat. Mit dem Verzicht auf die Einbettung des lyrischen Genius in den Kreislauf der Natur fällt auch die Möglichkeit weg, den Einschnitt des Todes zu relativieren und als bloße Station eines ewigen Wechselspiels und Gestaltwandels innerhalb der All-Verwandtschaft der »Lebendigen« darzustellen. Was aber nützt und bezweckt dann noch der von der Eingangsfrage gegebene Hinweis, dem Dichter seien »bekannt viele Lebendigen«? Er kann nur unter der Bedingung als sinnvoll gelten, daß man ihn nicht mehr als rhetorische Frage liest, sondern als mahnende Aufforderung, tatsächlich sich des bekannten Schicksals vieler Lebendiger zu erinnern. Denk' an die Lebendigen, das kann aber auch heißen: Denk' an ihren Tod! Denn dieser kann dem Angesprochenen stets nur bei *anderen* Lebendigen, nicht aber als eigenes Ende »bekannt« werden.

Das Schicksal des Orpheus, der hier nicht mehr genannt wird, darf und muß als bekannt vorausgesetzt werden. Dafür spricht in diesem Falle nicht nur die Textgenealogie, sondern auch der handschriftliche Befund: Die Neufassung der ersten Strophe zu *Blödigkeit* hatte Hölderlin interlinear in die Anfangszeilen der *Dichtermuth II*-Handschrift eingetragen.[74] Das Alte wird dem Beginn des Neuen zum Grunde gelegt, in diesem wiederum rückwirkend vorausgesetzt: »Geht auf Wahrem dein Fuß nicht, wie auf Teppichen?« In der Frageform ist die Spur der vorangegangenen Fassungen noch zu erkennen. Oder vielmehr: Dem von dieser Zeile artikulierten Gedanken werden die vorangegangenen Fassungen zu wirklichen Text-›Stufen‹, die betreten und begangen werden wie Teppiche. Daß sie, obwohl außer Kraft gesetzt, nun selber ›Grund legend‹ sind, macht ihre – trotz der darüber hingehenden Veränderungen – immer noch gültige Wahrheit aus.[75]

»Sein Kennen der Lebendigen, ihr Dasein beruht auf der Ordnung, die im Sinne des Gedichtes die Wahrheit der Lage zu nennen ist« (S. 114). Was ist, worin besteht diese Wahrheit der Lage? In einer metaphorischen Identität bzw. Äquivokation zwischen Textfläche und räumlich imaginierter Ordnungsvorstellung. Der Raum, den das Gedichtete entwirft, ist für Benjamin »zu fassen als Identität von Lage und Gelegnem« (S. 115). Damit spielt er auf eine weitere Veränderung an, die in der zweiten Strophe dem Dichter nicht mehr, wie in *Dichtermuth,* »alles geseegnet«, sondern nun »alles gelegen« sein läßt und, in der folgenden Zeile, »zur Freude gereimt« (FHA V, S. 699). Es ist gerade diese dem Dichter zugeschriebene Fähigkeit, in jeder Lage das ihm Gelegene zu realisieren, die es Benjamin erlaubt, seiner eigenen Situation (»Lage« als räumliche Ordnung) in der Lektüre (»Wahrheit der Lage« als geistige Ordnung) zu begegnen. »Die räumliche und geistige Ordnung erweisen sich verbunden durch eine Identität des Bestimmenden mit dem Bestimmten, die ihnen gemeinsam eignet« (S. 114). Indem der Bestimmende, das Subjekt der Lektüre, seinen Gegenstand bestimmt, bestimmt er zugleich sich selbst. Für dieses Wech-

[74] Vgl. die Darstellung und Analyse der handschriftlichen Situation in FHA V, S. 698.

[75] Hier versuche ich eine instruktive Beobachtung Rainer Nägeles weiterzuführen, der nachdrücklich auf diese Figur der Textualität als ›Grund‹ und ›Lage‹ hingewiesen hat (vgl. Benjamin's Ground, a. a. O., S. 30 f.).

selverhältnis ist der »Raum«, so Benjamin, die entscheidende Dimension. Der Raum des Gedichts ist bei Hölderlin dem flächigen Muster (der Text-Ebene) eines Teppiches gleich, einer oder mehreren ›Lagen‹. »Wie nun im Bilde des Teppichs (da eine Ebene für ein geistiges System gesetzt ist) zu erinnern ist an seine Musterhaftigkeit, ... so wohnt der beschreitbaren Ordnung der Wahrheit selbst die intensive Aktivität des Ganges als innere plastische zeitliche Form ein« (S. 115). Zeitlich ist diese innere Form insofern, als der lesende/gehende Nachvollzug ihres Musters oder Weges sukzessiv erfolgt; der Weg ist eine räumliche Anweisung für das in der Zeit sich Schickende, das im Dichter seinen Geschickten findet.

Inwiefern aber hat Hölderlin den Tod des Dichters »zur Freude gereimt«? Wie sich das Gedicht zur Sprache verhält, nämlich deren Ambiguitäten zu einem bewußten *shifting* zwischen verschiedenen Referenzebenen nutzend, ist eine beispielhafte ästhetische Realisation des Dichtermutes selbst. Aus gefundenen Situationen werden genutzte Okkasionen, und genau darauf ist Benjamins Sprachspiel der »Gelegenheit« letztlich aus. Sein Aufsatz mag in der Einschätzung der Textgenese zu relativieren sein; als Protokoll einer Deutungs-Genese verdient er um so höhere Beachtung. Der für die erste Fassung als Grund herausgestellte »Tod des Dichters«, so zeigt erst die Kommentierung und Interpretation von *Blödigkeit*, war jener Punkt, von dem aus für den Deutenden selbst Einsicht in die Wahrheit der Lage – seiner Lage – zu nehmen war. Die nachvollziehende Begleitung der Veränderung von *Dichtermuth* zu *Blödigkeit* war ein notwendiger Umweg auf diesem Ziel. »Das Leben liegt als letzte Einheit dem Gedichteten zum Grunde. Je früher aber die Analyse des Gedichts, ohne auf Gestaltung der Anschauung und Konstruktion einer geistigen Welt zu stoßen, auf das Leben selbst als sein Gedichtetes führt, desto – im engeren Sinne – stofflicher, formloser, unbedeutender erweist sich die Dichtung« (S. 107). Kurzschlüssig, also ohne den Weg der Formanalyse, zu diesem fundamentalen Begriff des Lebens zu gelangen, dies verwehrte sich Benjamin trotz der naheliegenden Gelegenheit. Nicht nur aus Respekt vor dem Gedichteten, sondern auch vor dem Schicksal der Dichter.

PAUL BISHOP

ÜBER DIE ROLLE DES ÄSTHETISCHEN IN DER TIEFENPSYCHOLOGIE

Zur Schillerrezeption in der analytischen Psychologie C. G. Jungs

> Es sind oftmals gerade die besten und tiefsten Gedanken eines Werkes, welche sich am hartnäckigsten einer klaren Erfassung und Formulierung widersetzen, wenn schon sie an verschiedenen Orten angedeutet und daher eigentlich genügend bereit wären, um ihre Synthese zu einem klaren Ausdruck zu ermöglichen
> (Jung, Psychologische Typen [GW 6, § 185])

In seinem umfangreichen Gesamtwerk berief sich der Schweizer Psychologe C. G. Jung (1875–1961) immer wieder und zunehmend immer mehr auf Friedrich Schiller (1759–1805), wie ein Blick auf das Quellenverzeichnis in seinen *Gesammelten Werken* bestätigt.[1] Vor allem Jungs bedeutendes Werk aus dem Jahr 1921, *Psychologische Typen,* ist bekanntlich eine detaillierte Auseinandersetzung mit Schillers ästhetischen Schriften. Wie

[1] In diesem Artikel werden Jungs Werke aus seinen *Gesammelten Werken* zitiert (hrsg. v. Lilly Jung-Merker u. a., 20 Bde, Zürich, Stuttgart 1958–1995; zitiert im Text als: GW mit Band- und Paragraphennummer). Weitere zitierte Werke Jungs, die nicht in den GW enthalten sind: Wandlungen und Symbole der Libido. Beiträge zur Entwicklungsgeschichte des Denkens [1911/1912], München 1991; C. G. Jung, Aniela Jaff, Erinnerungen, Träume, Gedanken [1962], Olten, Freiburg i. Br. 1971. Jungs Werke werden im folgenden zitiert als: WSL für: Wandlungen und Symbole der Libido; PT für: Psychologische Typen (1921); ETG für: Erinnerungen, Träume, Gedanken. Schillers Werke sind aus seinen *Sämtlichen Werken* zitiert (hrsg. v. Gerhard Fricke u. Herbert G. Göpfert, 5 Bde., München 1965–1967; zitiert im Text als: SW mit Bandzahl u. Seitenangabe. In diesem Artikel beziehe ich mich auf die Textkommentare von Elizabeth M. Wilkinson und L. A. Willoughby in ihrer übersetzten Ausgabe von *On the Aesthetic Education of Man in a Series of Letters* (Oxford 1967, 2. Aufl., 1982; zitiert als: WW und römischen oder arabischen Ziffern, die sich jeweils auf die Einleitung und die Anführungen zu dieser Ausgabe beziehen). *Über die ästhetische Erziehung des Menschen* wird nach Brief- u. Abschnittsnummer zitiert. – Ich möchte mich bei meinem Kollegen Herrn Professor Roger Stephenson für seine anregenden, formellen und informellen Diskussionen über diese Arbeit, sowie bei meiner Kollegin Frau Andrea Mayr für ihre großzügige und geduldige Hilfe bei der Übersetzung dieses Artikels, herzlich bedanken.

sehr Jung in der Entwicklung seines Denkens von Schiller beeinflußt war, fand jedoch sowohl bei Kritikern als auch Kommentatoren kaum Erwähnung. So nennt zum Beispiel Morris Philips in seinem *Outline of a Jungian Aesthetics Schiller* nur ein einziges Mal, und auch das nur beiläufig.[2] Ferner übersieht Philipson in seiner Diskussion über den Begriff des Symbols in der Psychologie Jungs, was Jung hierbei der Ästhetik jener bedeutenden kulturellen Zusammenarbeit zwischen Schiller und Goethe, dem sogenannten Weimarer Klassizismus, zu verdanken hat. Obwohl Max Kommerell schon 1934–1935 in einem berühmten Aufsatz über Schiller als Psychologe darauf hinwies, wie sehr bei ihm Tiefenpsychologisches hineinspielt,[3] und der dänische Literaturhistoriker Uffe Hansen neueren Datums zeigte, wie sehr die Persönlichkeitspsychologie auf *Wallenstein* starken Einfluß ausübte,[4] ist eine Untersuchung über Jungs Schillerrezeption zum größten Teil ausgeblieben. Es gibt jedoch zumindest vier große Ausnahmen unter den Kommentatoren, die Jungs Nähe zu Schiller feststellten.

Zum ersten weist Susanne K. Langer, deren Kunstphilosophie im allgemeinen und Symboltheorie im besonderen ganz klar und unmißverständlich auf Schiller zurückgehen, darauf hin, daß Jung vom »virtuellen Charakter sogenannter ›ästhetischer Objekte‹ als ›Anschein‹« sprach.[5] Langer stellte zwar keine direkte Verbindung zwischen Schiller und Jung her, jedoch war dies nur eine Frage der Zeit. Zweitens machte Herbert Marcuse in *Eros and Civilization* (1956), einem vornehmlich vom Denken Freuds und Marx' beeinflußten Werk, die Beobachtung, daß »obwohl die in Schillers Werk vorherrschenden idealistischen und ästhetischen Sublimierungen dessen radikale Implikationen nicht widerlegen«, diese von Jung erkannt wurden, der, so fügt Marcuse kritisch hinzu, vor diesen »richtig Angst hatte«.[6] Drittens wird die Psychologie Jungs von Elizabeth M. Wilkinson und L. A. Willoughby in ihrer umfangreichen Einleitung und den

[2] Morris Philipson, Outline of a Jungian Aesthetics, Evanston, Ill. 1963, S. 108. Vgl. The Discovery of the Unconscious, wo auch Henri F. Ellenberger Jungs Typologie mit Beziehung auf Schillers Unterscheidung zwischen naiver und sentimentalischer Dichtung als Beispiel nennt (New York 1970, S. 700).

[3] Siehe Dorothea Hölscher-Lohmeyer, Das moderne Ich. Eine Analyse des Romans von Max Kommerell »Der Lampenschirm aus den drei Taschentüchern«, in: Jahrbuch der Deutschen Schillergesellschaft 24, 1980, S. 399–418.

[4] Uffe Hansen, Schiller und die Persönlichkeitspsychologie des animalischen Magnetismus. Überlegungen zum »Wallenstein«, in: Jahrbuch der Deutschen Schillergesellschaft 39, 1995, S. 195–229.

[5] Susanne K. Langer, Feeling and Form. A Theory of Art developed from Philosophy in a New Key, London 1953, S. 48.

[6] Herbert Marcuse, Eros and Civilization. A Philosophical Enquiry into Freud, London 1956, S. 192 u. 144.

Anmerkungen zur 1967er Ausgabe und Übersetzung von Schillers *Über die ästhetische Erziehung des Menschen in einer Reihe von Briefen* (1795) häufig erwähnt. Zu Recht kritisierten sie Jung dafür, »den traditionellen Figuren der Rhetorik – enumeratio, inversio, reversio – offensichtlich unzugänglich zu sein« (WW, S. LXVII).[7] Während sich Wilkinsons und Willoughbys Kommentar hauptsächlich auf Jungs Besprechung von Schillers *Über die ästhetische Erziehung des Menschen* in *Psychologische Typen* konzentriert, handelt Karin Barnabys Analyse von Schillers »Vorwegnahme« von Jung fast ausschließlich von der in *Psychologische Typen* geführten Diskussion von *Über naive und sentimentalische Dichtung* (1796). Barnaby erkannte, daß die Begriffe Natur und das Unbewußte für sowohl Schiller als auch Jung zentral waren.[8]

Angesichts neuerer Bemühungen einer Wiedereingliederung der Psychologie Jungs in die philosophischen Traditionen, deren Vokabulare sich diese ständig bedient,[9] als auch einer Wiederbelebung unseres Verständnisses der Relevanz Schillers für die moderne Philosophie,[10] scheint eine Untersuchung der zentralen Bedeutung von Schillers Konzept des Ästhetischen für die Psychologie Jungs angebracht. In diesem Beitrag wird zunächst ein kurzer chronologischer Überblick über Jungs Verwendung von Schiller gegeben; dann werden wir uns im Detail mit Jungs Diskussion über Schillers *Briefe über die ästhetische Erziehung* in *Psychologische Typen* befassen; und schließlich werden wir der Frage nachgehen, auf welche Weise anhand der Schillerschen Ästhetik die zentralen Konzepte der analytischen Psychologie erläutert werden können. Im besonderen will dieser Beitrag den Standpunkt vertreten, daß Schillers Idee von »schönem Schein« uns ein Verstehen der analytischen Psychologie ermöglicht, ohne dem Mystizismus zu verfallen, den man ihr oft vorgeworfen hat und dem manche ihrer Anhänger zweifellos erlegen sind.[11] Jung drückte es 1931

[7] WW, S. CLXI. Wilkinson und Willoughby bemerkten den Einfluß, den Jungs Analyse von Schiller in *Psychologische Typen* auf Sir Herbert Read, einen der ersten Herausgeber der anglo-amerikanischen Ausgabe von Jungs Collected Works, hatte (vgl. Education through Art, London 1943, S. 278).

[8] Karin Barnaby, A Poet's Intuition. Schiller's Anticipation of C. G. Jung's Psychology in »Über naive und sentimentalische Dichtung«, in: Friedrich von Schiller and the Drama of Human Existence, hrsg. v. Alexj Ugrinsky, New York, London 1988, S. 119–128 (S. 121).

[9] Siehe Paul Bishop, The Dionysian Self: C. G. Jung's Reception of Friedrich Nietzsche, Berlin, New York 1995.

[10] Siehe Frances M. Birrell, »Abenteuerlich mißverstanden?« Habermas's Reception and Interpretation of Schiller, in: German Life and Letters 49, 1996, S. 297–309.

[11] In einer Fußnote in *Wandlungen und Symbole der Libido*, in der der Begriff der »psychologischen Synthetik« untersucht wird, räumt Jung ein: »Man wird mir diesmal kaum den Vorwurf des Mystizismus ersparen« (WSL, S. 66, Anm. 20). Siehe auch: Aniela Jaff, C. G. Jung – ein Mystiker?, in: Mystik und Grenzen der Erkenntnis, Zürich 1988, S. 15–37.

folgendermaßen aus: »Das Wort ›mystisch‹ ist ja tatsächlich ein Gehäuse aller unreinen Geister, obschon es ursprünglich nicht so gemeint war, sondern vielmehr durch den unreinen Allerweltsgebrauch dazu erniedrigt worden ist« (GW 17, § 83).

Die einzelnen Stufen von Jungs Schillerrezeption decken sich mehr oder weniger mit drei Phasen der Entwicklung seiner Psychologie: Seinen frühen Schriften (von 1901 bis 1909); seinen Übergangswerken (von 1911 bis 1925); und seinen ausgereifteren Werken (mit Beginn der Dreißigerjahre). Zuerst taucht Schiller in Jungs früheren Werken über Psychologie nur selten auf, was auf ihre vornehmlich klinischen Absichten wohl zurückzuführen ist. In diesen frühen Arbeiten ist die Figur Schillers sehr häufig mit den von Jung an seinem Patienten beobachteten pathologischen Phänomenen verbunden. Nach seinem Bruch mit Freud, der mit der Veröffentlichung von *Wandlungen und Symbole der Libido* (1911/12) erfolgte, wurde Jungs Beziehung zu Schiller komplexer.[12] Während der Erarbeitung einer sich von Freud grundsätzlich unterscheidenden Methode, begann Jung mit der Entwicklung von mindestens drei auf Schillers Ideen beruhenden Konzepten der analytischen Psychologie. Zum ersten behauptete Jung in *Über die Energetik der Seele* (1912–1928/1948), daß sein Verständnis der Libido als psychische Energie zumindest teilweise von Schiller abgeleitet sei (GW 8, § 26). Zum zweiten deutete Jung in *Über das Unbewußte* (1918) an, daß es eine Verbindung zwischen seiner Vorstellung des Symbols und jener Schillers geben könnte (GW 8, § 24). Zum dritten entwikkelte Jung in *Über die Beziehungen der analytischen Psychologie zum dichterischen Kunstwerk* (1922/1931) eine Unterscheidung zwischen Introversion und Extraversion auf der Grundlage von Schillers Klassifizierung des Naiven und Sentimentalen.[13]

Sobald Jung die Implikationen seiner Abweichung von Freud erkannt und sein eigenes psychologisches System zu Ende entwickelt hatte, konnte er Schiller in die analytische Psychologie integrieren und zur Erläuterung seiner Grundideen heranziehen. In einem seiner klassischen Essays, *Vom*

[12] Freuds Identifizierung mit Goethe und Jungs Kultivierung der Familienlegende, derzufolge sein Großvater ein leiblicher Sohn Goethes gewesen sei, könnten mehr oder weniger dafür entscheidend gewesen sein, die zweite große Figur des Weimarer Klassizismus in den Vordergrund zu rücken.

[13] Im Hinblick auf Schillers Werk argumentierte Jung, daß dessen Theaterstücke und ein Großteil der Gedichte die introvertierte Haltung veranschaulichen (GW 15, § 111).

Werden der Persönlichkeit, der aus einem vor dem Kulturbund in Wien im Jahr 1932 abgehaltenen Vortrag hervorging, legte Jung sein Konzept der Persönlichkeit unter besonderer Zuhilfenahme von Schillers *Über die ästhetische Erziehung des Menschen* dar.[14] Ein Zitat aus Goethes *West-östlicher Divan* (1819) bildet den Beginn des Referats:

Höchstes Glück der Erdenkinder
Sei nur die Persönlichkeit.[15]

Jung setzte das Problem der Persönlichkeit mit der zentralen, von Schiller in *Über die ästhetische Erziehung des Menschen* untersuchten Frage gleich, einem Werk, dessen Bedeutung in dieser Hinsicht, so Jung, übersehen worden war: »Die Sehnsucht nach Persönlichkeit ist zu einem wirklichen Problem geworden, das heute viele Köpfe beschäftigt, im Gegensatz zu früherer Zeit, wo nur ein einziger diese Frage erahnte, Friedrich Schiller, dessen Briefe zur ästhetischen Erziehung seit ihrer Entstehung einen mehr als hundertjährigen literarischen Dornröschenschlaf hinter sich haben« (GW 17, §284).[16] Genauer gesagt stellte Jung eine Verbindung zwischen dem Problem der Persönlichkeit und Schillers Hauptanliegen, Erziehung und Bildung, her: »Persönlichkeit ist die Tat des höchsten Lebensmutes, der absoluten Bejahung des individuell Seienden und der erfolgreichsten Anpassung an das universal Gegebene bei größtmöglicher Freiheit der eigenen Entscheidung. Jemanden *dazu* zu erziehen, scheint mir keine geringe Sache zu sein. Es ist wohl die größte Aufgabe, die sich die moderne Geisteswelt gesetzt hat. Eine gefährliche Aufgabe fürwahr, gefährlich in einem Umfang, dem selbst Schiller, der sich doch als erster prophetisch in diese Problematik hineingewagt hat, nicht annähernd geahnt hat« (GW 17, §289). Während Jung also Schillers bahnbrechende oder »prophetische« Arbeit anerkennt, äußert er zugleich die Kritik, daß es Schillers Untersuchungen an Gründlichkeit mangelte. Jungs ambivalente

[14] Basierend auf dem Vortag *Die Stimme des Innern* wurde *Vom Werden der Persönlichkeit* 1934 in *Wirklichkeit der Seele* (GW 17,284–323) veröffentlicht.

[15] »Volk und Knecht und Überwinder«, Buch Suleika (Goethe, Werke. Hamburger Ausgabe, hrsg. v. Erich Trunz, 14 Bde, München 1981, Bd. 2, S. 71.

[16] Jung beteuert zu sehr, daß die Persönlichkeit im 18. Jahrhundert ein vernachlässigter Begriff gewesen sei. Um nur ein Beispiel anzuführen, diskutierte Kant in der ersten Ausgabe der ersten Kritik »Persönlichkeit« im Abschnitt über den dritten Paralogismus der reinen Vernunft (Kritik der reinen Vernunft; A 362). Und in seiner zweiten Kritik gab Kant eine ausführliche Definition von »Persönlichkeit« (Kritik der praktischen Vernunft, Tl. 1, 1. Buch, 3. Hauptstück, Von den Triebfedern der reinen praktischen Vernunft).

Einstellung zu Schiller, den er als seinen Unterstützer anführt und doch zugleich übertreffen will, kommt in seiner ausführlichen Auseinandersetzung mit Schiller in *Psychologische Typen*, im Kapitel mit dem Titel »Über Schillers Ideen zum Typenproblem«, deutlich zum Ausdruck.

Psychologische Typen, Jungs erstes bedeutendes Werk nach *Wandlungen und Symbole der Libido*, wurde knapp ein Jahrzehnt nach seinem intellektuellen und persönlichen Bruch mit Freud veröffentlicht. Während Jung in *Wandlungen und Symbole der Libido* seinen Bruch mit Freud deutlich zum Ausdruck brachte, ging er in *Psychologische Typen* zur Entwicklung seiner psychologischen Theorie über und inkludierte ein umfangreiches Glossar seiner neuen Terminologie. Wie Jung in seinem autobiographischen Werk *Erinnerungen, Träume, Gedanken* (1961) anführte, entwickelte er seine Theorie der verschiedenen psychologischen Typen, während er mit der Ausarbeitung der Unterschiede seiner Psychologie zu der von Freud und der von Adler beschäftigt war: »Die sexuelle Interpretation einerseits und die Machtabsichten des ›Dogmas‹ andererseits führten mich im Laufe der Jahre zum typologischen Problem, sowie zur Polarität und Energetik der Seele« (ETG, S. 159). Wenn *Wandlungen und Symbole der Libido* das Ende der Freundschaft zwischen Jung und Freud bedeutete, dann war und ist *Psychologische Typen* inter alia für das Verstehen der Gründe des Scheiterns dieser Beziehung notwendig.

Die wichtigste von Jung in *Psychologische Typen* angewandte Unterscheidung ist jene zwischen Introversion und Extraversion. Auf den ersten Seiten definiert Jung diese beiden Kategorien als Beziehung zwischen Subjekt und Objekt. Im Falle der Extraversion wendet sich das Interesse des Subjekts dem Objekt zu – »eine Bewegung des Interesses auf das Objekt hin« (GW 6, §4) – während bei der Introversion das Interesse des Subjekts sich vom Objekt ab- und dem Selbst zuwendet: »eine Bewegung des Interesses vom Objekt weg zum Subjekt und zu dessen eigenen psychologischen Vorgängen« (GW 6, §4). Von Jung zwar nicht erwähnt, macht Schiller in einer seiner frühesten Arbeiten über Ästhetik die Beziehung zwischen Subjekt und Objekt zu dessen Ausgangspunkt. In den sechs »Kallias-Briefen« an Christian Gottfried Körner, datiert mit dem 25. Januar und dem 8., 18., 19., 23. und 28. Februar 1793, umreißt Schiller seine Ideen für eine nie veröffentlichte Abhandlung über Schönheit, deren zentrale Lehrsätze jedoch in *Über die ästhetische Erziehung des Menschen* integriert sind. In seinem ersten »Kallias-Brief« vom 25. Januar äußert sich Schiller über die Schwierigkeit einer objektiven Definition von Schönheit und unterscheidet zwischen drei verschiedenen Beschreibungsmöglichkeiten – »sinnlich subjektiv« (Burke), »subjektiv rational« (Kant) and »rational objektiv« (Baumgarten, Mendelssohn), denen er eine vierte hinzufügte, seine (Goethesche) eigene: »sinnlich objektiv« (SW5, S. 394).[17] Und in seinem letzten Brief vom 28. Februar definierte Schiller große Kunst als reine Objektivität: »*Reine Objektivität* der Darstellung ist das Wesen des guten Stils: der höchste Grundsatz der Künste« (SW5, S. 429).[18] In den dazwischenliegenden Briefen jedoch, besonders jenem vom 8. Februar, argumentierte Schiller, daß ein Objekt nur schön sei, wenn es anscheinend frei sei, und definierte Schönheit somit als »Freiheit in der Erscheinung« (SW5, S. 400).

Jung weist im besonderen darauf hin, daß Introversion und Extraversion »gegensätzliche Mechanismen« sind, und vergleicht sie mit den Goetheschen Prozessen Systole und Diastole (GW6, §6). Mit anderen Worten, die beiden Haltungen Extraversion und Introversion sind nicht bloß extreme Unterscheidungen, sondern sie bilden eine Polarität, die, so Jung, der Psyche innewohnen. Gemäß dem Jungschen Prinzip des Komplementärismus sind in einer gesunden Psyche beide Haltungen in wechselseitigem Einklang. In *Über die Psychologie des Unbewußten* (1917/1918/1925/1936/1942) drückt Jung dies in Wiedergabe der Schillerschen Konzepte der Selbstregulierung folgendermaßen aus: »Es gibt kein Gleichgewicht und kein System mit Selbstregulierung ohne Gegensatz. Die Psyche aber ist ein System mit Selbstregulierung« (GW6, §92; vgl. GW7, §275; GW8, §158–159; GW16, §330).

Jungs Vorstellung von der integrierten Psyche war keineswegs neu. Wie Wilkinson und Willoughby bemerkten, ersetzten die Philosophen und Psychologen des 18. Jahrhunderts »das Bild der Psyche als Sammlung diskreter Fähigkeiten« mit »einem Bild der Psyche als Einheit und Kontinuität« (WW, S. XXVII). Gleichermaßen war für Schiller das Ästhetische »eine Modalität der gesamten Psyche und nicht eine Funktion einer ihrer

[17] Für eine Besprechung dieses Briefes, die schwierige Beziehung Schillers zur Kantschen Ästhetik und seine nicht eindeutige Verwendung des Begriffs »objektiv«, siehe: Dieter Henrich, Der Begriff der Schönheit in Schillers Ästhetik, in: Zeitschrift für philosophische Forschung 11, 1957, S. 527–547; Eva Schaper, Friedrich Schiller. Adventures of a Kantian, in: British Journal of Aesthetics 4, 1964, S. 348–362; J. M. Ellis, Schiller's »Kalliasbriefe« and the Study of his Aesthetic Theory, The Hague, Paris 1969; Eva Schaper, Schiller's Kant. A Chapter in the History of Creative Misunderstanding, in: Studies in Kant's Aesthetics, Edinburgh 1979, S. 99–117; Frank-Peter Hansen, Die Rezeption von Kants »Kritik der Urteilskraft« in Schillers Briefen »Über die ästhetische Erziehung des Menschen«, in: Literaturwissenschaftliches Jahrbuch 33, 1992, S. 165–188. Schiller selbst bekannte sich zu seiner Schuld und Abweichung von Kant in einer seiner unveröffentlichten Xenien folgendermaßen: »Zwei Jahrzehnte kostest du mir: zehn Jahre verlor ich, / Dich zu begreifen, und zehn, mich zu befreien von dir« (SW1, S. 329).

[18] Goethe hatte genau das Gleiche über Stil in *Einfache Nachahmung der Natur, Manier, Stil* (1789) gesagt (Werke, Bd. XII, S. 32). Siehe dazu R. H. Stephenson, Goethe's Conception of Knowledge and Science, Edinburgh 1995, S. 66–67.

Fähigkeiten« (WW, S. LXVI). In der Tat erklärte Schiller in *Über die ästhetische Erziehung des Menschen*, die Vollkommenheit des Menschen liege in »der übereinstimmenden Energie seiner sinnlichen und geistigen Kräfte« (Brief XVII.2). Außerdem behauptete Schiller, daß eine derartige Ganzheit, wenn auch nur vorübergehend, allein durch das Ästhetische herbeizuführen sei: »[N]ur die schöne Vorstellung macht ein Ganzes aus ihm« (Brief XXVII.10).[19]

PHANTASIE

Bevor sich Jung im zweiten Kapitel von *Psychologische Typen* seiner Diskussion Schillers widmet, gibt er einen Überblick über die intellektuellehistorische Typographie, wobei er die Psychologie des Altertums (die Gnostiker, Tertullian, Origen) und das Problem des Nominalismus und Realismus im Mittelalter untersucht. Jung behauptete, daß es zwischen der nominalistischen Position von Roscellinus (und später William von Ockham), dem Jung die Position »esse in re« zuschrieb (das heißt Essenz existiert im Ding) und der realistischen Position von Guillaume von Champeaux (einem Aristoteliker) und Anselm of Canterbury (einem Platoniker), dem Jung die Haltung »esse in intellectu« (das heißt Essenz existiert im Denken) zuschrieb, keine Lösung geben könne.[20] Jung berief sich auf das logische Axiom des ausgeschlossenen dritten Prinzips (»exclusi tertii principium«): »tertium non datur« (GW6, §48).[21]

Jedoch ebenso wie Schiller, der in *Über die ästhetische Erziehung des Menschen* einen dritten wesentlichen Trieb zwischen dem sinnlichen und formalen Trieb als »schlechterdings ein undenkbarer Begriff« (Brief

[19] Zur weiteren Diskussion siehe: Elizabeth M. Wilkinson und L. A. Willoughby, »The Whole Man« in Schiller's Theory of Culture and Society, in: Essays in German Language, Culture and Society, hrsg. v. Siegbert Prawer, London 1969, S. 177–210.

[20] In seiner Diskussion von Abelards Versuch einer Verbindung von Nominalismus und Realismus in einer Form von Konzeptualismus (GW6, §66) schreibt Jung: »Er sucht den mittleren Standpunkt im ›sermo‹, worunter er weniger die ›Rede‹ als den geformten, zu einem bestimmten Sinn gefügten Satz versteht, also eine Definition, die sich zur Befestigung ihres Sinnes mehrerer Worte bedient« (GW6, §69). Abelards »sermo« (wie Jung sie darstellt) hat eine ähnliche Funktion zu dem, was Schiller »schönen Vortrag« (»aesthetic discourse«) nennt. Über die wichtigsten Merkmalen von »schönem Vortrag«, siehe WW, S. XCIX. Analysiert und von der eigentlichen Dichtung und Rhetorik unterschieden von R. H. Stephenson in: Goethe's Wisdom Literature: A Study in Aesthetic Transmutation, Bern, Frankfurt/M., New York 1983).

[21] Andernfalls als das Prinzip Alles oder Nichts oder Gesetz der ausgeschlossenen Mitte bekannt, dessen früheste Formulierung in Aristoteles' Organon lautet: »Zwischen Behauptung und Abrede ist nichts«.

XIII.1) beschrieb und ihn dann auch durchdachte (siehe WW, S. LI), ging Jung daran, einen dritten intermedialen Standpunkt zwischen »in re« und »in intellectu« vorzubringen, den er »esse in anima« nannte: »Zwischen ›intellectus‹ und ›res‹ gibt es noch ›anima‹« (GW6, §63). Mit »anima« meint Jung hier die Seele, oder, psychologisch ausgedrückt, die Psyche: »Es bedarf zur Lösung eines dritten, vermittelnden Standpunktes. Dem ›esse in intellectu‹ fehlt die tastbare Wirklichkeit, dem ›esse in re‹ fehlt der Geist. Idee und Ding aber treffen sich in der Psyche des Menschen, welche zwischen Idee und Ding die Waage hält ... Was ist Realität, wenn sie nicht eine Wirklichkeit in uns, ein ›esse in anima‹ ist?« (GW6, §73). Epistemologisch gesehen arbeitet Jung, wie Schiller, innerhalb der Kantschen Tradition. Laut Kant hat Wissen zwei Quellen – konzeptuelles Denken und sinnliche Anschauung – und bedarf der vier Fähigkeiten Sinnlichkeit, Verstand, Vernunft und Einbildungskraft. In der *Kritik der reinen Vernunft* (1781) beschrieb Kant »Einbildungskraft« als »eine blinde, obgleich unentbehrliche Funktion der Seele« (A78; B103), die die von der sinnlichen Anschauung für das Verstehen gelieferten Daten reproduziert und organisiert. Analog dazu meint Jung, daß die sinnliche Anschauung und die rationale Idee durch eine vermittelnde Funktion miteinander verbunden werden müssen: »Die lebendige Wirklichkeit ist weder durch das tatsächliche, objektive Verhalten der Dinge noch durch die ideelle Formel ausschließlich gegeben, sondern nur durch die Zusammenfassung beider im lebendigen psychologischen Prozeß, durch das ›esse in anima‹ ... Diese Eigentätigkeit der Psyche, die sich weder als reflektorische Reaktion auf den Sinnesreiz, noch als Exekutivorgan ewiger Ideen erklären läßt, ist, wie jeder Lebensprozeß, ein beständiger Schöpferakt« (GW6, §73).

Darüber hinaus nennt Jung diese Aktivität der Psyche »Phantasie«, ein mit den Begriffen »Einbildungkraft« und »Imagination« aus dem 18. Jahrhundert austauschbarer Terminus (WW, S. 306). Dementsprechend behauptet Schiller in *Über die ästhetische Erziehung des Menschen*, seine Haltung auf Kant zu gründen (Brief I.3), wobei die Fähigkeit der Einbildungskraft in seinen Argumenten eine zentrale Stellung einnimmt: »Wir wissen, daß die Sensibilität des Gemüts ihrem Grade nach von der Lebhaftigkeit, ihrem Umfange nach von dem Reichtum der Einbildungskraft abhängt« (Brief VI.10; vgl. Briefe VI.6; XXIV.5; XXVII.4 und Fußnoten). Jungs Verwendung des Begriffs »Eigentätigkeit«, der Selbstregulierung impliziert, läßt schon darauf schließen, daß Jung Schiller folgt und nicht Kant. Und Jung geht mit seiner Betonung der Kreativität der Phantasie und ihrer Fähigkeit zur Vermittlung zwischen Denken und Fühlen und zwischen Intuition und Gefühl unmißverständlich über Kant hinaus, und verleiht ihr eine alle anderen Fähigkeiten überragende Bedeutung: »Die Phantasie ist ebenso sehr Gefühl wie Gedanke, sie ist ebenso intuitiv wie empfindend. Es gibt keine psychische Funktion, die in ihr nicht ununterscheidbar mit den andern psychischen Funktionen zusammenhinge ... Sie ist vor allem die schöpferische Tätigkeit, aus der die Antworten auf alle beantwortbaren Fragen hervorgehen, sie ist die Mutter aller Möglichkeiten, in der auch, wie alle psychologischen Gegensätze, Innenwelt und Außenwelt lebendig verbunden sind« (GW 6, §73).[22] Jung gibt seiner Definition von »Phantasie« in folgender Behauptung eine spezifisch analytisch-psychologische Bedeutung: »Die Phantasie war es und ist es immer, die die Brücke schlägt zwischen den unvereinbaren Ansprüchen von Objekt und Subjekt, von Extraversion und Introversion. In der Phantasie allein sind die beiden Mechanismen verbunden« (GW 6, §73).[23] Daher übt »Phantasie« laut Jung auf epistemologischer Ebene eine wichtige Vermittlerfunktion zwischen Subjekt und Objekt wie auch den Mechanismen der Introversion und Extraversion aus.

Jungs Diskussion über das Typenproblem in der Geschichte schließt mit drei Hauptpunkten über »Phantasie« ab, die sich mehr oder minder mit Schillers Idee des Ästhetischen in seinen *Über die ästhetische Erziehung des Menschen* decken. An erster Stelle betont Jung besonders die psychische Gesamtheit, die durch eine dritte, zwischen Denken und Gefühl vermittelnde Funktion erreicht wird. »Dieses höhere Dritte«, konstatiert Jung weiter, »kann ... als ein praktisches Ziel sowohl als die das Ziel erschaffende Phantasie verstanden werden« (GW 6, §82). Dementsprechend argumentiert Schiller in *Über die ästhetische Erziehung des Menschen*, daß das Ästhetische eine mittlere Disposition zwischen Fühlen und Denken darstelle, wobei sowohl Sinnlichkeit und Verstand aktiv seien. Und laut Schiller steht das Ästhetische mit der Gesamtheit der menschlichen Funktionen in Zusammenhang: »[Eine Sache] kann sich auf das Ganze unsrer verschiedenen Kräfte beziehen, ohne für eine einzelne derselben ein bestimmtes Objekt zu sein: das ist ihre *ästhetische* Beschaffenheit« (Brief XX.4, Fußnoten).

Zweitens warnt Jung, einen Gemeinplatz des 18. Jahrhunderts wiederholend, vor den Gefahren ungezügelter Phantasie: »[D]ie schöpferische Phantasie [kann] auch zu einer schädlichsten Wucherung entarten ..., wenn ihr nicht gerechte Grenzen gesetzt werden« (GW 6, §83). Tatsächlich sah Jung die Unterdrückung der »freischaffenden Phantasie« als »eine

[22] In der Jungschen Psychologie gibt es vier psychische Funktionen: Denken (GW 6, 642–650), Fühlen (GW 6, 663–664), Intuition (GW 6, 679–680) und Empfinden (GW 6, §674).

[23] Später schreibt Jung über Phantasie: »Diese Brücke ist uns in der schaffenden Phantasie gegeben. Sie ist keines von beiden, denn sie ist die Mutter beider – ja, noch mehr, sie ist schwanger mit dem Kinde, dem Ziele, welches die Gegensätze einigt« (GW 6, §82). Jungs Sprache erinnert an so starke Bilder aus Nietzsches Also sprach Zarathustra (1882–1884) wie die Brücke, das Ziel, die schwangere Mutter und das Kind.

historische Notwendigkeit« im Verlauf des christlichen »Kulturprozeß« an (GW 6, §83). Dementsprechend räumt Schiller in *Über die ästhetische Erziehung des Menschen* ein, daß ein Übermaß an Phantasie, das nicht der ästhetischen Form unterworfen ist, für den Intellekt eine Gefahr darstellt: »[D]ie luxurierende Einbildungskraft [verwüstet] die mühsamen Pflanzungen des Verstandes« (Brief VI.6).

Drittens definiert Jung »das dynamische Prinzip« der »Phantasie« als »das Spielerische«. Da das Spiel für das Kind charakteristisch ist, so Jung, scheint es mit dem Prinzip »ernster Arbeit« unvereinbar zu sein.[24] Aber, so setzt er fort, sei dem jedoch nicht so: »Aber ohne dieses Spiel mit Phantasien ist noch nie ein schöpferisches Werk geboren worden« (GW 6, §88). In der Tat mißt Jung dem Spiel größte Bedeutung bei: »Wir verdanken dem Imaginationsspiel unabsehbar viel ... Es ist nicht zu vergessen, daß eben gerade in der Imagination eines Menschen sein Wertvollstes liegen kann« (GW 6, §88).[25]

In *Psychologische Typen* unterscheidet Jung in seiner Diskussion Schillers zwischen »ein Spielenwollen« und »ein Spielenmüssen« und entwikkelt die Kategorie »ernstes Spiel«, definiert als »eine spielerische Betätigung der Phantasie durch *innere* Nötigung, ohne Zwang der Umstände, auch ohne Zwang des Willens« (GW 6, §185).[26] Dementsprechend präsentiert Schiller in *Über die ästhetische Erziehung des Menschen* bekanntlich die Idee des Spieltriebs (Brief XIV.3–6): »[D]er Mensch spielt nur, wo er in voller Bedeutung des Worts Mensch ist, und *er ist nur da ganz Mensch, wo er spielt*« (Brief XV.9). Darüber hinaus setzt Jung »die verdrängte Funktion« in der Freudschen und Adlerschen Psychologie mit »dem Prin-

[24] Wie Nietzsches Zarathustra sagt: »Unschuld ist das Kind und Vergessen, ein Neubeginnen, ein Spiel, ein aus sich rollendes Rad, eine erste Bewegung, ein heiliges Ja-sagen« (Friedrich Nietzsche, Werke, hrsg. v. Karl Schlechta, 3 Bde, München 1966, Bd. 2, S. 294. In *Vom Werden der Persönlichkeit* schrieb Jung: »Im Erwachsenen steckt nämlich ein Kind, ein ewiges Kind, ein immer noch Werdendes, nie Fertiges, das beständiger Pflege, Aufmerksamkeit und Erziehung bedürfte. Das ist der Teil der menschlichen Persönlichkeit, der sich zur Ganzheit entwicklen möchte« (GW 17, §286). Siehe auch: C. G. Jung, Zur Psychologie des Kind-Archetypus (1940; GW 9/I, 259–305).

[25] Eine ganze Reihe von Psychologen, einschließlich Donald Winnicott (1876–1971) und Jean Piaget (1896–1980), haben den therapeutischen Nutzen des Spiels betont. Nach seinem Bruch mit Freud erlitt Jung einen Nervenzusammenbruch, von dem er sich durch das Spiel mit Steinen, wie er es als Kind getan hatte, erholte (siehe ETG, S. 177–178). Eine auf Jungschen Prinzipien beruhende Sandspielmethode wurde von Dora Kalff (1904–1990), Begründerin der Internationalen Gesellschaft für Sandspieltherapie, entwickelt.

[26] Der Kontrast zwischen Ernst und Spiel findet sich bei Goethe and Schiller häufig (WW, S. 251). Siehe ferner: Goethe, Der Sammler und die Seinigen (1799; Achter Brief, Abt. 5, Bd. 11, S. 96) und den »Prolog« zu Schiller, Wallensteins Lager (1798): »Ernst ist das Leben, heiter ist die Kunst« (SW 2, S. 274). In: Über die ästhetische Erziehung des Menschen, siehe Briefe IX.7, XV.5–7, XXII.2.

zip der Imagination« in seiner eigenen Psychologie gleich und charakterisiert sie als »unbewußt, daher unentwickelt, embryonal und archaisch« (GW6, §87). Ebenso bezeichnet Schiller in *Über die ästhetische Erziehung des Menschen* die frühen Stadien des Spieltriebs als einen unkultivierten Geschmack für »das Neue und Überraschende, das Bunte, Abenteuerliche und Bizarre, das Heftige und Wilde« (Brief XXVII.4). Schiller sollte später in »Über die notwendigen Grenzen beim Gebrauch schöner Formen« (1795/1800) behaupten, daß auch freies Spiel von ästhetischen Grundsätzen regiert sei.[27]

Mit anderen Worten, noch vor seiner expliziten Diskussion Schillers in *Psychologische Typen* hatte Jung zumindest zwei grundsätzliche Ideen von dessen Ästhetik – Phantasie und Spiel – in sein Argument eingewoben. Im Kapitel »Über Schillers Ideen zum Typenproblem« tauchen im Laufe seiner Diskussion zwei weitere zentrale Ideen auf: Schein und Symbol.

DIE HOCH- UND MINDERWERTIGEN FUNKTIONEN[28]

Jung beginnt sein Kapitel über die Schillersche Typologie damit, daß er den Mitbegründer der Weimarer klassischen Ästhetik als seines Wissens den ersten nennt, der bewußt den Versuch der Unterscheidung zwischen typischen Zuständen unternahm und ihre Eigenartigkeit darstellte (GW6, §96). Er lobt Schillers *Über die ästhetische Erziehung des Menschen* für seine Tiefe und Scharfsinnigkeit und schreibt in seiner Laudatio an Schiller: »Durch die Tiefe der Gedanken, die psychologische Durchdringung des Stoffes und durch den weiten Blick auf die Möglichkeit der psychologischen Lösung des Konfliktes veranlaßt mich Schillers Aufsatz zu einer umfänglicheren Darstellung und Würdigung seiner Ideen, denen es wohl bis jetzt noch nie begegnet ist, in solchem Zusammenhange abgehandelt zu werden« (GW6, §97).

Laut Jung leistete Schiller einen beachtlichen Beitrag zur Psychologie, da er Psychologen mit Ansichten konfrontiert, die von ihnen bisher kaum gewürdigt worden waren. Getreu seiner eigenen psychologischen Typologie und geradezu von ihr besessen behauptet Jung jedoch unmittelbar, daß

[27] In *Psychologische Typen* zitiert Jung eine Passage aus *Über die notwendigen Grenzen beim Gebrauch schöner Formen* (GW6, §185, Anm. 72; siehe SW5, S. 688). Wie Goethe in seinem Sonnet über *Natur und Kunst* (1800/1802) schreibt: »Und das Gesetz nur kann uns Freiheit geben« (Werke, Bd. 1, S. 245).

[28] Im Glossar des Anhangs zu *Psychologische Typen* definierte Jung die »minderwertige Funktion« als »jene Funktion, welche beim Differenzierungsprozeß im Rückstand bleibt« (GW6, §852), und er verband den unbewußten Zustand mit der Aktivität der Phantasie (GW6, §853).

Schiller selbst für einen bestimmten psychologischen Typus charakteristisch war. Genauer war Schiller, so Jung, ein introvertierter Denktypus (GW6, §99). Als introvertierter Typus, so behauptet Jung, war Schiller mehr subjekt- und weniger objekt-orientiert: »Als Introvertierter hat Schiller ein besseres Verhältnis zu den Ideen als zu den Dingen der Welt« (GW6, §98). Daher glaubte Jung, daß »Schiller das ihm vorliegende Problem als solches behandelt, wie er es aus seiner eigenen inneren Erfahrung herausgehoben hat« (GW6, §99). Mit dieser Behauptung drückt Jung eigentlich nur das aus, was Schiller in seinem Brief vom 31. August 1794 an Goethe zugestand, nämlich, daß sein Schreiben von einer spezifischen Kombination philosophischer und poetischer Fähigkeiten geprägt sei.[29] Dennoch ist es keine Untertreibung von seiten Jungs, zu behaupten, daß sein Argument dem Schillers sehr ähnlich und sogar die von ihm gebotene Kritik eine Art Abschrift von Schillers Ausführung sei (GW6, §99). »Immerhin«, meinte Jung, »schließen sich meine Ausführungen so eng an Schiller an, daß sie weit weniger die allgemeine Frage von Introversion und Extraversion ... behandeln, als vielmehr den typischen Konflikt des introvertierten Denktypus« (GW6, §99). Im besonderen betrachtete Jung Brief XI in *Über die ästhetische Erziehung des Menschen* als für den Standpunkt des introvertierten Typus kennzeichnend (GW6, §135–141).[30] Es ist nicht verwunderlich, daß Schiller zu einer derart faszinierenden Fallstudie für Jung wurde, da dieser sich selbst als einen introvertierten Denktypus sah (GW6, §99).[31]

[29] In seinem Brief an Goethe vom 31. August 1794 schrieb Schiller: »Mein Verstand wirkt eigentlich mehr symbolisierend, und so schwebe ich als eine Zwitterart zwischen dem Begriff und der Anschauung, zwischen der Regel und der Empfindung, zwischen dem technischen Kopf und der Genie« (Der Briefwechsel zwischen Schiller und Goethe, hrsg. v. Siegfried Seidel, 3 Bde, München 1984, Bd. 1, S. 18). In *Psychologische Typen* zitiert Jung eine spätere Passage dieses Briefs an Goethe (GW6, 116–117), als auch Schillers Brief an Goethe vom 5. Januar 1798 (I, S. 18) und Goethes Briefe an Schiller vom 6. Januar 1798 (II, S. 10–11) und 27. April 1798 (II, S. 11–14; GW6, §137 u. 141).

[30] Goethe hingegen gilt als extravertierter, fühlender Typus (GW6, §98, 141 [Anm. 33] u. 282). Zu Schillers eigener Charakterisierung Goethes siehe seinen Briefwechsel mit Körner. Am 2. Februar 1789, – mit anderen Worten beinahe fünf Jahre vor seiner wirklichen Bekanntschaft mit Goethe – beschwerte sich Schiller: »[Goethe] ist ein Egoist in ungewöhnlichem Grade. Er besitzt das Talent, die Menschen zu fesseln und durch kleine sowohl als große Attentionen sich verbindlich zu machen; aber sich selbst weiß er immer frei zu halten« (Schiller, Briefe, hrsg. v. Fritz Jonas, 7 Bde, Stuttgart u. a., 1892, Bd. 2, S. 218). Und am 1. November 1790 schrieb Schiller an Körner: »[Goethes] Philosophie mag ich auch nicht ganz: sie holt zuviel aus der Sinnenwelt, wo ich aus der Seele hole. Überhaupt ist seine Vorstellungsart zu sinnlich und betastet mir zuviel« (Bd. 3, S. 113).

[31] Siehe Anthony Storr, Jung, London 1973, S. 78–79; C. G. Jung Speaking, hrsg. v. William McGuire u. R. F. C. Hull, Princeton, NJ 1977, S. 256. Karin Barnaby weist auf die biographischen Parallelen zwischen Schiller und Jung hin (a. a. O., S. 120).

Jung beschreibt seine Bemerkungen als den Versuch einer Transkription in eine Form von Ausdrücken, die Schillers Formulierungen ihrer subjektiven Beschränkungen entkleiden. Trotzdem erkennt Jung, daß sich seine Ausführung eng an Schiller anschließt. Unsere Absicht hier ist es, sowohl die Ähnlichkeiten von Jungs Analyse (und seine Lösung) mit jener Schillers zu beschreiben, als auch die Schillersche Ästhetik gegen die Einwände Jungs zu verteidigen. Daher werden wir die Abfolge von Jungs Bemerkungen so weit wie möglich einhalten, zugleich jedoch die Wiederholung und gelegentliche Zirkularität seiner Ausführung vermeiden.

Jung beginnt mit der Diskussion der hoch- und minderwertigen Funktionen. Laut Jung ist Schillers Ausgangspunkt in *Über die ästhetische Erziehung des Menschen* der Ursprung der Trennung der beiden Mechanismen Introversion und Extraversion. In Schillers Terminologie kann die Trennung der Vernunft (Denken) und Sinne (Gefühl) auf die Differenzierung des Individuums zurückverfolgt werden. In Brief VI verglich Schiller diese Differenzierung mit einer Wunde: »Die Kultur selbst war es, welche der neuern Menschheit diese Wunde schlug« (Brief VI.6). Jung erweitert Schillers Bild, eine Anspielung an Rousseaus Discours sur les sciences et les arts (1750), indem er »[d]ie Auflösung des harmonischen Zusammenwirkens der seelischen Kräfte im instinktiven Leben« mit Amfortas' Wunde in Wagners Oper *Parsifal* verglich (GW6, §100). Jung schrieb: »Was Wagner im künstlerischen symbolischen Ausdruck zu sagen versuchte, das bemüht sich Schiller in philosophischer Überlegung klar zu machen« (GW6, §111).[32] Jungs Theorie über *Über die ästhetische Erziehung des Menschen* zufolge betrachtet Schiller diese Differenzierung als der kulturellen Entwicklung endemisch: »Schiller schiebt die Schuld an dieser Unterlegenheit der Neueren auf die Kultur« (GW6, §102). Jung stimmt mit Schillers Analyse (im Brief VI) über den Zustand der Moderne überein: »In diesen Gedanken Schillers liegt viel Wichtiges« (GW6, §104). Wir müssen jedoch diese Analyse einer genaueren Betrachtung unterwerfen.

In Brief VI behauptet Schiller, daß die mit der Kultur verbundene Differenzierung der Funktionen den Menschen fragmentiert und »entfremdet«

[32] Später stellt Jung in *Psychologische Typen* Kundry (die instinktgesteuerte, auf der Natur beharrende Lebenskraft), im Bann des heiligen Speers von Klingsor, Amfortas gegenüber (der sich im Besitz des Gral befindet, jedoch an Libidoverlust leidet). Zwischen den beiden steht Parzifal, der den Gegensatz zwischen Kundry und Amfortas ablehnt und ein differenziertes Medium darstellt, das eine neue Beziehung zwischen dem Speer und Gral herstellt (GW6, §421). Zur weiteren Diskussion der Bedeutung der Parzifal-Legende für Jung, siehe: John Haule, Jung's Amfortas Wound, in: Spring. A Journal of Archetype and Culture 53, 1992, S. 95–112.

hat.[33] Schiller ist der Ansicht, daß die Fragmentierung des Menschen ihn in ein Uhrwerk-Modell verwandelt hat und er ein mechanistisches Leben führt (Brief VI.7). Laut Schiller wirken die Kräfte, die den Menschen entzweirissen, sowohl außerhalb als auch innerhalb des Individuums (Brief VI.10). Schiller argumentiert jedoch auch, daß dieser Antagonismus der Fähigkeiten historisch notwendig war und sich als großartiges Kulturinstrument erwies (Brief VI.11–12). Tatsächlich behauptet Schiller, daß Einseitigkeit Einzelne zum Irrtum führen könnte, die Spezies jedoch zur Wahrheit (Brief VI.13). Schillers Analyse der Moderne in Brief VI kann gemeinsam mit seiner früheren Behauptung in Brief V – daß »[d]ie Kultur, weit entfernt, uns in Freiheit zu setzen, entwickelt mit jeder Kraft, die sie in uns ausbildet, nur ein neues Bedürfnis« (Brief V.5) – als ein Vorgriff auf Freuds großartige Kulturkritik, Das Unbehagen in der Kultur (1930), gesehen werden. Gleichzeitig ist jedoch die Einseitigkeit, von der Schiller spricht, jener »Einseitigkeit«, die Freuds ehemaliger Schüler mit der Barbarei assoziiert, sehr ähnlich: »Das Barbarische liegt in der Einseitigkeit und im Maßlosen, in der schlechten Proportion überhaupt« (GW6, §117).

In Jungs *Psychologische Typen* muß man daher zwischen zwei Formen der Barbarei unterscheiden.[34] Einerseits gibt es die aus einer überentwickelten differenzierten psychologischen Funktion geborene Barbarei oder die Barbarei der »Einseitigkeit« (GW6, §169). Genauer gesagt ist diese Form der Barbarei eine Bedingung der unbewußten Einseitigkeit im Gegensatz zur bewußten und kontrollierten »Einseitigkeit« (GW6, §376). In seiner Diskussion der zwei Grundtriebe Schillers argumentiert Jung, daß die Vorherrschaft des einen oder anderen ein Zeichen von Barbarei sei (GW6, §154). Andererseits tritt eine andere Form der Barbarei auf, wenn man minderwertige (unbewußte) verdrängte Funktionen wieder an die Oberfläche gelangen läßt. Jung setzt über eine derart simple Entfesselung ein Fragezeichen, da sie in einen Ausbruch ungezähmter Energie ausarten würde, wenn die Macht des Verdrängten befreit wird (GW6, §164). So ist, was Jung betrifft, der heutige Mensch in einem Dilemma gefangen. Denn während Einseitigkeit und die damit einhergehende Repression Barbarei verursacht, ist es ebenso wahrscheinlich, daß die dieser Einseitigkeit entgegenwirkende »De-repression« auch einen Zustand der Barbarei herbeiführt (GW6, §400).

Die beiden von Jung angeführten Formen der Barbarei entsprechen nur sehr ungefähr Schillers Unterscheidung zwischen Wildheit, in der das Ge-

[33] Wie Vicky Rippere zeigte, war die Idee der Entfremdung ein Gemeinplatz im Diskurs des 18. Jahrhunderts (vgl. Schiller and »Alienation«, Bern, Frankfurt/M., Las Vegas 1981).

[34] Auf ähnliche Weise unterscheidet Hegel zwischen »natürliche Barbarei« und »die Barbarei der Kultur« in seinen *Aufsätze aus dem Kritischen Journal der Philosophie* (1802–1803).

fühl über das Prinzip herrscht (Brief IV.6) und Barbarei, in der das Prinzip das Gefühl zerstört (Brief IV.6; vgl. Brief X.1). Aber sein allgemeiner Standpunkt in *Psychologische Typen* über die Grundlage »einer subjektiven Sklavenkultur« (GW6, §105) während seiner Weiterentwicklung von Schillers Kulturanalyse in *Über die ästhetische Erziehung des Menschen* ähnelt nicht nur sehr Freuds späteren Äußerungen in Unbehagen, sondern erinnert zugleich auch an eine der nicht anerkannten Quellen dieses Werks, nämlich Nietzsches *Zur Genealogie der Moral* (1887). Jung behauptet, daß der Kulturzustand nicht nur zu einem Antagonismus im Individuum sondern auch zu einer Trennung zwischen dem Individuum und der Gesellschaft führt. Daraus ergibt sich, daß die Kluft zwischen der Essenz des Individuums und dessen äußerer Erscheinung noch breiter wird (GW6, §108).

Somit argumentieren sowohl Jung als auch Schiller, daß Kultur in mehrerlei Hinsicht eine Funktionsdifferenzierung bewirkt. Mit anderen Worten, der Zivilisationsprozeß führt zu einer Umrichtung der Libido; und die Symbolbildung, die diese Umrichtung ermöglicht, bietet auch, wie wir sehen werden, die Mittel zur Neuintegration der einseitigen Fähigkeiten des Menschen. Laut Jung hatte Schiller selbst ein scharfes Gespür für seinen inneren Konflikt: »Es ist unverkennbar, daß Schiller in seinem persönlichen Leben diesen Konflikt aufs tiefste empfunden hat« (GW6, §111). Mit Zitaten aus dem Briefwechsel zwischen Goethe und Schiller versucht Jung zu zeigen, daß Schiller diesen Konflikt zwischen Imagination und Abstraktion oder zwischen Intuition und Intellekt sehr wohl verspürte (GW6, §116).[35] In Brief VI macht Schiller deutlich, daß die Totalität der Natur, die dem modernen Individuum verloren gegangen ist, nichtsdestotrotz wiedergewonnen werden kann und wiedergewonnen werden muß: »So muß es bei uns stehen, diese Totalität in unsrer Natur, welche die Kunst zerstört hat, durch eine höhere Kunst wieder herzustellen« (Brief VI.15). Jung erkennt in Schillers Programm in *Über die ästhetische Erziehung des Menschen* das Eintreten für ein klassisches Ideal: »Er sagt es nicht laut, aber implicite deutlich genug, daß sein Problem um ein Wiederaufnehmen antiker Lebensart und Lebensauffassung geht« (GW6, §111).

Warum Jung jedoch dachte, daß dieses Programm nie explizit Ausdruck fand, bleibt unklar, insbesondere in Anbetracht der bedeutenden Zusammenarbeit zwischen Schiller und Goethe in Weimar. Oder, wie Jung es auch ausgedrückt hat, Schiller suchte nach einer »Erlösung vom Übel«

[35] Am 31. August 1794 schrieb Schiller an Goethe: »Noch jetzt begegnet es mir häufig genug, daß die Einbildungskraft meine Abstraktionen und der kalte Verstand meine Dichtung stört« (Briefwechsel, Bd. 1, S. 18).

(GW6, §111). Das Übel wird in diesem Zusammenhang von Jung, der die Worte von Julian dem Apostaten (332–363) in seinen theosophischen Ansprachen an König Helios zitiert, mit der Tatsache gleichgesetzt, daß »des Menschen Herz von ›tobendem Kampfe erfüllt‹ ist« (GW6, §111). Für Jung war und ist Julians Formel psychologisch gesprochen angebracht: »[E]r [kennzeichnet] treffend nicht nur sich selber, sondern auch seine ganze Zeit ..., nämlich die innere Zerrissenheit der späteren Antike, die ihren äußeren Ausdruck in jener beispiellosen chaotischen Verwirrung der Köpfe und Herzen fand, aus welcher die christliche Lehre den Menschen zu erlösen versprach« (GW6, §111). Jedoch laut Jung bietet das Christentum »keine Lösung, sondern eine Erlösung«. Mit anderen Worten, es bewirkt die Loslösung einer wertvollen Funktion, aber den Ausschluß aller anderen. Das war für Jung der Grund, warum Schiller das Christentum ablehnte. In Brief VII finden wir, so Jung, eine Rechtfertigung für Schillers mangelndes Interesse am Christentum (GW6, §113). Während Schiller also »den Konflikt blinder Triebe« zu beschwichtigen versucht, will er auch »die Selbstständigkeit seines Charakters« sichern (GW6, §113; vgl. Brief VII.2).

Wenn der persönliche Kontext von Schillers Argument in *Über die ästhetische Erziehung des Menschen* sein eigener innerer Konflikt war, dann bildete die Französische Revolution der politische (GW6, §116). Jung interpretiert Brief VIII als einen hochfliegenden rationalistischen Intellektualismus: »Das Zeitalter ist aufgeklärt« (Brief VIII.4). Schillers Bemerkung jedoch ist, wie der Ausruf des Proktophantasmist in Faust I – »Verschwindet doch! wir haben ja aufgeklärt!« (v. 4159) – den Jung ebenfalls zitiert, offensichtlich ironisch gemeint. Wichtiger im Zusammenhang damit ist Jungs Meinung, daß zwischen solchen persönlichen Problemen und weitreichenderen politischen Fragen ein enger Zusammenhang bestünde: »Es waren gewiß auch diese Zeitereignisse, welche Schiller das Problem in besonderem Maße aufdrängten« (GW6, §118).

Falls *Über die ästhetische Erziehung des Menschen* ein Gespür für den Antagonismus zwischen dem Individuum und der Gesellschaft Schillers zugrundelag, so bildete es auch den Ausgangspunkt für Rousseaus *Émile, ou de l'éducation* (1762), dessen Methode Jung der Methode Schillers entgegensetzt. In *Émile* blickt Rousseau auf den vermutlichen »l'homme naturel« zurück, den Jung als »jene Kollektivmentalität des Primitiven« abtut, »die Lévy-Bruhl trefflich als ›participation mystique‹ gekennzeichnet hat« (GW6, §122).[36] Im Gegensatz dazu soll Schiller sich auf die alten

[36] Siehe Lucien Lévy-Bruhl, Les Fonctions mentales dans les sociétés inférieures, Paris 1910). Schiller bringt in *Über die ästhetische Erziehung des Menschen* eine ähnliche Idee vor (Brief XI.8 und Brief XXV.1). In *Psychologische Typen* erklärt Jung »participation mystique« (GW6, §199)

Griechen berufen haben. Eine Passage aus Brief IX zitierend meint Jung: »Die Anlehnung an das griechische Vorbild könnte kaum deutlicher ausgesprochen werden« (GW6, §123): »Eine wohltätige Gottheit reiße den Säugling bei Zeiten von seiner Mutter Brust, nähre ihn mit der Milch eines bessern Alters und lasse ihn unter fernem griechischen Himmel zur Mündigkeit reifen ... Hier aus dem reinen Äther seiner dämonischen Natur rinnt die Quelle der Schönheit hinab, unangesteckt von der Verderbnis der Geschlechter und Zeiten, welche tief unter ihr in trüben Strudeln sich wälzen« (Brief IX.4).

Wie Wilkinson und Willoughby betonen, ist Schillers Meinung zu den Griechen im allgemeinen nicht nur sehr von Winckelmanns *Gedanken über die Nachahmung der griechischen Werke in der Malerei und Bildhauerkunst* (1755) und Wilhelm von Humboldts *Über das Studium des Altertums, und des griechischen insbesondere* (1793) beeinflußt, sondern in dieser Passage im besonderen von Herders *Ideen zur Philosophie der Geschichte der Menschheit* (1784–1791), Bd. IV, Buch 2 (WW, S. 231, 239). An anderer Stelle läßt Schiller durchblicken, daß Goethe der moderne Nachfolger jener Totalität sei.[37] Somit ist Jung im Unrecht mit seiner Annahme, daß Schillers Denken rein geschichtlich geprägt sei, denn *Über die ästhetische Erziehung des Menschen* weist zur Untermauerung seines Arguments eine Ansammlung kultureller Gemeinplätze auf, die Jung offenbar übersehen hat. Und ebenso falsch ist die dreimal gemachte Aussage (GW6, §123, 127, 132–133), daß der Dichter in Schiller über den Philosophen die Überhand gewonnen hat.[38] Mit dieser Kritik gibt Jung weniger über Schiller preis als über seine eigene Unfähigkeit, den Anforderungen von »schönem Vortrag« zu genügen. Darüber hinaus versucht Jung seine eigene psychologische (archetypische) Konstruktion auf Schillers angebliche Sehnsucht nach dem alten Griechenland zu verlagern: »Es ist auch nicht der Mensch des griechischen Altertums, den der Dichter meint, sondern der alte Heide in uns selber, das Stück ewig unverdorbener Natur und

[37] Wenn Goethe der Inbegriff des extravertierten fühlenden Typus war, so war er auch, mutatis mutandis, Gesamtheit und gelungene Integration (siehe WW, S. XXXIX). Jung spricht von der »beinahe vollkommen synthetische Natur Goethes« (GW6, §117). Siehe Schillers Briefe an Goethe vom 23. August (Bd. I, S. 9–12) und 20. Oktober 1794 (Bd. I, S. 30–31), sowie Goethes Brief an Schiller vom 26. Oktober 1794 (Bd. I, S. 31–32). Wie Nietzsche in *Götzen-Dämmerung* (1889) schrieb: »Was [Goethe] wollte, war Totalität ... er disziplinierte sich zur Ganzheit, er schuf sich« (Werke, Bd. 2, S. 1024).

[38] Der Gedanke des Weimarer Klassizismus, daß Wahrheit sowohl für Dichtung als auch Philosophie ein Thema war, wird von Goethe und Schiller in einer ihrer Xenien unter dem Titel *Wissenschaftliches Genie* besonders gut zum Ausdruck gebracht: »Wird der Poet nur geboren? Der Philosoph wird's nicht minder, / Alle Wahrheit zuletzt wird nur gebildet, geschaut« (SW1, S. 263).

natürlicher Schönheit, das unbewußt aber lebendig in uns liegt« (GW6, §127).

Natürlich ist Jungs archetypischer Grieche von Schillers kulturellem Konstrukt nicht weit entfernt. Ist es nicht in der Tat die archetypische Natur von Schillers altem Griechen, die Jung zu artikulieren versucht, wenn er ihn als symbolisches Produkt beschreibt: »Was der Denker aber nicht logisch aus seinen Beweismaterialien erfolgern kann und worum er sich vergeblich bemüht, das verheißt ihm der Dichter in symbolischer Sprache« (GW6, §127). Überdies scheint Schiller die archetypische Natur der Vorstellung vom totalen menschlichen Wesen bereits in Brief IV anerkannt zu haben: »Jeder individuelle Mensch ... trägt, der Anlage und Bestimmung nach, einen reinen idealischen Menschen in sich« (Brief IV.2).[39] Und in Brief IX bezieht sich Schiller im Zusammenhang mit ästhetischer Illusion sehr deutlich auf das, was er »das Urbild« nennt (Brief IX.4).[40]

Jung widmet sich auch Schillers Diskussion über die Beziehung des Menschen zur Natur nicht eingehend genug. Ein Zitat aus Rousseaus Émile – »Il faut opter entre faire un homme ou un citoyen; car on ne peut faire à la fois l'un et l'autre« (GW6, §131) – kommentiert Jung mit folgenden Worten: »In uns sind beide Notwendigkeiten: Natur und Kultur. Wir können nicht nur uns selber sein, sondern wir müssen auch auf anderes bezogen sein« (GW6, §132).[41] Offensichtlich übersah Jung Brief III, in dem Schiller die Menschlichkeit im Naturzustand diskutiert (III.2–3); anschließend stellt er dort die Frage, wie die Gesellschaft ohne gewaltsame Zerstörung des Naturzustands reformiert werden kann (III.4). In Brief VII beschreibt Schiller seine Aufgabe und die der Menschheit als eine Rückkehr zur Natur und zugleich deren Überwindung: »Der Charakter der Zeit muß sich also von seiner tiefen Entwürdigung erst aufrichten, dort der blinden Gewalt der Natur sich entziehen, und hier zu ihrer Einfalt, Wahrheit und Fülle zurückkehren; eine Aufgabe für mehr als *ein* Jahrhundert«

[39] In diesem Zusammenhang verweist Schiller den Leser auf Fichtes Vorlesungen »Über die Bestimmung des Gelehrten« (1794; Brief IV.2). Schiller folgt auch Herder, der in »Briefe zu Beförderung der Humanität« (1794), III. Sammlung, 27. Brief, schrieb: »Humanität ist der Charakter unsres Geschlechts; er ist uns aber nur in Anlagen angeboren, und muß uns eigentlich angebildet werden« (Herder, Werke, hrsg. v. Marin Bollacher u. a., 10 Bde, Frankfurt/M. 1985, Bd. 7, S. 148).

[40] Laut Hermann Pongs sind die Bilder in Schillers Theaterstücken in der Natur tatsächlich archetypisch; siehe seinen Schillers Urbilder, Stuttgart 1935.

[41] In *Über die Psychologie des Unbewußten* schrieb Jung: »Das endlose Dilemma Kultur-Natur ist im Grunde stets die Frage eines Zuviel oder Zuwenig, kein Entweder-Oder« (GW7, §41). In *Die Lebenswende* beschrieb Jung die beiden Stadien des Lebens als ein Wechsel von der Natur zur Kultur (GW8, § 749–795).

(Brief VII.3). Jung ist also Schillers Programm, wie es in *Über die ästhetische Erziehung des Menschen* vorgebracht wird, sehr nahe: »[J]eder Versuch zu einer Ausgleichung des einseitig differenzierten menschlichen Wesens unserer Zeit [hat] mit dem ernsthaften Aufnehmen der minderwertigen, weil nicht differenzierten Funktion zu rechnen« (GW6, §128).

Schiller sieht die mehr als ein Jahrhundert in Anspruch nehmende Aufgabe – nämlich die Wiederherstellung mittels einer höheren Kunst unserer von der Kunst selbst zerstörten Totalität der Natur – als das Ziel ästhetischer Erziehung an. In Brief IX kündigt Schiller die Rolle der »schönen Kunst« in der Wiederherstellung jener Totalität an; und in Brief X offenbart Schiller, daß der Mensch durch Schönheit vor Wildheit und Barbarei zu retten sei: »Von dieser doppelten Verirrung soll [unser Zeitalter] durch die Schönheit zurückgeführt werden« (Brief X.1). Es stimmt, daß Schiller in Brief X jene zu Wort kommen läßt, die Einwände gegen Schönheit erheben und sie der gefährlichen Tendenz beschuldigen, die Realität zu leugnen, und sich negativ auf die Gesetze des gesellschaftlichen Verkehrs auszuwirken. Tatsächlich räumt Schiller ein, daß historisch gesehen ästhetische Kultur immer dann florierte, wenn politische Freiheit und bürgerliche Tugend litten (Brief X.4). Schiller jedoch läßt diese Kritik nur zu, um später in Brief XXVI.13 eine Antwort darauf zu geben. Jung ignoriert somit die rhetorische Strategie in *Über die ästhetische Erziehung des Menschen* als auch die Implikationen ihrer Struktur, wenn er behauptet: »Wie vorher der Dichter, so geht hier nunmehr der Denker mit Schiller durch: er *mißtraut* die Schönheit« (GW6, §125; vgl. GW6, §124). Schiller begegnet der Schönheit jedoch keineswegs mit Mißtrauen.[42]

In Brief X geht Schiller von Beispielen für Schönheit ab und wendet sich dem abstrakten Begriff Schönheit zu, der in keinem Zusammenhang mit empirischen Gründen oder, mit anderen Worten, dem rein rationalen Begriff von Schönheit (»diese[m] reine[n] Vernunftbegriff der Schönheit«) steht. Als solcher Begriff muß Schönheit als »eine notwendige Bedingung der Menschheit« dargestellt werden (Brief X.7). Dieser Abschnitt geht der Definition von Schönheit auf den Grund, die Schiller angesichts der »Kallias-Briefe« in seinem Briefwechsel mit Körner zur Sprache brachte. In seinem Brief vom 25. Oktober 1794 schrieb Schiller, daß Schönheit ein Objekt der Phantasie, Empfindung für Schönheit jedoch gleichzeitig völlig subjektiv sei: »Die Schönheit ist ein Effekt der Einbildungskraft oder, wenn Du willst, ein Objekt derselben ... Es ist etwas völlig Subjektives, ob wir das Schöne als schön empfinden, aber objektiv sollte es so sein«

[42] In seinem Brief an Christian Garve vom 25. Januar 1795 verteidigt Schiller seine Verwendung des Begriffs »ästhetisch« (Briefe, IV, S. 107–108). Trotzdem ist Jungs Kritik dahingehend gerechtfertigt, daß Schönheit auch trivial sein kann (»bloß ästhetisch«).

(Briefe, Bd. IV, S. 44–45). Im gleichen Brief macht Schiller deutlich, daß Schönheit weniger ein empirischer Begriff und eher ein »Imperativ« sei: »Das Schöne ist kein Erfahrungsbegriff, sondern vielmehr ein Imperativ« (Briefe, Bd. IV, S. 44). Daher hat sowohl in den »Kallias-Briefen« als auch in Schillers Brief von 1794 Schönheit nichts mit Eigenschaften des Subjekts oder Objekts zu tun, sondern damit, wie das Objekt dem Subjekt erscheint. Mit anderen Worten, Schönheit hat etwas mit ästhetischer Illusion oder Schein zu tun. Diese Definition von Schönheit – »Freiheit in der Erscheinung« – erfüllt Schillers spätere Diskussion in *Über die ästhetische Erziehung des Menschen*. In dem Versuch, »diesen transzendentalen Weg« (Brief X.7) zu gehen, macht Schiller unverkennbar einen Schritt in Richtung Kant.[43] Es ist jedoch ein Schritt, den Jung nicht als solchen erkennt, oder, wenn er es tut, ihn sofort zurückweist: »In diesem Sinne ist auch der ›transzendentale Weg‹, den Schiller sich zu beschreiten anschickt, nicht etwa als ein erkenntniskritisches Raisonnement, sondern vielmehr symbolisch als jener Weg zu verstehen, den der Mensch immer dann geht, wenn er auf ein mit seiner Vernunft zunächst nicht zu bewältigendes Hindernis, eine unlösbare Aufgabe gestoßen ist« (GW6, §133; vgl. GW6, 129).

Statt dessen betont Jung, daß Schiller qua Denker sich selbst qua Dichter in einem symbolischen Sinn verstanden haben will (GW6, §127). Daher soll Schillers *Über die ästhetische Erziehung des Menschen*, so Jung, »symbolisch« gelesen werden (GW6, §133). Hätte Jung nur die Ähnlichkeit der Charakteristiken von »schönem Vortrag« zu dem, was er hier symbolisch nennt, erkannt, hätte das wohl seine Kritik an Schiller gemildert. Außerdem stellt sich Schillers Symbolbegriff als auffallende Vorwegnahme von Jungs Begriff heraus. Für Jung liegt die Lösung zu Schillers »unlösbarer Aufgabe« genau in der Akzeptanz des Symbols: »Wo immer eine Aufstauung der Libido stattfindet, da zerfallen auch die vorher im beständigen Fließen des Lebens geeinten Gegensätze und treten nunmehr als kampfbegierige Gegner voreinander. In einem längeren und in Dauer und Ausgang nicht abzusehenden Kampfe erschöpfen sich dann die Gegensätze, und aus der Energie, die ihnen verloren geht, bildet sich das Dritte, welches dann eben der Beginn des neuen Weges ist« (GW6, §133). Jedoch wenn Jung schreibt, daß »die Lösung [des] Widerspruches [zwischen

[43] In *Über die ästhetische Erziehung des Menschen* hoffte Schiller für Schönheit das zu erreichen, was Kant in seiner kritischen Philosophie für das Wissen erreicht hatte. Vergleiche Kants *Vorrede zur zweiten Ausgabe der Ersten Kritik* (1787; B XXXI) und seinen offenen Brief vom 7. August 1799 anläßlich der Veröffentlichung von Fichtes *Wissenschaftslehre* (Kant, Gesammelte Schriften, Akademie-Ausgabe, 29 Bde, Berlin 1901–1983, Bd. 12 [Briefe, Bd. III], S. 397) mit Schillers Brief an Körner vom 3. Februar 1794 über *Über die ästhetische Erziehung des Menschen* (Briefe, Bd. III, S. 419).

Wunsch und Erfahrung]« an der Entdeckung eines Weges liegt, »den das wirkliche Leben annimmt« (GW6, §133), dann ist dieser Weg für Schiller das Ästhetische. Bezeichnenderweise – denn hiermit evoziert er den Schillerschen Begriff des Spiels – spricht Jung über einen solchen Weg als »das Spiel der Gegensätze« in der Psyche (GW6, §134).

In seiner Erläuterung zu Brief XI merkt Jung zurecht an, daß es Schiller nicht nur um »den Zwiespalt zwischen Staat und Individuum« geht, sondern auch um »die Zweiheit von ›Person und Zustand‹« oder die Trennung des Selbst und seiner bestimmenden Attribute (GW6, §135; vgl. Brief XI.1–2). Jung kommentiert Schillers berühmte Aussage: »Die Anlage zur Gottheit trägt der Mensch unwidersprechlich in seiner Persönlichkeit in sich« (Brief XI. 7), damit, daß Schiller als Introvertierter Gott mit dem Ich identifizierte: »Sein Gott, sein höchster Wert, ist ihm die Abstraktion und Erhaltung des Ich« (GW6, §136). Außerdem bemerkt Jung, daß für Schiller der Weg zu Gott »in den Sinnen, also im Affiziertsein, im Wechselnden, im lebendigen Prozeß« liegt (vgl. Brief XI.7). Was Schiller betrifft, so sind jedoch die Sinne keineswegs »die sekundär wichtige Funktion«, wie Jung fälschlicherweise meint.

Statt dessen versteht Schiller die Aufgabe des Menschen folgendermaßen: »[E]r soll alles Innre veräußern und alles Äußere formen« (Brief XI.9). Wie Jung zeigt, findet sich eine Parallele für diese Formulierung im Entwurf von Goethes Brief an Schiller vom 27. April 1798: »[I]ch frage nach den Gegenständen gar nicht, sondern fordere, daß sich alles nach meinen Vorstellungen bequemen soll« (Briefwechsel, Bd. II, S. 83). Das Denken des intuitiven, extravertierten Fühltypus, so Jung, kann ebenso autokratisch wie die Handlung des intuitiven, introvertierten Denktypus sein, und er führt den folgenden Einwand an: »Irgendwo muß der Mensch bezogen, sozusagen *unterlegen* sein, sonst wäre er ja wirklich gottähnlich. Es müßte denn sein, daß Schiller es darauf ankommen ließe, dem Objekt Gewalt anzutun. Damit würde er aber der archaischen minderwertigen Funktion ein uneingeschränktes Existenzrecht einräumen« (GW6, §142). Jungs Einwand von der Möglichkeit der Gewalt trifft sich mit Schillers Argument in Brief XXVII, demzufolge physisches Spiel sich mittels Schönheit in ästhetisches Spiel verwandelt (Brief XXVII.3). Jung jedoch mißdeutet Schillers Worte als naiv und idealistisch (GW6, §142).

Da Jung aber nicht begreift, daß das Ästhetische in einer Koordination von Sinn und Vernunft besteht, beruht sein Einwand auf einem Mißverständnis der Art, wie Schiller mit der »minderwertigen Funktion« umzugehen beabsichtigt. Um zu verstehen, wie die zweifache Aufgabe des Menschen, wie sie Schiller nennt, zu erreichen sei – »das Notwendige *in uns* zur Wirklichkeit zu bringen und das Wirkliche *außer uns* dem Gesetz der Notwendigkeit zu unterwerfen« (Brief XII.1) – müssen wir uns jedoch

Schillers Vorstellung von den Trieben und Jungs Rezeption der Briefe XII bis XVI zuwenden. Somit können wir Jungs Behauptung entgegentreten, derzufolge Schiller unfähig war, mit der in seinem Gedicht *Der Taucher* (1797) hervorgerufenen »Unterwelt« umzugehen, die auch von Nietzsche in *Also sprach Zarathustra* angeblich heraufbeschworen wurde. Denn sogar in seiner Kritik Schillers kann sich Jung der Verwendung des klassischen ästhetischen Begriffs »Schleier« nicht erwehren: »Als Schiller lebte, war eben die Zeit der Auseinandersetzung mit dem Unteren noch nicht gekommen. Nietzsche stand dieser Zeit auch innerlich viel näher, daher es ihm gewiß war, daß wir uns einer Epoche größten Kampfes nähern. Darum zerriß er auch, als der einzige wahre Schüler Schopenhauers, den Schleier der Naivität und holte in seinem *Zarathustra* einiges davon hinauf, was zum lebendigsten Inhalt einer kommenden Zeit bestimmt war« (GW6, §144).

DIE TRIEBE

In Brief XII in *Über die ästhetische Erziehung des Menschen* unterscheidet Schiller zwischen zwei grundlegenden Trieben, dem »Stofftrieb« (oder sinnlichen Trieb) und dem »Formtrieb« (oder formalen Trieb). Jung widmet sich zuerst dem sinnlichen Trieb und findet es charakteristisch für Schillers Psychologie, diesen Trieb mit »Empfindung« und nicht mit »Begehren« zu assoziieren. Jung weist darauf hin, daß Schiller keine scharfe Unterscheidung zwischen Empfindung und Gefühl trifft (GW6, §146).[44] Daher spricht Jung also von »Gefühlsempfindung« (GW6, §145). Laut Jung ermöglicht Schillers Ausschluß der Sinnlichkeit von der Idee der Person ihm, die Person als eine »absolute und unteilbare Einheit« zu begreifen (Brief XII.4). Ferner argumentiert Jung in seiner Diskussion des formalen Tiebs, daß »der formende Gedanke« eine Überbewertung von Permanenz und Konstanz ausdrückt (GW6, §150; vgl. Brief XII.5). Jung nimmt Schillers Worte zur Kenntnis, daß unter der Vorherrschaft der Vernunft wir »nicht mehr Individuen, sondern Gattung« sind (Brief XII.6), und argumentiert, daß sich mit einer differenzierten Funktion zu identifizieren in einem Kollektivzustand zu verbleiben bedeutet (GW6, §155). Darüber hinaus meint Jung, daß die Einheit der individuellen Persönlichkeit »ein Desiderat des Intellektes« ist, wodurch die überlegene Funktion (der Intellekt) die minderwertige Funktion (die Sinne) ausschließt und genau zur »Verstümmelung menschlichen Wesens« führt, die Schillers Aus-

[44] Wie Wilkinson und Willoughby zeigen, übergeht Schiller Kants Unterscheidung zwischen subjektiver und objektiver Empfindung (WW, S. 307–308).

gangspunkt war (GW6, §149). Doch dieses Argument ist eine fälschliche Darstellung von Schillers Position. Denn auch wenn sich das Selbst ändert, muß etwas Identisches in ihm verbleiben, sonst wäre es nicht mehr das Selbst. Schiller geht auf die Trennung der Vernunft und Sinne ein, und löscht die Unterscheidung nicht aus, sondern tritt für eine koordinierte Synthese beider Fähigkeiten ein.

Jung macht auf Schillers Argument in Brief XIII aufmerksam, demzufolge ein Trieb (das heißt der sinnliche oder formale Trieb) oder, wie Jung es ausdrücken würde, eine Funktion (Gefühlsempfindung oder Vernunft) durch die andere ersetzt werden kann (GW6, §156; vgl. Brief XIII.4). Und doch übersieht Jung die bedeutende Idee der wechselseitigen Unterordnung zwischen diesen beiden Trieben, die Schiller in einer überaus wichtigen Fußnote unterstreicht: »Die Unterordnung muß allerdings sein, aber wechselseitig« (Brief XIII.2, Fußnote 1). Aus dieser wechselseitigen Beziehung zwischen diesen beiden Trieben entsteht der dritte Trieb, der aus der Koordination der beiden anderen bestehende Spieltrieb. Jung bemerkt »eine Anerkennung der Gleichberechtigung der ›Sinnlichkeit‹ mit der Geistigkeit« (vgl. Brief XIII.6) und billigt »die Idee einer ›Wechselwirkung‹ der beiden Triebe, einer Interessengemeinschaft oder *Symbiose*« (GW6, §160).[45] In der Tat vertritt Schiller den Standpunkt, daß die wechselseitige Beziehung zwischen den beiden Trieben die Idee der Menschheit selbst darstellt: »Dieses Wechselverhältnis beider Triebe ist zwar bloß eine Aufgabe der Vernunft, die der Mensch nur in der Vollendung seines Daseins ganz zu lösen imstande ist. Es ist im eigentlichsten Sinne des Worts *die Idee seiner Menschheit*, mithin ein Unendliches, dem er sich im Laufe der Zeit immer mehr nähern kann, aber ohne es jemals zu erreichen« (Brief XIV.2).[46]

Jung interpretiert diese Äußerungen dahingehend, daß Schiller das Problem der Wechselwirkung der Triebe als »ein Problem der Vernunft« ansieht. Damit diese beiden Gegensätze vereint werden können, muß, so Jung, ein der Ratio überlegenes Vermögen ins Spiel kommen: »Es müßte denn sein, daß Schiller unter Vernunft etwas anderes versteht als ratio, nämlich ein höheres, beinahe mystisches Vermögen. Gegensätze lassen sich nur praktisch als Kompromiß vereinigen oder *irrational*, indem zwischen ihnen ein *Novum* entsteht, das von beiden verschieden ist und doch geeignet, ihre Energien gleichermaßen aufzunehmen als ein Ausdruck beider und keines von beiden. Dergleichen ist nicht zu ersinnen, sondern

[45] Der Begriff »Syzygie«, der in Jungs späteren Werken auftaucht, wäre eine exaktere Annäherung an Schillers Idee der wechselseitigen Koordination (siehe GW9/II, §20–42).

[46] Schillers Idealvorstellung von der Humanität unterscheidet sich daher deutlich von der Kants in seiner »Anthropologie« (1798; Gesammelte Schriften, Bd. 7, S. 144).

kann allein durch das Leben geschaffen werden« (GW6, §161). Laut Jung erkennt Schiller, daß es einen Weg zur Vereinbarung der Gegensätze gibt, obwohl dieser nicht, wie Jung uns glauben machen will, mystisch ist. Er ist vielmehr ästhetisch. So wie Schiller in Brief III »einen dritten Charakter ..., der ..., ohne den moralischen Charakter an seiner Entwicklung zu verhindern, vielmehr zu einem sinnlichen Pfand der unsichtbaren Sittlichkeit diente« (Brief III.5) forderte, spricht er in Brief XIV über das Produkt des Spieltriebs: das Symbol (Brief XIV.2). Und in Brief XV wird aus dem Symbol »lebende Gestalt« oder, anders ausgedrückt, Schönheit.

Jung kommt einer Anerkennung der Bedeutung des Ästhetischen für Schiller in seiner Diskussion über das Symbol dennoch sehr nahe. In Brief XV übernimmt Schiller die Idee der »vermittelnden Vorstellung« oder des »transzendentalen Schemas« aus dem »Schematismus der reinen Vernunft« in Kants *Kritik der reinen Vernunft* und entwickelt seine eigene Vorstellung eines ästhetischen Schemas, die sogenannte »lebende Gestalt« (WW, S. 250). Ebenso wie Kants Schema ist Schillers »lebende Gestalt« teils intellektuell, teils sinnlich (was sowohl auf den sinnlichen als auch auf den formalen Trieb deutet) und ist ein Produkt der Imagination. Ferner setzt Schiller »lebende Gestalt« mit Schönheit gleich und beschreibt sie als »ein Begriff, der allen ästhetischen Beschaffenheiten der Erscheinungen und mit einem Worte dem, was man in weitester Bedeutung *Schönheit* nennt, zur Bezeichnung dient« (Brief XV.2). Jung zufolge ist die »lebende Gestalt« das Symbol, das die Gegensätze vereint: »Der Gegenstand der vermittelnden Funktion heißt nun nach Schiller ›lebende Gestalt‹, welche eben das Symbol wäre, in welchem sich die Gegensätze einigen« (GW6, §162). Jung erläutert seine eigene Lehre des Symbols unter Zuhilfenahme Schillers folgendermaßen: »Das Wesen des Symbols nämlich besteht darin, daß es an sich einen nicht im Ganzen verständlichen Sachverhalt darstellt und nur intuitiv dessen möglichen Sinn andeutet. Die Schaffung eines Symbols ist nicht ein rationaler Vorgang; denn ein solcher vermöchte nie ein Bild hervorzubringen, welches einen im Grunde genommen unerfaßbaren Inhalt darstellt. Das Verständnis des Symbols fordert eine gewisse Intuition, die den Sinn dieses geschaffenen Symbols annähernd erkennt und diesen dem Bewußtsein einverleibt« (GW6, §162).

Für Schiller ist der Spieltrieb der Instinkt, Symbole produzieren zu wollen, und die Phantasie das Organ, mit dem sie geschaffen werden. In *Psychologische Typen* faßt Jung den Trieb und das Organ unter dem Begriff »Phantasietätigkeit« zusammen. Jung stellt jedoch die Frage, ob Schönheit und Spiel unweigerlich miteinander verbunden sind (GW6, §164). Jung weist auf die Unterscheidung zwischen dem ästhetischen und physischen Spieltrieb hin und bemerkt abschließend: »Daraus muß man schließen, daß Schiller die Gefahr dieser Verwandlung bewußt war« (GW6, §14). Den lateinischen Spruch »similia similibus curantur« zitierend glaubt Jung nicht, daß ästhetisches Spiel zu der ihm von Schiller zugeschriebenen Vermittlertätigkeit fähig ist (GW6, §164). Jung meint, daß man unbedingt herausfinden muß, »wo der Mensch eigentlich in seinem innersten Wesen steht« (GW6, §164). Denn obwohl, wie wir gesehen haben, der Mensch gespalten ist, muß er auch selbst-identisch sein. Von Schillers Äußerungen in Brief IX.9 leitet Jung die Idee der »Ausscheidbarkeit eines individuellen Kerns« ab (GW6, §165). In Brief IX setzt Schiller das Wesen des Menschen mit dessen Willen gleich: »Es gibt in dem Menschen keine andere Macht als seinen Willen« (IX.10).[47] Für Jung jedoch ist es ein Zeichen der Barbarei der Menschheit, daß der Wille den sinnlichen Trieb mit dem formalen Trieb nicht zu vereinbaren vermag (GW6, §169). Als solches ist das Ziel des Willens entweder von einem intellektuellen oder rationalen Urteil oder andererseits von einem emotionalen Urteil oder einem sinnlichen Verlangen bestimmt. Hier stimmt Jungs Ausführung völlig mit der Schillers überein. Und bis zu einem gewissen Grad gilt das gleiche auch seine Schlußfolgerung, daß der Gehalt des Willens symbolisch sein muß: »[N]ur dem Symbol kann die vermittelnde Stellung zwischen den Gegensätzen zukommen« (GW6, §169).

Später argumentiert Jung, daß, einzeln gesehen, weder die rationalen noch die sinnlichen Funktionen selbst Symbole schaffen können (GW6, §170). Als Folge davon wendet sich Jung dem Unbewußten zu, um einen symbolischen Gehalt zu finden, »der allein imstande ist, einen logischen Gegensatz irrational zu vermitteln«: »Dazu müssen wir tiefer gehen, wir müssen hinuntergreifen in jene Grundlagen des Bewußtseins, welche ihre ursprüngliche Instinktmäßigkeit noch erhalten haben, nämlich ins Unbewußte, wo alle psychischen Funktionen ununterschieden zusammenfließen in die ursprüngliche und fundamentale Aktivität des Psychischen« (GW6, §171). Für Jung ist das Unbewußte »jene Mutterstätte der schöpferischen Phantasie« (GW6, §172). Es ist die Funktion der Phantasie, wie oben beschrieben, »die Symbole, welche zur Bestimmung des vermittelnden Willens dienen *können*« (GW6, §172) zu schaffen. Laut Jung wird die vermittelnde Funktion des Symbols aktiviert, wenn das Symbol nicht unbewußt bleibt, sondern bewußt mit Libido ausgestattet wird: »Unter normalen Bedingungen daher ist dem unbewußten Symbol *künstlich* Energie zuzuführen, um es höherwertig zu machen und dadurch dem Bewußtsein

[47] In Anspielung an Lessings *Nathan der Weise* (1778/1779) schrieb Schiller in *Über das Erhabene* (1801): »Alle andere Dinge müssen; der Mensch ist das Wesen, welches will« (SW5, S. 792). In *Theoretische Überlegungen zum Wesen des Psychischen* definierte Jung (für ihn untypisch) Psyche als Willen (GW8, § 380).

anzunähern« (GW6, §173). Das Adverb »künstlich« kann im Sinn von »artifiziell« verstanden werden, aber es impliziert auch künstlerische Technik oder einen ästhetischen Aspekt.[48] Jung kehrt zur Idee der »Unterscheidung«, die er früher bei Schiller (GW6, §165) erkannt hatte, zurück und betont die Differenzierung zwischen dem Selbst und den (psychischen) Gegensätzen.

Die Entscheidung des Willens, nicht zwischen den Gegensätzen (der Vernunft oder den Sinnen, Bewußtsein oder Unbewußtem) sondern für das Selbst zu wählen, versteht Jung als Introversion (GW6, §173).[49] Laut Jung enthält unbewußtes, durch Introversion aktiviertes Material »Bilder der psychologischen Entwicklung des Individuums in seinen nachfolgenden Zuständen« (GW6, §174).[50] Daher bezieht Jung die Vermittlung zwischen Gegensätzen durch das Symbol auf seinen früheren Begriff, die »transzendente Funktion« (GW6, §174; vgl. 189).[51] Und in seiner Definition des Symbols im Glossar der analytisch-psychologischen Terminologie im Anhang zu *Psychologische Typen* (GW6, 894–908) unterscheidet Jung zwischen dem Semiotischen, dem Allegorischen und dem Symbolischen (GW6, §895; vgl. GW6, §87, Anm.38, sowie »Über die Energetik der Seele« [GW8, §88]). In dieser Definition hat das Symbol viele der Attribute, die ihm Schiller gegeben hat: »Der von Thesis und Antithesis bearbeitete Rohstoff, der in seinem Formungsprozeß die Gegensätze vereinigt, ist das lebendige Symbol. In seinem für eine lange Epoche nicht aufzulösenden Rohstoff liegt sein Ahnungsreiches, und in der Gestalt, die sein Rohstoff durch die Enwirkung der Gegensätze empfängt, liegt seine Wirkung auf alle psychischen Funktionen« (GW6, §908). Aus einer Schillerschen Perspektive jedoch übersieht Jung in dieser Definition die ästhetische Natur des Symbols. Das wirkt sich auf Jungs Verständnis der Rolle der Schönheit in Schillers *Über die ästhetische Erziehung des Menschen* aus.

[48] Vergleiche mit Herders Verwendung des Worts »künstlich« in *Über die neuere deutsche Literatur* (1767): »Du mußt den natürlichen Ausdruck der Empfindung künstlich vorstellen« (Werke, Bd. 1, S. 403).

[49] Die Introversion der Libido war das vorherrschende Thema in Jungs *Wandlungen und Symbole der Libido*. Siehe die Zusammenfassung von *Wandlungen und Symbole der Libido* in: John Kerr, A Most Dangerous Method: The Story of Jung, Freud, and Sabina Spielrein, London 1994, S. 326.

[50] Als Beispiel einer Reihe der Alchemie entnommenen Bilder der psychologischen Entwicklung des Individuums, siehe Jungs »Die Psychologie der Übertragung erläutert anhand einer alchemistischen Bilderserie« (GW16, 353–539).

[51] Siehe Jungs Essay *Die transzendente Funktion* (geschrieben 1916, veröffentlicht 1957; GW8, 131–193).

Jung trennt fälschlicherweise den Spieltrieb von der Idee des Ästhetischen und ersetzt ihn durch den Begriff des Mystischen: »Es ist merkwürdig, daß im weiteren Verlauf seiner Überlegungen die Frage des ›Spieltriebes‹ in den Hintergrund tritt zugunsten des Begriffes der ästhetischen Stimmung, welche eine beinahe mystische Bewertung zu erlangen scheint« (GW6, §185). Jeglicher Mystizismus wird jedoch von Jung als solcher interpretiert, und stammt nicht von Schiller. Ebenso könnten wir auch zumindest einige von Jungs offensichtlich mystischen Elementen als in der Tat ästhetisch interpretieren. Aber in *Psychologische Typen* verwandelt Jung »ästhetische Stimmung« (GW6, §184; vgl. Brief XXI.5, Fußnoten) in »ästhetische Andacht« (GW6, §186). Als Beispiel für ästhetische Andacht zitiert Jung Schillers Lob auf Juno Ludovisi, einer Büste der römischen Göttin der Natur (GW6, §186, vgl. Brief XV.9).[52] Für Jung ist Schillers Wahl eines göttlichen Bildnisses als Beispiel keine Überraschung (GW6, §188). Laut Jung veranschaulicht jener Abschnitt, in dem Schiller davon spricht, daß der weibliche Gott unsere »Anbetung« verlangt, das religiöse Merkmal »ästhetischer Andacht« (GW6, §186). Jung zufolge ist der psychologische Prozeß bei einer solchen Andacht »die Versenkung der Libido ins Unbewußte« und die Reaktivierung von Komplexen aus der Kindheit, das heißt Introversion. Oder, wie Jung es auch beschrieben hat, »eine regressive Bewegung der Libido zum Ursprünglichen, ein Hinuntertauchen in die Quelle des Anfangs« (GW6, §188). Aus dieser Begegnung mit dem Unbewußten soll das Symbol entstehen: »Daraus erhebt sich als ein Bild der beginnenden Progressivbewegung das *Symbol*, welches eine zusammenfassende Resultante aller unbewußten Faktoren darstellt« (GW6, §188). Als Paradigma für Introversion und die Schaffung des Symbols zitiert Jung die Paris und Helena Szene in *Faust II* (GW6, §188).

Jung seinerseits mißt der psychologischen Funktion des Symbols in der Entwicklung der Menschheit enorme Bedeutung zu. Er sagt sogar: »Durch das Tatsächlichnehmen des Symbols kam die Menschheit zu ihren Göttern, das heißt zur *Tatsächlichkeit des Gedankens*, welcher den Menschen zum Herrn der Erde gemacht hat« (GW6, §188). In seinem frühe-

[52] Als Göttin der Natur wurde Juno in der römischen Mythologie mit Ehe und Fruchtbarkeit assoziiert. Für die Römer hatte jede Frau ihre »Juno« und jeder Mann seinen »Genius«, eine Vorstellung, die Jung in seiner Theorie von »Anima« und »Animus« übernahm. Während seines Aufenthalts in Italien bewunderte Goethe die Büste der Juno in der Villa Ludovisi in Rom (siehe seinen Eintrag vom 6. Januar 1787 in seiner Italienische Reise; XI, S. 154). In *Über die ästhetische Erziehung des Menschen* erfüllt die Büste der Juno eine ähnliche Funktion wie die Statue des Apollo Belvedere in Schopenhauers *Die Welt als Wille und Vorstellung* (1819). In *Über die ästhetische Erziehung des Menschen* überwindet Juno Ludovisi die Trennung zwischen »Venus Cytherea« und »Venus Urania« (VI.8).

ren Werk *Wandlungen und Symbole der Libido* und in seinem späteren Essay »Über die Energetik der Seele« gibt Jung eine Erklärung über die Rolle des Symbols in der Entwicklung der Zivilisation. Für Jung ist das Symbol ein psychologischer Mechanismus, der (psychische) Energie transformiert (GW8, §88). Laut Jung »kanalisiert« das Symbol überschüssige Libido und macht sie kulturellen, nicht natürlichen Prozessen zugänglich: »Vorstellungssymbole sind zugleich Übergänge zu neuen Tätigkeiten, die man spezifisch als Kulturtätigkeiten bezeichnen muß, im Gegensatz zu den gesetzmäßig ablaufenden instinktiven Funktionen« (GW8, §91). Ebenso spielt in Schillers Beschreibung der menschlichen Entwicklung in *Über die ästhetische Erziehung des Menschen* das Ästhetische eine ähnlich bedeutende Rolle. Schiller merkt sogar an, daß beim natürlichen Menschen von allen sichtbaren Zeichen des Menschwerdens das Hervortreten des Ästhetischen, insbesondere »die Freude am *Schein*, die Neigung zum *Putz* und zum *Spiele*« (Brief XXVI.3), das wichtigste sei. Überdies ist es laut Schiller eine der wichtigsten Aufgaben von Erziehung und Bildung, den Menschen mittels des Ästhetischen aus seinem Naturzustand in die Moralität zu führen (Brief XXIII.6). Jedoch übersieht Jung die offensichtlichen Parallele zwischen seiner Theorie der kulturellen Entwicklung und Schillers Besprechung der Rolle des Ästhetischen in der Menschheitsentwicklung. So ist also sein unzulängliches Verständnis von Schillers Vorstellung des Ästhetischen an diesem Versehen schuld.

Jung widmet jedoch einem Abschnitt in Brief XX besondere Aufmerksamkeit, in dem Schiller die von Herder abgeleitete Lehre des Umwegs vorbringt: »Der Mensch kann nicht unmittelbar vom Empfinden zum Denken übergehen; er muß *einen Schritt zurück tun*, weil nur, indem eine Determination wieder aufgehoben wird, die entgegengesetzte eintreten kann« (Brief XX.3). Mit der als »Umweg« bekannten Lehre gibt Schiller hier wohl einen Gemeinplatz der Psychologie des 18. Jahrhunderts wieder (WW, S. 262). Jung übersetzt diese Doktrin in seine eigene psychologische Sprache: »Der Schritt zurück ist die Unterscheidung von den gegensätzlichen Trieben, die Ablösung und Zurückziehung der Libido von den inneren und äußeren Objekten« (GW6, §176). Um in das Unbewußte vorzudringen, muß sich die Libido sowohl von äußeren sinnlichen Objekten als auch von solchen inneren Objekten wie Ideen loslösen. Mit anderen Worten, Jung findet bei Schiller die Bestätigung seiner eigenen Theorie der Introversion: »Damit meint Schiller offenkundig dasselbe, was man als *Introversion ins Unbewußte* formulieren könnte« (GW6, §176).

Jung entnimmt Brief XX vier mit seinem psychologischen System übereinstimmende Elemente. Erstens, was Schiller als »eine unbegrenzte Bestimmbarkeit« bezeichnet, ist das Unbewußte in dem Sinn, daß es einen leeren Bewußtseinszustand gibt, in dem, laut Jung, »alles auf alles unterschiedlos wirken kann« (GW6, §177). Zweitens entspricht das von Schiller als »der größtmögliche Gehalt« Genannte dem Unbewußten, oder, genauer gesagt, dem Inhalt des Unbewußten. Tatsächlich ist im gnostischen Vokabular von Jungs *VII Sermones ad mortuous* (1916), das Unbewußte (das Pleroma) sowohl Fülle als auch Leere (ETG, S. 389–398). So findet Jung bei Schiller »die Vereinigung von Unbewußtem und Bewußtem« (GW6, §177). Drittens, was Schiller »etwas Positives« nennt, das sich aus diesem Zustand ergibt, entspricht dem, was Jung als »die symbolische Bestimmung des Willens« definiert (GW6, §177). Und schließlich deckt sich das, was Schiller als »eine mittlere Stimmung« beschreibt und als »den ästhetischen [Zustand]« definiert (Brief XX.4) mit der Vereinheitlichung der Gegensätze im Unbewußten: »Die Aufhebung der Gegensätze bewirkt eine Leere, die wir eben das Unbewußte nennen« (GW6, §178). Jung stellt zwischen der unbewußten Aktivität der Gegensätze und Schillers Behauptung eine Verbindung her: »In dem ästhetischen Zustande ist der Mensch also *Null*« (Brief XXI.4). Schillers Beschreibung des ästhetischen Zustands zitierend, sträubt sich Jung vor der Phrase »Genuß echter Schönheit« (Brief XXII.2; vgl. GW6, §191), mit folgendem Einwand: »Diese Darstellung steht in schroffem Gegensatz zu den früher aufgestellten Bestimmungen des ›ästhetischen Zustandes‹, in dem der Mensch ›Null‹ sein soll, bestimmunglos, während er doch hier gerade in höchstem Maß durch die Schönheit bestimmt ist (›dahingegeben‹)« (GW6, §192). Und doch übersieht Jung wiederum einen Aspekt der Komplexität in Schillers Argument. Denn wenn Schiller in Brief XXI.4 behauptet, daß der Mensch im ästhetischen Zustand Null sei, so bemerkt er auch in Brief XXII.1, daß es in anderer Hinsicht »ein Zustand der höchsten Realität« ist, denn »die ästhetische [Übung] allein führt zum Unbegrenzten ...; nur der ästhetische [Zustand] ist ein Ganzes in sich selbst« (XXII.1). Und wenn Schiller in Brief XXII.2 sagt, daß wir uns im ästhetischen Zustand dem Genuß wahrer Schönheit hingeben, so führt er im gleichen Brief auch an, daß wir in einem solchen Augenblick im gleichen Maß »Meister« sowohl unserer aktiven als auch passiven Kräfte sind, »und mit gleicher Leichtigkeit werden wir uns zum Ernst und zum Spiele, zur Ruhe und zur Bewegung, zur Nachgiebigkeit und zum Widerstand, zum abstrakten Denken und zur Anschauung wenden« (Brief XXII.2).

Wie Jung es klar ausdrückt, entspricht Schillers »mittlere ästhetische Funktion« jener »symbolbildenden Tätigkeit«, die er »schöpferische Phantasie« nennt (GW6, §178). Trotz dieser und anderen Übereinstimmungen wirft Jung Schiller an dieser Stelle vor, »widerspruchsvoll« zu werden, da ihm der Begriff des Unbewußten fehlt (GW6, §178). Obwohl er Schillers frühere Definition des Ästhetischen als etwas bezeichnet, das sich auf die Gesamtheit der Funktionen bezieht, ohne ein endgültiges Objekt für jede einzelne zu sein (Brief XX.4, Fußnoten), beschreibt Jung diese Definition ohne guten Grund als »vage«. Jungs mangelndes Verständnis von Schillers Vorstellung über das Ästhetische offenbart sich weiter in seiner Ablehnung des Begriffs Schönheit und seiner Annahme von Schillers Begriff des Symbols, denn es ist genau Schillers Argument, daß »lebende Gestalt« Schönheit ist (Brief XV.2). Und Jung trägt mit seiner Behauptung, »das urtümliche Bild« unterscheide sich vom ästhetischen Bild, und mit dem Vorwurf vom mangelnden Wissen Schillers über den Osten, nur zu seiner eigenen Verwirrung bei (GW6, §178).[53] Jung erkennt nicht, daß Schiller sehr wohl fähig ist, seinen ästhetischen Theorien ein psychologisches Vokabular zu verleihen. In seinem Brief an Goethe vom 27. März 1801, zum Beispiel, schreibt Schiller: »Das Bewußtlose mit dem Besonnenen vereinigt macht den poetischen Künstler aus«.[54] Zu Unrecht ordnet Jung Schillers *Über die ästhetische Erziehung des Menschen* in die Kategorie des sogenannten »Ästhetismus« ein.[55]

Für Jung ist »das Ästhetische« immer bloß ästhetisch. Jung lehnt Ästhetismus aus den folgenden drei Gründen ab (GW6, §183). Erstens, weil er angeblich voraussetzt, was er zu schaffen versucht, nämlich Liebe für Schönheit. An einer früheren Stelle in seinem Kapitel über Schiller beschuldigt Jung diesen des alten Trugschlusses der »petitio principii« (GW6, §164). Doch Jung wiederholt nur die Frage, die Schiller selbst in *Über die ästhetische Erziehung des Menschen* gestellt hat, nämlich ob Schönheit sowohl die Natur im Wilden fesseln als auch sie im Barbaren freisetzen kann (Brief X.1). Schillers positive Antwort auf diese Frage und ihre Rechtfertigung findet sich in den Briefen XXIII und XIV, in denen die Beziehung zwischen dem Physischen, Ästhetischen und Moralischen erklärt wird. Später spricht Jung erneut seine Zweifel darüber aus, wie der ästhetische Zustand zu erreichen sei (GW6, §191). Dies jedoch ist eine reine Wiederholung und kein neuer Einwand.

Zweitens wendet sich der Ästhetismus, so Jung, von allem Schlechten, Häßlichen und Schwierigen ab und zielt nur auf »Genuß« ab, selbst wenn

[53] Später erklärt Jung die Ähnlichkeit von Schillers Theorie mit dem Taoismus anhand des kollektiven Unbewußten (GW6, §182). Aber siehe auch WW, S. IXXXI, Fußnote 1.

[54] Vergleiche weiters Schillers Bemerkung in jenem Brief, daß »der vollkommene Dichter spricht das Ganze der Menschheit aus« mit Jungs Gedanken in *Über die Beziehungen der analytischen Psychologie zum dichterischen Kunstwerk* (1922) über die archetypische Bedeutung der Kunst (GW15, §129). Vgl. auch Barnaby, a. a. O., S. 125.

[55] Jung unterscheidet »Ästhetismus« von »Ästhetizismus« folgendermaßen: »Ich verwende das Wort ›Ästhetismus‹ als einen abgekürzten Ausdruck für ›ästhetische Weltanschauung‹. Ich meine daher nicht jenen Ästhetismus mit dem üblen Beiklang des Ästhetisch-Tuns und der Anempfindelei, was man vielleicht als Ästhetizismus bezeichnen könnte« (GW6, §183, Fußnote 71).

dieses Vergnügen »edel« ist. Seiner Kritik (1791) von Bürgers Gedichten (1789) folgend, wurde »veredeln« zu einer zentralen Idee in Schillers Ästhetik. In *Über die ästhetische Erziehung des Menschen* impliziert es die Erhöhung des Individuellen zum Universellen, und es hat auch eine alchemistische Konnotation (WW, S. 270 und 317). Darüber hinaus haben Schillers Verwendung von »absondern« in seiner Beschreibung der »wechselseitigen Subordination« (Brief III.5), von »steigern« (Brief XXII.4) und sein Hinweis auf die »Mysterien der Wissenschaft« (Brief XXVII.11) alle alchemistische und freimaurerische Untertöne (wahrscheinlich wurde er von Goethe darauf aufmerksam gemacht) (WW, S. XLVII, LV, 265 und 298). Im 18. Jahrhundert lag die Hauptbedeutung der Alchemie in ihren esoterischen Implikationen für die Gesundheit der Psyche.[56] Jung seinerseits war von alchemistischen Texten zunehmend fasziniert, da sie, so behauptete er, Techniken für die symbolische Projektion psychischer Prozesse boten.[57]

Trotzdem argumentiert Jung, daß der Ästhetismus die Menschheit nicht aus dem Konflikt zwischen dem Schönen und Häßlichen herauszuführen vermag: »Um dem Menschen aus diesem Konflikt herauszuhelfen, bedarf es einer andern Einstellung als der ästhetischen« (GW6, §183). Der Kern des Problems liegt in Jungs Ablehnung von Schillers Gleichsetzung von ästhetischer Stimmung und Schönheit (GW6, §190; vgl. Brief XXI.4). Schillers Definition von »ästhetischer Beschaffenheit« als eine Gesamtheit verschiedener Funktionen zitierend (Brief XX.4, Fußnoten), protestiert Jung gegen Schillers angebliches Versäumnis, das Problem des Häßlichen miteinzubeziehen: »Schiller definiert als ›ästhetische Beschaffenheit‹ einer Sache, daß sie sich ›auf das Ganze unserer verschiedenen Kräfte‹ bezieht. Dementsprechend kann also ›schön‹ und ›ästhetisch‹ nicht zusammenfallen, denn unsere verschiedenen Kräfte sind auch ästhetisch verschieden, schön und häßlich« (GW6, §190). Gleichzeitig meint Jung, daß Schiller an die Grenze der Häßlichkeit stößt: »[Schiller] ist hier an einer Grenze seiner selbst und seiner Zeit angelangt, die ihm zu überschreiten unmöglich war, denn überall stieß er an den unsichtbaren ›häßlichsten Menschen‹, dessen Entdeckung unserem Zeitalter und Nietzsche vorbe-

[56] Vgl. Goethe, »Alchymisten«, Geschichte der Farbenlehre (Werke, Bd. XIV, S. 78–80, bes. S. 78; vgl. WW, S. XLVIII). In seiner Autobiographie schrieb Jung: »In meiner Beschäftigung mit der Alchemie sehe ich meine innere Beziehung zu Goethe« (ETG, S. 209).

[57] Über die Bedeutung der Alchemie für die analytische Psychologie siehe ETG, S. 209 und 213. Jungs Studien über Alchemie finden sich in GW12 (Psychologie und Alchemie), GW13 (Alchemische Studien) und GW14 (Mysterium coniunctionis). Über letzteres Werk siehe ETG, S. 225.

halten war« (GW6, §192).[58] Da Jung die genaue Bedeutung von Schönheit im Weimarer Klassizismus im allgemeinen und bei Schiller im besonderen mit der von französischen Befürwortern von »l'art pour l'art« im 19. Jahrhundert verwendeten Bedeutung verwechselt, vermag er die volle Bedeutung des Ästhetischen in *Über die ästhetische Erziehung des Menschen* nicht zu erfassen. Häßlichkeit ist von Schillers Beschreibung in *Über die ästhetische Erziehung des Menschen* nicht ausgeschlossen, sondern sie ist vielmehr als ein Fehlen von Schönheit zu betrachten und nicht in eine separate Kategorie einzuordenen. In Kantscher Terminologie ausgedrückt ist Schönheit ein notwendiges Postulat, Häßlichkeit hingegen bloß ein hypothetisches Postulat des Seins.[59]

Der schließlich wichtigste Einwand, den Jung gegen den Ästhetismus vorbringt, ist jener, daß ihm ein moralisches Motiv fehlt. Schiller, so behauptet Jung, scheitert beim Versuch, »ein unbedingtes sittliches Motiv« (GW6, §183) einzuführen. In den »Kallias-Briefen« hatte Schiller Schönheit als »Freiheit in der Erscheinung« definiert. Somit besteht bei Schiller, wie Wilkinson und Willoughby festgestellt haben, ein enger Zusammenhang zwischen Ästhetik und Ethik, denn Schillers Definition von Schönheit verleiht Kants Vorstellung von moralischer Freiheit eine ästhetische Bedeutung (WW, S. XXVII).[60] In seinen »Kallias-Briefen« widmet sich Schiller der Vorstellung, daß menschliche Handlungen von Schönheit erfüllt sein können. Am 18. Februar 1793 schrieb Schiller: »Obgleich Schönheit nur an der Erscheinung haftet, so ist *moralische Schönheit* doch ein Begriff, dem etwas in der Erfahrung korrespondiert« (SW5, S. 404). Offensichtlich ist ein Willensakt als freier Akt auch ein moralischer Akt, aber hierbei ist nur der rationale Aspekt des Menschen eingeschaltet. Schiller hingegen behauptete, daß eine moralische Handlung auch schön sein könne, wenn der sensorische Aspekt des Menschen frei zu sein scheint. Ein solcher Akt würde, so Schiller, nicht nur aus Pflichtgefühl, sondern – dem Anschein nach zumindest – auch aus einer Neigung heraus begangen. In seinem »Kallias-Brief« vom 19. Februar 1793 findet sich folgende Ausführung Schillers: »[E]ine freie Handlung ist eine schöne Handlung, wenn die Autonomie des Gemüts und Autonomie in der Er-

[58] In *Psychologische Typen* diskutiert Jung den Häßlichsten Menschen bei mehreren Gelegenheiten (GW6, §318, 810 und 908).

[59] In seiner *Kritik der reinen Vernunft* beschreibt Kant ein »Postulat der reinen praktischen Vernunft« als eine »subjektive, aber doch wahre und unbedingte Vernunftnotwendigkeit« (»Vorrede«, Fußnote 5). Ich bin R. H. Stephenson für seine erklärenden Bemerkungen in diesem Zusammenhang, wie auch anderweitig, verbunden.

[60] Vgl. Henrich, a. a. O., S. 534. Laut Henrich deuten die im Schiller-Nationalmuseum in Marbach befindlichen Marginalien in Schillers Kopie von Kants *Kritik der Urteilskraft* auf Schillers Interesse an der Beziehung zwischen dem Ästhetischen und Ethischen hin.

scheinung koinzidieren« (SW 5, S. 407). In seinem Essay *Über Anmut und Würde* (1793) formuliert Schiller seine Vorstellung von Schönheit in menschlichen Handlungen von neuem mit der Definition von der »schönen Seele« als etwas, in dem Pflicht und Neigung zusammenfallen (SW 5, S. 468–469).

Zwei Jahre später findet man in *Über die ästhetische Erziehung des Menschen* die gleiche unmißverständliche Beziehung zwischen dem Ästhetischen und Moralischen, wenn auch in komplizierterer Form. In Brief XXIII erklärte Schiller: »[E]s gibt keinen andern Weg, den sinnlichen Menschen vernünftig zu machen, als daß man denselben zuvor ästhetisch macht« (Brief XXIII. 2). *Über die ästhetische Erziehung des Menschen* liefert eine äußerst genaue Definition der Aufgabe des Ästhetischen. Laut Schiller ist die Betrachtung von Schönheit ein guter Mittelweg zwischen dem Bereich des Gesetzes und dem des Zweckdenkens (Brief XV. 5). Schönheit, so argumentiert er, stellt bei Anspannung die Harmonie wieder her und verleiht bei Kraftlosigkeit Energie (Brief XVII. 2).[61] Doch produziere Schönheit weder Wissen noch Charakter und sei für das Verstehen und den moralischen Willen unerheblich (Brief XXI. 4). Und in Brief XXII betont Schiller das Ausmaß dessen, was das Ästhetische vermag, indem er abgrenzt, wozu es nicht fähig sein kann (Brief XXII. 4).

In *Über die ästhetische Erziehung des Menschen* wird die vermittelnde Funktion der Schönheit in zwei dreiteiligen Schemen erläutert. In seinem ersten Schema beschreibt Schiller die Beziehung der dem Individuum innewohnenden Triebe, wobei Schönheit zwischen dem Verstand und den Sinnen vermittelt (Brief XXIII). In Schillers zweitem dreiteiligem Schema wird der vermittelnden Funktion nicht aus dem Blickwinkel der Triebe, sondern anhand von drei Momenten Ausdruck verliehen. Wie Schiller in seiner Fußnote zu Brief XXV erklärt, sind diese Momente ontogenetisch (auf der Ebene der individuellen Entwicklung), phylogenetisch (auf der Ebene der kollektiven oder historischen Entwicklung) und transzendental (als notwendige Bedingung für alle Akte der Wahrnehmung) zu verstehen (Brief XXV. 1, Fußnoten). Wie Schiller in Brief XXIII erklärt, gestaltet sich der Übergang vom ersten (das heißt physischen) zum zweiten (das heißt. ästhetischen) Zustand weitaus schwieriger als der Übergang vom zweiten (das heißt ästhetischen) zum dritten (das heißt moralischen) Zustand

[61] Schiller unterscheidet zwischen Schönheit als Idee (ein in der Realität niemals verwirklichbares unteilbares Ganzes) und Schönheit als Erfahrung (ein zwischen Realität und Form schwankendes Zweifaches; Brief XVI. 1). Hinsichtlich Schönheit als Erfahrung deutet Schiller eine Unterscheidung zwischen schmelzender Schönheit (die eine beruhigende Wirkung hat) und energische Schönheit (die eine belebende Wirkung hat) zwar an, erläutert sie jedoch niemals (Brief XVI. 2). Vgl. *Über Anmut und Würde*, wo er zwischen »belebende« und »beruhigende Grazie« unterschied (SW 5, S. 495).

(Brief XXIII.5). Somit könnten die drei Zustände der Menschheit als ein Weg von der Natur über die Schönheit hin zur Wahrheit zusammengefaßt werden. Obwohl das Ästhetische niemals Weisungen für die moralische Wahl geben kann, so vermag es doch die Ausführung einer moralischen Entscheidung legitim zu verändern und hat somit eine exekutive, wenn auch nicht legislative Beziehung zur Moralität (Brief XXIII.7; vgl. WW, S. 298). Oder, anders ausgedrückt, die Beziehung zwischen dem Ästhetischen und Moralischen ist wechselseitig subordinativ und nicht bloß superordinativ. Somit entwickelt sich bei Schiller die Moralität aus dem Ästhetischen: »[N]ur aus dem ästhetischen, nicht aber aus dem physischen Zustand [kann] der moralische sich entwickeln« (Brief XXIII.6). Mit anderen Worten, über das Ästhetische erreicht der Mensch seinen wahren Status: »[E]r soll Mensch sein« (Brief XXIV.8). Am Ende dieses Abschnitts von Schillers *Über die ästhetische Erziehung des Menschen* ist sogar Jung gezwungen, das implizite moralische Ziel von Schillers ästhetischer Erziehung zu erkennen, und er gesteht zu: »Schiller möchte das sinnliche Wesen zu einem vernünftigen machen, indem er es zuvor ästhetisch macht, wie er selber sagt« (GW6, §193; vgl. Brief XIII.2).

Jung hingegen denkt, daß Schillers Ästhetik für das Problem der Gegensätze eine andere Lösung bietet. Er definiert Schillers Vorstellung von Schönheit als »ein religiöses Ideal« (GW6, §184): »Seine ›ästhetische Stimmung‹ ließe sich wohl ebenso gut mit ›religiöse Andacht‹ wiedergeben. Ohne etwas derartiges auszusprechen und ohne sein Kernproblem explizite als ein religiöses zu bezeichnen, ist Schillers Intuition aber zum religiösen Problem gekommen« (GW6, §184). Jung ist bekannt für seinen Hang zum Religiösen.[62] In seiner Diskussion von *Pragmatism. A New Name for Some Old Ways of Thinking* (1907) von William James (1842–1910), behauptet Jung in *Psychologische Typen*, daß die religiöse Funktion ein universeller psychischer Bestandteil sei (GW6, §593). Im Falle Jungs waren es die Ikonographie und der Symbolismus und nicht die kirchliche Geschichte und das Dogma, die ihn zunächst faszinierten. In *Wandlungen und Symbole der Libido* hatte Jung behauptet, daß die Wahrheit des Symboles in erster Linie eine psychologische sei: »Das Symbol, vom Standpunkt des real Wahren aus betrachtet, ist zwar täuschend, aber es ist *psychologisch* wahr, denn es war und ist die Brücke zu allen größten Errungenschaften der Menschheit« (WSL, S. 231). Es ist daher kein Wunder, daß Jung Schillers ästhetische Theorie des Symbols mit seiner eigenen psychologischen und offenbar religiösen Ansicht amalgamieren will: »[D]ie Vision des Symbols [bedeutet] einen Hinweis auf den weiteren Weg

[62] Für eine bibliographische Übersicht siehe J. W. Heisig, Jung und die Theologie. Eine bibliographische Abhandlung, in: Analytische Psychologie 7, 1976, 177–220.

des Lebens, eine Anlockung der Libido zu einem annoch fernen Ziel, das aber von da an unauslöschlich in ihm wirkt, so daß sein Leben, entfacht wie eine Flamme, stetig weiter schreitet zu fernen Zielen« (GW6, §188). Wie aus seinen abschließenden Bemerkungen über Schiller in *Psychologische Typen* ersichtlich wird, hält sich Jung eng an einen zentralen Lehrsatz der Weimarer Ästhetik, der die Notwendigkeit, ins Mystische vorzustoßen, wie Jung es so oft zu tun scheint, umgeht. An dieser Stelle ermöglicht uns Jungs Diskussion über Schiller in *Psychologische Typen* ein neues Verständnis der Jungschen analytischen Psychologie, die nicht etwa eine Ersatzreligion[63] und noch weniger einen Kult,[64] sondern vielmehr eine archetypische Ästhetik zum Vorschein bringt. Dieses sowohl Schiller in *Über die ästhetische Erziehung des Menschen* als auch Jung in *Psychologische Typen* gemeinsame Element ist der Begriff des »Scheins«.[65]

Jung bringt seine Diskussion von *Über die ästhetische Erziehung des Menschen* mit den folgenden anerkennenden Worten über das psychologische Verdienst von Schillers Abhandlung zu Ende: »Die Größe der Schillerschen Gedanken liegt in der psychologischen Beobachtung und intuitiven Erfassung des Beobachteten« (GW6, §195). Wie wir gesehen haben, ist der Begriff des Symbols ein bedeutender Aspekt der Schillerschen Ästhetik, die Jung zum Ausdruck bringen will. Im Symbol sind die Gegensätze, wie Jung erkennt, einschließlich Realität und Nichtrealität, irgendwie vereint: »Das Symbol vereinigt in seiner Natur das Gegensätzliche; so vereinigt es auch den Gegensatz real-irreal, indem es zwar einerseits eine psychologische Realität oder Wirklichkeit (seiner *Wirksamkeit* wegen) ist, anderseits aber keiner physischen Realität entspricht« (GW6, §195).[66] Daher ist für Jung das Schillersche Symbol sowohl Realität als auch Schein: »[Das Symbol] ist eine Tatsache und doch ein *Schein*« (GW6, §195). Völlig im Einklang mit der Weimarer Ästhetik schreibt Jung dem Symbol die Eigenschaft von »Schein« oder ästhetischer Illusion zu: »Die Wirklichkeit, welche der eine Trieb voraussetzt, ist eine andere als die des

63 Siehe das Kapitel »Jung's Language of Faith« in Philip Rieff, The Triumph of the Therapeutic. Uses of Faith After Freud, Harmondworth, Middlesex 1973, besonders S. 115 u. 119–120.

64 Richard Noll, The Jung Cult. Origins of a Charismatic Movement, Princeton, NJ 1994.

65 Zur weiteren Diskussion des Begriffs »Schein« in der Weimarer Ästhetik siehe: Elizabeth M. Wilkinson, Schiller's Concept of »Schein« in the Light of Recent Aesthetics, in: The German Quarterly 28, 1955, S. 219–227; Marie-Luise Waldeck, Shadows, Reflexions, Mirror-Images and Virtual »Objects« in »Die Künstler« and Their Relation to Schiller's Concept of »Schein«, in: The Modern Language Review 58, 1963, S. 33–37; und Waldeck, Further Thoughts on the Genesis of a Key Concept in Schiller's Aesthetic Thinking, in: Forum for Modern Language Studies 12, 1976, S. 304–313.

66 Wie Jung in *Die Beziehungen zwischen dem Ich und dem Unbewußten* (1928) schrieb: »Wirklich aber ist, was wirkt« (GW 7, § 353; vgl. GW 5, § 344; GW 8, § 742).

andern Triebes. Sie wäre jener andern *unwirklich* oder *Schein* und vice versa. Dem Symbol aber kommt dieser Doppelcharakter des Realen und Irrealen zu« (GW6, §169).

Obwohl Jung zwei Passagen aus Brief XXVI zitiert, in dem Schiller den Begriff Schein diskutiert – »Die höchste Stupidität und der höchste Verstand haben darin eine gewisse Affinität miteinander, daß beide nur das *Reelle* suchen und für den bloßen Schein gänzlich unempfindlich sind« (Brief XXVI.4); und: »Dieses menschliche Herrscherrecht übt er aus in der *Kunst des Scheins*« (Brief XXVI.9) – geht er auf Schillers zentrale Unterscheidung zwischen logischem (falschem) und ästhetischem (wahrem) Schein (Brief XXVI.5) nicht ein (GW6, §197). Jedoch wird aus Jungs Diskussion der Briefe XXVI und XXVII die Ähnlichkeit der Äußerungen Schillers über Schein und jener Jungs über das Unbewußte sehr deutlich: »Das Unbewußte, wenn nicht realisiert, ist bekanntlich immer am Werk, über alles einen falschen Schein zu verbreiten: *es erscheint uns immer an den Objekten*, denn alles Unbewußte ist projiziert. Wenn wir daher das Unbewußte als solches erfassen können, so lösen wir von den Objekten den falschen Schein ab, was der Wahrheit nur förderlich sein kann« (GW6, §197). Auf den ersten Blick mag das Jungsche Unbewußte wie »logischer Schein« aussehen, denn laut Jung kann nur die Akzeptanz des Unbewußten als das, was es ist, und somit die Entfernung von falschem Schein die Wahrheit enthüllen. Genauer betrachtet jedoch ist die unbewußte Projektion in Form des Symbols dem »ästhetischen Schein« insoweit viel ähnlicher, als sie die psychologische Wahrheit offenbart. Das Unbewußte ist also – genau im Schillerschen Sinn von »ästhetischer Täuschung« – »falsch«. Entsprechend argumentiert Schiller in *Über die ästhetische Erziehung des Menschen*, daß der Mensch von der Schönheit zur Wahrheit übergehe, wie er »von einer gemeinen Wirklichkeit« zum Ästhetischen übergeht (Brief XXV.7). Oder, wie Schiller in seinem philosophischen Gedicht *Die Künstler* (1789) schrieb:

»Was wir als Schönheit hier empfunden,
Wird einst als Wahrheit uns entgegengehn.« (SW1, S. 175).[67]

Darüber hinaus ermöglichen sowohl die Schillersche Ästhetik als auch das Jungsche Unbewußte (sobald es bewußt gemacht ist) dem Menschen die Erschließung verborgener psychischer Resourcen. Für Schiller besteht die Aufgabe der Kunst darin, lebende »Quellen« zu öffnen (Brief IX.1–2). Indem es der äußeren Form Leben verleiht, so Schiller, öffnet das Ästhetische das innere Leben (Brief XXIII.8). Jung seinerseits argumentierte in

[67] Vgl. Goethes *Zueignung* (1787): »Aus Morgenduft gewebt und Sonnenklarheit,/Der Dichtung Schleier aus der Hand der Wahrheit« (Bd. I, S. 152).

Psychologische Typen wie bereits in *Wandlungen und Symbole der Libido,* daß die Aufgaben des Lebens im Individuum einen Moment von »Enantiodromia« hervorrufen, wenn die Libido zur Lebensquelle zurückströmt, das heißt, wenn die Libido sich introvertiert und zum Unbewußten zurückkehrt. In 1911/1912 hatte er geschrieben: »[W]enn irgendein großes Werk zu tun ist, vor dem der schwache Mensch, an seiner Kraft verzweifelnd, zurückweicht, dann strömt seine Libido zu jenem Quellpunkt zurück – und das ist jener gefährliche Augenblick, in dem die Entscheidung fällt zwischen Vernichtung und neuem Leben« (WSL, S. 285). Und nun 1921 führte er diesen Gedanken folgendermaßen aus: »[W]enn der Mensch nämlich vor einer schwierigen Aufgabe steht, die er mit den ihm zu Gebote stehenden Mitteln nicht bewältigen kann, dann entsteht automatisch eine rückläufige Libidobewegung, das heißt eine Regression« (GW6, §312).

Obwohl Jung die Gegensätze zwischen ihm und Schiller betont und offensichtlich manche Vergleiche zwischen seinen psychologischen Theorien in *Psychologische Typen* und Schillers Argument für ästhetische Bildung in *Über die ästhetische Erziehung des Menschen* übersieht, gibt es dennoch, wie wir gesehen haben, viele bedeutende strukturelle Übereinstimmungen zwischen Jungs Idee des Unbewußten und Schillers Begriff des Ästhetischen. Diese Parallelen zwischen der Jungschen Psychologie und der Schillerschen Ästhetik manifestieren sich in vier zentralen Begriffen: der Phantasie; der Bedeutung des Spiels; dem Symbol; und schließlich dem »ästhetischen Schein«.

ABSCHLIESSENDE BEMERKUNGEN

Schiller sieht die ganze Frage der Schönheit als »den Faden ..., der uns durch das ganze Labyrinth der Ästhetik führt« (Brief XVIII.3), ebenso wie gemäß Jungs Vorwort zur gründlich überarbeiteten Version von *Wandlungen und Symbole der Libido, Symbole der Wandlung* (1950), die Phantasievorstellungen von Théodore Flournoys Patientin, Miss Frank Miller [sic], den Faden (wenn auch einen etwas verknäulten!) durch das komplizierte Labyrinth symbolischer Parallelen zwischen pathologischer Fallstudie und universellem Mythos ausmachen (GW5, S. XXV). Doch wie bereits betont bilden der Weimarer Klassizismus im allgemeinen und Schillers *Ästhetische Erziehung des Menschen in einer Reihe von Briefen* im besonderen einen ästhetischen Faden durch die oft labyrinthähnlichen Gedankengänge in *Psychologische Typen* und im weiteren Sinn der gesamten Analytischen Psychologie.

In *Psychologische Typen* weist Jung auf den Gegensatz zwischen der überlegenen und minderwertigen Funktion hin – oder, im Fall von Schiller, den beiden Mechanismen Empfinden und Denken – und beschreibt ihn als »unüberbrückbar« anhand eines Zitats von Schillers Zeilen in Brief XVIII, daß »der Abstand zwischen Materie und Form, zwischen Leiden und Tätigkeit, zwischen Empfinden und Denken *unendlich* ist und schlechterdings durch nichts kann vermittelt werden« (Brief XVIII.2). Jedoch will Schiller in Brief XVIII genau darauf hinaus, daß allein Schönheit zwischen diesen »zwei Zustände[n] ..., *die einander entgegengesetzt sind*« vermitteln kann: »[J]ene zwei entgegengesetzten Zustände *verbindet* die Schönheit und hebt also die Entgegensetzung auf« (Brief XVIII.4).

Für Schiller ist ja diese versöhnende Aktivität das Ästhetische, und daher ist die Schönheit das Medium der Versöhnung. Einzig und allein durch die Vereinbarung des Rationalen und Sinnlichen, – oder des Engels und der Bestie sozusagen, – kann der Mensch Mensch und somit frei sein: »Freiheit liegt nur in der Zusammenwirkung seiner beiden Naturen« (Brief XVII.4). Für Schiller ist auch die wechselseitige Unterordnung von Sinnlichkeit und Vernunft ein Grundpfeiler des Ästhetischen (Brief XIII.2, Fußnote 1), und die wechselseitige Beziehung zwischen dem formalen und sinnlichen Trieb, die gemeinsam im Spieltrieb ihren Ausdruck finden, stellt »die Idee« der Menschlichkeit dar (Brief XIV.2). Somit wird in *Über die ästhetische Erziehung des Menschen* die Idee der Einheit entwickelt, die in *Über Bürgers Gedichte* mit Hilfe des Ästhetischen hervorgebracht werden sollte: »Bei der Vereinzelung und getrennten Wirksamkeit unsrer Geisteskräfte, die der erweiterte Kreis des Wissens und die Absonderung der Berufsgeschäfte notwendig macht, ist es die Dichtkunst beinahe allein, welche die getrennten Kräfte der Seele wieder in Vereinigung bringt, welche Kopf und Herz, Scharfsinn und Witz, Vernunft und Einbildungskraft in harmonischem Bunde beschäftigt, welche gleichsam den *ganzen Menschen* in uns wieder herstellt« (SW5, S. 971). Das Jungsche Ziel von Gesamtheit und Totalität äußert sich deutlich im Titel einer Sammlung seiner Essays auf Englisch, *The Integration of the Personality*.[68] Gesamtheit und Totalität sind das Ergebnis dessen, was Jung den Individuationsprozeß nannte: »Ich gebrauche den Ausdruck ›Individuation‹ im Sinne jenes Prozesses, welcher ein psychologisches ›Individuum‹, das heißt eine gesonderte, unteilbare Einheit, ein Ganzes, erzeugt« (GW9/I, §490).

Das Ziel des Individuationsprozesses ist die Totalität, die Jung als das Selbst bezeichnete. Der Begriff des Selbst, des Archetypus von Ordnung

[68] C. G. Jung, The Integration of the Personality, übersetzt von Stanley Dell, London 1940.

und psychischer Totalität, wurde von Jung zum ersten Mal in *La Structure de l'inconscient* (1916) erwähnt.[69] In *Psychologische Typen* traf Jung die folgende Unterscheidung zwischen dem Selbst und dem Ego: »[D]as Ich [ist] nur das Subjekt meines Bewußtseins, das Selbst aber das Subjekt meiner gesamten, also auch der unbewußten Psyche« (GW6, §810). In seinem 1925 auf englisch abgehaltenen Seminar über die Analytische Psychologie meinte Jung, daß das Selbst die »Gesamtheit oder Summe der bewußten und unbewußten Prozesse« und daß »dieses Zentrum der Selbstregulierung« »ein Postulat, das vorausgesetzt wird« ist.[70] Und in *Die Beziehungen zwischen dem Ich und dem Unbewußten* (1928) definierte Jung den Archetypus des Selbst als »eine dem bewußten Ich übergeordnete Größe« und fügte hinzu: »[Das Selbst] umfaßt nicht nur die bewußte, sondern auch die unbewußte Psyche und ist daher sozusagen eine Persönlichkeit, die wir auch sind« (GW7, §274). Ähnlich definierte Jung in einem 1932 gehaltenen Vortrag »Persönlichkeit« als »eine bestimmte, widerstandsfähige und kraftbegabte seelische Ganzheit« (GW17, §286).

In der Kantschen Philosophie ist der Mensch Bürger in zwei Welten – dem Phänomenalen und Noumenalen – und sein Verhalten im ersteren wird durch seine Mitgliedschaft im zweiteren bestimmt. Ähnlich gehört auch die Schönheit, wie Schiller in *Über Anmut und Würde* argumentiert, beiden Bereichen an: »Die Schönheit ist ... als die Bürgerin zweier Welten anzusehen, deren einer sie durch *Geburt*, der andern durch *Adoption* angehört; sie empfängt ihre Existenz in der sinnlichen Natur und *erlangt* in der Vernunftwelt das Bürgerrecht« (SW5, S. 442). Was laut Schiller diese beiden Welten verbindet, ist das ästhetische Urteil: »[D]er Geschmack [tritt] zwischen Geist und Sinnlichkeit in die Mitte und [verbindet] diese beiden einander verschmähenden Naturen zu einer glücklichen Eintracht« (SW5, S. 442).

Der Zweck des Menschen als Bürger dieser beiden Welten findet seinen höchsten Ausdruck in der Liebe, die bei Schiller mit dem Ästhetischen eng verbunden ist. Einzig und allein durch Schönheit, so behauptet Schiller in *Über die ästhetische Erziehung des Menschen*, kann wohl Lust zu Liebe werden, so daß der durch das körperliche Bedürfnis dem sexuellen Verlangen auferlegte »gemeine Charakter« »durch Sittlichkeit aus[ge]löscht und durch Schönheit veredelt« wird (Brief III.2). Genauso wie Juno Ludovisi, jene kulturelle Ikone des Ästhetischen im 18. Jahrhundert, »unsre Anbetung« verlangt, so läßt eine göttergleiche Frau, so Schiller, »unsre Liebe«

[69] C. G. Jung, La Structure de l'inconscient, in: Archives de Psychologie 16, Nr. 62, Dezember 1916, S. 152–179.

[70] C. G. Jung, Analytical Psychology: Notes of the Seminar given in 1925, hrsg. v. William McGuire, London 1990, S. 120.

aufflammen (Brief XV.9). Für Schiller bedeutet Gefallen an der Schönheit der Geliebten einen Höhepunkt ästhetischer Erfüllung (Brief XXVII.7).[71] Wie Freud Jung in seinem Brief vom 6. Dezember 1906 wissen ließ, ist die Psychoanalyse im wesentlichen »eine Heilung durch Liebe«.[72] Gleichermaßen verbindet Jung in *Wandlungen und Symbole der Libido* existentielle Erfüllung mit libidinöser Verteilung: »Leer ist diese Welt nur dem, der es nicht versteht, seine Libido auf die Dinge zu lenken und sie für ihn lebendig und schön zu machen« (WSL, S. 176). Darüber hinaus kann sexuelle Leidenschaft, so Jung, sowohl in eine esoterische als auch erotische Erfahrung verwandelt werden. Wie er in *Die Psychologie der Übertragung* (1946) betonte, könnte sexuelle Vereinigung (die dem alchemischen Symbolismus zugrundelag) eine psychologische Einigung darstellen (GW 16, §398).

Schiller hat bekanntlich das Bild des Liebespaars als Symbol der Beziehung zwischen Dichter und Sprache benutzt: »Laß die Sprache dir sein, was der Körper den Liebenden« (SW 1, S. 313). Und in *Über Anmut und Würde* beschrieb Schiller Liebe als »das *absolut Große* selbst, was in der Anmut und Schönheit sich nachgeahmt und in der Sittlichkeit sich befriedigt findet, es ist der Gesetzgeber selbst, der *Gott* in uns, der mit seinem eigenen Bilde in der Sinnenwelt spielt« (SW 5, S. 483). Ebenso versetzt Jung, der den exakt gleichen Ausdruck – den inneren Gott – verwendet, den bei Schiller säkularisierten, psychologischen Begriff mit einem anscheinend unverhohlenen religiösen Unterton: »Ich habe diesen Mittelpunkt als das Selbst bezeichnet. Intellektuell ist das Selbst nichts als ein psychologischer Begriff, eine Konstruktion, welche eine uns unerkennbare Wesenheit ausdrücken soll, die wir als solche nicht erfassen können, denn sie übersteigt unser Fassungsvermögen, wie schon aus ihrer Definition hervorgeht. Sie könnte ebensowohl als ›der Gott in uns‹ bezeichnet werden« (GW 7, §399). Was jedoch bei Jung sehr oft als ein Streben hin zum Religiösen und Mystischen gedeutet wird, kann, wie wir gesehen haben, statt dessen plausibler anhand ästhetischer Richtlinien interpretiert werden. Denn wie bereits betont ist der Begriff des Scheins nicht nur für Schiller, sondern auch für Jung von zentraler Bedeutung. In der Einleitung zu ihrer Ausgabe von *Über die ästhetische Erziehung des Menschen* stellen Wilkinson und Willoughby eine Verbindung zwischen Schillers

[71] Die gleiche Idee wird eindrucksvoller von Nietzsches Zarathustra ausgedrückt, der Lust als: »Wollust: das große Schein-Glück für höheres Glück und höchste Hoffnung« (Bd. II, S. 437) beschreibt.

[72] Sigmund Freud und C. G. Jung, Briefwechsel, hrsg. v. William McGuire und Wolfgang Sauerländer, Frankfurt/M. 1974, S. 13. Siehe auch Freuds Brief an Jung vom 9. März 1909 (S. 233).

Begriff von Schein und Jungs Doktrin der Persona her, »das heißt der Vorstellung, daß es einen Anschein von Persönlichkeit gibt, ohne den wir nicht unser wahres Selbst werden können, jedoch mit dem sich zu identifizieren katastrophal wäre« (WW, S. CLXXXIII). Jedoch kommt dem Begriff Schein in der Weimarer klassischen Ästhetik und der analytischen Psychologie eine weitaus größere Bedeutung zu, als dieser Vergleich vielleicht vermuten ließe. Denn, was noch wichtiger ist, umfaßt Schillers Begriff des ästhetischen Scheins Verstand und Instinkt, ebenso wie Jung den Begriff »psychoid« verwendet. In *Über die ästhetische Erziehung des Menschen* argumentiert Schiller: »[D]as Reich des schönen Scheins ... erstreckt sich aufwärts, bis wo die Vernunft mit unbedingter Notwendigkeit herrscht und alle Materie aufhört; es erstreckt sich niederwärts, bis wo der Naturtrieb mit blinder Nötigung waltet und die Form noch nicht anfängt« (Brief XXVII,11). Dementsprechend schrieb Jung in *Theoretische Überlegungen zum Wesen des Psychischen* (1946/1954): »Wie die Seele sich nach unten in die organisch-stoffliche Basis verliert, so geht sie nach oben in eine sogenannte geistige Form über« (GW 8, §380).

In *Wilhelm Meisters Lehrjahre* (1794–1795) singt die androgyne und mysteriöse Mignon: »So laßt mich scheinen, bis ich werde« (Werke VII, S. 515).[73] Diese Betonung von »werden« durch »scheinen« ist eine zentrale Idee von Jungs »Individuationsprozeß«. Jungs umfassendste Definition des Selbst kam erst nach *Psychologische Typen* zum Vorschein, als er sie in *Die Beziehungen zwischen dem Ich und dem Unbewußten* (1928) als das Ziel des Individuationsprozesses im Sinne von »werden« beschrieb: »Es gibt eine Bestimmung und eine Möglichkeit, über die im ersten Teil [des Buches] behandelten Stufen hinauszugelangen. Das ist der Weg der Individuation. Individuation bedeutet: zum Einzelwesen werden, und, insofern wir unter Individualität unsere innerste, letzte und unvergleichbare Einzigartigkeit verstehen, zum eigenen Selbst werden. Man könnte ›Individuation‹ darum auch als ›Verselbstung‹ oder als ›Selbstverwirklichung‹ übersetzen ... So ist das Selbst auch das Ziel des Lebens, denn es ist der völligste Ausdruck der Schicksalskombinationen, die man Individuum nennt« (GW 7, §266 und 404).[74] Oder wie der Untertitel von Nietzsches *Ecco Homo* (1908) es ausdrückt, handelt also der Individuationsprozeß davon, »wie man wird, was man ist«. Der Individuationsprozeß ist nichts anderes als das »Werden der Persönlichkeit«. In seinem später unter dem Titel *Vom Werden der Persönlichkeit* veröffentlichten Vortrag schrieb Jung:

[73] Siehe Wilkinson, Schiller's Concept of »Schein« ..., a. a. O., S. 225.

[74] Vgl. Goethes Verwendung von »entselbstigen« bzw. »verselbsten« in: Dichtung und Wahrheit, Tl. II, Buch 8 (Werke, Bd. IX, S. 353; und siehe die Anmerkung des Herausgebers Trunz, S. 764).

»Persönlichkeit ist ein Keim im Kinde, der sich nur durch das und im Leben allmählich entwickelt. Ohne *Bestimmtheit, Ganzheit* und *Reifung* wird keine Persönlichkeit offenbar ... Persönlichkeit ist höchste Verwirklichung der eingeborenen Eigenart des besonderen lebenden Wesens« (GW 17, §288–289).

In seinem Vortrag verglich Jung die Persönlichkeitsentwicklung mit einem organischen Wachstumsprozeß: »Die Persönlichkeit entwickelt sich im Laufe des Lebens aus schwer oder gar undeutbaren Keimanlagen, und erst durch unsere Tat wird es offenbar, wer wir sind« (GW 17, §290). Laut Jung ist die Persönlichkeitsentwicklung eine Aufgabe, deren Schwierigkeit Schiller zwar vermutet, jedoch nicht völlig erfaßte. Es bestehen zahlreiche wesentliche Parallelen zwischen der Jungschen Vorstellung von »eine[r] gefährliche[n] Aufgabe fürwahr« und der Schillerschen Vorstellung von »eine[r] Aufgabe für mehr als *ein* Jahrhundert«, worauf das Motto der Aufklärung »sapere aude« völlig zutrifft. Ebenso ist es eine Aufgabe, auf deren Notwendigkeit Jung, sowie Schiller und der Weimarer Klassizismus, bestehen. Oder: mit den abschließenden Worten von Goethes Gedicht aus dem *West-östlicher Divan*, die Jung am Beginn seines Vortrags *Vom Werden der Persönlichkeit* zitiert, zu reden:

»Jedes Leben sei zu führen,
Wenn man sich nicht selbst vermißt;
Alles könne man verlieren,
Wenn man bliebe, was man ist.«

YORK-GOTHART MIX

MIT GOETHE UND DIDEROT GEGEN DIE PÄCHTER DES KLASSISCHEN ERBES

U. Plenzdorfs *Die neuen Leiden des jungen W.*, V. Brauns Texte zu *Hinze und Kunze* und die Kontrolle der literarischen Kommunikation in der DDR

> Von meiner Deutsch-Lehrerin hier erfahre ich, daß in einer ideologischen Schulung der Genossen Lehrer die Parole ausgegeben wurde, die Konterrevolution in der DDR bestehe aus Biermann, Plenzdorf, Volker Braun, und meine Gewährsfrau sagte mir, ähnlich wäre in einem thüringischen Nest argumentiert worden (habe sie von einer Freundin), also offenbar eine ... Ich habe so satt, ich kann es nicht sagen. Was mich nur ärgert, ist, daß ich bei dem Vortrag im verrauchten Clubraum des Berliner Schriftstellerverbandes so widerspruchslos diesen Sermon mitangehört habe. Ich habe das dunkle Gefühl, daß es im Bergwerk einen furchtbaren Knall geben wird.
>
> Franz Fühmann an Konrad Reich, 15. Mai 1976.

I. WIDER DIE GOETHEPÄCHTER

Die Forderung, »die Erbschaft Goethes« im Sinne einer von Georg Lukács inspirierten Kulturtheorie und Geschichtsteleologie produktiv »zu verwalten«,[1] hatte in der Sowjetischen Besatzungszone (SBZ) und Deutschen

[1] Hans Mayer, Goethe in unserer Zeit. Eine Rede vor jungen Menschen, in: Hans Mayer, Nach Jahr und Tag. Reden 1945–1977, Frankfurt/M. 1978, S. 47; vgl. auch Hans Koch (Hrsg.), Georg Lukács und der Revisionismus. Eine Sammlung von Aufsätzen, Berlin 1960, S. 8: »Die objektiv dialektischen Konsequenzen auch des Standpunktes von Georg Lukács sind in den Oktobertagen des Jahres 1956 in Budapest so kraß wie nur möglich hervorgetreten. Es ist ausgeschlossen, etwa eine Trennungslinie zwischen dem gefährlich irrenden Politiker und dem ›hervorragenden Theoretiker‹ ziehen zu wollen, wie dies mancherorts versucht wird ... Lukács' Werk hat lange Zeit einen tiefen Einfluß auf die Entwicklung der Philoso-

Demokratischen Republik (DDR) lange Zeit Konjunktur und diente einer offiziösen Literaturkritik als ideologischer Beleg bei der Ausgrenzung einer als dekadent und formalistisch gebrandmarkten Moderne. Bereits 1948 propagierte Hans Mayer in einem Essay zum kommenden 200. Geburtstag des Klassikers die Neudeutung der »Erbschaft Goethes«,[2] und 25 Jahre später diagnostizierte Dieter Schiller, Literaturwissenschaftler an der Akademie der Wissenschaften, gar die völlige »Aneignung«[3] des Dichters durch die Gesellschaft der DDR. Es gehe darum, so Schiller, nicht »einen progressiven Denker und Dichter« den »Gegnern zu überlassen«, sondern dieses Erbe gezielt zum untrennbaren Bestandteil der »sozialistischen Nationalkultur«[4] zu machen. Die hier postulierte Amalgamierung von literaturtheoretischen und staatspolitischen Zielvorstellungen orientierte sich an den Vorgaben eines etablierten ästhetischen Offizialdiskurses, der traditionell-realistische Schreibhaltungen favorisierte, das Widerspiegelungstheorem zum Maßstab erhob und ungeachtet der Relativierungen auf dem VIII. Parteitag der SED von deutlichen Affekten gegen die Moderne geleitet wurde.[5]

Anders als in den fünfziger Jahren, in denen die verordnete Klassikrezeption einen bis zur unfreiwilligen Parodie reichenden Traditionalismus in der Manier Johannes R. Bechers zeitigte, wurden in den letzten Jahrzehnten der DDR immer wieder Versuche unternommen, den literarischen Kanon der Aufklärung und Klassik als Gegentext zu nutzen oder die dogmatische Abwertung romantischer Ästhetik zu relativieren. Ulrich Plenzdorfs in einer ersten Szenenversion 1968–1969 zu Papier gebrachtes Schauspiel *Die neuen Leiden des jungen W.* und Volker Brauns Stück *Hinze und Kunze*, 1967 in der ersten Fassung demonstrativ *Hans Faust* betitelt, waren erste erfolgreiche Bemühungen, die 1965 durch einen kulturellen Kahlschlag realisierte poststalinistische Literaturpolitik durch den Re-

phie, Ästhetik und Literaturwissenschaft in der Deutschen Demokratischen Republik ausgeübt – einen Einfluß, der vielfach selbst noch dort spürbar ist, wo offensichtlich um die Überwindung Lukácsscher Gedankengänge gerungen wird.«

[2] Hans Mayer, Goethes Erbschaft in der deutschen Literatur, in: Hans Mayer, Literatur der Übergangszeit. Essays, Berlin 1949, S. 30.

[3] Dieter Schiller, Unser Traditionsverständnis und das klassische Erbe, in: Weimarer Beiträge 19,6, 1973, S. 157.

[4] Schiller, a. a. O., S. 158.

[5] Vgl. Simone Barck, Das Dekadenzverdikt. Zur Konjunktur eines kulturpolitischen ›Kampfkonzepts‹ Ende der 1950er bis Mitte der 1960er Jahre, in: Jürgen Kocka (Hrsg.), Historische DDR-Forschung. Aufsätze und Studien, Berlin 1993, S. 327ff.; Günter Erbe, Die Auseinandersetzung mit dem ›Modernismus‹ in Kulturpolitik, Literaturwissenschaft und Literatur der DDR, Opladen 1993, S. 28ff.; Manfred Jäger, Kultur und Politik in der DDR, Köln 1994, S. 140.

kurs auf Johann Wolfgang Goethe zu unterlaufen, seine Texte mit dem Anspruch auf Aktualität innovativ zu rezipieren und die zur Phrase erstarrte Erbetheorie zu problematisieren. In seinem 1968 formulierten Verdikt *Die Goethepächter* wandte sich Braun sarkastisch gegen den sozialistischen Klassikerkult und verpaßte den kulturpolitisch Verantwortlichen die ideologisch prekäre Bezeichnung *neue Aristokraten*:

»Sie haben aus Goethes Werk einen Werkhof gemacht für die schwer erziehbare Nation. Sie schalten darin wie Gouvernanten. Wie wenig Liebe zum Heutigen spür ich in ihrem Gehabe.

Sie haben sein Erbe gepachtet und bleiben darin sitzen. Sie haben seine Schwellen gebohnert – aber wagen sich nicht mehr darüber. Sie leben mit seinen Büchern so, als würden die Bücher schon leben. Sie haben so mit ihnen zu tun, als hätten sie nichts mit sich zu tun.

Während wir, auf den Wiesen der öffentlichen Landschaft, mit ihm unsere Späße treiben. Sie sind neue Aristokraten; wir sind seine alten Freunde.«[6]

II. »DIE NEUEN LEIDEN DES JUNGEN W.«, DIE ZENSUR UND DAS MINISTERIUM FÜR STAATSSICHERHEIT

Ungeachtet der enormen Resonanz beim Publikum wurde Plenzdorfs Schauspiel *Die neuen Leiden des jungen W.* von den Wortführern der westdeutschen Literaturkritik einhellig verrissen. Die »onkelhafte Überlegenheit«,[7] mit der sich Marcel Reich-Ranicki, Friedrich Luft, Wolfram Schütte, Joachim Kaiser und andere zu Wort meldeten, konnte die mangelnde Textkenntnis und fehlende Einsicht in den literaturpolitischen Entstehungszusammenhang des Dramas nicht kaschieren. Der Rekurs auf Goethes Briefroman war für Reich-Ranicki beispielsweise nicht mehr als ein »amüsanter Trick«, ein ebenso billiger wie läppischer »Aufhänger«,[8] und Kaiser apostrophierte das 1975 in der Bundesrepublik meistgespielte Theaterstück als scheinliterarische »Banalität«, ohne »Einsicht« und

[6] Volker Braun, Die Goethepächter, in: Volker Braun, Texte in zeitlicher Folge, Bd. II, Halle, Leipzig 1990, S. 248.

[7] Georg Jäger, Die Leiden des alten und neuen Werther. Kommentare, Abbildungen, Materialien zu Goethes ›Leiden des jungen Werthers‹ und Plenzdorfs ›Neuen Leiden des jungen W.‹, München, Wien 1984, S. 52.

[8] Marcel Reich-Ranicki, Der Fänger im DDR-Roggen. Ulrich Plenzdorfs jedenfalls wichtiger Werther-Roman, in: Peter J. Brenner (Hrsg.), Plenzdorfs ›Neue Leiden des jungen W.‹, Frankfurt/M. 1982, S. 264.

»Mehrdeutigkeit«.[9] Der Kritiker der *Frankfurter Rundschau*, Schütte, vermißte gar die »Marxsche Radikalität«,[10] während Luft das Werk als dürftig, fade und »altbacken in der Machart«[11] charakterisierte.

Aber auch in der DDR stieß das Stück auf Ablehnung. Neben dem Fehlen einer positiven Gegenfigur wurde vor allem, wie der Jurist Friedrich Karl Kaul es formulierte, die »Inbeziehungsetzung des verhaltensgestörten Jugendlichen mit der Romanfigur Goethes«[12] moniert. Der Abdruck der zunächst wiederholt zurückgewiesenen Prosafassung in der Zeitschrift *Sinn und Form* 1972 provozierte eine rigoros geführte Debatte um den Begriff der Klassik und die Funktion des literarischen Erbes, an der sich die unterschiedlichsten Personen beteiligten und die schließlich mit einem Resümee und verschiedenen Vorgaben zur literaturtheoretischen Neuorientierung für beendet erklärt wurde. Die gläubige Berufung auf die von Johannes R. Becher gefeierten »klassizistischen Normen«[13] galt seit dem spektakulären Erfolg der Uraufführung am Landestheater Halle als nicht mehr zeitgemäß.

Während bundesrepublikanische Kritiker wie Reich-Ranicki in Plenzdorfs Umgang mit Goethes Text vorrangig etwas »Kabarettistisches« und »Operettenhaftes«[14] sahen, erkannte man in der DDR indes sehr bald, daß »die Werther-Lektüre und die Werther-Fabel recht verschiedene Bedeutungsinhalte«[15] transportierten. Der doppelte Verweis auf Goethes Buch, nämlich das wörtliche Zitat *aus* und die motivischen Parallelen *mit* dem zwei Jahrhunderte zuvor entstandenen Briefroman, galt als ausgesprochen suspekt und wurde von Robert Weimann nicht ohne Mühen in der Zeitschrift *Sinn und Form* figurenperspektivisch entschärft. Die Geschichte vom tödlich verunglückten Rebellen Edgar Wibeau, der die Lehre hinschmiß und in seinen Tonbandbriefen Passagen aus Goethes Werk als ironische Chiffre für das eigene Unbehagen anführte, wurde so zu einem Beitrag staatstreu-konstruktiver Kritik verharmlost. Weimanns Interpreta-

[9] Joachim Kaiser, Schwarzes Schaf mit gutem Kern. Plenzdorfs ›Die neuen Leiden des jungen W.‹ in den Münchner Kammerspielen, in: Brenner, a. a. O., S. 298.

[10] Wolfram Schütte, Zu spät fällt die Figur dem Autor ins Wort. Ulrich Plenzdorfs ›Die neuen Leiden des jungen W.‹, in: Brenner, a. a. O., S. 278.

[11] Friedrich Luft, Vorsicht, transportunfähig! Ulrich Plenzdorf ›Die neuen Leiden des jungen W.‹ jetzt in West-Berlin, in: Brenner, a. a. O., S. 271.

[12] Friedrich Karl Kaul an Wilhelm Girnus, 12. 6. 1972, in: Diskussion um Plenzdorf. Die neuen Leiden des jungen W., in: Sinn und Form 25, 1973, S. 220.

[13] Hans-Dietrich Dahnke, Sozialismus und deutsche Klassik, in: Sinn und Form 25, 1973, S. 1107.

[14] Reich-Ranicki, a. a. O., S. 264.

[15] Robert Weimann, Goethe in der Figurenperspektive, in: Sinn und Form 25, 1973, S. 228.

tionsansatz konnte die hellhörigen Kritiker des Stückes allerdings nicht überzeugen, so daß sich Erich Honecker auf dem IX. Plenum des Zentralkomitees (ZK) der Sozialistischen Einheitspartei Deutschlands (SED) 1973 bemüßigt fühlte, mit »vagen Drohgebärden«[16] an die Adresse Plenzdorfs und Brauns kulturpolitische Zurückhaltung einzufordern.

Es entsprach ganz der Unübersichtlichkeit der Situation, daß Plenzdorf vor allem auf Betreiben Franz Fühmanns[17] 1973 den Heinrich-Mann-Preis erhielt, westlichen Kritikern gegenüber zur Galionsfigur kulturpolitischer Freizügigkeit stilisiert wurde und gleichzeitig in das Visier des Ministeriums für Staatssicherheit geriet. 1974 wies Plenzdorf schließlich auf einer Tagung des Schriftstellerverbands anhand von eidesstattlichen Erklärungen mehrerer Journalisten nach, daß man neuere Arbeiten von ihm konsequent »boykottierte«,[18] seinen Namen verschwieg oder Informationen zu seiner Person systematisch aus den Zeitungen tilgte. Hinter einer von Plenzdorf und anderen Autoren auf dieser Tagung in eigener Verantwortung projektierten Publikation einer Anthologie wähnte man nicht allein die unverhohlene Kritik an der Zensur, sondern den als kriminell anzusehenden Versuch, mit konspirativen Methoden das Verlagswesen der DDR »aus den Angeln«[19] zu heben. Vor allem die Tatsache, daß man mit westdeutschen Verlagen in Kontakt getreten war, galt als inakzeptabel.

Neben der Radikalität, mit der sich Plenzdorf gegen seine Bevormundung als Autor wandte, war es, so die offiziöse Kritik, die »Rechtfertigung ultralinker, anarchistischer Denk- und Handlungsweisen«[20] in seinem Stück *Die neuen Leiden des jungen W.*, die Honecker, Kurt Hager, Hans Koch, Friedrich Plate und andere Dogmatiker auf den Plan rief. Schon die von einigen Zuschauern geäußerte Interpretation, der Held Edgar Wibeau gehe »an der Realität DDR«[21] zugrunde, war für Plate ein Sakrileg. Außerdem erschien ihm die »Breite der Ausdrucksmöglichkeiten« als verdächtig und irritierend, Plate zeigte sich beispielsweise schockiert, daß Pas-

[16] Jäger 1994, a. a. O., S. 161.

[17] Vgl. Franz Fühmann an die Deutsche Akademie der Künste, 14. 1. 1973, in: Franz Fühmann, Briefe 1950–1984, hrsg. v. Hans-Jürgen Schmitt, Rostock 1984, S. 116.

[18] Joachim Seyppel, Ich bin ein kaputter Typ. Bericht über Autoren in der DDR, Wiesbaden, München 1982, S. 32.

[19] Seyppel, a. a. O., S. 128. Vgl. Maßnahmeplan. Vorgangsmäßige Bearbeitung des politisch-operativen Schwerpunktes ›Selbstverlag‹, in: Ulrich Plenzdorf, Klaus Schlesinger, Martin Stade (Hrsg.), Berliner Geschichten. ›Operativer Schwerpunkt Selbstverlag‹. Eine Autoren-Anthologie: wie sie entstand und von der Stasi verhindert wurde, Frankfurt/M. 1995, S. 230f.

[20] Stimmen zu den ›Neuen Leiden des jungen W.‹, in: Sinn und Form 25, 1973, S. 854.

[21] Ebd., S. 852.

sagen, die er »ironisch aufgefaßt« hatte, von Theaterbesuchern durchaus »ernst genommen wurden«.[22] Plenzdorf selbst forcierte nonkonforme Interpretationen jenseits aller empfohlenen Deutungsmuster, indem er in einem Interview auf die »Aktualität bestimmter Textstellen« und »ihre Auslegbarkeit«[23] verwies. Wilhelm Girnus, der den Erstdruck der Prosafassung in der Zeitschrift *Sinn und Form* zu verantworten hatte, blockte aber in seinem als Stellungnahme der Redaktion ausgewiesenen Aufsatz *Lachen über Wibeau ... aber wie?* »weitergehende kritische Verständnismöglichkeiten der Werther-Parallelen und -Zitate«[24] ab, um seine redaktionelle Arbeit und Plenzdorfs Werk vor orthodoxen Angriffen zu schützen. Seine auffallend heftige Ablehnung aller über die simple Parodie hinausgehenden Deutungen ließ vermuten, daß Girnus die wörtlichen Zitate aus Goethes Briefroman offenbar als »*Brandraketen*«[25] erkannte. Außerdem mußte dem aufmerksamen Leser seines Beitrags auffallen, mit welcher Vehemenz sich Girnus öffentlich dagegen verwahrte, »ein literarisches Diskussionsforum wie ein Strafverfahren abzuwickeln« und dafür stritt, »allzupersönliche«[26] Töne zu vermeiden.

In den aus Goethes Roman entlehnten Textpassagen verbarg sich eine rigorose Kritik am zivilisatorischen Erscheinungsbild der DDR, die Plenzdorf mit eigenen Worten so nicht hätte konkretisieren können. Die ideologische Brisanz dieser Stellen wurde noch potenziert, indem er den »Verweisungscharakter«[27] der Zitate andeutete, einzelne Passagen mehrfach anführte oder miteinander kombinierte. Die »Frontstellung«[28] gegen das

[22] Ebd., S. 854 u. S. 851 f.

[23] Diskussion um Plenzdorf. Die neuen Leiden des jungen W., in: Sinn und Form 25, 1973, S. 243.

[24] Jäger 1984, a. a. O., S. 55.

[25] Ebd., S. 54.

[26] Wilhelm Girnus, Lachen über Wibeau ... aber wie?, in: Sinn und Form 25, 1973, S. 1287: »Echte Diskussion ist kein Versteckspiel. Je mehr Klarheit, desto kürzer der Weg zur Wahrheit. Ganz vereinzelt wurde die Stimmung laut, – nicht in ›Sinn und Form‹ – die Redaktion müsse jede Meinung, mit der sie nicht übereinstimmt, unverzüglich rüffeln. Das jedoch hieße, ein literarisches Diskussionsforum wie ein Strafverfahren abzuwickeln, mit Ankläger und Angeklagten (den Autoren und Diskussionspartnern natürlich), Verhör und Zurechtweisung, Schuldspruch und Buße, mildernden und erschwerenden Umständen usf. ... Die Redaktion besitzt nicht den Ehrgeiz, die Deutsche Demokratische Republik, zu der sie sich stolz bekennt, durch die Erfüllung solcher frommen Wunschträume vor der ganzen fortschrittlichen Welt lächerlich zu machen. Sie wird Ratschläge dieser Art auch in Zukunft ignorieren. Überdies würde das vorgeschlagene Verfahren jede kontroverse Diskussion bereits im Keim ersticken. Oder sollte das die Absicht sein?«

[27] Franz Peter Waiblinger, Zitierte Kritik. Zu den ›Werther‹-Zitaten in Ulrich Plenzdorfs ›Die neuen Leiden des jungen W.‹, in: Poetica 8, 1976, S. 87.

[28] Gerhard Kluge, Plenzdorfs neuer Werther – ein Schelm?, in: Amsterdamer Beiträge zur neueren Germanistik 7, 1978, S. 189.

verordnete Persönlichkeitsideal und sein Anspruch auf individuelle Selbstverwirklichung wurde auf diese Weise »hinter dem klassischen Text verschanzt«[29] und damit schwer angreifbar. Durch den Hinweis, der Roman Goethes sei als »Code«[30] zu verstehen, sollte der Leser motiviert werden, alle zitierten Passagen im Original nachzuschlagen, um auf diese Weise auch das gesellschaftskritische Potential des nicht angeführten Textes in Erfahrung zu bringen. Die von vielen Rezipienten wahrgenommene und vom Autor selbst angesprochene Aktualität dieser Textstellen versuchte der Lektor der Buchausgabe möglichst weit in den Hintergrund zu rücken, indem er die auf Werther-Zitaten fußende Tonbandbotschaft Edgar Wibeaus typographisch aufwendig als eigenen Block markieren ließ. Anders als in der im Suhrkamp Verlag erschienenen Lizenzausgabe setzte man den für die »Dechiffrierung«[31] wichtigen Tonbandbrief Edgar Wibeaus in der bei Hinstorff publizierten Erstausgabe in einer Helvetica und trennte den Binnentext damit optisch ab.

In der Tonbandbotschaft bezog sich Edgar Wibeau bei seiner Kritik an spießbürgerlicher Enge und dem Zwang zu unbefriedigender, entfremdeter Arbeit auf die Briefe Werthers vom 26. Mai und 24. Dezember. Der Gedanke an die straffe Organisation und verordnete Konstituierung eines Sozialistischen Aktivs[32] lag nicht so fern, wenn Plenzdorfs Held unter Berufung auf Goethe klagte: »und daran seid ihr alle schuld / die ihr mich in das joch geschwatzt und mir so viel von aktivität vorgesungen habt – aktivität – ich habe meine entlassung verlangt –«.[33] Ähnlich entschieden wie diese Kritik am sozialistischen Arbeitspathos, das die Entfremdung in Abrede stellte und doch nur kaschierte, war Edgar Wibeaus Aversion gegen den macchiavellistischen Pragmatismus und die Negation schöpferischer Individualität. Das als Gegenentwurf propagierte Konzept subjektiver Introspektion rekurrierte auf Goethes Briefroman und verwies gleichzeitig auf das programmatische Fragment Nr. 17 aus Novalis' Sammlung *Blütenstaub*:

»o meine freunde / warum der strom des genies so selten ausbricht / so selten in hohen fluten hereinbraust und eure staunende seele erschüttert – liebe freunde / da wohnen die gelassenen herren auf beiden seiten des

[29] Waiblinger, a. a. O., S. 87.

[30] Ulrich Plenzdorf, Die neuen Leiden des jungen W., Rostock 1973, S. 15.

[31] Girnus, a. a. O., S. 1278.

[32] Vgl. Michael Kinne, Birgit Strube-Edelmann, Kleines Wörterbuch des DDR-Wortschatzes, Düsseldorf 1981, S. 25 ff.

[33] Plenzdorf, a. a. O., S. 14 u. S. 74; vgl. Johann Wolfgang von Goethe, Die Leiden des jungen Werthers, in: Goethes Werke, hrsg. v. Erich Trunz, Bd. VI, Hamburg 1958, S. 62: »Und daran seid ihr alle schuld, die ihr mich in das Joch geschwatzt und mir so viel von Aktivität vorgesungen habt. Aktivität!«

ufers / denen ihre gartenhäuschen / tulpenbeete und krautfelder zugrunde gehen würden / die daher in zeiten mit dämmen und ableiten der künftig drohenden gefahr abzuwenden wissen – das alles / wilhelm / macht mich stumm – ich kehre in mich selbst zurück und finde eine welt – ende.«[34]

Ebenfalls dem Brief Werthers vom 26. Mai entstammte das Zitat, das Edgar Wibeau gegen den farblosen, auf Einordnung, Anpassung und unumstößliche Normen fixierten Verlobten Charlies, Dieter, ins Feld führte. In dieser Entgegnung seines Helden ließ Plenzdorf jene prinzipielle Zivilisationskritik aufscheinen, die utopische Züge trug und ihm den in der DDR gravierenden Vorwurf einbrachte, anarchistische Positionen zu vertreten:

»Man kann zum Vorteile der Regeln viel sagen, ungefähr was man zum Wohle der bürgerlichen Gesellschaft sagen kann. Ein Mensch, der sich nach ihnen bildet, wird nie etwas Abgeschmacktes und Schlechtes hervorbringen, wie einer, der sich durch Gesetze und Wohlstand modeln läßt, nie ein unerträglicher Nachbar, nie ein merkwürdiger Bösewicht werden kann; dagegen wird aber auch alle Regel, man rede, was man wolle, das wahre Gefühl von Natur und den wahren Ausdruck derselben zerstören!«[35]

Wenige Seiten zuvor, aus dem Brief Werthers vom 17. Mai, entnahm Plenzdorf eine Passage, die durch ihre doppelte Erwähnung besonderes Gewicht bekam und nicht allein den Opportunismus und die mangelnde Kritikfähigkeit der Mitbürger bloßstellte, sondern auch den in der DDR gepflegten Mythos vom neuen Menschen ad absurdum führte:

»Es ist ein einförmiges Ding um das Menschengeschlecht. Die meisten verarbeiten den größten Teil der Zeit, um zu leben, und das bißchen, das ihnen von Freiheit übrig bleibt, ängstigt sie so, daß sie alle Mittel aufsuchen, um es los zu werden.«[36]

Noch prekärer wurde diese Referenz durch ihren Kontext. Dem von Plenzdorf gebrauchten Zitat ging im Roman Goethes nämlich folgender Satz voraus: »Wenn du fragst, wie die Leute hier sind, muß ich dir sagen: wie überall!«[37]

[34] Plenzdorf, a. a. O., S. 14; vgl. Goethe, Bd. VI, 1958, a. a. O., S. 16; Novalis, Vermischte Bemerkungen 1797–1798 (Urfassung von Blütenstaub), in: Novalis, Werke, hrsg. v. Gerhard Schulz, München 1987, S. 326: »Die Phantasie setzt die künftige Welt entw(eder) in die Höhe, oder in die Tiefe, oder in die Metempsychose, zu uns. Wir träumen von Reisen durch das Weltall – ist denn das Weltall nicht *in uns*? Die Tiefen unsers Geistes kennen wir nicht – nach innen geht der geheimnisvolle Weg. In uns, oder nirgends ist die Ewigkeit mit ihren Welten – die Vergangenheit und Zukunft. Die Außenwelt ist die Schattenwelt – sie wirft ihren Schatten in das Lichtreich.«

[35] Plenzdorf, a. a. O., S. 56; vgl. Goethe, Bd. VI, 1958, a. a. O., S. 15.

[36] Goethe, Bd. VI, 1958, a. a. O., S. 11; vgl. Plenzdorf, a. a. O., S. 41 u. S. 73.

[37] Goethe, Bd. VI, 1958, a. a. O., S. 11.

Plenzdorfs rigide und geschickt konzipierte Kritik ließ das Ministerium für Staatssicherheit offenbar sehr bald hellhörig werden. Wollte man Plenzdorf 1971 noch als Mitarbeiter gewinnen, so hatte man spätestens seit der Uraufführung seines Schauspiels *Die neuen Leiden des jungen W.*, so Joachim Walther, ausgesprochen »wenig Freunde an ihm«.[38] Sein Stück wurde bald als so prekär eingestuft, daß es schließlich bei der ideologischen Musterung zukünftiger Mitarbeiter als Prüfstein benutzt wurde. Eberhard Günther, Brauns Zensor und Leiter des Mitteldeutschen Verlags, mußte beispielsweise bei seinem Eignungstest als Inoffizieller Mitarbeiter zu Plenzdorf Stellung beziehen. »Bei dieser Analyse« der »Stücke von Plenzdorf«, so das Urteil der Hallenser Mitarbeiter des Ministeriums, zeigte der Kandidat, daß er »den für die offizielle Arbeit notwendigen Klassenstandpunkt und operativen Spürsinn«[39] besaß. Klaus Höpcke, als stellvertretender Kulturminister verantwortlich für die als Zensurbehörde fungierende Hauptverwaltung Verlage und Buchhandel, gab zur gleichen Zeit gegenüber einem Berliner Mitarbeiter des von Erich Mielke geführten Ministeriums zu Protokoll, Plenzdorfs Standpunkt erinnere ihn deutlich an die Anfänge des *Prager Frühlings*. Spätestens 1977 wurde Plenzdorf von der Staatssicherheit als *negativ-feindlich* eingestuft und unter dem Kennwort *Dramatiker* ein Operativer Vorgang eingeleitet, der sieben Jahre andauerte und von der Bespitzelung durch den Lektor bis zur Beeinflussung des Bekanntenkreises und der permanenten Observierung auf der Straße reichte.[40] Ganz dieser Linie entsprechend erwähnte man Plenzdorf auf den 907 Seiten der 1977 in zweiter Auflage erschienenen großen Literaturgeschichte der DDR fast nur beiläufig, nämlich dreimal.[41] Die Verfilmung des Stücks *Die neuen Leiden des jungen W.* wurde unmittelbar nach Drehbeginn 1973 auf Veranlassung des Kulturministeriums in der DDR gestoppt. Jede Nachauflage der Buchausgabe des Schauspiels wurde über Jahre hinweg zum Politikum.

[38] Joachim Walther, Sicherungsbereich Literatur. Schriftsteller und Staatssicherheit in der Deutschen Demokratischen Republik, Berlin 1996, S. 625.

[39] Ebd., S. 776.

[40] Vgl. ebd., S. 48, S. 169, S. 295, S. 358f. u. S. 583.

[41] Vgl. Literatur der Deutschen Demokratischen Republik, in: Horst Haase u. a. (Hrsg.), Geschichte der deutschen Literatur von den Anfängen bis zur Gegenwart, Bd. 11, Berlin 1977, S. 892.

III. ›DIE WIRKLICHKEIT SPRICHT EINE ANDERE SPRACHE, IM SCHLIMMSTEN FALL SCHWEIGT SIE‹ – BRAUNS TEXTE ZU »HINZE UND KUNZE«

In seinem 1968 geschriebenen Kommentar mit dem Titel *Negation der Negation* skizzierte Braun mit wenigen Sätzen denkbare Perspektiven, Goethes Drama *Faust* in der DDR jenseits naiver Klassikergläubigkeit produktiv zu rezipieren. Dabei verwarf er nicht allein Bertolt Brechts Variante des parteilichen Gegenentwurfs, sondern wandte sich vor allem gegen jene »Tempelwächter des klassischen Erbes«, die selbst in den sechziger Jahren noch die »Notwendigkeit dieser Art Negation«[42] in Abrede stellten. Brauns kritischer Distanz zu beiden Positionen lag die Einsicht zugrunde, daß sich weder mit dem schon von Brecht in seinem Essay *Einschüchterung durch die Klassizität* gerügten »lippedienerischen, falschen Respekt«[43] vor der Kultur Weimars noch durch die Berufung auf das widersprüchliche Klassikverständnis des sozialistischen Dramatikers tragfähige Arbeitsperspektiven entwickeln ließen.

Ungeachtet der Kritik Brechts drohte das klassische Erbe in der DDR durch die poststalinistische Kulturpolitik Bechers und Walter Ulbrichts zu jenem Machtdekor bagatellisiert und funktionalisiert zu werden, das Mayer 1949 primär in den bis dato gepflegten Formen herkömmlicher Klassikerverehrung auszumachen meinte. Auf dem Höhepunkt des Kalten Krieges, also wenige Jahre vor der Weimarer Uraufführung der Erstfassung von Brauns Stück *Hinze und Kunze,* war die Berufung auf die Klassik eine gängige Attitüde, um einer politischen Rede die Aura historischer Legitimität und kultureller Traditionsgebundenheit zu verleihen. In dem Maße, in dem der Bruch mit vielen als historisch überlebt apostrophierten Werten und Normen vollzogen wurde, stieg auch das Bedürfnis, das eigene Handeln durch geschichtsphilosophisch kühn anmutende Ideologeme zu rechtfertigen. So wurde beispielsweise Ulbrichts Erklärung vor dem Nationalrat, der dritte Teil von Goethes Drama *Faust* werde durch die sozialistische Aufbauarbeit der Arbeiter und Bauern geschrieben, 1962 in der DDR nicht als politischer Kitsch stillschweigend übergangen, sondern als Konkretisierung der Utopie in der Gegenwart enthusiastisch gefeiert.

[42] Volker Braun, Negation der Negation, in: Braun, Bd. II, 1990, a. a. O., S. 225.

[43] Bertolt Brecht, Einschüchterung durch die Klassizität, in: Bertolt Brecht, Werke, Bd. XXIII, hrsg. v. Barbara Wallburg, Berlin, Weimar, Frankfurt/M. 1993, S. 318; vgl. Werner Mittenzwei, Brecht und die Probleme der deutschen Klassik, in: Sinn und Form 25, 1973, S. 166 ff.; Helmut Holtzhauer, Von sieben, die auszogen, die Klassik zu erlegen, in: Sinn und Form 25, 1973, S. 186 ff.

Brauns Versuch, eine eigene, auf die Situation in der DDR bezogene Version des Fauststoffes[44] zu konzipieren, wurde von den federführenden Kulturwissenschaftlern jedoch als geschichtsphilosophische Mißdeutung und gesellschaftspolitisches Zerrbild der Gegenwart bezeichnet und verworfen. Während Braun aus seinem auf die Utopie bezogenen Denken heraus eine auf anderen Werten und Normen begründete Sozialordnung noch im Entstehen sah, schien für die Kritiker die »entwickelte sozialistische Gesellschaft«[45] bereits alltägliche Realität zu sein. Auf der anderen Seite wurde aber gerade die in den Schlußszenen entfaltete Vision vom »Überflüssigwerden« gesellschaftlicher Eliten als völlig verfehlt und suspekt eingestuft, hier vermißte man dem strengen Partei- und Kaderdenken entsprechend die literarische Auseinandersetzung mit dem Alltagsproblem einer »Qualifizierung der Leitungskräfte«.[46] Grundsätzlich warf man dem Autor vor, in seinem dramatischen Entwurf *Hans Faust* die »Dialektik der sozialistischen Gesellschaftsentwicklung«[47] völlig unzureichend thematisiert zu haben.

Braun selbst distantierte sich wenige Jahre nach der Uraufführung aus anderen Motiven von seinem Stück und veröffentlichte 1975 eine überarbeitete Fassung unter dem Titel *Hinze und Kunze*. Jetzt erschien ihm die ursprüngliche Konzeption des Schauspiels durch »die moral zugebaut«, ja »mißraten und monströs«.[48] Vor allem die Adaption tradierter Motive und Stoffe betrachtete er nun als »ein Verfahren der Sklavensprache« und bewertete die Verwendung »alter Handlungsmomente«[49] als inakzeptabel. Auch wenn er in deutlicher Abgrenzung zum propagandistischen Mißbrauch von Fausts Vision die von Ulbricht zitierten Verse aus Goethes Drama in einen durch Nüchternheit und Skepsis geprägten Kontext stellte, blieb der Rekurs auf den klassischen Text schematisch und auffallend abstrakt. Unter Anspielung auf die Zukunftsphantasie im großen Schlußmonolog Fausts äußerte Kunze in seiner rigorosen Kritik an der fatalistischen und desillusionierten Haltung Hinzes:

[44] Vgl. Manfred Berger u. a., Theater in der Zeitwende. Zur Geschichte des Dramas und des Schauspieltheaters in der Deutschen Demokratischen Republik 1945–1968, Bd. II, Berlin 1972, S. 267.

[45] Berger u. a., a. a. O., S. 268. Zur Zensur und Literaturpolitik in der Ulbricht-Ära vgl. Siegfried Lokatis, Verlagspolitik zwischen Plan und Zensur. Das ›Amt für Literatur und Verlagswesen‹ oder die schwere Geburt des Literaturapparates der DDR, in: Kocka, a. a. O., S. 303 ff.

[46] Berger u. a., a. a. O., S. 268.

[47] Ebd., S. 268.

[48] Braun, Bd. II, 1990, a. a. O., S. 227.

[49] Zitiert nach Silvia Schlenstedt, Interview mit Volker Braun, in: Weimarer Beiträge 18,10, 1972, S. 47 u. S. 49.

»Nein, du gaffst zu, und schlingst
Kartoffelschalen! Auf dem freien Grund
Bedeckt von Trümmern, wimmelt
Das freie Volk, in seinem Dreck gefangen«.[50]

Die Passage im zweiten Teil von Goethes Tragödie, auf die Braun sich bezog, lautete:

»Nur der verdient sich Freiheit wie das Leben,
Der täglich sie erobern muß,
Und so verbringt, umrungen von Gefahr,
Hier Kindheit, Mann und Greis sein tüchtig Jahr.
Solch ein Gewimmel möcht' ich sehn,
Auf freiem Grund mit freiem Volke stehn.«[51]

Brauns Konzeption, in Anlehnung an den von so vielen Autoren aufgegriffenen Stoff eine Chronik der DDR und ihrer von Krisen geprägten Entwicklung zu schaffen, genügte ihrem Anspruch schon deshalb nicht, weil das von ihm als Movens der Historie begriffene Volk bestenfalls ein Ornament am Rand blieb. Die Dialektik von »Führenden und Geführten«[52] ließ sich, wie seine späteren Texte zeigten, überzeugender an anderen Modellen exemplifizieren.

Die Frage nach der Reziprozität von sozialer Ordnung, politischer Herrschaft und der Mündigkeit des Individuums warf Braun erneut in seiner erstmals 1981 veröffentlichten Prosaauswahl *Berichte von Hinze und Kunze* auf. Anknüpfend an das Fragment *Me-ti. Buch der Wendungen*, die *Geschichten von Herrn Keuner* und vor allem die als antithetische Denkschulung begriffenen *Flüchtlingsgespräche* Brechts stellte Braun in der Form eines pointiert verknappten, direkt oder indirekt gehaltenen Dialogs »soziale Rollen« und »ideologische Praktiken«[53] des erstarrten Systems der DDR in Frage. Wieder war Kunze der Führende, Hinze der Geführte, und analog zu dem von Brecht zur Anschauung gebrachten Prinzip der dialogischen Wahrheitsfindung ging es Braun um die ironisch-dialektische Aufdeckung prinzipieller Probleme. Die vom Drama in die Prosa überführte Dialogform der Rede und Widerrede mußte als Affront gegen die alltäglichen Denkverbote und das Monologisieren einer von der Realität entfremdeten Parteibürokratie angesehen werden und sollte deutlich ma-

[50] Volker Braun, Hinze und Kunze, in: Volker Braun, Stücke I, Frankfurt/M. 1975, S. 79.

[51] Johann Wolfgang von Goethe, Faust, in: Goethe, Bd. III, 1957, a. a. O., S. 348.

[52] Ulrich Profitlich, Volker Braun. Studien zu seinem dramatischen und erzählerischen Werk, München 1985, S. 120.

[53] Jürgen Engler, Zu Volker Braun. Berichte von Hinze und Kunze, in: Weimarer Beiträge 30, 1984, S. 2078; vgl. auch Werner Jehser, Herausfordernde Denkimpulse. Volker Braun: ›Berichte von Hinze und Kunze‹, in: Neue Deutsche Literatur 32,9, 1984, S. 138ff.

chen, daß Wahrheiten nicht verordnet, sondern im kontroversen Diskurs erschlossen werden. In seinem Text *Verschiedene Gewohnheiten* schrieb Braun: »Hinze und Kunze diskutierten oft, aber ohne sonderlichen Gewinn. Es gehörte zu Kunzes beruflichen Gewohnheiten, sprechend über dem Gespräch zu stehn, gleichsam als Kontrolleur, und etwa zu sagen: So darfst du nicht fragen, das ist keine Frage, die Frage, die du mir hättest stellen müssen, lautet so. In solchen Augenblicken dachte Hinze: Es liegt an mir! Ich stelle nicht die richtigen Fragen, weil ich nicht der richtige Mann bin. Mit mir ist kein Staat zu machen; aber was dann? Was statt dessen? Aber es gehörte zu Hinzes Gewohnheiten, dergleichen nicht auszusprechen.«[54]

Mit seiner durch die Frage evozierten Aufforderung zum Selbstdenken verwies Braun auf erkenntnistheoretische Prämissen der Aufklärungsphilosophie und einen Text, den schon Brecht bei seiner Auseinandersetzung mit dem Verhältnis von Herr und Knecht, von Führendem und Geführtem aufmerksam rezipierte – Denis Diderots aus Zensurrücksichten zunächst nur in Abschriften unter der Hand verbreitete und von Goethe und Friedrich Schiller enthusiastisch gefeierte Roman *Jacques le Fataliste et son Maître*. »Aufklärung, wie tut sie uns not«, erklärte Braun 1981 und richtete an jene Zeitgenossen, die schon immer glaubten, »längst klar zu sehen«, öffentlich einige grundsätzliche Fragen, die direkt auf die Realitätstüchtigkeit des propagierten Sinnsystems zielten: »Wissen wir, was hier Sache ist? Wie wir miteinander stehen? Was hier gespielt wird?«[55] Mit ähnlich prinzipiellen Fragen begann Brauns *Hinze-Kunze-Roman*, den er im gleichen Jahr abschloß und der im Rekurs auf Diderots *Jacques le Fataliste et son Maître* noch einmal das Verhältnis von Führendem und Geführtem beleuchtete und das zur Sozialidylle verkürzte, offiziöse Geschichtsbild auf provozierende Weise in Frage stellte: »Was hielt sie zusammen? Wie hielten sie es miteinander aus? Ich begreife es nicht, ich beschreibe es. Und immer der eine mit dem andern, und der andere machte mit?«[56] Brauns auffällige Negation traditioneller narrativer Schemata und sein demonstrativer Verzicht auf eine in der Literaturtheorie des Sozialistischen Realismus favorisierte allwissende auktoriale Erzählhaltung zeigte sich deutlich von Diderots Roman inspiriert. Auch Diderots Text konterkarierte bereits in der Eingangspassage die an gängigen Erzählmustern orientierte Erwartungshaltung des Publikums mit irritierenden Fragen:

[54] Volker Braun, Berichte von Hinze und Kunze, in: Volker Braun, Texte in zeitlicher Folge, Bd. VII, Halle, Leipzig 1991, S. 18.

[55] Volker Braun, Aufklärung. Wiederkommen. Polemik oder: Ich wollte Ihnen nur danken, in: Braun, Bd. VII, 1991, a. a. O., S. 245 f.

[56] Volker Braun, Hinze-Kunze-Roman, in: Braun, Bd. VII, 1991, a. a. O., S. 49.

»Comment s'étaient-ils rencontrés? Par hasard, comme tout le monde. Comment s'appelaient-ils? Que vous importe? D'où venaient-ils? Du lieu le plus prochain. Où allaient-ils? Est-ce que l'on sait où l'on va? Que disaient-ils?«[57]

So wie Diderot erhob auch Braun die konsequente Verunsicherung des Rezipienten zum Programm, sie wurde zum integrativen Bestandteil des Textes. Die sich in der assoziativen Verknüpfung unterschiedlicher, bisweilen fragmentarischer Szenen und Episoden manifestierende offene Romanstruktur bedingte, daß auch der Erzähler im Fortlauf der Geschichte fragwürdig wurde. Am Ende des *Hinze-Kunze-Romans* erklärte er ironisch, mit dem geforderen literaturpolitischen »Auftrag nicht zurande gekommen«[58] zu sein und verabschiedete sich mit einem lapidaren Verweis auf die Selbständigkeit des eigenen Denkens und Handelns aus dem Romangeschehen:

»Ich setze mich in den Wagen, mein eigner Fahrer, der sich anweist, und selber denkt, und stiere stumm aus dem Fenster den Fremden nach.«[59] Der Leser des *Hinze-Kunze-Romans* wurde spätestens jetzt, durch die Verweigerung eines regelrechten Schlusses, mit seinen Erwartungen und Leseerfahrungen konfrontiert. Der Hinweis auf die »vieldeutigen Leser«,[60] der den endgültigen Bruch zwischen der Romanfiktion und dem verselbständigten Erzählerkommentar markierte, provozierte den realen Leser zur ebenso selbstkritischen wie textbezogenen Reflexion und ließ den fiktiven Leser so offensichtlich zum Objekt bissiger Ironie werden, daß der krasse Widerspruch offenbar wurde. Die Rollen, die den *vieldeutigen Lesern* im Roman zugeschrieben wurden, erwiesen sich als ähnlich komplex wie die des Erzählers und des Autors. Immer dann, wenn es um die Bedenken »gewisser Leser« oder auch um die möglichen Einwände von »zuständigen«, »gnadenlosen« oder gar »hauptamtlichen«[61] Lesern ging, war indes klar, wen der Erzähler meinte. Die ständige Berufung auf kulturpolitische Leitsätze und ästhetische Dogmen diente in diesem Kontext nicht einer literaturtheoretischen Selbstvergewisserung, sondern war ein provozierendes Spiel mit der Ironie. Die Erzählerkommentare gingen, wie Harald Weinrich es bei seiner Beschreibung ironischer Grundmuster beschrieb, in »zwei verschiedene Richtungen«: Sie spalteten sich gleichsam, eine Informationskette ging »zum angesprochenen Hörer« und sagte Ja, »während

[57] Denis Diderot, Jacques le Fataliste et son Maître, in: Denis Diderot, Oeuvres, ed. par André Billy (Bibliothèque de la Pléiade), Paris 1951, S. 475.

[58] Braun, Bd. VII, 1991, a. a. O., S. 211.

[59] Ebd., S. 214.

[60] Ebd., S. 212.

[61] Ebd., S. 211, S. 207 u. S. 172.

eine zweite, begleitende Informationskette zu einem mitangesprochenen Dritten«[62] ging und Nein sagte. Die Wirklichkeit war für Braun mit den Mitteln des Sozialistischen Realismus nicht darstellbar, selbstironisch setzte er den »Strickvorlagen[63] trivialer Parteiliteratur den Begriff des »konspirativen Realismus«[64] entgegen. Mit ätzender Ironie äußerte er sich im *Hinze-Kunze-Roman* über das von den Apologeten des Sozialistischen Realismus geforderte positive Menschenbild:

»Die Wirklichkeit spricht eine andere Sprache, im schlimmsten Fall *schweigt* sie. Deshalb rufen wir den Schreibenden zu: Seht euch im Leben um! Lernt von der Wirklichkeit. Macht es euch nicht zu leicht!«[65]

Wenn die ironische Rede einer berühmten Definition Thomas Manns zufolge »aus einer Not eine Überlegenheit«[66] machen konnte, so erhob hier die Diktion des Uneigentlichen den kritischen und bewußten Leser über die verordneten ästhetischen Normen und führte den volkspädagogischen Ton kulturpolitischer Leitsätze ad absurdum.

Noch deutlicher als in den *Berichten von Hinze und Kunze* leistete Braun im *Hinze-Kunze-Roman* eine auf den Parteijargon zielende Sprachkritik, die in ihrer Konsequenz dem 1977 im Westen publizierten Essay Stefan Heyms mit dem Titel *Je voller der Mund, desto leerer die Sprüche* in nichts nachstand. Dem lapidaren Hinweis, in den üblichen Reden des politischen Alltags stimme »alles« und deshalb machten diese Erklärungen auch »keinen Sinn«, folgte im *Hinze-Kunze-Roman* ähnlich wie in Heyms Philippika eine Anhäufung von Worthülsen, die stets die »gleiche Information« transportieren sollten:

»Abgesegnete Reden ... Das quoll ihm aus den Ohren. Eine Weile nur Grußworte: Gesamtinteressen Ziel Mehrung Reichtums Entwicklung Persönlichkeiten, Übereinstimmung Interessen Werktätigen Kollektive Erfordernissen Triebkraft Gesellschaft. Oder er selektierte für Minuten Kleinworte: materiellen geistigen allseitig gebildeter sozialistischer sozialistischen beizutragen, politischen materiellen kulturellen gesellschaftlichen wichtigste. Es ergab immer noch die gleiche Information, es langte die

[62] Harald Weinrich, Linguistik der Lüge, Heidelberg 1970, S. 65; vgl. auch Claudia Albert, Diderots ›Jacques le Fataliste et son Maître‹ als Modell für Volker Brauns ›Hinze-Kunze-Roman‹, in: Jahrbuch der Deutschen Schillergesellschaft 35, 1989, S. 392f. Auf die ironische Schreibweise Brauns geht Albert allerdings kaum ein.

[63] Braun, Bd. VII, 1991, a. a. O., S. 170.

[64] Ebd., S. 207; vgl. auch ein Gespräch mit Volker Braun, in: York-Gothart Mix (Hrsg.), Ein ›Oberkunze darf nicht vorkommen‹. Materialien zur Publikationsgeschichte und Zensur des Hinze-Kunze-Romans von Volker Braun, Wiesbaden 1993, S. 219.

[65] Braun, Bd. VII, 1991, a. a. O., S. 107.

[66] Thomas Mann, Chamisso, in: Thomas Mann, Gesammelte Werke in Einzelbänden, hrsg. v. Peter de Mendelssohn, Frankfurt/M. 1982, S. 537 (Leiden und Größe der Meister).

Hälfte der Wörter. Im Grund war es gar so, daß man nicht zuhören mußte, um zu verstehn, der Tonfall tat es: der Klang.«[67]

Seine dekuvrierende Kritik an den Sprachregelungen im Funktionärsstaat führte der *Hinze-Kunze-Roman* jedoch nicht nur durch die ins Abstruse getriebene Kumulation austauschbarer politischer Floskeln vor, sondern auch durch ein ästhetisches Verfahren, das bereits in den Romanen *The Life and Opinions of Tristam Shandy, Gentleman* von Laurence Sterne und *Dr. Katzenbergers Badereise* von Jean Paul Friedrich Richter[68] vorgeführt wurde: die Auslassung und die aleatorische Variation.

Mehrere auffällige Leerstellen sollten den aufmerksamen Leser zur Reflexion und Auseinandersetzung mit dem Text animieren, da die Auslassungen als Hinweise auf Verschwiegenes begriffen werden konnten. So gingen beispielsweise dem vieldeutig-ironischen Kommentar des Erzählers, er könne nicht »direkt« sprechen, da er »im gesellschaftlichen Interesse« schriebe, einige Bemerkungen voraus, die auf alle Institutionen und Personen bezogen werden konnten, die dem kritischen Blick der Öffentlichkeit entzogen waren: »Sie bogen in die ... ein und stoppten vor dem ..., und Kunze verschwand im und ging sogleich zu ... Aber Hinze wartete draußen. Er hat auch späterhin nichts erfahren, und der Leser wird es auch nicht.«[69]

Derartige Auslassungen, die den Eindruck erwecken konnten, hier sei die Zensur wirksam geworden, provozierten den Rezipienten, das Fehlende im Sinne aleatorischer Varianten den eigenen Vorstellungen gemäß zu komplettieren. An die Stelle ideologischer Bevormundung setzte Braun ein emanzipatorisches Prinzip – die Mitwirkung des Lesers und die Aufforderung zum Selbstdenken. Gerade die fragmentarische Textstruktur erwies sich als höchst inspirierend und provozierte beim Leser weit mehr unbequeme Assoziationen als ein kritischer, aber von der Zensur abgesegneter Satz. Hinter dem vermeintlich inkriminierten Passus gewann plötzlich jene grundsätzliche Kritik Kontur, die als Sakrileg galt und das Unbehagen an der Etablierung neuer Herrschaftsverhältnisse am Sozialmodell von Hinze und Kunze exemplifizierte:

»Und so verwiesen sie sich in ihre Rollen, immer der eine den andern, und der andre mit; und so blieben sie beieinander. ... und Kunze im Präsidium.«[70] Nicht weniger auffällig war eine Leerstelle, deren Existenz

[67] Braun, Bd. VII, 1991, a. a. O., S. 66.

[68] Vgl. Laurence Sterne, Leben und Meinungen von Tristram Shandy, Gentleman, hrsg. v. Erwin Wolff, Stuttgart 1982, S. 36, S. 114 f. u. S. 177; Wolfgang Iser, Laurence Sternes ›Tristram Shandy‹, München 1987, S. 81 f. u. S. 126 f.; Jean Paul, Dr. Katzenbergers Badereise, hrsg. v. Max Meier u. Otto Mann, Stuttgart 1986, S. 29.

[69] Braun, Bd. VII, 1991, a. a. O., S. 58.

[70] Ebd., S. 65.

damit erklärt wurde, daß der Erzähler die eigentlich folgenden, »längeren« Ausführungen »begreiflicherweise unterdrückt«[71] habe. Dieser selbstironische und vieldeutige Hinweis auf die eigene Rolle und Kontrolle im Literaturbetrieb der DDR war in einen längeren Erzählerkommentar integriert, der die offiziösen ästhetischen Normen, die Furcht der Nomenklatura vor kritischer Öffentlichkeit und das Problem der Selbstzensur reflektierte. Auch an diesen Passagen wurde deutlich, daß das Anliegen des *Hinze-Kunze-Romans* Aufklärung über die Glaubwürdigkeit verordneter Sinnsysteme und die Aufforderung zur Selbstreflexivität war.

Brauns demonstrative Thematisierung des Erzählprozesses und sein subversiver und ironischer Umgang mit allgegenwärtigen Parolen und verordneten literarästhetischen Programmen zeigte sich deutlich von der Widerspruchs- und Problematisierungskunst Diderots inspiriert. In Selbstdeutungen und Interviews bezeichnete der Autor den Roman als Zustandsbeschreibung einer »selbstverschuldeten« sozialen und politischen »festgefahrenheit«,[72] die an etwas sehr Altes erinnere: »das Herr-Knecht-Verhältnis, das große Thema der Aufklärung, das seit Diderot und Hegel immer wieder bedient wurde.«[73] Vor dem Hintergrund, daß Diderot die Beziehung zwischen Herr und Knecht in seinem Roman, so Rainer Warning, zu einer vorrevolutionären Thematik[74] ausweitete, gewannen die direkten Verweise im *Hinze-Kunze-Roman* auf *Jacques le Fataliste et son Maître*[75] in seiner literarischer Situationsanalyse an Brisanz. Der auffällige Verzicht auf das Visionäre wurde vom Autor in den Arbeitsnotizen mit wachem Bewußtsein kommentiert. Die Fabel rage »nicht in die utopie[76] hinein, notierte Braun nüchtern.

Ähnlich wie Plenzdorf geriet Braun bereits Anfang der siebziger Jahre in das Visier des Ministeriums für Staatssicherheit. Zeitweilig wurde er, so wie Heym und andere prominente Kritiker, dem Typus des *Einfluß-*

71 Ebd., S. 96.

72 Volker Braun, Arbeitsnotizen, in: Braun, Bd. VII, 1991, a. a. O., S. 223.

73 Volker Braun, Antworten auf (verlorene) Fragen von Wilfried F. Schoeller, in: Braun, Bd. VII, 1991, a. a. O., S. 227.

74 Vgl. Rainer Warning, ›Herr und Knecht‹ in der Literatur des Ancien Régime, in: Venanz Schubert (Hrsg.), Die Französische Revolution. Wurzeln und Wirkungen, St. Ottilien 1989, S. 101 ff.; vgl. auch Hans Mayer, Diderot und sein Roman ›Jacques le Fataliste‹, in: Deutsche Literatur und Weltliteratur. Reden und Aufsätze, Berlin 1957, S. 347 f.; Hans Mayer, Herrschaft und Knechtschaft. Hegels Deutung, ihre literarischen Ursprünge und Folgen, in: Jahrbuch der Deutschen Schillergesellschaft 15, 1971, S. 256; Ian Wallace, Volker Braun. Hinze-Kunze-Roman, in: Anna Chiarloni, Gemma Sartori u. Fabrizio Cambi (Hrsg.), Die Literatur der DDR 1976–1986. Akten der internationalen Konferenz Pisa, Mai 1987, Pisa 1988, S. 163.

75 Vgl. u. a. Braun, Bd. VII, 1991, a. a. O., S. 158 u. S. 201.

76 Ebd., S. 223.

agenten zugerechnet, der seine *zersetzende* und *feindliche Tätigkeit* gezielt mit *progressiven Erklärungen* kaschiere.[77] Sinnigerweise wählte man für den gegen ihn eingeleiteten Operativen Vorgang das Kennwort *Erbe*, als Inoffizielle Mitarbeiter leisteten der Leiter des Verlags, Günther, und Anneliese Löffler, Professorin für Germanistische Literaturwissenschaft an der Humboldt-Universität, zuverlässige Dienste. Ihr setzte Braun im *Hinze-Kunze-Roman* als *Frau Prof. Messerle* ein bleibendes Denkmal, indem er ihre Kritik im *Neuen Deutschland* vorwegnahm und der Lächerlichkeit preisgab:

»Als ich soweit gekommen war, hielt ich es, im gesellschaftlichen Interesse, für nötig, mich der Diskussion zu stellen, in einem Gremium, das ich im selben Interesse nicht näher beschreibe. Ich las ein Kapitel vor – der Einfachheit halber und um keine Zeit zu verlieren dieses, das ich gerade schreibe und das damit beginnt, daß Frau Prof. Messerle von einem anderen Buch sprach, das ich hätte schreiben sollen: obwohl es kürzlich ein anderer geschrieben hat. Sie konnte nicht genug gleichartige Bücher bekommen, musterhafte, sie stellte sie vermutlich im Wohnzimmer nebeneinander, eine sichere Bastion gegen die unzuverlässige Wirklichkeit. Aber wo mein Buch hätte stehen können, klaffte eine kleine Lücke; in der sie nun mit dem Zeigefinger fuhrwerkte: wodurch die sich aber, im Verlauf dieses Kapitels, noch erweiterte. Ich konnte nichts dafür, diese Zuarbeit widerfährt den Realisten von unerwarteter Seite.«[78]

Unzweideutige Attacken dieser Art konnte Braun nur wagen, weil die Kulturpolitik der DDR in den achtziger Jahren kaum noch durchsetzungsfähig war. Zunehmend beschränkte man sich darauf, internationales Aufsehen und allzu offensichtliche Prestigeverluste zu vermeiden. Die von *IM Richard*, alias Günther, Brauns Verleger, Lektor und Zensor, bei einer internen Beratung in der Hauptverwaltung Verlage und Buchhandel geäußerte Bemerkung, man könne »nicht nur ablehnen«, sondern müsse »auch Bücher machen«,[79] zeigte, daß die meisten Autoren nicht mehr bereit waren, die ideologische Bevormundung und restriktive Druckgenehmigungspraxis hinzunehmen. Mit der Drohung, ein abgelehntes Manuskript in der Bundesrepublik zu publizieren, verfügten die Autoren über ein Druckmittel, dem die Verlage spätestens seit den Reformen in der UdSSR immer

[77] Vgl. Walther, a. a. O., S. 88.

[78] Braun, Bd. VII, 1991, a. a. O., S. 170.

[79] (Marion) Fuckas, Beratg. 7. 8. 84 über ›Neue Herrlichkeit‹ von de Bruyn, Manuskript (vom 7. 6. 1984), Bundesarchiv Potsdam, DR 1–2187, Bl. 13. – Jetzt abgedruckt in: York-Gothart Mix, Der Abschied vom ständigen Rücksichtnehmen auf die Zensur. Günter de Bruyns Erzähltexte im deutsch-deutschen Literaturdialog, in: Mark Lehmstedt, Siegfried Lokatis (Hrsg.), Das Loch in der Mauer. Der innerdeutsche Literaturaustausch, Wiesbaden 1997, S. 344 ff.

weniger entgegenzusetzen hatten. Da man nach der aufsehenerregenden Westveröffentlichung von Günter de Bruyns Roman *Neue Herrlichkeit* einen weiteren Skandal vermeiden wollte, entschloß man sich schließlich am 4. 1. 1985, nach jahrelangen Querelen und Diskussionen, die Druckgenehmigung für den *Hinze-Kunze-Roman* zu erteilen. Eine zeitweilige Blockierung der Auslieferung und die gezielte Verzögerung einer Nachauflage 1988 konnten allerdings nicht verhindern, daß der *Hinze-Kunze-Roman* ähnlich wie Diderots *Jacques le Fataliste et son Maître* bereits lange vor seiner Buchveröffentlichung als exemplarischer Beitrag zur Literatur seiner Zeit gewürdigt und zur Kenntnis genommen wurde.[80]

IV. DAS ERBE ALS RÜSTUNG

Ähnlich wie das Schauspiel *Die neuen Leiden des jungen W.* galt der *Hinze-Kunze-Roman* in der DDR als ein subversives, unbotmäßiges Buch, ähnlich wie Plenzdorf wurde Braun eine »anarchosyndikalische Denkweise«[81] vorgehalten. Tatsächlich stellten beide Texte die verordneten Sinnsysteme und die verkitschte Selbstdarstellung der DDR illusionslos zur Debatte und beschwichtigten den Leser nicht mit den Verheißungen rituell beschworener Harmonieideale. In provokativer Manier führten Plenzdorf und Braun eine Suspendierung des Sozialistischen Realismus und seiner ästhetischen Normen vor, ihr Rekurs auf die Literatur des 18. Jahrhunderts konterkarierte den »Klassikzentrismus«[82] der Kulturpolitik und diente als Argument gegen zu erwartende Monita von Lektoren, Zensoren und Kritikern. Beide Texte wurden im Bewußtsein der Zensur geschrieben und führten Strategien ihrer Umgehung vor, die Romane Goethes und Diderots fungierten als »Rüstung«[83] in der Auseinandersetzung mit einer traditionsfixierten Literaturpolitik, für die das klassische Erbe ein unverzichtbarer Fixpunkt war. Als Negation einer Funktionalisierung der Literatur waren der *Hinze-Kunze-Roman* und *Die neuen Leiden des jungen W.* als Votum für eine ästhetische Autonomie anzusehen, die nichts mit

[80] Vgl. Hans Kaufmann, Gutachten, Berlin 4. November 1983, in: Mix, a. a. O., S. 80.

[81] Klaus Selbig, Information zum Erscheinen von Volker Brauns ›Hinze-Kunze-Roman‹, in: Mix, a. a. O., S. 127.

[82] Erbe, a. a. O., S. 15; vgl. auch Jürgen Scharfschwerdt, Literatur und Literaturwissenschaft in der DDR, Stuttgart u. a. 1982, S. 135 ff.

[83] Günter Kunert im Gespräch mit Katharina Festner und York-Gothart Mix, in: Deutschland Archiv 28,1, 1995, S. 29.

der nach der Wende ins Gerede gekommenen »Gesinnungsästhetik«[84] gemein hatte. Die Texte Plenzdorfs und Brauns waren eminent gesellschaftskritisch, aber nicht »mit außerliterarischen Themen beauftragt«.[85]

Die gern kolportierte These, der Rekurs auf das literarische Erbe in der DDR sei generell als Konsequenz eines rabiaten Antimodernismus zu werten, erwies sich als undifferenziert und ignorierte die spezifischen Entstehungsbedingungen der Literatur im anderen Teil Deutschlands. Die Vorstellung, diese Texte seien Werkstücke kritikunfähiger Literaten oder Zeugnisse staatstreuer Gesinnung, hatte mehr mit ihrer naiven Lesart im Westen als mit ihrer Rezeption im Osten zu tun. Gerade in den Medien der Bundesrepublik wurde die »Marxsche Radikalität«[86] bei Plenzdorf vermißt und Braun als Apologet der »Zertrümmerungsästhetik des späten Bürgertums«[87] gerügt.

»Die Wirkungen, die Literatur hervorruft«, so Christoph Hein in seiner Philippika gegen die Zensur auf dem X. Schriftstellerkongreß der DDR 1987, »sind fast immer überraschend und häufig unvorhersehbar. Von den Wirkungen läßt sich«, fuhr Hein fort, »nur bedingt auf das Buch schließen, aber unbedingt auf den Leser«.[88]

[84] Ulrich Greiner, Die deutsche Gesinnungsästhetik, in: Thomas Anz (Hrsg.), ›Es geht nicht um Christa Wolf‹. Der Literaturstreit im vereinten Deutschland, München 1991, S. 213.

[85] Ebd., S. 213.

[86] Schütte, a. a. O., S. 278.

[87] Matthias Altenburg, Zu spät für die Moderne. Kritik des Hinze-Kunze-Romans, in: Mix, a. a. O., S. 185.

[88] Christoph Hein, Diskussionsgrundlage, in: X. Schriftstellerkongreß der Deutschen Demokratischen Republik, hrsg. v. Schriftstellerverband der Deutschen Demokratischen Republik, Bd. 2, Arbeitsgruppen, Berlin u. Weimar 1988, S. 224–247; hier S. 225f.

GISELA HENCKMANN

DOPPELGÄNGERINNEN IN DER ZEITGENÖSSISCHEN FRAUENLITERATUR

Im Zusammenhang mit der Frauenbewegung der siebziger Jahre entstand eine Flut von Selbsterfahrungs- und Selbstfindungsliteratur von Frauen, in der Weg und Ziel meist in einem naiv-optimistischen Tenor ohne besonderen literarischen Anspruch und ohne differenziertes Problembewußtsein dargestellt wurden. Das wichtigste Wertungskriterium war die Authentizität der Erfahrung. Diese Literatur hatte durchaus einen bedeutenden Stellenwert innerhalb der Frauenbewegung: Sie sollte Mut machen und Vorbilder anbieten.[1] Die hohen Auflagenziffern zeigen, daß sie ihre Funktion zu diesem Zeitpunkt erfüllte; kaum ein Jahrzehnt später waren die meisten Texte dieser Art jedoch schon wieder vergessen.

Um ›weibliche‹ Identitätssuche geht es auch noch in vielen Erzähltexten von Schriftstellerinnen in den achtziger Jahren, aber sie wurde jetzt sehr viel differenzierter und komplexer im Schnittpunkt verschiedener Problemfelder und Diskurse gesehen. So wurde eine allgemein gültige Definition von ›Weiblichkeit‹ in der feministischen Theorie zunehmend problematisiert. In der Frage nach der biologischen (sex) und sozialen Zuordnung (gender) konzentrierte sich die Diskussion mehr und mehr auf ›gender‹; seit Ende der achtziger Jahre wurde jede Form von biologistischer Zuordnung in Frage gestellt und als Konstrukt entlarvt.[2] Zudem kann die Geschlechterfrage, wie es die schwarzen Frauen in den USA am eigenen Status deutlich machten, nicht losgelöst von weiteren Zugehörigkeiten wie Rasse, Klasse und den verschiedenen kulturellen Umfeldern diskutiert

[1] Die Botschaft zeigte sich z. T. bereits in Titeln wie *Ich bin ich* von Judith Jannberg oder *Ich stehe meine Frau* von Margot Schroeder. *Das* Kultbuch dieser Zeit, Verena Stephans *Häutungen* von 1975, geht in seiner grundsätzlichen Kritik an der männlich dominierten Sprache, die es Satz um Satz zu problematisieren und zu entlarven sucht, allerdings bereits über diese eher naive und formal konservative Schreibweise hinaus. Daß es neben dieser Hauptströmung noch eine Vielfalt von anderer Literatur von Frauen gab, wie die Werke von Frischmuth, Jelinek, Morgner, Steinwachs, Wohmann, Wolf u. a., sei nur angemerkt.

[2] Für Judith Butler ist auch das biologische Geschlecht (sex) nicht etwas ›natürlich‹ Gegebenes, sondern immer schon ein aus androzentrischer Perspektive definiertes Konstrukt, so daß für sie auch die Unterscheidung von sex und gender hinfällig wird. Judith Butler, Das Unbehagen der Geschlechter, Frankfurt/M. 1991.

werden. Aus der Sicht der Theoretikerinnen der »écriture féminine« wiederum ist ›Weiblichkeit‹ eine jenseits aller Konstrukte erst zu suchende Utopie, bei der jede erneute Festschreibung vermieden werden soll.[3] – Ein weiteres Problemfeld ist die ja nicht erst mit der Postmoderne einsetzende Dekonstruktion des Subjekts; sie kommt feministischem Selbstverständnis insofern entgegen, als das mit der fortschreitenden Individualisierung vor allem im 18. Jahrhundert etablierte individuelle Subjekt keineswegs geschlechtsneutral war bzw. nicht beide Geschlechter umfaßte. »Individuum, Identität usw. sind ›androzentrische‹ Konzepte, die bürgerliche Männer als bürgerlich-männlichen Lebens- und Selbstentwurf und mit Bezug auf ihre (gewünschte) Realität konstruierten, im Kampf gegen feudale Abhängigkeit – und in der bürgerlich-patriarchalen Formierung des Geschlechterverhältnisses.«[4] Weibliche Identitätssuche beginnt überhaupt erst mit der Erkenntnis dieser Ausgrenzung und mit einer Veränderung der gesellschaftlichen Strukturen und Machtverhältnisse. Sie setzt also phasenverschoben ein, zu einem Zeitpunkt, da das – männliche – Subjekt in seiner Autonomie schon wieder in Zweifel gezogen bzw. dekonstruiert wird oder, in extremen Positionen, in verschiedene Diskurse aufgelöst wird.[5]

Es ist in diesem Kontext zu sehen, wenn in der Erzählliteratur von Frauen in den achtziger Jahren häufig das Motiv eines weiblichen Doppelgängers auftaucht – ein Phänomen, das von der Forschung bisher noch nicht wahrgenommen wurde. Gegenüber der direkten, naiven Identitätsfindung eines nicht mehr hinterfragten »Ich bin ich«[6] in der Literatur der siebziger Jahre bietet die Doppelgängerin ein komplexes, oszillierendes literarisches

[3] Dazu besonders die Schriften von Hélène Cixous und Luce Irigaray.

[4] Helga Bilden, Geschlechterverhältnis und Individualität im gesellschaftlichen Umbruch, in: Heiner Keupp, Helga Bilden (Hrsg.), Verunsicherungen. Das Subjekt im gesellschaftlichen Wandel. Münchner Beiträge zur Sozialpsychologie, Göttingen, Toronto, Zürich 1989, S. 25. Bilden beruft sich ihrerseits auf Arbeiten von B. Wartmann, C. Gilligan und H. Landwehr.

[5] Seyla Benhabib kritisiert aus feministischer wie philosophischer Position die extreme postmoderne These von der Auflösung des Subjekts, auch in Auseinandersetzung mit Judith Butler: »Nicht nur feministische Politik, kohärente Theoriebildung insgesamt wird unmöglich, wenn man das sprechende und denkende Selbst durch ›autorähnliche Positionen‹ ersetzt, wenn das Selbst zum Bauchredner wird, zum Sprachrohr von Diskursen, die aus ihm sprechen oder, wie Butler so schön sagt, es ›mobilisieren‹«. Seyla Benhabib, Selbst im Kontext. Kommunikative Ethik im Spannungsfeld von Feminismus, Kommunitarismus und Postmoderne, Frankfurt/M. 1995, S. 239. Vgl. zu dem Fragenkomplex auch: Seyla Benhabib, Judith Butler, Drucilla Cornell, Nancy Fraser, Der Streit um Differenz. Feminismus und Postmoderne in der Gegenwart, Frankfurt/M., 1993.

[6] So der Titel einer Autobiographie von Judith Jannberg, aufgezeichnet von Elisabeth Dessai, München 1980.

Bild für die Problematik einer Identitätssuche, die im Unzeitgemäßen des *Noch nicht* und *Nicht mehr* dem Traum eines einheitlich gedachten weiblichen Subjekts nachgeht.

Zur Definition bzw. gebräuchlichen Vorstellung vom Doppelgänger gehört zum einen die physische Gleichheit zweier Personen (Zwillingsmotiv), die als literarisches Motiv in allen möglichen Spielarten vom Komischen bis zum Tragischen entfaltet werden kann. Unter ›Doppelgänger‹ kann aber auch die Erscheinung eines Alter Ego verstanden werden, das die subjektive Begegnung mit dem eigenen Selbst in einem real existierenden oder imaginären Anderen ermöglicht. Er wird meist als oppositioneller oder komplementärer Teil des eigenen Ich empfunden.[7] Beide Formen können auch zusammen auftreten, indem der als Alter Ego erfahrene Doppelgänger auch äußerlich vollkommen gleich erscheint. Die weiblichen Doppelgänger in den Texten von Schriftstellerinnen, die ich hier vorstellen möchte, entsprechen durchweg dem Typus des subjektiv erfahrenen Alter Ego: die Protagonistinnen nehmen also einen Subjektstatus gegenüber ihren Doppelgängerinnen ein. Das ist keineswegs selbstverständlich, denn in den Doppelgängergeschichten männlicher Schriftsteller steht dieser Subjektstatus weitgehend nur den männlichen Helden zu. Weibliche Doppelgänger erscheinen hier meist ohne subjektive Brechung als Objekt des männlichen Blicks. Ich werde in einem Exkurs an Beispielen der romantischen Literatur auf diese geschlechtsspezifisch unterschiedliche Verwendung des Motivs zurückkommen.

Das Doppelgängermotiv gehört zu den ältesten in Literatur und Kunst.[8] In den frühen Mythen und Vorstellungen vieler Kulturen erscheint die Idee vom Menschen als Doppelwesen – zum Beispiel in dem altägyptischen Ka oder Platons Kugelmenschen. Auch das Abbild in Schatten und Spiegel wurden als Teil des Ich und zugleich als eigenständig existierender

[7] Horst und Ingrid Daemmrich unterscheiden im literarischen Einsatz von Doppelgängerfiguren zwei unterschiedliche Traditionen: »Die Figur dient einerseits im Aufbau von Handlungen dazu, wirkungsvolle Situationen auszuarbeiten, in denen verblüffend ähnliche Personen die Rolle anderer übernehmen (Motivation der Handlung). Andererseits werden Doppelgänger ins Geschehen eingeführt, um sowohl innere Zustände als auch individuelle Vorstellungen von Personen zu beleuchten (Motivation von subjektbezogenen Reaktionen)«. Horst S. u. Ingrid Daemmrich, Themen und Motive in der Literatur, Tübingen 1987, S. 97. – Weitere Literatur zum – männlichen – Doppelgänger u. a.: Renate Böschenstein, Nachwort zu Doppelgänger. Phantastische Geschichten, München 1987, S. 338–366. – Aglaja Hildenbrock, Das andere Ich. Künstlicher Mensch und Doppelgänger in der deutsch- und englischsprachigen Literatur, Tübingen 1986. – Renate Lachmann, Doppelgängerei, in: Individualität (Poetik und Hermeneutik 13), hrsg. v. M. Frank, A. Haverkamp, München 1988, S. 421–439.

[8] Vgl. dazu die von Elisabeth Frenzel unter dem Stichwort »Doppelgänger« zusammengetragenen Beispiele in: Motive der Weltliteratur, 4. überarb. u. erg. Aufl., Stuttgart 1992.

Anderer angesehen, was sowohl Grauen wie Faszination hervorrief.[9] Die Begegnung mit dem eigenen Doppelgänger galt oft als Ankündigung des Todes;[10] der Verlust des Schattens oder des Spiegelbildes wurde mit dem Verlust der Seele gleichgesetzt und als körperlicher oder geistiger Tod angesehen.[11] Für Freud gehört der Doppelgänger zum Bereich des Unheimlichen,[12] das er, dem Sprachgebrauch folgend und ihn zugleich entlarvend, als ein eigentlich *Heimliches* aufdeckt, im Doppelsinn des Vertrauten und des Verborgenen: »dies Unheimliche ist wirklich nichts Neues oder Fremdes, sondern etwas dem Seelenleben von alters her Vertrautes, das ihm nur durch den Prozeß der Verdrängung entfremdet worden ist« (S. 264). C. G. Jung, der bekanntlich ein persönliches und ein kollektives Unterbewußtsein unterscheidet, nennt das persönliche Unterbewußte in Anlehnung an die vorher angedeuteten Traditionen den »Schatten«.

Freud stützt sich mit seinen Beispielen für das Doppelgängertum auf die Literatur der Romantik, in der es zu einem der zentralen Motive wurde. Unter den Einflüssen der idealistischen Philosophie einerseits und den Experimenten des Galvanismus und Mesmerismus andererseits breitet sich als Kehrseite der schrankenlosen Überhöhung des Ich in dieser Zeit zugleich eine tiefe Identitätskrise aus. Die Beobachtungen Mesmers an Somnambulen und Hypnotisierten brachten völlig andersartige Schichten im Menschen zum Vorschein, die sich dem rationalen Verständnis entzogen und die als Aufspaltung in zwei oder mehr Persönlichkeiten in ein und derselben Person angesehen werden konnten.[13] Die Traumforschung brachte ähnliche Phänomene zutage.

Die romantischen Schriftsteller Achim von Arnim, Clemens Brentano, Adelbert von Chamisso, E. T. A. Hoffmann, Jean Paul und andere griffen begierig dieses die Zeit tief beunruhigende Thema auf. – Der Doppelgänger in der romantischen Literatur erscheint überwiegend als eine negativ konnotierte, abgespaltene Seite des Ich, die als unheimlicher Anderer empfunden wird. In Hoffmanns *Elixieren des Teufels* zum Beispiel ist der Doppelgänger des Protagonisten Medardus einerseits als sein Stiefbruder

[9] Noch heute gibt es Kulturen, z. B. in Japan, wo in traditioneller Umgebung Spiegel verhängt werden.

[10] In diesem Sinne reagiert der Graf in Goethes *Wilhelm Meisters Lehrjahre*, als er in dem mit seinen eigenen Kleidern ausstaffierten Wilhelm Meister seinem Alter Ego zu begegnen glaubt.

[11] Vgl. Otto Rank, Der Doppelgänger (1914), in: Psychoanalytische Literaturinterpretation, hrsg. v. J. M. Fischer, Tübingen 1980, S. 104–188.

[12] Sigmund Freud, Das Unheimliche, in: Studienausgabe, Bd. IV, hrsg. v. Alexander Mitscherlich u. a., 4. Aufl., Frankfurt/M. 1970, S. 241–274.

[13] Vgl. u. a. Robert Darnton, Der Mesmerismus und das Ende der Aufklärung in Frankreich, München, Wien 1983.

eine eigenständige Person, deren verblüffende Ähnlichkeit mit ihm durch den gemeinsamen Vater rational erklärt wird. Andererseits erweist er sich nach einem Rollentausch als der dunkle Teil des Helden, der die Verbrechen ausspricht, die jener begangen und verdrängt hat, aber auch Verbrechen ausführt, die jener nur denkt, aber gar nicht ausführen will. Der Doppelgänger ist auf der Textebene immer zugleich imaginär und real als der treibende, quälende, nicht beherrschbare »Schatten«, der meist erst im Tode ausgelöscht oder integriert werden kann.

Seltsamerweise wurde bisher nicht beachtet, daß es besondere geschlechtsspezifische Unterschiede bei den Darstellungen von Doppelgängern in der romantischen und der von ihr beeinflußten späteren Literatur gibt. Der für die Romantik so bezeichnende Typus des Doppelgängers als Alter Ego ist fast immer männlichen Helden zugeordnet. Es gibt zwar durchaus auch Doppelgänger*innen* in der romantischen Literatur, aber sie haben überwiegend eine andere Funktion als ihre männlichen Varianten. Ihre Doppelung wird nicht als *Subjekt*spaltung im Sinne einer Selbstbegegnung im Alter Ego dargestellt, sondern als *Objekt*spaltung aus der Perspektive des männlichen Helden. Nicht die Frauenfigur erfährt sich selbst und ihren Seelenzustand in der Doppelgängerin, sondern es ist vornehmlich der männliche Protagonist, der eine Frauenfigur als doppelt oder zwei Figuren als eine wahrnimmt. – Dafür lassen sich mehrere Gründe anführen. Zum einen stammen die Texte von männlichen Autoren, die ihre eigenen Konflikte und Projektionen in den Text hineintragen. Zum anderen wird im kulturellen Muster der Geschlechtercharakteristik um 1800, das eine starke Differenz zwischen den Geschlechtern herausarbeitet und befestigt, die Frau gerade als die Einheitliche, Naturnahe, in sich Ruhende definiert, der Mann dagegen als der Gespaltene, Zerrissene, aber eben dadurch auch als der wandlungs- und entwicklungsfähige Typus Mensch. Die Doppelung der Frauenfiguren verkörpert die Spaltung des Weiblichen im Focus des männlichen Blicks. Von dem kindhaft-unschuldigen und dem asexuell gesehenen mütterlichen Aspekt des Weiblichen wird der dunkle, faszinierende, aktive und sexuell bedrohliche Teil abgetrennt und komplementär den Gegenbildern als Heilige und Hure, als Maria und Venus, als unschuldige Kindfrau und gefährliche Verführerin zugeordnet. Eine Heldin, die sich selbst in ihrer Doppelgängerin als Alter Ego wahrnimmt und problematisiert, würde einem solchen Weiblichkeitsbild widersprechen.

Als Beispiele für viele andere mögen hier Joseph von Eichendorffs *Marmorbild* und Achim von Arnims *Isabella von Ägypten* stehen. Im *Marmorbild* löst die Begegnung mit der kindlich-anmutigen Bianca im Helden zunächst einen Traum aus, in dem ihr Bild mythisch vervielfältigt wird. Es taucht aus den Wassern der eigenen Seelentiefe in Gestalt von Nixen empor und verdichtet sich in einem viel größeren, herrlicheren Bild, das einmal als Marmorstatue, ein anderes Mal als Frühlingsgöttin, dann wiederum als Diana und schließlich als Venus den Helden in seinen Bann zieht. Alle diese Gestalten tragen die Züge des Mädchens, in das sich der Protagonist verliebt hat, aber dieses Mädchen begegnet ihnen auf der Textebene niemals selbst, es bleibt unberührt von dieser anderen Seite des Weiblichen, wie es sich der männlichen Phantasie darstellt. Erst als der Held das gefährliche überindividuelle Weiblichkeitsbild in sich überwunden hat, kann er zu seiner individuellen Liebe finden. Daß die Geliebte am Ende in Knabenkleidern erscheint, hat keine emanzipatorische Komponente, sondern deutet auf ihre Enterotisierung, auf ihre Transformation ins Engelhafte hin.

In Arnims *Isabella von Ägypten* erscheint die Titelheldin stärker als Subjekt, schon deshalb, weil sie im Zentrum des Geschehens steht und die Geschichte teilweise aus ihrer Perspektive erzählt wird. Doch ist auch die Golem Bella,[14] die ein Jude auf Wunsch des Erbprinzen und späteren Kaisers Karl V. nach Isabellas Spiegelbild erschafft, eben nur deren äußerliches Spiegelbild, das den Triebwünschen Karls entspricht und dem er vorübergehend verfällt. Isabella begegnet ihrer Doppelgängerin zwar auch, aber sie erkennt darin gerade nicht sich selbst, da die Golem ja nur *seiner* erotisch-sexuellen Phantasie entsprungen ist. Für sie ist die andere nur ein fremdes Trugbild, das ihr die Liebe Karls entzieht. Es geht also auch hier um den Konflikt der männlichen Figur und ihrer Beziehung zum Weiblichen, aus dem die Doppelgängerin entsteht.[15]

In den Werken von Schriftstellerinnen aus dieser Zeit taucht dagegen das Motiv einer Doppelgängerin als subjektiv wahrgenommenes weibliches Alter Ego bereits ansatzweise auf, zum Beispiel in den Briefen von Rahel Varnhagen an Pauline Wiesel oder von Bettine von Arnim an Karoline von Günderrode. Sie entwerfen darin eine sich bis zur Identität ergänzende Freundschaft zwischen zwei Frauen, die sich zugleich als komplementär und ähnlich empfinden, was bereits auf unsere Thematik hin-

[14] Die weibliche Form ist ungewöhnlich. In der jüdischen mystischen Tradition ist der Golem, ein aus Lehm geschaffener und durch göttliche Buchstaben belebter künstlicher Mensch, immer männlichen Geschlechts. Die Gabe, Golems zu schaffen, wurde verschiedenen Rabbinern seit dem 13. Jahrhundert nachgesagt.

[15] Ausführlicher beschäftige ich mich damit in meinem Aufsatz *Vielleicht beginnt nun bald die Zeit der Frauen.* (Zum emanzipatorischen Aspekt der Frauengestaltung und Geschlechterdifferenz im Werk Achims von Arnim, in: Grenzgänge. Studien zu L. Achim von Arnim, hrsg. v. Michael Andermatt, Bonn 1994, S. 79–102).

weist.[16] Ausdrücklich erscheint das Motiv der Selbstbegegnung in einer Doppelgängerin bei Annette von Droste-Hülshoff, zum Beispiel in den Gedichten *Das Spiegelbild, Das Fräulein von Rodenschild* und *Doppelgänger.* Es ist dort mit überwiegend unheimlichen, aber auch schon befreienden Zügen ambivalent besetzt. In dem Romanfragment *Ledwina* erlebt sich die Protagonistin im Traum als ein Alter Ego, das als Mänade mit vampyrhaften Zügen sich im Grab ihren Geliebten sucht: In grellen Bildern der Schauerromantik lebt sie so ihre im Wachen uneingestandene Sexualität wie ihre Todessehnsucht aus.

In der heutigen zeitgenössischen Literatur von Frauen erscheint das Doppelgänger-Motiv immer als ein Bild subjektiver Selbstbegegnung und Selbsterfahrung. Bei aller Unterschiedlichkeit in den Darstellungen ist den Doppelgängerinnen gemeinsam, daß sie nur bedingt etwas mit dem männlichen Doppelgänger als »Schatten« in dem oben skizzierten Sinn zu tun haben. Die weiblichen Doppelgänger sind durchweg positiver konnotiert. Das ist gewiß nicht so auszulegen, daß Frauen – als Autorin und Heldin – weniger verdrängt hätten bzw. weniger aufrichtig mit dieser Verdrängung umgingen als Männer. Bei ihnen geht es ja nicht nur darum, daß – um im Freudschen Schema zu bleiben – die Triebstruktur mit dem Normsystem des Über-Ich in Konflikt gerät und das Individuum sich diesem System anpassen muß. Hier kommt vielmehr noch ein zusätzlicher Konflikt hinzu: Das Normsystem selbst wird als patriarchales und damit zusätzlich fremdbestimmtes erfahren, das eben nicht für alle gleichermaßen gültig ist, sondern den Frauen als dem »anderen Geschlecht« noch eine zusätzliche Selbstentfremdung aufzwingt. Die Doppelgängerin ist daher oft der freiere, wagemutigere, revolutionäre oder auch anarchische Teil der Heldinnen, den sie als wichtige, ja oft lebensnotwendige Ergänzung empfinden. Ihr zu begegnen bedeutet – bei aller Irritation – auch Befreiung, Hoffnung und neu zuwachsende Kraft, und sie anzuerkennen und zu integrieren schafft eine Form der Utopie, die allerdings meist nicht oder noch nicht zu verwirklichen ist.

Alle ausgewählten Erzähltexte entstammen den achtziger Jahren, mit Ausnahme der beiden Texte von Ingeborg Bachmann. Aber auch sie gehören in einem gewissen Sinne mit in diesen Zeitraum, da Bachmanns Prosa jetzt von feministischer Seite neu bewertet und eigentlich erst entdeckt worden ist. – Ich möchte im folgenden einige Erscheinungsformen von

[16] Vgl. dazu den Briefwechsel zwischen Rahel Varnhagen und Pauline Wiesel (Rahel Varnhagen, Gesammelte Werke, hrsg. v. Konrad Feilchenfeldt, Uwe Schweikert und Rahel E. Steiner, München 1983), sowie zwischen Bettine von Arnim und Karoline von Günderrode (Bettine von Arnim, Die Günderrode, in: Bettine von Arnim, Werke und Briefe, hrsg. v. Walter Schmitz u. Sybille von Steinsdorff, Bd. I, Frankfurt/M. 1986).

Doppelgängerinnen unterscheiden und exemplarisch vorstellen, ohne sie allerdings scharf voneinander abzugrenzen. So die *phantastische Doppelgängerin* in Irmtraud Morgners *Amanda, ein Hexenroman*, das *Wunschbild* als Doppelgängerin in Christa Reinigs *Die Frau im Brunnen*, die *Freundin als Doppelgängerin* in Waltraud Anna Mitgutschs Roman *Das andere Gesicht* und, stark mit phantastischen Elementen durchsetzt, in Monika Marons Roman *Die Überläuferin* wie auch in Ingeborg Bachmanns Erzählung *Ein Schritt nach Gomorrha*. Als Ausdruck einer *psychopathischen ›Störung‹* erscheinen Doppelgängerinnen in Gabriele Wohmanns Erzählung *Die Doppelgängerin*. Es gibt außerdem den *männlichen Doppelgänger eines weiblichen Ich* in Ingeborg Bachmanns Roman *Malina*.[17] Dazu kommt explizit – zum Beispiel bei Morgner und Reinig – oder implizit das Spiel eines Doppelgängertums zwischen Heldin und Autorin hinzu. Den Sonderfall der multiplen Persönlichkeit, wie sie zum Beispiel in Barbara Königs *Personenperson* von 1965 dargestellt wird – übrigens nicht als Krankheit, sondern eher in dem Sinne einer »Patchworkidentität«[18] –, schließe ich hier aus, da er nicht mehr zur Doppelgängerthematik im engeren Sinne gehört; hier wäre eine eigene Untersuchung anzusetzen.

[17] Eine weitere Variante wäre die abgespaltene und verdrängte Kindheitsidentität, die der Erwachsenen als Doppelgängerin begegnet. So in der 1951 veröffentlichten Erzählung *Das dicke Kind* von Marie Luise Kaschnitz und indirekt auch in dem autobiographischen Roman *Kindheitsmuster* von Christa Wolf, in dem die Erzählerin mit der eigenen verdrängten Kindheit zugleich die größere gesellschaftliche Verdrängung der Nazizeit aufzuarbeiten versucht. Äußerer Ausdruck der Fremdheit dieses Kindes, das die Erzählerin einmal war, ist die Erzählform in der dritten Person, die ihr das Erzählen überhaupt erst möglich macht: »Sprachlos bleiben oder in der dritten Person leben, das scheint zur Wahl zu stehen. Das eine unmöglich, unheimlich das andere« (Christa Wolf, Kindheitsmuster [1976], Darmstadt und Neuwied 1979, S. 9). Dem ›fremden‹ Kind steht hier kein erzählendes und erinnerndes Ich gegenüber, sondern ein dialogisch zwischengeschaltetes Du; sie werden erst am Ende zu einem Ich zusammengeführt, das sich in einer Art ›offener‹ Identität ohne feste Abgrenzungen erfährt und erhalten will. Da auf der Textebene keine direkte Begegnung stattfindet, bleibt dies ein interessanter Grenzfall innerhalb unserer Thematik.

[18] Vgl. dazu Heiner Keupp, Auf der Suche nach der verlorenen Identität, in: Verunsicherungen. Das Subjekt im gesellschaftlichen Wandel. Münchner Beiträge zur Sozialpsychologie, hrsg. v. Heiner Keupp u. Helga Bilden, Göttingen, Toronto, Zürich 1989, S. 64.

1. DIE PHANTASTISCHE DOPPELGÄNGERIN. IRMTRAUD MORGNER: »AMANDA. EIN HEXENROMAN«[19]

Ich beginne mit Irmtraud Morgners letztem großen Roman, weil hier die Doppelgängerthematik am breitesten und vielfältigsten aufgefächert ist. Der Roman ist der zweite Teil einer geplanten Trilogie, die durch den Tod der Autorin, die 1990 an einem Krebsleiden starb, nicht vollendet werden konnte. Schon frühere Werke Morgners enthalten Anklänge an eine Doppelgängerthematik. Im ersten Roman der Trilogie, *Leben und Abenteuer der Trobadora Beatriz nach Zeugnissen ihrer Spielfrau Laura* von 1974 geht die Freundschaft der Protagonistinnen am Ende in eine Art Doppelgängerverhältnis über: Die eine Protagonistin, die mittelalterliche Trobadora Beatriz, die sich aus Protest gegen ihr Schicksal als Frau im Mittelalter durch die Göttin Persephone in einen Dornröschenschlaf hatte versetzen lassen, aufersteht im Frankreich der siebziger Jahre in der Hoffnung, endlich als Frau *und* eigenständiges Subjekt in die Geschichte eintreten zu können. Nach zahllosen Enttäuschungen trifft sie auf der Suche nach dem Gelobten Land in der handfesten, pragmatischen Ostberliner Triebwagenführerin Laura Salman eine sie ergänzende Spielfrau und Freundin, die mehr und mehr ihre Rolle übernimmt und nach ihrem Tode beide Figuren in sich vereinigt. – Aber erst in *Amanda. Ein Hexenroman*[20] wird das Doppelgängertum zum zentralen Motiv. Der Roman entfaltet sich auf drei Handlungsebenen: einer realistisch-alltäglichen, einer phantastischen, die allerdings in Hoffmannesker Manier ständig auf die alltägliche einwirkt, und einer mythologisch-utopischen, die zugleich die Ebene der Selbstreflexion des Erzählens darstellt. Hier ist denn auch die wichtigste textimmanente Erzählfigur angesiedelt: Es ist wiederum die Trobado-

[19] Darmstadt und Neuwied 1983.

[20] Dieser zweite Roman der geplanten Trilogie hat in der Forschung – zu Unrecht, wie ich meine – viel weniger Beachtung gefunden als der Beatriz-Roman, was sicher auch auf politische Gründe in der Rezeption der DDR-Literatur im Westen, im Osten auf Probleme mit der viel radikaleren feministischen Position in diesem Roman zurückzuführen ist, auch wenn sich Morgner in Interviews vom westlichen Feminismus distanzierte. Genannt seien hier das zur Einführung wichtige Interview Eva Kaufmanns mit der Autorin in Weimarer Beiträge 1984, H. 9, S. 1515–1532, wieder abgedruckt unter dem Titel: Der weibliche Ketzer heißt Hexe, in: Irmtraud Morgner. Texte, Daten, Bilder, hrsg. v. Marlis Gerhardt, Frankfurt/M. 1990, S. 42–69, und ihr Aufsatz: Der Hölle die Zunge rausstrecken ... Der Weg der Erzählerin Irmtraud Morgner, in: Weimarer Beiträge 1984, H. 9, S. 1515–1532, sowie Gerhardt, S. 172–195, ferner die erste Gesamtdarstellung der Morgnerschen Werke von Gabriela Scherer, Zwischen »Bitterfeld« und »Orplid«. Zum literarischen Werk Irmtraud Morgners, in der Reihe Narratio. Arbeiten zur Geschichte und Theorie der Erzählkunst, hrsg. v. Rolf Tarot, Bd. 6, Bern, Berlin, Frankfurt/M. 1992.

ra, die Protagonistin des ersten Romans, die, aus ihrem Grab hervorgetrieben durch ihr Verantwortungsgefühl angesichts der globalen Weltbedrohung, ein weiteres Mal ins Leben zurückkehrt. Diesmal in Gestalt einer Sirene mit Vogelkörper und Frauenkopf, die hinter der verzerrten misogynen Überlieferung ihre alten Fähigkeiten als Dichterin und Magierin zurückgewinnen will.[21] Aber auch in dem zunächst gesuchten ›Gelobten Land‹ der Gleichberechtigung, der sozialistischen Gesellschaft der DDR, erscheinen diese Fähigkeiten als Bedrohung. Stumm gemacht und ihrer Zunge beraubt, findet die Sirene alias Trobadora nur im Zoo, ausgestellt als exotisches Tier, einen Platz, an dem sie als Dichterin existieren und unbehelligt schreiben kann. In einer Volière des Berliner Tierparks, markiert durch das Bezeichnungsschild »strix sirensis«, schreibt sie nach den ihr überlassenen »Blocksberg-Papieren« die Geschichte ihrer ehemaligen Freundin Laura Salman. Aus diesen Papieren erfährt sie erst jetzt, daß die Laura des ersten Romans nur eine Hälfte der gespaltenen Laura Amanda war.[22] Eine nachgezogene Kindheitsgeschichte erzählt, daß diese, als Hexe und Querkopf unter Goethes Sternenkonstellation geboren, auch durch eine kleinbürgerlich normierte Erziehung nicht auf das bei Frauen erwartete Maß an Anpassung reduziert werden konnte. Ihr Schicksal ist zugleich individuell und typisch: Jede Frau, so erfährt man, wird in den zur Zeit existierenden Gesellschaftssystemen auf Grund ihres Geschlechtes reduziert. Das gilt – trotz gesetzlicher Gleichberechtigung – auch für den real existierenden Sozialismus. Das Schlüsselerlebnis der überzeugten Marxistin Laura ist eine Einladung bei ehemaligen Widerstandskämpfern, bei denen sich die alten Rollen wieder perfekt hergestellt haben.

»Aus dem Widerstandskämpfer war ein stolzer Oberst, aus der Widerstandskämpferin eine duldende Hausfrau geworden.
Laura hatte sich eine sozialistische Familie anders vorgestellt.
Später verlangte sie, auf die Mütter zu trinken.
›Die Frau ist das Hinterland des Soldaten‹,[23] sagte Kurt Fakal.
Laura warf ihr gefülltes Glas aus dem Fenster und verließ das Fest grußlos. Auf dem Heimweg erinnerte sie sich der Kommunardin Luise Michel und des Sprichworts ›Die Letzten beißen die Hunde‹. Nach allen bisheri-

[21] Wie Christa Wolf in *Kassandra* deutet Morgner die antiken Mythen aus feministischer Perspektive um und erfindet z. B. im Kapitel ›Brockenmythologie‹ auch eigene feministisch-mythische Welterklärungsmodelle. Aus der feministischen Interpretation von Goethes Festspiel *Pandora* gewinnt sie ihre androgyne Utopie, auf die der Roman hinführt.

[22] Dadurch korrigiert Irmtraud Morgner ihre Heldin aus dem ersten Roman und radikalisiert sie im feministischen Sinne.

[23] Dieser Spruch Kurt Fakals wird zu einem der Leitmotive des Romans, unter dem Laura nun ihrerseits nach einem ›Hinterland‹ für sich als Frau sucht.

gen Revolutionen, die Männer und Frauen gemeinsam durchkämpften, gehörten die Frauen zu diesen Letzten. ›Diesmal lassen wir uns nicht bescheißen‹, redete Laura auf sich ein, gedachte der Hexenküche im ›Faust‹ und begann noch am selben Abend mit alchemistischen Versuchen.« (S. 138f.)

Aber eben dieser weibliche Widerstandsgeist – dafür steht bei Morgner die ›Hexe‹ –, ruft den Geist des Patriarchats in Gestalt des Oberteufels Kolbuk auf den Plan. Er teilt die widerspenstige Laura Amanda mit seinem Schwert in zwei Hälften, die beide jeweils in reduzierter Form weiterleben: Laura führt als Triebwagenfahrerin und allein erziehende Mutter im Ostberlin der DDR ein ganz ›normales‹, das heißt durch Doppel- und Dreifachbelastung höchst anstrengendes Frauenleben am Rand ihrer Kräfte, während Amanda mit ihren gefährlicheren Eigenschaften vom Oberteufel in den Hörselberg verbannt und dort zusammen mit anderen abgespaltenen ›Hälften‹ als Hure für die patriarchale Gesellschaft ›nützlich‹ und kontrolliert eingesetzt wird. Ein Hauptstrang der Handlung des umfangreichen und komplexen Romans erzählt die Versuche der reduzierten Laura, der vom Oberteufel unter Androhung aller irdischen und höllischen Strafen die Wiederannäherung an ihre abgetrennte Hälfte verboten wurde, einen geschützten Lebensbereich für sich und ihren Sohn Wesselin zu finden.[24] Sie bemüht sich um Ersatz-Ergänzungen, sei es durch Ehemann, Freundinnen und andere Partner, unternimmt alchimistische Versuche zur Selbststärkung und begibt sich schließlich auf die Suche nach einer geheimen Insel, wo sie allen aufgezwungenen Forderungen entfliehen kann; das um so mehr, als sowohl Oberengel wie Oberteufel – einander ergänzende Symbole des Patriarchats – ihr erpresserisch die Ehe aufdrängen wollen, sozusagen als neue Version des Teufelspaktes. Bei einem ihrer alchimistischen Versuche beschwört sie gegen ihren Willen ihre hexische Hälfte Amanda. Schon deren äußere Merkmale weisen die Doppelgängerin zugleich als ähnlich und komplementär aus: Amanda, äußerlich Lauras Ebenbild, aber mit langgezogenem Körper, Afro-Look und sinnlichem Mund, der seine Worte durch Maultrommelspiel bekräftigt, strahlt Aufsässigkeit, Erotik und spielerische Kühnheit aus. Laura wirkt ihr gegenüber kleiner, dicker, unauffälliger und angepaßter. Der Disput zwischen beiden bestätigt die äußeren Zeichen: Laura reagiert pragmatisch und vorsichtig; sie versucht, auch mit Rücksicht auf ihr Kind, sich mit der Teilung abzufinden, und strebt nach einer privaten Lösung ihres Lebensproblems.

[24] Irmtraud Morgner gelingt übrigens eine der schönsten Mutter-Kind-Darstellungen, die ich aus der neueren Literatur von Frauen kenne, liebevoll, unsentimental, witzig-präzise und voller Humor.

Amanda, kämpferisch und risikofreudig, wirft ihrer zahmen Hälfte Mangel an Phantasie und Mut vor und verlangt allen Teufeln zum Trotz die Wiedervereinigung, um mit ungeteilter Kraft einen politischen Umsturz herbeizuführen. In Amanda sind die Eigenschaften Lauras konzentriert, die ihr als Frau nach den geltenden Normen in West und Ost nicht zugestanden werden:[25] Kreativität, Phantasie, selbstbestimmte Sexualität, politischer Weitblick und Lust an der Macht. – Aber auch Amanda ist nur Hälfte, ihr fehlen wiederum der Pragmatismus, das Augenmaß und die Mütterlichkeit Lauras, und es fehlt ihr ein Lebens- und Wirkungsraum außerhalb des Hörselberges, in dem sie der totalen männlichen Kontrolle ausgesetzt ist. – Die auf der Textebene höchst individuell gestalteten und komplementär aufeinander bezogenen Doppelgängerinnen Laura und Amanda sind zugleich exemplarisch zu sehen. Das macht besonders der modernisierte, per Video übertragene, mit jeweils höllischem und himmlischem Kommentar unterlegte Hexensabbat deutlich: Im Sinne der Bachtinschen Karnevalstheorie[26] dürfen hier die »Hexen« – die abgespaltenen gefährlichen Frauenhälften – einmal im Jahr in der Walpurgisnacht den Aufstand proben, durchaus mit gönnerhafter Zustimmung und Akklamation des Patriarchats. Das revolutionäre Potential wird so in einem zeitlich und räumlich begrenzten, wohlkontrollierten Spektaktel aufgefangen und unschädlich gemacht.

Die Aufspaltung, die jeweils reduzierte Existenz und die erstrebte Wiedervereinigung von Laura und Amanda ist die zentrale, aber nicht die einzige Gestaltung des Doppelgängermotivs in dem Roman. Vilma, die Freundin Lauras, hat eine zaghaftere Methode von Doppelgängerei entwickelt: Sie hat ihre unangepaßte Hälfte in sich verschluckt und erhält sie durch eine von ihr erfundene Form von »Leibrede« am Leben: Alle kritischen und philosophischen Gedanken, die niemand von ihr als Frau hören will (schon gar nicht ihr Ehemann), die sie aber aussprechen muß, um nicht daran zu ersticken, versenkt sie durch Bauchreden in ihr Inneres, um sie nach Ablauf der Lebensphase als Ehefrau und Mutter wieder aus sich heraufzuholen und zu einem Ganzen zu vereinen. Vilma ist die ›närrische‹ Variante der hexisch aktiveren Laura-Amanda. Ein Spiel mit dem Doppelgängermotiv sind auch die »Unsinnskollegien«, die nächtlichen Versammlungen und Gelage der von ihrem Alltagsleben gestreßten Frauen im Hugenottendom, die hier in einer Frauengemeinschaft eine ganz andere Seite

[25] Morgners Kritik richtete sich auch zunehmend radikaler auch gegen die eigene sozialistische Gesellschaft, ohne daß sie Theorie und Utopie des Marxismus grundsätzlich aufgegeben hätte.

[26] Michail Bachtin, Literatur und Karneval. Zur Romantheorie und Lachkultur, München 1969.

ihres Wesens ausleben, als tagsüber von ihnen verlangt wird. Auch sie gliedern sich in eine aggressiv-kämpferische »hexische« und eine eher subversive »närrische« Fraktion auf.

Trifft der Zwang zur Spaltung bei Morgner vor allem die Frauen, so doch nicht nur sie: Es gibt auch männliche ›Querköpfe‹, die nur als Teilexistenzen von der Gesellschaft akzeptiert werden und so zu einem Doppelleben gezwungen sind. Auch sie müssen ihre phantastische Hälfte verstecken, die zum Teil übrigens weiblich konnotiert ist. So ist der Archivar[27] und Historiker Konrad Tenner in seiner anderen Gestalt als Hofnarr Kuonrat für den Oberteufel Kolbuk tätig und möchte für seine Dienste mit einem Arbeitszimmer im Hörselberg, also im Bereich der Hexen, belohnt werden. Nur hier, in einem weiblichen Umfeld, glaubt er seine Kreativität noch entfalten zu können, weil »die größten ketzerischen Potenzen – fähig, das Mögliche von übermorgen zu bedenken – heute unter den Frauen zu vermuten sind« (S. 650). Doch scheitert seine privatistische Lösung am Ende ebenso wie die der reduzierten Laura. – Der marxistische Wissenschaftler Heinrich Fakal[28] hält seinen Doppelgänger, den genial verspielten Mathematiker Henri, schamhaft im Schrank versteckt, während ihm selbst in seinem trockenen wissenschaftlichen Alltagsleben die dort bitter nötige visionäre Phantasie völlig abhanden gekommen ist. Als ihn die Erscheinung der besenreitenden Amanda aus seiner festgefahrenen Alltagsbahn wirft, wächst ihm als Zeichen der Reaktivierung seiner weiblichen wie seiner phantastischen Wesenszüge ein rothaariger (Rapunzel-) Zopf, den er zunächst schamhaft zu verbergen sucht. Doch sein befreiendes Bekenntnis zum Phantastischen endet für ihn am Schluß in einer grotesken Todesszene, die in wörtlicher Umkehrung auf Gretchens Tod in Goethes *Faust I* verweist.

Die Gestaltung der Doppelgängerinnen und Doppelgänger bei Irmtraud Morgner ist humoristisch, ironisch, grotesk und sehr komisch – ein durchaus seltenes Phänomen in der deutschen ›Frauenliteratur‹ – aber sie hat absolut nichts Unheimliches an sich. Die Doppelgänger verkörpern vielmehr eine in der Gesellschaft nicht erwünschte Spezies der »Querköpfe« und Querdenker, »Ketzer« beiderlei Geschlechts, die allerdings bei den Frauen aufgrund der ihnen traditionell rigoroser abverlangten Anpassung

[27] Die erste der zahlreichen Anspielungen auf E. T. A. Hoffmann findet sich bereits im Motto des Romans.

[28] Heinrich F. ist wiederum eine Faust-Figur, wie auch Laura Amanda selbst. Die Goethe-Rezeption im *Amanda*-Roman möchte ich in einer eigenen Arbeit darstellen. Erste Hinweise bei Siegfried Streller, Wiedereroberung des Phantastischen zur Wirklichkeitserhellung. Dargestellt an Irmtraud Morgners »Amanda. Ein Hexenroman«, in: Weimarer Beiträge 1986, H. 4, S. 690–695, auch in Siegfried Streller, Wortweltbilder. Studien zur deutschen Literatur, Berlin 1986, S. 255–271.

weit härter unterdrückt wird. Das Doppelgängermotiv wird in erster Linie nicht psychologisch, sondern gesellschaftskritisch verwendet. Es ist die in Bild und Handlung umgesetzte Forderung der überzeugten Marxistin Irmtraud Morgner auch an den real existierenden Sozialismus, endlich ernst zu machen mit der vom Gesetz garantierten Gleichberechtigung und dem »Eintritt der Frau in die Geschichte«, die sie als eine Befreiung für beide Geschlechter versteht. In ihrer vor allem auf der dritten Handlungsebene entworfenen gesellschaftlichen Utopie, die sie aus einer feministischen Interpretation von Goethes Festspiel *Pandora* auf einem mythologischen Horizont entwickelt, geht es nicht um eine Umkehrung der Herrschaftsverhältnisse zugunsten der Frauen noch um den Rückzug in eine wie immer geartete ›Weiblichkeit‹, sondern um die Enthierarchisierung der Geschlechterbeziehungen und die Aufhebung starrer Geschlechterrollen, die bereits in der Geschlechtertauschgeschichte im *Beatriz*-Roman als rein gesellschaftliche Konstruktionen entlarvt wurden. Unter den Maskenzügen der Walpurgisnacht, die allegorisch die verschiedenen Richtungen des Feminismus vertreten, wird nur die von Amanda angeführte androgyne Eulenfraktion als ernstzunehmende Zukunftsvision vorgeführt.[29] Irmtraud Morgners Kritik ist in erster Linie Patriarchatskritik, die auf allen drei Handlungsebenen stattfindet; global auf der mythisch-utopischen dritten Ebene, konkret auf die DDR bezogen auf der realistischen und der in sie hineingreifenden phantastischen Ebene. Die schärfste feministische Kritik an den ›schizophrenen‹ Zuständen im Arbeiter- und Bauernstaat sind übrigens nicht der Hexe Amanda, sondern der Närrin Vilma auf der Realebene in den Mund gelegt, anknüpfend an die Tradition, die dem Narren das Aussprechen der Wahrheit gestattet.[30] – Der Schluß des Romans bleibt zweideutig, und das sicher nicht nur, weil ein dritter Roman zu der geplanten *Salman-Trilogie* noch folgen sollte. So geht Sirene Beatriz in ihrer Erzählung zwar von einer wiedervereinigten Heldin Laura-Amanda und einem Sieg der androgynen Hexenfraktion aus; sie erhält am Ende im »Sylvesternachspiel« sogar ihre verlorene Zunge und damit ihre Sirenenstimme zurück. Aber alles wird durch das zugleich befreiende wie auch tödliche Gelächter im Hexensabbat der Sylvesternacht wieder in Frage gestellt.

[29] Diese Vermittlung ist allerdings mehrfach ironisch gebrochen: erstens durch den Kommentar des sich souverän-gönnerhaft gebenden Reporters, zweitens durch einen weiteren Kommentar des jeweiligen Abgesandten von Hölle und Himmel, von denen die Reportage per Videorecorder vorgeführt wird, und drittens durch die Gedanken der zum Zuschauen gezwungenen hilflosen Laura.

[30] Vgl. dazu vor allem Vilmas Gutachten über die Schizophrenie der Gesellschaft nach ihrer Selbsteinweisung in eine psychiatrische Klinik (Amanda, S. 462–474).

2. DAS WUNSCHBILD ALS DOPPELGÄNGERIN

Andere Varianten des Doppelgängerin-Motivs zeigt Christa Reinigs Roman *Die Frau im Brunnen.*[31] Schon die Titelfigur erweist sich als eine Art von Doppelgängerin des erzählenden Ich. Im Dialog mit ihr setzt der Roman ein – wenn man diese Mischung aus Erzählsplittern, Phantasien, Reflexionen, Anekdoten, Sprach- und Zahlenspielereien dieser Gattung zurechnen will. »Ich spreche häufig mit der Frau im Brunnen« lautet der erste Satz. Alle Fragen an diese Frau, ob sie freiwillig dort unten sei, ob sie sich selbst hineingestürzt habe oder ob sie gestoßen wurde, bleiben ohne Antwort. Sie ist offenbar das Spiegelbild der Erzählerin und zugleich von widerspenstiger Eigenständigkeit. Brunnen und Wasser deuten auf Bilder für das Unbewußte, das hier ein individuelles wie ein kollektives weibliches Unbewußtes sein könnte; aber eine psychoanalytische Deutung wird auf der Erzählebene selbst thematisiert und strikt zurückgewiesen: Auf einen im Dialog geäußerten Hinweis auf die Psychoanalyse reagiert die Frau im Brunnen mit einem Lachen, an dem sie »fast ertrinkt«. – Ausführlicher als dieses nur in der Anfangsszene auftauchende Spiegelbild wird das Wunschbild des erzählenden Ich zu einer Doppelgängerin ausgestaltet. Die Voraussetzung dafür ist, daß sich das Ich zunächst weder in seiner Erscheinung noch seinem gesellschaftlichen Status akzeptieren kann und will: »Wenn ich mein Leben noch einmal beginnen könnte, würde ich alles anders machen. Ich würde von meiner jetzigen Existenz nicht einen Stein auf dem anderen lassen« (S. 8). Die Erzählerin entwirft sich ein Alter Ego nach ihren Wunschvorstellungen, die sich teilweise, in ironischen Brechungen, noch an gesellschaftlich sanktionierten Weiblichkeitsbildern orientieren: Dieses Alter Ego stammt von großbürgerlichen Eltern vornehmer Herkunft, die früh genug sterben, um Idealgestalten bleiben zu können; es ist gebildet, wohlerzogen, schön, von allen anerkannt und dabei unberührbar, asexuell, kostbar und – als Goldschmiedin – Kostbares erzeugend. Einzig der Verstand »könnte so bleiben, wie er ist. Klüger möchte ich gar nicht sein und dümmer auch nicht« (S. 11). Der genaue Entwurf dieses Wunschbildes führt schließlich zur Identifizierung und damit zum Rollentausch des Subjekts: Das Ich der Erzählerin wechselt von »Christa Reinig«, die als Romanfigur und damit bereits als eine Art Doppelgängerin der Autorin auftritt, zum imaginierten Wunsch-Ich mit dem sprechenden Namen Sylvia Großmann und später Sylvia Superfrau. Aus deren Position wird jetzt das ursprünglich erzählende Ich »Christa Reinig« als Karikatur, als komisch-grotesker Alptraum wahrgenommen, dem sie nur mit äußerster Distanz begegnen kann. So heißt es über die erste

[31] Christa Reinig, Die Frau im Brunnen, München 1984.

Selbstbegegnung aus der Perspektive Sylvias: »Ich habe wieder einen meiner schrecklichen Träume geträumt. Ich war nicht ich, aber auch nichts anderes. Ich wohnte in einem Einzimmerappartement, seit zwanzig Jahren in derselben Wohnung. Ich selbst öffnete mir die Tür, und da trat ein schlampiges gebeugtes geschlechtsloses Wesen herein mit farblosen Haaren und Augen und hatte eine schlottrige Cordhose an. Die unteren Ränder waren umgekrempelt, weil das Wesen so kurze Beine hatte ... Das war wieder diese eigenartige Gestalt, die sich unausrottbar in meinem Unterbewußtsein eingenistet hat und der ich den Namen Christa gegeben habe. Wenn ich nur wüßte, was für eine Rolle sie in meinem Leben spielt? In meinen Träumen frißt sie Käsebrötchen und grüne Bohnen und mag alles das, was ich auf den Tod nicht ausstehen kann« (S. 22, 23). Die Doppelgängerin wird also jetzt zum Ich, das die Perspektive vorgibt, und die Protagonistin und Erzählerin selbst zu dessen Horrorvision: Gesellschaftlich geächtet als uneheliches Kind einer Putzfrau, ein Krüppel mit Kartoffelnase, ohne Manieren, ohne Geschmack, mit Kreischstimme und dem Namen der Autorin »Christa Reinig«, wobei auch der Name noch dem Spott verfällt. Es ist das Porträt eines Selbsthasses, das aus dem Blickpunkt der Doppelgängerin mit Witz und Sarkasmus skizziert wird. – Im Laufe des Romans findet jedoch eine Veränderung der Bewertung statt. So reflektiert das neue Ich Sylvia Großmann: »Ich denke an mein alter ego, dieses ärmliche, ungepflegte Wesen, das ich verachte und unter meine Füße trete und das vielleicht glücklicher ist, als ich es je werden kann ... Diese Christa hat eine Dimension, die mir fehlt« (S. 25). Diese Dimension ist offenbar deren Bindungs- und Liebesfähigkeit. Sylvias Preziosität erweist sich demgegenüber als ebenso schön wie steril. Zudem bleibt sie, bei aller scheinbaren Selbständigkeit, eingebunden in die Struktur einer männlich bestimmten Welt, sie hat die *Entmannung* – so der Titel des bekanntesten Romans von Christa Reinig[32] – an sich nicht vollzogen. Die Identifizierung mit ihr wird teilweise zurückgenommen und die Identitätsfrage neu gestellt: »Wer bin ich? Wer ist Christa Reinig? Das sind zwei verschiedene, voneinander unabhängige Fragen. Davon abgeleitet gibt es eine dritte Frage: ›Bin ich Christa Reinig?‹ Das kann ich nicht grundsätzlich verneinen« (S. 67).

Am Ende steht keine Verschmelzung der Doppelgängerinnen, sondern die Schöne wird nach einem Interview, das ein Ich mit dem anderen Ich durchführt, als Alter Ego endgültig entlassen. »Ich habe mir über Sie den falschen Kopf zerbrochen. Seien Sie bedankt, daß Sie mir den Weg zu mir selbst freigemacht haben« (S. 118). Das Spiel mit den Identitäten führt al-

[32] Entmannung. Die Geschichte Ottos und seiner vier Frauen (1976), Darmstadt und Neuwied 1981.

so durchaus zu einer Ichfindung. Das Ich »Christa Reinig« entläßt sein Wunschtraum-Ich und akzeptiert sich in seiner Schwäche, Häßlichkeit und Gewöhnlichkeit wie in seiner Liebesfähigkeit, es akzeptiert aber auch, trotz einer sehr positiv gezeigten lesbischen Beziehung, seine Einsamkeit und den sich ankündigenden Tod.

Auch in Christa Reinigs *Frau im Brunnen* wird das Doppelgängermotiv gesellschaftskritisch verwendet. Bei Sylvia »Großmann« zeigt bereits der Name, daß sie als Alter Ego eine falsche Alternative darstellt,[33] die sich bei aller Scheinoriginalität an vorgegebenen und internalisierten Idealvorstellungen orientiert. Anders als bei Morgner hat diese Doppelgängerin keine äußerliche Ähnlichkeit mit der Romanfigur »Christa Reinig«, sondern ist in allem deren Gegenteil. Da das konstruierte Wunschbild teilweise selbst zur Protagonistin wird, erhält jetzt »Christa Reinig« die Rolle der abgelehnten, verdrängten Doppelgängerin, die allen gesellschaftlichen Weiblichkeitsidealen widerspricht, deren Eigenständigkeit jedoch zunehmend deutlicher hervortritt, bis sie die »Andere« selbstbewußt entlassen kann. Anstelle von Irmtraud Morgners Utopie eines androgynen Menschheitsideals der Zukunft geht es bei Christa Reinig um »Entmannung« als Abkehr vom Männlichen, das sie mit verschiedenen Formen von Gewalt und Willkür gleichsetzt, und um Anerkennung des weiblichen Geschlechts als »autonome Lebensform« (S. 86), die nur über einen »schmerzlichen und lebensgefährlichen Trennungsprozeß« (S. 86) etabliert werden kann.

3. DIE FREUNDIN ALS DOPPELGÄNGERIN

Eine weitere Variante ist die Freundin als Doppelgängerin.[34] Während die phantastische Doppelgängerin oder das Wunschbild als Doppelgängerin erkennbar aus einer Subjektspaltung hervorgehen, erscheint die Freundin von Anfang an auf der Textebene als eigenständige Figur, die zu der Protagonistin in einer zunächst nur freundschaftlichen Beziehung steht. Allerdings läßt gerade die Doppelgängerthematik auch hier die Grenze zum Phantastischen und Imaginären oft nachträglich verschwimmen. – Das gegenseitige Erkennen der Freundinnen als Alter Ego ist zum Beispiel eine

[33] So heißt es vor dem letzten Dialog: »Sylvia Großmann heißt sie. Da kann sie keine Feministin sein. Eine Frau mit diesem Namen und gezwungen, ihm Ehre zu machen, muß auf der anderen Seite bleiben, sonst hat sie Kopfschmerzen und Depressionen, und dann nennt sie sich Sylvia Superfrau« (S. 111).

[34] Unter der vielen Texten zum Thema »Freundinnen«, die Kontrast und zugleich Nähe zwischen zwei Frauen aufzeigen, zähle ich nur diejenigen zur Doppelgänger-Thematik, in denen die Identität zumindest von einer der beiden Protagonistinnen ausdrücklich als solche benannt wird.

zentrale Thematik des Romans von Waltraud Anna Mitgutsch: *Das andere Gesicht* von 1986.[35] Der Roman wird abwechselnd aus der Perspektive zweier Freundinnen erzählt, eine übergeordnete Erzählinstanz gibt es nicht. Die eine Erzählerin, Sonja, ist die starke, tüchtige Intellektuelle, die in ihrer sachlichen Sprache den größeren Anteil des Erzählens übernimmt. Gerade dadurch tritt die andere von vornherein stärker in den Blickpunkt: Jana, die als Flüchtlingskind eine Fremde ist und – im Gegensatz zu ihrer Schwester und ihrem Vater, die sich anpassen können – wie die früh sterbende Mutter immer eine Fremde bleibt: dunkelhaarig, verschlossen, am Rande der Gesellschaft in ihrer üppigen Phantasiewelt lebend, unfähig, sich auf die realen Verhältnisse einzustellen. Jeder Versuch in dieser Richtung macht sie psychisch und physisch krank. Auch ihre hohe künstlerische Begabung, die in ihrer Jugend große Erwartungen in ihren Eltern geweckt hatte, nutzt ihr wenig, da sie sich als nicht zähmbar erweist. Die Beziehung zwischen den Freundinnen ist gespannt und schwierig: sie führt zu tiefen Verletzungen, jahrelangen Trennungen und bleibt doch unauflösbar. »Manchmal scheint es mir«, sagt Sonja zu Anfang, »sie und ich hätten aus Versehen zusammen nur ein einziges Leben bekommen und nie gelernt, miteinander zu teilen« (S. 6). Während Sonja im Alltagsleben die überlegene ist, wird es Jana auf den Reisen, die beide in ferne Länder unternehmen. Sie fühlt sich nur in der Fremde heimisch; das Spontane, Unberechenbare, Chaotische, aber auch das Exotische, Geheimnisvolle und Phantastische sind ihr Element. Während also Jana auf diesen Reisen aufblüht, wird die sonst so sicher auftretende Sonja zum erstenmal mit den eigenen verborgenen Ängsten konfrontiert und erkennt die Einseitigkeit ihrer bisherigen Existenzform. Für Jana findet sich auch nach der Rückkehr kein Raum in der Gesellschaft, alle Anpassungsversuche scheitern, auch ihre Ehe, in der Sonja in einem Dreiecksverhältnis teilweise die Rolle der überlegenen Geliebten des Mannes übernimmt. Janas Übersiedlung mit Mann und Kind nach Indien endet in einer zerfallenden Villa in der Wildnis, in der sie und das Kind an der Einsamkeit zugrundegehen; sie gibt sich endgültig auf, als das Kind stirbt. Zwar wird sie von einer fremden Europäerin physisch gerettet und aufgenommen, aber sie kann nur noch in Augenblicken leben, ohne Vergangenheit und Zukunft. – Klarer als die intellektuell überlegene Sonja sieht Jana in Sonja ihr Alter Ego: »Meine Vernunft war sie, die, wie leicht zu beweisen, bei mir selbst nur schwach ausgebildet war, meine höhere Instanz, mein Über-Ich« (S. 191). Sonja verkörpert für sie den »lückenlosen Zwang, der mich von Anfang an eingeschnürt hatte« (S. 190), und der sich ihr in jeweils anderer

[35] Im folgenden zitiert nach der Taschenbuchausgabe: Waltraud Anna Mitgutsch, Das andere Gesicht, München 1988.

Gestalt nähert, »verkleidet als Ordnung, als Fürsorglichkeit, als unwiderlegbare Vernunft« (S. 191). Sie selbst sieht sich in der Rolle der Barbarin, die sich frei glaubt, indem sie die »andere, mein verständiges, vernünftigeres Ich« (S. 192) hinter sich läßt, um dann nur tiefer in ihr Elend zu fallen. – Die Beziehung zwischen beiden Frauen polarisiert sich in gewisser Weise auch nach dem Bild von Geschlechterrollen. Sonja übernimmt in bezug auf Jana teilweise die männlich konnotierte Rolle eines Über-Ich, obwohl sie selbst sich in der Zeit ihres Liebesverhältnisses mit Achim, dem Mann der Freundin, mit einem weiteren Alter Ego als Über-Ich konfrontiert sieht, das als moralische Instanz ihr Verhalten verurteilt: »Meine Doppelgängerin sah mir am Ende jeden Tages, der mir einen Triumph über Jana gebracht hatte, vorwurfsvoll aus dem Spiegel entgegen. Falschheit warf sie mir vor ...« (S. 230). Jana hat den eher weiblich konnotierten Teil im Sinne des aus der symbolischen Ordnung Ausgeschlossenen, Fremden, Irrationalen, Bedrohten. Sie ist fixiert auf Mutterfiguren, zuerst auf die eigene Mutter, später auf die Psychologin Karin, die ihr völlig unsensibel und letztlich zerstörerisch die bestehenden Normen überstülpt, und schließlich auf Leah, durch die sie am Ende gerettet und am Leben erhalten wird. Ein Traum führt sie zu einer jenseits der Wächter des Verstandes liegenden verlassenen Kultstätte auf der Höhe eines Berges, die sie später auf ihrer Reise durch Indien im Tempel der Schwarzen Göttin wiedererkennt. Dieser Tempel wird ihr vorübergehend zum Ort der Zuflucht, in der »alle Angst, alle Schuld und Fremdheit getilgt« wird (S. 93). Jana kann ihr in Sonja verkörpertes Alter Ego nicht integrieren, da alle Versuche, sich der symbolischen Ordnung zu unterwerfen, sie nur weiter zerstören; so scheitert sie auch in der ›weiblichen‹ Rolle als Ehefrau und Mutter. Sonja hingegen findet sich am Ende, indem sie die Freundin im Traum als einen verdrängten Teil ihrer selbst erkennt und annimmt. »ich wußte«, heißt es in der Erzählung dieses Traums, »das Wertvollste lag dahinter, ganz am Grund. Und der Grund kam, hart, unnachgiebig, mit Feilspänen bedeckt. Ich kratzte die Späne weg, und es erschien mein Gesicht, dunkel, geheimnisvoll, und zugleich Janas, obwohl wir einander kaum ähnlich sind. Ich prallte zurück. Ich näherte mich wieder ungläubig, ja es war mein Spiegelbild. Als ich aufwachte, war ich sehr glücklich« (S. 331). Die intellektuellere, nach männlich-symbolischen Normen ausgerichtete Sonja kann also überleben, indem sie den weiblich-anarchisch konnotierten Teil integriert, während Jana trotz aller Versuche den Eintritt in die symbolische Ordnung nicht schafft und zugrunde geht.

Die beiden Frauen sind also nicht nur als Freundinnen komplementär auf einander bezogen, sondern sie erkennen früher oder später die jeweils andere als ihr Alter Ego, ohne dessen Integration sie nicht überleben können. Der Roman verfährt einerseits stark psychologisierend, stellt aber zugleich die Psychologie – besonders in der Figur der Psychologin Karin – da in Frage, wo sie sich nach geltenden, zum Teil traditionellen Normen ausrichtet, ohne diese Normen selbst zu hinterfragen. Indem Karin ihren Schützling Jana auf die überkommene Rolle der liebenden Ehefrau und Mutter als Heilsweg ausschickt, trägt sie mit zu deren Ruin bei, da sie die in Bewegung geratenen Geschlechterrollen neu zementiert und Janas Individualität überhaupt nicht berücksichtigt. Der Roman läßt offen, ob Jana ihrerseits, wie Sonja, durch die Integration ihres Alter Ego hätte gerettet werden können.

Die Freundin als Doppelgängerin und komplementäres Alter Ego ist auch ein wichtiges Motiv in Monika Marons Roman *Die Überläuferin*,[36] der – wie Morgners Romane – in der ehemaligen DDR spielt und ebenfalls mit phantastischen wie auch stark gesellschaftskritischen Momenten durchsetzt ist. Die Protagonistin und Ich-Erzählerin Rosalind sieht sich ihrem ungeliebten Alltag als wissenschaftliche Mitarbeiterin endgültig entzogen, als sie eines Tages mit gelähmten Beinen in ihrem Zimmer aufwacht. Die Verkrüppelung empfindet sie als Ausdruck der Zwänge ihres bisherigen Lebens wie auch als Chance einer Befreiung daraus. Jeder Kontakt zu realen Mitmenschen ist abgebrochen; statt dessen zitiert sie auf die imaginäre Bühne ihres Zimmers die Menschen aus ihrer Erinnerung, die ihr wichtig waren, und diejenigen aus ihrer Phantasie, die bestimmte bedrängende Lebensverhältnisse verkörpern. Die wichtigste Figur aus der Erinnerung ist Martha, auch sie – wie bei Mitgutsch – eine schöne dunkelhaarige Fremde, die Rosalind vor fünfzehn Jahren in einem Café beobachtet und nach einigem Zögern angesprochen hatte. Martha ist jedoch, wie sich nach und nach herausstellt, keine wirkliche Ausländerin wie Jana, sondern sie inszeniert ihre Fremdheit selbst, indem sie sich eine neue Lebensgeschichte erfindet. So ersetzt sie ihre biederen, kleinbürgerlichen Berliner Eltern durch phantastische: Ihren Vater gibt sie als den heimlichen, seit Jahren verschwundenen König aller Juden aus. Auch Martha kann die gesellschaftliche Ordnung nicht akzeptieren. Aber wo Jana zum Opfer wird, lehnt sich Martha bewußt auf und wird zur Täterin: Sie durchbricht Normen, die ihr unsinnig erscheinen, sie stiehlt, versucht sich als Prostituierte und betrachtet die Ehe, in der sie lebt, als Vertrag einer gesellschaftlich sanktionierten Hurerei. Zugleich ist sie – gegenüber der

[36] Monika Maron, Die Überläuferin, Frankfurt/M. 1986.

Wissenschaftlerin Rosalind – wiederum die Kreativere,[37] sie malt und dichtet und verwischt in Leben und Kunst die Grenzen zwischen Realität und Fiktion. Sie liebt Bahnhöfe und Cafés als Orte der Distanz, des Aufbruchs und des Träumens.[38] Martha erscheint als Fremde und ist selbst zugleich immer auf der Suche nach dem Fremden, dem Unbekannten und Geheimnisvollen in einer Welt, in der ihr alles berechenbar, durchschaubar, banal und langweilig vorkommt. Rosalind schlüpft teilweise in die Rolle der Martha, die alles das imaginiert und ausführt, was sie selbst nicht wagt. Martha entspricht dem Anarchischen, Unangepaßten, dem Aufbegehrenden, Phantasievollen, auch dem Erotisch-Sexuellen in ihrem eigenen Wesen, das sie fasziniert und zugleich abstößt, auf jeden Fall zutiefst irritiert. Als Martha plötzlich verschwindet, fühlt sich Rosalind zunächst erleichtert. Doch nach kurzer Zeit wird ihr deren Abwesenheit immer schmerzlicher bewußt. Sie gesteht sich allmählich ein, daß Martha ein wesentlicher Teil ihrer selbst war, und findet keinen anderen Ausweg, als auf den Verlust mit körperlicher Krankheit zu reagieren.

»Ich verließ die Welt der Geheimnisse, in die mich Martha bis dahin immer wieder zurückgezogen hatte.

Aber ich verließ sie nur scheinbar. Nach zwei oder drei Jahren begann etwas in mir, mich zu bedrängen ... ein Nichts, das sich zu etwas verselbständigt hatte und immer, wenn es sich regte, Erinnerungen an Martha wachrief, so daß dieses Nichts in meiner Phantasie langsam Marthas Konturen annahm, gleichsam zu ihrem Negativbild in mir selbst wurde. Meine Vorstellungen von einem anderen Wesen gingen so weit, daß ich glaubte, es bliebe kein Raum für meine Organe ... Die Krankheit wurde der Zustand, nach dem ich mich sehnte.« (S. 102 f.)

Es kommt zu vorübergehenden Identifikationen, deren Höhepunkt die von Rosalind miterlebte groteske Hinrichtung Marthas durch den vampyrhaften Dichterkollegen von der »Assoziation dichtender Männer« (S. 155) darstellt. Der zart-gefühlvolle Dichter vollstreckt das Todesurteil, das über Martha für ihr unstatthaftes Eindringen in die männliche Sphäre der Kreativität verhängt wurde, um so lustvoller, als er nur tote Frauen

[37] Ursula Mahlendorf zählt *Die Überläuferin* zu den Künstlerinnenromanen im 20. Jahrhundert; Martha wäre danach die abgespaltene, von der Gesellschaft nicht zugelassene künstlerische Seite Rosalinds; es ist jedoch die Frage, ob die Künstlerinnen-Problematik hier tatsächlich als zentrales Motiv angesehen werden kann. Vgl. Ursula Mahlendorf, Der weiße Rabe fliegt. Zum Künstlerinnenroman im 20. Jahrhunderts, in: Deutsche Literatur von Frauen, hrsg. v. Gisela Brinker-Gabler, Bd. 2, S. 445–459.

[38] Was auch politisch als kritisch eingesetzte DDR-spezifische Variante des tatsächlichen Reisens gelesen werden kann.

lieben kann.[39] Und es kommt zur Vertauschung der Identitäten beim Junkie-Leben auf den Straßen von New York, wo sich beide Frauen begegnen, aber auch das führt zu keiner dauerhaften Integration, so daß Rosalind schließlich allein mit ihrem zerstörten Körper in ihrem Zimmer zurückbleibt. Anders als bei Mitgutsch ist es hier nicht eindeutig, ob Martha wie andere Figuren nicht doch nur der Imagination Rosalinds entsprungen ist. Zumindest einzelne Szenen gehören in den Bereich des Phantastischen.

In Monika Marons Roman erscheint am Rande auch eine neue Variante des Doppelgängertums, das in der amerikanischen Literatur bereits einen festen Platz hat und zur Zeit auch außerliterarisch eine neue Aktualisierung erfährt, nämlich der Klon. Während Martha noch eine Doppelgängerin im alten Sinne darstellt als die andere, nicht ausgelebte Seite des Ich, präsentiert sich der Klon bei Maron als Abbild ohne Eigenleben, das jederzeit sein Urbild ersetzen kann. Er ergänzt das Ich nicht, sondern hebt im Gegenteil dessen Individualität völlig auf. Da der Klon hier im Zusammenhang mit politischen Manipulationen auftaucht, repräsentiert er eine Art Anti-Utopie, die einerseits als politische Kritik auf die damalige DDR gemünzt war, andererseits im Zusammenhang mit der Diskussion um Gen-Manipulationen auch auf globale Konsequenzen verweist.

Umspielt wird die Doppelgängerthematik der Freundin auch in Ingeborg Bachmanns Erzählung *Ein Schritt nach Gomorrha* von 1961 aus der Erzählsammlung *Das dreißigste Jahr*.[40] – Das Mädchen Mara, das als ›reale‹ Figur im Text erscheint, sich aber letztlich auch als Imagination der Protagonistin Charlotte verstehen läßt, bricht am Ende einer Party haltlos, wild und zärtlich, kindhaft und erpresserisch in deren scheinbar geordnetes Alltagsleben als Ehefrau und Berufsmusikerin ein. Mara erscheint ebenfalls als die ›Andere‹, Charlottes Gegenbild, mit anarchischen, erotischen und zugleich kindlichen Zügen, das diese in einem Gefühlswirbel von Abneigung, Furcht und Begehren schließlich als die Chance ihrer Subjektwerdung, einer neuen Schöpfung ihres Selbst erkennt. Voraussetzung dafür ist offenbar der »Schritt nach Gomorrha«;[41] dessen Bedeutung im Text sich nicht eindeutig festlegen läßt. – Die Geschichte von Sodom

[39] Was Monika Maron hier satirisch in Szene setzt, paßt in das Umfeld der Untersuchung von Elisabeth Bronfen: Nur über ihre Leiche. Tod, Weiblichkeit und Ästhetik, München 1994.

[40] Ingeborg Bachmann, Werke, hrsg. v. Christine Koschel, Inge von Weidenbaum u. Clemens Münster, Bd. 2, 5. Aufl., München 1993, S. 187ff.

[41] Zur Funktion der biblischen Bezüge in dieser Erzählung vgl. die in vielem anregende Arbeit von Karen Achberger, Bachmann und die Bibel. Ein Schritt nach Gomorrha als weibliche Schöpfungsgeschichte, in: Hans Höller (Hrsg.), Dunkler Schatten, dem ich schon seit Anfang folge. I. B. Vorschläge zu einer neuen Lektüre des Werks, Wien, München 1982, S. 97–110.

und Gomorrha (Genesis 18/19) wie ihre späteren Zitationen (unter anderem Js. 13,19, Jr. 49,18, Dt. 29,22) stehen im Alten Testament für ein kollektiv »sündiges« Leben (Homosexualität, Promiskuität, Verletzung der Gastfreundschaft, sexuelle Gewalt) und für die darauf folgende Zerstörung als Strafe Gottes, der nur Lot als der einzig Gerechte mit seiner engsten Familie entgeht.[42] Was dort in ein klares Gut-Böse-Schema aufgeteilt ist, erscheint bei Bachmann ambivalent. Der Hinweis auf Gomorrha findet sich nur im Titel. Im Text zentrieren sich alle dadurch hervorgerufenen Assoziationen wie Zerstörung, Schuld, Rettung, Neubeginn in der Figur Maras. Sie werden mit anderen Hinweisen auf das Alte Testament, besonders auf die Schöpfungsgeschichte, zu einem komplexen Bedeutungsgeflecht verbunden. Karen Achberger hat sicher recht, wenn sie eine Verbindung zwischen Charlotte und Lot zieht.[43] Aber das gilt nur partiell; Charlotte ist nicht, wie Lot, die einzig Gerechte (dagegen spricht schon das zum Schluß auf sie bezogene Blaubart-Motiv), und ihre sterile Ehe ist kein Gomorrha. Bereits der Titel ist doppeldeutig: Das »nach« kann sowohl zeitlich wie räumlich verstanden werden und ergibt jeweils einen anderen Sinn: ein Schritt (zeitlich) nach der Zerstörung Gomorrhas, der von dort wegführt, oder ein Schritt (räumlich) auf Gomorrha zu. Beide Deutungen lassen sich auf den Text anwenden: Charlotte findet sich am Anfang der Erzählung in ihrer von einer Party »verwüsteten« Wohnung, in der sie auf Mara trifft, der sie wider willen Gastfreundschaft gewährt. Mara führt sie, wie die Engel den Lot, weg aus diesem Ort der Verwüstung, den sie später noch mehr zerstören wird, aber sie führt sie in eine Bar, die Charlotte als »Höllenraum« empfindet, und in dem Mara, mit anderen tanzend, kokettierend um Charlotte wirbt.[44] Mara bedeutet für Charlotte Rettung und Verführung, in gewisser Weise Rettung durch Verführung. Charlotte erkennt durch die Begegnung mit ihr die Sterilität, Fremdbestimmheit und Objekthaftigkeit ihres bisherigen Lebens. Und auch, daß der Weg zu einer Subjektwerdung nur über dessen radikale Zerstörung führen kann; »erst wenn sie alles hinter sich würfe, alles verbrennte hinter sich, konnte sie eintreten bei sich selber. Ihr Reich würde kommen, und wenn es kam, war sie nicht mehr meßbar, nicht mehr schätzbar nach fremdem Maß«

[42] Dabei erstarrt seine Frau noch auf der Flucht bekanntlich zur Salzsäule, weil sie dem Gebot der Engel zuwiderhandelt und sich umsieht.

[43] U. a. auch mit dem Hinweis, daß der Name »Lot« in »Charlotte« enthalten ist.

[44] Auch die sowohl für die eheliche Wohnung wie für die Bar, aber auch in Verbindung mit Mara (Rock, Haar) immer wieder erwähnte rote Farbe ist in ihrer Bedeutung ambivalent. Wenn Achberger schwarz vs. rot eindeutig festlegt: »Schwarz, die Farbe des Todes, der Sünde, Asche, Zerstörung; und Rot, die Farbe des Blutes, des Lebens, der Entsöhnung und Erlösung« (Achberger, S. 99–100), dann übersieht sie die negative Bedeutung, die sich bereits in Zusammensetzungen wie »Todesrot« (S. 188) und »höllenrot« (S. 190) ausdrückt.

(S. 208). Der »Schritt nach Gomorrha« ist ein Schritt in die Freiheit, aber zugleich auch ein Schritt in die Schuld. Als Charlotte schüchtern den Mund der schlafenden Mara küßt, entwirft sie die Vision eines erneuten Sündenfalls, der zugleich eine Neuschöpfung bedeutet: »Könnte dieses Geschlecht doch noch einmal nach einer Frucht greifen, noch einmal Zorn erregen, sich einmal noch entscheiden für seine Erde! Ein andres Erwachen, eine andere Scham erleben! ... Der Duft aller Früchte, die gleichwertig waren, hing in der Luft. Es konnten andre Erkenntnisse sein, die einem wurden. Sie war frei. So frei, daß sie noch einmal in Versuchung geführt werden konnte« (S. 204). Charlotte erklärt sich bereit, für diese Versuchung einzustehen, »verdammt« zu werden. – Im Gegensatz zu den anderen Varianten der Doppelgängerinnen gewinnt hier innerhalb eines religiös-mythischen Bezugsrahmens die (in Gomorrha verdammte) gleichgeschlechtliche Liebe zentrale Bedeutung, weniger als konkrete Beziehung denn als Bild dafür, daß die Subjektwerdung der Frau nur über die Bejahung des eigenen Geschlechts, jenseits männlicher Festschreibungen, stattfinden kann. Die sexuelle Komponente ihrer Beziehung zu Mara lehnt Charlotte ausdrücklich ab: »Ich will Mara nicht, weil ich ihren Mund, ihr Geschlecht – mein eigenes – will. Nichts dergleichen. Ich will mein Geschöpf, und ich werde es mir machen. Wir haben immer von unsren Ideen gelebt, und dies ist meine Idee« (S. 205). Mara zu ihrem »Geschöpf« zu machen, das bedeutet für Charlotte, sie erst heranzubilden, ihr eine neue, eigene Sprache beizubringen, die Wort für Wort die verabscheute alte, verlogene, gewaltsam prägende Sprache ablösen soll,[45] das bedeutet für sie aber auch eine erstmalige Setzung ihrer selbst als Subjekt, als eine eigenständige Schöpfung, in der auch die Grenzen der Geschlechterrollen aufgehoben sind. Dazu muß ihre falsche, über den Mann definierte Identität erst weggeschoben werden: »Ich bin niemands Frau. Ich bin noch nicht einmal« (S. 205). Zur Neuschöpfung ihrer Welt mit Mara gehört auch die Auflösung der festgelegten Geschlechter*bilder:*[46] »Denn es war ja die Welt der Bilder, die, wenn alles weggefegt war, was von den Geschlechtern abgesprochen worden war und über sie gesprochen war, noch blieb ... Ich bin in kein Bild hineingeboren, dachte Charlotte. Darum ist mir nach Abbruch zumute. Darum wünsche ich ein Gegenbild, und ich wünsche, es selbst zu errichten« (S. 211–212). Allerdings erweist sich Mara als eigenständiger, als es Charlotte wahrhaben will. Sie bringt die Spra-

[45] Ein derartiges – scheiterndes – Sprachexperiment an einem Kind wird in der Erzählung *Das dreißigste Jahr* durchgeführt, aber hier von einem männlichen Protagonisten.

[46] Als solche Bilder werden genannt: »Das Bild der Jägerin, der großen Mutter und der großen Hure, der Samariterin, des Lockvogels aus der Tiefe und der unter die Sterne Versetzten« (S. 211).

che der Körper und des Begehrens wieder in Erinnerung, die Charlotte auch an sich selber wahrnehmen muß, selbst wenn sie Maras zärtliche Geste zurückstößt. Wenn Mara fast kindlich um Liebe bettelt, wenn sie Liebe als das einzige bekennt, was sie wirklich interessiert, wenn sie überhaupt das Wort »Liebe«, das für Charlotte das ›fremdeste‹ ist, mit ungebrochener Selbstverständlichkeit gebraucht, so wird sie gewissermaßen gegen ihren Willen von Charlotte abstrahiert und zur Hoffnungsträgerin ihrer Utopie gemacht. – Auch der Schluß der Erzählung bleibt ambivalent. Der Versuch Charlottes, alles hinter sich zu lassen und mit Mara ein neues Leben zu beginnen, scheitert.[47] Das letzte Bild zeigt beide Frauen im Schlafzimmer wie aufgebahrt als »zwei schöne Schläferinnen« mit weißen Gewändern, über die es metaphorisch heißt: »Sie waren beide tot und hatten etwas getötet« (S. 213). Wenn Charlotte weinend ihre Weckuhr aufzieht, so wird damit angedeutet, daß sie ihr altes Leben wieder aufnimmt. Andererseits bleibt in diesem Schlußbild die Doppelung erhalten; Charlotte wird Mara und die Erkenntnisse dieser Nacht nicht vergessen und mit diesem neugewonnenen Bewußtsein nicht mehr selbstverständlich in den früheren Objektstatus zurücktreten können.

4. DIE PSYCHOPATHISCHE DOPPELGÄNGERIN

In der kurzen Erzählung *Die Doppelgängerin* von Gabriele Wohmann, die 1988 in dem Erzählband *Ein russischer Sommer*[48] erschienen ist, berichtet die Ich-Erzählerin von anonymen Telegrammen und Briefen an ihren Partner (Ehemann?), die anscheinend Diffamierendes über sie enthalten. Sie selbst schreibt alles, dessen sie angeklagt wird, ihrem Partner Freddy gegenüber jeweils einer Doppelgängerin zu. Es wird jedoch immer wahrscheinlicher, daß sie es war, die diese Briefe geschrieben und auch die darin geschilderten ›Taten‹ entweder selbst getan oder phantasiert hat. Offenbar ist es der Ich-Erzählerin, die den Beruf einer Theater-Kritikerin ausübt, nur unter großen Anstrengungen möglich, ihr Image als vernünftige, immer selbstbeherrschte Person aufrechtzuerhalten. Der Partner fungiert als eine Art Norminstanz, vor der sie glaubt, sich ständig rechtfertigen zu müssen. Er weist sie auf neurotische Symptome hin, wie zum Beispiel ih-

[47] Das Scheitern wird ausgedrückt in einer bemerkenswerten Umkehr des Blaubart-Motivs: Charlotte sieht im Wachtraum »ihr letztes geheimes Zimmer«, in dem ihre sieben getöteten Liebhaber liegen, die sie als Tote immer noch liebt. »Nie sollte Mara fragen dürfen danach, oder auch sie würde unter den Toten sein« (S. 212). Unmittelbar auf diesen Wachtraum äußert Mara »Ich bin tot«.

[48] Gabriele Wohmann, Ein russischer Sommer. Erzählungen, Darmstadt 1988.

ren Waschzwang und ihre extreme Unkonzentriertheit, unterzieht sie regelrechten Verhören, da er – offenbar zurecht – in ihr die Absenderin der Briefe vermutet, während sie sich in der Rolle der Angeklagten fühlt und zugleich um seine Liebe, sein Verständnis wirbt. In ihrer fahrigen, zweideutigen Sprechweise stellt sie allerdings ihre Glaubwürdigkeit nicht nur textintern gegenüber dem Partner, sondern auch den Lesern und Leserinnen gegenüber in Frage. Objektiv, in wörtlicher Rede wiedergegeben, erscheint dagegen ein von ihr belauschtes Telefongespräch, in dem Freddy jemand anderem gegenüber seine neue Strategie darlegt, sie mit dem Hinweis auf eine Wiedereinlieferung in die Heilanstalt »Wiesel/Wald« zu einem ›normalen‹ Verhalten zu zwingen. Daraus läßt sich entnehmen, daß sie bereits früher schon in dieser Heilanstalt gewesen ist. Überraschenderweise reagiert sie auf diese heimlich mitgehörte Drohung geradezu erleichtert: »Wiesel/Wald«: Die Heilanstalt, das Ende der Selbstbeherrschung! Endlich war Schwachsein erlaubt, Wegkippen, Nachgeben, und die dort nicht genehmigungspflichtige Angst« (S. 164). Von jetzt an gibt sie als Erzählerin zu, daß sie selbst die Briefe schreibt, und bekennt sich zu den fiktiven Doppelgängerinnen, die an ihrer Stelle aus dem ›normalen‹ Verhalten ausbrechen – wobei die erträumten oder ausgeführten ›Verfehlungen‹ weitgehend Ausdruck von unterdrückten Emotionen sind. Gegenüber dem Partner spielt sie weiterhin die Vernünftig-Beherrschte, erkennt dies aber jetzt als entfremdete Rolle: »Ich bin keine meiner Doppelgängerinnen gewesen. Ich bin, zu meinem Nachteil, immerzu ich selber gewesen, nach außen hin, diese schon fast übertrieben korrekte Doppelgängerin meiner Phantasien, diese überaus anstrengende Fälschung, Original Ich« (S. 166). Sie bleibt aber, ihm zuliebe und vielleicht auch, weil sie seine Normen und Beurteilungen internalisiert hat, weiterhin auf diese Rolle fixiert, »unter allen meinen möglichen Inkarnationen«, »links und rechts vom Wahnsinn in äußerster Aufmerksamkeit« (S. 166). Der Text läßt die Frage offen, ob der »Wahnsinn« überhaupt als solcher zu verstehen ist oder ob er nur durch eine viel zu enge und rigide Norm erst als Wahnsinn definiert wird. Diese Norm wird durch den männlichen Partner repräsentiert und durch den früheren Aufenthalt in der Heilanstalt auch medizinisch bestätigt. Was zunächst auf eine Art multiple Persönlichkeit hinzudeuten scheint, ist die Auslagerung der durch eine verfremdende, reduktionistische Norm abgeschnürten Wünsche, Fähigkeiten und Gefühle in die angeblichen Doppelgängerinnen, die sie als die unausgelebten Seiten ihres Ich erkennt bzw. inszeniert. Indem sie diese ihrem Partner anonym als ›Doppelgängerinnen‹ vorstellt, bittet sie ihn indirekt, sie als die zu lieben und leben zu lassen, die sie ist, und nicht als die, die sie nach seiner Normvorstellung sein soll. – Es ist Ausdruck einer neu gewonnenen Distanz, gleichsam eine Verlagerung ihres Ich-Zentrums, wenn sie am Ende dieses Norm-Ich selbst als Doppelgängerin und als »überaus anstrengende Fälschung« bezeichnet, auch wenn sie weiter daran festhält bzw. *sich* weiter daran festhält. Die zu Anfang der Erzählung gestellte Frage an sich selbst, ob die Doppelgängerin ihr schade oder sie auf einen »Weg mit womöglich nützlichem Ziel« bringe (S. 161), wird so nur indirekt beantwortet.

5. WEIBLICHES ICH UND MÄNNLICHER DOPPELGÄNGER

Eine besondere Variante stellt die Doppelgängergestaltung in Ingeborg Bachmanns *Malina*[49] von 1971 dar, dem einzigen vollendeten Roman des geplanten Zyklus *Todesarten*. Der Ich-Erzählerin[50] ist hier ein männlicher Doppelgänger zugeordnet, eben die Titelfigur »Malina«.[51] Beide sind selbständige Figuren, die eher beziehungslos nebeneinander leben und nur manchmal, in für die Ich-Erzählerin besonders schwierigen Situationen, zueinander finden. Der Text läßt bis zum Ende nicht erkennen, daß es sich hier um zwei Seiten einer einzigen Person handelt.[52] Es gibt gelegentlich eingestreute Hinweise, die aber immer auch metaphorisch verstanden werden können, so die Reflexion: »Ivan und ich: die konvergierende Welt. Malina und ich, weil wir eins sind: die divergierende Welt« (S. 126). Deutlicher erscheint das Doppelgängermotiv in dem Horoskop, das sich das

[49] Ingeborg Bachmann, Werke, Bd. 3.

[50] Die Erzählfigur erscheint im Roman als weibliches Ich. Da es sich nicht um die Fiktion eines Tagebuchs handelt, müßte von der Logik der Romanhandlung her das männliche Ich, Malina, der erzählende Teil sein, da nur dieses am Ende überlebt. Darauf hat Bachmann auch wiederholt hingewiesen, u. a. im Zusammenhang mit ihrem Plan, Malina als den Erzähler der gesamten Todesarten einzusetzen. Das steht jedoch im Widerspruch dazu, daß der gesamte Roman in der Sprache und aus der Perspektive des anderen, weiblichen Teils erzählt wird.

[51] Es kann hier nicht darum gehen, das Verhältnis zwischen Ich-Erzählerin und Malina in seiner ganzen Komplexität aufzufächern. Ich verweise auf die ausführlichen Darstellungen von Gudrun Kohn-Waechter, Das Verschwinden in der Wand. Destruktive Moderne und Widerspruch eines weiblichen Ich in Ingeborg Bachmanns »Malina«, Stuttgart 1992; Gabriele Bail, Weibliche Identität: Ingeborg Bachmanns »Malina«, Göttingen 1984. – Entgegen der These von Ursula Liebertz-Grün, die in ihrem aufschlußreichen Aufsatz: Wege zu einer postpatriarchalen Ästhetik (Jahrbuch der deutschen Schillergesellschaft 40, 1996, S. 324–347), die These vertritt, daß alle Figuren in *Malina* Projektionsfiguren des sprechenden ›Ich‹ sind, die simultan im »Heute« auf seiner »Gedankenbühne« agieren, möchte ich an der Besonderheit dieses Doppelgänger-Verhältnisses »Ich«/Malina festhalten, das Bachmann auch in ihren Interviews als solches benennt.

[52] Die Verfilmung des Romans von Werner Schroeter nach dem Drehbuch von Elfriede Jelinek läßt das Doppelgängermotiv nicht erkennbar werden; m. E. geht dadurch eine wichtige Dimension verloren.

weibliche Ich stellen läßt, und das eine völlig gespaltene, zum Zerreißen gespannte gegensätzliche Persönlichkeit erkennen läßt.[53] Aber durch die Form des Horoskops wird die Aussage zugleich wieder ins Ungewisse, letztlich nicht Verbindliche gerückt. Der Hinweis im Prolog, in dem die Ich-Erzählerin den eigentlichen Impuls ihres Schreibens andeutet, enthüllt sich in seiner Bedeutung für die Doppelgängerthematik erst aus der Kenntnis des ganzen Romans:

»Zu fragen habe ich mich nur mehr, seit alles so geworden ist zwischen uns, wie es eben ist, was wir denn sein können für einander, Malina und ich, da wir einander so unähnlich sind ... Mir scheint es dann, daß seine Ruhe davon herrührt, weil ich ein zu unwichtiges und bekanntes Ich für ihn bin, als hätte er mich ausgeschieden, einen Abfall, eine überflüssige Menschwerdung, als wäre ich nur aus seiner Rippe gemacht und ihm seit jeher entbehrlich, aber auch eine unvermeidliche dunkle Geschichte, die seine Geschichte begleitet, ergänzen will, die er aber von seiner klaren Geschichte absondert und abgrenzt« (S. 22f.).

Dies ließe sich durchaus auch im Sinne einer Mann-Frau-Beziehung verstehen, in der die Sprecherin die potentielle Perspektive des Mannes einnimmt, in der sie sich selbst, parallel zur Erschaffung der Frau in der Genesis, als hervorgegangen aus seiner Rippe, als seinen ›Abfall‹, als seine dunkle Geschichte sieht und damit die männliche Urprojektion auf die Frau als das Andere spiegelt.

Dagegen geht Ingeborg Bachmann in einer Reihe von Interviews, die sie unmittelbar nach Erscheinen des Romans gegeben hat, explizit und ausführlich auf die Doppelgängerthematik ein. So äußert sie gegenüber Otto Basil am 14. April 1971:

»Ich weiß, daß der Verlag es ankündigt quasi als Liebesroman. Nun sind Ankündigungen ja immer – müssen immer vereinfachen. Das Buch ist natürlich sehr viel komplizierter, schon durch die Ich-Person, die erzählt ... die eine Frau ist und zugleich ein Mann ist. Was natürlich gar nicht so neu ist, aber für mich ist in einer ganz neuen und anderen Variante des Doppelgängermotiv wieder da. Es scheint zuerst – wenn der Leser zu lesen anfängt, soll es auch so sein –, daß eine Frau mit einem Mann in einer Wohnung lebt, er versteht nicht recht, wie diese Beziehung eigentlich ist. Sind die verheiratet, leben sie miteinander? Es ist auch nicht so wichtig. Jeden-

[53] »sie zeigte mir mein Horoskop, das ihr ungemein merkwürdig erschien ... es sei eigentlich nicht das Bild von einem Menschen, sondern von zweien, die in einem äußersten Gegensatz zueinander stünden, es müsse eine dauernde Zerreißprobe für mich sein, bei diesen Aspekten, falls ich die Daten genau angegeben hätte. Ich fragte höflich: Der Zerrissene, die Zerrissene, nicht wahr? Getrennt, meinte Frau Novak, wäre das lebbar, aber so wie es sei, kaum« (S. 248).

falls stellt sich dann mehr und mehr heraus, daß er der objektive, also der denkende Teil ist, der männliche, und sie der weibliche Teil dieses Doppelgängers ... In diesem Buch beschränke ich mich fast nur auf drei Personen, und das sind eben die Beziehungen dieser Frau zu einem Mann, den sie liebt, und zu ihrem Doppelgänger, mit dem sie eine äußerst schwierige Auseinandersetzung hat ... das Alter Ego, mit dem sie sehr oft eins ist. Sie kommen immer wieder auseinander, sie geraten aneinander, und dieser männliche und ihr überlegene Doppelgänger, also dieses denkende Ich, hilft ihr am Ende den Tod zu finden, weil sie nicht mehr weiter kann«.[54] Bachmann hat demnach erzähltechnisch das Doppelgängermotiv im Roman bewußt verrätselt und auf eine prozeßhafte Entschlüsselung angelegt; schon dadurch hat sie ihm eine zentrale Bedeutung gegeben. Das bestätigt sie noch einmal gegen Ende dieses Interviews: »zum Beispiel ich habe es vor allem daraufhin konzipiert, auf diese Doppelgängerfigur, und auf die Problematik dieser Figur, und warum die eine die andere zugrund richten muß« (S. 104).

Dem bzw. den Doppelgängern liegt offenbar ein ursprünglich ganzheitliches, androgynes Wesen zugrunde, das seine Totalität nicht ausleben, sondern überhaupt nur überleben kann, wenn es sich in eine weibliche und eine männliche Person aufspaltet. Andererseits führt gerade diese Spaltung das weibliche Ich in den Tod. Auffallend ist es, daß Ingeborg Bachmann sowohl im Roman wie in den Interviews die kulturell festgeschriebenen Stereotypen der Geschlechtercharakterisierung benutzt, also Rationalität, Ordnung, Beherrschung dem männlichen, dagegen Gefühl, Unberechenbarkeit, Hilflosigkeit und Krankheit, aber auch die Kreativität einer Schriftstellerin dem weiblichen Teil zuordnet. Indem es sich um zwei Seiten ein und derselben Person handelt, werden diese Stereotypen jedoch zugleich unterlaufen: Es sind keine biologischen oder wesensmäßigen Konstanten, sondern sie sind von einer als übermächtig empfundenen patriarchalen Umwelt erzwungen und mit tödlicher Konsequenz verinnerlicht worden. In einer durch die ›mörderischen‹ Väter geprägten Welt sieht das weibliche Ich für sich keine Lebenschance. – Die »Todesarten« sind immer die Todesarten von Frauen; so in den Fragmenten *Der Fall Franza* wie im *Requiem für Fanny Goldmann*. In *Malina* kann das weibliche Ich zu-

[54] Ingeborg Bachmann, Wir müssen wahre Sätze finden. Gespräche und Interviews, hrsg. v. Christine Koschel u. Inge von Weidenbaum, München, Zürich 1983, S. 101 f. – Vgl. dazu auch das Interview mit Veit Mölter vom 23. März 1971: Mölter: »Das erzählende Ich und Malina, das stellt sich schließlich heraus, sind Doppelgänger, sind eins. Stellt ihr Dialog die volle Existenz des Ich her?«. »Beide sind erst wirklich in ihrer Hochspannung ... Das Doppelgängermotiv habe ja nicht ich erfunden. Es ist uralt. Nur meine Variation ist anders: Das Ich, weiblich, hat ein männliches Gegenüber.« (a. a. O., S. 73 f.).

nächst überleben, weil es in der Liebe zu Ivan scheinbar einen Schutzraum findet, der in der »Ungargasse« verkörpert ist. Aber die Liebe erweist sich als unmöglich. Ivan kann und will der absoluten Liebe der Erzählerin nichts Entsprechendes entgegensetzen, er kann und will nicht der Erlöser sein, den sie in ihm sieht. Er nimmt nur die weibliche Seite des Ich wahr, und auch die engt er durch seine Erwartung und seine Forderung bestimmter tradierten Verhaltensweisen im erotischen Spiel der Geschlechter bis zur Selbstaufgabe ein. Ihre andere, die männlich konnotierte Seite, Malina, interessiert Ivan gar nicht, so wie Malina auch ihm aus dem Wege geht und sich erst dann einmischt, als die Beziehung zerfällt. – Durch die Rückwendungen, Erinnerungen und Träume im zweiten Kapitel des Romans wird klar, wie sehr das weibliche Ich schon seit der Kindheit immer wieder tödlich verletzt wurde, und zwar durch den Vater, die ›dritte‹ – oder erste – männliche Figur neben dem Doppelgänger Malina und dem Geliebten Ivan. Die Zerstörung ist um so furchtbarer, als die Tochter in ihrer gebannten Opferhaltung zum Teil damit einverstanden erscheint. Der immer wieder variierte Alptraum von körperlicher, seelischer und sexueller Gewalt, der Ekel, die Angst, aber auch die geglaubte Verpflichtung, alles verdecken zu müssen, die mehrfach wiederkehrende Vision vom »Friedhof der gemordeten Töchter« drücken das Ausmaß der Zerstörung aus und lassen zugleich erkennen, daß dies nicht nur als individuelle, sondern auch als eine kollektive Zerstörung zu sehen ist. Malina, das männliche Alter Ego, hilft der Erzählerin, ihr Verhältnis zum Vater zu erkennen, ihre traumatischen Erfahrungen freizulegen und sich gegen ihn zu wehren. In der Doppelrolle des Handelnden innerhalb der Träume und zugleich als Analytiker dieser Träume scheint nur er in der Lage zu sein, sie gegen die von außen eindringende Zerstörung und gegen die dieser von innen entgegenkommende weibliche Opferbereitschaft zu schützen. Doch am Ende ist er es, der das im Grunde bereits hoffnungslos zerstörte weibliche Ich sterben läßt. Das männliche Alter Ego überlebt[55] und vernichtet alle Spuren seiner ›anderen‹ Existenz. »Es war Mord« lautet der letzte Satz des Romans aus der Perspektive einer übergeordneten Erzählinstanz.

[55] Im Interview mit Ekkehart Rudolph, ebenfalls vom 23. März 1971, verschränkt Ingeborg Bachmann das Doppelgängermotiv auch mit dem der Ermordung des Weiblichen: »Die ganzen Geschichten, die ausgespart werden, weil das Ich über sich nichts erzählen darf – denn sein Doppelgänger verbietet es ihm ja – die kommen in den Träumen vor; etwa die Erklärung für seine Zerstörung, für sein Schon-beinahe-Vernichtetsein durch eine Vorgeschichte, die angerichtet wird durch diese übermächtige Vaterfigur ... Dieser Mörder zeigt sich ihr immer mit dem Gesicht des Vaters. Sie will sich selbst nicht zugeben, daß sie ihn längst zu erkennen anfängt. Und Malina, ihr Doppelgänger, ihr sehr scharf überlegener und wissender Doppelgänger, hilft ihr dabei, darauf zu kommen, wer sich in diesen Träumen wirklich versteckt hält« (a. a. O., S. 89)

Trotz der sehr unterschiedlichen Gestaltung haben die Doppelgängerinnen in den vorgestellten Romanen und Erzählungen Wesentliches gemeinsam, und zwar über die Grenzen der verschiedenen Gesellschaftssysteme hinweg, in denen sie spielen bzw. geschrieben wurden. Das gilt auch für die Grenze des zu dieser Zeit noch existierenden Eisernen Vorhangs. Die Kritik richtet sich eben in erster Linie gegen die patriarchalen Strukturen, und die erweisen sich systemübergreifend als erstaunlich ähnlich und konstant. Auch überzeugte Marxistinnen wie Irmtraud Morgner und Christa Wolf prangern mit zunehmender Schärfe die Diskrepanz zwischen der Gleichstellung von Mann und Frau vor dem Gesetz und den Verhältnissen im Alltag an, sowohl in den kapitalistischen wie auch in den sozialistischen Ländern. Die DDR-Schriftstellerinnen bedienen sich stärker phantastischer oder mythischer Einkleidungen, was gewiß auch als Mittel der Verschleierung von Kritik in einer Diktatur zu sehen ist.[56] Aber diese sind durchsichtig genug, um nicht nur im Osten, sondern auch von den Leserinnen diesseits des Eisernen Vorhangs als Spiegelung der eigenen Probleme verstanden zu werden. Die Verhüllungen in phantastische oder mythische ›Gewänder‹ werden hier als zusätzlicher poetischer Reiz rezipiert.[57] – In diesem Zusammenhang ist es aufschlußreich, daß auch die türkisch, deutsch und englisch schreibende Autorin türkischer Herkunft, Aysel Özakin, in ihrem Roman *Die blaue Maske* von 1988[58] ebenfalls das Motiv der Freundin als Doppelgängerin benutzt, um die Emanzipation und Identitätssuche zweier türkischer Frauen in der türkischen Gesellschaft zu beschreiben. Da ihr Weg die Protagonistinnen später auch nach Deutschland und in die Schweiz führt, kommt zu der aus der Emanzipation erwachsenden Identitätsproblematik auch noch die Verunsicherung wie die Chance einer neuen Identitätsfindung aus dem interkulturellen Konfliktfeld hinzu.[59]

[56] Es geht Christa Wolf und Irmtraud Morgner allerdings bei der feministischen Entlarvung der Misogynie in den Mythen auch um die Suche nach den Anfängen der männlichen Unterdrückung, die in engem Zusammenhang mit der Entstehung der Kriege gesehen wird.

[57] Hier sei nur an die begeisterte, überraschend breite Aufnahme von Christa Wolfs *Kassandra* im Westen erinnert.

[58] In Deutsch erschienen in Frankfurt/M.: Luchterhand Literaturverlag 1989.

[59] Ich habe das Motiv und seine Bedeutung in diesem Roman gesondert untersucht. Vgl. G. H., »Wo Maske und unterdrücktes Ich eins werden«. Zum Motiv der Doppelgängerin in Aysel Özakins »Die blaue Maske«, in: Mary Howard (Hrsg.), Interkulturelle Konfigurationen. Zur deutschsprachigen Erzählliteratur von Autoren nichtdeutscher Herkunft. München 1997, S. 47–61. – Die herkömmlich männliche Form des Doppelgängers wird öfter als Ausdruck kultureller Hybridität eingesetzt, so bei Alev Tekinay; vgl. dazu: Erika Greber, Ostwestliche Spiegelungen. Der Doppelgänger als kulturkritische Metapher, in: Deutsche Vierteljahrsschrift 66, 1992, S. 539–594.

Gemeinsam ist allen hier vorgestellten Doppelgängerinnen, daß sie Ausdruck einer reduzierten, gespaltenen, erst gesuchten Identität sind. Sie fungieren alle im Sinne einer Subjektspaltung, wie sie in der romantischen Literatur den männlichen Helden vorbehalten war. Die Spaltung oder Doppelung der weiblichen Figuren ist nicht mehr Produkt männlicher Phantasie, sondern die Protagonistinnen begegnen sich selbst in ihrer Doppelgängerin und erkennen sie als ihr Alter Ego, als einen verlorenen, unterdrückten, verkümmerten oder verleugneten Teil ihrer selbst. Sie sind komplementär als notwendige Ergänzung angelegt, von deren Akzeptanz und Integration die Identitätsfindung der ›Heldinnen‹ abhängt (hier macht nur Reinigs Sylvia Großmann/Superfrau eine Ausnahme, aber auch sie verhilft dem Ich dazu, sich selbst anzunehmen). Bei allen wird zudem explizit oder implizit deutlich, daß die Auseinandersetzung der Protagonistinnen mit ihrer Doppelgängerin entscheidend mit ihrer Rolle und ihrem Selbstverständnis als Frau zu tun hat. Die Doppelgängerinnen sind Ausdruck einer Selbstentfremdung, die weniger psychologisch oder existentiell gesehen wird, sondern vielmehr als Folge einer gesellschaftlich verordneten Rolle, explizit bei Morgner, Reinig und und zum Teil auch bei Bachmann, implizit bei Mitgutsch, Maron oder Wohmann, und zwar grundätzlich ähnlich auch innerhalb verschiedener Gesellschaftssysteme, deren mehr oder weniger verdeckte patriarchale Strukturen offengelegt werden. Während die Protagonistinnen sich zunächst in die herrschende symbolische Ordnung einfügen, stehen ihre Doppelgängerinnen als Teil ihres Selbst außerhalb dieser Ordnung, ihre Abspaltung ist der Preis, der für die Anpassung bezahlt werden mußte. Sie erscheinen als das Fremde, Anarchische, Aufbegehrende oder auch explizit Revolutionäre (am deutlichsten steht dafür die *Hexe* bei Morgner), das die Normen und die normsetzenden Instanzen infrage stellt. Sie führen aus, was die Protagonistinnen nicht zu tun wagen oder nicht tun können. Da die symbolische Ordnung – wiederum mehr oder weniger bewußt – von den Protagonistinnen als männliche und damit als fremde und verfremdende Ordnung erfahren wird, erscheinen sie selbst zwar angepaßt, aber reduziert (Morgners Laura) oder physisch und psychisch krank (Rosalind in Marons *Überläuferin*, Mitgutschs Jana, die ja Protagonistin *und* Doppelgängerin ist, die Ich-Erzählerinnen in Bachmanns *Malina* und in Wohmanns *Doppelgängerin*). Ihre Doppelgängerinnen verkörpern im Verhältnis zu den patriarchalen Strukturen, was Julia Kristeva[60] in Auseinandersetzung mit Lacan als das Semiotische bezeichnet, das als subversives Element die symbolische Ordnung aufbricht. Sie werden gleichsam zum Bild dieser Subversion. Ausnahme wäre auch hier wieder der männliche Doppelgänger Malina, der

[60] Julia Kristeva, Die Revolution der poetischen Sprache (1974), Frankfurt/M. 1978.

den Anteil des Ich an der symbolischen Ordnung darstellt, allerdings ohne dem Gesetz der verhaßten Väter und ihrer Gewalt zu entsprechen; mit seiner Hilfe kann sich das Ich sogar zeitweise gegen den Vater behaupten.

Im Gegensatz zu früherer Literatur von Frauen spielen bei allen Protagonistinnen die Familienbindungen und auch die Beziehungen zu Männern, wiederum außer in *Malina*, nur eine untergeordnete Rolle. Die Konzentration richtet sich in erster Linie auf das gesuchte Alter Ego und dessen Integration. Erscheinen zunächst die Doppelgängerinnen als die ›Fremden‹, so wird gerade die Entfremdung der Protagonistinnen durch Anpassung an eine Ordnung, die nicht die ihre ist, am Alter Ego entlarvt. Auch wenn die Integration in den meisten Texten scheitert, sind die Doppelgängerinnen gleichwohl Trägerinnen einer Utopie, Ansatz zu einer neuen, anderen symbolischen Ordnung, in der frau mit eigener Stimme sprechen kann und darf.

DISKUSSIONEN

KOMMT DER LITERATURWISSENSCHAFT IHR GEGENSTAND ABHANDEN?

Zur ersten Diskussionsrunde

Seit einem Jahrzehnt werden im *Jahrbuch der Deutschen Schillergesellschaft*, jeweils eröffnet durch ein Exposé eines der Herausgeber, »Diskussionen« über aktuelle Streitfragen der Literaturwissenschaft und der Literaturbeschäftigung geführt. Die Beiträge werden in zwei oder drei ›Runden‹ (Jahrgängen) veröffentlicht. Jedesmal hat sich – auf immer wieder andere Weise – eine gute Mischung aus persönlich erbetenen und ›frei‹ eingesandten Stellungnahmen ergeben. Noch nie sind indes so viele Zusendungen eingegangen wie zu der im Jahrgang 1997 (Bd. 41, S. 1–8) exponierten Frage nach dem »Gegenstand« der Literaturwissenschaft, unter dem Vorzeichen eines möglichen »Abhandenkommens«.

Das Problem scheint recht viele zu beschäftigen, wenn nicht gar umzutreiben. Auffällig ist in mehreren – auch einigen weniger ergiebigen, hier nicht abgedruckten – Stellungnahmen ein gereizter Ton. Er mag *auch* mit jenen gesellschaftlich-legitimatorischen Implikationen zu tun haben, die im Exposé schon angedeutet wurden: der Befürchtung, daß Literaturwissenschaft sich im Machtkampf der Disziplinen und der wissenschaftpolitischen Interessengegensätze (auch im Kampf um Personalstellen und Projektmittel) als Wissenschaft von der Literatur nicht mehr zu halten vermag, daß Anlehnung an mächtigere, ›aktuellere‹ Domänen vonnöten sei. Ob hier nur die Oberfläche oder gerade die ›Tiefe‹ angesprochen ist, bleibe dahingestellt.

Die in Jahrgang 1997 des *Schiller-Jahrbuchs* abgedruckten »Vorüberlegungen« verfolgten das Ziel, bei aller notgedrungenen Verkürzung einen möglichst differenzierten Aufriß der gegenwärtigen Problemlage, und nicht nur in Deutschland, zu vermitteln. Sie sind durchweg auch so verstanden worden. Wenige – meist jüngere – Beiträger meinten jedoch, gleich zum ›Gegenangriff‹ übergehen zu sollen und dem Exposé Tendenzen zu schlechter »Werkimmanenz« (regelmäßig fallen dann die Namen Kayser und Staiger), zum »Autonomismus« oder gar zur »Musealisierung« unterstellen zu müssen. Es kann bedenklich stimmen, daß angesichts der inzwischen auch für unser Fach gepriesenen ›Streitkultur‹ manche eine engagierte Problemdiskussion immer noch nicht als Problemdiskussion zu führen imstande sind. Die substantiellsten unter den Beiträgen praktizieren freilich, bei aller Entschiedenheit der Positionsbestimmung, einen argumentativen Stil, der auch eine Fortführung der Debatte vielversprechend macht. Das Spektrum der Einschätzungen reicht von verhaltener Resignation im Hinblick auf die klassischen »Werke« über eine sich »offen« orientierende Literaturwissenschaft bis zur entschiedenen Forderung nach Eingliederung der Literaturwissenschaft in eine neue »Kulturwissenschaft« oder auch »Medienkulturwissenschaft«.

Es war zu erwarten, daß schon die Fragestellung des Exposés in Frage gestellt werden würde. Nahezu jeder Studienanfänger lernt heute, daß der ›Gegenstand‹ der Literaturwissenschaft nicht einfach unbezweifelt ›da‹ ist und vor allem: daß er sich in den letzten Jahrzehnten, nicht nur in Deutschland, ›erweitert‹ hat. Moritz Baßler sieht in der »Ausweitung des Textbegriffs« sogar eine der künftigen Hauptaufgaben, und zwar im Hinblick auf eine »poststrukturalistisch informierte Kombination von Textualität und Kulturalität«. Komplementär hierzu wäre vielleicht auch zu fragen, was zunächst die Erweiterung des Literaturbegriffs – um Sachtexte fast jeder Art, aber auch etwa um die sogenannte ›Trivialliteratur‹ – schon bisher an Gewinn, jedoch auch an Verwirrung gebracht hat.

Helmut Kreuzer, einer der verdienstvollsten Förderer eines ›erweiterten‹ Literaturbegriffs, formuliert in einem Brief vom 28. Januar 1998, auf die »Vorüberlegungen« Bezug nehmend, mit gutem Recht: »Hätte sich das Fach auf den literarischen Kanon beschränkt, wäre es ins Abseits geraten. Es erscheint mir daher sinnvoll, daß der Literaturbegriff des Fachs ausgeweitet wurde. Die zentralen Gegenstände des Fachs sind natürlich diejenigen Texte, auf die sich die spezifischen Fragen des Fachs sinnvoll beziehen lassen; aber auch der Kontext des Literarischen Lebens, Biographien der daran Beteiligten, der Prozeß von der Produktion über die Distribution zur Rezeption sind meines Erachtens legitime Gegenstände«. Hier stellt sich die Forschung zugleich den »Medien«, ohne daß diese über die Spezifik der Literatur dominierten. Auch Wilhelm Voßkamp, der für eine zu den Kulturwissenschaften hin »offene« Literaturwissenschaft plädiert, sieht deren »Besonderheit« unter anderem darin, daß sie »das Interesse an der Geschichtlichkeit ihres Gegenstandes« zu wecken vermöge und dies auch leisten müsse.

Während die meisten Beiträger solchermaßen die »Gegenstände« der Literaturwissenschaft als in ihrer Spezifität immer neu zu reflektieren ansetzen, stellt sich Hinrich C. Seeba, die Fragestellung der »Vorüberlegungen« kritisierend, auf den Boden des Inventions-Topos. Auch in der Literaturwissenschaft »gebe« es nicht einfach die wissenschaftlichen Gegenstände, sondern diese würden allererst »erfunden«. Es gehe also um ein »semantisches«, eigentlich aber [um] ein erkenntnistheoretisches Problem«. Die Rede vom ›Erfinden‹ ist in der Tat im angelsächsischen Sprachgebrauch besonders verbreitet (wenn auch nicht schlechterdings beherrschend). Und wenn ein wissenschaftlicher Gegenstand nur ›erfunden‹ wird, kann er auch kaum ›abhanden‹ kommen.

Doch der bloß definitorische Weg bleibt unbefriedigend, löst keine Probleme. Und so will denn auch Hinrich C. Seeba auf eine Neudefinition hinaus, eine, in welcher der »cultural turn« eine erweiterte Fragestellung heraustreibt, bei der auch die deutsche Literatur als ›Gegenstand‹ ihren prominenten Status verliert. In ähnlicher Weise argumentiert Doris Bachmann-Medick, daß im Zeichen der »Globalität« die »anthropologische Wende« dazu zwinge, sich der »Weltsprache der Literatur« (Hans Magnus Enzensberger) zu widmen; und sie gestatte keine »philologischen Schonräume«. Hier ist Harold Blooms Polemik um den ›westlichen Kanon‹ anvisiert, der denn auch gleich mit »ästhetischer Selbstgenügsamkeit« assoziiert wird. Schon im Exposé war angesichts der Position Greenblatts angedeutet worden, daß der »Pappkamerad« des »autonomen Kunstwerks« kaum noch ein ernsthaft zu bekämpfendes Konzept sei. Aber offenkundig kommen Debatten dieser Art ohne derlei »Pappkameraden« nicht ganz aus. Bei der Fortführung der Diskussion wäre es wohl der Anstrengung des Gedankens wert, wie eine zu kulturellen Dimensionen hin offene Literaturwissenschaft über solche bloßen Dichotomien hinausgelangen kann. Auch Doris Bachmann-Medick spricht von der »qualitativen Eigenständigkeit der Literatur«, und für die »Weltsprache der Literatur« sogar von deren »Widerständigkeit«. Das wäre weiterzudenken, und auch Hartmut Böhmes bemerkenswerte, auf »Interdisziplinarität« zielende Feststellung, daß der Literaturwissenschaftler »eine Kompetenz für die semantischen Potentiale von Literatur wenigstens insoweit haben muß, wie dies zur Erkenntnis der Literatur notwendig ist«. Hier ist ein Weg angedeutet, der die starren ›Autonomie‹-Positionen auflöst.

»Philologische Schonräume« – bei der Frage nach den Gegenständen der Literaturwissenschaft ist der Begriff »Philologie« unausweichlich. Heinz Schlaffer möchte im »Philologen« den »Freund des Wortes« sehen, der er einmal gewesen sei, den »Liebhaber« (der aber gewiß im 19. Jahrhundert wissenschaftlich nicht positiv konnotiert war). Eine Hoffnung auf Wiederkehr diesesTypus schwingt mit. Jörg Schönert hingegen arbeitet von vornherein mit einem ›starken‹ Philologie-Begriff, mit »philologischer Kompetenz«, und bezieht dezidiert auch das Problem der Berufsfelder ein, vor allem der »Kulturberufe«. Im Hinblick auf die gegenwärtige, von den Medien geprägte gesellschaftliche Lage vertritt er das – anderwärts von ihm ausführlicher dargelegte – Konzept einer »Medienkulturwissenschaft«, in deren Kontext erst die literaturwissenschafliche Arbeit ihre genuine Funktion entfalten könne. Und eben diese »Medienkulturwissenschaft« lehnt Hartmut Böhme mit Entschiedenheit ab. Wenn man sie wolle, solle man gleich sagen, »daß man keine Literaturwissenschaft mehr will«.

Auch hier sollte die Diskussion wohl noch einmal einhaken, und vielleicht auch aus nichtgermanistischer Nachbarschaft. In den »Vorüberlegungen« ging es zwar zunächst um »Literaturwissenschaft« generell, aber auch um das Problem der Muttersprachenphilologie mit ihren besonderen Möglichkeiten wie ihren Versuchungen und Gefahren. Hinrich C. Seeba macht zu recht darauf aufmerksam, daß auf amerikanischem Boden für die »German studies« als »cultural studies« nicht nur die deutsche Literatur, sondern zunächst die deutsche Sprache, als fremde Sprache, ›gegenständlich‹ sei. Schon von daher kann die amerikanische Germanistik – und einzelnen Vertretern hat man es vorgeworfen – nicht vorwiegend das in Deutschland, Österreich und der Schweiz Praktizierte in den eigenen Kontinent hinein ›verlängern‹. Gilt das nicht im Prinzip auch für die in Deutschland ausgeübte literaturwissenschaftliche Romanistik oder Anglistik oder Slavistik, von der Japanologie etwa ganz zu schweigen? Es wäre reizvoll, hierzu unter dem Problemstichwort des »Gegenstandes« Stellungnahmen zu erhalten. Das gilt natürlich insbesondere auch für die Komparatistik, die im Zuge der ›Globalisierung‹ und des erweiterten Textbegriffs vor neuen Problemen steht.

Daß die Debatte um die »Kulturwissenschaften« *als* Kulturwissenschaften im *Schiller-Jahrbuch* nicht sinnvoll in extenso geführt werden kann, war im Exposé schon betont worden. Gleichwohl kommt in mehreren Beiträgen der internationale Kontext der »cultural studies« erkennbar zur Geltung, insbesondere bei Bachmann-Medick, Baßler, Böhme und Seeba. Aber längst wird in Deutschland »Kulturwissenschaft« im Singular auch von solchen getrieben, die ›gelernte‹ Germanisten sind. Da ist es besonders willkommen, daß Hartmut Böhme, zugleich mit aktuellen Erfahrungen aus den Vereinigten Staaten, einen ebenso detailreichen wie selbstkritischen Blick auf die Praxis dieses Fachs und seine wissenschaftstheoretischen Prämissen wirft. Er stellt bei all den neuen Gegenständen – mit dem Zentralexempel der »Baustelle« – unumwunden die Frage auch nach der Sachkompetenz; er spricht nachgerade von »überfordernder Gegenstandserweiterung«. Das mag heute im Extrem begegnen, hat sich jedoch prinzipiell ebenso in früheren ›Wenden‹ ereignet, die sich in der Literaturwissenschaft vollzogen haben, auch im Zeichen der Sozialgeschichte und erst recht der Medienwissenschaften. Daß wissenschaftliche Erneuerung als Gegenstandserweiterung grundsätzlich auch ein Moment von gewagtem ›Dilettantismus‹ erfordern kann, stellt ebenso eine von vielen anerkannte Wahrheit dar, wie die konkrete Einlösung immer kritisierbar ist. Die Notwendigkeit der »Transdisziplinarität« betont in diesem Sinne Jörg Schönert, so wie Wilhelm Voßkamp überzeugend »Kontextualisierung« anmahnt. Lassen sich Grenzen angeben, an denen eine Multiversalität wie die von Hartmut Böhme kritisch beleuchtete vollends in Scharlatanerie umschlägt?

Wissenschaftsgeschichtliche Perspektivierungen, wie sie angesichts der Hauptfrage naheliegen, sind in mehreren Beiträgen auch zur Differenzbestimmung der gegenwärtigen Situation erhellend. Für Heinz Schlaffer entfernt sich die »Philologie« eher von ihren Ursprüngen. Hinrich C. Seeba sieht in der Geschichte der Germanistik seit den Grimms den wiederholten Prozeß der Verengung, schon im 19. Jahrhundert mit der Schaffung der »Literaturgeschichte« als Gegenstand. Auf solche Tendenz müsse Erweiterung gerade antworten. Wilhelm Voßkamp faßt die jüngere Entwicklung als eine gleichzeitige »*Re*privilegierung des Textes« (im Dekonstruktivismus) und als »*De*privilegierung von literarischen Texten« in kulturgeschichtlichen Zusammenhängen (im New Historicism). Es soll hier nicht zur leichtfertigen Prognostik aufgefordert werden, aber die in den meisten Beiträgen für die Gegenwartsbestimmung benutzte Begrifflichkeit von ›Wende‹, ›turn‹ u. ä. legt die Frage nahe, wie es ›weitergeht‹. Hartmut Böhme verweist auf die Erfahrung, daß all den Moden und ›turns‹ der letzten Jahre auch jeweils »die Abrechnung« folgte, daß jedoch insgesamt die ›Wellen‹ »zur Komplexitätssteigerung der Wissenschaft, als zu ihrem Guten, beigetragen haben«. Was ist zu tun, um wenigstens dies zu fördern? Wilhelm Voßkamp mahnt »eine gegenüber den Kulturwissenschaften offene Literaturwissenschaft« an. Besteht darüber Konsens?

Die Frage entscheidet sich nicht zuletzt am Textbegriff. Bei Wilhelm Voßkamp ist Literaturwissenschaft an »Textualität« ebenso gebunden wie an »Intertextualität«, und im Hinblick hierauf kommt ihr auch ein »spezifischer Gegenstandsbereich« zu. Wird der Textbegriff im Zeichen des »cultural turn«, wie ihn Moritz Baßler erläutert, bis zu »Kultur als Text« erweitert, so verliert er leicht seine Differenzqualität bei der Bestimmung der ›Gegenstände‹. Am eindeutigsten formuliert Heinz Schlaffer das Ziel seines Interesses an literarischen Rexten: als »Liebe zum poetischen Wort«. Auf die im Exposé erwähnte Tendenz, Kulturphänomene lediglich »anhand« von Literatur zu illustrieren, antwortet Doris Bachmann-Medick, die von ihr vertretene »anthropologische« Wissenschaft benutze literarische Texte keineswegs als bloßen »Sozialreport«. Aber worin besteht deren Unverwechselbarkeit? Mit Deutlichkeit insistiert Hartmut Böhme darauf, daß Literaturwissenschaft »Kunstwissenschaft« sei. Wilhelm Voßkamp fordert, daß auch eine Funktionsgeschichte der Literatur »den besonderen Status der Literatur ernst nehmen muß, will sie nicht in Modelle traditionaler Verrechnungen von ›Literatur und Wirklichkeit‹ zurückfallen«.

Was läßt sich im Umgang mit den ›Gegenständen‹ der Literaturwissenschaft tun, um einem solchen ›Rückfall‹ – den die hier geführte Debatte als Möglichkeit schon erkennen läßt – entgegenzuwirken? Die Pendelausschläge sind in der Mediävistik im allgemeinen geringer gewesen, aus vielerlei Gründen, zu denen die größere ›Fremdheit‹ und Erklärungsbedürftigkeit der Gegenstände gehören. Zumindest mit mittelalterlicher Literatur ist ›kulturwissenschaftliches‹ Arbeiten viel selbstverständlicher und kontinuierlicher geübt worden als in der Neugermanistik. Wie nimmt sich die Differenz heute aus? Es wäre auch wünschenswert, daß ein erfahrener Literaturdidaktiker sich aus seinen besonderen Erfahrungen heraus an der Debatte beteiligt.

Der Katalog der Fragen soll nicht überdehnt werden. Schon die hier abgedruckten Beiträge zeigen, daß zumindest in der Problemklärung weiterzukommen ist. Es geht um die ›Gegenstände‹ der Literaturwissenschaft in nicht nur germanistischer und vor allem auch in außerdeutscher Perspektive. Die zweite ›Runde‹ sollte sich nach Möglichkeit noch weiter öffnen. Und es wird, wie zur ersten ›Runde‹, um Knappheit und Pointierung gebeten. Die Manuskripte sollten bis zum 1. März 1999 vorliegen.

W. B.

DORIS BACHMANN-MEDICK

WELTSPRACHE DER LITERATUR

Nicht erst Hans Magnus Enzensbergers »Weltsprache der modernen Poesie«,[1] sondern schon Goethes Konzept von Weltliteratur verortet literarische Texte auf einem »Markte, wo alle Nationen ihre Waren anbieten« (Goethe, German Romance, Edinburgh 1827). Hat damit etwa schon der klassische Protagonist von Individualität und ästhetischer Einmaligkeit nahegelegt, den Gegenstandsbereich der Literaturwissenschaft im engeren Sinne zu überschreiten? Schließlich hat Goethe die Reichweite der Literatur bis hinein in den »allgemein-geistigen Handel« zwischen den Nationen und ihren »mehr oder weniger freien Handelsverkehr« ausgedehnt (Einleitung zu Th. Carlyle, Leben Schillers, 1830). Diese Horizonterweiterung zielte darauf, die literarische Welt kosmopolitisch zu öffnen und zugleich von der Literatur aus eine weltbürgerliche Kommunikationsdynamik voranzutreiben. Bereits damit ist die dichotomische Entgegensetzung von literatureigener Besonderheit und textüberschreitendem Weltbezug in Frage gestellt, wie sie heute noch in der Befürchtung eines möglichen Gegenstandsverlusts der Literaturwissenschaft mitschwingt.

Waren für Goethe die zunehmende »Schnelligkeit des Verkehrs«, die Expansion des Welthandels und die entsprechende Erleichterung der Kommunikation auch »unausweichliche« Bedingungen für das Entstehen von »Weltliteratur«, so blieb doch gerade unter diesen ökonomischen Vorzeichen die qualitative Eigenständigkeit der Literatur unverzichtbar. Dem literarischen Medium wurde zugetraut, von Europa aus auf eine nationenübergreifende Verständigungsbasis hinwirken zu können. Dieses Zutrauen scheint am Ende des 20. Jahrhunderts erschüttert, an dem die ästhetische Eigenständigkeit der Literatur durch die Übergriffe weltweiter Globalisierung – auch in Richtung auf ästhetische Standardisierung – massiv bedroht ist. Die Frage nach dem literarischen »Gegenstand«, der sich in ästhetisch-sprachlich ausgestalteten literarischen Texten verdichtet, trifft hier jedenfalls auf eine neue Ausgangslage. Literatur hat ihren Ort nicht mehr im System von Nationalliteraturen, sondern wird zunehmend dezentriert und deplaziert, nicht allein durch die Ortlosigkeit der Massenkommunikation, sondern auch durch Kulturenvermischung infolge von Migration, durch die Übersetzungsindustrie und eine Intertextualität über

[1] Hans Magnus Enzensberger, Einzelheiten, Frankfurt/M. 1962, S. 255–272.

kulturelle Grenzen hinweg. Vor allem jedoch ist es das nicht mehr europäisch dominierte weltweite Spannungsfeld, das Vordringen marginalisierter, postkolonialer Literaturen, das auch die Frage nach dem »literarischen Gegenstand« auf eine spezifische Weltöffnung hin akzentuiert: Hier ist der Problemlage von Mehrsprachigkeit und von gebrochenen Zugehörigkeiten der Texte zu verschiedenen Kulturen Rechnung zu tragen, wie sie etwa im Spiegel oder gar im Konflikt unterschiedlicher Repräsentationsweisen, Darstellungskonventionen und Ausdruckstraditionen aufscheint.

Doch auch im Zuge solcher Weltöffnung – gegenwärtig und zu Goethes Zeit – bleibt der literarische Gegenstand keineswegs auf der Strecke. Denn es ist gerade die Besonderheit der literarischen Produktion, gleichsam ihr Charakter als literarische »Veredelungsindustrie«, mit der sich die Literatur auf dem globalen Weltmarkt kritisch zu behaupten versucht: durch unverwechselbare und kulturell verortete Texte, die »neue Sprachen schaffen, mit deren Hilfe wir die Welt verstehen lernen«.[2] Hier wird nach einer Weltsprache der Literatur gesucht, die gerade nicht mit einer Universalität der modernen Poesie zusammenfällt, wie sie in der Sicht Enzensbergers mit der Internationalisierung der industriellen Produktionsweise Schritt hält. Die Weltsprache der Literatur kann sich vielmehr der vorherrschenden, von ökonomischen und politischen Interessen gesteuerten Weltsprache einer »universellen Metaphysik moderner Bedeutung« widersetzen, worauf etwa Amitav Ghosh mit seinem Roman *In einem alten Land* verweist.[3] Ihre Widerständigkeit, die ja keineswegs nur in postkolonialen Romanen zugänglich wird, lebt geradezu vom literarischen »Gegenstand« bzw. von den eigenen Formen der literarischen Repräsentation in ihren vielfältigen kulturellen Ausprägungen, die hier als eigenständige Ausdrucksmittel zur Geltung gebracht werden: vor allem von Symbolisierung und der Bildung von Metaphern und Topoi, von der Verarbeitung oraler Erzählformen, von Stilgestaltung, von der Vervielfältigung der Erzählperspektiven und ironischen Brechung von Wirklichkeitsbezügen. Es sind nicht nur solche literaturspezifischen Elemente von Stil und Ausdruck, sondern auch die Darstellung menschlicher Komplexität und Widersprüchlichkeit und überhaupt der inhaltliche Beziehungsreichtum und die Interpretationsspielräume, mit denen die Literatur den Vereinheitlichungsprozessen der globalen Zeichenkommunikation entgegensteht. Mit Blick auf das Potential von Differenzierungen und Bedeutungsüberschüssen braucht man sich – über die Gegenwartssituation hinaus – wiederum

[2] Salman Rushdie, Außerhalb des Wals, in: S. R., Heimatländer der Phantasie. Essays und Kritiken 1981–1991, München 1992, S. 114–131, hier S. 130.

[3] Vgl. Amitav Ghosh, In einem alten Land. Eine Reise in die Vergangenheit des Orients, Reinbek 1995, S. 229.

nur an die Literatur selbst zu halten, um die Suggestionskraft der Frage nach dem »verlorenen Gegenstand« zu entkräften. Textöffnungen und Grenzüberschreitungen gehören zum literarischen Gegenstand per se, schon allein durch dessen Selbstreflexivität und vielseitige Ausdeutbarkeit.

Literarizität hat sich niemals im luftleeren Raum vermittelt, sondern immer erst in Begleitung kulturspezifischer Themen, Bedeutungsfelder und Handlungsweisen, denen im Weg über die Fiktionalisierung neue Deutungsaspekte erschlossen werden. War nicht beispielsweise schon im 18. Jahrhundert Karl Philipp Moritz' psychologischer Roman *Anton Reiser* als eine ausgiebige erfahrungsseelenkundlich-literarische Exkursion in den Kontinent der Seele angelegt, ohne daß damit der Gegenstandsbereich der Literatur unzulässig überschritten wurde? Und profilieren die neueren, postkolonialen Literaturen der Welt ihren »Gegenstand« nicht geradezu dadurch, daß sie ihn ausdrücklich aktuellen weltweiten Problemlagen aussetzen und damit das Entstehen philologischer Schonräume gar nicht erst zulassen? Nicht von einer Verlustgeschichte, sondern von einem Zugewinn für die Literaturwissenschaft sollte man ausgehen, wenn man diesem weit ausgreifenden literarischen Gegenstandsbereich mit einer kulturwissenschaftlichen Perspektive begegnet, die allerdings ein methodisches Bemühen in Auseinandersetzung mit den Texten selbst erfordert.

Ein entscheidender Zugewinn liegt in der gezielten Aufmerksamkeit auf Veränderungen und Neuverortungen des literarischen Gegenstands, der ja ohnehin nicht über Jahrhunderte hinweg derselbe bleibt. Doch inwieweit sind es auch heute noch die Literaturen selbst, die Anhaltspunkte für veränderte Zugangsweisen liefern? Immerhin kann man die verbreiteten Abgesänge auf den Tod des Autors und einzelner literarischer Gattungen, ja auf das Ende der Literatur im Medienzeitalter überhaupt, nicht einfach ignorieren. Einer solchen Skepsis wäre Salman Rushdies brillantes Essay zur Verteidigung des Romans[4] entgegenzuhalten. Nicht der Roman als Gattung sei tot, sondern allenfalls eine überkommene, nicht mehr zeitgemäße Romankonzeption. So demonstrieren die neueren Formen des Gegenwartsromans, daß es die Literatur selbst ist, die ihren Gegenstand erweitert. Sie versieht ihn ausdrücklich mit einem Weltbezug und verortet ihn in kulturenübergreifenden Konstellationen: »a new novel is emerging – a postcolonial novel, a decentered, transnational, interlingual, cross-cultural novel ...«.[5] Bei dieser interkulturellen Akzentsetzung in der Literatur kommen unübersehbar sachbezogene und argumentative Geltungsan-

[4] Salman Rushdie, In Defense of the Novel, Yet Again, in: Suitcase. A Journal of Transcultural Traffic (hrsg. v. Babak Nahid) 2, 1997, S. 72–80.

[5] Ebd., S. 74.

sprüche ins Spiel, welche die Grenzen der fiktionalen Welt sprengen. Hat der klassische Roman damit neuartigen, »hybriden« Darstellungsformen Platz gemacht, so fragt Rushdie, die es nicht mehr verdienen, unter der Flagge der Literatur zu segeln? »In my view, there is no crisis in the art of the novel. The novel is precisely that *hybrid* form ...: it is part social inquiry, part fantasy, part confessional; it crosses frontiers of knowledge as well as topographical boundaries.«[6]

Was hat es mit einer solchen »hybriden« Grenzüberschreitung des literarischen Gegenstands auf sich, der zum Teil soziale Untersuchung, zum Teil Phantasieprodukt und zum Teil Bekenntnis ist, der jedenfalls Problemfelder und Themen über alle Nationen- und Disziplinengrenzen hinaus aufgreift und erzählerisch verarbeitet? Ausdrücklich spielen solche genrevermischten Formen des Romans auf vielfältige Textsorten an oder beziehen sie gar als Collagen direkt in die literarische Darstellung ein: Fußnoten, Quellen, Zitate und sogar Anklänge an kulturtheoretische Analysen. Im Experimentieren mit verschiedenen Materialien kommen hier nicht nur vielschichtige Erzählstränge, sondern auch komplexe Erfahrungen gebrochener und ungleichzeitiger Lebenslagen zum Ausdruck – man betrachte beispielsweise den schon erwähnten dokumentarischen Roman *In einem alten Land* des indisch-amerikanischen Ethnologen und Schriftstellers Amitav Ghosh, den französisch-karibischen Roman *Texaco* von Patrick Chamoiseau oder den deutschsprachigen ethnographisch-fiktionalen Reiseroman *Rub Al-Khali. Leeres Viertel* von Michael Roes. Literatur erweist sich hier nicht nur als kultureller Text im Sinne Stephen Greenblatts, sondern auch als eine gleichsam kulturwissenschaftliche Reflexion im literarischen Gewand.

Solche quasi-wissenschaftlichen Einstellungen bei zugleich dichterisch-experimenteller Textgestaltung sind freilich keine Einzelfälle einer bestimmten Spielart von Gegenwartsliteratur, sondern Zuspitzungen der selbstreflexiven und interkulturellen Dimensionen in Literatur überhaupt. Auf deren Bedeutung wird die Literaturwissenschaft jedoch erst aufmerksam, wenn sie ihrerseits Disziplingrenzen überschreitet. Auf den ersten Blick könnte es so scheinen, daß dabei der literaturwissenschaftliche Gegenstand abhanden kommt. Doch bei näherem Hinsehen läßt er sich um so stärker zurückgewinnen: als Zugewinn neuen Terrains für die Literaturwissenschaft. Denn im Unterschied etwa zur Einseitigkeit einer sozialgeschichtlichen Betrachtungsweise von Literatur ist für die kulturwissenschaftliche Perspektive ein wechselseitiger Transfer entscheidend. Der »literary turn« in den Sozial- und Kulturwissenschaften hat jedenfalls zu einer folgenreichen Übernahme und Aufwertung von spezifisch literari-

[6] Ebd., S. 76.

schen Darstellungsweisen und literaturwissenschaftlichen Begriffen bzw. Kategorien geführt (vgl. Hayden White für die Geschichtswissenschaft und die sogenannte Writing Culture Debatte in der Kulturanthropologie). Es sind Leitkategorien der Literaturwissenschaft, die hier aufgegriffen werden, um Zugang zu den besonderen Repräsentationsproblemen auch in den anderen Humanwissenschaften zu gewinnen: Narrativität, Plotstrukturen, Mikro- und Multiperspektivität, spezifischer Detailblick und Individualisierungsstrategien als poetisch-rhetorische Verfahrensweisen der Gestaltung und Herstellung von Glaubwürdigkeit und Autorität im Schreiben und Beschreiben.

Diese konstruktive Brücke zu den Kulturwissenschaften hat den literaturwissenschaftlichen »Gegenstand« nicht bloß erweitert und verändert. Sie markiert vielmehr einen eigenen Beitrag der Literatur und der Literaturwissenschaft zu einer umfassenderen Anthropologie der kulturellen und interkulturellen Kommunikation, Auseinandersetzung und Repräsentation, wie sie am Ende des 20. Jahrhunderts auf den Weg gebracht wird. Ein solches disziplinen- und genreübergreifendes Projekt, das nicht nur von Europa ausgeht, setzt allerdings voraus, daß die daran beteiligten Wissenschaften ihren angestammten »Gegenstand« bis in Grenz- und Überschneidungsbereiche hinein ausdehnen, um anschlußfähige Gelenkstellen zu entdecken.

Eine Literaturwissenschaft, die sich diesem umfassenden humanwissenschaftlichen Vorhaben stellt, ist dazu herausgefordert, im Gegenzug zur Literarisierung der Sozialwissenschaften ihr eigenes Verständnis vom literarischen Text unter dem Vorzeichen sozialer und kultureller Repräsentation zu überdenken. Eine »anthropologische Wende« in der Literaturwissenschaft könnte hier ein möglicher Weg sein, die vielbeschworene kulturwissenschaftliche Perspektive methodisch zu konkretisieren.[7] Die Literaturinterpretation erschöpft sich dabei keineswegs darin, ethnographische Hintergrundinformationen zu nutzen, um kulturelle Inhalte literarischer Texte zu erschließen. Es kann nicht darum gehen, Literatur wissenschaftlich zu einem Arsenal realitätsverhafteter Themen bzw. zum bloßen Sozialreport zu verkürzen. Eine kulturwissenschaftliche Erschließung des literarischen »Gegenstands« kann sich vielmehr gerade an den interpretativen und ästhetischen Brechungen von Wirklichkeitsbezügen orientieren, die in den Texten selbst erkennbar werden. Ihr Potential liegt besonders im Zugewinn ungewohnter Deutungsperspektiven für die literarischen Darstellungsformen selbst. Dies betrifft Symbolbildungen, Ritualisierungen und literarische Verdichtungen kultureller Inszenierungen (womit et-

[7] Vgl. Doris Bachmann-Medick (Hrsg.), Kultur als Text. Die anthropologische Wende in der Literaturwissenschaft, 2. Aufl., Frankfurt/M. 1998.

wa auch Lessings Prinzip des »fruchtbaren Augenblicks« neue Akzente erhielte), die ebenso wie Topik und Metaphernbildung, wie Fiktionalisierungen und das Imaginäre als eine besondere Form sozialer Praxis untersucht werden können. Sie kommen als literarische Gestaltungselemente in den Blick, die zugleich die Aufmerksamkeit auf die Bedeutung der Ausdrucks- und Inszenierungsdimensionen im sozialen Handeln lenken. Freilich bleibt auch hier ein literaturspezifischer Überschuß, der an die individuelle Unverwechselbarkeit des einzelnen literarischen Textzusammenhangs geknüpft ist. Doch dieser wird – ähnlich wie ein Kulturzusammenhang in neueren ethnologischen Analysen – nicht länger als ein in sich geschlossener Organismus erfaßt, sondern als ein ästhetischer Brennpunkt der Vervielfältigung und Perspektivierung von Bedeutungen.

Wenn es somit als besonders fruchtbar erscheint, das Bedeutungsspektrum literarischer Texte über die Einheit des Werkzusammenhangs hinaus zu untersuchen, dann ist damit nicht zwangsläufig eine »Literaturabgewandtheit« verknüpft. Vielmehr wird die Literatur als eine von mehreren Instanzen kultureller Selbstauslegung in den Blick gerückt. Sie zeichnet sich dadurch aus, daß sie Prozesse der Symbolbildung und Verlaufsformen der Erfahrungsmodellierung zur Darstellung bringt und diese durch ihre Verknüpfung mit Handlungsabläufen nachvollziehbar macht – beispielhaft wiederum in Anton Reisers praktischer Umsetzung seines Versuchs, im Spannungsfeld mit religiösen Prägungskräften ausdrücklich »den Begriff des Individuums (zu) verfolgen«.[8] Literarische Texte können dabei – stärker als dies im Handlungsdruck sozialer Interaktions- und Konfliktsituationen der Fall ist – kulturspezifische Symbolisierungen, Kodierungen und Handlungsweisen interpretationsoffen halten. Dieses kulturpragmatisch bedeutsame Vermögen wird besonders brisant in einer Zeit, in welcher der herrschende Konkurrenzkampf um kulturelle Deutungsmacht auch die Literatur in ein Konfliktverhältnis mit religiösen und politischen Texten und ihres jeweiligen Autoritätsanspruchs hineinzieht. Salman Rushdies *Satanische Verse* haben nicht zuletzt dadurch Anstoß erregt, daß sie diesen Konkurrenzkampf im Roman selbst thematisiert und dabei den privilegierten Status religiöser Leittexte durch »Übersetzen« in die Auslegungsspielräume und weltbezogene Transparenz der Literatur relativiert haben.

Die »ästhetische Eigenart« der Literatur aus solchen Wirkungsfeldern von Textvergleich und Konfliktdynamik wieder in die ästhetische Selbstgenügsamkeit des Werks zurückzuziehen, hieße einem Bedeutungsverlust der Literatur in bezug auf Kulturenkontakt und interkulturelle Kommunikation das Wort zu reden. Es hieße aber auch, die jüngsten Versuche zu-

[8] Karl Philipp Moritz, Anton Reiser. Ein psychologischer Roman, München 1991, S. 203.

rückzuschrauben, den europäischen Literaturkanon im Spektrum der Literaturen der Welt kritisch zu erweitern und die bisher noch ungelöste Aufgabe anzugehen, die Bedingungen für literarische Gegenstandsbestimmung und ästhetische Wertung ausdrücklich im interkulturellen Rahmen zu reflektieren. Als eine besonders problematische Reaktion auf solche Ansätze erscheint Harald Blooms massiver Rettungsversuch des »literarischen Gegenstands«, dessen vermeintlicher Auflösung er gerade mit den für unerschütterlich gehaltenen Kategorien von Individualität und ästhetischem Wert entgegentritt: »I myself insist that the individual self is the only method and the whole standard for apprehending aesthetic value.«[9] Gerettet wird aber nicht der literarische Gegenstand, sondern dessen angestammte Autorität als europäisch kanonisiertes Meisterwerk. Was bei Bloom als Literaturzugewandtheit erscheint, entpuppt sich als ein Versuch, die zunehmend angefochtene Autorität des europäischen Kanons zu untermauern.

Ein derartiges Kanonverständnis wird durch eine Literaturwissenschaft in Frage gestellt, die sich von den neueren Literaturen der Welt herausfordern läßt und die sozialen Prozesse von Migration, Kulturenüberlagerung und -auseinandersetzung als textprägende Momente anerkennt. Dabei erhält auch der europäische Kanon einen neuen Ort »zwischen den Kulturen«, dies allein schon dadurch, daß immer häufiger Werke europäischer Klassiker wie etwa Shakespeares, Defoes und Conrads durch nichteuropäische Schriftsteller kritisch »umgeschrieben« werden. Ein nur von Europa aus entworfenes Konzept von Weltliteratur wird jedenfalls fragwürdig, wenngleich die entscheidenden Kategorien der ästhetischen Wertung und der interkulturellen Bestimmung des »literarischen Gegenstands« noch der Klärung bedürfen, um die Literaturen der Welt nicht in einer bloßen Ethik der interkulturellen Kommunikation aufgehen zu lassen.

9 Harold Bloom, The Western Canon. The Books and School of the Ages, New York, San Diego, London 1994, S. 23.

MORITZ BASSLER

STICHWORT TEXT. DIE LITERATURWISSENSCHAFT UNTERWEGS ZU IHREM GEGENSTAND

Zur Erstellung der Stichwortliste für das neue *Reallexikon der deutschen Literaturwissenschaft* zogen die Herausgeber zusätzlich zu ihrem eigenen Fachwissen umfangreiche Forschungsliteratur und natürlich die Stichwortlisten früherer Lexika heran und kamen schließlich auf die stattliche Summe von beinahe eintausend Stichwörtern und einem Vielfachen von Unterstichwörtern. Erst als die Liste nahezu vollständig war, fiel einem der Herausgeber beiläufig auf, daß ein Stichwort noch fehlte: das Stichwort ›Text‹.

Was ist der Gegenstand der Literaturwissenschaft? Der literarische Text. Die Bedenken, die das Barnersche Exposé dessen mögliche Flucht betreffend formuliert, sind zweifellos jedes für sich der Erörterung wert. Ich will mich hier auf den Aspekt einer Ausweitung des Textbegriffs konzentrieren, wie sie im Kontext poststrukturalistischer Textualitäts-Theorie und besonders im Zeichen des sogenannten *cultural turn* gang und gäbe ist. Einwände liegen zunächst auf der Hand: Ein inflationärer Gebrauch von Begriffen wie Text, Diskurs oder Kultur kann nur zu einem Verlust von Unterscheidungsvermögen führen. Indem man jedoch in einem neu zu fassenden, weiten Begriff von Text von vornherein nur eine Bedrohung seines durch das Epitheton ›literarisch‹ definierten Propriums erkennt, begibt man sich womöglich vorschnell der Chance, am Theoriefortschritt dort weiterzuarbeiten, wo er sich vollziehen könnte. Das aber scheint mir gegenwärtig weniger auf der Seite des Literarischen, sondern eher auf der des Textes der Fall zu sein.

Vielleicht hat die Literaturwissenschaft diese Seite ihres Gegenstandes bisher allzu selbstverständlich vorausgesetzt. War der Text für die Hermeneutik vor allem ein Durchgangsstadium zum in ihm codierten Sinn, so übernahm die formalistische Tradition ihren Textbegriff getrost von der dafür angeblich zuständigen Linguistik. Hier, beim Text als Ergebnis eines Verfahrens von Selektion aus einem Paradigma und Kombination zu einem Syntagma, gilt es noch einmal nachzusetzen. Linguistik zielt ja genau besehen nicht auf den Text selbst, sondern vielmehr auf die allgemeinen Regeln seiner Bildung, auf die Sprache; diese Ausrichtung auf allgemeine

Gesetze hat sie mit allen systematischen Wissenschaften gemeinsam. Die Literaturwissenschaft dagegen, die sich ausschließlich für den je individuellen Text interessiert, ist mit dieser Ausrichtung aufs Partikulare im Rahmen der historischen Wissenschaften zu verorten und stand selbst dort, was ihren Gegenstand – die Texte – betrifft, lange Zeit einigermaßen allein da. Das scheint sich nun seit einigen Jahren mit dem Eindringen des Textualitäts-Paradigmas in andere Fächer, etwa Anthropologie, Ethnologie und Geschichte, zu ändern.

Als Kriterium dafür, welchen Texten die Würde einer individuellen Betrachtung zukommt, galt (und gilt)[1] dem Literaturwissenschaftler zuvorderst die ästhetisch-literarische Qualität. Bis heute kann man von Vertretern des Faches die Meinung hören, an schwachen Texten ließe sich keine gute Literaturwissenschaft praktizieren. Wenn jedoch Experten gesucht werden, die auch andere, nicht der schönen Literatur zugehörige Texte unter dem Aspekt ihrer Textualität untersuchen sollen, dann bieten sich für ein solches Projekt in der gegenwärtigen Wissenschaftslandschaft eigentlich nur die Literaturwissenschaftler an. Der *cultural turn* hat eine solche Nachfrage zweifellos angekurbelt; und die damit verbundene Kompetenzausweitung für Literaturfachleute muß vorderhand weder notwendig mit einem Verlust von Unterscheidungsvermögen einhergehen noch allzusehr von Hybris getragen sein.

Die deutsche Literaturwissenschaft ist ja immer noch ein junges Fach. Nach der Epoche der philologischen Sammler und Jäger und den ersten Hochkulturen der Hermeneutik und des Formalismus hat sie gegenwärtig wohl so etwas wie eine ausgedehnte Diadochenphase erreicht. Daß das Verhältnis des einzelnen Textes zu seiner jeweiligen Kultur zu den »›ewigen Debatten‹ der Literaturwissenschaft« gehöre,[2] kann unter diesen Umständen zunächst nur heißen, daß unter allen bislang dominanten Paradigmen des Faches das Problem sich zwar gestellt, eine theoretisch und methodisch dauerhaft befriedigende Lösung bis heute jedoch nicht erfahren hat. In der Tat ist es nach wie vor die methodisch heikelste Aufgabe jeder Interpretation, einen Text in seiner Zeit zu situieren, seine konkrete Gestalt mit seinem historischen Ort auf eine Weise zu vermitteln, die nicht

[1] Auch Greenblatts Arbeiten zielen, so meine ich im Unterschied zum Exposé (Wilfried Barner, Kommt der Literaturwissenschaft ihr Gegenstand abhanden? Vorüberlegungen zu einer Diskussion, in: Jahrbuch der Deutschen Schillergesellschaft 41, 1997, S. 1–8; S. 5), letztlich noch stets auf den literarischen Text, alle Ausflüge ins diskursive Netz enden ja doch wieder bei Shakespeare.

[2] Barner, Anm. 1, S. 4.

banal anmutet.[3] Da hilft freilich kein Lamentieren, im Gegenteil: hier ist eine Forschungsaufgabe gestellt.

Die Frage wird also sein, ob jene ungewohnte, poststrukturalistisch informierte Kombination von Textualität und Kulturalität, die unter Namen wie ›historische Diskursanalyse‹, ›Gender studies‹, ›New Historicism‹ und neuerdings ›Cultural studies‹ aus Frankreich und den USA zu uns herüberdrängt, auf dem Wege zur Lösung dieser Aufgabe weiterführen kann oder nicht. Auf den ersten Blick droht sie offenbar eher, Differenzen, etwa die zwischen literarischen und anderen, ja überhaupt zwischen wirklichen und bloß metaphorisch so genannten Texten, zu verwischen – andernfalls gäbe es schon diese Debatte gar nicht. Oder worin soll der Fortschritt bestehen, wenn auf einmal neben den bekannten literarischen und nicht-literarischen buchstäblichen nun auch Bilder, Filme, javanesische Hahnenkämpfe, historische Ereignisse, Rituale, Supermärkte und Bananen als Texte bezeichnet werden? Gerät hier nicht insbesondere die ästhetische Formung des literarischen Textes ganz aus dem Blick? – Zumindest wird sich die Aufmerksamkeit angesichts solcher Zumutungen verstärkt auf die Kategorie der Textualität selbst richten, die bei literarischen Texten immer schon – und immer bloß – vorausgesetzt war. Man wird zeigen müssen, wodurch ihre Ausweitung in der poststrukturalistischen Theorie und Praxis motiviert war, warum die Cultural studies ausgerechnet daran anknüpfen konnten und schließlich, wie genau diese neu bestimmte Textualität zu definieren ist und wo ihre Grenzen sind. Wenn sich dabei herausstellen sollte, daß ein weiter gefaßter Begriff von Text motiviert und fruchtbringend ist, dann ebnet das ja die Unterschiede zwischen ästhetisch geformten literarischen und nicht-literarischen, geschweige denn zwischen buchstäblichen und anderen Texten nicht automatisch ein. Selbstverständlich werden solche Unterscheidungen weiterhin getroffen werden müssen, nur eben gegebenenfalls vermöge anderer Kategorien als der basalen der Textualität. Aus der Ferne kann ein Zuwachs an Differenzierung, wenn allzu grobe Einteilungen durch ihn hinfällig werden, leicht einmal wie eine Einebnung von Unterschieden aussehen, und erst bei näherer Betrachtung macht sich der erreichte Komplexitätsgewinn bemerkbar. Und gerade einer genaueren begrifflichen Differenzierung der Ästhetizität, Fiktionalität, Literarizität, Poetizität, oder worin sonst man das Proprium eines genuin literarischen Textes erkennen will, kann – das zeigt das große Durch-

[3] Vgl. Moritz Baßler, Einleitung, in: New Historicism. Literaturgeschichte als Poetik der Kultur, hrsg. v. M. B., Frankfurt/M. 1995, S. 7–28.

einander dieser Kategorien in der Diskussion[4] – eine vorgängige Bestimmung seiner Textualität nur förderlich sein.

Ich habe das Insistieren des New Historicism und verwandter methodischer Richtungen auf der Textualität von Geschichte bzw. Kultur immer als den Ausdruck eines Komplexitätsversprechens verstanden. Im Verzicht auf vorschnelle *clôture*, auf rasches Rubrizieren des historisch-kulturellen Hintergrundes unter Allgemeinbegriffe, auf pauschales Verstehen mit Hilfe von Kollektivsubjekten und Metanarrationen wahren sie ihre Chance, der realen, virtuell unendlichen Komplexität einer jeden historischen Situation (und damit eines jeden individuellen Textes in seiner Kultur) in der Darstellung gerecht zu werden. An der Einlösung dieses Versprechens müssen sie sich messen lassen, und sie machen – wovon man sich überzeugen kann, wenn man sich statt der Theoriedebatten-Metatexte einmal die Studien *ad rem* selbst anschaut – in der Regel keine schlechte Figur dabei. Diese Studien situieren den literarischen Text auf jeweils sehr unterschiedliche Weise in einem synchronen Diskursgefüge, das als Netzwerk aus Texten und Diskursen, als kulturelle Intertextualität konzipiert ist. Ein weiter Textbegriff dient hier sowohl zum Einbezug von nicht-literarischen bis hin zu nicht-sprachlichen Dokumenten in dieses Netz als auch zur Textualisierung des Ganzen als kultureller *texte général*. Auch hier ist jedoch zu beklagen, daß der Textbegriff – diesmal der extensive – als mehr oder weniger expliziter heuristischer Hintergrund, vor dem die Einzelstudien Profil gewinnen, zumeist bloß vorausgesetzt wird. Der New Historicism und verwandte Richtungen haben, so wäre ihr Defizit zu benennen, ihre theoretisch-methodische Fundierung in einem kühnen Sprung in die glückliche Positivität einfach überschlagen. Eine konstruktive Kritik hat daher die Arbeit gerade an diesem Textbegriff immer wieder eingeklagt.[5]

Flankiert wird die oben skizzierte Entwicklung durch eine Computertechnologie, deren Fortschreiten ebenfalls immer neue Facetten des Textbegriffes hervorbringt. So entsteht durch die Verknüpfung von integralen Texten (sowie Bildern, Filmen etc.) in beliebiger Anzahl über diverse ›Links‹ der sogenannte Hypertext, ein dezentrales, wucherndes Netzwerk, dem man immerhin die Eigenschaft der Textualität nicht gut absprechen kann. So ein Hypertext ist geeignet, das Theorem einer kulturellen Inter-

[4] Z. B. der Diskussion zur Systemtheorie der Literatur. Vgl. Moritz Baßler, Systeme kann man nicht lesen, in: Rechtshistorisches Journal 17 [erscheint 1998].

[5] Vgl. besonders: Alan Liu, The Power of Formalism. The New Historicism, in: English Literary History 56, 1989, S. 721–777; dt. in Baßler, Anm. 3, S. 94–163, S. 139f.; in Deutschland: Wilhelm Voßkamp, Einheit in der Differenz. Zur Situation der Literaturwissenschaft in wissenschaftshistorischer Perspektive, in: Germanistik – Disziplinäre Identität und kulturelle Leistung, hrsg. v. Ludwig Jäger, Weinheim 1995, S. 29–45, S. 36; auch Formulierungen des Barnerschen Exposés weisen in diese Richtung.

textualität derart perfekt abzubilden, daß man angesichts seiner materiellen Realisierbarkeit auf unseren Rechnern die Frage stellen könnte, ob die Rede vom ›Text der Kultur‹ wirklich noch länger als bloß metaphorische verstanden werden muß.

Vielleicht läßt sich in einem Zusammenführen theoretischer und technologischer Text-Konzepte einer Lösung der Frage näher kommen, wie »das je Besondere des einzelnen literarischen Textes mit dem Überindividuellen der sozialen Strukturen, der Ideologien usw. ›vermittelt‹« – bzw. zu vermitteln – sei.[6] Im Rahmen einer ›Wissenschaft vom Partikularen‹ könnte die auf diesem Wege genauer zu definierende Textualität des kulturellen Hintergrundes unter anderem der Einsicht dienen, daß auch die paradigmatische Dimension des Textes, die die Linguistik im Allgemeinen der Sprache verortet, eine je individuelle und historische ist, die im Netzwerk aller Texte einer Kultur genauer zu fassen wäre. Dieses Netzwerk aber wäre dann der semiotische Hintergrund für Texte jedweder Art und Güte, sofern sie dieser Kultur angehören – er wäre konstitutiv auch für die Semantik des literarischen Textes. Warum darf Literaturwissenschaft nicht Literaturwissenschaft sein? Sie darf und soll es ja, aber gerade wenn sie es sein will, Literatur*wissenschaft* nämlich, dann ist es nur ihre Pflicht und Schuldigkeit, sich den Text der Kultur ihrer Texte mit der gleichen formal-analytischen Akribie zu erschließen wie die Struktur dieser literarischen Texte selber.

Freilich, wir haben es nicht gelernt, in Netzen zu denken, eine *science of the particular* liegt unserem philosophisch geprägten Wissenschaftsverständnis (wenn auch nicht in gleichem Maße unserer Wissenschaftspraxis) denkbar fern, und es ist – neben manch anderem – noch ganz unklar, wie sich ein Hypertext-Modell von Kultur befriedigend in jenes lineare, argumentative Schreiben zurückübersetzen läßt, das bewährtermaßen den Standard wissenschaftlicher Literatur definiert. Zudem bleibt es rein arbeitspraktisch immer noch vergleichsweise einfach, sich mit Hilfe der gängigen bibliographischen Hilfsmittel die Textbasis für einen immanent literaturwissenschaftlichen Aufsatz zu verschaffen, wogegen der Ausflug in das synchrone kulturelle Netz einen Aufwand an Zeit und Arbeit im kulturellen Material jenseits der Literarizität erfordert, der für abgeschlossene, terminierte Projekte oft gar nicht praktikabel ist,[7] eine Art kultureller Sammeltätigkeit, die schon in Richtung Lebensarbeit oder doch zumindest zum Großprojekt tendiert. Weiter bleibt natürlich auf der Frage zu insi-

[6] Barner, Anm. 1, S. 4.

[7] Dies war eines der Ergebnisse eines Arbeitstreffens von Nachwuchswissenschaftlern zum Problem der praktischen Umsetzung solcher Text-Kultur-Kalküle, das im April 1997 in Tübingen auf Einladung Ulrich Kriests und des Verfassers stattfand.

stieren, was mit der spezifisch ästhetischen Dimension literarischer Texte ›im Netz‹ geschieht. Muß man sie gleichsam einklammern, um den literarischen mit einem allgemeinen Textbegriff kompatibel zu machen? Oder werden Kunstwerke vielleicht gerade in ihrer ästhetischen Form diskursiv und bilden eigene, genuin literarische Diskurse aus? Dies ist sicher nur eine bescheidene Auswahl aus den Problemen, mit denen zu rechnen ist.

Doch eine Kapitulation vor der Komplexität historisch-kultureller Situationen führt ebensowenig weiter wie die polemische Zementierung alter methodischer Lager innerhalb des Faches, die die Diskussion um den Poststrukturalismus hierzulande in ähnlicher Weise geprägt hat wie die neuerliche um eine ›Literaturwissenschaft als Kulturwissenschaft‹. Der Zweck dieser Debatte wäre verfehlt, wenn sie zur Hervorbringung reiner Positionspapiere und damit letztlich in eine ›Theorie‹-Debatte führte, die den Namen so wenig verdient wie die vorausgegangenen. Könnte sie allerdings statt dessen dazu anregen, die Arbeit am Textbegriff im angedeuteten Sinne entschieden fortzusetzen, so wäre ihr Potential aktiviert. Eine solche Arbeit am methodisch-theoretischen Fundament einer Literatur- als Textwissenschaft könnte, so meine ich, durchaus von der gegenwärtigen Praxis literaturwissenschaftlicher Analyse im Zeichen des *cultural turn* ausgehen; ihr Ziel müßte es jedoch sein, eine zukünftige Praxis entscheidend mitzugestalten, denn Theorie-Debatten werden in der Praxis entschieden. Der Literaturwissenschaft wird ihr Gegenstand dabei nicht abhanden kommen, zumal sie selbst, wie jede Wissenschaft, wesentlich an seiner Konstituierung beteiligt ist. In dem Maße, in dem es gelingt, das Arsenal der Begriffe und Methoden der Literaturwissenschaft weiter zu formalisieren und gleichzeitig zu differenzieren, wird sie ihren Gegenstand immer adäquater, und das heißt: immer komplexer repräsentieren können.

HARTMUT BÖHME

ZUR GEGENSTANDSFRAGE DER GERMANISTIK UND KULTURWISSENSCHAFT

ZIEMLICHE UNÜBERSICHTLICHKEIT

Kürzlich habe ich folgende Definition gewagt: »Kulturwissenschaft erforscht die von Menschen hervorgebrachten, sozialen wie technischen Einrichtungen, die zwischen Menschen gebildeten Handlungs- und Konfliktformen sowie deren Werte- und Normenhorizonte, insbesondere insoweit diese zu ihrer Konstitution, Tradierung und Entwicklung besonderer Ebenen der symbolischen und medialen Vermittlung bedürfen.« Man wird zu solchen komprehensiven Definitionen und ihrer Begründung gezwungen, weil der *Name* Kulturwissenschaft zwar in den letzten zehn Jahren eine steile Karriere durchlief, das *Fach* Kulturwissenschaft, seine disziplinäre Struktur und curriculare Organisation sowie sein Gegenstandsfeld jedoch, um es milde auszudrücken, unbestimmt sind und zunehmend auf das Mißtrauen der KollegInnen in den Nachbarfächern stoßen. Überflüssig zu sagen, daß obige Definition die Frage des Gegenstandes der Kulturwissenschaft nicht löst, sondern sogar ein Symptom des Problems darstellt. Nämlich: zu weit, unterdeterminiert, zu unspezifisch. Gibt es überhaupt einen für die Kulturwissenschaft charakteristischen Gegenstand? Ich wäre in diesem Augenblick lieber Kunsthistoriker, Philosoph oder Germanist. Auch hier gibt es Gegenstandsprobleme, doch sind sie im Vergleich mit denen der Kulturwissenschaft überschaubar, sie haben ›Kerne‹, sie haben Traditionen, und sie sind keine ›Konstruktionsprobleme‹, handeln also nicht von der Neu-Gründung eines Faches, sondern von den Entwicklungsperspektiven etablierter Disziplinen.

Da ich gerade an der New York University bin, gibt mir dies eine Möglichkeit, das Problem des Gegenstandes gewissermaßen nach Posteingang zu beschreiben. Es stellt sich in der Kulturwissenschaft besonders kraß dar, nicht nur für jemanden, der zwei Jahrzehnte in der Neueren deutschen Literatur gearbeitet hat. Hier glaubte ich zu wissen, was der Gegenstand der Literaturwissenschaft ist, hatte jedenfalls nicht den Eindruck, daß mir dieser abhanden kommen könnte. Ich erzähle also, was für Probleme mir auf den Schreibtisch kommen. Die Frage des ›Gegenstandes‹ der Kulturwissenschaft springt einen dabei an.

Eine Dissertation ist zu begutachten über die Kulturgeschichte der Haut (literarische, kunsthistorische, medizinische, anthropologische, perzeptionstheoretische Quellen). Das Gutachten für eine Habilitationschrift steht an: sie ist die Studie eines Wissenschaftlers, der Germanistik und Ethnologie studiert und nun eine empirisch-ethnologische Untersuchung über die scientific community des CERN in Genf geschrieben hat. Eine weitere Habilitation über die »Bewältigung von Geschwindigkeit« macht einem ehemaligen Germanisten weniger Mühe, weil sie über Musil und Benjamin handelt. Ein Student aus dem Seminar über »Stadt-Räume« schickt sein Referat: er hat sich als Gegenstand ›Die Baustelle‹ ausgesucht und plagt sich mit dem Problem, daß er aus verschiedenen Wissenschaften seinen Gegenstand, den es tausendfach ›gibt‹, kulturwissenschaftlich erst ›erfinden‹ muß. Eine Studentin aus demselben Seminar sendet ein Exposé für eine Magisterarbeit über das Phänomen ›Keller‹. Ich kommentiere ihren Entwurf und empfehle ihr die Lektüre einer kürzlich bei mir geschriebenen Magister-Arbeit über »Verschlossene Räume«. Ein Informatiker und Mathematiker, der bei mir promovieren möchte, mailt sein Exposé über »Kulturelle Auswirkungen des Internet«. Nebenher lese und benote ich ein Referat über die Goldhagen-Debatte. Ein weiteres Dissertations-Exposé trudelt ein: »Metaphern des Übergangs. Versuch einer Kulturtheorie der Grenze«. Die Doktorandin hatte zuvor, als Slawistin, eine Magisterarbeit über Soldaten an der sowjetischen Grenze in den 30er Jahren geschrieben. Ein Kollege aus Chicago bittet um Betreuung und Gutachten seines Projekts »The Rhetoric of Cultural Discourse: Jews and Germans in the Epoch of Emancipation«. Eine hiesige Studentin engagiert mich als adviser für ihre Magisterarbeit über den Indologen Heinrich Zimmer (Schwiegersohn von H. v. Hofmannsthal). Ein Kollege aus Greifswald lädt mich zu einem Vortrag ein über die »Dialektik der Aufklärung«. Ein Dozent der University of Sri Jayewardenapura, Sri Lanka, fragt an, ob er bei mir über Popular Culture and Mass Communication eine Dissertation schreiben könne. Die Schweizerische Lucerna Stiftung lädt mich ein zu einer Tagung »Die wissenschaftlich-technische Entmaterialisierung der Welt. Archäologie der Materialien«. Beinahe täglich gehen e-mails hin und her wegen der Vorbereitung von Konferenz und Ausstellung »Interface V: Die Politik der Maschine«. Neben dem Text, den Sie gerade lesen, habe ich hier noch einige andere zu schreiben: über »Fetisch und Idol, Sammlung und Erinnerung« bei Goethe (endlich vertrautes Gelände); ein Lexikon-Artikel zum Stichwort »Kulturwissenschaft« ist fertig zu machen (auch das ist nicht fremd); ein Konferenzbeitrag über Beschleunigung in den Wissenschafts- und Medienentwicklungen wartet auf Abgabe; ein Artikel über das Verhältnis von Literatur und Ökologie steht mir eher bevor; ein fälliger Essay über das von der EU geförderte Kunstprojekt einer italienischen ›Luft-Skulpteurin‹, die zwischen mehreren europäischen Städten mit Brieftauben arbeitet, kooperierend mit ars electronica Linz hat dazu geführt, daß ich Literatur über ›Brieftauben als Medien‹ nach New York gebracht habe. Für eine internationale Ausstellung »Die Zukunft der Büroarbeit« ist ein Katalogbeitrag über die Virtualisierung von Arbeit zu liefern. Ich höre auf. Das Problem ist klar.

Man muß sich über Bedarf und Motivation nicht beklagen. Die Berliner Erfahrung ist: viel zu viele Leute, die sich in ihren Herkunftswissenschaften aus (guten und weniger guten) Gründen nicht mehr aufgehoben sehen, drängen in das Fach Kulturwissenschaft. Die Diffusität des Faches erscheint manchen geradezu als das Neue Jerusalem. Die New Yorker Erfahrung mit der Germanistik zeigt, was man überall in den USA, entweder noch als Streitfrage diskutiert oder bereits entschieden, beobachten kann: wird die Germanistik noch eine Philologie mit eigenem Kanon sein, sich in German Cultural Studies transformieren oder zu einem Zweig der Comparative Literature werden? Auch hier geht es um empirische Nachfrage und theoretische Zielkonflikte. Mit den Kollegen in den USA kann man über den Verbleib des Gegenstandes der Germanistik bestens diskutieren. Sie stehen unter erheblichem Entscheidungsdruck – ohne den Schutz im Rücken, den für die deutsche Germanistik die Tatsache immerhin bietet, daß sie (zuerst) Muttersprachenphilologie ist (und bleiben muß). Die Ungewißheit in den USA über die Zukunft des Gegenstandes der Germanistik läßt mich die überfordernde Gegenstandserweiterung in der Kulturwissenschaft weniger dramatisch empfinden als in Berlin. Ich will jedoch zuerst, aus doppelter Ferne, die These vorstellen, daß der Gegenstandsverlust der Germanistik eingebildet ist.

WER SEINEN GEGENSTAND VERLIERT, IST SELBER SCHULD

Die Literaturwissenschaft, sagt W. Barner zurecht, ist eine Kunstwissenschaft. Dies ist ihr Kern. Diesen zu vernachlässigen, käme einer Selbstliquidation der Literaturwissenschaft gleich. Germanisten, die sich nicht zuerst als Kunstwissenschaftler verstehen, gehören nicht ins Fach oder höchstens zu seinen Rändern. Es gibt für die Legitimation der Germanistik nur zwei Fragen: (warum) muß es diejenige Kunst geben, die wir Literatur nennen? Die Frage gilt historisch und aktuell. Und: warum muß es neben dem primären Gebrauch von Literatur (das Lesen) eine Expertenschicht geben, die sich professionell mit der Erklärung der Literatur beschäftigt? Es gibt zwei Richtungen, in denen der praktische Nachweis für die fragliche Legitimität geführt werden kann. 1. Die bloß historische Faktizität der Literatur wird mit theoretisch überzeugenden Gründen legitimiert. Will sagen: die Literatur weist besondere Eigenarten und Leistungen auf, die von anderen wertbesetzten kulturellen Aktivitäten – wie zum Beispiel Musik komponieren, Mathematik machen, Stoffe veredeln, bewegte Bilder herstellen – nicht oder nur schlechter ersetzt werden können. 2. Das Spezifische der Literatur, das historisch jeweils anders ausdifferenziert ist, bildet den Kern der Legitimation auch der Literaturwissenschaft. Diese aber gewinnt ihre eigentliche Rechtfertigung nicht deswegen, weil Literatur nicht substituierbar ist, sondern weil man – jedenfalls seit der Neuzeit – den kulturellen Wert der Literatur nur dann hinreichend entfaltet, wenn man sie professionell erklärt. Man muß also die Erklärungsbedürftigkeit der Literatur erklären, um sich als Wissenschaftler der Literatur zu begründen.

Es kann sein, daß der Wert der Literatur historisch irgendwann gegen Null tendiert oder daß die Literatur nicht mehr einem Typus angehört (wie zum Beispiel in oralen Kulturen), der notwendig der professionellen Auslegung bedarf. Beides ist gegenwärtig nicht der Fall, selbst wenn man konzidiert, daß der Status der Literatur sich durch die Entwicklung der audiovisuellen und digitalen Medien dramatisch verändert. Es scheint mir vorläufig unbestreitbar 1., daß Literatur historisch wie gegenwärtig einen begründbaren Wert darstellt, 2. daß Literatur erklärungsbedürftig ist, 3. daß es deswegen mit gutem Grund Literaturwissenschaftler gibt. Literatur ist ein Wert erster Stufe, und weil (2.) gilt, ist Literaturwissenschaft ein davon abgeleiteter Wert zweiter Stufe. Kann man mit Luhmann sagen, daß Literatur eine Beobachtung erster Stufe der Gesellschaft ist, so ist Literaturwissenschaft eine *notwendige* Beobachtung der Beobachtung, weil Literatur zwar keine kulturelle Selbstverständlichkeit hat, doch aber eine für die Gesellschaft wertvolle Zunahme an Beobachtungshorizonten darstellt.

Das Gegenstandsproblem der Germanistik scheint mir also lösbar. Das heißt nicht, daß Literaturwissenschaft sich nur auf den Kunstcharakter der Literatur konzentrieren könnte und also endlich bleiben dürfe, was sie immer schon war. Mag sein, daß man müde ist der Anstrengungen, die den Literaturwissenschaftlern ›von außen‹, sprich: nicht von der Literatur, zugemutet wurden. Dies überzeugt nicht. Wenn man behauptet, der Kunstcharakter sei das Non-Aliud der Literatur, muß man, dies gebietet die Logik, hinreichend viel von dem verstehen, was das Aliud der Literatur ist. Damit behaupte ich, daß diejenigen Literaturwissenschaftler am ehesten den Kunstcharakter der Literatur verstehen (nicht als Kunstkenner, sondern Kunsterklärer), die viel wissen von den umgrenzenden, ja auch fernliegenden Feldern anderer kultureller Praktiken. Die Sensibilität literarischer Wahrnehmung steigt mit dem Grad kultureller und sozialer Wahrnehmung. Wahrnehmungsfähigkeit ist die Voraussetzung wissenschaftlichen Auslegens oder Erklärens. So gesehen kann man die Gegenstandsstruktur oder das Formaggregat der Literatur allerdings als vorrangiges Erkenntnisziel bezeichnen.

Literatur ist ferner ein unter spezifischen Bedingungen hergestellter und als solcher gebrauchter kultureller Gegenstand. Formen sind in dieser doppelten Perspektive 1. hochelaborierte kulturelle Praktiken im Feld anderer kultureller Praktiken und 2. (sich wandelnde) Funktionen. Hier geht es nicht mehr ausschließlich um Kunstcharaktere, sondern um deren funktionale Rückbindung an kulturelle Konstellationen. Das bietet den Produktions-, Intertextualitäts- und Rezeptionstheorien keine besondere Schwierigkeit. Selbstverständlich gehört hierzu die Analyse der Literatur als Medium, das an die historische Entfaltung der (technischen) Medien und der Intermedialität gebunden ist, ohne semantisch und ästhetisch in ihnen aufzugehen. Deswegen war die Literaturwissenschaft gut beraten, daß sie kultur- und medienwissenschaftliche Dimensionen aufgenommen hat: dies ist von der Literatur selbst her geboten. Nur Literaturwissenschaftler, die den Status der Kennerschaft nicht verlassen und keine Wissenschaftler sein wollen (wie viele Literaturkritiker und Leser), können diese Erweiterung der Literaturwissenschaft mißbilligen (wie U. Greiner oder K. H. Bohrer). Als Beobachter des kunstvollen Beobachtungssystems Literatur können wir jedoch nicht anders, als – eben das System Literatur miterforschen wollen, um erst dadurch das spezifisch Literarische zu verstehen.

Literatur ist aber nicht nur kulturelle Praxis und Funktion, sondern auch ästhetische Darstellung, will sagen: die ästhetische Codierung von Sachverhalten (kulturelle Semantiken), die nur in dieser Codierung kommunizierbar werden. Sie ist, anders gesagt, eine besondere Thematisierungs- oder Perspektivierungsstrategie, durch die Bedeutungen erzeugt werden. Es wäre absurd, diese Bedeutungen nicht zum Gegenstand der Literatur zu machen. In ihnen verdichtet sich das Potential der Literatur als ausgezeichneter *Form* der Selbstbeobachtung von Gesellschaften. Es ist seiner Struktur nach infinit. Wissen departmentialisiert sich, bildet Disziplinen und Fachwissen. Literatur differenziert sich dagegen formspezifisch aus, dies ist die Weise, wie thematisiert wird; das Was des Thematisierten aber hat keine Grenzen. Formspezifische Thematisierung und Entgrenzung dessen, was überhaupt Thema werden kann, stehen in charakteristischen Verhältnissen, in denen sich die Positionsmannigfaltigkeiten entwickeln, die Literatur zur umgebenden Kultur aufnimmt. Daß also die Semantik von Darstellung und Dargestelltem grundsätzlich infinit ist, hat für den Literaturwissenschaftler zur (fatalen) Folge, daß er eine Kompetenz für die semantischen Potentiale von Literatur wenigstens insoweit haben muß, wie dies zur Erkenntnis der Literatur notwendig ist. Darum arbeitet er eo ispso interdisziplinär. Sich dagegen zu wehren, hieße, sich gegen die Literatur selbst wehren.

Wenn man sich auf diesen Rahmen einigen und auf dessen Voraussetzung, daß sein Zentrum die Kunstform Literatur ist, verständigen könnte, gäbe es noch genug Probleme, aber nicht den drohenden Verlust des Gegenstandes. Man könnte eine interdisziplinäre Literaturwissenschaft entwickeln, in welcher für bestimmte Fragestellungen und Gegenstände es auch möglich wäre, Hierarchien für das zu mobilisierende Wissen anzugeben. Es würde eine liberale Konkurrenz, aber nicht ein eliminativer Methodenstreit herrschen. Es könnte viel Lust an der Arbeit und weniger verbitterte Griesgrämigkeit entstehen, die man allenthalben an deutschen Universitäten beobachtet. Wenn man dagegen aus der Literaturwissenschaft eine Medienwissenschaft oder Medienkulturwissenschaft oder Sozialgeschichte usw. machen will, sollte man sagen, daß man keine Literatur-Wissenschaft mehr will. Dies aber nicht zu sagen, doch die Germanistik mit Programmen ihrer Selbstaufgabe zu überziehen, heißt aus ihr einen Joker für das eigene Spiel zu machen. Das würde ich mir als Germanist nicht gefallen lassen, gleichwohl aber unterstützen, daß es Medienwissenschaften, Kulturwissenschaft, Performance Studies usw. an deutschen Hochschulen gibt. Eine Germanistik, die alles vereinnahmt, was entsteht, und dies jeweils zu ihrer neuen Mitte erklärt, verschluckt sich.

KULTURWISSENSCHAFT AUF DER SUCHE NACH IHREM OBJEKT

Vielleicht sollte man die Kulturwissenschaft eine Weile in Ruhe lassen, bis an Hand hinreichend vieler Arbeiten, die sich kulturwissenschaftlich nennen oder so eingeschätzt werden, man in einer Meta-Studie untersuchen kann, wie diese Arbeiten eigentlich funktionieren, wie sie ihre Fragen gewinnen, welche Methoden sie mobilisieren, welche Kompetenzen sie voraussetzen, welche Ziele sie verfolgen, wie ihre Gegenstände profiliert werden. Man könnte dann mit empirischem Grund, sagen: so also ist und arbeitet Kulturwissenschaft. Dafür ist die Zeit zu früh. Statt dessen befindet man sich, wie in Gründungsphasen üblich, in einer Phase divergierender Grundsatzerklärungen und, siehe oben, schwer vereinbarer Arbeitsfelder. Die gegenüber den USA weniger aufgeschlossenen deutschen Universitäten und die staatlichen Sparmaßnahmen geben für eine wünschbare konzentrierte Erprobungsphase keinen Raum. Darum steht das junge Fach, das in Berlin so und in Passau ganz anders, und in Tübingen nicht vergleichbar mit Bremen oder Münster gelehrt wird, unter objektivem Stress. Es scheint nur so, als herrsche in der Kulturwissenschaft die Freiheit, sich alles Mögliche und am liebsten das Attraktivste aus anderen Fächern zusammenzuklauben, um daraus eine interessant moderierte Diskurskunst zu entwickeln. Jeder halbwegs mit der Universität Vertraute weiß, daß die Abrechnung kommt. Wie sie kam für die werkimmanente Methode, die Sozialgeschichte, den Strukturalismus, den Dekonstruktivismus, die Diskursanalyse etc. An den ›Moden‹ der letzten Jahre ist aufschlußreich, daß keine wirklich untergegangen ist, wenn sie es nur zu einer gewissen theoretischen Reife und zu überzeugenden Analysen gebracht hat. Insgesamt haben die ›Wellen‹ zur Komplexitätssteigerung der Wissenschaft, als zu ihrem Guten, beigetragen. Daraus muß die Kulturwissenschaft, die als ›Mode‹ – doch auch aus guten Gründen – entstand, die Lehre ziehen, daß sie nur einige Jahre Zeit hat, sich zu einem bewährten ›Modell‹ zu mausern. Dann hat sie eine Chance, aus der unsinnigen Rolle, irgendwie eine Avantgarde zu bilden, zurückzutreten und ein normales, vermutlich kleines Fach zu werden, das in besonderer Weise talentiert sein muß, interdisziplinär zu agieren, Gegenstände zu entdecken, Fragestellungen zu moderieren, auf andere Wissenschaften zu reagieren, aktuelle Trends der soziokulturellen Entwicklung auszumachen, Revisionen historischer Lesarten vorzunehmen, geschichtlich Vergessenes zu erinnern. Das sagt nicht viel, aber doch, daß auch dann, wenn die Kulturwissenschaft sich als Fach etablieren sollte, sie eine Art Relaisfunktion behalten wird. Diese Funktion wird durch die Spezialisierung der Wissenschaften strukturell erzeugt. Die Germanistik hat in ihrem Innovationsdelirium dies auch versucht. Nicht ohne Erfolg. Sie hat aber übersehen, daß sie dabei die Verantwortung für ihren Gegenstand oft verletzt hat. Dies ist in der Kulturwissenschaft anders. Denn in gewisser Hinsicht ist ihr Gegenstand gerade das Relais. Wenn sie selbst zu einem wird, täte sie dies in Referenz auf das, was ihren Gegenstand ausmacht: das Schalten und das Verschaltete. Es wäre kein Verrat an ihren Gegenständen.

Dies möchte ich an nur einem Beispiel erläutern. Ich nehme das obige des Studenten: die Baustelle. Es ist extrem und deswegen symptomatisch. 1. Es handelt sich hierbei nicht um einen Text. Die Kulturwissenschaft kann und darf sich nicht auf textuelle Objekte einschränken, nicht einmal auf im weiteren Sinne medial oder symbolisch konstituierte. 2. Baustellen sind keine im engeren Sinn kulturellen Objekte, sondern institutionalisierte, komplexe technische Prozesse ephemerer Natur. Mit diesen Aspekten beschäftigen sich Bauingenieurwissenschaft, Maschinentechnik, Arbeitswissenschaft, Architektur, Statik, Stoffkunde, evtl. Baugeschichte (zum Beispiel Bauhüttenwesen im Mittelalter, römisches Bauwesen), im weiteren Betriebswirtschaft, Soziologie (Urbanistik), Jura (Baurecht etc.), Historie (zum Beispiel Geschichte der Bauarbeitergewerkschaft). 3. In keiner Wissenschaft findet man Versuche zu bestimmen, was überhaupt eine ›Baustelle‹ ausmacht oder wie sie historisch wahrgenommen wurde. Insofern hat der Studierende etwas ›entdeckt‹. Dies kann man ein Indiz kulturwissenschaftler Arbeit nennen: sie ›entdeckt‹ ihre Objekte. 4. Sie ›schafft‹ sie jedoch nicht neu – es gibt diese Objekte –, und sie benutzt in jedem Fall das Wissen, das hinsichtlich eines kulturwissenschaftlich perspektivierten Phänomens in anderen Wissenschaften entwickelt wurde. 5. Im Verhältnis zu diesem Wissen akzentuiert die Kulturwissenschaft eine ›andere‹, vielleicht auch ›neue‹ Perspektive, die etwas an dem Phänomen zu erkennen gibt, das anders und vorher nicht erkannt wurde. Was wären solche kulturwissenschaftlichen ›Perspektivierungen‹? 6. Ich nenne rhapsodisch einige Punkte. Ich gehe nicht darauf ein, daß ›Bauen‹ ein zentraler Kulturmechanismus ist, ohne den das, was weite Teile der ›materiellen Kultur‹ ausmacht, nicht verständlich wäre und schon deswegen der Untersuchung wert wäre. Ich nenne andere Aspekte: eine Baustelle ist ein temporal bestimmtes, räumlich aggregiertes Gebilde, das sich über bestimmte *semiotische* Abgrenzungsakte ›markiert‹ und von der Umgebung abhebt. ›In‹ der Baustelle herrschen andere Regeln und Normen als ›außen‹: eine besondere *Innen/Außenbeziehung* ist für Baustellen charakteristisch. Das hat zweierlei zur Folge: ›in‹ der Baustelle bilden sich *›ephemere‹ kulturelle*, heute oft auch multikulturelle *Gemeinschaften*, die keineswegs nur arbeitssoziologisch beschrieben werden können. Sie verfügen über historisch wandelbare, spezifische Mentalitäten, Symbolformen (zum Beispiel Feste), kulturelle Vergemeinschaftungen (besonders wenn Wohnen und Arbeiten kombiniert sind, Männergesellschaften), Prestigemuster und Autoritätsstaffeln, Werte und Normen (womit nicht Arbeits- oder Sicherheitsnormen gemeint sind), Kommunikationsstrukturen (zum Beispiel bei Arbeitern verschiedener Sprache), gewerkegebundene Traditionen (zum Beispiel die Zimmerleute). Von ›außen‹ werden Baustellen (ästhetisch) wahrgenommen, besprochen, beobachtet, besucht (»Schaustelle Berlin«, Baustellentourismus), im weiteren Sinn: sie werden kulturell begleitet (Baugeschichte zum Beispiel von Kathedralen, Schlössern). Baustellen haben (oft) eine *Faszinationsgeschichte*. Sie haben für ›die da draußen‹ oft aber auch negative soziale, kulturelle, ästhetische Auswirkungen (Konflikte, Behinderungen, Verschlechterung der Lebensqualität, Widerstandsformen dagegen). Die Entwicklung von *Bautechniken* verändert, revolutioniert zuweilen die ›kulturelle Gemeinschaft‹ der Baustelle. *Symbolische Hintergründe* (Sakralbauten, Herrschaftsbauten, Zweckbauten) bestimmen Baustellen ebenso wie *soziale Hintergrundstrukturen* (Sklavenhaltergesellschaft beim Pyramidenbau, Zunftwesen etc.) bis in ihre inneren Feinstrukturen hinein. Kulturelle und *symbolische Hintergründe* spielen eine tragende Rolle (mythische, magische, religiöse Symbolformen des Bauens, Bauen als Kulturprozeß, Bau-Heroen, Bau-Katastrophen). Wichtig ist ferner die Frage: wie bildet sich das *kulturelle Gedächtnis* des

Bauens und der Baustellen? Und gewiß kann man noch untersuchen, wie Baustellen in Kunstgeschichte, Literatur, Film etc. ästhetisch gestaltet und welches Wissen und welche Wahrnehmungsmusterdabei transportiert werden.

Es wird, so hoffe ich, bereits an diesen Andeutungen sichtbar, daß es ein kulturhistorisches und -theoretisches Wissen von ›Baustellen‹ geben kann, das man in anderen Wissenschaften vergeblich sucht. Es ist auch kein Zweifel, daß dieses Wissen Sinn macht und sogar pragmatisch nützlich sein kann. Deutlich ist auch, daß der Gegenstand der Kulturwissenschaft nicht einfach existiert (wie zum Beispiel die Textmenge deutscher Literatur), sondern vielfach erst konstruiert werden muß. Interessant sind dabei gerade Fälle ›materieller Kultur‹, die zumeist schon in Einzugsbereiche ganzer Gruppen von Wissenschaften fallen. Hier besonders ist Kulturwissenschaft ein *Supplement* zu und/oder eine *Integration* von vorhandenem Wissen. Oft kann sie beides sein: ihre Perspektive wäre supplementierend, insofern sie übersehene, symbolische, sozietäre, ästhetische, semiotische, phänomenologische, kommunikative und kulturhistorische Dimensionen überhaupt erst in den den Diskurs einführt; und sie wäre integrativ, insofern sie unverbundene Wissenssegmente versammelt und zusammen mit ihren eigenen Perspektivierungen zum Beispiel zu einer Art ›Gesamtphänomen Baustelle‹ (mit historischem Index) komponiert. Dabei zeigt sich, daß ›Baustellen‹ nicht als technisch optimierte Umsetzung von Architekturplänen verstanden werden können, sondern an jeder Stelle ihrer Geschichte komplexe ›Verschaltungen‹ unterschiedlicher sozialer, technischer, organisatorischer, kultureller, symbolischer Praktiken darstellen.

Daraus kann man schließen: Es gibt ein ›Segment‹ an einem Phänomen, das man nur erkennt, wenn man es kulturwissenschaftlich perspektiviert. Und es gibt die ›Verschaltungsstruktur‹ von Gegenständen, die kulturwissenschaftlich deswegen thematisiert werden muß oder sollte, weil es die arbeitsteiligen Wissenschaften versäumt haben, sich integrierende Forschungs- und Reflexionsebenen zu bilden, die es überflüssig machen würden, noch zusätzlich ein kulturwissenschaftliches Integral zu bilden.

Das Beispiel ist, zugegeben, etwas outriert. Über näherliegende Gegenstandsfelder ist genug geschrieben worden. Was ich betonen möchte, ist, daß die Gegenstände der Kulturwissenschaft immer 1. konstruiert, 2. spezifisch perspektiviert (in Einzelforschungen) und 3. integral verschaltet werden müssen. Damit ist gesagt: (a) die Kulturwissenschaft findet keine ›unbesetzten‹ Gegenstände vor, kein ›ureigenes Terrain‹; sondern sie operiert überwiegend in Gegenstandsfeldern, die sie sich mit anderen Wissenschaften teilt (weswegen sie öfters deren Methoden übernimmt – von der Texthermeneutik bis zur Feldforschung, von der Mentalitätsgeschichte bis zur Technikgeschichte etc.). In diesem Sinne verfährt die Kulturwissenschaft synkretistisch oder ›methodeneklektizistisch‹. Innerhalb dieses geteilten Gegenstandsfeldes muß die Kulturwissenschaft (b) eine eigene Physiognomie der Perspektivierung und Thematisierung finden. Das heißt: sie muß einen spezifischen und mithin nicht mit anderen Wissenschaften geteilten Gegenstandsaspekt ins Spiel bringen und erforschen (das macht sie zum Fach). Und (c) wird die Kulturwissenschaft einen reflexiven Metastatus einnehmen (aber nicht privilegiert besetzen), indem sie bezogen auf die Relais-Struktur der Gegenstände eine qualitative Rekombination der vorhandenen Wissensfelder und eine experimentelle Integration des Gegenstandsphänomens vornimmt.

Vermutlich ist das für ein werdendes, kleines Fach entschieden zu viel. Die Kulturwissenschaft wird deswegen, bei Strafe ihres Untergangs, nicht versäumen dürfen, mit den ihr benachbarten Disziplinen die genannten Aufgaben zu teilen, sie also von vornherein interdisziplinär zu entwickeln. Ein erhebliches Problem stellt dabei das Qualifikationsprofil dar, das man für Kulturwissenschaftler entwickeln müßte. Denn da klar ist, daß die Kulturwissenschaft sich nicht nur auf Texte, nur auf Bilder, nur auf symbolische Formen, nur auf materielle Aggregate der Kultur, nur auf Geschichte, nur auf Gegenwart beziehen darf; daß sie zudem nicht nur auf eine, sondern auf viele Kulturen gerichtet ist; daß ihr Wissen nicht nur selbsterzeugt, sondern auch von anderen Wissenschaften bezogen und weiterverarbeitet wird –: da dies so ist, stellt sich die Frage, wie eine solche Anforderung ohne ›allseitigen Dilettantismus‹ abgehen kann. In der Tat ist dies eine Gefahr, aber auch eine Chance. Letztere wird die Kulturwissenschaft nutzen, indem sie erfinderisch und sorgsam zugleich, detektivisch fahndend und spekulativ mutig, mikrologisch und theoretisch, analytisch und essayistisch, ihren Gegenständen dienend und vorsichtig anspruchsvoll, streng und obsessionell mitten in dieser Gefahr arbeitet und aushält.

HEINZ SCHLAFFER

UNWISSENSCHAFTLICHE BEDINGUNGEN DER LITERATURWISSENSCHAFT

Wilfried Barners Frage, ob der Literaturwissenschaft ihr Gegenstand abhanden komme, ist so formuliert, als habe dieser bedauerliche Vorgang jetzt erst begonnen. Seine Anfänge aber reichen weiter zurück, bis zur Entstehung der Literaturwissenschaft als akademischer Institution. Diese hatte schon immer ein problematisches Verhältnis zu ihrem ›Gegenstand‹ Literatur, wenngleich vor- und außerwissenschaftliche Umstände das Problem lange Zeit glücklich verdeckten. Tritt es nun in sein akutes Stadium, indem der Gegenstand ›Literatur‹ zu verschwinden droht, so wird darin der Charakter dieses akademischen Fachs ebenso sichtbar wie seine Krise.

Solange der Literaturwissenschaftler noch Philologe hieß, »Freund des Wortes« also, blieb eine Erinnerung an seine Verwandtschaft mit dem Dichter, dem Leser, dem Liebhaber und Kenner der Literatur lebendig. Sobald sich jedoch die Philologie als Disziplin an der Universität eingerichtet hatte und also um ihre Anerkennung im System der Wissenschaften bemüht sein mußte, versuchte sie ihre Herkunft aus einer Liebhaberei, die in der neuen Umgebung amateurhaft und kompromittierend gewirkt hätte, durch besonders rigide und zunehmend lieblose Behandlung der Literatur zu vertuschen. Um Anspruch auf wissenschaftliche Objektivität erheben zu können, erklärte sie die Bücher, die wegen ihres Reichtums an Schönheit, Tiefsinn und Narretei die Leser zu bezaubern vermögen, zu Objekten, zu ihrem »Gegenstand«. Ist Dichtung zum Gegenstand geworden, so ist bereits ein Gutteil dieses Gegenstands verloren.

Das Konzept einer autonomen Wissenschaft namens Literaturwissenschaft hat zur Folge, daß sie zwar die der Wissenschaft vorausliegende Existenz ihres Gegenstands anerkennt, sich aber an ihr nicht mehr beteiligt. Der Umgang mit Dichtung, wie er das literarische Leben ausmacht – ein Durch- und Ineinander des Lesens und Schreibens von Dichtung, des Redens und Schreibens über Dichtung –, ist selbst wiederum Gegenstand der Literaturwissenschaft geworden, nicht jedoch ihr Bildungsziel. Solch geselliger Umgang mit Literatur gehört wohl unwiederbringlich der Vergangenheit an. Deshalb leitet die Literaturwissenschaft ihr Dasein, ihre Organisation und ihre Verfahren aus der Wissenschaft ab und nicht aus der Literatur. Die Literaturwissenschaft hat sich in der – wie sich heute zeigt: trügerischen – Sicherheit gewiegt, daß ihr Schicksal von dem der Literatur unabhängig sei. Doch diese Unabhängigkeit wird ihr zum Verhängnis: Es gibt immer mehr Studenten der Literaturwissenschaft und immer weniger Leser von Literatur; und nur wenige dieser Studenten sind zugleich Leser. Hingegeben ihren Terminologien, den Theorierevuen, dem akademischen Betrieb, den Tagungen und Sammelbänden, hat sich die Literaturwissenschaft eine eigene kleine Welt eingerichtet, in die die Literatur nur als neutralisierter Anwendungsbereich der Terminologien und Theorien eingelassen wird.

Von den klassischen Texten, die in der Vergangenheit entstanden sind und in der Gegenwart noch lesbar wären, hat sich die Gesellschaft abgekehrt. Die Schule respektiert sie nicht mehr; die Universität behandelt sie, ohne sie unter anderen Texten auszuzeichnen, da sie sich nicht zu Handlungen berechtigt und befähigt glaubt, die die Klassizität eines Textes begründen. Der gesellige, vorwissenschaftliche Umgang mit der literarischen Tradition erlaubte keine Beliebigkeit. Auch wenn er nicht auf einen Kanon verpflichtet war, beschränkte er jedenfalls die unendliche Zahl möglicher Lektüren durch die wiederholte Überprüfung einer durch die Zeiten hindurch bewährten ästhetischen Qualität. Um sie zu bestimmen, bedurfte es der Überzeugung, daß sich poetische Werke bewerten und geradezu in eine Rangfolge bringen lassen. Diese von Kennern getroffene, durch die Schule verbreitete Auswahl, die die klassischen, das heißt erinnerungswürdigen und zu dauerhafter Präsenz bestimmten Werke von den ephemeren trennte, akzeptierte die frühere Philologie als Vorgabe für ihre Tätigkeit. Ihr genügte es – von wenigen Korrekturen und Entdeckungen abgesehen –, durch Edition und Kommentar die klassischen Texte in verbesserter Gestalt ihren Lesern bereitzustellen. Die heutige Literaturwissenschaft begegnet diesem Kanon mit dem Verdacht, er habe sich aus kontingenten Rezeptionen, ästhetischen Ideologien und schlecht verborgenen Herrschaftsinteressen ergeben.

Fragen des Geschmacks, der Schönheit, des Rangs bringen die Literaturwissenschaft in solche Verlegenheit, daß sie übergangen oder als »unwissenschaftlich« ausgeschlossen werden. Und doch waren sie es, die den »Gegenstand« Literatur überhaupt erst konstituiert haben. Wenn aber Hierarchien des literarischen Rangs der – am falschen Ort bezeugten – egalitären Gesinnung zum Opfer fallen, die Unterscheidung von guter und schlechter Literatur auf Vorurteile des unterscheidenden Subjekts zurückgeführt werden, genuin ästhetische Erfahrungen also nicht zu den ernsthaften Themen einer Wissenschaft zählen, dann hat sich bereits mit diesem methodischen Verzicht auf kritische Entscheidung der Gegenstand Literatur aufgelöst. Daher ist die Literaturwissenschaft nicht in der Lage, aus eigenem Vermögen die Lücke zu schließen, die das Ende der Verpflichtung zur Lektüre klassischer Werke in der gebildeten Gesellschaft hinterlassen hat.

Das klassische Werk, das Jahrhunderte und Jahrtausende überstanden hat, darf mit Recht ein »autonomes Kunstwerk« heißen. Leider kann man Wilfried Barner nicht widersprechen, wenn er daran zweifelt, »ob dies im Ernst noch ein dominantes, zu bekämpfendes Konzept« sei. Alle haben es aufgegeben[1] – und damit den Inbegriff von Dichtung. Hat es denn Sinn, sich mit Geschichte, Publikum, literarischen Gruppen und Bewegungen, mit Gattungen, Rhetoriken und Poetiken zu beschäftigen, wenn daraus nicht ein besseres Verständnis der zu lesenden Werke hervorgeht? Der Begriff des »autonomen Kunstwerks« soll ja nicht bedeuten, daß es mit der übrigen Welt nichts zu tun habe; aber er ist nötig, um den eigenständigen und zentralen Wert zu bezeichnen, für den alle anderen lobenswerten Anstrengungen der Literaturwissenschaft eine dienende Funktion übernehmen. Historische Untersuchungen der Bedingungen und Wirkungen von Literatur setzen den Wert der literarischen Werke, deren Bedingtheit sie untersuchen, voraus, vergessen jedoch meistens diese Voraussetzung über die Arbeit. Das Hilfsmittel wirft sich zum Endzweck auf; im triumphierenden Lärm der »Forschungsergebnisse« geht das stillere Wort des Textes unter. Wer die Sonderstellung des Kunstwerks preisgibt, dem ist der Gegenstand der Literaturwissenschaft schon abhanden gekommen.

Eigentlicher Gegenstand der Literaturwissenschaft kann nicht alles Geschriebene sein, sondern allein die Literatur, die nicht vergessen werden sollte. Weitet man jedoch, wie es in den letzten Jahrzehnten geschah, den Begriff von Literatur so aus, daß nahezu alles Geschriebene darunter fällt, so muß mit jeder Entdeckung abgelegener und abgelegter Texte das Interesse abnehmen, daß auch andere als der Entdecker sie lesen und im Gedächtnis behalten wollen. Je mehr »Forschungslücken« in der Literaturgeschichte aufgedeckt und geschlossen werden, desto folgenloser ist dieser Akt für die Präsenz der vergangenen Literatur im gegenwärtigen literarischen Bewußtsein. Die Literatur ist überforscht.

Das quantitative Mißverhältnis zwischen der großen Vermehrung wissenschaftlicher Abhandlungen und der geringen Vermehrung lesenswer-

[1] Fast alle. Um eine Rehabilitierung des Werkbegriffs bemüht sich Karlheinz Stierle (Ästhetische Rationalität. Kunstwerk und Werkbegriff, München 1997). Stierle hält es für notwendig, »die Frage nach der ästhetischen Legitimität werkhaft konzipierter Kunst offenzuhalten und die Möglichkeit, ja Verbindlichkeit werkhaft gebundener Kunst neu zu bedenken« (S. 11). Nur unter dieser Voraussetzung läßt sich der Zweck »dauerhafter Institutionen« begründen, die dem Werk »seinen physischen Fortbestand sichern und zugleich in einem Diskurs der Auslegung dem unendlichen Prozeß des Verstehens einen Ort geben« (S. 21).

ter Dichtung resultiert aus der unangemessenen Zunahme der Professoren und Studenten in den philologischen Fächern. Während die gesellschaftliche Bedeutung der literarischen Bildung abnimmt, die Literatur vor Fontane kaum noch außerhalb literaturwissenschaftlicher Seminare gelesen wird, hat sich die Zahl der lehrenden und studierenden Germanisten seit 1960 vervielfacht. Zu Zeiten Emil Staigers, Wolfgang Kaysers, Benno von Wieses, Fritz Martinis waren es so wenige, die über deutsche Literatur schrieben, daß sie sich nicht im Wege standen, wenn sie vor allem über klassische Werke schrieben. Die heutigen »Forscher« – wie sie sich gerne nennen, um den Mangel an öffentlicher Teilnahme mit der Aura des einsamen Aufenthalts in einer unbekannten Gegend zu verklären – sind so zahlreich, daß sie wenig beachtete Gebiete am Rande oder jenseits der literarischen Tradition aufsuchen müssen. Die Ausweitung des Literaturbegriffs über die Literatur hinaus folgt also nicht allein der immanenten Methodendiskussion des Fachs, sondern ebenso aus der Not der Fachleute, im Gedränge der Forschung noch ein neues Thema zu finden.

Die neueste und denkbar weiteste Ausweitung unserer Vorstellungen von Literatur heißt »Kultur«. Was wäre *nicht* Kultur? Zu der gewaltigen Menge poetischer und nicht-poetischer Texte kommen nun, durch Interdisziplinarität schrittweise oder durch Kulturtheorie mit einem Sprung zugänglich gemacht, auch die Nicht-Texte hinzu: Bilder, Gebärden, alle Formen der Kommunikation samt ihrer Verhinderung. Durch diese kulturwissenschaftliche Permissivität wird das Schwinden der Literatur als Gegenstand der Literaturwissenschaft so deutlich sichtbar, daß endlich besorgte Diskussionen einsetzen. Aber die Flucht in die Kulturwissenschaft vollendet nur die wachsende Indifferenz dem klassischen Text gegenüber, wie sie die Literaturwissenschaft auf ihrem eigenen Gebiet programmatisch und methodisch erzeugt hat.

Anhänglichkeit an klassische Autoren war wünschenswert, solange Schule und Universität den Studenten sichere Berufsaussichten boten. Seitdem es unwahrscheinlich geworden ist, daß Absolventen dieses Studiengangs auf dem schmäler gewordenen Gebiet des Literaturunterrichts ein Unterkommen finden, kann das Studium höchstens Qualifikationen für eine allgemeine Fungibilität in einem unbestimmten Bereich von Tätigkeiten verheißen. Der euphemistische Name dieses vagen Terrains ist Kultur. Gibt sich Literaturwissenschaft als Kulturwissenschaft aus, so erscheint sie als unbegrenzt anschluß- und verwendungsfähig. Kultur ist ein Wort, das nichts als Zustimmung hervorruft, weil es keine Mühe macht, alles, was man so treibt oder treiben läßt, ihr zuzurechnen. Um zu überleben, paßt sich auch die Germanistik – dies Genie der Anpassung unter den wissenschaftlichen Disziplinen – dem Trend zur Kulturwissenschaft an.

Weiter und unbestimmter als »Kulturwissenschaft« kann die Selbstdeutung der Literaturwissenschaft nicht mehr werden. Aus der nächsten Theoriekrise und Methodendiskussion muß sie mit einem engeren und bestimmteren Umriß hervorgehen. Vielleicht erinnert sie sich dann der Philologie, der Liebe zum poetischen Wort.

JÖRG SCHÖNERT

WARUM LITERATURWISSENSCHAFT HEUTE NICHT NUR LITERATUR-WISSENSCHAFT SEIN SOLL

Wird den Zuschauern der Serien-Inszenierungen zur Funktionskrise der Literaturwissenschaft (»Wozu noch Literaturwissenschaft?«) nun ein neues Drama geboten – nämlich die Identitätskrise?[1] »Warum eigentlich soll Literaturwissenschaft ... immer etwas anderes sein als sie selbst?« so fragt Wilfried Barner, indem er Walter Haug zitiert. Bindet man die Identität der Disziplin an den eindeutigen Status ihres Gegenstandes, dann mag es gegenwärtig um die germanistische Literaturwissenschaft schlecht bestellt sein. Die national-philologische Festlegung war auf Grund der seit jeher beanspruchten Zuständigkeit für die österreichische Literatur und die Literatur der deutschsprachigen Schweiz bereits mit einem Fragezeichen versehen. Heute ist jedoch angesichts der medienkulturellen ›Globalisierungen‹ auch zu fragen, ob nicht Literaturwissenschaft prinzipiell als ›interkulturelle Literaturwissenschaft‹ (im Bezug auf ›cross cultural communication‹) anzulegen sei. Wenn darüber hinaus die Gegenstandsbestimmung im Sinne der kulturellen Bedeutung des Objektbereiches zu vollziehen ist, wenn der Literaturwissenschaft die ›schöne Literatur‹ als ein Ort wichtiger Sinnverständigungen und Erprobungen kulturell relevanter Wahrnehmungs- sowie Denkweisen, Äußerungsformen und Deutungsmuster gilt, dann muß in der gegenwärtigen kulturellen Konstellation zur Kenntnis genommen werden, daß Kinofilme und Fernsehproduktionen im Spektrum der fiktionalen Gestaltungen und erkundenden Entwürfe zu ›Sinnverständigungen‹ mehr Gewicht als die Literatur haben.

Kurzum: will die Literaturwissenschaft in Gegenwart und Zukunft die Leistungen für die Gesellschaft erbringen, denen sie sich seit ihrer disziplinären Konstitution im 19. Jahrhundert verpflichtet hatte, dann muß sie – so meine ich – interkulturelle und intermediale Ausrichtungen einschließen; sie muß eine entsprechende transdisziplinäre Beweglichkeit entwikkeln. ›Transdisziplinarität‹ hat – so mag es erscheinen – als modisches

[1] Die Diskussionsrunde soll nicht mit umfangreichen Nachweisen zum Stand der Debatten belastet werden. Auch für den Problemkreis ›Literaturwissenschaft – Kulturwissenschaft – Medienkulturwissenschaft‹ verzichte ich darauf, die zahlreichen Publikationen der letzten Jahre anzuführen und beschränke mich auf Verweise zu Diskussionen, die ich mitgetragen habe und die meine gedrängten Ausführungen in notwendiger Weise erweitern können.

Schlagwort mittlerweile ›Interdisziplinarität‹ abgelöst. Ich will jedoch versuchen, solche plakativen Äußerungen in wichtigen Lineaturen zu verdeutlichen.

Sollen transdisziplinäre Orientierungen nicht zu üppig wucherndem Dilettantismus führen, setzen sie gefestigte Disziplinarität voraus. Gerade wenn Literaturwissenschaft nicht nur als Literatur-Wissenschaft bestimmt werden soll, muß sie sich ihrer Traditionen und Leistungen im Gegenstandsbereich der Literatur versichern, muß das Vermitteln von ›philologischer Kompetenz‹[2] den Mittelpunkt der Ausbildung an den Universitäten darstellen. Es hat den Anschein als ob nach den Jahrzehnten vielfacher Verheißungen von Innovationen für die Literaturwissenschaft das Bewußtsein wächst, grundlegendes Wissen und elementare Fertigkeiten für das literaturwissenschaftliche Studium abgrenzen und sichern zu müssen. Die zahlreichen Neu-Erscheinungen zur »Einführung in die Literaturwissenschaft« und die neu konzipierten Sachwörterbücher stehen dafür. ›Philologische Kompetenz‹ kann aber auch die Basisqualifikation für die wissenschaftliche Auseinandersetzung mit textähnlichen und textanalogen Kommunikationen sein. Das soll nicht bedeuten, daß die Literaturwissenschaft sich beispielsweise die Objektbereiche von Film- und Fernsehproduktionen gleichsam aneignet. Doch können zur Erschließung dieser Gegenstände literaturwissenschaftliche Verfahrensweisen ›sachadäquat‹ anverwandelt werden. In solchen literaturnahen Gebieten wäre die Fähigkeit der Literaturwissenschaft zur Transdisziplinarität zu entwickeln, während für Aktionen auf einem literaturfernen Terrain Interdisziplinarität zur leitenden Aufgabe wird: das heißt, im Miteinander der Disziplinen einen Gegenstand zu bezeichnen, der disziplinär nicht vorbestimmt ist, und Verfahrensweisen zu erproben, die den Erfahrungsraum der Disziplinen überschreiten.[3]

Da Transdisziplinarität stets die Disziplinarität voraussetzt und Interdisziplinarität sich gleichsam jenseits der disziplinär organisierten Wissenschaftlichkeit herstellt, wird in beiden Orientierungen Literaturwissenschaft als wohlgeordnete Disziplin (mit einem fest bestimmten Gegenstand, formulierbaren Erkenntnisinteressen und entsprechend ausgearbeiteten Verfahrensweisen und Vermittlungsformen) nicht in Frage gestellt oder gar preisgegeben.

Für die Aufgabe, den (man sehe mir die Schlagworte nach) multikulturellen und multimedialen Kommunikations- und Sinnbildungsformen der

[2] Vgl. zu diesem Begriff meinen Beitrag in: Mitteilungen des Deutschen Germanistenverbandes 44, 1997, H. 4, S. 56–64.

[3] Vgl. dazu: Wolfgang Naucke, Philologen und Juristen: Notizen zum Problem der Interdisziplinarität, in: Erzählte Kriminalität, hrsg. v. Jörg Schönert, Tübingen 1991, S. 29–31.

Moderne wissenschaftlich gerecht zu werden, könnten Linguistik und Literaturwissenschaft unter den beschriebenen Voraussetzungen zu ›Leitwissenschaften‹ werden. So wären interkulturelle und intermediale Kompetenzen in die ›philologische Kompetenz‹ einzubeziehen – im Wissen um die prinzipielle mediale und kulturelle Bestimmtheit von Kommunikationen. Versteht man eine wissenschaftliche Disziplin auch als möglichen institutionellen Ort zur Organisation von Ausbildungsangeboten, dann ist in der gegenwärtigen Situation des Arbeitsmarktes die Fähigkeit der Literaturwissenschaft zur Transdisziplinarität die Voraussetzung, um sowohl Erwartungen gegenüber traditionellen Ausbildungsleistungen gerecht zu werden als auch Befähigungen für neue Berufsfelder zu vermitteln. Solche Qualifikationen – etwa im interkulturellen oder medialen Bereich – können jedoch in seriöser Weise nur herausgestellt werden, wenn die Studienangebote in ihren disziplinären und disziplinüberschreitenden Zusammenhängen wohlbedacht und systematisch entwickelt sind.[4]

Auch für die Ausbildung von Lehrerinnen und Lehrern sollte das literaturwissenschaftliche Studium interkulturelle und intermediale Perspektiven und Erfahrungen einschließen. In den nächsten Jahren wird das Schulfach (oder der ›Querschnittsunterricht‹) ›Medienerziehung‹ zu etablieren sein[5] – und es bleibt zu fragen, ob dafür nicht die Muttersprachenphilologie die wichtigsten Ausbildungsleistungen zu übernehmen hätte. In diesem Fall wäre das Unterrichtsfach ›Deutsch‹ auch mit allgemein medienwissenschaftlichen Anteilen zu studieren. Sie könnten schwerpunktmäßig innerhalb der linguistischen und literaturwissenschaftlichen Lehrveranstaltungen der Germanistik lokalisiert werden. Ein Studium, das in seinem Gegenstandsbereich den Zusammenhang der aktuellen ›multimedialen‹ Kulturangebote abbildet, erscheint mir von mehr Nutzen als beispielsweise die Addition von linguistischen, literatur-, film- und fernsehwissenschaftlichen Studiengängen. Auch für die Berufsfelder, denen sich Absolventen der neuphilologischen Fächer hauptsächlich zuwenden, wenn sie den Magisterabschluß anstreben, ist es von wachsender Bedeutung, daß in Literaturwissenschaft nicht nur die Literatur der Gegenstand des Studiums war. Journalismus, Public Relations oder Kulturberufe sind nicht mehr nur auf printmediale Vermittlung angelegt; ›kulturelle Bildung‹ schließt neben dem Wissen zur Literaturgeschichte auch Vertrautheit mit der Geschichte des Films und mit den kulturprägenden Funktionen des Fernsehens ein.

[4] Dazu ausführlich: Georg Jäger u. Jörg Schönert (Hrsg.), Wissenschaft und Berufspraxis. Angewandtes Wissen und praxisorientierte Studiengänge in den Sprach-, Literatur-, Kultur- und Medienwissenschaften, Paderborn 1997.

[5] Dazu jüngst das Themenheft »Medienwissenschaft und Medienerziehung« der »Mitteilungen des Deutschen Germanistenverbandes« (44, 1997, H. 1).

So sollte eine ›Identitätskrise‹ der Literaturwissenschaft (sowie im weiteren Sinn der Neuphilologien) nicht eine Rückbesinnung auf das ›Angestammt-Eigentliche‹ auslösen, sondern ein gründliches Revirement der Disziplinen. Zum einen wäre das Verhältnis von Linguistik und Literaturwissenschaft, das seit den 60er Jahren in Bewegung gekommen ist, für die Ausbildungsleistungen und Studienordnungen neu zu bedenken.[6] Erweiternde Schwerpunktsetzungen (im Sinne der transdisziplinären Orientierungen mit Blick auf Film und Fernsehen) können nicht nur durch Einschränkungen des literaturwissenschaftlichen Angebots vollzogen werden. Zum anderen wäre die Fähigkeit der Neuphilologien zur Transdisziplinarität zu reflektieren, zu entwickeln und in systematischen Zusammenhängen zu organisieren. Wenn die Neuphilologien sich heute als Kulturwissenschaften oder (angesichts der prinzipiellen medialen Bestimmtheit von Kultur) als Medienkulturwissenschaften verstehen sollen, dann muß für eine solche Orientierung – anders als bei der Konzeption einer Disziplin ›Kulturwissenschaft‹ – nicht eine detailliertere Definition des Gegenstandes ›Kultur‹ vorausgesetzt werden. Philologie als (Medien-) Kulturwissenschaft zu betreiben, wäre das Ergebnis einer gründlich bedachten und systematisch entwickelten Transdisziplinarität im Übertragen der ›philologischen Kompetenz‹ auf Gegenstände, die in ihren Organisationsformen und kommunikativen Funktionen sprachlichen Texten vergleichbar sind. So wäre Germanistik als (Medien-) Kulturwissenschaft verstanden eine transdisziplinär bewegliche Disziplin, die ihren Studierenden ›philologische Kompetenz‹ so vermittelt, daß Bezüge zu interkultureller und intermedialer Kompetenz eingeschlossen sind und ausgebaut werden können.

Ansichten künftiger Konzeptionen einer neuphilologischen Disziplin müßten das Erscheinungsbild einer relativ geschlossenen, auf einen homogenen Gegenstandsbereich bezogenen Disziplinarität überführen in die Konstellation einer wohlbestimmten Wissenschaft, die – transdisziplinär beweglich und interdisziplinär erkundend – dazu fähig ist, im Verbund der Wissenschaften nicht nur ihren Standort zu behaupten, sondern sich auf »lose Kopplung«[7] einzulassen. Damit soll nicht die Bereitschaft gemeint sein, auf alle möglichen Erwartungen und Angebote einzugehen; sondern beispielsweise Literaturwissenschaft in einer veränderten kulturellen Situation nicht nur als Literatur-Wissenschaft zu verstehen und zu betreiben.

[6] Dazu: Ebd., H. 3.

[7] Dirk Baecker, Auf dem Rücken des Wals. Das Spiel mit der Kultur – die Kultur als Spiel, in: Kulturwissenschaft: Perspektiven, Erfahrungen, Beobachtungen, hrsg. v. Carsten Winter, Bonn 1996 (Kultur & Wissenschaft 17: Studieren für morgen 2), S. 305–321; hier S. 305.

HINRICH C. SEEBA

KULTURKRITIK: OBJEKT ALS ›SUBJECT‹

Diskussionsbeitrag zum Gegenstand der Literaturwissenschaft

Aus amerikanischer Sicht, die ich hier um des Vergleichs willen zuspitzen will, erscheint die Frage, ob der Literaturwissenschaft der Gegenstand abhanden kommt, zunächst als ein semantisches, eigentlich aber als ein erkenntnistheoretisches Problem, das nicht nur die Philosophen beschäftigt. Im englischen Sprachverständnis ist ein Gegenstand, soweit er zum Thema eines kritischen Diskurses wird, ja kein wertungsneutrales *Objekt* wissenschaftlicher Kritik; vielmehr fällt er als *subject* von vornherein in den Bereich subjektbestimmter Gegenstandskonstitution, die abhängig ist von der jeweiligen, *objective* genannten Zielsetzung. In dieser chiastischen Verschränkung von subjektiviertem Objekt-Begriff und objektiviertem Subjektbegriff kann ein Gegenstand, der nicht vorgegeben ist, auch nicht einfach verloren gehen, sondern, weil sich die Perspektiven seiner möglichen Erfassung ändern, nur anders rekonstituiert werden. Deshalb ist in der wissenschaftlichen Themenwahl wie im alltäglichen Umgang das bloße Vorhandensein einer Sache kein ausreichender Grund, sich mit ihr zu befassen. Die naive Rechtfertigung »because it's there« ist in einem bekannten Witz so sehr der Lächerlichkeit preisgegeben, daß amerikanische Studenten auch in den Kursentwürfen und Forschungsvorschlägen, die sie vorlegen müssen, nicht umhin können, die Wahl ihrer Gegenstände und damit ihre eigene Motivation immer neu zu begründen.

Das gilt besonders für eine Disziplin wie *literary criticism*, die sich im Rahmen der *humanities* genannten Geisteswissenschaften ausdrücklich dem Wahrheitsanspruch der *sciences* entzieht und deshalb auch nicht für das Falsifikationsgebot des kritischen Rationalismus taugt. Die Betonung kritisch-kreativer Gegenstandskonstitution hatte schon lange vor dem Poststrukturalismus Konsequenzen auch für die unterschiedliche Akzeptanz unkonventioneller Darstellungsformen. Während die Berufung Friedrich Gundolfs nach Berlin nicht zustandekam, weil der große Essayist, zudem ein Jude, dem noch nicht anders beizukommen war, nach dem Votum Gustav Roethes »mehr eine künstlerische als eine wissenschaftliche Natur« sei,[1] ist die Affinität amerikanischer Literaturkritik zum Essay, wie ihn Adorno im Unterschied zur diskursiven Erörterung definiert hat,[2] auch in der regelmäßigen Bewertung ihrer akademischen Autoren durchaus kein Manko, sondern eher ein Vorzug, der über jeden Verdacht der Unwissenschaftlichkeit erhaben ist. So erweist sich der sprachlich konstituierte Gegenstand der Literaturkritik als ein auch durch unterschiedliche Wissenschaftskulturen bestimmtes Phänomen, das als *subject* nicht abgelöst ist von der jeweiligen Perspektivierung seiner Erkenntnis.

Im deutschen Kontext ist die Frage, ob der Literaturwissenschaft der Gegenstand abhanden kommt, sobald sie sich dem verführerischen Integrationsangebot von Nachbardisziplinen ergibt, so jung wie sie selbst. Es ist gerade erst hundertfünfzig Jahre her, daß die Germanistik als Studium des deutschen Rechts (dem ihr Name bekanntlich entlehnt wurde), der deutschen Geschichte und der deutschen Sprache, also in einem größeren Zusammenhang kultureller Symbolisierung, begründet wurde, und noch kaum hundert Jahre, seitdem sich die Germanistik auf eine Literaturwissenschaft verengt hat, in der die literarischen Texte nicht mehr nur der Illustration von historischen und philologischen Problemen dienten.

Als Jacob Grimm 1846, in seiner Rede auf der ersten Germanisten-Versammlung, den Gegenstand der bis dahin auf die Rechtswissenschaft beschränkten Germanistik semantisch ausdehnte, galt ihm als *tertium comparationis* der drei nun unter demselben Namen vereinigten Wissenschaftszweige »der begriff der deutschheit«,[3] ein Appell also zur nationalen Integration recht heterogener Gegenstandsbezüge. Und als Erich Schmidt, der Schüler Wilhelm Scherers und Lehrer Julius Petersens, in seiner Wiener Antrittsvorlesung von 1880, sein »wissenschaftliches Glaubensbekenntnis« ablegte,[4] das für eine ganze Generation von Fachvertretern und deren Schülern zum Wegweiser werden sollte, wurde der nunmehr bevorzugte Gegenstand der Germanistik, die deutsche Literaturgeschichte, zum Synonym der ganzen Disziplin erklärt und damit, als gäbe

[1] Diese im Universitätsarchiv der Humboldt-Universität (Philosophische Fakultät, Dekanat Nr. 1469, Bl. 26) erhaltene Äußerung Roethes in einer Fakultätssitzung 1920 wird zitiert nach: Wolfgang Höppner, Eine Institution wehrt sich. Das Berliner Germanistische Seminar und die deutsche Geistesgeschichte, in: Literaturwissenschaft und Geistesgeschichte 1910 bis 1925, hrsg. v. Christoph König u. Eberhard Lämmert, Frankfurt/M. 1993, S. 362–380, S. 372.

[2] Vgl. Theodor W. Adorno, Der Essay als Form (1958), in: Th. W. A., Noten zur Literatur I, Frankfurt/M. 1980, S. 9–49.

[3] Jacob Grimm, Über den Namen der Germanisten (Rede auf der Frankfurter Germanisten-Versammlung 1846), in: J. G., Recensionen und vermischte Aufsätze. Vierter Theil, Berlin 1884, S. 568–569, S. 568.

[4] Erich Schmidt, Wege und Ziele der deutschen Litteraturgeschichte, in: E. Sch., Charakteristiken, Berlin 1886, S. 480–498, S. 491.

es die Geschichte des deutschen Rechts, der deutschen Geschichte und der deutschen Sprache nur noch außerhalb der so verengten Fachgrenzen, gar nicht mehr in Frage gestellt. Von der programmatischen Bestimmung der »Wege und Ziele der deutschen Litteraturgeschichte«, die der berühmt gewordene Titel der Rede versprach, blieb, abgesehen von der Aufzählung inhaltlicher Aufgaben, die kritische Definition ihres Gegenstandes ausgenommen. Stattdessen wurde der als Disziplin identifizierte Gegenstand, die text-, motiv-, stil- und wirkungsgeschichtlich zu erschließende Literaturgeschichte, wie selbstverständlich in ein größeres Rahmenprogramm eingeordnet: »Litteraturgeschichte soll ein Stück Entwicklungsgeschichte des geistigen Lebens eines Volkes [...] sein.«[5] Der unfreiwillige Doppelsinn dieser Forderung könnte heute der Gegenstand einer Kulturkritik der Wissenschaftsgeschichte werden; denn wo die Literaturgeschichte, als Gegenstand verstanden, ein Teil der vergangenen Kulturgeschichte ist, leistet sie auch, nun als Disziplin verstanden, einen Beitrag zur jeweils künftigen Kulturgeschichte. Das Projekt der Literaturgeschichte ist also von der Projektion der deutschen Kulturnation nicht zu trennen, sondern als sinnfälliges Beispiel kultureller Kompensation sozialer und politischer Defizite ein wichtiges Datum kultureller Praxis und damit ein bevorzugter Gegenstand jener weiter gefaßten Kulturkritik, die heute auch von Literaturwissenschaftlern betrieben wird.[6]

Die neuere Erweiterung ihres Gegenstandsbereichs könnte also, wenn sich die Germanistik an die eigene Geschichte erinnert,[7] als Rückbesinnung auf einen Kontext verstanden werden, in dem die Literatur von vornherein nur eine von mehreren Textsorten und keineswegs privilegiert war. Die Disziplin war immer schon mehr durch ihre sich wandelnde Funktion und die ihr dienenden Methoden als durch einen ein für allemal festgelegten Gegenstand definiert. Ob sie nun nationalpädagogisch, geistesgeschichtlich, völkisch, formalistisch, marxistisch oder medienpädagogisch inspiriert war, fast immer hat sich die Germanistik ihren Interessen

[5] Ebd.

[6] Vgl. Hinrich C. Seeba, Germany – a Literary Concept? The Myth of National Literature, in: German Studies Review 17, 1994, S. 353–369.

[7] Neuere Arbeiten zur Wissenschaftsgeschichte der Germanistik verdienten viel mehr Beachtung bei der Erörterung methodologischer und theoretischer Probleme; vgl. u. a. Rainer Rosenberg, Zehn Kapitel zur Geschichte der Germanistik. Literaturgeschichtsschreibung, Berlin 1981; Jürgen Fohrmann, Das Projekt der deutschen Literaturgeschichte. Entstehung und Scheitern einer nationalen Poesiegeschichtsschreibung zwischen Humanismus und Deutschem Kaiserreich, Stuttgart 1989; Peter Uwe Hohendahl, Building a National Literature: The Case of Germany, 1830–1870, Ithaca 1989; Klaus Weimar, Geschichte der deutschen Literaturwissenschaft bis zum Ende des 19. Jahrhunderts, München 1989; Rainer Rosenberg, Literaturwissenschaftliche Germanistik. Zur Geschichte ihrer Probleme und Begriffe, Berlin 1989.

entsprechend die Gegenstände so ausgewählt und so zurechtgelegt, daß damit eine außerliterarische Mission erfüllt werden konnte. Und immer wieder wurde die Verschiebung von einem zum nächsten Auftrag, weil sie eine Verunsicherung der Gegenstandsbestimmung mit sich brachte, als »Krise« beklagt, über die die Gazetten in regelmäßigen Abständen triumphieren konnten, als würde der immer wieder prophezeite Tod der Literatur, der nie eintreten wollte, endlich wenigstens deren akademische Kritik ereilen. Die Wissenschaftsgeschichte der Germanistik kann als eine Funktionsgeschichte ihrer mit externen Aufträgen überfrachteten Paradigmen gelesen werden und deshalb, wissenschaftspolitisch, immer auch als Leidensgeschichte ihrer Verdrängungsopfer, die den von ihnen propagierten Tendenzwenden schließlich selbst erliegen mußten.

In historischer Perspektive ist deshalb auch »die kulturwissenschaftliche Wende« kaum der alarmierende Verrat an einem literarischen Kern, zu dessen Gralshütern sich Germanisten erst sehr spät, vor allem im Anschluß an Oskar Walzel, Wolfgang Kayser und Emil Staiger berufen fühlten, sondern eine Anknüpfung an in Vergessenheit geratene Traditionen der Kulturanthropologie, die schon sehr früh durch Kants *Anthropologie in pragmatischer Hinsicht* (1798) und Herders *Plan einer vergleichenden Anthropologie* (1796/97) markiert waren.[8] Als im 19. Jahrhundert die allmähliche Differenzierung akademischer Disziplinen von den als unwissenschaftlich verdächtigten Grauzonen fließender Übergänge freigehalten werden mußte, konnte sich zum Beispiel Johann Gustav Droysen, für den die Kulturgeschichte »von höchst zweifelhaftem wissenschaftlichem Wert und von nur zuviel dilettantischem Rang« war,[9] mit seiner Skepsis durchsetzen, während W. H. Riehl, der unter Zunfthistorikern als Dilettant galt, mit seinem etwa gleichzeitigen Ruf nach einer historischen Kulturanthropologie, in der er den materialen »Keim zu einer wahren Philosophie der Geschichte« erblickte, auf der Strecke blieb.[10] Zur selben Zeit, als Jacob Burckhardts akademischer Erfolg auf die Schweiz begrenzt blieb, fand Riehl in München so wenig akademische Anerkennung wie in Berlin die Juden Heyman Steinthal und Moritz Lazarus, die 1860 für eine sprach-

[8] Vgl. zum folgenden Hinrich C. Seeba, Kulturanthropologie und Wissenschaftsgeschichte: Ansätze ihrer Verbindung bei Humboldt, Steinthal und Riehl, in: Germanistik und Komparatistik. DFG-Symposion 1993, hrsg. v. Hendrik Birus, Stuttgart, Weimar 1995, S. 111–130.

[9] Johann Gustav Droysen, Texte zur Geschichtstheorie. Mit ungedruckten Materialien zur »Historik«, hrsg. v. Günter Birtsch u. Jörn Rüsen, Göttingen 1972, S. 27.

[10] Wilhelm Heinrich Riehl, Der Kampf der Wissenschaften in der Neuzeit [Vortrag 1878], in: W. H. R., Freie Vorträge. Zweite Sammlung, Stuttgart 1885, S. 130–195, S. 161. Vgl. Jasper von Altenbockum, Wilhelm Heinrich Riehl 1823–1897. Sozialwissenschaft zwischen Kulturgeschichte und Ethnographie, Köln 1994.

kritische »Physiologie des geschichtlichen Lebens der Menschheit« die kulturanthropologische *Zeitschrift für Völkerpsychologie und Sprachwissenschaft* gründeten,[11] oder wie später in Leipzig der heftig umstrittene Begründer der materialistischen Kulturgeschichte, Karl Lamprecht, der mit seinem bloß assoziierten Institut für Kulturgeschichte »*an* der Universität Leipzig« institutionell eine Randfigur blieb.[12]

Erst die von den Nazis erzwungene Emigration hat den Vertretern der in Deutschland marginalisierten Kulturgeschichte, allen voran die von Lamprecht und Georg Simmel geprägten Aby Warburg, Erwin Panofsky, Ernst Cassirer, Walter Benjamin, Ernst Gombrich u. a., schließlich eine breitere, internationale Öffentlichkeit verschafft, die sich in England an *cultural materialism* und in Amerika an *cultural anthropology* heranbilden konnte. Es wäre also historisch zumindest ungenau, wenn man die kulturwissenschaftliche Wende, von der manche ihrer Kritiker hüben wie drüben einen Gegenstandsverlust befürchten, ausgerechnet den Amerikanern anlasten wollte, nur weil der Ruf nach dem *cultural turn* nun einmal zuerst von ihnen ausging – unter politischen, sozialen und institutionellen Umständen, die mit denen in Deutschland kaum vergleichbar sind.

Kritiker des *cultural turn* verkennen nicht nur die deutsche Vorgeschichte amerikanischer Kulturkritik an Deutschland, sondern, schlimmer noch, oft auch die Gründe, warum die Kulturkritik, die an der Wiege dieses letzten Paradigmawechsels stand, in Deutschland nicht willkommen war und deshalb vor allem in Amerika Zuflucht finden mußte. Als Adolf Bartels 1915 in einer seiner vielen Schmähschriften, *Nationale oder universale Literaturwissenschaft?*,[13] gegen den Universalismus Front machte, wollte er vor allem Richard M. Meyer treffen. Daß sich ausgerechnet einer der ganz wenigen jüdischen Forscher, die in der Germanistik eine Rolle gespielt haben, der Aufwertung der Literatur*geschichte* zur Literatur*wissenschaft* widersetzte und »für die Einführung des Kunstausdrucks ›Litteraturwissenschaft‹ kein Bedürfnis« sah,[14] hat ihm unter den Anhän-

[11] M. Lazarus u. H. Steinthal, Einleitende Gedanken über Völkerpsychologie, als Einladung zu einer Zeitschrift für Völkerpsychologie und Sprachwissenschaft, in: Zeitschrift für Völkerpsychologie und Sprachwissenschaft 1, 1860, S. 1–73, S. 19.

[12] Karl Lamprecht, Was ist Kulturgeschichte? Beitrag zu einer empirischen Historik [1896], in: K. L., Alternative zu Ranke. Schriften zur Geschichtstheorie, Leipzig 1988, S. 213–272. Vgl. Hinrich C. Seeba, Interkulturelle Perspektiven: Ansätze einer vergleichenden Kulturkritik bei Karl Lamprecht und in der Exil-Germanistik, in: German Studies Review 16, 1993, S. 1–17.

[13] Adolf Bartels, Nationale oder universale Literaturwissenschaft? Eine Kampfschrift gegen Hanns Martin Elster und Richard M. Meyer, München 1915.

[14] Richard M. Meyer, [Rezension zu Ernst Elster, Prinzipien der Literaturwissenschaft, Halle 1897], in: Euphorion 4, 1897, S. 813–818, S. 815.

gern des zur Wissenschaft erklärten Nationalismus keine Freunde geschaffen. So wurde die Abneigung gegen den Internationalismus der Kulturkritik zum willfährigen Komplizen des antisemitischen Vorurteils, daß jüdische Kritiker in einer deutschen Wissenschaft, deren vorzüglicher Gegenstand seit Jacob Grimm das Deutschtum war, nichts verloren haben.

Es waren dann vor allem jüdische Emigranten, die, nachdem sie der nationalistischen Gleichschaltung zum Opfer gefallen waren, die Literatur nicht mehr affirmativ, sondern kritisch nach ihrem Beitrag zur Nationalbildung befragten und dabei die interkulturelle Perspektive ihrer eigenen Erfahrung auch auf ihre literaturkritische Praxis übertrugen. Weil diese amerikanisch sozialisierten deutschsprachigen Väter der *German Studies* zumeist Quereinsteiger aus anderen, eher künstlerischen Laufbahnen waren, haben vor allem ihre amerikanischen Schüler die an der deutschen Universität viel enger gezogenen Grenzen der Literatur*wissenschaft* sowohl komparatistisch als auch zunehmend interdisziplinär unterlaufen und in der Literatur entsprechend einen ganz anders akzentuierten Gegenstand ihrer Kulturkritik gefunden als ihre deutschen Kollegen.[15] In den interdisziplinär und interkulturell konzipierten *German Studies* ist der literarische Text, neben nichtliterarischen Texten und nichtsprachlichen Darstellungsformen, nur einer von mehreren ›Gegenständen‹, an dem historisch und kulturell bedingte Formen der Symbolisierung von Bedeutung im Rahmen kollektiver Identitätsbildung nachgebildet werden. Aus der kritischen Distanz zur deutschen Kultur und aus der produktiven Frustration im Umgang mit der (Fremd-)Sprache ist den *German Studies* ein sprachkritisches Selbstbewußtsein erwachsen, das, sicherlich verwirrend für manche Kollegen im Herkunftsland der Germanistik, für einen Dialog zwischen amerikanischen und deutschen Germanisten aber unerläßlich scheint.[16]

Für die Mitglieder einer immer noch relativ homogenen Gesellschaft wie der deutschen ist sicherlich vor allem die Radikalität erschreckend, mit der in den USA der Internationalismus der Kulturanthropologie inzwischen, nachdem seine Ablehnung nicht mehr alten Stereotypen des Antisemitismus zugeschrieben werden kann, einem multikulturellen Regionalismus gewichen ist, der den gewaltigen demographischen Verschiebungen

[15] Vgl. Hinrich C. Seeba, Zwischen den Kulturen: Wissenschaftsemigration und German Studies, in: Der Exodus aus Nazideutschland und die Folgen. Jüdische Wissenschaftler im Exil, hrsg. v. Marianne Hassler u. Jürgen Wertheimer, Tübingen 1997, S. 304–324.

[16] Vgl. Hinrich C. Seeba, German Studies in Amerika. Ein interdisziplinäres und interkulturelles Modell der Kulturtheorie, in: Reformdiskussion und curriculare Entwicklung in der Germanistik. Dokumentation der Internationalen Germanistentagung des DAAD 24.–28. Mai 1995 Universität Gesamthochschule Kassel, hrsg. v. Günter Blamberger u. Gerhard Neuner, Bonn 1996, S. 27–37.

in der amerikanischen Gesellschaft entspricht. *Local Knowledge* und *The location of culture*, berühmte Buchtitel der Kulturanthropologen Clifford Geertz (1983) bzw. Homi K. Bhabha (1994), sind die symptomatischen Schlagwörter für die Verortung kultureller Normen und damit auch für den Verteilungskampf der in den *culture wars* konkurrierenden Identitätsansprüche.[17] Wenn aus der Forderung nach rechtlicher Gleichstellung von Subkulturen der Glaube an deren Gleichwertigkeit abgeleitet wird, so fordert dieser als Relativismus verdächtigte Perspektivismus den Vorwurf der Gleichgültigkeit gegenüber kritischen Maßstäben heraus, als wäre der Qualitätsverfall eher ein Merkmal des amerikanischen als des deutschen Universitätssystems.

Die Fronten haben sich, so scheint es, verkehrt, wenn nun ausgerechnet in Deutschland, dem die Heterogenisierung der Kultur in geringerem Ausmaß erst noch bevorsteht, oft einem Universalismus das Wort geredet wird, nach dem der allgemeingültig gedachte, ein für allemal festgelegte Gegenstand vorgegeben und deshalb auch literaturwissenschaftlich so lange eindeutig abgebildet werden kann, wie er nicht wie ein Hut, den man verlegt hat, abhanden kommt. Aber nicht der Gegenstand geht verloren, sondern der Zugriff auf den Gegenstand wandelt sich im Lauf seiner jeweils anders perspektivierten Erfassung. Der Prozeß der ständigen Rekonstituierung des Gegenstandes, der als *subject* an das Subjekt dieser hermeneutischen Praxis gebunden ist, bedingt eine an das romantische Konzept der Transzendentalpoesie erinnernde Selbstreflexion, die im Extremfall vor lauter Metakritik den Gegenstand zwar nicht aus den Augen verliert, ihm aber nur noch eine nachgeordnete Rolle einräumt. Was am *New Historicism* als »eigentümlich ostentative Literatur-Abgewandtheit« erscheinen mag,[18] ist vielleicht nur das Ergebnis eines ernüchterten Blicks auf die gesellschaftliche Rolle von Literatur, wobei die der deutschen Literatur oft eingeschriebene Überschätzung dieser Rolle, als Moment der kulturellen Praxis, selber wieder Gegenstand der Kulturkritik wird.

Für den kulturellen Vergleich der Gegenstandsbestimmung kann zum Schluß ein besonderer Unterschied nicht genug hervorgehoben werden, weil er viele der theoretischen Implikationen, von denen hier die Rede war, entscheidend mitbestimmt. Anders als für deutsche Studenten der Germanistik ist für ihre amerikanischen Kommilitonen die Sprache deut-

[17] Vgl. Gerald Graff, Beyond the Culture Wars: How Teaching the Conflicts Can Revitalize American Education, New York, London 1992.

[18] Wilfried Barner, Kommt der Literaturwissenschaft ihr Gegenstand abhanden? Vorüberlegungen zu einer Dikussion, in: Jahrbuch der deutschen Schillergesellschaft 41, 1997, S. 1–8, S. 5. Vgl. zum New Historicism Hinrich C. Seeba, New Historicism und Kulturanthropologie: Ansätze eines deutsch-amerikanischen Dialogs, in: Historismus am Ende des 20. Jahrhunderts. Eine internationale Diskussion, hrsg. v. Gunter Scholtz, Berlin 1997, S. 40–54.

scher Texte selber ›gegenständlich‹ geworden; sie ist nicht transparent, kein unverstelltes Fenster, durch das man auf eine dahinter liegende Wirklichkeit blickt, kein blanker Spiegel, in dem die Probleme ›abgebildet‹ werden, als wären sie immer und ausschließlich vorsprachlicher Natur. Für amerikanische Germanisten ist »die Sperrigkeit ihrer Gegenstände«, an die Karl Heinz Bohrer vor kurzem erinnert hat,[19] eine tägliche Erfahrung mit dem sprachlichen Widerstand, den diese Gegenstände leisten; für sie ist deren Sperrigkeit, an der sie sich, mit einem neudeutschen Lieblingswort, »abarbeiten« sollen, vor allem eine Frage der Sprachlichkeit der Konstituierung von Gegenständen. Sie finden den sprachkritischen Umgang mit deutschen Texten oft recht mühsam, nicht nur weil – auf der positiven Seite – die literarischen Texte in einer schwierigen Fremdsprache geschrieben sind, die immer wieder zur Thematisierung der sprachlichen Konstruktion von fiktionaler Wirklichkeit herausfordert, sondern weil – auf der negativen Seite – die kritischen Texte oft in einer unnötig beschwerten, durch Prätention befremdenden Sprache verfaßt sind, die die Spannkraft für einen kritischen Dialog erlahmen läßt. Die alarmierende Folge dieser nicht immer ausbalancierten Erfahrung ist weniger die Abwendung von der deutschen Literatur als von der deutschen Sprache und erst dann, weil Übersetzungen nichtliterarischer Argumente von Georg Simmel bis Jürgen Habermas leichter zugänglich sind und damit die Sensibilität für die Nichtübersetzbarkeit literarischer Texte verloren geht, eine Vernachlässigung der literarischen Basis der Kulturkritik.[20]

Mit diesem Aspekt der Sprachlichkeit literaturwissenschaftlicher Gegenstandsbestimmung schließt sich der Kreis: Das erkenntnistheoretische Problem des behaupteten Objekt-Charakters von *subjects* hat sich in der interkulturellen Perspektive des deutsch-amerikanischen Vergleichs als sprachtheoretisches Problem erwiesen. Wenn eins der wichtigsten Ziele (*objectives*) der Kulturkritik die Sensibilisierung für die Macht der Sprache in kollektiver Identitätsbildung ist, dann sollte der vornehmste Gegenstand der Literaturwissenschaft der literarische Text sein, an dem der instrumentalisierbare Überschuß an Bedeutung auch im Rahmen einer umfassenden Sprachkritik studiert werden kann. Insofern ist nicht der Verlust des Gegenstandes zu beklagen, sondern angesichts des allgemeinen Sprachverfalls nur zu konstatieren, daß seine eigentliche Gewinnung noch aussteht.

[19] Karl Heinz Bohrer, in: Merkur 51, 1997, S. 184.

[20] Vgl. zum drohenden Verlust der sprachlichen und schließlich der literarischen Basis der Kulturstudien: Hinrich C. Seeba, Cultural versus Linguistic Competence? Bilingualism, Language in Exile and the Future of German Studies, in: The German Quarterly 69, 1996, Nr. 4, S. 401–413.

WILHELM VOSSKAMP

DIE GEGENSTÄNDE DER LITERATURWISSENSCHAFT UND IHRE EINBINDUNG IN DIE KULTURWISSENSCHAFTEN

I

Im Gesamtbereich der Kultur als dem Ensemble »symbolischer Formen« (Ernst Cassirer) und ihrem »selbstgesponnenen Bedeutungsgewebe« (Clifford Geertz) spielen Sprache und Literatur eine zentrale Rolle, wobei Lesen und Schreiben als die »grundlegenden Kulturtechniken der literarischen Kommunikation« bezeichnet werden können.[1] Der Gegenstandsbereich der Literaturwissenschaft ist daher durch seine Eigenständigkeit ebenso charakterisiert wie durch seine Einbindung in die Kultur- und historischen Sozialwissenschaften. Die Geschichte der Literaturwissenschaft zeigt auf anschauliche Weise, daß ihre Gegenstände im einzelnen weder eindeutig bestimmbar noch abschließend festgelegt sind. Die ›Suche‹ nach ihren Gegenständen gehört vielmehr konstitutiv zur Geschichte dieser Disziplin, die durch immer neue Selbstentwürfe charakterisiert ist. Daß das auch als ›Krisen‹-Geschichte gelesen werden kann, liegt auf der Hand; andererseits ist gerade dies die Bedingung der Möglichkeit für die je besondere Selbstorganisation und Selbsterneuerung der Disziplin.

Die Eigenart der Gegenstände der Literaturwissenschaft und ihre Einbindung in die Kulturwissenschaften läßt sich am besten anhand ihrer – über die philologischen Aufgaben im engeren Sinn (Edition und Kommentar) hinausgehenden – Kernbereiche ablesen: Textanalyse und Textinterpretation als »Institution der Auslegung« (Karlheinz Stierle); Rekonstruktion und Konstruktion der Geschichte der Literatur als »Literaturgeschichte«; Analyse von Medien und Medialität als Medientheorie und Geschichte des Medienwechsels. In allen drei Bereichen handelt es sich um Äußerungsformen kultureller Praktiken.

[1] Vgl. Dietrich Harth, Die literarische Kommunikation als kulturelle Tätigkeit: Vorschläge zur Orientierung, in: Literatur und Kulturwissenschaften. Positionen,Theorien, Modelle, hrsg. v. Hartmut Böhme u. Klaus Scherpe, Reinbek 1996, S. 328.

II

1. Literarische Texte in ihrer paradoxen Struktur von (ästhetischer) Autonomie einerseits und Vieldeutigkeit andererseits sind Gegenstände der kulturellen Selbst-Wahrnehmung und Selbst-Thematisierung. In Texten beobachten sich Kulturen selbst. Ob im Sinne einer Differenzierung zwischen popular culture und Hochkultur (vgl. die Unterscheidung von Aleida Assmann zwischen »Lebenswelt und Monument«) oder einer nach verschiedenen Gattungen und Diskursen bestimmten ›Ordnung‹ im jeweiligen Literatursystem. Literarische Texte sind spezifische Formen des individuellen und kollektiven Wahrnehmens von Welt *und* Reflexion dieser Wahrnehmung. Literatur ist deshalb konstitutiv durch ein hohes Maß an Selbstreflexion charakterisiert. An künstlerischen Texten mit hoher Komplexität läßt sich das insbesondere ablesen. Die Geschichte der Auslegung zeigt, daß die »ästhetische Differenzqualität« der Literatur die Voraussetzung für ihre »unendliche Auslegbarkeit« bietet (vgl. Friedrich Schlegel). In ihrer Eigenart als Medien der Wahrnehmung und Selbstreflexion nehmen literarische Texte Teil an der kulturellen Sinnproduktion.

2. Literaturgeschichte als Rekonstruktion und Konstruktion der Geschichte der Literatur wird der Eigenständigkeit literarischer Texte nur gerecht, wenn sowohl ihre textuelle Eigenart als auch ihre historische *Kon*textualität ernst genommen werden. »Das Sich-Einflechten des Textes in den Zeichenkontext markiert [...] den kulturellen und ideologischen Ort, der die Funktionen der Zeichenkreuzung, die Funktion der intertextuellen Organisation des Textes selbst offenlegt. Der Text [greift] in den sozialen Zeichenkontext [ein]«.[2] Eine weitere conditio sine qua non für Literaturgeschichte ist die Einsicht in die Funktion literarischer Texte als Medien des »kommunikativen« wie des »kulturellen« Gedächtnisses. Literarische Texte haben Teil an jener reflexiven Vergegenwärtigung, die als stets »stattfindende Konsistenzprüfung von Operationen, durch die nicht nur die Funktion des Erinnerns, sondern erst recht die des Vergessens besorgt wird«.[3] Literatur läßt sich als »Reflexionsinstanz« auffassen, als »semantisches und vor allem performatives Archiv, als Organon des Wissens um die Wirklichkeit symbolischer Welterzeugung«.[4] Die Intertextualität der

[2] Renate Lachmann, Ebenen des Intertextualitätsbegriffs, in: Das Gespräch, hrsg. v. Karlheinz Stierle u. Rainer Warning, München 1984, S. 137.

[3] Uwe Steiner, Können Kulturwissenschaften eine neue moralische Funktion beanspruchen? – Eine Bestandsaufnahme, in: Deutsche Vierteljahrsschrift 71, 1997, S. 8.

[4] Ebd., S. 33.

Literatur kann selbst als ihr Gedächtnis bezeichnet werden; sie ist der »Ort einer auf sich selbst verweisenden Memoria«.[5]

Literaturwissenschaftliche Analysen und literaturgeschichtliche Darstellungen bedürfen der Reflexion ihrer institutionellen und gesellschaftlichen Rahmenbedingungen und kulturellen Überlieferungen. Die Speicherfunktion bildet dabei nur die eine Seite, Selektion (mittels Kanon, Zensur und jeweiligen Organisationsformen) bildet die andere. Das Gedächtnis der Institution (vom Theater bis zur Schule und Universität) bewahrt kollektives Wissen in bestimmten textuellen Formen und Genres, so daß auch hier die Frage der Geformtheit eine zentrale Rolle spielt.

Im Zeichen einer *Re*privilegierung des Textes (im Dekonstruktivismus) bei gleichzeitiger *De*privilegierung von literarischen Texten in kulturgeschichtlichen Zusammenhängen (im New Historicism) bleibt die Doppelaufgabe der Literaturwissenschaft und Literaturgeschichte bestehen: die Analyse und Beschreibung der »Literatur als Sozialsystem und Symbolsystem«.[6] Vergessen werden darf dabei nicht, daß es in jeder historischen Epoche einen Überschuß an literarischen und künstlerischen Formen gibt, der gesellschaftlichen Strukturen nicht vollständig zuzuordnen ist. Dieser Überschußcharakter der Kunst und Literatur – ihr ›ästhetischer Mehrwert‹ – macht deutlich, daß auch eine Funktionsgeschichte der Literatur den besonderen ästhetischen Status der Literatur ernst nehmen muß, will sie nicht in Modelle traditionaler Verrechnungen von ›Literatur und Wirklichkeit‹ zurückfallen.[7]

3. Literarische Texte in allen Kulturen machen auf unterschiedliche Medien und das Problem von Medialität aufmerksam. Die Frage der ›alten‹ und ›neuen‹ Medien hat deshalb zu Recht in der jüngsten literaturwissenschaftlichen Diskussion (vgl. etwa die Entwicklung in der Mediävistik) ein besonderes Interesse gefunden. Dabei läßt sich neben einem technik-historisch orientierten Ansatz (vgl. die Arbeiten in der ›Schule‹ von Friedrich Kittler) ein kulturkritischer, gelegentlich apokalyptisch klingender Diskurs beobachten. Demgegenüber sollten Medien im Zeichen kulturel-

[5] Anselm Haverkamp, Renate Lachmann, Text als Mnemotechnik, in: Gedächtniskunst: Raum-Bild-Schrift. Studien zur Mnemotechnik, hrsg. v. Anselm Haverkamp u. Renate Lachmann, Frankfurt/M. 1991, S. 21.

[6] Claus-Michael Ort, Vom Text zum Wissen. Die literarische Konstruktion sozio-kulturellen Wissens als Gegenstand einer nicht-reduktiven Sozialgeschichte der Literatur, in: Vom Umgang mit Literatur und Literaturgeschichte. Positionen und Perspektiven nach der »Theoriedebatte«, hrsg. v. Lutz Danneberg u. Friedrich Vollhardt in Zus.arb. mit Hartmut Böhme u. Jörg Schönert, Stuttgart 1992, S. 410.

[7] Vgl. Wilhelm Voßkamp, Literaturgeschichte als Funktionsgeschichte der Literatur (am Beispiel der frühzeitlichen Utopie), in: Literatur und Sprache im historischen Prozeß, hrsg. v. Thomas Cramer, Bd. 1, Literatur, Tübingen 1983, S. 32–54.

ler Kommunikation betrachtet werden, die eher unter Gesichtspunkten der Transformation als unter solchen der Verbreitung von Information zu analysieren sind. Faßt man Medien als kulturelle Strukturen auf, die die Bedingung der Möglichkeit von Formbildungen bieten (vgl. Niklas Luhmann), läßt sich die gegenwärtige – vornehmlich über elektronische Medien geführte Diskussion – literatur- und kulturgeschichtlich historisieren. Die Gleichzeitigkeit der ›ungleichzeitigen‹ Mediensituation (Rede, Schrift, Buchdruck, digitale Medien) verweist sowohl auf die gegenwärtige Medienkonkurrenz als auch auf die Notwendigkeit einer mediengeschichtlichen Perspektive. Ziel sollte es sein, die Rolle der Philologien im Kontext der aktuellen Medienkonkurrenz genauer zu bestimmen und eine Funktionsgeschichte des Medienwechsels anzupeilen. Eine entscheidende Rolle wird hierbei die Frage der Interdependenz zwischen den einzelnen Medien spielen, jene »Schnittstelle«, die auf Probleme von Intermedialität verweist. »Intermedialität« läßt sich im Zeichen einer Diskussion über den Zusammenhang von Literaturwissenschaft und Medienkultur als das zentrale Konzept und Pendant zu dem der literaturwissenschaftlichen Intertextualität charakterisieren. Die Systemstelle der Literatur im Kontext unterschiedlicher Medien des kulturellen Haushalts wird neu zu bestimmen sein.

III

Eine kulturwissenschaftliche Orientierung der Literaturwissenschaft kann ihre Konturen nur in der Konsequenz der genauen Einsicht in die Eigenart ihres Gegenstands und der gegenwärtig beobachtbaren kulturellen Situation gewinnen. Eine gegenüber den Kulturwissenschaften offene Literaturwissenschaft müßte ihren Platz genau in jener ›Lücke‹ finden, die zwischen poststrukturalistischen Texttheorien und deren Distanz zur Geschichte einerseits und der Sozial- und Funktionsgeschichte und ihren Schwierigkeiten, die Literarizität der Texte als geschichtliche Realität herauszuarbeiten, andererseits liegt.[8] Eine kulturwissenschaftlich orientierte Literaturwissenschaft vermag das Intersesse an der Geschichtlichkeit ihres

[8] Vgl. Wilhelm Voßkamp, Jenseits der Nationalphilologien: Interdisziplinarität in der Literaturwissenschaft, in: Wie international ist die Literaturwissenschaft? Methoden- und Theoriediskussion in den Literaturwissenschaften: kulturelle Besonderheiten und interkultureller Austausch am Beispiel des Interpretationsproblems [1950–1990], hrsg. v. Lutz Danneberg u. Friedrich Vollhardt in Zus.arb. mit Hartmut Böhme u. Jörg Schönert, Stuttgart 1996, S. 94.

Gegenstandes wiederzubeleben und gerade darin ihre Besonderheit kenntlich zu machen.

Die Literaturwissenschaft befindet sich gegenwärtig in einer Situation, in der sie – aufgrund der Diskussion um die Rolle der Kulturwissenschaften – »durch fremde Teilnahme wieder aufgefrischt« werden könnte (Goethe). Ohne Zweifel verweist die anthropologische und ethnologische Diskussion über »Kultur als Text« auf Versuche wechselseitiger Annäherungen zwischen der Literaturwissenschaft und einzelnen Disziplinen der Kulturwissenschaften.[9] Bemühungen um eine »interkulturelle Literaturwissenschaft« oder eine »interpretative Kulturanthropologie« sollten indes nicht darüber hinwegsehen, daß die Literaturwissenschaft im Kontext der Kulturwissenschaften ihren spezifischen Gegenstandsbereich definieren und stets neu bestimmen muß. Im Kern geht es um die kulturelle Selbstwahrnehmung in Texten und deren wissenschaftliche Beoabachtung. Die Reflexion dieser Beobachtung und die der institutionellen Beobachtungsverhältnisse bildet den Rahmen für eine gegenüber den Kulturwissenschaften offene Literaturwissenschaft.

[9] Vgl. insbesondere den Sammlband: Kultur als Text. Die anthropologische Wende in der Literaturwissenschaft, hrsg. v. Doris Bachmann-Medick, Frankfurt/M. 1996.

BERICHTE

RENATE VON HEYDEBRAND

ZEHN JAHRE »MARBACH-STIPENDIEN«

Die Leistung eines Literaturarchivs bemißt sich daran, daß und wie es seine Bestände dem Publikum zeigt und der Forschung nutzbar macht. Die Schätze, die es hütet, für deren sorgfältige Aufbewahrung, Konservierung und Zugänglichkeit es sorgt, sollen sichtbar ausgestellt und wissenschaftlich erschlossen werden. Das gilt besonders für ein Haus wie das Deutsche Literaturarchiv in Marbach. Denn das sammelt bekanntlich nicht nur die handschriftliche Überlieferung der Werke und Briefe einzelner bedeutender Autoren, die im Druck auch sonst verfügbar sind, mit ihrem biographischen Umfeld; es dokumentiert vielmehr das literarische Leben als kommunikativen Zusammenhang, das Schreiben, Verlegen, Lesen und Kritisieren sowie das Weiterverarbeiten in den audiovisuellen Medien, und zwar noch ehe die Prozesse der Kanonisierung die immer auch vorläufigen Rangordnungen im Felde der Literatur bestimmt und Vieles der Vergessenheit überantwortet haben. In der Tradition des Schiller-Nationalmuseums bewahrt das Haus die Zeugnisse dieser literarhistorischen Kommunikationen vor allem für die Autoren aus Württemberg, als Cotta-Archiv seit 1953 und als Deutsches Literaturarchiv seit 1955 für die deutschsprachigen Autoren insgesamt, mit dem Schwergewicht auf der Literatur der Moderne.

Die erste der beiden genannten Aufgaben eines Literaturarchivs, die Ausstellung des Bewahrten, können »die Marbacher« selbst leisten oder in Zusammenarbeit mit Helfern organisieren. Obwohl diese Ausstellungen – für ein breiteres oder auch ein spezielleres Publikum – in vielen Fällen als eigener, oft initiativer Forschungsbeitrag zugleich auch schon die zweite Aufgabe erfüllt haben, lassen die wachsenden Erwerbungs- und Auskunftsaufgaben und die wissenschaftliche Vorbereitung der bibliothekarischen Erschließung den wissenschaftlichen Mitarbeitern für darüber hinausgehende Arbeiten am Material zu wenig Zeit. Die Bewältigung dieser zweiten Aufgabe, die forschende Durchdringung, liegt also vor allem in der Hand der Benutzer aus dem In- und Ausland, deren große Zahl in den Berichten der Deutschen Schillergesellschaft immer wieder dokumentiert wird. Den Forschern kommt außer den Handschriften und Erstdrucken eine reiche Bibliothek von Texten, Zeitschriften und literarhistorischer Forschung zu Hilfe sowie der in dieser Form einmalige Katalog, der die Bestände des Hauses – dies eine seiner Besonderheiten – bis zu den unselbständigen Veröffentlichungen hin erschließt. Die kompetente Beratung durch die freundlichen Mitarbeiter, die Geschwindigkeit, mit der den Benutzern die gewünschten Dokumente zur Verfügung gestellt werden, die Ästhetik der Arbeitsräume und nicht zuletzt die Möglichkeit des Wohnens im Kollegienhaus, das die Deutsche Schillergesellschaft großzügigen Stiftern verdankt, haben Marbach seinen Ruf als ideale Forschungsstätte für die neuere und neueste deutsche Literatur eingetragen.

Ein solcher Forschungsaufenthalt kostet jedoch Geld und ist namentlich für jüngere Wissenschaftler nur schwer finanzierbar. Deshalb haben die Gremien der Deutschen Schillergesellschaft den Trägern und Förderern des Literaturarchivs seit Jahrzehnten immer wieder den Wunsch vorgetragen, Mittel zur Vergabe von Stipendien für diesen Zweck zu erhalten. 1988 war es soweit: Eine großzügige Anschubfinanzierung durch die Fritz-Thyssen-Stiftung machte es möglich, das erste Stipendium zu vergeben. Nach Erschöpfung dieses Fonds schlossen sich Stiftungen der Frankfurter Metallgesellschaft (»Wilhelm Merton-Stipendium«), des Hauses Württemberg und einer ganzen Reihe baden-württembergischer Banken an (Landeskreditbank, Landesgirokasse, Südwestdeutsche Landesbank und Baden-Württembergische Bank), bis im Haushaltsjahr 1991 Bund und Land einen festen Posten von Stipendienmitteln in den Etat der Deutschen Schillergesellschaft einstellten. Da die mäzenatischen Spenden inzwischen weitgehend verbraucht sind, ruht das Stipendienwesen jetzt fast ganz auf der Förderung durch die öffentliche Hand. Es gibt freilich auch noch einzelne streng autorenbezogene Stiftungen: zu Carl Hauptmann, Norbert Elias, Rudolf Pannwitz und Otto Rombach, sowie zu Ernst Jünger ein Stipendium des Landes Baden-Württemberg mit eigenem Vergabemodus – dankbar entgegengenommene Gaben, die aber nur eine Ergänzung der nicht derart zweckgebundenen Mittel sein können.

Die Beratungen über ein Stipendien-Statut, das Möglichkeit und Bedingungen der Förderung festlegen sollte, und dann auch die Stipendienvergabe wurden vom Ausschuß der Deutschen Schillergesellschaft seinem Wissenschaftlichen Unterausschuß übertragen. Ihm gehören außer dem Präsidenten der Gesellschaft, dem Direktor des Deutschen Literaturarchivs, dem für die Stipendienorganisation zuständigen Mitarbeiter des Hauses und dem Leiter der Handschriftenabteilung ein weiterer Wissenschaftler aus dem Vorstand und fünf vom Ausschuß dazu berufene Wissenschaftler an, einer aus dem deutschsprachigen Ausland. Der Unterausschuß hatte vielerlei Fragen zu klären, die sich teilweise auch erst im Zuge der Bewerbungen ergaben, und er schreibt die Konzeption aufgrund der Entwicklung, der Nachfrage und dem Erfolg der Stipendien, ständig fort.

Marbach-Stipendien sind, so steht es jetzt in einem »Merkblatt für Bewerber«, »dazu bestimmt, Wissenschaftlern aus dem In- und Ausland die

Möglichkeit zu geben, ein Forschungsvorhaben in Marbach, für das sie auf die Bestände des Deutschen Literaturarchivs angewiesen sind, zu beginnen, fortzuführen oder abzuschließen«. Neben Handschriften gehören zu solchen Beständen auch die Bibliothek, insbesondere mit nur in Marbach verfügbaren Druckerzeugnissen, die u. a. in der Dokumentationsstelle gesammelten Rezeptionszeugnisse und andere literaturbezogene künstlerische und audiovisuelle Medien aus Bildabteilung und Medienarchiv. Im Zuge ihrer Forschungen können die Benutzer gelegentlich bei der Tiefenerschließung von Nachlässen helfen; deshalb wurde ein eigener Typus »Erschließungsstipendium« diskutiert, aber zunächst aus verschiedenen Gründen verworfen. Dagegen drängte sich von den Bewerbungen her ein Typus »Patronatsstipendium« auf: In einzelnen Fällen kann es wichtig sein, einen wirksamen Vermittler deutscher Literatur und Literaturforschung aus einem Land mit unzureichenden Bibliotheksbeständen zu unterstützen, selbst wenn er oder sie nur braucht, was auch andernorts, aber weniger effizient nutzbar wäre.

Bekanntgemacht wird die Möglichkeit zu Marbach-Stipendien bisher, angesichts der doch beschränkten Mittel, nur informell: durch Mitteilungen an Benutzer im Haus und durch mündliche Weitergabe unter den einschlägig forschenden Kollegen, die dann ihrerseits den wissenschaftlichen Nachwuchs unterrichten. Die Stipendienhöhe ist nach dem Ausbildungsstand der sich Bewerbenden gestaffelt: Es werden, in Anlehnung an das sonstige Stipendienwesen, Graduiertenstipendien für Doktoranden, Postdoktorandenstipendien für Weiterforschende und Vollstipendien für arrivierte Wissenschaftler vergeben. Die Dauer der Förderung ist auf höchstens 6 Monate begrenzt, doch kamen mehr als drei Viertel der bisher Geförderten auch mit einem kürzeren Aufenthalt aus; gerade der veranschlagte Arbeitsaufwand wird bei der Begutachtung genau geprüft und gelegentlich nach unten, aber zuweilen auch nach oben korrigiert. Als Kriterien für die Vergabe durch den Wissenschaftlichen Unterausschuß gelten, in der Formulierung des Merkblatts, »die wissenschaftliche Qualifikation der Bewerber, die Bedeutung ihres Vorhabens für die wissenschaftliche Forschung und der Anteil, zu dem die Bestände des Deutschen Literaturarchivs für das Forschungsvorhaben herangezogen werden müssen.« Nicht zu knappe Exposés ermöglichen dem begutachtenden Gremium in der Regel die Beurteilung der Vorhaben nach diesen Kriterien. Gelegentlich sind die Vorlagen auch Anlaß zu konstruktiven Ratschlägen, die den Projekten zugute kommen. Nach Beendigung des Aufenthaltes haben die Geförderten einen Abschlußbericht zu geben und später Belegexemplare ihrer aus der Arbeit im Archiv hervorgegangenen Publikationen einzuliefern. Die Abschlußberichte zeigen nicht selten, daß ein gegenseitiges Geben und Nehmen stattgefunden hat: Sie enthalten sowohl Dank an die hilfreichen Mitarbeiter des Hauses wie auch nützliche Hinweise auf unerwartete Funde, auf entdeckte Mängel, auf mögliche Verbesserungen in der Organisation. Die Unterbringung im Kollegienhaus, wohin Gedrucktes über Nacht entliehen werden kann, ermöglicht den Stipendiaten intensivste Zeitausnutzung; aber sie führt auch zwanglos zum geselligen und wissenschaftlichen Austausch mit Gästen aus aller Welt.

Seit 1988 sind in ziemlich gleichmäßiger Verteilung über die Jahre hin inzwischen 127 Marbach-Stipendien vergeben worden, zu fast gleichen Teilen an Bewerber und Bewerberinnen, ohne daß der Gutachterkreis sich über eine ›Quote‹ den Kopf hätte zerbrechen müssen (Stand: 1997). Ihrer nationalen und geographischen Herkunft nach verteilen sie sich, wiederum ohne bewußte Zielsetzungen der Gutachter, etwa zur Hälfte auf die Bundesrepublik Deutschland und auf das Ausland. Bewerbungen aus der ehemaligen DDR wurden sehr rasch durch sogenannte »Schnupperstipendien«, ein Legat der 1992 verstorbenen Käte Hamburger, möglich gemacht: Interessenten konnten sich einige Tage mit den Marbacher Instituten und Forschungsmöglichkeiten vertraut machen, um dann einen fundierten Antrag zu stellen. Unter den ausländischen Stipendiaten machen die aus den Ländern des ehemaligen ›Ostblocks‹ (25) den größten Anteil aus, 9 aus der ehemaligen UDSSR, 8 aus Polen, 7 aus den Balkanländern, 1 aus Tschechien; verständlicherweise ist in diesen bislang von der literaturwissenschaftlichen Kommunikation im ›Westen‹ weitgehend abgetrennten Ländern der Wunsch am größten, in Deutschland zu arbeiten, die Quellen zu benutzen und rasch einen Überblick über die Forschung, die in Marbach so übersichtlich verfügbar ist, zu gewinnen. Dann folgen Westeuropa (19), ohne ein besonders herausragendes Land, die überseeischen, englischsprachigen Länder mit 15 (USA allein mit 13) und der Ferne Osten mit 4 Stipendiaten. Das größte Interesse finden die Stipendien, wiederum verständlicherweise, bei Promovenden, für Vorbereitung und Überprüfung von Dissertationen: fast die Hälfte aller Stipendiaten erhielt ein Graduiertenstipendium. Es folgen dicht auf die Postdoktoranden, im Zuge der Qualifikation für eine wissenschaftliche Karriere oder mit Projekten anderer Art. Nur 29 Professoren bewarben sich um ein Vollstipendium; vier davon wurden als »Patronatsstipendien« an verdienstvolle Multiplikatoren aus den östlichen Ländern vergeben. Die Themen der Projekte verteilen sich aufs 18., 19. und 20. Jahrhundert mit zunehmender Dichte; das entspricht den Marbacher Sammlungen mehr als den Gewichtungen im Fach. Allein 60 Stipendiaten haben über die Zeit von 1900 bis zum Zweiten Weltkrieg geforscht, weitere 21 über die Zeit danach bis zur unmittelbaren Gegenwart. Einige Schwerpunkte schälen sich heraus: Einzelne bedeutende Autoren, deren Nachlässe in Marbach verwaltet werden, ziehen nach wie vor große Aufmerksamkeit auf sich; an der Spitze stehen hier Siegfried Kracauer (7), natürlich Friedrich Schiller (5) und Paul Celan (4). Der Vorbereitung von Editionen – Werken oder Briefen, auch in Übersetzungen – haben sich fast 20 Stipendiaten gewidmet; der Weg ins Archiv ist für Textherstellung und Kommentar gleich unerläßlich. Mit 14 Stipendien folgt die interkulturelle Literaturvermittlung, ein spezielles Interessengebiet der ausländischen Stipendiaten. Schriftstellerinnen stehen in 12 Projekten im Mittelpunkt. Daß sich immerhin 6 Projekte mit der Geschichte der Literaturwissenschaft, mit prominenten Vertretern des Faches oder mit der brisanten Entwicklung der Disziplin vor allem im 20. Jahrhundert befassen, beruht sicherlich auf dem Sammelschwerpunkt »Geschichte der Germanistik«, den das Deutsche Literaturarchiv seit langem pflegt. Eigens genannt seien noch drei Projekte zur Bibliographie, eines sogar zu einer Diskographie: Auch sie nutzen das besondere Angebot des Hauses, das Quellen, Forschungen und Wirkungsgeschichte an einem Platz vereinigt.

Um die Spannweite der Themen und Forschungsinteressen zu veranschaulichen und anregende Beispiele für Arbeiten zu geben, die im Archiv besonders gute Bedingungen vorfinden, nenne ich einige davon: »Kriegs-Romane in der Weimarer Republik«, Werke verschiedener politischer Ausrichtung und literarischer Qualität, konnten im Bestand in großer Breite gesichtet und auf Quellenbasis in ihren gesellschaftlichen Zusammenhängen analysiert werden. Für die »Edition eines Geheimdossiers von Carl Zuckmayer« gaben die verborgenen Querverbindungen im Briefbestand wichtige Aufschlüsse. Eine Untersuchung zum kommunikativen Umfeld Jean Pauls konnte auf das Jean-Paul-Archiv von Eduard Berend, dem ersten Herausgeber der Kritischen Jean-Paul-Ausgabe, zugreifen. Das Netz der gedruckten und ungedruckten Quellen kommt kulturgeschichtlichen Fragestellungen entgegen: Ein Themenbereich, die deutsch-jüdischen Beziehungen in der literarischen Kultur, hat sich fast zu einem Schwerpunkt entwickelt, wenn diese Beziehungen etwa für »Berlin zwischen 1933 und 1938/43«, in der Rezeption Franz Kafkas und natürlich im Kontext von Leben und Werk Paul Celans untersucht werden. Anderen kulturgeschichtlichen Fragen liefererte u. a. der Nachlaß Harry Graf Keßlers Material, z. B. Fragen nach seiner Bildungspolitik oder nach dem »Bildungsbürgerlichen Krisenbewußtsein in Kulturzeitschriften um 1900«. Mit der Auswertung von Verlagsarchiven, von denen mehrere zum Bestand gehören, haben u. a. Projekte über den »Verlag H. Goverts im Dritten Reich« und über den »S. Fischer Verlag im Exil« begonnen. Ausländische Kolleginnen und Kollegen versicherten sich bei Untersuchungen zu »Schillers Einfluß auf die Entwicklung der lettischen Dramaturgie«, zur »Goethe-Rezeption in der Puschkin-Zeit«, zu »Eichendorff und die deutsche Romantik in polnischer Sicht« oder dem »Deutschen Naturalismus in seiner Beziehung zur polnischen Literatur« der deutschen Quellen und Hintergründe. Mehr als einmal haben Übersetzer – von Hölderlin-Gedichten ins Chinesische, von Schiller-Gedichten ins Bulgarische – Unterstützung des Deutschen Literaturarchivs und seiner Mitarbeiter gesucht und gefunden. Auch komparatistische Untersuchungen, etwa zur »Wirkung ausländischer Poesien auf deutsche Lyrik nach 1945«, finden in den reichen Nachlaßbeständen aus dem 20. Jahrhundert ergiebige Quellen. Wissenschaftsgeschichtliche Fragestellungen wie die nach der »Hölderlin-Rezeption 1943« oder nach »Kontinuität und Diskontinuität in der deutschen Literaturwissenschaft« werden von den in der Arbeitsstelle für die Geschichte der Germanistik zusammengetragenen Materialien geradezu herausgefordert; einzelne Ergebnisse konnten in den Marbacher Symposien der Arbeitsstelle, die mit einem assoziierten Arbeitskreis auch selber Forschungsprojekte initiiert, vorgestellt werden. Zum Schluß seien noch einige Arbeiten erwähnt, die über Literatur- und Kulturwissenschaft hinausführen: Aus dem Nachlaß von Karl Jaspers z. B. schöpfte eine Studie zur Bedeutung des Philosophen für die aktuelle Diskussion über medizinische Ethik, und die Bestände der Bildabteilung, von der Forschung noch kaum entdeckt, waren Grundlage für die Erarbeitung des »Populären Porträt-Diskurses zu Friedrich Schiller bis 1914«.

Was Marbach-Stipendien am Ende für die durchgeführten Forschungen bedeuten, ist an den Publikationen manchmal mehr, manchmal weniger abzulesen. Für einige sind sie, wie sofort ersichtlich, unentbehrlich gewesen, in andern Fällen haben sie ›nur‹ geholfen, die Forschungen zu beschleunigen und der Arbeit zusätzliche Substanz zu schaffen. Die Berichte, in denen die Stipendiaten wenige Wochen nach ihrem Aufenthalt in Marbach Rechenschaft über ihr Tun und seine Ergebnisse abzulegen haben, zeugen jedoch in jedem einzelnen Fall von der Rendite, die diese Investition in ihr Vorhaben erbracht hat. Manches davon ließe sich sicher nach fast jeder intensiveren Archivarbeit mitteilen: Freude über die Entdeckung neuer, publikationswürdiger Materialien, über Anregungen zu weiteren Studien, Dank für einen besonders guten Arbeitsplatz, für rasche und freundliche Betreuung. Anderes ist wohl für Marbach spezifisch, zum Beispiel das Lob des Katalogs, der »durch seinen Umfang und vielschichtigen Aufbau ... zu einem unschätzbaren bibliographischen Hilfsmittel« werde und dessen Schema eine Kollegin aus Rumänien ihren Studierenden als Heuristik für moderne wissenschaftliche Literaturforschung empfahl. Immer wieder nutzten vor allem Forschende aus den Ländern des Ostens auch die Möglichkeit, an Führungen durch Museum und Archiv sowie an gerade stattfindenden Autorenlesungen, Vorträgen und Symposien teilzunehmen, und sie vermittelten in Konferenzbeiträgen und Aufsätzen die Erträge dieser Veranstaltungen an die literarische Öffentlichkeit ihrer Länder oder gaben Kollegen und Fachleuten Anregungen für die Übertragung von Marbacher Formen der Literaturvermittlung und von Organisationsstrukturen in Archiv und Museum auf die heimischen Verhältnisse. Das sind höchst erfreuliche Nebenwirkungen der Marbach-Stipendien. Der Germanist aus China, der im Archiv viele der großen Elegien, Oden und späten Hymnen Hölderlins ins Chinesische übertragen hatte, dankte für sein mehrmonatiges Stipendium mit der überschwenglichen Formulierung: »Ich sehe das als eine Ehre und ein Glück an, das nicht nur mir allein, sondern dem chinesischen Volk geschenkt worden ist, ein Beitrag für den Kulturaustausch zwischen Ost und West«.

Wenn jemand einen runden Geburtstag feiert, darf er sich etwas Besonderes wünschen. Die Marbach-Stipendien wünschen sich, daß ihr ›Goldesel‹ seine segensreiche Tätigkeit nicht aufgeben möge – sprich, daß die Förderung durch Bund und Land gesichert bleibe und bei Engpässen auch neue private Spender gefunden werden könnten. Sie wünschen sich, daß die Wissenschaft auch weiterhin intensiven Gebrauch von den Angeboten machte, die aus den Besonderheiten der Marbacher Sammlungen hervorgehen – also (wie bisher) nicht vorherrschend Forschung zu kanonisierten Autoren, sondern auch zu weniger bekannten, aber für die Geschichte der Literatur, des literarischen Lebens und seinen Zusammenhang mit der politischen Geschichte aufschlußreichen Persönlichkeiten und zu entsprechenden Themen. Notwendig erscheint, daß in steigendem Maße neben historisch-positivistischen Untersuchungen auch Fragestellungen an das Material herangetragen werden, die aus den neueren theoretischen Horizonten des Faches erwachsen; der Wissenschaftliche Unterausschuß plant mit Unterstützung des Hauses, in diesem Sinne geeignete Themenbereiche in Kürze der wissenschaftlichen Öffentlichkeit vorzuschlagen. Und schließlich hoffen die Marbach-Stipendien auch für die Zukunft auf qualifizierte, einfallsreiche Bewerberinnen und Bewerber, damit das Deutsche Literaturarchiv mit ihrer Hilfe noch weiter und sichtbarer in die literarisch interessierte Gesellschaft einwirken könne.

DEUTSCHE SCHILLERGESELLSCHAFT

ERNST KLETT
7. 7. 1911 – 27. 1. 1998

In den Annalen des Schwäbischen Schillervereins und, seit 1946, der Deutschen Schillergesellschaft begegnet der Name Ernst Klett von 1932 an unter den Mitgliedern des Vorstandes. Von 1932 bis 1947 versieht der Stuttgarter Verleger und Kommerzienrat Ernst Klett das Amt des Schatzmeisters, danach sein Sohn, der in den überlieferten Verzeichnissen zunächst als Verlagsbuchhändler, dann als Verleger ausgewiesen wird. Bis 1972 waltet Ernst Klett der Jüngere, von dem wir uns mit diesem Nachruf als einem Großen Alten Mann der Deutschen Schillergesellschaft verabschieden, dieses Amtes. Eine Wahlperiode lang, von 1972 bis 1976, gehört er dem Vorstand nicht an, wohl aber dem Ausschuß. Er sei verärgert gewesen, so wird überliefert, über eine Zeder, die der Direktor beim Neubau des Literaturarchivs hat pflanzen lassen und die heute, während des Erweiterungsbaus mit besonderer Schonung behandelt, als prächtiges Exemplar ihren Schatten spendet. Hielt er den Baum für zu teuer? Oder schien er ihm ein Fremdling zu sein unter den Platanen und Kastanien auf der Schillerhöhe? – Von 1976 an ist Ernst Klett aber wieder im Vorstand und bleibt dort bis 1988, von 1980 an als Vizepräsident der Gesellschaft. 1987/1988 amtiert er nach dem überraschenden Tod von Martin Cremer ein halbes Jahr lang als Präsident, bis zur Wahl von Eberhard Lämmert.

Zwei Drittel der hundertjährigen Geschichte unserer Gesellschaft sind also von Ernst Klett, Vater und Sohn, mitgeprägt worden, und das halbe Jahrhundert von ihm, dem unser Abschied gilt. So eindrucksvoll die Daten sind, sie machen kaum sinnfällig genug, was Ernst Klett für die Deutsche Schillergesellschaft, was er für das Schiller-Nationalmuseum und das Deutsche Literaturarchiv bedeutet hat. Er liebte die Marbacher Sache in ihrer zwiefachen Doppelgestalt: als Sache Schillers *und* der neuen deutschen Literatur; als Bildungsstätte, ausgeprägt im Museum, *und* als Archiv, als Sammel- und Forschungsstätte also. Darf man ihm doch, da er auch im wichtigen Jahr 1955 für die Finanzen der Deutschen Schillergesellschaft verantwortlich war, getrost zu den Gründervätern des Deutschen Literaturarchivs zählen. Er liebte diese Institution, die er in ihrer heutigen Gestalt mitgeschaffen hatte. Das war immer zu spüren, auch wenn sich seine Zuneigung, seine Fürsorge lieber den Weg des Einwandes, der manchmal auch heftigen Kritik wählten denn jenen der Anerkennung und des Lobes. Noch in der Laudatio, mit der er Bernhard Zeller anläßlich der Wahl zum Ehrenmitglied der Deutschen Schillergesellschaft bedachte, ließ er seinen Hang, Anerkennung durch Kritik zu äußern, in weiser Selbsterkenntnis äußerst witzig durchblitzen.

Einwände und Kritik hielt er, wie gesagt, nicht zurück, nicht bei Ausstellungsthemen, die er für verfehlt hielt, nicht bei Erwerbungen von Nachlässen, die ihm überzahlt oder nicht der Mühe des Bewahrens wert erschienen – der Vorwurf des Alexandrinertums ging ihm leicht von der Hand. Dafür setzte er sich nachdrücklich und zäh für das Gleichgewicht der Ziele ein, die sich die Deutsche Schillergesellschaft gestellt hat. Schiller nicht hintan zu stellen, das war seine beständige Mahnung, kritisch vorgetragen nach jedem Erscheinen eines neuen *Jahrbuchs.* Es war ihm nicht leicht verständlich zu machen, daß die Zahl der vorgelegten *guten* Beiträge über Schiller abgenommen hatte, nicht der gute Wille der Herausgeber gegenüber dem namengebenden Dichter. Einem anderen Monitum half er selbst tatkräftig ab: Damit sich der Vorstand der Deutschen Schillergesellschaft auch für grundsätzliche Fragen Zeit nehme, lud er ihn, auch nachdem er ihm nicht mehr angehörte, einmal im Jahr in sein schönes Haus ein, gewissermaßen zu *Tusculanae disputationes,* die ihren Abschluß dann immer in einem Gastmahl mit großen Weinen fanden.

Er konnte freilich auch wunderbare Zeichen seiner Liebe zur Institution auf der Marbacher Schillerhöhe setzen. Aber dann verlangte er, daß man nicht darüber sprach, zu seinen Lebzeiten jedenfalls. Als der freie Reiseverkehr zwischen den beiden Teilen Deutschlands wieder möglich war, gab er das Geld, damit die Kolleginnen und Kollegen vom Weimarer Goethe- und Schillerarchiv nach Marbach kommen konnten, bei ihrem ersten Betriebsausflug nach der Wende. Und dies Geld reichte hernach noch dazu aus, einen Marbacher Betriebsausflug als Gegenbesuch in Weimar zu organisieren – ja, zwei Archiv- und Museumsfeste verdankten sich auf der sommerlichen Schillerhöhe in den folgenden Jahren ebenfalls noch dieser Spende, deren ausdrückliche Bedingung es gewesen ist, daß sie der Mitarbeiterschaft zugute käme.

Bis ins Jahr seines Todes war es eine freundschaftliche Übung zwischen ihm und mir, daß er zwei- bis dreimal im Jahr an Samstagvormittagen herauskam, um sich anzuhören, was vorging im Museum und Archiv, was in näherer und fernerer Zukunft geplant war. Nicht aus Neugier, sondern aus fortgesetzter Anteilnahme nach so vielen Jahren, in denen er Verantwortung getragen hatte. Neben Bernhard Zeller trug nur er noch die Würde eines Ehrenmitgliedes der Deutschen Schillergesellschaft, die ihm einstimmig von der Mitgliederversammlung zuerkannt war.

Marbach war, über sein eigenes Unternehmen hinaus, eine der wenigen Institutionen, bei denen ihm am Einfluß lag. Er hat ihn mit Weisheit und Leidenschaft ausgeübt. Da er wußte, daß die Weichen in der Geschichte ei-

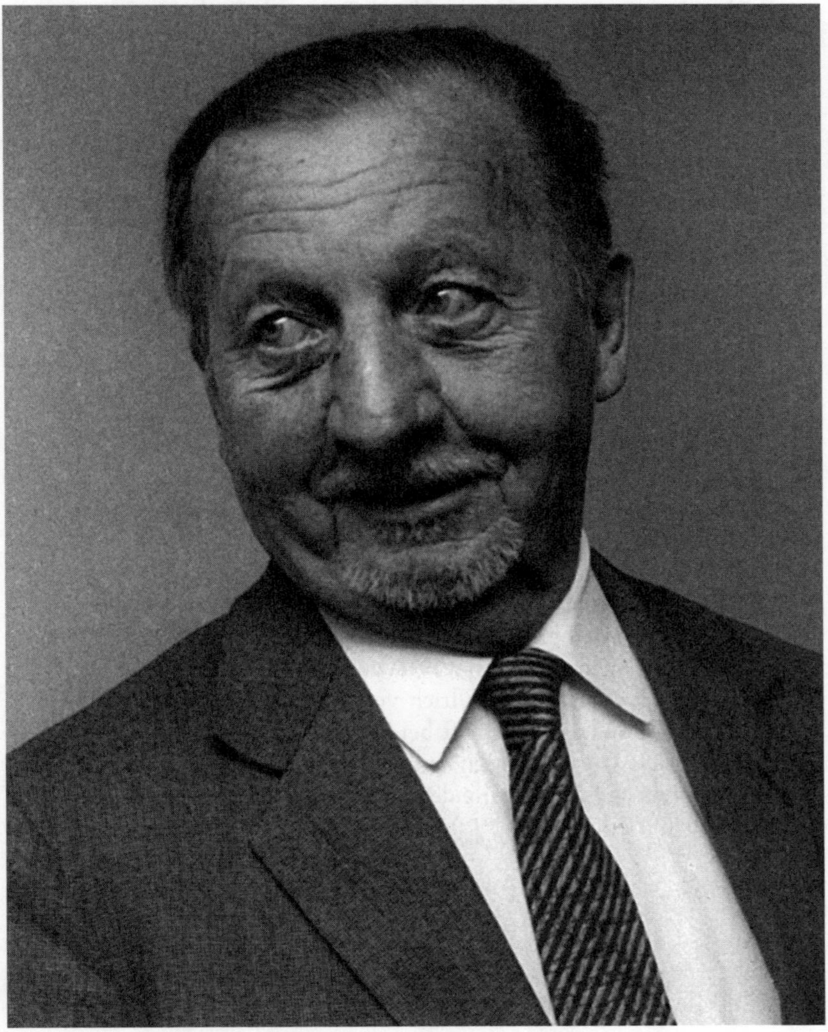

Ernst Klett
Aufnahme von Mathias Michaelis aus dem Jahr 1988

ner solchen Institution vorwiegend durch Personalentscheidungen gestellt werden, machte er hier seinen Einfluß in den Jahrzehnten, die er dem Vorstand angehörte, am stärksten geltend. Das gilt für die Bestellung seines Freundes Wilhelm Hoffmann zum Präsidenten im Jahr 1954, für Bernhard Zellers Wahl zum Direktor 1955, für die Berufung von Friedrich Pfäfflin als Leiter der Museumsabteilung 1975, der in seinem Verlag zum Verlagsbuchhändler ausgebildet worden ist, und für die Neubesetzung in der Leitung der Institution 1984.

Weisheit und Leidenschaft, diese Kombination hatte ich lange vor meiner Marbacher Zeit bei ihm kennengelernt – als Mitarbeiter an der Gesamtausgabe der Werke von Rudolf Borchardt. Ernst Klett hatte den Dichter in seiner Soldatenzeit für sich entdeckt. Daß er ihn nach dem Krieg in Verlag nahm, war also eine höchst persönliche Entscheidung. Und es war eine mäzenatische Tat, eine Entscheidung gegen den Strom der Zeit. Er hatte die Größe des in den Nachkriegsjahrzehnten weit Unterschätzten oder weitgehend Verschwiegenen erkannt. Daß Ernst Kletts Trotz nicht vergeblich war, hat er in den letzten Jahren noch erleben können. Freilich hat sein Trotz – typisch für ihn – nun auch in der Gegenrichtung wieder Nahrung gefunden, im zähen Widerstand gegen die Publikation von Borchardts *Aufzeichnung Stefan George betreffend* durch die Borchardt-Gesellschaft (1997). Borchardts *Ewiger Vorrat deutscher Poesie*, von dem es mehrere Neuauflagen bei Klett-Cotta gegeben hat, hat Ernst Klett das *Sterbelied* des Herzogs Anton Ulrich von Braunschweig übermittelt, das er bis zu seinem Tod als Abschrift bei sich trug. Die Familie hat es in einem Trauerbrief drucken lassen, ein ergreifendes Zeugnis für den Abschied aus einem gesättigten, leidenschaftlichen Leben. Es sei auch hier wiedergegeben.

Ulrich Ott

STERBELIED

Es ist genug! mein matter Sinn
Sehnt sich dahin, wo meine Väter schlaffen.
Ich hab es endlich guten Fug,
Es ist genug! Ich muss mir Rast verschaffen.

Ich bin ermüdt, ich hab gefürt
Die Tages Bürd: Es muss eins Abend werden.
Erlös mich, Herr, spann aus den Pflug,
Es ist genug! Nimm von mir die Beschwerden.

Die grosse Last hat mich gedrückt,
Ja schier erstickt, so viele lange Jahre.
Ach lass mich finden, was ich such:
Es ist genug! Mit solcher Kreuzes Ware.

Nun gute Nacht, ihr meine Freund,
Ihr meine Freund, ihr Guten und ihr Bösen!
Euch folg die Treu, euch folg der Trug –
Es ist genug! Mein Gott will mich auflösen.

So nimm nun, Herr! hin meine Seel,
Die ich befehl in deine Händ und Pflege.
Schreib sie ein, in dein Lebens Buch.
Es ist genug! Dass ich mich schlafen lege.

Nicht besser soll es mir ergehn,
Als wie geschehn den Vätern, die erworben
Durch ihren Tod des Lebens Ruch.
Es ist genug! Es sei also gestorben!

GEDENKEN AN WERNER VOLKE

Das *Jahrbuch der Deutschen Schillergesellschaft* hat Werner Volke, der am 19. März 1998 einem Herzleiden erlag, für viele gewichtige Beiträge Dank zu sagen. Zumeist waren es unbekannte Briefe, auch ganze Brieffolgen, die er mit Akribie transkribierte und mit Kennerschaft kommentierte, war er doch ein Meister in der Erschließung jener Quellen seines literarischen Reiches, für das er die Verantwortung trug.

Der 70. Geburtstag, als heiteres Fest mit der Familie, mit den Freunden und Kollegen gefeiert, lag noch kein Jahr zurück, als die Kunde kam von dem plötzlichen Tod, der so schwer faßbar war und uns alle in tiefe Betroffenheit und Trauer versetzte.

Nahezu 40 Jahre – 34 davon im aktiven Dienst – war Werner Volke dem Schiller-Nationalmuseum und dem Deutschen Literaturarchiv verbunden, und er hat die Entwicklung dieser Institute mit den Kräften und der Redlichkeit seiner Persönlichkeit wesentlich mitgeprägt. Nicht nur am Reichtum ihrer Bestände werden ja Ansehen und Rang solcher Einrichtungen gemessen, sondern stets auch an den Menschen, die sie vertreten, die ihre Atmosphäre und ihren Arbeitsstil bestimmen und das gesammelte Gut als lebendige geistige Werte zu vermitteln verstehen.

In Reibersdorf bei Zittau ist Werner Volke am 22. April 1927 zur Welt gekommen; in der alten Stadt nahe der tschechischen Grenze aufgewachsen und zur Schule gegangen. Doch noch vor dem Abschluß der regulären Schulzeit wurde der Gymnasiast zum Flakhelfer und dann zum Militär eingezogen. Als Gebirgsjäger erlebte er das Ende des Krieges. Ein volles Jahr mußte er in amerikanischer Gefangenschaft verbringen, bevor er 1948 sein Abitur nachholen konnte. Nach kurzer Tätigkeit als »Junglehrer« wagte er zusammen mit einem Freund die Flucht über die grüne Grenze nach dem Westen. Die Gefahr russischer Gefangenschaft und der Zwangsarbeit in Bergwerken drohte; die Immatrikulation an einer Universität in der sowjetischen Besatzungszone war ihm verwehrt worden. Aber die Universität Tübingen bot eine Zulassung zum Studium. So kam er 1949 mit nicht mehr als einem Rucksack in diese Stadt und begann hier das Studium der Fächer Germanistik, Anglistik, Geschichte und Philosophie. Als Werkstudent mußte das Leben finanziert werden. In London zeigte er mir viele Jahre später einmal die Buchhandlung, in der er zeitweise gearbeitet hatte.

Die Anfänge waren nicht einfach. Aber Volke wurde heimisch in den

Werner Volke
Aufnahme von Bernd Hoffmann aus dem Jahr 1985

Seminaren am Neckar, und Hölderlin ein Mittelpunkt seiner Arbeit. Friedrich Beißner, der große Editionsphilologe, wurde sein Lehrmeister. Bei ihm erlernte er das philologische Handwerk von Grund auf und bei ihm hat er auch später promoviert. *Cristinas Heimreise*, die Komödie Hugo von Hofmannsthals, war das Thema; aus der Beschäftigung mit ihm wurde Hofmannsthal ein zweiter Schwerpunkt seines wissenschaftlichen Arbeitens. Zusammen mit Ulrich Gaier hat er Jahre später die schöne Festschrift herausgegeben, die Beißner zum 65. Geburtstag gewidmet wurde.

Doch zur entscheidenden Zäsur in seinem Leben wurde der Schritt von Tübingen nach Marbach. Ein junger Wissenschaftler wurde damals von uns gesucht zur Unterstützung von Eduard Berend bei seiner Edition der Briefe Jean Pauls und zur Mitarbeit im Archiv. Im Juni 1958 stellte sich Werner Volke in Marbach vor, im Oktober erfolgte seine feste Anstellung, der neue Beruf wurde zur Lebensaufgabe. 1966 übernahm er die Leitung der Handschriftenabteilung, zehn Jahre später wurde er zum Stellvertreter des Direktors ernannt.

Volke war Philologe und Archivar zugleich – bedachtsam, genau und zuverlässig, mit Liebe und Treue zum Detail, hilfsbereit allen Gästen und Kollegen zugewandt. Er war ein kluger Gesprächspartner, der auch zuhören konnte und geschickt zu verhandeln wußte. Sein Wissen war, zumal in seinen Spezialgebieten, ungewöhnlich groß. Beliebt war er bei den Kollegen, geschätzt bei den wissenschaftlichen Gästen von nah und fern.

Die Arbeit in einem Literaturarchiv bedeutet, so vielseitig und interessant sie ist, für einen jungen Wissenschaftler stets auch ein Stück Entsagung, denn das Gesammelte, das in schwierigen Verhandlungen Erworbene, wird ja nicht in die eigenen Scheuern gefahren, sondern muß für andere verwahrt, verwaltet, geordnet und sinnvoll verzeichnet werden; dem »Benutzer« ist es zugänglich zu machen, das Archiv ist ein »Dienstleistungsbetrieb« besonderer Art.

Dennoch wurde im Laufe der Jahre ein weitgefächertes Publikationsprogramm auf- und ausgebaut, und vielfältig sind auch die wissenschaftlichen Arbeiten, die Volke neben seiner administrativen Tätigkeit allein und im kollegialen Verbund vorgelegt hat. Zu erwähnen sind zunächst die Editionen unbekannter Briefe von Schiller und dann vor allem von Hofmannsthal, die er in diesem *Jahrbuch*, aber auch in den *Hofmannsthal-Blättern* publiziert hat: Briefe an Willy Wiegand, Josef Nadler, Rudolf Borchardt, Irene und Paul Hellmann und dann vor allem an Alfred Walter Heymel. Gemeinsam haben wir für eine Ausstellung der Bayerischen Akademie der Schönen Künste 1966 ein Buch über die *Bremer Presse* und die *Corona* herausgegeben und unter dem Titel »Buchkunst und Dichtung« eine Ausstellung im »Prinz Carl-Palais« in München veranstaltet.

Bei Rowohlt erschien seine vielgelesene, zu Recht gerühmte und immer wieder neu aufgelegte Monographie über Hofmannsthal. Andere Arbeiten galten Hölderlin; wohl die schönste davon ist die Faksimile-Ausgabe des Marbacher Quarthefts, eine Edition der Maulbronner Gedichte, die 1977 als Band der *Marbacher Schriften* erschien. 1970, zu Hölderlins 200. Geburtstag, hat er die Marbacher Jubiläumsausstellung aufgebaut und einen vorzüglichen Katalog erarbeitet. Wenig später wurde die Ausstellung »Hölderlin und Tübingen« im Hölderlinturm eingerichtet und dazu ein *Marbacher Magazin* gleichen Titels herausgegeben.

Viele weiteren Ausstellungen mit ihren Katalogen sind zu nennen, an denen er mitgearbeitet oder die er selbst herausgegeben hat: von Albrecht Schaeffer und Jean Paul bis zu seiner letzten großen, auch in Paris gezeigten Ausstellung »O Freyheit! Silberton dem Ohre ... Französische Revolution und deutsche Literatur«. Nicht zu vergessen sind auch die *Magazine* über Josef Hofmiller, Gertrud von Le Fort, über die Zeitschrift *Das innere Reich* und zuletzt die Beschreibung der großartigen Stiftung von Gisela und Hans Rudolf Wiedemann *»Ein ganzes Heft Autographa!«*.

Volkes Kenntnisse, die diese Publikationen vermitteln, wurden aber erst recht lebendig im mündlichen Vortrag, bei Führungen durch die Ausstellungen, bei der Präsentation ausgesuchter Stücke in den Tiefen des Magazins. Wenn er Autographen seiner Dichter vorlegte und interessierten Besuchern erläuterte, so spürte man, daß er sehr viel mehr war als nur ein korrekter Archivbeamter, sondern ein Liebender, durchdrungen von der unwägbaren Wertigkeit der Handschrift.

Viel gefragt war er auch als Redner. Nicht nur im heimischen Umkreis, sondern auch bei Tagungen und Symposien. In Athen und in anderen Orten sprach er immer wieder über Hölderlin, und bei einem Schiller-Symposion, das wir gemeinsam mit chinesischen Kollegen in Chongqing ausrichteten, stellte er das Leben Schillers und das Schiller-Nationalmuseum in Bildern vor.

Sein Rat, auf langen Erfahrungen beruhend, war gefragt, und so wurde er immer wieder als Gutachter herangezogen. Er war längere Zeit in Gremien der Deutschen Forschungsgemeinschaft tätig und in manch fernen Ländern im Auftrag des International Council of Archives. Als Mitglied des Beirats war er der Hölderlin-Gesellschaft verbunden und lange Jahre Vorstandsmitglied und dann Vorsitzender der Hugo von Hofmannsthal-Gesellschaft: ein genauer, pflichtbewußter und engagierter Sachverwalter all seiner Ämter, aber auch temperamentvoll bei kontroversen Diskussionen.

Leider wurden die Jahre des Ruhestands immer wieder von Krankheit beschattet, und daher konnten mancherlei Pläne nicht mehr verwirklicht werden. Eine große Arbeit jedoch, die ihn seit Jahrzehnten beschäftigte, das Werk über Gotthold Friedrich Stäudlin, eine umfangreiche Brief- und Dokumentenedition, konnte aber noch zum Abschluß gebracht werden. Vor Jahrzehnten hatte er schon in den *Schwäbischen Lebensbildern* über diesen unglücklichen Dichter und Menschen, dessen Gestalt ihn faszinierte, geschrieben, auch Vorträge über ihn gehalten, immer wieder neue Dokumente und unbekannte Briefe ermittelt.

Literaturarchive, die in ihren Kammern vielfach sehr persönliche Dokumente bergen und bewahren, müssen auf Vertrauen gegründet sein. Werner Volke hat in seiner Haltung und seinem Handeln Lauterkeit bewiesen und Vertrauen ausgestrahlt. Auch dies bleibe, neben all dem andern, wofür ihm unser Dank gilt, unvergessen.

Bernhard Zeller

ULRICH OTT

JAHRESBERICHT DER DEUTSCHEN SCHILLERGESELLSCHAFT

1997/1998

I

Zur Mitgliederversammlung der Deutschen Schillergesellschaft am 9. Mai 1998 haben sich etwa 200 Mitglieder eingefunden. Dr. Walter Seuferle, der Vizepräsident der Gesellschaft, übernahm für diesmal die Leitung der Sitzung, weil der Präsident, wegen einer Evaluation in den Vereinigten Staaten im Auftrag des Deutschen Akademischen Austauschdienstes, nicht in Marbach sein konnte.

Dr. Seuferle gedachte zunächst der verstorbenen Mitglieder. Er würdigte ausführlich die Verdienste von Professor Dr. h.c. Ernst Klett, der jahrzehntelang Mitglied des Vorstandes gewesen ist und Ehrenmitglied der Gesellschaft war. Noch ein anderer Verlust hat die Deutsche Schillergesellschaft betroffen: Dr. Werner Volke, über Jahrzehnte Leiter der Handschriftenabteilung und Stellvertreter des Direktors, ist in schwerer Krankheit verstorben. Dr. Seuferle gedachte seiner und stellte dar, was er für Marbach bedeutet hat.

Während dieser Jahresversammlung wurde die Ehrenmedaille der Deutschen Schillergesellschaft zum dritten Mal verliehen. Sie ist geschaffen worden, um für besonders großherzige Stiftungen zu danken, mit denen die Sammlungen des Schiller-Nationalmuseums und des Deutschen Literaturarchivs bereichert worden sind. Nach Professor Dr. Hans-Rudolf und Gisela Wiedemann und nach Frau Dr. Gunhild Schwender von Goeckingk erhielt die Medaille auf Beschluß des Ausschusses nun Heinz Neumann. Reinhard Tgahrt würdigte ihn, den großen Karl-May-Sammler, in einer Laudatio. Heinz Neumann hat uns seine »imponierende, mit Hingabe und großen Kenntnissen aufgebaute Sammlung« 1996 gestiftet. Einen Eindruck von Reichtum und Reichweite konnte man schon Anfang 1982 in Hans Otto Hügels Marbacher Kabinett-Ausstellung *Das inszenierte Abenteuer* gewinnen, die einen Zulauf hatte wie wenige zuvor und danach. Aber es ist nicht nur eine in ihrer Vollständigkeit einzigartige Karl-May-Sammlung, durch die wir jetzt bereichert sind, es gehört auch deutsche Amerika-Literatur von Gerstäcker, Sealsfield und Möllhausen bis zu Traven dazu, die entsprechende amerikanische Literatur von Cooper über Jack London bis in die Gegenwart – tausende von Bänden insgesamt, Rarissima, und erstklassig erhalten. Das gilt auch für einen anderen Sammlungsteil, der woanders hin zielt: auf Wilhelm Raabe. Erstausgaben und viele spätere Originalausgaben, Misch- und Titelauflagen mit mancherlei Einbandvarianten – mit viel Kennerschaft und Geduld aufgespürt und zusammengetragen. – Vitrinen in der alten Cafeteria waren mit einem Querschnitt durch die Sammlung bestückt und fanden nach der Versammlung reges Interesse.

Nun erstattete der Direktor des Schiller-Nationalmuseums und des Deutschen Literaturarchivs wie jedes Jahr seinen Bericht, der hier wiedergegeben sei:

»Verehrte Mitglieder der Deutschen Schillergesellschaft, meine Damen und Herrn, wer Jahr für Jahr den Bericht über das Schiller-Nationalmuseum und das Deutsche Literaturarchiv für die Mitgliederversammlung und dann für den Druck im *Jahrbuch der Deutschen Schillergesellschaft* vorzubereiten hat – es ist für mich heuer das 13. Mal –, der blickt gerne auch einmal zurück auf die Formen der Berichterstattung in der über hundertjährigen Geschichte unseres Vereins. Die gedruckten *Rechenschaftsberichte* des Schwäbischen Schillervereins Marbach-Stuttgart beginnen mit dem Jahr 1897 und enden mit dem 45. *Rechenschaftsbericht*, der am 10. Mai 1941 vor der Mitgliederversammlung erstattet und 1942 auf inzwischen vergilbtem Holzpapier gedruckt worden ist. Danach erlaubte die Papierknappheit den Druck nicht mehr.

Erst 1957, im ersten Jahrgang des *Jahrbuchs der Deutschen Schillergesellschaft*, wird die Serie gedruckter Berichte wiederaufgenommen, und zwar mit einem Rückblick von Bernhard Zeller auf die Jahre 1945 bis 1955, einem Neuerwerbungsverzeichnis für dieses Jahrzehnt und einer Art Denkschrift von Wilhelm Hoffmann *Von der Deutschen Schillergesellschaft und ihren Aufgaben*. Seither ist in jedem *Jahrbuch*, und wir stehen jetzt beim 42. Jahrgang, ein Bericht erschienen.

Sie können in diesen gedruckten Berichten, meine Damen und Herren, in großer Vollständigkeit nachlesen, was sich auf der Marbacher Schillerhöhe ereignet hat. Ja, wir legen dies gewissermaßen in einer doppelten Buchführung nieder, da der erste Teil des gedruckten Jahresberichtes eine Art Protokoll der jährlichen Mitgliederversammlung darstellt und also die dort mündlich vorgelegten Berichte für die Zeit von Versammlung zu Versammlung (heuer also vom Mai 1997 bis zum April 1998) enthält, während der zweite Teil in einer eher statistischen Form und streng an die Jahresgrenzen gebunden (diesmal also für 1997) Rechenschaft gibt. Die dort, im zweiten Teil erstrebte Vollständigkeit erlaubt es mir, in meinem heutigen Bericht mich auf Exemplarisches zu beschränken.

Im Anschluß an die Mitgliederversammlung des vorigen Jahres haben wir, vor großem Publikum, die Jahresausstellung über Paul Celan eröffnet. Wiewohl sie gar nicht den ganzen Celan umfaßte, sondern nur den Übersetzer, ist das Presseecho auf diese Ausstellung so lebhaft gewesen wie selten je zuvor bei einer Marbacher Jahresausstellung. Der Katalog liegt jetzt schon in der dritten Auflage, im sechsten und siebten Tausend vor. Nun sind wir gespannt, wie sich das Thema der Jahresausstellung, die wir heute eröffnen, *Protest! Literatur um 1968* auswirken wird. Nicht ohne Zögern haben wir uns einer so jungen, erst dreißig Jahre alten Vergangenheit zugewandt, deren Leidenschaften noch vielfach lebendig sein werden. So mögen die Berichte und Kritiken in der Presse diesmal kontroverser ausfallen – sei's drum.

Mit der Celan-Ausstellung sind wir tüchtig gewandert. Sie war außer in Marbach im Literaturhaus Berlin, dem offiziell so benannten ›Berliner Kabinett des

Deutschen Literaturarchivs Marbach‹ zu sehen, dann im neuen Münchner Literaturhaus, gegenwärtig gastiert sie im Strauhof in Zürich und erreicht dann im Sommer noch Bonn.

Mit dem Kabinett *Vom Schreiben 5: Ankündigungen oder ›mehr nicht erschienen‹* ist Friedrich Pfäfflin ein besonderer Wurf gelungen, dessen Bahn ebenfalls nach Berlin ins Literaturhaus Fasanenstraße führte. Jutta Bendt hat in einem weiteren Kabinett Friedrich Wilhelm Hackländer vorgestellt. Antizyklisch, wie wir es mögen, haben wir im Jubiläumsjahr der Revolution von 1848 mit Hackländer einen ausgesprochenen Gegner der Achtundvierziger erwischt. Um dies auszugleichen und ins Konzert der 150-Jahr-Feiern einzustimmen, haben wir alle *Marbacher Magazine*, die Achtundvierziger-Demokraten gewidmet sind, in einer Kassette neu aufgelegt: Wilhelm Zimmermann, Friedrich Theodor Vischer, Ludwig Uhland, Ludwig Pfau und Albert Dulk. Vor wenigen Wochen ist diese kleine Sonderserie durch eine Neuerscheinung ergänzt worden, das *Marbacher Magazin* über Emma Herwegh. Es schlägt einen Bogen zu unserer Ausstellung über 1968, denn dort wird Alice Schwarzer mit ihrer Zeitschrift *Emma* erwähnt. Ihr Titel ist im Gedenken an Emma Herwegh gewählt worden. Und lassen Sie mich an dieser Stelle das ebenfalls erst vor kurzem erschienene *Marbacher Magazin* über den Freiherrn von Laßberg erwähnen, jenen Meersburger Schwager der Annette von Droste Hülshoff, den Freund Uhlands, der zu den originellsten Gestalten im 19. Jahrhundert gehört und zu den Entdeckern der mittelalterlichen Literatur in der Zeit der Romantik.

Ziemlich unversehens, aber selbst vorgeschlagen und selbst gewollt, stehen wir nun vor der Aufgabe, für unsere Ausstellungen ganz Neues zu entwickeln. Denn wenn wir ein Museum der literarischen Moderne, ein Museum für die Literatur des 20. Jahrhunderts einrichten wollen, müssen wir neue Fragen stellen und neue Wege gehen. Film und Fernsehen, Radio und digitale Vernetzung sind bestimmende Einflußfaktoren auf die Literatur dieses Jahrhunderts, und sie müssen auch Mittel und Hilfsmittel werden, diese Literatur anschaulich zu machen. Wir werden uns dabei in einem ganz anderen Ausmaß als bisher auf die Geschichte dieses 20. Jahrhunderts einlassen müssen, auf die Frage nämlich, wie Technik und Industrialisierung, wie die wissenschaftlichen Revolutionen, wie Großstadt und Massenkulturen, wie die totalitären Diktaturen, die Kriege, die ungeheure Mobilität und ihre gleichzeitige Hemmung durch undurchlässige Grenzen in der Nachkriegszeit, wie die digitale Revolution die Literatur beeinflußt haben, und vice versa. Es ist so reizvoll wie schwierig, solches in Ausstellungen umzusetzen. Wir haben mit vielen Wechselausstellungen der vergangenen Jahrzehnte, Jahresausstellungen wie Kabinetten, aber bereits Erfahrung und Erkenntnis gewonnen.

Die *Spuren*-Reihe unserer Arbeitsstelle für literarische Museen und Gedenkstätten in Baden-Württemberg, so schön gestaltet wie interessant zu lesen, ist mit Heften über Rudolf Schlichter und Calw, über Sophie von La Roche in Warthausen, über Hans Henny Jahnn und den Ludwigsburger Orgelbauer Oscar Walcker, über Kilian von Steiner und Laupheim und über Otto von Corvin in Rastatt weitergegangen. Neue Museen und Gedenkstätten wurden in Baiersbronn für Wilhelm Hauff, in Hornberg für Wilhelm Hausenstein eingerichtet.

Sie alle haben unter den Jahresgaben für 1997 den ersten Band unserer neuen

Marbacher Bibliothek, die Bearbeitung der *Braut von Messina* durch Karl Mickel bekommen und zugleich die Broschüre *Wir vom Archiv*. – Die Idee der *Frankfurter Allgemeinen Zeitung* und von Christoph König, im Sommer jeden Tag im Feuilleton der *FAZ* eine Marbacher Handschrift vorzustellen, hat uns im vergangenen Jahr Freude gemacht und, wie das Echo vermuten läßt, auch den Lesern.

Die Reihe *Verzeichnisse – Berichte – Informationen* wurde um eine Discographie Kurt Tucholskys erweitert, also ein Verzeichnis der Tonaufzeichnungen, das die früher von uns publizierte dreibändige Bibliographie ergänzt. Diese Reihe wird in diesem Sommer ein besonders wichtiges Werk hervorbringen, Ingrid Kussmauls *Verzeichnis der Nachlässe und Sammlungen des Deutschen Literaturarchivs*. Dieses Herzstück unserer Bestandserschließung wird als Buch und im Internet publiziert und künftig elektronisch, das heißt ständig fortgeschrieben. Umfaßte die erste Auflage von 1983 noch ungefähr 500 Nachlässe und Sammlungen, so sind es jetzt, 15 Jahre später, tausend. Ingrid Kussmaul hat jahrelange Arbeit investiert, und so gilt es ihr und Petra Weiß und Reiner Kornetta dafür besonders zu danken.

Schließlich hat Hans-Ulrich Simon in der Reihe der *Veröffentlichungen der Deutschen Schillergesellschaft* den Band *Mörike im Spiegel seiner Briefe von Verlegern, Herausgebern und Redakteuren* herausgebracht, eine besonders gründliche Arbeit, welche die historisch-kritische Mörike-Ausgabe ergänzt. Albrecht Bergold hat, im Rahmen der Leseförderungskampagne des Landes Baden-Württemberg, den Dichtern aus Württemberg und Baden literarische Kochrezepte abgelauscht – denken Sie nur an Uhlands Metzelsuppenlied – und mit den Meisterköchen des Landes zum Gaumenschmaus entwickelt in dem Buch *Solche Düfte sind mein Leben*.

Aus der Zusammenarbeit mit verwandten Institutionen oder Vereinen will ich zwei Ereignisse hervorheben: Die Schiller-Tage, vom Weimarer Schillerverein im Zusammenwirken mit uns jährlich veranstaltet, führten viele unserer Mitglieder mit den Mitgliedern des Weimarer Schillervereins in Rudolstadt zusammen, wo sie mit einer wissenschaftlichen Tagung über Schillers Schwägerin und Biographin, die Schriftstellerin Caroline von Wolzogen, verbunden waren – ein besonders geglücktes Unterfangen. Die Weimarer Schiller-Tage sind, wie in den vergangenen Jahren, von der ›Stiftung Wüstenrot – Deutscher Eigenheimverein‹ großzügig unterstützt worden. Dafür ist herzlich zu danken.

Gemeinsam mit dem IMEC, dem Institut Mémoire de l'édition contemporaine, dem Pariser Literaturarchiv also, haben wir im November und Dezember eine dreigliedrige internationale Tagung veranstaltet, die in der Presse große Aufmerksamkeit fand. Ihr Thema war ›Archiv und literarische Produktion‹. Der erste Teil fand hier in Marbach statt, der zweite in der Abbaye d'Ardenne bei Caen in der Normandie, dem künftigen Sitz dieses Französischen Literaturarchivs, der dritte im Centre Georges Pompidou in Paris mit einer öffentlichen Podiumsdiskussion.

Bei den Erwerbungen soll sich dieser Bericht nun erst recht auf das Exemplarische beschränken. Allem voran steht der Nachlaß von Alfred Döblin. Ein Hauptstück und ein Sorgenkind unserer Handschriftensammlung fast seit es das Deutsche Literaturarchiv gibt. Nach Alfred Döblins Tod im Jahre 1957 hatte ihn die

Witwe dem Deutschen Literaturarchiv als Stiftung angeboten. Er war indessen Eigentum der Erbengemeinschaft Döblin, in welcher ein Konsens mit der Absicht der Witwe nicht zustande kam. 1961 wurde er von der Erbengemeinschaft dem Deutschen Literaturarchiv als Leihgabe übergeben. Nach der Centenarausstellung über Alfred Döblin in Marbach und Berlin (1978) schien eine Übertragung des Eigentums an die Deutsche Schillergesellschaft in greifbare Nähe gerückt. Durch unglückliche Umstände kam es aber zu Auseinandersetzungen, ja um ein Haar zum Bruch und zum Rückzug des Depositums – hätte nicht Martin Cremer, der damalige Präsident der Schillergesellschaft, mit diplomatischem Geschick vermittelt. Es blieben aber Empfindlichkeiten und immer wieder auftretende Probleme zurück. Die Situation wurde noch einmal kritisch, als wir 1992 die Frage der Eigentumsübertragung endlich stellen zu können glaubten, von der Erbengemeinschaft um ein Kaufangebot gebeten wurden und dies für die andere Seite weit unterhalb ihrer Erwartungen lag. Da wir auf der Größenordnung unserer Schätzung beharren mußten, wurde das Depositum 1995 gekündigt und der gesamte Nachlaß mit seinen über 60 grünen Kästen verplombt und von Marbach zu einer Spedition in Köln gebracht. Die Krise spitzte sich noch weiter zu, als das Stuttgarter Ministerium für Familie, Frauen, Weiterbildung und Kunst die Erbengemeinschaft darauf hinwies, der Nachlaß dürfe Deutschland nicht verlassen, weil er unter Kulturgüterschutz stehe. Es folgten rechtliche Auseinandersetzungen, im Laufe derer das Stuttgarter Ministerium, auch auf meine Bitte hin, den Kulturgüterschutz zurückzog. Man wird gerade bei Emigranten der Jahre 1933 bis 1945 durch eine solche Einschränkung der Eigentumsrechte immer auf die äußerste Empfindlichkeit stoßen. Nun ließ die Erbengemeinschaft den Nachlaß vom Hause Sotheby's schätzen, die Kulturstiftung der Länder, an die wir uns gewandt hatten, durch das Haus Christies. Die Schätzungen fielen zwar immer noch verschieden aus, aber der Abstand erschien nicht mehr unüberbrückbar. Bei einer von beiden Seiten mit äußerster Zähigkeit geführten Verhandlungsrunde zwischen Herrn Meyer und mir auf der einen und den Vertretern von Sotheby's auf der andern Seite konnte dann die Einigung bei einer Zahl erreicht werden, die innerhalb des Zielfeldes lag, das wir uns von Anfang an gesteckt hatten. Nach diesem dramatischen Geschehen, dessen Abschluß auch mit Dankbarkeit gegenüber den Erben Alfred Döblins zu vermerken ist, weil sie zum Kompromiß bereit waren, folgte ein zweiter Gang, der mich fast das ganze Jahr 1997 beschäftigt hat, nämlich die Finanzierung des Kaufpreises.

Die Stiftung Kulturgut des Landes Baden-Württemberg, von der alles abhing, weil von allen andern möglichen Geldgebern erwartet wurde, daß sich das Sitzland mit erklecklichen Sondermitteln beteiligen müsse, bezweifelte den Zusammenhang Döblins mit Baden-Württemberg und hätte beinahe abgelehnt. Erst auf einer zweiten Sitzung des Stiftungsrates konnten wir die Mehrheit der Mitglieder davon überzeugen, daß dieser Zusammenhang gegeben ist. Döblin hat in Freiburg studiert, war nach 1945 französischer Kulturoffizier in Baden-Baden, und er ist in Emmendingen gestorben. Der Freundeskreis des Schiller-Nationalmuseums und des Deutschen Literaturarchivs bewährte seine Hilfsbereitschaft und seine Großzügigkeit in dankenswerter Weise und sagte eine hohe Summe aus eingeworbenen Spenden und Mitgliedsbeiträgen zu, und er half uns, von der Daimler-Benz-Stiftung beim Stifterverband der deutschen Wissenschaft noch einmal den gleichen

Betrag zu bekommen. Die Deutsche Forschungsgemeinschaft gab Sondermittel, das Haus Würth in Künzelsau ebenfalls, und vom Bundesministerium des Innern und der Kulturstiftung der Länder bekamen wir hohe Beträge, von der Landesgirokasse ein zinsgünstiges Darlehen zur Vorfinanzierung. So konnte der Vertrag am 22. Dezember 1997 unterzeichnet werden. Ministerpräsident Teufel übergab den Nachlaß in einer Feierstunde am 5. Februar hier im Humboldt-Saal vor großem Publikum und vor zahlreichen Pressevertretern, die denn auch fleißig darüber berichtet haben. Mir fiel ein Stein vom Herzen. Deshalb dieser etwas ausführlichere Bericht.

Auch die internationale Germanistik sorgte für gewichtigen Zuwachs: Teile des Nachlasses von Robert Minder und die Nachlässe von Victor Lange, des Nestors der amerikanischen Germanistik, und von Beda Allemann sind hinzugekommen. Innerhalb der Handschriftenabteilung wird die Arbeitsstelle für die Erforschung der Geschichte der Germanistik von Christoph König geleitet. Die von ihm herausgegebenen *Marbacher Mitteilungen zur Geschichte der Germanistik* haben seit einem Jahr neue Konturen gewonnen und sind ein hochinteressantes Spezialperiodikum geworden.

Ein anderer umfangreicher und wichtiger Bestand ist im vergangenen Jahr in unser Handschriftenmagazin gekommen, das Verlagsarchiv des literarischen und des soziologischen Teils des Luchterhand-Verlages. Gunther Nickel hat sich dieser Sache angenommen, gliedernd, ordnend und »kassierend«, denn das war hier sinnvoll und nötig. Bereits für die Jahresausstellung über 1968 war das eine wichtige Grundlage. Und für ein Literaturmuseum des 20. Jahrhunderts ohnedies. Als Ausstellungsmacher der diesjährigen Jahresausstellung möchte ich unserer Handschriftenabteilung bescheinigen, wie aktuell ihre Bestände sind, wie dicht auch schon zu 1968 und den Folgen. Das sei rühmend hervorgehoben.

Auch von der Bibliothek gibt es Neues zu berichten. Sie hat die Münchner Sammlung Ackerman übernommen, deren offizieller und komplizierter Name nun lautet ›Chamisso-Preis-Sammlung (Robert Bosch Stiftung/Sammlung Ackermann)‹. Es ist eine Sammlung deutschsprachiger Literatur von Autoren anderer Sprachherkunft, umfaßt also literarische Werke, mit denen sich Autoren anderer Muttersprache zu Wort melden und ihre mehrkulturelle Erfahrung und Perspektive in die deutsche Literatur einbringen. Trotz einzelner Vorläufer wie Adelbert von Chamisso und Elias Canetti geht es bei dieser, heute auch als ›Ausländerliteratur‹ oder ›Emigrantenliteratur‹ bezeichneten Literatur um ein relativ neues, aber zukunftsweisendes Phänomen in unserer literarischen Landschaft. Die zugewanderten Minderheiten im deutschen Sprachgebiet nehmen inzwischen auch in der Literatur ihren Platz ein. Sie haben sich ihre Zugehörigkeit erschrieben und sind damit zu Protagonisten gesellschaftlicher Entwicklungen geworden. Frau Dr. Ingrid Ackermann teilt zur Geschichte ihrer Sammlung weiter mit: ›Die Dokumentation zu dieser Literatur, von mir seit 1979 am Institut für Deutsch als Fremdsprache an der Universität München aufgebaut, stand zunächst in Zusammenhang mit literarischen Preisausschreiben für Texte von Ausländern in deutscher Sprache. Seit 1985 wurde die Sammlung in Verbindung mit dem Adelbert-von-Chamisso-Preis für deutschsprachige Literatur von Autoren anderer Sprachherkunft weitergeführt, der auf Initiative von Prof. Dr. Harald Weinrich eingerichtet und seitdem jährlich verliehen worden ist, 1985 zum ersten Mal an Aras Ören. Dieser Preis von DM 20000,– mit dem zugehörigen Förderpreis von DM 10000,–, von der Bayerischen Akademie der Schönen Künste (bis 1995 zusammen mit dem Institut für Deutsch als Fremdsprache der Universität München) verliehen, wird von der Robert Bosch Stiftung finanziert, die seit 1991 auch die systematische Anschaffung der Bücher für die Dokumentation gefördert hat.

Dank dieser Unterstützung konnte der Bestand kontinuierlich ausgebaut werden. Er umfaßte bei seiner Übergabe nach Marbach eine Büchersammlung von ca. tausend Bänden, zum Teil von den Autoren handsigniert. Hauptsächlich sind es selbständige literarische Werke von ca. 250 Autoren, daneben aber auch Anthologien, literaturwissenschaftliche Forschungsarbeiten sowie Bücher zur Migrationsthematik und Interkulturalität. Meine umfangreiche Sammlung an Dokumenten und Skripten in ca. sechzig Ordnern und Boxen sowie mehrere Karteien werden die Chamisso-Preis-Sammlung demnächst ergänzen.

Für diese Sammlung, die seit März 1995 notgedrungen privat beherbergt worden war, hatte ich über mehrere Jahre eine dauerhafte Unterkunft gesucht, wobei unter anderem auch das neue Literaturhaus in München im Gespräch war. Es sollte dabei nicht nur der öffentliche Zugang, sondern auch die kontinuierliche Weiterführung und Erschließung gesichert sein. Im Deutschen Literaturarchiv hatte man die Bedeutung dieser Literatur für die Literaturwissenschaft erkannt und einen Teil dieser Werke bereits für den Bibliotheksbestand erworben. Mit der Übernahme der Chamisso-Preis-Sammlung als eines geschlossenen Bestandes in eigenem Arbeitsraum wurden die Voraussetzungen für eine breitere Nutzung, qualifizierte Auswertung und Weiterführung der Dokumentation sowie für die Aufnahme in die Marbacher Datenbank und ins Internet geschaffen. Auch der Druck einer weiterführenden Bibliographie ist geplant.

Bisher sind die Werke dieser Autoren vor allem im Ausland auf literaturwissenschaftliches Interesse gestoßen, auf wissenschaftlichen Tagungen in mehreren Ländern behandelt und in anschließenden Publikationen vorgestellt worden, während sie in Deutschland bisher noch immer vor allem unter sozialem und ausländerpolitischem Aspekt betrachtet worden sind. Ihre eigenständige Literarizität ist hier selten Gegenstand literaturwissenschaftlicher Analysen geworden. Auch eingehende Untersuchungen der Sprache, des Stellenwerts der Sprache bei Sprachwechsel und der Beziehungen von Sprachwechsel und Perspektivenwechsel stehen bisher noch weitgehend aus. An dieser Literatur ließen sich darüber hinaus viele Aspekte literarischer *Grenzüberschreitungen* aufzeigen: Außenperspektive und Fremdwahrnehmung als Aufbrechen fester Positionen; Interkulturalität mit ihren Chancen für eine kulturelle Aufbruchsituation, auch im Hinblick auf das zusammenwachsende Europa, aber sicher über Europa hinausreichend; Migrations-, Exil- und Minderheitenthematik im literarischen Kontext, – all das sind Themen, die sich bei der Beschäftigung damit anbieten würden. Auch die Fragen nach Formen spezifisch weiblichen Schreibens und dem feministischen Blickwinkel in der Literaur stellen sich in einem Kontext von Minderheitenliteratur neu. Komparatistische Untersuchungen zu ähnlichen Entwicklungen literarischer Grenzüberschreitungen und literarischen Sprachwechsels, Interkulturalität und Minderheitenliteraturen in den Literaturen anderer Länder könnten Parallelen und relevante

Unterschiede aufzeigen, vor allem auch Tendenzen interkultureller Entwicklungen sichtbar machen.

Mit der Übernahme der Sammlung in Marbach werden nun hoffentlich auch der deutschen Germanistik Anstöße für wissenschaftliche Beachtung und Auseinandersetzung gegeben werden.‹

In Marbach hatte man dieser Literatur auch bisher schon Aufmerksamkeit geschenkt, ganz entsprechend unserem Verständnis des Adjektivs deutsch in unserem Namen Deutsches Literaturarchiv als Sprachbezeichnung, nicht als nationale Abgrenzung. Ich halte es aber für ausgesprochen wichtig, und ich sage das auch im Namen von Professor Lämmert, der dies schon bei der Jubiläumsfeier 1995 angeregt hat, daß wir dieses Gebiet nun ausdrücklich in unser Sammelprofil eingebaut haben. Unser Dank gilt Frau Dr. Irmgard Ackermann aus München, er gilt der Robert Bosch Stiftung und er gilt Reinhard Tgahrt, dem Leiter unserer Bibliothek.

Zur Bibliothek gehört die Dokumentationsstelle, die vielleicht besser ›Arbeitsstelle für literarische Mediendokumentation‹ hieße, zählt man doch auch die Presse zu den Medien. Ihre Sammlungen von Zeitungsausschnitten, Theaterprogrammen, Rundfunkmanuskripten und audiovisuellen Aufzeichnungen zur Literatur sind einzigartig und viel zu wenig bekannt. Die Benutzungskabinen für die audiovisuellen Medien sind nun fertig geworden und werden lebhaft benutzt.

Die Bildabteilung verdankt einer großzügigen Stiftung von Reinhold Würth (der uns, das sei hier nachgetragen, zusammen mit dem Hause Oetker in Bielefeld auch den Erwerb eines wichtigen Konvoluts von Rilke-Briefen an die Baronin Ledebuhr, mit einem bisher unbekannten Gedicht Rilkes, ermöglicht hat) eine Lithographie von Erich Heckel aus dem Jahre 1920, Tübingen mit dem Hölderlin-Turm zeigend. Aus dem Nachlaß von Gottfried Bermann Fischer konnten für die Bildabteilung 29 Fotoalben erworben werden, und unsere einzigartige Totenmasken-Sammlung wurde um Bertolt Brecht, Stephan Hermlin und Heiner Müller ergänzt.

Dem Cotta-Archiv sind durch die Treue und Beständigkeit der Familiengemeinschaft Schairer, die jedes Jahr DM 20000,– stiftet, wieder Ergänzungskäufe möglich gemacht worden. In den Vitrinen im Vestibül vor dem Humboldt-Saal stellt sich dieses Mal das Cotta-Archiv vor.

Wenn Sie sich, meine Damen und Herrn, an meinen letzten Jahresbericht erinnern, so dürften Sie heute erwarten, von der Bewährung unseres neuen EDV-Erschließungssystems KALLÍAS in der praktischen Anwendung zu hören. Wenn Sie indessen zu den Kennern von EDV-Einführungen gehören, dann wird es Sie nicht überraschen, daß es Verzögerungen gegeben hat. So gut wir es mit der Firma BB-Data/Astec getroffen haben, was das Können und das Eingehen auf unsere Spezialitäten anbelangt, so kritisch stand es um die ins Auge gefaßten Termine. Das ist deswegen ärgerlich, weil in allen sammelnden Abteilungen sehr viel Zeit für das Testen der Neuentwicklungen aufgewandt werden muß, Zeit, die dem eigentlichen Erschließungsgeschäft verloren geht. Der Grund ist ein an sich für uns günstiger Sachverhalt: Nach unserem Zuschlag hat diese Firma sehr viele gewichtige weitere Zuschläge bekommen, darunter war die Bibliothek des Deutschen Bundestages. Der Bundestag repräsentiert in unserer Demokratie den Souverän, und er hat unser Partnerfirma denn auch souverän Termine gesetzt, gegen die wir als brave Untertanen ins Hintertreffen gekommen sind. Die Entwicklung von KALLÍAS muß nun bis Anfang September 1998 abgeschlossen sein, danach erfolgen die Mitarbeiterschulungen, am 1. Januar 1999 geht es in den Realbetrieb.

So werden die Zahlen unserer Erschließungsstatistik für 1997 und 1998 wegen dieser Zusatzbelastung vielleicht nicht berückend ausfallen. Um so dankbarer sind wir, daß uns durch Drittmittelprojekte dennoch die Erschließung größerer Bestände ermöglicht wird. Unser Dank gilt hier in erster Linie der Deutschen Forschungsgemeinschaft. Sie hat uns in einem dreijährigen Projekt, das jetzt Ende März abgeschlossen worden ist, ein Repertorium der Briefe von Johann Friedrich Cotta ermöglicht. Helmuth Mojem hat sich dieser Aufgabe mit Verstand und Energie gewidmet, so daß sie im vorgesehenen Zeitplan vollendet werden konnte. Ebenfalls aus Mitteln der Deutschen Forschungsgemeinschaft wird der sehr umfangreiche Nachlaß von Dolf Sternberger bearbeitet, Fritz Leopold heißt hier unser Experte, und an der Erschließung der Verlagsarchive von Langen-Müller und Eugen Diederichs arbeitet Gabriele Schweikert.

Zum Großprojekt mit nicht weniger als fünf Mitarbeitern hat sich das von Christoph König geleitete, von der Deutschen Forschungsgemeinschaft finanzierte Vorhaben eines Germanistenlexikons jetzt in seiner zweiten Phase entwickelt.

Fortschritte machen auch die sieben Editionsprojekte, an denen unser Haus beteiligt ist. Eines, die Edition und Kommentierung der Prosa-Schriften von Johannes Bobrowski, gefördert von der Deutschen Forschungsgemeinschaft, wurde im letzten Jahr zum Ziel geführt, die Vollendung der *Bobrowski-Ausgabe* bei der Deutschen Verlagsanstalt steht bevor. Die *Schiller-Nationalausgabe*, das Gemeinschaftswerk von Marbach und Weimar, befindet sich in der Zielgeraden, sie dürfte im Jahre 2002 die Ziellinie überschreiten. Die *Historisch-kritische Ausgabe der Werke und Briefe von Eduard Mörike* wird so sorgfältig gemacht, daß sie nicht vor dem Jahre 2004 fertig sein kann. Das große Werk der *Leopoldina-Ausgabe* von Goethes naturwissenschaftlichen Schriften schreitet planmäßig voran, absehbar wird die Vollendung der *Wilhelm-Lehmann-Ausgabe*, und zwei weitere Projekte haben nun deutliche Konturen gewonnen: die *Historisch-kritische Jean Paul-Ausgabe*, an der Marbach durch Winfried Feifel und als Mitveranstalter der Reihe 2, Schriften aus dem Nachlaß, beteiligt ist, wird in diesem Teil im Jahre 2002 fertig, ungefähr zur gleichen Zeit wohl auch in ihrer Reihe 4, den Briefen an Jean Paul, so daß nur noch der Neubearbeitung der Reihe 1, der zu Lebzeiten erschienenen Schriften von Jean Paul, einem allerdings großen Projekt, der Boden bereitet werden muß. Darum habe ich mich, wie es scheint erfolgreich, gemeinsam mit dem Würzburger Germanisten Pfotenhauer und mit Walter Müller-Seidel bei der Bayerischen Akademie der Wissenschaften, bei der Deutschen Forschungsgemeinschaft und bei der Thyssen-Stiftung bemüht. – Bis Mai kommenden Jahres wird die wissenschaftlich verantwortete und durch Register erschlossene Transkription der Tagebücher von Harry Graf Kessler vollendet sein, ein Projekt, an dem sich außer der Deutschen Forschungsgemeinschaft die Stiftung Wüstenrot – Deutscher Eigenheimverein beteiligen und die Alfred Krupp von Bohlen und Halbach Stiftung. Allen, die uns diese stolze Reihe von Erschließungs- und Editionsprojekten durch finanzielle Zuwendungen möglich gemacht haben, wozu im

Falle der *Mörike-Ausgabe* auch das Land Baden-Württemberg mit Lotto-Mitteln und die Städte Ludwigsburg und Stuttgart gehören, sei besonderer Dank gesagt.

Seit dem Abschluß des Erweiterungsbaus haben wir uns verstärkt des Fragenkreises der Bestandserhaltung angenommen. Nachdem die Magazine im Rahmen des Erweiterungsbaues klimatisiert worden sind, geht es für die Zukunft, und das ist eine Zukunft von mehreren Generationen, um die Entsäuerung der Papiere, aber auch um die Restaurierung von Papieren, deren Säurezerfall schon so weit fortgeschritten ist, daß sie nicht mehr entsäuert werden können, und um die Sicherheitsverfilmung wie um Schutzverfilmungen. Dank einer Initiative der Kulturabteilung im Bundesinnenministerium sind in den Wirtschaftsplan 1998 erstmals DM 114000,– für Entsäuerung und Mikroverfilmung eingestellt worden. Wir haben nun überdies begonnen, Marbacher Nachlässe in das Sicherheitsverfilmungsprogramm des Bundesamtes für Zivilschutz einzuführen, das für Baden-Württemberg beim Institut für Bestandserhaltung in Ludwigsburg durchgeführt wird. So wie unser Bestandsaufbau überhaupt mit dem Nachlaß Uhlands begonnen hat, so haben wir auch damit den Anfang gemacht. Daneben wird unser Schutzverfilmungsprogramm, das wir selbst mit einer Kamera und einer Kraft durchführen, weiter vorangetrieben, bei der Schutzverfilmung von Büchern entlastet durch einen Vertrag mit einem Verlag, der die Mikrofiches, die von Zeitschriften des Marbacher Bestandes gewonnen sind, kommerziell vertreibt. Sicherheitsverfilmung ist die Verfilmung historisch wichtiger Archivalien, um sie im Kriegsfall vor Zerstörung zu schützen. Aus diesen Sicherheitsfilmen können auch Benutzungsfilme oder Fiches gewonnen werden. Schutzverfilmung ist die Verfilmung von Beständen, die gefährdet sind oder bei denen man aus anderen Gründen die Benutzung des Originals in der Regel nicht zulassen will. Bei der Entsäuerung der Papiere haben wir Probeaufträge an das Battelle-Institut in Frankfurt gegeben, vor allem auf dem Sektor der Handschriften. Die Entsäuerung von Nachlässen stellt ein besonderes Problem dar, weil das Material gemischt ist und weil wir noch nicht voraussagen können, ob alle Tinten die Entsäuerung schadlos überstehen. Das macht es notwendig, daß wir die Nachlässe vor der Abgabe zur Entsäuerung jedenfalls kursorisch durchsehen. Zur Gesamtproblematik der Entsäuerung von literarischen Archivalien hat Peter-Paul Schneider im letzten Dezember ein Kolloquium von Fachleuten, Literaturarchivaren, Restauratoren, Entsäuerungsanbietern durchgeführt, das uns wichtige Erkenntnisse gebracht hat. Mit der Summe im Wirtschaftsplan 1988 und in den zukünftigen Wirtschaftsplänen kann nun ein systematischer Anfang in dieser wichtigen Sache gemacht werden.

Wieder waren es ungefähr 10000 Tageseinträge in den Benutzerbüchern des Studiensaalbereiches, die anzeigen, daß seit 1995 die Benutzerzahlen nur noch geringfügig zunehmen. Dabei ist bemerkenswert, daß die Zahl der Benutzer aus Deutschland stetig wächst und nun 55 % von diesen 10000 Einträgen ausmacht, während die Zahl der Benutzer aus den Vereinigten Staaten von 10 % auf 4 % gefallen ist. Ob sich hier schon der allmähliche Wandel der amerikanischen Germanistik von einer literaturwissenschaftlich-philologischen Orientierung hin zu einer kulturwissenschaftlichen bemerkbar macht? Stark gestiegen von 5 % auf nahezu 10 % ist der Benutzeranteil aus Italien, ebenso in der gleichen Größenordnung aus

Großbritannien. Während Frankreich nur 5 % erreicht, Österreich erstaunlicherweise nur 2,5 %, die Schweiz nicht einmal 1 %. Die Belegungsquote des Collegienhauses ist 1997 gegenüber 1996 leicht gesunken. Mit solchen Schwankungen werden wir wohl rechnen müssen.

Der Lehrer im Museum und Archiv, Oberstudienrat Rudi Kienzle, um dessen hälftige Abordnung zu uns vom hiesigen Schiller-Gymnasium wir hart haben kämpfen müssen (das Kultministerium hatte eine Reduktion durchsetzen wollen), hat sein vielgerühmtes Programm der Schülereinführungen und der Lehrerfortbildungen im Literaturarchiv und der Ausstellungsführungen für Schulen im Museum fortgeführt und ausgebaut. Wir hoffen sehr, daß die Abordnung beibehalten wird. Uta Kutters ›Akademie für das gesprochene Wort‹ ist immer wieder an Wochenenden in Marbach zu Gast mit Lehrerfortbildungsveranstaltungen zur Rezitation, ja überhaupt zur Mündlichkeit von Dichtung. Der Museumsverband Baden-Württemberg veranstaltete in unseren Räumen eine Tagung mit dem Thema ›Photographie gedruckt‹. Die Historische Kommission des Börsenvereins und die Historische Kommission der Arbeitsgemeinschaft deutscher Rundfunkanstalten sowie das Deutsche Rundfunkarchiv führen ihre rundfunk- und buchhandelsgeschichtlichen Tagungen in Marbach durch, 1997 ging es um die fünfziger Jahre, 1998 wird eine weitere dieser Tagungen sich mit der Studentenrevolte von 1968 beschäftigen. Auch wir selbst wollen im November 1998 ein wissenschaftliches Symposion zu unserem Ausstellungsthema durchführen. Die Stiftung Wüstenrot / Deutscher Eigentumsverein hat zugesagt, uns finanziell dabei zu helfen.

Peter-Paul Schneider als Veranstaltungsreferent hat einem stets interessierten und nicht zu kleinem Publikum und uns selbst eine ganze Reihe meist jüngerer Autoren durch ihre Lesungen bekannt gemacht. Die Celan-Ausstellung wurde während ihrer Laufzeit durch ein reiches Programm von Lesungen, Vorträgen, Filmvorführungen begleitet und das Ausstellungsteam, das sei ausdrücklich und dankend hervorgehoben, hat lebhaft an den Führungen mitgewirkt, auch durch ein Angebot, bei dem einen Monat lang jeden Sonntagmorgen um 11 Uhr die einzelnen Mitglieder des Teams jeweils zu den von ihnen dargestellten Abschnitten der Ausstellung besondere Führungen anboten.

Seit zehn Jahren, seit 1987 vergeben wir Marbach-Stipendien, Stipendien also, mit deren Hilfe Forschungsaufenthalte in Marbach finanziert werden können, wenn wichtige Projekte in erfolgversprechender Weise an Marbacher Quellenbeständen durchgeführt werden sollen. Finanziert werden die Stipendien teils aus Haushaltsmitteln, teils aus mäzenatischen Mitteln. Die Kulturstiftung der Landesgirokasse hat uns erneut einen großzügigen Betrag dafür gestiftet, von früheren Stiftungen der Baden-Württembergischen Bank, des Herzogs von Württemberg, der Südwestdeutschen Landesbank und der Landeskreditbank zehren wir noch, während die großzügige Anschubfinanzierung durch die Thyssen-Stiftung ihren Zweck erfüllt hat und aufgebraucht ist.

Zum ersten Mal hat ein Autorenstipendium vergeben werden können, Detlef Opitz war vier Monate in Marbach, wohnte im Collegienhaus und schrieb an einem Roman über den Pfarrer Tinius, der im frühen 19. Jahrhundert um seiner Leidenschaft des Büchersammelns willen einen Mord begangen hatte.

Daß die Marbacher Sammlungen Quellenmaterial für grundlegende Forschungen auch auf anderem als dem literaturwissenschaftlichen Terrain umfassen, läßt sich nicht nur an den Nachlässen von Martin Heidegger und Karl Jaspers zeigen. Seit einigen Jahren beherbergen wir auch den schriftlichen Nachlaß von Norbert Elias. Gemeinsam mit der Norbert-Elias-Stiftung wird alle drei Jahre ein Norbert-Elias-Stipendium vergeben. Die Auswahl unter den Bewerbern obliegt auch hier dem Wissenschaftlichen Unterausschuß der Deutschen Schillergesellschaft, der sich dafür aber um den Hamburger Soziologen Hermann Korte erweitert. 1995/1996 war Lutz Rosemann für sechs Monate Elias-Stipendiat, der im Hinblick auf seine Dissertation, darüber hinaus aber mit weiteren Ergebnissen, *Editionsprobleme des Nachlaßmaterials der wissenschaftlichen Arbeiten von Norbert Elias* untersuchte. Er gewann grundlegende Erkenntnisse zur Arbeitsweise des großen Soziologen und zur Entstehungsgeschichte seiner Werke, vor allem der Arbeit *Über die Zeit*. Elias hat seine Arbeiten, von denen viele Fassungen im Nachlaß existieren, nicht selbst einer Schlußbearbeitung unterzogen. Diese hat er auf andere delegiert. Das stellt schwierige Fragen der Autorisation, die letztlich nur anhand des Nachlasses geklärt werden können. Für zwei Hauptwerke, den *Prozeß der Zivilisation* und die *Höfische Gesellschaft* erweist sich für Rosemann sogar die Notwendigkeit einer historisch-kritischen Edition.

Ein weiteres Spezialstipendium ist für 1996/1997 zum ersten Mal vergeben worden. Der baden-württembergische Ministerpräsident Erwin Teufel hat Ernst Jünger an seinem hundertsten Geburtstag die Urkunde eines von der Landesregierung gestifteten Ernst Jünger-Stipendiums überreicht, das alle zwei Jahre für geisteswissenschaftliche Forschungen mit besonderer Berücksichtigung Ernst Jüngers in Deutschland und Frankreich ausgeschrieben und auf Vorschlag einer Jury an Postgraduierte vergeben wird. Mit dem Stipendium, dessen Summe DM 20000,– beträgt, soll ein neunmonatiger Aufenthalt am Deutschen Literaturarchiv verbunden werden. Erster Stipendiat war Dr. Thomas Pekar. Seine Forschungen galten den Einflüssen des Orients (im weitesten Sinne) auf das Denken und das Werk Ernst Jüngers. Sie sollen als Buch publiziert werden. Ernst Jünger selbst hat den Stipendiaten bei einem Besuch in Wilflingen Anfang 1997 noch empfangen.

Wie immer soll mein Jahresbericht schließen mit dem Dank an die Mitarbeiterinnen und Mitarbeiter. Sie haben viel zu tun, und sie tun es fröhlich. Wie viel zu tun ist, läßt sich mit Hilfe der Statistik nicht ausmessen. Einen kleinen Versuch will ich dennoch machen: 1971 verließen unser Haus 17000 Postsendungen, 1997 waren es 70000!

In einer Gemeinschaft, wie sie die 150 Kolleginnen und Kollegen auf der Marbacher Schillerhöhe bilden, teilt man die Freuden und das Leid der einzelnen. Gefreut haben mir uns mit Reinhard Tgahrt, der am 8. Juli in Freiburg zum Ehrendoktor der Philosophischen Fakultät promoviert worden ist, und mit Christoph König, der sich Anfang dieses Jahres an der Humboldt-Universität in Berlin mit einer Arbeit über *Hofmannsthal unter den Philologen. Zum Verhältnis von Dichtung und Wissenschaft in der Kultur der Moderne* und einem Vortrag über *Wissensvorstellungen in Goethes Faust II* habilitiert hat. Das Thema seiner Habilitationsschrift verbindet theoretisch und historisch zwei Domänen unseres Sammelns,

Dichter und Philologen, deren enge Verbindung auch durch die Nähe der Arbeitsstelle für die Geschichte der Germanistik zu den Sammlungen des Deutschen Literaturarchivs zum Ausdruck kommt. Durch Königs Venia legendi ist ein zusätzliches Band zwischen Marbach und der Berliner Humboldt-Universität geschaffen worden.

Gefeiert haben wir mit Dorothea Kuhn ihren jubilarischen Geburtstag. Wir hatten uns zu verabschieden vom Hausmeisterehepaar des Museums, Elfriede und Werner Thumm, die in den Ruhestand gegangen sind. Und wir haben die Trauer um Werner Volke mit seinen Angehörigen geteilt. Er war so viele Jahrzehnte mit diesem Haus verbunden, hat Entscheidendes zu seiner Entwicklung beigetragen, ja, er hat die Marbacher Atmosphäre aus Sachverstand und Hilfsbereitschaft recht eigentlich verkörpert. Dafür bleiben wir ihm dankbar.

Am Eingang des Studiensaals, meine Damen und Herren, liegt ein Buch, in das unsere forschenden Gäste eintragen können, was sie gerne verbessert hätten und was ihnen gefallen hat. Unter den Klagen häuft sich die, daß es im Bibliothekslesesaal zu kalt sei, wenn bei warmem Wetter die Klimatisierung für Zugerscheinungen sorge. Nun schalten wir im Sommer die Klimatisierung eben aus. Sehr viel häufiger werden aber Sätze des Lobes und des Dankes eingetragen. Einen aus diesem Jahr will ich zitieren: ›Wunderbar ist die immer fröhliche und sachlich informierte Hilfe.‹«

Bürgermeister a. D. Heinz Georg Keppler legte der Versammlung im Anschluß an den Bericht des Direktors eine Übersicht über die finanzielle Entwicklung vor. Die institutionellen Einnahmen und Ausgaben, also die Aufwendungen für den laufenden Betrieb, beliefen sich 1997 auf DM 14759082,–, darunter DM 3400000,– einmalige Sondermittel und Spenden für besonders hervorgehobene Erwerbungen. Bund und Land Baden-Württemberg trugen aus Haushaltsmitteln je ca. 5,5 Millionen DM bei, die Stadt Stuttgart, der Landkreis Ludwigsburg, die Stadt Ludwigsburg und die Stadt Marbach zusammen DM 246000,–. Einschließlich der Projektförderungen, wozu neben sogenannten Drittmittelvorhaben auch noch Ersteinrichtungsmaßnahmen des Erweiterungsbaus (z. B. die Entwicklung der Elektronischen Datenverarbeitung) gehören, betrugen die Einnahmen und Ausgaben insgesamt je DM 20368039,80. Die Rechnung wurde von Oberamtsrat a. D. Layher geprüft und in Ordnung befunden.

Der Schatzmeister dankte den Damen und Herren, die sich bei den Zuwendungsgebern der Belange der Deutschen Schillergesellschaft annehmen, ausdrücklich für ihre sachlich wohlwollende Arbeit. Der Vizepräsident im Namen des Präsidenten und der Direktor schlossen sich diesem Dank an.

Auf Antrag von Dr. Hermann Schick erteilte die Versammlung einstimmig, unter Stimmenthaltung der Betroffenen, dem Vorstand, dem Ausschuß und der Geschäftsführung Entlastung und stellte die vorgelegte Jahresrechnung 1997 durch ihren Beschluß fest.

Herr Ott berichtete zum Schluß über das Vorhaben, das Gebäude des Schiller-Nationalmuseums zu sanieren, im Innern baulich zu ergänzen und zusätzliche Ausstellungsflächen zu schaffen, verbunden mit einer neuen Ausstellungskonzeption. Ein Gutachten, mit dem die Landesentwicklungsgesellschaft Baden-Württemberg beauftragt war, kommt zu dem Ergebnis, daß zusätzliche Ausstellungsflächen mit einem Mindestbedarf von 800 qm nur in einem eigenen Neubau geschaffen werden können. Der bestehende Museumsbau müsse saniert und um konservatorische Einrichtungen ergänzt werden, zum Beispiel eine Klimatisierung der Ausstellungsräume. Es gelte jetzt, eine Ausstellungskonzeption zu entwickeln, die auch audiovisuelle, auditive und interaktive digitale Elemente enthalten müsse. Daraus resultiere dann ein Raumprogramm als Grundlage für Finanzierungsanträge, deren Schicksal freilich noch offen sei. Der zukünftige Standort des Museumsneubaus müsse sich aus einem Architektenwettbewerb ergeben.

Im Anschluß an die Jahresversammlung wurde, vor großem Publikum, die Hauptausstellung des Jahres 1998, *Protest! Literatur um 1968* eröffnet, die diesmal vom Direktor selbst gemeinsam mit einem Team aus Marbacher Mitarbeiterinnen und Mitarbeitern (Sabine Brtnik, Christoph König, Brigitte Raitz) und Heidelberger Studenten (Ralf Bentz, Roman Luckscheiter) gestaltet worden ist.

II

AUS DER ARBEIT DES SCHILLER-NATIONALMUSEUMS UND DES DEUTSCHEN LITERATURARCHIVS 1997

1. ALLGEMEINES

Die statistischen Zahlen und die Listen, die im folgenden zweiten Teil des Jahresberichtes widerspiegeln sollen, was sich im Jahr 1997 auf der Marbacher Schillerhöhe ereignet hat, geben kein vollständiges Bild des Geschehens und der Leistungen. Nur ein Teil unserer Aufgaben ist statistisch erfaßbar. Der andere Teil entzieht sich der Zählung, weil die einzelnen Leistungen nicht miteinander verglichen werden können oder weil das Messen und Zählen, wenn es aussagekräftig sein soll, viel zu viel Zeit kosten würde. Das gilt vor allem für das stets wachsende Gebiet der mündlichen und schriftlichen Auskünfte. Im folgenden sind zu wichtigen Zahlen des Jahres 1997 diejenigen des Vorjahres in Klammern hinzugefügt. Die hier mitgeteilten Berichte wurden verfaßt von: Michael Davidis (Bildabteilung), Bernhard Fischer (Cotta-Archiv), Jochen Meyer (Handschriftenabteilung), Friedrich Pfäfflin (Museumsabteilung), Peter-Paul Schneider (Abteilung Planung und Technik), Friedbert Sommer (Verwaltung), Reinhard Tgahrt (Bibliothek), Rudi Kienzle (Museumspädagogische Arbeit mit Schulen), Christoph König (Arbeitsstelle für die Erforschung der Geschichte der Germanistik), Thomas Scheuffelen (Arbeitsstelle für literarische Museen, Archive und Gedenkstätten in Baden-Württemberg).

a) Mitarbeiterschaft

Am 31. Dezember 1997 waren 156 Mitarbeiter und Mitarbeiterinnen im Schiller-Nationalmuseum und Deutschen Literaturarchiv tätig. 135 von ihnen wurden aus den $98^1/_2$ Planstellen des Schiller-Nationalmuseums und Deutschen Literaturchivs sowie aus den 2 1/4 Planstellen aus Landesmitteln für die Arbeitsstelle für literarische Museen, Archive und Gedenkstätten in Baden-Württemberg bezahlt (weil manche Planstellen auf mehrere, nicht ganztägig beschäftigte Mitarbeiter aufgeteilt sind, sind die Zahlen der Stellen und Personen nicht gleich); dazu kamen 15 1/2 befristete, projektgebundene Stellen, die überwiegend aus Sachbeihilfen der Deutschen Forschungsgemeinschaft für besondere Arbeitsvorhaben finanziert wurden, aber auch aus Sondermitteln des Landes Baden-Württemberg für die Mörike-Ausgabe oder aus Stiftungsmitteln von privater Seite. In der Restaurierwerkstatt/Buchbinderei war ein Lehrling in Ausbildung. Auch 1997 waren zahlreiche Praktikanten und etliche Studenten und Schüler mit zeitlich befristeten Arbeitsverträgen im Hause tätig.

b) Benutzung

1997 haben sich in den Benutzerbüchern 9861 Gäste eingetragen (1996: 9759 [im *Jahrbuch 41, 1997* irrtümlich angegeben: 10430]).

c) Collegienhaus

Im Collegienhaus summierten sich die Aufenthalte von Erwachsenen auf 7558 Tage (1996: 8184), von Kindern (manche unserer forschenden Gäste sind mit ihrer Familie hier) auf 66 Tage (1996: 34). Damit wurde eine Auslastung von 64,4 % erreicht – ein gutes Ergebnis, wenn man bedenkt, daß wegen der Wochenenden und Feiertage ohnedies nicht mehr als 80 % der theoretischen Kapazität ausgelastet werden können: Hochbetrieb herrscht im Collegienhaus vor allem in den Semesterferien, weil die meisten Benutzer universitäre Lehraufgaben haben und sich nur in der vorlesungsfreien Zeit in Marbach aufhalten können. Das Collegienhaus trägt sich, seit es betrieben wird, ganz aus den Einnahmen. Der 1994 eingeführte »Jour fixe im Collegienhaus«, bei dem Gäste ihre Forschungsergebnisse vorstellen, fand guten Zuspruch von Benutzern und Mitarbeitern und bewährte sich weiterhin, auch als Katalysator geselliger Begegnung.

d) Deutsche Schillergesellschaft

Am 31. Dezember 1997 gab es 3980 Mitglieder der Deutschen Schillergesellschaft. 173 neue Mitglieder sind im Jahr 1997 hinzugekommen, 63 sind verstorben oder haben die Gesellschaft verlassen. Die Zahl der ausländischen Mitglieder bewegt sich nach wie vor bei etwa 10 %; ca. 80 % der Mitglieder haben im Rahmen ihrer Mitgliedschaft das *Jahrbuch der Deutschen Schillergesellschaft* abonniert.

Der Jahresbeitrag betrug 1997 DM 40,–, mit Jahrbuch DM 80,– bzw. DM 20,– und DM 40,– für Mitglieder in Ausbildung. Den Bewohnern der fünf neuen Bundesländer, des Ostteils von Berlin und den Ostmittel- und Osteuropas wurden auch 1997 die Mitgliedschaft und das Jahrbuch zu einem stark ermäßigten Preis – der Hälfte des allgemeinen Tarifs – angeboten.

2. AUSSTELLUNGEN

1997 zählte das Schiller-Nationalmuseum 19137 Besucher (1996: 22631); wie 1996 wurden auch 1997 420 Gruppen wurden durch die Ausstellungen geführt. Davon galten 168 Führungen (1996: 178) der Ständigen Ausstellung zu Leben und Werk Friedrich Schillers. Führungen im Deutschen Literaturarchiv sind 1997 insgesamt 112 mal (1996: 105) durchgeführt worden.

a) Die Ständigen Ausstellungen

Seit 1980 zeigt das Schiller-Nationalmuseum sechs Ständige Ausstellungen: *Wieland, Schubart; Schiller; Hölderlin; Kerner, Uhland, Mörike. Schwäbische Dichtung im 19. Jahrhundert; Cotta und das 19. Jahrhundert. Aus der literarischen Arbeit eines Verlages; Das 20. Jahrhundert. Von Nietzsche bis zur Gruppe 47.* Zu allen Ausstellungen liegen Kataloge vor, die in zweiter, dritter und vierter Auflage erschienen sind.

b) Jahresausstellung

10. 5.–26. 10. 1997: *»Fremde Nähe«. Celan als Übersetzer.* Ausstellung und Katalog: Axel Gellhaus und Rolf Bücher, Sabria Filali, Peter Goßens, Ute Harbusch, Thomas Heck, Christine Ivanović, Andreas Lohr, Barbara Wiedemann unter Mitarbeit von Petra Plättner. *Marbacher Katalog Nr. 50.*

Die Ausstellung wurde vom 16. 11.–28. 12. 1997 im Berliner Kabinett des Deutschen Literaturarchivs, dem Literaturhaus Berlin, gezeigt.

Die Jahresausstellung von 1996, *Carl Zuckmayer. »Ich wollte nur Theater machen«*, wurde vom 15. 12. 1996–15. 2. 1997 im Foyer des Mainzer Rathauses gezeigt.

c) Kabinettausstellungen

16. 3.–15. 6. 1997: *Der Badische Hof. Cottas Hotel in Baden-Baden.* Bearbeitet von Bernhard Fischer. Dazu ist das *Marbacher Magazin Nr. 79/1997* erschienen. Vom 16. 3.–28. 9. 1997 war diese Ausstellung im Stadtmuseum Baden-Baden zu sehen. – 28. 9.–30. 11. 1997: *Vom Schreiben 5: Ankündigungen oder »Mehr nicht erschienen«.* Bearbeitet von Friedrich Pfäfflin. Dazu erschien das *Marbacher Magazin Nr. 80/1997.* Diese Ausstellung wurde auch im Berliner Kabinett des deutschen Literaturarchivs, dem Literaturhaus Berlin, gezeigt.

d) Ausstellungen in Verbindung mit dem Schiller-Nationalmuseum

Aus dem Hausrat eines Hofrats. Zur Ausstellung in Schillers Geburtshaus. Bearbeitet von Michael Davidis und Sabine Fischer. Photographien von Mathias Michaelis. *Marbacher Magazin Nr. 77/1997. – Fritz H. Landshoff und der Querido-Verlag.* 1933–1950. Bearbeitet von Hans-Albert Walter. Mit einer Bibliographie Querido. *Marbacher Magazin Nr. 78/1997,* Sonderheft zu der Ausstellung in Bremerhaven. Diese Ausstellung wurde auch im Berliner Kabinett des deutschen Literaturarchivs, dem Literaturhaus Berlin, gezeigt.

e) Ausstellungen in Verbindung mit der Arbeitsstelle für literarische Museen, Archive und Gedenkstätten in Baden-Württemberg

Unter Mitwirkung der ›Arbeitsstelle für literarische Museen, Archive und Gedenkstätten‹ (siehe auch S. 586–589) sowie mit finanzieller Unterstützung aus Landesmitteln sind folgende literarische Museen oder literarische Gedenkstätten innerhalb von Ortsmuseen entstanden: *Hauffs Märchen-Museum* in Baiersbronn; Eröffnung am 4.10.1997 (Ständige Ausstellung). – *Gedenkstätte für Wilhelm Hausenstein* in Hornberg; Eröffnung am 21.11.1997 (Ständige Ausstellung).

Ferner wurden gezeigt: *Sonderausstellung über Eugen Gottlob Winkler* in Stuttgart-Wangen im Rahmen des *Marbacher Schaufensters* in der Stadtbücherei Stuttgart vom 14.4.–5.10.1997 (mit Vortrag von Ulrich Keicher und Christiane Maschajechi am 21.4.1997). – *Sonderausstellung über Hans Henny Jahnn* im Rahmen des *Marbacher Schaufensters* in der Stadtbücherei Stuttgart vom 29.9.1997–31.1.1998 (mit Vorstellung des *Spuren*-Hefts Nr. 40, *Hans Henny Jahnn und der Ludwigsburger Orgelbauer Oscar Walcker* und Vortrag von Roswitha Schieb am 6.10.1997.

f) Vitrinenausstellungen im Foyer des Deutschen Literaturarchivs

Romantische Dichtung und Musik – Photographien von Stefan Moses – Conrad Felixmüller zum 100. Geburtstag – Photobilder von Joseph Gallus Rittenberg – Kafka-Illustrationen von Hans Fronius und anderen – Schiller-Vertonungen des 18. und 19. Jahrhunderts – Oskar Loerke zum Loerke-Kolloquium – Alfred Döblin zum 40. Todestag.

g) Leihgaben wurden für folgende Ausstellungen zur Verfügung gestellt

Akademie der Künste, Berlin: *Bertolt Brecht 1898 1998.* – Stiftung Deutsche Kinemathek (weitere Stationen: Goethe-Institut, Paris, Österreichisches Filmarchiv, Wien): *G.W. Pabst Retrospektive.* – Börsenverein des Deutschen Buchhandels, Leipzig: *Wilhelm Klemm. Dichter, Arzt, Verleger.* – Stadt Marbach: *Carl Georg Wächter.* – Staatstheater Stuttgart: *Begleitausstellung zur Aufführung »Maria Stuart«.* – Universitätsbibliothek Hagen: *Rudolf Arnheim: Werk und Wirkung.* – Stadt Waiblingen: *Waiblinger Leute: Johann Kaspar Schiller.* – Hessischer Rundfunk, Frankfurt: *Hermann Hesse: Leben und Werk.* – Kurpfälzisches Museum der Stadt Heidelberg: *Kurt Wildhagen – Der Weise von Heidelberg.* – Mairie de Paris: *»Marianne und Germania«. Ein Jahrhundert deutsch-französischer Leidenschaft.* – Dioniso Associazione Culture, Mailand: *Rilke-Salome a Milano.* – Stadt Neuenstadt am Kocher: *Mörike-Museum im alten Schulhaus Cleversulzbach* (Dauerleihgaben). – Deutsches Historisches Museum, Berlin (weitere Stationen: Nationalmuseum, Stockholm, Norske Folkemuseum, Oslo): *Wahlverwandtschaft-Skandinavien und Deutschland 1800–1914.* – Georg Kolbe Museum, Berlin: *Rainer Maria Rilke und die bildende Kunst seiner Zeit.* – Goethe Institut, Amsterdam: *XI. Internationale Deutschlehrertagung, über K. Tucholsky.* – Seminar für Allgemeine Rhetorik, Tübingen: *500 Jahre Tübinger Rhetorik – 30 Jahre Rhetori-*

sches Seminar. – Stadthaus Zürich: *Stefan George (1868–1933). Kunst und Kult.* – Kunsthalle Tübingen (weitere Stationen: Von der Heydt-Museum Wuppertal, Lenbachhaus München): *Rudolf Schlichter-Retrospektive.* – Heimatverein Buoch: *Dauerleihgabe für das Museum im Hirsch in Buoch.* – Hermann-Hesse-Höri-Museum, Gemeinde Gaienhofen: *Hermann Hesse.* – Literaturhaus Berlin: *Querido-Verlag.* – Galerie Veritas, Stuttgart: *Johannes Baader und Dada.* – Freundeskreis Heinrich Seidel, Schwerin: *Von Perlin nach Berlin. 155 Geburtstag am 25.6.1997.* – Heinrich-Heine-Institut, Düsseldorf: *Annette von Droste-Hülshoff.* – Artus GmbH, Dr. Mück, Eisenberg (Stationen: Galerie des Bildungshauses Kloster Schöntal, Städtische Sammlungen Schweinfurt, Museum Schloß Burgk): *Max Beckmann.* – Landeskirchliches Museum, Ludwigsburg: *Herd und Himmel. Frauen im evangelischen Württemberg.* – Südwestfunk Mainz: *Leihgabe für Fernsehaufnahmen.* – Staatliches Museum für Naturkunde, Stuttgart: *Steine im Fluß.* – Kunstsammlungen Böttcherstrasse, Bremen: *Rainer Maria Rilke und die bildende Kunst seiner Zeit.* – Museum Villa Stuck, München: *Rainer Maria Rilke und die bildende Kunst seiner Zeit.* – Stiftung »Neue Synagoge Berlin – Centrum Judaicum«: *»Was vom Leben übrig bleibt sind Bilder und Geschichten« Max Liebermann zum 150. Geburtstag.* – Württembergische Landesbibliothek, Stuttgart: *Felix Mendelssohn Bartholdy und Württemberg.* – Rheinisches Landesmuseum, Bonn: *Und sie haben Deutschland verlassen müssen. Fotografen und ihre Bilder: 1928–1997.* – Kosmos-Verlag, Stuttgart: *175-jähriges Jubiläum des Kosmos Verlages.* – Stadt Aalen: *Gelehrte Frauenzimmer.* – Stadt Süßen: *Johann Georg Fischer.* – Stadt Fellbach: *Mörike in Fellbach.* – Stadtmuseum Münster: *Annette von Droste-Hülshoff.* – Bayerische Staatsgemäldesammlungen, München: *Manet bis Van Gogh.* – Staatsbibliothek Berlin: *Annette von Droste-Hülshoff.* – Heinrich-Heine-Institut, Düsseldorf: *Heinrich-Heine-Ausstellung.* – Stadt Wuppertal: *Paul Zech u.a.* – Universitäts- und Landesbibliothek Münster: *Annette von Droste-Hülshoff.*

3. VERÖFFENTLICHUNGEN

Zu den Ausstellungen erschienen, wie bereits erwähnt, der *Marbacher Katalog Nr. 50: »Fremde Nähe«. Celan als Übersetzer* in drei Auflagen und die *Marbacher Magazine Nr. 77, 78, 79 und 80.*

a) Wissenschaftliche Veröffentlichungen

Jahrbuch der Deutschen Schillergesellschaft. Hrsg. von Wilfried Barner, Walter Müller-Seidel, Ulrich Ott. Redaktion: Albrecht Bergold. Jg. XLI, Stuttgart: Kröner 1997.

Jahrbuch der Deutschen Schillergesellschaft. Gesamtregister für die Jahrgänge 1–40. Bearbeitet von Albrecht Bergold, Stuttgart: Kröner 1997.

b) Kritische Editionen

Else Lasker-Schüler: Werke und Briefe. Kritische Ausgabe. Im Auftrag des Franz-Rosenzweig-Zentrums der Hebräischen Universität Jerusalem, der Bergischen Universität Wuppertal und des Deutschen Literaturarchivs Marbach am Neckar herausgegeben von Norbert Oellers, Heinz Rölleke und Itta Shedletzky, Frankfurt am Main: Jüdischer Verlag 1996 ff. – Band 2. Dramen. Bearbeitet von Georg Michael Schulz. 1997, 360 Seiten, Leinen.

Schillers Werke. Nationalausgabe. Begr. von Julius Petersen, fortgef. von Liselotte Blumenthal, Benno von Wiese und Siegfried Seidel. Hrsg. im Auftrag der Stiftung Weimarer Klassik und des Schiller-Nationalmuseums in Marbach a. N. von Norbert Oellers. Redaktion: Horst Nahler. Band 34, Teil II. *Briefwechsel. Briefe an Schiller 1.3.1790–24.5.1794. Anmerkungen.* Hrsg. von Ursula Neumann. Weimar: Hermann Böhlaus Nachf. 1997. 704 S.

c) Schriftenreihen und Einzelveröffentlichungen

Die seit 1905 bestehende Reihe der *Veröffentlichungen der Deutschen Schillergesellschaft,* die im Verlag von Klett-Cotta, Stuttgart, erscheint, wurde mit Band 48 fortgesetzt: *»Ihr Interesse und das unsrige …«. Eduard Mörike im Spiegel seiner Briefe von Verlegern, Herausgebern und Redakteuren.* Mit Erläuterungen und Anmerkungen hrsg. von Hans-Ulrich Simon. 1997, 341 S.

In der neu gegründeten Reihe der *Marbacher Bibliothek,* hrsg. von Jochen Meyer, Ulrich Ott und Reinhard Tgahrt, Marbach: Deutsche Schillergesellschaft 1997, ist erschienen: Bd. 1. *Die Braut von Messina oder Die feindlichen Brüder.* Ein Trauerspiel mit Chören von Schiller. Bearbeitet mit einer Einleitung von Karl Mickel.

Neu aufgelegt wurden in der Reihe der *Marbacher Magazine* die Nr. 63 *Gertrud Kolmar,* in 3., durchgesehener Auflage im 7. Tausend; die Nr. 66, *Annette von Droste-Hülshoff und ihre literarische Welt am Bodensee,* in 4., durchgesehener Auflage im 12.–14. Tausend. Außerdem die Nr. 71, *Else Lasker-Schüler,* in 3., durchgesehener Auflage im 12. und 13. Tausend.

Einzelveröffentlichungen erscheinen aus den verschiedensten Anlässen, im Selbstverlag oder in Kooperation mit anderen Verlagen oder literarischen Gesellschaften: *»Wir vom Archiv«.* Fundstücke aus der Handschriftensammlung des Deutschen Literaturarchivs in Marbach. Vorgestellt von Mitarbeitern. Mit Vorworten von Ulrich Ott und Lorenz Jäger. – *»Ein ganzes Heft Autographa!«.* Die Sammlung Gisela und Hans-Rudolf Wiedemann II. Katalog der Handschriften im Deutschen Literaturarchiv. Verzeichnet von Gudrun Bernhardt.

In Verbindung mit der Neckarwerke Stuttgart AG, dem Justinus Kerner- und Frauen-Verein in Weinsberg und dem Lithos-Verlag Stuttgart erschien: *Justinus Kerner: Kleksographien.* Hadesbilder kleksographisch entstanden und in Versen erläutert von Justinus Kerner. Neu herausgegeben mit einem Beitrag von Horst Brandstätter. 1997.

In Verbindung mit dem Weimarer Schillerverein erschienen die Vorträge der Schillertage in Weimar 1996: *Räubertheater & Balladenflut.* B. K. Tragelehn,

Räubertheater; Bernd Leistner, *Der beleidigte Halbgott;* Hans-Dietrich Dahnke, *Der Kampf mit dem Drachen.*

In der Reihe *Spuren,* eine Veröffentlichung der Arbeitsstelle für literarische Museen, Archive und Gedenkstätten in Baden-Württemberg, herausgegeben von Ulrich Ott, Friedrich Pfäfflin und Thomas Scheuffelen, kamen heraus: Heft 36: *Petra Maisak: Friederike Brions Grab in Meisenheim.*16 Seiten, 10 Abbildungen. – Heft 37: *Christa Linsenmaier-Wolf: Eduard Mörike in Fellbach,* 16 Seiten mit Abbildungen. – Heft 38: *Viia Ottenbacher/Heinrich Bock: Sophie von La Roche in Warthausen.* 16 Seiten mit 11 Abbildungen

Die Reihe der *Frankfurter Buntbücher,* eine Komplementär-Gründung zu den *Spuren* durch die Kleist-Forschungs- und Gedenkstätte Frankfurt/Oder, wuchs 1997 um ein Heft, von dem die Deutsche Schillergesellschaft Teilauflagen übernommen hat: Nr. 19: *Hans-Jürgen Rehfeld: Hermann Sudermann (1857–1928) in Blankensee, Mark.* 16 Seiten, 8 Abbildungen, mit einer Beilage.

Zum 70. Geburtstag von Ludwig Harig kam in Verbindung mit der Akademie für gesprochenes Wort der Band *WortSpielOrt* heraus. Mit einem Vorwort von Uta Kutter, zusammengestellt von Eugen Grames, Thomas Klopfermann und Thea Cailleux. 64 Seiten, 29 Abbildungen.

Von den Mitarbeiterinnen und Mitarbeitern der Deutschen Schillergesellschaft wurde folgendes veröffentlicht:

Jutta Bendt: Vom Exzerpierprogramm zur Virtuellen Bibliothek. Perspektiven der Zeitschrifteninhaltserschließung im Deutschen Literaturarchiv, in: Informationsmittel für Bibliotheken (IFB), Beiheft 4: Retrospektive Erschließung von Zeitschriften und Zeitungen. Beiträge des Weimarer Kolloquiums 25. bis 27. September 1996, Berlin 1997, S. 34–42.

Albrecht Bergold: *Solche Düfte sind mein Leben. Literarisches und Kulinarisches aus Baden-Württemberg,* hrsg. v. Albrecht Bergold, Stuttgart 1997.

Michael Davidis: *Bertolt Brecht und der Ullstein-Verlag. Mit Anmerkungen zu einer Zeichnung von George Grosz,* in: Buchhandelsgeschichte 3, 1997 (Sonderheft zum 90. Geburtstag von Herbert G. Göpfert), S. 146–152.

Bernhard Fischer: *Über Literaturvermittlung und Literaturrezeption in Zeitschriften 1945–1949,* in: Buch, Buchhandel und Rundfunk 1945–1949, hrsg. v. M. Estermann u. E. Lersch, Wiesbaden 1997, S. 53–59. – *Das Morgenblatt für gebildete Stände/Leser (1807–1865),* in: Retrospektive Erschließung von Zeitschriften und Zeitungen. Beiträge des Weimarer Kolloquiums Herzogin Anna Amalia Bibliothek, 25.–27. September 1996, hrsg. v. M. Knoche u. R. Tgahrt, Berlin 1997, S. 67–73. – *Kann keine Trauer sein,* in: Interpretationen. Gedichte von Gottfried Benn, hrsg. v. H. Steinhagen, Stuttgart 1997, S. 231–241.

Roland Kamzelak: (Rez.) *Bibliothek x-libris: München 1996. Franz Kafka, J. W. Goethe, Theodor Fontane,* in: Computerphilologie, http://computerphilologie.uni-muenchen.de. – *Hypermedia und Philologie,* in: Computerphilologie, http://computerphilologie.uni-muenchen.de/jg97/hypermedia.html. – (Rez.) *Bibliographie der deutschen Sprach- und Literaturwissenschaft, CD-ROM Ausgabe 1996,* in: Germanistik 38, 1997, H. 2, S. 352–354.

Christoph König: *Revue Germanique Internationale*, Paris, Heft 8, zum Thema *Théorie de la littérature*, Juli 1997, hrsg. v. Christoph König. – *Eine Wissenschaft für die Kunst. Wie Burdach, Borchardt und Hofmannsthal einander nützen*, in: Rudolf Borchardt und seine Zeitgenossen, hrsg. v. Ernst Osterkamp, Berlin, New York 1997, S. 84–112. – *»Vor dem Gerichtshof über Weltliteratur«. Zu Versuchen, deutschen Dichtern den Nobelpreis zu verschaffen*, in: Zeitschrift für Literaturwissenschaft und Linguistik 27, 1997, H. 107, S. 40–52. – *Ethisch gebändigte Natur. Der Germanist Hans-Jürgen Schings wird sechzig*, in: Frankfurter Allgemeine Zeitung vom 27. 2. 1997, Nr. 49. – *Stille Verrenkungen. Julian Schütts Arbeit über Schweizer Germanisten in der NS-Zeit*, in: Frankfurter Allgemeine Zeitung vom 11. 6. 1997, Nr. 132. – Sieben Beiträge zur Folge: *Wir vom Archiv* (über *Friedrich Gundolf, August Schleicher, Norbert Elias, Fritz Mauthner, Paul Celan und Peter Szondi, Richard Alewyn, Karl Wolfskehl*), in: Frankfurter Allgemeine Zeitung vom 12. August bis zum 10. September 1997 (Nr. 185–210); auch in: *»Wir vom Archiv«. Fundstücke aus der Handschriftenabteilung des Deutschen Literaturarchivs in Marbach*, Marbach a. N. 1997, S. 16, 20, 22, 24, 30, 32, 44.

Jochen Meyer: Edition und Kommentar der frühen Erzählung ›Zwei Post-Stationen‹ von Theodor Fontane, aus der Erstausgabe 1991 (Marbacher Schriften, 34) übernommen, in: Fontane, Werke, Abt. 1, Bd. 7, 3., durchges. u. erw. Aufl., München 1997, S. 827–850. – Zehn Beiträge zur Folge: *Wir vom Archiv* (über *Gottfried Benn, Hedwig Courths-Mahler, Hofmannsthal, Siegfried Jacobsohn, Ernst Jünger, Kafka, Robert Lubahn, Wilhelm Raabe, Stephen Spender* und *Bernward Vesper*), in: Frankfurter Allgemeine Zeitung vom 12. August bis zum 10. September 1997 (Nr. 185–210); auch in: *»Wir vom Archiv«. Fundstücke aus der Handschriftenabteilung des Deutschen Literaturarchivs in Marbach*, Marbach a. N. 1997, S. 6–15, 18f., 28f., 36f., 46f., 52f.

Gunter Nickel: *Carl Zuckmayer, Der Eunuch. Mit einer Einleitung zur Wiederentdeckung der verloren geglaubten Komödie*, in: Jahrbuch zur Literatur der Weimarer Republik 3, 1997, S. 47–122. – *Rede zur Eröffnung der Zuckmayer-Ausstellung im Rathaus der Stadt Mainz*, in: Carl Zuckmayer zum 100. Geburtstag. Dokumentation der Eröffnung der Ausstellung »Carl Zuckmayer 1896–1977. ›Ich wollte nur Theater machen‹« am 15. Dezember 1996 im Rathaus der Stadt Mainz, hrsg. v. Kulturdezernat der Stadt Mainz, Mainz 1997, S. 31–39. – [Zusammen mit Gregor Ackermann:] *»Frostigkeit im Bibliographischen«*, in: Tucholsky-Blätter 6, 1997, H. 18, S. 1–16. – *Theodor Plievier: Stalingrad*, in: Hans Wagener (Hrsg.), Von Böll bis Buchheim. Deutsche Kriegsprosa nach 1945. Prosa über den Zweiten Weltkrieg, Amsterdam, Atlanta 1997 (Amsterdamer Beiträge zur Neueren Germanistik, Bd. 42), S. 49–62. – *Zuckmayer und Brecht*, in: Jahrbuch der Deutschen Schillergesellschaft 41, 1997, S. 428–459. – *Tucho im ›Tempo‹. Neue Tucholsky-Funde*, in: Tucholsky-Blätter 8, 1997, H. 19, S. 7–17. – *»Ihnen bisher nicht begegnet zu sein, empfinde ich als einen der grössten Mängel in meinem Leben«. Der Briefwechsel zwischen Ernst Jünger und Carl Zuckmayer*. Deutsch und Französisch, in: Les Carnets Ernst Jünger 2, 1997, S. 139–165 (dt.) u. S. 167–195 (frz.). – [Rez.] *Immer noch Angst vor Virginia Woolf? Virginia Woolf, Gesammelte Werke, Frankfurt/M. 1990ff.*, in: Der Tagesspiegel vom 20. April 1997. – [Rez.] *»Ich will meine deutsche Scheiße!«. Ernst Jünger/Rudolf Schlichter, Brief-*

wechsel, hrsg. v. Dirk Heißerer, Stuttgart 1997, in: Der Tagesspiegel vom 12. Oktober 1997. – [Rez.] *Almut Todorow, Das Feuilleton der »Frankfurter Zeitung« in der Weimarer Repubik. Zur Grundlegung einer rhetorischen Medienforschung, Tübingen 1996; Siegfried Kracauer, Berliner Nebeneinander. Ausgewählte Feuilletons 1930–33, hrsg. v. Andreas Volk, Zürich 1996; Andreas Volk (Hrsg.), Siegfried Kracauer. Zum Werk des Romanciers, Feuilletonisten, Architekten, Filmwissenschaftlers und Soziologen, Zürich 1996; Momme Brodersen, Siegfried Kracauer in Italien,* in: Juni. Magazin für Politik und Kultur, H. 25, 1997, S. 9–29. – [Rez.] *Gertrud Koch, Kracauer zur Einführung, Hamburg 1996,* in: Jahrbuch zur Literatur der Weimarer Republik 3, 1997, S. 274–285.

Ulrich Ott: *Grußwort* [zur Zuckmayer-Ausstellung in Mainz], in: Carl Zuckmayer zum 100. Geburtstag. Dokumentation der Eröffnung der Ausstellung »Ich wollte nur Theater machen«. Carl Zuckmayer 1896–1977‹ am 15. 12. 1996 im Rathaus der Stadt Mainz, Mainz 1997, S. 13–16. – *Schiller-Nationalmuseum und Deutsches Literaturarchiv,* in: Kulturberichte 1997, H. 1, S. 31 f. – *Kesslers Tagebücher. Probleme und Perspektiven der Edition,* in: Harry Graf Kessler. Ein Wegbereiter der Moderne, hrsg. v. Gerhard Neumann u. Günter Schnitzler, Freiburg i. Br. 1997 (Litterae, Bd. 37), S. 29–45. – *Schillers Freiheit in der Begegnung mit Goethe 1794,* in: ». . . endlich in dieser Hauptstadt der Welt angelangt!«. Goethe in Rom, Publikation zur Eröffnung der Casa di Goethe in Rom, hrsg. v. Konrad Scheuermann u. Ursula Bongaerts-Schomer, Mainz 1997, Bd. 1: Essays, S. 42–51 [dasselbe in ital. Sprache: La libertà die Schiller . . ., Roma 1997]. – *Nach der Wende – Wieviele deutsche Literaturen? Ein etwas enttäuschtes Schlußwort,* in: Jahrbuch der Deutschen Schillergesellschaft 41, 1997, S. 551 f. – Drei Beiträge zur Folge: *Wir vom Archiv* (über *Rudolf Borchardt, Theodor Fontane* und *David Friedrich Strauß*), in: Frankfurter Allgemeine Zeitung vom 12. August bis zum 10. September 1997 (Nr. 185–210); auch in: *»Wir vom Archiv«. Fundstücke aus der Handschriftenabteilung des Deutschen Literaturarchivs in Marbach,* Marbach a. N. 1997, S. 42, 50, 56.

Nicolai Riedel: *Internationales Uwe-Johnson-Forum,* hrsg. v. Carsten Gansel u. Nicolai Riedel, Bd. 6, Bern 1997, 220 S. – *Heiner Müller. Auswahlbibliographie der Werke und der neuen Sekundärliteratur (1986–1996),* in: Text + Kritik 1997, H. 73 (2. Aufl.), S. 196–211. – *Jurek-Becker-Bibliographie 1969–1997,* in: Jurek Becker, hrsg. v. Irene Heidelberger-Leonard, 2. Aufl., Frankfurt/M. 1997 (suhrkamp taschenbuch materialien, 2116), S. 349–387. – *Internationale Ernst-Jünger-Bibliographie (1986–1996). Teil II: Chronologische Ergänzung und Nachträge,* in: Les Carnets. Revue du Centre de Recherche et de Documentation Ernst Jünger 1997, H. 2, S. 205–222.

Peter-Paul Schneider: *Heinrich Mann-Studienausgabe,* hrsg. v. Peter-Paul Schneider, Bd. 24: *Geist und Tat. Franzosen 1789–1930.* Essays, Frankfurt/Main 1997 (Fischer Taschenbuch, Nr. 12860). – *Heinrich Mann-Jahrbuch* 14, 1996, hrsg. v. Helmut Koopmann u. Peter-Paul Schneider, Lübeck 1997, 277 S.; darin S. 139–164: Nietzsche in Netzig. - Ein unbekanntes Notizbuch Heinrich Manns zum *Untertan.*

Reinhard Tgahrt: *Retrospektive Erschließung von Zeitschriften und Zeitungen. Beiträge des Weimarer Kolloquiums Herzogin Anna Amalia Bibliothek, 25. bis*

27. September 1996, hrsg. v. Michael Knoche u. Reinhard Tgahrt, Berlin 1997 (Informationsmittel für Bibliotheken, Beiheft 4). – Drei Beiträge zur Folge: *Wir vom Archiv* (über *Friedrich Podzus/Wilhelm Lehmann, Johannes Bobrowski/Christine Lavant, Oskar Loerke*), in: Frankfurter Allgemeine Zeitung vom 1. Mai bis zum 28. August 1997 (Nr. 195–202); auch in: *»Wir vom Archiv«. Fundstücke aus der Handschriftenabteilung des Deutschen Literaturarchivs in Marbach*, Marbach a. N. 1997, S. 27, 35, 41.

Birgit Wägenbaur: *»habe getaumelt in den Räumen des Aethers«: Karoline von Günderrodes ästhetische Identität*, in: Marianne Henn, Britta Hufeisen (Hrsg.), Frauen: MitSprechen, MitSchreiben. Beiträge zur literatur- und sprachwissenschaftlichen Frauenforschung, Stuttgart 1997 (Stuttgarter Arbeiten zur Germanistik; 349), S. 201–221. – *Lena Lindhoff: Einführung in die feministische Literaturtheorie*, in: *Arbitrium. Zeitschrift für Rezensionen zur germanistischen Literaturwissenschaft* 3, 1997, S. 275–278.

4. VERANSTALTUNGEN UND VORTRÄGE

Autorenlesungen und Vorträge

Die Programme der *Marbacher Autorenlesungen* und der *Marbacher Vorträge* werden vom Leiter der Abteilung Planung und Technik konzeptionell und organisatorisch betreut. 1997 fanden folgende Lesungen und Vorträge statt: 22. Januar: Lesung von Detlef Opitz aus seinem Roman *Klio, ein Wirbel um L.* und aus einem unveröffentlichten Text. – 19. Februar: Lesung von Stephan Wackwitz aus seinem Roman *Walkers Gleichung* und aus einem demnächst erscheinenden Essay-Band. – 5. März: Lesung von Robert Gernhardt aus *Prosamen*. – 19. März: Vortrag von Holmar Attila Mück über *Dichterkinder. Last und Lust einer Erbschaft* – Gespräche mit Kindern von Benn, Fallada, Pound und Hamsun (mit Video-Aufzeichnungen für eine Fernsehproduktion). – 14. Mai: Lesung von Michael Guttenbrunner *Gedichte und Kurzprosa*. – 11. Juni: Vortrag von Jean Bollack *Eine Sprache gegen die andere. Über Celan und Heidegger*. – 27. Juni: Lesung mit und zu Ehren von Ludwig Harig (in Zusammenarbeit mit der *Akademie für das gesprochene Wort*). – 16. Juli: Lesung von Ulrich Holbein aus seiner *Sprachlupe* und unveröffentlichten Texten. – 24. September: Lesung von Edith Silbermann aus ihrem *Buch Begegnung mit Paul Celan*. – 1. Oktober: Filmvorführung mit Einleitung von Willi Dreßen *Nacht und Nebel* von Alain Resnais. – 8. Oktober: Lesung mit Ralph Dutli, Axel Gellhaus, Thomas Heck, Barbara Wiedemann und Franz Wurm *Fremde Nähe*. Lesung aus den Übersetzungen Paul Celans mit den Originaltexten in russischer, englischer, französischer und rumänischer Sprache. – 15. Oktober: Vortrag von Herrn Martin Zenck über *Der Klang klingt fort* ... Mandelstam – Picasso – Du Bouchet. Die Übersetzungen Paul Celans in der Musik von Klaus Huber, Mathias Spahlinger und André Bouccourrechliev (mit Video- und Musikbeispielen). – 22. Oktober: Lesung von Veit Relin aus *Paul Celan* und Videovorführung seiner Inszenierung von Picassos Theaterstück *Wie man Wünsche beim Schwanz packt* in der Übersetzung von Paul Celan. – 5. November: Lesung von Raoul Schrott *Die*

Erfindung der Poesie. Gedichte und Nachdichtungen. – 12. November: Vorträge von Bernhard Zeller und Gabriele Söhling über Begegnungen mit Hans Erich Nossack und Präsentation der neuerarbeiteten Gesamtedition seiner Tagebücher. – 20. November: Vortrag von Pierre Michon *Le travail de l'écrivain / Aus der Werkstatt des Schriftstellers* (innerhalb des deutsch-französischen Kolloquiums *Archiv und literarische Produktion*). – 21. November: Vortrag von Claude Ollier und Renaud Camus *Archiver pour créer / Archivieren, um zu schreiben* (innerhalb des deutsch-französischen Kolloquiums *Archiv und literarische Produktion*). – 3. Dezember: Lesung von Max von der Grün. – 10. Dezember: *Marbacher Gespräche* über *Literatur + Geschichte = Literaturgeschichte?* Zur Aktualität der Literaturgeschichtsschreibung diskutierten Anne Duden, Bernd Lutz, Michael Rösner und Peter J. Brenner.

Vorträge und Seminare von Mitarbeiterinnen und Mitarbeitern des Hauses:

Ingrid Belke: *Siegfried Kracauer (1889–1966) – Leben und Werk*, Lehrveranstaltung an der Universität Karlsruhe im Sommersemester 1997.

Jutta Bendt: *Konservativ und rebellisch – anarchistisch und national. Zum 50. Todestag von Ricarda Huch.* Einführungsvortrag während der Tagung der Evangelischen Akademie Berlin-Brandenburg vom 12. bis 14. September 1997.

Ulrich v. Bülow: *Von der Geschichtsphilosophie zur Anthropologie. Franz Fühmanns ästhetische Wende in seinem Essay »Das mythische Element in der Literatur«.* Vortrag auf der Franz-Fühmann-Konferenz der Universität Potsdam am 26. Februar 1997. – *Kafka in Marbach.* Vortrag auf der Franz-Kafka-Tagung der Ostsee-Akademie Lübeck-Travemünde am 13. April 1997.

Bernhard Fischer: *J. F. Cottas politische Periodika.* Vortrag vor dem Mediengeschichtlichen Arbeitskreis am 3. März 1997. – *Literatur – Rundfunk – Zeitschrift.* Anmerkungen zum intermediären Austausch. Vortrag auf der Tagung der Historsichen Kommissionen des Börsenvereins und der ARD in Verb. mit dem Deutschen Literaturarchiv am 13. u. 14. März 1997. – *Friedrich Justin Bertruch und Johann Friedrich Cotta – die »Phalanx« der Buchhändler.* Vortrag auf dem von der Stiftung Weimarer Klassik in Verb. mit der Friedrich-Schiller-Universität Jena veranstalteten DFG-Symposion in Jena vom 28.–30. September 1997.

Roland Kamzelak: *Thomas Bernhards Prosa im Lichte verwandter Schreibverfahren. Computerphilologische Aspekte*, Seminar an der Pädagogischen Hochschule Ludwigsburg, Sommersemester 1997. – *Hyperlinks. Vertextete Kultur im World Wide Web*, Vortrag auf der Arbeitstagung »Lust an der Bricolage. New Historicism in der Praxis« an der Universität Tübingen vom 11. bis 12 April 1997. – *Internet und Schule*, Gastvortrag an der Pädagogischen Hochschule Ludwigsburg, 23. Juni 1997. – *Schulen am Netz. Literatur und Literaturunterricht im Schulweb*, Seminar an der Pädagogischen Hochschule Ludwigsburg, Wintersemester 1997/98.

Christoph König: »*Wissensvorstellungen in Goethes ›Faust II‹*«. Habilitationsvortrag an der Humboldt-Universität zu Berlin am 12.11.1997. – Vortrag an der Universität Jena über *Hofmannsthal und Josef Nadler* am 15.7.1997. – Vortrag über »*Hofmannsthal als Interpret seiner selbst: Ad me ipsum*« im Rahmen der Internationalen Tagung, ausgerichtet von der Hugo von Hofmannsthal-Gesellschaft, zum Thema »Aneignende Kraft. Hofmannsthal als Herausgeber – Hofmannsthal als Interpret« vom 11.–14. 9. 1997 in Bad Aussee. – Vortrag über *»Jüdische Philologen in den Wissenschaften. Ludwig Geiger. Kanon – Methode – Institution«* innerhalb der internationalen Konferenz »German Literature, Jewish Critics« an der Brandeis University, Center for German and European Studies am 20./21. 9. 1997. – Vortrag über *»Wissenschaftsgeschichte und ihre Bedeutung für die Literaturwissenschaft heute (einschließlich der Marbacher institutionellen Voraussetzungen)«* im German Department der Princeton University, New Jersey am 23. 9. 1997. – Vortrag über *Erlebnisepistemologie im Ballett«* auf dem Marbacher Symposion »Tanz und Literatur in der Moderne« vom 13.–15. 6. 1997. – Vortrag über *»Hugo von Hofmannsthal als Autor seiner selbst«* innerhalb des deutsch-französischen Kolloquiums »archive et création/Archiv und literarische Produktion« in Marbach, Caen und Paris am 20./21. 11. und vom 1.–3. 12. 1997. – Vortrag über *»Leopold und Peter Szondis Verhältnis zu Karl Kerényi«* innerhalb der Internationalen Tagung »Humanismus und Hermeneutik. Karl Kerényi und die europäische Kulturwissenschaft im 20. Jahrhundert« auf dem Monte Verità in Ascona am 16.–21. 2. 1997.

Jochen Meyer: *Oskar Loerke und Hans Henny Jahnn.* Referat am 3. April 1997 beim Dritten Marbacher Loerke-Kolloquium im Deutschen Literaturarchiv, Marbach a. N. – *Überliefertes und Vernichtetes. Zu einer Archivtypologie.* Referat am 21. November 1997 beim Colloque Franco-Allemand ›Archives et Création. Archiv und literarische Produktion‹ im Deutschen Literaturarchiv, Marbach a. N.

Ulrich Ott: *Schillers Freiheit in der Begegnung mit Goethe 1794,* Vortrag am 24. 2. 1997 im Institut für germanistische Philologie der Universität Wroclaw/Breslau. – *Schillers »berühmtes Weltjournal«. Was haben die ›Horen‹ bewirkt?* Festvortrag am 23. 5. 1997 beim Schillertag der Friedrich-Schiller-Universität Jena. – *Johann Caspar Schiller,* Vortrag zur Eröffnung einer Ausstellung im Museum der Stadt Waiblingen am 2. 11. 1997. – *Einleitungsreferat* im Rahmen der Expertentagung der Kulturstiftung der Länder über die Erwerbung und das Sammeln literarischer Handschriften am 10. 11. 1997 in Berlin. – Vortrag über *»Das Heideggerarchiv in Marbach«* innerhalb des deutsch-französischen Kolloquiums »Archives et Création/Archiv und literarische Produktion« in Marbach, Caen und Paris am 20./21. 11. und vom 1.–3. 12. 1997.

Petra Plättner: *»Ich fange an, mich hier ganz leidlich zu befinden …«. Über Friedrich Schillers erste Zeit in Weimar.* Vortrag am 19. September 1998 vor dem Rotary-Club Bad Mergentheim.

Reinhard Tgahrt: *Über Oskar Loerkes »Nachkriegsgedicht« Weichbild,* Vortrag am 5. 4. 1997 beim Dritten Marbacher Loerke-Kolloquium. – *Oskar Loerkes Gegenwart.* Dankrede vor den Philosophischen Fakultäten der Universität Freiburg i. Br. am 8. 7. 1997.

Birgit Wägenbaur: *Wissenschaftsgeschichte in Marbach. Das Marbacher Projekt eines ›Internationalen Germanistenlexikons 1800–1950‹.* Vortrag am 22. September 1997 auf dem Deutschen Germanistentag 1997 in Bonn zur Tagung »Autorität der/in Sprache, Literatur, Neuen Medien«.

5. NEUERWERBUNGEN

A. Handschriftenabteilung

a) Nachlässe, Teilnachlässe und Sammlungen

Beda Allemann: Nachlaß. Vorlesungen zu Literaturgeschichte und Theorie, zu einzelnen Epochen und literarischen Gattungen, zu einzelnen Dichtern; Untersuchungen, Aufsätze und Vorträge, Rundfunksendungen, Seminararbeiten; Vorlesungsmitschriften, Seminaraufzeichnungen, Notizen und Gutachten; Kalender aus den Jahren 1959–1989; Briefe von Jan Aler, Richard Alewyn, Alfred Andersch, Hans-Peter Bayerdörfer, Jean Beaufret, Ludwig Binswanger, Claus Victor Bock, Daniel Bodmer, Bernhard Böschenstein, Jean Bollack, Paul Celan, Gisèle Celan-Lestrange, August Closs, Claude David, Theo Elm, Hans Magnus Enzensberger, François Fédier, Albrecht Goes, Alfred Guth, Peter Härtling, Käte Hamburger, Michael Hamburger, Rudolf Hartung, Herbert Heckmann, Martin Heidegger, Hanno Helbling, Claus Henneberg, Bruno Hillebrand, Walter Hinck, Uvo Hölscher, Wilhelm Hoffmann (Bibliotheksdirektor), Richard Jayne, Karl Kerényi, Walther Killy, Alfred Kittner, Vittorio Klostermann, Paul Gerhard Klussmann, Masashi Koiso, Hans Joachim Kreutzer, Helmut Kreuzer, Karl Krolow, Günter Kunert, Gregor Laschen, Ernst Meister, Claudia Mertz-Rychner, Hermann Mörchen, Walter Müller-Seidel, Adolf Muschg, Günther Neske, Armand Nivelle, Friedrich Ohly, Hans Paeschke, Heinrich Wiegand Petzet, Rudolf Peyer, Clemens Graf und Sophie Dorothee Gräfin Podewils, Otto Pöggeler, Wolfdietrich Rasch, Marcel Reich-Ranicki, Dierk Rodewald, David Rokeah, Erwin Theodor Rosenthal, Horst Rüdiger, Nelly Sachs, Edgar Salin, Herman Salinger, Hans Joachim Schrimpf, Jürgen Söring, Hermann Stahl, Emil Staiger, Jacob Steiner, Paul Stöcklein, Peter Szondi, Erich Trunz, Franz Tumler, Otto F. Walter, Werner Weber, Benno von Wiese, Friedrich Wilhelm Wodtke, Gotthart Wunberg, Franz Wurm, Hans Zeller u. a.; Korrespondenzen mit Kommissionen und Stiftungen; hochschulpolitische Dokumente.

Christoph Bernoulli: Teilnachlaß. Aufzeichnungen über Ludwig Klages; Briefe von Erwin Ackerknecht, Werner Deubel, Herbert Grundmann, Hans Kern, Helene Klages, Ludwig Klages (auch an Alice Bernoulli), Marita Koch, Georg Peter Landmann, Hans Prinzhorn, Salomon Rothschild, Edgar Salin, Kurt und Alice Saucke, Hans Eggert Schröder u. a.

Fritz Diettrich: Nachlaß. Gedichte, Szenarien, Hörbilder und -folgen; Untersuchungen wie *Asiens europäische Sendung. Bericht und Deutung*; Betrachtungen, Rundfunkarbeiten, Aphorismen, Übersetzungen; Briefe von Paul Alverdes, Gerda von Below, Friedrich Benndorf, Werner Bergengruen, Rudolf G. Binding, Felix Braun, Martin Buber, Hans Carossa, Arthur Fischer-Colbrie, Josef Hegenbarth, Bernt von Heiseler, Hermann Hesse, Otto Heuschele, Theodor Kramer, Wilhelm Lehmann, Franz Mannheimer, Max Mell, Börries von Münchhausen, Martin Raschke, Günter Sachse, Willi Schäferdiek, Wilhelm von Scholz, Rudolf Alexander Schröder, Harro Siegel, Georg von der Vring, Paul Wegwitz u. a.; Verlagskorrespondenzen, Lebensdokumente.

Alfred Döblin: Nachlaß. Erwerbung des seit 1961 als Depositum verwahrten Bestandes. Vgl. das Nachlaßverzeichnis im *Jahrbuch der Deutschen Schillergesellschaft* 14, 1970, S. 646–657.

Hildegard Emmel: Restnachlaß. Vorträge, darunter *Als Germanistin in fremden Ländern – Von der Türkei nach Amerika, Der deutsche Roman des 20. Jahrhunderts und die heutige Welt* und die Antrittsvorlesung vor der Universität Rostock *Die Einheit des deutsch-französischen Mittelalters* im Jahr 1951; Dokumente zur Vertreibung von der Universität Greifswald 1958 und zur Ehrenpromotion 1991.

Leonard Wilson Forster: Teilnachlaß. Fragmente zu einer geplanten deutschen Literaturgeschichte; Vorlesungen und Aufsätze *Classical Goethe, Schiller, Voropitzische Dichtung* u. a.; acht Bände Sonderdrucke aus den Jahren 1936–1990 unter dem Titel *L. W. F. Papers,* mit Briefen von Wolfgang Clemen, Michael Hamburger, Eudo C. Mason, Walter Muschg, Karl Ludwig Schneider u. a.; Briefe von Jörg-Ulrich Fechner, Erich Heller, Fernand Hoffmann, Erich Trunz u. a.

Uwe Friesel: Vorlaß. Hörspiele und Hörspielserien *Blankenhorn, Wernicke* u. a.; Romane und Erzählungen, Reden und Aufsätze, Übersetzungen; Verlagsbriefwechsel; Schreiben der Bertelsmann Stiftung, des Deutschen Kulturrats und des Goethe-Instituts; Korrespondenzen, Rundschreiben, Offene Briefe, Protokolle, Aktennotizen und Presseerklärungen aus seiner Arbeit als Mitglied und Vorsitzender des Verbands deutscher Schriftsteller (VS) und des Verbands deutscher Schriftsteller in der Industriegewerkschaft Druck und Papier (IG Medien); Briefe, Rundschreiben und Verträge zu dem Verlag der Autoren, dem Verlag Autorenagentur und dem AVB Autorenverlag Berlin, darunter Korrespondenz mit Karlheinz Braun und Peter Urban; Gutachten, Briefwechsel, Rundschreiben, Statuten und Aktennotizen aus seiner Tätigkeit als Mitherausgeber im Verlagskomitee der AutorenEdition bei C. Bertelsmann, darunter Korrespondenzen mit Beat Brechbühl, Peter O. Chotjewitz, Bernt Engelmann, Richard Hey, Otto Mühl, Olaf Paeschke, Roman Ritter, Hannelies Taschau und Uwe Timm; Materialien zum Verein Literaturzentrum Hamburg (»lit«), zu Autorentreffen, Tagungen und Kongressen; Rundbriefe und andere Papiere zum PEN-Club und zu PEN-Tagungen; Dokumente zum Olevano-Literaturpreis und zum Bund der Fördervereine für zeitgenössische Literatur; die Freie Volksbühne Berlin betreffende Briefe und andere Materialien.

Hans Grimm: Nachträge zum Nachlaß. Tagebücher von ihm und über ihn aus den Jahren 1878–1959; Briefe von ihm an seine Frau Addi Grimm und an die Eltern Helene und Julius Grimm.

Georg Groddeck: Nachlaß. Gedichtzyklen und Einzelgedichte; Lustspiele, Romane und Erzählungen; Essays und Aufsätze, Vorträge und Vortragszyklen zu Psychoanalyse und Kunst, darunter *Das Buch vom Es* und *Das Unbewußte in der bildenden Kunst;* Lebenserinnerungen; Tagebücher von 1894 und 1895; zwei Durchschreibebücher mit Briefen an Sigmund Freud und Otto Rank u. a.; Briefe an Groddeck von Sándor Ferenczi, Anna Freud, Sigmund Freud, Frieda Fromm-

Reichmann, Else von der Goltz, Joachim von der Goltz, Carl Groddeck und weiteren Familienmitgliedern, Karen Horney, Karl Scheffler u. a.; Korrespondenzen mit dem Internationalen Psychoanalytischen Verlag; sein Sanatorium in Baden-Baden betreffende Dokumente und Briefe; Lebensdokumente.

Friedrich und Margarete Gundert: Nachträge zum Teilnachlaß. Berichte von Friedrich Gundert; die Calwer Vereinsbuchhandlung betreffende Briefe; Beileidschreiben an Margarete Gundert zum Tod von Friedrich Gundert; Verträge des Verlags David Gundert.

Wilhelm Hausenstein: Nachträge zum Nachlaß. Korrespondenzen von Wilhelm und Margot Hausenstein; Korrespondenzen von Margot Hausenstein und Renée-Marie Parry Hausenstein mit Verlagen u. a., meist nach Wilhelm Hausensteins Tod.

Kurt Horwitz: Teilnachlaß. Durchgearbeitete Regiebücher von Dramen von Friedrich Dürrenmatt und Max Frisch; Abschriften von Gedichten Bertolt Brechts mit Anmerkungen von Max Frisch.

Alfred Kelletat: Nachlaß. Aufsätze, Vorträge, Rundfunkbeiträge, Aufzeichnungen u. a.; Briefe von Hans Günther und Bettina Adler, Beda Allemann, Johannes Bobrowski, Paul Celan, Klaus Demus, Ulrich K. Goldsmith, Peter Härtling, Michael Hamburger, Martin Heidegger, Wilhelm Hoffmann (Bibliotheksdirektor), Peter Huchel, Karl Kerényi, Paul Kluckhohn, Karl Michael und Lotte Komma, Franz Joseph Krebs, Herman Meyer, Manfred Mezger, Curd Ochwadt, Rudolf Pannwitz, Ludwig Pigenot, Johannes Poethen, Hugo Siebenschein, Mathilde Sinner, Paul Stöcklein, Gerhard Storz, Erich Trunz u. a.; Briefe und Materialien zu H. G. Adler; Korrespondenzen mit Gerhard Felt, Eberhard Haufe, Gerhard Rostin und anderen über Johannes Bobrowski; Briefwechsel über Paul Celan, über Celan-Tagungen, Forschungen und Kolloquien, darunter Briefe von Israel Chalfen und Alfred Kittner; Materialien zu Simon Dach, Korrespondenzen zu Friedrich Hölderlin, zu Hölderlin-Gesellschaft, Hölderlin-Archiv Stuttgart und zu Publikationen über Hölderlin.

Sarah Kirsch: Nachträge zum Vorlaß. Briefe (z. T. auch Fax-Briefwechsel) von Heinz Ludwig Arnold, Verena Auffermann, Deutsche Verlagsanstalt, Ulrich Frank-Planitz, Jürgen Fuchs, Thomas Günther, Paul Hoffmann, Georg Kierdorf-Traut, Rolf Michaelis, Herta Müller, Andreas W. Mytze, Harald Naegeli, Hans Joachim Schädlich, Hans-Georg Soldat, Jürgen P. Wallmann u. a.

Wilhelm Kütemeyer: Nachlaß. Briefe von Margret Boveri, Walter Dirks, Ernst Knapp, Ernst Niekisch, Paula Schlier, Dolf Sternberger u. a.; die Zeitschrift *Der Sumpf* betreffende Briefe und Manuskripte von Ludwig von Ficker, Josef Leitgeb, Immanuel Limbach, Friedrich Punt u. a.; Briefe an den Verlag »Der Sumpf«, Rechnungen, Fragebogen und weitere Materialien des Verlags.

Victor Lange: Nachlaß. Materialsammlungen für Publikationen, Vorträge und Vorlesungen zu Literatur und Sprache, zu einzelnen Literaturepochen und Gattungen, zu Literaturtheorie und Kritik, zu Musik und Philosophie; Materialien zu einzelnen Dichtern, Philosophen und Komponisten; Briefe (z. T. auch an Frances Lange) von Richard Alewyn, John Asher, Eric A. Blackall, Bernhard Blume, Ilse Blumenthal-Weiss, Paul Böckmann, Walter Boehlich, Heinrich Böll, Albert W. Boesche, Hermann Boeschenstein, Rolf Bongs, August Closs, Herbert John Davis, Walter Dietze, Ernst Eichelbaum, Wilhelm Emrich, Marthe von Erffa, Richard Exner, Bernhard Fabian, Andrew Field, Albert E. Flemming, Adele Gerhard, Melitta Gerhard, Walter F. Godshaw, Hansjörg Graf, Joachim Günther, Jorge Guillén, Robert Haerdter, Karl-Heinz Hahn, Eckhard Heftrich, Eva Holland, Max Horkheimer, Herbert Jacob, Erich und Alice von Kahler, Gunnar Kaldewey, Wolfgang Kayser, Walther Killy, Hans Joachim Kreutzer, Eberhard Lämmert, Wolf Lepenies, Reinhard Lettau, Karl Löwith, Elisabeth Mann-Borgese, Fritz Martini, Hans Mayer (Literaturwissenschaftler), Peter de Mendelssohn, Herman Meyer, Walter Müller-Seidel, Caroline Newton, Frederick Norman, Paul Raabe, Alice Raphael, Hans S. Reiss, Hans-Gert Roloff, Horst und Lisa Rüdiger, Philipp Sacks, Hans-Jürgen Schings, Julius Schwietering, Oskar Seidlin, Ernest L. Stahl, Herbert Steiner, Antony Tatlow, Larry Vaughan, René Wellek, Bruno E. Werner, Benno von Wiese, Gero von Wilpert, Hans Wysling u. a.

[*Egon Larsen:* Nachlaß. Der Nachlaß enthält in der Hauptsache Korrespondenzen mit dem Bayerischen Rundfunk und Arbeiten für den Sender. Aus diesem Grund wurde er auf Wunsch der Witwe, Frau Ursula Lehrburger-Larsen, im Januar 1997 dem Historischen Archiv des Bayerischen Rundfunks München übergeben.]

Erwin Leiser: Teilnachlaß. Briefe von Jean Améry, Samuel Beckett, Horst Bienek, Fernando Botero, Bertolt Brecht, Paul Celan, Friedrich Dürrenmatt, K. R. Eissler, Jürg Federspiel, Max Frisch, Peter Hamm, Wolfgang Hildesheimer, Robert Jungk, Mascha Kaléko, Fritz Lang, John Le Carré, Jakov Lind, Leopold Lindtberg, Walter Mehring, Marcel Ophuls, Hans Richter, Nelly Sachs, Michael Verhoeven, Elie Wiesel u. a.; Briefe von und über Claude Robert Eatherly; Briefwechsel mit Roman und Edith Vishniac und anderen.

Hermann Luchterhand Verlag: Archiv des literarischen und soziologischen Lektorats aus den Jahren 1954–1993. Briefe (auch Gutachten, Vorträge und Herstellungsakten) zu Büchern folgender Autoren: Wolfgang Abendroth, Georges Bataille, Reinhard Baumgart, Jurek Becker, Samuel Beckett, Peter Bichsel, Manfred Bieler, Elisabeth Borchers, Claus Bremer, Michail Bulgakow, Michel Butor, Eva Demski, Hugo Dittberner, Hilde Domin, Kasimir Edschmid, Albert Ehrenstein, Norbert Elias, Hans Magnus Enzensberger, Peter Faecke, Ludwig Fels, Iring Fetscher, Günter Bruno Fuchs, Norbert Fügen, Franz Fühmann, Friedrich Fürstenberg, Helga Gallas, Arnold Gehlen, Natalia Ginsburg, Lucien Goldmann, Yvan Goll, Oskar Maria Graf, Martin Gregor-Dellin, HAP Grieshaber, Max von der Grün, Jürgen Habermas, Erich Hackl, Peter Härtling, Michael Hamburger, Ludwig Harig, Christoph Hein, Helmut Heißenbüttel, Hans G. Heims, Günter Herburger, Walter Hinderer, Friedrich Hölderlin, Gert Hofmann, Franz Hohler, Arno Holz, Paul Gerhard Hübsch, Eugène Ionesco, Urs Jaeggi, Ernst Jandl, Peter Jokostra, Pierre Jean Jouve, Franz Jung, Robert Jungk, Hermann Kant, Horst Karasek, Martin Kessel, Ingomar von Kieseritzky, Sarah Kirsch, Egon Erwin Kisch, Leo Kofler,

György Konrád, Ursula Krechel, Paul Kruntorad, Paul Léautaud, Michel Leiris, Kurt Lenk, Reinhard Lettau, Jakov Lind, Hugo Loetscher, Leo Löwenthal, Gert Loschütz, Paul Lüth, Niklas Luhmann, Georg Lukács, Karl Mannheim, Herbert Marcuse, Kurt Marti, Friederike Mayröcker, Alfred Mechtersheimer, Christoph Mekkel, Franz Mehring, Ernst Meister, Franz Mon, Irmtraud Morgner, Pablo Neruda, Helga M. Novak, Karl Otten, Oskar Panizza, Talcott Parsons, Octavio Paz, Matthias Politycki, Jens Rehn, Brigitte Reimann, Christa Reinig, Anna Rheinsberg, Hans Werner Richter, Klaus Roehler, Ludwig Rohner, Friederike Roth, Hans Sahl, Saint-John Perse, Nathalie Sarraute, Michael Scharang, Michael Schneider, Peter Schneider, Robert Wolfgang Schnell, Anna Seghers, Claude Simon, Alexander Solschenizyn, Carl Sternheim, Hannelies Taschau, Volker von Törne, Friedrich Tomberg, Ernst Topitsch, Peter Turrini, Heinrich Vormweg, Maxie Wander, Wolfgang Weyrauch, Gabriele Wohmann, Christa Wolf, William Butler Yeats, Matthias Zschokke u. a. – Korrespondenzen mit DDR-Verlagen; Lizenzen; Korrespondenzen zu ›Luchterhands Loseblatt Lyrik‹ und zu den Reihen ›collection alternative‹, ›Demokratie und Rechtsstaat‹, ›Sammlung Luchterhand‹, ›Soziologische Essays‹, ›Soziologische Texte‹ und ›Soziologische Texte / Neue Folge‹, ›Texte Neuer Hörspiele‹; fremdsprachliches Lektorat, Akten zu Schallplattenproduktionen; Korrespondenzen und andere Materialien aus den Lektoraten von Frank Benseler, Wieland Eschenhagen, Martin Hielscher, Ingrid Krüger, Klaus Roehler und Klaus Siblewski; Unterlagen über nicht realisierte Buchprojekte; Briefwechsel zwischen Hans Altenhein, Eduard Reifferscheid, Otto F. Walter u. a.; Hausmitteilungen, Personalakten, Unterlagen des Betriebsrats; Papiere zu Umzügen und Besitzerwechsel.

Robert Minder: Teilnachlaß. Briefe von Richard Benz, Carl J. Burckhardt, Ernst Robert Curtius, Kasimir Edschmid, Peter Gan, Albrecht Goes, Rudolf Hagelstange, Willy Hellpach, Walter Höllerer, Ernst Jünger, Marie Luise Kaschnitz, Wilhelm Lehmann, Walter Mehring, Hans Erich Nossack, Oda Schaefer, Rudolf Alexander Schröder, Eduard Spranger, Gerhard Storz, Otto von Taube, Frank Thiess u. a.; Rede von Hermann Kasack *Deutsche Literatur im Zeichen des Expressionismus.*

Gerhard Nebel: Nachträge zum Nachlaß. Manuskripte, Notizbücher und Korrespondenzen.

Heinz Neumann: Autographensammlung. Reiseskizze von Karl May unter dem Titel *Bei den Aussätzigen*; Briefe von Friedrich Gerstäcker, Karl May, Balduin Möllhausen, Wilhelm Raabe u. a.

Oskar Pastior: Teilvorlaß. Gedichte, erzählende Texte, Versuche, Radioarbeiten; Gutachten und Referate über Gedichtbände und Übersetzungen anderer Autoren; Übersetzungen rumänischer Dichtungen ins Deutsche; zehn Hefte mit Gedichtabschriften für eine Anthologie über Herbstlyrik; bibliographische Aufzeichnungen zu Stil und Sprache von Thomas Mann; Briefe von Oscar Walter Cisek, Hans Egon Holthusen, Inter Nationes, Reiner Kunze, Ulf Miehe, Österreichische Gesellschaft für Literatur, Martin Walser u. a.

Heinz Schöffler: Nachlaß. Briefe von Hans Bender, Karl Heinz Borck, Ernst Borger, Elias Canetti, Erwin Damian, Margarete Hannsmann, Gert Kalow, Wilhelm Korff, Karl Krolow, Hermann und Hanne Lenz, Ernst Meister, Klaus Nonnenmann, Hans Erich und Gabriele Nossack, Karl und Ellen Otten, Johannes Poethen, Heinrich Ringleb, Martha Saalfeld, Margot Scharpenberg, Filip Schmidt-Dengler, Erwin Wickert, Benno von Wiese, Bruno Wittenauer, Gabriele Wohmann u. a.; Briefe, Hausmitteilungen, Verträge und andere Dokumente aus seiner Lektoratszeit beim Luchterhand Verlag; Fragmente aus *Phantasus* und aus der Tragödie *Sonnenfinsternis* von Arno Holz; Briefe von Arno Holz an John Schikowski u. a.

Georg Seidel: Nachlaß. Hörspiele, Hörbilder und andere Rundfunkarbeiten; Roman *Der Sperling in der Hand; Ein Buch könnte ich schreiben. Denkwürdigkeiten*; kleine Prosa; Aufzeichnungen aus der Kriegsgefangenschaft 1945–1947; Briefe von Stefan Andres, Hermann Claudius, Albrecht Goes, Gabriel Marcel, Agnes Miegel, Ernst Penzoldt, Aleksis Rannit, Heilwig Schulte Strathaus, Ina und Heinrich Wolfgang Seidel, Georg von der Vring, Carl Zuckmayer u. a.

Ina Seidel: Nachträge zum Nachlaß. Tagebuch; Briefe von Heidi Catwinkel an Ina Seidel; Lebensdokumente; Lustspiele und Szenen von Heidi Catwinkel; Tagebücher von 1900–1916 von Heidi Catwinkel.

Hugo Steiner-Prag: Nachlaß. Einzelgedichte und Entwürfe; Erinnerungen, Aufsätze und Vorträge; *Vorläufiger Plan und Notizen für eine Autobiographie*; Reisenotizen; Briefe von Otto W. Fuhrmann, Wolfgang Lederer, Paul Standard, Elenor Steiner-Prag u. a.; Lebensdokumente; Aufzeichnungen und Lebensdokumente von Elenor Steiner-Prag; Briefe an Elenor Steiner-Prag von Hellmut Feisenberger, Jean Herbert, Trude Kallmann, Helene Krug, Wolfgang Lederer, Edy Legrand, Hans Zacharias u. a.; Kondolenzbriefe zum Tod von Hugo Steiner-Prag.

Richard Weitbrecht: Nachträge zum Nachlaß. Briefe an Walburg Autenrieth, Marie Weitbrecht, Mechthild Weitbrecht u. a.; Briefe von Adolf Schmitthenner u. a.; Promotionsurkunde und weitere Lebensdokumente.

Fritz Werner: Nachlaß. *Erinnerungen an Jean Beaufret*; Kalender mit Notizen aus den Jahren 1943–1996; Briefe von Gerhart Baumann, Walter Dirks, Hilde Domin, Hans Magnus Enzensberger, Erhart Kästner, Wulf Kirsten, Lotte Paepcke, Leopold Paur, Friedrich Franz von Unruh, Franz Johannes Weinrich u. a.; Sammlung Gottfried Benn (Briefe von Benn an Werner; Korrespondenzen von Werner mit Wilhelm Badenhop, Ilse Benn, Franz Golffing, Hans Egon Holthusen, Werner Kraft, F. W. Oelze, Joachim Ruf, Dieter Wellershoff u. a.); Sammlung Rainer-Maria Gerhardt (Gedichte, Übersetzungen und *Kleiner Roman* von Gerhardt; Briefwechsel mit Fritz Werner); Sammlung Martin Heidegger (Briefe von Heidegger an Werner; Heidegger betreffende Korrespondenzen von Fritz Werner); Sammlung Kurt Heynicke (Gedichte von Heynicke und Briefe an Werner).

Ernst Zinn: Editionsarchiv. Materialien zu den gemeinsam mit Klaus E. Bohnenkamp herausgegebenen *Sämtlichen Werken* von Rudolf Kassner (Abschriften und Kopien der gedruckten und handschriftlichen Dichtungen Kassners, Briefe, Karteien, bibliographisches Material, Rezensionen, Dissertationen über Kassner, Verlagsprospekte, Photo-Negative, Zeitungsausschnitte u. a.).

Kleinere Sammlungen und Einzelautographen (Auswahl)

Herbert Achternbusch: Drehbuch *Die Föhnforscher.* – Christoph Wilhelm Aigner: Gedichtsammlung *Das Verneinen der Pendeluhr; Evolution des abstrakten Denkens,* Band I und II. – Hannah Arendt: 1 Brief. – Rudolf Arnheim: Sammlung Briefe an ihn. – Berthold Auerbach: 1 Brief. – Marie Benemann: Sammlung Gedichte. – Werner Bergengruen: 1 Brief. – Gottfried Bermann Fischer: 1 Brief. – Bernhard Bernson: Dramen *Die Befreiten* und *Die Pest;* Märchen. – Ernst Bertram: 34 Briefe und Karten. – Rudolf G. Binding : 1 Brief. – Hans Brandenburg: 1 Brief. – Alfred Brust: 1 Brief. – Carl Jacob Burckhardt: Briefe an ihn von Hugo von Hofmannsthal; Briefe an Helene Burckhardt von Hugo von Hofmannsthal und Rainer Maria Rilke. – Hans Carossa: 1 Gedicht; 6 Briefe. – Heinz Carwin: Teil III von *Letzte Nachrichten.* – Alfred Döblin: Randbemerkungen auf einem Theaterzettel der Berliner Volksbühne 1931; 2 Briefe. – Albert Ehrenstein: 2 Handexemplare. – Hans Heinrich Ehrler: Gedichte. – Michael Ende: 2 Manuskripte. – Hermann Essig: 1 Brief. – Ludwig Finckh: 1 Karte. – Cäsar Flaischlen: Konvolut Briefe und Karten an ihn. – Förderkreis deutscher Schriftsteller in Baden-Württemberg: Nachträge. – Hans Franck: 1 Brief. – Alexander Moritz Frey: Briefe an den Limes Verlag. – Gustav Freytag: 1 Billett. – Emilie von Gleichen-Rußwurm: 1 Brief. – Albrecht Goes: 9 Briefe und Karten. – HAP Grieshaber: Malbriefe an Margarete Hannsmann; Briefe von Margarete Hannsmann an Grieshaber. – Reinhard Gröper: Sammlung Manuskripte. – Rudolf Grossmann: 25 Briefe und Karten an Julius Meier-Graefe. – Klaus Groth: 1 Brief. – Paul Gurk: *Pangedichte.* – Willy Haas: 3 Karten. – Friedrich Wilhelm Hackländer: 1 Brief. – Hermann Haering: 1 Brief. – Rudolf Hagelstange: 2 Prosatexte. – Max Halbe: 1 Brief. – Ernst Hardt: 3 Briefe und Karten. – Otto Erich Hartleben: 3 Karten. – Carl Hauptmann: 4 Briefe. – Gerhart Hauptmann: 1 Brief. – Martin Heidegger: Nachschrift des Vortrags *Über die Wahrheit* von Ernst Fuchs; 1 Brief. – Moritz Heimann: 3 Briefe. – Bernt von Heiseler: 1 Brief. – Helmut Heißenbüttel: Aufzeichnungen *Identität von Konvention und Form.* – Stefan Hermlin: Balladen und Gedichte; Novelle *Der Leutnant Yorck von Wartenburg;* 3 Briefe. – Hermann Hesse: 2 Briefe. – Ninon Hesse: Nachträge zum Nachlaß. – Hermann Hettner: 4 Briefe. – Otto Heuschele: Briefwechsel mit Cornelia Cullmann. – Theodor Heuss: 4 Briefe. – Walther Heymann: Gedichte; Briefe an Arthur Grunenberg, Hertha Grunenberg; Briefe aus dem Umkreis. – Kurt Heynicke: 2 Briefe. – Hugo von Hofmannsthal: 23 Briefe und Karten an Friedrich Eckstein; 7 Briefe und Karten. – Josef Hofmiller: 6 Briefe und Karten. – Ricarda Huch: 2 Briefe. – Karl Jaspers: Briefwechsel mit John Hennig; 1 Brief. – A. E. Johann: 2 Manuskripte. – Ernst Jünger: 1 Brief. – Max Jungnickel: 20 Briefe und Karten. – Hermann Kasack: Briefe an Bruno und Käthe Jacubeit u. a. – Justinus Kerner: 2 Briefe. – Martin Kessel: 1 Brief. – Guido Kohlbecher: Sammlung Briefe an ihn. – Käthe Kollwitz: 2 Briefe. – Isolde Kurz: 1 Karte. – August Lämmle: 1 Brief. – Ilse Langner: Aufzeichnungen zu Frauenfragen. – Wilhelm Lehmann: Briefe an Willy Haas. – Nikolaus Lenau: 1 Brief. – Alfred Lichtenstein: Arbeitsmaterialien von Klaus Kanzog zu seinen Lichtenstein-Editionen und Briefe über Lichtenstein an Kanzog. – Oskar Loerke: Gedichte. – Karl Löwith: 6 Briefe und Karten. – Thekla von Lossow: Rätselsammlung. – Heinrich Mann: 2 Gedichte. – Friedrich von Matthisson: Briefe an ihn von Karl Philipp Conz, Christian Friedrich Traugott Duttenhofer, Friedrich Wilhelm von Erdmannsdorff, Karl Friedrich Graf Reinhard u. a. – Christoph Meckel: 6 Briefe. – Walter Mehring: 18 Briefe an Henry Goverts. – »Merkur« Zeitschrift: 18 Briefe. – Agnes Miegel: 2 Briefe. – Eduard Mörike: Gedicht *Auf Erlenmayers Tod*; autobiographische Skizze; 1 Brief. – Walter von Molo: *Erklärung* 1948. – Christian Morgenstern: 2 Briefe. – Günther Müller: 2 Briefe. – Börries von Münchhausen: Verzeichnis seiner Bücher und seiner Gedichte; 10 Briefe und Karten. – Arno Nadel: 2 Briefe. – Hans Erich Nossack: Briefe an Hans Bänziger. – Hans Herbert Ohms: Gedichtsammlungen, Prosatexte, Übersetzungen; Briefe an ihn von Gotthard de Beauclair. – Rudolf Pannwitz: Manuskripte; 1 Brief. – Helmut Paulus: Gedichtsammlung; 1 Brief. – Ernst Penzoldt: Vortrag; Briefe an Birgit Siller; 3 Briefe. – »Reallexikon der deutschen Literaturgeschichte«: Herausgeberakten von Klaus Kanzog. – Benno Reifenberg: 1 Brief. – Karoline Richter: 1 Brief. – Rainer Maria Rilke: Gedichteintrag in ein Gästebuch; 17 Briefe an Dorothea von Ledebur. – Clara Rilke-Westhoff: 5 Briefe. – Peter Rühmkorf: Aufsatz über Gottfried Benn. – Jakob Schaffner: 1 Brief. – Anna Schieber: Sammlung Briefe an Georg und Bertha Albrecht u. a. – Friedrich Schiller: 1 Bruchstück aus den *Malthesern*. – Egidius Schmalzriedt: Unterlagen zur Edition der nachgelassenen Schriften von Walter F. Otto. – Arthur Schnitzler: 6 Briefe. – Erika Schondorff: Briefe an sie von Joachim Schondorff u. a. – Christian Friedrich Daniel Schubart: 3 Gedichte; *Prolog zu den neuesten Offenbarungen Gottes ...*; 2 Briefe. – Gustav Schwab: Gedichte und Briefe. – Ernst Schweninger: 26 Briefe an Paul Lindau. – Heinrich Seidel: 2 Briefe. – Joachim Seyppel: Theaterstücke, Erzählungen; Materialien zur Monographie *Lesser Ury*. – Friedrich Sieburg: Aufzeichnungen zu seinem Leben und Werk. – Stephen Spender: 1 Brief. – Herbert Steiner: 4 Briefe. – Carl Sternheim: Handexemplar des Dramas *Der Snob*. – Gerhard Storz: Bühnenbearbeitung von Schillers *Räubern*. – »Ein Stück Brachland, eine Schrift herum«: Archiv der 1976 und 1977 in zwei Auflagen in Utrecht erschienenen Anthologie. – Margarete Susman: Briefwechsel mit Agathe Kunze. – Saint-René Taillandier: Übersetzungen von Novalis' *Hymnen an die Nacht* und *Heinrich von Ofterdingen* ins Französische; Briefe an Camille Taillandier, René und Zélie Taillandier. – Ludwig Uhland: 2 Briefe. – Berthold Viertel: 125 Briefe an Elisabeth Viertel-Neumann. – Eugeniusz Wachowiak: Briefe an ihn von Erwin und Eva Strittmatter u. a. – Ilse-Rose Warg: Korrespondenzen und Materialien zu ihrem Sammelband über Wolfdietrich Schnurre *Er bleibt dabei*. – Jakob Wassermann: 1 Brief. – Franz Werfel: 1 Brief. – Wolfgang Weyrauch: Rundfunk- und Zeitungsbeiträge. – Josef Winckler: 1 Brief. – Kurt Wolff: 36 Briefe und Karten. – Alexander Graf von Württemberg: Gedicht *Die Weibertreue*. – Carl Zuckmayer: Taschenkalender; 5 Briefe; Briefe von Eduard Zuckmayer. – Stefan Zweig: Skizze für ein Interview 1941.

Für Stiftungen ist zu danken: Christina Albrecht, Dorothee Andres, Bernd Autenrieth, Prof. Dr. Hans Bänziger, Antiquariat Torsten Baland, Erwin von Bendemann, Prof. Dr. Joachim Benemann, Dr. I. Berning-Wollschläger, Prof. Dr. Martin Brecht, Hildegard Bronnen, Heinz Carwin, Dr. Margarete Dierks, Alwine Diettrich, Prof. John Fetzer, Maximilian Fliegauf, Waltraud Flügel, Mrs. J. Forster, Edgar Frank, Dr. James Fraser, Uwe Friesel, Heinrich Frommer, Dr. Heino Gaese, Hermann Gerlinger, Jan Gielkens und Ton Naaijkens, Prof. Dr. Klaus Goebel, Albrecht Goes, Caroline Gruenter, Prof. Peter W. Guenther, Josef Guter, Maria Guttenbrunner, Hertha Haas, Dr. Reiner Haehling von Lanzenauer, Dr. Hermann Heidegger, Ernst Heinrich, Roman Hocke, Ruth Horwitz, Monica Huchel, Dr. Martin Jacubeit, Dr. Wolfgang Jenne, Hedwig Käferle, Dr. Martin Kämpchen, Volker Kahmen, Prof. Dr. Klaus Kanzog, Gertrud Kelletat, Dr. Gisela Kleine, Guido Kohlbecher, Prof. Dr. Hermann Korte, Ruth Noemi Kraft, Franziska Krause, Hanns-Wolfgang Kreß, Agathe Kunze, Margarete Kupper, Prof. Dr. Eberhard Lämmert, Margie Landolt, Mrs. Victor Lange, Else Levi-Mühsam, Ilse Maync, Karl Gerhard Meier, Gerda Meyerhof/Über Ellen Otten, Volker Michels, Dr. Otto Moericke, Karl Otto Mühl, Egbert-Hans Müller, Prof. Dr. Walter Müller-Seidel, Josefine Nebel und Dr. Martin Nebel, Irene Neumann, Ilse von Niebelschütz, Peter Niederstein, Edelgard Oliass, Gertrud Ott, Ellen Otten, Renée-Marie Parry-Hausenstein, Prof. Dr. Ing. Heinz G. Pfaender, Prof. Dr. Fritz J. Raddatz, Jan G. Reifenberg, Monica Schefold, Gudrun Schnabel, Micheline Schöffler, Jörg Schröder, Prof. Christoph E. Schweitzer, Manfred Schwenkglenks, Renate Sieber, Emmy Simon, Ingeborg H. Solbrig, Gabriela Somary, Prof. John M. Spalek, Heinrich Steinmeyer, Heinrich Stöckle, Brigitte Theurer, Dr. Horst Thiemer, Dr. Klaus Wagenbach, Renate Wanner, Manfred Warth, German Werth, Margot Weyrauch, Rudolf Wirtz, Dr. Elsbeth Wolffheim, Burkhard Zinn.

B. Cotta-Archiv

Mit den dem Cotta-Archiv großzügig von der Familie Schairer zur Verfügung gestellten Mitteln konnten 1997 an Handschriften ein zentraler Brief von Jens Baggesen (an Friedrich Haug, 15. 6. 1809) zur Publikationsgeschichte von Baggesens ›Klingklingelalmanach‹ und die Handschrift von Veit Hans Schnorr von Carolsfelds »Schiller, der Kinderfreund« erworben werden. Wie in den Vorjahren stand aber die Ergänzung der Bibliothek des Cotta-Archivs im Vordergrund. Zu nennen sind hier summarisch die Neuerwerbungen von Werken von Pestalozzi, Alexander von Humboldt, Hartig, Ennemoser sowie eines vollständigen Exemplars der ›Dresdner Morgenzeitung‹, deren Beilage ›Dramaturgische Blätter‹ von Ludwig Tieck betreut wurden. Herausragend ist die auch mit der finanziellen Unterstützung von Frau Küffner bei Venator & Hanstein geglückte Akquisition eines Konvoluts von Kupferstichen, in dem die insgesamt 18 Blätter des monumentalen Boisseréeschen ›Domwerks‹ (1821–1832) z. T. in verschiedenen Zuständen überliefert sind.

C. Bibliothek

1997 wurde der akzessionierte Bestand um 7619 (1996: 8587) Bände vermehrt; davon sind 4056 Bände (854 antiquarisch, 608 als Fortsetzung) gekauft worden. 2279

(1996: 2330) Bände kamen als Stiftungen oder mit Nachlässen ins Haus, 762 (1996: 947) als Tauschgaben, 481 (1996: 480) als Belege, 14 (1996: 11) als Mitgliedsgaben, 27 (1996: 11) als Xerokopien.

Der merkliche Rückgang der Käufe gegenüber dem Vorjahr erklärt sich (trotz zusätzlicher Restmittel) teils aus höheren Preisen, etwa für Pressendrucke, teils aus der Inanspruchnahme von Mitteln für Zeitschriftenabonnements, vor allem aber aus Gründen der Arbeitskapazität in den letzten Wochen des Jahres – ca. 600 bereits eingetroffene Bände konnten noch nicht eingearbeitet werden. Auch der Verzug bei den Bestellungen ist leider immer noch nicht aufgeholt worden. Daß weniger Geschenke verzeichnet wurden, hat einen anderen Grund: eine schon früher erworbene große Sammlung (Bibliothek Schulz) wurde im Berichtsjahr nur an den Katalogen verglichen, aber noch nicht akzessioniert, weil dafür schon eine EDV-Bearbeitung vorgesehen ist.

27 neue Tauschverbindungen konnten geknüpft werden, genauso viele wie im Vorjahr. Spürbar zu Buche schlägt, daß immer weniger Dissertationen im Schriftentausch von den Universitätsbibliotheken, immer mehr nur im Buchhandel zu erlangen sind.

Anlaß zum Feiern war indessen das Überschreiten der Tausender-Grenze bei den Zeitschriftenabonnements: mit 55 neuen Titeln (darunter 45 aus den deutschsprachigen Ländern und 10 aus dem fremdsprachigen Ausland) und 21 beendeten Abonnements stieg die Zahl der laufend gehaltenen Periodica bis Ende des Jahres auf 1013. Dabei kam uns der Umstand zupaß, daß die Preise für literarische Zeitschriften im engeren Sinne, z T. auch die literaturwissenschaftlichen, weit niedriger liegen als bei naturwissenschaftlichen Periodica. Für die Bearbeitung waren allerdings wieder Überstunden nötig.

Eine kräftige Vermehrung hatte die Dokumentationsstelle in allen Sparten zu verzeichnen. Die Zeitungsausschnitt- und Dokumenten-Sammlung wuchs um 1127 (1996: 775) Mappen, 159 (1996: 91) Kästen, 30 (1996: 1) Ordner und 10 (1996: 18) Konvolute auf insgesamt 34618 Einheiten, die Theatersammlung um 4454 (1996: 2269) auf insgesamt 52361 Programme, die Hörfunk- und Fernsehmanuskript-Sammlung um 1374 (1996: 1412) Manuskripte auf insgesamt 27823, die Tonträger-Sammlung um 913 (1996: 634) Schallplatten, Tonbänder, Tonkassetten und CDs auf insgesamt 9071 Tonträger, die Bildträger-Sammlung um 527 (1996: 458) Videokassetten und CD-ROMs auf insgesamt 4419 Bildträger. Der merkliche Zuwachs bei den CD-ROMs dürfte noch eine Weile andauern.

Ergänzt wurde der Bestand wie jedes Jahr durch Bücher, Zeitschriften und Dokumente aus Nachlässen, die z. T. schon früher ins Haus gekommen sind, von Charlotte Beradt, Kasimir Edschmid, Otto Heuschele, Walter Kaul, Max Zweig. Zahlreicher als sonst sind uns kleinere oder größere Konvolute geschenkt worden: von Ruth Horwitz in München (Erstausgaben von Peter Altenberg, Theodor Haekker, Karl Kraus, Else Lasker-Schüler aus dem Besitz ihrer Eltern, darunter schöne Widmungsexemplare, 30 Bände), von Clara E. Müller in Stuttgart (ca. 50 Bände), von Anne Marie Schleebach in Geislingen (ausgewählte Titel aus der Bibliothek ihres Vaters, noch nicht eingearbeitet, ca. 80 Bände), von Dr. Walter Schmähling in München (eine systematisch zusammengetragene Arno Holz-Sammlung, durchweg Erstausgaben, 40 Bände), von Professor Dr. John M. Spalek (Ausgaben von Lion Feuchtwanger und anderen Exilautoren, 65 Bände). Frau Dr. I. Berning-Wollschläger stiftete 15 Bücher von A. E. Johann.

Erworben wurden außerdem: von Professor Jeremy Adler in London die schon im November 1996 nach Marbach gebrachten ausgewählten Bände aus der Bibliothek seines Vaters H. G. Adler, Bücher mit Lektürespuren oder Widmungen und z. T. interessanter anderer Provenienz (Franz Baermann Steiner, Friedrich Gundolf, Grete Fischer); von Gerd Grabenhorst in Hannover zahlreiche Bände aus der Bibliothek seines Vaters Georg Grabenhorst, meist Bücher befreundeter Autoren, darunter vielen niederdeutschen, z. T. mit Widmungen, 190 Bände; von Eugen Hollenbach in Sinsheim Ausgaben und dokumentarisches Material aus seiner Ludwig Renn-Sammlung; von Hanns Sohm in Markgröningen Stücke aus seiner Dieter Roth- und Klaus Burkhardt-Sammlung. Wie früher schon verkaufte uns Guido Kohlbecher in Neustadt/Wied rare und entlegene Bücher und Zeitschriften, profitierten wir auch von speziellen antiquarischen Angeboten (rumäniendeutsche Literatur, DDR-Literatur, Raubdrucke und Broschüren im Zusammenhange mit der Jahresausstellung 1998, Sprechplatten). Dr. Hannes Schwenger in Berlin half uns, die Drucke der Mariannenpresse zu komplettieren.

Ein besonderes Augenmerk galt in Marbach schon lange der auf deutsch oder in zweisprachigen Ausgaben erschienenen Literatur von Ausländern, die in Deutschland leben und veröffentlichen. Sie ist zuerst als »Gastarbeiterliteratur«, dann als »Migranten«- oder »Ausländer«-Literatur rubriziert worden, hat aber mit vielen Büchern unterdessen preisgekrönter Autoren diesen Rahmen längst durchbrochen. Das waren günstige Voraussetzungen für die Aufnahme der Chamisso-Preis-Sammlung (Robert Bosch Stiftung/Slg. Ackermann) aus München – Frau Dr. Irmgard Ackermann hat darüber einen eigenen Bericht beigesteuert.

Der Bestand an Zeitschriften vor allem des 20. Jahrhunderts ist durch etliche Stücke (meist einzelne Jahrgänge, manchmal nur Hefte) ergänzt worden, unsere Sammlung von »Untergrund«-Zeitschriften der DDR, die zu den reichsten in Deutschland gehört, allerdings, wegen der hohen Preise und der seltenen Angebote, nur um wenige Nummern.

Als Beispiele seien genannt: *Der Jüngling*, hrsg. von Johann Andreas Cramer, Johann Arnold Ebert, Nikolaus Dietrich Giseke, Gottlieb Wilhelm Rabener (Königsberg), 1764 – die 2. Auflage der zuerst 1747–1748 erschienenen Wochenschrift; *Hausblätter*, hrsg. von F[riedrich] W[ilhelm] Hackländer und Edmund Höfer (Stuttgart), Jg. 1856–1859, 31 Einzelhefte – zur Ergänzung der gebundenen Exemplare; *Jugend-Gartenlaube. Farbig illustrierte Zeitschrift zur Unterhaltung und Belehrung der Jugend* (Nürnberg), Bd. 7, [1895]; *Fröhliche Kunst*, hrsg. von Victor von Reisner und Theodor Etzel (Berlin), Jg. [1] 1902, H. Sept., Okt., Jg. 2, 1903, H. 1; *Die Gegenwart. Wochenschrift für Literatur, Kunst und öffentliches Leben*, hrsg. von Heinrich Ilgenstein (Berlin), Jg. 43, Bd. 85–86, 1914; *Das Drahtseil*, red. von W[ill] E[rich Peuckert [Bunzlau], Nr. 1–9, 1914–1915 – hektographierte Schülerzeitschrift; *Literarisch-musikalische Monatshefte für Literatur, Musik, Theater, bildende Künste, Vortragswesen*, hrsg. von Kurt Martin (Dresden), Jg. 1, 1919–1920; *Harakiri!? Eine groteske Publication*, hrsg. von Fried-Hardy Worm (Berlin), [H. 2], 1920; *Klingsor. Siebenbürgische Zeitschrift*, hrsg. von Heinrich Zillich (Kronstadt), Jg. 1, 1924, H. 1–2, 4, Jg. 3, 1926, H. 5, Jg. 13,

1936, H. 5–8, 11; *Stimmen aus der Baustube. Zeitschrift nicht für alle,* hrsg. von Ernst Rossius-Rhyn (Berlin), Jg. 1, 1929, H. 1; *AIZ. Arbeiter-Illustrierte Zeitung* (Berlin), Jg. 10, 1931; *Die Lücke. Eine christlich-kulturelle Zeitschrift* (Waibstadt), Jg. 2, 1947 (in Heften); *Ophir. Literarische Zeitschrift,* hrsg. von Claus Henneberg (München), Jg. 1–2, 1952–1953 (alles Erschienene); *Die Schau. Aktuelles in Wort und Bild aus Wissenschaft, Technik, Kunst, Kultur und Politik* (Wien), Jg. 2, 1954; *El corno emplumado* (Mexico), Nr. 1–3, 5–7, 9–14, 1962–1965; *Art and Literature. An international review* (Lausanne), Nr. 1–10, 12, 1964–1967; *Eulenspiegel. Zeitschrift für Satire und Humor* (Berlin), Jg. 15 (23), 1968; *Neues Lotes Folum. Zeitschrift für die Poesie und ihre Revolution* (Hamburg), Jg. 27 [!], 1975.

Außerdem konnten zwei in Berlin erschienene Reihen – die erste im Osten, die zweite im Westen der Stadt – erlangt werden: *Antwortet uns,* H. 1–28, 1956–1962; *Randlage,* hrsg. von Riewert Quedens Tode, Nr. 1–32/34, 1978–1997.

Unter den antiquarisch erworbenen einzelnen Titeln sei der bisher unauffindbare Druck einer frühen Übersetzung Christoph Martin Wielands aus dem Englischen eigens hervorgehoben. Sie fand sich in der Neuauflage des (zuerst 1752 erschienenen) *Gedichts in zween Gesängen* von Johann Jakob Bodmer: *Jacob und Rahel,* Zürich 1759. Der Übersetzer hat seinen Vorbericht zu *Jacob und Rahel* von Mary Jones nur mit W- unterzeichnet.

Weitere Titel aus dem 18. Jahrhundert: Ludwig von Heß, *Einleitung in die Übersetzungskunst, mit einem Versuche aus des C. Corn. Tacitus Jahrbüchern,* Hamburg 1766; [Moritz August von Thümmel,] *Die Inoculation der Liebe. Eine Erzählung,* Leipzig 1771; [Conyers] Middleton, *Römische Geschichte. Cicero's Zeitalter umfassend, verbunden mit dessen Lebensgeschichte.* Aus dem Englischen von G[ünther] K[arl] F[riedrich] Seidel, Bd. 1–4 (in 2 Bdn), Danzig 1791–1793 – unter Mitarbeit seines Schülers Ludwig Tieck.

Aus dem 19. Jahrhundert: *Feldblumen auf Ungarns Fluren,* gesammelt von Nina [d. i. Marianne Neumann von Meißenthal] und Theone [d. i. Therese von Artner], Jena 1800; Karoline Rudolphi, *Sämtliche Gedichte,* neue Aufl., Wien, Prag 1805; Julius von Voß, *Ini. Ein Roman aus dem einundzwanzigsten Jahrhundert,* Berlin 1810; Caroline de la Motte Fouqué, *Frauenliebe. Ein Roman,* Th. 1–3 [in 1 Bd.], Nürnberg 1818; *Manuscript aus Süd-Deutschland,* hrsg. von George Erichson [d. i. Friedrich Ludwig Lindner], 2. Aufl., London: James Griphi [vielm. Stuttgart: Metzler] 1821; Johanna Schopenhauer, *Johann von Eyck und seine Nachfolger,* Bd. 1.2. [in 1 Bd.], Frankfurt a.M. 1822; Arminia [d. i. Luise von Haugwitz], *Die Stiefmutter oder Edwin und Theodora. Eine Erzählung,* Leipzig 1826; Amalie Schoppe, *Antonia oder Liebe und Entsagung. Roman,* Leipzig 1826; Carl Friedrich Stäudlin, *Geschichte der Vorstellungen und Lehren von der Freundschaft,* Hannover 1826; Hermann von Pückler-Muskau, *Andeutungen über Landschaftsgärtnerei, verbunden mit der Beschreibung ihrer praktischen Anwendung in Muskau,* hrsg. von Harry Günther, Faks. der Ausgabe Stuttgart 1834 mit Karte, Atlas und Kommentaren [in Kassette], Stuttgart 1996; Amalie Schoppe, *Erinnerungen aus meinem Leben, in kleinen Bildern,* Th. 1.2., Altona 1838; Ludolf Wienbarg, *Geschichtliche Vorträge über altdeutsche Sprache und Literatur,* Hamburg 1838; Ludowike Wallenheim, *Anna von Bretagne. Historische Novelle,* eingef. durch ein kritisirendes Vorwort von der Verfasserin von Godwie-Castle [d. i. Henriette von Paalzow] u. a. m., Bd. 1.2. [in 1 Bd.], Braunschweig 1844; Wolfgang Menzel, *In Sachen der Kirche. Neujahrsbetrachtungen*, Stuttgart, Tübingen 1845; Levin Schücking, *Von Minden nach Köln. Schilderungen und Geschichten*, Leipzig 1856 (Brockhaus' Reise-Bibliothek für Eisenbahnen und Dampfschiffe); Franz von Kobell, *Oberbayerische Volksstücke*, München [1879]; ders., *Erinnerungen in Gedichten und Liedern*, München [1882]; Karl Stieler, H[ans] Wachenhusen, F[riedrich] W[ilhelm] Hackländer, *Rheinfahrt. Von den Quellen bis zum Meere. Schilderungen*, Stuttgart [1885].

Aus dem 20. Jahrhundert: *Chinesische Lyrik vom 12. Jahrhundert v. Chr. bis zur Gegenwart*, in deutscher Übersetzung, mit Einleitung und Anmerkungen von Hans Heilmann, München, Leipzig (1905) – mit handschriftl. Widmung von Moritz Heimann an Hedwig Fischer; Walt Whitman, *Prosaschriften*, in Auswahl übersetzt und eingeleitet von O.E. Lessing, München, Leipzig (1905) – mit handschriftl. Widmung von Moritz Heimann an Hedwig Fischer; Herwarth Walden, *Einblick in Kunst. Expressionismus, Futurismus, Kubismus*, Berlin (1917); Karl August Wittfogel, *Wer ist der Dümmste? Eine Frage an das Schicksal in einem Vorspiel und vier Akten*, Berlin 1923 (Sammlung revolutionärer Bühnenwerke. Bd. 8); James Joyce, *Ulysses*, vom Verfasser geprüfte deutsche Ausgabe von Georg Goyert, Bd. 1–3, Privatdruck 1927; Berta Lask, *Giftgasnebel über Sowjet-Rußland. Revue-Drama in 35 Scenen. Nach einem politischen Entwurf von XXX*, Berlin (1927); Emil Orlik, *Slevogtiana. 1902–1929. Zwölf Steinzeichnungen. Worte von Oskar Loerke*, Berlin [1929]; Hans Chlumberg, *Das Blaue vom Himmel. Eine Improvisation in etlichen Bildern*, Berlin 1928 [Bühnenmanuskript]; Upton Sinclair, *Alkohol. Roman*, autorisierte Übersetzung aus dem Amerikanischen von Elias Canetti, Berlin: Neuland Verlag 1932 – die Lizenzausgabe des Malik-Verlages im Verlag der Alkohol-Gegner; Horst Lange, *Die Gepeinigten. Erzählung*, Berlin 1933; Willi Bredel, *Die Prüfung. Roman aus dem Konzentrationslager*, Moskau 1935; Stefan Heym, *Hostages. A Novel*, New York 1942; Franz Werfel, *Between heaven and earth*, translated by Maxim Newmark, New York 1944; Carl Zuckmayer, *Gedichte 1916–1948*, Berlin 1948 – mit handschriftlicher Widmung für Brigitte Berman Fischer; ders., *Der Gesang im Feuerofen*, Frankfurt a.M. [1950] – Bühnenmanuskript für die Berliner Aufführung 1951; Unica Zürn, *Hexentexte. Zehn Zeichnungen und zehn Anagramm-Texte*, mit einem Nachwort von Hans Bellmer, Berlin 1954; Mark Twain, *König Leopolds Selbstgespräch. Eine Verteidigung seiner Herrschaft im Kongo*, übersetzt und mit einem Vorwort von Stefan Heym, Berlin 1961; Volker von Törne, *Fersengeld. Fünfundzwanzig Gedichte*, Berlin 1962 – Handexemplar mit handschriftlichen Korrekturen; Sarah und Rainer Kirsch, *Berlin-Sonnenseite. Deutschlandtreffen der Jugend in der Hauptstadt der DDR Berlin 1964, Fotos von Thomas Billhardt*, Berlin (1964); Jean Claude Carriere, Volker Schlöndorff und Franz Seitz, *Die Blechtrommel. Nach dem Roman von Günter Grass*, Drehbuch (Die Dialoge sind von Günter Grass bearbeitet und ergänzt), Fassung vom 17. 5. 1978, o. O. und o. J. – maschinenschriftlich vervielfältigtes Manuskript.

Unter den 1997 erschienenen und gekauften Pressendrucken seien hervorgehoben zwei Drucke der Edition Dschamp in Berlin (Hadayatullah Hübsch, Detlef

Opitz) und der 18. Druck der Burgart-Presse Jens Henkel in Rudolstadt (Wulf Kirsten).

Frei verfügbare (nicht zu geschlossen aufgestellten Sammlungen gehörige) Dubletten hat die Bibliothek, sofern sie nicht als zweite Exemplare in den Bestand eingearbeitet oder, etwa der Provenienz wegen, im Ersatzmagazin aufgestellt wurden, bisher nur in begrenzter Anzahl an Tauschpartner im Schriftentausch abgegeben oder, wie auch im Berichtsjahr, als Stiftungen an osteuropäische Bibliotheken geschickt. Von dieser Regelung wurde 1997 zum ersten Mal abgewichen: um Platz zu sparen und zusätzliche Erwerbungsmittel zu gewinnen, sind etliche größere Dubletten-Konvolute an Antiquare verkauft worden. Wie bisher sind Dubletten von Antiquariatskatalogen (auch die nicht ins Sammelgebiet fallenden Kataloge) für die Universitätsbibliothek Leipzig reserviert worden, wo die Bibliographie dieser Gattung bearbeitet wird.

Für Buchstiftungen danken wir: Bernd Autenrieth, Karl-Heinz Beckmann, Jutta Bendt, Vera Berglar, Klaus Bernarding, Prof. Dr. Karl Heinz Danner, Dr. Albrecht Frenz, Dr. Eckart Früh, Konrad Gerescher, Hanspeter Gerlach, Jan Gielkens, Dr. Margherita Gigliotti, Ulrich Goerdten, Adolf Görtz, Karl Greisinger, Thomas Günther, Prof. Franz Josef Heinrich, Prof. Hans Ulrich Jost, Hans-Joachim Koch, Bernhard A. Kohl, Francoise Lartillot, Prof. Jacques Le Rider, Margit und Joseph Marti, Erich Mende, Hans Mollenkopf, Perikles Monioudis, Reinhold Nisch, Dr. Friedrich Pfäfflin, Horst Reichle, Prof. Dr. Albrecht Rietmüller, Prof. Dr. Karl Riha, Peter Salomon, Prof. Dr. Nikolaus Schad, Dr. Hans Schöner, Dr. James Martin Skidmore, Dr. Günter Stahl, Tina Stroheker, Prof. Dr. Selcuk Ünlü, Uwe Warnke, Inge von Wedemeyer.

Stadtverwaltung Baden-Baden, Friedrich Ebert Stiftung Bonn, Inter Nationes Bonn, Landratsamt Calw, Collegium Alexandrinum der Universität Erlangen-Nürnberg, Kulturamt Freiburg/Breisgau, Städtisches Museum Göttingen, Stadt Hameln, Körber-Stiftung Hamburg, Alfred Toepfer Stiftung F.V.S. Hamburg, Stiftung Reichspräsident-Friedrich-Ebert-Gedenkstätte Heidelberg, Der Turmbund, Gesellschaft für Literatur und Kunst Innsbruck, Heinrich-Böll-Stiftung e.V. Köln, Goethe-Institut Lisboa, Kulturamt Magdeburg, Jüdisches Museum Rendsburg.

Außerdem den Verlagen und Buchhandlungen: Attempto, Betulius, Hans Boldt, Deuerlich, Deuticke, Diogenes, Edition Ebersbach, Edition LEU, S. Fischer, Hanser, Paul Haupt, Heinrich Hugendubel, Insel, A. Jungkunz, Ulrich Keicher, Klett-Cotta, Vittorio Klostermann, Koch, Neff & Oetinger, Lauch, Gustav Lübbe, J. B. Metzler, Muriverlag, Nicolai, Promedia, Reclam, Moritz Schauenburg, Georg Olms, Stieglitz, Suhrkamp, Volk & Welt, C. Winter, Zweitausendeins.

D. Bildabteilung

Der Sammelschwerpunkt verlagert sich seit Jahren immer deutlicher auf das 20. Jahrhundert, was auch im hohen Anteil neuerer und neuester Photographien zum Ausdruck kommt. Folgende Einzelerwerbungen und Konvolute sind hervorzuheben: drei Tuschfederzeichnungen von Karl Arnold, »Die Gefilde der Seligen«

(Gottfried Keller und Arnold Böcklin im Elysium), Vorzeichnungen für den Druck im ›Simplicissimus‹, 1919; eine seltene Lithographie von Erich Heckel, »Tübingen mit dem Hölderlinturm«, 1920 (Stiftung Reinhold Würth); das Ölgemälde »Der Rattenfänger von Hameln« von Robert Wolfgang Schnell, 1938; eines von zwei Exemplaren der Bronzebüste, die Wieland Förster 1997 von Walter Jens zu dessen Abschied vom Präsidentenamt der Berliner Akademie der Künste geschaffen hat; ein letztes, umfangreiches Konvolut von Arbeiten der im Januar 1998 verstorbenen Photographin Erica Loos; fünfzig Schriftstellerportraits des in der Türkei geborenen, in Schweden lebenden Photographen Lütfi Özkök. Weitere Erwerbungen in Auswahl:

a) Gemälde, Skulpturen, Medaillen

Johann Gottlieb Mörike, der Großvater des Dichters, Miniaturgemälde, um 1780; Justinus Kerner, Gipsbüste, um 1850; »Der arme Poet« (Kopie nach Spitzweg), Ölgemälde von Max Rosenfeld, um 1900; Erich Schmidt, Bronzeplakette von Adolf von Hildebrand, 1913; Georg Groddeck, Bronzemedaille von Albert Reiss, 1918; Hugo Steiner-Prag, Ölgemälde von Willi Geiger, 1929; Georg Groddeck, Ölgemälde von Emma Hübner, 1934; Börries von Münchhausen, Bronzemedaille von Fritz Behn, 1944; Gerhart Hauptmann auf dem Totenbett, zwei Plaketten (Silber und Bronze) von Ernst Rülke, 1946; Erich Weinert, Bronzebüste von Senta Baldamus, 1951; Helene Voigt-Diederichs, Pastellgemälde von Otto Herbig, 1953; Hanns Meinke, Lebendmaske (Bronze), um 1970; Rudolf Alexander Schröder, Ölgemälde von Helmuth Westhoff, 1960; Oskar Wälterlin, Totenmaske (Wachs) von Elsbeth Stoiber, 1961; Kasimir Edschmid, Totenmaske (Bronze) von Paul Leist, 1966.

b) Zeichnungen und Scherenschnitte

Hermann von Pückler-Muskau, unsignierte Handzeichnung, um 1840; Mitglieder der Familie Schwab, Konvolut von Bleistiftzeichnungen des 19. Jahrhunderts; Ossip Schubin, Kreidezeichnung von Anton von Werner, 1886; Karl Kraus, Tuschfederzeichnung (Karikatur) von Ragnvald Blix, 1913; eine kleine Bleistiftzeichnung von Richard Dehmel, 1918; Joachim Ringelnatz, Scherenschnitt von Ernst Moritz Engert, 1924; Stefan George, Scherenschnitt von Ernst Moritz Engert, 1927; Rudolf Borchardt, Kohlezeichnung von August Fricke, 1929; eine kolorierte Tuschfederzeichnung von Joachim Ringelnatz, um 1930; Georg Groddeck, Bleistiftzeichnung von Emma Hübner, 1933; Hans Dominik, Bleistiftzeichnung von Fritz Meisel, 1940; Paul Schallück, Tuschzeichnung von Richard Sprick, um 1960; Gershom Scholem, Kohlezeichnung von Hans Gottfried von Stockhausen, 1979; Scherenschnitt von Ursula Kirchner zu einem Gedicht von Christian Wagner, 1995.

c) Druckgraphik

John Gay, Radierung des 18. Jahrhunderts; Moses Mendelssohn, Radierung von Johann Gotthard Müller nach Johann Christoph Frisch, 1787; Ansicht des altes Schauspielhauses in Berlin, Radierung von Peter Christian Haas nach Louis Serrurier, um 1800; Landschaft mit Grabmonument für Gleim, Radierung von Jean Koch, 1806; Nikolaus Ludwig von Zinzendorf, Kupferstich von Friedrich Leonhard Lehmann nach Johann Kupezky, 1828; Karoline Pichler, Stahlstich von David Weiss nach Leopold Pöhacker; Ludwig Tieck, Lithographie von Franz Hanfstaengl nach Carl Vogel von Vogelstein; Salomon Heine, Lithographie von Otto Speckter, 1842; Johann Jakoby, Lithographie von Hermann Eichens; Friedrich von Römer, Lithographie von Valentin Schertle nach Hermann Biow, 1848; Julius Fröbel, Lithographie von Philip Winterwerb, 1848; Moritz Veit, Lithographie von Christian Schieferdecker; Robert Blum, Friedrich Hecker und Gustav von Struve, Lithographie von Robert Kretschmer, um 1849; Gustav Freytag, Radierung von Karl Stauffer-Bern, 1887; Rudolf Herzog, Radierung von Otto Sander-Herweg, 1911; Theophila Bluth, Lithographie von Ernst Ludwig Kirchner, 1916; Joachim Ringelnatz, Lithographie von Otto Fischer-Lamberg; Hans Carossa, Radierung von Willi Geiger, 1928; Franz Jung, Lithographie von Emil Stumpp, 1929; Paul Zech, Radierung von John Uhl, 1932; Manfred Kyber auf dem Totenbett, Lithographie von Dietrich Heinrich Volz, 1933; Wolfgang Stammler, Linolschnitt von Ernst Ploss; Edwin Redslob, Lithographie von Carl-Heinz Kliemann, 1960; ›Rixdorfer Bilderbogen‹ Nr. 1, 3, 4, 6, 7, 9, 11, 12, 13; Georg Lukács, Radierung von Georg Eisler, 1980; Heinrich Böll, Lithographie von Michael Mathias Prechtl, 1982; vier Radierungen und zwei Lithographien von Günter Grass (u. a. zu ›Das Treffen in Telgte‹, ›Die Rättin‹, ›Ein weites Feld‹); drei Farblithographien von Antonio Saura zu Franz Kafkas Tagebüchern, 1988; 40 Lithographien von Anatoli Kasak zu Hermann Kasacks Roman ›Die Stadt hinter dem Strom‹, 1995; sieben Radierungen verschiedener Künstler zu Werken von Johannes Bobrowski, 1996.

d) Plakate

Flugblatt der »Antinationalen Sozialistenpartei Gruppe Deutschland«, unterzeichnet von Franz Pfemfert, Ludwig Bäumer, Albert Ehrenstein und Carl Zuckmayer, 1915; Plakat zu einem »Revolutionsball der Aktion«, Lithographie von Max Oppenheimer, 1919; Plakat »Lest die neue Wochenschrift ›Das Tagebuch‹«, 1920; Filmplakate aus dem Nachlaß Ottomar Domnick; Plakatkonvolut aus dem Archiv Uwe Friesel.

e) Erinnerungsstücke und Curiosa

Ein Federkiel und eine Haarlocke Eduard Mörikes; »Berühmte Schwaben«, zwölf Anstecknadeln der Jahrhundertwende; »Bücher-Nörgeli« (Marcel Reich-Ranicki), Hartgummipuppe des Colibri-Verlags, 1997.

f) Photographien

Einzelerwerbungen: Karl Kraus von Hermann Schieberth, 1913, Adolf Loos von Hermann Schieberth, 1918; Friedrich Podszus von Charlotte Joël-Heinzelmann, 1919; Heinrich Fischer von Eduard Wasow, um 1930; Lotte Lenya und Kurt Weill (Atelier Dietrich & Co., Wien, um 1930); Erich Kästner von Otto Umbehr, 1932; Friedrich Torberg von Trude Geiringer, 1945; Georg Lukács von Henri Cartier-

Bresson, 1956; Ereignisse der Studenten- und Frauenbewegung 1968–1975, 10 Photographien von Barbara Klemm; Hubert Fichte von Leonore Mau, 13 Photographien aus verschiedenen Jahren; Thomas Bernhard von Erika Schmied, 18 Photographien (Portraits und Lebensstätten); Wolf Biermann von Roger Melis, 12 Photographien aus verschiedenen Jahren; Friederike Mayröcker von Renate von Mangoldt, 1984; Fritz J. Raddatz von Alexandra Vosding, 1997.

Konvolute aus Nachlässen und Verlagsarchiven: Gottfried Bermann-Fischer, Fritz Diettrich, Ottomar Domnick, Kasimir Edschmid, Hans Grimm, Adolf Grimminger, Ernst Jünger, Mascha Kaléko, Luchterhand Verlag, Joachim Schondorff, Hans Wolffheim, Max Zweig.

Konvolute von Arbeiten einzelner Photographinnen und Photographen:
Bernd Hoffmann: Portraits von Jean Bollack, Anne Duden, Günter Grass, Michael Guttenbrunner, Ulrich Holbein, Detlef Opitz, Marcel Reich-Ranicki, Veit Relin und Stephan Wackwitz. *Erica Loos:* Portraits von Wolfgang Bächler, Ulrich Becher, Jürgen Becker, Carl Friedrich Wilhelm Behl, Ernst Beutler, Peter Bichsel, Horst Bingel, Max Brod, Rudolf Bultmann, Hermann Burte, Franz Theodor Csokor, Kurt Desch, Kasimir Edschmid, Ota Filip, Uwe Friesel, Walter Helmut Fritz, Hans-Georg Gadamer, Lars Gustafsson, Willy Haas, Carl Haensel, Margarete Hannsmann, Jakob Hegner, Georg Hensel, Günter Herburger, Otto Heuschele, Walther von Hollander, Dieter Hülsmanns, Robert Jungk, Rudolf Krämer-Badoni, Ilse Langner, Rolf Michaelis, Alberto Moravia, Robert Neumann, Hans Sahl, Ernst Sander, Wolfgang Schadewaldt, Manès Sperber, Siegfried Unseld, Friedrich Franz von Unruh und Gabriele Wohmann. *Mathias Michaelis:* Portraits von Hans Carl Artmann, Barbara Frischmuth, Günter Grass, Robert Gernhardt, Max von der Grün, Ludwig Harig, Josef W. Janker, Kurt Leonhard, Karl Markus Michel, Adolf Muschg, Heinz F. Schafroth und Raoul Schrott. *Lütfi Özkök:* Portraits von Edward Albee, Günther Anders, Louis Aragon, Roland Barthes, Wolfgang Bauer, Konrad Bayer, Simone de Beauvoir, André Breton, Elias Canetti, Paul Celan (12 Aufnahmen), Umberto Eco, Hans Magnus Enzensberger, Michel Foucault, Jean Genet, Witold Gombrowicz, Fritz Hochwälder, Eugène Ionesco, Ernst Jandl, Erich Kästner, György Konrád, Halldór Laxness, Claude Lévi-Strauss, André Malraux, Hans Mayer, Mary McCarthy, Hans Paeschke, Saint-John Perse, Christoph Ransmayr, Hans Werner Richter, Alain Robbe-Grillet, Françoise Sagan, Jean-Paul Sartre, Nelly Sachs, Michail Scholochow, Claude Simon, Karin Struck, Tristan Tzara, Peter Weiss, Paul Wiens und Gabriele Wohmann. *Joseph Gallus Rittenberg:* Portraits von Herbert Achternbusch, Klaus Bachler, Helmut Dietl, August Everding, Nina Hagen, Alois Hotschnig, Rosa von Praunheim, Helmut Qualtinger und Werner Schroeter.

Für Stiftungen danken wir: Prof. Gisela Brude-Firnau, Dr. Christoph Burger, Karl-Heinz Dähn, Anna Demus, Prof. Dr. Jörg Drews, Erika Feitknecht-Maync, Thomas Günther, Elisabeth C. Harling, Uta Henning, Bernd Hoffmann, Ruth Horwitz, Prof. Dr. Klaus Kanzog, Irene Kastner, Martina Keller, Ursula Kirchner, Isolde Kolbenhoff, Agathe Kunze, Karl Marona, Margrit Melde, Gerd Mayer, Herbert Meinke, Mathias Michaelis, Sieglinde und Dr. Fritz Mierau, Margarete Mörike, Hella Mohr, Ellen Otten, Peter Salomon, Martin Scheffer, Anne Marie Schleebach, Ingeborg Solbrig, Prof. Hans Gottfried von Stockhausen, Elsbeth Stoiber, Tina Stroheker, Andreas Vogt, Heidi Vollmoeller, Giselle Whitehead, Senator E.h. Reinhold Würth, Prof. Dr. Bernhard Zeller, Horst Zimmermann; Bibliothek für Zeitgeschichte, Stuttgart; Maxim Gorki Theater, Berlin; Arno Schmidt Stiftung, Bargfeld.

6. LAUFENDE ARBEITEN

a) Handschriftenabteilung

Wie in den vorausgegangenen Jahren haben auch im Berichtsjahr 1997 die EDV-Entwicklungsarbeiten immer noch zunehmende Arbeitskapazitäten des Archivs und so auch der Handschriftenabteilung gebunden. Die Marbach-spezifische Software für die Erschließung von Nachlässen und Autographen im Rahmen des in der Entwicklung befindlichen Datenbanksystems KALLÍAS wurde noch nicht fertig. Das ist nun für Ende 1998 anvisiert. Nach einer hoffentlich nicht allzu lange dauernden Phase der praktischen Erprobung werden sich daraus Erleichterungen und Beschleunigungen auch bei der Erschließung ergeben.

Zu den *Erschließungsarbeiten:* Auch 1997 konnten die kleineren Neuzugänge (Einzelautographen, kleinere Sammlungen und Bestandsergänzungen) eingeordnet, inventarisiert und katalogisiert werden. Umfangreiche neue Nach- und Vorlässe, Teilnachlässe, größere Bestände und Sammlungen wurden (mit wenigen Ausnahmen) zumindest vorgeordnet, in vielen Fällen auch feingeordnet, in mehr oder minder ausführlichen Listen verzeichnet und in Einzelfällen sogar schon katalogisiert. Weiterhin und bis zur endgültigen Installation des Marbacher EDV-Systems KALLÍAS wird die konventionelle Zettel-Katalogisierung allerdings nur noch für Einzelautographen und Ergänzungen zu bereits katalogisierten Beständen angestrebt. Die Erschließung neuer Bestände wird bis auf weiteres nur bis zu Inventarlisten geführt, die allerdings inzwischen durchweg mit Hilfe der EDV angefertigt und gespeichert werden. – Vollständig inventarisiert und katalogisiert wurden 1997 neben den schon erwähnten »kleinen Neuzugängen« Nachträge und Ergänzungen zu den Nachlässen und Beständen Alfred Andersch, Cäsar Flaischlen, Leopold Friedrich Günther von Goeckingk, Martin Heidegger, Karl Jaspers, Eduard Mörike, Hans Herbert Ohms und Schiller. Außerdem wurden bis zur Katalogisierung erschlossen das Redaktionsarchiv der Reihe »affiches« (Bestand Klaus Burkhardt); eine Sammlung von bedeutenden Werkmanuskripten und Korrespondenzen, die als Stiftung der Akademie der Wissenschaften und der Literatur in Mainz nach Marbach gelangt sind; ein Teilarchiv (Manuskripte von Paul Celan und Korrespondenz mit ihm) von Klaus Demus; ein Teilnachlaß Friedrich und Margarete Gundert als Teil des Marbacher Hermann Hesse-Bestandes; der Restnachlaß des Verlegers Henry Goverts; der zweite Teil der Kafka-Sammlung Hélène Zylberberg; erste Teile der Mörike-Sammlung Fritz Kauffmann; schließlich ein gewichtiger, durch den Rang der enthaltenen Autographen bedeutender Nachtrag zur Sammlung Gisela und Hans-Rudolf Wiedemann (mit der Bearbeitung dieses

Sammlungsteiles hat die mit der Erschließung beauftragte Archivarin, Frau Gudrun Bernhardt, ein Verzeichnis als selbständige Veröffentlichung vorgelegt, das den 1995 publizierten ersten Band des Sammlungskatalogs vervollständigt). – Über die Arbeitsschritte Vor- und Feinordnung, Ablage und Mappenbeschriftung bis zur Inventarisierung (jeweils mit detaillierten Inventarlisten) konnten erschlossen werden: die Nachlässe Yvan Goll (1997 Abschluß der Inventarisierung), Walter Janka, Fritz und Hedwig Mauthner, Fritz Werner; Teil I des Nachlaßdepositums Karl Wolfskehl, ein Teilnachlaß Robert Minder (Korrespondenz mit deutschen Autoren und Gelehrten), Ergänzungen und Nachlieferungen zu den Nachlässen Hubert Breitenbach und Peter Huchel, die Sammlungen John Henry Makkay und Hanns Studniczka und Herausgeberakten zum »Reallexikon der Deutschen Literaturgeschichte«. – Vorordnung, manchmal auch schon Feinordnung, Ablage und von Fall zu Fall auch mehr oder minder detaillierte Listen und Verzeichnisse machen folgende Bestände für Benutzer zugänglich oder überschaubar: Beda Allemann, Ottomar Domnick, HAP Grieshaber (Sammlung Hannsmann), Manfred Hausmann (bis auf geringe Reste bei den Zugehörigen Materialien und den Sachkonvoluten), Editha Klipstein, Gustav Schwab (Restnachlaß), Hugo Steiner-Prag, Saint-René Taillandier (Teil 2) und Max Zweig; außerdem den Teilnachlaß Theodor Heuss zusammen mit den Heuss-Einzelzugängen aus den Jahren 1948 bis 1984, umfangreiche Nachträge zum Vorlaß Sarah Kirsch und eine Nachlieferung zum Nachlaß Hans Wolffheim. – Ordnung, Ablage und Inventarisierung folgender umfangreicher Bestände wurden fortgesetzt oder begonnen: Hans Günther Adler, Leopold von Andrian, Rudolf Borchardt, Kasimir Edschmid, Heinz Flügel, Leonard Wilson Forster, Hartmut von Hentig, Hermann Kasack, Marie Luise Kaschnitz, Harry Graf Kessler, Luchterhand-Archiv, Mörike-Sammlung Fritz Kauffmann, Herman Meyer, Rudolf Pannwitz (abgeschlossen bis zur Inventarisierung sind aus diesem besonders umfangreichen Nachlaß inzwischen die Werkmanuskripte, Briefe von Pannwitz und an ihn und die Zugehörigen Materialien; als Rest bleiben die Briefe Anderer und die Sachkonvolute), Arthur Schnitzler, Karl Wolfskehl (s. o.), Carl Zuckmayer.

Mit den Einzelschritten der Erschließung sind Arbeiten verbunden, die zur Kooperation mit den anderen Abteilungen des Archivs beitragen: So wurde 1997 der umfangreiche Photobestand aus der Ernst Jünger-Sammlung des Coudres aussortiert und an die Bildabteilung abgegeben, ebenso Photos, Photoalben und Musikalien aus dem Nachlaß Mascha Kaléko und darüber hinaus auch Zeitungsausschnitte und Tonträger aus demselben Nachlaß an die Dokumentationsstelle. Zum andern wurden die besonders umfangreichen Nachlässe Gottfried Benn und Kurt Pinthus für die Sicherheitsverfichung vorbereitet.

Die Erschließungsarbeiten der Handschriftenabteilung wurden auch 1997 wesentlich unterstützt durch Projektmittel. Über viele Jahre hat die Deutsche Forschungsgemeinschaft kontinuierlich Erschließung und Katalogisierung besonders umfangreicher und bedeutender Bestände im Deutschen Literaturarchiv gefördert und auf diese Weise überhaupt erst ermöglicht. Im Berichtsjahr 1997 galt das für die weitere Bearbeitung des umfangreichen Eugen Diederichs-Verlagsarchivs (seit Oktober 1995) und des riesigen Nachlasses Dolf Sternberger (ebenfalls seit Oktober 1995). Beim Diederichs-Projekt bezahlt die DFG die Stelle einer wissenschaftlichen Mitarbeiterin, beim Sternberger-Projekt einer Diplom-Bibliothekarin, ergänzt durch die zusätzliche halbe Stelle einer Archivhilfe. – Die 1994 (damals unterstützt durch eine ABM-Stelle) begonnene Dateneingabe für die von Frau Ingrid Kussmaul unternommene sehr vermehrte Neubearbeitung des von ihr 1983 zuerst veröffentlichten Bestandsverzeichnisses der Handschriftenabteilung konnte 1997 bis zum Abschluß der Manuskripterfassung vorangetrieben werden (die abschließenden Korrekturen, der Druck des umfangreichen Werks in Buchform und die gleichzeitige Installation im Internet sind für 1998 geplant).

Die Zentralkartei der Autographen in der Staatsbibliothek zu Berlin (Preußischer Kulturbesitz) wurde 1997 mit rd. 4270 Katalogaufnahmen aus Marbach beliefert. Wir halten damit noch immer mit Abstand den Spitzenplatz aller Bibliotheken und Archive, die ihre Katalogaufnahmen für Nachlässe und Einzelautographen an die Berliner Zentralkartei melden. Der trotzdem spürbare Rückgang (1996: rd. 4500 Katalogaufnahmen; 1995: 9650; 1994: 9850) erklärt sich vor allem aus der vor Jahren getroffenen Entscheidung, neue Nachlässe und Bestände bis zum Abschluß des Datenbanksystems KALLÍAS nicht mehr konventionell zu katalogisieren. – Die Zahl der im Rahmen des Benutzerdienstes, im Zusammenhang mit schriftlichen und telephonischen Anfragen, für eigene und fremde Ausstellungen und zu Kopierzwecken ausgehobenen Handschriften betrug 1997: 23125 Einheiten (1996: 26819; 1995: 22996; 1994: 22185). Hier läßt sich ein Rückgang gegenüber 1996, aber auch die Fortsetzung der Wachstumslinie in den vorangegangenen Jahren feststellen. Weiterhin müssen Mehrleistungen mit eher reduzierten Kräften bewältigt werden, weil die andauernde Beanspruchung der Abteilung durch EDV-Entwicklungsarbeiten erhebliche Arbeitskraft bindet. – Nach 975 Kopieraufträgen (1996 waren es 890, 1995 nur 596) wurden 1997 von 8227 Objekten (1996: 5681; 1995: 4722) aus Beständen der Handschriftenabteilung 26612 Kopien ausgegeben (1996: 25737; 1995: 23890). Das zahlenmäßige Verhältnis zwischen der Ausgabe von Kopien im Handschriften-Lesesaal (14981 von 3873 Objekten bei 628 Kopieraufträgen) und im schriftlichen Benutzerdienst (11631 von 4354 Objekten bei 347 Aufträgen) zeigt bei der Kopienzahl ein leichtes Ansteigen im Lesesaal, bei der Zahl der zu Kopierzwecken entliehenen Handschriften umgekehrt eine größere Zunahme bei den im schriftlichen Benutzerdienst ausgehobenen Handschriften. Weiterhin bleibt die Zunahme in diesem Benutzungsbereich so bemerkenswert wie beunruhigend (beunruhigend, weil der stetigen Zunahme keine Stellenvermehrung gegenübersteht). – Im neuen Handschriften-Lesesaal wurden 1997 2845 Tagesbenutzer gezählt, etwas mehr also als im Vorjahr (2702; im Vorjahrsbericht war diese Zahl durch einen Fehler in der Zählung allzu sprunghaft auf falsche 3575 erhöht worden). Ein knappes Drittel der Handschriftenbenutzer (914) kam aus dem Ausland (an der Spitze diesmal die Gäste aus Italien, danach aus Großbritannien, Frankreich, den USA und Österreich; bemerkenswert ist hier vor allem der relative Rückgang der Zahlen für Gäste aus den USA).

Auch 1997 gilt, was für die Vorjahre angemerkt werden mußte: Erschließungsdefizite bleiben vor allem bei älteren, zum Teil schon lange zurückliegenden Erwerbungen; es sind Defizite, die auf der Benutzungsseite oft besonderen Arbeitsaufwand verursachen. Hier helfen mit der Zeit nur pauschalere Formen vereinfachter und gestufter Erschließung und die erhofften Rationalisierungseffekte künftigen EDV-Einsatzes. Noch aber binden die EDV-Entwicklungsarbeiten die Arbeitskraft mehrerer Mitarbeiter: in der internen EDV-Arbeitsgruppe der Handschriftenabteilung, darüber hinaus in abteilungsübergreifenden Arbeitsgruppen und auch in auswärtigen Gremien. Die im Laufe der Zeit installierten Prototypen für das Erschließungssystem der Handschriftenabteilung müssen laufend vorbereitet, begleitet, getestet und korrigiert werden; ständige Schulung und Beratung der Kolleginnen und Kollegen kommen hinzu. Zu einer geplanten Ergänzung des DFG-Regelwerks »RNA« (Regeln für die EDV-Erschließung von Nachlässen und Autographen, 1997), einer notwendigen Ergänzung durch Erschließungsstandards für nicht-schriftliche Materialien und Objekte in Nachlässen, sind Beiträge von seiten der Handschriftenabteilung geleistet worden. Auch hier hat sich die Vertretung der Abteilung und des Hauses in auswärtigen Fachgremien (vor allem der DFG) durch den Leiter der Handschriftenabteilung ausgewirkt.

Mitarbeiter der Handschriftenabteilung waren auch 1997 beteiligt an Ausstellungen im Schiller-Nationalmuseum, im Foyer des Archivs und auswärts. Ganz ungewöhnlich zeitintensiv war diesmal die Zuarbeit der Handschriftenabteilung für die große Jahresausstellung »›Fremde Nähe.‹ Celan als Übersetzer«; Ute Doster, die den Nachlaß Paul Celans katalogisiert hat, ist hier an erster Stelle zu nennen, darüber hinaus ihre Kolleginnen und Kollegen im wechselnden Benutzerdienst der Handschriftenabteilung. – Für die Planung der häufig wechselnden Foyer-Ausstellungen des Literaturarchivs ist nach wie vor eine wissenschaftliche Mitarbeiterin der Abteilung verantwortlich (Dr. Ingrid Belke). Von einer Mitarbeiterin der Abteilung wurden Foyer-Ausstellungen zum 40. Todestag von Alfred Döblin am 26. Juni 1997 und zum Thema »Romantische Lyrik und Musik« (für eine Verstaltung der Bach-Akademie, Stuttgart) vorbereitet. Auch die Beteiligung an einer Ausstellung zum 120. Geburtstag Hermann Hesses in Montagnola ist hier zu nennen. – Unverändert hoch sind die Anforderungen an die Handschriftenabteilung durch die Ausleihe von Autographen usw. aus Marbacher Nachlässen für auswärtige Ausstellungen. Es waren 1997: 583 Leihgaben, 43 Leihverträge, 5 Leihvertragsverlängerungen. Die Zahl der Leihgaben liegt über denen des Jahres 1996 (378) und 1995 (534). Deutlich bleibt auch 1997 der »Dienstleistungscharakter«des Deutschen Literaturarchivs in diesem Bereich, nämlich die Tendenz, daß Personen und Institutionen im In- und Ausland oft große Teile von Ausstellungen vornehmlich aus Marbacher Beständen auf der »Bestellgrundlage« früherer Marbacher Kataloge zusammenstellen oder gar sich zusammenstellen lassen wollen. Zum Schluß: Zahlreiche Führungen durch Museum und Archiv, dazu nicht wenige Einführungen auswärtiger Kolleginnen und Kollegen in die Verfahrensweisen und Arbeitsgänge der Nachlaßerschließung, besonders in die Erfahrungen unserer EDV-Entwicklungsarbeiten, schließlich die Betreuung verschiedener Praktikanten wurden auch 1997 von den Mitarbeiterinnen und Mitarbeitern der Handschriftenabteilung übernommen.

b) Cotta-Archiv

Die für das von Helmuth Mojem bearbeitete »Repertorium der Briefe von Johann Friedrich Cotta (1764–1832)« bei der DFG beantragte einjährige Verlängerung der

Projektlaufzeit wurde genehmigt, so daß das Projekt – in dem etwa 4300 Briefe im Zusammenhang der Korrespondenz mit Angabe der Gegenbriefe und »Betreffe« erschlossen werden sollen – nun Ende April 1998 abgeschlossen werden konnte. Die Buchveröffentlichung ist für 1998 vorgesehen.

Beim Editionsprojekt des Cottaschen »Verlagsbuchs 1787–1806« hat Bernhard Fischer die bibliographischen Erläuterungen weit vorangetrieben. Die parallele chronologische Bibliographie der gesamten Verlagsproduktion unter J. F. Cotta für diesen Zeitraum ist – samt der bibliographischen Erschließung der wichtigsten Zeitschriften (Almanache, Europäische Annalen) – im Rohmanuskript nahezu vollständig abgeschlossen.

Frau Biel hat – neben der Katalogisierung der laufenden Erwerbungen – das vollständige alphabetische Bestandsverzeichnis des Cotta-Archivs bis zum Buchstaben F vorangetrieben.

Für die von Konrad Feilchenfeldt und Bernhard Fischer bearbeitete Edition des Briefwechsels zwischen Karl August Varnhagen von Ense und Cotta wurden auf der Grundlage der fertigen Rohtranskriptionen der Brieftexte die Editionsrichtlinien festgelegt.

c) Bibliothek

1997 haben EDV-Planung und -Erprobung in zunehmendem Maße die Arbeit der Abteilung bestimmt, so daß, wie schon im Vorjahr, mit Jutta Bendts Bericht darüber zu beginnen ist.

ISBN-Abruf: Nur noch in den Monaten Januar und Februar haben wir, als Konsequenz der Sparauflagen, eine studentische Hilfskraft u. a. mit dem ISBN-Abruf beschäftigen können. Die Meldung der im Jahr 1997 angefallenen Titelkarten mit ISBN an den Südwestverbund mußte auf das erste Halbjahr 1998 verschoben werden.

ZDB-Meldungen: Im Berichtsjahr wurden 18, für die ZDB neue Titel und 12 Änderungswünsche an den Baden-Württembergischen Zeitschriftenkatalog für die Eingabe in die Zeitschriftendatenbank gemeldet; 153 Bestandsnachmeldungen sind online in die Datenbank eingegeben worden. Die Anzahl der Marbacher Zeitschriftennachweise betrug am Ende des Jahres 6721.

Ausstattung des Katalogsaals mit Benutzer-PCs: Nach der Ausstattung des Auskunftsplatzes mit einem PC im Februar 1996 wurden im Januar nun auch zwei Benutzer-PCs aufgestellt, für Recherchen im Internet und in CD-ROMs. Für das Verschicken und Empfangen von E-Mails können Benutzer seitdem auch einen sog. Account beantragen; dieser Service wird besonders von Langzeitbenutzern intensiv genutzt. Wie die Beobachtung zeigt, recherchieren die meisten Benutzer völlig selbständig mithilfe des PCs, dennoch ist der Bedarf an Beratung über das Auffinden, die Benutzung (bis hin zu technischen Details beim Herunterladen von Daten) und die Brauchbarkeit einschlägiger Internet-Quellen stark gestiegen, so daß die am Auskunftsdienst beteiligten Kolleginnen und Kollegen sich laufend weiterbilden müssen. Die regelmäßig und nach Bedarf stattfindenden Schulungen und Informationsveranstaltungen durch Karin Schmidgall haben sich als notwendige und äußerst nützliche Einrichtung bewährt. Die Erfahrung hat gezeigt, daß keine CD-ROM-Datenbank mit ausreichenden Erklärungen versehen ist, daß nur ein systematischer Test den Weg zu optimalen Recherche-Ergebnissen weist, aber auch die Mängel und Tücken einer CD-ROM-Software deutlich macht. Kurze Handreichungen, verfaßt von Frau Schmidgall, unterstützen dabei die Arbeit in der Auskunft. In den AV-Benutzerkabinen wurde ein weiterer PC für das Abspielen von Multimedia-CD-ROMs aufgestellt.

Stand der Einführung des Lokalsystems KALLÍAS: Im Berichtsjahr waren erneut Verzögerungen zu beklagen: Aufgrund der Anforderungen der mittlerweile zahlreichen Kunden hat die Firma aStec (Berlin) ihre Software aDIS/BMS einer grundsätzlichen Revision unterzogen, nicht unerwähnt bleiben sollte dabei der produktive Anteil des Deutschen Literaturarchivs, da hier das Katalogisierungsmodul zum ersten Mal in voller Anwendungsbreite getestet wurde. Die Denkpause bei der Firma zu Beginn des Jahres wurde im Haus für abteilungsinterne und -übergreifende Konzeptionen genutzt. Die auch in Berlin stattfindenden Arbeitsgespräche mit den Entwicklern haben sich dabei als sehr effizient erwiesen. Im Frühjahr wurde mit der redaktionellen Bereinigung der über 40000 Namen der Signierdatei begonnen, bevor sie dann im Juni in die Namennormdatei (NND) von KALLÍAS eingespielt werden konnten. Im April konnten die ca 15000 Titeldaten und die über 6000 Zeitschriftendaten, die via ISBN-Abruf bzw. ZDB in den Südwestverbund gelangt waren, offline in das Lokalsystem eingespielt werden. Umfangreiche Redaktionsarbeiten und das Löschen zahlreicher Dubletten nahmen viel Zeit in Anspruch. Die Analyse der Formatumsetzung war jedoch eine wichtige Vorarbeit im Hinblick auf die Verbundanbindung.

Im Juli konnte schließlich der langwierige Test des Katalogisierungsmoduls und die Umsetzung unserer Anforderungen als abgeschlossen bezeichnet werden. Dann standen Tests der abteilungsübergreifenden Komponenten Benutzer und Themenkartei an; Grundprobleme des Ausleihgeschäftsgangs und der Leihscheingestaltung wurden verhandelt. Von September an wurde die Umsetzung unseres Sacherschließungskonzepts getestet, gleichzeitig das bisherige Autorenschema, das künftig auch für die Erschließung personenbezogener AV-Medien und Rundfunkmanuskripte herangezogen wird, einer gründlichen Revision unterzogen. Danach wurde dieses im integrierten Zusammenspiel von Formal- und Sacherschließung modellhaft am Beispiel eines Autors, nämlich Johannes Bobrowski, erprobt. Auf diese Weise haben wir eine größere, sortierfähige Menge unterschiedlichster Formen von Titelaufnahmen mit differenzierten Notationen erhalten, die fortan als eine Art »Spielmaterial« genutzt werden können. Im November wurden die Komponenten Bestellung und Inventarisierung des Erwerbungsmoduls ausgeliefert und getestet. Die Zeitschriftenverwaltung, auch die Umstellung der Tauschverwaltung, wurde zunächst zurückgestellt, da die Firma aufgrund des Anforderungskatalogs ihrer Kunden die alte Kardex-Funktion in aDIS/BMS komplett überarbeiten mußte.

Im Berichtsjahr waren neben den beiden Beauftragten Schmidgall und Bendt insgesamt acht Kolleginnen und Kollegen aus Bibliothek und Dokumentationsstelle an den zahlreichen Tests und Redaktionsarbeiten beteiligt. Dies hat die Vertrautheit mit der komplexen Struktur des Bibliotheksmoduls zwar sehr gefördert; die konventionellen Arbeiten aber haben zwangsläufig darunter gelitten.

Kleinere EDV-Projekte: Im Juli wurde beschlossen, die bislang zeitaufwendig detaillierte, konventionelle und enorm angewachsene Verzeichnung von Theaterdokumenten von rd. 400 deutschsprachigen Bühnen abzubrechen und diese künftig mithilfe einer Datenbank zu erfassen; entwickelt wurde diese Datenbank von Frau Schmidgall als Microsoft Access-Anwendung. Nun wird unter einem Theater, nach Spielzeiten getrennt, nur noch die Anzahl der Programme, Spielpläne, Zeitungen und Plakate erfaßt; genauere Auskünfte hat auch schon bisher nur der Bestand selber ermöglicht. Die Erfassung ist zügiger und die statistische Auswertung durch automatisches Auszählen einfacher geworden.

Ein weiteres Projekt (im Rahmen eines Werkvertrags) war ebenfalls in der Dokumentationsstelle angesiedelt und wurde im November des Jahres begonnen: die Erfassung der rund 10000 Namen der Zeitungsausschnittsammlung in der Namennormdatei von KALLÍAS. Die Zeitungsausschnitte werden auch künftig nicht einzeln verzeichnet, sondern weiterhin nach der bewährten Systematik abgelegt. Gewährleistet wird nun jedoch, daß Personen, zu denen es Material in allen sammelnden Abteilungen gibt, unter einer Namensansetzung (gegebenenfalls mit Verweisungen) zusammengeführt sind. In den Namensdatensätzen ist die entsprechende, literarische Autoren und andere Professionen kennzeichnende Systematikstelle der Zeitungsausschnittsammlung genannt. Es ist geplant, sie in einem späteren Lauf mit einem pauschalen Bestandssatz zu verknüpfen.

Erschließung: Mit 11145 Titelaufnahmen, darunter 3050 Verweisungen (1996: 8947 und 2440) ist der Zugang zum Alphabetischen Katalog nun wieder auf normalem Stand. Für die Handbibliothek sind 238 (1996: 158) Bände ausgewählt, in die Autorenkartei 682, in die Personenkartei der Dokumentationsstelle 172 neue Namen aufgenommen; dazu kamen 402 Korrekturen und 6137 automatisch übertragene Namen aus dem Südwestverbund. Der Ertrag der Katalogisierung unselbständiger Beiträge in Zeitschriften und Sammelwerken ist seit 1994 zurückgegangen; es wird größerer Anstrengungen bedürfen, diesen Rückstand aufzuholen. 1997 fielen 8040 Titelaufnahmen und 16365 Kopien an (1996: 9460/15165). In der Dokumentationsstelle sind 1173 (1996: 1715) Hörfunk- und Fernsehmanuskripte, 785 (1996: 662) Ton- und 555 (1996: 523) Bildträger katalogisiert worden. Mitgeschnitten wurden 178 (1996: 60) Rundfunksendungen und 417 (1996: 355) Fernsehsendungen.

Durchgesehen und aufgelöst wurden Konvolute (von Broschüren, Zeitschriftenheften, Dokumenten und Zeitungsausschnitten) aus den Nachlässen von Heinz Flügel und Walter Kaul. Zeitaufwendig war ein von Frau Geißler-Howe besorgtes »Nebengeschäft«: in München waren weitere Belegexemplare Erich Kästners mit einem Laptop aufzunehmen und in Listen nachzuweisen, wie es der Nachlaßverwalter wünschte. Die endlich eingetroffenen neuen Schränke für die Buchumschlagsammlung erlaubten, die abgebrochene, aber dringend nötige Ein- und Feinordnung der Umschläge fortzusetzen.

Benutzung: Die Benutzung nahm insgesamt weiter zu. 41316 (1996: 37617) Bände wurden aus den Bibliotheksmagazinen ausgeliehen, 881 (1996: 637) aus dem Tucholsky-Archiv, aus der Dokumentationsstelle 4027 (1996: 3663) Mappen, Kästen, Ordner und Konvolute, 427 (1996: 88) Theaterprogramme, 176 (1996: 307) Hörfunk- und Fernsehmanuskripte, 136 (1996: 211) Ton- und 118 (1996:

141) Bildträger. Dazu kamen 70 (1996: 157) Antiquariatskataloge und 199 Verlagsprospekte (1996: 44). Die Zahl der ausgeliehenen Mikroformen stieg von 5320 Mikrofiches und Mikrofilmen auf 7108. Verbucht wurden im Lesesaal 9861 (1996: 9759) Benutzungen; 1062 (1996: 889) Benutzeranträge von insgesamt 1390 betrafen die Bibliothek.

Im auswärtigen Leihverkehr trafen 1304 (1996: 1405) Bestellungen ein, davon wurden 890 positiv erledigt (428 durch Kopien). 1420 (1996: 1336) Bestellungen gingen aus dem Haus. 118 Leihgaben sind direkt an Ausstellungen oder private Leihnehmer verschickt worden.

Obwohl Volontärinnen und Volontäre seit Frühjahr 1997 ohne das bisher zur Verfügung stehende kleine Salär auskommen und also selber für ihre Unterkunft aufkommen müssen, hat es nicht an Bewerbungen und tatkräftiger Vier-Wochen-Hilfe gefehlt. Gegen Ende des Jahres konnte eine Bibliothekarin (mit Werkvertrag über einige Wochen) dafür gewonnen werden, die Rückstände bei der Titelaufnahme aufarbeiten zu helfen. Zogen, wie in den früheren Jahren schon, die regelmäßig anfallenden Vertretungen im Benutzerdienst nicht wenige Mitarbeiter (innen) von ihren regulären Geschäften ab, so waren nun auch wegen der Mitarbeit von Frau Raitz an der Jahresausstellung zusätzlich ihre Aufgaben (vor allem in der Tauschstelle) auf andere zu verteilen.

Die Mitarbeit an allgemeinen Aufgaben des Hauses (etwa bei der Vorbereitung von Ausstellungen und beim Korrekturlesen von Publikationen) ist an dieser Stelle nie eigens erwähnt worden, obwohl sie nicht selten ganze Tage in Anspruch nahm. Daß Jutta Bendt, Eva Dambacher, Margot Pehle und Nicolai Riedel zu denen gehören, die regelmäßig Besuchergruppen durchs Museum und Archiv führen, sei wenigstens einmal festgehalten. Auch, daß Herman Moens seit langem die Ausstellungs-Vitrine einrichtet, die wir anläßlich unserer Veranstaltungen, vor allem der Autoren-Lesungen, zeigen. Nach zehn Jahren konnte der Leiter der Bibliothek wieder zu einem Loerke-Kolloquium (3.–5. April) einladen, dem dritten seit 1984.

d) Bildabteilung

Alle Einzelerwerbungen, darunter Hunderte von Portraitphotographien, und viele kleinere Konvolute wurden wie bisher umgehend inventarisiert und katalogisiert. Bei größeren Konvoluten war wiederum nur eine pauschale Vorordnung und Verzeichnung möglich. Der umfangreichste Neuzugang, die Photographien aus dem Archiv Ernst Jüngers, mußte einstweilen noch völlig unbearbeitet bleiben. Trotzdem wurde versucht, der gerade bei diesem Bestand regen Nachfrage nach Reproduktionen so weit wie möglich gerecht zu werden.

Durch den Einsatz zweier Praktikantinnen konnten immerhin zwei schon früher erworbene große Konvolute detailliert erschlossen werden: die ungefähr 1000 Photographien enthaltenden Bildnachlässe von Heinrich Seidel, Heinrich Wolfgang Seidel und Ina Seidel sowie die aus fast 2000 Photographien von Dichtergräbern bestehende Sammlung Vogt. Eine dritte Praktikantin half beim Anlegen einer neuen Bestandsgruppe der Graphischen und Photographischen Sammlung, der sogenannten Personalia. Unter dieser Bezeichnung sollen nach und nach alle personenbezogenen Bilder zusammengefaßt werden, bei denen es sich nicht um Portraits handelt, also Darstellungen von Dichterstätten, -gräbern und -denkmälern sowie Gedenkblätter und ähnliches.

Unter den zahlreichen in der hauseigenen Restaurierwerkstatt behandelten Objekten ist vor allem eine Reihe von Musikhandschriften und -drucken zu erwähnen, Schiller-Vertonungen des 18. und 19. Jahrhunderts, die anschließend in einer Vestibülausstellung gezeigt wurden. Gemälde, Büsten, Möbel und Textilien wurden, soweit es die geringen dafür verfügbaren Mittel erlaubten, von freien Restauratorinnen betreut.

Die mündlichen und schriftlichen Anfragen und die Leihgesuche hielten sich in den gewohnten Dimensionen. Zahl und Umfang der Photoaufträge haben hingegen weiter zugenommen, was zu einer zeitweise bedenklichen Überlastung der Photowerkstatt, aber auch zu einer erfreulichen Vermehrung der durch Nutzungsgebühren erzielten Einnahmen führte. Besondere Anforderungen ergaben sich aus der Planung und Durchführung einer Tagung »Fotografie – gedruckt« des Museumsverbandes Baden-Württemberg am 13. und 14. Juni und aus der Vorbereitung der bei dieser Gelegenheit eröffneten Vestibülausstellung mit »Photobildern« von Joseph Gallus Rittenberg.

e) Planung und Technik

Baureferat

Die Arbeiten des Baureferats waren auch im Jahre 1997 durch die sich äußerst zäh gestaltenden Mängelbeseitigungen und den damit verbundenen erheblichen Schriftverkehr bestimmt. Bereits 1996 hatte der Vorstand der Deutschen Schillergesellschaft einen Stuttgarter Fachanwalt für Baufragen als Rechtsbeistand hinzugezogen, da wesentliche Interessen der Bauherrschaft berührt waren. Wie schon 1996 wurde eine ganze Reihe weiterer gerichtlicher Beweissicherungsverfahren eingeleitet.

Haustechnik

Auch 1997 war der Betriebsingenieur (im Bauwerk selbst, aber auch an den eingebauten haus- und sicherheitstechnischen Anlagen, besonders der Klimatechnik) stark durch die Beaufsichtigung der Firmen bei der Abarbeitung der Mängel beansprucht. Darüber hinaus mußte er eine ganze Reihe von gerichtlich bestellten Gutachtern im Rahmen der eingeleiteten Beweissicherungsverfahren vor Ort in die Verhältnisse einführen und die Mängel demonstrieren. Daneben wurden die insgesamt 40 haustechnischen Einzelanlagen, die über eine computergesteuerte Gebäude-Leit-Technik miteinander verbunden sind, sowie die zum Teil äußerst komplexen sicherheitstechnischen Anlagen (Brand- und Einbruch-Melde-Anlage, Sprinkler-Anlage, Zugangskontrolle, Schließanlage, etc.) von einer Leitstelle aus administriert und optimiert.

Der Betriebselektriker war mit Reparatur- und Ertüchtigungsarbeiten an der Elektrik im Altbau ebenso stark beansprucht wie durch die Wartungs- und Kontrollarbeiten an den elektrischen wie sicherheitstechnischen Anlagen des Gesamtkomplexes, einschließlich des Collegienhauses. Da diese Anlagen teilweise bereits

5 bis 6 Jahre in Betrieb sind, müssen hier die ersten Austausch- und Erneuerungsarbeiten vorgenommen werden; dies trifft vor allem auf die beweglichen Teile innerhalb der Klima- und Heizungsanlagen (Pumpen, Ventile, etc.) zu.

Elektronische Datenverarbeitung (EDV)

Mit der Aufstellung von sechs speziellen PCs in den Katalogräumen und im »Blauen Salon«des Collegienhauses wurden im Februar erstmals die EDV-Dienste des Hauses direkt für Benutzer zugänglich gemacht. Kostenlos und ohne weitere Formalitäten können sie nun im Internet recherchieren, auf die lokal angebotenen CD-ROMs im Netz zugreifen oder E-Mails auf ihrem heimatlichen Server lesen. Bei längerem Aufenthalt in Marbach ist auch eine persönliche Kennung möglich, mit der das hauseigene E-Mail-System benutzt werden kann; 14 Gäste waren so bereits als »gastXY@dla-marbach.de«erreichbar. Im Bereich EDV wurden die neuen Dienste technisch, inhaltlich und organisatorisch vorbereitet und betreut:
– Es wurde eine PC-Konfiguration entwickelt, in der alle Funktionen, einschließlich der CD-ROM-Recherchen, aus einem Web-Browser heraus aufgerufen werden können. Selbstentwickelte Prozeduren schaffen dabei eine einfach zu bedienende Oberfläche, die nahezu alle problematischen technischen Details verbirgt.
– Die Web-Seiten für die Benutzer-PCs wurden gestaltet und in den »Intranet«-Service im Hause integriert (der damit nun rund 90 HTML-Seiten umfaßt).
– Eine »Vorläufige Benutzungsordnung für die EDV-Infrastruktur« wurde erarbeitet und umgesetzt.

Die Web-Seiten auf dem Internet-Server des Deutschen Literaturarchivs (www.dla-marbach.de) sind schon seit mehreren Jahren ein fester Bestandteil der Öffentlichkeitsarbeit des Hauses. Die durchschnittliche Anzahl der Zugriffe pro Woche stieg von 850 im Vorjahr auf 1500. 197 E-Mail-Anfragen, meist mit der Bitte um Auskunft, gingen im Bereich EDV ein und wurden an die Abteilungen weitergeleitet (die auch direkt erreichbar sind, was hier nicht mitgezählt ist).

Insgesamt stieg der Datenaustausch des DLA mit dem Internet von 3,7 auf 7,5 Gigabyte im Jahr – ein weiteres Indiz für die wachsende Bedeutung dieses Dienstes. Um so schmerzlicher war deshalb die endgültige Kündigung unseres günstigen Internet-Anschlusses durch die TELEKOM zum Jahresende, der im Vorjahr noch erfolgreich widersprochen werden konnte. Nach einem aufwendigen Auswahl- und Anschlußverfahren konnte schließlich mit einer Standleitung zur PH Ludwigsburg eine wirtschaftliche Lösung in Betrieb genommen werden, die immerhin die bisherige Bandbreite auf 128 Kilobit/Sek. verdoppelt. (Die verlockende Alternative einer privaten Funkstrecke von der Museumskuppel aus scheiterte leider an wenigen Höhenmetern.)

Auch hausintern hat sich die Netztechnik verbessert: In der EDV-Zentrale wurde ein schnelles FDDI-Netz einschließlich einer neuen Verkabelung installiert, da der Datenverkehr zwischen den schnellen Alpha-Servern zunehmend zu Lasten der Anwender-PCs ging. Das neue FDDI-Netz stellt jetzt über sogenannte »Switches« jeder Abteilung die Netzkapazität bereit, die bislang im ganzen Haus aufgeteilt werden mußte.

Trotz dieser Umbauarbeiten konnten die nunmehr 139 vernetzten PCs im Netz des DLA (das sogenannte DLAN) in 99,71 % der Rahmenarbeitszeit (7:00 bis 19:00 Uhr) mit einem störungsfreien Netzbetrieb versorgt werden; es gab nur 12 Ausfälle mit zusammen 8 1/2 Stunden Ausfallzeit. Diese guten Werte ließen sich nur dadurch erreichen, daß betriebskritische Konfigurationsarbeiten im Bereich EDV häufig am Wochenende oder am späten Abend geleistet wurden.

Mit der Namen-Normdatei (NND) ging im Juni erstmals ein Kernmodul des neuen Lokalsystems KALLÍAS in den produktiven Betrieb. Grundlage war die Signierdatei der Bibliothek, die entladen, aufbereitet und durch die Firma aStec importiert wurde. Es wurden ein HTML-Suchformular und die entsprechende Serverunterstützung geschaffen, mit dem nun von jedem PC im DLAN aus Namensansetzungen von literarischen Autorinnen und Autoren leicht recherchiert werden kann.

In der Handschriftenabteilung gibt es leider keine vergleichbaren Ausgangsdaten. Mit Unterstützung des Bereichs EDV wurden aber erfolgreich Scanner-Tests durchgeführt, mit denen vorhandene Inventarlisten exemplarisch maschinenlesbar gemacht werden konnten.

Der erfolgreiche Offline-Import von Titelaufnahmen aus dem Südwestdeutschen Bibliotheksverbund durch aStec zeugt von dem weitgehenden Abschluß des Katalogisierungsmoduls für die Bibliothek. Doch auch die Erfassung und Erschließung von Handschriften war gegen Ende des Jahres soweit gediehen, daß im Österreichischen Literaturarchiv eine Präsentation von KALLÍAS stattfinden konnte, die bei den Fachkolleginnen und -kollegen auf großes Interesse stieß und bei der von uns die technischen und projektbezogenen Aspekte von KALLÍAS vorgestellt wurden.

Mit dem Fortschritt der KALLÍAS-Prototypen wurden konkretere Vorgaben und Abstimmungen zwischen den Abteilungen des Hauses vor allem in den übergreifenden Teilen notwendig. Rund 80 Besprechungstermine im Kalender des EDV-Referenten zeugen von dem Ausmaß der aktuellen Planungs- und Vorbereitungsarbeiten auch im Bereich EDV.

Angesichts dieser Inanspruchnahme mußte die Unterstützung weiterer Projekte auf wenige Fälle beschränkt bleiben:

– In der Bildabteilung wurde eine Microsoft-Access-Datenbank für die Erfassung der Totenmaskensammlung entwickelt.

– Die Diskussionsliste »e-edition@dla-marbach.de«, ein Forum für Fragen der elektronischen Bearbeitung von Texten, wurde eingerichtet.

– Die Magnetbänder mit den Daten der Marbacher Zeitschriftenrepertorien von 1988 und 1992 wurden vom Rechenzentrum der Universität Tübingen in das lokale TUSTEP-System übernommen und vor dem schon begonnenen Zerfall gerettet.

– In der Verwaltung wurde ein Fakturierungsmodul für die Publikationen des Hauses mit einer Schnittstelle zur Buchhaltung installiert.

Besonders hingewiesen sei aber auf das europäische Projekt MALVINE (»Manuscripts and Letters via Integrated Networks in Europe«), das einen europäischen Nachweisverbund von Handschriften schaffen will. Der EDV-Referent war als Kontaktperson des DLA an den Vorbereitungen des Projektes beteiligt, dessen »Proposal« im Oktober von der Europäischen Kommission positiv evaluiert wurde.

Mikroverfilmung

Die Arbeit der Mikroverfilmungsstelle widmete sich im Berichtsjahr fast wieder ausschließlich der Verfilmung von Materialien der Handschriften- und Bildabteilung sowie des Cotta-Archivs, da für die Verfilmung von Zeitschriftenbeständen der Bibliothek mit einem Verlag außer Hauses produzierte »Marbacher Mikrofiche-Editionen« vertraglich vereinbart wurde.

Obwohl es sich also auch 1997 wiederum um eine zeitlich sehr viel aufwendigere Einzelblatt-Verfilmung mit unterschiedlich großen Papierformaten handelte, konnten wieder gute »Produktionszahlen« erreicht werden: 68495 Aufnahmen auf 1036 Master-Mikrofiches, von denen wiederum 2497 Duplikat-Mikrofiches hergestellt wurden.

Bei den Materialien aus der Handschriftenabteilung handelt es sich jeweils um die komplette Verfichung der Nachlässe von Kurt Pinthus und Gottfried Benn. Folgende Zahlen sind dabei zu verzeichnen: 37202 Aufnahmen auf 520 Master-Mikrofiches (mit 1040 Duplikaten) für den zweiten Teil der Verfichung des Nachlasses Kurt Pinthus (bereits 1996 wurden beim ersten Teil annähernd die gleichen Stückzahlen produziert); 27533 Aufnahmen auf 452 Master-Mikrofiches (mit 904 Duplikaten) für den Nachlaß Gottfried Benn. Beide Nachlässe brauchen somit nur noch im »Ersatzmedium Film« benutzt zu werden, was den Original-Handschriften sehr zugute kommen wird.

Für das Cotta-Archiv wurden 2462 Aufnahmen auf 68 Master-Mikrofiches (mit 88 Duplikaten) hergestellt.

Für die Bildabteilung wurden 838 Aufnahmen auf 29 Master-Mikrofiches sowie 94 Duplikate gefertigt.

Die übrigen Verfichungen gehen auf Benutzeraufträge zurück, die neben der systematischen Verfichung miterledigt wurden.

1997 wurde mit der Verfilmungsstelle bei der Landesarchivdirektion im Institut für Erhaltung von Archiv- und Bibliotheksgut in Ludwigsburg vereinbart, daß im Rahmen des Sicherheitsverfilmungsprogramms des Bundesamtes für Zivilschutz auch Marbacher Bestände verfilmt werden. Danach wird zum einen eine Komplettverfilmung des Cotta-Archivs in Ludwigsburg stattfinden, die sich sicherlich über mehrere Jahre hinziehen wird. Zum anderen sollen in Ludwigsburg komplette Nachlässe zunächst einmal aus unseren Beständen des 19. Jahrhunderts verfilmt werden; demgemäß wurde mit den Nachlässen Wilhelm Hauff, Ludwig Uhland und Friedrich Theodor Vischer begonnen. Die Verfilmung in Ludwigsburg findet auf 35 mm Film statt, von dem wir einen zweiten Silberfilm-Abzug im DDP-Verfahren erhalten, den wir wiederum wie einen Master behandeln und archivieren. Darüber hinaus werden Benutzungskopien der Filme hergestellt (z. B. bei den Materialien aus dem Cotta-Archiv) oder die Filme im Lohnverfahren außer Haus auf Duplikat-Fiches für die leichtere Benutzung umgeschnitten (z. B. bei einzelnen Nachlässen).

Bestandserhaltung / Restaurierung

Wiederum muß der folgenden Statistik vorangeschickt werden: Stückzahlen haben im Bereich von Konservierungs- und Restaurierungsmaßnahmen nur eine begrenzte Aussagekraft, da der Aufwand bei jedem Einzelstück sehr unterschiedlich sein kann.

Restauriert wurden 1044 Autographen, 132 Bücher und 20 Graphiken; 38 Bücher wurden broschiert, 87 fest gebunden und 124 repariert. 183 Bilder wurden gerahmt, 176 mit Passepartouts ausgerüstet und 16 aufgezogen. An Mappen, Kassetten und Schubern wurden 163 unterschiedlich große Ausführungen gefertigt.

Während in Marbach die Jahresausstellung »Celan als Übersetzer« und die beiden Kabinett-Ausstellungen »Der Badische Hof in Baden-Baden« und »Vom Schreiben 5« buchbinderisch betreut wurden, kamen mit vergleichbarem »Montage-Aufwand« die »Wanderungen« der Ausstellungen »Carl Zuckmayer« nach Zürich, »Querido-Verlag« nach Bremerhaven, »Der Badische Hof« nach Baden-Baden und »Celan als Übersetzer« nach Berlin sowie die Ausstattung der kleineren Präsentationen in unseren Vestibül- und Foyer-Vitrinen hinzu.

Unsere Buchpflegerin konnte neben Abschlußarbeiten bei der systematischen Reinigung der Buchbestände in den Bibliotheksmagazinen bei vier, z. T. umfangreichen Beständen der Handschriftenabteilung konservatorische Vorsorgemaßnahmen ausführen. Dabei wurden in den Beständen verrostete Büroklammern und Klarsichthüllen entfernt sowie neue Bauchbinden und Mappen angelegt. Sofern nötig wurden die Materialien Blatt für Blatt in der sogenannten »Reinen Werkbank« gereinigt. Auf diese Weise wurden Materialien der Handschriftenabteilung im Umfang von 242 grünen Kästen neu »gebettet«.

Vom 27. bis 28. November 1997 hatten wir Kolleginnen und Kollegen aus verschiedenenen Literaturarchiven und Handschriftenabteilungen zu einer Konferenz über Fragen der *Massenentsäuerung bei modernen Autographen und Nachlässen* eingeladen. Dieser erste Erfahrungsaustausch zeigte besonders die Desiderata (wie z. B. das Problem des Tintenfraßes oder das der Mischmaterialien in Nachlässen u. a.) auf, die vor Beginn einer Massenentsäuerung von Materialien aus der Handschriften- wie auch Bildabteilung noch technisch oder organisatorisch gelöst werden müssen.

Stipendien

1997 wurden insgesamt 20 *Marbach-Stipendien* fortgesetzt, verlängert oder neu vergeben (1996: 22):

Aus den von Bund und Land gemeinsam etatisierten Mitteln wurden folgende Marbach-Stipendien vergeben oder fortgesetzt: Olivier Agard, Paris/Frankreich (4 Monate Graduiertenstipendium), Dr. Volker Breidecker, Berlin (2 Monate Postdoktorandenstipendium), Dr. Ioana Craciun-Fischer, Bukarest/Rumänien (3 Monate Postdoktorandenstipendium), Ricarda Dick, Köln (1 Monat Graduiertenstipendium), Dr. Holger Gehle, Bonn (6 Monate Bedarfsstipendium – Fortsetzung), Ute Harbusch, Bonn (1 Monat Graduiertenstipendium – Fortsetzung), Dr. Martin Kämpchen, Boppard (3 Monate Postdoktorandenstipendium), Dr. Adrian La Salvia, Erlangen (4 Monate Postdoktorandenstipendium), Roman Luckscheiter, Heidelberg (6 Monate Graduiertenstipendium), Michael Mack, Römerberg (4 Monate Graduiertenstipendium), Irene Nawrocka, Wien/Österreich (2 Monate Graduiertenstipendium), Detlef Opitz, Berlin (4 Monate Autorenstipendium), Alessandro

Stavru, Rom/Italien (5 Monate Graduiertenstipendium – Fortsetzung), Dr. Galina A. Time, St. Petersburg/Rußland (3 Monate Vollstipendium).

Aus Mitteln der Landeskreditbank Baden-Württemberg erhielt ein *Marbach-Stipendium*: Andreas Fritz, Ludwigsburg (4 Monate Graduiertenstipendium).

Aus Mitteln der Landesgirokasse Baden-Württemberg wurden mit einem Marbach-Stipendium bedacht: Christina Böde, Bamberg (3 Monate Graduiertenstipendium), Dr. Nicoletta Giacon, Verona/Italien (6 Monate Postdoktorandenstipendium).

Aus Mitteln der Südwestdeutschen Landesbank wurden folgende Marbach-Stipendien finanziert: Prof. Dr. Selcuk Ünlü, Konya/Türkei (2 Monate Vollstipendium – Verlängerung), Dr. Jurij Zwetkow, Iwanowo/Rußland (3 Monate Vollstipendium).

Aus Mitteln der Baden-Württembergischen Bank, Stuttgart erhielt ein Marbach-Stipendium: Prof. Dr. Maria Luise Caputo-Mayr, Philadelphia/USA (1 Monat Vollstipendium).

Im Jahr 1997 kamen 10 Stipendiaten anderer Stipendiengeber nach Marbach: 7 Stipendiaten des Deutschen Akademischen Austauschdienstes (DAAD) sowie 3 Stipendiaten der Alexander-von-Humboldt-Stiftung wurden während ihrer Forschungsaufenthalte im Deutschen Literaturarchiv betreut und die jeweiligen Ratenzahlungen der Stipendien an die Empfänger von unserer Verwaltung ausgezahlt.

Tagungen und Seminare:

1997 wurden folgende Tagungen, Seminare und sonstige Veranstaltungen organisatorisch betreut: 26. Februar bis 1. März: Arbeitsgemeinschaft germanistischer Editionen, Prof. Gunter Martens (Hamburg): *Wörterbuch der Editionsphilologie.* 13. bis 14. März: Historische Kommissionen von ARD und Börsenverein: *Buch, Buchhandel und Rundfunk 1950–1960.* 3. bis 4. April: *3. Marbacher Loerke-Kolloquium.* 13. bis 14. Juni: Arbeitsgemeinschaft Fotografie im Museumsverband Baden-Württemberg: *Fotografie gedruckt.* 13. bis 15. Juni: *Tanz und Literatur in der Moderne.* 17. bis 19. Oktober: Universität Bochum, Frau Dr. Bettina Gruber: *Alexander Lernet-Holenia.* 20. bis 22. November: Deutsch-französisches Kolloquium *Archiv und literarische Produktion.* 27. bis 28. November: *Marbacher Konferenz* zur *Massenentsäuerung bei modernen Autographen und Nachlässen.*

f) Arbeitsstelle für literarische Museen, Archive und Gedenkstätten in Baden-Württemberg

Zwei neue literarische Museen, beide im Schwarzwald, bereichern seit 1997 den badischen Teil der baden-württembergischen Museumslandschaft: das Museum für Hauffs Märchen in Baiersbronn und die Gedenkstätte für Wilhelm Hausenstein in Hornberg.

Die Eröffnung von *Hauffs-Märchen-Museum in Baiersbronn* am 4. Oktober 1997 war verbunden mit der offiziellen Präsentation der Oberdorf-Sanierung, und so fand an diesem Wochenende dort ein Dorffest statt mit Festzelt, Bewirtung und

Blasmusik. Nach der Begrüßung der Gäste durch Bürgermeister Beck sprach Ulrich Ott ein Grußwort für die Deutsche Schillergesellschaft, und Thomas Scheuffelen berichtete über die Entstehung des Museums und erläuterte die Konzeption.

Im letzten der drei Märchenalmanache »für Söhne und Töchter gebildeter Stände», das kurz vor seinem frühen Tod erschienen ist, hat Wilhelm Hauff (1802–1827) *Das kalte Herz* veröffentlicht. Schon die Zeitgenossen haben den Ort dieses Märchens vom Kohlenmunkpeter, vom Glasmännlein, vom Holländer-Michel und dem steinernen Herzen in der Gegend um Schwarzenberg, einem Ortsteil von Baiersbronn, sehen wollen. Ein entfernter Verwandter von Wilhelm Hauff, Johann Gottlieb Hauff (1790–1834), war zudem Pfarrer in Schwarzenberg, und als Blaubeurer Seminarist hätte ihn Hauff zwischen 1817 und 1820 dort besuchen können, was sich freilich nicht nachweisen läßt. Aber in Wilhelm Hackländers humoristischer Reiseerzählung *Ein Ausflug in den Schwarzwald*, die 1842 in August Lewalds Zeitschrift *Europa* erschien, wandert der Ich-Erzähler ausdrücklich auf den Spuren von Hauffs Märchen *Das kalte Herz* und trifft im dichten Wald um Baiersbronn sogar auf das Glasmännlein. Hackländers Reiseerzählung, nur 15 Jahre nach Hauffs Märchen entstanden, ist also der bisher früheste Hinweis darauf, daß es da eine lokale Tradition gegeben haben muß. So folgt in dem neuen Museum auf die Ausstellung über Wilhelm Hauff und seine Märchen eine Installation der mit dieser Landschaft verbundenen Waldgewerke der Köhler, Flößer und Glasmacher. Neben das seit 1981 bestehende Wilhelm-Hauff-Museum in Honau, das sich vor allem mit dem historischen Roman *Lichtenstein* und seinen Nachwirkungen beschäftigt, tritt nun, in dem vielbesuchten Kurort Baiersbronn im Schwarzwald, ein weiteres ländliches Museum für Wilhelm Hauff, das dem *Märchenerzähler* gilt, über den Tucholsky 1918 geschrieben hat: »Wenn aber jemand nun bewußt dichtet, Märchen dichtet, und es werden auch welche, das heißt: man erzählt sie weiter und jeder empfindet: das ist ein Märchen (nicht: das ist wie im Märchen) – dann ist ein Wunder geschehen. Meines Wissens in der Literatur nur zweimal: bei Andersen und bei Hauff.«

Die *Gedenkstätte für Wilhelm Hausenstein* (1882–1957), den Kunstschriftsteller, homme de lettres und ersten deutschen Botschafter in Frankreich nach dem Zweiten Weltkrieg, ist am 21. November 1997 in seinem Geburtsort *Hornberg im Schwarzwald* eröffnet worden, in Anwesenheit von Hausensteins Tochter, Renée-Marie Parry-Hausenstein (Florida), die in ihrer Ansprache bei der Eröffnung in überaus lebendiger Weise von ihrem Vater erzählte. Diese neue Gedenkstätte besitzt insofern einen hohen Grad von Authentizität, als sie nicht nur das originale Arbeitszimmer Wilhelm Hausensteins enthält, mit Möbeln, Kunstgegenständen und Büchern, sondern vor allem dadurch, daß Renée-Marie Parry-Hausenstein und ihr Mann sich über viele Monate darum gekümmert und die Gedenkstätte in jedem Detail selbst gestaltet und eingerichtet haben. Überdies hat die Familie wertvolle Leihgaben zur Verfügung gestellt. Dafür und für die großherzige Schenkung von Möbeln, Büchern, Archivalien an das Land Baden-Württemberg (das sie über die Marbacher Arbeitsstelle der Stadt Hornberg als Dauerleihgabe zur Verfügung gestellt hat), gebührt Mrs. Parry-Hausenstein bleibender Dank.

Thomas Scheuffelen erinnerte bei der Eröffnung in einem Grußwort daran, daß schon vor 30 Jahren, im Herbst 1967, zum 10. Todestag, eine vom Marbacher Literaturarchiv erarbeitete Ausstellung über Wilhelm Hausenstein gezeigt werden konnte, in München und Karlsruhe, mit dem Titel *Wege eines Europäers*. Walter Migge, der Ausstellung und Katalog erarbeitet hatte, konnte dafür aus dem seit 1966 in Marbach verwahrten Nachlaß schöpfen. Zu Hausensteins 100. Geburtstag im Jahre 1982 hat dann Dieter Sulzer den Nachlaß-Bericht vorgelegt.

Von der Arbeitsstelle geförderte Veranstaltungen fanden in folgenden literarischen Museen statt: Stadtbibliothek Baden-Baden, Wieland-Museum Biberach, Melanchthonhaus Bretten, Museum im Hirsch Buoch, Hermann-Hesse-Museum Calw, Mörike-Museum Cleversulzbach, Wilhelm-Zimmermann-Gedenkstätte Dettingen, Stadtmuseum Ebersbach, Hermann-Hesse-Höri-Museum Gaienhofen, Museum für Literatur am Oberrhein Karlsruhe, Literarisches Museum im Max-Eyth-Haus Kirchheim/Teck, Laupheim (Museum im Aufbau), Droste-Museum im Fürstenhäusle Meersburg, Museum im Schafstall Neuenstadt, Hegelhaus Stuttgart, Hölderlinturm Tübingen, Christian-Wagner-Haus Warmbronn, Kernerhaus Weinsberg.

Zu Beratungen bei der Planung, Konzeption und Neueinrichtung von literarischen Museen und Gedenkstätten im Lande waren Ortstermine wahrzunehmen in Baiersbronn (Hauffs-Märchen-Museum); Biberach (Wieland-Museum); Blaubeuren (Schubartstube); Bönnigheim (Sophie La Roche-Gedenkstätte, in Planung); Brackenheim (Heuß-Gedenkstätte, Neueinrichtung geplant); Buoch (Museum im ›Hirsch‹); Calw (Hesse-Museum); Ebersbach (Stadtmuseum ›Alte Post‹, sowie Kauffmann-Villa); Gaienhofen (Hermann-Hesse-Höri-Museum); Gomaringen (Gustav Schwab, Museum im Aufbau); Hornberg (Hausenstein-Gedenkstätte); Karlsruhe (Museum für Literatur am Oberrhein); Kirchheim (Max-Eyth-Haus); Langenburg (Rathaus, Carl-Julius-Weber-Gedenkstätte); Laupheim (Kilian v. Steiner, Museum im Aufbau); Ludwigsburg (Städtisches Museum); Nordstetten (Berthold-Auerbach-Museum); Reutlingen (Heimatmuseum); Stuttgart (Hegelhaus); Tübingen (Hölderlinturm); Warmbronn (Christian-Wagner-Haus); ferner Redaktionstermine zur Vorbereitung der Reihe *Spuren*.

Folgenden Städten und Gemeinden wurden aus Mitteln der Arbeitsstelle im Jahr 1997 Zuwendungen in Höhe von insgesamt rund DM 335 000,– gewährt: Gemeinde Baiersbronn (Hauffs-Märchen-Museum), Stadt Biberach (Wieland-Museum), Stadt Calw (Hermann-Hesse-Museum), Stadt Ebersbach (Stadtmuseum ›Alte Post), Stadt Esslingen (Schreiber-Museum), Gemeinde Gaienhofen (Hermann-Hesse-Höri-Museum), Stadt Hornberg (Hausenstein-Gedenkstätte), Stadt Karlsruhe (Museum für Literatur am Oberrhein), Stadt Knittlingen (Personalkostenzuschuß), Stadt Neuenstadt (Mörike-Museum in Cleversulzbach), Renchen (Förderverein Grimmelshausen).

Gemeinnützige privatrechtliche Träger – der Schillerverein Marbach, der Schwäbische Sängerbund in Stuttgart (Silcher-Museum Schnait), die Hölderlingesellschaft Tübingen und der Kernerverein Weinsberg – sind zusammen mit DM 23 000,– gefördert worden.

Dauerleihgaben aus Beständen der Arbeitsstelle im Gesamtwert von rund DM 42 000,– sind 1997 der Gemeinde Baiersbronn (Hauffs-Märchen-Museum) und der Stadt Langenburg (Carl-Julius-Weber-Gedenkstube) überlassen worden, während die Arbeitsstelle 1997 wieder Sammlungsstücke im Wert von rund DM 27000,– erwerben konnte, die für bestehende oder geplante literarische Museen und Gedenkstätten in Baiersbronn, Blaubeuren, Bönnigheim, Buoch, Dieterskirch, Gaienhofen, Gomaringen, Kirchheim, Laupheim und Weinsberg bestimmt sind.

g) Arbeitsstelle für die Erforschung der Geschichte der Germanistik

Walter Müller-Seidel eröffnet das Doppelheft 11/12 der *Mitteilungen des Marbacher Arbeitskreises für Geschichte der Germanistik* (die inzwischen etwa 450 zahlende Abonnenten haben) mit einem kritischen Forschungsbericht zum Fall Schneider/Schwerte und fordert von der Wissenschaftsgeschichte die Analyse von »Fehlentwicklungen oder individuellen Verfehlungen im wissenschaftsethischen Sinn«; Ulrich Wyss skizziert die Schweizer Germanistik während der NS-Zeit und wie sie sich »bis ans Ende aller Tage« dafür schämen müsse, den jüdischen Philologen Jonas Fränkel sukzessive ausgegrenzt zu haben. Das nächste Marbacher Symposion »Jüdische Intellektuelle und die Philologien in Deutschland. 1871 bis 1933« (Juni 1999) wird weiter vorbereitet: Gelehrte und Kritiker, gegliedert nach Disziplinen und kulturellen Räumen, denen sie angehören (Feuilleton, Germanistik und allgemeine Literaturwisenschaft, Romanistik, Klassische Philologie, Indogermanistik und Orientalistik), werden genannt, und Ulrike Haß-Zumkehr berichtet auf neun Seiten über Materialien in siebzehn Archiven, vom Leo Baeck Institut (New York, London, Jerusalem) und dem Zentralarchiv zur Erforschung der Geschichte der Juden in Deutschland (Heidelberg) bis zum Archiv Bibliographia Judaica (Frankfurt am Main). Der erstmals publizierte und von Ulrich Kaufmann kommentierte Brief des Leipziger Germanisten Hans-Heinrich Reuter an Joachim Müller (Jena) ist eine Trouvaille zur Zivilcourage: er schildert eine Lesung von Günter Grass in Leipzig 1961, bei der Hans Mayer öffentlich, und gegen die SED-Germanisten, Uwe Johnson verteidigt. Die Bibliographie spiegelt die wachsende Bedeutung der Wissenschaftsgeschichte in allen Fächern.

Birgit Wägenbaur stellt in den *Mitteilungen* das Marbacher DFG-Projekt *Internationales Germanistenlexikon 1800 bis 1950* vor: nach und nach werden nun unter der Rubrik »Projekte« Länderberichte über Grundzüge der jeweiligen Fachentwicklung und Wege zu ihrer Dokumentation und Erforschung eingerückt werden. Die erste Arbeitsphase des Lexikonprojekts wurde im Frühjahr 1997 abgeschlossen: sie diente dem Aufbau eines Namenfundus, der nun bei 11500 Namen steht. Durch die Auswertung verschiedener Lexika, Fachzeitschriften und Vorlesungsverzeichnisse liegen für viele Namen bereits die wichtigsten bio-bibliographischen Informationen vor. Die Deutsche Forschungsgemeinschaft bewilligte die Verlängerung des Vorhabens für weitere drei Jahre und hat gleichzeitig – mit nun vier vollen Stellen sowie einer Hilfskraftstelle für 10 Wochenstunden – das Projektvolumen verdoppelt. Hanne Knickmann, M.A., bearbeitet Amerika, und Dr. Volker Michel die deutschsprachige Germanistik, gemeinsam mit Dr. Birgit Wägenbaur, die zudem die gesamte »Auslandsgermanistik« (außer den USA) übernommen hat: ihnen sind Andrea Frindt, Karla Rommel und Moira Paleari zugeteilt. Für die deutschsprachige Germanistik wurde mit der Namenauswahl begonnen: dabei galt besondere Sorgfalt den Gruppen, die von einer erfolgreichen Disziplin aus gesehen am Rande waren. Daher besorgten wir uns für die Frauen, für Gelehrte jüdischer Herkunft, für Lehrer und DDR-Germanisten den Rat der jeweiligen Spezialisten. Aus dem gesamten Namenvorrat wird gut ein Zehntel, also rund 1200 Artikel, in die Buchfassung des Lexikons aufgenommen, das in zwei Bänden bei Walter de Gruyter (Berlin, New York) erscheint. Eine elektronische Fassung wird mindestens die doppelte Datenmenge enthalten. Für eine große Anzahl der deutschsprachigen Artikel konnten bereits Bearbeiter/innen gewonnen werden. Neben den brasilianischen, chinesischen und neuseeländischen Beiträgen sind nun auch diejenigen aus Kanada, Polen, Rumänien, der Slowakei, Ungarn, Norwegen und Schweden weitgehend abgeschlossen. Der Namenvorrat für den amerikanischen Teil des Lexikons ist inzwischen auf 2000 Namen angewachsen: nun gilt es – gemeinsam mit Freunden und Kollegen in den USA – auszuwählen und die Artikel an Bearbeiter zu vergeben. Das geht nur kooperativ: Alle wichtigen amerikanischen Universitäten sind bereit mitzuwirken.

Gemeinsam mit Hans-Harald Müller (Hamburg) und Werner Röcke (Berlin) bereitet Christoph König ein Buch *Wissenschaftsgeschichte der Germanistik in Porträts* vor, das etwa dreißig Beiträge (unterschiedlicher Länge) zu Literaturwissenschaftlern, Linguisten und Mediävisten von Wilhelm Scherer bis Hugo Kuhn und Wilhelm Emrich enthalten und an die Stelle einer fehlenden Fachhistoriographie des 20. Jahrhunderts treten wird: die Gelehrten sind inzwischen ausgewählt und Beiträger gefunden. Der Band, der bei de Gruyter als Studienbuch erscheint, richtet sich in erster Linie an Studenten, denn das allgemeine Interesse an der germanistischen Wissenschaftsgeschichte hat an den Universitäten noch keinen rechten Ort gefunden, und ist als Seitenstück zum Lexikon gedacht, wo auf Darstellung und Wertung bewußt verzichtet wird. – Erstmals ist in Frankreich eine wissenschaftsgeschichtlich orientierte Darstellung von Theorien/Methoden der neueren deutschen Literaturwissenschaft erschienen: Bd. 8/1997 der *Revue Germanique Internationale* (Paris) versammelt, herausgegeben von Christoph König, unter dem Titel »Théorie de la littérature« dreizehn Beiträge, die aus einem Pariser Seminar 1994/95 hervorgegangen sind, und dokumentiert erneut die enge Zusammenarbeit des Deutschen Literaturarchivs mit französischen Institutionen wie dem Centre National de Recherche Scientifique (CNRS), der Maison des Sciences de l'Homme und der Maison Suger.

Die erworbenen Archive bzw. Nachlässe von Germanisten, aber auch Nachträge werden im Bericht der Handschriftenabteilung im Detail vorgestellt und sollen hier nur genannt werden. Dazu gehören folgende Archive und Einzelautographen: Beda Allemann (Nachlaß), Hildegard Emmel (Restnachlaß), Leonard Wilson Forster (Nachlaß), Alfred Kelletat (Nachlaß), Victor Lange (Nachlaß), Reallexikon der deutschen Literaturgeschichte (Redaktions- und Herausgeberkorrespondenz von Klaus Kanzog zur zweiten Auflage, Bände 1 bis 4); Harry Maync (Handexemplar von »Eduard Mörike« 1944), Hans Wolffheim (Ergänzungen zum Nachlaß), Ernst Zinn (Ergänzungen zum Nachlaß). Die Neuzugänge wurden von Heidrun Fink geordnet und akzessioniert (wenn auch nicht verschwiegen werden soll, daß die Arbeitslast weit über die Kräfte einer Bibliothekarin hinausgeht). Unsere Arbeit ist ohne Ilka Dobner im Sekretariat nicht zu denken; unterstützt wurden wir von den Praktikanten Stephanie Torri, Jörg Brehmer, Martin Steinseifer und Diethild Plattner.

h) Museumspädagogische Arbeit mit Schulen

Zu den beständigsten Besuchern der Marbacher Literaturhäuser zählen seit jeher die Schulen. Daß der zwischen Pflicht und Neigung angesiedelte Wunsch, die Literatur aus erster Hand kennenlernen zu wollen, im Berichtsjahr sich noch einmal verstärkt hat, bedeutet Genugtuung in Zeiten einer allgemein beklagten Akzeptanzkrise der Literaturmuseen, aber auch Ansporn, weiterhin ein jugendliches Publikum an die Marbacher Institutionen heranzuführen. Die Lebendigkeit von Schillers Werk bezeugen die zunehmenden Führungen, es vergeht kaum ein Tag, ohne daß Schulklassen oder Deutschkurse das Schiller-Nationalmuseum bevölkern. Dabei ist es gelungen, vor allem der Oberstufe die Authentizität des literarischen Werkes nahezubringen, schwieriger gestalten sich die Bemühungen in den mittleren Klassen, wo ein eher diffuses Interesse befriedigt werden muß. Gerade jedoch in dieser Altersklasse von 14 bis 17 Jahren bilden sich fortdauernde Leseeinstellungen, die in Museum und Archiv ermuntert werden sollten. Ein besonders »dankbares« Publikum sind die Kinder der Unterstufe, die Lehrer seien ermutigt, schon früh die Klassen ins Museum zu führen, mit methodischem Geschick lassen sich in dieser Schulphase die besten Wirkungen erzielen. Diese Aussage gilt selbstverständlich für alle Schularten, es darf kein Privileg nur des Gymnasialschülers sein, sich auf die Literatur im Museum einlassen zu können.

Am sinnfälligsten werben die Autoren selbst für die Sache der Literatur. Die bestens eingeführten »Marbacher Autorenseminare« sind 1997 erfolgreich fortgesetzt worden. Am 6. März demonstrierte Robert Gernhardt vor 40 Gymnasiallehrern die unterhaltsame, auf den Dialog mit den Lesern gerichtete Kunst des Gedichts, die sich vor allem im komischen Effekt beweist. Nicht immer liegt die Kraft eines Textes in seiner Hermetik beschlossen, gar nicht so selten – dies belegte Gernhardt in seiner kleinen Poetologie – läßt sie sich auf einen geselligen Ursprung und auf Spielformen zurückführen. Die Tradition solcher Textformen ist reichhaltig, und daß auch ein unvergleichlicher Lyriker wie Eduard Mörike in seinen Gedichten »spielte«, geriet den Teilnehmern zur vergnüglichen Erkenntnis. Max von der Grün war am 4. Dezember zu Gast bei Lehrern und Schülern der Realschulen. Er las im Humboldt-Saal vor 280 Schülern der zehnten Klasse aus seinem Erinnerungsbuch »Wie war das eigentlich?« und gab nachmittags 50 Realschullehrern aus ganz Baden-Württemberg bereitwillig Auskunft über seine »Vorstadtkrokodile«, das wohl am häufigsten gelesene Jugendbuch in den Schulen.

Die Jahresausstellung mit dem Thema »Celan als Übersetzer« wurde den Schülern der Oberstufe mit einer groß angelegten Doppelveranstaltung am 9. und 10. Oktober zugänglich gemacht. Über 400 Schüler der Deutsch-Leistungskurse kamen in Marbach zusammen, um sich mittels Referaten von Peter Goßens und Thomas Heck sowie dem Film »Nacht und Nebel« dem Werk von Paul Celan anzunähern. Noch einmal stand sein berühmtestes Gedicht, die »Todesfuge«, im Mittelpunkt des Interesses, aber das in den Leistungskursen vorgegebene Pflichtthema, die Lyrik von Rose Ausländer und Hilde Domin, erlaubte vielfältige Verbindungslinien, die im Gespräch vertieft wurden. Die guten Beziehungen des Deutschen Literaturarchivs zum Schauspiel des Staatstheaters in Stuttgart waren im Fall der Inszenierung von Schillers »Maria Stuart« auch für die Schulen von Nutzen: Marbach beteiligte sich an der Aufführungsvorbereitung, was im Programmheft seinen Niederschlag fand und in einer kleinen Vitrinenausstellung, die die Entstehungsgeschichte von Schillers Königinnendrama illustrierte. Ein Podiumsgespräch mit Schauspielern und Dramaturgen und das Projekt eines das Theater und das Archiv übergreifenden Lehrerseminars schlossen sich an.

Einen der Schreiborte der »Maria Stuart«, die Ettersburg oberhalb Weimars, konnten die Schüler des Deutsch-Leistungskurses aus dem Marbacher Schiller-Gymnasium nachempfinden. Sie besuchten, mit Begleitung aus dem Schiller-Nationalmuseum und der Unterstützung der Wüstenrot Stiftung, die Schiller-Tage Anfang November in Rudolstadt.

In kleineren Veranstaltungen wurden Volkshochschulgruppen, Universitätsseminare und Referendare des Faches Deutsch aus Berlin, Stuttgart und Heilbronn über die Marbacher Arbeit und die Sammlungen unterrichtet. Neben Franz Kafka wird wohl in den kommenden Jahren Alfred Döblin ins Zentrum der Anfragen rücken. Der Roman »Berlin Alexanderplatz« wurde zum Sternchenthema der Abiturprüfungen bestimmt, und es ist selbstverständlich, daß Marbach der nicht einfachen Lektüre dieses bedeutenden Epikers durch Seminare aufhelfen wird.

7. PERSONELLE VERÄNDERUNGEN IM JAHR 1997

a) neu eingestellt wurden am

1. 1. 1997	Rößler, Susanne	Diplom-Bibliothekarin
1. 1. 1997	Kluth, Ingrid	Cafeteria-/Reinigungsdienst
1. 1. 1997	Skerhut, Karl-Heinz	Kassen- und Aufsichtsdienst
1. 2. 1997	Nahke, Susanne	Archivangestellte
1. 4. 1997	Boehme, Susanne	Buchbinderin
1. 4. 1997	Häußler, Sibylle	Cafeteria-/Reinigungsdienst
1. 5. 1997	Schmalz, Birgit	Bürosachbearbeiterin
1. 6. 1997	Knickmann, Hanne	Wissenschaftliche Mitarbeiterin
1. 6. 1997	Dr. Michel, Volker	Wissenschaftlicher Mitarbeiter
1. 6. 1997	Frindt, Andrea	Diplom-Bibliothekarin
1. 6. 1997	Paleari, Moira	Wissenschaftliche Hilfskraft
1. 6. 1997	Krauss, Marianne	Sekretärin
1. 7. 1997	Bäumlisberger, Kurt	Kassen- und Aufsichtsdienst
1. 7. 1997	Veil, Rudi	Kassen- und Aufsichtsdienst
1. 9. 1997	Weber-Lasch, Michaela	Archivangestellte
1. 12. 1997	Martin, Harald	Kassen- und Aufsichtsdienst

b) ausgeschieden sind am

31. 3. 1997	Balz, Lilian	Cafeteria-/Reinigungsdienst
15. 4. 1997	Käuflin, Karin	Sekretärin
30. 4. 1997	Link, Barbara	Bürosachbearbeiterin
31. 5. 1997	Prof. Dr. Dordevic, Mira	Archivangestellte
30. 6. 1997	Schurr, Rolf	Kassen- und Aufsichtsdienst
30. 6. 1997	Weiß, Oskar	Kassen- und Aufsichtsdienst
17. 10. 1997	Dr. Gehle, Holger	Wissenschaftlicher Mitarbeiter
14. 11. 1997	Weber-Lasch, Michaela	Archivangestellte
30. 11. 1997	Stopper, Carmen	Reinigungsdienst
30. 11. 1997	Thumm, Elfriede	Kassen- und Aufsichtsdienst
30. 11. 1997	Thumm, Werner	Hausmeister

ANSCHRIFTEN DER JAHRBUCH-MITARBEITER

Dr. Doris Bachmann-Medick, Bühlstraße 8, 37073 Göttingen

Prof. Dr. Dr. h.c. Wilfried Barner, Universität Göttingen, Seminar für deutsche Philologie, Humboldtallee 13, 37073 Göttingen

Dr. Moritz Bassler, Am Keltengrab 18, 72072 Tübingen

Dr. Paul Bishop, University of Glasgow, Department of German Language and Literature, Glasgow G12 8QL / Großbritannien

Prof. Dr. Hartmut Böhme, Humboldt-Universität zu Berlin, Kulturwissenschaftliches Seminar, Sophienstr. 22a, 10178 Berlin

Dr. Günter Butzer, Justus-Liebig-Universität, Institut für neuere deutsche Literatur, Otto-Behaghel-Straße 10B, 35394 Gießen

Prof. Alessandro Costazza, Università degli studi di Trento, Dipartimento di Scienze Filologiche e Storiche, Via S. Croce, 65, 38100 Trento / Italien

Dr. Katharina Grätz, Albert-Ludwigs-Universität, Deutsches Seminar II, Postfach, 79085 Freiburg i. Br.

Dr. Manuela Günter, Universität Köln, Institut für deutsche Sprache und Literatur, Albert-Magnus-Platz, 50923 Köln

Dr. Gisela Henckmann, Nadistraße 32, 80809 München

Prof. Dr. Renate von Heydebrand, Ludwig-Maximilians-Universität, Institut für Deutsche Philologie, Schellingstraße 3, 80799 München

Dr. Michael Hofmann, Universität Lüttich, Séminaire de littérature allemande, Place Cockerill, 3, 4000 Liège / Belgien

Dr. Alexander Honold, Humboldt-Universität zu Berlin, Institut für deutsche Literatur, Unter den Linden 6, 10099 Berlin

Dr. Marita Keilson-Lauritz, Nwe Hilversumseweg 29, 1406 TC Bussum / Niederlande

Prof. Dr. Eberhard Lämmert, Am Waldhaus 8, 14129 Berlin

Dr. Astrid Lange-Kirchheim, Albert-Ludwigs-Universität, Deutsches Seminar II, Postfach, 79085 Freiburg i. Br.

Priv.-Doz. Dr. Claudia Liebrand, Albert-Ludwigs-Universität, Deutsches Seminar II, Postfach, 79085 Freiburg i. Br.

Dr. habil. York-Gothart Mix, Ludwig-Maximilians-Universität, Institut für Deutsche Philologie, Schellingstraße 3, 80799 München

Dr. Helmuth Mojem, Haselbühl 21, 89075 Ulm

Prof. Dr. jur. Dr. jur. h.c. Heinz Müller-Dietz, Neubergweg 21, 79295 Sulzburg

Prof. Dr. Walter Müller-Seidel, Pienzenauerstraße 164, 81925 München

Thomas Nutz, M.A., Römerstraße 16, 80801 München

Prof. Dr. Ulrich Ott, Schiller-Nationalmuseum · Deutsches Literaturarchiv, Schillerhöhe 8–10, Postfach 1162, 71666 Marbach a. N.

Prof. Dr. Günter Sasse, Albert-Ludwigs-Universität, Deutsches Seminar II, Postfach, 79085 Freiburg i. Br.

Prof. Dr. Heinz Schlaffer, Universität Stuttgart, Institut für Literaturwissenschaft, Keplerstraße 17, 70174 Stuttgart

Prof. Dr. Jörg Schönert, Universität Hamburg, Literaturwissenschaftliches Seminar, Von-Melle-Park 6, 20146 Hamburg

Prof. Dr. Hinrich C. Seeba, Universität of California, Department of German, 620 Euclid Ave., Berkeley, CA 94708 / USA

Dr. Anton Sergl, Johann-Clanze-Straße 74, 81369 München

Prof. Dr. Anthony Stephens, University of Melbourne, School of Languages, Parkville 3052 / Australien

Prof. Dr. Michael Titzmann, Universität Passau, Neuere deutsche Literatur, Innstraße 25, 94030 Passau

Prof. Dr. Wilhelm Vosskamp, Universität Köln, Institut für deutsche Sprache und Literatur, Albertus-Magnus-Platz, 50923 Köln

Prof. Dr. Dr. h.c. Bernhard Zeller, Schiller-Nationalmuseum · Deutsches Literaturarchiv, Schillerhöhe 8–10, Postfach 1162, 71666 Marbach a. N.